춘향전 연구의 과제와 방향

설성경 편

국학자료원

국립중앙도서관 출판시도서목록(CIP)

춘향전 연구의 과제와 방향 / 설성경 편. -- 서울 : 국학자료원, 2004
p. ; cm

ISBN 89-541-0163-1 93900 : ₩57000

813.5-KDC4
895.732-DDC21 CIP2004000022

간행사

춘향전이 민족의 대표 고전이듯이 춘향전에 대한 연구도 국문학 연구를 대표할 만한 다양한 연구성과를 가지고 있다. 이러한 풍부한 춘향전 연구의 성과에도 불구하고 춘향전 연구가 여타의 다른 고전문학 연구와 차별화될 수 있는 분명한 방향은 아직까지 제대로 제시되지 못한 것이 사실이다.

이 저서는 이런 점을 고려하여 「춘향전」에 대한 앞으로의 연구방향을 제시함과 동시에, 유사한 성향의 고전문학 작품에 대한 연구사적인 한 전형을 제시하려는 의도를 가지고 있다.

Ⅰ부와 Ⅱ부에서는 기획 차원에서, 「춘향전」 연구사를 점검하고 새로운 모색을 해보는 논문들을 실었고, Ⅲ부에서는 개인적 취향에 따라 이 시대 춘향전 연구의 개성을 보여줄 수 있는 다양한 논문들을 실었다. 이런 상반된 성향으로 이루어진 글들이기에 오히려 총체적인 춘향전 연구 경향을 이해하는 데 독자들에게 기여할 수 있을 것으로 믿는다.

이 저서의 출간을 계기로 춘향전 연구가 보다 다양한 방식으로, 폭넓은 춘향예술을 아우르는 연구 방향으로 나아갈 수 있기를 기대해 본다.

끝으로 귀한 글을 내주신 필자 여러분들과 이 저서가 출판될 수 있도록 도와주신 정찬용 사장님과 편집을 맡아준 이인순 과장을 비롯한 편집진 여러분들께 고마움을 전합니다.

2003년 12월 24일　설성경

차례

Ⅱ. 춘향전의 현대적 변용

Ⅲ. 춘향전 연구의 다양한 시각

I

춘향전 연구의 점검과 모색

춘향예술학의 새 지평

설성경

1. 춘향전학이 짊어진 과제

영원한 사랑의 고전 「춘향전」은 우리 전통예술사에 360년이란 궤적을 남기고 있다. 이런 역사를 가진 「춘향전」은 21세기에 들어서면서 또 한 번의 새로운 지평을 열고 있다. 전문 예술가들에 의하여 문화산업 시대에 적응하는 「춘향전」으로, 또 세계화 시대에 어울리는 세계 속의 「춘향전」으로 춘향예술의 세계를 열어가고 있다. 그러기에 거대한 창조물로서의 「춘향전」은 17세기로부터 20세기까지 그러하였듯이, 21세기에도 여전히 서사 내적인 변용은 물론, 개방적 속성을 최대한 살리는 양식적 확장을 계속하면서 대표 전통예술의 정체성을 보다 분명히 보여주게 될 것이다.

그렇게 되기 위해서는 우선 '춘향현상', 즉 민족 구성원들로부터 지속적 인기를 얻어 초시대적 고전이 된 「춘향전」을 향한 국민적 성원이 「춘향전」의 어떤 속성과 민족적 특질의 결합에서 얻어진 것인가를 학문적 성과를 통해 입증할 수 있어야 한다. 그 뿐만 아니라, '춘향현상'을 밝혀내는 학문적 도구와 방법까지도 이제는 한국형의 주체적인 도구와 방법으로 이루어 냄으로써, 한국 전통문학을 대표하는 춘향예술의 다양한 작품들과, 이들 작품의 예술성을 분석해내는 연구 도구와 방법들이 함께 세계에 수출될 수 있어야 한다.

이런 변화를 전제로 한 「춘향전」 연구는 이제 '문학연구'라는 오랜 관습의 벽을 허물고, '예술연구', 나아가서는 '문화연구'라는 입체적이고 광역화된 접근 방식을 선택할 수밖에 없을 것이다. 한국학 중에서도 문학이 아닌 다른 분야의 인문과학, 사회과학, 자연과학과의 경쟁에서 이기기 위해서는, 그리고 다른 외국의 전통문학 연구와의 경쟁에서 선두 그룹을 유지하기 위해서는 「춘향전」 연구자들의 과감한 의식 전환이 요청된다. 그 까닭은 한국의 대표 고전을 연구하는 도구와 방법도 한국의 대표 고전이 지닌 예술적 품격에 뒤지지 않기 위해서는 연구 방향의 기본 태도를 바꾸어 연구사의 새로운 패러다임을 열어야 하기 때문이다.

그렇다면 무엇이 「춘향전」 연구자들의 의식 전환일까? 그것은 개인이나 연구 집단에 따라 대답이 달라질 수 있다. 필자는 그것이 단일 양식의 「춘향전」 연구가 아닌 다양한 양식으로 형상화된 「춘향예술」 연구라고 하고 싶다. 19세기까지의 고전시대의 「춘향전」 연구가 아니라, 고전시대의 「춘향전」에서 현재의 「춘향전」과 미래의 「춘향전」까지 예측하는 거시 「춘향전」 연구라고 하고 싶다. 특정 전문가만을 위한 「춘향전」 연구가 아닌 전문가는 물론 재창작을 염두에 둔 광의의 작가와 대중들까지 겨냥한 「춘향전」 연구라고 하고 싶다. 한국인만을 위한 「춘향전」 연구가 아닌 세계인을 위한 「춘향전」 연구라고 하고 싶다. 청장년만을 위한 「춘향전」 연구가 아닌 유아들로부터 노년층에까지 관심을 가질 수 있는 다계층을 위한 「춘향전」 연구라고 하고 싶다. 문자 매체의 논저 표현 중심의 「춘향전」 연구가 아닌 디지털 문화컨텐츠 개발 중심의 「춘향전」 연구라고 하고 싶다.

만약 이런 전환된 발상들에 의해, 앞으로 「춘향전」 연구의 새로운 패러다임을 맞게 된다면, 이는 우리들이 문화산업 시대의 신국문학 개척자로서 '순수학문' 일변도에서 벗어나 '순수학문과 응용학문'을 적절히 병행한 춘향전학을 했기 때문이며, 디지털 시대, 세계화 시대에 적응한 춘향전학을 했기 때문이라고 평가받게 될 것으로 믿는다.

2. 춘향전 성립과 모델들의 참신한 삶

산서 조경남은 임병양란을 거치면서 정치, 사회사를 축으로 한 『난중잡록』과 『속잡록』, 그리고 「역대요람」을 편찬하였다. 그리고 나서 그는 다시 초야의 선비로서 매서운 절개를 지킨 자서전 「병옹자전」을 지었고, 1623년에는 59세의 나이로 『소견록』이란 이름의 고금 설화와 야사의 편찬을 마치었다. 이 『소견록』은 한양이 광해군 말년의 혼란해진 정치 상황에 휩싸이고 있을 때 남원을 비롯한 전라도 권역의 관민들의 유별난 삶의 편린들을 사실적으로 기록한 것이다.

임병 양란중에 의병을 모으고, 침략자인 왜군을 직접 사살하기도 한 의병장인 그가 만년에 신의의 상실과 부패한 관리들을 풍자하기 위해 자랑스런 제자 계서 성이성 암행어사의 이야기를 소설화한 것이 「춘향전」의 원류가 되었다.

조경남의 자서전인 「병옹자전」은 그 내용을 현재로서는 짐작할 수 없지만,

「춘향전」 창작 직전의 편찬서인 『소견록』의 남은 흔적으로는 기생 춘향이 남원 권역에 실재했을 가능성은 없어 보인다. 그러나 성이성의 『호남암행록』을 살펴본다면, 남원의 책방도령이 출세하여 남원어사로 등장하는 사건은 실재하였음이 확인된다. 그러기에 책방도령의 스승이었던 조경남과 그 책방도령이 뒷날 암행어사가 되어 광한루에서 스승과 재회한 하룻밤의 사건은 「춘향전」이란 민족 최대예술의 소재가 되었다고 추정된다.

1639년 음력 12월 1일이 바로 그 날이다. 조경남과 성이성의 역사적인 만남은 1607년 선조 때 성안의가 남원부사로 부임해 와서 진사 조경남에게 아들 이성의 학제 스승되기를 부탁한 데서 시작된다. 조경남은 어린 책방도령을 데리고 지리산 송림사로 들어가 과거를 위한 공부을 철저히 시켰다. 1611년 광해군 때 성안의 부사가 전라도 광주목사로 승진해 떠나갈 때, 스승 조경남과 제자 성이성은 어쩔 수 없이 이별을 하게 되었다. 스승 조경남을 남원에 남겨놓고 떠난 성이성은 인조반정 후에 스승의 뜻에 부응할 암행어사가 되어 이 날 광한루에서 스승과 28년의 이별 끝에 감격어린 재회를 한 것이다.

그들이 나눈 대화를 한번 생각해보자. 올곧게 견디어온 남원에서의 삶, 그리고 성어사가 직접 전라도를 순행하며 확인한 관장들의 타락과 횡포, 그리고 그로 인해 핍박과 기아 속에 살아가는 백성들의 생생한 고통의 현장은 그들의 핵심 화제가 되지 않았을까?

초겨울 남원에서 일어난 이 '하룻밤의 극적인 만남'이 주는 충격, 그리고 만감이 교차되었을 그들의 대화는 그들이 다시 헤어진 이후에도 쉽게 잊을 수 있는 일이 아니었을 것이다. 특히, 어사 제자를 다시 떠나보내고는 자신이 겪은 양란과 광해난정, 그리고 인조반정이란 내우외환이 가져다 준 시대의 어두움과 그 불굴의 극복 의지를 조경남은 누구보다 심각하게 느꼈을 것이다.

이 날 밤의 충격에 대한 문학적 대응은 『산서잡록』, 『속잡록』 같은 일기도 아니요, 『소견록』 같은 설화집도 아니요, 「병옹자전」 같은 자서전도 아닌 사제간의 이야기를 모델로 삼은 소설 창작의 길로 승화될 수 있었을 것이다. 그래서 산서 조경남은 자신이 태어나 성장한 남원에서, 정유란 때 피로 지켜 낸 고향 이야기를 기조로 하면서 암행어사 이야기와 기생이지만 암행어사의 짝이 된 지조 있는 춘향이야기로 형상화시켰다고 할 수 없을까?

3. 판소리를 통한 재구축과 감성의 성숙화

18세기에 광대들은 이미 유포된 소설 「춘향전」을 모태로 하여 이를 판소리화 하는 작업을 성공적으로 마쳤다. 판소리화의 구체적인 상황은 알 길이 없지만, 최소한 유진한이 판소리를 듣고 한시로 기록한 1754년에는 이미 완성도 높은 판소리 「춘향가」가 호남에서 연행되고 있었음에 틀림없다.

당시의 판소리 「춘향가」는 '열녀 사건'과 도령을 중심으로 한 '암행어사 사건'이란 두 이야기가 사랑의 실천이란 순수 애정담으로 전후반의 대응을 보인다. 극적 서사성으로 볼 때, 이 작품은 주인공의 하강적 삶을 보여주는 전반부는 사랑과 이별의 장면으로, 이에 대응하는 후반부는 시련과 보상의 장면으로 구성되어 홍진비래와 고진감래의 유가 윤리적 인과율을 반영하고 있다. 물론, 변부사에 맞서는 춘향의 수절과 춘향을 구원하는 이어사의 출도는 너무 짧은 기간에 이루어진다는 현실 논리상의 비합리성은 있지만, 허구적 예술 논리가 주는 극적인 장치를 통한 감동은 향수자의 지지를 받아내는 데 성공하였다.

명창들은 이런 극적 서사성을 살린 「춘향가」 사설을 발림의 도움을 받는 사설로 표현하면서 더욱 다듬어갔다. 그들은 현장성과 예술성을 함께 살리기 위한 갖가지 변용을 거치면서 소리와 사설을 더욱 발전적으로 재조정하였다. 그 결과 그들 사설은 명창들이 표출하는 신기에 근접하는 소리를 통해 정감의 두 절정인 한과 흥의 정감을 미련 없이 형상해내었다. 이런 흥한의 정감의 기복에 실리는 정서, 즉 단장의 눈물과 이를 씻어주는 웃음이 대립과 그 대립을 넘어서며 어우러지는 교묘한 조화는 감정의 찌꺼기를 소멸시키는 응어리 걸러냄의 정감 작용을 일으켜 관청중의 추임새 소리에 따라 소리판의 정감을 끌어올린다.

이런 감성미를 토대로 한 판소리 「춘향가」의 창자들은 오랜 음악적 수련을 통해서 맑고 깨끗한 소리를 오히려 거칠고 탁한 소리로 만든 독특한 음질로 표현하여 그 미감을 더욱 살려내었다. 판소리 창우들의 거칠면서도 부드러운 소리, 너무 맑지도 거칠지도 않는 양극을 피한 애원성 등은 「춘향가」 사설의 극적인 감성미를 구사해내기에 적절하였다. 그 뿐만 아니라, 이 시기는 광대들의 「춘향가」 연창을 거치면서 춘향예술은 서사성 중심의 선행 소설에 비하여 서사성 위에 극적인 요소와 서정적인 요소를 삽입시켜 작품성을 더욱 보강시켰다. 새로운 소리와 사설을 만들어가던 동편제, 서편제, 중고제 등 각 유파의 명창들은 「춘향가」가 지닌 소리극으로서의 기능을 살리기 위하여, 창 부분이나 아니리 부분 사이의 극적인 긴장과 이완, 다채로운 민요와 한시를 재편시키거나 창작해 넣은 삽입가요, 재담에서 끌어온 익살스런 표현들, 그리고 속담과 고사의 적절한 활용 등으로 작품에 사실감과 활력을 불어넣으며 판소리의 질적 성숙을 추구하였다.

또, 19세기에는 판소리 「춘향가」가 지닌 종합적 측면 중에서 문학적 요소로서의 사설이 분화되어 소설로 되돌아와 목판본 소설화 시대를 열었다. 즉, 소설이 새로운 양식인 판소리 사설을 거쳐 재수용된 판소리계 목판 소설과 필사본의 유행 시대를 맞게 되었다. 전라도 독자를 겨냥한 완판 텍스트는 초기에는 20장 대의 소박한 내용에서 시작하였지만, 점차 30장대, 나아가서는 84장으로 그 면 수를 늘리면서 판소리 사설의 세련성을 적절히 수용한 완성도 높은 소설 텍스트를 독자들에게 제공하였다. 그러나, 서울 권역의 독자들에게 제공되던 경판은 초기에는 30장 대의 풍성한 내용을 가지고 출발했지만, 점차 20장 대, 나아가서는 16장으로까지 그 면 수를 줄이면서 영리성 중심으로 나아가 지나친 축약판이 되었다. 이에 대응하여, 서울에서는 다시 신소설과 경쟁하는 이해조의 「옥중화」가 당대 판소리 사설을 수용 재편성하는 개화기 판으로 단장을 하여 다수의 유사한 텍스트가 등장하는 계기를 마련하였다. 그 뿐만 아니라, 19세기 후반에는 서울의 세책 상인들은 「남원고사」 같은 장편화된 필사본 텍스트를 분권 형태로 독자들에게 제공하였기에, 19세기 후반에서 20세기 초에는 소설 「춘향전」의 부흥기가 되었다.

이렇게 발전적 변모를 보인 판소리 「춘향가」와 소설 「춘향전」은 여러 재능 있는 광대들과 개작가, 그리고 후견인의 지원으로 새로운 야사형 삽화들을 수용하여 더욱 풍요롭게 다듬어 감성미가 「춘향전」의 미학적 본질이 되는 데 크게 기여하였다. 그 결과, 춘향예술은 홍한이란 대립적 정감을 극적인 전개 속에서 조화롭게 형상화시키며 각층의 민족 구성원들이 고루 즐기는 전통예술의 중심으로 자리를 굳히게 되었다.

4. 20세기에 이룩한 양식의 확장과 현대적 고전화

「춘향전」은 19세기까지 중심 양식을 소설에서 판소리로, 다시 판소리와 소설의 경쟁적 관계를 유지하면서 더욱 극적으로 세련된 구조와 홍한의 감성미를 구비하게 되었다. 장기간에 걸쳐 독자와 청자들인 향수자들로부터 지속적인 검증을 받으며 부분적 선택과 배제, 교체를 보이며 개작 내지 재창작을 보여온 춘향예술은 극적인 속성과 감성미를 중시했기 때문에 극적인 속성을 주축으로 하면서도 서사적 속성과 서정적 속성과의 균형과 조화를 거부하지 않았다. 이런 성향은 삽입가요를 통한 서정성의 독자적 강화 장면을 꾸준히 성숙시켰으며, 이 부분이 장면의 독자성 못지 않게 극적인 상황 속의 정감의 흐름을 조정하는 기능을 하게 하였다.

이런 세련된 구성과 개방적인 양식 원리로 말미암아 「춘향전」은 20세기에 들어와서 다시 수용 양식의 대폭적인 확장을 보이게 되었다. 극적인 속성은 신극, 창극, 방송극, 마당극, 영화, 뮤지컬, 오페라, 발레 등으로 그 기능을 더욱 넓힐 수 있었고, 서사적 속성은 신소설, 현대소설, 만화, 동화 등으로, 그리고 서정적인 속성은 시의 소재화가 되어 현대시, 시조, 가요 등으로 창작되는 성과를 얻었다.

이러한 춘향예술의 지속성과 개방성은 20세기 벽두부터 불어닥친 서구예술의 거친 바람 속에서도 갈등과 소멸이 아닌 양식의 적극적 변용 내지 접목을 통해 양식적 확산에 의한 고전의 현대화로 창조적 재현을 이룩하게 되었다. 그 결과, 고전 춘향전과 더불어 현대화를 통한 춘향예술의 활기찬 성장은 이제 춘향예술에는 어느 대표 양식이나, 주도적 양식이 있는 것이 아니라, 춘향예술이라는 복수 양식으로 존재하는 거대 작품군으로서의 「춘향전」으로 존재하게 하였다.

이러한 춘향예술의 독특한 흐름, 즉 춘향현상으로 불리는 춘향전의 초시대적 고전화의 역사 뒤에는 항상 춘향예술의 수준을 끌어올리려는 당대 유명 예술가들의 현대화 작업에 대한 줄기한 노력이 있었다. 즉, 몇몇 양식을 예로 들어본다면, 소설에서는 이해조, 이광수 등이, 시에서는 김소월, 김영랑, 서정주, 박재삼, 전봉건 등이, 오페라에서는 현재명, 장일남 등이, 연극에서는 유치진, 안종화 등이, 창극에서는 박진, 허규 등이, 영화에서는 홍성기, 신상옥, 김수용, 임권택 등이, 마당놀이에서는 강성범, 임진택 등이, 뮤지컬에서는 정진수, 무용에서는 최승희, 만화에서는 고우영 등이, 그 활력을 불어넣으며 시대별 견인차 역할을 하였다.

이런 재창작의 한 예를 영화 영역을 통해 보다 구체적으로 살펴보면, 「춘향전」은 20세기에 들어와서 유명 감독과 배우들의 연기에 힘입어 여러 차례 영화로 제작되었다. 영화의 양식과 기법의 새로운 변화가 있을 때마다 「춘향전」이 그 실험과 수용의 대상이 되었다. 그래서 우리 영화사는 「춘향전」에 의해서 한 단계씩 발전하게 되었다고 해도 별 무리가 없는 「춘향전」 영화사를 기록하게 되었다. 즉, 최초의 극영화, 무성에서 유성으로 발전하면서 번번이 기록적 성공을 거두어, 새 기법이 적용되는 영화의 시작이 되었으며, 중흥에 기틀이 되었다.

1922년의 「춘향전」은 일본인 하야까와가 동아문화협회를 만들어 내놓은 첫 작품이었다. 1935년의 「춘향전」은 일본인 분또의 출자로 이명우 감독이 만든 최초의 발성영화다. 1936년에 나온 「그 후의 이도령」과 1955년의 「춘향전」은 이규환 감독의 작품이었다. 1960년의 「탈선춘향전」은 이경춘 감독이 만든 패러디화한 첫 작품이었다. 1961년에는 두 편이 제작되었는데, 「성춘향」은 신상옥 감독의 최초의 총천연색 씨네마스코프로 제작되었고, 「춘향전」은 홍성기 감독으로 천연색·선민스코프로 제작되었다. 또, 1963년의 이동훈 감독의 「한양에서 돌아온 성춘향」, 1968년의 김수용 감독의 「춘향」에 이어, 1972년의 「방자와 향단이」는 사업가들의 이야기로 바꾼 두 번째의 패러디화한 작품으로 등장하였다. 또, 1976년의 박태원 감독의 「성춘향전」, 1986년의 한상훈 감독의 「성춘향」에 이어 2000년에는 임권택 감독의 작품이 등장하였다. 특히, 이 「춘향뎐」은 「춘향전」 영화사상 가장 긴 공백 끝에 제작된 작품으로 춘향과 이도령의 역을 맡는 배우를 작중 인물의 나이와 같은 16세로 낮추어 연기력보다는 사실성을 높였다. 그 뿐만 아니라, 「춘향뎐」은 영화사상 처음으로 판소리를 대화에 녹여내는 판소리와 영상 미학의 만남을 실현하였다.

5. 21세기 춘향예술과 예술학이 나아갈 길

이제 「춘향전」 읽기도 그간의 학술적 성과에 힘입어 서사의 표층적인 이야기만 따라 독서를 하던 방식을 넘어 극적인 서사의 이면에 숨쉬고 있는 심층적이고 중층적 의미와 감성미까지를 함께 읽어낼 수 있는 상황에 이르렀다. 「춘향전」의 깊은 의미나 감성 속에는 대중문학 이상의 고급문학의 전통도 지닌 심오한 의미를 담고 있다. 중층적인 의미를 지니면서 대중적인 주제를 가진 구조가 바로 「춘향전」이 구비한 높은 예술성의 본질이다. 거듭된 감상이나 독서를 통해 더욱 미묘하고 알찬 의미를 얻어낼 수 있는 무한한 원천을 가진 작품이기에 그 감상이나 독서는 횟수가 늘어나고 꼼꼼히 읽고 감상할수록 춘향예술은 우리에게 그 수준만큼의 의미와 감동을 제공해준다.

그러나, 소설 「춘향전」을 한번 읽거나, 판소리 「춘향가」를 한번 감상함으로써 작품이 지닌 예술성이 다 드러나는 것은 아니다. 향수자가 소년 시절에 느낀 의미와 장년이 되고 노년이 되어서 느끼는 의미는 고정되어 있지 않다. 또, 독자나 향수자가 희로애락의 어떤 감정에 사로잡혀 있을 때 「춘향전」의 의미는 각기 빛깔을 달리하면서 새로운 의미를 제공해준다. 향수자의 향수 위상과 태도에 따라 작품의 의미는 창조적인 반향을 제공한다. 「춘향전」은 절정만이 우리의 정서를 정화시켜 주는 것이 아니라, 장면마다 긴장과 이완을 반복하며 장면마다의 정화의 빛깔을 달리 하고 있다. 특히, 전반부와 후반부의 결말에서는 한과 흥이란 대립적인 정감과 향취를 제공한다. 그만큼 「춘향전」은 세상의 변함을, 우리 마음의 달라짐과 달라지지 않음을 빗대어 표현함으로써 '지혜로운 삶의 의미'를 만나게 해준다.

「춘향전」이 지닌 가장 큰 특성은 유동적이고 개방적이라는 점이다. 판소리로서는 판소리의 맛을 내고, 소설과 한시로서는 그 나름의 맛을 낼 수 있듯이, 양식에 따라서, 시대나 취향에 따라서 기묘한 변신을 할 수 있는 원리를 「춘향전」은 구비하고 있다. 천의 얼굴을, 만의 빛깔을 드러낼 수 있는 비밀이 있다. 이것 또한 음양의 미학을 기저에 담고 있는 춘향전의 고전다운 생명력에 해당된다. 그래서 「춘향전」을 하나의 닫힌 소설 텍스트로 판단하고, 자의적으로 고정시켜 놓은 텍스트의 내적 구조나 의미만으로 작품을 이해하는 것은 수준 높은 춘향전 짓기나 읽기는 아니다. 이런 개방적 속성은 소설, 판소리를 비롯하여 한시로서, 잡가로서, 오페라로, 영화로, 애니메이션으로, 창극으로서 시대의 취향이나, 연령별, 세대별 취향에 따라 기묘한 변신을 하며 새 맛을 제공한다. 이 '천의 얼굴'을, '만의 빛깔'을 감상할 때, 「춘향전」 감상은 향수자들에게 비로소 제 모습을 온전히 보여준다.

「춘향전」은 표현 매체나 작가나 연출 의도에 따라 항시 새로운 모습으로 유행을 이끌어내거나 동참함으로써 청관중의 관심을 유지해왔다. 변이 속에서 질적인 성숙을 이룩하며, 그 생명력을 지켜왔기에 「춘향전」의 역사는 곧 우리 예술사의 귀중한 척도가 된다. 그래서 「춘향전」에는 개인별, 시대별 유행에 따른 독특한 보호색이 있기에 총체적인 춘향전의 예술성이 지닌 미학적 토대는 변화 속에서 잡아야 한다. 각각의 작품이나 공연물은 「춘향전」 작가나 연출자의 의도에 따른 나름대로의 독자적인 예술적 생명을 지니고 있다.

「춘향전」이 지닌 전승의 특질 위에서 이 춘향예술사가 이해된다면, 「춘향전」의 깊숙한 의미에서 우러나는 맛은 더욱 깊이 있게 향수자들에게 제공될 수 있을 것이다. 되돌아보면, 「춘향전」이 민족 최대의 고전으로서의 자리를 유지해 온 힘은 어느 하나의 이치나, 한 개인적 작가나 예술가만의 공로가 아니다. 민족 구성원의 전폭적인 성원과 지지, 그 오랜 세월동안 끊임없이 새로운 작품으로 재창작한 광대한 작가들의 총체적 성과이다. 그것은 「춘향전」이란 단일 작품을 놓고, 창조와 보존, 그리고 파괴의 눈으로 다듬어낸 정감의 미학, 사랑의 미학, 저항의 미학이다. 이미 만남, 사랑, 이별, 시련 그리고 재회로서의 보상에 이르는 기본 스토리는 각각의 텍스트에서, 매 공연에서, 예술가의 작가의식과 연출의도에 따른 다채로운 감동을 앞세우며 한국인만이 아닌 세계의 향수자들에게 한국 전통예술의 진수를 보여주었다.

이런 전통을 지닌 「춘향전」에 대한 학문적 접근도 20세기 이전의 소설이나 판소리로 한정된 「춘향전」이 아닌, 춘향예술이라는 다양한 양식을 포함하는 거대한 춘향예술에 대한 미학과 역사를 연구하는 쪽으로 연구 대상 시기와 양식적인 시야를 확대해야 될 때가 되었다. 이런 폭넓은 시각의 춘향예술학도 순수 연구로서 끝나는 것이 아니라, 응용학으로까지 나아가야 한다. 응용학을 겨냥한 순수학의 심화된 연구 성과가 즉각 춘향예술의 창작자들에 의해 적극적으로 활용되어 재창작의 핵심적인 아이디어나 예술정신으로 되살아나게 하여야 할 것이다. 그런 결실이 세계화 시대의 문화예술 교류의 선봉으로 춘향예술을 내세우고, 디지털 시대의 문화상품으로서 21세기형 「춘향전」이 제 모습을 새롭게 들낼 수 있어야 훗날 이루어질 이 시대 춘향예술학에 대한 평가도 그만큼 높아질 것이다.

춘향전 연구사

김영희 · 이대형

1. 머리말

조선 후기에 형성되어 전 계층에 의해 향유되어 온 춘향전은 남북한의 구분 없이 최고의 고전작품으로 여겨지고 있다. 고전작품이면서 고정되지 않고 현재에도 영화나 연극 등으로 다양하게 변주되면서 현대작품으로 이어지고 있는 점도 주목된다. 춘향전이 우리 민족의 심연과 맞닿아 있기 때문일까? 작품에 대한 관심에 부응하여 그에 대한 연구 성과도 엄청난 분량이 나와 있다. 연구 성과를 다룬 논문만 해도 벌써 여러 편 나와 있을 정도이다. 북한의 연구 경향에 대해서도 검토한 논문이 몇 편 나와 있다. 그러나 앞으로도 춘향전에 대한 연구는 별반 누그러지지 않을 듯하다. 수많은 연구 성과가 나와 있지만, 방대한 춘향전 군(群)에는 여전히 미지의 과제가 남아있기 때문이며, 연구자들의 관심사 또한 변화하기 때문이다.

이 글에서는 지금까지 나온 춘향전에 대한 연구 성과들을 총괄하고 아직 검토되지 않은 최근의 논문들까지 아울러 살펴볼 것이다. 그럼으로써 춘향전 연구의 현 위치를 파악하여 작품에 대한 이해를 돕고 앞으로의 연구 방향을 설정하는 데 도움이 되고자 한다. 먼저 기존에 나온 연구사들을 검토한 다음 시기별로 대표적인 연구 성과들을 중심으로 중요 사항들을 서술할 것이다. 그런데 80년대 이전은 논문 편수가 그다지 많지 않아서 시기별로 개관하는 방식이 효율적이지만 80년대 이후에는 논문 편수가 비약적으로 증가하기 때문에 쟁점별로 세분화해서 검토하는 방식을 택한다. 북한의 연구 경향은 그 나름의 연속성이 있기 때문에 따로 구분하여 서술하는 방식이 적합하다고 본다.

2. 연구사 논문에 대한 검토

김동욱[1)]은 70년대 중반, 전체적인 분야에 걸쳐 춘향전의 연구 경향에 대해 언급한 바 있다. 연구사의 입장을 택한 것은 아니기 때문에 개별 논문에 대한 검토는 소략하고 분야별 연구 방향을 거론하는 데 초점이 두어졌다. 춘향전을 연구함에 있어서 서지적 연구가 바탕이 되어야 하며 광대의 존재를 간과해서는 안 된다고 하였다.

이상택[2)]은 김동욱의 『춘향전연구』를 토양으로 삼으면서 60년대 후반부터

1) 김동욱, 「春香傳 硏究는 어디까지 왔나」, 『창작과 비평』 40, 1976. (『春香傳의 綜合的 考察』, 한국고소설연구회 편, 아세아문화사, 1991에 재수록.)

2) 이상택, 「春香傳 硏究史 反省」, 『한국학보』 5, 일지사, 1976. (강경호 편저, 『春香傳 硏究』, 교학연구사, 1990에 재수록.)

는 주로 작품으로서의 의미와 가치에 대한 탐색이 시도되었다고 하였다. 그 대표적인 경우로서 성격심리학·사회학적 접근,[3] 작품 갈등의 사회사적 의미 탐구,[4] 문학관습적 측면에서의 해석,[5] "입체인물(立體人物, round character)"론[6] 등을 들었고 이에 대해서 각각의 특징과 한계에 대해 검토하였다. 검토의 결과, 좀더 설득력 있고 포용력 있는 방법론이 구축되어야 하며, 한편 완판본 하나만으로 춘향전 전체의 의미망을 포착할 수 없다는 김동욱의 지적에[7] 동감을 표하였다.

춘향전 연구사는 아니지만 1977년에 이루어진 김흥규의 판소리 연구사[8] 또한 춘향전 연구사를 점검하는 데 있어서 참고가 된다. 1945년 이전 김태준과 김재철이 판소리를 거론하여 '가극(歌劇)' 또는 '구극(舊劇)'이라는 명칭을 사용하면서 '설화→소설→판소리'로의 이행설을 주장하였고 이후 정노식의 『조선창극사』[9]가 나오면서 판소리를 창악(唱樂)으로 규정하고 무악(巫樂) 기원설 등을 제시하여, 1기 연구를 대표한다고 하였다. 1960년대 중반까지의 2기는 신재효본 판소리 사설을 발굴하고 평가한 이병기로 대표된다고 하였다. 그 외 김삼불, 김동욱과 무당굿 기원설을 제시한 이혜구 등이 이 시기에 속하는데 전반적인 상황은 문학의 측면과 음악의 측면으로 양분되어

---

3) 이상택, 「春香傳硏究-春香의 性格分析을 中心으로-」, 『國文學硏究』 3, 서울대, 1966.

4) 조동일, 「葛藤에서 본 春香傳의 主題」, 『啓明論叢』 7, 계명대학, 1970.

5) 김병국, 「文化的 慣習에서 본 春香傳의 人物考」, 『古典文學硏究』 별집 1, 한국고전문학연구회, 1975.

6) 오세영, 「春香의 性格 變化」, 『국어국문학』 70, 국어국문학회, 1976.

7) 김동욱, 앞의 글.

8) 김흥규, 「판소리 硏究史」, 『한국학보』 7, 일지사, 1977. 6. (『판소리의 이해』, 창작과비평사, 1978에 재수록.)

9) 정노식, 『조선창극사』, 조선일보사 출판부, 1940.

전체적인 접근이 되지 않았다고 하였다. 1960년대 후반 이후에는 판소리와 소설의 동일시를 반성하는 등의 특징을 보인다고 하였다. 강한영은 신재효의 판소리 사설을 발굴하고 정리하였고, 조동일은 고정체계면과 비고정체계면, 부분의 독자성이라는 개념을 내세웠고, 이보형은 음악에 대한 연구를 하였고, 김흥규는 창악적 구비물로서의 판소리를 형성하는 원리에 주목하였다고 하였다. 시기별 개관을 한 다음 판소리가 연극인지 서사문학인지, 광대소학지희에서 발생한 것인지 무당굿에서 왔는지 또는 중국 강창(講唱)의 영향인지 장르론과 발생론 각각의 논의에 대하여 정리하면서, 판소리는 서사문학이고 무당굿에서 왔다는 설이 유력하지만 난관이 놓여 있다고 하였다.

10년이 지난 80년대 중반에는 설성경[10]에 의해 연구사가 검토되었다. 연구사의 흐름을 세 시기로 대별하고 각 시기별 연구의 주된 흐름과 성과들에 대해 저서를 중심으로 소개한 점이 특징이다. 시기별 검토 내용을 보면, 1945년 이전에는 조윤제의 『교주 춘향전』에 대해 자세한 검토를 할애했다. 1950년대를 거쳐 1960년대에는 비교문학적 접근이 논문 수로는 가장 많은데 판소리계 소설로서의 형성 과정과 서사구조를 비교하는 문제에까지는 이르지 못했다고 하였다. 단행본으로는 김사엽의 『원본 춘향전』과[11] 이가원 주석의 『춘향전』, 김동욱의 『춘향전연구』를 들어 해설을 하였는데, 『춘향전 연구』는 광대의 연구를 정점으로 한 민속학적 방법의 수용을 성공적으로 전개하였다고 평가하였다. 70년대 이후에는 폭넓은 자료 발굴에 의한 통시론적 접근이 활기를 띠었다고 하였다. 저서로서는 구자균의 『춘향전』,[12] 민제의 『대교(對校) 춘향전』[13] 그리고 김동욱·김태준·설성경 공저의 『춘향전비교연구』를

10) 설성경, 「연구성과의 검토」, 『춘향전』, 시인사, 1986.

11) 김사엽, 『原本春香傳』, 대양출판사, 1952.

12) 구자균, 『춘향전』, 민중서관, 1970.

들었다. 『춘향전연구』는 춘향전 연구사에서 전기 연구의 업적으로 귀결되고, 『춘향전비교연구』는 <남원고사>를 민중의 춘향전으로서 최고 걸작품이라고 평가하면서 후기 춘향전 연구의 시발점이 된다고 하였다. 이상의 연구사 검토를 통해 앞으로 소설 춘향전의 연구는 '대춘향전족(大春香傳族)'이라 할 수 있는 포괄적 장르 속의 하위적 한 장르인 소설 춘향전의 연구라는 점을 의식하면서 진행되어야 함을 일깨운다고 하였다.

위와 같은 해인 1986년에 김종철[14]은 근원설화에 대한 연구 성과를 검토하였다. 그는 근원설화에 관한 논의를 국내 기원설, 실재인물설, 중국문학의 영향설로 구분하고 국내기원설이 유력하다고 하였다. 근원설화 연구는 김동욱에 의해 본격화되고 체계화되었으며 이후 최래옥은 관탈민녀(官奪民女)형 설화를 제시함으로써 춘향・이도령・변학도의 갈등구조를 확실히 하였다고 하였다. 실존인물설은 이가원, 박선정 등이 주장하였으나 김동욱에 의해 비판되었다고 하였고, 중국문학 영향설은 민영규 등이 주장하였으나 역시 김동욱에 의해 부정되었다고 하였다. 국내기원설을 단계별로 보면 김동욱이 여러 가지 유력한 근원설화를 제시한 단계, 이후 김기동・김동욱・설성경이 신원(伸寃)설화와 암행어사설화의 합성이라고 한 단계와 이후 최래옥의 관탈민녀형 설화 제시로 나뉜다고 하였다. 관탈민녀형 설화는 갈등구조를 선명히 드러내고 있는데 다만 변학도에 의한 갈등의 발생과 이도령에 의한 갈등의 해결만을 강조함으로써 춘향의 저항적 행위와 지향이 퇴색되고 말았다고 하였다. 이 부분을 충족시켜줄 수 있는 것은 조재삼(趙在三)의 『송남잡지(松南雜識)』에 있는 <춘양타영(春陽打詠)>이며 이때, 단일한 근원설화를 추출하

13) 민제, 『對校 춘향전』, 동화출판공사, 1976.

14) 김종철, 「춘향전의 근원설화」, 『한국문학사의 쟁점』, 집문당, 1986.

기 어려우므로 '중심설화'의 의미로 파악해야 한다고 하였다.

김종철과 같은 지면에서 정하영[15]은 주제에 대한 기왕의 논의를 개략적으로 검토하고 방향을 제시하였다. 기왕의 논의는 세 가지로 구별되는데, 첫째 불의한 지배계급에 대한 서민의 저항으로 보는 견해는 김태준 이하 근래까지 설득력 있게 받아들여지고 있으나 지나치게 사회적 의미만을 강조하는 경향도 있다고 하였다. 둘째 남녀간의 사랑으로 보는 견해는 내면적 구조에 더욱 관심을 갖지만 서민문학적 측면을 소홀히 다루었고, 셋째 주제를 다원적으로 파악하는 견해로서 표면적 주제와 이면적 주제로 나눈 조동일과 보편적 주제와 개별적 주제로 구분한 설성경을 들고, 유기적 관계를 파악하여 하나의 논리로써 설명해내야 한다고 하였다. 이상의 검토를 기반으로 앞으로는 서지와 이본에 대한 검토가 좀더 정밀하게 이루어져야 하고 주제 연구사를 작성하는 등의 작업이 필요하다고 하였다.

90년에는 전경욱[16]이 분야별로 연구사의 흐름을 소개한 바 있다. 발생기원에 대해서는 문장체소설 선행설, 설화근원설, 무굿기원설, 광대소학지희, 중국 강창문학 영향설 등을 언급하였다. 근원설화에 대해서는 이병기, 김동욱, 최래옥 등을 언급하고, 춘향과 이도령이 실존 인물이라는 주장이 제기되었으나 김동욱에 의해 부정되었다고 하였다. 서지에 대해서는 조윤제, 김동욱, 설성경을 들었다. 조윤제는 문장체소설의 기준에 입각하여 논의하였기에 무리한 결론에 도달하기도 하였고, 김동욱은 춘향전 이본이란 어느 원전으로부터 동렬관계로 존재하는 것이 아니라 광대 사설의 전파관계와 지역적인 수수(授受)관계로 말미암아 병렬관계로 서며, 새로운 명창이 나면 과거 내려

15) 정하영, 「춘향전의 주제」, 『한국문학사의 쟁점』, 집문당, 1986.

16) 전경욱, 「춘향전 연구사」, 『춘향전의 사설형성 원리』, 고려대 민족문화연구소, 1990.

오던 전승은 변질한다면서 조윤제의 견해를 비판하였다고 하였다. 이본간의 비교연구에 대해서는 김동욱과 설성경 등을 들었다. 문학 본질적 연구로 김태준은 정절보다 인격을 주장한 춘향을 통해 자각한 민중의 봉건체제에 대한 항거와 승리를 뜻한다고 하였는데, 이러한 견해는 조윤제, 조동일로 이어졌다고 하였다. 춘향의 성격변화와 관련하여 주제를 파악하려는 시도로 조동일, 박희병 등의 경우를 들었다. 가요, 문체, 신재효 개작 춘향가에 대한 연구들에 대해서도 언급하였다. 북한의 춘향전 연구에 대해서는 1960년대 중반에 그들의 문예이론과 1964년 김일성의 현장 교시에 의하여 판소리가 심한 비판을 받았으며 현재 전승이 중단된 상태라고 하였다. 고정옥[17]은 판소리를 서사시로 규정하고 소설보다 판소리가 선행했다고 하였으며 마디소리(가요)와 부분창을 강조한 성과가 있다고 하였다. 이와 같은 서술을 통해 춘향전 연구의 각 부문에 대해 상세하게 설명을 가함으로써 연구의 전반적인 상황을 파악할 수 있게 하였다.

김광순[18]은 90년에 근원설화에 대한 연구사를 검토하였다. 1930년대부터 50년 중반까지를 자료 소개가 특징인 1기로 보고, 60년대 후반까지를 설화의 소설화 과정을 실증적으로 탐색했던 2기, 70년대 이후를 문예학적 측면에서 근원설화의 의의를 찾는 3기로 나누었다. 나누는 기준은 '주요 학자들의 분포'라고 하였다. 시기별 검토 이후 경향별 검토를 하고 전망을 밝혔다. 1기에 김태준, 주왕산, 김사엽은 다양한 설화를 내세웠고, 정노식과 이병기는 실존인물인 춘향을 염두에 두고 설화를 한정하였는데 양쪽 다 설화와 소설의 유사점만을 제시하였다고 하였다. 2기는 김동욱이 주도하여 근원설

17) 고정옥, 『조선구전문학연구』, 과학원출판사, 1962.

18) 김광순, 「춘향가 근원설화의 연구사적 검토」, 『국어국문학』 103, 국어국문학회, 1990.

화와 발생설화를 구별하였는데, 확실한 근원설화를 제시하지는 못하였고, 3기에서는 설성경, 최래옥, 김종철에 대해 언급하였다. 특히 앞서 근원설화에 대한 연구사를 검토한 김종철의 경우에 주목하여 핵심구조와 설화를 연관시켜 보려고 하였으나 비극적인 전반부에 편향되는 오류가 있다고 하였다. 연구 분야별 검토에서는 다원설, 이원설, 일원설로 나누어 정리하고 공통적으로 작품을 전후반으로 나누기 때문에 유기성이 부족하므로 전체로서 응시하는 안목이 필요하다고 하였다. 검토 결과로서 제시한 전망은, 근원설화의 요건은 신원(伸寃)의 의미를 나타내는 것이어야 하므로 염정설화와 암행어사 설화가 중심이 되어야 한다고 하였다.

우쾌제[19]는 90년대까지의 춘향전 연구사를 6기로 나누어 개관하였다. 제1기(1910~1945)는 대체로 해제하는 논문들이었는데, 조윤제의 춘향전 이본고가 주목할 만하다고 하였다. 제2기(1945~1950)는 공백기이고, 제3기(1950~1960)는 종합적 연구가 이루어진 시기로서 김동욱이 대표적이라고 하였다. 제4기(1961~1970)는 종합적 연구와 함께 본격적 연구가 이루어졌다고 하였다. 제5기(1971~1980)에서 특히 주목되는 것은 김동욱이 <남원고사>를 춘향전 문학의 최고봉으로 지정한 『춘향전비교연구』와 설성경의 춘향전의 계통 연구라고 하였다. 제6기(1981~1990)에는 일반적이며 종합적인 연구는 보이지 않고 다양한 접근이 이루어졌다고 하였다. 연구사를 10년 단위로 묶은 이와 같은 방식은 간편하기는 하지만 연구사의 변화를 염두에 둔 구별이라고 보기 어렵다.

김의정[20]은 '편의상 연구의 주류 관점과 성과'를 기준으로 하여 4기로 나

19) 우쾌제, 「春香傳 硏究史 槪觀」, 『春香傳의 綜合的 考察』, 한국고소설연구회 편, 아세아문화사, 1991.

20) 김의정, 「춘향전」, 『고전소설연구』, 일지사, 1993.

누고 각 시기별 춘향전 연구의 부문을 형성 연구, 문헌서지적 연구, 비교문학적 연구, 본질적 연구(인물, 구조, 문체) 등으로 구분하여 검토하였다. 1기(1920년경~1950년경)에서는 가극(歌劇)과 소설에 대한 해설적인 단평이 이루어졌다고 하였다. 2기(1950년 초~1965년)에는 문헌적 접근과 서구문학 이론의 원용이 이루어졌는데 김동욱이 주도하면서 실증주의를 바탕으로 한 문헌적인 연구가 주류를 이루는 가운데 연구 부문이 다변화되었다고 하였다. 3기(1965년 초~1980년)에는 김동욱이 <남원고사> 등 이본을 소개하면서 이본의 계통화 작업이 활성화되었다고 하였다. 4기(1980년 초~현재)에는 90년에 한국고소설연구회가 주최한 '춘향전의 종합적 고찰'을 주목하였다. 이상의 검토 결과, 개인 소장 이본의 공개와 선본(善本)의 주석 연구와 체계적인 문헌 연구가 필요하고 이본에 대한 치밀한 분석, 춘향전의 통시적 변천 과정과 그 의미를 전제로 하여 작품 연구를 하여야 한다고 하였다.

이상 검토한 연구사 논문들을 통해 춘향전 연구의 대체적인 흐름들을 파악할 수 있다. 본고에서는 기존의 연구사를 토대로 시기 구분에 대하여 다시 점검하고 주요한 성과들을 기술하고자 한다.

3. 시기별 연구 양상

춘향전 연구사를 정리하려고 할 때 먼저 걸리는 문제가 시기 구분이다. 90년대 초반까지의 연구사를 4기 또는 6기로 나누어 검토한 경우들을 위에서 보았다. 6기로 나누는 경우는 일제 치하를 제외하고는 10년 단위로 구분하였고, 4기로 나눈 경우는 '편의상 연구의 주류 관점과 성과'를 기준으로 한다고 하였다. 10년씩 나누는 것은 기준은 분명하지만 연구사의 흐름을 제대로 보여주는지 의문이고, 4기로 나누는 경우 그 기준에 대해 분명하게 제시하지 않은 점이 아쉽다. 사실 지속적으로 이어지는 연구의 흐름을 구분한다는 것에는 무리가 따를 수밖에 없다. 그런 무리를 감수하면서도 시대 구분을 하는 것은 그렇게 함으로써 연구의 흐름을 좀 더 분명하게 보여줄 수 있다는 판단 때문이다.

본고에서는 대표적인 연구업적을 중심으로 하여 ① 1930년대와 1940년대, ② 1950년대와 1960년대 전반기, ③ 1960년대 후반기와 1970년대, ④ 1980년대부터 현재까지의 넷으로 시기를 구분하고자 한다. 첫 번째 시기를 1945년으로 한정하지 않은 것은 50년 전쟁 이전의 시공간은 전쟁 이후 벌어진 사상적 제한과 달리 그 이전 연구의 흐름이 이어졌다고 보기 때문이다. 두 번째 시기를 1960년대 중반까지로 설정한 것은 위에서 검토한 기존 연구사들의 견해를 참조한 것이다. 김의정의 경우 시기 구분의 기준을 분명하게 제시하지는 않았는데, 시기 구분의 결과 60년 중반을 한 분기점으로 설정한 것이 김홍규의 결과와 동일하다. 여기에 60년대 후반부터는 김동욱의『춘향전연구』를 토양으로 삼으면서 주로 작품으로서의 의미와 가치에 대한 탐색이 시도되었다고 평가한 이상택[21]의 견해를 아우르면 60년대 중반을 하나의 분기점으로 잡는 데 무리가 없는 듯하다. 한편『춘향전연구』는 춘향전 연구사에서 전기 연구의 업적으로 귀결되고,『춘향전비교연구』는 후기 춘향전 연구의 시발점이 된다고 평가한 견해[22]도 60년대 중반과 80년을 분기점으로 설정하는 데 참조가 된다.

---

21) 이상택, 앞의 글 참조.

22) 설성경, 앞의 글 참조.

1) 1930년대와 1940년대

1930년대에 근대학문이 자리를 잡으면서 춘향전 연구도 시작되었는데, 대체로 전반적인 성격의 연구가 주류를 이루었다. 이후 40년대까지 연속적인 흐름으로 파악할 수 있는데 이 시기 대표적인 연구자로는 김태준, 조윤제, 정노식 등을 꼽을 수 있다.

김태준[23]은 춘향전의 발생과 함께 시대성 및 사상에 관하여 거론하면서 본격적인 연구의 선편을 잡았다.[24] 발생과 관련하여, 정조(正祖) 때 옛날 이야기책 모양으로 전해오던 것을 광대들이 입으로 옮기기 시작하여 순조(純祖) 때 가극(歌劇)으로 완성되었다고 하였다. 시대성에 대해서는 신흥계급의 사이에서 맹아한 것이라고 하였고, 사상 면에서는 춘향은 정절보다 인격을 주장하며, 춘향 또는 그를 위요한 민중의 승리의 서광을 보여준다고 하였다. 그 결과 문학사적 의의로서 유창한 조선어 사용과 신흥계급의 승리를 대변한다는 점을 들었다.

이명선[25]은 춘향전이 염정소설인가 계급해방의 소설인가 하는 논란은 이본의 성격에 따라 다르다고 하여 이본 연구의 중요성을 거론하고 몇몇 이본에서 '방자'나 '목낭청' 등의 인물을 통해 드러나는 이데올로기적 성격에 대해 언급하였다.

---

23) 김태준, 「春香傳의 現代的 解釋」, 『동아일보』 1935.1.1일부터 8회에 걸쳐 게재. (『原本 春香傳』 해제논문으로 게재, 학예사, 1938; 『증보 조선소설사』, 학예사, 1939; 『김태준전집』 2, 보고사, 1990 영인.)

24) 그 이전 최남선(「「桃花扇」傳奇와 「春香傳」」, 미발표, 1929; 『육당최남선전집』, 현암사, 1974)은 춘향전이 「桃花扇」의 번안일 수 있다고 하였고, 권덕규(「春香傳 모델」,『新朝鮮』 3, 1932; 최철・설성경 편, 『설화・소설의 연구』, 정음사, 1984에 재수록.)는 御使 金宇杭이야기를 소개하는 데 그쳤다.

25) 이명선, 「춘향전과 이본문제」, 『동아일보』 1938년 7월 16,22,23일 8월 4,5일.

조윤제[26]는 인물소개 순서, 춘향의 신분, 정표 따위를 포함하는 플롯과 문체 등을 중심으로 20종의 이본을 검토하였다. 그리고 완판84장본 <열녀춘향수절가>를 저본으로 하여 『교주 춘향전』[27]을 발간하였다. 그는 이명선본과 완판본은 창곡(唱曲)을 위주로 한 희곡적 소설이고 경판본은 스토리적 소설이라고 구별하는 등 이본간의 특성들을 규명하여 이후의 이본 연구에 많은 영향을 준다.

춘향전의 발생에 대해서는 조윤제 역시 김태준의 견해를 따랐는데 이러한 소설 선행설과 달리하여 서두수[28]는 이 땅은 가요의 고장이라는 점 등을 들면서 춘향가가 춘향전에 선행했을 가능성이 있다고 하였다. 이러한 가능성은 그 이전에 송석하[29]에 의해 제기된 바 있다. 그는 판소리를 '창조극(倡調劇)'이라고 칭하면서 연극 춘향전이 소설 춘향전보다 먼저인 것 같고 연극 춘향전은 산재한 민간설화에서 직업적 예인(藝人)이 취재(取材) 각색(脚色)한 것이라고 하였다. '창조극(倡調劇)'이란 광대가 음률을 주로 하여 연기함을 뜻하는 말이다.

이후 정노식[30]은 많은 광대들의 약전(略傳)을 소개하는 한편, 판소리를 '창극조(唱劇調)'라고 칭하면서 무악(巫樂) 기원설을 제시하였다. 무녀의 굿의 조와 광대의 창극조가 비슷한 점이 많고 과거 명창 중에 비가비를 제하고는 거의 모두 재인 무녀계급에 한하여 출생한 점, 그리고 원한을 품고 죽은

---

26) 조윤제, 「춘향전 이본고」 (1)·(2), 『진단학보』 11·12, 진단학회, 1939·1940.

27) 조윤제, 『교주 춘향전』, 박문문고, 1939. (을유문화사, 1957.)

28) 서두수, 「妄論 춘향가·춘향전」, 『문장』 3, 문장사, 1939. (최철·설성경 편, 『설화·소설의 연구』, 정음사, 1984에 재수록.)

29) 송석하, 「倡調劇 「春香傳」 小論 - 主로 倡調劇 全體에 對한 問題 -」, 『劇藝術』 5, 1936. 9. (최철·설성경 편, 『설화·소설의 연구』, 정음사, 1984에 재수록.)

30) 정노식, 『조선창극사』, 조선일보사 출판부, 1940.

춘향에 대한 살풀이굿이 성행하였다는 전설 등을 근거로 제시하였다. 무악기원설은 이후 이혜구,[31] 서대석,[32] 설성경 등으로 이어진다.

신재효와 관련하여서는 40년대 후반에 이병기와 김삼불이 판소리에 큰 공을 세운 인물로 평가하는 견해를 보였다.

신재효에 대한 첫 소개는 조운에 의해 이루어졌다.[33] 그 후 이병기[34]는 판소리를 '극가(劇歌)'로 규정하고 신재효(申在孝)의 춘향전 개작본을 소개하면서 실정과 실감에 맞게 다듬어서 극가문학을 완성했다고 평가하였다.

김삼불[35]은 판소리가 창악(唱樂)이지 창극(唱劇)은 아니며 그 사(詞)는 서사시 계열에 속한다고 하였고, '설화→타령→서민소설'이라는 가설을 내세웠다. 이병기의 견해를 토대로 하였다고 밝힌 글에서는, 신재효의 춘향가 개작에 대해서, 객관적으로 파악하여 개작하였으며 개작의 결과 기존의 사건 진행 위주의 이야기가 비로소 인물 중심의 문학으로 앙양되었다고 평가하였다.[36]

주석본으로는 조윤제의 『교주 춘향전』이 나왔다.[37] 완판 84장본 <열녀춘향수절가>가 춘향전의 대표작이라고 하여 텍스트로 삼았는데 이후 보완되

31) 이혜구, 「巫樂 硏究」, 『한국음악연구』, 국민음악회, 1957.; 「송만재 관우희」, 『중앙대 30주년 기념논문집』, 중앙대, 1956.

32) 서대석, 「판소리 형성의 插疑」, 『우리문화』 3, 우리문화연구회, 1969.

33) 조운, 「근대가요 大方家 申五衛將」, 『신생』 2권 1호·2호, 신생사, 1929, 1월과 2월 ; 이병기, 「토별가와 신오위장」, 『문장』 16, 문장사, 1940. (최철·설성경 편, 『설화·소설의 연구』, 정음사, 1984에 재수록.)

34) 이병기, 「극가(劇歌)」, 『국문학개론』, 일지사, 4294년(1961년).

35) 김삼불, 『배비장전·옹고집전』 서문, 국제문화관, 1950.

36) 김삼불, 「申五衛將硏究序說」, 서울대 졸업논문, 1949. (『판소리 연구』 10, 판소리학회, 1999에 재수록.)

37) 조윤제, 『교주 춘향전』, 박문서관, 1939. (을유문화사, 1957).

어 다시 간행되었다.

자료 소개로는 김태준의 『원본춘향전』[38]과 오한근이 펴낸 『열녀춘향수절가』가 있다. <열녀춘향수절가>는 이후에도 수차례 영인된다.

2) 1950년대와 1960년대 전반기

이 시기는 전란이 일어났기 때문에 연구 성과가 상대적으로 소략하다. 주로 서지적인 연구가 빛을 발하였던 것도 전란과 이데올로기적 양분화에 따른 파장일 것이다. 한편 어느 정도 연구 성과가 쌓이면서 춘향전을 주제로 한 심포지움이 열리기도 하였다.[39]

이 시기 대표적인 연구가로는 판소리의 발생과 이본 연구 등에서 두각을 나타낸 김동욱을 들 수 있다.

김동욱은 『한국 가요의 연구』[40]에서 판소리 발생과 판소리 삽입가요에 대해 규명하였고, 『춘향전연구』[41]에서는 광대, 근원설화, 이본, 장면 비교, 문체 등에 대해 검토하였다. 그리하여 판소리와 소설과의 관계에 대해서 판소리 선행설을 정설화하였고, 판소리의 기원으로 '광대소학지희(廣大笑謔之戲)'를 거론하였다. 『춘향전연구』에서 보인 장면 비교는 후에 <남원고사>를 중심으로 한 비교 연구인 『춘향전비교연구』[42]로 발전한다.

---

38) 김태준, 『원본춘향전』, 학예사, 1939. (『김태준전집』 2, 보고사, 1990).

39) 진단학회, 춘향전의 종합적 검토, 제1회 동양학 심포지움 속기록, 1962.5.8, 『진단학보』 23. 발표자와 제목은 다음과 같다. 김동욱 : 이본(異本)으로 본 춘향전 / 강한영 : 판소리로 본 춘향전 - 장르 문제 / 장덕순 : 작중 인물을 통하여 본 춘향전 - 경판본과 완판본의 인물 분석 / 차주환 : 중국 문학도가 본 춘향전.

40) 김동욱, 『한국가요의 연구』, 을유문화사, 1961.

41) 김동욱, 『춘향전연구』, 연세대출판부, 1965. (증보 1976, 증보 2판 1985)

42) 김동욱, 김태준, 설성경 공저, 『춘향전비교연구』, 삼영사, 1979.

이외 이본에 대해서 구자균[43], 최철[44] 등의 연구가 이루어졌다.

이 시기 다수를 차지하는 비교문학적 접근으로는, 암행어사의 시(詩)가 명나라 전기(傳奇)로서 언해본(諺解本)까지 나온 <오륜전비(伍倫全備)>에서 유래했다고 지적한 민영규,[45] 춘향전을 <西廂記>·<玉堂春>과 비교한 정래동[46] 등의 연구가 있다.

춘향전의 발생과 관련하여 이가원은 중국문학과 춘향전을 비교하는[47] 한편 1964년에 남원에서 '부사성공안의선정비(府使成公安義善政碑)'가 발견됨에 따라 춘향전의 모델이 실재한 인물인가를 두고 김동욱과 설전을 벌이기도 하였다.[48]

주석 작업은 김사엽,[49] 강한영, 이가원 등에 의해 이루어졌다. 강한영은 신재효본에 대한 소개와 함께 여러 차례 주석과 교주 작업을 간행하였고,[50] 이가원은 완판 84장본 가운데 김삼불 소장본으로 주석 작업을 하였다.[51]

---

43) 구자균, 「고대본 춘향전 해제」, 『문리논집』 3, 고려대, 1958.

44) 최철, 「춘향전 이본간의 내용 비교 연구」, 『문우』 2권1호, 연세대 문과대, 1961.

45) 민영규, 「춘향전 삼칙 - 오륜전고와 낭자고와 원명의 재자가인극 - 」, 『인문과학』 7, 연세대, 1962. (「춘향전 오칙」, 『江華學 최후의 광경』, 우반, 1994.)

46) 정래동, 「춘향전에 영향을 미친 중국의 작품들-西廂記, 玉堂春 등」, 『대동문화연구』 1, 성균관대 대동문화연구원, 1963.
이후 이재수도 <서상기>보다는 <옥당춘>에 가깝다는 견해를 폈다. 『한국소설연구』, 형설출판사, 1969.

47) 이가원, 「춘향가가 명곡에서 받은 영향」, 『국어국문학』 34·35, 국어국문학회, 1967.

48) 설성경, 「연민과 나손의 춘향전 모델 논쟁」, 『춘향예술의 역사적 연구』, 연세대 출판부, 2000 참조.

49) 김사엽 교주, 『춘향전 : 열녀춘향수절가』, 대양출판사, 1952. (학원사, 1962.)

50) 강한영 주, 「춘향가 : 신재효 작」, 『국어국문학』 5-9, 국어국문학회, 1953-1954.
강한영 해설, 『影印 申在孝판소리全集』, 연세대 인문과학연구소, 1969.
강한영 교주, 『신재효판소리사설집(全)』, 한국고전문학전집 8, 보성문화사, 1978 등.

51) 이가원 주석, 『춘향전』, 정음사, 1962. (태학사, 1995.)

3) 1960년대 후반기와 1970년대

60년대 후반부터 70년대는 작품에 대한 다양한 해석과 방법론의 적용이 눈에 띈다. 판소리 작품으로서의 특징상 작품에서 종종 드러나게 되는 논리적인 불일치에 대한 해석과 관련하여 최진원, 이상택, 조동일 등이 견해를 개진하였다.

최진원[52]은, 그 이전 경판본과 완판본을 비교하여 완판본이 묘사나 문장력에 있어서는 우수하지만 작품 구성에 있어서 불균형과 부조리를 초래한다고 평가한 장덕순의 견해[53]를 비판하면서 판소리의 '공동성(公同性)'에서 유래한 '발랄성(潑剌性)'을 고려하지 않았다고 하였다. 그는 완판본과 신재효본을 비교하여 완판본의 불합리성을 다시 한번 지적한 다음, 완판본의 불합리성에는 민중의 집단의식의 진실을 떠나지 못하는 발랄성이 있지만 신재효본에는 그런 것이 없고 사실만 맞추고자 하였다고 평가하였다.

이상택[54]은 성격심리학을 도입하여 춘향의 이율적(二律的)인 행동체계를 해명하고자 하였다.

조동일[55]은 「흥부전의 양면성」[56]에서 얻은 방법론적 성과를 적용하여 작품의 갈등이 갖는 의미를 해석하였다. 춘향의 신분이 기생이면서 기생이 아닌 현상에 대해, 이는 신분적 제약과 이를 벗어나려는 인간적 해방의 갈등이

---

52) 최진원, 「판소리 文學攷 - 춘향전의 합리성과 불합리성」, 『대동문화연구』 2, 1966. (「「춘향전」의 합리성과 불합리성」, 『국문학과 자연』, 성균관대 출판부, 1977.; 『판소리의 이해』, 창작과비평사, 1978.12에 재수록.)

53) 장덕순 : 작중 인물을 통하여 본 춘향전 - 경판본과 완판본의 인물 분석, 제1회 동양학 심포지움 속기록, 『진단학보』 23, 진단학회, 1962. 5. 8.

54) 이상택, 「춘향전 연구」, 『논문집』 1, 공군사관학교, 1966.

55) 조동일, 「갈등에서 본 춘향전의 주제」, 『계명논총』 6, 계명대학출판부, 1969.

56) 조동일, 「흥부전의 양면성」, 『계명논총』 5, 계명대학출판부, 1969.

라고 하였고, 서로 상반될 수 있는 '부분의 독자성'이라는 판소리계 소설의 방식으로 이러한 갈등을 반영한다고 하였다. 그리고 표면적으로는 열녀 주제를 다루면서 이면적으로는 인간적 해방을 내세운다고 하였는데 이렇게 주제를 이원화해서 파악한 방식은 많은 논란을 일으키면서 이후 연구들에 영향을 끼친다.

주제 면에서 춘향의 항거가 양반 계급에 대한 것이라고 보는 견해들을 비판한 것으로 윤성근과 황패강의 연구 등이 있다.

윤성근[57]은 완판본에 나타나는 춘향의 사랑은 양반에 접근하여 부귀영화를 누리겠다는 것이며 또한 죽음에 직면해서는 양반집 귀신이라도 되겠다는 명확히 의도적인 행위라고 하였다. 춘향은 우호적인 양반에게는 접근을 시도하고 비우호적인 양반에게는 저항하였으므로 춘향의 저항은 양반에의 접근을 방해하는 일련의 행위에 대한 저항이지 양반 계급 그 자체는 아니라고 하였다.

황패강[58]은 사회적 신호와 내면적 신호를 구별하였다. 사회적 신호로 보면 변학도 개인에 대한 미움을 나타내어 보다 나은 봉건사회를 지향하는 전통적인 조선왕조소설이고, 내면적 신호로 보면 기본적 대립이 춘향과 이도령 간에 형성되고 이 대립이 변학도에 의해 해소되면서 최종적인 일체화에 이른다고 하였다.

이외에 오세영,[59] 윤홍로[60]는 공히 노드롭 프라이(Northrop Frye)의 비평

---

57) 윤성근, 「완판본 「열여춘향슈절가」」, 『어문학』 16, 한국어문학회, 1967.

58) 황패강, 「춘향전 연구」, 『동양학』 8, 단국대 동양학연구소, 1978.

59) 오세영, 「춘향의 성격 변화」, 『국어국문학』 70, 국어국문학회, 1976.

60) 윤홍로, 「화해와 새 질서 - 춘향의 중간자적 기능 - 」, 『창작과 비평』 42, 창작과비평사, 1976. (「「춘향전」 연구」, 『춘향전연구』, 강경호 편저, 교학연구사, 1990 재수록.)

이론을 원용하여 작품 분석을 하였다. 오세영은 춘향전 인물들의 성격구성의 공식 또는 원칙을 발견하고 문학적 양상의 세계적 보편성을 파악하고자 하였고, 윤홍로는 춘향의 신분 상승과 행복한 재회로 끝나는 결말 때문에 완판본을 폄하하는 경향에 대해 반론을 편다고 하면서 그렇게 된 원인은 춘향전이 희극적 로만스 계열 작품 범주에 들기 때문이며, 춘향은 그 신분 상징에서 자유롭게 자기 세계를 성취할 수 있고 선택하는 가능의 세계를 내포하고 있고, 춘향의 정화된 절대애(絶對愛) 때문에 독자가 감동하는 것이라고 하였다.

신재효가 개작한 춘향가에 대한 평가에 대해서는 앞서 거론한 최진원 이외에 강한영과 김흥규 등의 상반된 논의가 있다.

강한영은 신재효 남창본의 주안상(酒案床) 대목, 사랑가 대목, 십장가(十杖歌) 대목, 몽유가(夢遊歌) 대목, 신행(新行)길 대목에 대한 비평을 검토하였다.[61] 그 결과 신재효는 판소리 사설의 비평의 기준을 객관성과 사실성에 두고 있는데, 이는 근대적 비평의식이라고 평가하였다.

이에 반하여 김흥규[62]는 신재효본에 대해 긍정적 평가를 내린 이병기, 김동욱, 강한영, 김태준 등의 견해에 의문을 제기하여 남창 춘향가는 천상계의 역할을 채용하는 등 영웅소설적으로 개작하여 현실 인식의 구체성이 약화되고, 방자적(房子的) 존재들이 소거되고, 규범적 당위에 충실한 인간형으로 변모한 것으로 보아 양반층의 요구를 배경으로 한 아전층의 상층문화 지향의식과 보수성이 반영된, 퇴화적 경향이 농후한 개작이라고 하였다.

---

61) 강한영, 「신재효의 판소리 사설 비평관 - 그의 춘향가를 중심으로」, 『동양학』 2, 단국대 동양학연구소, 1972. (『판소리연구』 2, 판소리학회, 1991 재수록.)

62) 김흥규, 「신재효 개작 춘향가의 판소리史的 위치」, 『한국학보 10, 일지사, 1978 봄. (『춘향전의 종합적 고찰』, 한국고소설연구회 편, 아세아문화사, 1991.)

이본에 대해서는 김동욱, 조희웅, 정병욱 등의 논의를 통해서 이본의 개별적 특성에 대한 분석이 이루어지게 되었다.

김동욱 · 설성경 · 김태준은 『춘향전비교연구』에서 <남원고사>, 완판 30장, 완판 33장 등 새로운 자료를 제시하면서 완판 84장본 중심의 연구 경향을 비판하였다. 서녀(庶女)로서의 춘향의 부상이 신재효본을 이어 완판 84장본 <열녀춘향수절가>에서 시작되었고 그 결과 많은 모순이 일어났다고 하였다.

조희웅[63]은 이명선 소장본에 대해서 다른 본에 없는 장면이 많고 장황하게 부연되어 있으며 춘향의 신분이 시종일관 기생으로 나오고, 익살과 음담, 욕설이 많다는 특징들을 밝혔다.

정병욱[64]은 <남원고사>의 허두를 분석하여 그것이 다른 이본보다 특별히 분량이 많아서 이미 판소리로서의 성격은 거세되고 소설로서 정착됨을 보여준다고 하였다.

이본에 대한 관심이 방각본이나 필사본에 머물던 이 시기에 구자홍은 20세기에 이루어진 활자본에 대하여 고찰하였다.[65] 그는 40여 종의 이본들을 살폈는데, <옥중화(獄中花)>는 박기홍(朴起弘) 창본(唱本)을 이해조가 각색 없이 이름만 빌어서 출판한 것으로 이후의 활판본은 거의 대부분이 <옥중화>를 저본으로 하였다고 밝혔다.

주석 작업으로는 구자균, 민제 등의 경우가 있다. 구자균은 <열녀춘향수절가>를 비롯하여 경판본, 만화본(晩華本), 고려대본을 교주하였고,[66] 민제

---

63) 조희웅, 「李古本 春香傳 硏究」, 『국어국문학』 58-60 合, 국어국문학회, 1972.

64) 정병욱, 「춘향전 이사본(異寫本) 남원고사(南原古詞)의 고찰」, 『한국문학』 44, 한국문학사, 1977. (『한국고전의 재인식』, 기린원, 1979에 재수록.)

65) 구자홍, 「신문학기 이후의 춘향전 연구」, 연세대 교육대학원 석사학위논문, 1975. 12.

는 기존에 나온 주석서 즉 조윤제, 이가원, 김사엽, 구자균이 행한 작업의 차이들을 지적하였다.[67] 이외에도 이민수 등에 의해 이러저러한 주석서들이 나왔다. 80년대 이후에는 한문본과 창본에 이르기까지 주석 작업이 확대되었다. 한문본의 경우 김석배,[68] 성현경,[69] 허호구와 강재철[70] 등이 주석을 하였고, 창본으로는 김진영과 김현주가 장자백 창본에 대해 주석을 하였다.[71]

자료 소개의 경우도 주석 작업 못지않게 『춘향전사본전집(1)』[72]을 비롯하여 활발하게 이루어졌다. 80년대 이후에는 김진영과 김현주 등에 의해 '춘향전전집'이 몇 차례 간행되었고,[73] 설성경에 의해 춘향예술사자료총서 8책이 간행되면서[74] 춘향전 이본들을 총괄하게 되었다.

4) 80년대 이후의 연구 성과

70년대까지 한국문학 연구는 식민 경험으로 단절된 한국문학의 정통성과 역사적 전통을 회복하고 '민족 문학' 및 '민중 문학'으로서의 가치를 '발명'하는 데 집중되었다. 춘향전 연구도 예외가 아니어서 발생론을 비롯하여 춘

66) 구자균 교주, 『춘향전』, 민중서림, 1970. (교문사, 1984)

67) 민제 교주, 『對校 춘향전』, 동화출판공사, 1976.

68) 김석배, 「만화본 춘향가」, 『판소리연구』 3, 판소리학회, 1992.

69) 성현경 · 조융희, 허용호, 『광한루기 역주연구』, 박이정, 1997.

70) 허호구 · 강재철, 『역주 춘향신설 · 현토 한문춘향전』, 이회, 1998.

71) 김진영 · 김현주 역주, 『춘향가 : 명창 장자백 창본』, 박이정, 1996.

72) 김동욱 · 권영철 · 김태준 공편, 『춘향전사본선집(1)』, 명지대 국학자료간행위원회, 1977.

73) 김진영 · 김현주 · 김희찬 편저, 『춘향전전집』 1, 박이정, 1997.
김진영 · 김현주 · 홍태한 · 진은진 · 서유경 · 김희찬 편저, 『춘향전전집』 10, 박이정, 2001 등.

74) 설성경, 『춘향예술사자료총서』, 국학자료원, 1998.

향전 전승의 역사적 과정에 대한 논의가 활발하게 전개되었으며 '민족 문학' 및 '민중 문학'으로서의 가치를 규명하고자 하는 주제론 또한 왕성하게 대두되었다.

전체를 조망하는 거시적 관점의 연구는 80년대 이후 조금씩 미시적인 분석으로 이동하기 시작했다. 이본 연구에서도 김동욱이 소개했던 이본들에 대한 개별적인 연구가 활발하게 전개되었고 주제 연구에서도 춘향전 전체 작품군의 주제가 아닌, 각 이본별 주제를 고찰하는 논의가 진행되었다. 소설 춘향전에 대한 논의가 창본 춘향가와의 상관성 아래 전개되었으며 소설 춘향전과 다른 장르들 사이의 교섭 양상이나 춘향전에 삽입된 가요에 대한 논의가 조금씩 고개를 내밀기 시작하였다.

춘향전 연구는 이렇듯 양적 팽창 속도에 맞물려 조금씩 깊이를 더해가는 과정에 있다. 이 글에서는 이본 연구, 주제 연구, 장르 교섭·삽입 가요·더늠연구, 춘향전 계승에 대한 연구 등으로 나누어 분야별로 연구사적 흐름을 살펴보고자 한다. 선행 연구를 계승한 지속적 측면과 새로운 접근을 시도한 변화의 지점들을 아울러 고찰하되 연구사의 새로운 전망을 모색하는 방향으로 논의를 이끌어가고자 한다.

(1) 이본 연구의 확대·심화

80년대 춘향전 이본 연구는 춘향전의 여러 이본들을 계열화하고 이본간의 선후 관계, 상호 영향 관계를 밝히는 작업에 치중하면서 각 이본별 주제 및 구성상의 특징을 밝히는 쪽으로 분화되어 갔다. 춘향전 초기 연구가 춘향전 작품 전체나 계열별 이본 전체를 대상으로 보편적인 구성·주제적 특성에 주목했다면, 80년대 중후반을 넘어 90년대에 이르러서는 춘향전 이본 하나하나의 가치에 좀더 밀도 있게 접근하고자 하였다. 이에 따라 이본 사이의 선후 관계나 상호 영향 관계보다는 각 이본의 개별적 특성을 밝혀 구성이나 주제・문체 면에서의 논의가 좀더 다양해지고 폭넓어지는 성과가 나타났다. 춘향전 전승의 외연을 좀더 폭넓게 파악하고 이본 전승의 흐름을 미시적으로 분석함으로써 춘향전에 대한 제반 논의가 전체적으로 한층 심화되었을 뿐만 아니라, 춘향전의 문학적 가치를 규명하는 일 역시 다소 추상적이고 관념적인 수준을 넘어 구체적인 내실을 기할 수 있게 된 것이다.

양적인 측면에서 경판・완판본은 물론 몇몇 한문본과 남원고사본, 일본 소재 이본들, <옥중화>를 비롯한 개화기 이본들에 이르기까지 이본 연구의 대상 범위가 확대되었으며[75], 질적인 측면에서도 이본 간 단순 비교를 넘어서 춘향전 이본의 변화 양상에 대한 세밀한 분석과 전승 및 변이 원리의 발견 등 전승의 통시적 과정에 대한 논의로 이본 연구가 한층 심화되는 양상을 띄기 시작했다. 이같은 춘향전 이본 연구 시각의 예각화는 이본 비교 방식에 대한 문제제기와 반성적 고찰을 토대로 함으로써 이본 연구가 방법론적으로 한층 엄밀해지는 계기를 마련하였다.

한편 춘향전 전승에 대한 다층적 이해는 춘향전에 대한 논의가 소설에 국한되지 않고 창본으로까지 확대되어야 한다는 문제의식으로 발전하였다. 소설본과 창본의 이본 전승을 각각 독립된 것으로 파악하지 않고 상호 영향을 주고받는 관계로 인식하여 창본에서 이루어진 개작 양상이나 창본과 소설본 사이의 상호 교섭 양상 등에 주목하기도 하였다.

① 춘향전 형성 및 전승사적 관점에서의 이본 연구

이 시기 춘향전에 대한 다각적인 접근을 시도하였던 설성경은 먼저 춘향전

---

75) 이들 이본 가운데 상당수는 70년대 김동욱이 이미 소개한 것들이다. 그러나 이들 개별 이본에 대한 연구는 80년대 이후 본격화되었다고 할 수 있다.

의 형성 과정과 이본 계통을 밝히는 차원에서 여러 이본을 검토하였다.[76] 그는 춘향가의 양식과 사설의 형성 단계를 '춘향굿 - 춘향소리굿 - 춘향소리(극)'의 과정으로 파악하고 춘향전의 계통을 남원고사계, 별춘향전계, 옥중화계, 춘향전사설계로 구분하였다.[77]

또한 방각본 가운데 경판은 후대본으로 갈수록 축약되는 양상을 보이는 반면, 완판은 확대되는 양상을 보인다고 지적하였으며 춘향전 계통의 사적 전개 과정에서 신재효의 역할과 위상이 매우 주요한 것이었음을 논증하였다. 합리성·근대성·순수성을 추구한 신재효의 개작본이 춘향전사에서 후기 춘향전의 효시가 되었음을 지적한 것이다. 그는 세 계열 가운데서도 옥중화류의 이본들이 신재효 춘향가의 영향을 가장 많이 받아 비기생계의 합리적 배경을 보여준다고 하였다. 또한 신재효의 남창본과 완판 33장본의 영향을 고루 받은 완판 84장본은 신재효의 영향에 따른 합리적, 순수지향적 성격과 광대, 서민, 상인들에 의한 대중지향성이 충돌하여 갈등하는 양상을 드러낸다고 하였다.

90년대 들어서도 춘향전의 형성과 계통에 대한 그의 견해는 큰 변화를 드러내지 않는다. 다만 춘향전 형성의 각 단계에서 드러나는 연행미학적 특성에 대한 논의가 한층 심화되었으며 개별 이본 가운데 남원고사에 주목하여 수용·유통 배경 및 구성양식·주제 등을 분석한 논의가 나타나기도 하였다.[78] 또한 90년대 중반 이후에는 춘향전 전승의 역사적 전개 과정을 좀더 총체적으로 파악하고자 하였다. 춘향전에 등장하는 몇몇 모티브들과 유사성

76) 설성경, 『춘향전의 형성과 계통』, 정음사, 1986. (박사학위논문을 단행본으로 출간한 것이다. 박사학위논문은 1980년에 제출되었다.)

77) 이후 논의에서는 남원고사계와 별춘향전계, 옥중화계를 중심 계통으로 구분하였다.

78) 설성경, 『한국고전소설의 본질』, 국학자료원, 1991.

을 드러내는 설화들에 주목하여 이들을 춘향전 성립의 핵심 소재원으로 지적했을 뿐 아니라 여러 유파와 명창들의 춘향가 사설이나 현대 판소리극의 대본에 이르기까지 논의 대상을 확장시켜 춘향전에 대한 통시구조론적 접근을 시도하였다.[79)]

그러나 2000년대 들어 춘향전의 원작자를 추적하는 작업에 몰두하기 시작하면서[80)] 춘향전 전승의 역사적 과정에 대한 그의 논의는 일대 전환을 맞게 되었다. 작품 외적 배경에 대한 사회역사적 조망과 작품 내적 특질에 대한 분석을 토대로 16세기 말 - 17세기 초의 인물인 조경남을 춘향전의 원작자로 지목하게 되면서 춘향전의 형성과 전승에 대한 전반적인 인식이 크게 변화하지 않을 수 없었던 것이다.[81)] 그리하여 17세기에 원작자에 의해 창작되었던 원춘향전이 18세기에는 여러 광대에 의해 현장 예술인 판소리로 자리잡게 되었고, 19세기에 이르러 소설 방각업자들에 의해 목판본 한글 소설로 정착됨으로써 대중적 독서물로 자리잡았다는 주장에 이르게 되었다.

이러한 구도 아래서 이본에 대한 관심 역시 자연스럽게 완판 84장본으로 집중되었다.[82)] 그는 원춘향전의 기록문학적 흐름과 광대들의 구비문학적 특성이 자연스럽게 융합되면서 소설 춘향전의 텍스트들이 형성되었다고 보았는데 여러 이본들 가운데 이러한 종합적 성격을 가장 잘 보여주는 본이 바로 완판 84장본 <열녀춘향수절가>라고 하였다. 다른 이본과의 대조를 통해

---

79) 설성경, 『춘향전의 통시적 연구』, 서광학술자료사, 1994.

80) 김형돈이 이와 유사한 작업을 하기도 하였다. 김형돈은 춘향전의 근원설화를 '고경명 설화'로 보고 '양진사'라는 인물이 이 설화의 구조에 '金樽美酒詩'를 중심으로 한 암행어사 이야기를 더하여 창작한 것이 초기 춘향전이라고 추정하였다. (김형돈, 「춘향전의 형성과정과 서사구조 연구」, 명지대 박사 학위논문, 1998. 2.)

81) 설성경, 『춘향예술의 역사적 연구』, 연세대 출판부, 2000.

82) 설성경, 『춘향전의 비밀』, 서울대 출판부, 2001.

완판 84장본의 서술방식·서사기법·극적 장면 원리와 희곡적 성격·서정성과 율격성 등의 다양한 특성을 분석하였으며 이를 통해 원춘향전으로부터 이어지는 지속적 흐름과 18세기 여러 광대 재인들에 의해 풍부화된 다양한 변화의 흐름이 성공적으로 계승되고 있음을 논증하였다.

설성경 외에 춘향전 전승의 전체 맥락에 주목한 이는 김석배였다.[83] 설성경의 연구가 춘향전의 형성 과정과 계통별 전승 과정에 주목한 논의였다면 김석배의 연구는 춘향전의 이본 생성 원리와 대목별 변모 양상 및 변모 동인에 집중한 논의였다. 김석배는 선행 연구에 대해, 판소리 춘향가를 주논의 대상으로 삼지 않은 점, 이본 비교 대상본의 선정과 이본 비교 원리를 체계화하지 않은 점을 비판하고, 판소리 춘향가의 더늠에 주목하여 선후관계가 분명한 몇몇 본을 선정한 후 만남, 사랑, 이별, 수난, 재회 대목으로 나누어 각 변모양상을 고찰하고자 하였다. 그는 특히 이본 비교 기준 및 원리의 체계화의 필요성을 역설하면서 작품 내적 요소 가운데 '서술자의 논평자적 목소리(개입)'에 주목하여 이본 생성 양상과 변모 방향을 분석하고자 하였다. 이러한 문제의식에 따라 그는 먼저 춘향전 이본의 생성·변모 양상의 전체적인 특징과 방향성을 개괄하고 대목별 변모 양상을 살핀 다음 춘향전 이본의 계통별 변모 양상을 분석하여 이본 변화의 동인을 밝히고자 하였다.

② 19세기 말-20세기 초 국문본에 대한 연구

1980년대 이후 이본 연구가 다양화되면서 춘향전 형성 과정과 이본 계열에 대한 논의에서 주목받지 못했던 이본들이 연구자들에 의해 발견되기 시작하였다. 이들 이본의 존재는 예전부터 알려진 것이었으나 이본 전승 흐름의

83) 김석배, 「춘향전 이본의 생성과 변모양상 연구」, 경북대 박사학위논문, 1992. 12.

전체상을 조망하는 데 치중한 이전 논의에서 그다지 주목받지 못했다는 점에서 후대 학자들에 의해 그 가치와 진면목이 '발견'되었다 할 수 있을 것이다.

춘향전 개별 이본 가운데 80년대 이후 가장 주목받은 본은 <남원고사>이다. <남원고사>는 70년대 후반 김동욱에 의해 처음 그 가치를 주목받은 이래 설성경, 박갑수, 김석배 등의 논의에서 춘향전의 진면목을 보여주는, 가장 핵심적인 이본으로 논의된 바 있고 이후 성현경이 다시 그 구조와 의미를 좀더 정치하게 분석하였다.[84]

춘향전 전승사에서 <남원고사>가 지니는 위상에 대한 논의는 점차 세책으로서의 성격을 규명하는 방향으로 나아갔다. 윤덕진・임성래는 <남원고사>가 세책본 소설로서 수익성을 높이기 위해 분량 확장을 꾀할 필요가 있었다고 보고 이러한 관점에서 장면 묘사 확대와 시가 삽입을 통한 줄거리 확장 양상을 분석하였다.[85] <남원고사> 1권이 주로 장면 묘사의 확대를 꾀했다면 2권에서는 시가 삽입이 활발하게 이루어졌다고 보고 비유, 문답, 나열 등의 수사법의 양상을 확인하는 한편, 시가 삽입의 경우 기존의 시가가 <남원고사>에 수용되는 과정에서 어떻게 변이되었는지 그 양상을 살피는 데 초점을 두었다.

이윤석은 <남원고사>에 들어 있는 '바리가'가 송서(誦書)로 불리던 서울소리 '짝타령'과 비교했을 때 일치한다는 사실을 확인하고 이를 세책 계열 춘향전의 형성 과정과 관련하여 논의하였다.[86] 춘향전 형성 연원을 판소리에

84) 성현경, 「남원고사본 춘향전의 구조와 의미」, 『한국고전소설 연구의 방향』, 새문사, 1985.
이외에도 <남원고사>에 주목한 논의로는 다음과 같은 것들이 있다.
윤용식, 「춘향전 : 남원고사본을 중심으로」, 『한국고전소설작품론』, 집문당, 1990. 10.
김의정, 「춘향전 연구 : 남원고사본을 중심으로」, 단국대 박사 학위논문, 1993. 2.

85) 윤덕진・임성래, 「남원고사 연구(1)・(2)」, 『열상고전연구』 13・15, 열상고전연구회, 2000・2002.

만 한정하는 기존의 논의를 비판하면서, 모든 춘향전이 판소리에서 판소리계 소설로 이어지는 형성 과정을 거친 것은 아니며 적어도 세책 계열의 춘향전의 경우 다른 경로를 통해 형성되었을 가능성이 충분하다고 주장하였다.

전상욱은 <남원고사>와 동양문고본, 동경대학본(아천문고본), 도남문고본의 서지적 특성을 고찰하고 각 본의 서사단락을 17개로 구분하여 이를 다른 이본들과 비교・검토하였다.[87] 그는 네 본이 세책으로 유통되었거나 세책으로 유통되던 본과 영향 관계에 있는 이본들임을 논증하고 이를 '세책 계열'로 범주화하였다. 그의 논의에 따라 일본 소재 춘향전 이본들의 전승사적 위상이 '세책 소설사'의 관점에서 새롭게 조명되었다.

<남원고사>와 연관해서 일본 소재 춘향전 이본들 또한 연구자들의 주목을 받았다. 유재일은 동경대 아천문고 소장의 춘향전과 <남원고사> 사이에 일정한 친연성이 있음을 발견하였다.[88] 그는 세부단락의 비교와 표현 및 수사에 대한 분석을 통해 아천문고본이 춘향전 이본 가운데 <남원고사>와 가장 유사하며 판소리적인 성격이 매우 강한 본이라고 논증하였다.

박갑수 역시 일본 소재 춘향전 이본들에 주목하였다.[89] 그는 동양문고본과 동경대학본, <고본 춘향전>, <남원고사> 사이에 친연성이 있음을 발견

---

86) 이윤석, 「세책 춘향전에 들어 있는 <바리가>에 대하여」, 『세책 고소설 연구』, 이윤석・大谷森繁・정명기 편저, 혜안, 2003.

87) 전상욱, 「세책 계열 춘향전의 특성」, 『세책 고소설 연구』, 이윤석・大谷森繁・정명기 편저, 혜안, 2003.

88) 유재일, 「아천문고본 춘향전에 대하여」, 『연세어문학』 2, 연세대 국어국문학과, 1987.

89) 박갑수, 「일본 소장 춘향전의 문체고」, 『사대논총』 24, 서울대 사대, 1982. 10.
박갑수, 「동경대학본 춘향전」, 『조선학보』 126, 조선학회, 1988.
박갑수, 「고본 춘향전의 위상과 표현」, 『도곡정기호박사회갑기념논총』, 인하대 국문과, 1991. 11.
박갑수, 「고본 춘향전의 위상과 표현(中)」, 『선청어문』 24, 서울대 사대, 1996. 10.
박갑수, 「고본 춘향전의 위상과 표현(下)」, 『선청어문』 25, 서울대 사대, 1997. 12.

하였다. 네 본 중에서도 동양문고본과 동경대학본이 상대적으로 더 가까운데, 두 본은 각각 <고본 춘향전>, <남원고사>와의 유사성을 보인다고 하였다. 이 중에서도 특히 <고본 춘향전>은 한국화, 고급화, 합리화의 방향으로 광범위한 개작이 행해졌으며 이 개작으로 인해 교훈적 성격과 귀족문학적 성격이 강화되었다고 주장하였다.[90]

70년대 주목받았던 이본인 완판계열 본들에 대한 관심 또한 여전히 지속되어 이 계열에 속하는 이본들 사이의 선후 관계와 다른 본과의 친연성 등이 면밀하게 검토되었다. 특히 류탁일은 완판방각본 계열에 속하는 5종의 이본을 문헌서지학적 관점에서 전체적으로 비교, 고찰하였다.[91] 그는 각 본의 형태서지학적 특질들에 근거하여 이본들간의 선후관계를 규명하고[92] 각 이본의 간행시기를 추정하는 데 논의의 초점을 두었다.

류탁일 이후 잠시 소강 상태에 빠졌던 완판 계열 이본에 대한 연구는 90년대 중반 김종철이 임형택 소장의 완판방각본인 <별춘향전> 26장본을 소개한[93] 이후 다시 활발하게 전개되었다. 김석배가 완판방각본 춘향전 이본들

---

90) 김석배도 박사학위논문과 소논문에서 <고본 춘향전>의 서사적 특성을 밝힌 바 있다. (김석배, 「고본 춘향전의 성격」, 『고소설연구논총』, 경인문화사, 1994.)
<고본 춘향전>에 대한 관심은 근대 초기 춘향전의 면모와 관련하여 꾸준히 지속되었는데 최근 강진모가 <고본 춘향전>의 분석을 통해, 근대 초기 지식인들이 근대 국가 성립을 추구하는 기획의 일환으로 '조선문학'의 범주를 설정하고 춘향전을 대표적인 고전으로 명명하기 위해 기존의 춘향전 이본에 대대적인 수정과 삭제를 가하는 과정을 설명하기도 하였다. (강진모, 「<고본 춘향전>의 성립과 그에 따른 고소설의 위상 변화」, 연세대 석사학위논문, 2002.)

91) 류탁일, 『완판방각소설의 문헌학적 연구』, 학문사, 1981.

92) 류탁일은 5종 이본들 사이의 선후 관계를 '30장본 → 33장본 → 84장본(3종)'으로 정리하였다.

93) 김종철, 「完西新刊本 <별춘향전>에 대하여」, 『판소리연구』 7, 판소리학회, 1996.
김종철은 완판과 춘향가 창본 사이의 상관관계를 조명하기도 하였다. (김종철, 「<별춘향전>의 복원 - 박순호, 한창기본을 중심으로」, 『아주어문연구』 2, 아주대 국어국문학과, 1995.)

사이의 상관관계를 논의한 연구[94]에 뒤이어 김종철 등의 논의를 바탕으로 다시 완판계열 이본들을 밀도 있게 분석하였으며[95], 2000년대 들어 김문희가 다시 완판계열 이본들이 춘향전 전승사에서 지니는 위상과 의미를 논구하였다.[96] 또한 성기련은 완판 84장본이 김세종제 춘향가를 수용했음을 밝히고 그 개작 양상을 고찰하기도 하였다.[97]

경판 계열 춘향전 이본에 대한 관심도 지속되어 2003년에 새로운 연구 성과가 나오기도 하였다. 이창헌은 경판방각본 춘향전의 전승 양상이 서로 다른 두 개의 흐름을 형성하고 있음에 주목하였다.[98] 그는 <남원고사>의 전통을 지향하는 경판 35장본과 사건의 극적 반전이라는 새로운 흐름을 추구하는 경판 30장본 사이에 일정한 차이가 존재한다는 사실을 발견하고 후대 방각본들이 이 가운데 경판 30장본의 흐름을 계승하고 있다고 주장하였다.

90년대 들어 우리 역사의 '근대'와 '근대성'에 대한 논의가 활발해지면서 여러 이본들 가운데 특히 19세기 말, 20세기 초에 형성된 본들이 주목받기 시작했는데 이중 대표적인 것이 <옥중화>이다. <옥중화>는 이미 춘향전 형성과 전승 역사를 논의하는 과정에서 일찍이 주목받은 바 있는데, 구활자본 춘향전 이본들에 대한 전반적인 연구[99]에서 점차 <옥중화>에 대한 텍스트 분석으로 연구 초점이 예각화되었다.

---

94) 김석배, 「완판방각본 춘향전의 이본 연구」, 『논문집』 15, 금오공대, 1994.

95) 김석배, 「완판방각본 <별춘향전>의 성격」, 『한국문학논총』 26, 한국문학회, 2000.

96) 김문희, 「완판 춘향전의 계열과 위상」, 『고소설연구』 10, 한국고소설학회, 2000.

97) 성기련, 「완판 84장본 <열녀춘향수절가>의 김세종제 춘향가 수용과 개작」, 『판소리연구』 11, 판소리학회, 2000.

98) 이창헌, 「경판방각소설 춘향전의 순차단락 고착화 양상 연구」, 『고소설연구』 15, 한국고소설학회, 2003.

99) 김경미, 「구활자본 춘향전의 개작양상과 그 의미」, 『이화어문논집』 9, 이화여대 한국어문학연구소, 1987. 11.

김종철은 <옥중화>가, 신재효 남창본과 이고본, 완판본, 박기홍본 등을 저본으로 만들어진 교합, 개작본이라는 기존의 논의를 비판하면서 박기홍본이나, 박기홍조 춘향가의 실상에 최대한 근접한 형태로 만들어진 텍스트라는 사실을 주장하였다.[100]

이에 대해 김현양은 장자백 창본이 <옥중화>에 주요한 영향을 미친 본임을 주장하였다.[101] 설성경, 윤용식 등에 의해 <옥중화>의 저본으로 지목되었던 권영철본 박기홍조 춘향가를 <옥중화>의 텍스트와 면밀하게 대조하여 오히려 권영철본이 <옥중화>를 저본으로 했음을 논증함과 동시에, 앞선 연구자들이 <남원고사>와 신재효본 남창 춘향가의 영향을 동시에 받은 본이라고 주장했던 장자백 창본 춘향가가 바로 <옥중화>의 연원임을 논증하였다.

권순긍은 근대 초기 대표적인 춘향전으로 <옥중화>를 들고 신재효본 춘향가와의 비교, 대조를 통해 <옥중화>에 내재한 근대적 성격을 분석하고 그 역사적 의미를 발견하고자 하였다.[102] 그는 <옥중화>가 근대적 합리주의를 지향하면서 신분갈등의 약화와 여성존중의 애정관을 드러내고 있다고 보고 이를 통해 당대 민중의 의식적 성장과 정치의식의 변화 양상을 확인할 수 있다고 주장하였다.

최혜진은 1932년 세창서관에서 발행한 옥중화 계열의 이본인 <도상옥중화>의 텍스트를 분석하였다.[103] 희곡적 구성 및 개성적 문체 · 신분갈등 구

100) 김종철, 「<옥중화> 연구(1) : 이해조 개작에 대한 재론」, 『관악어문연구』 20, 서울대 국문과, 1995. 12.

101) 김현양, 「<옥중화>의 계보」, 『동방고전문학연구』 1, 동방고전문학회, 1999. 8.

102) 권순긍, 「판소리 개작소설 옥중화의 근대성」, 『반교어문연구』 2, 반교어문연구회, 1990. 12.

103) 최혜진, 「<도상옥중화> 연구」, 『판소리연구』 7, 판소리학회, 1996.

조의 극대화뿐 아니라, 사설면에서 개성화·희화화를 통해 극적 구성력을 높인 것과, 결말 부분 확대를 통해 보상심리를 강화하고 주제를 축소한 것 등을 주요 특징으로 들었다. 또한 창본을 대상으로 한 교본(校本)이라는 점과 남원고사계의 소설 내용이 수용되었다는 사실을 아울러 지적하고 이동백이 창자였을 가능성에 대해서도 조심스럽게 언급하였다.

김진영은 <도상옥중화>의 삽화들을 분석하고 그 의미망을 추출하고자 하였다.[104] 그는 <도상옥중화>의 삽화들이 단순히 시각적 효과만을 노린 것이 아니라 서사내용 전반을 드러내고 있으며 서사문맥을 반복함으로써 독자들이 그 내용을 효과적으로 수용하는 데 기여하고 있음을 발견하였다. 또한 삽화 수용 양상이 수용미학적 관점에서 소설 수용의 새로운 방식을 보여주고 있을 뿐 아니라 수용층 확장과 대중적인 파급 및 흥미성 제고에도 영향을 미치는 것임을 논증하였다.

③ 한문본 춘향전에 대한 연구

춘향전 이본에 대한 연구사에서 80년대 후반부터 두드러지게 나타난 변화는 바로 춘향전 한문본의 '발견'이었다. 새로운 한문본들이 발견되었을 뿐 아니라 기존에 간단하게 소개되는 데 그쳤던 여러 한문본들의 가치와 문학사적 위상이 새롭게 조명되었다. 김동욱 이후 춘향전 한문본을 본격적으로 연구한 이들은 소재영, 정하영, 성현경, 김종철, 김석배, 박관수 등이었다.

이들이 그 가치를 발견한 한문본들은 <광한루기>와 만화본, 여규형본, <춘향신설>이었다. 그 가운데 중국 평점본 소설의 독서 경험을 바탕으로

---

104) 김진영, 「춘향전의 삽화양상과 의미 - <도상옥중화>를 중심으로」, 『고소설연구』 4, 한국고소설학회, 1998.

평점본 형식의 회장체로 구성된 <광한루기>가 가장 많은 주목을 받았는데 먼저 소재영이 여러 이본 가운데 김양선본으로 알려진 <광한루기>를 해제하고 작가와 창작년도를 추정하였다.[105)]

정하영은 몇몇 이본에만 집중되는 기존의 고소설 연구 풍토를 비판하면서 한문본의 중요성을 역설하였다. 그는 먼저 춘향전 전승사에서 처음 등장한 한문 연희본인 하정(荷亭) 여규형(呂圭亨)의 춘향전에 주목하였다.[106)] 그는 조선 후기 유학자인 여규형의 생애는 물론 이본의 서지 사항 및 내용을 확인하고 작품을 통해 드러나는 작가의식을 분석한 후 이 본의 전승사적 위치를 규명하였다. 그는 이 본이 춘향전의 연극적 성격을 부각시키고 이를 효과적으로 구체화했다고 보았으며, <서상기>를 비롯한 중국희곡의 양식을 모방하기는 했지만 독자적인 세계를 구축하고 있는 것으로 파악하였다.

그는 또한 <광한루기>에 특히 주목하였는데 그 역시 작자와 창작연대를 추정하기는 했으나 확언을 유보하고 작품 세계를 파헤치는 데 주력하였다. 그는 <광한루기>의 구성과 내용이 독자적인 세계를 구축하고 있음을 확인하고 이를 통해 그 이본사적 위치를 조명하였다. 그는 흥미성을 추구한 구성과 표현뿐 아니라 뚜렷하게 드러나는 작가 의식, 장회체의 형식, 평비 형식 등에 주목하였으며[107)] 특히 평비 형식을 통해 조선후기의 소설 인식과 소설 비평의 한 양상을 확인하고자 하였다.[108)]

이러한 그의 연구는 한문본에 대한 총체적인 논의로 귀결되었다.[109)] 그는

---

105) 소재영, 「수산 광한루기 해제」, 『숭실어문』 4, 숭실대 국어국문학과, 1987.
소재영은 작가로 밝혀져 있는 '水山'을 조수삼(趙修三), 혹은 조신철(趙信喆)로 보고, 창작년도를 1851년으로 추정하였다.

106) 정하영, 「한문연본 춘향고」, 『한국언어문학』 93, 한국언어문학회, 1985.

107) 정하영, 「광한루기 연구」, 『이화어문논집』 12, 이화여대, 1992.

108) 정하영, 「광한루기 評批 연구」, 『한국고전연구』 1, 계명문화사, 1995.

한문본이 국문본과 달리 작자와 저작연대를 분명히 알 수 있고, 형식과 내용면에서 국문본과 다르기 때문에 춘향전 전승사의 새로운 흐름을 알 수 있게 하며, 국문본과 다른 작자와 독자층을 갖기 때문에 춘향전 담담층과 향유층에 대한 새로운 이해를 가능하게 할 뿐 아니라, 소설론 전개를 위한 자료로도 중요한 가치를 지닌다고 전제하였다. 이러한 전제 위에 만화본, <춘향신설>, <광한루기>, <광한루악부>, 여규형본, 한문현토본, <춘몽연>, 이가원본을 각각 한시 형식, 소설 형식, 희곡 형식으로 분류하고 대략적인 특성을 소개한 다음 작가들의 신분과 성향, 저작 과정과 저작 배경 등을 논증한 후 전체 이본들의 전승사적 위치를 조명하였다.

<광한루기>는 이후 성현경에 의해 다시 본격적인 연구 대상이 되었다. 그는 창본을 포함하여 현전하는 춘향전 국문 이본들 중에서 <광한루기>가 저본으로 삼은 속본 춘향전의 범위를 한정하고자 했으며, 형식적 준거이자 비교대상이 되었던 <서상기>의 텍스트를 적극적으로 규명하고자 하였다.[110] 뿐만 아니라 <광한루기>의 주제가 양반사대부들의 공식문화적 · 귀족주의적 세계관을 반영하면서 합리성과 절제미, 함축미 등의 서술 지향성을 보인다는 점에서 속본 춘향전의 텍스트들과 변별된다고 주장하였다. 또한 <춘향신설>과의 비교를 통해 <광한루기>의 작가의식과 미의식을 분석한 결과 상대적으로 객관적 · 사실주의적 성격이 강하다는 사실을 논증하기도 하였다.[111]

90년대 후반에는 김진영이 <광한루기>의 희곡적 양상을 분석하였다.[112]

---

109) 정하영, 「춘향전 한문 이본군 연구」, 『성곡논총』 29집 1권, 성곡학술문화재단, 1998.

110) 성현경, 『광한루기 연구』, 박이정, 1997.

111) 성현경, 「<춘향신설>과 <광한루기> 비교 연구」, 『고소설연구』 8, 한국고소설학회, 1999.

그러나 <광한루기>에 대한 연구자들의 관심은 대체로 작품을 통해 드러나는 조선 후기 소설론 및 비평론의 양상에 집중되었다. 간호윤은 <광한루기>에 등장하는 평비를 매우 정치하게 분석하여 소설의 이론화, 감상적 비평 용어의 등장, 능동적인 독자의 발견이라는 소설비평사적 가치를 발견하였다.[113] 그는 특히 <광한루기>가 '금강산도'의 작위적 산수화법을 통해 소설의 인과관계나 개연적 구성에 대한 의식을 드러내고 있으며, 수용과 창작의 두 측면을 이원화하여 독서 과정의 역동성을 강조함으로써 '고급 독자의 소설책 읽기'를 유도하는 비평을 하고 있다고 지적하였다.

춘향전 한문본 가운데 비교적 이른 시기부터 주목받았던 만화본 역시 연구자들의 지속적인 관심을 끌었다. 김석배는 만화당(晩華堂) 유진한(柳振漢)이 이백구(二百句)의 한시로 지은 만화본 춘향가를 번역하고 이 작품을 통해 초기 춘향가의 모습을 추정하고자 하였다.[114] 박관수 역시 만화본의 판소리적인 특성을 확인하고 이 본이 초기 춘향가의 모습을 보여주고 있음을 전제한 후 주제와 구성면에서 후대 이본들과 변별되는 특징을 분석하였다.[115]

춘향전 한문본에 지속적인 관심을 가졌던 김종철은 <춘향신설>과 여규형의 <한문연본 춘향전>에 먼저 주목하였다. 그는 1967년 김동욱이 개괄적으로 그 특징을 소개한 후 한동안 주목받지 못했던 <춘향신설>의 작가와 창작시기 등을 비정하였다.[116] 또한 그는 <춘향신설>에 나타나는 작가의식과 작품세계를 규명하고 그 의의를 밝히고자 했으며 이 작품을 통해 18세기

---

112) 김진영, 『한국 서사문학의 연행 양상』, 이회, 1999.

113) 간호윤, 「<광한루기>의 소설 비평론 연구」, 『고소설연구』 8, 한국고소설학회, 1999. 12.

114) 김석배, 「<만화본 춘향가> 연구」, 『문학과 언어』 12, 문학과언어학회, 1991.

115) 박관수, 「초기 춘향가의 특성」, 『판소리 연구』 8, 판소리학회, 1997.

116) 김종철, 「<춘향신설> 고」, 『고소설연구논총』, 경인문화사, 1994. 2.

말~19세기 초 춘향전의 면모를 확인하고자 하였다.

김종철이 두 번째로 주목한 춘향전 한문본은 여규형의 <한문연본 춘향전>이었다.[117] 그는 이 작품의 창작배경과 작자가 구상한 극의 형식 등을 분석하고 이를 통해 20세기 초의 판소리 춘향가 및 소설 춘향전이 상층과 교섭하면서 어떤 성격을 갖게 되었는지 그 문학사적 위상을 검토하고자 하였다. 그리하여 여규형의 춘향전이, 문인 지식인이 서사 문학을 극문학으로 전환하는 초기 사례를 보여주고 있으며, 당대 춘향전 전승의 흐름과 궤를 같이 하면서도 독자적인 세계를 구축하고 있을 뿐 아니라 신재효본에 비견할 만큼 합리성을 추구하여 이후 이능화의 <춘몽연>의 저본이 되었다고 주장하였다.

비슷한 시기에 김경미는 이능화가 1929년에 춘향가를 희곡 형식으로 개작한 작품인 <춘몽연>을 분석하였다.[118] 그에 따르면 <춘몽연>은 원각사에서 공연될 대본으로 개작된 <한문연본 춘향전>을 저본으로 한 본으로, 백화를 써서 구어투를 살리고 있으며 한시 춘향가라는 부제답게 한시가 주를 이루고 있다는 특징 외에도 판소리 창본의 창본 대본화 현상을 드러내는 본이라고 하였다. 그는 또한 이 작품의 개작 양상을 통해 이능화의 판소리 인식과 당시의 판소리 공연 형태 및 판소리에 대한 인식의 일단을 엿보고, 이를 통해 한문학이 지속되면서 하층 장르를 나름대로 정형화하는 양상을 살펴보고자 하였다.

춘향전 한문본 가운데 가장 늦게 발견된 것은 <익부전>이었다. 류탁일이 90년대초 <익부전>을 소개[119]한 이래 2000년대 들어서 류준필이 <익부

---

117) 김종철, 「한문본 춘향전 연구 - 여규형 연본 춘향전의 경우」, 『인문논총』 6, 아주대, 1995.

118) 김경미, 「<춘몽연> 연구」, 『판소리연구』 5, 판소리학회, 1994.

119) 류탁일, 「미발표 춘향전 <익부전>에 대하여」, 제36회 전국국어국문학 연구발표대회 발표논문집, 1993. 6.

전>의 서사와 주제, 문체 등을 분석하였다.[120] 그에 따르면 <익부전>은 작자가 명확한 한문소설로 이도령을 중심으로 이야기가 전개되는 춘향전이다. 그는 이 작품이 기존의 영웅소설적 문법을 차용하고 있으며 당시 가객이나 광대들이 연행한 판소리 대목에 대한 논평을 통해 춘향전의 서사적 합리성과 완결성을 추구하고 있다고 분석하였다. 또한 <익부전>에서 다양한 한문 문체들이 실험되고 있는 양상도 논증하였다.

류준경은 춘향전 한문본에 대한 기존의 논의를 갈무리하면서 이들 본의 문학사적 위상을 총체적으로 조명하였다.[121] 그는 만화본 춘향가 · <광한루악부>, <춘향신설> · <광한루기> · <익부전>을 중심으로 이들 한문본 춘향전이 춘향전 전체 전승 및 한문문학의 부분으로서 갖는 위상과 의미를 고찰하면서 각 본들의 서사 및 주제적 특징을 분석하고 이를 바탕으로 문화적 배경과 생성계층 및 작가의식 등을 추론하였다. 또한 이들 한문본의 역사적 전개과정을 추론하였는데 1기에 해당하는 작품으로 만화본 춘향가와 <춘향신설>을, 2기에 해당하는 작품으로 <광한루악부>와 <광한루기>를, 3기에 해당하는 작품으로 <익부전>을 지목하고 이들 작품의 전개 과정이 18 · 9세기 한문문학의 새로운 경향성을 대변하고 있다는 사실을 논증하였다.

④ 판소리 춘향가 창본에 대한 연구

1980년대 이후 춘향전 이본에 대한 연구는 창본 춘향가에 대한 연구로

---

120) 류준필, 「<익부전>의 서사적 특성과 기록성」, 『한국문학논총』 32, 한국문학회, 2002. 12.

121) 류준경, 「한문본 춘향전의 작품세계와 문학사적 위상」, 서울대 박사학위논문, 2003.

확대되었는데 그 중에서도 가장 많은 연구자들이 주목한 본은 신재효본 춘향가였다. 연구자들 사이에 쟁점이 된 것은 판소리사에서 신재효가 차지하는 위상과 신재효본이 후대본에 미친 영향, 신재효본을 통해 나타나는 그의 작가의식 등이었다.

서종문은 신재효본이 구비가창물에서 독서물로 옮겨가는 과도기적 단계를 보여주고 있다고 평가하고 신재효의 논평에 대해 판소리 사설이 점차 화석화되어가는 과정을 보여준다고 평하였다.[122] 또한 신재효를 '판소리 창에 지대한 영향을 미친 지도자'로 평가하고 신재효의 작가의식에 대해서는 계층적으로 양면성을 지닌 것으로 파악하였다.

이에 대해 정병헌은 신재효를 '서편제, 동편제의 조화로운 발전에 기여한, 이론과 실제를 겸비한 교사'로 평가하고 신재효의 논평에 대해서는 '창법의 다양성을 제시한 것이며 교육용 극본으로서 중요성이 있는 것'이라고 평가하였다.[123] 또한 신재효본에 나타나는 인물들의 합리성을 지적하고 신재효의 개작이 상황에 맞도록, 즉 이면에 맞춰 고쳐진 것임을 논증하였다. 그 역시 신재효의 작가의식에 대해서는 양면성을 지닌 것으로 파악하였으며, 무엇보다 신재효본에 나타나는 음악적 다양성과 교육용 각본으로서의 성격, 구비공연 예술로서의 성격에 주목하였다.

성현경은 바흐친의 '민중문예이론'에 입각하여 신재효의 동창을 분석하고 신재효의 <춘향가 동창>이 민중해학적 세계관, 즉 비공식문화적 세계관을 지향하는 기존 춘향가의 흐름을 계승하는 동시에 신재효의 수정과 개작을 거치면서 공식문화적 세계관에 대한 지향을 갖게 되었다고 분석하였다.[124]

---

122) 서종문, 『판소리 사설 연구』, 형설출판사, 1984.

123) 정병헌, 『신재효 판소리 사설의 연구』, 평민사, 1986.

124) 성현경, 「신재효의 춘향가 연구1 - 동창 춘향가의 세계 및 그 개작의 원리와 방

그리하여 상호모순적인 두 가지 세계관적 지향이 한 작품 안에 공존하게 되었으며, 형상화의 방법과 태도 역시 이러한 모순성을 내포하게 되어 결국 일관성을 상실한, 미완과 불구의 작품이 되었다고 주장하였다.

성현경은 동창에 이은 남창 분석에서, 동창에서 나타났던 '이면 추구 내지 지향'이 남창에서 더욱 적극적으로 나타나고 있으며 그 결과 동창이 기존의 춘향가 전승을 계승하고 있는데 반해 남창은 기존의 전승과는 전혀 다른, 공식문화적 세계관을 토대로 한 이질적인 작품이 되었다고 분석하였다.[125] 이렇게 해서 동창은 실험본, 미완성본으로서의 성격을 지니는 반면 남창은 결정본, 완성본으로서의 성격을 지니게 되었다는 것이다.

반면에 김석배는 앞선 연구자들이 신재효본의 위상과 가치에 주목했던 데 반해 신재효에 의한 개작과 재창작, 판소리 지원활동이 지니는 근본적인 한계를 지적하였다.[126] 같은 맥락에서 그는 여러 창본들을 꾸준히 검토하고 있는데 김창환제 춘향가에 미친 신재효의 영향에 대해서도 이미 논의한 바 있다.[127] 또한 그는 신재효의 판소리사에서의 위상을 검토하는 연구의 일환으로 정노식, 조운, 고정옥 등의 논의에 기반하여 '여창 춘향가'의 존재 가능성을 검토하고 기존의 신재효본들을 중심으로 여창본의 내용을 부분적으로 유추하기도 하였다.[128]

향-」, 『동리연구』 창간호, 동리연구회, 1993.

125) 성현경, 「신재효의 춘향가 연구2-동창과 남창의 의미 및 선후관계, 남창의 세계 및 개작의 원리와 방향」, 『한국 옛소설론』, 새문사, 1995.

126) 김석배, 「신재효의 판소리 지원활동과 그 한계」, 『문학과 언어』 8, 문학과언어학회, 1988.

127) 김석배, 「김창환제 춘향가에 끼친 신재효의 영향」, 『판소리연구』 13, 판소리학회, 2002.
김석배, 「김창환제 판소리의 형성과 전승」, 열상고전연구회 제21차 학술대회 발표논문집, 2003. 10.

조성원[129]은 남창 춘향가에 나타난 신재효의 개작의식을 분석한 결과, 춘향에게 봉건사회의 이념 및 질서를 따르는 성격과 진보적·개혁적 성격이 혼재해 있음을 발견하고 이를 바탕으로 신재효의 중인의식, 그 가운데서도 왕정복고를 염원하는 개혁의식이 작품에 반영되어 있음을 주장하였다.

김현양은 신재효 판소리 사설의 변주 양상과 그 의미를 고찰하면서 남창 춘향가의 텍스트를 분석하였다.[130] 그는 신재효에 대한 기존의 평가를 긍정론과 부정론, 절충론으로 구분하고 이들 논의가 신재효의 '개작'과 '중인' 신분을 중심으로 기계적으로 전개된 점을 비판하면서, 그의 개작 사설의 성격을 판소리 전승의 역사 속에서 고찰함으로써 신재효만의 특수한 의식적 정향을 분석하고 이를 다시 19세기 중후반의 역사적 지평 속에서 자리매김하고자 하였다. 이에 따라 신재효의 개작 사설이 봉건 사회 현실의 문제를 적극적으로 제기하면서 민중과 긍정적 봉건 관료의 연대를 통해 체제 수정을 꾀하는 개혁적 지향을 드러내고 있다고 결론지었다.

김현양은 또 장자백본 텍스트의 연원을 밝혀냄으로써 19세기 판소리사의 전개 양상을 구상하고자 하였다.[131] 그는 장자백본 텍스트가 완판 33장본을 1차적인 연원으로 삼고 <남원고사>와 신재효본을 2차적인 연원으로 삼아 형성되었으며, 이를 통해 19세기 후반기의 판소리 전승이 '남원고사적 지향'과 '신재효적 지향'의 이원화된 구도로 전개되었다는 사실을 알 수 있다고

---

128) 김석배, 「신재효본 여창 춘향가의 존재 가능성 검토」, 『문학과 언어』 16, 문학과언어학회, 1995. 5.

129) 조성원, 「남창 춘향가의 개작의식 - 춘향의 신분변이와 이어사의 정치적 상징성을 중심으로 - 」, 『판소리연구』 6, 판소리학회, 1995.

130) 김현양, 「신재효 판소리 사설의 변주적 특성과 그 성격 - 남창 춘향가와 토별가를 중심으로」, 『민족문학사연구』 9, 민족문학사학회, 1996.

131) 김현양, 「장자백 창본 춘향가의 텍스트적 연원」, 『판소리연구』 10, 판소리학회, 1999.

하였다.

1990년대 들어서는 춘향전의 이본 전승 흐름과 주제, 신재효의 작가의식 및 판소리사에서의 위상 등의 측면에서 신재효본에 주목하는 논의와 함께, 개별 이본으로서 신재효본이 지닌 주제적 특성이나 문체, 서사기법 등에 주목한 연구도 하나둘 나타나기 시작했다.

이강엽은 신재효의 판소리사설이 지닌 기록문학적 특성을 분석하면서 신재효본 춘향가를 분석하였다.[132] 다른 판소리 창본과 비교했을 때 신재효본이, 율문적 다양성이 약하고 '창자 - 고수' 간의 담화양상도 상당히 억제되어 있으며 표현기법 면에서도 경험적 표현보다는 관념적 표현이 강화되어 있음을 지적함으로써 전반적으로 기록문학적 성격이 강함을 논증하였다.

이와는 반대로 신재효본의 구술성에 주목한 연구도 등장하였다. 김종철은 신재효본에 대한 기존 연구가, 구비문학적 성격을 소거하고 기록문학적 성격을 강화하는 방향으로 이루어진 개작에만 초점을 맞춘 것을 비판하고 오히려 신재효본에 남아 있거나, 혹은 추구되고 있는 구비문학적 성격, 즉 구술성을 밝혀내고자 하였다.[133] 그는 동창과 남창의 특성을 각각 전통적인 구술성에 대한 지향과 새로운 구술성의 실험으로 규정하고 이를 문학교육의 지향과 연관시켜 서술하였다.

(2) 주제 연구의 지속과 변화

70년대 주류를 이루었던 민중미학적 관점에서의 주제 탐색은 80년대까지 지속되었다. 윤용식이 신화비평의 관점과 방법론을 응용하여 춘향전의 주제

---

132) 이강엽, 「신재효 문체의 기록문학적 특성」, 『판소리 연구』 6, 판소리학회, 1995.

133) 김종철, 「신재효 춘향가에서 구술성의 실현양상」, 『고전문학연구』 15, 한국고전문학회, 1999.

를 탐색하기도 했으나[134] 80년대 초에 다양한 관점의 주제 탐색이 본격적으로 시도된 것은 아니었다. 전 시기 춘향전의 주제론이 춘향의 신분을 중심으로 춘향전에 내재된 '반봉건'의 주제를 탐색하는 데 집중되었다면 80년대에는 주제 탐색의 지향에는 큰 변화가 없었으나 춘향과 그녀의 주변 인물들 사이의 역동 관계에 주목하여 주제 탐색의 내용을 좀더 구체화하거나, 춘향의 사랑과 저항에 내재된 의미를 사회역사적 관점에서 좀더 심도 있게 분석하고자 하는 등의 변화가 나타났다.

정하영은 춘향과 그 주변인물들의 인물 형상을 중심으로 춘향전의 주제를 탐색하면서 다층적인 문맥을 고려하지 않는 기존 주제 분석의 방법을 비판하고 춘향의 저항을 민중의 사회적 항거로만 파악하는 주제론의 편향성을 지적하였다.[135] 춘향의 저항은 사랑의 방해자에 대한 항거에서 부정한 관리에 대한 항거로 확대된 것이며 전체적으로 볼 때 '사랑'의 의미로 파악해야 한다는 것이다. 그는 70년대 후반 춘향의 신분 변화를 중심으로 후대본에 나타나는 춘향전의 주제 변화를 고찰한 바 있는데, 후대본으로 갈수록 춘향의 신분을 상승시켜 신분의 차이를 사랑으로 극복하는 춘향전의 주제가 오히려 약화되었다고 주장하였다.[136]

반면에 박희병은 춘향을, 기생 신분임에도 불구하고 자신의 신분을 부정하고 보다 인간적인 삶을 희구하며 인간으로서의 정당한 요구와 권리를 실현하고자 하는 '문제적 개인'으로 평가하였다.[137] 춘향의 사랑을 현실의 기존

134) 윤용식, 「춘향전의 신화원형비평적 고찰」, 『논문집』 2, 한국방통대, 1984.

135) 정하영, 「월매의 성격과 기능」, 『고전소설연구의 방향』, 새문사, 1985.
정하영, 「춘향의 항거와 그 의미」, 『국어국문학』 93, 국어국문학회, 1985.
정하영, 「춘향전의 주제」, 『한국문학사의 쟁점』, 집문당, 1986.

136) 정하영, 「춘향전 개작에 있어서 신분문제-춘향의 신분이동을 중심으로-」, 『한국언어문학』 17·18, 한국언어문학회, 1979. 12.

질서에 대한 부정과 도전으로 파악하고, 민중의 전형인 춘향과 연대하는 이몽룡을 '양반 계층 내부의 양심적 양반과 연대하여 봉건적 현실을 개조하고 자신들의 사회정치적 상황을 개선시킬 수 있다'고 믿었던 18세기 민중들의 의식이 투영된 인물로 파악하였다. 그리고 19세기에 이르러 이러한 생각이 환상에 지나지 않았음을 자각하게 된 민중들의 의식 변화가 춘향전의 주제 변화로 이어졌다고 주장하였다.

설중환은 춘향전 서사의 핵심이 춘향의 신분 상승에 있다고 보고 주변 인물들의 성격과 역할을 춘향의 신분 상승에 도움을 주고 있는가의 여부로 구조화하여 이를 통해 당대 사회의 성격을 규명하고자 하였다.[138] 이외에도 꿈 모티프를 중심으로 춘향전의 주제를 탐색하고자 한 안병국의 논의[139]가 있었지만 춘향전의 주제를 당대 민중의 사회경제적 현실 및 역사의식과 결부시켜 파악하려는 경향은 한동안 지속되었다.

정출헌은 이고본이 19세기 중반 이전에 판소리 연행현장에서 불리던 춘향전 사설의 모습을 상당 부분 담고 있으며 인물 형상이 가장 생동하게 그려져 있는 이본이라고 판단하고, 당대 민중의 현실주의적 세계관에 기반하여 이고

---

137) 박희병, 「춘향전의 역사적 성격 분석」, 『전환기의 동아시아문학』, 창작과비평사, 1985.

138) 설중환, 「춘향전의 인물구조로 본 사회적 성격」, 『문리대논집』 5, 고려대 문리대학, 1987.
설중환, 「춘향전의 인물구조와 사회성격」, 『춘향전의 종합적 고찰』, 한국고소설연구회 편, 아세아문화사, 1991.
설중환, 『판소리 사설 연구』, 국학자료원, 1994.
설중환, 『꿈꾸는 춘향』, 나남출판, 2000.

139) 안병국, 「춘향전에 나타난 태몽 연구」, 『월산 임동권 박사 송수기념논문집』, 집문당, 1986.
안병국, 「춘향전의 꿈 모티프 연구」, 『평사 민제 선생 화갑기념논문집』, 동 간행위원회, 1990.

본의 의미망을 분석하였다.[140] 그 역시 이몽룡과 춘향의 사랑을 봉건적 사회 질서에 대한 저항으로 읽고, 희극적 대화와 행동을 통해 양반 사회의 위선과 허위를 풍자하는 방자를 통해 중세적 관념을 뛰어넘고 있는 당대 민중들의 발랄함과 현실주의적 성격을 발견하였다.[141] 또한 그는 남원부민이나 관속 등 주변인물들 역시 춘향, 이몽룡의 반중세적 성격에 공감하고 연대하는 당대 민중의 문학적 형상으로 파악하였다.

신동흔은 신학균본을 분석 대상 텍스트로 하여 수용미학의 관점에서 '평민 독자들이 춘향전의 주제를 어떻게 인식하고 해석했을까'라는 문제에 주목하였다.[142] 그는 평민독자들이 처음에는 춘향과 이도령의 형상에 이질감을 느끼다가 그들이 시련을 당하는 대목에서부터 점차 공감하기 시작, 마지막 부분에서 그 공감이 최고조에 달했을 것이라고 추정하였다. 또한 완판 30장본, 완판 33장본, 신재효본(남창), 완판 84장본, 신학균본, 박순호 99장본, 장자백본을 중심으로 각 이본의 분화에 따른 주제의식의 변모양상을 고찰하기도 하였다.[143] 완판 30장본, 완판 33장본이 봉건 질서에 저항하는 민중의 역동적인 모습을 보여주었던 데 반해 신재효본(남창), 완판 84장본이 춘향을 봉건적인 이념에 부합하는 열녀로 변신시켰다면 신학균본, 박순호99장본, 장자백본은 다시 완판 30장본, 완판 33장본의 흐름을 발전적으로 계승했다는 것이다.

---

140) 정출헌, 「춘향전의 인물형상과 작중역할의 현실주의적 성격」, 『판소리연구』 4, 판소리학회, 1993.

141) 방자의 작중 역할을 중심으로 춘향전의 주제 변이 양상을 고찰한 곽정식의 논의도 있다. (곽정식, 「춘향전 개작에 따른 '방자'의 작중기능 변이양상」, 『한국문학논총』 11, 한국문학회, 1990.)

142) 신동흔, 「평민 독자의 입장에서 본 춘향전의 주제」, 『판소리연구』 6, 판소리학회, 1995.

143) 신동흔, 「춘향전 주제의식의 역사적 변모양상」, 『판소리연구』 8, 판소리학회, 1997.

김종철은 <남원고사>의 골계적 성격에 주목하였다.[144] 그는 <남원고사>가 판소리의 구성 원리를 충실히 따르고 있으며 탈규범적 시각과 물외(物外) 지향을 통해 골계적 성격을 극대화하고 있다고 주장하였다. 그리고 이러한 골계적 성격이 민중화된 지식인에 의해 의도된 풍자임을 논증하였다.

조광국은 춘향의 신분을 중심으로 기생계와 비기생계로 나누어 주제를 고찰했던 기존 논의에서 작품내 존재하는 춘향의 신분상 괴리로 인해 작품의 질을 의심받았던 완판 84장본의 가치를 재규명하고자 하였다.[145] 완판 84장본은 그동안 비기생계로 분류되었으나 당대의 법제적 질서를 고려할 때 춘향의 신분은 기생으로 파악해야 하며 기생인 춘향을 기생이 아닌 것으로 진술한 데 이 작품의 서술의도가 있다는 것이다. 그는 춘향의 신분에 대한 정체성의 혼란은 신분제적 질서와 사회경제적 발전 사이의 모순이라는 18,9세기 조선사회의 구조적인 모순을 반영하는 것이며, 기녀의 신분을 거부하는 자아의식과 기녀의 신분을 규정하는 법제 질서 사이의 갈등을 형상화함으로써 오히려 새로운 사회로의 이행을 지향하는 춘향의 자의식이 더욱 선명하게 구현되었다고 주장하였다.

춘향전의 주제를 이와는 다른 시각에서 조명하려는 시도도 있었다. 성현경은 바흐친의 축제 이론에 기반하여 춘향전 이고본에 담긴 민중적 세계관과 해학성을 분석하였고[146], 임성래는 인간 해방과 사회적 저항의 주제 구현이라는 측면에서 춘향전의 불통일성을 지적했던 기존의 논의를 비판하는 한편 '고귀한 사랑의 성취'라는 의미가 춘향전을 통해 구현되었음을 강조하였

---

144) 김종철, 「남원고사의 골계적 정신에 대한 연구」, 『판소리연구』 8, 판소리학회, 1997.

145) 조광국, 「법제적 질서와 사회경제적 변화의 충돌 측면에서 본 춘향전 완판84장본의 작품적 가치」, 『국어교육』 108, 한국국어교육연구회, 2002.

146) 성현경, 「이고본 춘향전 연구 - 그 축제적 구조와 의미, 문체와 작자-」, 『판소리연구』 3. 판소리학회, 1992.

다.[147] 또한 최근 김석배는 춘향전이 사랑의 주제와 관능적 미학, 난장의 저항성, 인물형상의 생동력, 신랄한 현실비판, 집단적 풀이와 화해의 정신 등을 구현하고 있음을 지적하고 이것이 곧 춘향전의 저력임을 논증하였다.[148]

90년대 후반 이후 여성주의적 시각에서 춘향전의 주제를 파악하려는 시도도 나타나기 시작하였다. 변화영은 신재효의 남창 춘향가에서 가짜 민중 영웅 이몽룡이 기생 춘향의 고난을 해결함으로써 남창의 주제가 민중의 폭발력을 약화시키는 안전판의 역할을 한 것으로 파악하였다. 또한 성적 결정권과 주체성의 측면에서 춘향이 보여주는 여성상이 가부장제의 이데올로기를 구현하고 있을 뿐 아니라 춘향을 구원하는 이도령 역시 가부장적 이데올로기 강화를 위한 인물상에 다름 아니라고 주장하였다.[149]

백문임은 근대 이전의 춘향 서사로부터 근대 이후 여성 인물을 주인공으로 내세우는 여러 대중물에 이르기까지 지속적으로 반복되는 여성 이미지에 주목하여, 이러한 이미지가 실제 여성들의 목소리를 소외시키는 이데올로기와 담론들에 의해 의도적으로 조작, 유포된 것임을 주장하였다.[150] 춘향 서사의 오랜 전승 역사에서 다양한 형상으로 구현되었던 춘향의 이미지가 왜곡된 근대를 경험하는 과정에서 '정절'을 표상하는 여성 이미지로 화석화되고 말았다는 것이다.

이외에 담론 분석을 통해 춘향전의 주제를 탐색하는 연구도 등장하였다.

---

147) 임성래, 「춘향전의 구성과 주제」, 『열상고전연구』 4, 열상고전연구회, 1991.

148) 김석배, 「문학적 층위에서 본 춘향가의 저력」, 『문학과 언어』 24, 문학과언어학회, 2002. 5.

149) 변화영, 「남창 춘향가 다시 읽기」, 최동현 · 임명진 편, 『페미니즘 문학론』, 한국문화사, 1996.

150) 백문임, 『춘향의 딸들-한국여성의 반쪽자리 계보학』, 책세상, 2001.

김병권은 완판 84장본을 대상으로 하여 성춘향과 변학도의 발화를 중심으로 춘향전에 내재한 담론 체계를 분석하고자 하였다.[151] 그는 결국 '열녀라는 가치체계와 인간 해방의 이데올로기가 대립하는 양상'으로 담론 분석의 결과를 제시하였는데 이러한 주제 분석 결과는 기존의 역사주의적 해석에서 크게 나아간 것이 아니었다.

(3) 춘향전의 더늠・삽입가요・장르교섭 연구

춘향가에 수용된 가요에 대한 연구를 80년대 이후 체계적으로 시도한 사람은 전경욱이었다.[152] 그는 춘향가에 수용된 가요의 유래, 변이양상, 서술방식과 운율의 운용원리, 교섭양상, 문맥적 기능 등을 구체적으로 규명하여, 춘향가 사설의 형성원리와 춘향가의 작품 구조에 대한 논의를 심화하였다. 판소리 사설의 다양한 구성방식을 분석하기 위해서, "1) 서술방식과 운율의 운용 원리를 구명하기 위해 동일한 통사체계 안에서 서술방식, 운율, 사설, 의미가 여러 가지 방식으로 변이되며 반복되는 측면에 주목해야 하고, 2) 판소리 광대들이 기존가요를 판소리적 변용을 거쳐 수용하는 양상, 기존가요와 창작가요를 이본에 따라 변이시킨 양상에서 발견되는 일정한 성격과 보편적 법칙을 발견해야 하며, 3) 동일한 가요가 이본들 사이에 여러 유형으로 분포되어 있을 경우에, 그 유형들이 형성되는 원리에 대한 집중적인 논의가 이루어져야 한다"는 것이 그의 주장이다. 이러한 기준에 따라 그는 이본별 수용가요를 정리하고 기존가요와 창작가요를 구분하여 밝혀낸 다음 가요 16

---

151) 김병권, 「춘향전의 이념적 탈중심화 담론 - 성춘향과 변학도의 대화 분석」, 『한국문학논총』 20, 한국문학회, 1997.

152) 전경욱, 「춘향전 작품군 가요의 형성과 기능」, 고려대 박사학위논문, 1989.
전경욱, 『춘향전의 사설형성원리』, 고려대 민족문화연구소, 1991.

종을 선택하여 변이양상, 서술방식, 운율의 운용원리, 문맥적 기능, 교섭양상 등을 고찰하였다.

춘향전 삽입가요에 대한 연구의 필요성과 의의는 80년대 초에 이미 윤용식에 의해 제기된 바 있다.[153] 그러나 그의 연구는 주로 삽입가요의 변이양상에 국한된 것이었다. 김태준도 <남원고사>의 삽입가요에 주목하였다.[154] 그러나 그는 삽입가요 자체에 주목하기보다는 서사 전개 과정에서 삽입가요나 다른 문예양식들이 뒤섞이는 판소리계 소설의 양식적 개방성에 주목하고 이러한 양식적 드나듦의 양상을 분석하여 <남원고사>가 지닌 민중적 성격을 해명하고자 하였다. 그리하여 삽입가요가 섞이는 양상과 의미를 소설의 구비적이고 민중적인 수용방식과 결부시켜 서술하였다.

서유경은 춘향가 삽입가요 가운데 하나인 '몽중가'의 이본별 변화 양상을 분석하였다.[155] 삽입가요에 주목했다는 점에서는 기존의 논의와 크게 다르지 않으나 수용미학적 관점에서 소통 양상을 면밀하게 파악하려 했다는 점은 새로운 접근 시도라고 할 수 있다.

이문성은 경판본 춘향전에 주목하여 삽입가요를 중심으로 경판의 여러 이본들을 비교하고 완판 및 <남원고사>와 이들 본을 대조하였다. 비교 결과 경판본의 삽입가요가 경성소리의 영향을 받아 완판본의 그것과는 전혀 다르다는 결론에 도달했으며 경판본의 특질을 서울의 유흥예술문화와의 연관 속

153) 윤용식, 「춘향전의 삽입가요 연구 - 변이양상을 중심으로 -」, 『논문집』 1, 한국방통대, 1983.

154) 김태준, 「남원고사의 삽입문예 양식과 그 민중적 성격」, 『한국문학연구』 12, 동국대 한국문학연구소, 1989. 12. (『춘향전의 종합적 고찰』, 아세아문화사, 1991. 9 재수록)

155) 서유경, 「춘향가 중 '몽중가'의 소통적 특성과 기능」, 『판소리연구』 9, 판소리학회, 1998.

에서 파악해야 한다는 문제를 제기하였다.[156] 그는 또한 방각본 춘향전에 나타나는 '농부가'와 민요 '상사소리' 사이의 연관성을 확인하고, 경판의 경우 충남·호남 지역의 모심는 소리인 '상사소리'가 서울 지역의 잡가로 불리다가 방각본 소설로 수용된 반면 완판의 경우 민요에서 판소리를 거쳐 활자화된 것으로 파악하였다.[157]

이처럼 춘향전의 삽입가요에 주목한 연구자들의 접근 시각과 연구 목적은 매우 다양한 것이었다. 이는 더늠에 대한 연구에서도 마찬가지였는데 김석배는 이본간 변이양상을 고찰하기 위하여 더늠에 주목했으며[158], 장석규 역시 이본들을 계통화하고 전승 양상을 통시적으로 고찰하기 위해 유명한 더늠 가운데 하나인 '천자 뒷풀이'에 주목하였다.[159] 박관수도 유파별, 창자별로 판소리 춘향가의 사설 전승 과정을 고찰하기 위해 '천자 뒷풀이'의 수용 양상을 분석하였다. 또한 그는 이 논의를 통해 초기 춘향가에서는 '천자 뒷풀이'가 수용되지 않았음을 논증하기도 하였다.[160]

박관수는 또한 여러 판소리 창본을 대상으로 차용가요의 유동적 성격을 밝히고자 했는데 이 과정의 일환으로 판소리 춘향가의 몇몇 차용가요를 분석

---

156) 이문성, 「경판 춘향전 연구」, 고려대 석사학위논문, 1999.8.

157) 이문성, 「방각본 춘향전의 <농부가>와 민요 <상사소리>의 상관성」, 『한국민요학』 9, 한국민요학회, 2001. 6.

158) 김석배, 「춘향전의 옥중가 연구」, 『문학과언어』 13, 문학과언어연구회, 1992. 5.
김석배, 「춘향가의 더늠과 기대지평의 전환」, 『동리연구』 2, 동리연구회, 1994.
김석배는 정노식의 『조선창극사』가 지닌 여러 가지 한계와 문제점들을 논증하기 위하여 춘향가 더늠을 분석하기도 하였다. (김석배, 「<조선창극사>의 비판적 검토(1) - 춘향가 더늠을 중심으로 - 」, 『고전문학연구』 14, 한국고전문학회, 1998. 12.)

159) 장석규, 「춘향전 '천자 뒷풀이'의 존재양상과 유형」, 『문학과 언어』 14, 문학과언어학회, 1993. 5.

160) 박관수, 「춘향가의 천자뒷풀이 수용양상과 전승」, 『한국어문학연구』 6, 한국어문연구회, 1994. 2.

하였다.[161] 특히 동창, 남창 춘향가의 '이도령 복색사설'을 통해 판소리 차용가요의 사설이 문맥에 따라 변용되고 있음을 논증하고 만화본 춘향가를 예로 들어 현전하는 창본에 수용된 차용가요가 초기 판소리에서 이미 그 기본적인 틀이 이루어졌던 것임을 밝히고 있다.

박관수는 만화본과 장자백본을 대상 텍스트로 하여 스토리 전개와 기존 가요 수용 및 수정 양상을 중심으로 춘향가 이별 대목을 분석하기도 하였다.[162] 그는 창자와 청자 사이의 상호 작용을 통해 사설이 변형된다는 점에 주목하여 이별 대목의 변모 양상을 분석함으로써 18세기에서 19세기로 넘어가는 시기 춘향가 향유 계층의 성향과 미의식을 추론하였다.

삽입가요나 더늠에 대한 연구외에 <남원고사>에 수용된 한시에 대한 연구도 있었다. 유재일은 익재의 '소상팔경'이 <남원고사>에 수용되면서 어절·구절의 재배치 등 재구성 과정을 통해 판소리체 소설의 미감에 맞는 방식으로 변형된 양상을 고찰하였다.[163]

판소리에 수용된 삽입가요나 한시 등에 대한 연구는 판소리가 다른 장르와 상호작용하는 양상을 분석한다는 측면에서 크게 보아 장르 교섭에 대한 연구라고 할 수 있다. 춘향가의 장르 교섭에 대한 관심은 발생론의 관점에서 춘향가와 서사무가 사이의 상호연관성을 확인하는 논의로부터 시작되었다.

박진태는 발생설화의 측면에서 춘향가와 하회별신굿 탈놀이 사이에 '해원(解冤)'의 구조가 유사함을 발견하고 춘향가의 발생 및 생성 단계를 '제의적 춘향소리굿 - 연희적 춘향소리굿 - 판소리 춘향가'의 과정으로 파악하였

161) 박관수, 『한국 판소리 사설 형성 연구』, 국학자료원, 1996.

162) 박관수, 「춘향가 이별 대목의 형성과 변모 양상」, 『한국어문학연구』 9, 한국어문연구회, 1998.12.

163) 유재일, 「이제현의 작품을 수용한 남원고사의 소상팔경 연구」, 『연민학지』 2, 연민학회, 1994. 4.

다.[164] 서대석은 경기도 지역에서 전승되는 성주풀이와 춘향가의 서사단락과 인물성격을 비교하여 양자 사이의 친연성을 발견함으로써 춘향가의 형성과정은 물론 한 걸음 더 나아가 판소리의 형성 과정에 서사무가가 간접적인 영향을 미쳤음을 논증하였다.[165)]

천이두는 '풀이'의 상징적 의미에 주목하여 <심청가>의 '소상팔경 지나갈 제'와 비교했을 때 춘향가의 '몽중가'에 무가의 속성이 있음을 논증하기도 하였다.[166] 춘향가의 특정 부분에 주목하여 무가와의 연관성을 논구하는 작업은 2000년대 들어서도 계속되었는데, 정충권은 춘향전의 결연대목의 연원을 '제석본풀이'나 '오구풀이'에서 찾고 그 변모 양상을 분석하였다.[167]

장르교섭에 대한 연구는 아니나 장르의 변천 및 양식사의 관점에서 춘향전의 전승사를 검토한 연구는 있었다. 정병헌은 춘향전 서사의 역사적 전개과정을 통해, 판소리가 '조잡한 이야기' 단계로부터 '시가'와의 결합을 통해 서사적 성격을 약화시키고 시적 성격을 본질적 요소로 받아들이는 과정을 거쳐 극적 양식으로 변모해 가는 과정을 논구하였다.[168]

---

164) 박진태, 「판소리와 탈놀이의 비교발생론-춘향가와 하회별신굿 탈놀이의 발생설화와 제의적 구조를 중심으로」, 『국어국문학』 100, 국어국문학회, 1988.
박진태, 「춘향가와 변강쇠가의 제의상관성」, 『판소리연구』 2, 판소리학회, 1991.
박진태는 최근에도 춘향가의 발생설화에 대한 논의를 진행한 바 있다. (박진태, 「춘향가 발생설화를 통해 본 춘향가의 수용양상」, 『비교민속학』 24, 비교민속학회, 2003.) 춘향전의 발생설화에 대한 연구는 80년대 이후 독자적으로 전개되었다기보다 춘향전의 형성 및 전승과정에 대한 연구의 일환으로 진행되었다. 단 최래옥(「관탈미녀형 설화의 연구」, 『장덕순선생화갑기념논문집』, 동화출판사, 1981.)과 김종철(「춘향전의 근원 설화」, 『한국 문학사의 쟁점』, 집문당, 1986.)의 논의는 발생 설화 연구의 독자적인 영역을 보여주고 있다.

165) 서대석, 「성주풀이와 춘향가의 비교 연구」, 『판소리연구』 1, 판소리학회, 1989.

166) 천이두, 「춘향가의 몽중가 소고」, 『판소리연구』 8, 판소리학회, 1997. 12.

167) 정충권, 「춘향전 결연대목 서술방식의 연원과 변모」, 『구비문학연구』 10, 한국구비문학회, 2000. 6.

(4) 춘향전의 계승론과 새로운 연구 경향들

춘향전을 계승한 문학 작품에 대한 연구는 근대 이후 소설에 대한 연구로 시작되었다. 박혜경[169], 박혜주[170], 이인숙[171] 등이 최인훈이 패러디한 <춘향뎐>을 분석하였고 한혜선[172] 등이 임철우의 <옥중가>를 분석하였다. 이들의 논의가 한두 작품에 국한된 반면 김재국[173]과 한채화[174]는 개화기 <옥중화> 이후 춘향전을 계승한 소설들을 통시적으로 고찰하였다. 춘향전을 계승한 소설들에 대한 연구는 대체로 개화기 이전 춘향전 가운데 대표적인 이본을 한두 가지 선정하고 이들 이본과 대비했을 때 이후 작품들이 어떤 부분을 새롭게 변용했는지 그 양상을 분석하고 새롭게 부각되거나 첨가된 춘향전의 면모를 발견하는 데 초점을 두고 있다. 이러한 연구를 통해 춘향전이 근대 이후 어떻게 재해석되었는지 살펴보고자 한 것이다.

이외에 현대시나 영화에서 춘향전의 전통이 어떻게 계승되고 있는지 살펴보는 논의도 있었다. 여러 편의 논문이 있지만 최근 논의를 중심으로 살펴보면 신익호가 현대시에 나타난 춘향전의 패러디 양상을 고찰한 바 있고[175],

---

168) 정병헌, 「춘향전 서사의 성격과 역사적 전개」, 『고전희곡연구』 6, 한국고전희곡학회, 2003. 2.

169) 박혜경, 「고전문학의 현대적 수용양상 - 최인훈 소설 <춘향뎐 · 놀부뎐 · 구운몽>을 중심으로 - 」, 『작가세계』 17, 1993 여름호.

170) 박혜주, 「최인훈의 패러디 소설 연구 - <춘향뎐>과 <놀부뎐>을 중심으로 - 」, 『창조문학』 15, 1994.

171) 이인숙, 「최인훈의 <춘향뎐> · <놀부뎐> - 풍속의 시대적 편차에 따른 고전의 재해석」, 『봉죽헌 박봉배 박사 회갑기념논문집』, 배영사, 1996.

172) 한혜선, 「춘향이의 두려움 - 임철우 <옥중가>」, 『한국 패러디 소설 연구』, 국학자료원, 1996.

173) 김재국, 「춘향전의 현재적 변용양상에 대한 연구」, 『현대소설연구』 11, 한국현대소설학회, 2000.

174) 한채화, 『개화기 이후의 춘향전 연구』, 푸른사상, 2002.

영화를 통해 춘향전이 어떻게 재창작되었는지 살펴보는 이혜경의 논의도 있었다.[176] 또한 20세기 이후 판소리 명창들의 춘향가 더늠 가운데 '십장가'와 '어사상봉가', '옥중상봉가', '쑥대머리'를 미학적으로 재해석한 논의도 있었다.[177]

최근에 와서 가장 활발하게 춘향전의 현대적 계승 문제를 논한 것은 극 분야였다. 정병헌은 춘향전의 서사적 성격(이야기적 성격)과 극적 성격(판소리적인 성격)을 분석하고 이를 바탕으로 창극화의 가능성과 방향성을 제시하였고[178], 민병욱은 1930년대 신극으로 공연되었던 춘향전의 특성을 당대의 사회역사적 · 문화적 · 연극사적 맥락에서 검토하였다.[179] 또한 남북한에서 음악극으로 계승한 춘향전을 비교하는 연구도 있었다.[180]

무엇보다 최근 춘향전의 연행예술적 성격과 양식적 분화 과정을 종합적으로 고찰한 연구 성과가 나오기도 하였다. 2003년 한국고전희곡학회('한국공연문화학회'로 명칭 변경)의 학술대회를 통해 중국에서 월극(越劇)으로 공연된 춘향전과 북한에서 가극으로 공연된 춘향전, 판소리와 현대극에 수용된 춘향전의 전통 등이 함께 논의되었다.

이 논의에서 양회석은 북한 창극 연출본을 저본으로 형성된 중국 월극

175) 신익호, 「현대시에 수용된 춘향전의 패러디 양상」, 『한국언어문학』 50, 한국언어문학회, 2003.

176) 이혜경, 「문학작품의 영화로의 전환 방식 -춘향전을 그 한 예로」, 『어문연구』 35, 어문연구학회, 2001.

177) 정양, 『판소리 더늠의 시학』, 문학동네, 2001.

178) 정병헌, 「춘향전의 공연과 창극의 지향」, 『판소리연구』 9, 판소리학회 1998.

179) 민병욱, 「신극 춘향전의 공연사회학적 연구」, 『한국문학연구』 31, 한국문학회, 2002.

180) 김용환 · 이영미 · 전정임 공저, 『남북한 음악극 춘향전 비교 연구』, 한국예술종합학교 한국예술연구소, 1997.

춘향전의 주제와 구성, 공연기법 등을 분석하고 월극 춘향전이 무대, 구성, 주제 면에서 차이를 드러내기는 하나 비교적 원작에 충실한 연행을 지향하고 있음을 지적하였다.[181] 이영미는 연극사적 관점에서 북한의 민족가극 춘향전이 혁명가극 및 혁명연극의 전통을 계승하면서 서사성을 강화하고 국문학계의 연구성과들을 수용하는 등의 변화를 거친 과정과 사회주의 이념의 영향으로 비극적인 영웅 이야기로 단순화된 과정을 분석하였다.[182]

이미원은 최근 90년대 후반부터 2000년대 이르기까지 춘향전을 패러디한 연극 4편을 분석하였고,[183] 김창화는 춘향전을 바탕으로 도창(導唱), 분창(分唱), 장면구성, 음악과 춤 등을 통해 드러나는 한국적인 창극 연희 방식을 분석하였으며,[184] 백현미는 창극 춘향전 공연의 역사를 통시적으로 고찰하여 창극 공연 양식의 다양한 변모 양상을 분석하고자 하였다.[185] 최동현은 판소리 양식 분화를 '-제'를 중심으로 파악하는 것을 비판하고 다른 양식적 개념이 필요하다고 주장하면서, 판소리 양식의 분화 과정을 보성소리와 동초제소리, 성음 중심의 판소리와 극 지향의 판소리로 도식화하였다.[186]

한편 전신재는 춘향가 재회 부분을 중심으로 나타나는 극적 아이러니 양상을 분석하였다.[187] 그는 극적 아이러니가 구현되는 양상과 서사적 기능 및 효용성을 분석하였는데, 춘향가에 나타나는 극적 아이러니가 전반적으로 희

---

181) 양희석, 「월극(越劇) 춘향전 초탐(初探)」, 『고전희곡연구』 6, 한국고전희곡학회, 2003.

182) 이영미, 「북한 민족가극 춘향전의 공연사적 위치와 특징」, 앞의 책.

183) 이미원, 「현대극의 춘향전 수용」, 앞의 책.

184) 김창화, 「한국에서의 창극 연희방식 - 춘향전을 중심으로 -」, 앞의 책.

185) 백현미, 「창극 춘향전의 공연사와 양식상의 특징」, 앞의 책.

186) 최동현, 「판소리 춘향가의 사적 전개와 양식적 특징」, 앞의 책.

187) 전신재, 「춘향가의 극적 아이러니」, 앞의 책.

극적 아이러니인데 반해 춘향이 비극적으로 형상화되고 있는 모순을 다양한 정서 표출을 목적으로 하는 판소리 예술의 특징으로 설명하였다.

홍순일 역시 춘향가의 극적 아이러니 구현 양상에 주목하였다.[188] 그는 김연수창본 춘향가를 중심으로 판소리 창본의 희곡적 실상과 특성을 분석하면서 춘향가의 희곡적 구성의 핵심이 극적 아이러니 기법에 있다고 하였다. 춘향가가 해학적 인물과 사건의 희화화를 통해 입체적인 표현을 지향하고 있으며, 문체 면에서 현재적 언어 구사와 강·창을 교직하는 장면 확대를 통해 희곡적 특성을 드러내고 있다고 분석하였다.

춘향전 계승에 대한 논의가 활발하게 진행되는 한편으로 춘향전 연구의 새로운 흐름도 조금씩 나타나고 있다. 이러한 흐름은 90년대부터 이미 존재했으나 그 가운데 일부는 효과적으로 지속되지 못하기도 하였다. 90년대 초 심경호는 비교문학적 관점에서 중국의 동일 소재 소설·희곡과 춘향전의 사설짜임 및 갈등구조를 비교분석하였으나[189] 이후 성과들이 축적되지 않았다. 한편 김현주는 연행론의 관점에서 춘향전을 조명하고, 그 이후에 춘향전의 회화성과 구술성을 집중적으로 분석하기도 하였다.

김현주는 춘향가 창본들과 춘향전 경판본 및 완판본을 대상으로 구술성과 기록성이 어떻게 나타나는지 그 양상을 분석하고 이러한 양상이 판소리에서 소설로의 장르적 이행을 어떻게 설명할 수 있는지 밝히고자 하였다.[190] 그리하여 그는 '판소리 - 판소리 사설 - 구술적 판소리 소설 - 기술적 판소리 소설 - 문어체 소설'이라는 도식을 통해 판소리 문학의 장르적 변이 과정을 통

188) 홍순일, 『판소리 창본의 희극정신과 극적 아이러니』, 박이정, 2003.

189) 심경호, 「춘향전의 사설짜임과 갈등구조에 대한 비교문학적 일고찰」, 『고전문학연구』 6, 한국고전문학연구회, 1991. 12.

190) 김현주, 「판소리 문학에서 구술성과 기록성의 관련양상 및 장르적 의미 - 춘향가 또는 춘향전을 중심으로 - 」, 『판소리 연구』 2, 판소리학회, 1991.

시적으로 설명하였다.

김현주는 이후 박사학위논문을 통해 이러한 논의를 갈무리하였다.[191] 그는 춘향가의 구술성과 춘향전의 기술성을 대비하여 춘향가가 지닌 구술적 어투와 장면화 방식, 현장성 등을 분석하고, 춘향전의 기술적 어투와 서사적 구조 등을 분석하여 춘향전이 춘향가적 감흥을 반추할 수 있게 하는 중간적 독서물로서의 성격을 지닌다는 사실을 논증하였다. 또한 춘향가의 구술성이 연행을 통해 사회적 통합의 기능을 수행한다는 사실과, 춘향가의 일관되고 통일적인 서사 구조가 신분적 갈등의 전개와 해소라는 주제를 부각시키는 효과를 드러낸다는 사실을 부연하였다.

김현주는 다음으로 춘향전 담화의 회화적 성격을 분석하였다.[192] 설명보다 대화, 묘사의 진술 방식을 선호한다든지, 색채와 형상, 동작 등의 시각적 요소들이 확장되어 있다는 점, 시각적 비유가 구체성을 획득했을 뿐 아니라 시각적 표현의 매개어들이 사용되고 있다는 점 등을 들어 춘향전 담화가 회화적 성격을 강하게 드러내고 있음을 논증하고, 이러한 회화성을 사회문화적 분위기 및 시대정신, 사조적 경향성 등과 연관시켜 설명하였다. 또한 춘향전이 시각적 이미지를 통해 회화적인 상상력을 자극하는 점에 주목하여 이를 당대의 진경 산수 및 풍속화 등의 전통과 결부시켜 논의하였다.[193]

한편 춘향전 연구는 독자에 대한 관심으로 그 연구 영역이 확대되기도 하였다. 임성래가 <남원고사>를 중심으로 춘향전의 연애소설적 특징과 전략을 분석하였고,[194] 황혜진이 판소리 춘향가를 독자 수용의 관점에서 분석

---

191) 김현주, 「춘향전의 연행론적 연구 - 춘향가와 춘향전의 대비를 중심으로 - 」 서강대 박사학위논문, 1992.

192) 김현주, 「춘향전 담화의 회화성」, 『판소리연구』 10, 판소리학회, 1999.

193) 김현주, 「춘향전의 회화적 상상력」, 『한국고전연구』 5, 한국고전연구학회, 1999.

하였다.[195] 황혜진은 춘향이야기의 도식성과 판소리 춘향가의 세부 표현들 - 이야기 전개의 지연, 관념적 인물 묘사, 과장된 행위 기술, 과도한 정서 표출 - 이 당시 대중들의 미감을 어떻게 자극했는지 추론하고자 하였다.[196]

4. 북한의 춘향전 연구 양상

북한에서 이루어지는 춘향전 연구에 대하여 아직은 정확한 면모를 파악하기 힘들다. 그렇지만 북한의 상황을 알려주는 몇몇 논문과 이쪽에서 간행된 몇 가지 저서들을 통해서 일부나마 그 모습을 알 수 있게 되었다. 이제 소략하나마 현재 확보할 수 있는 글들을 통해, 북한의 연구 성과를 검토하여 체제가 다르기 때문에 벌어지는 차이들을 확인하면서 대화의 실마리를 모색하고자 한다.

1) 연구사 논문에 대한 검토

춘향전에 대한 북한의 그간 연구 성과들에 대해서는 윤용식[197]과 최웅

---

194) 임성래, 「연애소설의 관점에서 본 춘향전」, 『열상고전연구』 11, 열상고전연구회, 1998.

195) 황혜진, 「춘향가 수용자의 즐거움」, 『선청어문』 28, 서울사대, 2000.

196) 이미 80년대 후반 김석배가 수용미학적 관점에서 춘향전을 분석한 바 있으나(김석배, 「춘향전의 지평전환과 후대적 변모 - 서술자 개입을 중심으로」, 『문학과 언어』 10, 문학과 언어연구회, 1989.), 그의 논의가 '서술자의 개입과 지평전환'을 중심으로 춘향전 여러 이본의 변모방향과 그 양상을 밝히는 데 초점을 두었던 반면 황혜진의 논의는 대중문학으로서 춘향전이 대중의 요구에 어떻게 대응했느냐에 주목하였다.

권[198]에 의해 남한 연구와 비교하는 방식으로 검토되어졌다.

윤용식은 남북한 공히 10편씩 선별하여 비교하였는데, 그 결과로 주제 면에서 북한은 봉건계급 타파로 합의가 되었고, 남한은 다양하게 보고 있다고 하였다. 북한 논저들의 특징으로는 종합적 연구라는 점과 <열녀춘향수절가>를 텍스트로 삼는 점이라고 하였다. 이상의 검토를 통해 남한에서 보기 어려운 북한의 연구 성과[199]를 소개하고 그 흐름과 성격을 가늠할 수 있게 하였다.[200]

최웅권은 연변대학에 있으면서 상대적으로 북한 연구를 쉽게 접할 수 있었기 때문에 위에서 거론되지 않은 몇몇 연구 성과들을[201] 소개할 수 있었다. 그 역시 남북한을 비교하는 방식을 취하였는데 이본, 형성, 주제, 인물, 주석이라는 5가지 방면으로 구분하여 서술하였다. 이본 연구의 경우, 1959년에 출간된 『조선문학통사』[202]에서는 8종이었다가 90년대 들어서는 20여종을

---

197) 윤용식, 「남북한 春香傳 研究의 比較 考察」, 『국어국문학』 116, 국어국문학회, 1996.

198) 최웅권, 「남·북한 <춘향전> 연구 비교」, 『북한의 고전소설 연구』, 지식산업사, 2000.

199) 권택무, 「성격형상의 고전적 품격과 사실주의적 화폭-<춘향전>의 성격형상에 대하여, 『조선문학』 228, 1966.
김하명, 「고전소설 <춘향전>에 대하여」, 『춘향전』(조령출, 윤색 및 주해), 조선고전문학선집 41, 문예출판사, 1991.

200) 그런데 논자도 언급하고 있듯이, 북한의 연구 성과로 제시한 10편 가운데 김태준의 『조선소설사』가 들어있는 것은 타당하지 않다. 김태준의 견해가 북한의 연구로 이어지는 흐름이 있기는 하지만 아무래도 남북의 비교숫자를 맞추려는 의도에서 나온 고육책으로 보인다.

201) 리수익, 「춘향전에 대한 몇가지 의견」, 『조선어문』 1958년 4호.
권택무, 「「춘향전」의 형성, 발전, 과정에 대한 고찰」, 『문학연구』 3, 과학원출판사, 1963.
권택무, 「『춘향전』의 두 이본」, 『조선어문』 1991년 2호.
허문섭, 「「춘향전」의 민족적 틀성」, 『조선고전작가작품연구』, 연변인민출판사, 1985.
정홍교, 「고전소설 『춘향전』의 주제사상 평가에서 제기되는 문제」, 『조선어문』 1990년 1호.

언급함으로써[203] 확대되기는 했으나 남한 연구에 비하면 미미한 것으로 보인다고 하였다. 형성 문제에 대해서는 대체로 남한과 일치한다고 하였다. 주제 면에서는 남북한의 차이가 별반 없다고 하였고, 정홍교의 논의를 대표로 꼽았다. 그는 춘향의 성격은 어머니로서의 월매의 생활 체험을 전제로 하여 발전하는 것이라고 하면서 이것이 주제를 파악하는 데 중요한 작용을 한다고 했다. 이러한 논의는 인물 형상에 대한 분석으로도 이어진다. 북한에서는 인물을 통해 민족적 특성을 고찰하는 데 역점을 둔다. 그리하여 춘향이 조선여성들이 겸비하고 있는 외유내강, 강유겸전(剛柔兼全)의 민족적 성격의 전형적인 소유자라는 데 주안점을 둔다. 주석 면에서는 1954년 작가동맹출판사에서 완판본 춘향전을 정학모와 윤세평이 주해를 달아 출판하였고, 이에 대해 『조선어문』 1958년 4월호에서 타당하지 못한 곳을 지적하였다고 하였다.

전영선은 춘향전 연구사를 검토한 것은 아니지만 춘향전에 대해 북한이 어떻게 인식하고 있는지 알려주고 있다.[204] 그는 민족문화에 대한 북한의 수용자세를 살펴보고, 조령출이 윤색하고 주해한 『춘향전』[205]의 분석을 통해 윤색의 특성을 검토하였다. 춘향전 윤색은 인민성[206]의 기준 하에 판소리 고유의 정서와 민족적 정서보다는 주체사실주의의[207] 틀 안에서 해석하고

202) 조선민주주의인민공화국 과학원 언어문학연구소 문학연구실, 『조선문학통사』, 1959.

203) 김하명, 『조선문학사』 5, 과학백과사전종합출판사, 1994.

204) 전영선, 「<춘향전>에 대한 북한의 인식과 접근 태도」, 『민족학연구』 4, 한국민족학회, 2000.

205) 조령출, 『춘향전』, 문예출판사, 1991.

206) 저자는 '인민성'에 대해 "간단히 말해서 모든 인민이 읽을 수 있도록 한다는 것이다."라고 설명하였다.

207) '주체사실주의'에 대해서 『문예상식』(문학예술종합출판사, 1994)에서는 다음과 같이 설명하고 있다. "주체사실주의는 사람을 중심으로 하여 현실을 보고 그리는 창

평가하는 작업으로 진행되었다고 평가하였다. 본 연구사의 관점에 따라 북한의 수용자세가 어떠한지 기술한 부분을 간추리면 다음과 같다. 북한에서 춘향전은 재창조의 작업으로 선정된 몇 작품[208] 가운데 하나이다. 1970년대 초까지만 해도 춘향전에 대한 평가가 긍정적이지만은 않았는데 그것은 김일성의 언급 때문이다.[209] 긍정적인 주제를 다루고 있지만 계급적 문제가 있고 현재의 정신세계와는 거리가 멀다고 했기 때문이다. 이러한 평가에 방향전환을 가한 인물은 김정일이다. 그는 민족가극 춘향전의 창작 지침과 관련하여 춘향전이 조선조 봉건사회의 부패상과 관료들의 전횡을 폭로하고 비판한 작품이라고 평가하면서 주인공 춘향과 함께 그의 어머니인 월매의 형상적 지위를 바로 정하여야 한다고 했다.

이상으로 북한의 춘향전 연구를 다룬 논문들을 살펴보았다. 이로써 대체적인 경향을 파악할 수는 있으나 사적인 흐름을 파악하는 데는 미흡한 것으로 보인다. 이제 필자가 살펴본 북한의 연구서들을 시기 순으로 검토하도록 한다. 대상이 얼마 되지 않으므로 개별적으로 언급하고 나서 총괄하는 방식을

작방법이다." "주체사실주의와 선행한 사회주의적사실주의의 근본적인 차이점이 바로 여기에 있다. 선행한 사회주의적사실주의에서는 주로 인간을 사회적관계의 총체로 보고 그리였다면 주체사실주의에서는 인간을 자주성, 창조성, 의식성을 가진 사회적존재로 보고 그린다."(701쪽)

208) <춘향전>, <심청전>, <박씨부인전>.

209) "<춘향전>에 대하여 말한다면 이 작품은 량반의 아들이 신분적으로 천한 사람의 딸과 련애를 하는 것을 주제로 하고있습니다. 이것은 봉건사회에서 잘사는 사람들과 어렵게 사는 사람들사이, 량반과 상민 사이의 불평등을 비판하고 남녀청년들이 재산과 신분에 상관없이 서로 사랑할수 있다는 것을 보여준 것으로서 그 당시에는 진보적인 작품이었다고 말할수 있습니다. 그러나 이 작품에서 량반계급의 신분적차별을 반대하는 사람자체가 다름아닌 량반의 아들이며 이 작품에 그려진 인간들의 정신세계는 우리 시대 청년들의 정신세계와는 너무나도 거리가 먼것입니다." 김일성, 「교육사업에서 사회주의교육학의 원리를 철저히 구현할데 대하여」, 『김일성저작집』 24. (최웅권, 앞의 글에서 재인용.)

취한다.

2) 시기별 연구 양상

북한에서 이루어진 춘향전에 대한 연구는 ① 1960년대까지, ② 1970년대와 80년대, ③ 1990년대 이후 세 시기로 구별된다. 60년대 이후 저서에서는 춘향전에 대한 김일성의 교시가 연구의 방향을 제한함으로써 그 이전과는 크게 달라진다.[210] 90년대 이후에는 1988년에 각색된 민족가극 <춘향전>의 창작지침과 관련한 김정일의 언급 그리고 국제정세의 변화에 따른 사회주의적 사실주의에서 주체 사실주의로의 변화 등과[211] 맞물려 춘향전 연구도 이전과는 변화된 모습을 보인다.

(1) 1940년대부터 1960년대까지

윤세평[212]은 춘향전의 출현 시기를 18세기 말·19세기 초로 전제하고 이조봉건사회의 사회적 구조와 와해 과정을 역사적 사회적 배경으로 설명한 다음 작품에 대해 거론하였다. 작품 연구의 목적은 '누구의 입장'에서 쓰였는가 하는 계급성을 규명하는 데 둠으로써 남한의 연구와는 시각 차이를 보였다.

텍스트는 완판본 <열녀춘향수절가>로 하였는데, 이는 북한의 최근 연구서까지 일관되고 있다. 그 텍스트에서 계급성이 가장 잘 드러난다고 판단한

---

210) 1967년을 기점으로 한 북한 사회의 변화와 민족 문화에 대한 태도 변화에 대해서는 김영희, 「북한에서의 구전설화 전승과 연구」, 『한국문화연구』 5, 경희대 민속학연구소, 2002 참조.

211) 전영선, 앞의 글 참조.

212) 윤세평, 『古典春香傳硏究』, 국립인민출판사, 1948. (『판소리연구』 3호에 2장과 4장 수록.)

듯하다. 주제 면에서는 '염정소설'로 규정한 김태준의 견해에 반대하면서 '사회소설'이라고 하였다. 춘향전의 형성과정에 대해서도 염정소설에다가 광대의 비판의식을 첨가했다는 김태준의 견해에 이의를 제기하고, 봉건적 양반을 반대하는 서민 계층의 이데올로기를 담은 소설로서 서민 계층사이에 돌아다녔으나 그 후 광대를 통하여 봉건 귀족들 앞에서 연행되면서 비판적 부분은 빠지고 염정 부분이 확대되었다고 하였다. 양식에 대해서는 서사시적 구성의 극적 집중화라고 하였는데, 논증의 과정 없이 단정적으로 언급하였다.

사건 전개와 사상적 내용의 특색은 '민중성'이라고 하였다. 신분제에 대항한, 양반과 기생의 연애라는 혁명적 사건을 다루었는데, 어사 출도로 문제를 해결하는 것은 작자의 사상적 한계라고 하였다. 그러나 작자가 묘사한 이조봉건사회의 제반 질곡 상태는 작자의 주관과는 반대로 이조봉건사회 붕괴의 불가피성을 독자에게 보여준다고 하였다. 이몽룡은 현실적으로 출현 가능한 인물로서 개화사상을 가진 인도주의적 귀족이라고 하였고, 춘향은 일개인의 문제로서가 아니라 서민계급 전체의 문제로 자각하게 될 때 영웅성이 발휘된다고 하였다. 남한 학계에서는 춘향의 정조관념을 유교윤리로 거론하기도 하였는데, 이에 대해서 그것은 민족의 특성이며 자기 희생정신이라고 하였다.

김하명과 김삼불의 공저로 나온 『우리나라의 고전문학』[213]에서는 '극 문학'에서 판소리를 다루면서 춘향전에 대해 언급하였다. 춘향전은 민간 설화로부터 발전하였다고 단언하였는데, 이 견해는 이후 모든 북한 서적에서 공통적으로 발견된다. 양식 면에서는 사실적 수법과 낭만적 수법이 옳게 배합된 우수한 작품이라고 하였다.

고정옥[214]은 19세기 이전에 창작된 조선 구전문학(인민창작)의 장르들과

---

213) 김하명 · 김삼불, 『우리나라의 고전문학』, 국립출판사(평양), 1957.

그 사상예술적 특성을 살피는 글에서 판소리를 거론하는 가운데 춘향전에 대해 언급하였다. 판소리는 대개 설화를 바탕으로 하고 판소리로 정착된 이후에 소설로 되었다고 하면서 그 예로 『송남잡지(松南雜識)』에 전하는 호남지방의 '춘양(春陽)이야기'를 언급하였다. 그리고 판소리는 한꺼번에 완성된 것이 아니라 중요한 마디들을 노래하는 데서부터 시작되었다고 하여 소리마디를 강조하고, 신재효가 획기적인 성과를 이루었다고 평가하였다.

이 시기에 윤세평은 정학모와 함께 주해본을 간행하였다.[215] 현재 확인되는 바에 의하면, 이후 주해본은 90년대에나 들어서야 다시 간행된다.

(2) 1970년대와 80년대

사회과학원 문학연구소에서 펴낸 『조선문학사(고대중세편)』[216]에서는 "소설 ≪춘향전≫과 ≪심청전≫"이라고 하여 두 작품을 같이 다루고 있다. 이러한 태도는 『조선문학개관』 1로 이어진다. 텍스트는 명시하지 않은 것으로 보아 이본에 대한 문제는 제기되지 않은 듯하다. 김일성의 교시를 게재하고 있고 거기서 언급되고 있는 작품의 장단점을 벗어나지 않는 선에서 논의가 이루어졌다. "존비귀천 원쑤로다"라는 구절을 통해 춘향이 양반계층에 대한 불만을 토로하고 있다고 강조하고 있는데 이 구절은 이후 연구에서도 줄곧 언급되고 있다. 형상 면에서 객관적이며 사실적인 묘사가 이루어졌고, 성격 형상과 구성도 뛰어나다고 하였다. 제한성으로는, 먼저 춘향의 봉건유교사상을 들었는데 이점도 이후 연구에서 줄곧 언급된다. 암행어사가 문제를 해결한다는 점, 전반적으로 예술적 묘사가 부족하고 이야기식 서술이 많은

214) 고정옥, 『조선구전문학연구』, 과학원출판사, 1962.

215) 정학모・윤세평 주해, 『춘향전』, 국립출판사, 1956.

216) 사회과학원 문학연구소, 『조선문학사(고대중세편)』, 과학백과사전출판사, 1977.

비중을 차지한다는 점, 정황에 맞지 않는 기물이나 묘사 등을 장황하게 서술하여 사실주의적 진실성이 약화된다는 점, 한문투를 남발한다는 점을 한계로 지적하였다. 이러한 지적들 가운데 서술이 장황하다고 폄하한 부분은 판소리와의 관련을 고려하지 않은 데서 기인한 것으로 보인다. 판소리는 북한에서 비판을 받았고, 현재 전승이 중단된 상태라고 한다.[217)]

김춘택의 『조선문학사』 1[218)]에서는 "구전설화를 바탕으로 한 국문소설의 발전"이라는 제목 아래 <심청전>, <흥보전>, <장화홍련전>과 함께 다루고 있다. 판소리와의 관련성보다는 구전성 즉 민중을 기반으로 하고 있다는 점을 강조하고 있는 것이다. 텍스트로는 역시 완판 <열녀춘향수절가>를 택하였다. 작품의 종자[219)]는 '사랑은 신분 관계로는 갈라놓을 수 없다'는 것이고, 이러한 종자를 형상으로 꽃피우는 과정을 통해 '사회적 불평등을 비판하고 그것을 넘어선 사랑이라는 진보적인 사상을 보여 준다'고 하였다. 춘향은 양반을 증오하는 인물인데 열녀형 여인으로 형상화되는 제한성이 있으며, 구체적인 상황을 통해 그의 부지런한 성격(여공 재질)을 보여주지 못했다고 하였다. 이몽룡에 대해서는 이조 말기에 볼 수 있었던 비판적 양반이지만 시대의 선각자는 아니라고 하여 윤세평의 견해에 대하여 언급하였다. 춘

---

217) 전경욱, 「춘향전 연구사」, 『춘향전의 사설형성 원리』, 고려대 민족문화연구소, 1990.
전경욱, 「북한의 판소리」, 『북한의 민속예술』, 고려원, 1990.

218) 김춘택, 『조선문학사』 1, 김일성종합대학출판사, 1982. (천지, 1987 영인.)

219) '종자'에 대해서 『문예상식』(문학예술종합출판사, 1994)에서는 다음과 같이 설명하고 있다. "문학예술작품의 핵으로 되는 생활의 사상적 알맹이. … 생략 … 문학예술에서 종자는 창작가에게 뚜렷한 예술적 표상을 안겨주는 형상의 원형으로 된다. 이것은 종자의 본질적 특징의 하나이다. 형상의 원형으로서의 역할을 수행하는 것으로 하여 종자는 문학예술작품의 존재방식과 생명력 그 사상예술적 가치를 규정한다. … 생략 … 무엇보다도 종자는 작품의 사상성과 예술성을 결합시키는 바탕으로 그 가치를 담보하는 결정적 요인으로 된다."(699쪽)

향전의 제한성으로는 『조선문학사(고대중세편)』에서 언급한 내용과 별 차이가 없는데, 다만 중세소설의 구성 즉 서두에서는 종전의 고전소설에서 보는 고투가 남아 있으며 결말은 권선징악의 대단원으로 끝나는 한계가 있다는 점을 별도로 지적하였다.

김춘택의 『조선고전소설사연구』[220]에서는 역시 "구전설화를 바탕으로 한 국문소설의 발전"이라는 제명 아래 <콩쥐 팥쥐>와 <장화홍련전>, <토끼전>, <장끼전>, <두껍전>, <심청전>, <홍보전> 등과 함께 다루고 있다. 견우와 직녀 등에서 기연기봉(奇緣奇逢)의 구성을 이어받았다고 하여 춘향전 관련 설화에 대해 언급한 부분이 눈에 뜨인다. 인물형상에 대해서는 『조선문학사』 1의 경우와 유사하게 서술하고 있다.

정홍교와 박종원의 『조선문학개관』 1[221]의 경우는 앞서 살핀 사회과학원 문학연구소의 『조선문학사(고대중세편)』를 축약하여 서술하였다. 대체로 『조선문학사(고대중세편)』 이후 『조선문학개관』에 이르기까지 북한의 연구서들은 서로 별반 차이를 보이지 않는다. 차이는 90년대 들어서 발생한다.

(3) 1990년대

조선문학창작사 고전문학실의 『고전소설해제(2)』[222]에서는 형성에 관하여 17세기 이후 18세기 전반기에 창작되었다고 하여 시기를 조금 앞당겨 잡았다. 이본들에 대해서는 구체적으로 열거하지는 않았지만 시대배경이 다르고 춘향의 신분이 다르고 '십장가'의 유무도 다르다는 점 등을 설명하고

---

220) 김춘택, 『조선고전소설사연구』, 김일성종합대학출판사, 1986. (『우리나라 고전소설사』, 한길사, 1993.)

221) 정홍교・박종원, 『조선문학개관』 1, 사회과학출판사, 1986. (백의, 1988 영인.)

222) 조선문학창작사 고전문학실의 『고전소설해제(2)』, 문예출판사(평양), 1991.

있다. 그러면서 이본들 가운데 사상예술성이 가장 높은 것은 <열녀춘향수절가>라고 하였다. 작품의 '사상적 핵'은 봉건적 신분제도의 반인민성에 대한 비판이라고 하였고, 그 어떤 경우에도 절개를 지키며 배신하지 말아야 한다는 것이 작품이 제기하는 또 다른 문제라고 하였다. 이것은 주체사실주의로 북한 체제가 변화함에 따라 강조하게 되는 도덕적 측면과 관계있는 것으로 보인다. 그리고 '월매'를 강조하여 춘향의 성품과 재능은 월매의 진정어린 교양과 노력을 떼어놓고 생각할 수 없다고 하였고, 봉건시기 평범한 어머니의 전형적 성격미를 체현한다고까지 하였다.

사회과학원 주체문학연구소의 『문학예술사전』[223]에서는 춘향전이 18세기에 구전설화에 기초하여 판소리대본으로 창작되었다가 소설화되었다고 하였다. 판소리와의 관련을 명시하고 있다는 측면에서 주목된다.

김하명의 『조선문학사』 5[224]에서는 이전과 달리 "구전설화에 토대한 국문소설"과 분리하여 따로 장을 마련하고 있다. 『고전소설해제(2)』나 『문학예술사전』에서 판소리대본을 거론한 것과 관련이 있는 듯하다. 춘향전을 판소리와 관련해서 설명하는 방식은 좀처럼 찾아보기 힘들었는데 90년대 들어서 소극적이나마 관련성을 언급하고 있는 것이다.[225] 춘향전의 창작 경위에 대해 <관우희(觀優戲)>와 『송남잡지』의 기록 등을 소개하고, 이본으로는 15종류 정도를 언급하면서 완판본 <열녀춘향수절가>가 가장 오래되고 우수하다고 하였다. 주제를 언급할 때는 김일성의 교시와 김정일 지적을 게재함으로써 그 영향을 보여주고 있다. 춘향의 형상에는 봉건사회 인민들의 해방

---

223) 사회과학원 주체문학연구소, 『문학예술사전』 하, 과학백과사전종합출판사, 1993.

224) 김하명, 『조선문학사』 5, 과학백과사전종합출판사, 1994.

225) 김하명은 91년에 쓴 글에서, "앞뒤가 맞지 않는 서술은 이 작품이 주로 무대에서 공연되였다는 사정과 관련된다."고 하였다. 「고전소설 《춘향전》에 대하여」, 『춘향전』, 조령출 역, 문예출판사, 1991. (한국문화사, 1995.)

적 지향과 민주주의 사상이 반영되어 있고, '민족적 성격'이 선명하게 부각되어 있다고 하였다. '민족적 성격'이란 여성으로서 정절을 깨끗이 지니려는 굳은 의지와 순결성, 그리고 총명성, 어진 마음씨를 말한다. 정절 문제는 이전에는 '열녀' 의식이라고 하여 한계로 지적했던 것과 맞물려 있던 것인데 여기서는 그러한 한계를 지적하는 언급은 보이지 않는다.[226] 문체 면에서 등장인물들의 말과 작자의 설명을 자연스럽게 배합하였다고 하였다. 춘향전의 제한성으로는 이전에 언급된 것들이 다시 확인되고 있는데, 그 가운데 상투적인 한문구 사용을 판소리 작품의 문체상 특성이라고 하여 판소리와의 관련성 아래 지적하였고, 중세소설의 구성을 취하고 있다고 하면서 태평성대가 아닌데 태평성대처럼 서술하는 서두 그리고 이몽룡과 백년동락하였다는 결말은 주제와 어긋나는 것이라고 하였다.

이 시기에 이본에 대한 관심이 증가한 것과 관련하여 주해본이 출간된다.[227] 완판 84장본을 대상으로 하여 윤색을 하고 뒤에 원문을 싣고 주해를 달았다. 윤색을 하면서는 19장면으로 구분하고 제목을 달았는데, 원칙을 명시하지는 않았다. 원 자료에 대한 관심보다는 그것을 어떻게 현재의 대중들이 읽게 할 것인가 하는 면에 강조점을 두는 것은 북한 학계의 기본 방향이라고 할 수 있겠고, 위에서 언급하였듯이 90년대에 들어서 이본이나 판소리대본에 관한 언급들이 나오게 되는 사회문화적 상황에 따라 이러한 주해본이 간행된 것으로 보인다.

---

226) 『조선문학사』와 같은 해에 나온 『문예상식』에서는 "봉건유교의 영향으로 춘향을 봉건적인 《렬녀》 형의 녀인으로 형상한 경향이 있는 것이며"라고 하여 차이를 보이고 있다.

227) 조령출 윤색 및 주해, 『춘향전』, 문예출판사, 1991. (한국문화사, 1995 영인.)

이상에서 살펴본 북한의 춘향전 연구 경향에 대해 특징을 간추리면 다음과 같다.

1. 북한에서 이루어진 춘향전에 대한 연구는 윤세평, 고정옥의 연구와 이후 연구가 크게 구별된다. 여기에는 김일성의 교시가 큰 영향을 주었는데 그 이후 90년대 김정일의 지적이 나오면서 좀더 긍정하는 방향으로 변화를 보인다.
2. 형성 문제와 관련하여 윤세평은 소설을 광대가 변화시켰다고 하였는데 이 견해는 이후 받아들여지지 않고, 60년대 이후에는 구전설화를 토대로 했다는 것을 강조하고 있다. 인민에 의하여 창작되고 인민의 생활과 지향을 담은 구전설화를 토대로 하여 창작되었기 때문에 사상예술적 높이가 구현되었다고 설명하고 있다. 형성 시기는 윤세평은 18세기 말에서 19세기 초라고 하였고, 김춘택은 18세기 말, 『고전소설해제(2)』에서는 17세기말에서 18세기초라고 하였다.
3. 텍스트로는 일관되게 완판 <열녀춘향수절가>를 택하고 있다. 이 텍스트가 가장 오래되고 가장 우수한 선본(善本)이라고 판단하는 것인데, 이본 연구가 미비하다고 하겠다.
4. 인물을 보면, 춘향 성격에 대한 분석에는 거의 변화가 없다. 양반계층에 대해 불만을 가졌다는 점과 굳은 의지가 강조된다. 이도령에 대해서는 윤세평은 개화사상을 가진 인물이라고 하였는데, 60년대 이후에는 비판적 양반이라고 하였다. 90년대 김하명이 윤세평과 유사한 견해를 밝혔는데, 인민의 이해관계를 옹호하는 선진사상을 구현하였다고 하였다. 남한과 구별되는 부분은 월매에 대한 분석이다. 월매는 90년대에 들어 주목되었는데, 퇴기로서의 성격과 어머니로서의 성격이 혼재되어 있다고 하였다. 춘향의 성격은 월매 없이는 존재할 수 없다고 함으로써 어머

니로서의 성격을 강조한 것이다. 이것은 주체사실주의와 관련 있는 것으로 보인다.

5. 사실주의적 특성으로, 인간 성격을 보여주는 데서 선행 소설이 가지고 있었던 도식과 개념화의 틀에서 현저히 벗어나기 시작하였고 사실주의적 묘사에 관심을 돌림으로써, 등장인물들의 생활과 논리에 맞게 사건과 인간관계가 설정되고 전개되어 나간다고 하였다. 그 한계로는 생활적 타당성이 부족한 사건 진행이나 정황의 설정, 판소리 작품의 문체상 특성에 따른 상투적인 한문구 사용, 중세소설의 인습적 구성이 언급되었다.

5. 맺는말

이상으로 검토한 결과를 요약하면 다음과 같다.

첫 번째 시기인 1930년과 40년대에는 근대학문으로서 춘향전이 연구되기 시작한 때로서 전반적인 성격의 연구가 이루어졌다. 김태준은 작품이 지니는 사회비판적인 주제를 강조하였고, 조윤제는 다수의 이본을 검토함으로서 양 방향에서 이후의 연구자들에게 큰 영향을 끼친다.

두 번째 시기인 1950년대와 60년대 전반기에는 실증적인 연구 경향이 우세하였다. 특히 김동욱은 판소리 전반에 대한 연구를 통해 판소리 선행설을 정립시키면서, 춘향전 이본의 특성들을 파악함으로써 이정표를 마련하였다.

세 번째 시기인 1960년대 후반기와 70년대에는 작품 해석 면에서 다양한 방법들이 산출되었다. 조동일의 이원론적인 주제 파악 방식은 많은 논란을 가져오면서 주제론을 활성화시켰다. 신재효의 개작에 대해서는 근대적인 의식에 따른 것이라고 긍정적으로 보는 입장과 양반 추수적인 보수적 태도라고 보는 입장으로 나뉘어 논란이 되었다.

네 번째 시기로 설정한 80년대 이후에는 춘향전 전승에 대한 통시적 고찰이라는 거시적인 연구 관점을 계승하면서도 각 분야별로 개별 이본에 대한 논의를 좀더 내실 있게 전개하기 위한 노력이 전개되었다. 그 성과로 통시적인 논의에서 그다지 주목받지 못했거나 성글게 다루어졌던 여러 이본들의 가치가 새롭게 조명되었고 그동안 빛을 보지 못했던 몇몇 이본들이 연구자들 앞에 선을 보이게 되었다. 특히 19세기 후반-20세기 초에 형성된 것으로 보이는 방각본 및 구활자본 춘향전과 세책으로 추정되는 <남원고사> 계열의 한글 필사본들, 각종 한문본들이 연구자들의 관심을 집중시켰다.

70년대까지의 연구 성과에 비해 주제론은 그다지 두드러진 성과를 드러내지 못하였다. 80년대까지 역사주의적 해석이 여전히 주류를 이루었으나 90년대 이후 시대사적 맥락의 변화에 따라 연구 시각의 편향성에 대한 문제가 제기되면서 주제 접근 방식의 방향 전환이 모색되기에 이르렀다. 이러한 흐름에 따라 여성주의적 시각이나 수용미학적 관점에서의 접근이 시도되기도 했으나 아직 본격적으로 주제 연구의 다양화가 가시화된 것은 아니다.

90년대 나타난 춘향전 연구의 두드러진 변화 가운데 하나는 창본 춘향가의 재인식과 이를 계기로 한 장르교섭 연구 및 연행론의 대두이다. 창본 춘향가와 소설 춘향전 사이의 상호교섭 양상과 창본 춘향가의 연행적 특징 및 희곡적 성격, 시가·잡가 및 서사무가 등과의 장르교섭 양상 등이 여러 연구자들에 의해 논의되었다. 특히 최근에는 소설과 창본을 모두 아울러 대중적인 연행예술로서의 춘향전을 조명하기 위한 연구도 활발해지고 있다.

그러나 춘향전 연구 성과의 양적 확대에 비해 좀더 다양하고 폭넓은 연구 시각의 확보는 아직 제대로 이루어지지 못하고 있다. 춘향전의 가치가 다양한 문학적 접근을 가능하게 하는 고전다운 '폭'과 '결'에 있다면 아직 연구의 수준은 그에 훨씬 미치지 못하고 있는 셈이다. 특히 아직도 개별 이본의 문예미학적 가치에 주목하여 문체나 화법 등의 표현 양식을 미세하게 분석하는 논의는 드문 편이다. 춘향전 전체를 조망하는 자리에서 하나하나의 춘향전 작품을 들여다보는 자리까지 이동하는 데는 아직도 더 많은 시간이 필요한 듯하다.

북한의 연구 경향은 윤세평, 고정옥의 연구로 대표되는 1960년대 전반까지와 이후 연구가 크게 구별된다. 70년대와 80년대 연구는 김일성의 교시에 따라 제약을 받았다. 90년대에는 주체사실주의로의 변화나 민족가극 <춘향가>에 대한 김정일의 언급 등에 따라 좀더 긍정적인 방향으로 변화를 보였다. 이본의 측면에서 근래에는 여러 가지 이본을 언급하고는 있으나 여전히 완판 84장본 <열녀춘향수절가>만을 선본(善本)으로 여겨서 텍스트로 사용하고 있다. 작품 분석에서는 인물 형상에 많은 비중을 두는데, 그것은 작품의 교육적 측면을 중시하는 경향과 관련 있는 것으로 보인다.

춘향전의 발생과 형성

윤혜신 · 이강엽

1. 서론

춘향전의 발생을 논의할 때면 대체로 몇 가지의 설화가 거론되어오곤 했다.[1] 기생설화와 어사 설화 같은 경우가 그 핵심에 서며, 그 이외에도 박색설화나 신원설화, 관탈민녀형 설화 등이 자주 언급된다. 그런데, 문제는 다음 두 가지이다. 첫째, 과연 그런 설화들의 합만으로 춘향전이 만들어질 수 있는가 하는 것이며, 둘째, 그런 설화들과 춘향전의 유사점을 밝히는 것만으로 그 발생문제를 대신할 수 있느냐 하는 것이다. 춘향전군을 이루는 공통적

1) 발생설화(發生說話)와 근원설화를 구분하기도 한다. 김동욱은 근원설화는 춘향전 형성의 소재가 되는 설화이며 발생설화는 춘향전이 어떻게 해서 성립되었다는 민간설화를 지칭한다고 했다. 발생설화의 예를 들자면 무가 발생설, 양진사 창작설, 원곡(元曲) 번안설, 문장체소설 선행설, 한문소설 부연설, 판소리 발생설 등이 있다. 金東旭, 『春香傳 硏究』, 延世大學校 出版部, 1965, 34쪽. 참고로 이 글은 발생설화문제를 일단 차치하고 근원설화의 문제를 다루었다.

화소를 추려낸 후, 그와 유사한 화소를 담은 설화를 발견할 여지는 충분하지만, 독창적으로 삽입된 중요한 화소가 존재한다. 또한 그것만으로 개별화소들이 서사적 질서를 이루는 과정을 설명해내기는 어렵다.

따라서, 이런 문제를 해결하는 길은 아마도 다음 두 가지가 되겠다. 먼저, 흔히 '근원설화'로 지목되는 이야기들이 춘향전 내에서 벌이는 '기능'의 문제를 밝히는 것이다. 소재원으로서의 설화가 일단 소설 속에 들어올 때는 엄연히 다른 기능을 할 수밖에 없으므로 그 차이가 발생하는 지점에서 구체적인 형성 과정이 드러날 수 있을 것이다. 다음으로, 화소의 유사성이라는 내용 범위를 넘어서는 부분에 대한 고민이 필요하다. 판소리의 숱한 사설치레 장면이나 극적 재현 같은 대목들이 춘향전에 빈출하는데 이는 근원설화 추적으로는 전혀 설명이 되지 않는다. 나아가서 단락과 단락 간의 결합, 또 전후반 대단락의 구성법 등이 어떻게 해서 시작되었는지 밝혀질 필요가 있다. 그러나, 후자의 문제는 춘향전에 국한되기보다는 판소리 문학의 형성이라는 좀더 큰 문제에 걸려있는 것이므로 춘향전으로 논의를 좁혀서 각종 사설치레, 춘향과 이몽룡의 인물 등에 대해서 검토해볼 것이다.

그렇지만, 이로써 춘향전의 '시작'이 제대로 설명된다고 볼 수만은 없다. 우리가 머릿속으로 막연히 생각하는 춘향전은 어쩌면 '춘향가'의 원초적인 줄거리를 지닌 최소한의 모본이 아니라, 춘향과 이도령이 만나서 사랑을 나누고 헤어지면서 고통을 겪는 등의 기본 줄거리 외에도 '광한루 경개'나 '사랑가', '옥중 사설' 등등이 풍부하게 덧보태진 완형의 춘향전일 것이다. 우리가 누구나 춘향전이라고 인정할 만한 작품으로 형성되는 과정이 밝혀져야 그 시작이 제대로 설명되는 셈이다. 물론, 춘향전이 지금까지도 변전을 거듭하는 살아있는 작품이라고 할 수는 있지만, 독립된 작품으로 춘향전을 시작한 이후 어느 정도의 풍부함을 갖추어나가는 형성 과정을 무시할 수는 없다.

이 글에서 밝힐 내용은 다음의 세 가지가 될 것이다. 즉, 첫째, 춘향전의 핵심 소재원인 근원설화가 작품의 서사문맥에서 어떻게 변용되어 기능하는가 하는 문제와, 둘째, 그 소재원을 채용하면서 구성해내는 방식, 특히 설화에서는 볼 수 없고 판소리에서만 새롭게 등장하는 구성방식은 어떻게 시작되었는가 하는 문제, 셋째, 최소한의 춘향전에 풍부함이 더해지면서 완형의 틀을 갖추어 나가는 과정은 어떠했는가 하는 문제이다.

2. 춘향설화와 춘향전의 발생

1) 선행 연구에서 본 설화와 소설 춘향전의 영향 관계

선행 연구는 설화가 판소리, 소설에 영향을 미쳤으리라는 전제 아래 춘향 관련설화를 다루었다.[2] 설화가 판소리, 소설보다 먼저 발생한 장르이고 모두 서사문학의 성격을 지니기 때문에 관련성이 있는 것으로 보고, 춘향전 형성에 핵심적으로 영향을 미친 설화를 찾는 데 주력하였다. 이는 춘향전의 속성 때문에 취해진 연구였다. 작품의 유력한 작가를 찾을 수 없는 상황에서 풍부하게 삽입된 가요와 기존의 설화들은 춘향전을 적층문학으로 인식하게 했으며 연구자들은 춘향전의 근원이나 모태가 있었을 것으로 상정하게 되었다.

---

2) 근원설화연구에 대한 점검은 다음의 두 논문에서 이루어졌다.
金鍾澈, 「春香傳의 根源說話」, 장덕순 외, 『韓國文學史의 爭點』, 집문당, 1986.
金光淳, 「春香傳의 根源說話」, 韓國古小說硏究會 編, 『春香傳의 綜合的 考察』, 아세아문화사, 1991.
위 두 논문에서 개별 연구를 확인할 수 있으므로 이 글에서는 모든 연구를 점검하지 않고, 주된 가설과 주장을 처음 제시한 연구를 위주로 살펴본다.

선학들이 소설에 영향을 주었으리라고 지적한 설화는 다음과 같다. 아래에서 개별 설화의 명칭과 이들을 묶고 있는 범주의 용어는 선행 연구에서 사용한 대로 제시하였다.

① 열녀(烈女) 설화

- 지리산녀(智異山女) 설화 : 『동국여지승람(東國與地勝覽)』 남원(南原)조 수록
- 도미(都彌)의 처 설화 : 『삼국사기(三國史記)』 도미(都彌)조 수록

② 암행어사(暗行御史) 설화

- 노진(盧稹) 설화 : 『계서야담(溪西野談)』, 『동야휘집(東野彙輯)』권 6 「니암봉즉문등과(尼菴逢卽問登科)」조 수록
- 박문수(朴文秀) 설화 : 이삼현(李參鉉)의 『이관잡지(二官雜誌)』수록
- 김우항(金宇杭) 설화 : 『계서야담(溪西野談)』수록

③ 신원(伸冤)설화

- 남원(南原)민속 설화 : 정노식(鄭魯湜)의 『조선창극사(朝鮮唱劇史)』 16쪽, 김태준의 『증보 조선소설사(增補 朝鮮小說史』) 189쪽, 조재삼(趙在三)의 『송남잡지(松南雜識)』「춘양타령(春陽打詠)」 조, 권상로의 『조선문학사』 17쪽, 김동욱의 『춘향전연구』 56쪽 5항 수록
- 여기폭포(女妓瀑布) 설화: 주길순의 「春香傳 發生의 民俗的 起源」 152쪽 수록
- 설녀창가 : 주길순의 「春香傳 發生의 民俗的 起源」 152-153쪽 수록

- 빡보설화 : 주길순의 「春香傳 發生의 民俗的 起源」 155쪽 수록
- 박색터 설화 : 차정언(車鼎言)의 『해동염사(海東艷史)』, 「염색(艶色)고개」조 수록
- 아랑(阿娘)설화 : 손진태의 『조선민족설화연구(朝鮮民族說話硏究)』 수록
- 향낭(香娘)설화 : 『부제일기(孚齊日記)』 권2 경인(庚寅) 2월 수록
- 심수경(沈守慶) 설화 : 『수산광한루기(水山廣寒樓記)』수록

④ 염정(艶情) 설화

- 성세창(成世昌) 설화 : 『동야휘집(東野彙輯)』권6 수록
- 고기생(古妓生) 설화 : 『용성지(龍城誌)』의 시(詩)「우랑일거무소식(牛郞一去無消息)」수록
- 안동지방전설 : 이재수의 『한국소설연구』 385쪽 수록

⑤ 옥지환(玉指環) 명경(明鏡) 설화

- 홍섬(洪暹) 설화 : 『동야휘집(東野彙輯)』 권6 수록
- 조위(曹偉) 설화 : 『동야휘집(東野彙輯)』 권6 「합옥환봉처득윤(合玉環逢妻得胤)」조 수록

⑥ 몽상(夢祥) 설화

지봉유설(芝峰類說), 약천집(藥泉集), 승휴정산수기(僧休靜山水記), 동각잡기(東閣雜記), 대동기문(大東奇聞), 용재총화(慵齋叢話), 김동욱 앞의 책, 64쪽 수록

⑦ 한시(漢詩) 설화

- 金樽美酒詩 관련 설화 : 김동욱 앞의 책, 65쪽 수록

⑧ 수기(手記)설화

- 불망기(不忘記), 수기(手記)관련 설화
- 동야휘집(東野彙輯) 권 6 「대극서봉표입증(對棘婿捧票立證)」조 수록

⑨ 실제담(實際譚)

- 벽오(碧梧) 이시발(李時發)의 실제담 : 이삼현(李參鉉), 『이관잡지(二官雜誌)』 수록
- 성이성(成以性) 설화 : 『계서행록(溪西行錄)』, 주길순의 「春香傳 發生의 民俗的 起源」153-154쪽 수록
- 양성지(梁誠之)의 실제담 : 『어우야담(於于野談)』전집 46쪽 수록
- 노진(盧禛) 설화 : 『계서야담(溪西野談)』수록
- 조식(曹植)설화 : 『문소만록(聞韶漫錄)』수록

이상의 설화와 춘향전의 관련성에 대한 견해는 크게 셋으로 나눌 수 있으며 대체로 시대적으로도 선후관계에 있다. 첫째, 춘향전 내 서사사건이 실제 있었던 사건에 근거한다고 본다. 초창기 연구에서부터 꾸준히 제시되었다. 둘째는 설화가 춘향전 형성의 소재가 되었다는 연구이다. 셋째로 두 장르 간 서사구조의 유사성에 주목하는 연구이다.

먼저, 실제담의 반영이라는 견해가 있는데, 실제의 이야기를 소설이 취했다는 관점이다. 춘향전의 주요 사건과 유사한 이야기가 실제 있었다는 것이다.

김태준은 전대(前代)의 문헌 『이관잡지(二官雜誌)』와 『계서야담(溪西野談)』등을 인용하면서 춘향전의 이야기가 기존에 있었던 실제담이라는 견해를 전한다. 춘향전이 벽오(碧梧) 이시발(李時發)의 실제담(實際譚)이라는 설, 옥계(玉溪) 노진(盧稹)의 사실을 소설화한 것이라는 설, 『박문수집(朴文秀集)』에 춘향전과 같은 사실이 있다는 등의 설[3])을 제시하였다. 이로써 1930년대 이전부터 춘향전과 전대 장르와의 영향관계를 살피려는 연구가 있었음을 알 수 있다.

이가원은 실존 인물이었던 성이성과 이춘향이 각각 춘향전의 이몽룡과 성춘향이었다고 하였다. 그리고 성이성의 아버지를 성안의 부사로 판단하였다.[4]) 안동의 권 모(某)가 춘향가를 지으면서 성(姓)을 바꾸었다고 한다. 이렇게 본다면 춘향전은 성이성과 이춘향의 실제담이 된다.

다음으로, 설화가 춘향전의 소재가 되었다는 견해가 있다.

이병기는 『동국여지승람(東國與地勝覽)』의 지리산녀와 『삼국사기』의 도미처 설화를 근원설화로 보았다.[5]) 이런 설화를 남원 광대들이 번안(飜案)하고 분장(扮裝)했을 것으로 보았다고 하였다.

중국 전기(傳奇)가 춘향전 제작의 동기가 되었을 가능성이 있다는 설이 있었다. 주왕산은 청나라 시대의 걸작인 '도화선(桃花扇)'이 수입과 모방의 가능성을 주장했다.[6]) 단지 이 전기만을 춘향전 제작의 동기로 보지는 않았지만 중국 전기가 작품 형성에 영향을 주었을 수 있다는 전제는 후대 연구에서 지속되었다.

---

3) 金台俊, 『증보 조선소설사』, 朴熙秉 校注, 한길사, 1990, 188쪽.

4) 이가원, 춘향은 실존인물일 수도 있다. 한문학연구, 탐구당, 1969, 301쪽.

5) 이병기·백철, 『國文學全史』, 新丘文化社, 1950, 161-163쪽.

6) 周王山, 『朝鮮古代小說史』, 正音社, 264-265쪽.

김동욱은 1965년에 발행된 『춘향전 연구』에서 근원설화를 춘향전 연구의 소재가 되는 설화라고 하였다. 이 연구에서 그간 산발적으로 근원설화로 비정되었던 설화들을 망라하면서 그 가능성을 타진하였으나 딱히 특정 설화를 근원설화로 지칭하지는 않았다. 춘향전에 영향을 준 설화를 층위를 나눠 설명하였다. 설화 중에서도 플로트에 영향을 준 설화와 삽입 플로트 설화의 층위인데 열녀 설화, 암행어사 설화, 신원(伸寃)설화, 염정(艷情)설화를 플로트에 영향을 준 설화로, 신물교환설화, 수기설화, 몽상설화, 한시 설화를 삽입 플로트의 설화로 보았다.[7] 기존에 논의된 설화를 정리하여 춘향전에 단순 삽입된 설화와 구성에 영향을 미친 설화를 구분한 데서 그간의 논의가 진전된 면모를 볼 수 있다.

설화에서 판소리로, 판소리에서 소설로 변이 진화하는 과정에서 잡다한 설화가 모여 이도령과 춘향의 염정적(艷情的) 플로트에 곁들여 하나의 판소리로 응집되어가는 도중에 차츰 암행어사 설화적, 열녀 설화적인 의식이 덧붙게 되었다고 보았다.

그러나 설화와 춘향전의 관계가 직접적인 영향관계에 있다고 보지는 않았다. 설화와 춘향전과의 관계도 간격이 있으며 그만큼 판소리의 수창자(首唱者)의 창조적 구성의 비범함을 알게 된다[8]고 하여 창작자에 대한 공을 인정하였다. 그러나 창조적 주체에 대한 규명은 어려운 것으로 보았다.

설성경은 춘향전의 전반부는 염정(艷情)설화, 후반은 암행어사 설화가 주축이 되고 부수적으로 전반에서는 옥지환(玉指環), 명경(明鏡) 설화, 후반은 한시(漢詩)설화 등을 수용하고 있다[9]고 하였다. 근래의 연구에서는 근원 설

---

7) 김동욱, 『春香傳 硏究』, 延世大學校 出版部, 1965, 34-35쪽.

8) 김동욱, 위의 책, 67쪽.

9) 설성경, 『춘향전의 형성과 계통』, 연세대 박사학위논문, 1980, 정음사, 1986, 179쪽.

화 개념을 취하지 않고, 원춘향전으로부터 변하지 않고 내려온 항속적 요소로 '이어사', '춘향', '운봉', '남원', '광한루', '파경몽(破鏡夢)', '금준미주시(金樽美酒詩)' 등을 제시하였다.[10] 근원설화를 추적하는 연구보다 춘향전의 작가 추적에 주된 관심을 두었다.

주길순은 남원지방의 민속설화 및 여기폭포(女妓瀑布)설화, 설여창가(唱歌)설화, 성이성의 민담 등이 여러 무당 광대 사회의 판놀이를 거치는 동안 이는 자탄가적(自嘆歌的) 내용으로 학대받은 무리의 애련(哀憐) 및 애소물(哀訴物)로 풀로트화되었다고 보았다.[11]

끝으로, 두 장르간의 서사구조의 유사성에 주목하는 연구이다.

1980년대 중반 들어 근원설화를 탐색하기 위해서는 소재원이나 사실성 여부, 작품의 특정 부분만으로는 불충분하다는 연구들이 나타났다. 서사구조와 근원설화가 갖추어야 할 요소 등에 대해 연구의 관심이 높아졌으며 근원설화 유형도 여럿보다는 한두 가지를 제시하였다. 관탈민녀형(官奪民女型) 설화, 무가 <성주풀이>, 지인지감형(知人之鑑型) 기녀(妓女)설화 등이 이에 해당한다.

서사구조와의 연관성을 염두에 두고 첫째의 관탈민녀형 설화에 제일 먼저 주목한 연구자는 최래옥이다. 그는 춘향전이 관탈민녀형설화를 소설화한 것으로 보았다. 춘향전의 기본 발상이 관탈민녀형이었을 것이며 춘향전이 관탈민녀형 설화의 기본 구조 -(가) 어느 고을 백성에 절개가 굳은 미녀가 있었다. (나) 관리는 이 소문을 듣고 범하려 한다. (다) 미녀는 관리의 청을 거절한다. -와 부합된다고 보았다.[12]

---

10) 설성경, 『춘향전의 비밀』, 서울대학교 출판부, 2001, 6쪽.

11) 朱吉淳, 「<春香傳> 發生의 民俗的 起源 <南原地方의 民譚을 中心으로>」, 『韓國言語文學』 제21집, 韓國言語文學會, 1982, 164쪽.

김종철은 춘향전 근원설화의 필수적 조건으로 춘향이 주체일 것, 설화의 갈등은 춘향의 애정이 그의 신분으로 인해 좌절되는데 기초할 것, 춘향·이도령·변학도의 삼각형 갈등구조일 것, 다른 설화들을 종속적 위치에 배열시키는 중심설화일 것 등을 만족해야 한다고 보았다.[13] 더불어 근원설화란 다양한 설화를 종속시키되 각자 제자리에 위치시키면서 통합하는 중심설화로 파악해야 한다고 보았다. 춘향전은 단일 근원설화 추출이 어렵고 다양한 설화가 참여되어 있으며, 그 시간적 선후관계를 확정짓기가 힘든 경우에는 근원설화를 중심설화로 파악하는 것이 유용할 것[14]이라고 하였다. 중심설화로서 근원설화는 단순히 기원적 형태로서 다른 설화가 첨가되어지는 것이 아니라 설화 → 판소리의 전환과정에 능동적으로 변화하면서 시대성과 사회성을 반영할 수 있는 것이어야 한다고 보았다. 이에 따라 신분적 질곡을 극복하여 사랑을 쟁취하려는 춘향과 이도령 그리고 변학도 형의 지방수령의 종속 3각관계를 형성하는 관탈민녀형 설화가 근원설화일 가능성이 제일 높다고 보았다. 관탈민녀형 설화를 중심설화로 하여, 암행어사설화, 수기설화 신물설화 등이 종속 설화로 수용되면서 춘향전이 형성되었다[15]고 보았다.

둘째로, 서사무가 <성주풀이>가 판소리 춘향가의 근원설화 기능을 하였다는 연구가 있다. 서대석은 <성주풀이>와 춘향가가 같은 문화권의 구비서사시라는 공통점, 구연자의 유대가 긴밀하다는 점에 근거하여 다른 어떤 근원설화보다 친연성이 높다고 보고 판소리 기원에 관한 서사무가 기원설을

---

12) 崔來沃, 「官奪民女型 說話의 硏究」, 『韓國古典散文硏究』, 장덕순선생화갑기념논문집, 간행위원회, 1981. 9, 93쪽, 104쪽.

13) 金鍾澈, 「春香傳의 根源說話」, 장덕순 외, 『韓國文學史의 爭點』, 집문당, 1986, 517쪽.

14) 김종철, 위의 글, 518쪽.

15) 김종철, 위의 글, 519쪽.

보강[16]하고자 하였다. 기왕의 몽상설화, 한시설화, 수기 설화 등은 춘향전의 부분적 소재가 될 수 있으나 이러한 설화를 근원설화라고 하여 형성문제를 논하는 것은 춘향가에 수용된 한시구, 속담, 삽입가요 등의 원천을 찾는 작업과 같은 차원으로 번다하기만 할뿐 문제 해결의 결정적 기여를 하기 어렵다고 보았다.[17] 여성의 시각에서 작품이 전개될 것, 한 여성과 두 남성의 삼각관계일 것, 긍정적 남성에 의해 부정적 남성이 제거되고 행복한 결말로 구성될 것 등의 조건을 제시하였다.[18] <성주풀이>와 춘향가의 다른 점이 없지 않아 즉, 표면적 주인공이 남성과 여성으로 다르게 설정되어 있는 점, 성주풀이에서 남녀관계가 부부관계에서 출발되고 있는 점과 주술적 신비력이 많이 등장하고 춘향가에서와 같은 신분문제가 없다는 점 등이 있으나 이는 장르적 성격의 차이에서 유래된 것[19]으로 보았다.

끝으로, 지인지감형(知人之鑑型) 기녀(妓女)설화를 지목한 연구가 있는데, 이문규는 탐색 대상 설화가 작품 구조와 긴밀히 연결되어 있는지를 검토해야 한다고 하였다. 기존에 거론된 몽상설화(夢祥說話), 한시설화(漢詩說話), 수기설화(手記說話) 등은 작품 전제를 포괄할 수 없다고 보았다. 더불어 열녀설화나 신원설화, 암행어사 설화 등도 작품의 장식적 요소에 머무는 부차설화, 삽입설화의 위상에서 크게 벗어나지 못하는[20] 것으로 보았다.

춘향전의 핵심이 신분이 다른 두 남녀의 사랑 이야기, 두 남녀의 사랑의

---

16) 서대석, 「성주풀이와 춘향가의 비교연구」, 『판소리 연구』 제1집, 판소리학회, 1989, 25쪽.

17) 서대석, 위의 글, 20쪽.

18) 서대석, 위의 글, 21쪽.

19) 서대석, 위의 글, 25쪽.

20) 李文圭, 「<春香傳> 根源 說話 再論」, 『先淸語文』 제24집, 서울대학교 국어교육학과. 1996, 528쪽.

시련과 성취이므로 근원설화의 탐색도 이 점에 초점을 맞춰야 한다고 하면서 염정설화 특히 『계서야담』에 전하는 지인지감형 기녀설화에 주목한다. 심희수(1548~1622) 설화와 노진(1518~1578)의 설화를 그 예로 들었다. 이들 설화는 춘향전과 시간 격차도 크지 않을 뿐 아니라 신분이 다른 두 남녀의 사랑 이야기이고 서사구조, 주인공의 특성, 주제 의식 등에서 상호 유사성을 보여준다고 하였다.[21] 춘향전은 지인지감형 기녀설화를 핵심으로 하면서 사랑의 적대자가 등장하는 이야기를 보강하여 이루어진 작품이라고 한다. 지인지감형 기녀설화 이외에도 관탈민녀형 설화와 암행어사 설화가 형성에 중요한 역할을 했으나 지인지감형 설화가 춘향전의 작품 전체의 구조적 골간으로서 기능을 하고 있다고 보았다. 관탈민녀형 설화나 암행어사 설화는 작품의 부분적 의미를 강화시키는 기능적 차원에 머물고 있다[22]고 하였다. 지인지감형 기녀설화에 관탈민녀형 설화와 같은 이야기를 차용하여 약간의 변개를 가하면 춘향전 같은 작품이 어렵지 않게 이루어질 수 있다고 보았다.[23]

2) '근원설화(根源說話)'에 대한 비판적 검토

선행 연구는 설화가 소설춘향전 혹은 판소리 춘향가에 영향을 미쳤을 것이라는 전제 아래 근원설화를 탐색하여 왔다. '근원설화'를 딱히 지정하지 않은 연구에서도 '근원설화'의 개념과 이의 설정은 학계에서 거의 의심 없이 수십년간 사용되어 왔다. 이 개념이 놓인 자리의 논리를 살펴보면, 춘향가·춘향전 형성에 근본적으로 영향을 미쳤을 설화가 있을 것이라는 생각이 전

21) 이문규, 위의 글, 528-530쪽.

22) 이문규, 위의 글, 547쪽.

23) 이문규, 위의 글, 546쪽.

제되어 있다. 그래서 적지 않은 연구들이 춘향전의 서사사건과 유사한 사실담을 찾기도 하였으며 기본 서사구조, 주제 의식 등이 공통적인 설화를 찾기도 하였다.

그러나 문제는 이러한 영향관계가 춘향전의 경우만이 아닌 다른 소설, 또는 전대의 서사문학인 설화에도 적용가능한 데 있다. 어떤 개별 작품의 근원을 찾으려는 연구 방법은 모든 작품에 어느 정도 적용이 가능하다. 예를 들어 <○○전>으로 여겨지는 소설의 경우 근원설화를 찾으려 시도한다면 어느 정도 찾을 수 있다. 그 뿐만이 아니다. 설화의 경우도 영향관계가 분명하게 보이는 작품이 적지 않다. 예를 들어 설화 <우렁각시>의 근원으로 영향이 되는 서사적 전통을 찾아볼 수도 있다. 관탈민녀형(官奪民女型) 설화로 분류되었던 백제의 <도미처 설화>, 신라의 <도화녀 설화> 등과 일정 부분 공유하는 특징이 있다. 서사구조, 모티프, 발단된 사건이 비슷하다고 해서 이들을 '근원'이라고 할 수 있을까? 이렇게 되면 근원을 찾아 계보를 만드는 일이 대부분의 작품에서 가능하게 된다.

어떤 작품을 '근원'이라는 볼 때는 본 작품보다는 근원으로 설정된 작품이 더 중시되는 경향이 있다. 앞선 시대의 작품이 근원이 되고 후대의 것이 변형이라는 생각이다. 이러한 경우 더욱 근원적인 대상에 가치를 두게 된다. 그러나 춘향전이 근원설화를 가지고 있다고 할 만한 타당성이 충분해 보이지 않는다. 그리고 노진(盧禛), 심희수(沈喜壽) 등이 경험했다는 '기생과 양반의 애정 이야기'류의 사실담은 다른 야담 문헌에도 수적으로 적지 않아 딱히 어느 것이 근원설화였으리라고 지적하기가 어렵다. 설화만이 아니라 서사무가 성주풀이도 판소리춘향가의 유사성이 인정된다. 선행 연구에서 성주풀이와 춘향가는 무속과 음악 면에서 같은 문화권에 속하며 등장인물의 성격이 일치하고 구연자의 유대가 긴밀하다고 보았다. 춘향가와 성주풀이가 직접적인 영향관계에 있다는 결론보다는 성주풀이를 춘향가 형성에 기여한 자료로 자리매김하였다.

이상에서 살펴보았듯이, 제시된 설화는 많지만 딱히 어떤 작품을 근원설화라고 제시하기 어려웠다. 선행 연구 결과를 바탕으로 하면서도 이제는 연구의 전제에 대해 비판적으로 점검해 볼 시기에 이르렀다고 생각한다. 근원설화를 탐색했던 이유는 판소리와 소설의 모태를 찾으면서 시작되었다. 형성의 기원을 찾는데서 근원설화와 서사무가가 언급되었으며 연구자들은 유사한 작품을 찾아 이를 증명하고자 하였다.

춘향전의 근원이나 핵심을 무엇으로 보아야 하는가에 대해 다시 한번 생각해보아야 한다. 형성의 문제든, 소재 원천의 문제든 춘향전의 근원이나 핵심은 앞선 서사적 전통과 어느 정도 유사한가에 있기보다 설화와 다른, 새로운 변화의 지평을 열었다는 데 있다. 이 작품이 보여준 새로운 지평은 사건이 전개되는 과정과 해결방식, 판소리 특유의 표현 미학에 있다고 본다. 춘향전이 성취한 새로운 지평을 개척한, 작은 싹이 수용자들의 마음을 휘어잡았다. 새로운 싹은 상대적으로 작품에서 양적으로 많은 부분을 차지하지 않는다. 그 동안 존재해왔던 수많은 기녀와 양반간의 사랑설화와 많은 부분이 유사성을 지닌다. 그러나 춘향전은 설화와는 다른 방식으로 문제를 해결하였다.

그렇다면 과연 설화는 소설 춘향전에 전혀 영향을 미치지 않았다는 것인가? 분명 작품에는 기생과 양반의 애정 설화, 신원설화(伸冤說話) 등의 요소가 있다. 이를 어떻게 이해할 것인가의 문제는 남아있다. 여기서 '예술창작'이 이루어지는 일반적인 상황을 고려해보는 것이 도움이 된다고 생각한다. 춘향전이 적층문학이라고는 하지만 이 말이 창작이 아닌 '삽입과 덧붙여짐으로 이루어졌다는 뜻이 아니다. 춘향전의 핵심적 부분은 당대에서는 새로운 것이며 순연히 창작된 것이다. 그러나 창작이라고 해서 전혀 새로운 소재와 주제가 제시되는 것은 아니다. 작가는 과거 문화적 경험을 바탕으로 작품을 창작한다. 즉 과거 문화적 경험은 작품의 전체적이고 일반적인 배경이 된다. 모든 창작은 전혀 새로운 것만으로 이루어지지 않는다. 그 창작이 처한 사회적 배경과 관련 주제 담론의 영향을 받을 수밖에 없는 법이다. 기생과 양반 간의 사랑 설화는 춘향전이 창작되는데 담론의 층위에서 영향을 미쳤을 것이다. '기생과 양반 간의 사랑'을 주제로 한 그 동안의 전승담론이 춘향전이 수용자의 공감과 이해를 얻는 데 요긴했을 것이다. 발단된 사건이 전혀 낯설지 않았기 때문이다.

춘향전의 근원설화로 일컬어지는 '기생과 양반의 사랑'이 작품에 나타난다는 근거로 춘향전에서 근원적 작용을 했다고 볼 수 있을까? 오히려 그들이 사랑이 어떻게 표현되고 있느냐가 작품의 핵심 미학이 된다. 『계서야담(溪西野談)』등 문헌에 전해 내려오는 이야기는 춘향전 창작의 전반적인 배경담론이 된 정도이다. 당대에서 새로운 예술의 경지를 개척한 춘향전의 작가가 구체적인 소재와 사건을 찾기 위해 굳이 130, 170 여년 전 사건을 참고했을지도 확신하기 어렵다. 춘향전이 설화와 다른 차원의 전혀 새로운 작품이고, 춘향전을 전래해온 담론들의 합집합으로 이해하지 않는다면 자연스럽게 주동적인 창작자를 떠올릴 수 있다. 개인 혹은 소수의 창작자는 전래 담론과는 다른 방식으로 이야기를 조직하여 새로운 작품을 만들었다고 하겠다. 이렇게 볼 때, 설화류는 춘향전의 '근원'이 아니라 춘향전이 창작되는 시기에 그 창작의 배경에 놓인 담론으로 상정할 수 있다.

그렇다고 선행연구의 근원설화 논의가 의미 없었다고 할 수는 없다. 연구의 직접적인 의도는 아니었지만 결과적으로 춘향가와 춘향전이 놓인 창작의 배경과 당대의 담론을 확인하였다는 데 의의를 찾을 수 있다. 그렇다면 전승설화의 조합을 넘어서는 창작과정이 해명될 필요가 있는데, 최근의 연구 중

창작자를 구체적으로 거명한 예가 있어서 관심을 끈다. 춘향전의 많은 부분이 적층 문학에서 왔음을 인정하더라도 수많은 적층 문학으로부터 이를 춘향전으로 조직하고 구성한 창작 주체, 문제적 사건과 이의 해결과정을 갖추도록 구성한 창작 주체로서 작가를 상정해보자는 것이다.

설성경은 몇 가지 근거를 들어 춘향전의 작가로 조경남을 주목한 바 있다. 그 근거는 다음과 같다. 첫째, 남원에서 70평생을 살았기에 거기에 얽힌 사건과 상징적 의미에 정통하였다. 둘째, 임병 양란 때의 일을 잡록체 일기로 남길 정도의 엄청난 정보력을 갖추고 있었다. 셋째, 이도령 모델로 보이는 성이성의 스승이며 암행어사가 된 그를 광한루에서 만나 함께 보냈고, 이부사의 모델로 보이는 부용당 성안의 부사와도 교류하였다. 넷째, 남원 기생 춘향의 비극적 사건과 그 사건으로 인하여 생긴 신원설화의 내력을 알고 있었다. 다섯째, 춘향전의 꽃인 '금준미주시'를 자신의 일기인 『속잡록』속에 소개하였다. 여섯째, '금준미주시'는 원작가의 창의력과 강력한 비판의식이 아니고는 표현하기 어렵다. 일곱째, 성리학에 대한 해박한 지식과 상당한 문장력을 갖추고 있었다. 여덟째, 순국한 의병장 조헌의 수제자이며, 그 자신도 의병장이었다.[24] 이상의 근거와 더불어 남원 부사 성안의와 그 아들 성이성, 춘향전의 작가 산서 조경남 사이에 긴밀한 교류가 있었음을 점검하였다.[25]

작가가 명시되지 않은 작가를 비정하는 문제는 언제나 논란을 일으킬 소지가 있지만, 춘향전 작가를 구체화하려는 고민은 곧 이 작품이 여러 설화들을 간단하게 조합하여 배열하는 방식만으로 성립되기 어려운 작품성을 갖고 있다는 데에서 출발한다는 사실은 음미해 볼 필요가 있다.

---

24) 설성경, 앞의 책, 19-20쪽.

25) 설성경, 앞의 책, 20쪽.

3. 구성으로 본 형성과정

1) 사설치레 및 삽입가요와 부분 구성

춘향전의 기본 줄거리가 만나서 이별하고, 시련을 겪다가 다시 만나며, 끝내 행복하게 잘 사는 내용임은 주지의 사실이다. 그러나 그것만으로는 온전한 춘향전이 되지 않는 것도 분명하다. 이몽룡이 처음 찾아간 춘향의 집을 묘사한 대목이라든가 춘향과 몽룡이 어우러져 사랑을 나누는 대목이 없어서는 춘향전의 제 맛이 나지 않을 뿐만이 아니라 어쩌면 춘향전이 아닐 수도 있다. 물론 이런 부분은 춘향전이 성행한 후에 덧입혀진 부차적인 요소로 간주될 만한 것이기도 하다. 그러나 적어도 우리가 내용을 확인할 수 있는 범위 내에서 가장 오래된 본인 만화본(晩華本)에서조차 그 편린을 찾아볼 수 있다.

> 창을 여니 붉은 살구 푸른 오동이요,
> 병풍에는 청산과 녹수를 그렸구나.
> 푸른 휘장 붉은 촛불 휘황한 방에
> 경대와 화장대는 즐비하구나.[26]

예사로 보면 그냥 심상한 집 묘사 같지만, 이는 명백하게 사설치레라고 할 만한 것이다. 서술자의 시선은 창밖에서 방안의 병풍으로, 다시 붉고 푸른 빛이 어우러진 방 전체로, 또 방안의 경대와 화장대로 자유롭게 움직인다.

---

26) 窓開紅杏碧梧庭 屛畵靑山綠水汀 靑帷紅燭洞房中 鏡臺粧奩何櫛枇
- 설성경, 『춘향예술의 역사적 연구』, 연세대학교 출판부, 2000, 263쪽에서 재인용.

그런가 하면 연영전 아래 숙배를 올린 후부터, 돈화문을 지나 남원까지 오는 과정 역시 장황하게 서술되는 편이다. 양성, 직산, 초포, 은진, 전주 등을 두루 거치는 노정기가 펼쳐지는 것이다. 이러한 판소리 특유의 사설치레는 설화적 골격에 소설적 묘사를 입히는 한 방법이다. 물론 설화라고 해서 묘사가 불가능한 것은 아니지만 판소리의 사설치레만큼 장황하게 묘사하기는 어려운 일이다.

그런데 이러한 사설치레의 한 근원으로 무가가 지목되고 있음은 주목할 만하다. 일찍이 정노식이 『조선창극사』에서 "명창 중에 결성 최선달, 권삼득, 정춘풍 기타 수인의 비가비(한량으로 가무에 능하여 광대로 행세하는 자를 재인계급의 광대가 구별하기 위한 명칭)를 제한 외에는 광대가 모두 거의 才人 巫人계급에 한하여서만 출생"[27]했다고 했듯이, 이는 판소리의 근원에서부터 그 연관성을 찾을 수 있는 것이다. 춘향가의 여러 사설치레 중 무가계 사설로 지목되는 것은 대략 다음과 같다.[28]

> 이도령 복색치레
> 산천경개사설
> 춘향복색치레
> 방자복색치레
> 정원사설1(춘향의 집을 가르쳐주며 제시되는 사설)
> 집치레1(이도령이 춘향의 집을 방문했을 때의 사설)
> 정원사설2(이도령이 춘향의 집을 방문하였을 때의 사설)
> 사벽도사설

27) 정노식, 『조선창극사』, 조선일보사, 1940, 14쪽.

28) 정충권, 『판소리 사설의 연원과 변모』, 다운샘, 2001, 40쪽.

안방세간치레

담배치레

사랑세간치레

주효기명사설

신관노정기

청도기 사설

군속복색치레

군노사령복색

점복사설

어사노정기

어사복색치레1(이도령이 어사가 되어 남원으로 내려올 때의 사설)

집치레2(이도령이 어사가 되어 춘향의 집을 방문하였을 때의 사설)

정원사설3(이도령이 어사가 되어 춘향을 방문하였을 때의 사설)

어사복색치레2

춘향모축원

신간생일연방치레

이러한 사설치레 중 특히 두드러지는 것은 정원치레, 노정기, 복식치레이다. 이들은 모두 춘향가에서 두 차례 이상 등장할 뿐만 아니라 다른 판소리 작품에서도 빈번하게 드러나는 것이다. 집이 등장하는 한 정원이 없을 수 없고, 큰 범위로 이동할 때면 노정기가 따르기 마련이며, 의복은 누구나 갖추기 때문에 그것들이 공통적으로 드러나는 사실은 별로 특기할 것이 못 된다. 그보다 중요한 사실은 그런 치레들은 무가에서 상당히 보편화된 것이라는 점이다. 예를 들어, 춘향가의 정원 묘사에 등장하는 구성물인 연못, 연꽃, 금붕어, 쌍오리는 무가 <성조가>의 정원사설에 등장하는 연못, 육모정(혹은 石假山), 금붕어, 연꽃, 화초, 두루미, 황새에 비견될 만하다. 심지어는 '네모지게 연못파고', '대접갓튼 금붕어', '삼십여주 어린연꼿' 등의 공식어구가 발견되기도 한다.[29]

물론, 현전 무가와 판소리의 선후관계를 파악하는 것은 매우 어려운 일이다. 판소리와 무가의 연창자가 동일한 계통에서 나왔다면 양자간의 상호수수관계는 피할 수 없을 터이며, 판소리에서 무가로 옮겨가는 일도 상정해 볼 수 있기 때문이다. 그러나 <성주풀이> 같은 것은 근본적으로 집터의 신인 성주신에게 축원하는 노래이므로 집에 대한 서술은 필수적이며, 어떤 무가이든 무조신이 강림하는 것을 전제로 하기 때문에 그 이동과정을 읊는 가운데 노정기가 자연스럽게 드러날 것이다. 이 점에서 이런 부분들이 비록 후대의 판소리와 상호수수 관계를 보였다고 해도, 정원사설이나 노정기 같은 사설치레는 무가의 본질에 비추어 본래부터 있었다고 보는 편이 합리적이다. 따라서 무가라는 갈래가 판소리보다 늦게 나왔다고 상정하지 않는 한 무가에 근원을 둔 사설치레가 판소리로 수용되었다고 볼 수밖에 없다.

기존 논의에서 이런 사설치레의 의미를 "청중들에게 호응 받는 대목들을 최대한 장황하게 짜고자 하는 일종의 작시 전략"[30]이라거나 "구비서사시 작시에 있어 장면을 구체화하고 서술량을 확장하는 단위사설 일반의 기능을 지니면서, 대상을 묘사하고 인물의 행위를 구체화하는 그 나름대로의 특수한 위상도 지니고 있다"[31]는 등의 의미가 부여되었다. 한마디로 묘사 전략이랄 수 있는데, 한편으로는 그 밖에도 몇 가지 기능을 더하는 것으로 보인다. 그 하나는 무가의 제의적 측면을 그대로 옮겨오는 것이다. 무가의 핵심인

29) 정충권, 위의 책, 35-36쪽.

30) 서대석, 「구비서사시인의 작시전력」, 『한국학연구』 8, 고려대 한국학연구소, 1996.

31) 정충권, 앞의 책, 55쪽.

주술성을 그 사설치레의 힘을 빌려서 가져오는 방식인데, 주요인물의 등장 과정에 노정기를 덧붙임으로써 그 신성성을 강화한다든지 남녀 결연이 이루어지는 방 안을 그렇게 그림으로써 신성한 만남이 되도록 한다는 것이다.[32)] 춘향전의 후대본에서 강하게 드러나는 영웅소설적 면모는 이러한 사설치레와 직간접적으로 연결되리라 본다.

또 하나의 기능은 서사의 진행이라는 점에서 논의될 수 있겠다. 장면을 극화하고 신성한 분위기르 자아내는 것도 중요하지만, 서사문학에서 그런 것들이 더 큰 의미를 가지려면 서사 진행과 연관되어야 한다. 예를 들어 단순한 외양묘사 같지만 그것이 다음 스토리를 암시하거나 강화할 때 그 묘사의 힘은 더욱 커지는 것이다. 이 점에서 위에 열거한 사설치레 중 여러 차례 반복되는 것들은 특별히 주목할 필요가 있다. 예를 들어 정원사설이 셋이 나오는데 이들은 같은 춘향집 정원이지만 사실은 서로 아주 다르다.

> (가) 방자 손을 넌짓 드러 가르치난듸 져기 져 건네 동산은 울〃하고 연당은 청〃한듸 양어싱풍하고 그 가온듸 기화요초 난만하야 나무〃〃 안진 시는 호사을 자랑하고 암상의 구분 솔은 청풍이 건듯부니 노룡이 굼이난듯 문 압푸 버들 유사무사 양유지요 들축 죽빅 젼나무며 그 가온듸 힝자목은 음양을 좃차 마쥬시고 초당 문젼 오동 듸초나무 집푼 산즁 물푸레나무 포도 다릭 으름넌출 휘〃친〃 감겨 단장 밧기 웃뚝 소사난듸 송졍 죽임 두 식이로 은〃이 뵈이난 계 춘향의 집인이다[33)]

> (나) 춘향모 압을 셔〃 인도하야 듸문 중문 다 지닉여 후원을 도라가니

32) 이에 대해서는 정충권, 앞의 책, 57-83쪽 참조.

33) 설성경 편저, 『춘향예술사 자료총서』 1, 국학자료원, 1998, 171쪽.

연구한 별초당의 등농을 발케난듸 버들가지 느러져 불빗슬 가린 모양 구실 발리 갈공이의 걸인듯하고 우편 벽오동은 말근이실리 뚝〃 떠러져 학의 꿈을 놀닉난듯 좌편의 셧난 반송평풍이 건듯 불면 노룡이 굼이난듯 창젼의 시문 파초 일난초 봄미장은 속입이 쎄여나고 슈심여주 어린 연꼿 물 박기 계우 떠셔 옥노을 밧쳐잇고 딕졉갓턴 금부어난 어변셩용 하랴하고 썩〃마 닥 물결쳐셔 출넝 툼병 굼실놀 썩마닥 조롱하고(이하생략)[34]

(다) 동편을 바릭보니 장임심쳐 녹임간의 춘향집이 져기로다 져안의 닉 동원은 예 보던 고면이요 셕벽의 험한 옥은 우리 춘향 우니난듯 불상코 가긍하다 일낙셔산 황혼시의 춘향문젼 당도하니 힝낭은 문어지고 몸치는 뫼을 버셔난듸 예 보던 벽오동은 숨풀 속의 웃뚝 셔〃 바람을 못이기여 추례ᄒᆞ고 셔잇거늘 단장밋틔 빅느룸은 함부도 단이다가 긔한틔 물여난지 깃도 빠지고 달리을 징금 씰눅 뚜루룩 우름 울고 비창젼 누린긔는 기운 업시 조우다가 구면긱을 몰나보고 꽝〃 짓고 닉다르니 요긔야 짓지 마라 주인갓튼 손임이다 네의 주인 어딕 가고 네가 나와 반기는야 중문을 바릭 보니 닉손으로 쓴 글자가 츙셩 충자 완연턴이 가온딕 중짜는 어딕가고 마음 심짜만 나미잇고(이하생략)[35]

완판 84장본의 예인데, (가)에서는 주로 멀리서도 알 수 있는 나무를 묘사하면서 그것들이 서로 어우러지는 모양을 흡사 남녀가 어우러지는 것으로 연상되게 그려내며, (나)에서는 집의 호사로움에 중점을 두고, (다)는 퇴락한 모습을 한껏 강조한다. 묘사가 단순히 겉치레에 그쳐서는 훌륭한 서사가 될 수 없다. 외형상 그저 객관적인 묘사처럼 보이지만 그것이 스토리 라인을

34) 설성경 편저, 위의 책, 177-178쪽.

35) 설성경 편저, 위의 책, 231쪽.

따라가면서 서사적 맥락을 제대로 이끌어낼 때 문학적 성취가 크기 마련인데, 이 세 차례의 정원사설이 보여주는 다양성은 그런 사실을 단적으로 보여주는 예이다. 이는 사설치레의 차용이 무가에 근원을 둔 것을 십분 인정하더라도, 그 운용에 있어서는 춘향전의 서사적 문맥에 맞게 개편하여 새롭게 정착되는 과정을 보여준다.

마찬가지로 노정기 역시 춘향을 구속하러 등장하는 신관 사또의 노정기와 춘향의 해방을 등장하는 어사의 노정기가 같을 수가 없다. 이들 노정기에서 남원으로 다가오면 다가올수록 신관 사또의 그것은 폭압자에 대한 불안감을 가중시키고, 이어사의 그것은 구원자에 대한 열망을 고조시킨다.[36] 일률적으로 설명할 수는 없지만, 신관 사또의 노정기에서는 하인이나 통인조차 요란하게 차린 호사를 묘사하며 거드름을 피우는 데 집중하는 반면, 이어사의 노정기에서는 그런 부분은 생략된 채 진짜 노정기로만 집중하는 경향이 있다.[37] 노정기가 끝날 즈음의 마무리는 양자간의 판이함이 극명히 대비된다. 실례로, 완판 33장본의 경우, 신관사또의 노정기에서는 "사ᄯᅩ난 빅셩의게 무섭게 ᄒᆞ느라고 눈을 둥글〃〃 긱사의 연명ᄒᆞ고 동원의 좌긔ᄒᆞᆫ 삼일 후의 육방ᄒᆞ인 점고 밧고 기싱점고 밧비 ᄒᆞ라"로 마치면서 백성들을 위협하며 춘향을 농락하려는 데 관심을 두지만, 이어사의 노정기에서는 "노구바우 임실 오수역의 숙소ᄒᆞ고 싱각ᄒᆞ니 츈향 얼골 눈의 삼〃 귀여 징〃ᄒᆞ여 집팡막

36) 이런 차이에 대해서는 설성경, 『춘향전의 비밀』, 서울대학교 출판부, 2001, 209-210쪽 참조.

37) 완판 84장본의 해당 대목을 예시하면 다음과 같다. "부모젼 하직ᄒᆞ고 젼나도로 힝할식 남ᄃᆡ문 밧 셕 나셔〃 셔리 즁방 역졸 등을 거나리고 청ᄑᆡ역 말 자바타고 칠ᄑᆡ 팔ᄑᆡ 빈다리 얼는 너머 밥젼거리 지ᄂᆡ 농젹이를 얼풋 거네 남ᄐᆡ령을 너머 과쳔읍의 즁와ᄒᆞ고 사그ᄂᆡ 밀럭당이 수운 숙소ᄒᆞ고 ᄃᆡ함괴 떡전거리 진긔올 즁밋 진의읍의 중와ᄒᆞ고 칠원 소식 ᄋᆡ고다리 셤환역의 숙소ᄒᆞ고(이하생략)" - 설성경 편저, 앞의 책, 225쪽.

디 검쳐 잡고 흔늘〃〃 나려갈 제"라 하여 춘향이를 구원하겠다는 마음에 가슴을 졸이는 것으로 되어 있다.

여기에서 알 수 있는 사실은 무가에서 차용한 사설치레가 판소리 문맥에서 재편된다는 사실이다. 노정기가 이렇게 서로 다르게 드러나면서 서사성을 높인다는 점은 노정기가 차용되었다는 사실만큼이나 중요하다. 정원사설로 보더라도 결과는 마찬가지이다. 무가 <성주풀이>의 정원사설은 언제나 신성함이 가득한 공간이어야 한다. 왜냐하면 그 공간이야말로 성주신이 몸담고 있는 거룩한 곳이기 때문이다. 성주신은 무가라는 텍스트의 바깥에 이미 성스럽게 존재하기 때문에 그 성주가 있는 공간은 언제나 훼손을 용납하지 않는 절대공간이다. 그러나 판소리에 등장하는 정원은 서사적 맥락에 따라 계속적으로 변화한다. 방자나 춘향이가 춘향의 집을 일러줄 때는 한껏 육감적인 어우러짐이 강조되다가 막상 방문하였을 때는 놀랍게도 화려하며 나중에 어사가 되어 다시 갔을 때는 거의 폐허화한 모습을 드러낸다.

다음으로 무가적 근원으로는 설명할 수 없는 대목들이 있다. 흔히 삽입가요라고 하는 것들이 바로 그 대표적인 예인데, <사랑가>를 필두로 <농부가>, <이별가> 등이 거기에 속한다. 그런데 이런 노래들은 사실 판소리 춘향가가 아니어도 얼마든지 독립적으로 존재할 만한 것이다. "사랑, 사랑, 사랑 내 사랑이야"가 굳이 이몽룡의 춘향에 대한 사랑일 필요는 없는 것이다. 농부들이 자신들의 심사를 한바탕 풀어놓은 노래 역시 마찬가지이다. 그렇다면 이런 노래들은, 무가에 근원을 둔 사설치레가 그랬듯이, 기존의 민요 등이 판소리 문맥에 맞게 재편된 것으로 보아야 하겠다. 이는 판소리가 성행하면서 다른 갈래의 음악들과 습합되는 과정에서 더욱 강화되었겠지만 최초의 판소리라 할 만화본에서도 그런 흔적이 발견된다.

떨어지자니 다시 석별이 아쉬워
남방의 속된 사설 갖은 잡담 나오는구나.
넓은 바다 물이 말라 먼지가 되고,
백두산 높은 봉이 갈아서 평지 되며,
병풍에 그린 닭이 날개 쳐 울면
님 타고 오는 배 문 밖에 닿겠지요.[38]

고딕체로 된 부분은 12가사 중의 하나인 <黃鷄詞>이다. 물론 이 부분이 없다고 해서 작품에 균열이 생기는 것은 아니다. 그러나 기막히게 서러운 이별을 앞둔 아쉬움과 서러움을 표현하는 데 이만한 장치를 찾기도 어렵다. 요컨대 정서적 표현을 위해서 독립적으로 존재하는 가사를 차용한 것이다. 아울러, 춘향전이라는 서사적 맥락에 맞추어 새롭게 만들어진 노래 역시 삽입가요의 형식으로 작품을 풍성하게 해준다. 예를 들어, "적성의 아침 날은 늦은 안개 띠여 있고"의 진양조로 시작하는 '적성가'는 작품 초두의 장중한 분위기를 자아내준다. 그런가 하면 신연맞이의 기생점고 대목은 곧 들이닥칠 비극적 상황을 외면한 채 흥겨움으로 과장되어 결과적으로 나중의 비감함을 더해주고, 반대로 옥중상봉 대목은 비극적 정감을 한껏 고조시킴으로써 다음 상봉의 쾌감지수를 증폭시킨다. 이렇게 덧붙여진 대목들은 단지 정서적 기능에 그치지 않고 일정부분 서사에 관여하는 것이다.

이처럼 사설치레와 삽입가요는 춘향전의 부분구성에 크게 기여했다. 비록 기둥 줄거리를 이루는 데는 부차적인 기능을 하더라도, 이것들은 춘향전을 춘향전답게 만드는 데 꼭 필요한 요소이다. 무가계 사설이나 시가의 수용을

38) 臨分更有惜別意 戲談層生南俗俚 方壺大海涸生塵 白頭高山平似砥 屛風畵鷄拍翼鳴 公子歸船門外艤 - 설성경, 『춘향예술의 역사적 연구』, 연세대학교 출판부, 2000, 266쪽.

통해, 스토리만으로는 설명되기 어려운 춘향전다움을 형성했다 하겠다.

2) 인물 설정과 전체 구성

서사문학에서 인물이 차지하는 비중에 대해서는 새삼 강조할 필요가 없다. 한마디로 인물이 없다면 서사는 불가능하며, 인물은 서사를 설명하는 핵심 요소 중의 핵심요소이다. 기왕에 춘향전 근원설화로 지목된 것들이 '열녀'와 '암행어사'에 집중된 것은 그런 사정을 반영해준다. 이 작품의 두 주인공 춘향과 이몽룡이라는 인물에 중심을 둔 결과이다. 그러나 그런 설화들에 등장하는 인물이 비록 춘향전처럼 암행어사/열녀의 짝을 이루더라도 그 성격만큼은 성격은 매우 다르다. 이른바 관탈민녀형 설화라는 것 역시 민녀/남편/관원의 짝은 성춘향/이몽룡/변부사의 짝과 같지 않다. 전자의 경우는 아름다운 연애담은 있으나 심각한 삼각관계 대립이 보이지 않고, 반대로 후자의 경우는 삼각관계 대립은 보이지만 아름다운 연애담이 부족하다. 그렇다고 해서 그 둘을 산술적으로 통합하여 춘향전이 성립되는 것도 아니다.

무엇보다도 설화에서는 두 주인공의 신분이나 외모 등이 중점적으로 제시될 뿐 성격이라고 할 만한 내용이 구체화되지 않는다. 서사문학에서의 성격이란 모름지기 화자가 주인공이 어떠어떠하다고 직접 진술하는 데 그치지 않고 거리를 두고 일정한 시각에서 '보여줄' 수 있을 때 두드러지기 때문이다. 예를 들어, 이몽룡이 작품 초입에 등장하여 방자와 '경치문답'을 벌이고 춘향을 만나고 난 뒤에는 '천자뒤풀이'를 해댄다. 이 경우, 전자는 이도령을 성인풍의 풍류호남아로 그려내는 데 비해 후자는 열정적 연정에 쩔쩔매는 사춘기적 소년으로 그려내는 것이다. 춘향의 경우 역시 '사랑가', '십장가'는 그런 복합적 성격을 드러내주는 것으로 보인다. 사랑가가 농염한 요부로서의 성격을 드러낸다면 '십장가'는 의지 굳은 열녀로서의 성격을 드러낸다.

문제는 현재 전해지는 춘향전에서 확인되는 그러한 내용들이 어떻게 정착했는가에 있을 것이다. 춘향가를 잘 불러서 유명해진 명창으로는 송흥록, 염계달, 고수관, 모흥갑, 송광록 등이 있었다고 하는데, 그들이 남긴 더늠을 추적해보면 대략적인 윤곽을 잡을 수 있다. 가령, 이도령이 '적성가'를 부르면서 광한루의 경치를 읊는 대목은 철종·고종 연간의 인물인 장자백의 더늠으로 알려지고 있으며[39], '천자 뒤풀이'는 헌종·철종·고종 연간의 인물인 김세종의 더늠으로 알려지고 있다.[40] 그러나 본래 더늠이 가사나 음악이 새롭게 만들어지거나 다듬어진 판소리 대목을 뜻하는 말이고 보면, 이 더늠들 역시 그 명창들이 생존했을 때 비로소 생겨난 것이라고 보기는 어렵다. 기존 가사에 음악을 새롭게 덧입힐 수도 있고, 약간의 수정을 거쳐서 자신의 더늠으로 삼을 수도 있기 때문이다. 따라서 명확한 사실은 이러한 더늠의 내용은 그 이전에도 존재할 수 있으며, 그렇게 덧보태지는 방식이 춘향전의 적층문학적 특성의 하나라는 점이다.

이렇게 해서 성격화된 인물은 곧바로 작품의 전체를 구성하는 데 기여한다. 가령, 광한루 경치 대목과 천자뒤풀이 대목이 나란히 늘어서는 경우를 생각해 보자. 좋은 풍광을 보고 좋다고 느끼는 일이야 누구나 할 수 있겠지만, 그것을 제대로 감상하고 그것을 또 예술적으로 표현하는 일은 아무나 할 수 없다. 이몽룡은 그 풍광을 멋지게 읊어놓음으로써 그의 풍류남아로서의 기질을 유감없이 발휘한다. 그러나 풍류남아로서의 자질은 춘향을 그저 한때의 풍류 대상으로 여기고 말 소지가 있다. 그렇게 되면 나중에 어사로 부임하

39) 정노식, 앞의 책, 104-108쪽.

40) 정노식, 앞의 책, 63-69쪽.

여 변부사를 징치하는 데 이르도록 견인하는 힘이 줄고 만다.

그렇지만 이몽룡이 책방에 들어앉아서 펼쳐 보이는 서책풀이나 천자뒤풀이는 적어도 두 가지 측면에서 그런 우려를 말끔히 씻어낼 만하다. 첫째는, 이도령이 여러 서책들을 섭렵하며 유식한 천자풀이를 통해 심오한 학문을 하는 사람임을 밝히고 있다는 점이다. 이는 그가 학문을 하여 과거에 급제할 만한 역량이 있음을 보여주는 사례이다. 둘째는, 이도령이 온갖 서책을 다 읽다가 종내는 춘향이를 찾고, 또 천자 풀이에서 전반부는 제법 진지하게 풀어내다가 후반부에 가서는 "요조숙녀 군자호구 춘향과 마조 앉았으니 법중 려(呂) 자 이 아니냐"와 같은 일탈을 보이는 인물로 그려진다는 점이다. 어떤 책을 읽어도 결국은 춘향이 생각뿐이라는 사실은 그가 춘향에게 깊이 빠져있는 심리상태를 반영한다. 이 경우 풍류남아보다는 사랑에 눈먼 사춘기 소년 같은 모습이 강하게 각인된다.

결국, 이렇게 성격화된 이몽룡은 한 번 놀아나 볼 요량으로 춘향을 만나보고, 열정적인 사랑에 빠져 그것을 오래도록 지키고, 또 학문의 성과를 이루어 어사가 되어 돌아오는 행위를 차례로 수행하게 된다. 이 세 행위의 연속이 이몽룡 입장에서 본 춘향전의 줄거리임은 두말할 나위가 없다. 이는 춘향의 성격에도 유사하게 적용됨직하다. 춘향은 처음 본 남자에게 제 집이 어디인지 선뜻 일러주는가 하면,[41] 형리의 모진 매를 맞아가면서도 십장가를 부르는 독함을 보이기도 한다. 당시의 윤리로서는 아무래도 정숙함이 부족한 측면과, 정숙함이 발현으로 터져 나왔을 법한 독기가 비현실적으로 보일 만큼 과장된 측면이 공존하는 것이다. 이 역시 전자가 작품 전반부에서 당대의

41) 이는 만화본에서부터 확인되는 바이다. "앵도 꽃이 피고 주렴 거둔 집이요 / 여자가 '멀지 않다' 말하자 남자가 '알았다' 하네."(挑櫻花下捲簾家 女曰無遐男曰唯) - 설성경, 앞의 책, 263쪽.

보수적인 윤리관을 넘어 자유연애를 구가하는 데 나아가도록 하면서 후반부에서는 역으로 그 윤리관을 더욱 견고히 하여 시련을 이기고 보상을 받도록 이끌어낸다.

이러한 주인공 인물설정 방식은 전체구성이라는 견지에서 기존 설화와 춘향전을 가르는 확실한 잣대이다. 특히, 후대의 소설본에서는 인물설정이 설화와는 달리 매우 복잡하게 전개되는 데 유념할 필요가 있다. 설화 역시 남녀 주인공이 '관/민', 혹은 '어사/기생'이라는 상하관계로 설정되어 있지만, 춘향전은 그 정도의 단순성을 넘어선다. 설성경이 도식화해 보여준 광한루 공간의 의미는 그 복잡성을 단적으로 드러내는 예이다. 광한루는 관가와 민가의 가운데 있으며, 또한 천상공간과 지상공간을 잇는 매개체의 구실을 한다. 표면적으로는 관가를 대표하는 이도령과 민가를 대표하는 춘향의 대립에 그치겠으나 자세히 보면, 관기 신분의 춘향과 여염집 여자 신분의 춘향, 영웅소설의 주인공처럼 명산대찰에 기자치성을 드려 얻은 춘향과 퇴기 소생의 평범한 인간이 춘향이 광한루를 매개로 얽히게 되는 것이다.[42] 이는 주지하는 대로 신화전통에 기대는 영웅소설적 구성법을 취한 데 따른 결과로서 춘향전이 선편을 잡았다고 할 수는 없겠다.

이제, 이런 점을 염두에 두고 춘향의 인물성격과 연관하여 소설 춘향전이

42) 설성경, 『춘향전의 비밀』, 서울대학교 출판부, 2001, 145-146쪽. "광한루는 '관가'가 있는 남원성 안에 있고, '민가'가 있는 남원성 밖에 있다. 이러한 관가와 민가 사이에는 광한루가 있다. 춘향과 이도령의 만남은 관가 쪽의 인물인 이도령과 민가 쪽의 인물인 춘향이 각각 기본 거주지인 관가 권역과, 민가 권역을 벗어나 명절날의 외출의 공간인 광한루에서 이루어진다. 신성공간으로 상징되는 특수공간잉 광한루는 작품 내에서 독특한 제3의 공간으로서의 의미를 지닌다. 왜냐하면, 광한루는 그 자체가 천상 옥제의 거처인 천상 광한전의 지상적 재현을 상징하고 있으며, 이는 진세의 공간인 민가와도 대비되는 신성공간이기 때문이다. 즉, 춘향전의 대표공간인 광한루는 수평적 차원에서는 관가의 민가의 중간지점이지만, 수직적 차원에서는 천상공간과 지상공간의 중간지점이다."

이룩한 문학적 성취에 대해 좀더 생각해보기로 한다. 우선, 관(官)으로 상징되는 억압적 권위에 직접적으로 저항하는 여인은 아마도 춘향이 처음이 아닌가 싶다. 춘향 당대의 사회는 개인의 의지보다 관의 공권력에 우선권이 주어진 사회였다. 예나 지금이나 개인으로서 공적 권위에 저항하기는 쉽지 않다. 각종 제도나 규칙, 명령 등이 개인이 판단하기 전에 이미 효력을 갖고 따를 것을 강제한다. 특히 민간인 여성과 남성 관리의 권위는 비교할 수 없을 정도이다. 반(半)은 기생 신분인 여성에게 수청을 요구하는 남성 관리의 행동은 실상 통념적으로 인정되었다. 춘향전 이전에도 공적 지위의 남성이 민간인 여성에게 성적 결합을 요구했던 설화들이 전하는데 이는 이러한 일들이 공공연히 있어왔음을 뜻한다. 그리고 이러한 사회의 통념과 그 질서에 적지 않은 여성들이 이에 따랐음도 짐작할 수 있다.

공적 지위에 있는 남성들의 제의를 받은 여성들이 모두 이를 따르지는 않았을 것이다. 자신의 의지를 꺾이지 않으려 노력했던 여성에 대한 기록이 간간이 남아 있다. 백제 도미의 처나 신라의 도화녀 등이 그러한 예이다. 백제 개루왕이 도미의 처를, 신라의 진지왕이 도화녀를 성적으로 유린하려 했을 때 이들은 굴복하지 않았다. 도미의 처는 꾀를 써서 세 번에 걸친 개루왕의 유혹에서 빠져 나왔다. 도화녀는 남편이 있다는 이유를 들어 진지왕의 제의를 물리쳤다. 그러다가 남편이 죽고 나서야 진지왕을 받아들인다. 관이 유린하고자 했으나 유린당하지 않은 여성들이다. 이러한 점이 춘향과 같다.

춘향도 도미의 처와 도화녀처럼 관의 권위에 어쩔 수 없이 순종하는 희생양이 되지는 않았지만 춘향이 택한 해결방법은 앞의 여성들과 전혀 다르다. 도미의 처와 도화녀는 권위를 앞세운 인륜을 거스르는 횡포에 대놓고 맞서지는 않았다. 도미의 처는 꾀로 위기를 모면하고 스스로 문제상황을 벗어나기 위해 타국으로 갔다. 도화녀는 진지왕의 유혹을 받아들일 수 없는 자신의 상황을 대화로써 설득하였다. 그녀의 논리는 왕에게 받아들여졌으며 도화녀가 처한 상황은 목숨이 위태로운 정도는 아니었다. 그러나 춘향의 상황은 전혀 아니었다. 춘향은 자신의 의지에 반하는 변사도의 수청을 들지 않았으며 그리하여 더욱 상황은 악화되었다. 죽음을 맞을 정도의 극한 상황에서도 그녀는 권위를 가진 자의 횡포에 대놓고 맞섰다. 곤장을 맞으면서 부르는 십장가는 그녀의 흔들리지 않는 견고한 정체성을 보여준다. 고통스러운 와중에서도 상대방의 문제점을 낱낱이 고발한다.

자신이 일부종사(一夫從事), 불경이부(不更二夫)하는 이유는 삼종지도(三從之道)와 삼강오륜(三綱五倫)을 알았기 때문이라고 한다.[43] 철칙으로서 불경이부 따르기보다는 인간으로서 지켜야 하는 본성으로 여긴다. 특히 만화본 춘향가에서는 불경이부의 신조가 버드나무나 구기자가 그러하듯이, 되돌릴 수 없는 것이 본성(本性)이라고 하였다.[44] 여기서 춘향 자신이 정절의 의미를 어떻게 이해하고 있었는지 볼 수 있다. 인륜, 도덕성만이 아니라 인간 본연의 본성으로까지 그 의미를 심화시키고 있다. 본성이므로 아무리 폭력적 상황 아래 처하게 되더라도 되돌릴 수 있는 것이 아니라는 굳은 의지를 확인하게 된다.

물론 현재의 관점으로 보면 삼종지도(三從之道)니, 불경이부(不更二夫) 같은 규범은 여성을 개별 존재로서 삶의 주체로 설정하지 않고 다른 사람에게 부속된 존재로 억압하는 것으로 보인다. 그러나 당시의 관점에서는 당연히 인간으로서 지켜야 할, 일반화된 규범으로 받아들여졌으며 춘향도 이에 따라 아무리 온갖 형벌과 문책을 당하고 귀양을 간다 해도 수령의 말을 들을

---

43) 십장가는 완판 33장본과 84장본 <열녀춘향수절가>를 참조

44) 投身湯鑊尙且丹 本性難回柳與杞. <晩華本 春香歌>

수 없노라고 한다. '정절'의 맹목적 준수와는 다른 차원의 이유를 갖고 있었다고 할 수 있다. 현대의 결과론적 관점으로 그녀를 열녀로만 본다면 과거의 인물을 평가하는 데는 무리가 있으며 일단 과거의 관점에서 춘향의 정체성을 이해할 필요가 있다. 규범을 지키기 위해, 열녀로 남기 위해 저항한 것이 아니다. 저항했던 목적은 일부종사와 불경이부를 철칙으로 생각했기 때문이 아니다. 그것이 당대의, 인간 본성을 유지하는 수단이자 방편이며 그것은 자신이 지키고자 하는 인간적 이상이 표현된 규범일 뿐이다. 이렇게 저항하다가 마침내 죄도 짓지 않은 채 감옥살이마저 하게 된다. 춘향은 죽음을 앞둔 극한 상황에서조차 자신의 의지를 꺾지 않고 적극적으로 저항하였다.[45]

춘향은 수령의 정치에 대해서도 질문을 던진다. 치민(治民)하지 않고 학정(虐政), 악정(惡政)하러 왔느냐고 따진다. 또 아무리 천한 창기(娼妓)라도 그 중에 열녀 하나 없겠는가 하며 기생이라고 너무 천하다고만 생각하지 말라고 한다. 천한 사람, 귀한 사람 따로 있지 않고 개별 인간 모두가 존엄하다는, 만인의 존엄성・인권존중 관념이 싹트고 있음을 보게 된다.

잘못된 권위의 폐해를 고발하고 이에 정면으로 도전한 여성은 이전의 서사문학에서는 찾아볼 수 없다. 춘향이 춘향의 정체성을 형성할 수 있는 것은 그녀가 수절을 목적으로 해서가 아니라 자신의 자신됨을 지키려는 특히 이 도전은 주인공이 죽음을 당할 정도의 상황에서까지 전개되었기 때문에 감상자로부터 극한의 정서를 불러일으킬 수 있었다. 이렇게 독한 여주인공은 살아남았다. 그것뿐만이 아니라 자신의 이상을 실현하게 된다. 그것이 어사에 의해 수동적인 결과라고 평가되기도 하지만 당대의 상황에서 이 가련한 여주인공을 구제할 사람은 남성이며 고위관료인 것이 사실이기도 하다.

---

45) 위의 십장가는 완판 33장본과 84장본 <열녀춘향수절가>의 것을 참조하였다.

춘향이 너무나도 어려운 상황에 처했었기 때문에 즐거운 경사로의 전환은 극적으로 느껴졌다. 감상자들은 눈물이 나는 속시원한 행복감을 맛보게 된다. 이러한 점에서 춘향전은 뚜렷한 대비의 효과를 거두었다. 춘향의 처지를 자신과 동일시하고 부정한 관리를 처치하는 데서 오는 기쁨을 통해 신분적 위상이 낮아도 취할 수 있는 고귀한 마음씨를 유지할 수 있다는 사실을 마음껏 즐기게 된다.

이상의 요소는 전 시대의 설화와 다른 독보적인 경지이다. 이 독보적 경지가 가능했던 서사적 사건은 개인의 정체성 추구와 사회가 추구하는 통념적 질서가 충돌하는 데서 비롯되었다. 그리고 이는 설화적 특징이 아니라 소설적인 특징이다. 소설적 세계관에서 인간은 사회의 통념적 질서와 화합하지 못하고 충돌하기 시작한다.

이러한 소설적 세계관은 부분 부분에서 나타난다. 춘향이가 어머니를 위로하되 아들 없다 서러워말라면서 외손봉사 못 하겠느냐[46]는 데서 아들을 선호하는 사회에 대한 반감을 읽게 된다. 근래까지도 우리 사회에 아들을 선호하는 관습이 남아있는 정황을 고려하면, 이러한 의식은 파격적이었을 것임이 틀림없다. 서사적 구조에서만이 아니라 부분 부분에서 나타나는 이러한 진보적 사상은 사회의 통념적 질서에 융화되지 못하게 된 개인이 자신의 정체성을 추구하고, 자기 완결적인 문화를 만들어가고 있음을 확인하게 한다.

아울러, 월매나 방자, 이어사, 운봉영장 같은 인물의 창조는 춘향전이 설화의 합 이상임을 단적으로 보여주는 사례이다. 짧은 시간 안에 간단히 이야기

46) 춘향어모가 이 말을 듯고 정신업시 드러오더니 춘향의 목을 안고 익고 이게 웬 이린냐 죄는 무삼 죄며 믜는 무삼 믜냐 … (중략) …무남독여 너 쌀 춘향 귀즁의 은근이 질너너여 밤나지로 셔칙만 노코 너칙편 공부 일삼무며 날 보고 하는 마리 마오 마오 셜워 마오 아달 업다 셜워 마오 외손봉사 못 하릿가 어미으게 지극졍셩 곽거한 밍종인들 너 쌀보단 더할손가 완판 84장본 <열녀춘향수절가> 60장.

하고 넘어가야 하는 설화에서는 대체로 주동인물 중심으로 간명하게 서술되기 마련이다. 주동인물조차도 명확한 선을 보이면서 대비적으로 드러나는 것이 일반적인 점을 감안한다면, 그러한 부차적인 인물이 드러날 리는 만무하다. 그런데, 월매의 경우만 하더라도 초기본에서부터 중・후기본으로 갈수록 작품내적 비중이나 구체화 정도가 점차 높아지는 것을 볼 때 춘향전이 제대로 틀을 잡아가는 과정에서 생긴 변개 방향 짐작해볼 수 있다.[47] 부차적인 인물을 새로 편입시키고 또 그 서술분량을 높여가면서 풍성한 작품으로 키워갔던 것이다. 그런데 두 주동인물의 부모인 월매나 이어사, 또 춘향과 이몽룡의 가교 역할을 하는 방자의 존재는 어느 정도 당위성이 인정되지만 운봉영장의 경우는 굳이 그렇게 고정될 필요가 없음에도 불구하고 꼭 등장하기 때문에 궁금증을 자아낸다. 때로는 이를 작가 추정의 증빙자료로 삼기도 하는데[48], 그 진위 여부를 떠나서 남원과 인접한 지명을 끌어다 씀으로 해서 남원이라는 작품 속의 공간이 구체화하고 고정하는 데 기여한 것으로 보인다.

더욱이 이들 인물들 중 월매, 이어사, 방자는 고전 서사문학에서 보기 드문 입체형 인물이다. 인물의 성격이 입체화하려면 대략 두 가지 길이 있다. 하나는 서사맥락에 따라 그 성격이 변하는 모습을 보여주는 것이고, 또 하나는 한 인물의 성격에서 상이한 국면을 그럴 법하게 그려내는 것이다. 한 인물이 전반부에서는 순종적으로 그려지고 후반부에서는 저항적인 인물로 그려지는 것이 전자의 예라면, 한 인물이 성격 구현에서 일견 모순되는 측면이 드러

47) 정하영, 「월매의 성격과 기능」, 『춘향전 어떻게 읽을 것인가』, 서광학술자료사, 1993, 305쪽 참조.

48) 설성경은 춘향전의 항속적 요소로 '이어사, 춘향, 운봉, 남원, 광한루, 파경몽, 금준미주시' 등을 꼽아서 '운봉'에 중요한 의미를 부여하고, 조경남의 의병활동과 연관지은 바 있다. 앞의 책 참조.

나지만 거기에 납득할 만한 근거를 부여하여 그 복합적인 특성을 잘 드러내는 것은 후자의 예이다. 따라서 이런 성격 구현 방식은 그 자체가 서사적 구성에 관여하게 된다.

월매는 전반부에서는 이도령에 우호적이지만 후반부에서는 적대적이다. 이는 월매가 윤리적 신의보다는 세속적 욕망을 따른 결과라는 점에서 일관성을 보이는 것이기는 하지만, 주동인물에 우호적인 측면과 적대적인 측면을 순차적으로 보여준다는 점에서 단순한 선악구도를 넘어서고 있다. 그리고 그 이면에는 혼자 사는 퇴기로서 딸을 번듯하게 키워내고 싶은 지극히 인간적인 욕망이 잠재해 있다. 이부사 역시 선정을 베풀어 한양으로 승차해 올라가는 인물로 되어 있으나, 아들 이몽룡을 남들에게 자랑할 때는 다분히 푼수끼를 보이는 일상적인 아버지상을 보여준다. 방자는 방자대로 이몽룡을 친구나 아랫사람 대하듯 곯리기도 하지만 관노의 신분으로 한양으로 편지를 전하러 갈 정도의 충직함을 보이기도 한다. 전체 서사전개에서 느껴지는 생동감이 이러한 인물설정에 기대고 있음은 재론의 여지가 없다.

확실히 춘향전이 이룩한 문학적 성과는 설화 그 이상이다. 만일 여러 설화들을 조합하여 구성하는 방식의 전개를 취했다면 수용자는 이를 일상적인 전승담론 정도로 여겼을 것이다. 그러나 작품에서 느껴지는 감동은 설화적 차원에서 얻어질 수 없는 차원의 감동이다. 자기 정체성에 고뇌하는 인물, 서로 다른 상황에서 서로 다른 성격을 구현하는 인물, 그리고 그런 인물들이 생동감 넘치게 전개하는 서사가 펼쳐질 때라야 완형의 춘향전이 제대로 형성된 것이다.

4. 결론

이 글은 춘향전의 발생과 형성과정에 대해 살펴보았다. 흔히 판소리계 소설이 설화에서 핵심소재를 따오고 판소리를 거치는 과정을 통해 발전해왔다고 보는 것이 통념이었다. 그러나 내용상의 유사점에만 집중하거나, 판소리 일반의 발전론으로 춘향전의 발생과 형성에 대한 해명이 충분할 수는 없다고 판단하여, 관련 설화가 작품의 서사문맥에서 변용되고 독특하게 기능하는가 하는 문제와, 설화에서는 볼 수 없는 특이한 내용과 새롭게 선보이는 구성방식은 무엇인가 하는 문제 등에 대해 검토한 것이다.

첫째, 근원설화와 소설을 연결짓는 부분은 기존논의를 충분히 검토하여 비판적으로 성찰해보는 방식을 택했다. 기존 연구의 방향은 주로 춘향전 형성의 소재가 되는 설화를 찾는 연구에서 서사구조의 동질성을 전제하는 연구로 진행되었다. 그러나 이러한 방식은 비단 춘향전뿐만이 아니라 대부분의 소설의 근원설화 설정이 가능한 것으로서 사실상 모든 소설연구에 근원설화 비정 작업이 선행되어야 하는가 하는 근본적인 의문이 생긴다.

일반적으로, 창작활동에서 어떤 새로운 가치가 창조되는 부분은 실제로 그 양이 미미하지만, 질적으로 볼 때 그 가치와 영향력은 새롭고도 도발적이다. 춘향전이 설화의 영향을 받지 않았다고는 할 수 없겠으나 이는 배경 담론 정도의 영향일 것이다. 설화의 내용 일부, 혹은 서사무가의 서사구조 등을 들어 이를 근원으로 삼기보다는 전혀 새로운 방식과 가치가 확인되는 부분을 춘향전의 핵심으로 봄이 적절하다.

둘째, 구성의 관점에서 형성 과정을 다루었다. 먼저, 사설치레와 삽입가요처럼 핵심소재원으로 취급되지는 않지만 춘향전의 중핵을 담당하는 부분들이 어떻게 작품 속에 편입되어 완형의 춘향전을 만들어나가는 데 기여했는가를 살폈다. 상당 부분의 사설치레가 무가 전통과 맥이 닿아 있지만, 춘향전의 서사맥락에 맞게 그때그때 새롭게 개편되었음을 확인할 수 있었다. 정원 사설, 노정기 등이 변용되면서 춘향전의 독자성을 형성해나간 것이다. 삽입가요 역시 기존의 시가 등을 차용하여 정서적인 반응을 한껏 고조시키면서 해당 부분의 서사에 관여하도록 했다.

다음으로, 인물 설정과 전체 구성에 대해 살폈는데, 이는 기존 설화의 남/녀 주인공과는 다른 차별성과 설화에서는 볼 수 없었던 새로운 인물의 등장이 어떤 문학적 성취를 이루어내는가를 살피기 위한 것이다. 남녀 주인공의 설정이 기존 설화에서는 단순한 상/하의 대립으로 이루어져 있었다면, 춘향전에서는 정교함과 복합성을 갖추어나가는 양상을 띠고 나타난다. 천상과 지상, 관과 민, 서울과 지방 등이 어우러지게 구성되어 있으며, 각각의 성격 역시 상호 모순되는 특성을 보일 만한 대목들이 겹쳐지도록 꾸며졌다. 개인의 정체성 추구, 그리고 그 개인이 사회적 통념과 충돌하는 국면이 집요하게 드러나는 것이다. 또, 월매나 방자, 이어사와 같은 부차적인 인물들에서는 입체적인 성격이 강화되면서 설화적 인물과는 질적인 차이를 보이는데 이로써 복잡한 서사를 무리 없이 이끌어낼 수 있게 된다.

춘향전에 핵심적으로 드러나는 문제적 사건이 전 시대 설화나 여타 문학에서 드러나지 않는 것은 아니지만, 춘향과 달리 이들은 상황을 피해서 도피하였거나 위기를 피하지 못하고 좌절하였다. 그러나 춘향은 죽을 정도의 극한 상황에서도 자신의 정체성을 유지하였으며 이는 관정 발악으로 표현되는 적극적인 저항을 낳았고 사회의 통념적 질서와 융화되지 않는 개인의 정체성 추구가 표현되고 있는데 이는 설화적 세계관이 아닌 소설적 세계관에서 가능한 서사이다. 그리고 그 서사를 떠받치는 사설치레, 삽입가요, 여러 인물 설정 방식 등은 춘향전이 춘향전일 수 있는 정체성이기도 하다.

■ 자료 및 참고문헌

만화본(晩華本) <춘향가>

완판 33장본

완판 84장본 <열녀춘향수절가>

<수산광한루기>

『계서야담(溪西野談)』

『계서행록(溪西行錄)』

『남원지(南原誌)』

『어우야담(於于野談)』

『용성지(龍城誌)』

金光淳, 「春香傳의 根源說話」, 韓國古小說硏究會 編, 『春香傳의 綜合的 考察』, 아세아문화사, 1991.

金東旭, 『春香傳 硏究』, 延世大學校 出版部, 1965.

金鍾澈, 「春香傳의 根源說話」, 장덕순 외, 『韓國文學史의 爭點』, 집문당, 1986.

金台俊, 『증보 조선소설사』, 朴熙秉 校注, 한길사, 1990.

서대석, 「구비서사시인의 작시전력」, 『한국학연구』 8, 고려대 한국학연구소, 1996.

서대석, 「성주풀이와 춘향가의 비교연구」, 『판소리 연구』 제1집, 판소리학회, 1989.

설성경, 「춘향전의 형성과 계통」, 연세대 박사학위논문, 1980, 정음사, 1986.

설성경, 『춘향예술의 역사적 연구』, 연세대학교 출판부, 2000.

설성경, 『춘향전의 비밀』, 서울대학교 출판부, 2001.

이가원, 「춘향은 실존인물일 수도 있다」. 한문학연구, 탐구당, 1969.

李文圭, 「<春香傳> 根源 說話 再論」, 『先淸語文』 제24집, 1996.
이병기 · 백철, 『國文學全史』, 新丘文化社, 1950.
李在秀, 『韓國小說硏究』, 형설출판사, 1969.
정노식, 『조선창극사』, 조선일보사, 1940.
정충권, 『판소리 사설의 연원과 변모』, 다운샘, 2001.
정하영, 「월매의 성격과 기능」, 『춘향전 어떻게 읽을 것인가』, 서광학술자료사, 1993.
朱吉淳, 「춘향전 발생의 민속적 기원 - 남원지방의 민담을 중심으로- 」, 『韓國言語文學』 제21집, 한국언어문학회, 1982.
周王山, 『朝鮮古代小說史』, 正音社, 1950.
崔來沃, 「관탈민녀형 설화의 연구」, 『韓國古典散文硏究』, 장덕순선생화갑기념논문집, 간행위원회, 1981. 9.

춘향전 이본 연구에 대한 반성적 고찰

경판본과 완판본을 중심으로

사성구 · 전상욱

1. 머리말

고소설 연구에서 이본 연구가 차지하는 위치는 독특하다. 이본의 숫자가 많고 작가가 밝혀져 있지 않은 작품들이 대부분이기 때문에, 서지학적 연구, 문헌학적 연구를 포함하는 이본 연구를 통해서 작품의 본질적인 의미를 파악하기 위한 기초적인 작업을 수행하는 경우가 많다. 특히 춘향전처럼 100여 종을 상회하는 이본이 존재하는 경우에는 개별 이본에 대한 지속적인 검토, 전체 작품군의 계통과 변모의 흐름에 대한 고찰 등이 필수적이라고 할 수 있다. 착실한 이본 연구가 바탕이 되지 않으면, 자칫 일부의 개별 이본을 통해 작품군 전체의 성격을 규정하게 되는 오류를 범할 수도 있기 때문이다. 또한 이본 연구는 그 성격상 자유로운 상상력에 기반한 추론보다는 과학적이고 객관적인 실증을 요구하는 것이 일반적이다. 어쩌면 추정의 비중이 낮을수록 이본 연구의 성과는 높다고 할 수도 있다. 그러나 실제로 추정이 없는 이본 연구는 불가능하다.

춘향전을 포함한 고소설의 이본에 대한 연구는 그동안 상당한 성과를 축적해 왔다. 선학들의 눈부신 노력에 의해 새로운 자료가 지속적으로 발굴되었고, 발굴된 자료의 성격과 이본적 위상 등에 대해서도 꾸준한 관심이 있었다. 특히 고소설의 대표 작품인 춘향전에 대한 연구는 가장 풍성하다. 그러나 춘향전에 대한 기초작업이 모두 마무리된 것은 아니다. '도서관 사서의 일'이라는 인식은 어느 정도 사라졌다 하더라도, 연구에 들이는 품에 비하여 산출되는 효과가 미약하다는 선입관과 새로운 이본이 출현하면 기존의 견해가 수정될 수밖에 없다는 부담감 때문에 실제 연구 성과들이 일부 이본에만 한정되는 경향이 아직도 지속되고 있다. 또한 가장 과학적이어야 할 이본 연구에서 자료의 한계를 핑계삼아 결정적인 순간에 이르러서는 무리한 추정으로 빠지는 경향도 앞으로 고소설 이본 연구에서 해결해야 할 과제이다. 어쩌면 이러한 문제들은 모두 방법론의 부재에서 기인한 것일지도 모른다.

본고는 춘향전 가운데 경판본과 완판본을 중심으로 그동안 진행되어 온 이본 연구의 성과들을 추려 그 논의 과정과 결과에 대해 다시 따져보는 것을 일차적인 목표로 하고 있다. 기존의 춘향전 이본 연구에서 정설로 받아들여져 왔던 중요한 논의들을 다시 실증적으로 검토해 봄으로써, 그 가운데 '검증되지 않은 정설'을 가려내고 그에 대한 다양한 가능성을 모색해 보고자 한다. 그리고 기존 연구에 대한 면밀한 검토를 바탕으로 경판 춘향전과 완판 춘향전 변모의 흐름과 구도를 잡는 것이 본고의 이차적인 목표이다. 이를 위해서 우선 춘향전 이본 연구의 대표적 성과들을 통시적으로 살펴 본 후, 경판본과 완판본으로 나누어 쟁점 사항을 추출하고 각각의 쟁점에 대한 검토를 실시하기로 한다. 그 과정에서 경판 춘향전과 완판 춘향전 변모의 흐름에 대해서도 파악할 수 있을 것으로 생각된다.

2. 춘향전 이본 연구의 흐름

1950년대 이전의 초창기 연구는 대체로 자료의 한계로 말미암아 한두 종의 춘향전 이본을 대상으로 작품의 의미를 파악하는 데에 중심이 두어졌거나 이본들을 나열하는 정도에 그친 경우들이 대부분이었는데, 이런 경향과는 달리 자료를 보다 폭넓게 수집하여 종합적이면서도 본격적인 이본 연구를 시작한 것은 조윤제 선생부터라고 할 수 있다. 그는 「춘향전 이본고」[1]에서 2종의 한글 목판본(경판 16장본, 완판 84장본), 3종의 한글 필사본, 11종의 활자본, 그리고 4종의 한문본 등 총 20종의 개별적 특성을 고찰하면서 다음과 같은 두 가지 측면에서 춘향전 변모의 흐름을 파악하였다. 첫째는 춘향전이 단순한 스토리에서 '소설'로 발전하고, 그것이 다시 '희곡'으로 변모했다는 것이고, 둘째는 작품에 형상된 춘향의 '신분'이 그러한 흐름을 증명하고 있다는 것이다. 춘향전이 판소리 단계 이전에 이미 소설로 정착되었다는 것은 김태준[2] 선생에 의해서 이미 제기된 바 있고, 또한 춘향의 신분 문제 역시 김태준, 이명선[3] 선생 등에 의해 주목받았던 것인데, 조윤제 선생은 이들의 주장을 수용하여 춘향전 이본들의 변모 과정을 설명한 것이다. 따라서 소설 형식이면서 춘향이 기생으로 설정되어 있는 <경16>[4]이 희곡 형식이면서 춘향이 성참판의 서녀로 설정되어 있는 <완84>보다 선행했다는 주

---

1) 조윤제, 「춘향전 이본고」, 『진단학보』 11 및 12, 진단학회, 1939. 및 1940.

2) 김태준, 「춘향전의 현대적 해석」, 『동아일보』, 1935.1.1.~1.8.

3) 이명선, 「춘향전의 이본 문제」, 『동아일보』, 1938.7.16·22·23, 8.4·5.

4) '경판 16장본'이라는 의미의 약칭이다. 본고의 특성상 경판본, 안성판본, 완판본 춘향전의 각 이본을 지칭하는 경우가 많으므로, 번잡함을 피하기 위해 앞으로 본문과 각주에서는 이러한 약칭을 사용하기로 한다.

장을 펼치게 되었다.

본격적인 이본 연구라고 할 수는 없지만, 1950년대 이후 춘향전의 이본 및 발전 과정에 대한 연구에 적지 않은 영향을 미친 성과 가운데 김삼불 선생의 연구가 있다. 가람 이병기 선생으로부터 판소리[劇歌]에 대해서 배운 김삼불 선생은 「신오위장연구서설」[5]을 통해 '타령'(판소리)의 의의를 강조하면서, 소위 판소리계 소설이 설화 단계와 판소리 단계를 거치면서 형성되었다는 견해를 제기했다. 또한 이병기 선생이 소장하고 있던 <별춘향전>[6]을 처음으로 이본 연구에 사용하면서, 조윤제 선생의 '경판본에서 완판본으로 발전했다'는 주장을 부정하고, <별춘향전>이 경판 춘향전(16장본)과 완판 춘향전(84장본) 모두에 선행한다는 새로운 견해를 폈다. 그리고 경판본은 <고본춘향전>으로 발전하여 산문계 춘향전의 맥을 이어가고, 완판본은 신재효 창본으로 발전하여 타령계 춘향전을 형성하게 되었다고 주장하였다. 김삼불 선생의 이러한 견해는 송석하[7], 서두수[8] 선생 등의 기존 견해와 궤를 같이 하는데, 다양한 이본들을 대상으로 하지는 못했지만, 춘향전이 설화 → 판소리 → 판소리계 소설 과정으로 발전했다고 보았고, 그 계통을 '산문

5) 이 논문은 김삼불 선생이 1949년 서울대학교 문리대 국문과를 졸업하면서 졸업논문으로 작성한 것이다. 『판소리연구』 10(판소리학회, 1999)에 활자화해서 재수록되어 있다.

6) 완판 29장본이다. 이 <별춘향전>은 1940년 이병기 선생이 쓴 「조선어문학명저해제」(『문장』 2-8, 문장사)에 이미 소개된 바가 있었으나, 실제적으로 연구에 사용된 것은 김삼불 선생에서 비롯되었다. 이 이본은 6·25를 거치면서 존재가 사라졌다가 1990년대에 들어서야 이것과 동종동판(同種同板)으로 추정되는 이본(박순호 교수 소장본)이 학계에 보고되었다.

7) 송석하, 「倡調劇 춘향전 소론」, 『극예술』 5, 1936. (최철·설성경 편, 『설화·소설의 연구』, 정음사, 1984에 재수록)

8) 서두수, 「망론 춘향가·춘향전」, 『문장』 1-3, 문장사, 1939. (최철·설성경 편, 『설화·소설의 연구』, 정음사, 1984에 재수록)

계'와 '타령계'로 구분함으로써, 결과적으로 그가 월북한 이후 남한에서의 판소리와 춘향전 연구에 많은 영향을 미치게 된다.

조윤제, 김삼불 선생의 주장은 모두 현재의 관점에서 보자면, 제한된 이본만을 대상으로 논의를 폈기 때문에 많은 한계와 오류를 안고 있지만, 이본과 계통 연구에 있어서 선편을 잡았음을 부인할 수는 없다.

이본 연구를 하기 위한 기초 자료를 수집·정리하여 비약적인 발전을 보게 되는 것은 김동욱 교수에 와서 시작된다. 김동욱 교수는 1970년대에 <경30>, <완33>, <완29>(한창기본), <남원고사>, <경35> 등 일련의 이본들을 발굴·소개하여 이본 연구의 대상 작품을 대폭 확장시킴으로써 보다 실증적인 차원에서 춘향전의 변모 과정을 설명하였다. 춘향전이 근원설화에서 판소리로, 그리고 판소리계 소설로 발전되었다는 도식을 다양한 자료의 제시를 통해 주장하였으며, 춘향의 신분을 중심으로 춘향전을 계열화하여 '기생계'와 '비기생계'로 양분하고, 서민의 신분 상승 욕구에 의하여 비기생계 이본들이 파생되기 시작했다고 하였다. 한편 방각본에 있어서는 완판본과 경판본으로 나누어 그 변모 양상을 규명하였는데, 완판본의 경우 <완29>에서 <완33>이 나오고, 다시 이를 손질하여 <완84>이 출현했다고 하면서 완판 춘향전의 변모 양상을 점진적인 확대로 파악하였다. 그리고 경판본은 <경35>, <경30>, <경23>, <경17>, <경16> 순으로 발생·유통되었다고 보았으며, 경판본의 원류로 <남원고사>를 지적하였다.[9]

조윤제, 김삼불 선생과 김동욱 교수 등의 학문적 성과를 바탕으로 춘향전의 이본 연구에 대한 총체적인 정리는 설성경 교수에 와서야 시도된다. 그는 「춘향전의 계통연구」[10]를 통해서 한글 필사본, 한문 필사본, 한글 활자본,

9) 김동욱, 『춘향전 연구』, 연세대 출판부, 1965.(증보판 1976.) ; 김동욱·김태준·설성경, 『춘향전 비교연구』, 삼영사, 1979.

한문 활자본, 목판본뿐만 아니라 현대시, 창극·희곡, 판소리 사설에까지 모두 80여 종에 이르는 방대한 이본들을 대상으로 춘향전의 계통을 분류하였다. 이미 앞선 시기에 김동욱 교수의 노력에 의하여 춘향전 이본은 기하급수적으로 늘어나 100여 종이 넘게 보고되기는 했지만, 실제적으로 이본 연구에 활용된 것은 30여 종을 넘지 못했었다.[11] 그러다가 설성경 교수에 와서 방대한 수효의 이본들이 '계통'이라는 이름 아래 본격적으로 분류되기 시작한 것이다. 설성경 교수는 춘향전의 계통을 '핵심삽화(또는 핵심화소)'에 따른 각 이본들의 변이양상을 토대로 분류하였다. 분류의 기준이 되는 핵심삽화로는 불망기 삽화, 신물 삽화, 과거시제, 암행어사시 등 네 가지를 사용하였고, 이들 삽화가 각 이본들에서 어떤 양상으로 나타나는가를 개별적, 종합적으로 정리하였다. 그 결과 춘향전의 계통을 '별춘향전계', '남원고사계', '옥중화계', '춘향전 사설계'의 네 가지 유형으로 나누고, 각 계통의 이본들을 행문 차원에서 비교함으로써 계통 분류 결과를 재확인하는 한편, 각 계열에 속한 개별 이본들의 차이점들에 대해서도 실증적으로 보여주었다.

그는 이후 일련의 연구를 통해서 옥중화계와 춘향전 사설계를 제외한 나머지 두 계통, 즉 남원고사계와 별춘향전계를 중심으로 춘향전의 발생과 변모 과정에 대한 심화된 고찰을 수행하였다. 경판본 가운데 <경35>는 남원고사계의 초기본을 축약하여 성립되었고, <경30>이하본[12] 들은 일련의 축약

10) 설성경, 「춘향전의 계통연구」, 연세대 박사학위논문, 1980.12. (『춘향전의 형성과 계통』, 정음사, 1986. 재간행)

11) 김동욱, 『증보 춘향전연구』, 연세대 출판부, 1976. 김동욱 교수는 <옥중화>, <고본춘향전> 등의 활자본은 제외하고, 간사본(刊寫本)만을 대상으로 이본고를 집필했기 때문에 확보하고 있었던 이본의 수효에 비해 연구에 활용된 작품의 숫자가 적을 수밖에 없었다.

12) '<경30>이하본'은 <경30>, <경23>, <안20>, <경17>, <경16>을 통칭할 때 간략하게 표현하기 위해 사용한 용어이다.

변이 과정을 통해 생성되었다고 하였으며, <경35>와 <경30>의 서사 단락이나 행문 차원에서 나타나는 차이점을 본격적으로 언급하였다. 또 판소리극에서 출발한 춘향가의 사설을 바탕으로 별춘향전계가 형성되고, 별춘향전계에서 영향을 받아 남원고사계가 성립되었다고 주장하였다.[13)]

설성경 교수 이후 춘향전 전체에 대한 이본 연구로는 김석배 교수의 「춘향전 이본의 생성과 변모 양상 연구」[14)]를 들 수 있다. 김석배 교수는 선행 연구의 결과를 대체로 수용하여 이를 보다 실증적으로 설명하려고 하였다. 춘향전을 만남·사랑·이별·수난·재회 대목으로 나누어 각 이본의 구체적인 변모 양상을 밝힌 후, 춘향전의 계통을 남원고사계·경판본계·완판본계로 분류하여 그 변모의 실상을 규명하였다. 남원고사계와 경판본계를 나눈 것이 특징적인데, <경30> 이하본들을 남원고사계 이본들과 함께 설명하기에 어려움이 있었음을 알 수 있다.[15)]

이상 조윤제, 김삼불 선생으로부터 김동욱, 설성경, 김석배 교수의 논의까지 춘향전의 이본과 계통에 대한 총체적인 연구 성과를 살펴보았다. 이 외에도 이본과 계통 문제에 있어서 기존의 성과를 문헌학적인 방법론을 동원하여 보다 명확하게 증명하려는 시도를 빼놓을 수 없다.

류탁일 교수는 「완판방각소설의 문헌학적 연구」[16)]를 통해 완판 방각소설

13) 설성경, 「방각고소설의 본문비평」, 『고소설의 구조와 의미』, 1986. ; 『한국고전소설의 본질』, 국학자료원, 1991. ; 「춘향전의 계통과 보편구조」, 『춘향전의 종합적 고찰』, 아세아문화사, 1991. ; 「춘향전의 계통」, 『춘향전 어떻게 읽을 것인가』, 서광학술자료사, 1993. ; 『춘향전의 통시적 연구』, 서광학술자료사, 1994.

14) 김석배, 「춘향전 이본의 생성과 변모양상 연구」, 경북대 박사학위논문, 1992.12.

15) 경판본 춘향전이 남원고사계 춘향전에 속한다는 것을 인정하면서도 <경30>을 모본으로 하는 이본들의 계통이 그와 어느 정도 다르기 때문에 경판본계를 따로 설정한다고 전제하고 있다. 또한 옥중화계 춘향전은 작품적 가치는 물론 이본적 가치마저도 없는 것이기에 논의에서 제외한다고 하였다. 김석배, 위의 논문, 145쪽 참조.

이 가지고 있는 판식 및 서체에 주목하여 완판 방각소설 각각의 계보를 추정하였는데, 춘향전의 경우에 있어서는 <완29> → <완33> → <완84>로 발전했다는 기존 김동욱 교수의 주장을 재확인하게 되었다. 또한 서체의 양상에 따라 <완29>는 1850년 전후~1890년, <완33>은 1906년, <완84>는 1906년 이후로 그 간행 시기를 추정할 수 있다고 하였다. 한편 이창헌 교수는 「경판방각소설 판본 연구」[17]를 통해서 경판 방각소설을 대상으로 문헌학적인 연구를 수행하였는데, 춘향전의 경우 <경30> 이하본들이 축소되는 양상을 보다 실증적으로 증명하였으며, <경35>와 <경30>에 대해서는 서술순서뿐만 아니라 구체적인 서술 양상에서 보이는 차이점을 근거로 '독립된 계열'로 보는 것도 가능하다고 하여 설성경, 김석배 교수의 기존 주장을 다시 한번 확인한 셈이 되었다. 류탁일, 이창헌 교수의 연구 성과는 이본을 연구하는 데에 있어서 텍스트에 나타난 행문만을 가지고 연구할 때 발생할 수 있는 한계를 문헌학적인 방법론을 동원하여 적절하게 보완·해결해 주었는데, 일면 기존의 이본 연구 성과를 보다 공고하게 증명하는 역할을 하기도 하였고, 다른 한편으로는 새로운 문제제기의 시발점이 되기도 하였다.

최근의 춘향전 이본 연구는 춘향전 전체를 대상으로 거시적인 구도나 체계를 설명하기보다는 어느 한 계열에 주목하여 기존의 성과들을 보완하기도 하고 또 비판하기도 하면서 새롭고 중요한 결과를 도출하고 있다. 경판본과 관련해서 이창헌 교수, 이문성의 논의가 있고, 완판본과 관련해서 김종철,

16) 류탁일, 「완판방각소설의 문헌학적 연구」, 동아대 박사학위논문, 1980.12. (『완판방각소설의 문헌학적 연구』, 학문사, 1981. 재간행)

17) 이창헌, 「경판방각소설 판본 연구」, 서울대 박사학위논문, 1995.2. (『경판방각소설 판본 연구』, 태학사, 2000. 재간행)

김석배 교수, 김문희 등의 논의가 있었다. 다음 장에서는 이들의 새로운 논의에서 촉발된 문제제기를 경판본과 완판본으로 나누어 살펴보기로 한다.

3. 경판본을 둘러 싼 문제

경판본 춘향전은 안성판본까지를 포함한다면 <경35>, <경30>[18], <경23>, <안20>, <경17>, <경16> 등 모두 6종의 이본이 남아 있다. <경35>는 권수제가 '춘향전 단'으로 되어 있고, 나머지 <경30> 이하본들은 모두 '춘향전 권지단'으로 되어 있다. 경판본 춘향전에는 모두 간기(刊記)가 없어서 생성 시기를 파악하는 문제가 쉽지 않다.

경판본 춘향전의 이본과 관련해서 오래 전부터 두 가지 정설이 있었다. 하나는 경판본 춘향전은 <남원고사> 또는 남원고사 계열의 초기 모본을 축약하여 성립되었다는 것이고, 다른 하나는 전체적으로 경판 춘향전은 분량(또는 장수)이 많은 이본으로부터 적은 이본으로 변모했다는 것이다. 김동욱 교수는 특별히 실증적인 고찰을 하지는 않았지만, 춘향전 전체의 이본 구도를 설명하면서 <남원고사>에서 경판본들이 파생되었으며, <경35>가 <경30>에 선행하는 것으로 인식하였다.[19] 설성경 교수의 인식도 이와 크게 다르지는 않지만, <경35>와 <경30>이 춘향의 꿈(파경몽)과 과거 시제 등에서 차이를 보인다는 점을 언급하였고, <경30> 이하본들에 대해서는 축약

18) 경판 30장본은 기존의 연구자에 따라서는 '경판 29장본'으로 지칭되기도 했지만, 작품의 실제 장수에 근거하자면 '경판 30장본'으로 지칭하는 것이 옳다.

19) 김동욱, 『춘향전 비교연구』, 삼영사, 1979, 26쪽.

변이되는 양상을 행문 차원에서의 비교를 통해 실증적으로 밝혀 내었다.[20] 이후 김석배 교수[21]와 이창헌 교수[22]는 선행 연구의 성과를 이어받아 <경35>와 <경30>의 차이점에 대한 이해, <경30> 이하본들이 축약되는 양상 등을 보다 면밀하게 고찰하였다.

이상 연구자들의 공통되는 인식 가운데 하나는 <경35>가 <경30>에 선행해서 출현했으리라는 것이다.[23] 그런데 최근 <경30>이 <경35>에 선행한다는 주장[24]이 제기되어 그 동안의 논의를 다시 점검해봐야 할 시점에 이르렀다. 본 장에서 문제 삼고자 하는 것은 바로 <경35>, <경30>의 선후 관계를 포함한, 경판본 춘향전에서 읽을 수 있는 춘향전 변모의 흐름에 대해서이다.

1) 경판 35장본의 성립

<경35>의 성립 과정에 대해서는 논란의 여지가 거의 없다. 그러나 <경30>과의 비교를 위해 우선 <경35>의 생성과 관련된 사항을 간단히 정리해 보기로 한다.[25] <경35>의 모본은, 현재 그 실물을 확인할 수는 없지만,

---

20) 설성경, 「방각고소설의 본문비평」, 『고소설의 구조와 의미』, 새문사, 1986.

21) 김석배, 「춘향전 이본의 생성과 면모 양상 연구」, 경북대 박사학위논문, 1992.12.

22) 이창헌, 「경판방각소설 판본 연구」, 서울대 박사학위논문, 1995.2.

23) 이창헌 교수는 위의 논문에서 "<30장본>은 <35장본>에서 파생된 것이라기보다는 이들에 선행하는 공동모본이 있었던 것으로 추정"된다고 하여 판정을 유보했으나, 최근의 논문(「경판방각소설 춘향전의 순차단락 고착화 양상 연구」, 『고소설연구』 15, 한국고소설학회, 2003.6.)을 통해서 표현 중심의 <경35>가 가지고 있는, 극적인 효과를 감소시키는 요소를 수정하여 <경30>이 발생했다고 함으로써, 선후 관계에 대해서는 기존의 일반적인 인식과 다르지 않음을 보여 주었다.

24) 이문성, 「경판 춘향전 연구」, 고려대 석사학위논문, 1999.8.

25) <경35>의 생성 과정에 대해서는 설성경, 김석배, 이창헌 교수 등의 논의가 이미 있었고, 필자도 이들의 논의에 대체로 동의하고 있다. 다만 본고의 논지 전개상

남원고사 계열(세책 계열)[26]의 초기 이본이라고 생각되고 있다. 현재 우리가 확인할 수 있는 세책 계열 춘향전 가운데 <경35>와 관련이 있는 이본은 <남원고사>(<남원>), 동양문고본 춘향전(<동양>), 동경대학교 아천문고본 춘향전(<동경>), 영남대학교 도남문고본 춘향전(<도남>) 등이다. 이들 세책 계열 춘향전은 거의 같은 행문을 보이고 분량도 대체로 유사하지만, 각각의 이본만이 지닌 독특한 단락, 화소, 행문이 있으므로 이를 통해 <경35>의 모본을 추정해 볼 수 있다.

<경35> 화셜 아국 슉종죠 시졀의 젼나도 남원부ᄉᆞ 니□□□ 니도령이 년광이 십뉵세라. 용모는 진유지오 풍치는 □□지오 문쟝은 니틱빅이오 필법은 왕희지라. 칙방□□□ 학업을 힘쓰더니 쎠맛춤 방츈가졀이라 초목군싱지물이 개유이ᄌᆞ락이라. 건넌산의 아즈랑이 씨이고 잔듸잔듸 속닙ᄂᆞ고 삼년 묵은 말가족은 오용조용 쇼릐ᄒᆞ고 청개고리 관네ᄒᆞ고 동니 어룬 ᄎᆞᄌᆞ보며 괴양이 셩젹ᄒᆞ고 싀집가려 ᄒᆞ며 암킈 셔답ᄎᆞ고 월후ᄒᆞ며 과부 기지게혈 졔 이ᄯᆡ ᄉᆞ롬의 마음이 흥글항글 ᄒᆞ는지라. 니도령이 츈흥을 못 니긔여 산천경개 보려 ᄒᆞ고 방ᄌᆞ 불너 뭇는 말이 “네 고을 구경쳐가 어듸어듸 유명ᄒᆞᆫ다?” (1앞)

<남원> <u>젼라도 남원부ᄉᆞ 니등ᄉᆞᄯᅩ</u> 도임시의 <u>ᄌᆞ제 니도령이 년광이 십뉵세라. 얼골은 딘유ᄌᆞ오 풍치ᄂᆞᆫ 두목지라. 문댱은 니태빅이오 필법은</u>

이들의 성과를 참고하여 <경35>의 생성 과정을 살펴 보기로 한다.

26) 전상욱은 「세책 계열 춘향전의 특성」(『세책 고소설 연구』, 혜안, 2003.8.)이라는 글을 통해 프랑스 파리 동양어문화학교 소장 <남원고사>, 일본 동양문고 소장 춘향전, 일본 동경대학교 아천문고 소장 춘향전, 영남대학교 도남문고 소장 춘향전 등을 ‘세책 계열’이라고 지칭한 바 있다. 이 작품들은 실제로 세책(貰册)으로 유통되었거나 텍스트상으로 세책과 유사성이 있는 이본들이기 때문에 그러한 명칭을 붙여 본 것이다. 본고에서도 위의 <남원고사> 이하의 작품들을 지칭할 때에는 ‘세책 계열’이라는 용어를 사용하기로 한다.

> 왕희지라. ᄉᆞᄯᅩ ᄉᆞ랑이 틔과ᄒᆞ여 도임 초의 칙방의 기싱 슈쳥 드리ᄌᆞ ᄒᆞ니 식의 상ᄒᆞᆯ가 넘녀ᄒᆞ고 (… 중략 …) 이러틋 분부ᄅᆞᆯ 지엄극악키 ᄒᆞ니 엇던 녁젹의 아들놈이 술쩐 암캉아지 ᄒᆞ나히나 칙방 근쳐의 보ᄂᆡ리오? 칙방 슈쳥을 드리되 귀신 다 된 아희놈을 드리거다. 상모ᄅᆞᆯ 넉넉히 ᄯᅳ더보니 ᄃᆡ고리ᄂᆞᆫ 북통 ᄀᆞᆺ고 얼골은 밀ᄆᆡ판 ᄀᆞᆺ고 (… 중략 …) 된통 바람이 부ᄂᆞᆫ 날이면 각금 낙셩ᄒᆞᄂᆞᆫ 아희놈을 명식으로 슈쳥을 드리니 니도령이 칙방의 홀노 안ᄌᆞ 탄식ᄒᆞᄂᆞᆫ 말이 "셰ᄉᆞᄅᆞᆯ 솜솜 헤ᄋᆞ리니 묘창히지일쇽이라. 남기라도 은힝목은 ᄌᆞ웅으로 마조 셔고 (… 중략 …) 다만 ᄌᆞ식 나 ᄒᆞ나 두고 청츈 이십 당ᄒᆞ도록 독슉공방 시기ᄂᆞᆫ고? 춤아 셜워 못 살깃다." 이러ᄐᆞ시 탄식ᄒᆞ며 시절을 도라보니 ᄯᆡ맛춤 삼츈이라 초목군싱지물이 ᄀᆡ유이ᄌᆞ락이라. ᄯᅥᆨ갈남긔 쇽닙 나고 노고질이 놉히 ᄯᅥᆺ다. 건넌산의 아ᄌᆞ랑이 ᄭᅵ이고 잔ᄯᅴ 잔ᄯᅴ 쇽닙 나고 달바조 ᄶᅵᆼᄶᅵᆼ 울고 삼년 묵은 말가족은 외용죄용 쇼릐ᄒᆞ고 션동아 군복ᄒᆞ고 거동춤네ᄒᆞ라 가고 청ᄀᆡ고리 신상토 ᄊᆞ고 동ᄂᆡ 얼운 ᄎᆞᄌᆞ 보고 괴양이 셩적ᄒᆞ고 싀집가고 암ᄭᅬ 셔답ᄎᆞ고 월후ᄒᆞ고 너구리 넛손ᄌᆞ보고 둑겁이 외손ᄌᆞ 보고 다람이 용ᄀᆡ치고 과부 기지ᄀᆡ켤 제 니도령의 ᄆᆞ음이 홍글항글ᄒᆞ여 불승탕졍이라. 산천경ᄀᆡ 보려ᄒᆞ고 방ᄌᆞ 불너 분부ᄒᆞᄃᆡ "이 고을 구경쳐가 어듸어듸 유명ᄒᆞᆫ다?" (권1 4앞~6앞)

위의 인용문에서 알 수 있는 것처럼 <경35>는 <남원>의 행문을 '탈락'과 '축약'이라는 방법을 동원하여 대폭 축소시켰다. <경35>는 작품 전체에 걸쳐 이런 방식으로 축소된 이본이다. 이러한 축소 현상이 <경35>의 판하본(板下本)을 제작할 그 당시에 발생한 것인지, 아니면 <경35>의 모본이 될 만한 선행 경판본이나 필사본이 이전에 존재했었는지에 대해서는 현재 확인할 길이 없지만, <남원>과 유사한 이본에서부터 <경35>가 발생하게 된 것은 분명하다. 그런데 <경35>에서 춘향의 성(姓)이 '김'으로 나타난다는 사실과 사랑 대목에서 이도령이 '천자풀이'를 하면서 이 노래를 '울며 부르는 경성소리'라고 지칭했다는 사실까지를 감안하면, <경35>는 세책 계열 필사본 중에서 <남원>과 관련성이 가장 높아 보인다.[27] 그러나 다음의 인용문은 <경35>가 <남원> 그 자체를 대상으로 축소한 것이 아니라는 사실을 말해 준다.

<경35> 이ᄯᅢ 츈향어미 ᄉᆞ롬의 ᄲᅧ롤 ᄇᆞ으려고 우션 쥬효 진지ᄒᆞᆯ 졔 팔모졉 은ᄃᆡ모반의 안셩유긔 왜화긔 산호 호박 슌금 쳔은 각ᄉᆡᆨ 긔명 노혓는ᄃᆡ 술병조ᄎᆞ 겻드렷다. (… 중략 …) 밀양 싱뉼 싹가놋코 함창 건시 졉어 놋코 이 말은 다 젼네판이라. 약쥬술이 한 병이오 ᄉᆡᆨ으젓ᄉᆡᆨ 무싹도기 고초쟝의 관목친 것 열무김치 들기롬 치고 광쥬 분원 ᄉᆞ긔잔의 술롤 부어들고 "도련님 약쥬 잡슈시오." (11뒤~12앞)

<남원> 이ᄯᅢ 츈향어미 ᄉᆞ람의 ᄲᅧ롤 ᄲᅢ히랴고 위션 쥬효진지 갓출 젹의 팔모졉 은ᄃᆡ모반의 통영소반 안셩유긔 왜화긔 당화긔 산호반 슌금쳔은 각ᄉᆡᆨ 긔명 버려노코 가즌 슐병 겻드렷다. (… 중략 …) 밀양 싱율 싹가노코 함창 건시 졉어 노코 청실ᄂᆡ며 황실ᄂᆡ며 (… 중략 …) 청동화로 ᄇᆡᆨ탄 숫히 다리쇠롤 거러 노코 평양슉통 징갑이의 능허쥬롤 불한불열 더혀 노코 노ᄌᆞ작 잉무ᄇᆡ의 ᄀᆞ득 부어들고 ᄇᆡᆨ만교ᄐᆡ 권ᄒᆞᆯ 젹의 "도련님 이 슐 한잔 잡슈시오." (권2 6뒤~7뒤)

<동양> 이ᄯᅢ의 츈향의 어미 ᄉᆞ롬의 ᄲᅧ롤 ᄲᅦ희려구 위션 쥬효 진지ᄒᆞᆯ 졔 팔모졉 은ᄃᆡ모반의 통영소반 안셩유긔 왜화긔 당화긔 산호 호박 슌금쳔은 각ᄉᆡᆨ 긔명 노혓는ᄃᆡ 술병도 겻드렷다. (… 중략 …) 밀양 싱율 싹가

27) <남원>, <도남>에는 춘향의 성씨가 '김'으로, <동양>, <동경>에는 '성'으로 나타난다. 또한 '천자풀이'를 '울며부르는 경성 소리'라고 지칭한 이본은 <남원>, <동경>밖에 없다.

놋코 함창 건시 졉어 놋코 청실ᄂᆡ 황실ᄂᆡ (… 중략 …) 빅단슛히 다리쇠롤 풍노 우ᄒᆡ 거러 놋코 평양 슉동 진갑이의 능허쥬란 술을 부어 불한불열 더혀 놋코 부어들고 권ᄒᆞᆫ다. <u>이 말은 다 젼례판이라. 약쥬가 한 병이오 고쵸장의 관목 찐 것 감동졋히 무쌱독이 열무침치 들기롬 치고 광쥬 분원 사긔잔의 츈향이 술 부어 손의 들고</u> "도련님 약쥬 잡슈." (권3 1앞~3앞)

위의 인용문은 춘향집 사랑 대목에서 이도령이 음식 대접을 받는 장면이다. <경35>에 나타나는 "이 말은 다 전례판이라…"라는 표현은 <남원>에는 나타나지 않지만, <동양>에는 거의 그대로 나타난다.[28] 따라서 <경35>가 <남원>만을 대상으로 축소했다고 할 수가 없는 것이다.[29] 결국 <경35>는 현재 남아있는 세책 계열 필사본 가운데 어느 하나가 아닌 여러 이본을 두루 참조하면서 형성되었을 가능성과, 현재 우리가 확인할 수 없는 또다른 이본이 존재해서 <경35>에 직접적인 영향을 미쳤을 가능성 등 두 가지 경우를 생각해 볼 수 있다. 그러나 <동양>, <동경> 등의 필사시기가 대체로 20세기 초반인 점을 감안한다면, 전자의 가능성은 좀 희박해 보인다.

다음의 인용문을 보자.

<경35> 네 아릭 구버보니 오목 요ᄌᆞ 관쥬오 내 아릭 구버보니 ᄂᆡ밀 쳘ᄌᆞ 관쥐로다. <u>냥인이 다졍ᄒᆞ니 쳔만셰롤 긔약이라. 너는 죽어 일빵 청죄 되고 나는 죽어 음양쉬 되여 쥬야쟝쳔 물의 써셔 둥실둥실 노ᄌᆞ쏘나. 너는 회양 김셩 드러가셔 오리목이 되고 나는 삼ᄉᆞ월 ᄎᆞᆱ너출이 되여 밋히셔</u>

28) <동경>에도 <동양>과 거의 같은 행문으로 되어 있다.

29) <도남>과 <경35>에서도 '바리가'가 시작되기 직전 이도령의 발화 가운데 행문이 탈락되어 오독될 가능성이 있다는 공통점이 발견된다. <도남> 권2 1앞, <경35> 13앞 참조.

쏫가지 쏫히셔 밋가지 나무 쏫쏫드리 휘휘츤츤 감겨이셔 일ᄉᆡᆼ 풀니지 마ᄌᆞ 쏘나." 니럿틋 즐기다가 날이 ᄉᆡ면 몸을 숨겨 도라오고 어두오면 쳔방지방 다라가셔 놀고 ᄆᆡ양 ᄌᆞ최업시 왕ᄂᆡᄒᆞ더니 호식다마ᄒᆞ고 가긔가 이조는 고금샹ᄉᆡ라. (15뒤)

위의 인용문은 <경35>에 나타나는 사랑 대목의 한 부분이다. 이도령과 춘향이 사랑 놀음을 벌이면서 주고 받는 사랑가 가운데 비점가에 이어서 '사랑음양가'[30]가 나타나고 있음을 볼 수 있다. 그런데 세책 계열 필사본에는 사랑 대목에 이러한 음양가가 나타나는 것이 아니라 이별 대목에서 이별가의 하나로 장황하게 나타난다.

니도령 니른 말이 "우지 마라, 우지 마라, 졔발 덕분 우지 마라. 네 우름 쇼릭 댱부의 일촌 간댱이 다 녹는다. 이리 ᄋᆡ롤 ᄡᅳ고 엇지ᄒᆞ리? 널낭 죽어 물이 되되 텬샹의 은하슈 디하의 폭포슈 동ᄒᆡ슈 셔ᄒᆡ슈 일ᄃᆡ댱강슈 다 후루쳐 더져 두고 음양슈란 물이 되고 날낭 죽어 ᄉᆡ가 되여도 난봉공작 두견 졉동 다 후루쳐 더져 두고 원앙됴란 ᄉᆡ가 되여 그 ᄉᆡ가 그 물을 보고 반겨라고 풍덩실 쌔져 잇셔 듀야댱텬 헤지 말고 어화둥실 써 잇고져! (… 중략 …) 그러치 못ᄒᆞ거든 널낭 죽어 강능 삼쳑 드러가셔 오리목 되여 셔고 날낭 죽어 삼ᄉᆞ월 츩너출 되여 한업시 버러갈 졔 즌 ᄃᆡ 마른 ᄃᆡ 갈희지 말고 들 건너 벌 건너 셔부렁셥젹 건너가셔 그 나무 밋브터 쏫가지 휘츄리마다 낙거믜 나뷔 감듯 외오 플쳐 올우 감고 올우 풀쳐 외오 감아 나무 쏫쏫드리 휘휘츤츤 감겨 잇셔 삼츈이 다 진토록 써나ᄉᆞ지 마ᄌᆞ터니 인간에 일이 만코 조물조ᄎᆞ ᄉᆡ음발나 신졍이 미흡ᄒᆞᆫᄃᆡ ᄋᆡ달롤숀 니별이야! (…

30) <완33>과 <완84>에는 '사후기약'이라는 명칭으로 나타나는 사설 형식의 사랑가이다. 본고에서는 사랑 대목에 나타나는 것을 '사랑음양가', 이별 대목에 나타나는 것을 '이별음양가'로 지칭했다.

중략 …) 귀신이 희롤 짓고 조물이 싀긔ᄒᆞ니 눌을 한탄ᄒᆞᄌᆞᄂᆞ니? 쇽졀 츈향 바히 업다. 네 말이 다 못될 말이니 아모커나 잘 잇거라." (남원 2 : 27앞~28뒤)

현재 남아있는 세책 계열 필사본 중 어디에도 나타나지 않는 '사랑음양가'가 <경35>에 나타난다는 것은 무엇을 의미하는가? <경35>에는 세책 계열의 영향을 받아 이별 대목에도 '이별음양가'가 수용되어 있다.[31] 결국 <경35>에는 음양가가 두 번 나타나는 셈이다. 음양가 사설의 성격상 사랑 대목이건, 이별 대목이건 어느 대목에 나타나더라도 서사 전개와 무관하지는 않으므로 의도하지 않았던 실수라고 볼 수는 없다. 사랑 대목에서의 음양가는 사랑을 영원히 지속시키고자 하는 이도령과 춘향의 마음을 읽을 수 있고, 이별 대목에서의 음양가는 예기치 않은 이별을 맞이한 두 사람의 애틋한 심정을 읽을 수 있기 때문이다. 그렇다면 사랑음양가는 <경35>의 형성 과정에서 새롭게 발생한 변개라고 이해할 수 있을까? 후술되는 <경30>과는 달리 <경35>는 작품 전편에 걸쳐 선행 모본을 충실하게 축소하려는 의식이 더 강했다는 사실을 염두에 둔다면, <경35>에 나타나는 이런 독특한 면모는 그 선행 모본에서 이미 나타났을 가능성이 높다.

이상 <경35>는 <남원>, <동양>, <동경>, <도남> 등 세책 계열 필사본과 거의 유사한 이본을 모본으로 해서 충실한 축소의 원리에 의하여 생성된 것으로 정리할 수 있다.

---

31) <경35> 16뒤~17앞.

2) 경판 30장본의 변모 양상과 서울 지역 춘향전의 흐름

다음으로 <경35>와 선후 관계에 있어서 논란이 되고 있는 <경30>에 대해서 알아 보기로 한다. <경30>은 이미 선행 연구자들이 언급했던 것처럼, <남원> 등의 세책 계열 필사본이나 <경35>와는 행문이나 단락 차원에서 변별되는 면모를 보이고 있다. 다음의 인용문을 통해 그것을 확인해 보도록 한다.

<경30> 츈향이 엿ᄌᆞ오ᄃᆡ "그리할진ᄃᆡ 먹의 ᄶᅵᄂᆞᆫ 삭ᄂᆞᆫ 일이 업ᄉᆞᆸ고 관가ᄂᆞᆫ 종문권시힝이오니 혹 실시지폐 니ᄉᆞᆺ 즉 후일 상고ᄎᆞ로 불망긔를 ᄒᆞ여 쥬소셔." 니도령이 희불ᄌᆞ승ᄒᆞ여 화젼을 펼쳐 노코 룡연의 먹을 갈라 황모필의 흔셕 뭇쳐 일필휘지ᄒᆞ니 ᄒᆞ여스되 (… 중략 …) 츈향이 바다 일이 졉고 져리 졉쳐 금낭의 너흔 후의 ᄯᅩ 엿ᄌᆞ오ᄃᆡ "무죡지언이 비쳔이라 ᄒᆞ오니 만일 이 말이 누셜ᄒᆞ여 ᄉᆞᄯᅩ 계셔 아르시면 소연ᄂᆞᆫ 속졀업시 쥭을 터이오니 부ᄃᆡ 숨가소셔." 니도령 말이 "ᄉᆞᄯᅩ 소시의도 씨큰동ᄒᆞᄉᆞ 쥬ᄉᆞ청루의 단녀계신지 모로거니와 각집 통지기 방의 방귓ᄂᆡ을 무슈히 맛트라 단여계신지라 이런 일 아도손 관겨ᄒᆞ랴 부ᄃᆡ 염여 말ᄂᆞ." ᄒᆞ며 이엇틋 담소ᄒᆞ다가 (5앞~5뒤)

<경35> 츈향이 엿ᄌᆞ오되 "구지 그러ᄒᆞ실진ᄃᆡ 일쟝슈긔 밍세ᄒᆞ오." 니도령이 이의 허락밧고 희식만면ᄒᆞ여 "오냐. 그는 그리ᄒᆞ라." 지필묵 ᄌᆡ촉ᄒᆞ여 화젼지ᄅᆞᆯ 펼쳐놋코 뇽누연의 먹을 가라 슌황모ᄅᆞᆯ 흠셕 푸러 일필휘지ᄒᆞ니 문불가졈이라. 그 글의 ᄒᆞ여시되 (… 중략 …) 써 주니 츈향이 ᄂᆡ여보고 이리 졉첨 저리 졉첨 졉어다가 □□□□ 품은 후의 ᄒᆞ는 말이 "무죡지언이 원비쳔니라. 이런 □□□셜ᄒᆞ여 ᄉᆞ도게셔 아ᄅᆞ시고 엄칙즁치ᄒᆞ시면 이는 자작지얼이라. 어듸 가셔 발명ᄒᆞᆯ가 보오?" 니도령 말이 "그는 념녀마

라. 내 어려셔 종종 본즉 ᄂᆡ의녀 은근ᄌᆞ ᄉᆞᆺ보기들이 큰 ᄉᆞ랑의 오락가락ᄒᆞ더고나. 만일 초라 나거든 그 말ᄒᆞ고 방구ᄒᆞᄌᆞ." 니럿틋 슈작ᄒᆞ며 쳔금을 어든 다시 즐겁기 그지업다. (6뒤~7앞)

<남원> 츈향이 ᄒᆞᆯ 일 업셔 엿ᄌᆞ오ᄃᆡ "도련님 구든 뜻이 굿지 그러ᄒᆞ실진ᄃᆡ 요마 쇼쳡이 불승황공이라. 엇지 봉승치 아니리잇고? 다만 세ᄉᆞ를 난측이오니 훗일 빙거지물이 업지 못ᄒᆞᆯ지라. 일댱문셔를 ᄆᆡᆫᄃᆞ라 쇼쳡의 ᄆᆞ음을 실히옵쇼셔." 니도령이 허락 못 바들가 심갈쵸민터니 져의 말을 듯고 희부ᄌᆞ승 탕불ᄌᆞ억이라. 쳔만다힝ᄒᆞ여 얼는 ᄃᆡ답ᄒᆞᄂᆞᆫ 말이 "긔 무어시 유란ᄒᆞ리?" 홍을 겨워 일복 화젼식슬 골나 두루루 마라 후루루 풀쳐 들고 룡미연의 먹을 가라 슌황모 무심필을 반즁동 흠셕 프러 일필휘지 문불가졈이라. 필낙ᄒᆞ니 경풍운이오 시셩ᄒᆞ니 읍귀신이라. 그 글의 ᄒᆞ여시되 (… 중략 …) ᄡᅳ기를 맛ᄎᆞᄆᆡ 똘똘 마라 츈향의게 젼ᄒᆞ니 츈향이 바다보고 심즁의 ᄃᆡ희ᄒᆞ여 이리 졉쳠 져리 졉쳠 졉쳠졉쳠 졉어다가 가삼쇽의 품은 후의 "여보 도련님, ᄂᆡ 말 듯소. 무독지언이 원비쳔니라 ᄒᆞ니 빠고빤 ᄉᆞ향ᄂᆡ도 난다 ᄒᆞ니 이런 말이 누셜ᄒᆞ여 ᄉᆞᄯᅩ계셔 아ᄅᆞ시고 엄칙즁달ᄒᆞ옵시면 ᄌᆞ작지얼 지은 죄라 어ᄃᆡ 가 발명ᄒᆞᆯ가?" 니도령 니른 말이 "오냐, 그는 념녀마라. ᄂᆡ 어려슬 ᄶᅢ 큰ᄉᆞ랑의 가면 ᄂᆡ은녀 기싱들과 은근ᄌᆞ ᄉᆞᆺ보기 각집 통직이 오락가락 ᄒᆞ더고나. 만일 초라가 나거들낭 그 말 ᄒᆞ고 방구ᄒᆞᄌᆞ." 이러트시 슈작ᄒᆞ며 쳔금이나 어든드시 즐겁기도 긔지업고 깃부기도 측냥업다. (권1 29앞~30뒤)

문맥적 의미는 세 이본이 다르지 않으나 구체적인 행문을 통해 볼 때, <경35>은 <남원>과 친연성이 매우 높은 반면에 <경30>은 이들과 일정한 차이가 나타남을 확인할 수 있다. 이처럼 <경30>의 행문은 대체로 세책계열 필사본이나 <경35>와는 다른 부분이 많은 데다가 <경23> 이하본들

이 모두 <경30>의 행문을 대체로 수용하고 있기 때문에 기존의 연구자들에 의해서 남원고사 계열과는 어느 정도 차별되는 이본이라고 인식되었던 것이다. 더군다나 단순히 행문상의 차이를 넘어서서 화소, 단락 차원에서 차이를 보이는 부분이 있기 때문에 계열을 달리해서 살펴야 한다는 논의가 제기되기도 했던 것이다. 그러나 <경30>에 세책 계열 필사본이나 <경35>와 구별되는 특징적인 면모가 나타난다고 해서 이 작품을 전혀 별개의 것, 즉 세책 계열과는 근본적으로 계통을 달리하는 것으로 처리할 수는 없다. 변별점을 가지고 있기는 하지만, 여전히 <경30>은 세책 계열 춘향전이 가지고 있는 서울 지역 춘향전의 독특한 특징을 유지하고 있기 때문이다.

서울 지역 춘향전의 특징으로는 우선 만남 당시 춘향의 신분이 기생으로 되어 있다는 점을 들 수 있다. 그러한 신분 설정에 맞추어 이후 서사 전개가 호응하게 되는데, 춘향과 이도령의 혼약이 춘향집이 아닌 광한루 만남에서 성사되며, 혼약의 성사를 결정하는 요건으로 불망기가 나타나게 된다. 사랑 대목 등에서 나타나는 삽입 가요에 서울 지역에서 유행하던 잡가, 가사, 시조 등이 다수 나타나며, 신물 교환은 이별 대목에서 이루어진다. 이러한 면모들이 대체로 세책 계열 춘향전에서 보이는 서울 지역 춘향전의 특징이라고 할 수 있겠는데, <경30>은 이러한 특징을 공유하고 있으므로 세책 계열 필사본이나 <경35> 등의 이본들과는 독립해서 생각할 수 없다.

<경35>와 비교해 보았을 때, <경30>에 나타나는 독특한 단락이나 화소들은 대부분은 세책 계열 필사본에 나타나는 것들이다. 따라서 선행했던 모본을 축소하는 과정에서 <경35>와 <경30>은 서로 변별적으로 선택・수용하여 축소했다고 볼 수도 있다. 예를 들어 이별 대목에 나타나는 이도령과 춘향의 이별가 가운데 시조 형식의 노래는 <경35>에는 보이지 않지만 <경30>과 세책 계열 필사본에서는 확인할 수 있는 것이다.

<경30> 니도령이 "우리 맛날 날이 슈히 잇슬 거시니 부ᄃᆡ 잘 잇거라." ᄒᆞ고 노ᄅᆡ ᄒᆞᆫᄂᆞ를 지어 쥬니 ᄒᆞ여스되 "○ 죠히 잇거라. 죠히 단여오마. 죠히 잇거라. 간들 아죠 가며 아죠 간들 이즐소야? 잠씨여 겻ᄒᆡ 업스니 그를 슬혀 ᄒᆞ노라." 츈향이 글을 보고 화답ᄒᆞ니 ᄒᆞ여스되 "○ 간다고 셜워를 마오. 보ᄂᆡᄂᆞᆫ ᄂᆡ 안도 잇소. 산쳡쳡 슈즁즁ᄒᆞᆫᄃᆡ 부듸 평안이 가오. 가다가 긴 한슘 ᄂᆞ거든 ᄂᆡᆫ 쥴 아오." ᄒᆞ여더라 (12앞)

<남원> 니도령이 지환 바다 ᄲᅡ고 ᄲᅡ셔 깁히 너코 니별조 ᄒᆞ나 블을 적의 "간다, 잘 잇거라. 조히 다시 보ᄌᆞ. 조히 잇거라. 간들 아조 가며 아조 간들 니즐쇼냐? 좀 씨여 겻ᄒᆡ 업ᄉᆞ니 그롤 슬혀 ᄒᆞ노ᄆᆡ라." 츈향이 화답ᄒᆞᄃᆡ "울며 잡ᄂᆞᆫ ᄉᆞᄆᆡ롤 썰더리고 가지 마오. 도련님은 당부라 도라가면 니즈려니와 쇼쳡은 아녀진 고로 못 니즐가 ᄒᆞ노ᄆᆡ라. 산쳡쳡 슈듕듕ᄒᆞᆫᄃᆡ 부ᄃᆡ 평안이 가오. 가다가 긴 한슘 나거든 ᄂᆡᆫ 쥴 아오." (권2 34뒤~35앞)

<경30>의 이러한 제양상들을 종합해 볼 때, <경35>와 <경30>은 텍스트 자체의 행문만으로는 발생의 선후 관계를 추정하기가 불가능하다. <경35>에서 <경30>이 축소되었다고 할 수 없고, 반대로 <경30>에서 <경35>로 확대되었다고 할 수도 없다. 두 이본 모두 세책 계열 필사본을 모본으로 형성된 것임은 분명하지만, 모본을 축소하는 과정과 방식에서 차이를 보임으로써 결과적으로 상당히 이질적인 이본으로 보이게 된 것이다. 그러나 이들 경판본의 모본을 가늠할 수 있는 세책 필사본과 비교해서 살펴보면, <경30>이 결코 이질적인 이본이 아님을 알 수 있다.

그렇다면 그 동안 어떠한 근거로 이들의 선후 관계를 추정해왔던 것인지 따져볼 필요가 있다. 기존에는 경판본 소설은 완판본 소설과는 반대로 분량(장수)이 많은 쪽에서 적은 쪽으로 변모했다는 것이 일반적인 인식이었으므

로, <경35>가 <경30>보다 선행했다고 판단했었다. 그러나 경판 방각소설의 판식(板式)을 통해 작품의 간행 연대를 추정했던 이창헌 교수에 의해 유간기본(有刊記本)의 경우 14행의 판식이 유행했던 시기(1847년~1858년경)가 15행의 판식이 유행했던 시기(1859년 이후)보다 선행했음[32]이 밝혀짐으로써, 14행 판식의 <경30>이 15행 판식의 <경35>보다 선행했으리라는 추정이 가능하게 되었다. <경30>이 선행했다는 이문성의 주장[33]은 여기에서 기인한 것이다. 그러나 이러한 주장도 방각소설이라는 것 자체가 상업적인 이윤을 추구하는 데 있어서 매우 적극적이었다는 사실을 염두에 둔다면 다음과 같은 모순이 발생함을 알 수 있다. 즉 14행 판식인 <경30>에 대한 경쟁 상품으로 15행 판식의 <경35>이 나중에 출현했다면 당연히 장수를 30장보다는 적게 만들어서 간행했을 가능성이 높다. 정도의 차이는 있겠지만, 어차피 작품의 문맥적 의미나 표현적인 측면보다는 대체적인 줄거리 중심으로 축소하는 것이 경판 방각소설의 일반적인 양태라면 현전하는 <경35>의 분량을 애초에 30장 이하로 줄이는 것은 그리 어려운 일이 아니었을 것이다. 반대로 생각해도 마찬가지이다. <경35>에 대한 경쟁 상품으로 <경30>이 나중에 간행되었다면 굳이 15행이 아니라 14행 판식을 고집했을 리가 없다.

이처럼 일견 혼란스럽게 보이는 현상을 어떻게 이해해야 하는가? 두 가지 가능성이 있다. 첫째는 '30장~35장 정도의 장수에, 14행~15행의 판식으로 한 권(또는 한 책)'을 만드는 방식이 유행했던 시기가 존재했음을 증명하는

32) 이창헌, 「경판방각소설 판본 연구」, 서울대 박사학위논문, 1995.2. 290~294쪽.

33) 이문성, 앞의 논문, 10~14쪽. 이문성은 판식의 양상과 함께 주인공의 신상 명세 및 거주 지명이 어느 정도 구체적으로 나타나는가에 따라서 두 이본의 선후 관계를 추정하였다. 그러나 그 구체성의 정도 또한 분량이 축소되는 과정에 발생한 현상이었을 가능성, 의도적인 차별화 전략이었을 가능성 등이 있기 때문에 선후 관계 추정에 절대적인 기준이 되지는 못한다고 생각된다.

현상으로 볼 수 있다. 다시 말하면, 14행 판식으로 경판본이 간행되던 시기와 15행으로 간행되던 시기를 절대적으로 분리할 수 없다고 볼 수 있는 것이다. 다른 하나의 가능성은 <경35>이나 <경30> 중 어느 하나가 당시의 일반적인 원칙을 따르지 않고 전략적이면서 모험적인 간행을 시도했을 수도 있다. 만약 방각업자들이 생산뿐만 아니라 판매에까지도 관계했다면, 이윤을 획득하는 방식이 반드시 생산 단가를 감소시키는 것만은 아니었을 것이다. 매출액의 확대를 통해서 이윤을 추구하는 방식도 충분히 생각해 볼 수 있다. 따라서 <경35>가 후행했다면 분량(장수)의 확대를 통해서, <경30>이 후행했다면 좀더 고급의 14행 판식으로서, 상대적인 차별화 전략에 따라 간행되었을 가능성도 염두에 두어야하지 않을까 한다. 그러나 결국 어떤 가능성을 상정하더라도 현재의 상태로서는 <경35>와 <경30>의 선후 관계를 명확하게 증명할 수 없다.

<경30>이 가지는 텍스트적인 특성 가운데 하나는 현재 우리가 확인할 수 있는 세책 필사본에도 나타나지 않는 단락이나 화소, 삽입 가요 등이 나타난다는 것이다. 이도령이 춘향집을 찾아가서 춘향을 만나기까지의 과정에 대한 서술이라든지 이별 대목에서 신물 교환을 전후해서 나타나는, 잡가 <황계사>를 차용한 이별 사설 등의 행문과 위치는 세책 계열 필사본과 비교해 보더라도 상당한 차이를 보인다. <경35>가 선행 모본을 충실하게 축소하려는 의식을 가지고 형성된 이본이라면, <경30>에서는 상대적으로 새로운 변화의 조짐을 발견할 수 있는 것이다. <경30>에서 눈여겨 보아야할 부분은 바로 이 부분이다.

세책 계열 필사본, <경35>와 비교되는 <경30>의 여러 특징적인 면모 가운데 본고에서 주목하고 있는 것은 파경몽 단락의 위치와 작품의 시간적 배경 설정, 그리고 삽입 가요의 특성 등이다. 이 가운데 우선 파경몽(破鏡夢)

단락을 살펴 보자. 전체 춘향전 이본들을 통해 볼 때, 서사 단락의 위치가 가장 유동적으로 변화되는 것은 춘향의 파경몽과 그에 이어지는 봉사의 해몽 단락이다. 세책 계열 필사본이나 <경35> 등은 이도령이 과거에 급제하고 남원에 내려와서 옥중 춘향을 만나기 바로 직전에 춘향이 옥중에서 꾸는 꿈으로 파경몽이 나타난다. 이에 비해 <완33>이나 <완84> 등은 춘향이 변부사에게 항거하다가 형장을 당한 후 옥중에서 탄식하던 중 꾸는 꿈으로 파경몽이 나타난다. <이명선본>이나 <고대본>, <홍윤표본> 등도 파경몽 단락의 위치는 독특하다. 여기에 황릉묘 몽유 화소가 결합되는 양상과 위치까지 고려한다면, 춘향전 이본에는 매우 다양한 변이형이 존재하는 셈이다. <경30>은 파경몽의 위치가 <완33>, <완84>처럼 춘향이 형장을 당한 직후로 되어 있다.

> 츈향이 한량을 보닌 후 낙루ᄎᆞ탄 왈 (… 중략 …) 도련님을 맛ᄂᆞ볼가 ᄒᆞ며 거젹자리의 칼머리을 베고 누어 졍신이 혼미ᄒᆞ더니 츈향 어미 미음을 가지고 와셔 츈향을 불너 왈 (… 중략 …) 이러구러 여러 달이 되ᄆᆡ 장우단탄으로 벗을 숨아 셰월을 허송ᄒᆞ더니 <u>일일은 비몽ᄉᆞ몽간의 쥬유천ᄒᆞᄒᆞ다가 집의 돌라오니</u> 방문 우희 허슈아비를 다랏고 ᄯᅳᆯ히 잉도쇄 ᄶᅥ러지고 보던 몸거울이 ᄒᆞᆫ복판이 ᄭᆡ여졋거늘 놀ᄂᆞ ᄭᆡ다르니 남가일몽이라 (… 중략 …) 이 점괘 갓흘진ᄃᆡ 그런 즐거온 일 어ᄃᆡ 이시이오 ᄒᆞ고 이렁틋 쥬야로 번뇌ᄒᆞ더라 이 ᄯᆡ 니도령이 올ᄂᆞ가셔 듀야로 학업을 힘쓰ᄆᆡ (경30 16앞~19뒤)

<경30>이 세책 계열 춘향전과 근본적으로 계열을 달리하지 않는데도 불구하고 이렇게 파경몽 단락의 위치가 대규모로 이행되는 현상은 어디에서 기인하는 것일까? 춘향전에서 파경몽 단락의 위치는 이본에 따라 매우 유동

적이라고 하였으나 '유동적'이라는 말이 '자의적'이라는 의미는 아니다. 대규모의 장면 이행은 그 나름대로의 필연적인 원인이 있었을 것이다.

<경30>에 보이는 파경몽 단락의 이행은 황릉묘 몽유와 관련해서 이해할 때 그 원인을 찾을 수 있을 것 같다. 위의 인용문에 드러나듯이 <경30>에서 춘향이 파경몽을 꾸기 직전에 '비몽ᄉᆞ몽간의 쥬유천ᄒᆞᄒᆞ다가 집의 돌아'왔다는 언급이 있는데, 이것은 황릉묘 몽유를 염두에 둔 표현이 아닐까 생각된다. '비몽사몽간'이라는 표현은 <완33>이나 <완84>에서도 황릉묘 몽유로 들어가는 장면에 나타나는 표현이고, 비몽사몽간에 '주유천하'했다는 말 자체가 황릉묘 몽유를 염두에 두지 않고는 다른 의미로 해석되기가 어려워 보인다. 이렇게 본다면, <경30>에서 나타나는 파경몽 단락의 이행 현상은 세책 계열 필사본이 유지하고 있던 춘향전의 전통과는 다른, 당시에 새롭게 유행하던 춘향전 또는 춘향가의 양상을 수용하려 했음을 보여주는 단서가 아닐까 생각된다. 즉 파경몽 단락의 이행에는 황릉묘 몽유 단락을 삽입하려고 했던 의식이 작용했다고 생각하는 것이다. 그런데 왜 황릉묘 몽유가 온전하게 나타나지 않고 '주유천하'라는 말로 축소되었을까? 그것은 앞에서 살펴보았던 서울 지역 춘향전의 전통과 관련해서 이해해야 할 것 같다. 서울 지역의 춘향전은 춘향의 신분과 태도에 있어서 결코 숭고하고 고귀하게 상승시키려고 하지 않았다. 기생 춘향의 발랄함을 기본 성격으로 설정하고 있었으므로, 춘향의 성격을 이상화하는 데에 기여하는 황릉묘 몽유 화소가 아무리 새로운 유행으로 인기를 끌고 있었다 하더라도 작품 내에 적극적으로 수용하기 어려웠던 것이다.

<경30>이 이렇게 새로운 유행에 민감했음은 작품의 시간적 배경을 설정하는 방식에서도 확인할 수 있다.

화셜 아죠 인됴됴 ᄊᆡ의 젼나도 남원부ᄉᆞ 니등 ᄌᆞ제 니도령의 년광이 십뉵이오 얼골은 관옥이오 풍치난 두목지오 문장은 니ᄐᆡ빅이라. ᄎᆡᆨ방의 잇셔 학업을 힘쓰더니 이 ᄊᆡᄂᆞᆫ 방츈화뉴호시졀이라. 초목군ᄉᆡᆼ지물이 ᄀᆡ유 이ᄌᆞ락ᄒᆞ야 (… 중략 …) 방ᄌᆞ놈이 속여 엿ᄌᆞ오ᄃᆡ "경ᄀᆡ 이러키로 일긔 청명ᄒᆞ면 운뮈 ᄌᆞᄌᆞ지고 죵죵 신션이 나려와 노나이다." 니도령 말이 "아ᄆᆞ도 그럴시 분명ᄒᆞ다." 이 ᄊᆡ 마춤 오월 오일 텬즁지졀이라. 본읍 기ᄉᆡᆼ 츈향이 츄천ᄎᆞ로 의복 단장 치레할 시 (경30 1앞~1뒤)

<경30>에서 이도령과 춘향이 만나게 되는 사건은 '방춘화뉴호시졀'에 춘흥을 이기지 못한 이도령이 광한루로 유람을 나가는 데서 비롯된다. 그런데 춘향이 등장하여 추천하는 장면을 서술하는 부분에 이르러서는 뜬금없이 '이 ᄊᆡ 마춤 오월 오일 텬즁지졀이라'라고 하여 작품의 시간적 배경을 수정하고 있다. 이렇게 작품의 시간 배경을 '봄'이 아닌 '단오'로 수정하는 것은 춘향의 신분, 성격화와 관련해서 이해해야 하는 부분이다. 춘향의 신분이나 성격을 이상화시키려는 의도를 가진 이본에서 춘향의 추천을 합리화하기 위해 고안해 낸 여러 가지 설정 가운데 하나가 작품의 시간 배경을 봄에서 단오로 수정하는 것이었는데, <경30>은 이러한 당시의 유행을 전후 문맥을 고려하지 않고, 실수[34]로 삽입했기 때문에 이러한 현상이 벌어진 것으로 생각된다. 경판 춘향전의 독립 사설이나 삽입 가요를 통해 특징을 포착해 내었던 이문성도 <경30> 이하본들에 새롭게 유행하는 가요 사설이 계속적으로 삽입됨을 언급했는데[35], 이를 통해서도 유행에 민감했던 <경30>의 성격을

34) <경30>의 절대적인 영향권 내에 있는 <경23> 이하본들에서 모두 '천중지절'이라는 표현이 탈락된 것을 보면, 서울 지역의 <춘향전>은 춘향의 신분과 성격을 이상화하려는 의도가 없었음을 재확인할 수 있다.

35) 이문성, 앞의 논문 48~71쪽 참조.

확인할 수 있다.[36)]

<경30>에 나타나는 이러한 변모는 당시 세책 계열을 중심으로 한 서울 지역의 춘향전 전통에 대항하는 도전과 경쟁이 본격적으로 시작되었음을 의미하기도 한다. 전술했다시피 <경35>는 세책 계열 춘향전의 전통을 그대로 이어받되, 장편의 세책 필사본 형태가 아닌 단편의 경판본 형태로 간행함으로써, 책세(대여비) 대신 판매 대금으로 이윤을 추구하고자 했던 이본이다. <경35>와 선후 관계를 분명하게 말할 수 없지만, <경30>도 세책 계열 필사본의 유통 방식에서 벗어나 단편의 경판본에 어울리는 유통 방식을 택하여 간행되었다. 그러나 <경35>처럼 세책 계열의 작품 구조와 화소, 행문을 거의 그대로 받아들이는 방식으로 분량을 축소한 것이 아니라, 당시에 새롭게 유행하던 방식을 적극적으로 수용하여 변모시킴으로써 새로운 상품 가치를 창출했던 것이다. 결과론이기는 하지만, <경30>의 이러한 의도는 적어도 경판본 시장에서는 성공을 거두었던 것 같다. <경35>의 후속 이본은 현재 발견되지 않는 반면, <경30>은 <경23>을 시작으로 <안20>, <경17>, <경16>까지 계속 속간(續刊)되기 때문이다.[37)] 그러나 <경30>의 성

---

36) <경30>에서 보이는 일련의 변모가 구체적으로 어디에서 기인했는지를 판단하는 문제는 쉽지 않다. 파경몽 단락을 중심으로 보면, <완33>(1846년에 간행되었다고 가정할 경우)과 같은 완판 계통의 이본에서 영향을 받지 않았을까 추측할 수 있지만, <경30>이 간행될 당시 서울 지역에 완판본 소설이 영향을 미칠 수 있었는지는 의문이다. 그렇다면 서울 지역에서 공연되고 향유되던 판소리의 사설에서 그 단초를 찾아야하지 않을까 생각되지만 실증적으로 증명하기는 어렵다. 한편 <경30>에서 보이는 변모 양상을 <경30>의 모본 단계에서 발생한 것으로 이해하는 가능성도 상정해 볼 수 있다. 이는 세책계열 이본에서 이러한 변모가 발생했을 가능성인데, 현재 남아있는 이본을 가지고 실증하기 어려운 것은 마찬가지이다. 여기서는 <경30>의 변모의 동인에 대한 다양한 가능성을 제시하는 것으로 만족할 수밖에 없을 것 같다.

37) <경30>의 이러한 성공적 등장을 파경몽과 관련된 순차 단락의 변모로 설명한 이창헌 교수의 논의는 참고할 만하다. 단지 <경30>이 변개하려 했던 대상이 <경

공이 서울 지역 춘향전 시장을 평정한 것으로 볼 수는 없다. 경판본이라는 염가용 보급 도서의 대척점에는 장편의 세책 계열 필사본들이 20세기 초까지 여전히 성업되고 있었다.[38] 결국 서울의 춘향전 시장은 이 두 계열의 경쟁 관계 속에서 발전하다가 전국적인 범위의 활자본 소설의 시대를 맞이하게 되고, 최남선에 의해 세책 계열 필사본이 <고본춘향전>으로 활자화됨에 따라 궁극적으로는 <경30>류의 단편 춘향전보다는 세책 계열의 장편 춘향전이 살아 남게 된 것으로 이해할 수 있다.[39]

이상 <경35>와 <경30>을 중심으로 경판본 춘향전의 흐름을 살펴보았다. <경35>는 세책 계열의 필사본을 대상으로 모본의 구조(서사 단락)나 화소, 행문까지를 충실하게 수용하면서 축소하는 방식으로 생성되었으며, <경30>은 세책 계열 필사본을 모본으로 축소했다는 측면에서는 <경35>와 마찬가지이지만, 당시의 유행을 받아들여 구조나 화소, 행문을 적극적으로 변개하면서 생성된 이본으로 생각된다. 최근에 논란이 되었던 이 두 이본의 선후 관계에 대해서는 텍스트에 나타난 행문이나 서지학적, 문헌학적 측면을 통해 볼 때 그 선후 관계를 명확하게 판단할 수 없다. 따라서 이들의 선후 관계에 대해 무리하게 추정하는 것보다, 경판본 춘향전, 더 범위를 넓혀서 서울 지역의 춘향전에 두 줄기의 흐름이 존재했다는 사실을 인식하는 것이

35>가 아니라 세책 계열 필사본이었을 가능성에 대해서도 염두에 두어야 할 것 같다. 이창헌, 「경판 방각소설 춘향전의 순차단락 고착화 양상 연구」, 『고소설연구』 15, 한국고소설학회, 2003.6. 참조.

38) 세책 고소설에 대한 일반적인 논의는 『세책 고소설 연구』(이윤석 외 편, 혜안, 2003)를 참조할 수 있다.

39) 물론 활자본 춘향전 가운데 가장 성공한 것은 <옥중화>이다. 여기서는 경판 춘향전에 한정해서 논의를 하고 있으므로 <고본춘향전>의 의의를 강조한 것이다. <옥중화>에 대한 논의는 완판본을 다루는 다음장에서 언급된다.

중요하다고 생각한다. <경30>이 추구했던 방향은 서울 지역 춘향전의 전통에 비추어 보았을 때 새로운 흐름이고, <경35>는 기존에 있던 전통적인 흐름의 계승이다. 이 두 흐름이 서로 지속적으로 경쟁하면서 19세기 중・후반기와 20세기 초까지 서울의 춘향전 시장을 이끌어나갔다는 것을 염두에 둘 필요가 있다.

4. 완판본을 둘러 싼 문제

전주 지방에서 간행된 완판본 춘향전은 <완29>[40], <완33>, <완84>와 비교적 최근에 소개된 <완26>(임형택 교수 소장본) 등 모두 4종이 존재한다. 권수제에 따라 <완26>과 <완29>는 '별춘향전'으로, <완33>과 <완84>는 '열녀춘향수절가'로 지칭되기도 한다. 이 가운데 <완26>에는 "戊申季秋完西新刊", <완33>에는 "丙午孟夏完山開刊"이라는 간기(刊記)가 붙어 있다.

완판 춘향전의 연구사를 검토해 볼 때, 논의의 쟁점은 크게 두 가지로 요약될 수 있다. 하나는 그 동안 정설로 받아들여져 왔던 것처럼, 완판 춘향전이 그 분량을 확대시키는 방향으로 변모했는가 하는 문제이며, 다른 하나는 새로 발굴된 <완26>의 성격을 어떻게 이해해야 하는가 하는 문제이다. 김동

40) 완판 29장본은 기존의 연구자에 따라서는 '완판 30장본'으로 지칭되기도 했지만, 작품의 실제 장수에 근거하자면 '완판 29장본'으로 지칭하는 것이 옳다. 현재 <완29>는 박순호 교수 소장본 2종과 한창기 소장본 1종이 전해지고 있다. 박순호 교수 소장본 2종은 권수제가 '별츈향젼이라 극상'으로 되어있는 것과 '별츈향젼이라'로 되어있는 것이 있는데, 전자는 이병기 선생이 소장하고 있던 이본과 동일본으로 추정되며, 후자는 한창기 소장본과 동일본이다.

욱 교수가 최초로 <완29>에서 <완33>이 나오고, 다시 이를 손질하여 <완84>가 출현했다고 주장한 이래로 완판 춘향전이 확대·변모했다는 견해는 이후 별다른 이견 없이 대부분의 연구자들에게 수용되었다. 그런데 <완26>이 본격적으로 학계에 소개되면서 부분적으로나마 기존의 통설에 이견이 제기되기 시작했다. 김종철 교수는 <완26>의 간행 시기를 1908년(戊申)으로 추정하고, 그 초판의 간행 시기는 19세기 중엽으로 추측하였으며, 또한 <완26>과 <완29>를 비교하면서 두 이본이 비슷한 시기에 출현했거나 <완26>이 조금 늦게 출현했을 가능성을 추정하였다. 아울러 <완26>과 <경30>의 상당수 행문이 유사하다는 것이 밝혀짐으로써 <완26>의 성격을 어떻게 규명하느냐의 문제 역시 제기되었다.[41] 이에 김석배 교수도 <완26>과 <완29>의 출현 시기에 대해서 김종철 교수의 의견에 동의하게 되었고[42], 김문희는 김종철 교수의 견해를 심화·확대시켜 <완26>을 <완29>·<완33>계열, <완84>계열과 차별되는 새로운 계열로 분류하였으며, 완판 춘향전의 변이양상을 단순히 분량이 적은 것에서 많은 것으로 이행되었다고만 볼 수는 없다고 주장하였다.[43]

1) 확대 지향 원리에 대한 검토

먼저 기존의 연구에서 어떤 근거로 완판본 춘향전의 확대 지향 원리를 논의했는지 다시 한번 검토해볼 필요가 있다. 김동욱 교수는 <완29>(한창

41) 김종철, 「별춘향전의 복원」, 『아주어문연구』 2, 아주대 국문과, 1995. ; 「완서신간본 별춘향전에 대하여」, 『판소리연구』 7, 판소리학회, 1996.

42) 김석배, 「완판방각본 별춘향전의 성격」, 『한국문학논총』 26, 한국문학회, 2000, 3쪽 참조.

43) 김문희, 「완판 춘향전의 계열과 위상」, 『고소설연구』 10, 한국고소설학회, 2000.

기 소장본)와 <완33>을 새로 발굴하고, 그에 따라 완판 춘향전의 이본 구도를 정립하였는데, <완84>를 가장 후대에 놓고, <완29>에서 <완33>으로 발전한 것으로 보았다. <완84>에서 성참판의 서녀라는 춘향의 신분이 앞선 두 이본과 시기적 경계를 가르는 기점이며, 조잡한 것에서 좀 더 다듬어진 것으로 변모하였으니, <완29>에서 <완33>으로 발전한 것이라 하였다.[44] 이어 류탁일 교수는 <완29>와 <완33>의 동일한 문맥을 비교하여 좀 더 합리성이 있는 단어를 선택한 <완33>이 후대본이라고 했으며, 과거 장면을 비교하여 분량이 적은 <완29>에 있는 내용이 <완33>에는 없으나 <완84>에 있는 것으로 보아 <완29>에서 <완33>으로 전승되는 과정에 생략되었던 것이 <완84>에서 복원된 것이라 하였다. 또한 이도령의 서책풀이 장면을 예로 들어 '직지어지션인이라'라고 『대학』의 대목을 올바르게 인용한 <완29>가 '직츈향인이라'로 된 <완33>이나 '직츈향이로다'로 된 <완84>보다 선행본이므로 <완29> → <완33> → <완84>의 발전으로 보는 게 타당하다고 주장했다.[45] 김석배 교수는 특별한 논증 없이 '숙종대왕 즉위초'로 시작되는 서두단락만을 비교하여, 가장 내용이 소략한 <완29>를 모본으로 좀 더 내용이 부연된 <완33>이 형성되었으며, 다시 <완33>을 모본으로 <완84>가 간행되었다고 하였다[46].

결국 서술의 분량 및 춘향의 신분, 그리고 문맥의 합리성 등을 근거로 완판 춘향전은 지속적으로 확대되었다고 주장했던 것을 알 수 있다. 그러나 과연 이러한 근거들이 완판의 확대지향적 성격을 온전하게 설명할 수 있는지에 대해서 검토해 보는 것이 본 절의 목표이다. 특히 <완29>와 <완33>의

44) 김동욱, 『증보 춘향전연구』, 연세대 출판부, 1976.

45) 류탁일, 『완판방각소설의 문헌학적 연구』, 학문사, 1981.

46) 김석배, 앞의 논문, 177~182쪽.

관계를 중심으로 완판의 확대지향적 원리에 대해서 살펴보고자 한다.

기존의 연구가 완판 춘향전을 선후관계가 분명한 확대 지향 원리로 바라보는 것은 그 이면에 <완84>라는 가장 분량이 많고 내용도 가장 정제된 이본이 확고히 자리하고 있기 때문이라고 할 수 있다. 그래서 <완29>와 <완33>의 관계 역시 <완84>를 기준에 놓고 그것을 지향하는 구도로 설정되어 그 선후관계가 쉽게 판단되었을 가능성도 없지 않다. 따라서 <완84>를 제외시켜 놓고 바라볼 때, 과연 <완29>와 <완33> 사이에 선후관계가 분명한 확대 지향 원리가 작용하고 있는지 재검토해 볼 필요가 있다.

이미 기존 연구에서 밝혀졌듯이 <완29>와 <완33>은 많은 대목에서 단락, 화소뿐만 아니라 행문 차원까지 일치하는 양상을 보인다.[47] 그렇다면 이 두 이본은 어떤 식으로든 매우 친밀한 관계에 있다고 할 수 있으며, 그 관계는 <완29>를 모본으로 <완33>이 확대되었을 가능성, <완33>을 모본으로 <완29>가 축소되었을 가능성, 그리고 이 두 이본에 모두 영향을 미친 공동 모본이 존재했을 가능성 등을 상정해 볼 수 있다.[48] 텍스트의 행문

---

47) 이런 양상에 주목한 김문희는 앞의 논문에서 <완29>와 <완33>을 완판본 내에서 하나의 계열로 묶어야 한다고 주장하기도 하였다.

48) 경우에 따라 이 외에도 몇 가지 가능성이 더 추가될 수도 있다. 우선, 춘향전이라는 작품의 특성상 판소리 춘향가에서 영향을 받았을 가능성도 무시할 수는 없다. 그러나 <완29>와 <완33>이 공유하는 행문의 분량이 상당하기 때문에 구술적인 전승에 따라 동일한 결과가 나타났다고 보기에는 좀 무리가 있다. 그보다는 기록물(기록된 판소리 사설 포함)을 통한 영향 관계를 따져보는 것이 보다 효율적일 수 있다. 다음으로 <완29>와 <완33> 사이의 중간 단계를 상정해 볼 수도 있다. 그러나 현재 남아 있는 이본을 통해서 실증할 수 없기에 부득이 제외할 수밖에 없다. 이와 연관해서 <완40>의 존재 가능성을 고려할 필요가 있다. 알려진 대로 <완29>의 마지막 두 장에는 '三十九', '四十'이라는 장수 표시가 나타난다. 따라서 <완40>이 실제로 존재했으며, 이 <완40>이 <완29>와 <완33>의 생성에 모종의 역할을 했을 가능성이 있다. 그러나 이 또한 실제 텍스트가 남아있지 않기 때문에 실증할 수는 없다.

비교를 통해 이상의 가능성들에 대해 하나하나 따져보기로 한다.

이 문제를 검토할 때, 우선 주목할 수 있는 사항은 <완33>의 몇몇 대목에서 행문상 오류를 보여주고 있다는 점이다. 이는 <완29>와 비교해보면 명확히 드러난다.

<완33> "져 건네 화류간의 알는〃〃ᄒᆞ난 게 무어신지 알건난야?" 방자놈 엿자오ᄃᆡ ㉠ <u>"금싱여수 안이여든 금이 엇지 논다 ᄒᆞ며 옥출곤강 안이여든 옥이 어이 잇스릿가</u>." (3앞)

<완29> "져 건네 화유간의 알은〃〃ᄒᆞᄂᆞᆫ 거이 무엇신지 알것ᄂᆞᆫ야?" ㉡ <u>**방ᄌᆞ놈 엿ᄌᆞ오ᄃᆡ** "과연 분명 모로ᄂᆞᆫ이다." 이도령 일은 말리 "금이야, 옥이야</u>?" **방ᄌᆞ 엿ᄌᆞ오ᄃᆡ** "금싱여슈 안니녀든 금이 어이 온다 ᄒᆞ며 옥츌곤강 안이어든 옥이 어이 잇ᄉᆞ릿가." (3뒤~4앞)

<완33> 이 ᄯᆡ에 도련임을 차즈니 방자놈 급피 나와 도련임젼 문안후의 "여보 도련임 사ᄯᅩ게옵셔 ᄉᆞ종 낫소." 도련임 놀ᄂᆡ여 "여봐라, 츈향아. ᄂᆡ 잠간 단여오마." 정신 업시 드러가 ᄉᆞᄯᅩ젼의 문안ᄒᆞ니 (… 중략 …) 도련님이 두 말도 못ᄒᆞ고 츈향ᄒᆞᆫᄐᆡ 이별ᄎᆞ로 나오면셔 ᄉᆡᆼ각ᄒᆞ되 다려갈 길 바이 업셔 츈향의 집 드러가 안지며 우름을 정신업시 울거늘 이ᄯᆡ 츈향이 도련임 치우랴고 금낭의 수 놋타가 놀ᄂᆡ여 물으니 아모말도 못ᄒᆞ거날 츈향이 도련임 거동보고 "어인 일잇가? ㉢ <u>이러한 경사의 과도이 실어마압소셔</u>." 위로하니 도련임 ᄒᆞ난 말리 "ᄂᆡ 경사를 놀ᄂᆡ미 안이라, 그러ᄒᆞᆫ 일이 잇도다." ᄒᆞ니 츈향이 ᄃᆡ왈 "무삼 일이 잇난잇가?" 이도령 탄식 왈 "너를 두고 갈 터이니 그러한 연고로다." 츈향이 〃 말 듯고 안ᄉᆡᆨ을 졸변ᄒᆞ야 왈 (10뒤~11뒤)

<완29> 닛쩌 방ᄌᆞ놈 급피 와 엿ᄌᆞ오ᄃᆡ "ᄉᆞ도게옵셔 갈니여 계신니다." 급피 고ᄒᆞ거놀 도령님이 〃 말 듯고 깜작 놀나 "이 어인 말가?" 방자놈 다시 엿ᄌᆞ오ᄃᆡ "ᄉᆞ도 션정ᄒᆞᆫ다 ᄒᆞ옵시고 ᄂᆡ즉으로 승ᄎᆞᄒᆞ야다 ᄒᆞ나이다." ᄒᆞᆫᄃᆡ 이도령이 이 말 듯고 깜작 놀나거놀 춘향이 〃도령 거동보고 "이 어인 날니신닛가? ㉣ 이러ᄒᆞᆫ 경ᄉᆞ의 과도히 진녀 마옵소셔." 위로ᄒᆞ니 이 도령 ᄒᆞ난 말이 "ᄂᆡ 너를 두고 갈 터이니 그러ᄒᆞᆫ 연고로다." ᄒᆞᆫᄃᆡ 츈향니 〃 말 듯고 안식을 졸변ᄒᆞ야 왈 (10앞~10뒤)

㉠의 '금싱여수 안이여든 금이 엇지 논다 ᄒᆞ며 옥출곤강 안이여든 옥이 어이 잇스릿가.'라는 방자의 대답이 가능하려면 ㉡의 '금이야 옥이야?'라는 물음이 전제되어야 하므로 <완33>의 ㉠은 <완29>의 ㉡ 정도에 해당하는 행문을 누락시킨 결과라고 할 수 있다. 또한 ㉢에서 춘향은 이도령에게 '이러한 경사의 과도이 실어 마압소셔.'라고 이야기하는데, <완33>의 문맥을 자세히 살펴보면 여기서 춘향이 '경사'라고 말하는 것은 모순이다. <완29>에서는 방자가 춘향, 이도령과 함께 있는 자리에서 'ᄉᆞ도 션정ᄒᆞᆫ다 ᄒᆞ옵시고 ᄂᆡ즉으로 승ᄎᆞᄒᆞ야다 ᄒᆞ나이다.'라고 말했었기 때문에 ㉣의 '이러ᄒᆞᆫ 경ᄉᆞ의 과도히 진녀 마옵소셔.'라는 춘향의 말이 가능하다. 하지만, <완33>에서는 춘향에게 사또의 내직승차에 대한 어떤 정보도 주어지지 않았기에 ㉢에서처럼 춘향이 마치 사또의 내직 승차를 아는 양 '경사'라고 언급하는 것은 분명한 오류이다.

<완33> ㉠의 경우, 저본은 <완29>의 ㉡에서처럼 '방ᄌᆞ놈 엿ᄌᆞ오ᄃᆡ 과연 분명 모로ᄂᆞᆫ이다 이도령 일은 말리 금이야 옥이야 방ᄌᆞ 엿ᄌᆞ오ᄃᆡ 금싱여슈 안니녀든…' 이었는데, '방ᄌᆞ 엿ᄌᆞ오ᄃᆡ'가 앞뒤로 중복되자 착오를 일으킨 것으로 보인다.[49] ㉢의 경우, 저본은 <완29>와 마찬가지로 방자가 춘향이 있는 자리에서 이도령에게 사또의 내직승차를 알리는 것이었을 텐데, 이

별 대목의 초입에 이도령과 사또의 대화와 이도령과 대부인의 대화를 삽입하고도 착각을 일으켜 저본을 그대로 옮긴 결과라 하겠다.

<완29>와 비교하여 나타나는 <완33>의 이러한 오류는 적어도 <완33>의 영향을 받아 <완29>가 생성된 것은 아니라는 사실을 반증한다. 앞에서 든 세 가지 가능성 가운데 <완33>을 모본으로 해서 <완29>가 축소되었을 가능성은 거의 없다는 말이다.

그러면 나머지 두 가지 가능성을 검토하기로 한다. 다음의 인용문은 <완33>과 <완29>의 '사랑가' 대목이다.

> <완33> 구비〃〃 지푼 사랑 셰너가 슈양갓치 청쳐지고 느러진 사랑 화우동산 목단화 갓치 평퍼지고 〃은 사랑 포도 다리 갓치 휘〃친〃 감긴 사랑 영평바ᄃᆡ 그물갓치 얼키고 미친 사랑아 은하직여 직금 갓치 올〃리 일운 사랑 청누미녀 침금 갓치 혼술마닥 감친 사랑 은장 옥장 〃식갓치 모〃이 잠긴 사랑 남창 북창 갓치 다물〃〃 쓰인 사랑 네가 모도 사룽이로구나 어화 둥〃 ᄂᆡ 사랑아 어화 ᄂᆡ 간〃 ᄂᆡ 사랑이로구나 여바라 츈향아 져리 가거라 가는 ᄐᆡ도을 보자 이리 오느라 오는 ᄐᆡ도을 보자 (… 중략 …) 그러면 무어시 되단 말인야 올타 너 죽어 될 것 잇다 너 죽어 희당화가 되고 나는 죽어 나부 되야 나는 네 쏫슈이 물고 너는 ᄂᆡ 수염 물고 츈풍 건듯 불면 너울〃〃 춤을 추고 노라보자 사랑〃〃 ᄂᆡ 간〃 사랑이야 이리 보와도 ᄂᆡ 사랑 저리 보와도 ᄂᆡ 사랑 나 죽어도 너 못 살고 너 죽어도 나 못살제 사랑이 필진ᄒᆞ여도 갈일 마옴 바이 업다 (… 중략 …) 츈향아 우리 두리 업움질이나 좀 ᄒᆞ여보자 ᄋᆡ고 잡성시러워라 업움질을 엇더케 ᄒᆞ잔 말리요 너와 나와 활신 벗고 등도 ᄃᆡ고 비도 ᄃᆡ면 마시 한쏫 나제야

---

49) 이와 비슷한 예는 변부사와 신연 이방 사이의 대화(<완33> 13뒤, <완29> 12뒤~13앞)에서도 발견된다.

나는 붓그려워 못 벗것소 에라 이 게집아 안될 말리로다 어셔 버셔라 〃〃〃〃〃 만첩청산 늘근 범이 살진 암키 무러다 노코 이는 색져 먹던 못ᄒᆞ고 흐르렁〃〃〃 어루난 듯 북히상의 황용이 여의주를 물고 치운간의 넘노난 듯 도련임 급ᄒᆞᆫ 마음 와락 달여들어 츈향의 가는 허리을 후리쳐 안고(… 중략 …) 탈 승짜 노릭 드러보소 타고 노자〃〃〃〃 헌원씨 시용 간과ᄒᆞ야 능작티 뭇지르고 탁녹야 사로잡어 지남거 빗겨 타고 남원천 구경 ᄒᆞᆯ 제 이적션 고릭타고 안기싱 나고 타고 일모장강 어옹더런 일엽션 도〃 타고 만경창파 어긔야 어긔양 ᄒᆞ며 써나간다 나는 탈 것 바이 업서 츈향 빅 자바 타고 탈 승 쪼로만 둥〃 노라보자 밤나지로 세월 가는 줄 모로고 이 지경으로 노라노니 형용이 원젼ᄒᆞ리 홍진비릭는 고진감닉로다 (8앞~10뒤)

<완29> 구뷔〃〃 집픈 ᄉᆞ롱 ○시너가 슈양 갓치 ○척 처지고 느러진 ᄉᆞ롱 ◐황우동산 목단화 갓치 ○펑퍼지고 고〃 ᄉᆞ롱 ○포도 다릭 너칠 갓치 휘〃친〃 감긴 ᄉᆞ롱 ◐영평바다 그물 갓치 ◐얼키고 밋친 ᄉᆞ롱 ◐은 하즉녀 직금 갓치 ◐올〃이 〃은 ᄉᆞ롱 ◐청누미녀 침금 갓치 혼솔마당 감천 ᄉᆞ롱 ◐은장 옥장 〃식 갓치 모〃니 잠긴 ᄉᆞ롱 ◐놈창 북창 노젹 갓치 담물〃〃 싸닌 ᄉᆞ롱 ◐이 닉 눈의 다든 ᄉᆞ롱 ◐이 닉 몸의 다천 ᄉᆞ롱 ◐너는 죽어 쏫치 되고 ◐나는 죽어 나부되야 ◐삼츈니 다 진토록 써나지 마ᄌᆞ ᄒᆞ고 ◐만엽청산 늘근 범니 살진 암기 물어녹코 ◐홍치며 논닐 젹의 ◐츈종츈유알젼야 ◐청누의 혼침ᄒᆞ야 쥬야을 분별치 못ᄒᆞ던니 닛 씩 ◐호ᄉᆞ의 다마라 ◐조물니 싀긔로다 인간의 일니 ᄒᆞ고 조믈이 시긔ᄒᆞ야 ᄋᆡ달손 이별이야 (9뒤~10앞)

<완29>의 사랑가는 <완33>의 그것에 비해 분량에 있어서 1/10 정도밖에 되지 않는다. 그래서 통상적으로 분량이 적은 <완29>의 사랑가에 다른

사랑가의 더늠이 더해져서 <완33>의 사랑가가 이루어진 것으로 파악되어 왔다.[50] 위의 <완33>에 밑줄 친 부분은 <완29>의 사랑가와 문맥이 유사한 부분들이다. 그런데 실제 두 이본의 사랑가를 비교해보면 <완29>의 사랑가가 부연과 첨가 등의 확장을 통하여 <완33>의 사랑가로 변모되었다고 보기는 어렵다. 차라리 <완33>을 축소하여 <완29>의 사랑가가 성립되었다고 보는 게 더 타당해 보인다. <완29>의 '만엽청산 늘근 범니 살진 암ᄀᆡ 물어녹코'에서 <완33>의 '만첩청산 늘근 범이 살진 암ᄏᆡ 무러다 노코 이는 ᄉᆡᆫ져 먹던 못ᄒᆞ고 흐르렁〃〃〃 어루난 듯 북ᄒᆡ상의 황용이 여의주를 물고 ᄎᆡ운간의 넘노난 듯'으로 부연되었다기보다는 역으로 기존에 있던 관용적인 사랑가 어구를 <완29>에서 축소했다고 보는 것이 합리적이기 때문이다.

이러한 양상은 춘향이 매를 맞다 부르는 '십장가'의 경우에서도 마찬가지이다.

<완33> ᄀᆡᄀᆡ이 고찰ᄒᆞ는 게 십장가가 되야곤나 일부종사ᄒᆞ올 년이 일심으로 구더쓰니 일역으로 ᄒᆞ오릿가 ◐두치 낫슬 딱 부치니 불경이부이 ᄂᆡ 심사 이 ᄆᆡ 맛고 죽인ᄃᆡ도 이도령은 못 잇것소 ◐세치 낫슬 딱 부치니 삼종지도 지즁ᄒᆞᆫ 법 삼강오륜 알어쓰니 삼치형문 정비ᄒᆞ어도 분부시힝 못ᄒᆞ것소 ◐네치 낫을 딱 부치니 사ᄃᆡ부 사또님은 사긔ᄉᆞ를 모로시오 ᄉᆞ지를 갈너ᄂᆡ여 ᄉᆞᄃᆡ문의 회시ᄒᆞ여도 사부 집 도령임은 못 잇것소 ◐다섯치 낫 딱 부치니 오ᄆᆡ불망 우리 사랑 오날이나 소식올가 ᄂᆡ일이나 기별올가 ◐여섯 일곱 딱 부치니 육시ᄒᆞ야 쓸 ᄃᆡ 잇소 칠척검 드난 칼노 동〃 장글르제 형장으로 칠 것 잇소 ◐야달치 낫 딱 부치니 팔도방ᄇᆡᆨ 수령임네 치민ᄒᆞ러 ᄂᆡ려왓제 학정ᄒᆞ러 ᄂᆡ려왓소 ◐아홉치 낫 딱 부치니 구곡간장 흐르난

50) 김문희, 앞의 논문, 82쪽.

눈물 구천의 사못 ᄎᆞ니 주긴ᄃᆡ도 씰ᄃᆡ업소 ◐열치 낫 딱 부치니 십실부로 도 츙여리 잇삽거든 고금 허다 창기 즁의 열녀 ᄒᆞᆫ나 업스릿가 ◐열 치고 짐작ᄒᆞᆯ가 ◐열다섯 딱 부치니 십오야 발근 달은 쎼구름의 뭇쳐난 듯 ◐시물 치고 짐작ᄒᆞᆯ가 ◐시물다섯 딱 부치니 이심오현 탄야월의 불승쳥원ᄀᆡᆨ비러라 ◐삼십도의 밍장ᄒᆞ니 옥갓탄 두 다리여셔 유수 갓치 나ᄂᆞᆫ 피난 두 다리여 어리연네 (17앞~17뒤)

<완29> 한나 치고 짐작ᄒᆞᆯ가 둘 치고 짐작ᄒᆞᆯ가 이부죵ᄉᆞ 뜻지 업쇼 셋 넷슬 딱 부친니 ᄉᆞ지을 갈너니여 ᄉᆞᄃᆡ문의 회시ᄒᆞ여도 분부시힝 못ᄒᆞ겻쇼 다셧 여셧 일곱치 낫슬 딱 부치니 칠거지악 안니어든 니 형벌니 어닌 일니요 열 치고 ᄒᆡ박ᄒᆞᆯ가 삼십도을 밍중ᄒᆞ아 ᄎᆡᆨ가엄슈 영니 난니 (17뒤)

<완29>에 나타난 십장가보다 <완33>의 십장가는 그 분량에 있어서 확대되어 있다. 하지만 그렇다고 해서 <완29>의 십장가가 선행 단계에 있으며 <완33>의 십장가가 <완29>의 것보다 성장한 형태의 모습이라고 단정할 수는 없다. 십장가는 '농가월령가'나 '장타령'과 같은 숫자 노래이다. 십장가라는 숫자 노래의 성격상 그 원형은 각각의 숫자에 대응되는 사설이 빠짐없이 나열되었을 가능성이 오히려 높다. <완29>에서 '셋 넷', '다섯 여섯 일곱'을 함께 덧붙인 것은 십장가의 초기 형태를 보여주는 것이라고 하기 어렵다. 춘향이 매를 맞으면서 십장가를 부른다는 상황 자체에 대한 비합리성을 인식한 결과로 행문을 축소했거나, 경제성을 고려하여 판본을 절략하는 차원에서 저본에 있던 십장가를 축소했다고 보는 것이 더 타당하다.

결국 사랑가와 십장가를 놓고 비교해 볼 경우, <완33>의 사랑가와 십장가가 확장된 양상을 보이고 있다기보다는 오히려 <완29>의 사랑가와 십장가가 오히려 축소된 양상을 보이고 있음을 알 수 있다. 따라서 남은 두 가지

가능성 가운데 <완29>를 모본으로 해서 <완33>이 확대되었을 가능성은 희박해지게 된다. 그렇다면 남는 가능성, 즉 두 이본의 공동 모본이 존재했었고 이 모본에서부터 <완29>와 <완33>이 각각 파생되었다고 보는 것이 텍스트만을 통해 볼 때 가장 합리적이다.

<완29>가 <완33>에 직접적인 영향을 미치지 않았고, <완33> 역시 <완29>에 직접적인 영향을 미치지 않았으며, 두 이본 공동의 저본이 존재했다면, <완29>와 <완33>의 선후관계는 기존에 인식했던 것처럼 결코 명확하다고 단언할 수 없다. 같은 저본을 바탕으로 <완29>가 먼저 생성되고 <완33>이 나중에 생성되었다고 할 수도 있으나, 그 역으로 <완33>이 먼저 생성되고 <완29>가 나중에 생성되었다고 할 수도 있기 때문이다. <완26>과 <완84>는 우선 제외시켜 놓고 볼지라도, 최소한 <완29>와 <완33>의 선후관계가 불분명한 이상, 선후관계에 있어서 확장 지향적 원리를 보이는 큰 구도로 완판 춘향전을 파악하는 것은 재고의 여지가 있다.

<완33>과 <완84>의 관계에서도 텍스트의 행문만으로 그 선후 관계를 파악하기 쉽지 않은 것은 마찬가지이다. 더구나 이 두 이본 사이에는 행문 차원에서의 친연성이 <완29>-<완33>의 경우보다 상대적으로 낮기 때문에 행문을 일일이 비교하는 작업이 효과적이지 못하다. 따라서 <완33>이 확대되어 <완84>으로 발전했다는 주장을 편 기존의 논자 가운데 가장 논거가 풍부하다고 판단되는 류탁일 교수의 논거를 따져보는 것에서부터 실마리를 풀어나가고자 한다.

류탁일 교수는 세 가지 근거를 통해 완판 춘향전이 분량을 확대하는 방향으로 변모했다고 주장하였다. 첫째는 <완29>와 <완33>의 관계에 있어서 <완29>에 단어의 의미가 불분명한 부분이 <완33>에는 보다 분명하게 표기되어 있으므로 <완29>에서 <완33>이 파생되었다고 하였다. 둘째는 <

<완33>에는 탈락되어 있지만 <완29>와 <완84>에 공통적으로 나타나는 행문이 있으니 <완29>, <완33>, <완84>는 어떤 식으로든 직접적인 관계를 맺고 있다고 했다. 셋째는 이도령이 서책풀이하는 장면을 예를 들어 『대학』의 첫 대목("大學之道, 在明明德, 在親民, 在止於至善")을 인용하는 데 있어서 <완29>는 "ᄃᆡ학지도난 ᄌᆡ명명덕ᄒᆞ며 ᄌᆡ친민ᄒᆞ며 ᄌᆡ지어지션이라"고 정확하게 인용하고 있는 반면에 <완33>과 <완84>는 각각 "ᄃᆡ학지도난 ᄌᆡ명명덕ᄒᆞ며 ᄌᆡ신민ᄒᆞ며 ᄌᆡ춘향인이라", "ᄃᆡ학지도난 ᄌᆡ명명덕ᄒᆞ며 ᄌᆡ신민하며 ᄌᆡ춘향이로다"라고 부정확하게 인용하고 있으므로 <완29>가 <완33>이나 <완84>에 선행한다고 하였다. 따라서 결과적으로 이 세 이본은 <완29> → <완33> → <완84>의 관계를 보인다고 결론지었다.

그러나 앞서 살펴보았듯이 <완29>와 <완33>은 서로 직접적인 모본 관계에 있다고 보기에는 어느 정도 문제점이 있었고, 그 가운데에는 <완33>의 오류도 포함되어 있었으므로, 일부 어휘가 분명하고 합리적인 방향으로 변모되는 현상으로 선후 관계를 규정짓는 것은 적합하지 못하다. 더구나 『대학』의 구절을 올바르지 않게 인용한 <완33>이나 <완84>가 후행했다는 주장은 춘향 생각에 빠져있는 이도령의 내면을 강조하기 위해 후대에 변형된 표현이라고 생각할 소지가 없는 것은 아니지만, 이런 판단이 언제나 옳은 것은 아니다. 예를 들어 <완33>과 <완84>의 천자뒤풀이 대목에서는 반대로 <완33>에만 '춘향'이라는 표현이 곳곳에 나타나기 때문이다.[51)]

류탁일 교수 이외의 논자들의 논거는 <완29>, <완33>, <완84>의 동일 대목을 비교하면서 <완29>보다는 <완33>이, <완33>보다는 <완84>가 부연되어 있으므로, 완판 춘향전은 확대 지향적인 방향으로 변모해

---

51) "천자를 드려라 ᄒᆞᆫ날 천 짜 지 가믈 현 츈향이 누루 황 집 우 집 주 너불 홍 츈향아 거칠 황 방자 엿자오ᄃᆡ 천자가 도련임게 당치 안소" (완33 5앞)

나갔다는 것인데, 이러한 논리는 인용·비교하는 부분에 따라 충분히 다른 결론에 도달할 수 있으며, 부연되는 방향에 따라 선후 관계가 규정된다는 것을 증명할 수 없기 때문에 미리 선후 관계에 대한 선험적인 결론을 내린 상태에서 논지를 끼워맞췄다는 의혹을 피하기 힘들어 보인다.

결국 텍스트의 행문만으로는 완판본 사이의 선후 관계를 명확하게 파악하기가 곤란하다고 판단된다. 여기서 텍스트의 행문 차원이 아니라 춘향의 신분 문제로 <완84>의 후행을 설명했던 김동욱 교수의 논의를 참고할 필요가 있다.

춘향의 출생담은 퇴기 월매에 대한 소개로 시작하여 기자 사설과 태몽 사설에 이어 춘향이 탄생하는 것으로 되어있다. 그 과정에서 춘향의 신분이 기생이 아닌 성참판의 딸로 제시되고 월매의 태몽을 통해 춘향이 적강한 선녀로 설정되고 있다. <완33>에 나타난 춘향의 신분이 기생인데 비하여 <남창 춘향가>나 <완84>에서 성천총·성참판의 서녀로 신분이 상승된 것으로 보아 <완33>이 <완84>보다 후대본이라는 근거가 되었던 것이다.[52] 춘향의 신분이 기생으로 설정된 초기작 <만화본 춘향가>로부터 춘향의 신분이 양반의 서녀로 되어있는 후대의 창본까지 춘향의 신분이 후대로 갈수록 상승되는 변모의 경향성에 대해서는 충분히 공감할 수 있지만, 그것만으로 어떤 개별 이본의 선후 관계를 결정적으로 확정하는 근거가 될 수는 없다. 앞 장의 경판 춘향전 항목에서도 언급한 바 있지만, 춘향전 내부에서 새로운 흐름이 형성되었다고 해서 기존의 흐름이 단절되는 것이 아니라 두 흐름이 서로 경쟁하는 일정한 시기를 유지하는 것이 일반적이다. 따라서 춘향의 신분 문제에 있어서도 기존의 기생 춘향으로 형상화된 춘향전에 대해서

52) 김동욱, 앞의 책, 450쪽.

새로운 흐름으로 신분이 상승된 춘향전이 파생되었다고 해서 기생 춘향으로 형상화된 춘향전의 전승이 끊기거나 모두 자취를 감춰버리는 것은 아니기 때문이다.

이상으로 <완29>, <완33>, <완84>의 선후 관계를 텍스트의 행문을 중심으로 살펴보았다. 지금까지 별다른 반론없이 정설로 받아들여져 왔던 완판 춘향전의 확대 지향의 원리가 적어도 실제 텍스트를 통해서는 증명하기 힘들다는 사실을 알 수 있었다.[53)]

2) 완판 26장본의 면모와 완판 춘향전의 흐름

<완26>은 류탁일 교수가 소장하고 있던 『통감』 뒤에 이면지로 제20장 앞면이 붙어있다는 사실을 설성경 교수가 처음 소개하였고[54)], 이후 김종철 교수가 임형택 교수 소장본의 전모를 공개함으로써 그 실체가 알려지게 된

---

53) 텍스트 외적인 요소를 통해서 확대 지향 원리를 설명한 경우도 있기는 하다. 김석배 교수는 류탁일 교수가 지적했던 완판방각소설의 출판문화적 배경, 사회경제적 배경과 더불어 판소리에 친숙한 전라도 독자들의 기대지평을 충족시키기 위한 상업적 논리 등을 근거로 완판본이 확대되었다는 주장을 했다.(「춘향전 이본의 생성과 변모 양상 연구」, 217~218쪽 참조) 그러나 방각본이 상업적 출판이라는 점을 염두에 둔다면 분량이 확대되는 것보다 축소되는 것이 일반적인 양태일 것이며, 서울이 아닌 전라도라는 특수한 지역성이 그러한 일반적인 경향을 역행할 만한 구체적인 근거가 되는지에 대한 발전적인 고찰이 필요하다. 한편, 설성경 교수와 김종철 교수는 <완29>에서 <완33>으로의 변모를 판소리와 연관시켜 이해하고 있어 참고할 만하다. 설성경 교수는 판소리 사설의 발전적 변이가 <완29>에서 <완33>으로 변모되는 데에 반영된 것이라고 하였고,(『춘향전의 통시적 연구』, 186쪽 참조) 김종철 교수는 판소리 사설의 변모가 아니라 사설의 수용 태도에 따라 <완29>와 <완33> 같은 양태가 나타났다고 하였다.(「별춘향전의 복원」, 101~102쪽 참조) 판소리 사설과 관련해서 완판본의 확대 지향 원리를 설명한 논의는, 현재 우리가 유추할 수 있는 19세기 중반 이전의 춘향가 사설이 남아있지 않기 때문에 그 진위 여부를 명확히 따질 수가 없다.

54) 설성경, 『춘향전의 통시적 연구』, 서광학술자료사, 1994, 181쪽.

이본이다.[55)]

설성경 교수는 20장 앞면의 낱장본만을 토대로 이 이본이 <완29>에 비해 내용·표현이 간략하므로 선행본이라고 추측하였다. 김종철 교수는 <완26>이 <완29>와 마찬가지로 절략본(節略本)으로서의 성격을 가지고 있으며, 인물 형상, 체제, 사설, 삽화, 서술순서 등을 비교해 볼 때 <완29>와는 동일계통이 아니라고 하였다. 또한 <완26>의 간기인 '戊申'을 1908년으로 추정하고, 보각이 이루어지기 전인 초판의 간행 시기는 19세기 중엽 정도로 추측하였으며, <완26>과 <완29>가 비슷한 시기에 출현했거나 <완26>이 조금 늦게 출현했을 가능성을 추정하였다. 아울러 이 이본과 <경30>의 친연성을 통해 어떤 형태로든 완판본과 경판본이 관련이 있다는 것을 언급하였다.

김석배 교수는 <완26>의 발생 시기에 대해서는 김종철 교수의 견해를 따랐고, <완26>이 생산비를 절감하기 위해서 축약된 이본임을 밝혔다. 또 이 이본이 '별춘향전'이라는 제명을 갖게 된 것은 경판본이 호남에 진출하자 새로운 춘향전임을 부각시키기 위해서라고 하면서, 그 경쟁관계에 있던 경판본을 <경35>와 <경30>으로 지목하기도 하였다.[56)] 김문희는 서사단락과 장면구성, 주요인물의 형상화를 비교하여 <완26>이 완판본 안에서도 새로운 계열이며, 나머지 완판본과는 다른 저본을 대상으로 판각되었다고 하였다. 그리고 <완26>은 춘향가적인 속성보다는 쉽게 유통되고 읽을 수 있는 춘향전적인 성격이 강하며, <경30>과의 친연성을 놓고 가정해 볼 때, 두 이본이 부분적으로 같은 저본을 바탕으로 판각되었을 가능성이 있다고 주장

---

55) 김종철, 「완서신간본 별춘향전에 대하여」, 『판소리연구』 7, 판소리학회, 1996.

56) 김석배, 앞의 논문, 1~18쪽.

했다.[57]

이상의 기존 논의를 살펴볼 때, 그 논점은 세 가지로 정리할 수 있다. 첫째는 <완26>과 다른 완판 춘향전의 발생 시기에 관한 사항이고, 둘째는 완판 춘향전에서 <완26>이 차지하는 계통과 위상에 대한 사항이며, 셋째는 <완26>과 <경30>의 친연성과 관련된 교섭 양상에 대한 문제이다.[58]

<완26>이 발굴됨으로써 활발하게 진행된 논의 가운데 하나가 완판 춘향전의 간행 시기와 관련된 선후 관계 문제였다. 경판 춘향전과는 달리 완판 춘향전에는 간기(刊記)가 붙어 있는 이본이 있는데, <완26>은 '戊申'에, <완33>은 '丙午'에 간행된 것으로 표시되어 있다. 완판 춘향전의 간행 시기와 관련된 논의는 이 간기를 해석하는 시각과 류탁일 교수의 업적인 글자체에 따른 연대 추정을 기반으로 진행되어 왔다.

일단 기준이 되는 <완33>의 '丙午'에 대한 해석은 김동욱 교수가 1846년으로 추정한 이후 류탁일 교수에 의하여 1906년으로 이해해야 한다는 반론이 있었다. 김동욱 교수는 <완33>이 갑오경장 이후에 출현한 <완84>에 선행한다는 논리를 바탕으로 '丙午'를 1846년이라고 추정한 것이며, 류탁일 교수는 간기(刊記)가 남아있는 완판방각소설의 간행 연대를 글자체에 주목하여 통계적으로 정리한 후 <완33>은 글자체가 해서체로 되어 있으므로 1906년에 간행된 것으로 봐야한다고 주장하였다. 이 두 연구자는 모두 완판 춘향전이 분량을 확대하는 방향으로 변모한다고 했으므로, <완29>, <완84>는 <완33>을 중심으로 전후에 위치한다고 인식하였다. 김동욱 교수는 <완29>가 1840년~1850년에 간행되었고, 이후에 보판(補板)

57) 김문희, 앞의 논문, 76~112쪽.

58) 세 번째 논점에 대해서는 다음 장에서 언급하기로 한다.

되었으며, <완84>는 갑오경장을 전후한 시기에 간행되었다고 하였다. 한편 류탁일 교수는 <완29>의 글자체(행서와 해서의 혼용)와 완판방각본의 간행 추이에 따라 1850년~1890년에 간행되었다고 보았고, <완84>는 <완33>보다 후행하므로 1906년 이후에 간행되었을 것이라고 추정하였다. 이후 설성경 교수는 대체로 김동욱 교수의 의견을 따라 완판 춘향전의 간행 연대를 추정하였다.

그러다가 <완26>이 발굴되었다. <완26>에는 '戊申'이라는 간기가 나타나는데, 기존의 통설에 따라 <완26>이 <완29>에 선행한다고 판단하면, '戊申'은 1788년 또는 1848년으로 인식해야 한다. 그런데 김종철 교수는 <완26>의 '戊申'을 1908년으로 추정했다. 이는 류탁일 교수의 방식인 글자체에 주목한 결과로 보이는데, 행서와 해서가 혼용되어 있는 <완26>에서 해서체로 되어 있는 마지막 장에 나타나는 '戊申'은 해서체가 사용되기 시작했던 1880년보다 선행할 수 없으므로 불가피하게 1908년으로 추정할 수밖에 없었던 것이다. 그리고 행서체로 되어 있는 장들은 해서체로 보각(補刻)이 이루어지기 전 초판본의 상태이며, 그 초판본이 간행된 시기는 19세기 중반이라고 하였다. 19세기 중반이라는 시기 추정도 류탁일 교수가 <완29>의 간행 연대를 1850년~1890년으로 추정한 데에서 기인한 것으로 보이는데, <완26>과 <완29>는 모두 행서와 해서가 혼용되어 있는 데다가 각각의 글자체도 크게 다르지 않으므로, 류탁일 교수의 의견을 준수하되, 비교적 이른 시기인 19세기 중반으로 한정한 것이다.[59]

---

59) 김종철 교수가 1850년~1890년 사이의 시기 중에서 굳이 19세기 중반으로 한정한 것은 춘향의 신분 설정과 관련된 해석 때문이다. <완26>은 <완29>, <완33>과 함께 모두 춘향이 이도령과 이별 후 대비정속한 것으로 설정하고 있는데, 1852년에 필사된 한문본 <광한루악부(廣寒樓樂府)>에는 광한루에서의 만남 이전에 이미 기적에 이름을 올리지 않았으니 <완26> 등은 <광한루악부>보다는 이전 단

간기를 통한 완판 춘향전의 간행 연대를 추정함에 있어서의 핵심은 류탁일 교수의 논거인 글자체에 따른 간행 시기 추정 방법을 준수하느냐의 여부에 있다. 경판 방각소설의 간행 연대를 추정할 때 참고할 만한 텍스트 외적인 요소가 장수, 행수 등의 판식(板式)이었던 것처럼, 완판 방각소설에 있어서도 텍스트 자체의 행문을 제외한 요소 가운데 간기와 글자체 등을 통해서 간행 시기를 유추해 볼 수 있다. 특히 글자체에 의한 연대 추정은, 간기를 통한 연대 추정이 60년 단위로 유동적일 수밖에 없는 약점을 보완해 줄 수 있기 때문에 중요한 요소라고 할 수 있다. 완판 방각소설과 관련된 문헌학적 연구는 류탁일 교수 이후로 참고할 만한 성과가 없기 때문에, 그 논의를 전면적으로 수용하느냐, 수용하지 않느냐의 두 가지 선택밖에 없어 보인다. 특별한 대안을 제시하지 않는 이상, 적어도 부분적으로 적용되어서는 안 된다는 말이다.

그러나 <완26>이 발굴된 이후로 진행된 간행 시기에 대한 연구는 선행 연구를 수용하는 데 있어서 일관된 태도를 보이지 못했다. 위에서 살펴본 대로 김종철 교수는 춘향의 신분을 설정한 양상에 주목하여 <완26>의 초판, <완29>의 초판, 그리고 <완33>이 거의 같은 시기에 간행되었을 것이라고 하고, 구체적으로 19세기 중반으로 그 시기를 한정하였다. 그런데 <완26>과 <완29>의 간행 시기는 행서체라는 글자체까지 염두에 두었던 반면, <완33>에서는 글자체에 의한 연대 추정은 수용하지 않았다. 류탁일 교수의 견해를 따랐으면 <완33>은 1906년에 간행된 것으로 보았어야 했다. 김석배 교수도 <완29>, <완33>, <완84>의 간행 연대는 대체로 김동욱 교수의 의견을 따랐으면서도, <완26> 초판의 간행 연도를 추정함에 있어서는

계로 보아야하지 않겠느냐는 견해이다. 김종철, 앞의 논문, 38~39쪽 참조.

류탁일 교수나 김종철 교수의 의견을 비판 없이 수용하고 있다.

문헌학적인 연구 방법에 의한 결과도 예외적인 현상이 있을 것이므로 언제나 옳을 수는 없다. 그러나 텍스트 자체를 바탕으로 하는 이본 연구에서 봉착하게 되는 문제를 보완적인 의미에서 해결해 주는 경우가 있으므로 주목해야 하는 것이며, 그 결과를 수용할 때에는 자의적으로 해석하면 안 된다. 완판 춘향전의 간행 연대는 결국 완판 춘향전의 흐름을 어떻게 이해하고 있느냐의 문제와 밀접하게 연관되어 있으므로, 보다 폭 넓은 시각을 바탕으로 춘향전이 변모하는 흐름을 이해할 때 온당하게 규정될 수 있을 것이라고 생각한다. 본고에서 이 문제에 대한 구체적인 대안을 제시할 수는 없다. 다만 류탁일 교수의 성과를 전면적으로 수용하여 <완26>, <완29>는 1850~1890년, <완33>은 1906년, <완84>는 1906년 이후에 간행되었을 가능성에 대해서도 충분한 고찰이 필요하다는 것을 지적하는 것으로 완판 춘향전의 간행 연대에 대한 논의를 마무리하고자 한다.

다음으로 <완26>의 계열상의 위상에 대해서 살펴보자.

경판 춘향전 또는 세책 계열 춘향전의 경우와 마찬가지로, 완판 춘향전도 내용상 공유하는 특성을 가지고 있다. 춘향과 이도령의 첫만남이 이루어지는 광한루에서 혼약이 결정되는 것이 아니라 춘향집에서 성사된다는 점, 혼약이 성립되는 데에 역할을 하는 불망기가 나타나지 않는다는 점, 불망기의 역할을 신물 교환 사설이 대체하고 있다는 점[60], 표현면에 있어서 경판이나 세책 계열 춘향전에 비해 덜 골계적이라는 점 등이 완판 춘향전이라는 이름 아래 거론할 수 있는 공통적인 특성으로 볼 수 있다.

<완26>도 나머지 완판 춘향전과 이상의 특성을 공유하면서, 단락, 화소,

---

60) 다만 <완84>에는 신물 교환 사설 대신 월매의 '용꿈'이 그 역할을 한다고 할 수 있다.

행문 차원에서 매우 유사한 부분도 있고, 또 전혀 별개로 인식하게 하는 부분도 있다. 연구자들에 따라 친연성을 부각할 수도 있고, 상이성을 부각할 수도 있는 상태인데, 그 동안은 상이성에 보다 주목하여 논의가 진행되어 온 것 같다. 물론 <완29>-<완33>의 친연성에 비한다면, <완26>-<완29>의 친연성은 좀 덜하다고 판정할 수도 있다. 그러나 그것은 친연성을 보이는 부분의 분량에 따른 판단에 불과하므로 <완26>의 독자성을 규정할 수는 없다. 실제로 권수제 및 몇몇 중요한 단락이나 화소, 행문 차원에서 <완26>과 <완29>만이 공유하는 친연성은 충분히 발견할 수 있다.

<완84> 슉종ᄃᆡ왕 직위초의 셩덕이 너부시사 셩자셩손은 계〃승〃ᄒᆞ사 금고옥족은 요순시절이요 으관문물은 우탕의 버금이라 좌우보필은 쥬셕지신이요 용양호위난 간셩지장이라 죠정의 흐르난 덕화 힝곡의 폐엿시니 ᄉᆞ희 구든 기운이 원근의 어려잇다 츙신은 만조ᄒᆞ고 효자열여가〃지라

<완33> 슉종ᄃᆡ왕 직위초의 셩덕이 너부시사 셩자셩손은 계〃승〃ᄒᆞ사 금고옥족은 요순시절이요 의관문물은 우탕의 버금이라 좌우보필은 쥬셕지신이요 용양호위난 간셩지장이라 죠정의 흐르난 덕화 힝곡의 폐엿시니 ᄉᆞ희 구든 기운이 원근의 어려잇다 츙신은 만조ᄒᆞ고 효자열여가가지라

<완29> 슉종ᄃᆡ왕 즉위쵸의 시화연풍ᄒᆞ고 국ᄐᆡ민안ᄒᆞ야 만물리 번셩ᄒᆞ고 ᄇᆡᆨ셩이 효도ᄒᆞ야 츙신은 만죠정이요 녀념의 녈녀로다

<완26> 슉종ᄃᆡ왕 즉위초 시화연풍ᄒᆞ고 국ᄐᆡ민안ᄒᆞ야 강구동요 젹양노옹졔의 심을 어니 알이 조정의 츙신이요 효ᄌᆞ열여ᄂᆞᆫ 가가지로다

완판 춘향전의 첫 대목이다. 기존의 연구자 가운데 일부는 위의 인용문을

통해 완판 춘향전의 확대 지향 원리를 설명하기도 하였으나, 실상은 <완26>과 <완29>, <완33>과 <완84>의 친연성이 두드러짐을 발견할 수 있는 좋은 예문이다. 또한 위의 인용문에 뒤이어 나오는 이도령 부친을 소개하는 대목은 <완33>과 <완84>가 거의 일치하며, <완26>과 <완29>가 이도령을 소개한 후 봄이라는 시간적 배경을 제시한다면 <완33>과 <완84>는 봄이라는 시간적 배경을 먼저 제시하고 이도령을 소개한다. 방자가 명승지를 소개하는 대목 이전까지는 <완26>과 <완29>의 친연성이 훨씬 강하고, <완33>은 <완84>과 많은 행문에서 일치를 보이고 있다. 김종철 교수나 김문희의 주장대로 <완26>을 완판본 내에서 하나의 독립된 계통으로 나누는 것은 작품의 서두에서부터 난관에 봉착하게 된다.[61]

한편, <완26>과 <완29>는 둘 다 '별춘향전'이라는 제명을 달고 있고, <완33>과 <완84>에는 '열녀춘향수절가'라는 제명이 붙어 있는 것도 결코 우연적인 현상으로 이해해서는 안 된다. 별춘향전의 '별(別)'의 의미에 대한 기존의 고찰[62]들은 '별춘향전'이 염두에 두었던 이본이 '춘향전'인가 아니면 '열녀춘향수절가'인가가 논의의 핵심이었는데, '별(別)열녀춘향수절가'라고 하지 않고 '별춘향전'이라고 제명한 것을 볼 때, '춘향전'을 염두에

61) 서두를 제외하더라도 <완26>과 <완29>가 행문 차원에서 친연성을 보이는 부분은 많다. 대표적으로 변부사가 항거하는 춘향을 호통치면서 형장을 명령하는 장면을 들 수 있다.

62) 일찍이 김동욱 교수는 <완29>의 '별춘향전'이라는 제명에 대하여 원래의 이름은 '춘향전' 내지 '춘향가'였는데 <완33>(열녀춘향수절가)에 독자를 빼앗겨 '별춘향전'으로 보각한 것으로 보았다.(『증보 춘향전연구』, 438~439쪽) 한편 김종철 교수는 <완33>의 간행연대를 1906년으로 받아들인다면, <완29>가 '열녀춘향수절가'를 의식해 제명을 붙였다고 보기는 어렵다면서 춘향전에 대한 독자들의 수요가 늘자 기존의 '춘향전'을 새로 보각출판하면서 '별춘향전'이라는 제명을 달았다고 했다.(「별춘향전의 복원」, 93쪽.) 그리고 김석배 교수는 <경35>과 <경30>이 호남에 진출하자 이와는 다른 춘향전임을 부각시키기 위해 '별춘향전'이라는 이름을 붙인 것이라 주장했다.(「완판본 별춘향전의 성격」, 5쪽.)

두고 제명을 변화시킨 것으로 보는 것이 보다 상식적이지 않을까 생각된다. 다만 별춘향전에 영향을 미친 그 '춘향전'이 어떤 성격의 이본인가의 문제는 쉽게 해결할 수 없다. 전라도 지역의 기존 완판 춘향전의 제명이 '춘향전'이었는지, 아니면 서울 지역의 경판 춘향전의 제명 '춘향전'을 의식해서 '별'자를 첨가한 것인지에 대해서는 보다 폭 넓은 고찰이 요구된다. 그러나 '별'의 의미가 어떤 의도에 의해서 첨가되었든지 간에, 중요한 것은 <완26>과 <완29>는 '별춘향전'이라는 제명을 붙였고, <완33>과 <완84>는 '열녀춘향수절가'라는 명칭을 붙였다는 사실이다. 제명(題名)이 그 작품의 대체적인 성격을 규정할 수 있다는 점[63]에서 완판 춘향전의 권수제는 완판 춘향전의 구도를 어느 정도 보여주고 있다는 것이 필자의 생각이다.

<완26>과 <완29>의 친연성은 서사 단락의 차원에서도 설명이 가능하다. 경판 춘향전을 살펴볼 때도 언급했듯이 춘향전 내에서 서사 단락의 위치가 가장 유동적인 부분은 춘향이 옥중에서 꾸는 파경몽(破鏡夢)과 그에 이어지는 봉사의 해몽 단락이다. 완판 춘향전에 나타나는 파경몽 단락의 위치를 살펴보면, <완33>과 <완84>는 춘향이 하옥 당한 후 옥중에서 자탄하다가 꿈을 꾸는 것으로 나타나고, <완26>과 <완29>는 이도령이 과거에 급제하여 남원으로 내려와 옥중에서 춘향을 만나기 직전에 춘향이 꿈을 꾸는 것으로 서술되어 있다.[64] 또한 <완33>과 <완84>에는 파경몽 바로 앞에 황릉

63) 경판 춘향전의 경우 <경35>는 '춘향전 단'으로, <경30> 이하본들은 '춘향전 권지단'으로 되어 있어서 권수제에 따라 경판 춘향전의 두 흐름을 파악할 수 있다. 이문성은 이러한 현상에 주목하여 경판 춘향전을 '춘향전 단'계와 '춘향전 권지단'계로 구별하여 지칭하기도 하였다. 이문성, 「경판 춘향전 연구」, 고려대 석사학위논문, 1999.8.

64) <완29>의 파경몽 단락의 위치가 좀 특이하기는 하다. <완29>는 이어사의 남원 민정 염탐 이후 남원 산천 단락 바로 다음에 춘향의 파경몽과 봉사 해몽 단락이 위치한다. 파경몽 단락 이후로는 춘향 옛집에서 월매 상봉 단락이 서술되고 이어

묘 몽유가 붙어있는 반면, <완26>과 <완29>에는 황릉묘 몽유가 나타나지 않는다.

<경35>와 <경30>의 관계에서 나타난 바와 같이, 춘향전에서 파경몽 단락의 위치는 춘향전의 흐름과 관계되는 요소이다. 특히 파경몽 단락이 황릉묘 몽유 단락과 결합되었을 경우에는 그 성격이 보다 명확해진다. 춘향의 신분과 행동을 이상화시키려는 의도 가운데 하나로서 형장을 당한 춘향이 옥중에서 자탄하다가 꿈에 황릉묘로 몽유하여 아황·여영 등의 열녀들을 만나고 그들의 위로를 받는다는 설정을 한, 새로운 이본들이 생겨났는데, <완33>과 <완84>는 그러한 새로운 춘향전의 흐름을 잘 반영하고 있는 이본으로 생각된다. 이 황릉묘 몽유 단락이 새롭게 첨가됨으로 해서 춘향전 내의 서사 단락의 순서에 변화가 발생하기 시작한다. 둘 다 춘향이 옥중에서 꾸는 꿈인데, 황릉묘 몽유 단락과 파경몽 단락을 분리시켜 놓을 것인가, 아니면 통합할 것인가에 대한 고민이 그것이다. 황릉묘 몽유 단락은 내용의 특성상 단락의 위치가 옥중 자탄 대목이 아닌 다른 대목으로 이동시키기는 힘들다.[65] 그러나 상대적으로 파경몽 단락은 이어사가 남원의 민정을 염탐하는 대목에서라면 어느 정도 위치를 변화시키더라도 작품의 의미나 미감에 별다른 차이를 가져오지 않는다. 따라서 황릉묘 단락이 새롭게 첨가된 초기에는 이 두 춘향의 꿈이 서로 떨어져 있다가[66] 점차 서로 통합되어 <완33>이나

서 이어사와 춘향의 옥중 상봉 장면이 서술된다. 세책 계열 춘향전이나 <경35>, <완26>과 비교해 볼 때, 파경몽과 해몽 단락이 월매 상봉 단락 앞으로 이행한 것이다. 그럼에도 불구하고 파경몽 단락의 위치를 이도령의 과거 급제 이전과 이후로 크게 나누어볼 때, <완29>는 <완26>과 마찬가지로 과거 급제 이후에 춘향의 파경몽 단락이 서술된다.

65) <이선유창본>처럼 옥중 상봉 직전에 황릉묘 몽유가 서술되는 경우도 있기는 이런 예는 극히 예외적인 현상이다.

66) <남창 춘향가>를 통해 황릉묘 몽유와 파경몽이 분리되어 있었던 흔적을 찾을 수

<완84>에서의 양상으로 변모해 나간 것이 아닌가 생각된다.

파경몽 단락의 위치와 관련해서 볼 때, <완33>, <완84>가 새로운 흐름이라면, <완26>, <완29>는 기존의 전통적인 흐름을 반영하고 있다고 볼 수 있다. 그런데 <완26>과 <완29>가 기존의 춘향전 흐름을 반영하고 있다고 해서 반드시 <완33>이나 <완84>에 비해 선행한다고 생각할 필요는 없다. 개별 이본의 발생 시기는 이본군의 대체적인 흐름에 편승하는 것이 사실이기는 하지만, 기존의 전통적인 흐름과 새로운 흐름이 서로 경쟁하는 시기가 있었음을 염두에 둔다면, 변모의 흐름에 따른 이본의 생성은 결코 단절적이지 않다. 새로운 흐름이 형성되었다고 하더라도 기존의 흐름을 계승한 이본이 경쟁적 의미를 띠고 생성될 수도 있는 것이다. 경쟁의 승부가 짧은 기간 동안에 판가름나지는 않기 때문이다.

완판 춘향전에 있어서 이러한 두 흐름의 경쟁 관계는 구체적으로 <완29>와 <완33>에서 발견할 수 있을 것 같다. 앞서 살펴보았듯이 <완29>와 <완33>은 상당 부분에서 동일한 행문이 나타나기 때문에 어떤 방식으로든 서로 연관성이 높은 이본이다. 그런데 황릉묘 몽유, 파경몽 단락에서 서로 차이를 보인다는 것은 <완33>이 춘향전의 새로운 흐름을 수용하여 <완29>와 같은 기존의 춘향전과 경쟁을 벌였다는 의미로 해석될 수 있다. 이 경쟁의 승부는 <완84>가 간행됨으로써 어느 정도 판가름이 나는 것 같다. 경제적 이윤 획득을 최대의 목적으로 하는 방각본임에도 불구하고 한 권이 아닌 두 권으로, 그것도 분량에 있어서 다른 완판 춘향전의 2~3배에 가까운 이본이 발생되었다는 것은 방각업자들에게 그만큼의 확신이 있었다는 의미

있다. <남창 춘향가>에는 황릉묘 몽유 사설이 천장전 사설로 대체되어 춘향의 형장 이후 춘향의 발화로 나타나고, 파경몽은 이도령의 과거 급제 후 옥중 상봉 직전에 나타난다.

로 받아들일 수밖에 없다. 또한 20세기 초부터 춘향전의 대표적인 작품으로 <완84>를 인식하게 되는 현상이라든지, 활자본 춘향전의 최대 인기상품인 <옥중화>가 다른 완판 춘향전보다 <완84>의 경향과 유사하다는 점[67], 20세기 이후에 기록되거나 정착된 판소리 사설이 <완84>과 친연성이 매우 높다는 사실 등을 통해 볼 때, 완판 춘향전의 두 흐름 가운데 <완33>, <완84>의 새로운 흐름이 보다 성공적인 성과를 거두었음을 알 수 있다.

이상 완판 춘향전을 대상으로 기존 연구에서 제시되었던 몇몇 가지 논점에 대하여 검토해 보았다. 기존에 정설로 받아들여졌던 완판 춘향전의 확대 지향 원리, 즉 완판 춘향전이 분량을 확대하는 방향으로 변모해 나갔는가에 대해서 텍스트 자체의 행문을 통해서는 명확히 밝힐 수 없음을 알 수 있었다. 또한 <완26>은 기존의 시각과 달리 행문, 화소, 단락의 차원에서 <완29>와 상당한 친연성을 가지고 있으므로, 독자적인 계열로 인식하는 데에 문제가 있었고, <완26>, <완29> 등이 춘향전의 기존의 전통적인 흐름을 계승한 이본이라면, <완33>, <완84>는 춘향의 신분과 관련해서 발생한 새로운 흐름을 반영하는 이본이라는 사실을 알 수 있었다. 이러한 완판 춘향전의 두 흐름은 서로 경쟁 관계를 유지하다가 결국 <완84>가 출현함으로 해서 새로운 흐름이 승리하는 결과로 귀착된 것으로 보았다.

---

67) <옥중화>의 연원을 <완84>에서만 찾을 수 있다는 의미는 아니다. 완판 춘향전 가운데는 <완84>와 <옥중화>의 천연성에 가장 높다는 의미이다. 한편, 김현양 교수는 <옥중화>의 연원을 남원고사적 지향과 신재효적 지향이 함께 수용된 <장자백창본>에서 찾을 수 있다고 언급한 바 있다. 김현양, 「옥중화의 계보」, 『동방고전문학연구』 1, 동방고전문학회, 1999. 및 「장자백창본 춘향가의 텍스트적 연원」, 『판소리연구 』10, 판소리학회, 1999. 참조.

5. 경판 춘향전과 완판 춘향전의 교섭과 그 의미

마지막으로 본 장에서 살펴볼 것은 경판 춘향전과 완판 춘향전의 교섭 양상과 그 의미에 대해서이다. 앞 장에서 살펴본 것처럼 경판 춘향전이나 완판 춘향전은 모두 변모의 흐름에 있어서 공유하는 측면이 있다. <경35>, <완26>, <완29> 등이 기존의 전통적인 흐름을 반영하고 있는 이본이라면, <경30>, <완33>, <완84> 등은 새롭게 나타난 변모의 흐름을 반영하고 있는 이본으로 생각할 수 있는 것이다. 따라서 경판과 완판이 각각 독자적인 작품 세계를 어느 정도 유지하고 있었다고 하더라도[68] 거시적인 변모의 흐름과 방향은 마찬가지였던 셈이다.

또한 경판과 완판의 특정 이본에서 구체적인 행문 차원의 교섭 관계를 확인할 수도 있다. <완26>이 학계에 알려지면서 주목을 받았던 것 가운데 하나는 <완26>과 <경30> 사이의 친연성에 대한 문제였다. 그동안 전혀 별개의 발생·발전 과정을 거쳤을 것으로 추측[69]되었던 경판 춘향전과 완판 춘향전의 각 개별 이본에서 행문 차원의 친연성 내지 동일성을 발견할 수 있었던 것이다.[70]

---

68) 경판 춘향전과 완판 춘향전이 각각 독자적인 작품세계를 가지고 있었다고 한 것은 현재 남아있는 경판 춘향전, 완판 춘향전을 토대로 '귀납적'으로 추출한 특징을 말하는 것이다. 이에 대해서는 본고의 147쪽과 174쪽에서 정리한 바 있다. 그러나 독자적인 작품세계라는 것이 귀납적으로 추출된 것이므로 경판 춘향전과 완판 춘향전이 전혀 별개의 발생·발전 과정을 거쳐왔다고 단정할 수는 없다.

69) 김동욱 교수는 춘향전의 전체 이본 구도를 도식화하면서 <완29>가 <경35>에 영향을 주었을 것이라고 하여 경판본과 완판본 사이의 관련성을 추측하기는 하였으나 이에 대해서는 아무런 실증을 하지 않았기 때문에 구체적인 영향 관계에 대해서는 알 수 없다. 김동욱, 『춘향전비교연구』, 26쪽 참조. 그 외에는 <완26>이 소개되기 전에 경판과 완판 사이의 관련성에 대한 연구는 없다고 할 수 있다.

70) <경30>과 <완26>에서 행문상의 친연성을 보이는 부분에 대해서는 김종철, 김석

<경30> "부듸 너 집의 가셔 평안이 쉬고 명일은 ᄉᆞ또 싱일이라 잔치 쯧히 필경 일이 이슬 거시니 칼머리ᄂᆞ 드러달ᄂᆞ." ᄒᆞ거놀 니도령이 "아모리 ᄒᆞ던지 념여 말ᄂᆞ" ᄒᆞ고 츈향 어미를 다리고 가더니 한 모롱이 지나셔며 츈향 어미 ᄒᆞᄂᆞᆫ 말이 "도련님 어듸로 가랴ᄂᆞ뇨?" ᄒᆞ거날 니도령이 어이업셔 ᄃᆡ답ᄒᆞ되 "자네 아모리 구박ᄒᆞ여도 오날밤만 자고 ᄂᆡ일 어듸로 갈 거시니 념여 말ᄂᆞ." ᄒᆞ고 츈향의 집 가셔 밤을 지ᄂᆡ고 잇튼날 평명의 관문 밧긔 왕ᄅᆡᄒᆞ여 탐지ᄒᆞ니 과연 본관의 싱일이 젹실ᄒᆞᆫ지라 (24뒤~25앞)

<완26> "부듸 너 집의 가 평안이 쉬고 명일은 ᄉᆞ또 싱일이라 잔치 쯧히 일이 이슬 거시니 칼머리나 드러쥬쇼" 니도령 ᄒᆞᄂᆞᆫ 말이 "아모리 ᄒᆞ여도 기탄 말ᄂᆞ." ᄒᆞ고 츈향 어미을 다리고 가더니 ᄒᆞᆫ 모통이 지ᄂᆡ셔며 ᄒᆞᄂᆞᆫ 말이 "도령님 어드로 가랴ᄂᆞ뇨?" 니도령이 어이업셔 ᄃᆡ답ᄒᆞ되 "ᄌᆞᄂᆡ ᄋᆞ모리 구박ᄒᆞ여도 오날만 ᄌᆞ고 갈 거시니 염녀 말ᄂᆞ." 츈향의 집 가셔 밤을 지ᄂᆡ고 이튼 평명의 관문 밧긔 왕ᄂᆡᄒᆞ여 탐지ᄒᆞ니 과연 본관의 싱일이라 (23앞)

위의 인용문은 이어사가 옥중에서 춘향을 만나고 돌아오는 장면으로, <경30>과 <완26>에서 행문상의 친연성을 발견할 수 있는 대표적인 부분이다. 극히 일부분의 어휘를 제외하면 두 이본은 완전히 같은 행문을 보이고 있음을 알 수 있다. 이 외에도 <경30>의 마지막에 있는 교훈적인 내용의 후기(後記)가 <완26>에도 그대로 나타나는데, 이를 통해서 <완26>과 관련을 맺고 있는 경판본은, 행문이 대체로 유사한 <경30> 이하본들 중에서 <경

배 교수의 논문에 이미 정리가 되어 있다. 김종철, 「완서신간본 별춘향전에 대하여」, 42~45쪽 및 김석배, 「완판방각본 별춘향전의 성격」, 7~8쪽 참조. 본고에서는 그 가운데 대표적인 예 하나만을 인용하여 친연성의 양상을 보여주기로 한다.

30>임을 확신할 수 있는 것이다.[71]

그러면 이렇게 경판 춘향전과 완판 춘향전에서 나타나는 친연성은 어떻게 이해해야 하는가? 위의 인용문이나 친연성을 보이는 다른 부분을 살펴보면 알 수 있듯이 두 이본 사이의 친연성이 나타나는 부분의 분량은 한두 행 정도가 아니다. 이렇게 상당한 분량에서, 그것도 대체적으로 내용이 유사한 것이 아니라, 행문 차원에서 거의 동일성에 가까운 친연성을 보인다는 것은 두 이본 중 어느 하나가 직·간접적으로 저본의 역할을 했을 가능성이 매우 높다는 것을 의미한다. 여기에는 구전심수(口傳心授)로 전승되는 판소리 또는 판소리 사설을 <경30>과 <완26>이 각각 독립적으로 수용한 것으로 보기는 어렵다는 의미도 포함된다. 그렇다면 여기서 몇 가지 가능성을 상정해 볼 수 있다. <경30>이 <완26>의 모본이 되었을 가능성, 반대로 <완26>이 <경30>의 모본이 되었을 가능성, <경30>, <완26>이 각각 저본으로 삼은, 글로 기록되어 있는 텍스트가 존재했을 가능성 등이 그것이다.[72]

먼저 첫 번째와 두 번째 가능성에 대해서 생각해 보자. <경30>과 <완

---

71) <경23>, <안20>, <경17>, <경16>에는 후기가 나타나지 않는다.

72) 첫 번째와 두 번째 가능성을 상정함에 있어서 유의해야 할 사항이 있다. 우선 두 이본 가운데 어느 하나가 작품의 시작부터 끝까지 전면적으로 다른 이본을 수용했다기보다는 부분적으로 수용해서 판각의 모본으로 삼았을 가능성에 대해서도 고려해야 한다는 것이다. 이미 앞 장에서 살펴본 바와 같이 경판 춘향전과 완판 춘향전은 각각 독자적인 작품 세계를 이루고 있었고, <경30>과 <완26> 사이에 친연성을 보이는 부분이 있다고 해도 이는 전체 분량에 비추어 봤을 때 일부분에 지나지 않는다. 따라서 전면적인 모본 관계를 상정할 수 없음은 지극히 상식적인 판단이다. 그러나 부분적인 차원에서의 모본 관계는 충분히 상정할 수 있다. 또 하나는 <경30>과 <완26> 사이에 중간 단계를 설정할 수도 있다는 것이다. 즉 <경30>을 모본으로 하는 어떤 가상의 이본이 존재했었고, 이를 <완26>이 수용했을 가능성, 그리고 반대로 <완26>을 모본으로 하는 가상의 이본을 <경30>이 수용했을 가능성도 염두에 두어야 한다는 것이다. 이런 양상은 <경30>과 <완26> 사이에 간접적인 모본 관계가 성립되는 것으로 볼 수 있으므로, 첫째와 둘째 가능성에 포함시켜 논의해도 무방할 것 같다.

26>에서 행문상 친연성을 보이는 부분을 살펴보면, <경30>이 상대적으로 확대되어 있는 경우도 있고, <완26>이 확대되어 있는 경우도 있으므로, 행문의 확대 또는 축소 양상에 따라 선후 관계 내지 영향 관계를 추정하기는 곤란하다. 그렇다면 경판과 완판을 다른 시각으로 살펴볼 필요가 있겠다. 기존의 인식 가운데 완판 춘향전은 경판 춘향전보다 판소리와 강한 친연성을 보이고, '판소리→판소리계 소설'이라는 도식이 있으므로 완판이 경판보다는 상대적으로 선행했을 것이라는 암묵적인 추측이 있었던 것이 사실이다. 따라서 김동욱 교수는 <완29>가 <경35>에 영향을 주었을 것이라는 추측을 한 것이며, 설성경 교수도 남원고사 계열이 성립되는 데에 <완33>이나 <고대본> 같은 이본들이 영향을 주었을 것이라고 추정했던 것 같다.[73] 이런 시각으로 보자면, <완26>이 먼저 성립되어 <경30>에 부분적인 영향을 미쳤다고 볼 수도 있다. 그러나 서울 지역의 문화 수준과 그 파급력, 그리고 당시의 사정을 염두에 둔다면, 서울의 춘향전(세책 계열 춘향전이나 경판 춘향전)이 전라도 지역의 춘향전에 영향을 미쳤을 개연성도 충분히 있다고 생각된다. <경30>과 <완26>의 초판본이 성립된 시기를 확증할 수는 없으나 대체로 19세기 중·후반이었을 가능성이 높다. 그런데 시기적으로 명확하게 일치하지는 않지만, 19세기 후반 서울 지역에 어떤 춘향전이 존재했었는지를 추정할 수 있는 몇 가지 단서가 있다.

『한국서지(Bibliographic coreene)』를 저술한 프랑스인 모리스 꾸랑(Maurice Courant, 1865~1935)은 같은 프랑스인 외교관 빅토르 꼴랭 드 쁠랑시(Victor Collin de Plancy, 1853~1922)를 보좌하기 위해 1890년 조선에

73) 김동욱 교수의 견해는 앞에서 언급한 바 있고, 설성경 교수의 견해에 대해서는 『춘향전의 통시적 연구』, 191~203쪽을 참조할 수 있다.

오게 된다. 쁘랑시는 1887~1891년과 1895~1899년에 조선에서 방대한 분량의 책들을 수집하였고[74], 꾸랑 자신도 조선에 머무는 동안(1890~1891년) 직접 저자 거리를 다니면서 책을 수집했는데, 이 책들이 대부분 『한국서지』의 자료가 되었고, 이후 프랑스로 넘어가 파리 동양어학교에 소장되었다. 또 프랑스인 탐험가라고 할 수 있는 샤를 루이 바라(Charles Louis Varat, 1842~1893)도 1888~1889년 조선을 방문했다가 많은 책들을 수집해서 돌아갔는데, 이 책들은 현재 파리 기메박물관에 소장되어 있는 것들이다. 이들이 수집해 간 자료 가운데는 상당히 많은 고소설이 포함되어 있으며, 방각본이 대부분을 차지하고 있다. 그런데 재미있는 것은 『한국서지』에 나타난 조선의 소설, 파리 동양어학교 소장 조선 소설, 기메박물관 소장 조선 소설 가운데는 완판 방각본이 단 한 종도 없다는 사실이다. 방각본은 모두 경판본만이 소개되거나 소장되어 있는 것이다. 꾸랑이나 쁠랑시, 바라 등이 책을 수집한 장소가 서울이었으므로 당연한 사실로 여겨질 수 있지만, 이것은 1880년대~1890년에 서울에서는 완판 방각소설을 찾아보기 어려웠다는 것을 증명하는 것으로 이해할 수도 있다. 꾸랑 등이 굳이 완판 방각본을 제외하고 경판 방각본만을 수집했다고 보기는 어렵기 때문이다. 현재 동양어학교에는 춘향전 <경30>이, 기메박물관에는 <경23>이 소장되어 있다.

서울에서 책을 수집해 간 것은 프랑스인들만이 아니었다. 런던에 있는 대영 도서관(British Library)에도 조선의 소설들이 다수 소장되어 있는데, 프랑스의 경우와 마찬가지로 완판 방각본은 없고 모두 경판 방각본만이 소장되어 있다. 대영 도서관에 소장되어 있는 조선 시대의 책 중 일부분을 1889년

74) 부셰, 「한국학의 선구자 모리스 꾸랑(上)」, 『동방학지』 51, 연세대 국학연구원, 1986, 157쪽.

이전에 구입하였다는 사실을 확인할 수 있는 문서가 보관되어 있는데, 이 문서에 표기된 방각본 소설은 모두 경판본이다.[75] 이 문서에 적혀 있는 책들도 서울에서 수집해 간 것으로 추측되는데, 그렇다면 19세기 후반 서울에서 완판 방각본 소설이 유통되지 않았다는 것을 방증하는 자료로 볼 수 있다.

한편 19세기 후반 외국인들에 의하여 번역된 춘향전을 통해서도 비슷한 양상을 유추할 수 있다. 익히 알려져있다시피 미국 선교사 알렌(Horace Newton Allen, 1858~1932)은 1889년에 'Chun Yang'이란 제목으로 춘향전을 영역(英譯)하였는데, 그 번역의 대본은 <경30>이거나 그 이하본일 것으로 추측된다. 알렌의 번역은 문장 하나하나를 그대로 직역한 것이 아니라 상당 부분 의역하기도 하고, 자신의 시각에 따라 개작하기도 했기 때문에 번역의 저본을 정확히 파악할 수는 없다. 그러나 전체적인 인물 설정이나 서사 단락의 구성 및 순서를 살펴보면 어느 정도 그 대본을 추측할 수 있는데, 파경몽 단락이 춘향의 하옥에 바로 이어져서 나타난다는 점, 황릉묘 몽유 단락이 탈락되어 있다는 점, 그리고 광한루 만남에서 혼약이 성사되고 불망기가 나타난다는 점 등을 통해 볼 때, 다른 어떤 춘향전보다도 <경30>이나 그 이하본들과 유사하다는 사실을 알 수 있다.[76] 알렌은 1884년부터 1905년

75) 필자(전상욱)는 2003년 8월에 대영 도서관을 방문한 적이 있었는데, 그곳의 한국 담당 사서인 Mrs. Beth McKillop의 도움으로 19세기 말 대영 박물관에서 조선의 책을 구입할 때 작성했던 문서를 얻어볼 기회를 가졌다. 그 문서에는 1889년 10월 19일부의 직인이 찍혀 있었고, 판매자는 'K.J. Koehler'로 되어 있으며, 모두 100파운드에 구입했다고 되어 있다. 여기에는 『전운옥편』, 『어정규장전운』 등의 책들과 함께 필사본 <춘추열국지>, <옥환기봉>, 방각본 <삼국지>, <임진록>, <숙영낭자전>, <조웅전>, <임장군전>, <김홍전>, <백학선전>, <홍길동전>, <울지경덕전>, <제마무전>, <장백전>, <삼설기>, <구운몽>, <장풍운전>, <양풍전>, <소대성전>, <금방울전>, <적성의전>, <남정팔난기>, <용문전>, <심청전>, <진대방전>, <흥부전> 등 모두 48종의 서적명이 표기되어 있다.

76) <Chun Yang> 텍스트는 『Korea: The Fact and Fancy』(한국기독교사연구회 영인, 한빛문고, 1983)에 수록된 것을 참조했다.

까지 서울에서 거주했고, 1889년에 <Chun Yang>이 발간되었으므로, 당시의 서울 지역에 있던 춘향전의 양상을 추측하는 데에 도움을 줄 수 있다.

또한 서울이 아닌 지역에서의 사정을 추측케 하는 자료도 있어 주목을 요한다. 알렌의 <Chun Yang>이 나오기 7년 전인 1882년, 일본인 나카라이 도스이(半井桃水)라는 사람에 의해서 최초의 춘향전 번역본인 <鷄林情話 春香伝>이 나오게 되는데, 나카라이는 1860년생으로, 12세에 부산으로 이주하여 생활했고, 이후 다시 일본으로 돌아갔다가 1881년 오사카 아사히 신문의 부산 주재 통신원으로 파견된 인물이다. <鷄林情話 春香伝>은 1882년 6월 25일부터 7월 23일까지 총 20회에 걸쳐『오사카 아사히 신문(大阪朝日新聞)』에 연재했던 일역(日譯) 춘향전이다. 그런데 니시오카 겐지(西岡健治) 교수의 연구에 의하면 <鷄林情話 春香伝>의 대본이 된 작품은 <경30>이라고 한다.[77] 따라서 1880년대 초 부산 지역에서 구할 수 있었던 춘향전 가운데는 <경30>이 있었음을 알 수 있다.

이상의 외국인들과 관련된 기록 및 자료들은 1880년대~1890년대 서울과 부산 지역에서 구할 수 있었던 춘향전이 어떤 것이었는지를 알려 준다. 또한 같은 시기에 완판 춘향전을 서울에서는 찾아보기 힘들었다는 사실도 알 수 있다. 이러한 사실들을 확대하면 완판 춘향전이 경판 춘향전에 영향을 주었다기보다는 반대로 경판 춘향전이 완판 춘향전에 영향을 주었다고 이해하는 것이 보다 합리적이 아닐까라는 추측을 하게 한다. 이런 근거로 필자는 <경30>이 <완26>에 영향을 미쳤을 가능성이 더 높다고 생각한다.[78] 물론 앞

77) <鷄林情話 春香伝>과 관련된 논의는 김신중·김용의·신해진, 「나카라이 도스이 역 鷄林情話 春香伝 연구」, 『일본어문학』 17, 한국일본어문학회, 2003을 참조했다. 니시오카 교수의 연구도 이 논문에서 참조했다.

78) <경30>과 동일한 행문이 나타나는 <완26>의 해당 부분이 대부분 해서체(楷書體)로 되어 있다는 사실도 흥미로운 것이다. 류탁일 교수의 연구를 따라 해서체가

서 언급했던 것처럼 그것은 전면적인 차원이 아니라 부분적인 차원에서의 영향이었을 것이고, 직접적인 저본이 아니라 중간 단계에 <경30>을 저본으로 하는, 가상의 어떤 이본이 개입되어 있었을 수도 있다.

마지막 가능성으로 상정했던 <경30>과 <완26>의 공동 모본에 대한 추정도 사실 마찬가지이다. 전혀 다른 지역에서 간행된 두 이본에 각각 독립적으로 영향을 미칠 수 있었던 이본이라면, 그것은 서울 지역에서 간행되었거나 필사된 것이었을 가능성이 매우 높다. 적어도 전라도 지역의 소설이 서울로 역수입되어 영향을 미쳤을 가능성은 그리 높아 보이지 않는다.

이상으로 <경30>과 <완26> 사이에 나타나는 행문 차원의 친연성을 바탕으로, 경판과 완판의 교섭 및 영향 관계에 대해서 추정을 해 보았다. 경판과 완판의 관계에 대해서는 텍스트 내에서 영향 관계를 추측할 수 있는 단서가 발견되지 않는 이상, 딱히 그 관계를 추정할 만한 근거를 제시하기 힘들어 보인다. 따라서 기존의 연구에서도 그 교섭 가능성보다는 상대적인 독자성을 강조해 온 것이 사실이다. 본고에서는 19세기 말 외국인들의 소설 수집 결과, 번역본 춘향전의 양상 등을 통해서 서울 지역의 춘향전이 지방에 영향을 미쳤을 가능성이 높지 않을까라는 추측을 해 보았다.[79] 적어도 <경30>과 <완26>에서 나타나는 친연성은 이러한 추측으로 설명이 가능하리라 생각된다.

20세기에 들어와서야 나타난다는 것을 부정하는 연구자는 아무도 없다. 그러므로 <완26>의 간기인 '戊申'을 1908년으로 모두 추정하고 있는 것이다. 따라서 <완26>의 보각이 이루어진 시점, 1908년에 <경30>을 참조해서 행문을 변개시켰을 가능성도 생각해 볼 수 있다.

79) 그러나 이상의 논거들은 관계를 확정할 만한 것은 아니며, 방증에 지나지 않는다. 따라서 앞으로 보다 치밀한 이본 연구를 통해 텍스트 내에서의 근거를 보충하는 작업이 뒤따라야 할 것으로 생각된다.

6. 맺음말

지금까지 경판 춘향전과 완판 춘향전을 대상으로, 기존의 이본 연구에서 중요하게 거론되었던 몇 가지 사항들에 대해서 실증적인 시각으로 다시 검토해 보았다. 경판 춘향전에 있어서는 <경35>과 <경30>의 선후 관계를 중심으로 서울 지역 춘향전의 흐름에 대해서 살펴 보았고, 완판 춘향전에 있어서는 <완29>, <완33>, <완84>로의 확대 지향 원리가 타당한가에 대한 실증적 검토와 비교적 최근에 발굴된 <완26>의 이본적 의미와 위치를 바탕으로 완판 춘향전의 흐름을 추정해 보았다.

기존의 연구에서 경판 춘향전은 분량(장수)이 줄어드는 방향으로 변모되었다고 하였고, 완판 춘향전은 분량이 늘어나는 방향으로 변모되었다는 것이 '정설'이었으나, 실제 텍스트의 행문을 비교해 본 결과 이러한 정설을 확신할 만한 근거보다는 반증(反證)으로 인식할 수 있는 근거들이 다수 노출되었다. 따라서 적어도 분량과 관련해서는 경판 춘향전[80]과 완판 춘향전의 변모의 방향에 확신할 만한 법칙이 존재하는 것이 아니라는 것을 알 수 있었다. 따라서 '검증되지 않은 정설'이었던 셈이다. 그렇다고 춘향전의 통시적인 변모가 아무런 방향성 없이 이루어졌던 것 같지는 않다. 필자는 춘향전 변모의 핵심을 춘향의 신분과 관련해서 살펴 보았다. 춘향의 신분에 의거해서 춘향전 변모의 흐름을 파악한 것은 전혀 새로운 고찰이 아니다. 조윤제 선생이나 김동욱 교수 등의 선학들에 의해서 그러한 변모의 방향과 흐름에 대한 기존

80) <경30>에서 <경16>에 이르는 경판본의 변모 과정에 대해서는 이미 설성경 교수와 이창헌 교수의 논의에 힘입어 실증적으로 증명할 수 있는 단계에 이르렀다. 본고에서 문제 삼았던 경판 춘향전의 변모 과정은 <경35>과 <경30>을 대상으로 한 것이다.

의 논의는 오래 전부터 있어 왔다. 다만 '경판계/완판계' 또는 '기생계/비기생계'처럼 전체 춘향전의 거시적인 계통을 파악하는 것뿐만 아니라 각각의 계열 및 계통 내에서도 그러한 변모의 흐름이 이어지고 있었다는 사실을 밝히고자 했던 것이다. 기존의 전통적인 흐름이 기생으로 신분을 설정하여 작품화한 춘향전이라면, 새로운 흐름은 춘향의 신분을 상승시킴으로써 작품 내의 여러 가지 설정을 변화시키면서 탄생한 춘향전이라고 할 수 있다.

경판 춘향전에는 세책(貰册)으로 유통되던 장편의 춘향전에 기초한 전통적인 흐름이 한 줄기 이어지고 있었고, 이에 대항해서 새로운 변화와 유행을 적극적으로 반영한 새로운 흐름이 형성되었다. 전통적인 흐름을 반영하는 것이 <경35>라면, 새로운 흐름을 반영하는 것은 <경30>이라고 할 수 있다. 그러나 <경30>이 서울 지역 춘향전에서 새로운 흐름을 반영하고 있다고 해서 반드시 <경35>에 후행한다고 볼 수는 없다. 왜냐하면 새로운 흐름이 생성되고 상당 기간 동안은 두 흐름이 치열하게 경쟁했을 것이기 때문이다. 경판 춘향전에서 이러한 신·구 흐름의 경쟁 양상을 <경30>과 <경35>에서 찾아볼 수 있다. 이 경쟁은 경판 방각본 내에서는 <경30>의 압도적인 승리로 귀착되었던 것 같다. 그러나 서울 지역에서는 여전히 세책의 형태로 춘향전이 독자들에게 읽히고 있었으므로, 결국 이 두 흐름은 춘향전 시장을 양분했다고 할 수 있겠다.

완판 춘향전에서도 이와 유사한 양상을 찾아 볼 수 있다. <완26>, <완29> 등이 상대적으로 전통적인 흐름을 반영하고 있는 이본이라면, <완33>, <완84>는 새로운 흐름을 반영하고 있는 이본으로 파악할 수 있다. 완판 춘향전에서의 경쟁 양상은 <완29>와 <완33>에서 확인할 수 있으며, 경판본에서와 마찬가지로 완판본에서도 경쟁의 결과는 새로운 흐름의 승리로 귀결되었던 듯하다.

한편 경판 춘향전과 완판 춘향전은 서로 전혀 독자적인 발생・발전 과정을 거쳐온 것이 아니었다. 거시적인 차원에서의 춘향전 변모의 흐름을 공유하고 있었고, 또 일정한 교섭을 주고 받았을 것으로 보이는데, 그 구체적인 양상을 <경30>과 <완26>에서 발견할 수 있었다. 상당히 많은 분량에서 행문 차원의 친연성을 보이는 이 두 이본을 대상으로 그 영향 관계를 추적해 보았는데, 19세기 후반의 춘향전 존재 양상을 추측할 수 있는 몇 가지 기록을 통하여 서울의 춘향전이 지방에 영향을 미쳤을 가능성이 상대적으로 높다는 사실을 알 수 있었고, 이를 토대로 <경30> 또는 <경30>과 매우 유사한 행문을 가진 <경30>의 저본이 <완26>에 영향을 준 것으로 생각했다.

끝으로 본고의 한계에 대한 자체적인 반성을 하지 않을 수 없다. 본고는 기존의 춘향전 이본 연구에서 밝혀졌던 대표적인 '정설'을 실증적인 차원에서 다시 검토해 보자는 데에서 출발하였다. 이를 통해서 '검증되지 않은 정설'을 가려내고자 했던 것이다. 따라서 논의의 흐름이 기존의 학설에 대한 반증(反證)을 찾아내는 데에 집중된 것이 사실이다. 그러나 반증이 될 만한 요소들을 발견했다고 해서 기존의 논의가 완전히 무화되는 것은 아니다. 이본 연구에 있어서, 특히 개별 이본의 변모 과정을 고찰함에 있어서 실증(實證)이라는 방식으로 완전하게 해결되는 경우는 그리 많지 않다. 이는 자료의 한계에서 기인하는 것일 수도 있고, 연구자의 혜안이 부족한 데서 기인하는 것일 수도 있다. 따라서 어쩌면 명쾌하게 해결할 수 없는 문제를 '실증'이라는 미명 아래 천착한 감이 없지 않다. 이에 대해서는 선행 연구자들에게 양해를 구해야겠다. 그러나 그동안 미처 고려하지 못했던(또는 고려하지 않았던) 가능성에 대해서 지적하고, 앞으로의 과제로 삼을 수 있다는 점에 본고의 의의를 두고자 한다. 또한 논의를 전개하는 과정에서 지나치게 기록물에 집착한 경향이 있었다. 춘향전은 판소리 춘향가와의 관련성을 무시할 수 없는 작품이라는 것은 충분히 공감하고 있지만, 19세기 중·후반의 춘향전의 존재 양상을 유추하는 데 활용될 수 있다고 판단되는 춘향가 사설이 많지 않기 때문에 부득이 춘향가보다는 춘향전에 집중하여 살펴볼 수밖에 없었다. 마지막으로 본고는 두 연구자의 공동 작업에서 이루어진 것이다. 따라서 논지 전개의 방식이나 표현 등의 측면에서 일관된 모습을 보여주지 못한 면이 있다. 이에 대해서도 반성하지 않을 수 없다.

춘향전의 구성 양상과 주제 해석과의 상관성

김현양 · 이다원

1. 머리말

판소리를 유동의 문학이요, 적층의 문학이라고 한다. 작자(창자)와 독자(청자)에 의해 수정되고 변개된 다종의 이본이 존재하는 것을 두고 하는 말이다. 춘향전은 판소리 문학의 범주에 속하는 여러 작품 가운데 판소리의 유동성과 적층성을 대표적으로 보여주는 작품이다. 다른 작품에 비해 이본의 수가 현저히 많을 뿐만 아니라 수정되고 변개되는 양상 또한 매우 다양하다.

특히, 춘향전은 판소리가 텍스트로 고정되어가는 근대의 시기에 들어와서도 여전히 왕성하게 유동하고 있는 모습을 보여주고 있는 작품이다. 근대 초기인 계몽기에는 판소리라는 장르적 울타리를 넘어서 창극으로 변모하더니, 연극과 영화, 방송 드라마와 오페라 등의 근대 예술의 형태로도 빈번하게 재창작되고 있다. 시와 소설 등과 같은 문자 예술의 영역에서는 긴 말이 필요

치 않을 정도이다.[1)]

새롭게 창작되는 춘향전은 기존의 춘향전에 도전한다. 기존 춘향전의 시각을 문제 삼고 새로운 해석 시각을 표출하고자 한다. 사실 근대 이전의 수많은 춘향전 텍스트들 또한 이러한 도전의 산물이라 할 수 있다. 그렇다면 이러한 도전의 사례들을 어떻게 하면 보다 객관적으로 파악할 수 있을 것인가? 과거에서뿐만 아니라 미래에도 춘향전이 계속 재창작될 것이라면 그 도전의 준거는 어디에서 마련할 것인가?

춘향전을 새롭게 해석하고자 한다면 기존의 시각을 보다 객관적으로 검증할 수 있는 방법이 모색되어야 한다. 뿐만 아니라 새로운 도전의 시각을 표출하고자 한다면 춘향전의 서사화 원리에 대한 기본적인 이해를 갖추고 있어야 한다. 본고에서는 이를 위해 춘향전의 구성 비교 방법을 모색해 본다. 춘향전의 구성 양상을 거시적 차원에서 혹은 아주 미시적 차원에서 보다 객관적으로 파악함으로써 춘향전의 서사화 원리에 대한 기본적인 이해에 도달할 수 있다. 또한 기존의 춘향전을 그 구성 양상을 기준으로 비교·대조한다면 텍스트 사이의 같은 점과 다른 점이 드러날 것이며, 그것이 춘향전 해석의 합의와 반론을 의미한다는 사실을 알 수 있을 것이다. 이 합의와 반론의 사이에서 혹은 그것을 넘어서서 새로운 도전이 시도되는 것임은 말할 나위 없다.

구성 양상을 기준으로 한 텍스트 비교를 통해서 개별 이본의 독자적 시각을 파악할 수 있으며, 비교 자료들의 확대를 통해서 해석 시각의 경향적 특성을 파악할 수 있다. 개별 이본의 독자적 시각은 다른 텍스트와 공유하고 있는 구성적 '틀'에서 벗어나는 개별 텍스트의 '결'을 의미하며, 해석 시각의 경향적 특성은 개별 이본들을 특수하게 범주화할 수 있는 '친족'

---

1) 설성경, 『춘향전의 비밀』, 서울대출판부, 2001, 325-329쪽.

(‘계열’ 혹은 ‘계통’)을 의미한다. 개별 텍스트의 독자적인 ‘결’이나 ‘친족’을 보다 정밀하게 파악하기 위해서 구성 양상을 기준으로 한 텍스트 비교가 필요하다는 것이다.

춘향전의 주제를 둘러싼 해석의 대립도 실상은 텍스트에 대해 엄밀하면서도 객관적인 자세로 접근하지 않았기 때문에 비롯된 것이라 할 수 있다.[2] 이본들 가운데 친족 관계에 있는 특정한 텍스트만을 대상으로 주제를 규명한 후 이를 일반화한다든가 혹은 텍스트의 특정 구성 부분만을 주목하여 전체 텍스트의 주제로 확대 해석하는 일이 가능했던 것은 전체 춘향전의 구성 양상을 비교·대조할 수 있는 방법론적 거점이 마련되지 않았기 때문이다. 춘향전 연구가 진일보하기 위해서는 무엇보다 요청되는 것은 개별 텍스트의 특성을 보다 객관적이고 효율적으로 확인할 수 있는 방법론이다. 연구자들 사이에 공유될 수 있는 방법론을 통해 개별 춘향전의 특성이 효율적으로 검증될 수 있다면, 춘향전 연구는 보다 상승될 수 있을 것이다.

이러한 문제의식 하에 본고에서는 전체 춘향전의 구성 양상을 보다 객관화·체계화하는 작업을 수행하고자 한다. 그것은, 시론적인 수준에서, 여러 종의 춘향전 이본을 대상으로 서사적 마디를 분석하여 이를 상위단락과 하위단락, 화소로 구분하는 것이다. 이렇게 구분되어 순차적으로 배열·결합되어 있는 서사적 마디들의 체계는 흡사 전체 춘향전의 서사 지도라 할 수 있을 것인 바, 이러한 서사적 지형도를 한번 그려보고자 하는 것이다.

이러한 서사적 지형도를 토대로 그 지형도의 각 부분 - 일정한 층위에 속해 있는 서사적 마디는 어떠한 주제 해석의 문제를 내포하고 있는가를 파악하고자 하는 것이 본고의 두 번째 작업에 해당된다. 이러한 작업이 치밀하게 이루

2) 주제적 해석을 둘러싼 대립에 대해서는 2장에서 상론할 것이다.

어진다면 춘향전과 관련된 제반 논의는 보다 더 그 객관성을 확보할 수 있게 될 것이다.

춘향전의 서사 지도가 제대로 그려지려면 모든 춘향전이 정밀하게 분석되어야 한다. 하지만 '모든'이라는 조건은 항상 현재적 작업이 불완전하다는 것을 전제하게 한다. 본고 역시 이 전제에서 자유롭지 못하다. 분석 대상으로 삼은 이본이 매우 한정적이어서, 춘향전의 구성 양상이 정밀하게 파악되지 못했다.[3] 정밀한 춘향전의 서사 지도는 아직 꿈도 못 꿀 일이다. 본고에서 수행한 작업에 굳이 의미를 부여하자면 춘향전의 구성 양상을 정밀하게 파악한 서사 지도를 작성하려고 했다는 점이며, 그것이 필요하다는 점을 강조했다는 점일 것이다.

2. 주제 논의의 검토와 구성 양상 파악의 필요성

춘향전은 국문학 연구가 시작된 이래 언제나 논의의 중심에 서 있었다. 춘향전에 대한 해석과 평가는 판소리사, 더 나아가 국문학사의 기본 구도를 그려내는 데 중요한 역할을 해온 것이 사실이다. 춘향전이 전달하는, 또는 독자에 의해 읽히는 의미가 무엇인가는 국문학 연구자들이 오랫동안 고민하고 논쟁해 온 화두였다. 그 과정 속에서 춘향전의 주제에 대한 이해는 상당히 심화되었으며, 주제연구사를 정리할 수 있을 만큼의 수준에 이르렀다.

---

3) 본고에서 주요 분석 대상으로 삼은 이본은 <남원고사> <동양문고본> <동경대본> <도남본> <경판 35장본> <남창 춘향가>(이하 <남창>) <동창 춘향가>(이하 <동창>) <장자백창본> <이명선본> <완판 84장본> <옥중화> <홍윤표본> <경판 30장본> <완판 33장본> <완판 26장본> 등이다.

1985년과 1991년, 두 차례에 걸쳐 정하영은 김태준부터 80년대까지의 춘향전 주제 연구를 정리한 바 있다.[4] 정하영은 기존의 주제 파악의 방법을 일원적 주제론과 다원적 주제론으로 나누고, 일원적 주제론에는 ① 춘향의 정절, ② 신분이 다른 남녀 간의 애정, ③ 서민적 저항 등이 있다고 정리했다. 다원적 주제론은 일원적 주제론의 요소들을 복합적으로 고려한다고 보았다.[5] 정하영이 춘향전 주제연구사를 정리하던 이 시기까지 가장 논쟁적인 부분은 과연 춘향전의 주제가 '② 애정 · 사랑'인가, 아니면 '③ 저항 · 항거'인가의 문제였다.

저항 · 항거라는 주장은 김태준에게서 비롯된다. 김태준은 「춘향전의 현대적 해석」(1935)에서 역사주의적 관점에서 춘향전 해석을 시도한다. 그는 춘향전이 '민중의 유순과 굴종을 강요'하던 작품에서 시작되었다고 파악한다. 그러나 신재효 같은 광대들의 손을 거치면서 '특권층의 생활의 폭로와 그에 대한 반항의 구호를 제한없이 담아서 도리어 역선전(逆宣傳)의 기염을 토하는 도구'가 되었으며 더 나아가 '신흥계급의 승리를 대변'하게 되었다고 말한다.[6] 김태준의 이러한 주장은 지나치게 주관적이며 논리적 일관성도 결여

4) 정하영, 「춘향전의 주제」, 『한국문학사의 쟁점』, 집문당, 1986.
-----, 「춘향전 주제론 재고」, 한국고소설학회 편, 『춘향전의 종합적 고찰』, 아세아문화사, 1991.

5) 비슷한 시기 윤용식도 주제의 일원성과 다원성의 분류로 「춘향전」 기존 주제 파악의 방법론을 정리한 바 있다.(윤용식, 「춘향전 - <남원고사>본을 중심으로」, 김진세 편, 『한국고전소설작품론』, 집문당, 1990.)

6) 김태준, 「증보 조선소설사」(1939), 박희병 교주, 『교주 증보조선소설사』, 한길사, 1990. 201-202쪽.
김태준의 「춘향전의 현대적 해석」은 1935년 1월 1일부터 8일까지 『동아일보』에 연재되었다가 「증보 조선소설사」의 한 장으로 수용되었다. 「증보 조선소설사」는 「춘향전의 현대적 해석」에서 '춘향전 저작시대의 사회계급'이라는 한 절을 생략하고 몇몇 문헌에 고증을 보강한 것으로 본고에서는 「증보 조선소설사」의 인용으로 대신한다.

되어 있다고 지적된 바 있다.[7] 기실 김태준의 「춘향전의 현대적 해석」은 오늘날의 관점에서 보기에 그 방법론적인 측면에서 큰 결함을 갖고 있다. 김태준은 <완판 84장본>을 가장 오래된 이본으로 추정하면서 연구의 대본으로 삼았다.[8] 그런데 김태준이 민중들의 각성과 지배층에 대한 비판 의식으로 해석한 화소들 - 민중들이 변학도의 공사를 '사망(四亡)'이라고 비판하는 내용이나 '민요(民擾)'를 기획하기 위해 사발통문을 돌리는 화소 등-은 <완판 84장본>에는 없다. 김태준은 <고본 춘향전>이나 <옥중화> 등에 있는 특정 화소를 춘향전 전체의 의미로 일반화시키고 있는 것이다. 이러한 한계에도 불구하고, 김태준의 논의는 춘향전이 담지하고 있던 탈봉건적 성격에 주목함으로써 이후 연구자들에게 많은 영향을 준 것이 사실이다.

춘향전의 주제를 저항·항거로 파악한 연구 중에서 조동일의 논의도 주목을 요한다. 조동일은 「갈등에서 본 춘향전의 주제」[9]에서, 춘향전 전체의 갈등 구조가 '기생 춘향'과 '기생 아닌 춘향'의 갈등에서 비롯된다고 보며, 이것은 당대의 사회적 갈등을 반영하는 것으로 파악한다. 이러한 갈등의 발전과 해결의 과정에서 춘향전의 주제는 찾아질 수 있는데, 그것을 '인간적 해방'으로 정리한다. 춘향전에서 변하지 않는 또다른 의미인 '열녀의 교훈'은

---

7) 정하영, 「춘향전 주제론 재고」, 86-87쪽.

8) 여기서 한 가지 지적해 두어야 할 점은 김태준이 춘향전의 연구 대본을 선정하는 데 있어서 변화를 보이고 있다는 점이다. 김태준은 1934년에 『조선문학전집-소설집(1)』(신명균 편, 김태준 교열, 중앙인서관)를 발간하면서, <고본 춘향전>을 실은 바 있다. 다음 해인 1935년에 『동아일보』(1.1 - 8일자)에 「춘향전의 현대적 해석」을 연재할 때에도 최남선의 <고본 춘향전>을 그 대본으로 한다고 밝히고 있다. 그러다가 1938년에 학예사에서 『원본 춘향전』을 출판할 때에는 <완판 84장본> 중 완서계서포본을 활자화하여 출판하였고, 이 책의 해제로 「춘향전의 현대적 해석」을 다시 실었다. 이 때에는 연구의 주 대본을 <완판 84장본>으로 바꾸었으며, 이 내용이 『증보 조선소설사』로 흡수된다.

9) 조동일, 「갈등에서 본 춘향전의 주제」, 『계명논총』 6, 계명대, 1969.

표면적 주제이며, 이면적 주제인 '인간적 해방'이 보다 우월한 주제로 파악되어야 한다고 주장한다. 조동일의 논의는 판소리계 소설이 지닌 다성적 의미에 대한 이해를 돕고 있다는 점에서 의의가 있다. 또한 계층을 초월한 춘향전 향유층의 문제를 설명할 수 있는 단초를 제공한다. 그러나 이미 이상택이나 박희병이 지적한 것처럼 서로 다른, 때로는 모순적이기까지 한 의미들이 한 텍스트내에서 양립할 수 있을지는 의심스럽다.[10] 이는 판소리의 부분의 독자성을 지나치게 강조한 나머지 한 텍스트가 지닌 통일적 의미 체계를 간과했다는 혐의를 피하기 어렵다.

춘향전의 주제를 애정·사랑으로 파악한 대표적인 논자가 황패강이다. 황패강은 「춘향전 연구」[11]에서 다음과 같은 방법론을 통하여 작품에 접근한다. 유기적으로 통합된 작품은 사회적 메시지와 내면적 메시지를 함께 보낸다고 전제한다. 사회적 메시지는 표층적 의미가 되며 내면적 메시지는 심층적 의미가 된다. 춘향전의 기본적 대립구조는 이도령과 춘향의 대립이며, 변학도는 춘향과 이몽룡의 기본적 대립관계에 간섭함으로써 대립 해소의 역동적 작용을 하고 있는 인물이라고 설명한다. 따라서 춘향전에서 '계급적 대립' 내지 '신분적 반항'의 요소는 심층적 의미 추구를 위한 표면적 장치일 뿐이다. 춘향전의 심층적 의미는 이도령과 춘향의 대립과 화해이며, 방해받은 사랑의 절대적 실현이 작품의 주제가 된다고 보았다. 황패강은 작품이 지니는 역사적·사회적 의미를 부정하지 않지만, 작품이 지닌 의미를 작품의 내적 구조에서 살펴야 한다는 논지를 전개하고 있다. 방법론적인 측면, 즉 작품이 서로 다른 의미를 전달할 수 있는 가능성을 내포하고 있다는 점을 인정한

10) 이상택, 「고대소설의 사회와 인간」, 『한국사상대계』 Ⅰ, 성균관대 대동문화연구원, 1973.
박희병, 「판소리에 나타난 현실인식」, 『한국문학사의 쟁점』, 집문당, 1986.

11) 황패강, 「춘향전 연구」(1978), 한국고소설학회편, 『춘향전의 종합적 고찰』, 1991.

측면에서는 조동일과 같은 관점을 보여준다. 그러나 기본적인 스토리 라인을 형성하는 '이도령과 춘향의 연애 과정'을 작품의 심층적 의미로 파악하여 조동일과는 다른 결론에 도달하고 있다. 황패강의 논의는 김태준 이후 지속되어 오면서, 다소 과도한 이념적 해석을 작품에 부과하던 종래의 경향을 논리적인 방법론을 통해 극복해 보고자 한 시도였다. 작품 내적인 측면을 부각시켜 춘향전 텍스트 내적 구성에서 주제를 찾고자 한 점은 평가받아 마땅하다. 그러나 쉽게 수긍하기 어려운 점이 있다. 황패강은 춘향전을 '시종 봉건적인 작품'이라고 전제한다. 춘향의 항거의 논리가 유교적 이념을 바탕으로 했으며, 현실비판은 일부 위정자에 국한된 것으로 근대적 의미를 부여하기는 어렵다는 것이다. 그러나 춘향의 항거의 논리를 단순히 '유교적 이념의 고수'로만 파악할 수 있을지는 의문이다. 또한 춘향과 이도령의 애정의 성취 과정이 지니는 의미, 인물이 지닌 전형성 등을 지나치게 협소화시킨 것이 아닌가 한다. 황패강과 같은 방법론적 접근은 아니지만 춘향전의 핵심적인 의미를 '애정・사랑'으로 보는 견해는 이후 몇몇 연구자들의 동의를 얻는다.[12)]

춘향전의 주제가 '애정・사랑'이냐, '항거・저항'이냐의 이분법적 논쟁은 상당히 이른 시기에 극복될 수 있는 것이었을지도 모른다. 해방공간에서의 윤세평의 논의가 이 문제를 해결하는 데, 상당한 시사점을 주고 있기 때문이다. 윤세평은 『고전 춘향전 연구』(1948)[13)]에서 김태준의 역사주의적 비평을

---

12) 윤용식, 앞의 논문. 임성래, 「춘향전의 구성과 주제」, 『열상고전연구』 4, 열상고전연구회, 1991.

13) 윤세평, 『고전 춘향전 연구』, 국립인민출판사, 1948. 『판소리연구』 3, 판소리학회, 1992. 『판소리연구』 3집에는 『고전 춘향전 연구』 중에서 3장과 4장을 현대적 표기법으로 옮겨 놓고 있다. 1장과 2장 '서론'과 '춘향전과 그의 역사적 사회적 배경'이라는 장으로 조선후기 사회에 대한 일반적인 언급이 주된 내용이다. 본고에서는 편의상 『판소리연구』 3집에서의 윤세평의 논의를 인용하며, 필요에 따라 원본의

계승 · 극복한다. 그는 춘향전의 발생 · 형성과정을 김태준과 다르게 파악한다. 김태준은 춘향전이 '엽기적 스토리'를 가진 '봉건귀족의 오락물'로 출발한 '염정소설'이었다고 보고 있다.[14] 민중성을 획득하게 된 것은 이후 광대들의 손을 거치게 되었기 때문으로 보고 있다. 그러나 윤세평은 춘향전의 출현은 처음부터 민중성에 기반해 있었던 것으로 파악하며, 그 기본적인 성격도 다음과 같이 규정한다.

> 춘향전은 실로 이조봉건사회의 말기에 있어서 기본적인 사회적 모순의 운동발전하는 역사적 과정을 가장 대담한 사실적 수법으로써 묘사하였으며 이조봉건사회의 비극적인 몰락의 불가피성을 서사시적 콤포지숀 가운데 집중화된 극적 요소를 집어 넣어서 가장 정확하게 예언한 탁월한 사회소설이다.[15]

윤세평의 논의에서 특히 주목되는 점은 춘향과 이도령의 연애가 주는 의미와 정절의 의미, 이도령의 인물 성격에 관한 것이다. 윤세평은 춘향과 이도령의 연애를 '신분적 차별을 무시하여 인격적으로 대등한 위치'에서의 연애로 규정한다. 즉 이들의 연애관계 성립 자체가 신분적 귀천(貴賤)제도를 거부하고 타파하는 사회적인 의미를 지닌다는 것이다.[16] 이러한 언급은 '애정 · 사랑'이라는 의미가 '저항 · 항거'라는 의미와 동반관계에 있음을 의미하는 것이다. 또한 춘향이 지키고자 하는 정절의 의미가 유교적 윤리에 비롯된 것이

내용을 언급하기로 한다.

14) 김태준. 앞의 책 201-202쪽 참조.

15) 윤세평, 앞의 책, 392쪽.

16) 윤세평, 앞의 책, 397쪽.

아니라 우리 민족이 지닌 고상한 특성이라고 말한다. 이 정절관념이 변학도의 박해 속에서 발현되면서 영웅성을 지니는 것으로 보았다. 다소 주관적인 해석이라는 느낌이 있지만 '정절' 관념을 유교적 도덕률로만 볼 수 없다는 점을 환기시킨 것은 중요한 지적이라고 판단된다.

윤세평은 춘향, 이도령, 변학도 등의 인물의 전형성을 다음과 같이 적시한다. 춘향은 서민계층 속에서 출현하여 영웅성을 발휘한 인물이며, 이도령은 '인도주의적 양반귀족형 인물', 그리고 변학도는 토색과 겁탈을 일삼는 '양반 계층의 전형'으로 규정한다. 그리고 이를 조선 후기 사회의 제 계급의 갈등과 봉건 체제의 붕괴과정을 반영한 것으로 해석한다. 이도령이 암행어사가 되어 문제를 해결한다는 춘향전의 결말은 봉건적인 권위에 의한 해결방식이며, 따라서 춘향전이 지닌 한계라고 지적된 바 있다. 윤세평도 이러한 평가에 일면 동의하면서도 '역사적 제약을 넘을 수 없는 데서 비롯된 필연적 귀결'이라고 말한다. 그리고 이도령이 구원자인 암행어사가 되기까지의 과정을 부각시킨다. 즉 어사 민정 염탐시에 경험하게 되는 민중의 위력에 대한 체험이 이도령으로 하여금 민중의 요구와 이해를 수용하게 했고, 이도령은 민중과 연대하는 인도주의적 양반형 인물이 되었다는 것이다.[17]

윤세평의 논의는 김태준의 그것처럼 해석에 있어서 다소 이념적으로 경도된 측면이 있는 것이 사실이다. 또 대상 텍스트에는 없는 화소를 주제 파악에 활용하는 등, 방법론적 결함을 가지고 있다.[18] <완판 84장본>만을 대상

---

17) 윤세평, 앞의 책, 423쪽.

18) 윤세평은 『고전 춘향전 연구』(국립인민출판사, 1948)의 8쪽에서 <완판 84장본>을 연구의 대본으로 삼겠다고 밝히고 있다. 그런데 앞서 김태준의 예에서처럼 <완판 84장본>에는 없는, 민요(民擾)를 위해 사발통문을 돌리는 화소를 춘향전이 민중적 자각을 반영한 중요한 예로써 해석하고 있다.

텍스트로 선정하다 보니 처음 춘향과 이도령이 작품 초기부터 순수하고 이지적(理智的)이었던 것으로 파악하고 있다는 점도 춘향전 이본군 전체에서의 인물성격을 포괄하고 있지 못하다. 그러나 60~70년대의 춘향전 주제 파악의 논쟁적인 부분들을 해결할 논리적 단초들을 제공하고 있다. 윤세평의 논의가 이른 시기부터 검토되고 평가되지 못한 이유는 분단과 남북대결이라는 한국 현대사의 질곡 때문이 아닌가 한다. 어쨌든 윤세평의 논의는 80~90년대를 거쳐 오늘에 이르기까지 여러 연구자들에게 지대한 영향을 미치고 있다. 윤세평의 영향에 대해서는 이후의 연구사 검토를 통해 언급될 것이다.

춘향전의 주제 연구에 있어서 중요한 방법론적 전환점을 마련한 이는 설성경이다. 해방 전에 조윤제의 이본 연구가 있은 후[19], 상당한 시간이 흐른 뒤에 김동욱에 의하여 춘향전 이본군(異本群)에 대한 폭넓은 정리가 이루어졌다.[20] 이러한 이본연구의 성과를 계승하면서, 방대한 이본군을 지닌 춘향전의 주제 파악을 위한 방법론을 제시한 이가 설성경이다. 설성경은 「춘향전 주제의 특성」[21]이라는 논문에서, 춘향전 이본군에 두루 통하는 보편적 주제와 구체적 이종본(異種本)에 적용되는 개별적 주제로 나누어 생각해야 한다고 말한다. 보편적 의미도 그 구체적 양상이나 새로운 의미가 각 이종본에서 달리 나타날 수 있으므로, 변이되고 굴절되는 의미를 개별적 주제를 통하여 밝혀내야 한다고 주장하였다. 보편적 주제와 개별적 주제가 이본군의 유동에 따른 통시적 고찰 방식이라면, 계열주제와 층위주제는 한 텍스트 내에서의

19) 조윤제, 「춘향전 이본고 (1)·(2)」, 『진단학보』 11·12, 1939·1940, 도남학회 편, 『도남 조윤제 전집』 6, 태학사, 1988.

20) 김동욱, 『춘향전 연구』, 연세대학교 출판부, 1965.
김동욱, 김태준, 설성경, 『춘향전 비교 연구』, 삼영사, 1979.

21) 설성경, 「춘향전 주제의 특성」, 『한국문학 연구방법론』, 민족문화사, 1983.

의미의 층위를 말한다. 이러한 방법론은 그의 이후의 저작에서 구체화된 형태로 나타난다.[22] 개별이본이나 이본 계열이 지닌 변별적 특성을 드러내면서, 동시에 그것이 어떻게 춘향전 이본군 전반의 보편적 의미 형성에 공헌하는가를 탐색하였다. 설성경의 논의는 한 이본을 통해 춘향전 전체의 의미를 추출하고자 하는 기존의 연구 관행에 대해서 반성을 촉구하고, 통시적 변화에 따른 작품의 의미 변화 과정을 중요한 연구 대상으로 삼았다는 점에서 평가된다. 이후의 많은 연구자들이 개별이본의 특성과 이본군 내에서의 위치, 관계 등에 깊은 관심을 표명하게 된 데에는 설성경의 영향을 부정하기 힘들 것이다.

91년에 정리된 정하영의 춘향전 주제연구사에서 간과된 부분은 19세기 판소리 영향력 중심 문제이다. 즉 판소리의 주도적 향유층과 관련된 부분이다. 향유층의 세계관은 작품에 반영되며, 향유층의 변모과정은 작품이 지니는 의미의 변모과정에 결정적인 영향을 미치게 된다. 따라서 춘향전, 더 나아가 판소리를 향유한 계층의 변모 과정에 대한 이해는 주제의 통시적 의미를 관찰할 수 있는 중요한 단서가 된다.

이와 관련된 논의는 김흥규의 「신재효 개작 춘향가의 판소리사적 위치」[23]에서 비롯된다 하겠다. 김흥규는 신재효가 개작했다고 하는 <남창춘향가>와 <동창춘향가>를 <이명선본>과 <남원고사>와 비교하면서, 신재효의

22) 설성경, 「춘향전 주제 이해의 방법」, 설성경 · 박태상, 『고소설의 구조와 의미』, 새문사, 1986.
_____, 「19세기형 개작장편 남원고사에 나타난 생활문화의 형상화」, 『한국고소설의 본질』, 국학자료원, 1991.
_____, 『춘향전의 통시적 연구』, 서광학술자료사, 1994.

23) 김흥규, 「신재효 개작 춘향가의 판소리사적 위치」, 『한국학보』 10, 1978, 『춘향전의 종합적 고찰』, 1991.

<남창>이 전대(前代) 광대들이 이룩한 '민중적 발랄함과 반중세적 성격 및 현실적 세계 이해의 성과를 소거(消去)'시키는 결과를 초래했다고 지적한다. 이전 연구자들이 평가하는 신재효의 '합리주의'는 '보수적 지향을 강하게 지닌 유가적 합리주의'라고 규정한다. 결국, 김홍규는 19세기 후반에 이르러 판소리가 양반층의 요구를 수용하면서 변질되는 것으로 19세기 판소리사를 파악하고 있는 것이다. 특히 주목되는 점은 김홍규가 이러한 결론에 도달하는 과정이다. 김홍규는 48개의 서사단락을 나누고 각 이본들에서의 출입을 비교한다. 이어 세부 문맥까지 비교 검토함으로써 이본들의 변별적 차이를 드러내었다. 기존의 연구보다 체계적이며 과학적인 접근 방법으로 <남창>의 성격을 설득력있게 분석해 내었다. 그러나 비교 대본을 설정하는 데 있어서 타당성을 확보하고 있는가에 의문이 있다. 김홍규는 대본 선정의 기준을 신재효본보다 앞선 시기의 작품, 판소리의 문헌적 정착으로서의 신뢰도가 높은 작품으로 설정하고 있다. 그래서 선택되어진 것이 <남원고사>와 <이명선본>이다. 그러나 이 두 본은 춘향전 이본군 내에서 골계적 표현이나 방자형 인물의 풍자적 역할이 극대화된 이본들이다. 이들과의 비교를 통한다면 <남창>뿐만 아니라, 대부분의 춘향전 이본들이 '보수적 지향'을 갖는 것으로 이해될 수 있다. 또한 <남원고사>나 <이명선본>은 세책본이나 필사의 형태로 <남창> 이후까지 계속 유전되고 향유되었다. 이러한 현상은 <남창>이 춘향전의 의미를 결정적으로 변화시키고, 판소리사의 구도를 바꾸어 놓을 정도의 영향력을 지녔던가에 의심을 품게 한다. 또한 '양반/민중'의 이분법적 구도에서 신재효가 '양반'문화를 지향했다는 김홍규의 견해에 대해서도 이후 연구자들이 만만치 않은 반론을 제기하고 있다.

김홍규가 주장한 19세기 판소리사 구도의 변질에 대해서 문제를 제기한 대표적인 논자가 박희병이다. 박희병은 「춘향전의 역사적 성격분석」[24]에서

19세기 춘향전 이본들이 대부분 기생계 이본으로 춘향의 신분을 상승시키는 이본은 상대적으로 적다는 점을 지적하고, 춘향전의 갈등의 기본축은 민중을 대표하는 춘향과 친민중적인 인물로 변모하는 이도령, 탐관오리의 전형인 변학도의 갈등으로 파악한다. 춘향이 지키고자 하는 열(烈)의 의미는 자유의지에 입각한 것으로 통치질서를 부정하는 성격을 지닌다고 하였다.[25] 이는 앞서 언급한 윤세평의 논의와 상당히 유사한 것인데, 이도령의 성격을 분석하는 데 있어서는 차이를 보인다. 박희병은 이도령이 초기에는 탕아(蕩兒)적인 인물이었으나 춘향과의 사랑을 통하여 친민중적인 인물로 변모해 간다고 지적하였다. 이는 윤세평이 <완판 84장본>을 대상 텍스트로 한 반면, 박희병이 기생계 이본들을 대상 텍스트로 선정하면서 발생한 해석상의 차이라 할 수 있다. 어쨌든 박희병은 19세기 춘향전이 여전히 민중적 계층에 기반하고 있었다는 주장을 상당히 설득력있게 전달하고 있다. 그러나 박희병의 논의는 또하나의 역편향을 지니고 있는 듯하다. 그것은 상대적으로 보수적인 이념을 지닌다는 기생계 이본 - <남창>이나 그 밖의 창본, <완판 84장본>, 한문본 춘향전 등 - 의 출현의 의미를 너무 협소하게 이해하여 양반층의 춘향전 수용을 '엽기적 관심'에서 비롯된 것이라 규정하고 말았다는 점이다. 이러한 시각으로는 20세기의 판소리나 <옥중화> 이후 구활자본 등에서 비기생계 이본이 대부분을 차지하고 있다는 점을 설명하기 어렵다. 비기생계 이본의 출현의 의미는 보다 정당하게 평가될 필요가 있다.

24) 박희병, 「춘향전의 역사적 성격분석-봉건사회 해체기적 특징을 중심으로」, 최원식 · 임형택, 『전환기의 동아시아 문학』, 창작과 비평사, 1985.

25) 비슷한 시기에 성현경도 박희병과 유사한 논의를 제출하였다. 성현경은 춘향의 정절의 의미를 '정조권'을 주장하는 진보적 의미로 파악하였다. (성현경, 「남원고사본 춘향전의 구조와 의미」, 한국고전문학연구회 편, 『고전소설 연구의 방향』, 새문사, 1985)

90년대 들어 춘향전의 주제나 판소리의 영향력 중심 이동의 문제는 그동안 주목받지 못하던 창본이나 구활자본 등을 논의의 대상에 포함시키며 보다 구체화되고 심화된다.

먼저, 신재효의 의식과 관련된 부분에서 이전 논의의 문제점을 지적하고, 새롭게 해석한 대표적인 논자는 김종철이다. 김종철은 신재효를 단순히 상층문화적 지향을 가진 중인층이 아니라, 봉건적 수탈에 평민층과 함께 저항하는 요호부민층으로서의 전형적인 성격을 지닌 인물로 평가한다. 그가 개작한 <남창>·<동창>에는 이러한 요호부민층의 의식이 강하게 반영되었다는 것이다.[26] 또한 다른 창본과 변별되는 <장자백창본>을 통하여 20세기 직전까지의 판소리가 양반층의 참여에도 불구하고 그다지 큰 굴절을 보이지 않았다고 주장한다.[27]

김현양도 <장자백창본>을 주목하면서, <장자백창본>이 담지하고 있는 사회사적·문학사적 의미를 설명한다. <장자백창본>은 '남원고사적 지향'과 '신재효적 지향'을 적절히 수용하면서 '안배와 균형의 미학'을 이루어냈다고 말한다.[28] 더 나아가 중세 체제를 극복하고자 했던 조선 후기의 두 가지 전망 - 민중적 코스와 시민적 코스 - 이 춘향전에서 '남원고사적 지향'과 '신재효적 지향'으로 나타나며, <장자백창본>은 변혁적 전망의 얽힘과 대립을 충실히 반영하고 있다고 말한다.[29] 또한 이런 성격의 <장자백창본>이 20세기 <옥중화>로 계승되고 있다는 점도 다른 논고를 통하여 주장하였다.[30]

---

26) 김종철, 『판소리사 연구』, 역사비평사, 1996, 169-170쪽 참조.

27) 김종철, 「19세기 - 20세기 초 판소리 수용양상 연구」, 『판소리사 연구』, 역사비평사, 1996. 241쪽.

28) 김현양, 「장자백창본 춘향가의 텍스트적 연원」, 『판소리연구』 10, 판소리학회, 1999. 160쪽.

29) 김현양, 앞의 글, 159쪽 각주 22).

정출헌은 <이명선본>을 중심으로, 춘향전을 논하면서 '사랑'과 '항거'의 의미가 굳게 결합되는 양상을 다시 한번 강조한다.[31] 그리고 춘향과 이도령의 성격이 텍스트 내에서 변모해 가는 양상에 주목한다. 솜씨 좋은 기생과 탕아적 양반 자제가 변학도의 폭압의 과정을 거치면서 당대 민중의 전형이거나 민중의 고통을 제거하는 구원자로서 변모해 간다는 것이다.[32]

신동흔도 신학균 소장본 <별춘향가>(이하 <신학균본>)를 분석하면서 정출헌과 유사한 논지를 전개한다.[33] 그는 춘향과 이도령의 단순한 연애가 '춘향사건'을 계기로 관민갈등의 양상으로 발전하며, 관권의 봉건적 횡포에 대한 해법과 인간해방의 길을 찾는 것이 작품의 중요한 의미가 된다고 설명한다. '참사랑과 인간해방의 정신이 넘치는 세상에 대한 지향'이 춘향전의 결론에서 얻게 되는 의미라는 것이다. 신동흔은 이러한 논의를 바탕으로 완판 계열이본과 창본들을 중심으로 주제의 역사적 변모과정을 설명한다.[34] 그는 앞서 언급한 의미를 지니던 춘향전이 신재효의 <남창>과 <완판 84장본>에서 '열녀 춘향'이 강조되면서 '가상한 정절'이라는 좁은 의미로 축소되었다고 말한다. 그러나 저변에서 <신학균본>, 박순호 소장 99장본, <장자백창본> 등이 여전히 읽히고 공연되면서, 춘향전의 민중적 성격은 계속 유지되고 있었다고 파악한다.

90년대 이후부터 현재에 이르기까지, 춘향전의 주제 연구는 폭넓은 이본

---

30) 김현양, 「옥중화의 계보」, 『동방고전문학연구』 1, 동방고전문학회, 1999.

31) 정출헌, 「춘향전의 인물형상과 작중역할의 현실주의적 성격」, 『판소리연구』 4, 판소리학회, 1993.

32) 정출헌, 앞의 글, 107-109쪽 참조.

33) 신동흔, 「평민 독자의 입장에서 본 춘향전의 주제」, 『판소리연구』 6집, 1995.

34) 신동흔, 「춘향전 주제의식의 역사적 변모 양상」, 『판소리연구』 8집, 1997.

의 검토와 향유층의 의식 등을 밝혀내면서 그 깊이를 더해오고 있다. 그러나 연구자들마다 대상으로 삼고 있는 개별 이본에서 차이를 보이며, 전체 구도 속에서 개별 이본이 지니는 위치와 의미 등에 대해서도 합의점에 이르지 못하고 있다. 연구가 구체화·세분화되고 각 개별 이본의 의미들을 추출해 내는 것은 바람직한 방향이지만, 여기에만 주의를 기울일 경우 논의 대상의 원심적 확대만이 진행될 것이다. 개별 이본를 검토하면서 얻어진 활발한 논의들을 구심적 기준에 의하여 점검하면서 보편적 주제와 개별적 주제, 역사적 변모과정의 나뉨과 합쳐짐 등의 양상을 고민할 필요가 있다.

구심적 기준을 설정하는 데 있어서 유용한 방법론의 하나가 구성단위(서사단락)에 대한 정치(精緻)한 파악이다. 보편타당한 구성단위를 설정하고 이를 이본 비교의 준거로 삼아 의미의 변별적 차이와 보편적 의미 추출을 이룰 수 있다. 이것은 오랜 기간 동안 활용되었던 것으로 새삼 문제 삼을 이유가 있는가라는 회의가 있을 수 있다. 그러나 오늘날 연구자들은 연구목적에 부합하게 그때 그때 구성단위를 설정하거나, 이전 연구자들의 구성단위 분석을 활용하고 있다. 또한 이본 연구를 위한 구성단위 파악과 작품의 의미파악을 위한 구성단위의 불일치가 심화되고 있는 상황이다.

연구목적에 부합하게 연구자들이 구성단위를 설정할 경우, 한 논문의 의도를 명확하게 드러내는 데는 효율적일 수 있다. 그러나 특정 화소나 문맥 등을 강조하여 자의적인 해석에 빠질 위험이 항상 존재하게 되며, 몇몇 개별이본에서 얻어진 의미를 확대시키기 어렵게 된다.

이전 연구자들의 구성단위 분석을 활용할 때, 가장 많이 활용되는 것이 김동욱의 구분 방식이었다. 연구자들이 새롭게 구성단위를 설정하게 될 때에도 김동욱의 구분방식을 많이 참고해 왔다. 김동욱은 「춘향전의 비교적 연구」(1965)에서 <완판 84장본>을 기준으로 춘향전을 91개 장면으로 나누었다. 『춘향전 비교 연구』(1979)에서는 기준이 되는 이본이 <남원고사>로 바뀌면서 장면단위 구분에 있어서도 변화를 보인다. 이때는 89개 장면으로 춘향전의 장면을 구분하는데, 바리가(#24)・덕운가(#25)와 같이 <남원고사>의 특징적인 삽입가요가 하나의 독립적인 장면단위로 설정되며, 전체적인 전개도 <남원고사>의 그것을 따르고 있다. 「춘향전의 비교적 연구」와 『춘향전 비교 연구』가 지니는 연구사적 의의는 두말 할 나위가 없는 것이겠지만, 오늘날 김동욱의 서사단락 구분법을 활용하는 문제는 재고를 요한다. 김동욱 스스로가 인정한 것처럼 이러한 서사단락 구분은 '편의적인 장'에서 분단된 기준이다.[35] 두 저서 모두 어떤 특정 이본을 기준으로 두고 장면 단위를 구분함으로써 이질적인 성격의 이본, 또는 <완판 84장본>과 <남원고사>의 성격을 함께 공유하는 이본에 적용하기 어려운 점이 있다. 또한 <옥중화> 이후의 구활자본 이본들에 대한 고려가 이루어지지 않아, 이들을 포괄하기 어려운 점도 있다. 이후의 여러 연구자들은 완판 계열의 이본을 비교할 경우에는 「춘향전의 비교적 연구」의 장면 구분법을 사용하고, <남원고사> 계열(혹은 세책 계열)[36]이나 경판 계열 이본을 비교할 경우에는 『춘향전 비교 연구』의 장면 구분법을 사용해 왔다. 이것이 계열이 다른 이본을 하나의 장에서 도저히 논의하는 것이 불가능했기 때문에 선택된 방법론인지는 회의적이다. 최근 기존에 단절적으로 파악하던 이본 각 계열의 교섭가능성, 등이

35) 김동욱, 『증보 춘향전 연구』, 313쪽.

36) 여기서 세책 계열이라는 용어는 전상욱에 의하여 새롭게 제기된 용어로 세책필사본을 중심으로 새롭게 하나의 계열의 파악했다. 기존의 <남원고사>계열이라 지칭되었을 때, 경판 전체를 포함하거나(설성경, 『춘향전의 형성과 계통』) 때로는 경판본을 배제하기도 하였다.(김석배, 「춘향전 이본의 생성과 변모 양상 연구」, 경북대 박사학위논문, 1992) 전상욱은 경판본 중에서 <남원고사> 등의 세책을 단순 축약한 <경판 35장본>을 세책 계열에 포함시키고 있다.(전상욱, 「세책 계열 춘향전의 특징」, 이윤석 외, 『세책 고소설 연구』, 혜안, 2003)

새롭게 제기되고 있는 현실에 비추어 볼 때,[37] 이에 대응되는 방법론적 틀을 만들기 위한 고민이 필요하다. 새롭게 제시되는 구성단위 분석은 기존의 축적된 연구의 성과를 수용하면서, 이후 새로운 자료의 발굴과 함께 수정・보완될 수 있는 열린 체계로 짜여져야 할 것이다.[38]

---

37) 이본 계열의 거시적 틀은 설성경과 김석배에 의하여 마련되었다. 설성경은 별춘향전 계열, 남원고사 계열, 옥중화 계열로 삼분한 바 있다.(설성경, 『춘향전의 통시적 연구』, 서광출판사, 1994)
김석배는 구활자본은 제외한 가운데 남원고사계, 경판본계, 완판본계로 삼분하였다.(김석배, 앞의 논문)
이후 새로운 자료의 발굴과 검토를 통해 경판본계와 완판본계열의 교섭 가능성이 조심스럽게 제기되고 있으며, 완판본계 혹은 경판본계 내에서의 서로 다른 계통 형성의 가능성이 제시되고 있다. 그 연구성과들을 정리하면 다음과 같다.
김종철, 「<별춘향전>의 복원 박순호 한창기본을 중심으로」, 『아주어문연구』 2, 1995.
_____, 「完西新刊本 별춘향전에 대하여」, 『판소리연구』 7, 판소리학회, 1996.
김문희, 「완판 춘향전의 계열과 위상」, 『고소설연구』 10, 고소설학회, 2000.
이문성, 「경판 춘향전 연구」, 고려대 석사학위논문, 1999.

38) 최근에 제출된 류준경과 전상욱의 논의는 춘향전 이본군의 구성단위 분석에 있어서 열린 체계의 필요성을 인식하게 한다. 류준경은 그 동안 주목받지 못하던 한문본 춘향전을 중심으로 논의를 전개했는데, 한문본 춘향전 중에는 기존의 국문본 춘향전에서 보이지 않는 이도령의 가계(家繼)나 후일담 등에서 확장을 보이는 이본이 있음을 밝혔다.(류준경, 「한문본 춘향전의 작품 세계와 문학사적 위상」, 서울대 박사학위논문, 2003)
전상욱은 홍윤표 소장 <별춘향가>를 소개했는데, 홍윤표 소장본은, 지금까지 보고된 춘향전 가운데 가장 많은 분량을 지닌 <남원고사>보다 분량이 많으며 다른 어떤 이본보다 많은 화소와 삽입가요를 지니고 있다.(전상욱, 「홍윤표 교수 소장 춘향전 154장본에 대하여」, 『동방고전문학연구』 5, 동방고전문학문학회, 2003)
본고에서 서사단락을 재구성하면서 한문본 춘향전에서 발견되는 특징적인 서사단락을 제대로 수용하지 못한 측면이 있다. 이는 이후의 고민을 통해 보충되어야 할 과제이다.

3. 단락 구성의 방법과 실제

1) 단락 구성의 방법

춘향전의 각 이본들을 비교하기 위한 방법론적 거점으로서 단락을 구분하고자 할 때, 우리는 다음과 같은 몇 가지 원칙들을 상정할 수 있다.

첫째, 구분의 기준이 보다 객관적이어야 한다는 것이다. 춘향전의 구성 양상을 논의한 기존의 연구자들은 이구동성으로 자신들의 단락구성 파악이 자의적인 것임을 고백하고 있다. 단락 구성이 이본 비교의 방법론적 거점이 되려면 단락을 구분하는 기준이 객관적으로 제시되어야 한다. 뿐만 아니라 이러한 객관적 기준이 다른 연구자들에 의해 받아들여져 방법론적으로 공유되어야 한다.

둘째, 가능한 최대한의 이본들에 존재하는 단락의 합집합이어야 한다는 것이다. 춘향전의 이본을 비교하기 위한 방법론적 거점으로서 단락을 구분한다고 하면, 이본들 사이에 공통적으로 존재하는 교집합적 단락을 연상하기 쉽다. 하지만 교집합적 단락은 춘향전의 개별 이본의 특성을 파악하는 데는 전혀 도움이 되지 못한다. 오히려 개별 이본의 특성을 넘어서는 전체 춘향전군의 공통적인 특성을 밝히는데 도움이 될 뿐이다. 따라서 이본 비교를 통해 개별 춘향전의 특성을 드러내고자 한다면 개별 이본에 존재하는 모든 단락들을 분석해내야 한다.

셋째, 단락이 적절한 크기로 구분되면서, 단락들 사이의 계층화가 체계적으로 이루어져야 한다는 것이다. 구성 양상을 파악하는 기존의 논의 가운데 2단락설이나 4단락설, 5단락설, 6단락설은 비교 단위로서의 단락의 크기가 너무 커서 개별 이본의 차이를 드러내주지 못하는 문제가 있다. 반대로 단락의 크기가 너무 작아도 이본 비교를 효과적으로 수행할 수 없다. 몇 개의 행문이 결합된 정도의 크기를 하나의 단락으로 구분하거나 혹은 삽입 가요나 관용적 표현 단위를 단락으로 설정할 경우에는 작업이 매우 번다해질 우려가 있을 뿐만 아니라, 비교된 데이터의 차이가 어떠한 해석적 의미를 내포하고 있는 것인지 파악하기 어렵다. 따라서 이본 사이의 차이를 드러내는 국면을 다양한 서사적 층위에서 포착하여 이를 계층적으로 체계화하는 일이 긴요하다.

그렇다면 이 세 가지 원칙들에 부합하면서 춘향전의 단락 구분을 가능하게 하는 방법적 기준은 무엇인가? 세 가지 원칙 가운데 무엇보다 먼저 고려해야 할 것이 '객관성'의 문제이다. 단락을 연구자의 주관적인 의미해석 단위로만 파악하고자 한다면 구분의 객관성을 담보해 낼 수 없을 것이다. 뿐만 아니라 다른 연구자에게 받아들여져 방법론적으로 공유되기도 어려울 것이다.

단락 구분의 객관성을 담보해내기 위해서는 연구 대상인 텍스트에 내재되어 있는 객관적 성질을 근거로 단락을 구분할 필요가 있다. 연구 대상인 춘향전 텍스트는 서사 텍스트이며 따라서 서사적 특성을 내재하고 있음은 주지의 사실이다. 우리가 익히 알고 있듯이 모든 서사 텍스트는 어떤 공간에서 행해지고 있는 인물의 행동을 시간적으로 배열하는 객관적 특성을 지니고 있다. 그렇다면 공간이나 시간 혹은 인물의 행동을 기준으로 단락을 구분해 준다면 그 객관성을 담보할 수 있을 것이다.

공간, 시간, 인물의 행동은 모두 객관적인 단락 구분의 기준이 될 수 있다. 그렇지만 그 가운데 인물의 행동은 단락의 크기에서 문제가 될 수 있다. 인물의 행동을 기준으로 단락을 구분한다면 그 단락의 수효는 번다할 정도로 많게 될 것이다. 그렇다면 공간이나 시간을 기준으로 단락을 구분하면 되겠는데, 어느 경우나 가능할 것이다. 시간과 공간은 동전의 양면과도 같이 결합되어 있으므로 굳이 이 둘을 나눌 필요조차 없을 것이다. 하지만 하나의 객관적 기준을 정할 필요가 있으므로 일단 '공간'을 기준으로 단락을 구분해 보도록 하자.[39]

춘향전 텍스트를 '공간'을 기준으로 단락 구분하고자 할 때, 반드시 고려해야 할 것이 앞서 제시했던 두 번째 원칙이다. 이본 비교를 위한 단락 구분의 모형은 최대한의 춘향전 이본들에 존재하는 합집합이어야 한다고 했다. 이러한 원칙을 적용하기 위해서는 서술 분량이 많은 비교적 긴 텍스트가 유리하다. 이러한 텍스트를 기준으로 텍스트의 공간 변화에 따라 단락을 구분한 뒤, 기준 텍스트에서는 포착되지 않았지만 다른 텍스트에서는 포착되는 공간 변화의 양상을 전면적으로 검토하여 새로운 단락으로 보충한다면, 공간을 기준으로 구분한 단락의 합집합이 객관적으로 파악될 수 있을 것이다.

지금까지 보고된 춘향전 이본 가운데 비교적 긴 텍스트라 할 수 있는 것은 여러 종 있는데, 그 가운데 세책본 춘향전은 춘향전의 중요한 한 계열을 이루고 있어 기준 텍스트로 삼기에 적절하다. 세책본 춘향전 가운데 <동양문고본>을 대상으로, 서사 공간의 변화 양상을 정리하면 다음과 같이 20개의 단락으로 구분된다.

1. 도입 서사
2. 춘흥출유 [광한루 이전]
3. 광한루 만남 [광한루]
4. 춘향 생각 [동헌 - 춘향집]

39) 김동욱은 『춘향전비교연구』(삼영사,1979)에서 '장면' 단위(장면을 나타내고자 장면 번호에 # 표시를 붙였다)로 서사 마디를 구분했는 바, 이 또한 기본적으로는 '공간'을 염두에 둔 발상이라 할 수 있다.

5. 사랑 [춘향집]

6. 이별 소식 [동헌]

7. 오리정 이별 [오리정]

8. 이별후 동정 [서울/남원]

9. 신관 도임 [서울 - 남원]

10. 기생 점고 [동헌]

11. 초래 전언 [동헌 - 춘향집]

12. 춘향 형장 [동헌]

13. 춘향 하옥 [동헌 - 옥]

14. 과거 급제 [서울]

15. 민정 염탐 [서울 - 남원]

16. 월매 상봉 [춘향집]

17. 옥중 상봉 [옥]

18. 어사 출도 [동헌]

19. 재회 [춘향집]

20. 부귀영화 [서울]

공간 변화 양상을 기준으로 구분한 위의 20개의 서사 단락 가운데 [1. 도입 서사] [2. 춘홍출유], [4. 춘향 생각], [8. 이별후 동정], [9. 신관 도임], [11. 초래 전언], [13. 춘향 하옥], [15. 민정 염탐]과 같은 단락은 구분의 기준이 일관되게 적용되지 못한 한계가 있다.

[1. 도입서사]는 서두에 시간 배경을 제시하고 주인공의 성격을 암시하면서 이야기의 시작을 알리는 프롤로그이다. 따라서 공간을 기준으로 구분될 수 있는 성격의 단락은 아니다. 일종의 불가피한 예외라 할 수 있다.

2, 4, 8, 9, 11, 13, 15와 같은 단락은 엄밀하게 따지면 한 공간이 아니라 두 공간을 배경으로 하고 있다. 2는 이도령이 책방에서부터 광한루에 도착하기까지의 과정이고, 4는 책방에서 춘향집까지의 과정이며, 8은 남원과 서울로 나눌 수 있다. 또한 11은 동헌에서 춘향집에 걸쳐 있으며, 13은 동헌에서 옥까지, 15는 서울에서 남원까지의 공간을 배경으로 하고 있다. 두 공간을 배경으로 하고 있는 것을 하나의 단락으로 구분한 것은 구분상의 애매함이라든가 서술 비중, 긴밀한 연관성 등을 고려했기 때문이다.

공간 변화를 기준으로 단락 구분했을 때 춘향전의 이본들은 위의 <동양문고본>의 경우와 대체로 동일한 양상을 보여준다. 하지만 다른 양상을 보여주는 예가 전혀 없는 것은 아니다. <동양문고본>에서는 춘향과 이도령이 오리정에서 이별하는 데, 오리정에 나가지 않고 춘향집에서 이별하는 텍스트도 있다(<완판 26장본>, <완판 84장본>, <장자백창본>, <옥중화>).[40] <동양문고본>을 대상으로 구분할 경우에는 20개의 단락으로 나눌 수 있지만, 대상 텍스트를 확장할 경우에는 [춘향집 이별]을 하나의 독립된 단락으로 설정해야만 한다. 따라서 공간의 변화를 기준으로 구분한 춘향전의 단락은 총 21개가 된다.

이러한 단락 구분은 춘향전의 서사적 전개를 공간 변화에 따라 나눈 것이므로 누구에게나 그 객관성을 인정받을 수 있다. 따라서 연구자의 주관적인 의도에 따른 혼란 없이 개별 이본에 두루 적용하여 활용할 수 있다. 이 21개의 비교 단위를 설정하고 텍스트 사이의 비교를 시도한다면 좀더 능률적인

---

40) 오리정에서 이별하는 텍스트 가운데 <홍윤표본>은 이도령이 춘향집에 들렀다 춘향이 오리정에 나간 것을 확인하고 오리정으로 가 이별한다. 춘향집에서 이별하는 텍스트 가운데 <옥중화>는 이도령이 오리정으로 갔다가 춘향집으로 가 이별한다.

비교 작업이 이루어질 수 있을 것이다.

그런데 문제는, 이 공간 기준에 의한 구분 단위는 효율적이고 객관적인 비교를 위한 구분 단위로서는 매우 적절하다고 할 수 있는데, 그 자체로 이본들 사이의 차이를 전면적으로 드러내지는 못하고 있다는 것이다. 앞서 지적한 [춘향집 이별]과 [오리정 이별]과의 차이를 제외하고는, 이 21개의 단락은 대체로 춘향전의 모든 이본에 공유되어 있어서, 이 21개의 단락의 출입을 통해 개별 이본의 특성을 파악하기는 어렵다. 실제는 개별 이본 사이에서의 변화는 공간을 기준으로 한 이 21개 단락의 하위의 차원에서 포착된다.

하나의 예를 보자. [3. 광한루 만남] 단락은 이도령과 춘향이 광한루에서 만나기까지의 과정을 형상화하고 대목이다. 그런데 [단락 3]은 여러 마디의 서사적 의미 단위로 분절될 수 있다. 이를 <동양문고본>을 통해 구체적으로 제시하면 다음과 같다.

(1) 이도령은 광한루에서 경치를 감상한다.
(2) 이도령은 방자·통인과 문답을 주고 받는다.
(3) 이도령은 춘향을 발견한다.
(4) 이도령은 추천하는 춘향을 바라본다.
(5) 이도령은 추천하는 춘향의 정체를 확인한다.
(6) 이도령은 춘향을 불러오라고 명한다.
(7) 방자는 춘향에게 이도령의 명을 전한다.
(8) 춘향은 전언하는 방자를 질타한다.
(9) 방자는 춘향에게 이도령에게 가기를 재촉한다.
(10) 춘향은 방자의 권유를 거절한다.
(11) 방자는 춘향을 회유·협박한다.

(12) 춘향은 광한루로 나아간다

(13) 춘향은 광한루로 올라가 이도령 앞에 나선다.

(14) 이도령이 춘향을 바라본다.

(15) 이도령과 춘향이 서로 인사한다.

(16) 이도령이 춘향에게 청혼한다.

(17) 춘향은 이도령의 청혼을 거절한다.

(18) 이도령은 불망기를 써 주며 후일을 약속한다.

(19) 춘향이 불망기를 받자 이도령은 사랑가를 부르며 기뻐한다.

(20) 이도령이 춘향에게 집을 묻자 춘향이 집을 알려준다.

(21) 이도령 내일 저녁 집으로 찾아가겠다고 한다.

<동양문고본>에서는 광한루라는 공간을 배경으로 '이도령과 춘향과의 만남'이라는 서사적 사건이 총 21개의 의미 마디의 순차적 결합으로 이루어져 있음을 알 수 있다. [단락3]을 구성하고 있는 하위의 서사적 의미 단위는 광한루를 배경으로 벌어지는 '이도령과 춘향과의 만남'이라는 서사적 사건을 구성하는 인물들의 행동을 순차적으로 나열한 것인데, 이는 단락을 구성하는 화소라 할 수 있다.[41]

<동양문고본>은 21개의 화소가 [단락3]을 구성하고 있지만, 다른 이본에까지 확장해서 파악해 보면 [단락3] 을 구성하는 화소는 이것으로 한정되지 않는다. 앞서 공간 배경을 기준으로 구분했던 상위 단락의 경우와 마찬가지로, 화소의 경우에도 이본들에 존재하는 화소의 합집합을 파악해야 한다.

41) 화소는 일차적으로 단락의 서사적 사건을 구성하는 인물의 행동을 의미한다. 하지만 서술자의 정보제시적 서술이나 묘사 혹은 주관적 발화, 흔히 삽입가요라 불리워지는 다양한 노래 등도 그 비중에 따라 화소로 파악할 수 있다.

그래야 효율적인 이본 비교를 위한 단락 구성의 지형도를 그릴 수 있다.

<동양문고본>의 21개 화소 이외에 다른 이본에 존재하는 [단락3]의 화소는 다음과 같다.

(가) 이도령이 방자·통인과 술을 마시며 나이다툼 한다.
(나) 서술자에 의해 시간 배경이 제시된다.
(다) 춘향이 추천 준비를 한다.
(라) 춘향이 광한루에 있는 이도령에게 글을 보낸다.
(마) 춘향이 집으로 돌아갔다가 광한루로 간다.
(바) 춘향이 월매의 허락을 받는다.
(사) 춘향이 광한루로 가기 전에 단장을 한다.
(아) 월매가 춘향에게 이도령과의 만남에 대해 묻는다.

(가)는 광한루에 구경나온 이도령의 동정을 보여주는 화소이다. 이도령은 방자·통인과 문답을 주고받기도 하지만(1), 술을 마시며 이들과 나이다툼을 벌이기도 한다(<장자백본>, <이명선본>, <옥중화>). (나)와 (다)는 추천하는 춘향의 동정을 보여주는 화소이다. 특히 (나)는 춘향의 외유(外遊) 시기에 대한 서사적 정보가 서술자에 의해 제시되는 화소인데, 화소가 인물의 행동에 의해서만 구분되는 것은 아님을 보여준다. (다)는 춘향이 추천 준비를 하는 상황을 전언하는 화소인데, 이는 춘향의 외유 시기와 긴밀히 조응하는 화소이다(<홍윤표본>). (라)-(사)는 이도령의 초래 전언을 들은 춘향의 행동을 보여주는 화소이다. 춘향이 광한루에 가지 않고 이도령에게 글을 보내기도 하고(라, <남창>), 집으로 일단 돌아갔다가 다시 광한루로 가기도 한다(마, <완판 84장본>). 집으로 갔다가 광한루로 갈 경우 월매의 허락을 받고

가기도 한다(바, <완판 84장본>). (사)는 추천하던 춘향이 단장을 곱게 하고 광한루로 가는 화소이다(<홍윤표본>). (아)는 광한루에서 대기하고 있던 월매가 춘향에게 이도령과의 만남에 대해 묻는 화소인데, 춘향이 집에 갔다가 이도령과의 만남을 월매에게 알렸기에 가능한 화소이다(<완판 84장본>).

<동양문고본>에서 확인되는 21개의 화소와 다른 이본에서 확인되는 8개의 화소는 [단락3]을 구성하는 화소의 합집합이라 할 수 있는데, 개별 텍스트에서 이들 화소들의 존재 유무를 확인함으로써 개별 텍스트의 특성을 확인할 수 있다. 하지만 텍스트의 서사적 의미 맥락 속에서 효율적인 이본 비교를 하기 위해서는 29개의 화소를 재배치할 필요가 있다. 화소의 재배치를 위해서 요구되는 것이 단락 구분의 방법적 원칙으로 두 번째 제시했던 체계적 계층화이다. 단락을 구성하는 전체 화소들을 의미층위에 따라 구분하게 되면 화소들의 선택과 결합을 통해 개별 텍스트가 변주되는 양상을 보다 효율적으로 파악할 수 있게 된다.

[단락3]을 구성하는 29개의 화소의 경우에는 그 의미층위를 다음과 같이 계층화할 수 있다. 화소 (1)과 (2)는 이도령의 동정을 보여주는 화소로, 함께 묶일 수 있다. (가)도 마찬가지이다. 화소(3)과 (4)는 이도령의 시각에서 혹은 서술자의 시각에서 춘향의 동정을 보여주는 화소이다. (나)와 (다) 역시 춘향의 동정과 관련된 화소이다. (5)~(11)은 이도령의 춘향 초래와 관련된 화소이다. 이도령의 초래령을 전하는 방자와 이에 반응하는 춘향의 모습을 보여주고 있다. (라), (마), (바)도 여기에 포함된다. (12)~(21)은 이도령과 춘향의 광한루 첫 만남과 관련된 화소이다. (사)와 (아)도 여기에 포함된다.

[단락3]은 이도령의 동정과 관련된 화소들의 집합 층위, 춘향의 동정과 관련된 화소들의 집합 층위, 이도령의 춘향 초래와 관련된 화소들의 집합 층위, 이도령과 춘향의 광한루 상봉과 관련된 화소들의 집합 층위로 구분되

는데, 이러한 화소들의 집합 층위는 상위단락과 화소를 매개하는 하위단락이라 할 수 있다. 결국 상위단락과 하위단락, 화소로 계층화된 [단락3]의 구성 양상은 다음과 같이 체계화될 수 있다.

3. 광한루에서의 만남
- 3-1. 이도령의 동정
  - 3-1-1. 광한루 경치 감상
  - 3-1-2. 방자·통인과 문답
  - 3-1-3. 음주영시
- 3-2. 춘향의 동정
  - 3-2-1. 시간배경
  - 3-2-2. 춘향 자태
  - 3-2-3. 추천 준비
  - 3-2-4. 추천
- 3-3. 춘향 초래
  - 3-3-1. 정체 확인
  - 3-3-2. 춘향 초래령
  - 3-3-3. 방자 전언
  - 3-3-4. 춘향 질타
  - 3-3-5. 방자 재촉
  - 3-3-6. 춘향 거절
  - 3-3-7. 방자 회유·협박
  - 3-3-8. 춘향 시험
  - 3-3-9. 귀가와 재초래

3-3-10. 월매 허락

3-4. 광한루 상봉

3-4-1. 춘향 단장

3-4-2. 광한루 가는 춘향

3-4-3. 춘향 현신

3-4-4. 첫인상

3-4-5. 인사

3-4-6. 이도령 청혼

3-4-7. 춘향 거절

3-4-8. 이도령 불기 약속

3-4-9. 이도령 사랑가

3-4-10. 춘향집 길 안내

3-4-11. 금야 기약

3-4-12. 월매 대기

2) 단락 구성의 실제

[단락3]과 마찬가지로 춘향전을 구성하고 있는 나머지 20개의 상위단락 역시 하위단락과 화소로 계층화할 수 있다. 하지만 이들 단락의 체계적 계층화 과정을 여기서 모두 서술하기란 어렵다. 따라서 체계적으로 계층화된 춘향전의 전체적인 구성 양상을 제시하는 것으로 대신하기로 하겠다.

춘향전의 전체적인 구성 양상은 다음과 같다.

1. 도입 서사

1-1. 시간 배경 제시

1-1-1. 단순배경

1-1-2. 태평성대

1-1-3. 봄

1-2. 도입사설

1-3. 인물의 성격화

1-3-1. 이도령의 성격화

1-3-2. 춘향의 성격화

2. 춘흥출유[광한루 이전]

2-1. 이도령의 춘흥

2-1-1. 수청 금지

2-1-2. 봄(봄타령)

2-1-3. 이도령 인물

2-1-4. 명승지 풀이

2-1-5. 광한루 행차

2-2. 춘향의 봄놀이 준비

3. 광한루 만남[광한루]

3-1. 이도령의 동정

3-1-1. 광한루 경치 감상

3-1-2. 방자·통인과 문답

3-1-3. 음주영시

3-2. 춘향의 동정

3-2-1. 시간배경

3-2-2. 춘향 자태

3-2-3. 추천 준비

3-2-4. 추천

3-3. 춘향 초래

3-3-1. 정체 확인

3-3-2. 춘향 초래령

3-3-3. 방자 전언

3-3-4. 춘향 질타

3-3-5. 방자 재촉

3-3-6. 춘향 거절

3-3-7. 방자 회유·협박

3-3-8. 춘향 시험

3-3-9. 귀가와 재초래

3-3-10. 월매 허락

3-4. 광한루 상봉[미상봉]

3-4-1. 춘향 단장

3-4-2. 광한루 가는 춘향

3-4-3. 춘향 현신

3-4-4. 첫인상

3-4-5. 인사

3-4-6. 이도령 청혼

3-4-7. 춘향 거절

3-4-8. 이도령 불기 약속

3-4-9. 이도령 사랑가

3-4-10. 춘향집 길 안내

3-4-11. 금야 기약

3-4-12. 월매 대기

4. 춘향 생각[동헌 - 춘향집]

4-1. 춘향 생각

4-1-1. 춘향 환영

4-1-2. 밥 사설

4-1-3. 서책 풀이

4-1-4. 보고지고

4-1-5. 부친 염문

4-2. 춘향집 거동

4-2-1. 시간 확인

4-2-2. 춘향집 가는 길

5. 사랑[춘향집]

5-1. 춘향집 방문

5-1-1. 춘향 집치레

5-1-2. 방안의 춘향

5-1-3. 방문 전언

5-1-4. 이도령 영접

5-1-5. 춘향 방으로

5-2. 청혼[춘향 방]

5-2-1. 춘향 방치레

5-2-2. 이도령 대접

5-2-3. 이도령 청혼

5-2-4. 신물 교환

5-2-5. 축하연

5-3. 초야

5-3-1. 사랑 노래

5-3-2. 옷벗기기 사설

5-3-3. 월경 사설(기물사설)

5-3-4. 수수께끼 사설

5-3-5. 업음질

5-3-6. 합궁

5-4. 초야 후

5-4-1. 사랑 노래

5-4-2. 옷벗기기

5-4-3. 업음질

5-4-4. 말농질(승자노래)

5-4-5. 방자 장난

5-4-6. 춘향 부탁

5-4-7. 아침상

5-4-8. 부친 호출 전언

6. 이별 소식[동헌]

6-1. 승차 소식

6-2. 분부(꾸중)

6-2-1. 부친 분부

6-2-2. 부친 꾸중

6-2-3. 모친 꾸중

6-3. 이도령 탄식

7. 춘향집 이별[춘향집]

7-1. 이별 전언

7-1-1. 이도령 이별 전언

7-1-2. 춘향 원망 · 발악

7-1-3. 이도령 체념 · 원망

7-1-4. 월매 발악

7-1-5. 이도령 변명

7-1-6. 춘향 만류 · 탄식

7-2. 이별

7-2-1. 이도령 위로

7-2-2. 이도령 후일기약사설

7-2-3. 춘향 이별가

7-2-4. 이별주

7-2-5. 춘향 탄식

7-2-6. 신물교환

7-2-7. 월매 당부

7-2-8. 이별 재촉

7-2-9. 이도령 뒷모습

8. 오리정 이별[오리정]

8-1. 오리정 나가는 이도령[동헌]

8-1-1. 부친 분부

8-1-2. 이도령 탄식

8-1-3. 이도령 발행

8-1-4. 춘향집 경우

8-2. 오리정 나가는 춘향[춘향집]

8-2-1. 전별 준비

8-2-2. 춘향 자탄

8-3. 오리정 이별[오리정/십리정]

8-3-1. 오리정 만남

8-3-2. 신물 교환

8-3-3. 이별주

8-3-4. 이별사

8-3-5. 재촉

8-3-6. 월매 태도

8-3-7. 춘향 뒷모습

9. 이별후 동정[서울/남원]

9-1. 이별 후 이도령 동정[서울]

9-1-1. 이도령 탄식

9-1-2. 마부 계집 자랑

9-1-3. 이도령 춘향 자랑

9-1-4. 방자 장난

9-1-5. 이도령 편지

9-2. 이별 후 춘향 동정[남원]

9-2-1. 춘향 탄식

9-2-2. 월매 위로

9-2-3. 대비정속

9-2-4. 이도령 회상

9-2-5. 탄식 노래

9-2-6. 물질 보상

10. 신관 도임[서울-남원]

10-1. 신연 맞이[서울]

10-1-1. 신관 인물

10-1-2. 신연 관속 현신

10-1-3. 춘향 안부

10-1-4. 신연 관속 축출

10-1-5. 길방자와의 대화

10-2. 신관 노정[서울-남원]

10-2-1. 신관 행차 치레

10-2-2. 하인복색 치레

10-2-3. 신관노정기

10-2-4. 신관영접준비

10-2-5. 신관대희

11. 기생 점고[동헌]

11-1. 사또 좌기

11-1-1. 남원 관속 현신

11-1-2. 이방 양자 사설

11-2. 기생 점고

11-2-1. 기생 점고

11-2-2. 점고 재촉

11-2-3. 신관 짜증

11-3. 춘향 초래령

11-3-1. 춘향 소식

11-3-2. 수절불가 사설

11-3-3. 초래불가 사설

11-3-4. 춘향 초래령

12. 초래 전언[동헌-춘향집]

12-1. 전언 거동

12-1-1. 전언가는 군노사령

12-1-2. 전언가는 행수기생

12-2. 춘향 접대

12-2-1. 춘향 자탄

12-2-2. 이도령 소식

12-2-3. 군노사령 접대

12-3. 춘향 재초래

12-3-1. 사령 술노래

12-3-2. 술주정 고관

12-3-3. 군노사령 재초래

12-3-4. 행수기생 재초래

12-3-5 춘향 현신

13. 춘향 형장[동헌]

13-1. 변부사 회유

13-1-1. 변부사와 낭청의 수작

13-1-2. 수청 명령

13-1-3. 춘향 원정소지

13-1-4. 형방 제사(題辭)

13-1-5. 자초지종

13-1-6. 춘향 거절

13-1-7. 낭청 중신

13-1-8. 신관 회유

13-2. 춘향 발악

13-2-1. 낭청 호령

13-2-2. 신관 호령

13-2-3. 춘향 발악

13-3. 춘향 형장

13-3-1. 다짐 사설

13-3-2. 형장 배설

13-3-3. 집장사령 동정

13-3-4. 십장가

13-3-5. 관속 동정

13-3-6. 신관 아쉬움

13-3-7. 춘향 발악

14. 춘향 하옥[동헌-옥]

14-1. 옥방 도중

14-1-1. 하옥 분부

14-1-2. 월매 탄식

14-1-3. 기생 구호

14-1-4. 한량 구호

14-1-5. 노인·과부 동정

14-2. 옥중 춘향

14-2-1. 옥방 풍경

14-2-2. 춘향 혼절 유언

14-2-3. 월매 구호 탄식

14-2-4. 춘향 절개 다짐

14-2-5. 신관 회유

14-2-6. 기생 위로

14-2-7. 월매 위로

14-2-8. 옥중 몽유

14-2-9. 춘향 꿈

14-2-10. 진언 사설

14-2-11. 문복

14-2-12. 상단 음식 권유

14-2-13. 춘향 탄식

14-2-14. 춘향 편지발송

15. 과거 급제[서울]

15-1. 과거 준비

15-1-1. 춘향 생각

15-1-2. 글공부

15-1-3. 성혼

15-2. 과거 급제

15-2-1. 과거 종류

15-2-2. 과거 시제

15-2-3. 과장 풍경

15-2-4. 장원 급제

15-3. 어사 제수

15-3-1. 유가

15-3-2. 관직 역임

15-3-3. 어사 제수

16. 민정 염탐[서울-남원]

16-1. 어사 발행

16-1-1. 어사 행장

16-1-2. 어사 노정기

16-1-3. 서리·역졸 당부

16-1-4. 산천경개풀이

16-2. 민간 동향

16-2-1. 각읍 수령

16-2-2. 농부

16-2-3. 부녀자

16-2-4. 초동

16-2-5. 주막주인

16-2-6. 절간 선비

16-2-7. 면주인

16-2-8. 산모

16-3. 어사 봉욕

16-3-1. 농부

16-3-2. 초분 망신

16-4. 편지 개봉

16-4-1. 급주 아이 문답

16-4-2. 편지 개봉

16-4-3. 어사 탄로

16-4-4. 방자 처리

16-4-5. 어사 꿈

17. 월매 상봉[춘향집]

17-1. 춘향집으로

17-1-1. 남원 산천

17-1-2. 춘향 꿈

17-1-3. 남원 관속 출도 대비

17-1-4. 춘향 고택

17-1-5. 민정 염탐

17-2. 월매와 상봉

17-2-1. 월매 탄식

17-2-2. 어사 등장

17-2-3. 월매 한탄

17-2-4. 거짓 내력

17-2-5. 상단 상봉

17-2-6. 요기 사설

17-2-7. 문옥 논란

18. 옥중 상봉[옥]

18-1. 몽중 계시

18-1-1. 옥방 형용

18-1-2. 춘향 꿈

18-1-3. 봉사 문복

18-2. 상봉

18-2-1. 옥중행

18-2-2. 춘향 월매 대화

18-2-3. 춘향 어사 상봉

18-3. 당부[유언]

18-3-1. 월매에게 당부

18-3-2. 어사에게 당부

18-3-3. 상단에게 당부

18-3-4. 춘향 탄식

18-4. 상봉 이후

18-4-1. 숙소 사설

18-4-2. 상단 위로

18-4-3. 육방 염문

18-4-4. 서리역졸 보고

18-4-5. 출도 약속

19. 어사 출도[동헌]

19-1. 잔치 광경

19-1-1. 잔치판 광경

19-1-2. 열읍 수령 입장

19-1-3. 잔치 준비

19-1-4. 잔치 풍류

19-2, 잔치 참여

19-2-1. 잔치입장 시도

19-2-2. 어사 방축

19-2-3. 어사 설치 다짐

19-2-4. 민정 염탐

19-2-5. 잔치 참여

19-3. 어사 행악

19-3-1. 음식 타박

19-3-2. 권주가 요청

19-3-3. 담배 요청

19-3-4. 방귀 뀌기

19-3-5. 난장판

19-4. 어사 출도

19-4-1. 본관 주담

19-4-2. 작시

19-4-3. 작시 후 반응

19-4-4. 어사 출도

19-4-5. 난장판

19-5. 어사 처결

19-5-1. 좌정

19-5-2. 관속 징치

19-5-3. 옥사 처결

19-5-4. 기생 점고

19-5-5. 춘향 대령

19-5-6. 춘향 탄식

19-5-7. 춘향 해칼

19-5-8. 춘향 구호

19-5-10. 춘향 시험

19-5-11. 어사 춘향 상봉

19-5-12. 월매의 반응

19-5-13. 본관 처결

20. 재회 [춘향집]

20-1. 어사 춘향 상봉

20-2. 어사 춘향 위로

21. 부귀영화[서울]

21-1. 춘향

21-1-1. 춘향 고향 이별

21-1-2. 상경

21-1-3. 가자

21-1-4. 혼인

21-2. 어사

21-2-1. 상경

21-2-3. 어사 복명

21-2-3. 벼슬 하사

21-3. 자손 [유자생녀]

4. 단락 구성과 주제 해석의 상관성

지금까지 우리는 춘향전의 구성 양상을 전체적으로 조감할 수 있도록 상위단락과 하위단락, 화소를 계층화하여 체계적으로 배열하였다. 이는 일종의 춘향전이라는 서사 텍스트의 지형도라고 할 수 있겠는데, 이러한 지형도를 그려본 것은 개별 춘향전의 텍스트적 특성을 보다 효율적으로 파악할 수 있는 방법론적 거점을 마련하고자 하는 의도에서였다. 개별 춘향전의 텍스트적 특성 가운데 특히 개별 텍스트가 내포하고 있는 주제적 의미는 서사 단락의 구성과 긴밀한 관련을 맺는다. 상위단락과 하위단락, 화소의 결합 양상을 통해 텍스트의 주제적 의미를 해석해 낼 수 있다는 것이다. 서사 단락의 구성 양상과 주제적 의미 해석과의 상관성을 [단락3]과 [단락16]의 예를 통해 살펴보기로 하자.

1) [단락 3. 광한루 만남]의 경우

앞서 제시했듯이 [단락3]은 다음과 같은 하위단락으로 구성된다.

3-1. 이도령의 동정
3-2. 춘향의 동정
3-3. 춘향 초래
3-4. 광한루 상봉

춘향전의 여러 이본들은 대체로 [단락3]의 하위단락으로 위의 4개의 단락을 공유하고 있다. 하지만 [3-4. 광한루 상봉]이 결여된 텍스트도 있다(<남창>, <이명선본>, <옥중화>). <남창>의 경우가 [3-4]를 결여하고 있는 텍스트이다. <남창>에서 이도령과 춘향은 광한루에서 만나지 않고 귀가하는데, 이는 <남창>의 텍스트적 특성을 규정짓는 매우 중요한 표징이기도 하다. 춘향과 이도령이 광한루에서 만나느냐 그렇지 않느냐 하는 것은 텍스트의 주제적 의미를 파악하는 데 있어서 매우 핵심적인 해석의 요소가 되는 것이다. <남창>에 [3-4]가 존재하지 않는 것은 춘향의 신분 문제와 관련된 것이다. <남창>에서 춘향은 '기생' 신분이 아니므로, 이도령의 부름에 응하지 않는 것이다. 앞서 상위단락의 존재 유무가 개별 텍스트의 성격을 규정짓는 요인임을 언급한 바 있는데, 하위단락의 존재 유무 역시 개별 텍스트의 성격을 규정짓는 중요한 요인이 된다.

[단락3] 가운데 3-1, 3-2, 3-3은 대부분의 춘향전 이본에 존재하는 하위단락이다. 그렇지만 하위 단락을 구성하는 화소의 층위에서는 개별 텍스트의 변별적 특성이 보다 뚜렷하게 드러나게 된다. 하위단락을 공유하고 있다 하더라도, 하위단락을 구성하는 화소의 차이에 의해 개별 텍스트의 성격이 달

라진다는 것이다. 하위단락을 구성하는 화소들은 개별 텍스트에 따라 하위단락 내에서 확장·축소·탈락되므로, 개별 텍스트의 하위단락에 존재하는 화소들의 집합은 개별 텍스트의 서사적 특성을 드러내는 매우 구체적인 층위에 해당되며, 이들의 구성 양상은 주제적 해석의 차이를 야기하는 근본 원인을 제공하게 된다. 이를 확인해 보자.

[3-1. 이도령의 동정]은 다음과 같은 화소들로 구성된다.

3-1-1. 광한루 경치 감상
3-1-2. 방자·통인과 문답
3-1-3. 음주영시

이 가운데 주제적 해석의 차이를 야기하는 화소로 특히 주목되는 것은 3-1-2로, 이도령의 희화화와 관련된다. 이도령의 희화화는 양반을 바라보는 민중의 시선과 조응되는 것으로 텍스트의 주제적 의미와 긴밀하게 관련된다.

[3-2. 춘향의 동정]은 다음과 같은 화소들로 구성된다.

3-2-1. 시간배경
3-2-2. 춘향 자태
3-2-3. 추천 준비
3-2-4. 추천

3-2를 구성하는 화소 가운데 공통적으로 존재하는 화소는 3-2-1과 3-2-2, 3-2-4이다. 춘향이 추천하러 나온 시간적 배경을 알려주고 추천하는 춘향을

묘사하는 것이다.

3-2-1에서 주목할 점은 춘향의 추천 시기가 텍스트에 따라 3월 또는 5월로 달리 설정된다는 것이다. 춘향이 춘흥을 억제할 수 없어 봄놀이를 나왔다가 추천을 하게 되었다고 해석하는 경우는 3월로 설정되어 있으며, 이러한 해석 시각이 부당하다고 여기는 경우는 5월로 설정되어 있다. 5월 단오는 여염집 처녀가 바깥에 나올 수 있는 공식적으로 허용된 시간이기 때문이다.

3-2-4에서는 추천하는 춘향을 서술자의 시각에서 묘사하느냐, 이도령의 인물 시각에서 묘사하느냐 하는 점을 주목할 필요가 있다. 이도령의 인물 시각에서 묘사하는 경우에는 이도령의 내면을 보다 섬세하게 전달하고자 하는 의도를 읽어낼 수 있기 때문이다. 이는 3-2-2의 경우도 마찬가지인데, 특히 춘향의 목욕하는 모습까지 바라보는 텍스트(<홍윤표본>, <만화본>, <고대본>, <계명대본>)의 경우는 춘향의 신분을 기생으로 설정하고자 하는 의도를 보다 분명히 노출하고 있는 것이다.

3-2-3은 추천 준비를 하는 춘향의 모습을 전언하는 대목으로 <홍윤표본>에 존재하는 화소이다. 이 또한 춘향이 공식적으로 허용된 시간에 봄놀이를 나온 것이 아님을 보여주고 있는 화소로, 춘향의 신분과 관련되어 해석될 수 있다.

[3-3. 춘향 초래]는 다음과 같은 화소로 구성되어 있다.

3-3-1. 정체 확인
3-3-2. 춘향 초래령
3-3-3. 방자 전언
3-3-4. 춘향 질타

3-3-5. 방자 재촉

3-3-6. 춘향 거절

3-3-7. 방자 회유·협박

3-3-8. 춘향 시험

3-3-9. 귀가와 재초래

3-3-10. 월매 허락

3-3-1에서 3-3-4까지는 대부분의 이본에 공유되고 있는 화소이다. 이 화소들의 경우에는 화소의 유무가 아니라 행문의 표현을 주목할 필요가 있다. 춘향을 만나고자 하는 이도령의 태도나 이도령의 전언을 듣고 반응하는 춘향의 태도가 어떻게 그려져 있는가 하는 점이 그것이다. 이도령과 춘향의 태도가 규범적으로 그려진 텍스트도 있으며(<남창>, <완판 84장본>), 반대로 매우 희화적이면서 발랄하게 그려진 텍스트도 있다(<동창>, <이명선본>, <장자백창본> 등). 특히 3-3-2에서 이도령의 초래 명령을 받은 방자가 이도령에게 '초래불가'의 연유를 말하기도 하는데, 이 또한 주제적 의미 해석과 관련하여 주목할 행문 표현에 해당된다.

> 춘향이가 깜짝 놀나 추천줄의 둑여 날여와 눈흘기며 욕을 하되 "애고 망측해라. 제미×, 개×으로 열두 다섯 번 나온 녀석. 누깔은 어름의 잣바진 경풍한 쇠누깔갓치 최생원의 호패구역갓치 또 뚜러진 넌석이 대갈이는 어러 동산의 문달래 따먹든 덩덕새 대갈리 갓튼 넌석이 소리는 생고자 색기갓치 몹시 질너 하맛트면 애보가 떠러질 번하였지." 방자놈 한듯다가 어니업서 "이애, 이 지집아년나 입살리 부드러워 욕은 잘한다만는-(하략)-."(<이명선본>, 194쪽)[42]

춘향이 천연정식 방ᄌᆞ를 ᄭᅮ진는다. "서울 계신 도령님이 ᄂᆡ 일홈을 엇디 알며 셜령 알고 부르란들 네가 나를 눌노 알고 부르면은 썩 갈 쥴노 당돌이 건너 온다? 천만부당 못 될 일을 잔말 말고 건너 가라."(<남창>, 8쪽)[43]

위의 예문은 3-3-4의 춘향 질타 단락으로서 행문의 표현이 확연히 다름을 알 수 있다. <이명선본>에서는 춘향이 욕설을 거리낌없이 내뱉으며 방자를 질책한다. 춘향을 대하는 방자의 태도 또한 대등한 위치에 서 있다. <남창>에서의 춘향의 발화에서는 전혀 욕설을 찾아볼 수 없으며, 점잖은 표현으로 일관하고 있다. 이는 각기 작품 초기에서 춘향의 성격을 설정하는 데, 큰 차이를 드러내고 있음을 보여준다.

3-3-7, 3-3-8, 3-3-9, 3-3-10과 같은 화소는 춘향의 규범화와 관련하여 해석될 수 있는 화소로, 이도령의 부름을 받은 춘향의 반응을 다양하게 보여준다. 방자의 전언을 들은 춘향은 이도령과 편지를 주고받은 후 그대로 집으로 돌아가기도 하고(<이명선본>, <옥중화>), 집으로 갔다가 월매의 허락을 받고 나오기도 한다(<완판 84장본>). 방자의 전언을 듣고 춘향이 간단히 광한루로 나가는 대부분의 이본들과 달리, 광한루로 나가기까지의 과정을 이토록 복잡하게 변주하고 있는 것 또한 춘향의 신분 설정과 그로 인한 합리적 성격화를 고려한 결과이다.

[3-4. 광한루 상봉]은 다음과 같은 화소로 구성되어 있다.

---

42) <이명선본>의 인용은 『문장』 21호(1940)에 활자화하여 실린 대본에 의거함. 쪽수는 『문장』지의 쪽수이며 문장부호나 띄어쓰기는 필자에 의함. 이하 같음.

43) <남창>의 인용은 강한영 교주, 『신재효 판소리 사설집』(민중서관, 1971)의 활자화된 원문에 의거함. 문장부호나 띄어쓰기 필자에 의한 것이며, 쪽수는 위 책의 쪽수임.

3-4-1. 춘향 단장

3-4-2. 광한루 가는 춘향

3-4-3. 춘향 현신

3-4-4. 첫인상

3-4-5. 인사

3-4-6. 이도령 청혼

3-4-7. 춘향 거절

3-4-8. 이도령 불기 약속

3-4-9. 이도령 사랑가

3-4-10. 춘향집 길 안내

3-4-11. 금야 기약

3-4-12. 월매 대기

3-4-1은 집에 돌아 온 춘향이 방자의 재전언을 듣고 광한루로 가기 전에 단장을 하는 화소이다(<홍윤표본>). 다른 이본에서는 거의 찾아볼 수 없는 <홍윤표본>의 특징적인 화소라 할 수 있다. 춘향이 이도령을 만나러 광한루로 가는 다른 이본들의 경우 화장은커녕 추천을 하다말고 그냥 광한루로 가는데, 이런 춘향의 모습에 대한 불만으로부터 변주된 화소이다. 3-4-2에서 광한루로 가는 춘향의 걸음걸이를 곱게 묘사하고 있는 것과 같은 맥락이다.

3-4-4에서 3-4-5까지는 춘향전 이본에 일반적으로 두루 존재하는 화소이다. 둘 사이에 첫 만남이 이루어지는 것인데, 이때 둘 사이에 첫눈에 반하는 일이 벌어지게 된다. 화소를 공유하고 있다 하더라도 행문 표현을 통해 두 인물의 내면을 전달하는 정도는 이본에 따라 차이를 보인다.

3-4-6에서 3-4-8까지는 이도령이 춘향에게 사랑을 약속하는 화소이다. 특

히 3-4-8에서는 이도령이 춘향에게 말로 후일을 기약하기도 하고(<완판본>), 불망기를 써 주며 춘향을 안심시키는 사설을 늘어 놓기도 하면서(세책 계열, <경판 35장본>, <경판 30장본>)[44] 변주된다.

3-4-9에서 3-4-12는 사랑의 약속이 이루어진 뒤의 동정과 관련된 화소이다. 3-4-9는 사랑을 성취한 이도령의 기쁨을 표현하는 화소이면서, 이도령의 활달한 성격을 보여주는 화소라 할 수 있다. 3-4-10에서는 대부분의 이본에서 춘향집을 춘향 자신이 일러 주는데, 방자가 일러 주는 이본도 있다(<장자백창본>, <완판 84장본>). 이러한 변주 또한 춘향의 성격화와 관련되는 것이다. 3-4-11은 춘향과 헤어지면서 이도령이 오늘밤에 집으로 방문할 것을 약속하는 화소이다(<완판 26장본>, <완판 84장본>). 당장 그날 저녁이 아니라 내일 저녁으로 변주되는 경우도 있다(<동양문고본>). 3-4-12는 광한루에서 이도령을 만나고 내려오는 춘향을 대기하고 있던 월매가 맞이하는 화소이다(<완판 84장본>). 춘향과 이도령의 만남에 대한 월매의 기대를 드러냄으로써 춘향과 이도령의 사랑을 바라보는 독특한 시선을 표출하고 있다.

2) [단락16. 민정 염탐]의 경우

[단락 16. 민정 염탐]은 다음과 같은 하위 단락으로 구성되어 있다.

16-1. 어사 발행

---

44) 불망기 화소의 출현 위치와 전달 동기, 요구하는 주체 등은 이본별로 큰 차이를 보인다. 세책 계열이나 경판본 등에서는 광한루 만남시에 춘향의 요구에 의하여 불망기가 전달되지만, <옥중화>에서는 춘향집에서 초야를 치르기 전에 월매의 요구로 증서를 써 주기도 한다. <남창>에서는 초야를 치르기 전에 이도령이 자청하여 불망기를 써주기도 한다. 불망기 화소의 다양한 양상에 대해서는 설성경의 『춘향전의 형성과 계통』(정음사, 1986, 42-43쪽)에 정리되어 있다.

16-2. 민간 동향

16-3. 어사 봉욕

16-4. 편지 개봉

대부분의 이본들이 이러한 하위단락을 보유하고 있지만, [16-3. 어사 봉욕]이 없는 이본도 있다(<남창>, <완판 84장본>, <옥중화>). 이 부분은 이도령이 춘향이 죽었다는 말을 듣고 남의 초분에서 울다가 봉변을 당하는 내용이다. 순진하면서도 천진난만한 이어사가 희화화되지만, 한 편으로는 춘향에 대한 이도령의 변치 않는 사랑을 확인시켜 주는 장면이기도 하다. 이 단락의 보유 여부는 이어사의 성격과 깊은 관련을 맺고 있다. 즉, 규범적이고 점잖은 양반 관리의 모습을 이어사를 통해 보여주고자 했던 <남창> 등의 이본에서는 이 단락을 생략시키고 있는 것이다.

16-3과 16-4의 하위단락의 순서가 뒤바뀌어 나타나는 이본도 있다(<완판 29장본>, <이명선본>, <홍윤표본>). 이는 주제적 의미의 차이를 만들어 낸다기보다는 서사 구성의 합리성과 관계된다. 춘향이 죽은 줄 알았다가 봉변을 당하고 춘향의 편지를 보게 될 때, 이어사의 반가움은 극대화된다. 그러나 춘향의 편지를 먼저 보고, 이어서 춘향이 죽었다는 소식을 듣게 되어 초분에서 망신을 당했다는 것은 왠지 어색하다.[45] 16-3과 16-4의 하위단락의 순

45) 김석배는 앞의 논문에서 이와 같은 사실을 지적한 바 있다.(앞의 논문, 134쪽) 김석배는 더 나아가 16-4. 편지 개봉이 앞서는 구성을 보다 이전 시기의 구성으로 파악하고, 구성상의 합리성을 고려해 후기 이본에서 16-3. 어사 봉욕이 앞서는 구성 방식을 채택하게 되었다고 밝히고 있다. 그러나 현재로서는 어떠한 구성 방식이 선행하느냐의 여부를 따지기 어렵다. 일반적으로 완판계열은 장수가 적은 것에서 많은 것으로 확대되어 왔다고 했으나 <완판 26장본>의 경우, <완판 29장본>이나 <완판 33장본>보다 후행했을 가능성이 상존한다. 또한 <완판 29장본>과 <완판 33장본>의 선후관계도 아직 단언하기 힘들다.(김문희, 앞의 논문, 103-104쪽 참조) 따라서 구성 방식의 선후 문제는 섣불리 단정지을 수 없을 듯하다.

서가 뒤바뀐 이본들은 서사 구성의 합리성을 다소 결여한 이본이라고 할 수 있다.

[16-1. 어사 발행]은 다음과 같은 화소들로 구성되어 있다.

16-1-1. 어사 행장
16-1-2. 어사 노정기
16-1-3. 서리 · 역졸 당부
16-1-4. 산천경개풀이

여기서 16-1-1과 16-1-2, 16-1-3은 이본에 따라 서술 순서에서 많은 차이를 보인다. 어사 행장이 노정기 다음에 나오는 이본이 있는가 하면(<완판 33장본>), 서리 · 역졸에게 당부한 후, 어사행장이 나오는 이본도 있는 것이다(<완판 84장본>). 어사의 임무와 관련한 내용이 구체적으로 나타나는 이본이 있는가 하면(세책 계열, <장자백창본>, <이명선본>, <옥중화> 등), 노정기와 서리 · 역졸를 나누어 출발시키는 것이 주된 내용을 이루고 있는 이본도 있다(<완판 84장본>, <완판 33장본>, <완판 29장본> 등). 전자의 경우, 16-1-2. 어사 노정기 중, 어사의 염문(廉問) 과정을 통해 서술되는 이본이 많으나 <옥중화>의 경우는 서리 · 역졸들에게 지시하는 이어사의 발화를 통하여 나타나는 경우도 있다.

> 나는 예셔 … (중략) … 탐관학민불법지사와 불충불효ᄒᆞ는 놈, 남을 음히ᄒᆞ는 놈, 슐 먹고 우악ᄒᆞ야 로인존장 모로는 놈 살인ᄒᆞ고 음치(掩置)ᄒᆞᆫ 놈 국곡투식ᄒᆞ는 놈, 유부녀 통간ᄒᆞᆫ 놈, 남의 분묘 사굴ᄒᆞᆫ 놈, 어진 안히

무함(誣陷)ᄒᆞ고 가장두고 셔방ᄒᆞ고 제 것 두고 빌어먹고 쥬식잡기로 판ᄂᆞᆫ 놈, 남의 집 츙화(衝火)ᄒᆞᆫ 놈 낫낫치 적어 쥐고… (하략) … (<옥중화>, 115쪽)[46)]

어사의 임무와 관련한 이와 같은 서술은 당대의 부정적인 사회 현상들에 대한 진단으로 해석할 수 있다. 이와 같은 서술의 유무와 구체화 정도에 따라, 어사의 역할과 어사라는 권력을 통해 해결되기 바라는 문제들이 이본에 따라 어떻게 반영되고 있는지를 알 수 있는 것이다.

[16-2. 민간 동향]은 다음과 같은 화소들로 구성된다.

16-2-1. 각읍 수령
16-2-2. 농부
16-2-3. 부녀자
16-2-4. 초동
16-2-5. 주막주인
16-2-6. 절간 선비
16-2-7. 면주인
16-2-8. 산모

16-2-1과 16-2-2는 대부분의 이본이 보유한 화소들에 비하여 여타의 화소들은 몇몇 이본에서만 나타나는 특징적인 화소이다. 16-2-3은 부녀자들이

---

46) <옥중화>(보급서관, 1912)의 인용은 인천대학 민족문화연구소에서 영인한 구활자본 고소설전집, 30(은하출판사, 1984)에 의거함. 쪽수는 <옥중화> 원본의 쪽수임.

시집살이에 대해 이야기하는 단락으로 <장자백창본>과 <홍윤표> 등에서 나타난다. 16-2-4부터 16-2-7까지를 대부분 수용하고 있는 이본은 <남원고사>를 비롯한 세책 계열의 이본들이며, <완판 29장본>에서는 16-2-7의 면주인을 통하여 춘향의 죽음에 대한 잘못된 정보를 듣는 것으로 되어 있다. 16-2-8은 <홍윤표본>에서만 나타나는 특징적인 화소로 어사가 위급한 산모의 해산을 돕는 과정을 서술하고 있다. <남창>이나 <완판 84장본>, <완판 26장본> 등은 16-2-3 이하의 화소들을 보유하고 있지 않다.

16-2-2 이하의 화소들은 이어사가 다양한 남원부민, 그 중에서 특히 평민층과 만나는 과정을 담고 있는 화소들이다. 따라서 평민층의 삶의 모습이나 목소리가 직접적으로 드러나는데, 이것은 남원민심 저변의 동향을 파악하게 해 준다는 점에서 의의가 있다. 여기서 전달되는 남원부민의 목소리는 이후의 암행어사의 권력 행사가 어떠한 방향으로 이루어지는가를 규정하는 중요한 지표가 된다. 즉 '변부사 징치'라는 결말은 같다고 하더라도 징치가 담고 있는 의미가 변별적인 차이를 지니게 되는 것이다.[47)]

16-2-2의 경우, 대부분의 이본들이 변부사의 탐학과 실정을 고발하면서 춘향의 문제를 아울러 제시하는 서술로 되어 있으며, 춘향의 문제만을 부각시킨 이본도 있다.

> 본읍 원님이 누군고. 변씨지요. 공사을 잘하나. 명사지요. 공사를 하량이면 참나무 휘여 대는 공사요. 그 공사 일홈이 무슨 공산고. 코뚜레 공사요. 색의는 훌훌 날지요… 중략… 그 농부 말 잘하노. 그러나 남원부사가 선치한다지. 남원부사 말을 마오. 욕심이 엇더한 도적놈인지 민간 미전 목포

47) <옥중화>를 비롯한 대부분의 구활자본에서는 변부사 징치가 이루어지지 않고 이도령이 변부사에게 충고하는 것으로 처리 된다.

를 고래질하여 백성이 모도 거상지경이요. 그것을 념문하고 또 한 곳슬 달달르니 한 사람이 슬게 울며 하는 말이 여보 이런 관장 보왓심나. 살닌 고관한즉 제사하는 말이 죽은 놈은 이왕 죽어건니와 또하나를 대살하면 두 백성을 일은고나. 그만 두어라 하고 내쫓치니 그런 공사 보왓심나. (<이명선본>, 229-230쪽)

예문은 <이명선본>으로, 변부사의 정체(政體)를 '쇠코뚜레 공사'라고 비판한다. 이어서 변부사의 탐학과 어이없는 송사처결의 방식들을 보여주는 백성들의 발화를 통해 변부사의 '무능'과 '부패'를 고발하고 있다. <경판 30장본> 이하의 본들도 이 부분에서 '쇠코뚜레 공사'라고 비판하는 농부의 발화가 있다. <남원고사>를 비롯한 세책 계열에서는 변부사의 탐학과 관련된 서술이 곳곳에 산재하여 나타난다. 16-2-6의 절간 선비들과의 만남에서 주인의 소를 빼어 도적놈에게 주는 부당한 송사처결이 언급되며, 16-3-1의 면임들의 수탈과 농부의 억울한 송사가 서술된다. <남원고사>를 비롯한 세책 계열 이본에서 '쇠코뚜레 공사'라고 평한 내용은 [19. 어사 출도] 단락 19-2-4의 노인의 발화에서 나타난다. 이들 이본에서는 춘향의 문제도 함께 서술되고 있는데, 춘향 사건은 변부사의 학정의 일부가 되어 남원부민의 분노를 자아내는 역할을 하게 된다. 따라서 이들 이본에서는 변부사는 '호색한(好色漢)' 이상의 문제를 지닌 인물이며, 변부사 징치는 백성의 고통을 해결하는 '정의'의 문제로 인식되게 된다.

16-2-2의 부분에 있어서 <남창>도 앞에서 언급한 이본들과 유사한 의미를 담고 있다. 여러 이본에서 보이는 농부의 '사망(四亡)'사설을 통해 부자, 아전, 백성, 출패 등 남원 부민 전체가 변부사의 폭정에 시달리고 있다는 것을 보여준다.[48] <남창>에서는 [16-4. 편지 개봉] 뒤에 '농부와 반민(班民)

과의 대화'를 더 첨가하여 다른 이본과는 변별되는 지향을 보여주기도 한다.

> 어사또 질의 셔〃 흔참 구경ᄒᆞ다가 건넌 두럭 바라보니 갓쓰고 즁츄막의 진딈빅 써 즁동 쥐고 삼사인이 안ᄌᆞ거늘 반민인 쥴 짐작ᄒᆞ고 그 엽폐로 건너가셔 혼ᄌᆞ말로 말을 븟쳐 "농시를 아니일코 빅셩더리 질거ᄒᆞ니 본관 아미 명관이졔." 흔ᄉᆞ름이 디답ᄒᆞ되 "돈은 미우 발키 보졔." 어ᄉᆞ 쏘 반기무러 "엇지ᄒᆞ여 그러ᄒᆞ오?" "굼디 안는 빅셩덜을 날〃마다 쳥ᄒᆞ여셔 디고 돈을 쉬라다가 슈이 허락 아니ᄒᆞ면 엄형 엄슈 쎄셔 가고, 송ᄉᆞ는 엇던넌디 돈을 쥬면 이겨쥬고, 감영의셔 환상 한 셤 말 가옷식 작젼오면, 고을셔는 작젼녹키 흔 셤의 칠 팔두식, 셰곡 흔 섬 열량ᄒᆞ면 관슈 갑선 열 두셔량, 향교 소임 갑 밧드니 오른 ᄉᆞ롬 홀슈 업고 ᄒᆞ괴 ᄉᆡᆨ고 쇼임 파니 아젼도 살 슈 업셔. 츌픠 보고 노형ᄒᆞ고 간활 향리 슈족 삼아 우리 남원 ᄉᆞ십팔방 돈이라고 숨긴 거슨 아히 고름치인 것도 씨업시다 글거시니 일후의 나는 아희돈 얼골 모르지요." 어ᄉᆞ쏘가 깜작 놀나 "어허 민셰 말 아니고. 구관은 원노르슬 엇더케 힛ᄉᆞᄒᆞ오?" "ᄶᅩᆨ이 업는 명관이졔. 빅셩더리 퉁비ᄒᆞ자 슈ᄉᆞ락을 거두지요." (<남창>, 62-64쪽)

반민(班民)의 발화에서는 변부사가 부정을 저지르는 구체적인 양상이 서술된다. 일단 백성을 협박하여 돈을 빼앗는 것, 뇌물을 받고 송사를 처결하는 것, 환곡의 이자를 속이는 것, 세곡의 양을 속여 받는 것, 향교나 아전 등을 매관매직하는 것, 출패들과 협작하는 것들이다. <남창>에서 언급되는 부정의 방식들은 백성들의 입장에서는 쉽게 포착할 수 없는 것들이다. <남창>의 서술은 지배층의 행위를 일반 백성보다 근거리에서 살펴볼 수 있는 인물

---

48) '사망사설'은 약간씩의 차이는 있으나 <완판 33장본> 이하의 본들과 <장자백창본>, <동양문고본>, <동경대본> 등에도 보이는 바, 이본의 계열을 넘어서서 나타나는 보편적인 화소라고 할 수 있다.

에 의해 가능하게 되는데,[49] 반민(班民)들이 이 역할을 맡고 있다. 앞서 언급한 이본들이 16-2.의 단락을 통해 주로 백성들이 직접 체험하는 수탈의 고통을 서술한 데 비하여, <남창>은 베일에 가려진 부패의 방식들을 서술하고 있는 것이다. 이는 <남창>이 봉건적 수탈에 대한 고발이라는 측면에서는 앞선 이본들과 동궤(同軌)에 있지만, 그런 시각을 확보하는 입지점은 다르게 가지고 있음을 의미한다.

<옥중화>의 경우, 16-2-2의 서술이 비교적 간략한데, 변부사 공사에 대한 비판과 춘향의 문제에 대한 분노가 함께 서술되고 있다. 이어서 춘향이 죽을 때의 구체적인 행동을 취할 것임을 의미하는 '사발통문'에 대하여 언급되고 있다. 이는 민중층이 직접 문제해결을 위한 행동에 나설 것을 암시하는 것으로서 이전의 춘향전에서는 볼 수 없던 화소이다. 이는 20세기 초반, 춘향전이 도달한 지점을 보여주는 것으로 평가받아야 한다. 이를 전체 춘향전의 주제를 해석하는 데 활용하려 하거나, 20세기에 이르러 획득한 화소라 하여 춘향전의 주제를 해석하는 데서 배제하려는 태도는 모두 온당한 것이라 할

---

49 <남원고사> 등의 세책 계열 이본에서도 부정의 방식을 보여주는 변부사의 발화가 있다. 19-4-1 본관 주담에 해당하는 부분이다. 그 부분을 보이면 다음과 같다. 「본관이 취흥을 못 니긔여 쥬담으로 ᄒᆞᄂᆞᆫ 말이, "여보 임실, 나ᄂᆞᆫ 묘리잇ᄂᆞᆫ 일이 잇쇼. 심심ᄒᆞᆯ ᄯᅢ면 니방놈과 모든 은결 픠여다여 단 두리 쪽 반ᄒᆞ니 그런 ᄌᆞ미 ᄯᅩ 잇ᄂᆞᆫ가? … (중략) … 환ᄌᆞ 묘리도 ᄒᆞᆯ 만ᄒᆞ고 ᄯᅩ ᄉᆞ십팔면 부민들을 낫낫치 츄려니여 좌슈ᄎᆞ첩 풍헌ᄎᆞ첩 아젼의 환방갓튼 것 니여쥬면 은근ᄒᆞᆫ 묘리가 잇고, ᄯᅩ 봄이면 민간의 계란 ᄒᆞ나식 니여쥬고 가을이면 연계 일 슈 바다드려 슈합ᄒᆞ면 여러 쳔 슈 맛득ᄒᆞ고 흉년인면 관포밧고 헐가 쥬기, 이런 노릇 아니ᄒᆞ면 지텅ᄒᆞᆯ 길 과연 업소」(<남원고사> 권5, 22-23장. 김동욱 외 『춘향전사본선집』 1, 명지대 국학자료간행위원회, 1977)
변부사는 취중에 자신의 비리를 스스로 드러내고 있다. 변부사를 희화화시키는 풍자적 수법이다. <남창>에서는 반민에 의한 '고발'의 성격이 강한다. 양 텍스트 모두에서 베일에 감추어진 부분을 언급할 때 비리를 저지른 당사자나 그 주변에서 목격한 사람이 진술한다는 점에서 서사적 합리성을 갖추고 있다고 평가할 만하다.

수 없다.

16-2-2에서 오직 춘향의 문제에만 관심을 집중하는 이본에는 <완판 84장본>이 있다. <완판 84장본>에서 이어사의 관심은 오직 춘향에 관한 것으로 국한되며, 농부들의 분노도 춘향에 관한 것으로 국한된다. 남원부민들이 부르는 농부가를 들으며 이도령은 "대풍이로고."라며,[50] 태평스럽게 말한다. 앞서의 이본들에서 보여주는 변부사의 수탈이나 그에 따른 백성들의 고통을 표현하는 발화는 찾아 볼 수 없다. <완판 84장본>은 앞서 언급한 이본들에 비하여 변부사의 정체(政體)에 대한 비판 의식의 약화를 보이며, 이도령과 춘향의 애정의 성취 여부에 보다 밀착된 관심을 보이는 이본이라 할 수 있다.

앞서 [16-3. 어사 봉욕] 단락의 의미와 이 단락을 보유하지 않은 이본에 대해서 언급한 바 있다. [16-3] 단락을 보유한 이본들도 그 세부 표현에서는 다른 양상을 보여준다. 16-3-2에서 초분의 임자가 다르게 설정되어 있다. <남원고사>를 비롯한 세책 계열 이본과 <경판 35장본>에서는 강좌수의 딸로 되어 있다. 이에 비하여 <이명선본>은 강좌수 삼형제의 어머니로, <장자백창본>과 <홍윤표본>, <완판 33장본> 등에서는 옹생인 사형제의 어머니의 초분으로 설정되어 있다. <이명선본>이나 <장자백창본>, <홍윤표본> 등은 어머니의 젊어서의 행실에 문제가 있었다는 식의 발화가 확장되어 있어서, 골계적 성격이 강화되기도 한다.

[16-4. 편지 개봉]은 다음과 같은 하위 단락으로 구성되어 있다.

16-4-1. 급주 아이 문답

---

50) <완판 84장본>, 142-143쪽. <완판 84장본>의 인용은 김현룡 편저, 『열녀춘향수절가』(아세아 문화사, 1981)에 의하며, 쪽수는 이 책의 쪽수임.

16-4-2. 편지 개봉

16-4-3. 어사 탄로

16-4-4. 방자 처리

16-4-5. 어사 꿈

16-2-2의 편지 개봉에서 춘향의 편지의 내용은 춘향의 현실 인식과 바람을 보여주고 있다는 점에서 주제적 의미와 관련있다고 하겠다. 대부분의 이본에서 편지 내용은 이도령에 대한 그리움과 처한 상황에 대해 언급하고 있다. 그리고 이본에 따라 만남을 바라는 기원을 담고 있는 이본이 있는가 하면, 자신의 죽음을 기정사실화하고 유언처럼 월매에 대한 당부와 이도령에 대한 축원을 담은 이본도 있다(<남창>, <완판 84장본>, <장자백창본>, <옥중화>). 만남을 염원하는 이본 중에서, '살려달라'는 바람을 담은 내용의 이본도 있으며(<이명선본>, <완판 33장본>, <완판 29장본>), 자신의 설치(雪恥)를 당부하는 이본도 있다(<동양문고본>,<동경대본>). 이런 이본들은 삶에 대한, 혹은 자신의 분노에 대한 춘향의 진솔한 감정을 표현하고 있다고 할 수 있다.

16-4-3의 어사 탄로는 <장자백창본>, <완판 33장본>, <완판 84장본>, <옥중화> 등에서 나타난다. 이들 이본 중에서 <옥중화>는 출도 사실을 숨기기 위해서 방자를 운봉으로 송치하는 16-4-4의 방자 처리 과정을 첨가하고 있다. 이는 <옥중화>가 서사적 합리성을 꾀하기 위해 첨가시킨 것이라 하겠다.

16-4-5도 <옥중화> 등의 구활자본 등에서 보이는 화소로, 춘향이 불 속에 있는 것을 이어사가 구해내는 내용의 꿈이다. 이는 사건의 결말을 은유적으로 암시하는 단락이라 할 수 있다.

지금까지 몇몇 이본을 대상으로 [단락3. 광한루 만남]과 [단락16. 민정 염탐]의 구성 요소가 주제적 해석과 어떠한 관련이 있는가를 살펴보았다. 이를 통해 우리는 상위단락의 층위에서 또는 하위단락의 층위에서 또는 화소의 층위에서, 구성 요소의 출입과 확축(擴縮) 양상이 주제의 실현과 긴밀한 관련이 있음을 확인했다. 개별 텍스트의 주제적 의미를 보다 구체적으로 파악하기 위해서는 춘향전 단락 구성 모형을 활용하면서 개별 텍스트가 변주되는 양상을 보다 정밀히 분석할 필요가 있다.

5. 맺음말

지금까지 본고에서 논의한 내용을 정리하면서 맺음말에 대신하고자 한다.

첫째, 기존의 주제 연구사를 검토하면서 춘향전의 구성 양상이 보다 전면적이면서 세밀히 파악될 수 있는 방법론이 요청된다고 했다.

둘째, 춘향전의 구성 양상을 객관적이면서 효율적으로 파악할 수 있는 방법론을 모색해 보고, 그 작업의 실제를 보고했다.

셋째, 춘향전을 구성하는 각 층위의 구성 요소가 주제 해석에 어떻게 관계하는가를 사례를 통해 확인했다.

본고에서 제시한 춘향전 구성 양상 모형은 매우 엉성한 것이다. 앞으로 좀더 많은 이본을 대상으로 좀더 정밀한 분석을 통해 전면적으로 보완되어야 한다. 명실상부한 춘향전 지도가 그려지기 위해서는 화소 층위에 머무르지 않고, 행문 표현으로까지 그 범위를 확대해야 한다. 그리하여 춘향전의 개별 텍스트마다 담겨져 있는 그 섬세한 결들까지 모두 우리의 눈에 잡아둘 수 있어야 한다.

춘향전의 고전적 가치와 미학

최기숙

1. 고전으로서의 춘향전

춘향전[1]은 '고전'으로서의 문학사적 지위를 인정받으며 감상되어온 한국의 대표적인 고전 문학 작품이다. 춘향전에 대한 연구자들의 관심뿐만이 아니라, 이 작품을 다시 씀으로서 '고전'의 대열에 합류하고자 하는 작가들의 의식이나, 이러한 행위를 통해 예술적 책임을 완수하려는 작가들의 의무에는 고전에 대한 관심과 존중의 태도가 전제되어 있다. 고전으로서의 춘향전은 그에 대한 연구사가 고전 소설 연구사적 궤적을 대표한다고 지적될 정도로 문학사의 주요한 관심의 대상으로 부각되어 왔다. 춘향전은 사랑이라는 주제

1) 이 글에서는 '춘향전'의 이본을 통칭하는 것으로 사용했으며, 각 이본을 지칭할 때는 '< >'를 사용했다.

의 보편성과 당대 사회의 모순에 대한 비판적 저항을 다룬 사회성의 측면, 서사적, 서정적, 극적 구성을 조화롭게 완결한 구조미학적 측면, 판소리 사설의 담화기법과 이전 시기까지의 수사학적 기법을 온축한 문체 미학의 측면 등 다양한 층위에서 고전으로서의 자격을 인정받고 있다.

국문학사의 서술 과정에서도 춘향전은 개별 작품으로서는 단연 중심적인 관심의 세례를 받아온 편인데,[2] 조윤제,[3] 김사엽[4] 등의 초기 국문학사에서부터 춘향전은 단일 작품으로서는 주요한 문학사적 지위를 인정받아왔으며, 문학사로서는 최근의 저술에 속하는 조동일의 『한국문학통사』에서도 조웅전의 전례를 넘어서서, 이본 수, 유포의 범위, 인기의 정도 등 어느 측면에서든 으뜸가는 위치를 차지하는 작품으로 평가된 바 있다.[5] 북한의 사회과학원 문학연구소에서 출간한 『조선문학통사』에서도 춘향전은 심청전과 더불어 구전 설화에 토대한 국문 소설의 대표작으로 다루어지면서, 주제 의식과 예술적 형상화의 측면에서 주목할 만한 고전으로 인정되었다.[6]

춘향전은 고전소설사[7]를 서술하는 과정에서도 단일 작품으로서는 비중 있는 연구사적 관심의 대상으로 주목받아 왔다. 김태준의 『조선소설사』에서 춘향전은 민중의 승리를 보여준 주제를 구현한 작품으로서, 조선어의 내재적 특질을 살려 기교적 경구(警句)와 미언(謎諺)을 나열함으로써 풍부한 유머와

---

2) 이하 고전으로서의 춘향전의 지위를 논하는 과정에서는 단행본으로 간행된 국문학사, 고소설사, 고소설론만을 다루었다. 그 외의 춘향전의 연구사는 이 책에 수록된 「춘향전 연구사」 및 「춘향전 연구 논저 목록」을 참조

3) 조윤제, 『국문학사』, 동국문화사, 1951, 323-324쪽.

4) 김사엽, 『국문학사』, 정음사, 1954, 484-496쪽.

5) 조동일, 『한국문학통사』 3권, 지식산업사, 1989, 528-530쪽.

6) 사회과학원 문학연구소, 『조선문학통사』 1권, 이회문화사, 1996(이 책은 1977년판 『조선문학사』 고대·중세편, 과학백과사전출판사에 의거함), 453-458쪽.

7) 여기서는 통시적 계보에 따라 소설론을 다룬 경우도 포함시켰다.

쾌활한 어조로 구성되었다고 평가되었다.[8] 김춘택의 『조선고전소설사연구』에서는 봉건사회 현실을 배경으로 사실주의적인 인물을 창조했다는 점에서 앞선 시기의 문학적 제한성을 극복한 것으로 평가되었다.[9] 김광순은 『한국고소설사와 론』에서 1980년대까지의 춘향전의 근원설화에 대한 연구사를 정리하고, 환경과 인습의 구각의 극복을 추구한 춘향전의 주제를 탈갑지향적 구조로 해석했고,[10] 『한국고소설사』에서는 춘향전의 주제를 논의하면서 개별 이본의 주제적 탐구를 통해 보편적 주제가 도출되어야 한다고 강조했다.[11] 설성경은 『한국고전소설의 본질』에서 15세기형 『금오신화』, 17세기형 <구운몽>과 더불어 <남원고사>를 19세기형 개작장편으로서 다루었고, 서정성, 서사성, 극성이라는 측면에서 작품의 문예 미학을 논의했다.[12]

춘향전은 유형 중심으로 논의되어온 연구사적 환경 속에서 '애정 소설'의 중심 작품으로 논의되어 왔다.[13] 고전소설론을 다루면서 개별 작품으로서의 춘향전을 다룬 경우에는 춘향전 이본의 계보나 개별 작품 분석이 중시되었는데, 설성경은 「춘향전의 계통」을 서술하면서 별춘향전계와 남원고사계 이본의 개별성을 서술하고, 문예미의 바탕으로서 구성과 주제의 특성을 언급했다. 전반부는 하강적 삶에 의한 좌절의 주제를, 후반부는 상승적 삶에 의한

---

8) 박희병 교주, 『증보조선소설사』, 한길사, 1990(이는 1939년 학예사에서 출판된 것을 교주한 것임), 199-202쪽.

9) 김춘택, 『조선고전소설사연구』, 한국문화사, 1999(이 책은 김일성종합대학출판사에서 1986년에 출간된 것을 수록한 것임), 296-309쪽.

10) 김광순, 『한국고소설사와 론』, 새문사, 1990.

11) 김광순, 『한국고소설사』, 국학자료원, 2001.

12) 설성경, 『한국고전소설의 본질』, 국학자료원, 1993.

13) 기녀신분갈등형 애정소설을 논의하면서 판소리계 소설 <춘향전>을 다룬 박일용의 논의(『조선시대의 애정소설』, 집문당, 1993)와 춘향전을 기녀의 자의식이 부각되는 기녀등장소설로 논의한 조광국의 『기녀담 기녀등장소설 연구』(월인, 2000) 등이 그 예이다.

성취의 주제를 지향한 것으로 보고, 관민의 극적인 화해를 통해 대동적 화해주의를 추구한 것으로 평가했다.[14]

성현경은 <남원고사>, <이고본 춘향전>, <신재효 춘향가>를 대상으로 각 작품의 구조와 의미를 다루고, 그 중에서도 춘향의 신분 및 정절에 관해 가장 상세하게 설정, 묘사한 <남원고사>를 춘향전의 결정판이자 최고 걸작으로 평가했다.[15]

그러나 춘향전의 미학적 한계 등에 관해서도 지적되었다. 김사엽은 표현상의 지나친 과장, 묘사의 비현실성 등을 결함으로 지적으며,[16] 북한 문학사에서는 주제 사상과 묘사된 사건들이 현대의 생활 감정, 또는 민족적 감정과 이질적인 점, 춘향의 봉건적 태도, 이몽룡이 선정의 대변자로 부각된 점 등을 춘향전의 본질적인 제한성으로 지적했다. 그 외에도 예술적 묘사가 부족하고 이야기식 서술의 비중이 높은 점, 정황에 맞지 않는 장황한 열거, 한문투의 사용 등을 예술적 제한성으로 지적하였다.[17]

이처럼 춘향전은 소설사적으로 뿐만이 아니라 문학사적으로도 의미 있는

---

14) 설성경, 「춘향전의 계통」, 한국고전소설 편찬위원회 편, 『한국고전소설론』, 새문사, 1990, 281-282쪽.

15) 성현경, 『한국옛소설론』, 새문사, 1995, 385-465.
<남원고사>만을 대상으로 문체의 측면에서 '미학적 성격'을 규명한 논의로는 <남원고사>의 삽입문예양식을 문체론적으로 분석한 김태준의 논문(「<남원고사>의 삽입문예양식과 그 민중적 성격」, 한국고소설연구회 편, 『춘향전의 종합적검토』, 아세아문화사, 1991)과 골계미를 문체론적으로 분석한 김종철(「남원고사의 골계적 정신에 관한 연구」, 『판소리연구』 8집, 판소리학회, 1997), 이병찬(「<춘향전>의 비장과 골계」, 반교어문학회, 『고소설의 사적 전개와 문학적 지향』, 보고사, 2000), 최혜진(『판소리계 소설의 미학』, 역락, 2000)의 논문, 언어의 육체성을 중심으로 논의한 졸고 (「언어의 육체성, 공감과 경험의 수사학 : <남원고사>의 문체 미학」, 『고소설연구』 16집, 고소설학회, 2003) 등이 있다.

16) 김사엽, 『국문학사』, 정음사, 1954, 484-496쪽.

17) 사회과학원 문학연구소, 앞의 책, 458-460쪽.

관심의 세례를 받으면서 고전으로서의 가치를 확고히 하고, 미학적 분석의 연구 대상으로 자리잡았다. 춘향전이 '전통'과 '고전'으로서의 지위를 획득하는 과정에 관한 논의를 시도한 것들은 바로 이러한 측면에 주목한 결과이다.[18] 이 글에서는 이러한 연구사적 관심을 수렴하는 차원에서 춘향전의 미학적 지평을 주제[19]와 수사학의 차원에서 규명해 보고자 한다.

2. 춘향전의 미학적 지평

1) 정체성 해석과 자기 의식의 문제

춘향전의 고전적 가치는 모순된 사회 제도에 대한 문제의식을 개인의 자기 인식의 과정을 통해 자각하고 이를 사랑의 형식으로 완성하며, 부패한 사회에 대한 저항의 형식으로 이념화하는데 성공했다는 주제적 측면에서 찾을 수 있다. 춘향전은 춘향의 신분에 대한 사회적 갈등과 분열의 문제를 통해 춘향의 자기 인식이 사회화 되는 과정이 내포하는 제반 문제에 대한 성찰을 제안한다. 춘향이 '정절'의 형식으로 '사랑'을 표현할 수밖에 없었던 것은

18) '전통'으로서의 춘향전의 지위를 저항성과 민중성의 측면에서 분석한 이상숙의 논의(「<춘향전>을 중심으로 한 전통논의의 양상」(『국어국문학』 120호, 국어국문학회, 1997)와 최남선의 『고본 춘향전』이 중국적 요소를 조선의 것으로 대체하고 음란성을 억압하는 방식으로 고전의 지위를 확보하는 과정을 분석한 강진모의 논문(「<고본 춘향전>의 성립과 그에 따른 고소설의 위상 변화」, 연세대 석사논문, 2002)이 그 예이다.

19) 춘향전의 주제를 이념성이나 제도적 폭력성 또는 봉건제에 대한 저항 의식의 측면에서 다룬 관점은 앞선 연구에서 상세하므로(이에 관해서는 이 책에 수록된 「춘향전 연구사」를 참조), 이 글에서는 따로 다루지 않는다.

개인이 사회화되는 과정에서 필수적으로 요청되는 개인 의식과 이념, 개인과 제도간의 근본적인 갈등에서 연유한다. 작품에서 춘향의 자기 의식은 타인에 의한 춘향의 정체성 해석과 충돌하거나 합일하는데, 이러한 과정은 자기 의식의 문제가 사회화되는 과정에서 감수해야 할 문제들과 그것을 완수하기 위해 요청되는 개인적, 사회적 자질에 대한 성찰을 요청한다.

춘향의 정체성을 둘러싼 사회적 갈등의 문제는 춘향전의 주요한 주제적 요소이다. 춘향의 자기 인식과 이에 대한 사회적 불일치는 기생에 대한 사회적 차별의 문제를 넘어서, 태생적으로 규정되는 제도적 인간의 정체성에 대한 근본적 문제제기를 함의함으로써 주제적 보편성을 확보한다. 춘향의 정체성은 자기 표현과 주장을 통한 주체적 자기 인식을 통해서 구현되지만, 이는 사회가 규정하거나 여론이 판단하는 타자에 대한 정체성 해석과 상충하는 것으로 나타난다.[20] 타인의 정체성을 사회가 해석할 수 있고, 이를 규정하고 억압할 수 있다는 논리는 개인의 정체성 형성에 주체가 '소외'될 수 있음을 시사한다. 춘향전에서 춘향이 자기 주장의 형식을 통해 자신의 정체성에 대한 사회적 해석에 통일성을 부여하고, 자신을 둘러싼 분열된 인식을 저항과 설득의 형식으로 통합하는 과정은 곧 이 작품이 주제를 구성하는 과정과 일치하는 것이기도 하다.

춘향전에서 유독 춘향의 정체성 해석이나 규정이 문제시되는 것은 춘향이 양반과 기생의 '사이'에서 태어난 존재라는 특수성에 기인한 것처럼 보인다. 그러나 춘향전에 나타난 갈등의 요인은 한 개인에게 서로 다른 태생적 신분

---

20) 앞선 연구에서는 이를 기녀취급을 하려는 현실과 기녀 취급을 당하지 않으려는 춘향의 의지 사이의 갈등으로 해석하였다(조동일, 「갈등에서 본 춘향전의 주제」, 이상택 외 편, 『한국고전소설 연구』, 계명대출판부, 1974; 박희병, 「춘향전의 역사적 성격 분석」, 『전환기의 동아시아 문학』, 창작과비평사, 1985; 박일용, 1993, 226쪽).

중에서 어떤 것을 '부여'하는가의 문제가 아니라, 한 개인이 자각하고 주장하는 정체성과 사회가 부여하고 규정하는 정체성 간에 '간극'이 존재하고 그것이 충돌할 때에 개인과 사회의 선택과 합의는 어떠해야 하는가 하는 모색을 배태한다는 데서 찾을 수 있다.

춘향전은 이본에 따라 아버지가 양반으로 설정된 경우도 있고, 부계의 신분이 밝혀지지 않은 것도 있다. 이런 점에서 춘향의 정체성 갈등을 둘러싼 핵심적인 문제는 부계의 신분이 아니라, 춘향의 자기 주장의 내용에 있다고 볼 수 있다. 다만 춘향의 부계를 양반으로 설정한 경우에는 기생으로 살아가지 않으려는 춘향의 자기 의식에 대해 생물학적이고 사회적인 설득력을 부여하려는 (개)작자의 의도가 강화된 것으로 이해할 수 있다. 이러한 점에서 이 글에서는 춘향의 자기 인식이 사회적인 정체성 해석과 충돌하고 갈등하는 양상 속에서 어떻게 통합된 견해를 이끌어 내는가 하는 구체적인 과정을 춘향전의 대표적인 이본 계열[21]을 통해 살펴보고자 한다.

춘향의 정체성을 둘러싼 사회적 시선은 작품 내에서 서술자의 직접 진술에 의한 정체성 규정의 문제, 춘향의 자기 규정에 의한 정체성의 문제, 주변인에 의한 정체성 해석의 문제 등 각기 상이한 차원에서 접근할 수 있다. 이 중 춘향의 자기 정체성의 문제는 서사 내적으로는 인물간의 대화적 차원, 공간 설정의 차원, 꿈을 통해 본 무의식의 차원 등으로 구체화된다. 춘향의 자기 인식은 '문제적 상황' 속에서 토로되는 자기 고백이나 독백, 혹은 자기 정체

---

21) 춘향전 이본의 계열은 별춘향전계, 남원고사계, 옥중화계로 나눈 설성경의 견해를 따르며(설성경, 『춘향전의 형성과 계통』, 정음사, 1985), 각 계열본 중에서 <완판 84장본 열녀춘향수절가>, <남원고사>(김동욱 · 김태준 · 설성경 공저, 『춘향전비교연구』, 삼영사, 1979), 이해조의 <옥중화>(『訂正六板 獄中花』, 보급서관, 1912)를 선택하여, 분석의 대상으로 삼는다. 본문을 인용할 경우, 각각 '<완>', '<남>', '<옥>'으로 약칭했으며, 원문은 현대어로 고쳐 적었다. 인용문의 ':' 오른쪽 숫자는 해당 텍스트의 수록 쪽수이다.

성을 억압하는 사회적 시선에 대한 저항의 형식으로 표현될 뿐만이 아니라, 언술적 차원을 뛰어넘어 태도나 품행, 취향 등 생활적 범주 안에서 다양하게 표현된다.

(1) 서술자의 직접적 발언에 의한 춘향의 신분 설정

서술자의 직접적 개입에 의한 서술 방식은 텍스트에 대한 서술자의 태도나 시각을 선명하게 드러내는 방법으로서, 춘향의 출생을 설명하는 부분에서 효과적으로 활용된다.

<완판본>에서 춘향은 성참판의 서녀로서, 월매의 기자치성 결과로 지리산과 요천수의 정기를 받아 태어난 낙포 선녀의 환신으로 설정되었다.[22] 춘향의 출생을 유희적 관계의 결과로서가 아니라, 어머니의 기원과 정성에 의한 자연의 감응이자 신공(神功)의 응답 결과로 설정함으로써, 존엄성을 부여한 것이다.

<옥중화>에서도 춘향은 월매가 이도령과의 운명적 만남을 암시하는 태몽을 꾸고 태어난 양반의 서녀로서, 지리산과 적성강의 산수정신을 받아 태어난 것으로 소개되었다.[23] <옥중화>의 서술자는 춘향이 성장과정에서도 규방여자처럼 자랐음을 강조했다.[24]

위의 두 텍스트에서 춘향은 양반의 딸이라는 신분적 장치를 설정함으로써, 기생으로서의 정체성을 거부하는 춘향의 태도에 대한 사회적 설득력을 부여

22) 해당 내용은 <완 : 2-4>.

23) 해당 내용은 <옥 : 1-2>.

24) <옥중화>의 서술자는 옥중 사설에서도 '이때에 춘향이가 기생같고 보게 되면 오입장이 기생들이 와서 인사를 하련마는 기생이 아닌 고로 그런 일이 없더니라'(98)라고 서술함으로써 춘향의 정체성을 기생으로 인정하지 않는 태도를 고수했다.

했다. 기생과 양반의 사이에서 태어난 춘향에게서 '신분'이란 '선택'과 '완성', '설득'의 문제로 인식된다. 그러나 당시에 기생은 종모법(從母法)에 따라 어머니의 신분을 따를 수밖에 없었으므로, 이러한 춘향의 자기 의식은 불가불 사회적 시선과의 충돌을 야기시킬 수밖에 없었다.

<남원고사>에서 춘향의 '출생 과정'은 제시되지 않으며, 춘향의 성은 '김'이다. <남원고사>는 이야기 자체의 흥미성과 유희성에 비중을 두었기 때문에,[25] 이야기 전개 과정상의 현재적 재미를 극대화하려는 서사 논리가 지배적이다.

이처럼 <완판본>과 <옥중화>의 서술자가 춘향의 정체성이 '기생'으로 고정되는 것을 거부한 데 비해, <남원고사>의 서술자는 이에 대한 의사 표현이 명확하지 않다. 오히려 <남원고사>는 춘향이 지닌 '기생'으로서의 정체성을 작품의 유희성을 극대화시키는 하나의 적극적인 서사적 매개로 활용하는 것이다.

(2) 춘향의 자기 정체성 인식

춘향은 자기 정체성에 대한 뚜렷한 인식을 갖춘 인물로서, 작품 내에서 각각 대화적 차원, 공간 설정의 차원, 꿈을 통해 본 무의식의 차원을 통해 자기 정체성을 표현한다.

춘향의 자기 의식은 일차적으로 자신의 정체성을 둘러싼 '대화적 장(場)'에서 자연스럽게 토로된다. 춘향을 부르러 온 방자와 춘향의 대화는 춘향의 자기 의식을 표현하는 일차적 계기가 된다. 춘향은 자신을 호출한 이도령의

---

25) 이러한 의도는 서두에서 '이 세상에 매우 이상하고 신통하고 거룩하고 기특하고 패려하고 맹랑하고 희안한 일이 있것다.' (남 : 37)로 이야기를 시작하는 서술자의 언급을 통해 직접적으로 명시된다.

행위 자체를 문제삼음으로써, 자신을 '기생'으로 간주하려는 사회적 시선에 저항한다.

<완판본>의 춘향은 추천(鞦韆)을 나무라는 방자에게 자신의 행실이 여염집 처자와 다르지 않으므로 불러서는 안 되며, 이는 관기의 시사(時仕)에도 해당하지 않는다고 훈계한다.[26)]

<옥중화>의 춘향은 "이 녀석, 도령님만 양반이요 나는 양반이 아니냐."(11)라며 자신을 기생으로 호출하는 것에 저항감을 표현하고, "못 갈 내력을 들어보아라. 양반의 댁 도령님이 글공부 아니하고 유산하기 긴치 않고 유산을 할 지라도 남의 집 여자보고 전갈하기 당치 않고 전갈은 할 지라도 여자의 도리로 남자의 전갈 듣고 따라가기 괴이하다."(11 - 12)며, 도리어 그를 나무란다. 그러나 방자가 이도령의 가문과 권세를 강조하고 서울 사람으로서의 매력을 강조하자, '속은 듯이' 마지 못하여 직접 찾아오라고 전한다.

이들과 달리 <남원고사>의 춘향은 자신을 데리러 온 방자에게 여염집 여성으로서의 정체성을 강조하거나 양반의 서녀임을 주장하지 않고 험한 말로 욕설을 하며 저항감을 표현한다.[27)] 그러나 이도령의 부름에 응하지 않을 경우 월매까지 '생급살'을 맞을 것이라는 말을 듣자, 할 수 없이 이를 따른다.

위의 이본들에서 춘향은 일변 기생으로서의 자기 정체성을 거부하는 듯하지만, 이를 완전히 거부하지는 못한다. 춘향의 응락은 이도령의 가문과 권세에 대한 호기심 때문이기도 하지만, 자신과 어머니에게 닥칠 불이익을

---

26) "네 말이 당연하나 오늘이 단오일이라. 비단 나뿐이랴. 다른 집 처자들도 예 와 함께 추천하였으되 그럴 뿐 아니라 설혹 내 말을 할지라도 내가 지금 시사(時仕)가 아니거든 여염집 사람을 호래척거로 부를 리도 없고 부른데도 갈 리도 없다. 당초에 네가 말을 잘 못 들은 바라." (완 : 20-21)

27) "아니 가면 누구를 어찌 하나? 날로 죽이나 생으로 발기나? 비오는 데 쇠 꼬리처럼 부딪치지 마라. 날 궂은 데 개새끼처럼 지근지근이 굴지 말고, 말하기 싫으니 어서 이거라."(남 : 78)

모면하기 위한 방어적 의도에서 비롯된 것이기도 하다. 이는 춘향이 기생 신분에 대한 거부감을 갖고 있지만, 이를 전적으로 부정할 수만은 없었던 현실성을 자각한 결과이다. 이런 점에서 춘향의 '저항'은 자신에 대한 사회적 해석을 분명히 이해한 가운데 실천된 명백한 의사 표현으로 이해할 수 있다.

다음은 춘향이 이도령과 대화 과정에서 주장한 자기 의식의 발언 내용이다.

<이도령과의 대화를 통해 본 자기 의식>

① 완판본

㉮ "충신은 불사이군이요 열녀불경이부절은 옛글에 일렀으니 도련님은 귀공자요 소녀는 천첩이라. (…)" (완 : 25)

㉯ "(…) 진사급제 대 받쳐 직부주서 한림학사 이렇듯이 된 연후 부승지 좌승지 도승지로 당상하여 팔도방백 지낸 후 내직으로 각신 대교 복상 대제학 대사성 판서 좌상 우상 영상 규장각하신 후에 내삼천 외팔백 주석 지신 내 서방 알뜰 간간 내 서방이지." (완 : 68 - 69)

㉰ "(…) 우리 식구 가더라도 공밥 먹지 아니할 터이니 그렁저렁 지내다가 도련님 나만 믿고 장가 아니 갈 수 있소. 부귀영총 재상가의 요조숙녀 가리어서 혼정신성 할지라도 아주 잊든 마옵소서. (…)" (완 : 73 - 74)

㉱ "(…) 천하에 다정한 게 부부정유별컨만 (…)" (완 : 76 - 77)

㉲ "(…) 도련님께 의탁하여 영귀할까 바랐더니 (…)" (완 : 83 - 84)

㉳ "(…) 호색하신 도련님이 주야 호강 놀으실 제 나 같은 하방천첩이야 손톱만큼이나 생각하오리까. 애고 애고 내 일이야." (완 : 84 - 85),

② 남원고사

㉴ "소첩이 비록 창가천기요 향곡의 무딘 소견이나 마음인 즉 북극천문에 턱을 걸어 결단코 남의 별실 가소하고 장화호접 불원이오니 (…)" (남 : 89)

㉵ "(…) 첩의 원하는 바는 제요도당시적 소부 허유 같은 사람이나, 월나

라 범소백 같은 사람이나, 그렇지 않으면 한광무적 엄자릉 같은 이나 (…) 그렇지 아니 하오면, 백골이 진토 되어도 독숙공방하오리이다." (남 : 90)

㉶ "또한 진정의 말씀하오리다. 도련님은 귀공자시고 소첩은 천기라. (…) 헌신같이 버리시면 속절 없는 나의 신세, 가련이도 되겠구나. (…)" (남 : 92)

㉷ "(…) 서울 올나가서 학업이나 힘써 여영득의 하신 후에 부디부디 날 찾으시오. (…)" (남 : 201 - 202)

③ 옥중화 : "(…) 엇지하여 천첩? 무엇 천첩? 이따위 말이 몇가지나 되시오? (…)" (옥 : 44 - 45)

<완판본>의 경우, 이도령과의 첫 만남㉮에서 춘향은 불경이부의 열녀론을 인용하며 만남을 거절했지만, 이는 관계의 거절 의사라기보다는 오히려 책임감 있는 관계에 대한 요청으로 볼 수 있다. '사랑가' 부분㉯에서 춘향은 이도령의 출세와 성공을 기대하고 이별의 설움을 토로하면서 '도련님께 의탁하여 영귀할까 바랐'다는 심정을 털어놓음으로써㉱, 혼인을 통해 사회적 지위와 성공과 출세, 물질적 풍요로움을 기대했음을 고백했다. 이는 욕망의 표현이라는 점에서 자기 의식의 일단을 대변한다고 볼 수 있다.

이별에 처한 이도령이 눈물을 흘리며 감정적으로 반응한 데 비해, 춘향은 '첩'의 지위를 요구하며 서울에 따라가 살아갈 구체적인 계획을 설명할 정도로 이성적인 태도를 보인다㉰. 춘향은 이도령이 자신을 '호색'의 대상으로 여겼음을 알고 있을 정도로㉳ 현실감각을 갖추었으며, '부부'의 지위를 확인시킴으로써㉲ 책임감을 환기시키기도 했다.

<남원고사>의 춘향은 이도령의 전도유망함에 탄복하면서도 자신은 결단코 남의 별실이나 창부가 되지 않겠다는 의사를 명확히 한다㉴. 자신은 절의 있는 선비, 입신출세한 권력자, 뜻이 높은 은자, 용맹한 장수 등 역사에

남은 명예로운 인물을 배우자로 욕망한다고 밝힘으로써(㉵), 뚜렷한 결혼관을 드러냈다.

이도령이 춘향의 욕망을 충족시킬 수 없다며[28] 유희적 관계를 제안하자,[29] 춘향은 신분차 때문에 버림받을 것이라며 거절한다(㉶). 그러나 이는 관계 지속을 요청하는 사랑의 기술인 것처럼 제안된다. 이별을 당한 춘향은 득의한 후에 찾아달라고 당부함으로써, 성공한 이도령과의 재회 욕망을 드러내기도 한다(㉷).

<옥중화>의 춘향은 월매를 통해 자기 의식을 전달한다. 월매는 춘향이 상사람이 아니라며 출생 경위를 설명하고 버림받는 것에 대한 두려움을 표현한다. 여기서는 혼서를 요청한 인물도 월매로 설정되어, 춘향은 이도령에 대한 현실적 기대나 욕망과 무관하게 순수한 사랑을 나누는 주체로서 부각되었다. 그러나 이별에 처한 이도령이 아버지의 말을 인용하여 '천첩'으로 호명하자[30] 분노를 드러냄으로써, '첩'의 지위로 만족한 <완판본>의 입장과 대조를 이룬다.

여기서 춘향은 이도령과 혼인 관계를 맺음으로써 '기생'이라는 태생적 신분에서 벗어나 자신이 원하는 사회적 정체성을 설득하는 데 성공한다. 이들에게서 '사랑'은 신분의 차이를 뛰어넘는 초월의 기제로 작용했던 것이다. 그러나 춘향의 정체성에 대한 개인적인 합의는 '이별'을 계기로 다시 제도의 벽에 부딪친다. 춘향의 자기 의식과 그에 대한 사회적 해석이 충돌하는 직접적인 계기는 이별과 그 이후 신관의 부임을 통해 전면화된다.[31]

---

28) '네 뜻이 여차하면 나 같은 사람은 엿보지도 못할소냐. 그런 사람 의외로다.' (남 : 90)

29) "우리 둘이 양양총각 놀아보자." (남 : 90)

30) '양반의 자식이 미장가전에 외방에 천첩하였단 말이 나면 족보에서 떼고 사당제 참례를 못한다.' (옥 : 43)

변부사는 춘향의 정체성 해석에서 춘향 자신과 가장 첨예한 대립을 이룬다. 변부사는 춘향을 성적 욕망의 대상인 기생으로 간주함으로써, 한 남자의 아내로서 주장하는 춘향과 대립한다. 각 이본에서는 그를 특별한 '악인'으로 규정하기보다는 인간적인 결점을 소유한 평범한 '권력자'로 서술했는데,[32]

---

31) 임형택은 이도령과 이별할 때까지도 뚜렷한 자각이 없었던 춘향이 자아를 각성하게 된 것은 변사또와 대결하는 과정에서 비롯되었다고 해석한 바 있다(임형택, 「민중문학의 성립과 그 형상적 사상 - <춘향전>을 중심으로」, 『한국문학사의 논리와 체계』, 창작과비평사, 2002, 271쪽).

32) ① 이 때 수삭 만에 신관 사또 났으되 자하골 변학도라 하는 양반이 오는데 문필도 유여하고 인물 풍채 활달하고 풍류 속에 달통하여 외입 속이 넉넉하되, 한갓 흠이 성정 괴팍한 중에 사증을 겸하여 혹시 실덕도 하고 오결하는 일이 간다고로 세상에 아는 사람은 다 고집불통이라 하것다. (완 : 94)

② 신관사또는 남촌 호박골 변악도 집이라. 천만 뜻밖에 결련 덕으로 산정의 말망 낙점하였는지라 하던 날부터 남원 춘향이 명기란 소문을 들은지 오랜지라. (남 : 216-217)

③ 자하골 막바지 사는 변학도라는 양반이 났으되 얼굴이 잘나고 남녀 창우 계명을 거침없이 잘 부르고 풍류 속이 달통하여 돈 잘 쓰고 술 잘 먹고 일대호걸이로되, 한가지 허물이 있던가 보더라. 고집이 있고 미련하여 좋은 말을 그르게 알고 그른 말을 옳게 알고 주색이라 하면 화약을 짊어지고 불조심 아니하니 이러하므로 곤닭의 알 곯듯하고 지내다가 조상이 받들어 남원부사를 제수하시니 (옥 : 61)

<완판본>의 변부사는 문필에 능하고 인물과 풍채가 활달하며 풍류를 즐기되 괴팍한 성정을 지녀 성격적 결함을 지닌 인물로 설정되었다. <옥중화>의 변부사도 외모가 출중한 풍류호걸로서, 고집이 세고 판단력이 결여된 결함을 지녔으며 주색에 취약한 인물로 설정되었다. 변부사가 소개될 때에 그의 도덕적 결함에 대한 언급은 없다. <남원고사>에서는 변부사에 대한 서술자의 직접적 언급이 없으며, 그의 화법이나 화제를 통해 촉급하고 다혈질적이며 자기 절제력이 부족한 성격적 결함을 지닌 존재임이 부각되었다.

그런데 <남원고사>와 같은 계열로 인정되는 <동양문고본>, <동경대본>에서는 서술자에 의해 변부사가 '악인'으로 규정되는 상황이 나타난다. <도남문고본>의 표현은 <남원고사>와 같다.

㉮ <동양문고본> : 신관은 남촌 자하동 사는 변학도라. 식경의 아귀오, 탐심의 화젹이라. 쳔만의외 결연 덕으로 상젼의 말망 낙졈ᄒᆞ엿ᄂᆞᆫ지라. ᄒᆞ던 날부터 남원 츈향이 명기란 말을 듯고 ᄉᆡᆼ각이 젼혀 게만 닛ᄂᆞᆫ지라. 밤낫ᄉᆞ로 남원이 몃 니나 되ᄂᆞᆫ고 ᄒᆞ고, 신연하인 오기룰 기다리더라. (4권 33b-34a)

㉯ <동경대본> : 이ᄯᅢ의 구관은 올나가고 신관은 나려올 제 신관은 남촌 ᄌᆞ하동 변학되라. 식경의 아귀오 탐심의 화젹이라. 쳔만의외 결년덕으로 샹젼의 말망낙졈ᄒᆞ

그가 춘향의 정체성을 인식하는 내용 또한 예외적이라기보다는 오히려 당대의 관습적이고 보편화된 인식 내용을 반영한다.[33]

<변부사와의 대화를 통해 본 자기 의식>

① 완판본

㉮ "충신불사이군이요 열녀불경이부절을 본받고자 하옵는데 (…)" (완 : 108)

㉯ "(…) 해서 기생 농선이는 동선령에 죽어 있고, 선천 기생 아이로되 칠거학문 들어 있고, 진주 기생 논개는 우리 나라 충렬로서 (…) 기생 해폐 마옵소서." (완 : 109)

㉰ "당초에 이수재 만날 때에 태산 서해 굳은 마음 소처의 일심정절 맹분같은 용맹인들 빼어내지 못할 터요, 소진 장의 구변인들 첩의 마음 옮겨가지 못할 터요, (…)" (완 : 109-110)

㉱ "유부녀 겁탈하는 것은 죄 아니고 무엇이오." (완 : 110)

② 남원고사

㉲ "(…) 소녀 본시 창가지업이오 요마천녀나 (…) 부부지의가 여산약해오(…)" (남 : 274)

㉳ "(…) 대비정속 하온 후는 관기가 아니옵고 도련님 가신 후로 두문불출 수절하와 만분지일이라도 열녀의 본을 받고저 마음에 새겼사오니 (…)" (남 : 279)

엿ᄂᆞᆫ지라. ᄒᆞ던 날부터 남원 츈향이 명기란 말 듯고 ᄉᆡᆼ각이 젼혀 게만 잇셔 밤낫으로 기다리ᄂᆞᆫ 말이 (5권 97a)

㉰ <도남문고본> : 신관ᄉᆞ도ᄂᆞᆫ 남촌 호박골 변악도 집이라. 천만 ᄯᅳᆺ밧긔 결년덕으로 산정의 말망 낙뎜을 ᄒᆞ엿ᄂᆞᆫ지라. ᄒᆞ던 날브터 남원 츈향이 명기란 소문 듯고 ᄉᆡᆼ각이 젼혀 여긔만 이셔 밤낫 ᄌᆞ로 기ᄃᆞ리ᄂᆞᆫ 말이 (3권 20b)

33) 변부사를 '악'으로 규정하는 것은 춘향의 시선에 동화된 작중 인물들과 그에 공감하는 독자들이다.

㉳ "(…) 일편단심통촉긍애하옵서 방송하옵소서." (남 : 281)

③ 옥중화

㉴ "(…) 내가 기생인가? 기생이 아닌 바에 부른다고 갈 수 있나. (…)" (옥 : 74-75)

㉵ "창녀의 자식이나 기안에 착명 않고 여염 생장하옵더니 (…)" (옥 : 87)

㉶ "(…) 올라가신 도령님이 무신하여 안 찾으면 반첩여의 본을 받아 옥창 형영 지키다가 이 몸이 죽사오면 황릉묘를 찾아가서 이비 혼령 뫼시옵고 반죽지 점은 비에 놀아볼까 하옵는데, 재초수절 하란 말씀 소녀게는 당치 않소" (옥 : 88)

㉷ "(…) 수절 부녀 억탈하면 (…)" (옥 : 89)

<완판본>의 춘향은 수청을 요구하는 변부사에게 충신불사이군, 열녀불경이부를 강조하고(㉮), 충효열을 지킨 기생의 사례를 열거하며(㉯), 절의를 지킨 역사적 인물들을 본받아 왔음을 밝힘으로써(㉰), 정절 의사를 분명히 한다. 춘향은 자신을 '유부녀'로 언급하며, 변부사의 수청 강요를 '유부녀 겁탈'(㉱)로 명명한다. 춘향은 '열'의 가치를 신분과 무관한 여성 보편의 덕목, 나아가 인간적 가치로 강조하면서 '윤리적 인간'의 지위를 통해 사회적 지위를 탈환하고자 한다.

<남원고사>의 춘향도 변부사에게 원정을 고하면서 이도령과의 관계를 '부부'로 언급했다(㉲). 춘향은 창가 출신임을 부정하지는 않았지만, 부부지의를 맺고 대비정속한 후로는 열녀가 되려 했다며(㉳), 일편단심의 의지를 밝혔다(㉳).

<옥중화>의 춘향은 처음에는 기생의 자식이 아니라고 주장했지만(㉴), 애부를 묻는 변부사에게 창녀의 자식임을 인정했다. 그러나 기안에 착명하지

않고 여염에서 생장했으며 어머니의 허락을 얻어 이도령과 백년 가약을 맺었으니 '애부' 말이 당치 않다고 일갈했다(㉶). 수청 요구에 대해서는 도련님이 찾지 않더라도 반첩여의 본을 받아 죽은 뒤에는 이비의 혼령을 모시겠다고 답변했다(㉷). 이도령을 향한 정절 의사는 '사랑' 뿐만이 아니라 춘향 자신의 정체성 주장과 직결되는 문제로 나타난다. 춘향은 자신을 '수절 부인'으로 호명하며, 변부사의 수청 강요를 '유부녀 억탈', 혹은 '강간' 행위로 고발했다(㉸).

춘향의 자기 의식은 '십장가'에서 분명해진다. 여기서 춘향은 이도령과의 관계를 '부부'로 지칭하며 자신은 심리적, 도덕적, 법적으로 분명한 열녀라고 주장했다.[34)]

이처럼 춘향은 자신을 '기생'으로서 호명하며 수청을 강요한 변부사에게 '유부녀'의 지위를 주장하며 '열녀론'으로 대응했다. 역사상의 기생 열녀를 거론하며 정절행에 대한 사회적 보호를 희망했던 것이다. 그러나 변부사는 이러한 춘향의 현실 경험을 부정했으며 '기생'으로서의 '의무'만을 강요했다. 이러한 관계에서 춘향의 정체성 주장은 곧 사회적 제도에 저항하는 개인 의식의 표현으로 이해할 수 있다.

변부사와의 대화나 십장가 대목에서 춘향이 사회적 위상과 관련된 정체성을 주장했다면, '옥중 자탄 사설'에서는 고독한 상황 속에서의 자기 인식을 보여준다.

<완판본>의 옥중 자탄 사설[35)]에서 춘향은 죄 없이 처벌받는 부당함을 토로했고, 이도령을 향한 그리움을 표현했다. 절박한 처지의 춘향에게서 사

34) 십장가 본문은 <완 : 113-117>, <남 : 283-288>, <옥 : 95-96>이다.

35) <완판본>의 해당 내용은 121-124쪽.

랑이란 곧 '구원'을 의미했다. <남원고사>에서는 그리움과 기다림을 원했을 뿐, 구원의 욕망은 표현하지 않았으며, 죄가 없어 두렵지 않다고 했다.[36] <옥중화>에서는 춘향이 죄 없이 고초당하는 데 대한 분노를 표현한 데 이어서 춘향의 꿈인 황릉묘 사설이 이어진다.[37]

춘향이 옥중에서 작성한 편지에도 자기 의식과 이도령에 대한 태도가 선명히 드러나는데, 이도령에 대해서 <완판본>의 춘향은 '도련님'과 '서방님'으로, <옥중화>에서는 '서방님'으로, <남원고사>에서는 '낭군'으로 호명했다.[38] 각 이본들은 수청을 강요받았지만 정절을 위해 고통을 감수하는 처지를 고백함으로써, 이도령에 대한 변함 없는 마음을 전달했다.

춘향의 자기 의식은 춘향 방이라는 개인의 '공간 설정'을 통해 간접적으로 표현되기도 한다. 직접적인 발화를 통해서는 '기생'을 거부하고 '열녀'를 주장했다면, 공간 표현을 통해서는 분열적이고 이중적인 자기 의식을 드러낸다.

춘향 방은 춘향의 자기 의식이 공간적으로 실현된 것으로서, 자기 정체성에 대한 지향점이 취향의 형태로 표현되었다. <완판본>에서는 서화의 내용이 강조되었는데, 서술자는 '서방 없는 춘향이요 학(學)하는 계집아이가 세간 기물과 그림이 왜 있을까만은 춘향 어미가 유명한 명기(名妓)라 그 딸을 주려고 장만한 것이었다'(42)고 함으로써 춘향 방의 기생의 이미지가 월매의 취향임을 강조했다.[39] 실제로 춘향 방의 서화 중에서 견우직녀 그림과 항아

---

36) 해당 내용은 <남 : 328-332>.

37) 춘향의 무의식에 내재된 자기 의식을 대변하는 황릉묘 사설은 <옥 : 102-106>와 <완 : 124-125>에만 제시된다.

38) 해당 내용은 <완 : 145>, <남 : 374-375>, <옥 : 118-119>이다.

39) 이러한 서술자의 평가적 발언은 <완판본> 이전에 춘향 방의 서화에 대해 열거한 텍스트를 일람하였음을 입증하는 사례이기도 하다.

그림을 제외한 이태백과 엄자릉의 그림은 선비의 취향을 반영한 것으로서, 이들이 드나드는 기생 방의 성격을 보여준다.[40] 서화 중에서는 '월선도'의 세부 내용을 상세히 묘사했는데, 그와 아울러 춘향이 일부종사하려는 글을 지어 붙였음을 강조함으로써, '절개'를 부각시키기도 했다.

<옥중화>에서는 춘향 방이 별로 사치스럽지 않으나 명화가 두어 장 붙어 있다고 하면서 그림의 내용을 상세히 묘사했다.[41] <옥중화>에 소개된 그림도 '서왕모의 요지연도'를 제외한 탕인군도와 상산사호도는 여성을 주인공으로 삼거나 여성의 일상과 관계 되는 내용이 아니라 입신출세와 신선 취향의 남성적 관심의 세목을 표현한 것이다.

<남원고사>에서는 춘향 방의 도배지와 문 위의 십장생도, 지게문의 남극선옹도를 비롯하여 동서남북의 벽화를 상세히 묘사했다.[42] 그림의 주인공들은 모두 남성들인데 '강태공도'나 '어변성룡도'를 통해 입신출세의 뜻을 표현하기도 했지만, 대부분의 고사인물도(故事人物圖)에서는 은거지향적이고 도를 추구하는 도선적 이미지를 보여준다. 개인적 공간이 주체의 내면 의식이나 지향 가치를 투사한다고 할 때, 이는 춘향 개인의 의식과 취향의 반영으로도 볼 수 있지만, 그보다는 이 방에 드나드는 사람들의 취향에 호응하기 위한 '기생방'으로서의 성격으로 이해할 수 있다. <남원고사>의 춘향 방에

40) 김현주는 춘향전의 사벽도 사설과 고사인물도를 다루면서, 양반 사대부들이 중국의 고명한 성현을 귀감으로 삼고자 그들의 행적을 담은 그림을 방에 붙이기를 좋아했는데, 이러한 부벽 도화 취향이 여염간에 확산되면서 출산과 부귀, 애정과 장수 등 민중의 소박한 염원을 담은 벽사화가 유행하게 되었다고 분석했다(김현주, 『판소리와 풍속화 그 닮은 예술세계』, 효형출판, 2000, 56-57쪽). 그런데 춘향방에 붙인 그림들은 단순히 민간적 유행의 수용이라기보다는 사대부의 취향에 민감했던 춘향의 자의식이 투영된 것으로 볼 수 있을 것이다.

41) 해당 내용은 <옥 : 26-28>.

42) 해당 내용은 <남 : 130-132>.

놓인 가구들이나 장식물, 화려하고 호사스러운 세간들 중에서도 재떨이나 각종 악기, 놀이기구 등은 기생방에 필요한 사물들로서,[43] 이는 춘향이 '기생'으로서의 정체성을 포기하지 않았거나, 이를 내면화하고 있음을 보여준다. 이상으로 춘향의 자기 의식이 표현된 사례를 '대화적 상황', '꿈을 통한 무의식의 층위', '공간 설정의 상황'의 측면에서 살펴보았다. 이본간 다소간의 차이는 있으나, 춘향 자신은 기생으로서의 정체성을 거부하고 있지만, 그의 생활 공간적 차원이나 대화적 차원에서는 기생으로서의 자의식을 내면화하고 있음을 발견할 수 있다. 그런 점에서 춘향은 태생적으로 주어진 '제도'로서의 정체성에 대해 사회적으로 반발하고 있었을 뿐더러, 자기 안에 체화된 기생의 그림자와도 저항해야 했던 것으로 이해할 수 있다. 그 과정에서 춘향은 저항의 토대가 되는 '기생'으로서의 정체성을 적극적으로 활용하는 이율배반적 태도를 보여준다. 이런 점에서 춘향의 이중적 자기 의식은 분열적이라기보다는 오히려 중심을 향해 가는 의지적 태도 속에서 조율되는 운동적 형태로 이해할 수 있을 것이다.

(3) 춘향의 정체성에 대한 타자적 시선들

한 개인의 자기 정체성은 자기 주장의 형태만으로는 완전하지 않으며, 사회적으로 소통 가능한 형식일 때 비로소 의미를 확보한다. 이 작품에서 춘향은 기생으로서의 자기 정체성과 양반의 '딸/아내'라는 이중적 의미망에 걸쳐 있는 존재로 등장하지만, 춘향은 자기 주장의 내용을 사회적으로 설득함으로

43) "(…) 놋촛대 샛별 같은 요강 타구 재떨이 등물 쌍쌍이 던져 놓고, 인물병 산수병의 공작병도 둘러치고, 오동복판 거물고를 새 줄 달아 세워두고, 양금 생황, 해금, 장구 여기저기 놓아두고, 육목, 팔목, 쌍육, 골패, 장기, 바둑 좌우에 벌여 있고, 갖은 집물 세간치레 황홀이도 벌였구나." (남 : 136)

써, 자신이 원하는 주체의 모습을 완성한다. 그 과정에서 춘향 자신의 자기 인식도 이율배반적인 모순을 보여주지만, 그의 정체성에 대한 타자적 인식 또한 분열적이다.

혼인 이전의 춘향은 신분적 조건 때문에 정체성의 분열을 경험하지만, 이러한 분열성이 논의 대상이 되었다는 것은 곧 춘향을 '기생이 아닌 존재'로 바라보는 타자적 시선이 존재했음을 의미하는 것으로서, 춘향의 자기 주장이 이미 상당 부분 설득력을 발휘한 결과이다.

혼인 전의 춘향에 대한 작중 인물들의 이해를 파악하기 위해, 춘향의 정체성에 관한 직접적 발언을 한 방자, 춘향모, 이도령에 주목하는 것이 필요하다.

① 방자/통인

춘향에 대한 작중 인물의 정체성 해석은 '방자/통인'이 이도령에게 춘향을 소개하는 과정에서 최초로 명시된다. 그 과정은 곧 춘향의 정체성에 대한 사회적 합의 내용, 혹은 여론으로서의 주체의 지위를 표현한다.

① 완판본

㉮ "다른 무엇 아니오라 이 고을 기생 월매 딸 춘향이란 계집아이로소이다." (완 : 17-18)

㉯ "제 어미는 기생이오나 춘향이는 도도하여 기생 구실 마다하고 백화초엽에 글자도 생각하고 여공재질이며 문장을 겸전하여 여염 처자와 다름이 없나이다." (완 : 18)

㉰ 방자놈 여쭈오되, "설부화용이 낭방에 유명키로 방첨사 병부사 군수 현감 관장님네 엄지발가락이 두 뼘 가웃씩 되는 양반 오입장이들도 무수히 보려 하되, 장강의 색과 임사의 덕행이며, 이두의 문필이며 태사의 화순심과 이비의 정절을 품었으니 금천하지절색이요 만고여중군자오니 황공하온

말씀으로 초래하기 어렵나이다." (완 : 18)

② 남원고사 : 방자 웃고 그제야 하는 말이, "저 아이는 귀신도 아니요 짐승도 아니라. 본읍기생 월매 딸 춘향이요 춘광은 이팔이요 인물은 일색이요, 행실은 백옥이요 재질은 소약난이요 풍월은 설도요 가곡은 섬월이라. 아직 서방 정치 아니코 있으나 성품이 매몰하고 사재고 교만하고 도뜨기가 영소보전 북극천문에 턱 건 줄로 아뢰오." (...) 아주 펄적 뛰며 하는 말이, "이런 말씀 다시 마오. 저를 부르려 하면 밥풀 물고 새사끼 부르듯 아주 쉽사오나, 만일 이 말씀이 사또 귓구멍으로 달음박질하여 들어갈 양이면 도련님은 계관이 없거니와 방자 이놈은 팔자 없이 늙겠으니 그런 생각과 이런 분부는 꿈에도 마옵소서."(남 : 70-71)

③ 옥중화 : 방자 엿자오되, "춘향의 설부화용 남방에 유명하여 감사 병사 목부사 군수 현감 관장들이 무수히 보려 하되 녹주의 색과 설도의 문장과 목란의 절을 흉중에 품었으니 만고 여중군자옵고 어미는 기생이나 근본이 있는고로 임의로 호래치 못하나이다." (옥 : 9)

<완판본>의 통인은 춘향을 '기생이 아닌 기생'으로 소개했다. 춘향 모는 기생이지만(㉮), 춘향이 기생 구실을 마다했으며, 여공 재질과 문장을 겸전하여 여염 처자와 다름이 없다는 것이다(㉯). 방자도 춘향이 색과 덕행, 문필과 화순심, 정절을 갖춘 '금천하지절색'이자 '만고여중군자'라고 치하했다(㉰). 이들은 춘향을 불러오는 일이 어렵다고 함으로써, 춘향이 주장하는 자기 정체성의 주장 내용을 수용하는 태도를 보여준다. 이러한 상황은 <옥중화>에서도 유사하다. 방자는 춘향이 기생의 딸이기는 하지만 재능과 의지의 측면에서는 여느 기생과 달라 함부로 불러들일 수 없다고 응대한다(③).

이에 비해 <남원고사>의 방자는 춘향을 정확히 기생의 딸로 간주했으며, 춘향을 불러오는 것은 '새 새끼를 부르듯 아주 쉽다'(②)고 대답했다. 다만

이 사실이 이부사에게 알려질 경우 후환이 두려워 불러올 수 없다는 것이다.

<완판본>과 <옥중화>에서 기생으로서의 정체성을 거부하는 춘향의 자기 주장의 내용이 타자에게도 어느 정도 설득력을 발휘하는 것으로 제시되지만, 춘향 자신이 기생으로서의 정체성에 별다른 거부감을 표현하지 않는 <남원고사>의 경우에는 춘향이 정확히 '기생'으로서 인지되었다.

그러나 춘향이 기생이 아니라며 불러들이는 일이 불가능하다고 했던 <완판본>이나 <옥중화>의 방자는 정작 춘향을 찾아와서는 밖에서 추천한 행실이 잘못이라며, 춘향을 비난하는 쪽으로 선회한다.

> ① 완판본 : "아니다. 내가 네 말을 할 리가 없으되 네가 그르지 내가 그르냐. 너 그른 내력을 들어보아라. 계집아이 행실로 추천을 할 양이면 네 집 후원 담장 안에 줄을 매고 추천하는 게 도리에 당연함이라. 광한루 멀잖고 또한 이 곳을 논할진대 녹음방초승화시라. 방초는 푸르렀는데 앞내 버들은 초록장 두르고 뒷내 버들은 유록장 둘러 한 가지 늘어지고 또 한 가지 펑퍼져 광풍을 겨워 흐늘흐늘 춤을 추는데 광한루 구경처에 그네를 매고 네가 뛸 제 외씨같은 두 발길로 백운간에 노닐 적에 홍상 자락이 펄펄 백방사 속곳 가래 동남풍에 펄렁펄렁 박속 같은 네 살결이 백운간에 희뜩희뜩. 도련님이 보시고 너를 부르실 제 내가 무슨 말을 한단 말가. 잔말 말고 건너가자." (완 : 19-20)
>
> ② 남원고사 : "요년의 아이년아. 내 말 듣거라. (…) 또는 네가 잘못한 것이, 그넨지 고넨지 추천인지 투천인지 뛰려거든 네 집 뒷동산도 좋고, 조용히 뛰려 하면 네 집 대청 들보도 좋고, 정 은근히 뛰려 하면 네 집 방 안에 횃대목에나 매고 뛰지, 요렇듯 똑 배야진 언덕에서 젊지 아닌 아이년이 들락날락하며 별별 발겨 갈 짓이 무수하니 미장가전 아이놈이 눈꼴이 아니 상할소냐? … 하략 …" (남 : 76-77)
>
> ③ 옥중화 : ㉮ "그는 웃음의 말이로되 수신하는 계집아이가 삼남대로변

에 추천이 당하며 오는 사람 가는 사람 너만 보고 정신 없이 가지 않고 앉아 네 행실이 온전하냐. 사또 자제 도령님이 광한루 구경 왔다 너를 보고 부르라니 이삼차 여쭈어도 종시 듣지 아니시고 불러오라 하시기로 할 수 없어 건너왔으니 어서 바삐 같이 가자. (옥 : 10-11)

㉯ "너도 량반이로되 너는 절름발이 양반이라. 쓸 데 없는 말이니 어서 바삐 건너가자." (옥 : 11)

위에서 방자는 춘향에게 양반집 처자의 행실을 '훈계'한다. 특히 <완판본>과 <옥중화>의 방자는 이도령에게는 춘향을 기생이 아니라고 소개했으면서도, 정작 춘향에게 와서는 기생의 행실을 드러냈다며 힐난했다. 이는 '춘향'에 대한 주변인의 의식이 '이중적'임을 보여주는데, 이러한 주변인의 인식은 춘향이 이도령과 부부의 인연을 맺은 이후에는 인물의 내면에서 분화되는 이중적 인식이 아니라 각 인물들의 선택적 판단 내역으로 전위된다. <옥중화>의 방자가 춘향에게 한 '절름발이 양반'이라는 표현은 춘향의 처지가 상황에 따라 달리 전용될 수 있다는 사회적 상황을 반영하는 동시에, 이에 좌우되는 세인의 평가를 반영한다.

② 월매

춘향의 어머니인 월매도 춘향의 정체성에 대한 해석에 대해서는 이중적 태도를 보인다. <완판본>의 월매가 춘향이 탁월한 소양을 갖춘 양반 소생을 강조하면서도 서로 신분이 달라 혼인이 불가능하다고 한 것[44]은 혼인에 대한 거절의사라기보다는 이도령과의 쾌락적 관계에 대한 우려의 표현이자 책임감 요청에 대한 의사표현이다. 월매는 춘향의 신분 상승을 기대했던 인

44) 해당 본문은 <완 : 44-46>이다.

물로서 이도령과 춘향의 만남을 계약적 관계로 구성하려던 인물이다. 호사스런 술상을 받은 이도령이 관청이 아닌데도 이처럼 잘 차린 이유를 묻자, 월매는 춘향이 혼인하면 손님 대접을 잘 할 수 있도록 미리 가르쳐 준 것이라고 변명하고,[45] 이도령과 춘향의 만남이 '혼인'이라는 의례로 성립하도록 완결짓는다.

<옥중화>의 월매는 춘향이 귀한 존재임을 환기시키며, 이도령으로 인해 가련한 신세가 되었음을 강조한다. 이는 춘향에 대한 이도령의 책임감을 요청하는 부분이며, 간곡한 모정을 드러낸다. 춘향이 도령과 이별한 후 월매는 딸 앞에서 슬픔을 진정하고 대범하게 위로하는 애정을 보여준다. 서술자는 이러한 월매의 인격적 자질을 높이 평가한다.[46]

이에 비해 둘 사이의 관계에 월매의 역할 비중이 축소된 <남원고사>의 경우에는 월매의 매개 없이 첫만남을 이룬다. 춘향 집을 찾아온 책방 도련님의 존재를 알아챈 월매도 이도령에게 잠깐 놀다가 들어가라며 '손님'으로서 환대한다. 어머니로서 딸의 행실이나 존엄성을 강조하기보다는 이도령을 세력 있는 '손님'으로 간주하고 춘향과의 관계를 통해 이익을 얻으려는 욕망을 보여준 것이다 . 이처럼 <완판본>과 <옥중화>의 월매는 이도령에게 춘향의 존엄성을 강조하고 책임감 있는 태도를 요청함으로서, 딸의 장래를 염려하는 모성을 드러낸다. 그러나 책임감을 강조하는 행위의 이면에는 '기생'으로서 당할 수 있는 사회적 불이익에 대한 두려움이 자리해 있다. 이는 춘향이 옥에 갇혔을 때 정절을 지키며 기생의 신분을 넘어서고자 했던 딸을 안타까

45) 해당 내용은 <완 : 49-50>.

46) '춘향은 효녀이라. 수색을 감추오고 천연히 위로하니 춘향모가 제 딸의 거동을 보고 울음을 진정하고 대범한 좋은 말로 딸을 도로 위로하니 이러함으로 남원 월매라 하던 것이었다.' (옥 : 58)

워하는 모성으로 표현되었다.

<완판본>의 월매는 곱게 기른 춘향이 고통받는 것을 보고, 명문가의 딸로 길러내지 못한 것을 자책한다.[47] <옥중화>의 월매는 신관에게 열녀 춘향을 겁탈하려 한들 훼절이 당치 않다고 항변한다.[48] 이에 비해 <남원고사>의 월매는 기생의 신분으로 열녀가 되려 하여 고생을 자처하는 딸의 행실을 탓하면서 수청을 들라고 달랜다.[49] 유언을 하는 딸에게 도련님은 네 생각을 하지 않는다며 '열녀가 되려거든 개천 구멍에나 빠지라'고 원망한다.[50] <완판본>의 월매가 기생의 길을 거부하는 춘향을 안타까워하며 자책하는 반면, <옥중화>의 월매는 열녀의 길을 가는 춘향을 존중하며, 이를 억압하는 신관에 대해 분노한다. 이에 비해 <남원고사>의 월매는 기생의 신분을 거부하고 열녀를 자처하는 춘향의 무모함을 탓하면서 그 어리석음을 원망하는 태도를 보인다.

춘향의 신분 해석에 대한 월매의 견해는 이본에 따라 상이하다. 춘향을 양반 소생으로, 또는 귀한 존재로 강조했던 <완판본>과 <옥중화>의 월매가 열녀로서의 춘향을 존중하는 반면, <남원고사>의 월매는 열녀행을 자처하는 춘향을 힐난하며 수청 기생에게 허용된 현실적 복락을 권유한다. 이러한 월매의 춘향 인식은 처음에 보여준 춘향 자신의 정체성 주장의 내용과 일치하는 것으로서, 제도적으로 규정된 단일한 신분 해석과 달리 실제의 생활 논리 속에서는 가족 구성원조차 개인의 정체성 인식에 '해석'의 자율성을 부여하고 있음을 확인할 수 있다.

---

47) 해당 본문은 <완 : 119-120>.

48 해당 본문은 <옥 : 98>.

49) 해당 본문은 <남 : 303>.

50) 해당 본문은 <남 : 333>.

③ 이도령

춘향이 최초로 적극적인 사회적 관계를 갖는 인물은 이도령이다. 춘향과 사랑을 나누고 혼인 관계를 맺은 이도령의 경우, 춘향의 정체성에 대한 인식은 일련의 변모 과정을 겪는다.

추천하는 춘향을 처음 발견했을 때, <완판본>의 이도령은 춘향이 여염집 처자와 다름없다는 방자의 소개에도 불구하고, "들은즉 기생의 딸이라니 급히 가 불러오라"(18)고 명령했으며, 방자의 만류에도 '물각유주(18)'라며 춘향을 불러오라는 명령을 거두지 않았다. 이는 <옥중화>에서도 마찬가지이다. 이도령은 춘향이 본읍 기생이라는 말에 불러오라고 명하고, 방자가 여중군자로서 근본이 있다고 하자, '물각유주'(9-10)라며 춘향을 소유할 수 있는 '물건' 즉 '기생'으로서만 받아들인다. 춘향의 집을 찾아간 후에도 월매를 상대하여 춘향을 '홍정'의 대상으로 간주하는 태도를 보인다.[51)]

<남원고사>에서는 "사부가 규수가 추천하러 왔나 보외다"(69)라는 방자의 말에도 "이 아이야, 그렇지 아니하다. (...) 여항 처녀가 그렇기는 만무기리하"(69)다며 춘향이 여염집 처녀는커녕 여항의 처녀라는 것조차 믿지 않는다. 방자가 본읍기생 월매의 딸 춘향이라고 하자, "제가 만일 창녈진대 한번 구경 못할소냐? 바삐 가서 불러오라"(71)고 재촉한다. <남원고사>의 이도령은 춘향을 '창기'로서 호출했던 것이다. 이러한 태도는 사랑가 대목에서도 드러난다. 이도령은 춘향과 '놀아보자'고 제안하는가 하면, 고금에 드문 열녀라고 칭찬하면서도 '노류장화는 인개가절'(92-93)이라며 춘향을 기생의 차원에서 호명하고, 창기로 인식한다. 그가 혼인을 제안한 것은 성적 관계를 맺기 위한 방편이자 소유욕의 표현과 관련된다.

---

51) '지녀는 막여모라니 춘향모를 보아야 홍성이 될 듯하다.' (옥 : 22)

이처럼 각 이본의 '사랑' 대목의 이도령은 춘향을 성적 쾌락의 동반자로 간주하며 '영원성'을 약속한다. 그 과정에서 춘향은 성적 욕망의 대상이자 치하와 경탄, 탐구와 유희의 대상물로 간주됨으로써, 평생의 반려자인 동시에 쾌락의 동반자라는 성격이 부각되어 있다.

그러나 '이별' 대목에서 이도령은 춘향과의 관계를 '화방작첩', '외방작첩', '작첩' 등으로 호명하거나 춘향을 '천첩'으로 지칭한다.

> ① 완판본 : "(…) 화방작첩하여 데려간단 말이 (…)" (완 : 74)
>
> ② 남원고사
>
> ㉮ "아이놈이 작첩하여 학업 전폐한다 하고 (…)" (남 : 187)
>
> ㉯ "남원 기생 춘향이가 창기 중 정절이 있어 기특하다 하더니 (…)" (남 : 378)
>
> ③ 옥중화 : ㉰ "(…) 외방에 천첩하였단 말이 나면 (…)" (옥 : 43)
>
> ㉱ "(…) 외방작첩이 청문에 괴악하고 (…)" (옥 : 48)

<완판본>의 이도령은 어머님의 말을 인용하며 춘향과의 사랑을 '화방작첩'으로 호명했고, <옥중화>에서는 아버지의 말을 빌어 춘향을 '첩'으로 호명함으로써(㉰, ㉱), 그에 동의하는 태도를 보였다. <남원고사>의 이도령도 친척들의 말을 빌어 춘향과의 관계를 '작첩'으로 호명했으며(㉮), 농부들에게 춘향의 정절을 탐문하면서 '남원기생', '창기'로 호명하기도 했다(㉯).

이처럼 이도령은 춘향과 사실혼 관계를 맺은 후에도 그녀를 '기생'이나 '창기'로 간주함으로써, 춘향이 주장하는 정체성의 내용에 완전히 동의하지 않았음을 보여준다. 이는 사랑을 약속할 때의 태도 이면에 내재된 이도령의 춘향 인식의 일단을 대변한다. 춘향과 영원한 사랑을 약속했던 이도령마저

춘향의 정체성에 대한 인식은 상황에 따라 분열적으로 나타나고 있음을 보여준다.

④ 변부사

변부사는 춘향이 주장하는 자기 정체성의 내용을 전면적으로 거부함으로써 첨예한 대립적 관계를 맺는다.

① 완판본 : ㉮ 또 네 골에 춘향이란 계집이 매우 색이라지. (완 : 94-95)

㉯ "(…) 미장전 도련님이 화방에 작첩하여 살자 할꼬. (…)" (완 : 101)

㉰ "(…) 잠깐 노류장화하던 너를 일분 생각하겠느냐.(…)" (완 : 107)

㉱ "(…) 조롱관장하는 죄는 제서율에 써 있고, 거역관장하는 죄는 엄형정배하느니라. (…)" (완 : 110)

② 남원고사 : ㉲ "(…) 본대 기생년이 수절 말이 가소롭다. (…)" (남 : 246)

㉳ "아까 삼문간 들어올 제 잠간 씽긋랄 마대에 나도 빨리는 보았지. 잇속이 선수박씨를 주홍당사로 조롱조롱 엮어 주홍쟁반에 세운듯하고 두 눈썹은 수나비가 마주 앉아 너훌너훌 노니는 듯 하더고만." (남 : 271)

㉴ "네 본대 창가 천인이오 본읍 기생으로서 (…)" (남 : 294)

㉵ "(…) 노류장화는 인개가절이라. (…)" (남 : 280)

㉶ "이사람 이낭청. 요사이 행창하는 계집이 오라라 하기 무섭지.(…)" (남 : 281)

③ 옥중화 : ㉷ "(…) 제가 수절한단 말을 내아에서 들으시면 대부인은 딱 기절하겠구나. (…)"(옥 : 76)

㉸ "(…) 응당 애부 있을테니 관속이냐 건달이냐? (…)" (옥 : 86)

<완판본>의 변부사는 춘향을 성적 대상으로만 판단하며(㉰), 춘향이 기

생이 아니라는 수노의 말을 인정하지 않고, 도령과의 관계를 '화방작첩'으로 이해한다(㉯). 그는 춘향을 노류장화로 간주하여 그 사랑을 모독한다(㉰). 그에게서 춘향의 수절은 관장을 조롱하는 것에 불과할 뿐이다(㉱). 춘향의 정체성을 둘러싼 이견들은 인간이 '해석적 존재'임을 환기시키지만, 해석의 권력적 독점성은 주체의 자기 인식의 내용마저 압도한다.

<남원부사>의 변부사는 춘향의 수절도(㉲), 사실혼 관계도 인정하지 않는다. 춘향의 아름다움에 대한 그의 평가는 성적 욕망에 대한 표현이라는 점에서 이도령이 보여준 '예찬'의 시선과는 구분된다(㉳). 변부사는 춘향을 '창가 천인'(㉴), '본읍 기생'(㉴), '노류장화'(㉵), '행창하는 계집'(㉶) 등으로 호명했다. 춘향의 공식 죄명을 쓴 다짐의 내용에서도 춘향은 창녀지배로 호명된다.[52)]

<옥중화>의 변부사도 춘향을 오직 외모가 아름다운 성적 욕망의 대상으로만 간주하며 춘향의 수절을 인정하지 않는다(㉷, ㉸).

춘향의 정체성에 대한 변부사의 관점은 공권력을 동원할 수 있을 정도의 권력적 힘을 행사할 수 있다는 점에서 폭력적이다. 춘향과 변부사의 대결은 개인의 자기 정체성 주장과 이에 대한 사회적 해석의 대결로 전이됨으로써 제도에 대한 개인의 저항 형식으로 치환된다. 이러한 관점에서 변부사에게 고통받는 춘향에게 감정적으로 동화하는 주변인들은 춘향과 변부사의 대결을 개인에 대한 권력의, 선에 대한 악의 폭력성으로 경험하는 것이다.

⑤ 관아의 주변인 (수노, 이방, 호장, 사령, 행수기생, 회계나리 등)

수노, 이방, 호장, 사령 등 춘향의 가족을 제외한 주변인들은 대부분 기생

52) "살등여의신이 본시 창녀지배여늘 (…)" (남 : 291)

으로서의 정체성을 거부하면서 유부녀와 열녀로서 자기 주장을 하는 춘향에 동의하는 태도를 보인다. 이는 변부사에 대한 원망과 춘향에 대한 동정의 태도로 외화된다.

그러나 <완판본>의 행수 기생이나 회계 나리 등은 춘향이 사회적 신분에 저항하는 태도에 대해 반감을 가지고 이를 힐난함으로써 변부사의 입장에 동의한다.

① 완판본 : ㉮ 수노 : "춘향모는 기생이되 춘향은 기생이 아닙니다." (101)

㉯ 수노 : "근본 기생의 딸이옵고 (…) 춘향이도 그리 알고 수절하여 있습니다." (완 : 101)

㉰ 이방 호장 : "춘향이가 기생도 아닐 뿐 아니오라 (…)" (완 : 102)

㉱ 사령 : "(…) 외입한 자식들이 저런 계집을 추앙 못 하면은 사람이 아니로다." (완 : 104)

㉲ 좌우에 구경하는 사람과 거행하는 관속들 : "(…) 출천열녀로다." (완 : 118)

㉳ 기생들 : "애고 서울집아 정신 차리게. 애고 불쌍하여라." (완 : 119)

㉴ 행수 기생 : "(…) 너만한 정절은 나도 있고 너만한 수절은 나도 있다. (…)" (완 : 105)

㉵ 회계 나리 : "(…) 너같은 창기배게 수절이 무엇이며 정절이 무엇인가. (…)" (완 : 108)

② 남원고사 : ㉶ 형방 : "아뢰옵기 황송하오되 기생 중 대비정속하고 면천하여 기생안에 없나이다." / "(…) 대비정속하고 지금 수절하나이다." (남 : 246)

㉷ 형방 : "본읍 기생 춘향의 백활이라." (남 : 274)

㉸ 형방 : "(…) 열녀자 뜻을 아뢰오리이다." (남 : 278)

㉺ 한량들 : "허허 녀편네가 맞았단다." "여편네가 맞아?" (남 : 307)

㉻ 왈자 : "아서라. 홍합은 제게도 있다." (남 : 310) / "아서라, 석류랑을 주지 말라. 신 것으로 병이 났다." (남 : 311)

③ 옥중화 : ㉼ 호장 : "춘향은 기생이 아니오라 퇴기 월매 딸이온대, 기안착명 한 일 없고 여염생장하옵더니 구관 책방 도령님이 머리를 얹었나이다." (옥:73-74)

ⓐ 행수기생 : "여보소. 춘향 아씨. 여보시오, 서울 아씨, 서울 마님, 서울 부인. (…)" (옥 : 74)

ⓑ 군로사령 : "(…) 그 아니꼽고 주제 넘은 년 잘 되었다. 잘 걸렸다." (옥 : 78)

ⓒ 군로사령 : "여보소, 서울댁. 할 일 없네. 들어가세. (…)" (옥 : 85)

ⓓ 옥사장이 : "여보 서울댁. 편지 한 장 하시오". (옥 : 107)

ⓔ 남원부중 노인 과부 : "음전하다, 기특하다." 칭찬하며 눈물 흘려 혀도 차며 (옥 : 98-99)

ⓕ 방자 : "열녀 춘향 몰라보고 위력겁탈 하려한들 (…)" (옥 : 116)

<완판본>에서 변부사와 행수 기생, 회계나리를 제외한 사람들은 모두 춘향의 사실혼 관계를 인정하면서 춘향이 수절 여인임을 인정한다(㉮, ㉯, ㉰). 춘향을 잡으러 간 사령들조차 춘향을 동정하면서, 외입하는 남자들이 춘향을 추앙해야 한다고 말한다(㉱). 춘향이 매맞는 것을 구경하는 사람들(㉲)과 거행 관속들도 춘향을 '하늘이 낸 열녀'로 인정하며 동정한다(㉳). 관기들도 춘향을 '서울집'으로 부르며 이도령의 부인임을 인정하고, 남원에도 현판감이 생겼다면서 춘향을 열녀로 인정한다. 이는 춘향의 자기 주장이 실천적 삶을 통해 설득력을 발휘한 결과이다. 이들은 제도적 규정보다는 개인의 실천적 삶과 경험의 논리를 존중하는 입장이다.

그러나 행수 기생은 춘향의 정절을 기생의 사회적 정체성에 대한 위협으로 받아들여 그를 질투의 대상, 비난의 대상으로 수용하고, 춘향의 정절이 특별하지 않다고 강조한다(㉳). 회계 나리도 춘향의 정절이 당치 않다면서 수청 거부를 비난한다(㉴).

<남원고사>의 형방은 춘향이 대비정속하여 기생이 아니라고 했지만(㉵), 변부사가 춘향을 현신시키자, '본읍기생'으로 호명하며 백활을 아뢴다(㉶). 이들에게서 춘향의 신분은 가변적이다. 그러나 춘향의 원정을 듣고 난 형방은 춘향이 열녀임을 인정한다(㉷).

한편, 춘향을 동정하여 옥중에 찾아온 한량(㉸)과 왈자들(㉹)은 춘향을 위로하지만 그들끼리는 '여편네'라고 부르고 성적 농담을 함으로써, 실제로는 '노류 장화', '기생' 등 성적 욕망의 대상, 또는 혹은 유희적 대상으로 간주하고 있음을 보여준다.

<옥중화>의 호장은 변부사의 현신 명령에 대해 춘향이 기생 딸이나 여염에서 성장하였을 뿐더러, 책방 도령님과 머리를 얹은 사이라고 말함으로써(㉺), 춘향이 유부녀임을 인정한다. 그러나 춘향을 부르러 간 행수기생은 춘향을 조롱하며 '서울 아씨, 서울 마님, 서울 부인'으로 부르고(ⓐ), 군로사령도 춘향의 현신 거부가 주제 넘고 교만하다고 판단한다(ⓑ). 그러나 군로사령들은 춘향에게 인간적이고 후한 대접을 받은 후로 마음이 바뀐다(ⓒ). 이는 춘향의 정체성에 대한 주변의 시선이 관계성 속에서 가변적으로 형성되고 있음을 보여준다. 결국 그들은 춘향을 '서울댁'이라고 부르며 춘향의 혼인 사실을 인정한다. 옥사장이도 춘향을 '서울댁'으로 호명한다(ⓓ). 남원 부중의 노인 과부들은 춘향을 '음전하고 기특한' 여인으로 칭찬하며(ⓔ), 방자도 춘향을 열녀로 인정한다(ⓕ).

결국 춘향의 정체성에 대한 세인의 평가는 상황에 따라 가변적이며, 다분

히 '감정적'이다. 개인의 정체성은 법적 규제나 제도적 규정을 넘어서 경험적으로 재구성되고 여론에 의해 재규정될 수 있는 '해석적 대상'임을 보여준 것이다.

⑥ 선비, 농부들의 입장

어사가 되어 남원에 온 이도령은 춘향에 대한 세인의 평가를 통해 춘향의 행실을 판단하고자 '탐문'을 행한다. 그 과정에서 만난 선비들과 농부들은 춘향이 '열녀'임을 인정하고, 이를 의심하거나 왜곡시키는 이도령에 대한 감정적 거부감을 드러낸다. 그러나 이들은 춘향의 열녀행과 신분적 해석을 등치시키지 않으며 차별적으로 인식하고 있음을 보여준다.

① 완판본 : 농부 : "(…) 창가에 그런 열녀 세상에 드문지라. (…)" (완 : 143)

② 남원고사 : ㉮ 선비 : "(…) 백옥같은 춘향이를 억지 겁탈하려다가 (…)" (남 : 359)

㉯ 농부 : "백옥같은 춘향이를 이런 더러운 말로 모함하는 놈을 만나면 (:)" (남 : 369)

㉰ 농부 : "(…) 춘향이를 작첩하여 (…) 자고로 창기지절이 이렇단 말 들었삽나? 이런 열녀 첩을 외방다가 버려두고 (…)" (남 : 369-270)

③ 옥중화 : ㉱ 농부 : "(…) 열녀 춘향을 명일 잔채 후 때려 죽인다든가 (…)" (옥 : 133)

㉲ 농부 : "(…) 정렬한 춘향이게 생무함 잡아내여 (…)" (옥 : 134)

<완판본>에서 농부는 이도령이 춘향이 본관의 수청을 드느냐고 떠보자, 창가의 열녀라고 대답한다. 춘향의 신분은 창가 기생으로 인정하면서도 그

행실만은 '열녀'라고 칭찬한 것이다.

<남원고사>에서는 이도령이 탐문하다 만난 선비들이 춘향을 '백옥 같은 춘향'으로 언급하며 그녀의 신분에 대한 언급은 하지 않는다(㉮). 농부의 경우에는 춘향의 정절을 시험하여 모독하는 이도령에게 춘향의 사실혼 관계를 '이도령의 작첩'으로 인정하였음을 보여주며, 춘향이 열녀임을 인정하면서도 그 행위를 '창기지절'로 호명하고 춘향을 '열녀 첩'으로 이해하는 관점을 보여준다(㉰). 즉 <남원고사>에서는 춘향의 수절을 존중하면서도 이를 예외적인 기생의 정절행으로 이해한 것이다.

<옥중화>의 농부들은 춘향을 '열녀'로 호명하면서 춘향의 정절을 탐문하는 이도령에게 '정열한 춘향'을 모함한다며 비난한다. 이들은 춘향의 실천적 삶의 내용을 존중하고 있음을 보여준다.

이처럼 춘향의 정체성의 문제는 결국 개인이 '사회'와 대결하고 갈등하는 가운데 '자기의 설득'이 자기 정체성 형성의 중요한 관건이 되고 있음을 보여준다. 춘향은 태생적 신분을 거부하며 이에 대한 관념적 저항을 한 것이 아니라, 자신의 삶을 통해 실천적으로 반발함으로써, 그 자신의 정체성 해석을 둘러싼 자기 주장의 내용을 사회적으로 설득해 내는 데 성공했던 것이다. 결국 춘향의 승리는 이념에 대한 실천의 승리, 제도에 대한 개인의 승리로 이해할 수 있다. 춘향은 자신이 원하는 자기 정체성을 사회적으로 승인받기 위해 고통을 감수하는 실천적 삶을 지켜간 인물이다. 춘향의 '정절행'은 이러한 자기 주장이 당대의 지배 이데올로기인 '열'의 이념에 통합하는 형식으로 성취될 수 있었음을 보여준다. 그리고 변부사의 패배는 곧 경험적 삶, 실천적 삶을 소외시킨 법과 제도의 불완전성을 폭로하면서, 제도에 대한 경험의 우위성을 미학적으로 논증한 실천적 사례가 된 것이다.

2) 사랑, 구원의 약속과 자기 창조의 힘

춘향전은 '사랑'을 주제로 한 고전 소설 중에서 가장 많은 사랑과 관심을 받아온 작품임에 분명하다. 그런 만큼 춘향전의 개작의 방향 또한 '사랑'의 진정한 의미를 탐구하고, 이에 대한 창조적인 해석의 관점을 마련함으로써, 이를 삶의 보편적 가치로서 설득해 내기 위한 작가적 모색 속에서 전개되어 왔다. 그 결과 춘향전이 추구해 온 사랑의 의미 영역은 작중 인물이 경험하는 특수한 방식을 창조하고, 사랑을 인지하는 감성의 편폭과 깊이를 섬세하고 생동감 있게 포착해 내며, 그에 따른 독자들의 심미적 욕구를 충족시키고자 하는 방향 속에서 확보되어 왔다. 이러한 맥락에서 춘향전은 '사랑'을 주제로 삼으면서 사랑의 구체적인 과정과 이를 경험하는 주체들의 섬세한 심리 변화, 감각적 쾌락, 감정적 경험이 사회화되는 과정을 탐구하고 이를 통해 생의 의미를 추구하는 방식을 통해 '고전'으로서의 신생을 거듭함으로써 예술 텍스트로서의 문학사적 위상을 제고해 왔다고 평가할 수 있다.

춘향전이 구현하는 사랑은 인간에 대한 감성적 이해에서 출발하지만, 이를 단지 감각의 문제로 축소시키거나, 쾌락의 문제로 한정하지 않았다. 춘향전에서는 '사랑'이라는 개인적이고 감성적이며 육체적인 문제를 사회적이고 이념적인 범주로 포용해 나가고, 한 개인의 자기 완성과 사회화라는 인간적 문제로 통합해 감으로써 '사랑'을 감각과 경험의 문제로 발견하고, 이에서 나아가 성찰과 반성의 대상으로 사유하도록 구성하고 있다. 이는 '다시 쓰기' 형태의 개작 이본을 탄생시키는 형식으로 텍스트에 대한 개성화 의지를 드러내거나 혹은 현대적 재해석의 요청을 받아온 각 이본의 생성을 통해 실천되고 실험되었다.

(1) 성적 인간의 발견과 자기의 사회화

춘향전에서 이도령과 춘향은 자신을 '자연'의 일부로서 자각하는 '과정'을 계기로 '사랑'을 경험한다. 이도령의 승경지 유람이나 춘향의 추천은 모두 자연을 완상하려는 자연인으로서의 욕망에서 비롯된 개인적 선택으로서, <남원고사>의 서두에서 특별히 강조된 바와 같이 이들의 '사랑'은 만물의 자연스러운 이치로서 설득된다. 춘향전에서는 봄의 기운 속에서 약동하는 만물의 생명성을 요약적으로 열거함으로써, 봄의 상승적 이미지를 창출해 낸다. 봄 경치의 생동감과 역동성에 대한 상세한 묘사는 그네를 뛰는 청춘 여인의 생명적 자태로 이어지면서 인간 안에 내재된 자연성에 대한 긍정을 통해 사랑의 당위성을 확보한다.

<완판본>에서 이도령과 춘향이 만나는 계절은 뭇새들이 짝을 지어 날아들며 춘정을 다투는 '삼춘'으로 설정되어, 춘홍에 겨워 절승지를 찾는 이도령의 태도는 '자연스럽다'는 설득력을 얻는다.[53] 여기서 이도령은 자연의 아름다움을 완상하는 시선의 연속선상에서 눈길을 사로잡는 절경의 대상으로 춘향을 '발견'한다. 춘향의 아름다움은 자연의 경물과 같이 시각적인 즐거움을 주는 '관람'의 대상이자, 유희의 대상으로 조명된다.

<남원고사>에도 '삼춘'의 약동하는 생명력이 보다 과장되고 풍부하게 드러난다. 온갖 꽃들과 잡목들, 갖가지 새들과 길짐승, 날짐승들이 보여주는 성적인 성향에 관한 상세한 탐색과 묘사를 통해 봄의 생명성을 성욕과 결부시켜 해석하는데, 이는 이도령과 춘향의 만남을 '자연'의 일부로서 해석하려

---

53) <완판본>에서는 춘흥을 강조하기 위해 시간 배경을 '삼춘'으로 설정했다가, 이도령과 춘향이 만나는 날에 이르러서는 '이 때는 삼월이라 일렀으되 오월 단오일이렷다. 천중지가절이라' (14)며 '단오일'로 바꾸었다. 이는 춘향의 추천 행위에 자연스러운 동기를 부여하고, 두 사람의 만남을 축제화하기 위함이다.

는 시각을 분명히 하기 위한 장치이다.

> 이렇듯이 탄식하며 시절을 돌아보니 때마침 삼춘이라. 초목군생지물이 개유이자락이라. 떡갈나무 속잎 나고 노고지리 높이r떴다. 건너 산에 아지랑이 끼고 잔디 잔디 속잎 나고 달바조 찡찡 울고 삼년 묵은 말가주족은 외용죄용 소리 하고, 선동아 군복하고 거동참례 하러 가고, 청개구리 신상토 짜고 동내 얼운 차자보고, 고양이 성적하고 시집가고 암캐 서답 차고 월후하고 너구리 늦손자 보고, 두껍이 외손자 보고, 다람이 용개 타고 과부 기지개 켤 제 이도령의 마음이 흥글항글하여 불승탕정이라. (남 : 45)

춘향전의 이도령은 절경 속 최고의 아름다움으로 자신의 눈길을 사로잡는 '춘향'을 발견한다. 방자의 소개로 광한루에 도착한 그는 '오작교 분명하면 견우 직녀 어디 있나', '견우셩은 닉가 되려니와 직녀성은 뉘가 되리'(완 : 13, 옥 : 5, 남 : 62-63)와 같은 자기 도취 속에서 눈길을 끄는 춘향에게 매혹된다. 이는 춘흥에 겨운 이도령의 자기 도취의 과정 속에서 성립된 일이기도 하다.

그러나 춘향의 입장에서 이도령은 '시각적 아름다움'의 대상이라기보다는 부와 권력을 소유한 '가능성' 있는 청년이라는 측면이 강조된다. 이러한 서술 상황은 춘향과 이도령의 사랑을 신분 상승 욕망과 성욕의 결탁으로 해석하는 다소 불명예스러운 주제 해석과 무관하지 않다. 경우에 따라서는 이도령이 강제력을 행사할 수 있는 권력의 소유자임이 강조됨으로써, 춘향과 이도령의 만남을 권력적 상하 관계의 조율인 것처럼 해석할 수 있는 여지를 남긴다.

춘향은 방자를 통해 이도령에 대해 처음 알게 된다. <완판본>의 방자는 춘향에게 '사또 자제 도련님'이 불러오란다는 '명령'의 형식으로 이도령의 뜻을 전달했다. 춘향이 방자를 통해 확보한 정보는 이도령이 사또의 자제라는 것이 전부이다.[54] 그러나 <완판본>의 서술자는 이에 응락하는 춘향의 태도를 '연분'이나 '운명'으로 해석할 수 있는 여지를 마련함으로써, 이것이 신분 상승 욕망의 표현으로 전면화되는 것을 통제한다. 춘향은 이도령이 자신의 글재주를 인정했다는 말을 듣고서야 비로소 가겠다고 허락하는데, 이에 대해 서술자는 '연분이 되려고 그러한지 홀연이 생각하니 갈 마음이 나되 모친의 뜻을 몰라 침응양구'(21-22)하는 것으로 처리함으로써, 춘향과 이도령의 만남을 의지적 행위라기보다는 자연스러운 인연론으로 해석하려는 의지를 보여준다. 월매도 청룡의 꿈을 이야기하면서 이도령과의 인연에 확신을 부여하며 '그러나 저러나 양반이 부르시는데 아니 갈 수 있겠느냐. 잠깐 가서 다녀오라'(22)고 권유한다. <완판본>에서는 이도령과 춘향의 '사랑'조차 각 인물의 개인적 판단이나 감정적 반응에 의해 경험되는 것이 아니라 각 텍스트의 인물들이 경험하는 사회적 의미장 속에서 형성되는 것으로 이해하고 있다. 즉 이들의 사랑을 '운명'이나 '필연'으로 해석하려는 개작자의 의도가 작중 인물의 반응을 통제하고 조정하는 현상을 보여주는 것이다.

<옥중화>에서 방자는 이도령의 외모와 풍채, 문장과 필법, 집안의 권세와 경제력을 강조하고, '서울 사람'으로서의 매력을 강조하면서 춘향의 마음을 사로잡으려 하였을 뿐더러, 가지 않을 경우 어머니를 불러들일 수 있는 권력 행사가 가능함을 강조했다.[55]

그런데 <남원고사>에서는 이도령이 본관 사또의 자제라는 사실보다 오입장이로서의 면모가 강조되었다. 방자는 오입장이 도련님을 유혹하여 팔자를 고치고 호강하라는 현실적인 욕망을 강조했으며, 그에 따라 자신도 이득을 보려는 계산을 숨기지 않았다. 전체적으로 <남원고사>가 세속적이고

54) 해당 내용은 <완 : 19>.

55) 해당 내용은 <옥 : 12-13>.

현실적인 측면이 강조되어 있다고 할 때, '욕망'은 이 텍스트가 의욕적으로 탐구하는 새로운 주제적 지평이기도 하다.

> ① 완판본 : 이 때 춘향이 추파를 잠깐 들어 이도령을 살펴보니 금세의 호걸 이요 진세간 기남자라. 천정(天庭)이 높았으니 소년 공명 할 것이요 오악이 조귀하니 보국충신 될 것이매 마음에 흠모하여 아미를 숙이고 염슬단좌 뿐이로다. (완 : 24)
>
> ② 남원고사 : 춘향이 이 말 듣고 추파를 잠깐 들어 이도령 살펴보니 또한 만고영걸이라. 광미대구 활달대도 언어수작하는 거동 한손열지지상이요, 당현종의 풍신이라. 명만일국 재상 되어 보국아민할 것이요, 귀골풍채 헌앙하여 이적선의 후신이라. 두자의 취과낙양에 귤만거하던 풍신을 웃을 것이요, 적벽강상에 위군이 낙담하던 주랑의 위풍을 압도할지라. 춘향이 내심에 탄복흠선함을 마지 아니하나 사색지 아니하고 (남 : 88-89)

위의 인용은 춘향이 이도령의 모습을 찬찬히 살피는 장면이다. <완판본>이나 <남원고사>에서 이도령이 춘향을 바라본 시각적 경험이 '성적 욕망'을 환기시키는 역할을 했다면, 춘향이 이도령을 바라본 시각적 경험은 미적인 감탄의 대상을 넘어서 '미래적 가능성'을 판독하는 일종의 '관상학적 정보'로서 인지된다. 다만 <옥중화>에서는 이도령이 근거리에서 관찰한 춘향의 모습이 제시되지 않는 것처럼, 춘향 역시 스스로 이도령을 관찰하는 모습이 제시되지 않았다. 이는 상호 '탐색'의 시선을 피함으로써 이들의 순수한 '사랑'을 강조하기 위한 의도로 보인다.

이처럼 춘향전의 전반부 서사 내용을 통해 구현된 '사랑'의 의미론적 지평은 경험 주체에 따라 상이하다. 남성 주인공인 이몽룡의 경우, '사랑'은 그의 성장 과정에서 자연인으로서의 정체성을 '발견'하는 육체적인 '자각'으로서 감지되는 데 비해, 여성 주인공인 춘향에게는 자신을 '사회화'하는 경험의 매개로 작용한다. 이도령에게서 사랑은 최고의 승경지를 감상하고자 하는 나르시시즘의 연장선상에서 아름다움의 정점을 포착하는 '시각적 경험'으로 경험되지만, 춘향에게서 '사랑'이란 자신의 세계를 확장해 가고, 이를 통해 자신의 정체성을 사회적으로 설득시키는 하나의 성장 과정으로서 인지된다. 그에 따라 이들이 '사랑'을 통해 추구하는 지향점이나 사랑을 경험하는 방식 자체도 상이하게 나타난 것이다.

(2) 사랑의 나르시시즘

이도령과 춘향이 사랑의 대상을 직접 대면하는 과정은 이들이 첫 눈에 반하는 과정으로 포착되었다.

<완판본>에서 춘향을 첫눈에 보고 반한 이도령은 공연히 '마음이 울적해지고 정신이 어찔해져서'(16-17) 공상 속에 빠져든다. 사랑에 빠진 사람이 대상과 분리된 자신의 처지를 자각함으로써 소외감을 느끼는 과정을 표현한 것이다. <남원고사>에서는 춘향의 복색 치레가 온전히 이도령의 시선으로 포착되는 것으로 처리함으로써, 이도령의 사랑이 시각적 감각에 의존해 있음을 보다 직접적으로 명시한다. 여기서는 춘향을 본 이도령이 '얼굴이 달호이고 마음이 취하여 정신이 산란, 안정이 몽롱, 의사가 호탕, 심신이 황홀'(67)한 경험을 하는 것으로 서술하였으며, <옥중화>에서는 '정신 없이 한참 서서 망견터니 뜻밖에 몸에 오싹 소름이 쪽 끼치니 정신 암암 일신을 벌벌'(6-7) 떠는 전율의 경험으로 표현했다. 이는 누군가에게 첫눈에 반한 사람의 심리적, 육체적 반응에 대한 현실적 묘사로서, 인간의 육체와 감성적 반응이 서사의 중요한 관심사가 되고 있음을 보여준다.

시각적 사랑에 매혹된 이도령은 이후 춘향이 '누구'인지를 물어보지만,

방자의 눈에는 아무것도 보이지 않는다는 답변이 들려올 뿐이다. 이는 텍스트마다 다소의 과장을 통해 희화화되지만, 이 장면의 묘미는 능청스럽고 장난스러운 방자의 성격 묘사나 재치 있는 대사의 언어 유희에 있는 것이 아니라, 상대를 미화하고 찬양함으로써 현실 감각을 상실하고 자기 도취에 빠지기 마련인 '사랑에 빠진 자'에 대한 사실적인 묘사에 있다.

이러한 과정은 사랑이란 마음과 육체를 사로잡는 감성적인 자극임을 보여주는 것으로서, 다른 대상을 압도하고 대상에 집중하게 하며, 그 자체를 과장되게 부풀리도록 만드는 환상적 힘을 지녔음을 보여준다. 춘향전의 사랑은 상대에 대한 호기심을 수반하면서 그 아름다움을 극대화하고 과장하는 힘을 발휘하게 하는 나르시시즘의 속성을 지녔음을 노출시킨다.

이도령에게서 춘향의 아름다움은 인간이 아니라 서시나 우미인, 왕소군, 반첩여, 조비연 등의 역대 미인들이나 낙포선녀, 무산선녀와 같은 상상 속의 존재[56], 금, 옥과 같은 귀한 사물이나 귀신과 같이 믿어지지 않는 존재로 신비화되며,[57] 숙낭자와 같은 소설 속의 인물, 해당화, 도화 같은 꽃, 일월과 같이 붙잡을 수 없이 높은 대상, 혼백처럼 비현실적 가상물, 천녀 묵은 불여우와 같이 매혹적이지만 두려움을 자아내는 자연물[58] 등으로 인식된다. 요컨대 춘향이라는 미적 대상은 '인간'의 범주 바깥을 넘어선 어떤 절대적인 대상, 귀하고 높은 신비의 대상으로 미화된다. 그 결과 방자와 이도령의 문답이 생산하는 읽을 거리로서의 즐거움은 방자의 재치와 능청어린 성격에 있는 것이 아니라 사랑에 빠져서 현실에 대한 감각와 대상에 대한 객관적 거리를

56) 여기까지는 <완판본>의 경우이다(16-17쪽).

57) 여기까지는 <옥중화>의 경우이다(8쪽).

58) 이는 <남원고사>의 경우이다(67-70쪽). 여기서도 선녀, 서시, 옥진, 양귀비, 옥, 금, 귀신, 혼백 등이 동원되며, 네 어미, 네 할미와 같은 욕설도 등장한다.

상실한 자의 도취적 세계 인식과 이에 동화되지 못한 방자의 지극히 현실적인 대화가 빚어내는 '불협화음의 화술'에서 발견된다. 사랑에 빠진 자의 나르시시즘은 주변의 일상적 대화에서 소외된 채 고립되어 가고 심지어 조롱의 대상으로까지 비하되지만, 사랑은 그러한 대가를 치를만한 가치가 있는 '사생활의 내역'이라는 것을 설득시키는 것이다.

사랑에 빠진 자의 도취적 세계 인식은 책방으로 돌아온 이도령이 경험하는 '도취적 세계 인식'의 연장선상으로 펼쳐진다.

> 이 때 도련님이 춘향을 아연히 보낸 후에 미망이 둘 데 없어 책실로 돌아와 만사에 뜻이 없고 다만 생각이 춘향이라. 말소리 귀에 쟁쟁 고운 태 도 눈에 삼삼. 해지기를 기다릴새 방자 불러, (…) 석반이 맛이 없어 전전반측 어이 하리. 퇴령을 기다리려 하고 서책을 보려 할 제 책상을 앞에 놓고 서책을 상고하는데 (…) 주역을 읽는데, "원은 형코 정코 춘향이 코 딱 댄 코 좋고 하니라." 그 글도 못 읽겠다. (완 : 28-29)[59]

책을 읽으면서도 춘향 생각에 사로잡혀 눈길 닿는 모든 것에서 춘향이라는 의미 기호를 읽어내는 이도령의 모습은 비록 과장되었을지언정 거짓이 아니다. 오히려 이는 독자들의 공감을 확보한다. '사랑하는' 상태에 있는 사람이 상대에게 골몰하여 감각 능력과 식욕을 상실한다는 신체적 반응에 대한 기술은 지극히 사실적이다. 사랑하는 자에게서 사랑하는 대상은 세계 자체를 압도하는 크기와 힘을 지닌 것으로 경험된다. 책을 읽으면서도 그 내용에 집중하지 못하고 차라리 텍스트 자체를 '새로 쓰는' 이도령의 태도는 사랑이 세계 창조의 힘을 지녔다는 단순한 진리를 과장되고 희화적으로 표현함으로써 이

59) <남원고사>의 해당 내용은 104쪽, <옥중화>의 경우는 15-17쪽.

에 대한 유쾌한 동의를 완수해 간다.

이도령은 사랑에 빠진 자기 감정에 충실하는 감성적 면모를 드러냄으로써 위엄 있고 이성적인 양반의 이미지 안쪽에 살아있는 자연인으로서의 정체성을 고백한다. 그 외에도 시간이 더디가는 경험을 하게 되는 시간 인식의 변이라든가[60] 설레임, 수줍음, 부끄러움, 상대의 마음에 대한 호기심 등 이도령의 마음 속에서 일어나는 섬세하고 사실적인 사랑의 과정이 상세하게 묘파됨으로써 춘향전은 '사랑'을 경험하는 섬세한 심리적 여정을 충실히 따르고 있다. 이는 춘향전에서의 사랑이란 일차적으로 자기 안의 '자연'을 발견하는 데서 촉발되며, 심리적이고 정서적인 이끌림이나 감정적인 교감의 문제로 이어지는 것으로 간주되었음을 보여주는 서사적 현상들이다.

<완판본>의 춘향은 이도령이 집으로 찾아왔다는 말에 설레임과 수줍음을 표현한다.[61] 춘향방에 들어온 것이 '첫외입'이라는 이도령의 경우도 첫 만남은 말문이 막히고 온 몸이 떨리는 어색한 분위기로 시작된다.[62] 이어지는 춘향방의 치레는 이 어색함을 벗어나기 위해 이도령의 시선이 춘향을 지나서 춘향의 방을 구경하는 방향으로 이동하는 과정으로 제시된다.

이도령을 놀기 좋아하는 풍류남아이자 호협한 기남자로 소개하고, 춘향과의 만남을 요구하면서 '물각유주'(9)라거나 '홍정'(22)이라는 표현을 썼던 <옥중화>에서도 이도령이 춘향방에 들어와서는 당황하고 설레이는 반응을 보이는 것으로 설정했다.[63] 춘향 역시 <옥중화>에서는 어머니가 성참판을

---

60) 이도령이 방자에게 자꾸 시간을 묻는 장면이 유발해내는 웃음은 경험의 동질성을 통해 독자와 작중 세계를 하나로 연결시키는 '공감'을 형성한다(완 : 27-28).

61) '춘향이가 이 말을 듣고 가슴이 울렁울렁 속이 답답하여 부끄럼을 못 이기어 문을 열고 나오더니'(완 : 37)

62) '도련님 첫 외입이라. 밖에서는 무슨 말이 있을 듯 하더니 들어가 앉고 보니 별로 이 할 말이 없고 공연히 천촉기가 있어 오한증이 들면서'(완 : 41)

회고하는 것을 듣고 눈물을 흘리는 모습을 통해 순진하고 물정 모르는 여자아이의 면모를 드러냄으로써, 사랑의 순수함을 소유했음을 암시했다.

그런데 이러한 이 두 텍스트에서 춘향과 도령 사이의 감정적인 '사랑'을 '의례'로 변용시키는 몫을 담당하는 이는 바로 춘향모이다. 춘향모는 이도령이 춘향을 버리면 춘향이 불행해 질 것임을 환기시킴으로써, 이도령으로 하여금 춘향에 대한 변함 없는 사랑의 약속하게 한다.[64] 월매는 이도령이 권하는 술을 마시면서 '오늘이 여식의 백년지고락을 맡기는 날이라 무슨 슬픔이 있으리까마는'(51)라고 언급함으로써, 이도령과 춘향의 만남이 '혼인'이라는 의례로 성립하도록 완결짓는다.

완판본의 춘향모도 술자리에 동석하여 춘향을 낳게 된 경위를 들려줌으로써 춘향이 양반의 자식임을 은근히 강조하는가 하면, 춘향의 아버지는 자기를 데려가려 했으나 일찍 세상을 떠나는 바람에 이루어지지 못했다고 함으로써, 춘향에 대한 책임감을 환기시키기도 한다.이도령에게 혼서를 요청함으로써, 이들의 사랑을 제 삼자의 입장에서 '의례화'하는 것도 춘향모의 역할이다.[65]

그러나 <남원고사>에서는 춘향과 도령이 첫만남에서부터 수줍음이나 설레임을 느끼기보다는 상대에 대해 적극적으로 관심을 표현하고 자기 주장을 하는 모습을 보여준다. 여기서는 '성적인 욕망'과 '쾌락'으로서의 '사랑'의

---

63) '도령님이 호걸 기남자로되, 이런 일은 처음 당하는 일이라 가슴이 두군두군 말못하고 앉았더니'(옥 : 28)

64) 이도령은 춘향에게 '이 술을 대례 술로 알고 먹자'(50)고 말함으로써, 월매의 의도에 조율되어 간다.

65) 여기서 춘향모가 춘향과 이도령의 혼사를 허락하는 내적인 계기는 이도령의 약속 때문이라기보다는 오히려 자신의 꿈 때문인 것으로 제시된다. : '춘향모 몽사를 생각하니 도련님의 이름이 꿈 몽 자 몽룡이라. 마음이 가득하여 과히 조롱 아니하고 희색으로 허락하며'(옥 : 30)

의미가 다른 두 텍스트에 비해 훨씬 강화되었다. 이는 방자에 의해 이도령이 '오입장이'로 소개되고, 춘향이 자신을 '창가천기'로 언급하는 등 '쾌락'과 풍류의 향연을 시도하고자 한 텍스트의 욕망과 연계된다. 그 결과 <남원고사>에서는 이도령이 춘향에게 사랑을 고백하기 전에 '양양총각 놀아보자'는 유희적 제안을 먼저 하는 것으로 설정된다. 이에 대해 버림받을 것을 염려하며 거절하는 것도 춘향 자신의 몫이고, 혼서를 요청하는 것도 춘향 자신이다. <남원고사>에서 사랑은 철저히 당사자 주체 간의 개인적 문제로 출발한다. 그 결과 두 사람이 사랑을 시작하는 단계에서 이를 의례화하는 몫을 몫을 했던 '월매'의 역할이 <남원고사>에서는 상당히 축소된다.

춘향전에서 '사랑'에 대한 해석은 작중 인물이 경험하는 감정이나 정서적 반응의 내적 체험을 통해서 뿐만이 아니라, 서술자의 직접적인 언술을 통해서도 분명히 드러난다. <완판본>의 서술자는 춘향과 도령의 만남을 '연분'으로 강조함으로써, 이들간의 사랑을 운명이자 필연으로 이해한다. 서술자는 춘향이 자신을 데리러 온 방자에게 처음에는 저항하다가 '홀연이 생각하니 갈 마음이 나'게 되었다고 함으로써, '사랑'이란 마음 속에 저절로 이끌려지는 자연적인 현상이자 운명적 이끌림인 것처럼 서술하였다. 춘향 모가 꿈에 용을 만난 것을 몽룡과 춘향의 만남으로 해석한 것도 운명적 사랑을 강조하기 위한 서사적 장치이다. '꿈'을 통해 운명적 사랑의 의미를 창조한 것은 <옥중화>에서도 반복된다.

이에 비해 <남원고사>에서는 쾌락적 인간이 긍정되고, 이에 순응하는 자연적 과정으로서의 사랑의 의미가 보다 강조되어 있다.

사랑의 구조에서 사랑하는 사람은 자기와 동일한 입장에 있는 사람이면 누구든지 그에게 자신을 고통스럽게 동일시한다.[66] 사랑하는 사람은 세계 내적 맥락 속에서 자신을 이해하기보다는 대상과의 관계 속에서만 자기를 파악한다. 사랑하는 대상을 절대화하는 감각은 결국 자기 삶의 개인성을 응시하는 불편하고도 황홀한 나르시시즘의 통로가 된다. 이것의 감각적 지속을 추구하는 개인의 힘은 쾌락적 시간의 지속으로 내닫는다.

(3) 쾌락의 향연

춘향과 이도령에게서 사랑이란 삶의 방향성을 주도하고 결정짓는 중요한 의미를 갖는다. 춘향전의 사랑이 가장 풍부하고 생동감 있게 표현된 장면은 '첫날밤' 부분이다. 춘향전에서는 '첫날밤'이라는 개인의 '사생활'을 자세하게 '보여줌'으로써 사적 경험을 공유화하고 공론화하는 계기를 마련한다. 춘향전에서는 첫날밤에 두 사람이 육체적 친밀성을 교환하고 이해하는 과정을 상세하게 보여주며, 개인의 성적 영역이 공개됨으로써 소설 독자들이 주인공의 개인적 시간을 공유하는 과정을 경험하게 한다.

> 춘향의 섬섬옥수 바듯이 겹쳐잡고 의복을 공교하게 벗기는데 두 손길 썩 놓더니 춘향 가는 허리를 담쏙 안고, "나삼을 벗어라." 춘향이가 처음 일일 뿐 아니라 부끄러워 고개를 숙여 몸을 틀 제 이리 곰실 저 리 곰실 녹수에 홍련화 미풍 만나 굼니는 듯 도련님 치마 벗겨 제쳐놓고 바지 속옷 벗길 적에 무한히 실랑된다. 이리 굼실 저리 굼실 동해 청룡이 굽이를 치는 듯, "아이고 놓아요 좀 놓아요." "에라. 안 될 말이로다." 실랑 중 옷끈 끌러 발가락에 딱 걸고서 끼어 안고 진득이 누르며 기지개 켜 니 발길 아래 떨어진다. 옷이 활딱 벗어지니 형산의 백옥덩이 이 위에 비할소냐. 옷이 활씬 벗어지니 도련님 거동을 보려하고 슬그머니 놓으면서, "아차차, 손 빠졌다." 춘향이가 침금 속으로 달려든다. 도련님 왈칵 좇아 들어 누워

---

66) 롤랑 바르트, 『사랑의 단상』, 김희영 옮김, 문학과지성사, 1991, 172쪽.

저고리를 벗겨내 어 도련님 (완 : 52-53) / 하루 이틀 지나가니 어린 것들이라 신맛이 간간 새로워 부끄럼은 차차 멀어지고 그제는 기롱도 하고 우스운 말도 있어 자연 사랑가가 되었구나. 사랑으로 노는데 똑 이 모양으로 놀던 것이었다. (완 : 54)

<완판본>에서는 춘향의 집에 온 이도령이 어색함을 표현하다가, 첫날밤을 보낸 후로 점차 허물없는 사이가 되는 것으로 설정했다. '사랑가'도 첫날밤을 지낸 이후에 부르는 것으로 설정함으로써, 유희적 사랑이란 정신적, 육체적 친밀감을 전제로 성립한다는 관점을 보여주었다. 그러나 사랑가 장면이 축소된 <옥중화>에서는 두 사람이 사랑가를 나누는 장면을 첫날밤에 설정함으로써, 박진감 있는 사랑의 과정을 표현했다.

이에 비해 <남원고사>에서는 사랑의 유희성이 보다 직접적이고 적극적으로 표현되었다. 춘향의 집에 와 주안상을 받은 이도령은 처음부터 권주가를 부르며 춘향과의 유희적 관계를 제안했으며, 춘향도 권주가, 백구가(가사), 가야금 탄주곡 등을 부르면서 친밀감을 표현했다. 이후 이도령은 천자풀이, 바리가, 덕운가 등 경성 소리를 하고 춘향과 사랑가를 주고받는다. 여기서는 첫날밤을 지낸 후에 비점가와 인자타령, 연자타령을 부르며 성적 유희를 나누는 것으로 처리하였다. 사랑은 노래하는 화창 세계의 유희적 쾌락의 경험임을 적극적으로 표현한 것이다.

'성'으로서의 사랑인 에로티시즘은 개인성을 발견하는 경험적 공간으로서, 그때 경험되는 사랑은 자기 발견의 서정적 메아리가 된다. '타자에 대한 갈망'으로서의 에로티시즘은 인간의 창조물로서 사회 안에서 행사하는 기능에 의해 문화로 설득된다. 에로티시즘은 자신을 섹슈얼리티로부터 떼어내고, 그것을 변형시키고, 그것을 번식의 목적으로부터 탈출하도록 만드는 것이다.[67)]

이런 점에서 춘향전의 사랑이 보여주는 에로티시즘은 관계의 발견이자 확장이며 심미화의 결과물로서 이해할 수 있다. 춘향전의 (개)작자들은 이를 작품의 미적 가치로서 적극적으로 (재)창작하거나 혹은 통제의 대상으로 간주함으로써, '사랑'의 에로티시즘에 대한 시대 정신을 반영했다. 더구나 '첫날밤'이라는 내밀한 사생활의 영역을 쾌락의 시간으로 직조하여 공개하는 서사 방식은 소설이 개인을 독자 대중이라는 경험 공동체로서 견인해 가는 문화적 힘을 발휘하고 있음을 보여준다.

(4) 그리움, 약속과 포용의 재회

춘향전의 사랑은 이별을 통해 파국을 맞지만, 변치 않는 약속을 지킴으로써 이를 극복하는 성숙한 태도를 보여준다. 춘향과 이도령의 '유희적 사랑'은 오래 지속되지 못한 채 '이별'을 맞이하는데, 이는 사랑의 경험이 갖는 현실적 의미를 자각하는 계기가 된다. 이도령은 아버지의 명령에 따라 사랑을 유보하는데 비해, 춘향은 '정절'이라는 형식으로 사랑의 지속을 주장한다. 이별을 당해 이도령은 춘향에게 장원 급제 후에 데려간다는 '약속'을 한다. 춘향은 '수절' 의사를 표현하며 소식을 끊지 말라고 당부한다.[68]

<남원고사>에서는 이도령이 이별을 선언하면서 "우리 당년 금석상약 오늘날의 다 허사로세."(183)라고 자신 없는 말을 하자, 춘향이 원망을 표현하며 원정을 지어 한양까지 찾아가겠다고 주장한다. 이도령이 춘향을 데려가겠다는 발언은 춘향을 진정시키는 과정에서 제기되었다.

그러나 <완판본>이나 <옥중화>에서는 마음이 약해진 춘향이 이별 후

67) 옥타비오 빠스, 『이중불꽃』, 황병하 옮김, 이레, 1996, 21 · 25 · 33-34쪽.

68) 해당 본문은 <완 : 87>, <남 : 187>, <옥 : 54>이다.

의 그리움과 슬픔을 표현하자, 이를 위로하기 위해 춘향을 데려가겠다고 제안한다. 또한 <남원고사>는 이도령이 급제 후에 춘향을 데려가겠다고 하자, 춘향이 이제 가면 언제 오랴시느냐는 자탄 사설을 하는 데 비해, <완판본>에서는 춘향이 수절할 의사를 표현하면서 소식을 단절하지 말라고 '당부'한다. <옥중화>에서는 월매가 나서서 춘향과의 백년가약을 강조한다.

이별 이후 경험하는 '사랑'의 양상은 주로 춘향의 입장으로 제한되지만, <옥중화>에서는 이도령의 그리움도 언급된다.

<완판본>에서는 이도령을 보내고 방에 들어온 춘향이 보고 싶은 마음을 토로하며 '그리움'의 자탄[69]과 기나긴 '애원성'[70]을 표현한다. <옥중화>에서는 이도령이 서울로 가는 도중에 오수역(鰲水驛)에 숙소하면서 춘향을 생각하며 그리움을 표현하였고[71], 이도령의 아버지가 춘향모에게 돈을 보내어 나중에 이도령이 급제하면 데려가겠다는 약속을 전달한다. 춘향의 그리움은 그 뒤에 이어짐으로써, 그리움의 상호성과 '약속'이 강조되고, 개인간의 만남이 어느덧 가족간의 약속이라는 의미로 구축된다.[72] <남원고사>에서도 이도령이 마부와 수작하는 과정에서 춘향의 아름다움이 환기되고, 그에 대한 그리움이 토로된다.[73] 이도령과 춘향은 그리움 속에서 상대를 미화하고 이상화하는 것을 발견할 수 있다. 이는 사랑을 경험하는 사람들의 보편적인 세계로서 설득력을 확보한다.

이도령과 춘향은 감각적이고 육체적인 사랑을 경험하는 데서 나아가, 이별

---

69) 해당 내용은 <완 : 91-93>.

70) 해당 본문은 <완 : 103-104>.

71) 해당 본문은 <옥 : 58>.

72) 해당 본문은 <옥 : 60>.

73) 해당 본문은 <남 : 328-332>.

을 통해 각자의 사랑을 완성해 나간다. 춘향은 변부사의 수청을 물리치고 이도령을 위해 수절함으로써, 감각적 사랑을 윤리적으로 완성한다면, 이도령은 춘향과의 약속을 지킴으로써 구원의 사랑을 완성한다.

수청의 요구를 받는 춘향에게서 이도령을 향한 사랑은 구원의 약속이라는 의미를 갖지만,[74] 이러한 기대는 이도령이 거지가 되어 돌아옴으로써 수포로 돌아간다. 거지가 되어 돌아온 도령을 본 춘향은 공든탑이 무너졌다며 실망을 표현하고 신세를 한탄한다. 그러나 춘향은 곧 마음을 바꾸어 세간을 다 팔아 서방님을 대접해 달라고 어머니께 당부한다.[75] 이도령에게는 자신의 시신을 염습해 주고 후에 청운에 오르면 '수절원사춘향지묘'라고 새겨달라고 청한다. 이러한 태도는 춘향이 있는 그대로의 상대를 포용하고 보살펴 줌으로써 '모성적' 형태의 사랑을 발견하게 되었음을 의미한다.

이에 비해 이도령의 경우는 춘향의 사랑을 시험하는 독점욕의 형태로 표현된다.[76] 춘향이 사랑을 지키기 위해 폭력적 권력에 저항하는 고통을 감수해야 했다면, 이도령은 춘향의 정절을 시험함으로써 상대의 사랑에 대한 불안과 의심을 표현한다. 과거 급제 후 남원으로 내려온 이도령은 농부들과 목동들, 소년들에게 춘향의 정절을 탐문하며, 춘향 자신에까지 사랑의 진정성을 시험한다. 뇌물을 많이 받아 작폐했는가라는 질문[77]은 춘향의 사랑이 '돈'이

---

74) <완판본>의 춘향은 이도령에게 자신의 어려운 처지를 밝히며 구원을 요청하는 혈서를 쓰기도 하고(완 : 145), 이도령이 옥중으로 찾아오자, 자기를 살리려고 왔냐고 질문함으로써(완 : 156), 대상에 대한 '구원'의 기대를 드러낸다.

75) <완판본>의 경우 월매가 춘향이 매맞은 것을 알고 서울로 쌍급주를 보낸다고 하자, 춘향이 도련님이 걱정해서 병이 될 것이니, 이는 훼절이라며 만류하기도 했다(완 : 120).

76) '어사또 분부하되, "너만 년이 수절한다고 관정 포악하였으니 살기를 바랄소냐. 죽어 마땅하되, 내 수청도 거역할까."' (완 : 166)

77) "이 골 춘향이가 본관에 수청들어 뇌물을 많이 먹고 민정에 작폐한단 말이 옳은

나 '권력'을 매개로 한 것이 아닐까 하는 불안한 의혹을 대변한다. <남원고사>에서는 농부에게 속아 춘향묘로 잘못 알고 통곡하는 이도령의 태도를 통해, '탐문'하는 그를 희화화의 형식으로 조롱하기도 한다.

춘향전의 이본들에서는 춘향이 거지의 형상을 한 이도령을 전적으로 감싸 안고 염려하는 데 비해, 이도령은 옥중으로 찾아가 진심을 시험하는 데서 그치지 않고, 새로운 권력자로서의 수청을 요구하면서까지 사랑의 진정성을 확인하고 그 사랑을 독점하고자 하는 욕망을 보여준다. 그러나 춘향전은 이러한 이도령의 태도를 '혐오스럽게' 바라보지 않고, 이를 기꺼이 수용하는 것으로 처리함으로써 그의 태도를 옹호한다. 이도령의 춘향에 대한 시험은 사랑에 대한 모독이 아니라 춘향의 진정성을 증명하는 계기로서만 조명된다.

이도령의 사랑이 쾌락적이고 현실적인 것이라면 춘향의 사랑은 부재하는 가운데 환기되는 내적인 힘, 자기를 지키는 힘으로서 호소된다. 이도령이 자기 확신의 사랑을 주장하지 못한 채 상대를 향해 불안한 의혹의 시선을 건넬 때, 춘향이 보여준 진정성의 응답은 그의 불온한 의심을 잠식시키며 그 사랑을 추구할 만한 가치있는 것으로서 설득시킨다. 이로써 쾌락의 사랑은 약속이라는 신념의 체계로, 포용이라는 인간적 미덕으로 환치된다.

3) 감각의 향연, 문체 미학

춘향전은 이야기의 극적 구성력을 생동감 있게 전달하는 개성적인 수사학을 구축함으로써 심미적 호소력을 창출해 온 고전 텍스트이다.[78] 춘향전에서

지."(완 : 143)

78) 춘향전의 문체에 관한 앞선 연구는 이 논문의 각주15)와 아래의 논문을 참조. 김동욱, 『증보 춘향전 연구』, 연세대출판부, 1976.

는 시각, 청각, 후각, 미각, 촉각에 이르기까지, 감각에 대한 서사적 탐구를 수행함으로써, 독자의 오감에 호소하는 소설 서사학의 새로운 영역을 개방한다. 또한 희로애락애오욕의 칠정에 대한 섬세한 포착을 통해 감정적 존재로서의 인간의 감정에 대한 실험과 관찰을 보여준다. 그 과정에서 웃음과 눈물, 분노와 실망, 우울함과 처참함의 정서, 소심함과 호기로움, 환희와 희열 등 인간이 인생을 통해 경험할 수 있는 감정의 스펙트럼에 관한 상세한 관찰과 모색이 구체적인 표현의 양태를 통해 다양하게 모색된다. 그리고 이는 묘사와 열거, 비유의 수사학을 통해 구체화된다. 묘사와 열거는 곧잘 혼융되며, 비유의 기법을 통해 사물과 사물 간의 유비적 관계 역학에 대한 '상응'의 리듬감을 '발견'하고 '유희'하기도 한다. 이러한 기법의 동시적 활용은 문장에 '리듬감'을 부여함으로써 그 자체로서 살아 움직이는 듯한 생동감을 부여하는 것이다.

______, 「춘향전의 비교적 연구 - 「남원고사」를 춘향전문학의 최고봉으로 지정하면서」, 『동방학지』 2집, 연세대 국학연구원, 1978.

김병국, 「구비서사시로 본 판소리 사설의 구성 방식」, 『한국학보』 27집, 일지사, 1982.

서종문, 『판소리 사설연구』, 형설출판사, 1984.

손명려, 「남원고사의 문체와 해학성 연구」, 국민대 석사논문, 1984.

전경욱, 『춘향전의 사설형성원리』, 고려대 민족문화연구소, 1990.

설성경, 「남원고사 연구 - 도입 부분의 서술 양상을 중심으로」, 『동방학지』 67집, 연세대 국학연구 원, 1990.

김현주, 「판소리 문학에서 구술성과 기술성의 관련 양상 및 장르적 의미」, 『판소리연구』 2집, 판 소리학회, 1991.

김석배, 「춘향전 이본의 생성과 변모양상 연구」, 경북대 박사논문, 1992.

박영주, 『판소리 사설의 특성과 미학』, 보고사, 2000.

윤덕진 · 임성래, 「남원고사 연구」(1), 『열상고전연구』 13집, 2000.

____________, 「남원고사 연구」(2), 『열상고전연구』 15집, 2002.

(1) 구체성의 논리, 묘사와 재현

춘향전에서는 인간의 구체적인 행동이나 태도, 표정에 대한 섬세한 관찰을 통해 이를 구체적인 신체 기호를 통해 재현하거나, 작중 인물의 구체적인 생각과 상상의 영역, 심리적, 정서적 영역, 추억과 회상, 나아가 무의식의 영역에 이르는 삶의 전면적 차원에 대한 섬세한 묘사를 통해 삶의 미시적 영역에 대한 관심을 보여준다. 춘향전에서 묘사를 통해 확보하는 대상 세계의 재현은 사물과 세계에 대한 구체적인 관심이 주요한 서사적 화제가 되고 있음을 보여주는 현상이다. 이는 '보여주기'와 사물이나 사항의 '열거'라는 수사학적 기법을 통해 구체적으로 실현되며, 각 이본을 탄생시킨 개작자들의 수사학적 역량과 태도에 따라 다소간의 편차를 두고 구현된다.

춘향전에서 묘사와 재현의 대상으로 선택된 부분은 사건이나 사태에 반응하는 인간의 신체적 움직임이나 변화, 태도와 행동에서부터 구체적인 삶의 내용, 자연의 풍경에 이르기까지 인간과 그 삶을 둘러싼 삶의 영역을 망라해 있다. 구체적인 정황이나 사태를 자세히 묘사함으로서 독자들을 '상상의 공동체'[79]로 결집시키는 서사적 힘은 인간을 구체적인 삶의 현장 속에서 이해하고자 했던 문학사의 새로운 지형도가 예비되고 있었음을 의미한다. 이는 '현재'에 대한 관심으로 촉발되는 현장성에 대한 욕구의 문학적 표현으로서, 자연히 감성과 감각에 대한 관심을 불러일으키게 된다. 그 과정에서 인간이 경험하는 특수한 상태는 '공감'의 형식을 통해 '보편적 현상'으로 승격되며,

---

79) 베네딕트 앤더슨의 표현에서 가져왔다(『민족주의의 기원과 전파』, 윤형숙 옮김, 나남, 1991). '공감적 일체화', 혹은 '공감의 정치학'에 관해서는 Elizabeth Barnes, States of Sympathy : Seduction and Memocracy in the American Novel(New York : Columbia University Press, 1997)을 참조. 이 책은 18, 19세기의 대중 서사물들이 공감의 감정적 구성을 통해 독자에게 그들 자신을 상상하고 표현하도록 허락하는 방법을 드러내는 방식에 관한 논의를 담고 있다.

독서에 참여하는 독자들을 하나로 통일시키는 서사적 매체로서의 기능을 하게 된다. 또한 작중 인물의 내밀한 심리적 변화나 사생활이 공개됨으로써, 독자들은 개인적 삶에 대한 구체적인 관심을 표현하고, 이를 통해 자신의 삶을 반추하는 심리적 경험을 독서 체험의 유희적 기능으로서 향유하게 된다.

춘향전에서 묘사와 재현의 대상으로 선택된 서사적 내역은 크게 인간의 신체 반응과 내면의 심리 변화에 관한 것, 추억과 회상, 미래에 대한 가상 등 '인간'의 신체 구조 안에서의 변화를 다루는 것과 구체적인 삶의 객관적 내역에 관한 것, 자연의 풍경에 관한 것 등으로 구분해 볼 수 있는데, 그 내용에 관해서는 이본에 따라 별다른 차이가 없으나, 이를 구체화하는 과정에서는 다소간의 선택적 배제와 양적인 편차가 드러난다.

① 신체의 수사학

춘향전에서는 인물의 성격을 관념적으로 지정하는 대신, 특정 상황에서 보여주는 신체적 반응이나 태도, 감정 표현의 구체적인 내용을 통해 드러내는 수사 기법이 전면화된다. 물론 주인공을 소개할 때에는 '전고'를 인용하면서 독자로 하여금 역사상의 이상화된 인물과의 심리적 '조응'을 행하도록 유도하지만, 이는 의례적인 표현에 한정된 것으로, 실제적인 서사의 진행이라는 측면에서는 관념적인 개념어로 인물의 성격을 지시하는 대신, 그것이 외화된 말투나 태도, 행동 등의 구체적인 양태를 통해 생동감을 부여하는 방식을 택하고 있다.

<완판본>에서 주로 묘사와 관찰의 대상이 되는 인물은 '춘향'이다. 이는 주인공 춘향에게 가장 '미적인 관심사'가 집중되어 있기 때문이다. <완판본>에서는 춘향이 춘정을 이기지 못해 봄을 완상하는 장면, 맵시 있는

걸음 걸이와 유혹적인 자태로 추천하는 모습, 사랑을 나누는 모습, 슬픔과 분노, 고독과 두려움의 감정적 표현에 대한 상세한 묘사가 제시된다.

> 추천을 하려 하고 향단이 앞세우고 내려올 제 난초같이 고운 머리 두 귀를 눌러 곱게 땋아 금봉채를 정제하고 나군을 두른 허리 미양의 가는 버들 힘이 없이 드리운듯 아름답고 고운 태도 아장 걸어 흐늘 걸어 가만가만 나올 적에 장림 속으로 들어가니 녹음방초 우거져 금잔디 좌르륵 깔린 곳에 황금 같은 꾀꼬리는 쌍거쌍래 날아들 제 무성한 버들 백척장고 높이 추천을 하려할 제 수화유문 초록 장옷 남방사 홑치마 훨훨 벗어 걸어두고 자주영초 수당혜를 썩썩 벗어 던져두고 백방사 진솔속곳 턱 밑에 훨씬 추켜올리고 연숙마 추천줄을 섬섬옥수 넌지시 들어 양수에 갈라 잡고 백릉버선 두 발길로 섭적 올라 발구를 제 세류 같은 고운 몸을 단정히 놀리는데 뒤 단장 옥비녀 은죽절과 앞치레 볼작시면 밀화장도 옥장도며 광원사 겹저고리 제색 고름에 태가 난다. (완 : 14-15)

위의 장면은 춘향의 추천 장면으로서, 춘향의 외모와 복색치레에 관한 구체적인 묘사와 함께 녹음이 우거진 숲에서 추천을 하는 구체적인 동작을 자연 풍광 속에 어우러진 유혹적 자태로서 묘사함으로써, 춘향의 아름다움을 감각적인 실체로서 설득하고 있다.

<완판본>에서는 춘향 이외에도 이도령과 월매, 향단, 행수 기생, 사령, 관리들이 구체적인 정황 속에서 신체적으로 반응하는 모습이라든가, 태도를 표현하고 행동을 결정하는 모습에 관한 생생한 재현이 시도된다. 또한 춘향의 '꿈'과 같은 무의식적 영역이 시각적으로 재현되기도 한다.

<남원고사>에서는 묘사와 재현의 기법이 더욱 강화되었는데, 이는 텍스트를 장편화하는 근본적인 요건으로 작용한다. <남원고사>는 묘사와 재현

의 대상이 되는 인물이 주인공인 춘향에 집중되지 않고 주변인에게까지 확장되어 나타난다. 또한 춘향의 신체적 반응이나 태도 결정, 행동 성향에 대한 묘사의 영역도 세밀하게 확장되어 제시된다. '사생활'의 영역에 속하는 '첫날밤'의 사설을 확장시켜 보여주거나 '왈자'와 '한량'들의 '유희적 행각'을 놀이의 세목을 들어 묘사한 것은 <남원고사>가 당대의 문화적 풍속도를 서사적으로 재현하고자 하는 욕망을 실현시키고 있음을 의미한다. <남원고사>에서는 작중 인물의 전체적인 외모(통인, 춘향, 이도령, 귀덕어미)나 의복(춘향, 이도령), 걸음걸이(방자, 춘향, 이도령), 춘향의 절하는 모습과 찡그리는 모습, 거문고를 연주하는 모습, 이도령에게 담배를 권하는 모습, 술을 데워 권하는 모습, 표정, 글을 받는 태도 등 구체적인 동작에 관련된 모습의 사실적인 재현이 다양하게 나타난다. 그 중에서도 서사적 관찰의 비중이 가장 큰 인물은 춘향이지만, 이도령의 경우에도 글을 쓰는 태도나 술마시는 모습, 이별 소식에 허둥대는 모습 등이 세밀하게 묘사되어 있으며, 월매, 신관, 이방, 군노사령, 집장 뇌자, 옥사장이, 왈자, 목동, 농부, 허봉사, 군관, 서리, 역졸 등의 보조 인물의 사소한 행동일지라도 서사적 흥미를 생산하는 부분에 한해서는 비중 있는 묘사로 처리하고 있는 것을 발견할 수 있다.

또한 구체적인 인간의 행동 영역에 관한 것 뿐만이 아니라, 사랑의 기쁨, 이별의 슬픔, 분노와 실망, 공포와 고통을 경험하는 구체적인 신체 반응 및 이에 대한 심리적 정경에 이르기까지 한 인간이 경험하는 외적, 내적인 반응에 대한 섬세한 관찰을 반영하고 있다.

> 섬섬옥수 불근 쥐어 분통 같은 제 가삼을 법고 중의 법고 치듯 아조 쾅쾅 두다리며 두 발을 동동 구르면서 삼단같은 제 머리를 홍제원 나무장사 잔디 뿌리 뜯듯 바드덩 바드덩 쥐어 뜯으며, "애고 애고 설운지고.

죽을 밖에 할 일 없네. 날 속이려고 이리하나? 조르려고 기롱하나?" 깁수건을 끌러내어 한 끝으란 나무에 매고 또 한 끝으란 목에 매고, "뚝 떨어져 죽고지고. (…)" (남 : 179-180)

위의 인용은 이도령의 이별 전언에 슬픔과 분노를 표현하는 춘향의 태도에 관한 묘사이다. 독자들은 슬픔과 당황스러움, 실망과 분노가 복합된 감정을 표현하는 춘향의 신체적 반응에 수긍하면서 작중 인물의 정황에 동화되어 간다. '감정'의 신체적 표출에 대한 묘사는 곧 독자 대중을 '동일화'된 '공감의 대상으로 합일시키는 기능을 하면서 감성적 유희물로서의 소설의 효용을 설득시킨다.

춘향의 꿈 혼백이 침상 편시에 만리 소상강을 갔던 것이엿다. 춘향이 아무런 쥴 모르고 사면으로 방황할 제 안으로 단정히 소복한 차환이 춘향 앞을 당도하여 공손히 읍하여 왈, "우리 낭랑 춘께서 낭자를 청하시니 이리로 오옵소서." 쌍등을 도도 들어 앞길을 인도커늘 춘향이 뒤를 따라 중계를 다다르니 검은 현판에 황금 대자로 새겼으되 만고정열 황릉묘라. 뚜렷이 부쳤거늘 심신리 산란하여 두루두루 살펴보니 (옥 : 102)

위의 인용은 <옥중화>의 황릉묘 사설로서, 춘향의 옥중 꿈을 서술한 부분이다. 한 개인의 내밀한 무의식의 영역을 세밀한 묘사와 극적 전개 방식으로 공개함으로써, 소설이 '사생활'의 영역을 독자 대중의 공적 영역으로 수용하도록 유도하고 있음을 보여준다.

이처럼 춘향전에서는 인물이 행동이나 표정 등 육체를 통해 자신을 이해하고 표현하는 신체의 수사학이 정밀하게 탐구된다. 이는 이 작품이 경험적 삶에 호소하고 감각적 대상물로서 향유되었음을 의미한다. 특히 <남원

고사>에서는 인물의 육체에 대해 민감하게 반응하는 과정에 대한 묘사가 전면화됨으로써 서사를 장편화하는 직접적인 계기로 작용한다. 육체의 상태나 변화에 대한 관찰과 재현은 삶의 구체성과 현장성에 대한 관심을 반영하는데, 이는 『남원고사』에 전면화 되어 있는 묘사와 재현의 서술 기법의 연장선상에서 독자로 하여금 경험 공동체로서의 공감대를 형성하게 하는 서사적 효과를 발휘한다. 오감과 칠정에 관한 육체적 표현과 반응을 묘사한 것은 인간을 감각적 주체로서 인식하고 '소설'을 감성에 호소하는 독서물로 간주하였음을 보여주는 것이기도 하다.

② 삶의 내역

춘향전에서는 인간적인 삶의 구체적인 세목에 대해 재현과 묘사를 통해 생생한 보여주기를 시도한다. 그런데 이러한 재현의 서술 기법은 단순히 '묘사'의 핍진성을 통해 상상력의 구체적인 근거를 제공하는 데 있는 것만은 아니다. 구체적이고 생동감 있는 재현의 서사는 삶이란 구체적인 것이며 경험적인 것이라는 공감적 전제를 구성하는 동시에, 사물들에 의미를 부여하고 질서를 구성하는 내재적인 구성력을 가시적으로 전달함으로써, 서사 미학의 또다른 지평을 개방하는 것이다. 예컨대, <남원고사>의 춘향은 이도령에게 집으로 오는 길을 가르쳐 주는데, 그 과정에서 춘향이 들려주는 정보는 객관적이고 사실적인 지리적 정보라기보다는 자기 지시적인 감성적 코드와 연계된다.

"저 건너 석교상의 한 골목 두 골목 지나 홍전문 들이달아, 조방청 앞으로서 대로천변을 나가서 향교를 바라보고 종단길 돌아들어 모퉁이 집 대약집 옆당이 집 구석집 건너편 군청골 서턴골 남편작 둘째 집 배차밭 앞으로

> 서 가라간 김니방 집 앞으로서 정좌수 집 지나 박호장 집 바라보고 최급장이 누이 집 사이골 들어 사거리 지나서 북작골 막다른 집이올시다." 니도령 이른 말이, "네 말이 하 뒤숭뒤숭하니 나는 새로 일러도 찾아 가기 어렵고 집 잃기 쉽겠다." 춘향이 답하되, "그리 아니하여도 왕래의 각금 물어 다니는 것이올시다." "그리 말고 어대만치 자세히 가르치라." 춘향이 웃고 다시 이로대, "저 건너 반송녹죽 깊은 곳에 문전에 양류 심어 오륙주 벌여 있고, 대문 안에 오동 심어 잎 피어 수음 지고 담 뒤에 홍도화 난만이 붉어 있고, 앞뜰에 석가산, 뒤뜰에 연못 파고 전나무 그늘 속에 은은히 뵈는 저 집이오니 황혼 때 부디 오옵소서." (남 : 101-102)

위에서 춘향은 자기 집으로 오는 길에 대한 설명을 매우 '주관적'인 방식으로 전달한다. 춘향은 사적인 정보 조작을 통해 집으로 오는 길을 지시하고 있으므로, 사실상 춘향과 경험을 공유한 시간이 없는 이도령으로서는 춘향 집으로 가는 사실 정보로부터는 소외된 셈이다. 이는 희화적 상황을 구성함으로써 흥미성의 방향을 지정해가려는 서술자의 의도가 전제된 결과이지만, 동시에 춘향이 자기를 객관화하는 데 서툰 존재임을 암시하기도 한다. 춘향이 제공한 정보가 부정확하다며 다시 이르라는 이도령의 청에 춘향은 집으로 가는 길을 다시 설명해 준다. 그러나 이 역시 '지리적 정보'로서의 '길'에 대한 객관적 설명이라기보다는 '공간'으로서의 '집'에 대한 설명에 해당되는 것으로, 질문의 내용과는 무관하다.

이러한 춘향의 대사 구성은 '설명'과 '묘사'라는 재현의 기법에 지배되고 있지만, 이는 사실의 재현을 겨냥한 것이라기보다는, 정보에 접근하는 인물의 태도를 지시함으로써, 텍스트의 욕망과 지향 가치에 대한 정보를 노출시키고 있다.

<완판본>에서는 이도령의 나귀 안장, 이도령의 복색, 춘향의 집과 방,

이도령의 독서 생활, 춘향 집에서 차려 낸 주안상, 신관도임 행차, 기생 점고, 봉사의 문복, 본관의 생일 잔치 등에 관한 구체적인 모습이 묘사와 재현의 기법을 통해 소개된다.

<남원고사>에서는 구체적인 묘사와 재현의 대상이 되는 삶의 영역이 보다 확대되고 세밀화된다. 춘향의 집으로 오는 길에 대한 정보, 춘향의 집과 방, 춘향 어미가 차린 주안상의 내용과 그릇, 신관의 생일 잔치, 기생 점고, 어사 출도, 어사 좌기 등에 관한 사실적 정보의 객관적인 전달에서부터 방자의 급료 생활, 산간 불당의 선비들의 생활, 판수의 점치기와 같은 생활의 구체적인 세목에 관한 사항, 춘향을 그리는 이도령의 심경이나 어사의 신세한탄, 춘향의 자탄 사설과 같은 심리적 정경 등이 그것이다.

<옥중화>에서는 춘향모의 태몽과 꿈, 춘향의 집과 방, 신관 도임 행차, 기생 점고, 이도령의 과거 장면, 본관의 생일 잔치 등이 구체적으로 묘사된다.

춘향전에서 묘사의 대상으로 포착된 삶의 내역은 일상의 구체성에 대한 관심에서 촉발된 것으로서, 특히 <남원고사>에서는 이러한 서사의 욕망이 전면화됨으로써, 텍스트를 장편화하는 요소로 작용한다. 이는 단순히 상업성에 근간한 것이 아니라 소설이 삶의 직접성과 구체성, 경험성에 호소하는 문화적 매개물로서의 가치를 지닌 것으로 설득되었음을 의미한다. 직접 보여주기의 대상으로 선정된 삶의 내역들은 소설이 현실적 삶을 반영하는 유력한 문화적 매개로 자리잡아가는 과정을 보여준다. 특히 <남원고사>가 보여주는 묘사의 전면화는 이 작품이 경험적 감각을 존중하면서 독자 대중을 경험의 공동체로서 견인해 가는 문화적 매개물로 호소되었음을 보여준다.

③ 자연과 일상의 풍경

춘향전의 자연은 구체적인 시간과 공간 속에서 하나의 '실제 경치'로서 소개되지만, 이는 관념적이고 이상화된 자연의 풍경과의 유비적 대응을 통해 '심미성'을 강화한 형태로 표현된다. <완판본>에서 묘사의 대상이 된 자연의 풍경은 월매가 기자치성하는 곳, 이도령이 구경하는 절승처, 그가 춘향을 발견하는 장소 등 서사적으로 의미 있는 공간 배경으로 채택된 '자연'으로 한정된다. 또한 후에 어사가 되어 돌아온 이도령이 황폐화된 춘향의 집을 바라보는 풍경이 서술됨으로써, 전반부의 풍광과 대조를 이루는 모습을 보여준다. <완판본>에서 묘사와 재현의 대상으로 선택된 '자연'의 내용은 인간을 탄생시킨 배경으로서의 자연, 인간의 성정과 동일한 성적 대상으로서의 자연, 그 공간에 깃들인 인간과 조락을 함께 하는 자연 등, 인간화된 자연의 대상물로 한정되어 있다. 그러나 일상의 세부 내역에 관한 소묘는 제한적이다.

<남원고사>에서도 '자연 풍경'의 묘사는 작중 인물의 내면이 투사된 인간화된 자연의 모습으로 한정된다. 서두에서 성적으로 충만된 자연의 풍경을 서술하는 연장 선상에서 봄의 홍취를 즐기는 춘향의 유혹적인 자태가 포착되는 것이 그 예이다.[80]

춘향 집을 찾아가려는 이도령이 해가 지기를 기다리는 장면에서는 춘향을 빨리 만나고 싶어하는 이도령의 조급함이 이를 이해하지 못하는 자연의 흐름과 대조를 이루는 과정으로 묘사된 것은 심리적 정황이 탄생시킨 자연의 의미에 대한 해석적 관점을 보여준다.

<옥중화>에 제시된 자연 풍경의 묘사는 광한루에서 바라본 남원 풍경이 대표적이다.

춘향전에서는 자연의 풍경의 구체적인 아울러 일상적 삶의 세부 내용이

---

80) 해당 본문은 <남 : 45>.

세밀하게 묘사된다. 춘향의 복색치레와 집치레와 방치레, 주안상 등 의식주와 관련된 구체적인 내역을 비롯하여 객관적인 외물을 언술적으로 재현함으로써, 삶의 구체성을 설득한다. <완판본>에서는 방자의 나귀 안장 짓기, 이도령의 복색 치레, 춘향의 집과 방, 이도령의 책읽기 내용, 신관 도임의 행차 재현, 기생 점고, 봉사의 문복, 신관의 생일 잔치 등이 자세하게 묘사된다. <남원고사>에서는 춘향의 집에 대한 지리적 정보가 설명적으로 제시되었고, 춘향의 집과 방, 술상에 놓인 그릇과 음식, 방자의 급료 생활, 이도령의 변복 치레, 춘향의 옥중 꿈, 허판사의 문복, 신관의 생일잔치, 어사출도 장면, 신관의 기생 점고, 이방이 어사의 명을 듣고 공관즙물을 방매하는 장면 등이 구체적으료 묘사된다. <옥중화>에서는 춘향모의 태몽, 춘향의 꿈, 춘향의 집과 방, 신관 도임 행차, 기생 점고, 이도령의 과거 장면, 신관의 생일 잔치 등이 제시된다.

삶의 일상적 풍경에 대한 소묘는 곧 삶의 구체성에 대한 관심을 반영한다. 의미 있는 일상의 세목들에 대한 묘사를 통해 경험으로서의 삶의 모습에 대한 문화적 관심을 표현한 것은 춘향전이 보여주는 문체 미학의 또다른 성과이다.

(2) 정보성의 논리, 비유와 열거

춘향전의 서사 구성 원리로서 '삽입 가요'의 역할은 작품의 극적 효과와 흥취의 고조라는 측면에서 논의되어 왔다. <완판본>에서는 이도령의 천자풀이를 비롯하여 사랑가, 정자 노래, 궁자 노래, 탈 승자 노래, 옥중 장탄가, 농부가, 백발가 등의 노래가 삽입되어 있고, 춘향의 편지와 유언 전문과 춘향어미의 치성 사설, 이도령의 금준미주시 등이 삽입되어 있다.

특히 <남원고사>에서는 당대에 '서울'을 중심으로 성행하던 '가사'나

'잡가'의 전문을 수용함으로써, 텍스트의 흥미성을 고조시키고, 사설을 확장시킴으로써 유희성을 제고시키려는 의도를 보여준다 <남원고사>는 서두에서부터 17세기 소설 <구운몽>의 내용을 인용함으로써, '텍스트의 유희성'에 대한 개작자의 지향성을 드러낸 것이 특징이다. 텍스트의 분량이 방대하므로, 삽입된 시가나 노래 또한 다양하다. 이도령이 부른 사랑가, 바리가, 인자타령, 춘향이 부른 권주가, 백구가, 연자타령, 왈자의 선소리, 신선가, 춘면곡, 처사가, 어부가, 농부의 격앙가, 목동의 산유화, 초부의 시절가 등이 그 예이다. 또한 춘향의 백활과 원정, 형방의 춘향 다짐, 춘향이 이도령에게 보낸 편지, 이도령이 쓴 금준미주시 등, 작중 인물이 쓴 편지나 글의 전문이 소개되어 있으며, 이도령이 읽은 천자문과 맹자, 왈자가 읽은 삼국지, 수호지, 서유기 등의 소설이 부분적으로 인용되어 있다. 또한 방자의 산천경개 풀이를 통해 절승에 대한 정보를 제공하는 등, 작중 인물들은 해당 정보에 대한 구체적인 내용을 제시함으로써 서술 과정에서 정보성의 논리를 존중하고 있음을 보여준다. 특히 <완판본>과 <옥중화>에는 등장하지 않는 왈자들이 다양한 놀이와 노래를 즐기는 모습을 설정함으로써, 텍스트의 '유희성' 확보에 대한 강한 관심을 보여준다.

<옥중화>에서는 방자의 산세타령이 제시되어 절승처에 대한 정보가 제공되고 있으며, 이도령이 읽는 사서삼경과 천자문이 부분 인용되고, 권주가, 사랑가, 백구가, 농부가와 만복사의 염불, 이도령의 금준미주시, 이도령이 춘향에게 쓴 편지의 전문 등이 삽입되어 있다. 여기서는 '정자 노래'와 '풍자 노래'는 너무 난하여 풍속에 관계되고 춘향 열절에도 욕이 되겠으니 너무 무미하므로 대강 처리한다는 언급[81]과 함께 사랑가의 내용을 축약시켜 싣고

81) <옥 : 35>.

있다.

춘향전에 수록된 가요나 시가들의 가사 구성 원리는 주로 비유와 열거에 의존한다. 특히 <남원고사>에서는 삽입된 시가의 작품 수가 확대되어 있고, 때에 따라서는 전곡이 수록되어 있기도 하다. 특히 당대에 유행하던 노래를 수용한 것은 <남원고사>가 당대인의 문화적 취향에 호응하고자 했던 의식을 반영한 것으로, 소설이 설득력 있는 문화적 매체로서 기능하고 있음을 보여준다.

(3) 감각성의 논리, 감정과 정서

춘향전에서는 작중 인물들의 외화된 행동이나 태도, 표정에 대한 서술뿐만이 아니라, 그들이 내적으로 감지하는 심리적 세계나 정서 세계의 영역에 대해서도 묘사의 대상으로 선택하고 있는 것을 발견할 수 있다. 이는 춘향전이 '감성'의 서사화에 깊은 관심을 가진 텍스트임을 입증하는 것으로서, 인간을 '감각적 존재'이자 '감성적 주체'로서 해석하고자 하는 서사적 욕망에 충실하고 있음을 의미한다. 춘향전의 인물들은 감정과 감성의 주체라는 사실을 적극적으로 표현한다는 특징을 공유한다. 춘향전에는 특정한 상황에 처한 작중 인물들이 감정적으로 자신의 의사를 표현하고, 이를 사회적으로 설득하는 과정에 관한 세밀한 탐색을 실행한다. 그 결과 춘향전에서는 관념적이고 개념적인 언술보다는 감각적이고 감성적인 언술이 지배적이다. 이는 서술자의 구술적 언술이나 작중 인물의 대사 비중이 압도적인 서사체의 성격과 무관하지 않다.

예컨대, 춘향전에서는 사랑에 빠진 자의 신체적 반응이나 행동 성향의 재현을 시도함으로써, 사실성에 기반한 설득력과 공감을 확보하게 된다.

석반이 맛이 없어 전전반측 어이 하리. 퇴령을 기다리려 하고 서책을 보려 할 제 책상을 앞에 놓고 서책을 상고하는데 중용 대학 논어 맹자 시전 서전 주역 고문진보 통사략 이백 두시 천자까지 내어 놓고 글을 읽을새, "시전이라. 관관저구재하지주로다. 요조숙녀는 군자호구로다. 아서라 그 글도 못 읽겠다." 대학을 읽을새, "대학지도는 재명명덕하며 재신민 재춘향이로다. 그 글도 못 읽겠다." (완 : 28)

위의 인용은 사랑에 빠진 이도령이 식욕을 상실한 채, 상대에 대한 상상만으로도 시각적, 청각적 판단을 상실하고 집중력을 떨어뜨리며 극도의 나르시시즘에 빠지는 과정에 대한 묘사이다. 이에 대한 섬세한 관찰과 사실적인 재현은 이 작품이 독자의 새로운 기대 지평을 창출해 내면서 감각의 주체로서의 독자의 정체성을 새롭게 요청해 가는 예술적 영역을 감당해 내고 있음을 입증하는 사례이다.

이별의 과정도 당사자들이 육체적으로 경험하는 감각적 반응, 심리적 변화에 대한 구체적인 묘사를 통해 보여준다. 이별의 슬픔에 대한 서술은 춘향의 감정 변화에 따른 신체 기호의 변화에 대한 묘사를 통해 제시된다. 그 과정에서 춘향은 감성적 주체로서의 정체성을 부여받게 된다.

춘향의 거동 보소. 실색하여 하는 말이, "애고, 이 말이 웬 말이오? 이별 말이 웬 말이오?" 섬섬옥수 불끈 쥐어 분통같은 제 가슴을 법고 중의 법고 치듯 아조 쾅쾅 두다리며 두발을 동동 구르면서 삼단같은 제 머리를 홍제원 나무장사 잔디 뿌리 뜯듯, 바드덩바드덩 쥐어 뜯으며 (남 : 179)

위에서 갑작스런 이별의 선언에 당황한 춘향은 표정이 변하며 난폭하게 행동하다가 울음을 터뜨린다. 이러한 것은 독자들에게 놀라움과 분노, 슬픔이 교착된 감정에 사로잡힌 감정적 인간의 격정적 자기 표현의 사례로 수용된다. 이러한 과정을 통해 독자 대중은 행동의 주체로서, 그리고 경험의 공동체로서 상정되고 견인된다. 특히 <남원고사>에서는 이러한 행동적 반응을 통한 감정과 감각에의 호소가 전면화 되어 장편화의 서사적 기제로 작용한다.[82] 이는 <남원고사>가 감각과 감정에 민감하게 반응함으로써 경험과 구체성에 근간한 서사적 영역을 확보하고 있음을 의미한다.

3. '춘향전'이라는 텍스트의 모성성

춘향전은 무수한 이본을 파생시키는 '모성성'을 간직한 작품이지만, 주인공들의 자기 완성과 사화화 과정을 '사랑'이라는 감성적 차원과 '열', 혹은 '구원과 약속'이라는 이념적 차원에서 주제화한다는 공통점을 지닌다. 그럼에도 불구하고 춘향전은 시대나 작가에 따라 새롭게 개작됨으로써 소설의 개성화와 고전의 신생에 대한 열망의 적극적인 표상물로 자리잡았다. 고전으로서의 춘향전은 주인공을 비롯한 일정한 작중 인물의 등장과 갈등을 진행시키는 서사의 일관성을 견지하면서, 텍스트가 지니는 시대적 한계를 극복하거나 작가의 개성으로 새롭게 주조해 가는 방식으로 열린 텍스트로서의 가능성을 개방하고 있다. 서사적 영역이 확대되고 문화 매체가 다변화하는 21세기에 이르는 현시점에 이르기까지 춘향전은 이러한 과정에 합당한 고전으로서의 변신을 시도해 왔다. 소설로서의 개작은 물론 판소리나 창극, 오페라, 연

82) 이에 관해서는 졸고(2003)를 참조.

극, 마당놀이와 같은 공연물을 비롯하여 텔레비전 드라마와 영화, 애니메이션에 이르기까지 춘향전은 장르 자체를 달리하여 무수한 개작 이본과 파생본으로 생성되었으면서도[83] '고전의 창작'이라는 영예로운 이름으로 텍스트의 신생을 거듭하는 영광을 누려온 것이다. 이러한 현상은 낡은 것에 대한 집착이라기보다는 고전의 개작을 통해 창조적 역능을 실험하고자 하는 작가 의식의 도전으로서 기꺼이 용인되어 왔다는 점에서 분명히 주목할 만한 문화사적 현상으로 이해할 수 있다. 수십 종의 고전 작품이 현전함에도 불구하고 많은 작가들이 유독 춘향전의 개작에만 과도한 관심을 보여주었던 것에 대한 해명이 필요한 이유도 여기에 있다.

이러한 현상들에는 춘향전의 고전적 권위에 의존하거나, 춘향전이라는 고전의 재해석을 통해 문예성을 실천하고 검증받으려 했던 작가적 욕망이 개입하고 있다는 것은 부인할 수 없는 사실이다. 특히 민족적 명절인 설날이나 추석마다 방영되어온 텔레비전 드라마 춘향전은 문학으로서의 고전이 민족과 국가적 공동체를 확인시키는 상상적 연대의 적극적인 매개물로서 설득되어 온 문화사적 의미를 지녔음을 입증한다. 그런 의미에서 춘향전은 실체로서의 고전으로 뿐만이 아니라 관념으로서의 고전을 대표하는 작품으로 정착해 있는 것이다. 그럼에도 불구하고 춘향전은 언제나 신생된 형식으로 향유 가능한 고전 텍스트라는 문화사적 지위를 부여받는다.

그러나 그보다 중요한 것은 이러한 제반 현상에도 불구하고 춘향전이 지닌 문예성이나 고전적 미덕이 훼손되지 않은 채 여전히 문학으로서의 설득력을 호소해 오고 있다는 점이다. 춘향전이 발굴한 인간적 미덕이나 가능성에 대한 발견, 자기 발견과 완성으로서의 사랑, 제도에 대한 개인의 정체성 해석의

---

83) 공연물로서의 춘향전의 변천 사례에 관해서는 설성경의 『춘향전의 비밀』(서울대출판부, 2001), 325-329쪽을 참조.

문제, 해석적 존재로서의 주체의 문제, 감각과 정서적 주체로서의 인간이해와 이에 근간한 문화적 존재로서의 자기 표현의 문제 등, 춘향전은 문학이 추구해야 할 근본적인 문제들을 구체적인 삶의 내역으로서 가치 있게 형상화하고 있으며, 나아가 미학적 인간의 탄생에 대한 성찰을 예비시키고 있다. 이러한 춘향전에 대한 해석의 몫은 이제 낡지 않은 문학 정신의 궁극적 지평이나 지점에 대한 반성과 성찰의 몫을 요청하기에 이르렀다. 춘향전은 고전으로서의 지위에서 비롯되는 자명한 문예성이나 문학사적 권위에서 벗어나, 향유할 만한 예술 작품으로서 갖는 미학성에 대한 성찰을 요청받기에 이르렀으며, 바로 이 점이 고전 연구자가 감당해야 할 새로운 연구사적 몫이다.

II

춘향전의 현대적 변용

현대시에서의 춘향 변용과 세계인식 태도

윤성현

1. 들어가는 말

광한루 한켠의 사당에 들어서면 우아한 아름다움을 지닌 한 여인의 영정과 마주하게 된다. 갸름하고 흰 얼굴에 단정한 이목구비, 그리고 기품 있는 이마와 단아하게 쪽진 검은 머리. 바로 시대를 뛰어넘어 우리네 가슴을 설레게 하는 춘향을 만나는 것이다.

춘향은 단연 한국고전을 대표하는 여인이다. 판소리 춘향가를 비롯하여 소설 춘향전은 물론이고, 한시며 잡가에서도 춘향 모티프는 줄곧 차용되어 왔다. 이후 신소설 <옥중화>나 같은 시기 창극에서도 재창작되었다. 사정은 현대에 이르러도 별반 달라지지 않는다. 소설뿐 아니라 드라마와 영화, 연극, 뮤지컬, 오페라, 마당극, 만화, 코미디의 소재에 이르기까지 문화예술의 전 영역을 망라하고 있기 때문이다.

이러한 사정은 춘향이라는 아이콘이 이미 한국인의 원형으로 자리하고 있음을 말해준다. 그렇다면 여러 백년을 잇도록 식지 않는 우리네의 춘향 사랑은 과연 어디에서 비롯되는가. 춘향의 본질은 과연 무엇인가. 그것을 읽어내는 해석의 잣대는 각 시대마다, 또 작가 개인마다 어떻게 달라지고 있으며, 그 요인은 무엇인가. 지금 우리는 춘향을 어떻게 이해하고 받아들여야 하는가. 이에 대한 답을 구하는 자리로 이 글은 마련되었다.

이를 위해 문학 장르 가운데 현대시 쪽에서의 변주를 대상으로, 춘향이 각기 어떻게 달리 나타나고 있는가를 살펴본다. 이 작업을 통해 각 시대별, 시인별로 작품 속 춘향의 성격을 갈라 따져보고, 이를 그 시대의 정황과 견주어본다. 이를 통해 이들이 춘향을 대하는 시각과 방식, 나아가 그네들의 세계인식 태도를 가늠해볼 수 있기 때문이다.

2. 논의를 위한 앞다짐

왜 지금 춘향인가? 춘향의 성격을 둘러싼 논란은 아직도 유효하다. 그러니까 고전이다. 춘향은 이미 텍스트의 층위를 뛰어넘어 우리 마음속에 자리하는 인물이다. 춘향에 대한 해석이 시대마다 작가마다 제각기 달리 나타나는 것, 그 다층적이고 복합적인 이미지 또한 우리네가 춘향을 사랑한다는 또 하나의 너른 증거를 삼을 수 있다.

춘향 캐릭터의 성격은 크게 셋으로 갈라 볼 수 있다. 우선 결코 두 지아비를 섬기지 않는다는 전통적 열녀의 이미지, 다음으로 당대의 제도적 모순에 맞서 항거하는 여전사의 이미지, 마지막으로 신분의 굴레를 벗고자 상승의 사다리를 움켜쥔 채 풀베팅을 하는 현실주의자의 이미지가 바로 그것들이다.

이렇듯 다양한 이미지를 가능케 한 근본요인은 춘향전이 판소리계 소설이라는 데서 우선 찾아진다. 애초에 몇 개의 근원설화로 뼈대를 이루고, 여기에 다른 이야기들을 보태나감으로써 이야기를 벌려나갔기 때문이다. 이를 바탕으로 판소리로 연행되었고, 다시 소설로 틀을 짠 후에도 판본을 바꿔가며 거듭되었다. 이후에도 영화, 연극, 오페라 등으로 새로이 그 진폭을 넓혀갔다. 판소리 특유의 개방성과 유동성 및 적층성이 다양한 변주를 가능케 한 것이다. 춘향을 노래한 시편들에서 각개의 변이양상을 주목하는 작업은 여기서 의미를 갖게 된다.

열녀 이미지는 춘향의 공인 브랜드이다. 앞서의 춘향사당 명칭도 정식으로는 烈女春香祠이다. 퇴기의 딸로서 현 사또의 관명을 거역하는 명분 또한 '두 지아비를 모실 수 없다'는 정절 이데올로기이다. 이는 숭고한 사랑으로 바꾸어 말해도 좋다. 목숨과도 바꿀 수 없다는 정절은 춘향의 절대명제가 되어, 결국 온갖 시련을 딛고 최후의 승자로 남는 행복한 결말을 마련해둔다. 바로 이 지점에 순애보의 낭만성과 해피엔드의 자족성이 함께 자리한다. 춘향의 변치 않는 매력. 그 첫 번째 자리를 열녀 이미지가 차지하는 까닭이 바로 이것이다.

불의에 맞서는 춘향도 상당히 매력적이다. 당연히 춘향의 그 두 번째 이미지는 저항이다. 좁게는 이도령과의 사랑을 지켜내려 본관에 항거하는 구도이지만, 더 넓혀 보면 중세 봉건사회의 시대적 폭력에 맨몸으로 맞선 열혈전사의 모습이기도 하다. 제도의 이름을 건 거대권력에 맞선 연약한 여인. 짐짓 이야기의 구조는 춘향을 민중의 대변자로 만들고, 결국 대역전승의 가장 높은 지점에 춘향을 올려놓고야 만다. 당대의 실제 모습을 뛰어넘는 극적 부분과 이를 풀어내기 위한 장치들이 이야기 곳곳에 마련되어 있다. 여느 주인공이 그렇지 않으랴마는, 춘향도 마찬가지. 정의는 늘 외롭지만, 끝내 이기고야 만다.

時俗에 밝은 춘향의 모습은 좀 낯설게 느껴질 수도 있지만, 춘향의 세 번째 이미지로 매길 수 있다. 동서고금을 막론하고 인기 있는 로맨스의 많은 경우가 신분의 장벽을 뛰어넘은 사랑 이야기이다. 바보 온달과 평강공주, 서동과 선화공주, 나무꾼과 선녀, 부잣집 머슴과 주인집 딸의 사랑이 미천한 신분의 남자와 고귀한 혈통의 여자 간 결합을 다룬 이야기들이다. 반면 콩쥐 팥쥐, 백일홍의 전설, 심청이야기와 더불어 춘향은 그 반대의 결합구조를 갖는다. 자잘한 디테일을 잘라내고 구조를 단순화시켜 보면, 춘향 이야기는 지체 낮은 여인의 신분상승기에 다름 아니기 때문이다.

분석의 층위는 조금 다르지만, 춘향의 다중적 이미지를 지적한 백문임의 언급은 그래서 눈여겨 볼 만하다.

> 우리 문화사에서 '춘향'이라는 여성이 지니는 이미지는 매우 이율배반적이다. 그래서 흥미롭고 중요하다. 그녀는 이상적인 러브 스토리의 주인공이기도 하지만, 봉건적 신분제의 억압에 저항한 투사이자 바로 그 저항의 무기로서 봉건제 이데올로기인 '열녀' 사상을 등에 업고 '신분 상승'에 성공한 입지전적인 하층 여성이기도 하다.[1)]

그러면서 그는 지금 전하는 춘향 이미지가 원래의 저항성을 상당 부분 잃어버린 채, 다분히 굴절되어 현재의 열녀 이미지로 굳어졌다고 본다.[2)]

한편 춘향의 사랑을 형이상학적으로 풀이한 경우도 있어 눈길을 끈다. 설

---

1) 백문임, 『춘향의 딸들, 한국 여성의 반쪽짜리 계보학』 10쪽, 책세상, 2001. 8.

2) 위 책 142쪽.

성경은 춘향전에서 단군신화의 원형을 찾아내는 시도를 하였다. 환웅은 이도령으로, 웅녀는 춘향으로 맞바꿔놓고, 이들의 맺음을 하늘과 땅의 결합, 상과 하의 결합, 그리고 지역의 京鄕 결합으로 보고, 이를 통해 새로운 시대와 새로운 사회의 도래를 드러낸 것으로 보았다.[3)]

지금까지 위에서 늘어놓은 이미지를 비롯하여 춘향의 성격을 둘러싼 다양한 해석들이 시도되었다. 현대시에 있어서도 이러한 사정은 크게 다르지 않다. 기본적으로 앞서 살핀 바 세 가지 이미지에 접근하면서도, 각기 조금씩의 변주를 보인다. 또 춘향 수용의 비중도 주제와 관련하여 전체 내용이 연관되든지, 또는 사건이나 인물의 한 테제를 끌어 쓴다든지, 아니면 부분적으로 모티프를 차용한다든지 등으로, 여러 방식이 쓰이고 있다. 시기별로는 그 시대 현실과의 직 · 간접적인 관련 아래, 개개인의 춘향 이해 정도와 시인의 세계관에 따라 각기 다른 양상으로 나타난다. 물론 이에 따른 어조의 차이도 드러난다.

이에 따라 이를 우리 현대시사에서 발표된 순차를 따라 정리하기로 한다. 우선 개별 작품마다 춘향의 성격과 의미를 갈라낸다. 각기 시대상황과 시인의 시대인식을 묶어 살펴봄은 물론이다. 그 뒤 다시 이들을 크게 묶어, 춘향의 변용을 시대적 흐름과 이어 정리해내도록 한다.

3. 현대시에 나타난 춘향 변용의 양상

한국현대시사에서는 적잖은 춘향 패러디를 만날 수 있다.[4)] 글쓴이가 확인

---

3) 설성경, 『춘향전의 통시적 연구』 10 - 11쪽, 서광학술자료사, 1994. 12.

한 바로만 41수에 이른다. 그만큼 우리의 춘향사랑이 밑받침되었다는 이야기가 된다. 춘향은 현대시사의 첫 어름으로부터 이즈음에 이르기까지 줄곧 그 궤적을 긋고 있다. 70여 년의 세월을 얹고서도 또 지금 진행중이다. 그러니까 춘향은 우리에게 고전의 여인이자 또한 현재의 연인이 된다. 춘향 패러디는 그래서 중요하다.

시를 낳는 주체는 물론 작가 자신이다. 그가 지닌 철학과 창작의지, 그리고 작품의 모티프가 결정적 요인으로 작용하게 된다. 그러나 이것들만으로 작품이 결정되지는 않는다. 그 시대의 정신적 흐름을 제쳐놓고 논의할 수는 없는 노릇이다. 그래서 시대정신과 작가를 묶어서 봐야하고, 다시 이를 작품과 맞대보고 이해해야 한다. 그 시대의 사회적 현실, 곧 집단의식의 표현으로 문학작품이 만들어짐 또한 유의해야 하기 때문이다.[5)]

물론 시대정신의 흐름이라 해서 모든 작가의, 모든 작품에 고스란히 투사되는 것은 아니다. 창조적 개인에 의해 저마다의 스펙트럼을 낳는 것 또한 사실이다. 그렇다면 이제 춘향 패러디에서 큰 줄기를 이룰 수 있는 대표작들

---

4) 패러디의 원래적 의미는 戱文에 무게를 두고 있으나, 여기서는 그 뜻을 넓게 잡아 模作의 개념으로 쓴다. 패러디에 대한 정끝별의 개념 정의는 꽤 적극적이다. 여기서는 그의 정의를 따라 용어를 썼다.
"패러디는 현재를 과거와 닮은 익숙한 이미지로 변형시켜, 현재와 미래를 과거와 연루시켜 놓는 재기호화 형식이다. …… 그리하여 보다 긍정적인 측면에서, 패러디가 과거와 현재의 문화적 복합성과 다양성을 담을 수 있을 뿐만 아니라 문화전통에 대한 자기 검증 및 인식의 척도가 될 수 있다."
(정끝별, 『패러디 시학』 8~9쪽, 문학세계사, 1997. 6.)

5) 이에 관한 골드만의 견해는 시사하는 바가 크다.
"문학작품은 한 사회집단의 정신구조를 상상의 차원으로 옮겨놓은 것이 된다. 따라서 작품은 사회집단의 집합의식이 예외적 개인인 작가의 개인의식의 최고의 일관성을 통해 표현된 두 의식의 접합점이 된다."
(골드만, 『숨은 신』. 김용직 외, 『문학의 이해』 185 - 186쪽에서 다시 끌어 씀. 방송대 출판부, 1988.)

로 능선을 긋고 나머지 작품들을 곁가지로 하여, 이들 개별 작품을 시대별로 꿰어나가면 된다.

그랬을 때 우리는 20년대 소월의 춘향과 30년대 영랑의 춘향을 만날 수 있다. 40년대를 거쳐 50년대에 이르면 춘향 패러디의 정채라 할 미당의 3부작을 만나게 된다. 그리고 60년대에는 박재삼의 10부작과 전봉건의 장시를, 다시 70년대에는 최하림 등의 작업과 맞닥뜨리게 된다. 80년대에는 송수권, 유성규 등과 만나게 되고, 90년대에는 이상훈에서 색다른 춘향을 만나기도 한다. 여기서 우리는 일련의 춘향 패러디를 통해, 각 시대별로 온전히 살아 숨쉬는 춘향을 만날 수 있다.

이제 그 긴 항해를 위해, 춘향의 바다로 발을 내딛기로 한다. 글쓴이가 찾아 모은 춘향 시는 일단 21명의 작가에 41수의 시 / 시조 작품에 달하고 있는 바, 이를 시대별로 정리하면 다음과 같다. (*표는 시조 작품)

김소월, <춘향과 이도령> (『진달래꽃』, 매문사, 1924.)

김영랑, <두견> / <춘향> (『영랑시집』, 시문학사, 1935.)

*김기진, <대수풀 우거진 곳> (출전 미상, 1940.)

노천명, <춘향> / <남사당> (『창변』, 매일신보사, 1945.)

김춘수, <집 1> (『기』, 문예사, 1951.)

<타령조 1> (『타령조 · 기타』, 문화출판사 1969.)

서정주, '춘향의 말' 연작시(3수) (『서정주시선』, 정음사, 1956.)

<추천사> / <다시 밝은 날에> / <춘향유문>

<석류꽃> (『동천』, 민중서관, 1968.)

박재삼, '춘향이 마음' 연작시(10수) (『춘향이 마음』, 신구문화사, 1962.)

<수정가> / <바람 그림자를> / <매미 울음에> / <자연> / <화상보> / <녹음의 밤 에> / <포도> / <한낮의 소나무에> / <무봉천

지> / <대인사>

김동환, <우리 만나던 시절이> (『돌아온 날개』, 종로서관, 1962.)

전봉건, 장시 <춘향연가> (『춘향연가』, 성문각, 1967.)

*이태극, <소리 8> (『꽃과 여인』, 동민문화사, 1970.)

*정완영, <황국> (『묵로도』, 월간문학사, 1972.)

황금찬, <고려 청자기 1> (『오후의 한강』, 융성출판, 1973.)

최하림, <춘향비가> (『문학사상』 1974. 9.)

박희진, <한국어를 기리는 노래> (『빛과 어둠 사이』, 조광출판사, 1976.)

강우식, <탈춤고 둘> (『고려의 눈보라』, 창작과 비평사, 1977.)

문병란, <겨울 산촌> (『죽순밭에서』, 인학사, 1977.)

<인생> (『땅의 연가』, 창작과 비평사, 1981.)

송수권, <춘향이 생각> (『산문에 기대어』, 문학사상사, 1981.)

<남원운문> (『꿈꾸는 섬』, 문학과 지성사, 1983.)

<징검다리> (『지리산 뻐꾹새』, 미래사, 1991.)

김정환, <사두개인들의 부활에 관한 질문에 답함> (『황색예수전』, 실천문학사, 1984.)

*유성규, <춘향사> (『한국문학』 1984. 11.)

조창환, <임방울> (『파랑눈썹』, 시와 시학사, 1991.)

<길 없는 물> (출전 미상, 2002. 12.)

이상훈, <聖춘향? 性춘향?> / <性춘향? 聖춘향?> (『聖춘향? 性춘향?』, 천산, 1997.)

1) 1920년대의 춘향 - 소월의 경우

우리 현대시에서 춘향을 다룬 것은 소월에서 시작되었다. 1920년대는 기미독립만세운동 이후 일제의 문화정책 아래, 문단에서 두 가지 흐름이 나타났다. 패배의식과 좌절에 빠진 감상적 낭만주의의 경향과 아울러 소월과 만해 류의 독자적인 시풍이 그것이다. 전통에 뿌리를 둔 소월의 시 작업 가운데 춘향을 제재로 한 작품을 찾을 수 있다.

평양에 대동강은
우리나라에
곱기로 으뜸가는 가람이지요

삼천리 가다가다 한가운데는
우뚝한 삼각산이
솟기도 했소

그래 옳소 내 누님, 오오 누이님
우리나라 섬기던 한 옛적에는
春香과 李道令도 살았다지요

이편에는 함양, 저편에 담양,
꿈에는 가끔가끔 산을 넘어
오작교 찾아찾아 가기도 했소

그래 옳소 누이님, 오오 내 누님
해 돋고 달 돋아 남원땅에는
成春香 아가씨가 살았다지요

-<春香과 李道令>[6]

소월의 <춘향과 이도령>에서는 평양 대동강으로부터 삼각산을 거쳐, 남원땅에 이르기까지의 공간이 펼쳐진다. 함양과 담양이 춘향 이야기의 실제에 들어맞지는 않지만, 그리 대수로울 것은 없다. 춘향과 이도령의 아름다운 만남이 주조일진대, 꿈에서나 가끔씩 산을 넘어 오작교 찾아가는 이들의 사연은 얼마나 애틋한가. 그러니 그 춘향이 바로 내 누이요, 그 행위는 옳을 수밖에. 그리고 그곳은 해 돋고 달 돋는, 성춘향 아가씨가 사는 남원땅으로 마무리된다. 당연히 남원땅은 신성공간이요 이상향이다. 물론 오작교는 거기에 곧추 이르는 길이 된다.

작품에는 평화를 간구하는 작가의 소망이 드러난다. 국토를 기리는 것은 그 덤이다. 시인의 눈길은 한반도의 지리를 따라 북에서 남으로 내려왔지만, 정작 남원에 이르러서는 인간 춘향에게로 옮겨져 마무리된다. 또한 제목만을 보면 춘향과 이도령으로 무게중심이 나눠지는 듯하지만, 궁극적인 핵심은 춘향으로 갈무리되고 있다. 땅을 기리는 것이 사람에게로, 다시 사랑과 평화에로까지 펼쳐짐을 짚어내야 한다.

이 작품은 5연 형식에 각 3행, 그리고 음수율은 기본적으로 3·4·2·3조[7]를 쓰고 있다. 전체적으로 회고조의 어투를 사용하고 있으며, 공간 구성은 평면적이다. 춘향과 이도령의 사랑을 고리로 삼아, 평화로운 세상을 꿈꾸고 있다. 시대배경을 머리에 넣고 생각했을 때, 이 작품은 일제강점기의 억압과 타율에 대한 맞꼭지점으로 춘향과 이도령의 지고지순한 사랑을 설정한 것으로 보인다. 이네들의 아름다운 사랑은 결국 조국강토의 온전한 되살림과

---

6) 김소월, <春香과 李道令>, 『진달래꽃』, 매문사, 1924. 『한국현대시문학대계 6 김소월』(지식산업사, 1980.)에서 다시 끌어 씀.

7) 흔히 7·5조로 말하기도 한다. 하지만 글쓴이는 우리 전통 4음보격의 변용으로 보는 입장을 취한다.
윤성현, 「후기가사의 이행과정」, 『연세어문학』 23집, 1991. 3.

맞닿고 있으니, 이는 곧 시인의 바람과도 한결로 통할 터이기 때문이다.

2) 1930년대의 춘향 - 영랑의 경우

소월에 의해 온건하게 재구되었던 춘향은 영랑에 의해 보다 강한 이미지로 다시 태어난다. 1930년대 들어 일제의 무단통치가 길어지면서 시단의 여러 양상이 나타나게 된 바, 영랑 또한 순수 서정적 시세계와 사회 참여적 시세계를 아울러 보여주었다. 뒤쪽 경향을 대표하는 작품 가운데 춘향은 등장한다. 앞서 소월의 춘향이 숭고한 사랑의 아름다움만으로 그려졌다면, 영랑의 그것은 좀더 전투적인 모습으로 나타난다. 일제의 강압정책이 낳은 영랑의 변신으로 보아도 좋다.

> 큰칼 쓰고 獄에 든 春香이는
> 제 마음이 그리도 독했든가 놀래었다
> 성문이 부서져도 이 악물고
> 사또를 노려보든 교만한 눈
> 그는 옛날 成學士 朴彭年이
> 불지짐에도 태연하였음을 알었었니라
> 오! 一片丹心
>
> ……
>
> - <春香> 1연[8]

---

8) 김영랑, <春香>, 『영랑시집』, 시문학사, 1935. 『한국현대시문학대계 7 김영랑 박용철 외』(지식산업사, 1981.)에서 다시 끌어 씀.

영랑의 <춘향>은 구원 없는 비극적 결말로 끝을 맺는다. 이는 <모란이 피기까지는> 류에서 보이는 시인 특유의 서정과 상당한 거리가 있다. 이도령과의 사랑 자체보다는 변학도의 강제권력에 대한 항거에 초점을 맞춘 것이다. 시인의 춘향 이해는 매 연 끝 행 '오! 一片丹心'에 집약되어 있다. 역사 속 志節을 앞에 갈무리해놓고는, 춘향의 독한 貞節을 단계별로 펼쳐낸 끝에 비장한 죽음으로 마무리짓는다. 원전의 해피엔드와는 정반대의 끝맺음을 통해, 영랑의 세계인식 태도를 읽어낼 수 있다.

이 작품은 사육신의 志節(1연), 논개와의 交通(2연), 변학도의 橫暴(3연), 도련님과의 杜絶(4연), 춘향의 昏絶(5연), 도련님과의 再會(6연), 춘향의 죽음(7연)으로 짜여져 있다. 시인은 이 구조를 통해 희망을 품을 수 없는 시대의 절망을 그대로 내보인다. 게다가 춘향의 죽음에 이르는 요인으로 변학도뿐만 아니라 이도령을 같이 꼽고 있어 이채를 띤다. 작가의 독특한 세계인식을 볼 수 있다. 20년대 소월의 춘향에서 보이던 낙관과 희망이 30년대 영랑에 이르러 한 번에 비관과 절망으로 떨어지는 순간이기도 하다.

이를 영랑의 시대와 맞대놓고 보았을 때, 민족해방이 아득하다는 시인의 비극적 세계인식과 마주치게 된다. 일제의 억압이 갈수록 노골화되면서, 시인의 안테나에 걸려든 현실세계는 비장, 그 자체이다. 그 비장함은 '성문이 부서져도 이 악물고 / 사또를 노려보든 교만한 눈'(1연 3~4행)이나 '獄 죽엄한 寃鬼들이 구석구석에 휙휙 울어 / 淸節春香도 魂을 잃고 몸을 버려 버렸다'(5연 3~4행)에서 잘 드러난다. 영랑이 온몸으로 느낀 절대절망. 이는 곧 시인이 춘향의 구원과 민족해방을 같은 층위로 인식하고 있음을 보여준 것이다.

작품은 전체 7연 구성으로 이루어졌고, 그 공간배경은 옥중으로 좁혀져 있다. 춘향 이야기 전체에서도 바로 이 대목이 갈등과 긴장의 최고조를 이루기 때문이다. 물론 위 '일편단심'을 형상화해내는 데도 더욱 효과적이다. 춘향의 절박한 처지는 '깊은 겨울밤 비바람은 우루루루 / 피칠해논 獄窓살을 들이치는데'(5연 1~2행)에 잘 드러난다. 그의 절망과 좌절은 짐짓 거지꼴로 기만하는 어사를 보고도 '틀림없는 도련님 春香은 원망도 안 했니라'(6연 6행)라고 체념하는 데서 그 절정을 이룬다.

한편 영랑은 또 다른 시 <두견>에서도 비슷한 세계인식 태도를 보여준다. 물론 두견을 중심제재로 하여 이에 얽힌 不如歸의 望帝魂을 얽어 작품을 펼쳐나가는데, 이 두견과 춘향을 같은 이미지로 쓰고 있다. 여기서는 '비탄의 넋이 붉은 마음만 낮낮 시들피나니 / 짙은 봄 옥 속 春香이 아니 죽었을라듸야'(3연 1~2행)라 표현하여, <춘향>에서와 마찬가지로 죽음을 단정적으로 받아들인다.

전체적으로는 두견이 지닌 원한과 슬픔의 이미지를 들어, 피울음과 寃死한 춘향의 비탄의 넋, 그리고 나이어린 蜀望帝의 亡國恨을 한결로 꿰어 노래하고 있다. 그리고 이 두견은 앞서 <춘향>에서도 '三更을 세오다가 그는 고만 斷腸하다 / 두견이 울어 두견이 울어 南原고을도 깨어지고'(4연 5~6행)로 그려졌다. 역시 비장의 이미지로 끝맺는다. 두 편 다 이즈음 영랑의 비극적 세계관을 뚜렷하게 보여주고 있다.

3) 1940년대의 춘향

1940년대는 일제말기 민족말살정책이 극에 달하고 대동아전쟁으로 인해 민족정기 자체가 큰 위협을 받던 시기이며, 그 끝에 일제의 패망과 더불어 해방을 맞이한 시기이다. 민족의 운명이 큰 갈림길에 놓였던 지라, 다른 시기에 비해 활발한 詩作을 기대하기가 어려웠다. 그 가운데 춘향을 다룬 작품으로는 김기진의 연시조와 노천명의 시를 찾을 수 있다. 두 시인 모두 광복

이전의 작업에서 춘향을 등장시켰다.

(1) 김기진 시조의 경우

김기진은 3연의 연시조 <대수풀 우거진 곳>에서 낭만주의적 기조 아래 춘향을 그리고 있다. 더불어 예스러운 말투와 예사 높임체의 화법도 눈에 띈다. 1, 2연에서 광한루와 오작교를 일러 말하며, 전체적으로는 한가로운 풍광을 회상조로 표현하였다. 마지막 3연에서는 바로 그 공간의 주인공 춘향을 앞에 내세워, 일편단심의 굳은 뜻을 추켜올린다. '때문에 '단심(丹心)' 두 자 춘향의 전모로다 / 의젓한 화용 위에 일맥 정채(精彩) 뚜렷하이 / 뜰 아래 해당화 열매도 님의 피로 붉고나.'(3연)[9]로 작품 전체가 마무리된다.

여기서도 1, 2연에 이어 여전히 낭만적 감성성에 젖어 있는 시인의 세계인식 태도를 보인다. 단심을 내세운 것은 영랑과 한가지이지만, 그 정조에 있어서는 앞선 영랑의 저항성, 투쟁성이 전혀 보이지 않는다. 시대와 맞싸운 춘향을 앞세우기보다는, 그저 애틋한 로맨스로서의 정절을 높이 사고 있음을 보여준다. 영랑과는 다른 시인의 인식태도를 엿볼 수 있다.

(2) 노천명의 경우

노천명의 <춘향>은 전체 7연 구조의 그리 길지 않은 시이건만, 작품 속에 기다림(2연)과 투옥(3연), 옥중상봉(5연)까지 이별의 정황을 단계적으로 그려내었다. 그러면서도 사이사이 시인의 세계인식 태도를 뚜렷하게 드러낸다.

---

9) 김기진, <대수풀 우거진 곳> (출전 미상, 1940.) 『한국의 현대시』(고대 민족문화연구소, 1996.)에서 다시 끌어 씀.

(1, 4, 6, 7연) 객관적 사실을 바탕으로 하면서도 작가의 주관적 판단을 적절히 잘 섞어, 읽는 이의 이해를 높여주고 있는 점이 돋보인다. 그런가 하면 독백과 대화체가 뒤섞이는 등 다채로운 화법도 눈에 띈다.

시인은 첫머리에서 '검은 머리채에 동양여인의 '별'이 깃든다'(1연)[10]라고 하여 춘향을 높이 기린 뒤, 전체적인 방향을 잡아나간다. 이후 벽에 그린 황계의 울음에 엇꼰 기다림(2연), 옥지환에 빗댄 믿음과 투옥(3연), 椿꽃[11]에의 비유로 정절 강조(4연), 향단과의 대화 속 도련님 당부(5연), 사랑의 화신 춘향 예찬(6연), 雪中梅에 빗댄 사랑의 위대성(7연)으로 전체 작품이 짜여져 있다.[12]

결정적인 것은 마지막 '눈 속의 매화 같은 계집이여 / 칼을 쓰고도 너는 붉은 사랑을 뱉어 버리지 않았다 / 한양 낭군 이도령은 쑥스럽게 / '사또'가 되어 오지 않아도 좋았을 게다'(7연)의 구절이다. 설중매의 비유도 참신하지만, 칼에도 굴하지 않는 '붉은 사랑'이 돋보인다. 정작 중요한 것은 도련님에 의한 구원쯤은 이미 춘향 사랑의 본질이 아니라는 시인의 메시지이다. 시인의 세계인식 태도를 극명하게 보여준다. 전반적으로 앞 김기진의 작업에 비해 입체적이고 역동적인 춘향을 만들어내었다.

한편 노천명은 또 다른 시 <남사당>에서 여장남성의 슬픔을 그리고 있는데, 여기서 향단이의 역할을 하는 작중 화자를 등장시키기도 하였다.

---

10) 노천명, <춘향>, 『창변』, 매일신보사, 1945. 『한국의 현대시』(고대 민족문화연구소, 1996.)에서 다시 끌어 씀.

11) 참죽나무에 피는, 원뿔 모양의 차례로 피는 흰 꽃.

12) 특히 2연 황계의 울음과 3연 옥지환의 불변은 고려노래 <오관산>이나 <정석가>의 비유기법과 거의 같아 눈길을 끈다.

4) 1950년대의 춘향

1950년대는 한국전쟁으로 인해 나라와 겨레가 온통 피폐해지고 문단도 상대적으로 활기를 띠지 못한 시기이지만, 춘향의 경우는 걸출한 두 시인에 의해 조망을 받는 행운을 누린다. 먼저 김춘수의 시에서 단편적인 이미지로 쓰인 춘향을 찾을 수 있고, 곧 이어 춘향 패러디의 높은 봉우리라 할 미당의 3부작 '춘향의 말' 연작시를 만나게 된 것이다.

(1) 김춘수의 경우

김춘수는 자신의 성장과 가족사를 제재로 한 시 <집 1>을 발표하였는데, 그 가운데 '스물 난 새파란 소년과수로 春香이의 貞節을 고시란이 지켜온 할머니'(3연 3행)[13]가 등장한다. 이 대목에서 시인은 춘향과 정절을 같은 가치개념으로 묶어두고는, '소년과수'로서 할머니의 긴 고난을 한국 여인의 보편성으로 넓혀갈 수 있는 길을 열어두었다. 한편 이를 뒤집어 생각해보면, 우리 여인네들이 이 열녀 콤플렉스로 인해 얼마나 옥죄임을 당했을까를 짐작하게도 한다.

이후 60년대 후반에도 김춘수는 사랑을 의인화한 작품 <타령조 1>에서 춘향을 다시 등장시키고 있다. '아니면, 모가지에 칼을 쓴 春香이처럼 / 머리칼 열 발이나 풀어뜨리고 / 저승의 山河나 바라보는가, / 사랑이여, 너는 / 어둠의 변두리를 돌고 돌다가...'(19~23행)[14]의 구절을 통해, 안타깝고 고통스러운 사랑을 춘향의 그것에 비유하였다. 고전 속 춘향의 사랑이, 나아가

---

13) 김춘수, <집 1>, 『旗』(문예사, 1951.) 『김춘수전집 1 시』(문장사, 1982.)에서 다시 끌어 씀.

14) 김춘수, <打令調 1>, 『打令調 · 其他』(문화출판사, 1969.) 『김춘수전집 1 시』(문장사, 1982.)에서 다시 끌어 씀.

존재하는 세상의 모든 사랑이 결코 감미롭거나 낭만적이지만은 않음을 말하고 있다. 앞선 <집 1>에서의 춘향에 비해 매우 강인한, 그야말로 죽음을 넘나드는 춘향의 사랑을 그린 것이다. 시인이 춘향을 바라보는 인식태도의 변화를 단적으로 보여주었다.

(2) 미당의 3부작 '춘향의 말'

우리 현대시에서 춘향의 변용을 논할 때 미당은 늘 그 복판에 자리한다. '춘향의 말 1, 2, 3'의 부제가 달린 이 연작들은 미당의 세계인식 태도를 잘 보여주는 작품들이다. <추천사>, <다시 밝은 날에>, <춘향유문>은 시간의 흐름에 따라 춘향의 속내를 감정의 넘쳐남 없이 잘 그려내었다. 작중화자의 인식은 각 편에 따라 조금씩 차이를 보이며 단계적으로 높아져, 마침내 그 가장 높은 지점에까지 이른다.

> 香丹아 그넷줄을 밀어라.
> 머언 바다로
> 배를 내어밀듯이,
> 香丹아.
>
> 이 다수굿이 흔들리는 수양버들 나무와
> 벼갯모에 놓이듯 한 풀꽃데미로부터,
> 자잘한 나비새끼 꾀꼬리들로부터,
> 아주 내어밀듯이, 香丹아.
>
> 珊瑚도 섬도 없는 저 하늘로
> 나를 밀어 올려다오.

彩色한 구름같이 나를 밀어 올려다오.
이 울렁이는 가슴을 밀어 올려다오!

西으로 가는 달같이는
나는 아무래도 갈 수가 없다.

바람이 波濤를 밀어 올리듯이
그렇게 나를 밀어 올려다오.
香丹아.

- <鞦韆詞>[15)]

첫 시 <추천사>의 시간적 배경은 이도령과의 만남 이전 단계이다. 주로 직유와 점층의 수사법이 쓰이면서, 땅을 박차 하늘을 향해 치솟는 그네의 속성 그대로, 비상의 의지를 드러내고 있다. 그것이 곳곳에서 '내어밀듯이'(1연 3행, 2연 4행)로, 또 '밀어 올려다오'(3연 2행, 3행, 4행, 5연 2행)로 나타나고 있다. 잠재적인 춘향의 신분상승 욕구가 그네를 통해 드러난 것이다. 지상적 현실의 세계를 떨치고 날아오르고 싶은 욕망. 춘향은 향단에 대한 명령을 통해 그 욕망을 점진적으로 높여나간다.

시인은 도중에 '西으로 가는 달같이는 / 나는 아무래도 갈 수가 없다'(4연)는 운명론적 한계를 잠깐 내비치기도 한다. 하지만 종국에는 '바람이 波濤를 밀어 올리듯이 / 그렇게 나를 밀어 올려 다오. / 香丹아.'(5연)라 하여, 잠재의식 속에 앞서의 날아오르고픈 욕망을 끝내 거두지는 못한다. 비록 그것이

15) 서정주, <鞦韆詞 - 春香의 말 壹>, 『서정주시선』, 정음사, 1956.

그네의 속성상 상승과 하강의 무한반복이라 할지라도.

두 번째 시 <다시 밝은 날에>는 이도령과의 헤어짐 이후 단계를 형상화하였다. 앞 <추천사>에서 보였던 상승의 갈망은 이도령과의 만남을 통해 그 계기를 찾을 수 있었지만, 이 작품에 이르게 되면서는 춘향의 시련과 고난 또한 더불어 마련된다.

2, 3연에서는 춘향의 처음 마음을 '아지랑이'와 '애기구름'에 빗대어, 읽는 이를 그 순수함에 빠져들게 만든다. 이것이 5연에 이르러서는 신령님과 이도령이 동격이 되고, 춘향이 두 사람의 첫 만남을 돌이켜보는 장면으로 나아간다. 이 지점에서 춘향은 '미친 회오리바람'이 되고, '벼랑의 폭포'와 '쏟아져 내리는 쏘내기비'로 바뀌게 된다.

그러나 만남의 환희와 열정은 거기까지였고, 곧 고통스러운 이별의 운명이 다가온다. '바닷물이 작은 여울을 마시듯이 / 당신은 다시 그를 데려가고 / 그 훠-ㄴ한 내 마음에 / 마지막 타는 저녁 노을을 두셨읍니다. / 그리고는 또 기인 밤을 두셨읍니다.'(7연)[16] 작은 여울 같은 그(도련님)는 바닷물에 비유된 당신(신령님)에 의해 내 마음에 '마지막 타는 저녁 노을'(7연 4행)을 둔 채로 '기인 밤'(7연 5행)을 남겨놓은 것이다.

이제 신격이 된 이도령과 여전히 인간인 춘향과의 틈새는 어쩔 수 없어 보인다. 하지만 그 고통은 마지막 연에서 다시 '그리하여 또 한번 내 위에 밝는 날 / 이제 / 산골에 피어나는 도라지꽃 같은 / 내 마음의 빛깔은 당신의 사랑입니다.'(9연)라며, 다시 한번 반전을 이룬 채 마무리된다.

한편 1, 4, 6, 8연이 모두 '신령님……'의 한 행만으로 이루어져, 정작 많은 할 말을 감추고 있음을 알 수 있다. 또 앞 <추천사>에서의 가상 청자가

16) 서정주, <다시 밝은 날에 - 春香의 말 貳>, 『서정주시선』, 정음사, 1956.

향단이었던데 반해, 여기서는 신령님으로 바뀌어 나타난 것도 흥미롭다. 더불어 <추천사>에서 4연의 현실 한계를 이겨내고 마지막 5연이 다시 비상의 의지를 보였듯이, 여기서도 7연의 이별 고통을 딛고 마지막 9연에서 빛나는 사랑으로 마무리한 점을 눈여겨 볼 수 있다.

세 번째 시 <춘향유문>은 말 그대로 춘향의 살아생전 마지막 말을 형상화한 작품이다. 처형을 앞둔 밤, 그토록 애타했던 이도령과의 만남에서 삶의 희망을 접게 된 춘향이 이승에서 마지막 남기는 말인 것이다. 그런데 전혀 비장하지 않다. 30년대 영랑의 그것과는 완연히 딴판이다. 50년대라는 시대의 차이 탓도 있겠으나, 영랑과 미당 두 시인의 세계관이 사뭇 다르기 때문이다. 앞선 두 편에서도 마찬가지이지만, 여기에는 미당 특유의 윤회사상이 그 바탕에 깔려 있음을 볼 수 있다.

'안녕히 계세요 / 도련님.'의 1연이나 이어지는 2연에서 죽음의 낌새나 그늘은 찾을 수 없다. 오히려 앞 두 편의 경우보다 더 차분한 것이, 마치 나들이라도 다녀올 성싶은 분위기이다. 비록 3연에 저승이란 용어가 등장하지만, 담담하기는 마찬가지이다. 죽음에 대한 두려움은 전혀 없다. 둘 사이 사랑의 단단하고 탄탄함을 주장하기 위해 의도적인 대비어로 쓰였을 뿐이다.

4연에 이르러서야 '천 길 땅 밑을 검은 물로 흐르거나 / 도솔천의 하늘을 구름으로 날드래도 / 그건 결국 도련님 곁 아니예요?'(4연)[17] 라며 죽음의 정황을 황천과 도솔천으로 암시하고 있지만, 이 또한 고도의 비유를 늘어놓았을 뿐 외려 '도련님 곁'을 강조하는 꾸밈새에 지나지 않는다. 그 설의법을 통해 두려움 대신에 오히려 안온함을 느끼게 해주는 절묘함을 보여준다. 비장의 낌새를 결코 겉으로 드러내는 법이 없는, 미당 고유의 미덕이라 할 수

17) 서정주, <春香遺文 - 春香의 말 參>, 『서정주시선』, 정음사, 1956.

있다.

마지막 연은 종교적 확신과 희열마저 느끼게 해준다. '더구나 그 구름이 쏘내기 되야 퍼부을 때 / 춘향은 틀림없이 거기 있을 거예요!'(5연) 가히 춘향의 구도적 열정으로 마무리되고 있다. 삶과 죽음을 뛰어넘는 춘향의 절대사랑은 적잖은 느꺼움으로 우리에게 다가온다. 그 밑바탕에 한결같이 자리하는, 전체적으로 '춘향의 말' 전체를 꿰고 흐르는 윤회사상으로 이 3부작을 마무리한 것이다.

미당은 이후에도 <석류꽃>에서 또 한번 춘향을 끌어다 썼다. 이 시에서의 주된 제재는 제목 그대로 석류꽃이고, 춘향은 주제를 펼쳐내는 비유적 이미지의 하나로 쓰이고 있다. 작품은 '춘향이 / 눈썹 / 넘어 / 광한루 넘어 / 다홍치마 빛으로 / 피는 꽃을 아시는가?'(1연)[18]로 시작된다. 이것이 '가야금 소리로 피는 꽃'(2연), '영원으로 시집가는 꽃'(3연)과 같은 층위에서 1연의 '다홍치마 빛으로 피는 꽃'이 나란히 놓이고 있다. 춘향의 단아한 이미지가 석류꽃의 미덕으로 빌려 쓰이고 있음을 보여준다.

5) 1960년대의 춘향

1960년대는 4·19와 5·16을 거치면서 이념적인 소용돌이에 휩쓸린 시기이다. 그 결과 혁명과 자유의 시를 낳기도 했고, 이후에는 다양한 갈래의 시가 쏟아져 나왔다. 60년대에 들어서도 춘향은 여전히 시인들에게 화두가 된 바, 박재삼의 연작시는 미당의 작업을 이은 것으로 볼 수 있다. 전봉건의 장시 작업은 박재삼의 연작시 작업과 통하면서도, 춘향에 대한 비극적 인식을 보

---

18) 서정주, <석류꽃>, 『冬天』, 민중서관, 1968. 『한국의 현대시』(고대 민족문화연구소, 1996.)에서 다시 끌어 씀.

다 분명하게 보여준다. 멀리는 30년대 영랑을 이으면서, 뒤에 올 최하림, 송수권, 유성규, 조창환 등의 작업을 예비해준 것이다. 그밖에 김동환의 작업이 있다.

(1) 박재삼의 10부작 '춘향이 마음'

춘향을 둘러싼 또 한번의 큰 변주는 60년대 박재삼에 다시 이어진다. 그는 산문투의 문장과 고어투의 종결법, 그리고 반경어체를 적절히 섞어가며, 진지하면서도 다채로운 춘향의 이미지를 입체적으로 엮어놓았다. 그리고 이 작업에서 시인은 작중 화자의 시점을 다양하게 늘어놓고 있어,[19] 여느 시인의 그것과는 다른 특징을 이룬다. 또한 춘향이 처한 상황의 디테일은 거의 생략한 채, 어떤 정서만을 형상화하고 있음도 눈에 띈다.[20]

> 집을 치면, 精華水 잔잔한 위에 아침마다 새로 생기는 물방울의 선선한 우물집이었을레. 또한 윤이 나는 마루의, 그 끝에 平床의, 갈앉은 뜨락의, 물냄새 창창한 그런 집이었을레. 서방님은 바람같단들 어느때고 바람은 어려울 따름, 그 옆에 順順한 스러지는 물방울의 찬란한 春香이 마음이 아니었을레.

> 하루에 몇 번쯤 푸른 산 언덕들을 눈아래 보았을까나. 그러면 그때마다 일렁여오는 푸른 그리움에 어울려, 흐느껴 물살짓는 어깨가 얼마쯤 하였을까나. 진실로, 우리가 받들 山神靈은 그 어디 있을까마는, 산과 언덕들의

19) 이경수, 「서정주와 박재삼의 '춘향' 모티프 시 비교 연구」, 『민족문화연구』 29집, 고대 민족문화연구소, 1996. 12.

20) 강경화, 「현대시에 나타난 춘향의 수용양상」, 건국대 석사논문, 1986. 11.

萬里같은 물살을 굽어보는, 春香은 바람에 어울린 水晶빛 임자가 아니었을까나.

- <水晶歌>[21]

<수정가> 1연에서는 '바람같단들 어느때고 바람은 어려울 따름'인 서방님과 '그 옆에 順順한 스러지는 물방울의 찬란한 春香이 마음'이 나란히 선다. 그리고 이 두 인물을 엮어주는 공간배경으로 '精華水 잔잔한 위에 아침마다 새로 생기는 물방울의 선선한 우물집'이자 '윤이 나는 마루의, 그 끝에 平床의, 갈앉은 뜨락의, 물냄새 창창한 그런 집'이 설정되어 있다. 현실에서 평탄치 않은 사랑을 상징하는 '바람'(서방님)과 순수한 사랑으로서 '물방울'(춘향)을 맞세운 것도 눈길을 끈다.

시인은 더 나아가 2연에서 춘향의 고매한 마음을 산신령의 경지로까지 끌어올리고 있다. 앞서 미당이 신령님과 도련님을 일체시한 것과는 좀 딴판이다. 재회를 바라는 간절한 심정을 '그때마다 일렁여오는 푸른 그리움'과 '흐느껴 물살짓는 어깨'로 그려내고는, 이어 '진실로, 우리가 받들 山神靈'을 전제한 후 '바람에 어울릴 水晶빛 임자'인 춘향으로 마무리하였다. 미당의 경우가 도련님을 기다리는 춘향의 소극적이고 수동적인 자세를 당연시한 반면, 박재삼은 춘향의 기다림을 순결한 마음의 결정체로 인식한 탓이다. 미당에 비해 좀더 주체적인 춘향의 모습이라 할 수 있다.

<바람 그림자를>에서 기다림의 간절함은 '어지간히 구성진 노래끝에도 눈물나지 않던 것이 문득 머언 들판을 서성이는 구름그림자에 눈물져'(1연)[22]

21) 박재삼, <水晶歌>, 『춘향이 마음』, 신구문화사, 1962.

22) 박재삼, <바람 그림자를>, 『춘향이 마음』, 신구문화사, 1962.

오게 된다. 다시 춘향에게 있어 이도령과의 재회는, 그 이전 지난했던 고통의 날들을 '참 가당찮은 세월'이란 한 구절로 내몰아세울 수 있을 만큼 위력적인 사건이 된다. 당연히 '天地에 넘치는 바람의 화안한 그림자를 春香은 눈물 속에서 아로새겨'(3연) 보고야만다. 춘향의 높고도 순결한 사랑의 마음이 손에 잡힐 것만 같다.

<매미 울음에>에서는 님 기다리는 애틋한 심정을 매미 울음에 얹어 나타내고 있다. '오늘은 귀를 뜨고 마음을 뜨고, 아, 임의 말소리, 미더운 발소리, 또는 대님 푸는 소리로까지 어여삐 기뻐 그려낼 수 있는 / 明明한 明明한 매미가 우네.'(3연)[23]의 구절에서 그 간절한 떨림을 읽게 된다. 속절없는 기다림의 안타까움을, 매미 울음에 기대 되돌리고픈 춘향의 마음이 섬세하게 드러난다.

<자연>에서는 기다림의 고뇌를 자연의 이법에 빗대어 잘 표현하고 있다. '어느 가지에서는 연신 피고 / 어느 가지에서는 또한 지고들 하는'(2~3행)[24] 모습은 춘향의 심정을 고스란히 드러낸다. 그것은 바로 '바람 때문에'(7행) 울어지고 '햇살 때문에'(8행) 웃어지는 꽃나무이자, 곧 춘향의 마음이 된다. 재회의 굳은 약속이 희망과 절망의 엇갈림으로 되풀이되는 현실을 잘 나타내고 있다. 당연히 첫머리의 '뉘가 알리,'(1행)는 그 슬프고도 쓰라린 심정을 가늠하는 선언으로 기능한다.

<화상보>는 옥중 상황을 모티프로 하여 '춘향이 일편단심'(2연)을 형상화하고 있다. 칼을 쓰고 잠든 춘향의 모습을 '목이 휘인채 꽃진 꽃대'에 빗대어, 첫머리에서부터 비장감을 자아낸다. '칼 위에는 눈물방울이 어룽져 꽃이

---

23) 박재삼, <매미 울음에>, 『춘향이 마음』, 신구문화사, 1962.

24) 박재삼, <自然>, 『춘향이 마음』, 신구문화사, 1962.

파리의 겹쳐진 그것'으로 그려낸 시인의 마음은 차라리 서글프다. 해서 '그렇다, 그것은 달밤일수록 영롱한 것이 오히려 아픈, 꽃이파리 꽃이파리, 꽃이파리들이 되어 떨고'(이상 1연)[25] 있었던 것이다. 하지만 이마저 온전히 바랄 수도 없는 사정이 시의 제명으로서, 뒤켠에 이어진다. '願이라면, 꿈 속엔 훌륭한 꽃동산이 온전히 제 것이 되었을 그것'(2연)은, 지금의 현실에서 이룰 수 없는 '화려한 상상(華想)'을 드러내주기 때문이다.

<녹음의 밤에>는 '흐느낌으로 피던 살구꽃'(1행)과 역시 '소리내어 울고 있는 綠陰'(2행)을 시간적, 공간적 배경으로 삼고 있다. 몸과 마음이 모두 곤한 춘향의 처지는 그래서 더욱 애절하다. 작품은 '笞杖끝에 피멍진 賤妾 春香의 全身滿身 캄캄한 살 위에도 병 생기는 아픔을… / 만일에도 이한밤 당신이 서서 계신다면은 / 어느 별만 우러러 아프게 반짝인다 하리오.'(7~9행)[26]의 구절로 마무리된다. 냉혹한 현실상황에서 철저한 아웃사이더인 '춘향'의 처지와 그래도 구원의 유일한 통로인 '당신'을 맞세워, 그 비극성을 더욱 도드라지게 하였다.

<포도>는 옥중 춘향을 포도송이에 빗댄 발상이 퍽 참신하다. '刑틀에 매여 원통하던 일을 이승에서야 다 풀고 갔으련만 / 저승에 가 비로소 못잊겠던가 / 春香이 마음은 조롱조롱 살아 다시 열렸네.'(1연)[27]에서 춘향이 지닌 원통함의 미진한 사정을 보여준다. 포도송이의 모습을 통해 죽음으로도 다 풀지 못해 한이 된 춘향이 마음을 연결시킨 것이다.

'저것은 가냘피 아파 우는 소리였던 것을, / 저것은, 여릿이 구슬 맺힌 눈물이던 것을, / 못견딜 만큼으로 휘드리었네.'(2연)에서는 그 맺힌 송이 하나하

25) 박재삼, <華想譜>, 『춘향이 마음』, 신구문화사, 1962.
26) 박재삼, <綠陰의 밤에>, 『춘향이 마음』, 신구문화사, 1962.
27) 박재삼, <葡萄>, 『춘향이 마음』, 신구문화사, 1962.

나를 춘향의 울음과 눈물로 바꾸어놓았다. 이어 3연에서는 시대를 뛰어넘은 공동체적 반성의 기조를 내보였고, 마지막 4연에서는 희망과 부활의 움틈마저 내비치고 있다. 그 내용의 처연함과는 별개로, 포도에의 비유가 돋보이는 작품이다. 전체적으로 미당 류의 윤회사상을 떠올리게 하는 작품이다.

<한낮의 소나무에>는 님과 내가 대조적 관계가 아닌 상보적 관계로 설정되어 있다. 게다가 통상적인 남녀의 비유와는 좀 다르게 '언덕 위에 靑靑한 한그루 임같은 소나무'(1행)[28]와 거기에 깃을 치고픈 鶴에 춘향 자신의 소망을 투사하고 있다. 하지만 현실에서는 가능하지 않을 그 어려움을 스스로도 알기에 '스미어 스미어서 오를까보다'(1행)라고 표현하였다. '우리의 울음의 구슬 속에는, 문득 반짝이는 소나무가 한그루 正確하게 서 있던 게 아닌가.'(6행)라는 구절에는, 온갖 어려움 속에서도 영원불변의 사랑, 외롭고도 높은 사랑을 간절히 바라는 춘향의 마음이 고스란히 담겨 있다.

<무봉천지>에서는 이도령을 다시 만난 춘향의 긴 독백을 담고 있다. 모질게도 길었던 기다림과 그리움 끝에 복받쳐오를 법한 한탄을 억누르고 있는 춘향의 태도가 돋보인다. 처음 '端午의 그네 위에서 아찔하였'(가운데쪽)던 만남에서부터, 첫날밤, 수청 거부 및 태장, 장원급제 기원 등 헤어짐과 다시 만남까지의 긴 날들을 차분히 되뇌고 있다. 하지만 '오히려 사무침이 무너져 한정없이 멍멍한'(앞쪽)[29] 탓일까. 그토록 그리워한 님을 만나고 나니 외려 담담한 것이 퍽 인상적이다. 춘향이 마음의 고결함과 순수함을 다시 한번 일깨워주는 작품이다.

<대인사>에서는 문자 그대로 사랑하는 이에 대한 그리움과 기다림의 조

---

28) 박재삼, <한낮의 소나무에>, 『춘향이 마음』, 신구문화사, 1962.

29) 박재삼, <無縫天地>, 『춘향이 마음』, 신구문화사, 1962.

바심을 표현하고 있다. 도련님에 대한 춘향이 마음의 안타까움은 '저 칠칠한 대밭 둘레길을 내 마음은 늘 바자니고 있어요. 그러면, 훗날의 당신의 구름같은 옷자락이 不刻스레 보여 오는 것이어요. 눈물 속에서는, 반짝이는 눈물 속에서는, 당신 얼굴이 여러 모양으로 보여 오다가 속절없이 사라지는, 피가 마를 만큼 그저 심심할 따름이어요.'(앞쪽)[30]의 구절에 잘 드러나고 있다. 그러니 '또한 대밭 둘레길에 사무친 恨의 내 눈물일랑은 당신의 옷자락에 載陽치듯[31] 환하게 하시라'(뒷쪽)고 당부한다. '춘향이 마음'의 완결편이다.

이상의 연작시 열 편 모두에서 박재삼의 춘향은 다채로운 층위에서 기다림과 그리움의 정서를 간절하게 엮어내었다. 춘향의 순수하고 고고한 사랑의 품격을 일상의 소재와 자연스럽게 연결하여 표상화한 것이다. 시인은 앞선 시기의 미당을 이으면서도 다른 한편으로는 춘향을 여러 각도에서 좀더 넓게 드러냄으로써, 결과적으로 보다 입체적인 춘향상을 우리에게 내보이는 성과를 이루었다.

(2) 전봉건의 장시 '춘향연가'

60년대에는 박재삼의 연작시 이후에도 전봉건의 장편 서사시가 있어, 춘향의 위상을 한껏 더 높여주었다.

> 女子예요
> 그래요 나는 女子예요
> 그런데 나는 獄에 갇혀 있어요

---

30) 박재삼, <待人詞>, 『춘향이 마음』, 신구문화사, 1962.

31) 재양(載陽)치다 : 풀을 먹인 명주 · 모시 등을 틀에 매거나 판에 대고 펴서 말리거나 다리다.

女子는 아기를 낳아요
나도 낳을 수 있어요
어머니가 나를 낳은 것처럼
그런데 나는 갇혀 있어요 獄 속이예요
어머니의 이름은 月梅
아버지의 姓은 成氏
그래서 나는 成春香.
……

- <春香戀歌>32)

전봉건의 <춘향연가>는 옥중 춘향의 독백을 기본얼개로 하여, 상상 속 이도령의 말과 둘 사이의 대화 등을 엇바꾸며 긴 이야기를 엮어나간다. 작품은 전체 3부 구성으로 되어 있다. 현재와 과거, 옥중과 광한루를 교차시키면서, 비극적인 춘향의 사랑 이야기를 이끌어나간다.

시간적으로는 과거의 사랑 회상과 현실의 당면한 고난, 미래의 재회 기대 등을 펼쳐낸다. 작품 속 과거와 현실이 서로 엇갈리면서도, 큰 줄기는 시간의 흐름을 따른다. 춘향의 출생, 광한루의 사랑, 태장과 하옥, 변학도와 이몽룡의 대조적 회상, 옥중 현실의 절망적 상념 등을 그려낸다. 이런 대목들이 점진적 상승구조를 이루며 전체를 떠받치고 있다. 춘향의 의식 속에 떠도는 사랑의 애환과 허무감이 환각과 현실의 교묘한 엇갈림 속에서 펼쳐진다.

전체 구성은 3부로 이루어진 바, 형식에 있어서도 각 부마다 다른 양상을 보인다. 1부는 전반적으로 장편구조를 취하고 있으나, 작가가 나름대로 행을

32) 전봉건, <春香戀歌>, 『春香戀歌』, 성문각, 1967.

갈라 총 8연으로 구성되어 있다. 반면에 2부에서는 연을 잘게 나누어 큰 변화를 주고 있다. 처음에는 3행구조를 쓰다가 중간에 5행구조로 잇고, 다시 행 구분 없는 장편구조로 나가다가 도로 3행구조로 돌아오더니만, 마침내 장편구조로 마무리된다. 곧 3행구조 → 5행구조 → 장편구조 → 3행구조 → 장편구조의 형식을 차례로 취한다. 한편 3부에서는 다시 장편으로 돌아오는데, 행가름이 한 번 있어 표면적으로는 2연구조가 된다.

공간적으로는 현실의 고난인 감옥과 과거의 이상인 광한루가 대립되면서, 극단의 절망과 절대적 희망이 교차한다. 이는 특히 1부에서 두드러진다. '그런데 나는 지금 갇혀 있어요 獄 속이예요 / 그런데 오 나는 사랑하고 있어요 // 여기서요 / 廣寒樓 여기서 만났어요 / 지금도 나는 여기 있어요 / 나는 사랑하고 있는걸요.'(1부)라는 부르짖음에서 이를 잘 볼 수 있다. 이에 비해 2부에서는 도령님의 부름과 노래로 극한상황에 놓인 춘향을 일깨우고 있다. 여기서 춘향은 냇가, 꽃 속, 산에서의 부름과 물, 새, 종의 이름, 다시 화살과 표적과 버들잎으로, 또 '바람결마다 피어나는 꽃'(2부)이 되어 삼라만상과 교감한다. 다시 3부에서는 깜깜하게 어두운 물 속과 끊어진 그네 줄을 전제하여, 새로운 세상으로 거듭난다. '그리고 나는 다시 보아요 / 사방 깜깜하게 어두운 물 한 곳 / 그 곳에 불빛으로 밝은 것을 보아요'(3부)라며 희망을 예비한다. 하지만 마지막에는 피의 이미지로써 비극적인 끝맺음을 보여준다.

내용적으로는 극단의 고통과 환희, 어둠과 빛, 절망과 희망, 현실과 이상이 교차되어 나타난다. 특히 3부에서는 처절한 고독과 고통이 하나로 응결된 채, 작품 전반에 나타나고 있다. '아 그러나 지금 당신은 없고 / 내가 쓴 큰 칼은 칼날 같은 달빛에 젖고 / 나는 혼자 내 피에 젖어 있어요 / 당신이 없음으로 해서 나 혼자서 흘리는 / 피로 나 혼자 젖어 있어요.'(3부)라는 구절에서 춘향의 긴 외로움과 큰 괴로움을 같이 읽어낼 수 있다.

이 작품은 제목 '춘향연가'에서 풍기는 로맨틱한 분위기와는 달리, 비장과 비극으로 가득 채워져 있다. '아아 당신은 없어 / 아아 당신이 없어 … / 오오 나 혼자 흘리는 虛妄한 피여 / 오오 나 혼자 흘리는 虛無한 피여 / 칼날 같은 달빛에 젖은 피여 / 큰 칼 쓰고 흘리는 / 피여.'(3부 마지막) 작품 속 춘향의 짧은 삶은 마침내 '나 혼자 흘리는 피'로 이 장시의 대단원을 맺는다. 시인의 비극적 세계인식 태도를 볼 수 있다.

<춘향연가>는 작중 화자에 있어서도 각 부마다 서로 다른 화자가 등장한다. 우선 1부는 춘향의 독백으로 일관되고 있다. 반면에 2부는 '당신은 노래하였네.'(1연)라는 춘향의 회상을 전제로 하여 앞쪽 화자는 이도령, 뒤쪽 화자는 춘향으로 뒤바뀌고 있다. 앞쪽에서는 '너를 부른다', '내가 부른다', '너를 부르마' 등의 종결어미를 통해 도령님의 안타까운 마음이 드러난 반면, 뒤쪽에서는 '오 道令님 내 道令님 / 당신은 노래였네 오 노래였네! 노래하였네!' 등의 구절을 통해 춘향의 절절한 마음을 드러내고 있다. 이 뒤쪽에서는 부분적으로 이도령과 춘향의 문답이 어우러지기도 하여, 여러 층위의 화자가 쓰였음을 보여준다. 마지막 3부에서는 다시 춘향의 독백으로 돌아오고 있다. 수사기법으로는 반복기술이 매우 자주 나타난다.

한편 <춘향연가>에는 에로틱한 묘사가 꽤 많이 드러나는 바, 그 가운데 몇 구절을 들어본다. '네 紅裳 자락 네 白紘紗 속곳가리 그리고 / 네 박속같이 흰 살결 春香아', ' 한없이 부드럽고 매끄러운 물기 따뜻한 곳이 있었건만 / 깊디깊은 뜨거운 곳이 있었건만', ' 내 中心에 뜨겁게 들이차는 것이 없네 끓는 것이 없네 / 끓어서 넘치는 것이 없네.'(이상 1부). '사랑하는 젖가슴 / 사랑하는 엉덩이', '알몸인 내가 / 알몸인 당신을 업고 있었어 / 당신을 업고 나는 말이었네 / 무지개빛 벌거숭이 암말이었네'(이상 2부). '술렁거리는 손가락이 내 알몸의 아랫배를 주물거려요 / 아 알몸의 아랫배가 들먹거려

요.', '당신은 작은 비둘기처럼 들먹이는 / 내 젖퉁이를 물고 번개치는 천둥이었어요', '내 속 깊은 중심에서 터져 넘친 그것은 / 내 아랫배를 적시고 무릎에 흘러', '알몸인 내 全部가 당신 가운데 / 알몸인 당신 全部가 내 가운데'(이상 3부). 하지만 이런 묘사들이 결코 선정성으로만 흐르지 않고, 외려 작품 전체의 격조를 잡아준다. 춘향의 간절한 마음은 처음 들뜬 사랑의 기쁨과 이후의 절망과 비극에 한가지로 꿰어지기 때문이다. 시인의 70년대에 대한 현실인식이 춘향의 고난에 맞닿아 있음을 보여준다.

또 <춘향연가>에서 사랑에 대한 믿음은 종교적 신념으로까지 승화된다. 하여 춘향은 꺾이고 찢기고 갈라지고 부러질지언정, 결코 쓰러지지 않는다. 그 고난과 고통을 춘향이 온몸으로 떠안고 있음을 보여준다. '나는 獄中에 갇혀 있어도 / 나는 廣寒樓에 앉아 있는 것'(1부), '너를 부르마 / 春香아 네가 죽어도 내가 / 너를 부르마', '너는 / 흰 꿀 스민 / 金이로다 // 너는 / 온갖 별빛 서린 / 玉이로다 // 너는 / 千年을 피어난 땅의 / 꽃이로다'(이상 2부), '안아서 어루만져 꽃처럼 잠재웠다가 / 다시 꽃처럼 눈 뜨게 할 그 사람은 당신 … 廣寒樓 밝은 자리 줄 사람 / 그 사람은 당신 오직 당신인 것을.', '나는 사랑을 하였는데 / 나는 오직 사랑만을 하였는데 / 푸른 하늘 그 한 장 종이에 부끄러움 없이 / 듬뿍 번져나는 사랑만을 하였는데'(이상 3부)의 구절들에서 이를 찾을 수 있다. 이제 춘향은 더 이상 약하고 여린 여인이 아니다.

과거 광한루의 춘향이 사랑 속에 눈부시게 빛나는 존재였다면, 현재 옥중의 춘향은 죽음과 맞닥뜨려서도 의연하게 자신을 지탱해낼 수 있는 강철같이 힘 있는 존재로 뒤바뀌어 있다. 여기서 춘향의 사랑에 대한 믿음은 곧 숭고한 이념으로 화한다. 이 지점에서 춘향은 그대로 작가의 또 다른 분신일 수밖에 없다. 시인이 살아간 60년대를 어떻게 인식하고 있는지를 가늠해볼 수 있는 작품이다.

(3) 김동환의 경우

60년대에는 그밖에도 김동환의 <우리 만나던 시절이>에서 춘향을 단편적으로 만날 수 있다. 청춘남녀 간의 소박한 사랑을 테제로 한 이 작품에서 시인은 사랑의 만남과 헤어짐, 그리고 재회의 언약을 계절의 변화에 맞추어 순차적으로 그려내었다.

각각 늦봄의 만남(1연), 한여름의 헤어짐(2연), 늦가을의 재회 언약(3연)을 설정하였다. 여기서 만남의 상황에 대한 디테일이 '밭 머리서 눈같은 원두꽃 뜯어 머리얹히고 / 춘향각시 이야기에 물이 오르다가 / 뒷장태서 노루 쫓아내리던 소동 패에 들키어서 / 짐승 대신 우리들이 쫓기우기도 하였더니'(1연 2~5행)[33]로 표현되었다. 애틋한 사랑의 정황이 '춘향각시 이야기'로 대체된 것이다. 춘향의 고전적인 사랑 이미지를 갑남을녀의 로맨스로 끌어다 썼음을 보여준다.

6) 1970년대의 춘향

1970년대는 삼선개헌과 유신체제가 이어지면서 군부독재가 굳어진 시기이다. 자연히 정치적 · 사회적 · 문화적 억압이 심화되었고, 이에 따라 민주화를 갈망하는 움직임도 드세졌다. 시단의 기류 또한 복잡해진 바, 이러한 억압에 대처하는 방안도 두 가지 모습으로 나타나게 되었다. 이에 정면으로 맞서 싸우는 방안과 이를 피해 다른 데로 관심을 돌리는 방안이 그것들이다. 따라서 저항시와 순수시가 같이 발전하는 양상을 보인 시기이기도 하다.

---

33) 김동환, <우리 만나던 시절이>, 『돌아온 날개』, 종로서관, 1962.

춘향에 대한 해석 또한 이 시기 시단의 기류와 그대로 맞아 떨어진다. 그 하나는 억압에 대한 정면부정으로서 저항의 양상을 띠고 나타나는 바, 보통 현재진행형으로 나타난다. 70년대에는 최하림의 경우가 그러하고, 훗날 송수권, 김정환에게로까지 이어진다. 다른 하나는 이를 비껴서서 과거나 원형으로 회귀하는 방식인 바, 70년대 시조작업과 그밖의 여러 시인들에게서 찾아진다.

이 70년대는 춘향을 제재로 한 작품이 가장 많이 등장하였다. 모두 7명의 시인이 춘향 패러디 대열에 나섰는데, 그 중 이태극과 정완영의 작업은 시조작품을 통해 이루어졌다. 이는 앞선 김기진, 뒷날 유성규의 작업과 함께 춘향 변주에 있어 장르의 폭을 넓혀주게 된다. 최하림, 강우식, 문병란 등은 이름난 저항시인이지만, 춘향에 있어서는 최하림만이 강성기조를 유지하였다. 황금찬과 박희진의 작업에서는 여느 춘향이처럼 긍정적이고 평면적인 의미만으로 표상되기도 하였다.

(1) 이태극 시조의 경우

이태극은 연작시조 가운데 <소리 8>에서 역사 내지 설화 속 인물들을 차례로 짝지우고는, 그 귀결로서 사랑의 무궁한 힘을 노래하고 있다. 표면적으로는 9연 18행의 구조이지만, 고시조의 전형적 형식에 갖다 맞춰보면, 3수가 묶인 연시조 형식을 취하고 있다.

첫 단락은 '사랑과 조국을 위한 / 금자탑을 무었다[34]'(3연 2행)는 낙랑공주와 호동의 사랑 이야기이며, 영화도 버리고 마지막까지 님만 찾던 '그 사랑의 힘'(5연 2행)을 그린 평강과 온달의 사랑 이야기가 그 뒤를 받친다. 이어

34) 무으다 : 쌓다, 만들다, 모으다.

'몽룡의 깊은 언약 / 춘향의 절개 되어 // 모진 매 큰 칼에 / 목숨 함께 내맡기다 // 그 사랑 꽃으로 피워서 / 오늘에도 향기로세.'(7~9연)[35]의 셋째 단락에서 춘향의 사랑 이야기로 작품을 마무리하고 있다.

시인은 우리 역사 또는 설화 속 사랑 이야기 가운데, 크고 굵게 각인된 세 쌍의 사례를 들어 크고 진정한 사랑을 노래한 것이다. 시대별로는 낙랑에서 고구려를 거쳐 조선에 이르기까지 천년의 세월을 훌쩍 넘어선다. 이들 가운데서도 몽룡과 춘향의 사랑을 가장 구체적으로 그려내었다. 춘향을 비롯하여 이네들의 높고도 깨끗한 사랑의 힘은 오늘을 사는 우리에게도 향기로 다가선다.

(2) 정완영 시조의 경우

정완영의 <황국>은 가을국화를 제재로 한 3수의 연시조인데, 작품 속에 춘향의 이미지를 끌어다 쓰고 있다. 그런데 여기서의 황국은 일상적인 시조의 소재관습을 뛰어넘는다. 지금까지 국화는 四君子의 하나로서 흔히 선비의 志節과 연결되기 일쑤였지만, 여기서는 철저히 情念의 대상으로만 다루어진다. 그런 양상은 '十月도 고비길에서 고여 오른 그리움.'(1연 3행)이나 '傷心은 千里 먼 생각 가고 아니 오는구나.'(2연 3행), '그것이 눈물이라도 피워야 할 黃菊花.'(3연 3행)의 구절들에서 구체적으로 드러난다.

춘향의 이미지는 2연에 등장한다. '사랑은 圓舞도 없이 잎이 지는 나달[36]이야 / 큰 칼 쓴 내 春香이 허수룩한 옷매무새 / 傷心은 千里 먼 생각 가고 아니 오는구나.'(2연)[37]에서 춘향의 상심을 황국에 투사하였다. 춘향이 놓인

---

35) 이태극, <소리 8>, 『꽃과 여인』, 동민문화사, 1970. 『한국의 현대시』(고대 민족문화연구소, 1996.)에서 다시 끌어 씀.

36) 날과 달, 세월.

공간은 예의 그 옥중이건만, 변학도에 대한 분노나 사회제도에 대한 항거가 겉면에 드러나지는 않는다. 한양 천리 헤어진 님으로 인해 생긴 상심만이 시인의 주된 관심사일 뿐이다. 물론 가을국화의 고독과 연결된다. 그리움, 상심, 눈물이 이 시조 각 연의 키워드가 된다.

(3) 황금찬의 경우

황금찬은 <고려청자기 1>에서 청자 표면의 그림에서 작품의 모티프를 끄집어내었는데, 춘향을 두고 입체적이거나 역동적인 인물상을 만들어내지는 않았다. 작품은 전체 3연으로 짜여진 바, 춘향을 언급한 2연을 포함하여 처음부터 끝까지 차분하고 정적인 흐름으로 이어진다. 1연에서는 상감기법을 따라 바탕색과 무늬에서 '한국의 가을 하늘'과 '매화'를 끄집어내었다. 2연의 '임방울'을 이어 3연에서 '가야금 소리'를 떠올리고, 4연에서는 전체를 아우르며 오늘날의 정신과 연결시켜 맺는다.

춘향은 2연에 등장하지만 주된 이미지는 아니다. '물방울'과 '모란' 무늬에서 장인의 '손'을 예찬하고는, 이를 가락으로 연결하였다. 시각에서 청각으로 이어나가는 세련된 기법을 보여준다. 그것이 '춘향은 / 옥중에 있어 / 임방울의 쑥대머리'(2연 7~9행)[38]로 갔다가, 다시 3연으로 넘어가 우륵을 떠올린 듯 '가야금 소리'(3연 2행)로 이어진다. 시대적으로는 고려에서 시작하여 조선으로 내려왔다가, 신라를 향해 다시 뛰어넘고 있다. 시인의 관조적 자세가 돋보이는 작품이다.

---

37) 정완영, <黃菊>, 『묵로도』, 월간문학사, 1972.

38) 황금찬, <고려 청자기 1> 『오후의 한강』, 융성출판, 1973.

(4) 최하림의 경우

최하림은 70년대 저항시의 한 모퉁이를 움켜쥔 시인이다. 시대의 억압에 맞서 붓을 지킨 작가답게, 춘향의 이미지를 차용한 시 작업도 그 기조에서 벗어나지 않고 있다.

> 우리들의 침상은 여전히 차고
> 우리들의 자유를 속박하면서 칼들이 번쩍입니다.
> 검은 숲처럼 달은 침묵을 데리고 내려와 있읍니다.
> 지친 모든 것들을 버리고 무간지옥으로 흘러가면서,
> 死者들이 떼지어 싸우는 투쟁의 투쟁의 무간지옥으로 가면서, 어머니 어머니여
> 우리는 우리의 전모를 드러내는 달을 보고 있읍니다.
> ……
> 가버린 사랑이 불 타오르면서 불길 속에서
> 어두운 벽의 모서리가 열리고
> 그리고 기다리던 날의 최후가 옵니다.
> 최후를 그들이 가지고 옵니다.
>
> - <春香悲歌>[39]

최하림의 <춘향비가>는 그 제목에서 앞서 전봉건의 그것과 닮은 데가 있다. 하지만 전봉건의 戀歌와 달리 悲歌이다. 그만큼 에둘러가지 않는 시인의 성향을 보여준다. 또 제목에서 명시적으로 내세운 春香이 실제 작품 속에서는 전혀 등장하지 않는다. 그만큼 춘향은 이제 특정한 시대나 인물로서의

---

39) 최하림, <春香悲歌>,『문학사상』1974. 9.

이미지를 뛰어넘은 것이다. 시대의 불의와 모순에 대한 항거의 이미지를 이제 춘향이 대신하고 있음을, 최하림의 작업은 다시 한번 보여준다.

시인에게 있어, 춘향 이야기의 행복한 결말은 전혀 인식되고 있지 않다. 부조리한 시대를 살아가며 겪게 되는 강요된 굴종과 부당한 억압. 이에 맞선 투쟁의 이미지가 춘향과 동일시되었을 뿐이다. 그리고 춘향이 사랑의 그 끝맺음 또한 철저한 비극으로 시인에게 새겨졌다. 그것이 작품의 제목 悲歌로, 그리고 궁극적으로는 시인의 시대에 대한 현실인식으로 나타난 것이다.

작품의 주된 이미지는 이 작품의 시어들에 잘 드러나 있다. 칼, 검은 숲, 침묵, 무간지옥, 사자, 투쟁, 압제[40], 차입, 죽음, 가해, 기절, 싸움, 어두운 벽의 모서리, 기다리던 날의 최후 등. 그야말로 날선 시어들에서 시인의 세계관을 읽을 수 있다. 여기서의 시퀀스도 간접적이긴 하지만 역시 옥중 춘향에 맞춰져 있다. 그랬을 때 이 춘향의 정황은 시인 자신은 물론 고통스럽게 시대를 헤쳐나가는 민중과 동일시된다. 아니, 오히려 당대인의 고통과 절망을 앞세워 고전 속 춘향에 투사하는 형식을 취하고 있다.

시인의 치열한 시대인식은 작품의 처음부터 끝까지 이어지지만, '내일은 어머니의 차입까지도 물리치고 죽음의 실물을 맞이하렵니다. / 죽음은 사랑하는 사람을 위한 사랑입니다. / 아아 달빛 젖은 오늘밤의 영창처럼 음산하게 끝나는 우리들의 사랑이여 / 모든 가해와 싸우고 기절하면서도 싸우던 우리들의 사랑이여'(9~13행)의 구절에서 그 정점을 이루고 있다. 비장감이 물씬하다.

시인은 따로 이 작품에 대한 단상에서, '(진실이란) 올바로 보고 올바로 읽고 올바로 사고하고 올바로 표현하는 일'이라고 말하고 있다. <춘향비가>

40) 원문의 '압재'는 '압제'의 오자인 듯.

는 바로 진실에 대한 피맺힌 기록에 다름 아니다. 최하림이 읽어낸 당대의 시대적 진실. 그것이 곧 '춘향'이요, 그 요체는 바로 '비가'였던 것이다.

(5) 박희진의 경우

박희진은 <한국어를 기리는 노래>에서, 제목 그대로 한국어 예찬의 한 방편으로 춘향의 이미지를 차용하고 있다. 2연에서 '신들린 언어', '칼날의 언어', '화랑의 언어', '영혼의 언어' 등의 나열 가운데, '춘향의 일편단심 사랑의 언어'(2연 8행)[41]가 이들과 같은 층위로 등장한다. 가장 보편적이고 평면적인 춘향의 이미지가 원용된 작품이다.

(6) 강우식의 경우

강우식은 <탈춤고 둘>에서, 여느 시인들의 긍정적 이미지와는 다르게 춘향을 끌어다 쓴 듯 보이기도 한다. 하지만 그 속내를 들여다보면 그렇게 간단치만은 않다. 시인은 이 작품에서 하층민들의 이야기를 펴나간다. 현실 속 사당년과 더불어 탈춤에서의 취발이, 왜장녀, 마당발이가 등장하는 한편, 그 맞꼭지점으로서 춘향이 설정되어 있다.

논란은 '조그마한 꽃이 피기 시작한 / 아픔을 들으며 / 쌍놈의 고전 / 춘향전의 한 대목을 읽었다.'(2연)[42]에서 생겨난다. 위 작품의 탈춤 속 인물들은 신분장벽으로 인해 어쩔 수 없이 그 고통까지를 물려받는다. 거기서 생기는 좌절과 분노로 인하여, <춘향전>은 '쌍놈의 고전'이 된 것이다. 얼핏 춘향

---

41) 박희진, <한국어를 기리는 노래>, 『빛과 어둠 사이』, 조광출판사, 1976. 『한국의 현대시』(고대 민족문화연구소, 1996.)에서 다시 끌어 씀.

42) 강우식, <탈춤고 둘>, 『고려의 눈보라』, 창작과 비평사, 1977.

에 대한 시인의 부정적 인식태도로 읽힐 수 있는 대목이다. 하지만 이어지는 '그대 생애는 / 사랑에 맡겨지고 / 그대의 / 영원함은 / 죽음 속에 있으리.'(3연)를 잇대놓고 생각해보면, 춘향의 사랑과 죽음에 대한 시인의 긍정적 인식태도로 풀이해야 할 것이다. 이 지점에서 예의 '쌍놈의 고전'은 별 의미가 없는 관습적 수사가 되고, 실제로는 의미상 역설이 된다.[43)]

이러고 나면 춘향은 신분상승에 성공한 상층계급이 아니라, 위 사당년과 한가지로 민초일 따름이다. 그제서야 춘향은 예의 그 하층민들과 함께 굳건히 어깨를 겯게 된다. 그랬을 때 비로소 춘향은 진정한 '모든 이웃'(6연 1행)이 되어, 이들과 진정한 연대를 이룰 수 있는 것이다. 시인의 민중의식을 잡아낼 수 있다.

(7) 문병란의 경우

문병란의 작품에서도 춘향은 평이하게 등장하는 편이다. 하지만 앞서 강우식의 역설과는 달리, 시인은 춘향 본연의 사랑을 긍정적으로 인식하고 있다.

<겨울 산촌>에서는 사방이 막혀버린 겨울 산촌을 현대 도회의 복잡함과 대조시키면서, 시대의 억압을 정면에서 거부한다. 일상의 무게와 괴로움, 또 거기서 비롯되는 절망을 소리내어 노래하고 있다. 막히고 울음이 가득한 땅. 여기서는 심청과 춘향만이 어두운 현실과 거짓놀음을 털어낼 방편이 된다. '눈 내리는 소리만 들리게 하고, 차라리 / 호롱불 가에서 심청전을 읽으며 울게 해다오 / 춘향이와 이도령의 서러운 이별을 함께 울게 해다오.'(6연)[44)]

---

43) 혹 2연이 진실이고 3연이 역설일 가능성도 있다. 조심스럽지만 글쓴이는 이와 달리 3연에 담긴 진실이 2연의 역설적 표현을 낳은 것으로 본다.

44) 문병란, <겨울 山村>, 『죽순밭에서』, 인학사, 1977.

의 구절이 그것이다. 시인이 70년대에 대해 갖고 있는 부정적 인식태도가 강할수록, 고전 속 심청과 춘향에 대한 긍정적 인식태도는 더 커져만 보인다.

이어 80년대 초반에 나온 <인생>에서는, 소년시절의 꿈을 되돌아보며 인생에 대한 관조적 태도를 그려내고 있다. '어쩌다 보면 / 춘향이 뒷모습 같은 나의 아내'(6연 1~2행)[45]에서, 아내는 더 이상 가슴 떨리는 상대는 아니다. 하지만 세상살이에는 그보다 더 중요한 믿음이 있다. 고전 속 춘향보다 서른 남짓 더 없은 나이의 아내. 춘향의 화려한 앞모습이 아니라 그 신실한 '뒷모습'(6연 2행)이기에, 시인의 마음은 더욱 애틋하다. 결국 시인은 아내를 춘향에 견줌으로써, 탄탄한 믿음을 드러내 보인 것이다. 아내에게도, 나아가 춘향에게도.

7) 1980년대의 춘향

1980년대는 5월 광주와 함께 핏빛으로 물들며 시작된다. 70년대 끝머리와 함께 유신의 종말을 고하는가 했으나, 또 다른 군부독재의 시대가 자리바꿈만 한 꼴이 되었다. 그 야만의 시대에 대한 저항의 한 방편으로 민중시의 흐름이 몰아치면서, 바야흐로 시단에는 전투적 시문학의 시대가 열리게 된다.

그러나 이때 작품들에서 춘향의 이미지가 꼭 강렬하게 그려지지는 않았다. 오히려 앞 시대보다 항거가 좀 약화된 모습으로 나타난다. 아마도 숨죽여 울던 이 시대가 더 이상 역사나 고전으로 우회할만한 문학의 여유를 갖지 못했기 때문으로 여겨진다. 그만큼 80년대 시문학에서의 투쟁은 그때의 당면한 현실을 소재로 치열하게 이루어진 것들이 많이 등장한 시기이기도 하다.

45) 문병란, <인생>, 『땅의 연가』, 창작과 비평사, 1981.

(1) 송수권의 경우

송수권은 연작시가 아니면서도 춘향과 관련된 세 편의 시를 남겼다. 작품 속에서의 역할도 강성의 춘향 이미지와 일상의 그것들이 서로 섞여 나타난다.

……

선한 눈, 코, 입, 짙은 숱, 눈썹
처음 눈맞춘 죄로
옥사장 큰칼을 쓰고 창틀을
넘어다볼 줄이야!
……

귀기서린 앞산 그리메
밤부엉이 울어쌓는데
구리 동전 녹슨 상평통보
몇 바리쯤 동헌 마루에 져다 부려야
이 몸 하나 평안하겠느냐? 평안하겠느냐?

- <춘향이 생각>[46]

송수권의 <춘향이 생각>은 소월, 영랑, 미당과 박재삼, 전봉건, 최하림에 이어, 다시 춘향을 표제로 내세운 작품이다. 그런 만큼 제목이 작품 전체의 주제와 강하게 맞물려 있다. 춘향이 저지른 짓은 '선한 눈, 코, 입, 짙은 숱,

46) 송수권, <춘향이 생각>, 『산문에 기대어』, 문학사상사, 1981.

눈썹 / 처음 눈맞춘 죄'(2연 1~2행)일 뿐인데, 그 대가는 '옥사장 큰 칼을 쓰고 창틀을 / 넘어다볼'(2연 3~4행) 처지로 변한다. 이 기막힌 정황이 어찌 춘향에게만 국한된 일이랴. 이치에 어긋난 세계에 대한 시인의 저항의식을 볼 수 있다.

이어 '은장도 날을 갈아 / 눈물에 띄운 / 달하'(3연 2~4행)라고 하소연할 대상을 불러낸 뒤, 시인은 계속되는 4연에서 비뚤고 일그러진 세계의 부패관행을 비웃는다. '귀기서린 앞산 그리메 / 밤부엉이 울어쌓는데'(4연 1~2행)의 스산한 배경과 '구리 동전 녹슨 상평통보 / 몇 바리쯤 동헌 마루에 져다 부려야'(4연 3~4행)의 부조리한 조건이 묘하게 어우러지면서, 가히 희극적 양상이 연출되고 있다. 여기에 '이 몸 하나 평안하겠느냐? 평안하겠느냐?'(4연 5행)는 자조 섞인 반문이 이어진다. 시인이 살아가는 80년대의 시대정황과 옥중 춘향의 그것이 정확히 오버랩되고 있다.

<南原韻文>에서는 인생살이의 질곡에서 비롯되었음직한 한의 정서를 바탕으로 하되, 그 전제를 과감하게 생략하고 있다. 작품에서는 외려 '둥기둥 기둥기야 둥 떠'(2연 1행) 류의 신명으로 가득 차 있다. 그 까닭은 작품의 시간적 배경이 5월 단오인 탓도 있겠지만, 일상의 소외와 억압을 뚫고 나온 민중의 신명으로 보는 편이 더 낫다. 인물과 공간으로는 '월매의 기와집 네 추녀 끝'이 등장하고 '춘향 아씨'와 '南原 사람', '광한루 오작교', 그리고 '임방울의 쑥대머리'가 같이 나온다.

결정적인 것은 '南原 사람아 / 5월 한낮의 정적 속에서 물밀 듯 터져 오는 / 이 화냥기 같은 사랑은 / 네 것이로다'(3연 5~8행)[47]의 대목이다. 통상 '화냥기'가 갖는 부정적 이미지와는 달리, 여기서는 흥겨운 잔치 한마당의

---

47) 송수권, <남원운문>, 『꿈꾸는 섬』, 문학과 지성사, 1983.

분위기를 물씬 풍긴다. 어디에도 막힘이 없는 무한소통. 해서 누구와도 어우러질 수 있는 통합의 신명쯤으로 받아들이면 된다. 그것이 바로 춘향의 힘인 것이다.

한편 <징검다리>에서 시인은 유년시절의 기억을 풀어놓으면서, 현재의 슬픔 속에서 여전히 어머니를 회상하고 있다. 작품 속에서 어머니는 어린 시인을 두고, '낄낄낄 웃음소리를 내고 도령아 이도령아'(13행)[48] 한다. 이때의 이도령은 춘향의 상대자에 머물지 않고, 어머니에게 있어 영원히 소중한 존재인 아들을 가리키는 일반명사로 화한다. 이미지의 확대가 이루어진 것이다.

(2) 김정환의 경우

김정환은 한국현대사의 칠흑 같은 어둠을 관통했던 시인이다. 분단의 비극과 전쟁의 상처를 고스란히 떠안고, 다시 유신과 광주를 온몸으로 맞닥뜨린 체험의 퇴적물이 바로 『황색예수전』 연작이다. <사두개인들의 부활에 관한 질문에 답함>은 이 장편연작시집의 2부 '행전'의 첫 작품이다. 5월 광주를 연상케하는 이 작품에서, 시인은 전반적으로 죽음과 부활을 노래하고 있다. 그리고 그것은 다시 사랑과 슬픔, 종국에는 그리움으로 맞바뀌고 있다.

시인은 <사두개인들의 부활에 관한 질문에 답함>에서 춘향을 그 그리움의 절정부에 등장시킨다. 또 이미 일반명사화된 개념으로 쓰고 있다. '그리움이 숨겨져 있는 모든 가슴들은 살아나 / 전봉준이도 춘향이도 유관순이도 / 한사람의 각자는 그리워하던 모든 것을 보게 되고 / 그리움의 각자는 제각기 그리워하던 것들을 / 보게 될 것이다'(23 - 27행)[49]의 구절에서 시인은

---

48) 송수권, <징검다리>, 『지리산 뻐꾹새』, 미래사, 1991.

'그리움이 숨겨져 있는 모든 가슴들'로 전봉준, 유관순과 더불어 춘향을 함께 꼽고 있다.

이네들이 제각기 품은 그리움의 진실. 그것은 한 맺힌 그리움이다. 삶의 치열한 길목마다 부딪히는 온갖 어려움들을 이겨내고서야 맞이할 수 있는, 현실의 고통에 맞물려 더욱 강렬해지는 그리움인 것이다. 시인에게 있어 분노가 되고 힘이 되는 사랑. 이제 춘향은 진정한 사랑의 정화로 시인에게 다가왔음을 보여주는 작품이다.

(3) 유성규 시조의 경우

40년대의 김기진, 70년대의 이태극과 정완영의 작업 이후 우리는 80년대 유성규를 통해 다시 시조 속 춘향을 만나게 된다. 여기서는 춘향이 주제이자 제재가 되고, 제목이자 전체 내용을 오롯이 채우고 있어, 부분 모티프를 이룬 여느 작품들과는 다른 무게를 느끼게 된다.

> 너는 李朝가 빚은 야속한 낮달
> 사랑 사랑 고운 사랑 無名指에 불밝혀라
> 雪梅詞 매운 뜨락에 옷고름이 날린다.
>
> 외로움은 한결 空房에 오붓하고
> 어쩔거나 서나서나 고운 살결 무너진다
> 가얏고 겨운 가락에 十五夜도 기울고

49) 김정환, <사두개인들의 부활에 관한 질문에 답함>, 『황색예수전』, 실천문학사, 1984.

守成은 아픈 노래 매정한 임이어라
바람은 휘휘 울고 春香이는 말이 없고
七夕만 하늘에 걸려 빛을 잃고 있었다.

이제 막 맑안 넋이 昇天하고 있구나
兜率에 들겠네 환한 肖像이겠네
貞節은 거울이 되어 길이 임을 보겠네.

- <春香詞>[50)]

유성규의 <춘향사>에는 여느 시인의 시조작업과 견주어보더라도, 그것을 넘어서는 고풍스럽고 복고적인 분위기가 깔려 있다. 1연 1행은 시인의 춘향 인식태도를 단적으로 대변해준다. 우선 '낮달'에서는 춘향을 대하는 시인의 안타까운 마음이 읽힌다. 태양에 빛을 바랜 낮달에서 조선 봉건제 아래 희생당한 춘향을 떠올릴 수 있다. 그래서 '야속한'이라는 수식어가 얹어졌다. 춘향이 본디 지닌 사랑의 힘과 제도의 벽에 가로막힌 춘향의 좌절이 맞물리는 지점에서, 바로 이 '야속한 낮달'이 만들어진 것이다.

처음 1연에서의 無名指에 불밝히는 고운 사랑(2행)은 이후 점차 위기국면으로 나아간다. 외로움, 무너짐, (힘)겨움, 기울어짐(2연)을 겪고는, 아픔, 매정함, 울음, 말없음, 빛을 잃음(3연)을 느끼게 된다. 춘향의 고난은 차례차례 높아져 파국을 향해 치닫는다. 2연에서는 처음 '외로움은 한결 空房에 오붓하고'(1행)로 출발하였으나, 이후 춘향의 개인정황이라 할 '고운 살결 무너진다'(2행)에서 시대정황으로 확대해석할 수 있는 '가얏고 겨운 가락에 十五夜

50) 유성규, <春香詞>, 『한국문학』 1984. 11.

도 기울고.'(3행)로 나아간다.

3연에 이르면 2연처럼 상징적 비유에 그치는 것이 아니라, 자못 비장한 분위기가 펼쳐진다. '매정한 임'(1행)으로 하여 '春香이는 말이 없고'(2행), 서로 만날 수는 없는데 '七夕만 하늘에 걸려 빛을 잃고 있었다.'(3행)로까지 나아간다. 춘향의 수절은 이제 극에 달하여, 고통의 끝인 죽음에까지 다다른 것이다. 마지막 4연은 춘향의 장렬한 산화이다. 춘향의 '맑안 넋이 昇天하고'(1행), 그 결과 '兜率에 들겠네'(2행)를 거쳐 '貞節은 거울이 되어 길이 임을 보겠네.'(3행)로 춘향의 죽음을 수놓는다.

이제 그의 고귀한 넋, 그 정신은 죽음을 통한 님과의 재회로 마무리된 것이다. 이 시조는 빛나던 사랑(1연)에서 시작하여 춘향의 고난(2연), 좌절과 죽음(3연)을 거쳐 춘향의 승천(4연)으로 짜여져 있다. 전형적인 기승전결의 4단구조를 빌어, 춘향의 죽음을 거룩한 경지로까지 끌어올린 작품이다. 시인이 춘향의 죽음을 통해 전달하고자 했던 메시지는 과연 무엇이었을까. 그것은 결코 80년대의 폭력적인 시대상황과 무관치 않았으리라.

8) 1990년대의 춘향

1990년대는 지난했던 피의 투쟁을 거쳐 민주화를 이룩한 시기이다. 이를 바탕으로 인신의 자유와 인권의 존엄이 어느 정도 회복되면서, 눈앞에 보이던 적이 일단 사라져버렸다. 전체가 아닌 개인이 앞면에 나설 수 있는 전기가 마련된 것이다. 지극히 사적인 일상을 펼쳐내는 소설들이 쏟아져 나왔고, 이러한 경향은 시에서도 크게 비껴서지 않았다.

당연히 90년대의 춘향은 지금까지의 춘향 인식과 좀 다른 면모를 지니게 된다. 춘향을 모티프로 쓴 작품에서 기존 이미지를 그대로 수용한 경우가 있는가 하면, 놀랍게도 안티 춘향적인 새로운 이미지 창출까지 시도되었다. 앞쪽의 경우도 이전 춘향처럼 옹골차고 분명한 춘향상은 찾기가 어렵다. 특히 뒤쪽의 경우는 이를 작가 개인의 성향 탓만으로 돌릴 수도 없어, 매우 빠르게 변하는 세태를 짐작케 할 뿐이다.

(1) 조창환의 경우

90년대 초반 조창환의 <임방울>에서는 춘향의 고유한 덕목이 쇠락해가는 풍속도를 쓸쓸하게 그리고 있어, 이전의 춘향 인식태도와는 다른 면모를 보여준다.

그대 꺽쉰 목청을 찾아
쑥대머리 한대목을 더듬어 눈 감아도
들리지 않는다, 다만 찌걱대는
바람소리 뿐, 어지럽던 세상에
헛된 이름만, 낡은 소리로써 떠도는구나

……

그대 꺽쉰 목청만 남아
쑥대머리 한대목에 잠깨어 있어
어지러운 세상은 가고 또 오고
이 땅의 춘향이들 화냥년 될 때
들을 수 있네
그대 낡은 탁성으로 떠도는 것을

- <임방울>[51]

전체적인 구도는 전설적인 명창 임방울을 제목으로 내세워, 쇠락해가는 판소리의 운명을 감상적으로 노래하고 있다. 3연의 내용이나 <쑥대머리> 가락을 미루어 생각해보면, 정황은 역시 옥중 춘향이다. 하지만 그 소리에 몰려들던 민초들은 더 이상 존재하지 않는다. 따라서 이젠 '그대 걱쉰 목청'(1연 1행, 4연 1행)이 되고, 이는 '헛된 이름만, 낡은 소리로써 떠도는구나'(1연 5행)로 이어졌다가, 다시 '그대 낡은 탁성으로 떠도는 것을'(4연 6행) 듣게 된다. 세상의 풍파로 인하여, 더 이상 '쑥대머리 한대목'(1연 2행, 4연 2행)에 울고 웃지 않는 세태가 된 것이다.

세상엔 바람소리, 헛된 이름, 낡은 소리들이 떠돈다.(1연) 그 소리는 또 흔적 없이 흩어지고,(2연 2행) 헛되이 헤매는 혼은 부질없다.(2연 4행) 이 1, 2연이 현 시대에서 임방울의 쇠락, 더 나아가 판소리의 쇠락에 상심하고 있다면, 3연에서는 임방울의 '뭉쳤다 터뜨리는 쇠같은 목청'(3연 1행)을 통해 예전 민초들의 감성을 다시 한번 이끌어낸다. 이제 춘향은 고난과 그 굳건한 정절로 하여 시간을 뛰어넘어 되살아난다. 1연에서 들리지 않던 그 쑥대머리 대목은 2연에서도 흔적없이 흩어지고 헛되이 헤매다가, 3연의 쇠같은 목청과 민초들 눈물을 계기로 하여 4연에 이르면 '쑥대머리 한대목에 잠깨어 있어'(2행) 춘향의 원한을 대리하는 임방울을 불러일으켜 세운다. 이제 잠들었던 임방울의 큰 목청, 그 큰 울림이 깨어나, 다시 이 땅에 낡은 탁성일망정 떠돌게 된 것이다.

여기서 눈여겨보아야 할 것은 사랑에 대한 태도 차이이다. 곧 현 세태의 사랑에 대한 가벼움과 춘향 본연의 높고 귀한 사랑 사이의 괴리가 나타난다. 그 세태가 '어지러운 세상은 가고 또 오고 / 이 땅의 춘향이들 화냥년 될

51) 조창환, <임방울>, 『파랑눈썹』, 시와 시학사, 1991.

때'(4연 3 - 4행)라면, 그래도 변치 않는 진리는 옥중 춘향의 한 맺힌 절규, 곧 임방울의 '쑥대머리 한대목에 잠깨어 있어'(4연 2행)가 된다. 가벼운 사랑으로 온통 어지러운 세상. 그것이 이 땅의 딸들을 '화냥년'처럼 내몰고 있다. 하지만 그래도 지켜야 할 가치로 시인은 춘향의 정절을 붙들고 있는 것이다.

한편 시인은 이후 발표한 <길 없는 물>에서는 '바다가 배를 띄우는 것은 / 홀로 설레기 부끄러워서일까 / 검은 바다 갈라 흰 물살 일구며 / 배는 춘향이 그네 타듯이 너울거린다'(1 - 4행)[52]라 하여, 앞 <임방울>의 경우에서보다 훨씬 밝고 가벼운 춘향 이미지를 쓰고 있다. 곧 배가 물결에 일렁이는 모습을 부끄러움으로 전제하고는, 이를 춘향이 그네 타는 모습에 다시 빗댄 것이다. 더 이상 시대의 무게가 개인을 짓누르지 않는 2000년대의 세태가 반영된 것으로 보인다.

(2) 이상훈의 경우

이상훈이 만들어낸 춘향은 충격, 그 자체이다. 고전 속 춘향의 정절은 온데간데없이, 오로지 본능적이고 형이하학적인 춘향의 색정과 욕망, 그리고 치밀한 계산만이 남아 작품을 온통 누비고 있다.

> 기회를 잡은 거야.
> 그네위에서 슬쩍
> 바람결에 펄럭였던 꼬리 말아올리고
> 그 동안 어깨너머로 배운 기술 총동원해서
> 하룻밤에 열두 번도 더 혼을 빼놓은 거야.

---

52) 조창환, <길 없는 물>, 출전미상, 2002. 12.
http://www.poet.or.kr/cwcho/menu08.html에서 다시 끌어 씀.

제가 가야 어딜 가겠어.
부처님 손바닥안이지.
무슨 짓을 해서든
돌아올 수밖에 없는 거야.
문제는 변학도였어.
돈있고 권력있고
게다가 허우대 멀쩡하지.
젖비린내나는 몽룡이하곤 차원이 달랐어.
……

- <聖춘향? 性춘향?>[53)]

대단히 도발적이다. 제목에서 보듯, 시인은 춘향의 정절에 대해 근본적으로 조소하고 있다. 어쩌면 열녀와 탕녀라는 이분법적 구도 자체를 비웃는지도 모르겠다. 욕망과 권력의 상관관계를 앞세우고는, 춘향의 선택을 대단히 치밀한 셈법으로 단정한 것이다. 놀랍게도 작품에 드러난 춘향은 현실에 밝은 색녀일 뿐이다. 퇴기의 딸로서 기생의 피를 그대로 전제한 채, 선정성 가득한 춘향의 모습을 여러 각도에서 그려내고 있다.

당장의 현실은 '돈있고 권력있고 / 게다가 허우대까지 멀쩡'(11~12행)한 변학도가 낫겠지만, 영악한 춘향에게 있어 그것은 어리석은 선택이 된다. 지금 현재는 '젖비린내나는 몽룡이'(13행)일 뿐이지만, '결국은 현실성보다 장래성을 보기로'(19행)하고 몽룡이를 택한다. '지배 계급의 이상적 가치인 열녀가 더 그럴 듯'(23행)하고, '선전 가치도 크니까 아마 인기도 오래 갈 거'(25행)라는 판단도 작용했다. 또 '몽룡이'라는 호칭에서 보듯, 상대에 대

53) 이상훈, <聖춘향? 性춘향?>, 『聖춘향? 性춘향?』, 천산, 1997.

한 사랑과 존경의 마음도 전혀 보이지 않는다.

'바람결에 펄럭였던 꼬리 말아올리고'(3행) 수를 쓴 춘향이었기에, 초장에 온갖 섹스테크닉으로 몽룡을 사로잡은 것이다. 이후에도 '터진 엉덩이의 아픔을 씹으며 / 밤마다 달아오르는 욕정을 달래며'(27 - 28행) 기다렸다가, 이몽룡의 금의환향을 맞게 된다. '그 후 꼬리 싹둑 잘라버리고 / 명예롭게 色界에서 은퇴했지.'(36 - 37행)라며, 역시 현실의 이익을 먼저 판단하고 그에 따라 행동한다. 하지만 그 바탕은 '공든 탑이 무너질라 / 가끔씩 방자나 불러올리는 걸로 만족하고 있어.'(마지막 40 - 41행)라며, 탕녀로서의 기질을 씻어내지 못한 춘향의 일탈행위로 끝맺는다. 이러한 춘향의 모습은 결국 시인의 시대인식에서 크게 다르지 않을 것이다.

시인의 도발은 이 작품에 그치지 않고, 이와 짝을 이루는 <性춘향? 聖춘향?>에서도 계속 이어진다. 이번에는 이몽룡과 변학도 사이에서 선택의 기준을 바꾸어 생각하는데, 그 선정성이 앞 편보다 외려 좀더 심하다. '어렸었지. / 아무 것도 몰랐었어. / 첫만남에 정주면 / 그게 전분 줄 알았지. / 쓸데없이 순진하기만 했던 거야. / 모진 매에 혼절을 거듭하면서도 / 도련님 연한 속살만 떠올랐지. / 탄탄하고 다부지게 무르익은 변 사또의 몸은 / 생각만 해도 끔찍하게 느껴졌어. / 그래 항상 첫경험이 중요한 거란다.'(1 - 10행)[54]라는 대목에서는 남녀의 성관계에서 몸의 중요성을 강조하고 있다. 이 작품에서 정절의 고귀함 따위는 전혀 고려의 대상이 아님을 보여준다.

오히려 도련님을 선택한 결과를 두고, 대차대조표 상에서 실질적인 손해를 늘어놓으며 후회한다. '한 발짝만 내디뎌도 체통과 법도의 쇠사슬이 잡아끄는 / 한숨의 독수 공방 / 종신 징역에 처해진 거지. / 그러게 성교육은 빠를수

---

54) 이상훈, <性춘향? 聖춘향?>, 『聖춘향? 性춘향?』, 천산, 1997.

록 좋은 거라니까. / 철철이 물갈이되는 신관 사또들의 A급 수청 당번으로 / 저마다 개발해 온 성숙한 테크닉들을 즐기면서 / 착실하게 배당금을 챙겼어야 했어.'(15 - 21행)라는 대목에 이르면, 90년대 이후 더욱 심화된 자유연애 풍조와 노골화된 배금주의에 아연해질 수밖에 없다.

더 나아가 '땅투기', '주막집', '제비 어파트'를 거론하는 작중 화자는, 더 이상 정절의 여인 춘향이 아니다. '그러니 풋사과만 너무 좋아하지 말고 / 골고루 맛보고 난 뒤에 결정하는 습관을 들이도록 해.'(26 - 27행)에 이르면, 우리는 그만 황금만능에 섹스지상주의에 버무려진 춘향에 기가 질리고 만다. 90년대 후반 세기말의 성 풍속도와 함께, 비뚤어진 세태 속에 일그러진 춘향을 만난 것이다. 시인이 살아간 90년대를 어떻게 인식하고 있는가를 일러주는 작품들이다.

4. 춘향 변용을 통해 본 시인의 세계인식 태도

이제 춘향은 더 이상 텍스트 속에 붙박혀 있는 여인이 아니다. 시대를 뛰어넘고 장르를 넘나들며 우리네 의식 속에 늘 살아 숨쉬는 캐릭터임을 확인하였다. 그 결과 현대시의 영역에서만도 20여 시인에 40여 편의 춘향 패러디를 만날 수 있었다. 그런데 이 속에 드러나는 춘향들은 서로 다른 얼굴을 하고 있다. 이네들은 기쁨과 슬픔, 기다림과 외로움, 즐거움과 괴로움, 분노와 체념 등의 정서, 곧 한국인의 심성 모두를 끌어안고 있다. 그게 춘향의 진짜 얼굴이다.

그런 속에서 시대상황과 작가의 시대인식에 따라, 또 작가의 철학과 의지에 따라 그 안에서 달라지기도 하였다. 작가의 세계관이 때론 시대와 맞물리고, 또 때론 개인의 판단과 사정에 따라 저마다의 춘향상을 만들어냈기 때문이다. 그렇다면 이들 다층적이고 복합적인 춘향 모두를 묶어냈을 때, 우리는 비로소 한국인의 심성에 살아 숨쉬는 춘향을 만나게 된다. 이제 앞서 살핀 바 춘향 변용의 실상을 크게 묶고, 그 변화의 안팎 요인을 가늠해본다.

1) 1920년대~1940년대의 경우

이 시기는 일제강점기에 해당된다. 춘향을 시로 변주해낸 작업은 소월과 영랑, 그리고 김기진과 노천명에게서 찾을 수 있다. 20년대의 문화정책과 30년대의 무단정책, 그리고 40년대의 민족말살정책이 이어졌다. 40년대는 일제의 강압이 극에 달하지만, 많은 지식인들의 변절과 전향에서 보듯 항거는 오히려 주춤해졌다. 달라질 세상을 내다보지 못한 탓으로 여겨진다. 전반적으로 문예환경에 있어 오르내림이 심한 시기였다.

20년대 소월의 <춘향과 이도령>은 전통에 뿌리를 둔 작품으로, 춘향과 이도령의 지고지순한 사랑을 설정하여 시대의 시름을 떨치고자 하였다. 반면 30년대 영랑의 <춘향>은 보다 강성 이미지로 나타나는 바, 일제의 강압에 대한 영랑의 항거로 보아야 할 것이다. 소월에서 보이던 낙관과 희망이 영랑에 이르러 일거에 비관과 절망으로 떨어졌다. 40년대 김기진의 연시조 <대수풀 우거진 곳>은 애틋한 로맨스로서 춘향의 정절을 노래하였다. 반면 노천명의 <춘향>은 이별의 정황을 단계적으로 그려낸 바, 결론부에서는 일정부분 페미니즘적 인식을 보여주기도 하였다.

이 시기에는 일제강점기 아래에서의 춘향 변용을 볼 수 있었다. 초기 소월의 작업이 긍정과 희망의 이미지로 나타났지만, 중기 영랑에게서는 비관과 절망의 이미지로 그려졌다. 말기의 노천명에게서는 순수한 사랑의 화신으로 강조되었다. 일제 강압의 정도에 따른 대응, 그리고 작가 개인의 시대인식 정도에 따라 춘향 변주의 폭도 달라질 수밖에 없었음을 보여준다.

2) 1950년대와 1960년대의 경우

5, 60년대는 해방과 한국전쟁, 그리고 4·19와 5·16 등 한국현대사의 거센 물살이 몰아친 시기였다. 이 시기에 춘향을 다룬 시인은 다섯 명 정도에 그치지만, 그 양과 질에 있어서는 단연 다른 시기를 압도한다. 서정주와 박재삼의 연작시 작업, 그리고 전봉건의 장시 작업이 있기 때문이다. 이네들의 작업은 춘향 변용에 있어 그 깊이와 너비를 한 차원씩 끌어올린 것으로 평가할 수 있다.

서정주는 '춘향의 말' 3부작에서 시간의 흐름에 따라 춘향의 심정을 단계적으로 내보인다. <추천사>는 이도령과의 만남 이전 단계로, 지상을 떨치고 날아오르고픈 욕망을 보여준다. <다시 밝은 날에>는 헤어짐 이후 단계로서, 시련과 고난을 더불어 보여준다. <춘향유문>은 살아생전 마지막 말로서, 삶과 죽음을 뛰어넘는 춘향의 절대사랑을 보여준다. 이들 모두에서 미당 특유의 윤회사상을 엿볼 수 있다.

박재삼은 '춘향이 마음' 10부작에서 보다 진지하고 인간적인 춘향상을 내보이고 있다. <수정가>에서는 춘향의 기다림을 순결한 마음의 결정체로 인식하고 있다. <바람 그림자를>에서는 기다림의 간절함을 춘향의 높고도 순결한 사랑의 마음으로 그려내었다. <매미 울음에>에서는 속절없는 기다림의 안타까움을 드러내었다. <자연>에서는 재회의 굳은 약속이 희망과 절망의 엇갈림으로 되풀이되는 현실을 잘 나타내었다. <화상보>에서는 옥중 상황을 모티프로 하여 일편단심을 형상화하였다. <녹음의 밤에>에서는 냉혹한 현실상황에서 철저한 아웃사이더인 춘향의 처지를 비극적으로 그려내었다. <포도>에서는 옥중 춘향을 포도송이에 빗대, 죽음으로도 다 풀지 못해 한이 된 춘향이 마음을 그려내었다. <한낮의 소나무에>에서는 님과 나를 상보적 관계로 설정하여 영원불변의 사랑, 외롭고도 높은 사랑을 간절히 바라고 있다. <무봉천지>에서는 이도령을 다시 만난 춘향의 긴 독백을 담아, 그 마음의 고결함과 순수함을 다시 한번 일깨워준다. <대인사>에서는 사랑하는 이에 대한 그리움과 기다림의 조바심을 나타내고 있다. 10부작 전체의 완결편이 된다. 전체적으로 춘향의 높고도 순수한 사랑의 품격을 일상의 소재와 자연스럽게 연결하였다.

전봉건의 장시 <춘향연가>는 전체 3부작으로서, 춘향의 독백을 기본얼개로 한다. 시간적으로는 과거의 사랑 회상과 현실의 당면한 고난, 미래의 재회 기대 등을 펼쳐내고, 공간적으로는 현실의 고난인 감옥과 과거의 이상인 광한루를 맞세워 놓았다. 내용적으로는 극단의 고통과 환희, 어둠과 빛, 절망과 희망, 현실과 이상이 엇갈려 나타난다. 부분적으로 에로틱한 묘사가 있지만 나름대로 작품의 격조를 유지하고 있으며, 종국에는 절망과 비극으로 떨어진다. 하지만 춘향의 사랑에 대한 믿음은 결국 종교적 신념으로까지 승화되고 있다.

그밖에 김춘수는 <집 1>에서 춘향과 정절을 같은 가치개념으로 그려내었고, 이후 <타령조 1>에서는 춘향을 들어 안타깝고 고통스러운 사랑을 비유하였다. 또 김동환은 <우리 만나던 시절이>에서 춘향의 고전적 이미지를 갑남을녀의 로맨스에 끌어다 쓰고 있다.

정치 · 사회적으로 격동기인 5, 60년대에 오히려 작가 특유의 탄탄한 춘향상 셋을 만날 수 있었다. 서정주의 '춘향의 말'은 시대적 풍파를 뛰어넘는, 미당 류의 안정된 춘향을 만들어내었다. 박재삼은 '춘향이 마음'에서 고뇌하는 춘향, 보다 인간적인 춘향의 모습을 다채로운 방식으로 스케치하였다. 전봉건은 <춘향연가>에서 비극의 중심에 선 춘향을 만들어내었다. 혼돈과 불안정의 시기에, 당대보다는 오히려 고전 속에서 구원의 기미를 찾으려는 노력의 소산으로 볼 수 있다.

3) 1970년대와 1980년대의 경우

7, 80년대는 30년에 이르는 군부독재로 인해 암울과 좌절에 빠진 시기이자, 당연히 저항문학의 불길이 거셌던 시기였다. 대략 열 명의 작가에게서 춘향이 재창조되었다. 시조에서의 춘향 변용 작업이 몇 있었고, 최하림 등 쟁쟁한 저항시인들이 여기에 뛰어들었다. 변주 작업의 방향은 불의에 대한 항거로 인해 비극적 죽음으로 끝맺는 쪽이 주류라면, 고전적인 해피엔드로서 사랑과 정절을 기린 쪽도 여럿 시도되었다. 투쟁의 방편으로 고전이나 역사 같은 과거가 아닌, 당면한 현실을 소재로 하여 치열하게 이루어졌기 때문이다.

이태극은 연작시조 <소리 8>에서 낙랑공주와 호동, 평강공주와 온달, 그리고 춘향과 이도령을 내세워, 사랑의 무궁한 힘을 노래하였다. 정완영은 시조 <황국>에서 춘향의 그리움과 상심을 가을국화의 고독과 연결시켰다. 황금찬은 <고려청자기 1>에서 그 상감무늬를 제재로 춘향을 연결시켜, 차분하고 정적인 흐름으로 관조적 자세를 보여주었다.

최하림의 <춘향비가>에서는 시대적 모순과 불의에 대한 항거의 이미지로 춘향을 인식하고 있다. 하지만 그 끝맺음은 고전 속 춘향보다 사뭇 비장하다. 시인과 춘향이 동일시되고, 시대정황과 비가가 동일시된 것이다. 반면 박희진은 <한국어를 기리는 노래>에서 국어 예찬의 한 방편으로 춘향의 이미지를 차용하였다. 강우식은 <탈춤고 둘>에서 하층민들의 이야기를 펴

나가며, 춘향의 사랑과 죽음에 대한 긍정적 인식태도를 보였다. 문병란은 <겨울 산촌>에서 막히고 울음이 가득한 현실에 대한 대척점으로 춘향을 노래하였고, 이어 <인생>에서는 춘향 같은 아내를 노래하여 그 신실한 믿음을 내보였다.

송수권의 <춘향이 생각>은 옥중 춘향을 매개로 하여, 뒤틀린 현실에 대한 저항의식을 나타내었다. 또 <남원운문>은 한의 정서를 바탕으로 통합의 신명을 보여주었다. 한편 <징검다리>에서는 유년시절의 기억 속에 어머니를 회상하였다. 김정환은 <사두개인들의 부활에 관한 질문에 답함>에서 죽음과 부활을 노래하하면서, 춘향을 '그리움이 숨겨져 있는 모든 가슴들'로 노래하였다. 유성규의 <춘향사>는 빛나던 사랑(1연)에서 시작하여 춘향의 고난(2연), 좌절 및 죽음(3연)을 거쳐, 춘향의 승천(4연)으로 짜여져 있어, 비장한 춘향을 그려내는 데 성공하였다.

이 시기는 저항시인들이 앞면에 나선 시대였다. 춘향의 변용에 있어서는 70년대 최하림이 강성이었다. 강우식은 좀 비틀고, 문병란은 차분하게 대응하였다. 80년대에는 송수권에서 부조리한 세계에 대한 문제를 정면으로 제기하였고, 김정환은 죽음과 부활의 존재로 춘향을 조망하였다. 유성규의 시조에서는 암묵적인 비판의식이 느껴진다. 반면 이태극과 정완영의 시조 작업, 그리고 황금찬과 박희진의 시 작업에서는 일반적인 춘향의 사랑과 정절의 이미지가 그대로 차용되었다. 암흑과 절망의 7, 80년대였지만, 그 시대를 가늠하는 작가의 인식태도와 작품 모티프의 선택에 따라 각기 다른 변주를 보인 것이다.

4) 1990년대 이후의 경우

90년대는 이전 시기와 매우 다른 환경에 놓이게 되었다. 그간 크고 작게 개인을 억눌러왔던 이념, 제도, 전체 등의 무게로부터 자유로워진 것이다. 그래서인지 춘향 변용 자체가 줄었고, 또 그 춘향도 예전의 모습과는 상당히 다르게 나타났다. 그 달라진 모습은 조창환과 이상훈에서 찾아진다.

조창환은 <임방울>에서는 현 세태의 사랑에 대한 가벼움과 춘향 본연의 높고 귀한 사랑 사이을 맞세우고는, 그래도 지켜야 할 가치로 춘향의 정절을 내세우고 있다. 이상훈의 <聖춘향? 性춘향?>에는 색정과 욕망만이 남아 있다. 욕망과 권력의 상관관계를 앞세우는 춘향, 현실에 밝고 일탈을 일삼는 춘향이 우리를 아연케 한다. <性춘향? 聖춘향?>에서도 정절의 고귀함 따위는 아예 고려의 대상이 아니다. 세기말의 징후를 한눈에 보여주고 있다.

90년대는 개인주의의 대두, 물신과 속도의 숭배, 소비와 향락의 풍조, 이데올로기의 해체 등이 맞물린 시기였다. 당연히 쓸쓸한 춘향이나 일그러진 춘향을 만나게 되었다. 작가가 살아간 당대를 어떻게 인식하고 있는가를 일러준다. 특히 안티 춘향적인 변용의 경우를 마주하고는, 너무도 빨리 변화하는 세태에 당혹감마저 느끼게 된다.

5) 춘향 변용의 흐름과 성격

지금까지 살펴본 바 한국 현대시사에 자리한 춘향의 얼굴은, 앞머리에서 전제한 단순 삼분법만으로 갈래지우기가 어려워졌다. 기왕의 정절, 항거, 신분상승, 이 세 틀에 귀속시키기에는 그 양상이 자못 복잡다단해졌기 때문이다. 그리고 시적 변용의 특수성 탓인지, 이들 셋의 분포양상도 쏠림현상이 심하다. 이제 이를 나누어 정리함으로써, 전체적인 춘향 변용의 경향과 그 성격을 알아본다.

춘향 변용을 가늠해줄 큰 틀은 그래도 여전히 不更二夫의 절대적 사랑, 불의에 대한 저항, 그리고 결혼을 통한 신분상승이다. 하지만 춘향을 표상화함에 있어 세 번째 신데렐라의 이미지는 그리 유효한 화두가 되지 않는다. 그래서인지 이 경우는 90년대 이상훈의 <聖춘향? 性춘향?>과 <性춘향? 聖춘향?>에서 강하게 드러났을 뿐이다. 그 외에는 50년대 서정주의 <추천사>에 부분적으로 욕망의 이미지가 숨겨져 있으며, 70년대 강우식의 <탈춤 고 둘>이 해석 여하에 따라 춘향의 신분상승을 비판한 것으로 볼 소지가 있는 정도이다.[55)]

두 번째 투사 이미지는 극한 절망의 시대와 시인의 용기가 맞물리는 지점에서 표상화된다. 30년대 김영랑의 <두견>과 <춘향>, 70년대 최하림의 <춘향비가>, 그리고 80년대 송수권의 <춘향이 생각>이 여기 해당된다. 죽음을 건 싸움으로 시대의 폭력과 맞서거나, 부조리한 세계를 에두르지 않은 채 앞면에서 까밝히고 있는 것들이다. 가장 강한 춘향의 얼굴을 보여준다.

이러고 나면 남는 것은 첫 번째 열녀 이미지이다. 나머지 작품들이 대개 여기 속하기에, 앞서 춘향 변용의 편중성을 말했던 것이다. 그런 만큼 이 안에서 또 세부적인 층위를 갈라볼 필요가 있다. 흔한 사랑타령처럼, 사랑이란 실로 크고 넓어서 단선적으로 헤아리기 힘들기 때문이다. 논의의 필요에 따라 이를 다시 곱고 예쁜 사랑(순정), 슬프고 아름다운 사랑(비련), 고통과 좌절의 사랑(비장)으로 다시 가를 수 있다.

춘향의 순정을 노래한 것들은 읽는 이에게 기쁨을 준다. 참 곱고 예쁘다. 여기서 춘향은 절대 긍정의 상징이 된다. 20년대의 김소월의 <춘향과 이도령>, 40년대 김기진의 <대수풀 우거진 곳>, 50년대 김춘수의 <집 1>, 60년대 김동환의 <우리 만나던 시절이>, 70년대 황금찬의 <고려 청자기 1>과 박희진의 <한국어를 기리는 노래> 및 80년대 문병란의 <인생>과 송수권

---

55) 앞 주 43)을 참조하면 도움이 된다.

의 <남원운문> 및 그의 90년대작 <징검다리>, 그리고 2000년대 조창환의 <끝없는 물> 등이 이에 해당된다.

춘향의 비련은 춘향 사랑의 중심축을 이룬다. 본디 사랑이란 게 슬프고 아름다울진대, 하물며 춘향의 그것에 있어서랴. 40년대 노천명의 <춘향>, 50년대 서정주의 '춘향이 말' 3부작, 70년대 이태극의 <소리 8>과 정완영의 <황국>, 강우식의 <탈춤고 둘> 및 문병란의 <겨울 산촌>, 80년대 김정환의 <사두개인들의 질문에 답함>, 그리고 90년대 조창환의 <임방울> 등을 들 수 있다. 위 서정주의 연작은 각기 욕망(<추천사>)과 고난(<다시 밝은 날에>), 절대사랑(<춘향유문>)을 보여준다. 부드럽지만 강한 사랑의 힘이 흐른다. 연작의 특수성을 감안하여 이 범주에 넣었다. 비련을 표상화한 위 작품들 모두는 원 텍스트에 가까운 춘향 이미지라 할 수 있다.

비장은 시의 모티프로서 제 격이다. 죽음에 맞닿아 있는 춘향은 또 얼마나 시인에게 매력적인가. 목숨과 맞바꿀 수 있는 사랑의 순간은, 그래서 춘향 변용의 하이라이트가 된다. 60년대 김춘수의 <타령조 1> 과 박재삼의 '춘향이 마음' 10부작 및 전봉건의 장시 <춘향연가>, 70년대 최하림의 <춘향비가>, 그리고 80년대 유성규의 <춘향사> 등이 이에 속한다. <수정가>를 비롯한 위 박재삼의 연작은 사랑의 세 단계를 모두 아우르고 있으나, 그 차분한 어조에도 불구하고 비교적 비장의 기미를 싸안고 있다.

한편 위에서 춘향의 정절 이미지를 셋으로 갈라 정리했지만, 이런 구분이 두부 모판 가르듯 명쾌하게 떨어지는 것은 아니다. 실제로 이 비장의 사랑이 앞의 비련과 맞닿아 있기도 하고, 크게는 두 번째 항거의 이미지와 딱히 나누기 어려운 것도 사실이다. 그만큼 춘향의 사랑이 폭넓은 변주를 보였다고 이해해도 좋다.

그러고 나면 춘향은 우리에게 다시 사랑의 정화로 남고 만다. 그렇다고 이것만이 춘향 이야기의 본질인가를 되묻는 것은 좀 부질없다. 우리 시대를 부대끼며 살아온 시인과 독자, 그네들의 시대적 요구와 갈망이 켜켜이 쌓여 우리 앞에 던져진 것이 아닌가. 춘향의 사랑을 풀이하는 여러 가설에도 불구하고, 춘향은 여전히 온몸으로 높고 귀한 사랑을 지켜낸 여인으로 인식되었기 때문이다. 그것이 많은 시인의 선택을 낳은 것으로 보면 그뿐이다.

5. 맺는 말

하지만 춘향은 아직도 현재진행형이다. 끝머리에 살펴본 '우리들의 일그러진 춘향'이 기왕의 열녀 이미지에 대한 안티테제로 등장하였다손 쳐도, 그리 놀랄 일만은 아니다. 그것 또한 세기말에 엄연히 존재했던 시대적 코드의 하나였기 때문이다. 우리를 짓누른 것은 정치적, 사회적, 이념적 억압만이 아니었다. 일상의 권위와 관습, 그리고 도덕적, 문화적 억압은 또 어떠했던가. 그러니 이는 춘향 변용의 여러 작업 가운데, 그야말로 하나의 반동기제 내지는 일탈현상으로 보면 그뿐이다. 그만큼 춘향은 강건하지 않은가.

춘향은 지난날 고전 텍스트의 주인공에서, 나아가 현재를 살아 숨쉬는 인물로 늘 함께 자리하고 있음을 확인하였다. 그렇게 춘향은 여러 백년을 잇도록 모든 이의 연인으로 살아온 것이다. 시대의 물줄기에 굳건히 뿌리를 내리고 계절의 변화에 맞추어 철철이 꽃피우는 존재이기에, 그 숱한 변용이 가능했음은 물론이다.

춘향은 이제까지 때론 열녀로서, 때론 투사로서, 때론 신데렐라로서, 또 때론 이들을 축으로 하여 크고 작은 변주를 보여주었다. 이들 모두가 그 시대, 그 작가의 진정한 춘향이듯이, 이제 또 다른 춘향을 기다려본다. 시대의 더께와 무게를 털어낸 춘향, 어쩌면 사이버 춘향이 다가올지도 모를 일이다. 물론 좀더 음전하고 철저히 복고적인 춘향을 다시 만날 수도 있겠지만.

고전동화로 보는 춘향전

1990년대 이후 출간된 작품을 대상으로

권혁래

1. 고전동화로서의 <춘향전>을 보는 시각

우리 문학에서 <춘향전>만큼 널리 사랑 받고 그 고전적 가치를 인정받아 온 작품도 드물 것이다. 신분의 제약을 뛰어넘어 애틋한 사랑을 성취하는 춘향 이야기는 각 시대마다 사람마다 중층(重層)의 의미망을 이루며 민족의 고전으로 전승되어 왔다. 춘향 이야기는 만화(晩華) 유진한(柳振漢 : 1711 - 1791)이 1745년 한시 <춘향가>를 남긴 이래 19세기 말까지 판소리, 고소설, 잡가 등으로 전승되었다. 20세기에 들어와서는 이해조의 <옥중화>(1912년)를 필두로 신소설, 창극, 마당극, 연극, 영화, 오페라, 현대소설, 현대시, 애니메이션 등 다양한 양식으로 만들어져 유통되어 왔다[1]. 그만큼 <춘향전>은 양식 확장의 잠재력이 강한 작품이다.

이렇듯 다양한 양식으로 옷을 갈아입으며 생명력을 키워온 <춘향전>은 20세기 후반 들어 아동 독서물로 개작 편집되어 출판되기에 이른다[2]. 아동독서물이라 할 때 독서자의 연령층을 이야기하지 않을 수 없는데, 이 글에서는 주로 초등학생, 곧 8세에서 13세 안팎의 어린이들을 주 독서층으로 이해하였다. 그리고 이렇게 출간된 작품들의 장르 명칭에 대한 논의도 필요할 것인데, 현재 대개의 출판물에서는 '고전'이라는 이름이 주요하며, '고전동화'라는 이름이 한 종의 출판물에서 발견된다[3].

이 같은 사정을 고려할 때 아동 독서물 <춘향전>의 장르는 어린이들이 읽을 수 있도록 개작 편집한 고전, 곧 광의의 '아동문학'[4] 범주에서 이해하는 것이 무리가 없다. 그런데 아동문학 속에서 다시 하위 장르를 다시 논한다면 이야기가 간단하지 않다. 이는 '동화(童話)'라는 아동 서사장르 속에서 이해해야 할 것인데 그렇다면 동화의 개념을 어떻게 파악하는지, 그리고 다시 동화의 하위개념을 어떻게 잡아야하는지 논란이 되기 때문이다[5]. 그러나 이

---

1) 설성경, 『춘향전의 비밀』, 서울대 출판부, 2001, 322-325쪽.

2) <춘향전>이 정확히 언제부터 동화 내지 아동독서물로서 출판되었는지는 아직 확인된 바 없다. 우리 나라에서 전래동화라는 양식이 출현한 1920년대 초반 이래 전래동화집 작품 목록에 <춘향전>은 나타나지 않는다. 각종 아동도서 목록에서 필자가 <춘향전>을 확인한 것은 1991년도(금성출판사 간)가 첫번째이다.

3) 뒤의 목록에 있는 12종 가운데 10종의 작품이 <춘향전>을 소개할 때 '고전'이라는 장르 명칭을 붙여 사용하였다. 그리고 '고전동화'라는 이름은 책동네에서 출간된 <춘향전> 한 종에서 발견된다.

4) 한국에서 '아동문학'이란 장르의 명칭과 범주는 매우 불분명하게 시작되었고, 현재에도 여전히 유동적인 부분이 많다. 이 글에서는 잠정적으로 '아동문학'을 성인이 아동들에게 들려주거나 읽히기 위해 아동 시점에서, 또는 동화(同化)되어 쓴 문학 전반(동요・동시・동화・아동소설・아동극)을 총칭하는 개념으로 이해하고자 한다. 김자연, 『아동문학 이해와 창작의 실제』, 청동거울, 2003, 28쪽 참조.

5) 동화의 사전적 의미는 '어린이를 상대로 들려주거나 읽히기 위해 만들어진 이야

점은 이 글의 주 논점이 아닐뿐더러 필자의 역량을 넘는 문제라 필자의 견해를 간략히 밝히는 것으로 대신하고자 한다.

현재 고전, 또는 고전소설을 아동문학, 또는 동화로 개작 편집한 작품의 경우 장르 명칭을 무엇으로 할 것인가에 대해서는 논의된 바가 없다. 이 경우는 민담이나 전설을 동화화한 전래동화와는 다르다. 동화라는 개념을 넘어서 '옛이야기'라는 이름도 거론될 수 있겠지만 아직까지 일반화되어 있지 않다는 점에서 좀더 생각할 필요가 있다.

이런저런 사정을 고려하여 필자는 고전을 동화화한 작품이라는 의미로 '고전동화'라는 개념을 사용하고자 한다. 이럴 경우 <춘향전>을 포함하여 <심청전>, <토끼전>, <흥부전> 등과 같이 고전 작품을 동화화한 작품은 일반 전래동화와는 구별하여 고전동화의 범주로 묶어 설명할 수 있을 것이다. 이와 연관하여 <선녀와 나무꾼>, <해와 달이 된 오누이> 등과 같이 전래동화 가운데 고전적인 작품은 '명작동화'라는 개념으로 변별하여 사용할 수 있을 것이다.

이 글의 주요 관심사는 우리 민족의 영원한 고전이라고 하는 <춘향전>이 동화, 또는 아동문학의 범주에서 현대적 계승이 어떻게 이뤄지고 있는지 파악하고 분석하는 것이다. 필자가 이러한 문제에 관심을 갖게 된 것은 최근 범람하는 아동문학의 홍수 속에서 <춘향전>이 과연 어떤 위치를 점하고 있는지, 그리고 살아 있는 고전으로서 기능할 수 있을지 그 가능성을 타진하기 위함이다. 이를 위하여 지금까지 아동 독서물로 출간된 <춘향전>의 목

기'이다. 이는 동화를 이해하는 데 독자의 특수성이 중요하다는 것을 확인시켜 준다. 그런데 오늘날 동화의 개념은 이보다 더 복잡하고 다양하다. 동화라는 개념을 둘러싸고 다양한 이론이 나타나는 것은 동화가 역사적인 변모 과정을 거친 장르이면서 그 속에서 다양한 특질을 스스로 발현해 왔기 때문이다.(김자연, 『한국동화문학연구』, 서문당, 2000, 30쪽.)

록을 조사하고 텍스트를 분석하여 동화로서의 특징을 파악하고자 한다. 또한 고전 작품이 시공간과 연령대를 초월하여 문학예술의 미학적 원천을 이룬다고 할 때 <춘향전>이 아동들의 문학적 체험에 어떠한 역할을 할 수 있을지 시론적이나마 논의해보고자 한다.

2. 고전동화로 개작된 <춘향전>

1) 1990년대 이후 아동 독서물로 출간된 <춘향전>

이 글에서는 1990년대 이후 아동 독서물로 출간된 작품들을 대상으로 다룬다. 대략 10여 종 가량 되는데, 이중 실물을 확인하지 못한 2종을 제외한 10종을 이 글의 검토 대상으로 하였다.

① 『춘향전』 외, 윤용성 편, 금성, 1991.
② 『춘향전』, 강추애, 사랑받는 한국고전, 윤진문화사, 1994.
③ 『춘향전』, 김학선 글, 김경식 만화, 소설·만화 한국의 고전, 대교출판, 1994.
④ 『춘향전』, 이석인 엮음, 박홍 그림, 은하수문고 80, 계림문고, 1994.
⑤ 『춘향전』, 김영춘 엮음, 계창훈 그림, 고전시리즈, 꿈동산, 1994.
⑥ 『심청전·춘향전』, 초록글연구회 엮음, 신영은 그림, 새롭게 읽는 좋은 우리 고전, 청솔, 1994.
⑦ 『춘향전·양반전』, 이종억 옮김, 이행남 그림, 소설만화 한국고전, 지구마을, 1994.

⑧ 『춘향전』, 이슬기 엮음, 박소영 그림, 우리고전 18, 지경사, 1996.
⑨ 『임경업전 · 춘향전』, 이효성 엮음, 김윤식 그림, 고전동화 모음 5, 책동네, 1996.
⑩ 『춘향전 · 심청전』, 권오석 엮음, 이범기 그림, 교양고전 24, 대일출판사, 1999.
⑪ 『춘향전 · 양반전』, 이종억 옮김, 이행남 그림, 한국고전 2, 문공사, 2000.
⑫ 『춘향전』, 임구순, 고전문학1, 가정교육사, 2000.[6)]

작품들을 조사하면서 이 작품들에 일반 성인들을 대상으로 출판물과는 다른, 아동 독서물만의 독특한 특징이 있다는 점을 발견하게 되었다. 대략 정리하면 다음과 같다.

1) 초등학생들을 대상으로 하여 출간된 <춘향전>의 경우 '고전문학 시리즈'에 속한 단행본이 거의 대부분이며, 전래동화 전집류에는 수록되어 있지 않다.
2) ④번과 ⑧번과 같이 만화와 서사가 혼합된 장르의 작품도 있다.
3) 단행본 어린이도서의 특성상 출판시장에서 주목받지 못하면 곧바로 도태되지만, 매년 다른 출판사에서 새롭게 편집되어 발행될 만큼 <춘향전>은 아동문학 출판 콘텐츠로서의 가치를 인정받고 있다.
4) 공공도서관으로는 대부분 어린이 전문도서관 및 지역도서관에서만 소장하고 있다.
5) 공공도서관에서도 아동문학 작품의 경우는 학술자료용이 아닌 열람용

6) 이 가운데, ①, ②번의 작품은 실물을 확인하지 못하였으며, ⑦과 ⑪의 작품은 똑같은 작품인데 출판사만 옮겨 다시 찍은 경우이다.

으로 취급하고 있어, 일정 시간이 지나 낡거나 열람 가치가 떨어지면 폐기되며 목록에서도 지워진다. 그 주기는 대략적으로 10년 안팎이다.

6) 이러한 사정으로 현재 확인할 수 있는 것은 대개 1990년대 이후 출간된 자료이며, 1990년대 이전에 출간된 자료를 확인하기 힘들다[7].

7) 아동 독서물이라는 특성상 글의 내용 못지 않게 그림, 그리고 편집의 비중이 높다.

2) 각 텍스트의 서지사항 및 주요 성격

(1) 꿈동산의 〈춘향전〉

엮은이 김영춘, 그린이 계창훈. 1994년 출판. 본문 180쪽 분량.

완판 84장본을 원작으로 하였는데, 인명이나 지명, 용어 및 풍속 등에 대해 해설이 자주 나타나고 길어진 점이 특징적이다.

사랑 장면을 길게 서사화하면서 마치 이도령과 춘향을 부부처럼 묘사하고, 또 날마다 찾아오는 이도령에게 과거 공부를 부탁하는 춘향이나, 이제 한 아내를 거느린 지아비가 되었으니 좀더 책임있게 처신해야 한다는 생각 때문에 한동안 춘향집 출입을 자제하고 공부에 전념하는 이몽룡의 모습이 이색적이다. 이 부분은 원작과 또 다른 출판사의 작품들과 가장 분명하게 대비되는 점이다. 그외에도 황릉묘 꿈, 이도령이 한양에 올라가서 학업하는 과정, 농부가 등이 소상하게 서술되어 있다. 한편 흑백 수채화의 그림은 조악(粗惡)하다는 인상을 준다.

---

7) 그런데 사실상 1980년대 이전 시기에는 <춘향전>이 독립된 아동 독서물로 출간된 경우는 거의 없다고 보아도 무방하다는 것이 어린이문학 연구자 및 춘향전 연구자들의 견해이다.

(2) 계림문고의 〈춘향전〉

엮은이 이석인. 그린이 박홍. 1994년 초판을 찍고 1996년 중쇄 발행하였으며, 본문은 187쪽 분량이다. 완판 84장본을 원작으로 하였다. 대체로 다른 출판사의 작품들과 유사한 스토리를 보여주지만, 백년가약을 맺은 후 사랑 장면에 대한 서술이 아예 없이 곧바로 이별을 맞는 것으로 이어진다. 그리고 딸과의 백년가약을 부탁하는 이도령에게 "너무 감격스러워 몸둘 바를 모르겠습니다." 하며 감지덕지하여 눈물까지 흘리는 월매의 모습은 자칫 춘향의 이도령에 대한 마음이 신분상승 욕구에 맞춰져 순수하지 못한 것으로 이해될 만한 여지가 있는 부분이다.

(3) 청솔의 〈춘향전〉

초록글연구회에서 엮고, 신영은이 그림을 그렸다. 1994년에 발행하였고, 본문은 95쪽 분량이다. 완판 84장본의 내용을 바탕으로 하였으나, 묘사와

"아니, 이게 무슨 말씀입니까. 서방님이 오시다니. 꿈에나 보던 그 임을 살아서도 본단 말입니까?"

이 도령의 모습이 보였습니다.

춘향이는 문틈으로 손을 내밀고 눈물을 흘리며 기뻐하였습니다.

"아니, 이게 누구십니까. 꿈에도 잊지 못하고 그리던 임을 이렇게 쉽게 만날 줄이야. 이제 죽어도 한이 없습니다. 복도 없는 우리 모녀. 서방님 이별 후에 자나 깨나 임 그리워 하더니 결국 내 신세가 이렇게 되어 매맞아 죽게 되었습니다. 절 살리러 온 것입니까?"

한참 동안 기뻐하면서 이렇게 반기다가 이 도령의 옷차림을 찬찬히 살펴보자 너무도 한심한 생각이 들었습니다. 아무래도 자신을 구하러 온 것 같지는 않았습니다.

"서방님, 제 몸하나 죽는 것은 서럽지 않습니다만 서방님이 이 지경이라니 어찌 된 일입니까?"

"춘향아, 서러워 마라. 사람의 목숨이 하늘에 달렸는데 설마 한들 죽기야 하겠느냐?"

춘향이는 어머니를 불러 이렇게 부탁했습니다.

춘향전 104

<춘향전>, 청솔

치레 등을 간략히 하고 내용을 이야기체로 매끈하게 가다듬었다. 또한 깔끔한 편집, 칼라풀한 지면 구성과 정성들여 그린 삽화가 돋보인다.

작품은 "춘향이의 탄생"을 시작으로 총 11장으로 구성되어 있다. 작품 맨 뒤에서 엮은이는 춘향전의 가장 주된 내용이 "신분을 뛰어넘는 남녀간의 애틋한 사랑"이라고 하고, 평민들의 친근한 생활, 꿈과 소망이 가득 담겨 있어 많은 사람들에게 사랑받고 있다고 하였다. 너무 길지도 짧지도 않은 분량에 애틋한 사랑 이야기를 잘 살리고 예쁜 그림을 적절하게 그려넣어, 어린이책으로서의 시각성과 호흡을 잘 살린 책이라고 평가할 수 있다.

(4) 지경사의 〈춘향전〉

엮은이 이슬기, 그린이 박소영. 1996년 출판, 2000년 재판. 본문 206쪽 분량.

작품 서두가 춘향의 출생이나 태몽에 대한 서술이 없이, 이도령의 글공부와 광한루 나들이로 대한 서술로 시작된다는 점이 특징적이다. 그리고 이도령과 춘향의 사랑 장면이나 황릉묘 꿈 장면 등이 길게 서술되어 있고, 남원 농민들의 농부가를 상세하게 소개하는 등 고전의 원 내용과 표현을 가급적 살리려고 하였다. 글자가 빽빽하고 작품의 분량도 적지 않은데, 삽화에 그려진 인물은 모두 10세 안팎의 어린이들이라는 점이 묘한 대비를 이룬다.

한편 다른 작품들이 대부분 완판 84장본을 원작으로 한 것과 달리, 지경사의 <춘향전>은 유일하게 완판 33장본 <열녀춘향수절가>를 원작으로 하여 개작 편집하였다.

(5) 책동네의 〈춘향전〉

엮은이 이효성, 그린이 김윤식. 1996년 출판. 본문 53쪽 분량으로 <임경업전>과 합본되어 있다. 장르를 "고전동화"라고 하였다.

엮은이 이효성은 서문에서, "어린이 여러분은 이 고전동화에서 조선시대의 나쁜 사회를 알고, 여기에 굴하지 않는 춘향의 곧은 마음과 이 도령의 정의로움을 배우기 바랍니다."라고 하였다.

니다."

월매는 몽룡 앞에 무릎 꿇어 앉아 말문을 열었습니다. 두 사람 사이에 잠시 침묵이 흘렀습니다.

백년 가약과 이별

몽룡은 멋쩍어서 헛기침을 하며 방 안을 둘러보았습니다. 한쪽 벽에는 용과 공작의 그림이 박힌 장롱과 경대가 놓여져 있고, 다른 쪽 벽에는 유명한 화가·서예가의 그림과 글씨가 붙어 있었습니다.

그러나 몽룡의 눈앞에는 춘향의 얼굴만 아른거렸습니다.

"내가 여기에 온 것은……."

몽룡은 마음을 다부지게 먹고 월매에게 말하였습니다.

"아까 광한루에서 본 춘향이와 오늘 밤에 인연을 맺고자 찾아왔네."

"인연이라니요? 하룻저녁 도련님 품에 안아 보

* 가약 : 좋은 언약. 결혼하고자 하는 약속.

98

<춘향전>, 책동네

작품의 서두가 이도령의 광한루 나들이로 시작하며, "이도령의 나들이 - 광한루와 오작교 - 초롱에 불 밝혀라 - 백년가약과 이별 - 나타난 변사또 - 암행어사 출두"로 목차가 이어진다. 수채화로 그린 듯한 그림이 구식 스타일이다.

(6) 대일출판사의 〈춘향전〉

엮은이 권오석, 그린이 이범기. 1999년 출판. 본문 164쪽 분량.

월매와 성참판의 기자치성(祈子致誠)과 태몽, 춘향의 출생으로 시작하여 사랑 장면, 십장가, 황릉묘 꿈, 마지막에 춘향이 정렬부인이 되기까지 원작의 내용과 표현을 대부분 살리려고 하였다. 완판 84장본 <열녀춘향수절가>를 원작으로 하였다. 어른스런 말투의 문장에 인물의 성격과 대화 내용도 어른스러우며, 삽화 또한 이몽룡과 춘향이 장부와 요조숙녀로 그려져 있다는 점이 특징이다.

(7) 가정교육사의 〈춘향전〉

임구순이 엮고, 이행남이 삽화를 그렸다. 2000년도에 발행하였다. 총 214쪽의 작품 분량.

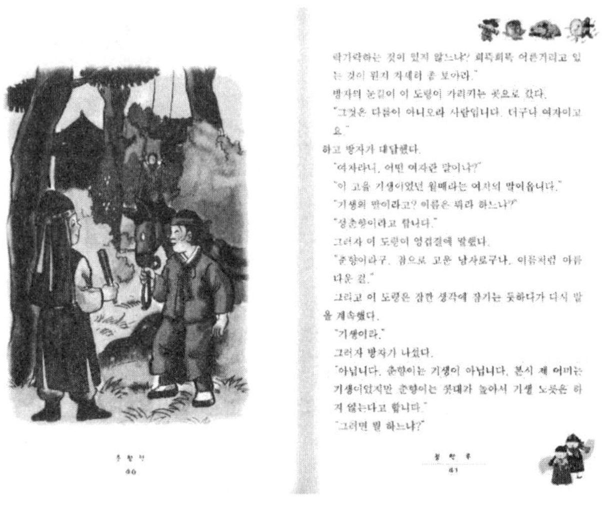
락가락하는 것이 있지 않느냐? 희끗희끗 어른거리고 있는 것이 뭔지 자세히 좀 보아라."

방자의 눈길이 이 도령이 가리키는 곳으로 갔다.

"그것은 다름이 아니오라 사람입니다. 더구나 여자이고요."

하고 방자가 대답했다.

"여자라니, 어떤 여자란 말이냐?"

"이 고을 기생이었던 월매라는 여자의 딸이옵니다."

"기생의 딸이라고? 이름은 뭐라 하느냐?"

"성춘향이라고 합니다."

그러자 이 도령이 엉겁결에 말했다.

"춘향이라구. 참으로 고운 낭자로구나. 이름처럼 아름다운 걸."

그리고 이 도령은 잠깐 생각에 잠기는 듯하다가 다시 말을 계속했다.

"기생이라."

그러자 방자가 나섰다.

"아닙니다. 춘향이는 기생이 아닙니다. 본시 제 어미는 기생이었지만 춘향이는 콧대가 높아서 기생 노릇은 하지 않는다고 합니다."

"그러면 뭘 하느냐?"

<춘향전>, 가정교육사

월매가 기자치성(祈子致誠)하여 춘향을 얻는 것으로 시작하여 춘향이 정렬부인이 되기까지의 과정을 총 19장으로 엮었다. 이도령의 광한루 나들이 장면, 춘향의 그네 뛰는 장면, 이도령과 춘향이 이별하는 부분, 변학도의 기생점고, 암행어사 출도 장면 등이 한껏 부연 묘사되었고, 이도령의 책읽는 장면이나 춘향과의 사랑 장면은 아주 간략히 서술되었다.[8)]

원작 완판 84장본 <열녀춘향수절가>의 내용, 해학과 홍한(興恨)의 정서를 최대한 살리면서 다소 작품의 양이 늘어났으나, 어린이들이 이해하기 어려운 거추장스런 표현이나 말투는 삭제하거나 쉬운 현대어로 옮겼다. 삽화가 총 93컷에 이르고, 이전 출간본과는 달리 컬러로 그려져 있어 삽화가 작품의 내용을 돋보이게 한다.

(8) 대교출판의 〈춘향전〉

김학선이 글을 짓고, 김경식이 만화를 그렸다. 1994년 초판을 찍고 1997년에 5쇄를 발행할 만큼 꾸준하게 팔린 책이다. 본문 191쪽 분량. 서문에서 저자는 <춘향전>이 가장 한국적인 소설이고 이야기가 잘 짜여져 있어서 아주 재미있게 읽을 수 있는 작품임을 강조하며, 이 책을 통해 우리 조상들의 지혜롭고 아름다운 사랑을 느껴보라고 하였다.

이 책의 특징적인 점은 글과 만화가 상보적으로 줄거리를 이어간다는 점이다. 특이한 구성방식으로 고전동화와 만화의 혼합 양식이라 할 수 있다.

작품의 서두가 이도령의 광한루 놀이로부터 시작하며, 초반을 제외하고는 대부분 완판 84장본 <열녀춘향수절가>의 내용을 따라 진행된다.

---

8) "이윽고 이도령과 춘향이는 서로 마주 앉게 되었다. 이날따라 춘향이의 얼굴이 더욱 아름답게 보였다. 꿈과 같은 날들이 지나자 춘향과 이도령은 잠시도 떨어지길 싫어했다. 이도령은 춘향의 집에서 살다시피 했다."(가정교육사, 86쪽.)

(9) 지구마을의 〈춘향전〉

하고 신신 당부를 하는 것이었다.

그 뒤 월매는 봄에 아이를 낳았는데 딸이어서, 복숭아꽃 향기를 생각하고 이름을 춘향이라 지었다.

그런데 오늘 낮 꿈에 청룡을 보았고, 지금 꿈 몽 자 용 룡 자 이름인 몽룡을 만나게 되니 이것은 분명 예삿일이 아니었다.

게다가 전에 선녀가 오얏과 짝을 붙이면 크게 번성하리라 예언을 했는데, 이(李)씨인 사또 자제 몽룡이 찾아왔으니 그야말로 입이 딱 맞아 떨어지는 게 아닌가!

월매가 낮에 꾼 꿈을 생각하고 행복에 겨워 두 사람을 지그시 바라보고 있는데, 몽룡이 춘향이에게 물었다.

"그래, 금년 나이는 몇이고, 생일은 언제인가?"

춘향이 부끄러워 차마 말을 못 하고 얼굴을 돌리니까, 월매가 또 옷자락을 잡아당겼다.

"아아니, 왜 대답을 못 하니? 나이는 갑인생 열여섯이고, 생일은 사월 초파일이라고 말씀드려려무나!"

<춘향전>, 지구마을

이종억이 옮기고, 이행남이 그림을 그렸다. 1994년에 발행되었으며, <양반전>과 합권되어 있다. 본문 177쪽 분량이다. 2000년에는 출판사만 옮겨 문공사에서 개정판을 내었다. 책의 내용은 처음부터 끝까지 똑같은 내용이고, 다만 표지 상단 좌측에 "소설만화, 한국고전"라고 써있던 부제가 "한국고전, 초등학교 고학년을 위한 필독서"로 바뀌었다.

이도령의 광한루 나들이가 맨처음에 시작되고, 이도령이 방자를 시켜 춘향이를 부르러 보내자 춘향이 이도령에게 "안수해 봉수화 해수혈(雁隨海 蝶隨花 蟹隨穴)"라는 한시구를 전하여 집으로 찾아오라는 암시를 보내는 부분은 다른 간본들에서는 찾아볼 수 없는 개성적인 점이다.

대교출판에서 펴낸 <춘향전>과 마찬가지로 글과 만화가 상보적으로 줄거리를 이어가고 있는 혼합 양식의 작품인데, 같은 내용의 것은 아니다.

3. 고전동화로서의 특징

1) 원전의 영향과 동화로서의 개성을 드러내는 방식

위 고전동화 작품들이 원전으로 한 텍스트는 대개 완판 84장본 <열녀춘향수절가>이다. 그리고 완판 33장본 <열녀춘향수절가>를 원전으로 하는 경우도 한 작품 있었다. 이렇듯 원전 텍스트로 완판 84장본 <열녀춘향수절가>가 절대적인 비중으로 선택된 이유는 이 작품이 국정 고등학교 교과서에 소개된 유일한 판본이고, 학계에서 가장 많이 연구되고 일반인들에게도 널리 소개되고 출판되었다는 점이 일차적인 이유일 것이다.

하지만 그 내용 면에서도 <열녀춘향수절가>는 가장 풍부한 판소리 사설을 간직하고 있고, 또 춘향에 대한 서술이 강화되어 있다는 점에서 나름대로 작품 내적인 선택의 이유를 갖고 있다. 완판 84장본을 원작으로 하여 개작한 고전동화의 경우, 원작과 같이 춘향의 태몽과 전생 신분을 밝히는 자세한 서술과 성 참판이라는 지체 높은 춘향 아버지를 등장시키고, 춘향의 신분상 사실상 양반으로까지 승격시키는 양상을 보여준다. 그리고 춘향은 어린 시절, 양친을 모두 모시고 유복한 생활을 하며 공부를 하며 성장한 것으로 나타난다. 춘향의 이러한 성격은 변부사의 수청 강요에 일편단심 '열(烈)'을 주장할 수 있는 합리적 근거가 된다. 이러한 점들이 고귀한 사랑을 형상화하는데 다른 텍스트들보다 적합하지 않았을까 판단된다.

한편 각 작품들은 원 텍스트의 내용에 바탕하면서도 엮은이의 의도에 따라 조금씩 변이를 보이며 동화로서의 개성을 드러낸다.

(1) 작품의 서두

작품의 서두는 퇴기 월매가 기자치성(祈子致誠)하여 태몽을 꾼 뒤 춘향을 낳아 키우는 것으로 시작되는 경우와 곧바로 이도령의 광한루 나들이로 시작되는 경우, 두 가지로 나타난다. 대부분의 작품이 전자의 경우로 시작하는데, 구체적인 묘사와 서술은 각기 다르지만 모든 작품이 춘향을 다 "하늘에서 내려온 선녀"로 묘사한다는 점에서는 일치한다. 그리고 성참판의 딸로 어려서 유복하고 정상적인 생활을 하며 학문과 여공(女工)을 익혔음을 강조한다.

이에 비해 완판 33장본을 모본으로 한 지경사의 <춘향전>은 이어사 중심의 일대기를 서술하는 계열로, 작품의 서두도 남성 주인공인 이도령 중심으로 작품을 서술한다. 하지만 원작과는 달리 뒤에서 춘향의 부친이 성참판이었음을 밝힌다. 또한 대교출판본과 지구마을본도 뒷부분의 내용은 완판 84장본을 바탕으로 한 것이지만, 서두 부분만큼은 이도령의 글공부와 광한루 나들이로 시작한다는 점이 특징이다.

(2) 이도령과 춘향의 첫만남

이도령과 춘향이 처음 만나게 되는 장면은 세 가지로 나타난다. 첫번째 광한루에서 춘향이 이도령의 요청을 못이기는 척하고 방자를 따라와 만나는 경우(지경사), 방자의 전언(傳言)을 무시하고 집으로 갔다가 다시 어미의 허락을 받고 광한루에 나와 이도령을 만나는 경우(대부분), 광한루에서 직접 만나지 않고 집으로 찾아오라는 암시를 주어 춘향 집에서 만나는 경우(지구마을), 세 가지로 나타난다. 완판 84장본의 내용과 같은 두 번째 경우가 가장 많다.

(3) 이도령과 춘향의 사랑놀음

이도령과 춘향이 백년가약을 맺고 사랑을 나누는 장면은 각 텍스트마다 가장 변이가 크게 나타난다. 사랑놀음에 대해 원작의 내용을 살려 길고 구체적으로 묘사하는 경우, 아주 간략히 서술하는 경우, 새로운 창작의 양상인 제 3의 경우로 나눠 살펴볼 수 있다. 이 부분은 작품의 내용을 인용하여 대비하여 보고자 한다.

(가) 사랑 장면을 길고 구체적으로 묘사한 경우

① 이도령은 살며시 춘향이에게 다가갔다. 그리고는 가야금을 타는 춘향이의 손을 덥석 잡았다. "소녀도 아니 오시는 줄 알고 목이 늘어나도록 기다렸습니다." "그러기에 우리는 천생연분이라고 하지 않았느냐? 내가 자라던 한양에는 정말로 많은 사람들이 있었고, 내로라 하는 아가씨들도 많았건만 너처럼 이렇게 고운 여인은 처음 본다." "소녀도 도련님처럼 멋있고 잘생긴 분은 처음이옵니다." 둘이는 마주 보면서 씽긋 웃었다. 밤은 점점 깊어갔지만 둘은 시간 가는 줄 몰랐다. "춘향아, 지금부터 사랑노래를 불러 보자꾸나. 내가 먼저 부를 터이니 너는 나를 따라 불러야 한다." "그러지요, 서방님." "만약에 못 따라 부르거나 틀리는 사람은 벌로 업어주기다." "호호호…. 그것 참 재미있네요. 그렇지만 도련님은 힘이 좋아 저를 업으신다 해도 소녀가 도련님을 어떻게 업사옵니까?" "그러니까 틀리지 않으면 되지. 자 나 먼저 한다. 사랑, 사랑, 내 사랑이야, 어화둥둥 내 사랑이야, 하늘같이 높은 사랑, 바다보다도 깊은 사랑." "시냇가 수양버들같이 축 처지고 늘어진 사랑" …… (중략) …… "호호호호…. 도련님, 제가 도련님 사랑만 있으면 그만이지 더 이상 뭐가 갖고 싶겠습니까?" 노랫소리와 웃음소리는 밤이 깊어가는 줄 몰랐다.(지경사, 38-40쪽.)

② 이제는 이도령과 춘향이만이 남게 되었습니다. 밤은 깊을 대로 깊었는지 사방은 고요하기 짝이 없었습니다. 가끔 밤새 우는 소리만이 간간이 들여올 뿐이었습니다. 이도령과 춘향이는 둘이 한 방에서 하루 이틀을 지내니 처음에는 그토록 수줍어하던 춘향이도 차차 부끄러움이 없어지고 이제는 서로 웃고 곧잘 말을 주고받기도 하였습니다. 이도령은 가끔 사랑가를 불러가면서 무던히도 춘향이를 사랑스럽게 생각하고 또 그렇게 대해 주었습니다. 사랑가는, "여봐라 춘향아, 저리 가거라, 가는 태도 보자. 이만큼 오너라 오는 태도를 보자. 방긋 웃고 아장아장 걸어라, 걷는 태도 보자 … (중략) … " 라는 노래에서부터 시작하여 끝이 없이 이어졌습니다. … (중략) … 온갖 사랑가를 다 지어 부르면서 놀 때 두 사람의 사랑은 갈수록 무르익어 가고, 깨가 쏟아질 듯한 재미를 더해가 가히 세월 가는 줄을 모르는 것 같이 보였습니다.(대일출판사, 78-82쪽.)

③ 춘향이가 비단 이불을 내려 까는 동안, 몽룡은 겉옷을 벗어 병풍에 걸쳐놓으며 말했다. "그런데 춘향아." "예?" 몽룡은 그냥 잠자리에 들기가 아쉬웠던지 춘향이를 부르더니, 춘향이의 손을 잡아끌어 거문고 위에 놓았다. "네가 거문고 타는 것을 보고 싶다. 한 곡조 타 봐라." 춘향이는 깃털 같은 손으로 여섯 줄을 고르더니, 나직한 노랫소리에 맞춰 거문고를 타기 시작하였다. 초승달도 이미 져 버린 한밤중에 거문고 소리만이 은은하게 흐르고 있었다.

춘향이와 깊은 인연을 맺게 된 뒤로, 몽룡은 아예 사랑병에 푹 빠지고 말았다. 글공부는 고사하고 만사가 다 시큰둥하여 잠시도 자리에 앉아 있지 못하였다. 머릿속에 생각나는 것은 춘향이뿐이요, 눈에 보이는 것은 춘향이 얼굴뿐이었다. 새벽에 눈뜨면서부터 마루로 뜰로 마당으로 들락날락 왔다갔다 하면서 하루 종일 밤이 되기만을 기다렸다. 어서어서 밤이 되어야만 춘향이를 만날 수 있고, 춘향이를 만나야만 사랑놀이에 시간 가는 줄 모르기 때문이었다.(지구마을/문공사, 54-56쪽.)

① (지경사 간본)과 ② (대일출판 간본)은 원작의 "사랑가"를 현대적 방식으로 되살리면서 춘향과 이도령의 구체적인 사랑놀이를 묘사하는 데 많은 지면을 사용하였고, ③ (지구마을/문공사 간본)은 사랑의 장면을 은은한 거문고 타는 장면을 암시하였고, 그뒤로 춘향이 생각에 어쩔 줄 모르는 이도령의 모습을 묘사하였다.

(나) 사랑 장면을 간략화하거나 생략한 경우

① 그리고 간단한 혼례식을 올린 후, 춘향이는 머리를 올리고 비녀를 꽂았다.(대교출판, 78쪽.)

② 이윽고 이도령과 춘향이는 서로 마주 앉게 되었다. 이날 따라 춘향이의 얼굴이 더욱 아름답게 보였다. 꿈과 같은 날들이 지나자 춘향과 이도령은 잠시도 떨어지길 싫어했다. 이도령은 춘향이 집에서 살다시피 했다.(가정교육사, 86쪽.)

① (대교출판 간본)에서는 혼례식 이후에 사랑 장면이 아예 없고, 바로 이별 장면이 이어지며, ② (가정교육사 간본)에서는 다만 "꿈과 같은 날들이 지나자"라는 서술로 사랑 장면을 대치하였고, 이외에도 계림문고 간본 역시 백년가약을 맺는 장면까지만 있고, 사랑을 나누는 부분은 아예 생략하였다.

이 작품들에서는 이도령과 춘향의 첫날밤 장면, 그리고 사랑을 나누는 이후의 시간은 어린이 독자들에게 적절하지 않다는 판단 아래 싹둑 잘라낸 것으로 보인다. 그런데 이로 인하여 앞뒤 연결이 잘 이어지지 않을 정도로 서사가 단절되고, 이는 원작의 온전한 이해를 가로막아 문제가 되지 않을까 우려된다.

(다) 새로운 창작의 양상

> ① 밤이 점차 깊어만 갔습니다. 이제 방안에는 춘향이와 도련님만이 남게 되었습니다. 갑자기 둘만 남게 되자, 사방이 더욱 고요해졌습니다. 창문을 통해 들어오는 달빛 아래 비치는 두 사람은 얼마나 잘 어울리는한 쌍인지요. 이제 춘향이 옆에는 도련님이 있고, 도련님 옆에는 춘향이가 있었습니다. 둘은 너무나 좋고 행복하였습니다. 도련님은 춘향이 손을 잡으며, "내 너를 죽을 때까지 변치 않고 사랑하리." 하고 다짐했습니다. "살아 있는 동안 이렇게 사로 가까이 있어 행복하고 우리 죽을 때도 한날 한시에 나란히 누워 죽을 수만 있다면 얼마나 좋을까?" 말없이 앉아 있던 춘향이도 도련님을 바라보는 눈길에 깊고 깊은 사랑의 말들을 담았습니다. 창밖을 내다보니 어느덧 달님은 휘엉청 밝게 떠올랐습니다.(꿈동산, 56쪽.)

꿈동산 간본은 혼례 이후에 춘향과 이도령의 사랑을 가장 구체적으로 묘사한 것이 특징이다. 이 작품은 이 인용문 뒤로도 10여 쪽이 넘게 춘향과 이도령의 깊어가는 사랑을 구체적으로 묘사하였다. 이 뒤로 이어지는 내용에는 밤이면 밤마다 찾아가는 이도령의 모습, 그리고 깊어가는 사랑을 묘사한다. 그러면서도 긴 앞날을 내다보고 지아비의 과거 공부를 부탁하는 춘향, 그리고 그 청을 받아들여 연애의 과정 중에 한편으로 글공부에 몰두하는 이도령의 모습을 새롭게 그려내고 있다.

> ② 춘향의 집에 다녀온 도련님은 그날 이후부터 정좌하고 공부에 뜻을

> 두어 힘을 쏟았습니다. 여자의 치마폭에만 빠져서 자기가 해야 할 일도 제쳐두고 또 앞으로 나가야 할 장부의 길이나 목표도 잊고 산다면 졸장부나 다름없기 때문입니다. 도련님은 그와 같은 생각을 하며, 한낱 아녀자로서 사랑만 받고자 하는데 그치지 않고 남편의 나아갈 길을 걱정해주는 춘향이의 여군자다운 성품에 다시 한 번 가슴이 찡해오는 것을 느꼈습니다.(꿈동산, 65쪽.)

아마도 이 부분은 마치 실제 부부생활을 하는 신혼부부의 모습을 연상시킨다. 그렇지만 단순히 사랑놀음에만 빠지지 않고 자신들의 앞날에 책임감을 느끼며 적극적으로 준비해가는 적극적이고 연인상을 그려낸 것이라 할 수 있다. 춘향과 이도령의 사랑을 새롭게 이해하고 서사화한 경우라 할 수 있다.

(4) 춘향의 옥중고난

춘향의 고난은 변학도 부임 이후 수청 강요로부터 시작된다. 이를 거부하는 춘향은 곤장을 맞고 옥에 갖히게 된다.

변학도의 기생점고 장면 및 변학도로부터 춘향이 수청을 강요 받는 부분은 모든 본에서 비슷한 양상과 분량으로 부연되어 있다. 하지만 곤장을 맞을 때 부르는 십장가(十杖歌), 꿈에서 황릉묘를 다녀오는 장면은 지경사, 대일출판사, 꿈동산 간본에서만 나타난다. 그외의 작품들에서는 간략히 서술되며, 거울 깨지는 꿈과 해몽 장면은 비슷한 양상으로 나타난다.

(5) 어사출도 및 결말 부분

이도령은 한양으로 올라간 뒤 과거시험에서 장원급제하고 암행어사를 제수 받고 남원으로 내려와 변부사의 생일잔치 때 어사출두하여 변부사를 징치하고 춘향과 상봉한다. 이러한 맥락은 대부분 일치하지만, 그 과정에서 화소가 부분적으로 출입(出入)이 있다.

꿈동산 간본은 유일하게 이도령이 장원급제하기까지 춘향과의 만남을 위해 굳게 마음먹고 학업에 정진하는 모습을 소상히 서술하였으며, 남원으로 내려오면서 이어사가 민심을 파악하는 과정에서 농부들의 "농부가"가 자세하게 소개되는 경우(지경사, 꿈동산)도 있었으나, 사설이 너무 장황한 까닭에 생략한 경우가 대부분이었다.

결말 부분에서도 다소 차이가 있는데, 대부분 완판 84장본과 같이 임금이 춘향을 정렬부인에 봉하고 3남2녀를 낳아 출세하는 것으로 서술하였으나(지경사, 대일출판사, 꿈동산, 계림문고, 청솔, 가정교육사), 대교출판과 지구마을 간본은 춘향과 해후하거나 춘향 가족이 서울로 떠나는 것으로 끝맺어졌다.

2) 주제적 의미와 독서 효과

각 작품들은 모두 신분의 차이를 뛰어넘어 사회적·개인적 고난을 이겨내고 고귀한 사랑을 성취한 것을 형상화하는 데 기본적인 방향을 맞추고 있다. 여기에 부수적으로 변학도의 탐학과 폭력성, 이에 맞서는 춘향의 인내와 정절, 구원자로서의 이도령의 영웅성 등이 나타난다. 이러한 점들을 얼마나 구체적이고 사실적으로 묘사하였는지의 여부에 따라 사회적 성격과 현실성이 드러난다.

고귀한 사랑의 성취를 형상화함에도 사랑의 과정을 묘사하는 데에서 작품마다 차이가 대별되는 것을 확인할 수 있었다. 간단한 혼례식을 치른 뒤 바로 이별로 이어지는 작품이 있는가 하면, 사랑가와 사랑놀음 등이 구체적으로 묘사, 서술되는 작품도 있었다. 이 부분은 고전동화 <춘향전>에서 가장 미묘한 부분이 아닌가 한다.

일반적으로 초등학교 어린이들이 독서물을 통해 얻게 되는 익숙한 사랑 이야기 구조는 남녀 주인공들이 온갖 어려운 과정을 이겨내고 사랑을 이루기까지의 과정이다. 그 이후의 과정은 사실상 어린 독자들의 인식과 상상력 밖에 거하는 문제로, 청소년이나 성인 독서물에서 다루는 것으로 이해되어 왔다.

이 점에서 볼 때 원작과 같이 사춘기 시기의 주인공들이 뜨거운 성애(性愛)를 나누며 사랑을 심화시켜나가는 과정은 어린이 독자들에게 적절하지 않거나 이해하기가 쉽지 않을 것으로 판단해온 것이 사실이 아닌가 한다. 하지만 분명한 것은 이로 인하여 일부 작품에서처럼 춘향과 이도령이 백년가약을 맺자마자 곧바로 이별로 이어진다는 식으로 이야기를 개작하는 방식은 서사 전개상 너무 단절적이며 무리가 따른다는 점이다. 오히려 원작의 성격상 나름대로 사랑의 전개과정과 현실성을 보여주는 과정이 필요하지 않을까 생각한다. 초등학교 고학년이라면 인생에서 사랑이라는 것이 무엇인지, 어떠한 사랑이 진실된 것인지 나름대로 고민하고 꿈꾸는 과정이 시작되며, 또 그만한 문학 해석 능력을 배워가는 시점에 있다고 할 수 있다. 그렇다면 오히려 꿈동산 간본에서 미래를 준비하기 위하여 과거공부를 하면서 틈틈이 만난다는 식이나 원작 <춘향전>에서처럼 사랑의 구체적인 진전 과정을 자연스럽게 보여주고 꿈꿀 수 있도록 텍스트를 만드는 것이 어린이들의 독서 체험에도 도움을 줄 수 있지 않을까 생각한다.

한편 이러한 춘향과 이도령의 사랑에 초점을 맞춘 주제적 의미와 다른 축으로 방자와 월매, 남원 민중들의 생동하는 민중적 성격, 그리고 해학과 풍자, 홍한의 미학이 작품마다 적지 않은 차이를 보인다.

사랑의 성취에만 초점을 맞춰 노래, 묘사, 말놀이 및 재담 등의 서정적 요소나 해학적 요소를 대부분 삭제하고 서사전개를 급박히 하는 경우에는 이야기는 명료하게 전달되겠지만 판소리계 문학으로서의 해학과 풍자, 민중적 정서가 제대로 전달되지 못하는 단점이 있다. 한편 원작의 해학과 풍자, 민중적 정서를 살리려고 각종 고사와 이도령의 책 읽는 대목, 사랑가, 농부가 등을 지나치게 부연할 경우 이야기가 길게 늘어지면서 어린이들이 소화하기 힘든 경우가 발생한다. 이 부분도 원작 <춘향전>을 고전동화로 개작할 때 가장 난제로 떠오르며 이를 잘 해결하고 소화하는 능력이 동화작가에게 필요한 것으로 보인다.

3) 엮은이와 그린이, 출판사 편집부의 역할

엮은이는 허순봉, 이종억, 김학선, 이석인, 김영춘, 초록글연구회, 이슬기, 이효성, 권오석, 임구순 등이 있다. 이들 중에서 허순봉, 김학선, 이슬기는 동화 전문작가이며, 그외에 이종억은 소설가, 김영춘은 시인이자 교사이며, 권오석은 각종 아동문학서를 엮어낸 전문작가이다. 이석인, 이효성은 약력을 확인할 수 없었다. 이 중에서 주목되는 작가는 초록글연구회이다. 이 연구회는 동화작가, 어린이책 편집자, 글쓰기 지도교사 등이 모여 공동으로 어린이 도서를 기획 집필하는 모임으로, <춘향전> 이외에 <심청전>, <흥부와 놀부> 등 이 연구회가 엮어낸 작품들을 보면 고전소설 원작을 어린이들의 눈높이에 맞게 적절한 문장을 선택하고 이야기를 새롭게 가다듬는 면이 다른 출판사들의 작품들과 확연히 대비된다. 고전 원작에 대한 깊이 있는 이해와 동화에 대한 감각이 고전동화의 질을 좌우할 것이다.

그리고 동화의 내용 못지 않게 중요한 것이 그림이다. 동화나 어린이 독서물의 경우 이제 그림이 책의 가치를 절반 이상 좌우한다고 해도 과언이 아니다. 그런데 지금까지 대부분의 경우 그림작가는 이름조차 제대로 소개되지 않는 경우가 허다하였다. 그만큼 어린이 독서물 일반이나 <춘향전>에서 그림 및 그림작가의 비중이나 영향에 대한 평가가 미미하였던 것이다. 작품의 내용과 정서를 잘 이해하고 정성 들여 그린 그림이야말로 어린이들에게 고전 <춘향전>을 친근하게 접하고 작품을 잘 이해할 수 있는 열쇠가 될 것이다. 그런 점에서 지금까지 <춘향전> 동화의 그림작가 중 가장 주목되는 이는 청솔의 <춘향전>의 그림을 담당한 신영은이다. 전문 그림작가의 이름에 걸맞게 그의 삽화는 서사를 적극적으로 해석하여 그에 꼭 맞거나 이야기의 빈 틈을 채워주는 면모를 보여준다.

또한 중요한 것이 편집 및 편집부의 역할이다. 고전 작품을 동화로 기획 출판할 때 작가를 섭외하는 안목과 정성, 책 제작에 대한 적절한 투자가 고전동화 출판물의 가치를 좌우할 것이다. 초등학교 어린이용이므로 아이들이 흥미를 가지고 중간에 덮지 않고 읽을 수 있을 정도로 내용과 분량을 조절하고, 산뜻하게 편집을 하는 것이 필요하다. 사실 어린이 독서물로서 200쪽 가까운 분량은 어린이들이 즐기기엔 너무 부담스러운 분량이 아닐까 싶다. 단순히 글자만 빽빽한 책이 아니고, 또 너무 길게 않은 분량으로 이야기를 재미있게 이끌어갈 수 있도록 편집하는 것이 의외로 중요하다.

4. 미학적 원천으로서의 <춘향전> - 결론을 대신하여

고전동화 및 전래동화는 전래하는 민족적 서사를 어린이 정서에 맞게 현대적으로 개작한 것으로 어린이들에게 훌륭한 예술적 가치와 교훈적 가치를 제공한다. 또한 고전동화 및 전래동화는 어린이들로 하여금 민족 특유의 감수성이나 논리적으로 포착되지 않는 민족의 원형적 사고를 터득하는 독서체험을 제공한다. 이 점에서 <춘향전>은 어린이들에게 우리 민족 고유의 독특한 미학적 원천과 감동을 제공할 수 있을 것이다.

한편 어린이들에게 많이 읽히는 대부분의 동화들이 초현실적이거나 환타지적인 성격을 띠고 있음에 반해 <춘향전>은 사회적·현실적 성격이 강한 편이다. 또한 <춘향전>에는 일반적인 동화들과는 달리 주인공들의 사회적·개인적 고난이 강조되어 있고, 성애적 사랑이 노출되어 있다. 이 점은 <춘향전>이 어린이들에게 쉽게 다가서기 힘들 것이라는 선입견을 갖게 하기 충분하며, 이로 말미암아 <춘향전>이 어린이 독서물로는 적절하지 못하다고 판단할 수도 있다.

하지만 어쩌면 이러한 생각은 편견일 수 있다. 어린이들의 독서체험을 유아적이며 환타지 일변도로만 이해하고 그런 방향으로만 유도하는 것은 그야말로 선입견일 수 있고, 바람직하지도 않다는 것이 필자의 생각이다. 인생의 보편적 경험과 진리에 대한 반응은 단순히 나이의 많고 적음에 따라 달라지는 것이 아님을 생각할 때 초등학교 고학년 정도라면 <춘향전>이 보유하고 있는 인생 및 사회적 경험과 진리는 그렇게 낯설거나 이해하기 어려운 것만이 아닐 수도 있다. 그 점에서 사랑의 과정과 고난의 성격을 생략하거나 지나치게 단순하게 해석하는 것만이 능사가 아니라는 점을 환기하고 싶다.

이와 연관하여 초등학교 국어교과서에 어떠한 전래동화(고전동화) 작품들이 수록되었는지 살펴보고자 한다. 1차부터 6차 교육과정기까지 초등학교 국어교과서에 수록된 동화를 누계하였을 때 2회 이상 수록된 작품은 모두 56편이다. 이중 우리의 고소설을 동화로 바꾸어 수록한 <흥부와 놀부>, <심청전>이 6번 모두 실렸고, <별주부전>도 5회나 실린 점이 주목된다[9].

이에 비해 <춘향전>은 한 번도 소개되지 않았으며, 고등학교 고학년 과정에 가서야 부분적으로 한 번 실린다는 점이 대비된다[10].

초등학교 교과서에 실린 <심청전>, <홍부전>, <토끼전> 등 고전동화들의 대부분은 초현실적이고 낭만적인 성격이 강하다. 이에 비해 <춘향전>은 구체적이고 높은 사회적 성격을 띠고 있으면서도 고난을 극복하여 아름다운 사랑을 성취한다는 낭만적인 내용을 아우르고 있다. 이 점은 어린이들에게 새로운 독서체험 및 교육적 효과를 줄 수 있을 것이다.

또한 교과서 수록 문제와는 별도로 출판계 역시 역량 있는 작가의 선택, 그리고 좀더 참신한 편집, 각 연령대에 맞는 텍스트의 구성과 그림을 통하여 수준 높은 고전동화를 출간하는 노력이 필요할 것으로 보인다.

마지막으로 <춘향전>의 이본이 120여 종이나 되는데 거의 모든 작품들이 완판 84장본만을 저본으로 한다는 점도 문제점이라 하지 않을 수 없다. 학계와 교육계, 출판계가 협의하여 텍스트에 대한 좀더 충분한 이해를 바탕으로 민족의 고전 <춘향전>을 어린이 독자들에게 풍부하게 살리는 방안을 강구하였으면 한다.

---

9) 임임자, 「초등학교 국어교과서에 수록된 동화 연구」, 연세대 교육대학원 석사학위논문, 1998, 71-72쪽.

10) 이들 텍스트 역시 모두 완판 84장본 <열녀춘향수절가>이며, 발췌부분은 "과거시험 - 춘향과의 옥중상봉"대목(1차-4차)과 "본관사또의 생일잔치"대목(5차 - 7차)이다. 김진희, 「춘향전의 현대적 변용과 교육적 활용 방안 연구」, 연세대 교육대학원 석사학위논문, 2002. 12, 30쪽.

이광수 <일설 춘향전>의 특성 연구

최재우

1. 문제제기

춘향전[1]은 더 말이 필요 없는 우리 고전 중의 고전이다. 고전일 뿐만 아니라 오랜 시간 동안 다양한 이본으로 재생산되고 있는 대표적인 작품이기도 하다. 그 결과 80여 종의 소설을 필두로, 판소리 사설, 창극본, 시나리오, 마당놀이 대본, 희곡, 시, 뮤지컬 대본, 오페라 가사, 만화 등등 100여 편을 상회하는 다양한 장르군을 이루었다. 오랜 기간동안 다양한 장르로 재생산될 수 있었던 이유는, 그 기층에 한민족 정체성의 토대가 되는 단군신화의 원형성이 자리잡고 있기 때문일 것이다.[2]

1) 여기서 춘향전은 어떤 특정 작품을 지칭하는 것이 아니라, 이본군의 총칭이라고 할 수 있다. 특정 작품을 지칭하는 경우에는 『춘향전』으로 표시한다.

2) 설성경, 『춘향전의 통시적 연구』, 서광학술자료사, 1994. 12.

우리 문학사에 있어서 20세기 초는 역사적 절지점으로까지 평가될 만큼 고전과 근대의 편차가 심하게 요동치고 있던 시기였다. 이런 시기에 근대 문학의 선구에 서있던 춘원에 의해 '춘향전'이 20세기적 양상으로 재생산되었는데, 그것이 다름 아닌 『일설 춘향전』[3]이다. 이 작품은 더 말할 것도 없이 고전 춘향전을 패러디[4]한 작품이다.

문학 작품이 시대의 흐름 속에서 창작된다는 것은 부언을 요하지 않는다. 특정한 목적을 가지고 전시대의 작품을 그대로 전사하는 경우는 전혀 별개의 문제이지만, 이미 존재하는 이전 시기의 작품을 모본으로 삼는 경우에도 새로이 개작되는 시대의 특성이 온전히 드러나기 마련이다. 그것은 큰 틀에서 본다면 시대의 특성이거니와, 시대의 제약을 받은 작가의 특성으로 이해할 수도 있다.

춘원은 『일설 춘향전』 이전에도 고전 작품을 패러디한 소설을 몇 편 남겨 놓았는데, 당연한 말이지만 그 작품들에는 춘원의 특징적 면모가 잘 드러나 있다.[5] 『일설 춘향전』은 춘원의 많은 소설들이 그렇듯이 신문 연재 소설[6]인데, 자신의 의도에 의해 소제목을 약간 바꾸기는 했지만[7], 우리에게 익숙한

3) 이광수전집에 있는 제목을 그대로 따른다. 동아일보에 연재되던 당시의 제목은 '춘향'이지만, 연재 당시의 제목보다는 단행본으로 발행하면서 붙인 『일설 춘향전』이라는 이름이 연구자들에게 더 보편적으로 사용되고 있기 때문이다.

4) 패러디란 작가가 특정한 의도를 가지고 전시대의 작품을 차용하는 경우를 말하지만, 본고에서는 넓은 의미로 사용되는 패러디, 즉 이미 존재하는 작품을 차용해서 개작하는 행위 전반을 지칭하는 개념으로 사용하고자 한다.

5) 필자는 춘원의 『허생전』을 통해 춘원의 특성을 구체적으로 살펴 본 바 있다. 최재우, 「이광수 『허생전』의 형상화 특성에 대하여」, 『한국 근대문학과 일본』(소명출판, 2003. 8) 참조.

6) 1925년 9월 28일 『再生』이 218회의 장편으로 끝나고 난 뒤, 1925년 9월 30일부터 1926년 1월 3일까지 하루도 쉬지 않고 96회가 동아일보에 연재되었다.

7) 동아일보에 연재된 소제목은 다음과 같다. '연분 1-13/ 첫날밤 1/ 사랑 2-16/ 리별 1-9/ 상사 1-5/ 수절 1-21/ 어사 1-22/ 출도 1-10'.

춘향전의 스토리 라인을 거의 그대로 따르고 있다. 춘원의 또 다른 패러디 작품인 「가실」이나 『허생전』 등도 기존 작품의 흐름에서 크게 벗어나 있지 않기는 마찬가지이다.8)

물론 『일설 춘향전』은 춘원의 의도 이외에 동아일보사의 요구에 부응한 측면이 있으므로 여타의 패러디 작품과는 다른 부분이 있다고 할 수 있다.9) 동아일보에 실려 있는 '소설예고'를 보면, '춘향전'과 '심청전'을 '국민문학'의 대표로 꼽으면서 그때까지 남아있는 작품들이 "부르는 광대를 따라 사설이 다르고 심지어 인물의 성격조차 다르고 더구나 시속의 낮은 취미에 맞게 하느라고 야비한 재담과 육담패설을 많이 섞어 금보다도 모래가 많아지게 되었다."고 하면서 상금 '일 천 원'을 걸고 작품을 모집했으나, 적당한 작품을 찾을 수 없어서 춘원에게 의뢰했다고 되어 있다. 그러므로 『일설 춘향전』이 온전히 춘원의 창작 의도에 의해 만들어진 작품이라고 보기는 어려운 측면이 있다. 그러나 음담이나 비속적인 내용이 적어졌다는 점 이외에는 동

---

8) 춘원이 패러디라는 기법을 사용하는 경우는 기존 작품의 큰 흐름을 벗어나지 않는 범위 내에서 디테일의 변화를 통해 작품의 맛을 많이 바꾸는 쪽이라고 할 수 있다. 서두를 발화로 시작한다거나 구어체 대화의 확장 등과 같은 근대적 기법을 사용해 자신이 하고 싶은 내용을 끼워 넣는 느낌을 준다고 할 수 있다.

9) 연재되기 6일 전인 1925년 9월 24일 '소설예고'에는 다음과 같은 내용이 있다. "춘향전은 심청전과 아울러 조선국민문학의 대표를 이룬 것이다. … 중략 … 춘향전은 정절을 중심으로 한 것으로 귀족계급으로부터 초동목수에 이르기까지 이 이야기를 모르는 이가 없고 이 이야기 중에 한두 구절을 부르지 않는 사람이 없다. … 중략 … 그러나 불행히 춘향전 심청전은 아직도 민요의 시대를 벗지 못하여 부르는 광대를 따라 사설이 다르고 심지어 인물의 성격조차 다르고 더구나 시속의 낮은 취미에 맞게 하느라고 야비한 재담과 육담패설을 많이 섞어 금보다도 모래가 많아지게 되었다. … 중략 …이 때문에 본사에서는 일 천 원의 상금(그리 많은 것은 아니나)을 걸고 우선 춘향전의 개작을 모집하였더니 수 십 편이나 되는 힘들인 원고를 얻었으나 불행히 국민문학으로 추천할 만한 것이 없음으로 응모하신 여러분께는 심히 미안한 일이나 춘원 이광수씨에게 청하여 춘향전을 쓰기로 하였다. …하략… "(띄어쓰기, 철자법은 인용자)

아일보사의 개입을 확인하기는 어렵다.[10)]

동아일보사의 부탁을 받은 춘원은 그 당시에 유행하던 많은 춘향전 이본들을 읽은 것으로 보인다. 작품 말미에 직접 적시하고 있는 "이때부터 팔도 광대들이 춘향의 정절을 노래지어 수백년 래로 불러오더니 후세에 춘향의 동포 중에 춘원이라는 사람이 이 노래를 모아서 만고 열녀 춘향의 사적을 적은 것이 이 책이다"[11)]라는 언급이 일차적인 증거자료라고 하겠다.[12)]

『일설 춘향전』은 '모았다'고 한 작가의 언급이 무색하지 않을 정도로 다양한 화소들이 종합적으로 드러나 있다. 따라서 어떤 부분이 기존의 어느 이본으로부터 왔는가를 살피는 것은 이 작품의 성격을 드러내기 위한 최소한의 작업이 될 것이다. 춘원 정도의 작가가 모았다고 언급하고 있다고 해서 짜깁기 수준의 작품을 만들었으리라고는 생각하기 어렵다. 당연히 춘원이 독특하게 창조해 낸 화소도 들어있고, 같은 줄거리나 화소라 하더라도 춘원적으로 변개된 부분이 들어 있다. 거기에는 춘원에게 내면화되어 있던 근대적 기법이 저변에 자리잡고 있다. 본고에서는 『일설 춘향전』이 지니고 있는 이본의 성격과 형상화 특성에 주목한다.

---

10) 그 당시 춘원의 작가적 위치로 보아 동아일보사가 많은 부분에 개입했으리라고는 생각하기 어렵다. 음담이나 비속어와 관련된 큰 틀을 제시하는 수준에서 주문을 끝냈을 것이라고 보는 것이 무난할 것이다.

11) 『이광수전집 3』, 삼중당, 1962. 6, 369쪽. 이후의 인용은 이 책을 따른다.

12) 물론 작가의 말을 액면 그대로 신뢰하기는 어렵다. 그러나 뒤의 상론을 통해 『일설 춘향전』이 여러 이본들과 밀접한 상관관계에 놓여 있다는 점이 구체적으로 증명될 것이다.

2. 이본적 성격 탐색

한 작품이 이미 존재하고 있는 작품 혹은 작품군의 영향 속에 만들어졌다면, 그 영향 수수관계를 살피는 작업은 재생산된 작품의 성격을 파악하는데 아주 긴요할 것이다. 모본 혹은 모본군의 성격에 따라 후대본의 성격도 상당 부분 결정될 가능성이 높기 때문이다. 그렇지만 작품의 영향 관계를 살피는 작업은 생각하는 것보다 간단치가 않다. 어떤 한 작품으로부터 직접 영향을 받아서 지어진 것이라면 일대일의 비교를 통해 다양한 결과를 도출할 수 있겠지만, 특정한 작품이 아닌 여러 본과의 상관관계를 고려하지 않으면 안 되는 경우에는 만만찮은 작업이 된다. 대표화소에 보이는 영향관계와 구체화소[13]가 갖는 영향관계가 완전히 다른 경우가 있을 수 있고, 대표화소나 구체화소가 같은 이본의 영향을 받았다고 보이더라도 전반이나 후반과 같이 부분에 따라 각각 다른 이본의 영향을 상정해 볼 수도 있기 때문이다.

이런 난점을 피하기 위해 '한 가지 가설'을 세워 『일설 춘향전』과 상관관계에 있는 이본을 규명하는 작업의 방편으로 삼고자 한다. 이 가설이란 춘원이 보았을 가능성이 있는 이본을 시대의 흐름 속에서 상정해 보고, 상정된 이본을 중심으로 『일설 춘향전』을 대비함으로써 좀더 효율적으로 이본적 성격을 밝히고자 하는 것이다. 이본의 성격을 살피기 위해서는 되도록 많은 이본을 대조하는 것이 가장 중요한 일임은 새삼 되새길 필요도 없는 일이지만, 수많은 이본을 거느리고 있는 '춘향전'이고 보니 자칫 방만한 작업 속에 대조작업이 효과적이지 못할 수도 있겠다는 우려가 적지 않다.

---

13) 이본 계열을 규정할 정도로 작품의 핵심 뼈대를 이루는 화소를 '대표화소'라 하고, 핵심적인 기능은 아니지만 작품의 살이 되어 주는 화소를 '구체화소'라고 부른다. 기왕의 '결합모티프'와 '자유모티프'의 관계와 유사하다고 이해할 수 있다.

이런 와중에 춘원이 언급한 "춘원이라는 사람이 이 노래를 모아서 춘향의 사적을 적은 것이 이 책"이라고 한 대목은 가설을 세워 작업할 수 있는 가능성을 열어 준다. 춘원이 모든 이본을 보았을 리는 만무하고, 그 상황을 고려해서 조건을 충족시킬 수 있는 이본을 찾는다면, 효율적이면서도 만족한 결과를 얻을 수도 있을 것이다.

따라서 본고에서는 춘원이 언급한 그 노래가 무엇인가 하는 점을 우선 고려하고자 한다. 자의적으로 모본을 제한함으로써 놓칠 수 있는 부분이 있을 수 있고, 실제로 그런 부분이 있다면 그것은 치명적인 결함이 될 수 있음에도 불구하고, 이러한 가설을 통해 작업을 진행하는 것은 그 당시 춘원의 상황을 고려할 때 충분히 그럴 수 있다는 점과 보다 효율적인 논의를 가능하게 하기 위해서이다.

우선 생각해야 하는 것은 1920년대에 존재하고 있던, 그러면서 춘원이 직접 읽을 수 있었던 작품은 무엇이었을까 하는 점이다. 춘원과 동시대에 간행되어 많은 인기를 얻은 작품일수록, 또 춘원과 밀접한 연관을 가지고 있던 사람의 작품일수록 춘원의 독서 가능성은 더 높아질 것이다. 이 두 가지 조건을 고려하면, 우선 『옥중화』와 『고본 춘향전』이 떠오른다.[14)]

『옥중화』는 1912년 보급서관에서 활자본으로 출간되었고, 『고본 춘향전』은 육당의 작품으로 1913년에 간행된 작품이다. 『옥중화』는 출간된 후 인기

---

14) 『옥중화』는 박기홍 창본 「춘향가」, 신재효의 「남창 춘향가」. 장자백창본 「춘향가」 등의 영향 속에, 『고본 춘향전』은 『남원고사』의 영향 속에 있는 이본이다. 특히 『고본 춘향전』은 같은 계열본인 『경판 35장본 춘향전』과는 유사한 구성을 취하고 있다. 따라서 모본이나 계열본과의 검토가 필수적이다. 그러나 본고에서는 모본이라고 인정되는 대표본이나 유사본의 검토에 그친다. 그 이외의 계열본을 검토하지 못한 것은 본고의 부담으로 안는다. 『옥중화』의 모본에 관한 연구는 다음 논문 참조. 김종철, 「<옥중화> 연구(1) - 이해조 개작에 대한 재론 -」, 『관악어문연구』 20, 서울대 국문과, 1995. 김현양, 「<옥중화>의 계보」, 『동방고전문학연구』 1, 동방고전문학회, 1999.

의 여세를 몰아 여러 출판사에서 유사작품이 쏟아졌을 만큼[15] 당시의 영향력을 인정할 수 있고, 『고본 춘향전』의 작가 육당은 춘원과 뗄 수 없는 관계에 놓여 있는 인물이므로, 이 작품을 춘원이 보았을 가능성은 다른 어떤 이본보다 높다고 할 수 있다. 육당과 춘원은 우리 문학사에서 '이인문단시대'라고 하는 한 시대를 풍미한 주역이기도 하거니와, 육당이 주재한 『소년』과 같은 잡지를 통해 긴밀한 협력관계를 유지했던 사이이다. 물론 그 후 두 사람 사이에는 애국자와 변절자라는 엄청난 차이가 생기지만, 일단 영향 관계라는 면에 국한시켜 본다면, 따로 말이 필요 없을 정도라고 하겠다.

『일설 춘향전』에 보이는 시조는 두 사람의 관계를 상징적으로 보여주는 좋은 예라고 할 수 있다. '시조부흥운동'이 일어나던 1920년대 두 사람의 위상은 많은 차이를 보이고 있었지만, 시조부흥의 기치가 되었던 국민문학운동의 주요 역할을 맡고 있었다는 점에서 여전히 두 사람 간의 영향 수수를 확인할 수 있다. 『일설 춘향전』에 보이는 시조는 그 관심이 소설작품에 직접 드러나게 되었다고 볼 수 있다.

1) 화소단락

여기서는 『일설 춘향전』의 성격을 이본과의 대비를 통해 확인하고자 한다.

---

15) 1913년 『선한문춘향전(鮮漢文春香傳)』, 『증수춘향전(增修春香傳)』을 내놓았고, 그 후 1914년 『증상연예옥중가인(增像演藝獄中佳人)』, 『연정(演訂)옥중화』, 1915년에는 『특별무쌍춘향전(特別無雙春香傳)』, 1916년 『특정신간옥중가화(特正新刊獄中佳花)』, 1917년 『언문춘향전(諺文春香傳)』, 『만고열녀 일선문춘향전(萬古烈女 日鮮文春香傳)』, 1918년에는 『옥중가화』, 1920년에는 『옥중화 춘향전』, 1921년에는 『언문춘향전』, 1922년에는 『고대소설 옥중가인』, 1925년에는 『만고열녀 옥중화』, 『만고열녀 춘향전』, 『절대가인 성춘향전』, 『절대가인』, 1932년에 『만고열녀 도상옥중화』, 1935년에 『만고열녀 특별무쌍춘향전』, 『옥중가인』, 1942년 『국어대역 연정춘향가』 등이 그것이다. 설성경, 『춘향전의 통시적 연구』, 서광학술자료사, 1994 참조.

그를 위해 우선 화소단락을 나누고, 대표화소와 구체화소로 나누어 언급하면서 『옥중화』와 『고본 춘향전』을 중심으로 한 기존 이본과의 영향관계를 살펴보고자 한다. 이외의 이본은 모본의 성격을 갖는 작품이나 중요성이 인정되는 이본에 한정해서 검토한다.

『일설 춘향전』을 화소단락으로 나누어 보면 다음과 같다.[16)]

<緣分>

(1) 이도령과 방자의 대화 - 경치 구경 안내 요구

(2) 광한루 행차 - 행차 준비, 이도령 차림새, 행차 노정

(3) 춘향과의 만남 - 광한루 도착(방자의 광한루 경개 설명, 술자리), 춘향 발견(이도령과 방자 춘향 확인 대화), 춘향 초대(방자의 거절과 이도령의 촉구), 방자의 전언(춘향과의 대화 : 낙상 모티프)

(4) 춘향의 반응 - 거절 후 귀가, 방자의 보고(춘향의 반응 전달), 방자의 춘향집 방문(이도령 편지 전달, 춘향과의 언쟁), 월매의 중재(월매의 태몽 설명 : 이화・도화 이야기), 춘향의 답장

(5) 방자의 보고 - 이도령과 하인과의 대화(방자 모습 확인), 방자의 보고(춘향의 편지 전달)

(6) 이도령 귀가

16 < >의 형식적인 단락 구분은 이광수 전집을 따랐다.(신문 연재 당시의 단락은 각주 3번 참조) ( )의 번호는 보다 큰 흐름 속에서 『일설 춘향전』을 읽어낼 수 있다고 생각되는 지점을 나누어 본 것이고, ‘ - ’로 뒤에 붙어 있는 내용은 보다 구체적인 화소를 보인 것이다.

<사랑>

(7) 이도령의 책방 모습 - 이부사와 낭청의 대화(이도령에게 초 두 자루 내림)

(8) 춘향집 방문 - 도정(이도령과 방자의 대화), 춘향집 당도(방자와 월매의 대화), 이도령과 춘향의 대화(생일 확인)

(9) 사랑 장면 - 월매에게 춘향과의 청혼, 월매의 약정서 요구, 사랑 모습(춘향의 권주가, 이도령의 권주가, 춘향과 이도령의 옷벗기 대화)

(10) 계속되는 사랑놀이 - 이도령 귀가와 방문 반복(춘향방에서 책읽기 - 이부사의 시험 대비, 춘향의 거문고 연주 - 책 외우기 시도, 연주에 맞춘 이도령의 천자풀이, 사랑놀이 - 이도령의 만고영웅・호걸・충신・절사 풀이, 수수께끼놀이, 춤, 사랑가)

<離別>

(11) 시간 경과 - 일년 후 이부사의 내직 발령

(12) 춘향과의 이별 - 춘향집 방문(춘향, 월매와 대화: 한탄과 위로), 신물(信物) 교환, 서로의 머리 얹어주기, 춘향의 슬픔(기물 흩어버림), 이별주 마심

(13) 이도령의 상경 - 이도령의 귀가 후 상경 준비, 오류정에서의 이별, 방자의 대부인 재촉 통고, 이도령의 떠나는 모습

(14) 월매와 춘향의 대화 - 이도령을 둘러싼 갈등

<相思>

(15) 춘향 상사의 나날 - 이도령의 편지 도착, 월매의 불평과 춘향의 답장

(16) 춘향에 대한 세간의 행위 - 춘향을 넘보는 자들의 행태

(17) 춘향의 탄식

<守節>

(18) 변학도 도임 소개 - 일년간 중간 부사 이배 후, 신연 관속 현신과 몰아침(방자와 춘향 찾기 문답), 도임 노정(행차의 모습과 노정기), 도임(관속 현신, 춘향에 대한 문답), 기생점고

(19) 춘향 대령 분부 - 김번수, 이번수 파견, 춘향 환대(술, 돈 대접), 다른 사령 파견(박패두, 최패두), 춘향 대령

(20) 수청 분부와 거절 - 변부사와 춘향, 변부사와 정낭청의 문답, 곤장 명령(십장가), 춘향 하옥(월매의 통곡)

(21) 왈짜들의 모습 - 왈짜들의 춘향 구완(덮을 것, 미음, 약 제공), 옥 앞에서의 왈짜패들의 행위(술판, 투전, 골패, 바둑, 장기, 싸움 등등)

(22) 춘향의 모습 - 춘향의 한탄과 월매의 옥바라지, 춘향의 꿈(황능묘 방문), 춘향의 편지 발송

<御史>

(23) 이몽룡의 상황 서술

(24) 과거급제 - 알성시 장원, 전라어사 특차

(25) 어사 발행 - 어사 차림새 묘사, 노정기(삼배도), 농부들과 대화 1(고을원 정치 탐문, 아이들의 기롱), 절에서 유숙(소년선비들과 글내기), 가짜 춘향 묘 앞 통곡(강좌수 딸의 초분 앞), 만복사 도착(월매 불공 장면, 노승의 불공 : 이도령 과거 급제 발원), 방자와 만남(춘향의 편지 받음), 농부들 모습(모내기 : 상사가), 농부와 대화 2(소에 대한 언어유희, 고을원 탐문), 노중 술집에서 수작(사람들의 불만 : 고을원의 수탈,

계집질, 춘향이야기, 이도령 흉 등)

(26) 남원입성 - 경치 감회, 춘향집 당도(춘향집 묘사, 월매의 기원 소리 들음)

(27) 어사와 월매의 만남 - 월매의 한탄, 상단의 저녁 대접, 어사와 월매의 대화(잠 잘 곳 부탁과 월매의 거절)

(28) 춘향의 옥중 꿈과 해몽 - 김판수의 음란에 대한 징계 화소 포함

(29) 이어사의 옥 방문 - 이어사와 춘향 만남, 춘향의 당부(월매와 어사에게 자신의 바람 전달), 어사의 춘향 위로, 일행 귀가, 어사가 다시 와서 목숨 보존 부탁, 어사 월매의 잠잘 곳 대화

(30) 객사공청 묘사 - 객사 거지들의 모습

<출도>

(31) 남원 읍내 간략 서술

(32) 생일 잔치 모습

(33) 어사의 입장 - 앞문으로 실패하고 뒷문으로 들어감, 운봉영장의 지인지감

(34) 생일 잔치에서의 어사 행위 - 상좌 차지, 상요구, 상얻기, 권주가 요구, 술음식 먹기, 동기에게 담배 요구, 방귀, 본관의 치부 대화 등등.

(35) 금준미주시 - 어사의 자원 작시

(36) 암행어사 출도 - 어사 출도 후의 잔치판 모습, 변부사 봉고 파직, 공사처결

(37) 춘향과의 재회 - 춘향 대령, 춘향 혼절, 기생들의 칼 벗기기, 춘향 구완하기, 이도령의 거짓 수청 분부와 춘향의 거절, 춘향에게 옥지환 건넴(행수기생을 통한 전달)

(38) 월매의 동정 - 집에서 한탄, 월매의 기뻐하는 모습

(39) 춘향 귀가

(40) 이도령의 모습 - 미결공사 처리, 춘향집 방문, 춘향 위로

(41) 춘향 상경 - 월매와 함께 상경

(42) 이어사 상경 후 행위 - 임금에 복명, 춘향 정절 주달, 정렬부인 직첩, 부모에게 고하고 부인으로 맞이함

(43) 후일담 - 육경상공, 삼형제, 내외손 번성

(44) 창작담

화소단락을 보면 우선 『일설 춘향전』의 몇 가지 독특한 면들이 드러난다. 무엇보다 처음과 끝에 배치되어 있는 부분이 눈에 띈다. '남원고사계'가 이도령의 소개로부터 작품이 시작되고, '완판계'는 춘향 관련 화소가 서두에 배치되어 있고 보면, 고소설에서뿐만 아니라 20년대 소설에서도 그다지 익숙하지 않은, 발화로 시작하는 서두는 『일설 춘향전』의 한 특성으로 꼽기에 주저할 것이 없어 보인다. 또 마지막의 창작 과정을 요약적으로 제시하고 있는 작가 서술은, 『일설 춘향전』이라는 작품의 특성을 보여준다기보다는 춘원의 특성이라고 해야 더 적절하겠지만, 여기서는 우선 작품의 구성상 독특하다는 점을 인정할 수 있다는 점만을 확인하고자 한다. 춘원의 독특한 화소 배치는 이외에도 곳곳에서 확인할 수 있지만, 작품의 큰 흐름을 새로이 한 것이 아닌 이상 일단은 이본적 성격을 살피는 자리에서는 그다지 중요하지 않아 보인다.

2) 『일설 춘향전』의 이본적 성격

이제 화소단락을 통해 『일설 춘향전』의 이본적 성격을 파악하는 작업이

시도될 것인데, 이 작업은 크게 두 가지 기준 하에서 진행된다. 하나는 춘향전의 일반적인 이미지를 고려하면서 대표적인 화소를 확인하는 것이고, 다른 하나는 구체적인 화소들의 영향 수수관계를 확인하는 것이다.

우리는 춘향전 하면, 기본적으로 떠올리게 되는 장면들이 있다. 그것은 단지 책을 통해서만이 아니라 영원한 고전으로 인식되고 있는 춘향전이 여러 경로를 통해서 우리 마음속에 인식되어버린 종합적인 이미지이다.

- 광한루 장면 : 이도령 행차, 춘향의 그네뛰기, 방자를 통한 이도령의 춘향 초대
- 사랑 장면
- 이별 장면
- 춘향과 변학도의 대립 장면 : 수청 거절과 곤장 장면
- 어사 출도 장면 : 변사도의 생일 잔치와 어사 출도 장면
- 만남 장면 : 이도령의 거짓 수청 강요와 춘향과의 재회
- 대단원 : 보상과 후일담

우선 춘향과 이몽룡을 중심으로 위의 몇 장면들이 쉽게 떠오른다. 물론, 장면에 따라 변학도나 월매, 방자나 상단(향단) 같은 존재들도 함께 떠오를 것이다. 떠오르는 구체적인 내용이나 장면은 사람마다 조금씩 다를 수 있지만, 주인공 춘향과 이몽룡을 중심에 놓고, 조연 역할을 하는 인물들을 떠올려 춘향전의 인상을 그려낸다는 점, 대략적으로 그려낸 스토리라인의 윤곽도 거의 비슷하다는 점에서 동일한 이미지화가 가능하다.

대표화소와 구체화소를 중심으로 세부적인 대목까지 언급해가면서 논의를 구체화시켜 보자. 먼저 <연분> 부분의 대표화소는 '광한루 장면'과 '춘

향의 반응' 정도가 될 것이다. '광한루 장면'은 화소단락 (1) - (3)까지라고 할 수 있다. 좀더 확장하면 광한루에서 두 주인공이 만남을 이루고 춘향집에서 재회하는 장면하는 <연분> 부분을 모두 포함시킬 수도 있을 것이다. (1)은 이도령의 거처에서 이루어지는 장면이지만 광한루에 가기 위한 예비단계적 성격이 강하므로 역시 같은 부분으로 묶일 수 있다.

광한루 장면은 춘향전 모든 이본군에 존재하지만, 그 모습은 계열에 따라 조금씩 다른데, 계열을 가를 수 있는 대표적인 대목이 이도령의 초대에 대한 '춘향의 반응'이다. 『일설 춘향전』에서는 춘향이 이도령의 초대를 거절하고 그냥 집으로 돌아가는 것으로 되어 있다. 이런 춘향의 행동은 '대비정속'한 신분이 뒷받침하고 있다. 춘향은 이제 기생의 신분이 아닌 것이다. '대비정속'의 화소는 다른 계열의 이본에도 보이지만[17], 광한루 만남 장면에서 방자의 발화에 의해 제시되는 본은 『옥중화』와 『남창 춘향가』[18] 정도이다. 『옥중화』의 초반 광한루 장면이 『남창 춘향가』의 영향 속에 있다는 점이 인정되고 있지만[19], 아주 동일한 것은 아니다. 『옥중화』에서는 이도령의 초대를 한시

17) '남원고사계열'에 보인다. 그러나 춘향이 처음부터 대비정속하고 여염집 처자의 신분으로 설정되는 것이 아니라, 이도령과 이별한 후 집으로 돌아와 대비정속하는 것으로 되어 있다. '남원고사계열'의 이런 설정은 처음부터 대비정속한 것으로 되어 있는 이본과는 그 인식이 근본적으로 다른 것으로 보인다. 춘향의 신분이 처음부터 대비정속한 일반인으로 설정되는 것이 서민과 양반의 대립축을 상정한 것이라면, 이도령과 이별한 후 수절을 위해 대비정속하는 것으로 설정된 것은 이도령과 변사도의 대립축을 상정한 것으로 이해할 수 있기 때문이다.

18) 『남창 춘향가』는 『옥중화』와의 영향 관계가 인정되므로, 필요에 따라 검토 대상으로 삼았다. 김진영 외, 『춘향전 전집』 1, 박이정, 1997. 1.

19) 이해조의 『옥중화』는 서두에서 광한루 경치 사설까지는 신재효의 『남창춘향가』를, 그 뒤 춘향방에서의 이도령과 월매의 수작 장면까지는 '완판본'과 '이고본'을 대본으로 하고, 그 뒤부터는 박기홍조 『춘향전』을 거의 그대로 전사했다고 인정되고 있다. 윤용식, 「신재효 판소리 사설과 이해조 판소리계 작품과의 비교연구」, 서울대 석논, 1982.2. 참조.

문구를 통해 거절하고 그냥 집으로 돌아가지만, 『남창 춘향가』에서는 상단이를 광한루에 몰래 가게 해서 이도령의 모습을 확인하는 대목이 들어있다. 또 『일설 춘향전』에 보이는 광한루에서의 이도령과 방자의 '나이문답' 화소나 방자가 춘향을 부르러 간 장면에 보이는 '낙상모티프'는 『옥중화』에만 있고 『남창 춘향가』에서는 확인할 수 없다.

춘향이 귀가한 후의 형상도 『일설 춘향전』의 이본 성격을 확인케 해주는 중요한 부분이다. 화소단락 (4) - (6)의 부분인데, 춘향이 귀가한 후, 이도령이 방자를 재촉해서 자신의 편지를 춘향의 집에 전달하게 하는 장면이다. 이 부분에서의 중요한 대목은 '이도령의 편지'와 '월매의 태몽'이다. 편지는 『84장본 열녀춘향수절가』[20]와 『남창 춘향가』에 보인다. 『일설 춘향전』에는 이도령의 편지를 본 춘향이 월매의 눈치를 보면서 답장을 쓰는 것으로 그치는데, '84장본'에서는 편지를 전달한 방자를 따라 춘향이 다시 광한루로 간다는 설정이 다르고, 『남창 춘향가』에서는 집으로 돌아오기 전에 광한루에서 편지에 답장을 보낸다는 것이 상이하다. 월매의 태몽은 『남창 춘향가』, 『옥중화』, '84장본'에 두루 보이는데, '이화, 도화' 화소의 태몽은 『남창 춘향가』와 『옥중화』에만 들어있다.

따라서 초반의 <연분> 부분은 『옥중화』와 『남창 춘향가』의 영향을 생각할 수 있는데, 대표적인 화소와 구체적인 화소를 동시에 고려해 보면, 『옥중화』의 영향이 인정된다.

두 번째 단락인 <사랑> 대목의 대표적인 화소는 '불망기'를 꼽을 수 있다. 불망기 화소는 춘향의 신분과 연관지어 논의되면서, 춘향전의 이본군을 구분짓는 기준으로도 사용되어 왔는데, 실상 이 '불망기 화소'는 춘향전 이본

---

20) 김진영 외, 『춘향전 전집』 4, 박이정, 1997. 9. 이후에는 '84장본'으로 약칭한다.

군을 가름하는 데 그렇게 명쾌한 해답을 주지는 못하는 것 같다. 월매의 태몽이나 이도령과 춘향의 천상 인연을 보여주는 월매의 꿈 화소를 통해 춘향의 신분을 확정할 수 있는 '84장본'이야 '불망기' 화소가 없는 것이 당연하다고 하겠지만, '대비정속'을 통해 서민으로 확정되어 있는 『옥중화』나 『남창춘향가』에는 '불망기'화소가 드러나 있기 때문이다. 물론 나중에 대비정속을 하지만, 춘향의 신분을 기생으로 못 박고 있는 '남원고사계'에서는 광한루에서 이도령의 초대에 응한 춘향이 직접 불망기를 요구하고, 『옥중화』나 『남창춘향가』에서는 이도령이 춘향의 집을 방문했을 때, 월매에 의해 요구된다는 점이 다르기는 하다.

이본군의 흐름을 확인할 수 있는 또 한 화소를 들 수 있는데, '춘향집 방문' 부분에서 이도령이 귀가한 후 춘향집을 찾아가는 시기이다. 『일설 춘향전』에는 귀가한 당일 춘향집을 방문하는데, 이것은 '84장본'(완판계)'나 『옥중화』의 영향을 생각할 수 있다. '남원고사계'에서는 이도령이 귀가한 후 하루 지나고 나서 춘향집을 찾아가는 것으로 되어 있다. 물론 『남창 춘향가』도 당일 방문하는 것으로 되어 있지만, 책방에서의 이도령 모습이 작가서술로 대단히 짧게 처리되어 있으므로, 무시해도 좋을 듯싶다. 이도령이 귀가한 후 춘향을 생각하면서 하는 행동은 여러 에피소드로 많은 이본에 길게 부연되어 있기 때문이다.

이 단락에서의 구체화소를 확인해 보면, 여러 이본의 모습이 두루 섞여 있다고 생각되는데, 『옥중화』와 『고본 춘향전』의 영향이 좀더 강하게 느껴지고 '84장본'의 영향도 보인다. 더욱이 다른 대표이본에는 보이지 않는 화소의 모습도 확인할 수 있다. 춘향의 집에서 춘향이 권주가를 부르는 부분이나 이도령과 춘향이 사랑놀이 하는 부분에서의 '수수께끼' 화소 같은 것은 '남원고사계(경판계)' 특히 『고본 춘향전』의 영향이 인정되고, 화소단락 (10)에 있는 이부사로부터 초 두 자루를 받는 화소 같은 것은 『옥중화』에만 있는 화소이므로 직접 참조해서 끌어들인 부분이라고 할 수 있다. 사랑놀이 부분은 '완판계'의 느낌도 완전히 배제하기는 어렵다. 이에 더하여 이부사의 시험에 대비하여 책을 외우는 대목은 춘원에 의해 새롭게 덧붙여진 화소라고 하겠다.

이렇게 본다면, <연분>과 <사랑> 부분은 『옥중화』를 중점적으로 참조하면서, 기타 이본들의 화소를 첨가하고, 춘원만의 새로운 화소를 덧붙이는 방식으로 이루어졌다고 해도 무난하리라 본다.

세 번째의 <이별> 부분은 '신물교환'과 '이별모습' 정도를 대표화소로 꼽을 수 있다. '신물교환' 화소는 거의 모든 이본에 보인다. 이도령과 춘향의 쌍방교환으로 이루어지는데, 장소와 시기에 의해 구분이 가능하다. 우선 『일설 춘향전』은 이부사의 내직 승품을 전해들은 이도령이 춘향의 집을 찾아가서 춘향을 위로하면서 서로 '화류집 사릉경'과 '옥지환'을 교환하는 것으로 되어 있다. 이 두 가지를 고려하면 『고본 춘향전』이 가장 근접해 있다. 장소와 시기가 일치할 뿐 아니라 이름도 '화류집사모경'과 '옥지환'으로 유사하기 때문이다. 『남원고사』도 장소와 시기가 유사하지만 이름이 '석경'과 '옥지환'으로 조금 다르게 되어 있다. 『옥중화』는 춘향집이라는 장소는 일치하지만 오리정 가는 길에 춘향집에 들러서 교환한다는 점이 다르고, 『남창 춘향가』는 오리정에서 교환하는 것으로 되어 있어 상이하다.

'이별모습'은 이본에 따라 조금씩 다르게 형상화되어 있다. 이별하는 장소의 이름과 이별을 재촉하는 인물에 의해 영향 관계를 약간 확인할 수 있을 정도이다. 『일설 춘향전』은 '오류정'에서 마지막 이별을 하는 와중에 방자가 대부인의 재촉을 통고하는 것으로 되어 있는데, 『옥중화』는 오리정 가는 길에 춘향집에서 마지막 이별을 하게되고 이별이 늦어지자 방자가 재촉한다는 점이 유사하다면, 『고본 춘향전』을 포함한 '남원고사계'는 마부가 재촉하는 것으로 되어 있다. 그러나 오리정에서 이별한다는 설정의 유사성이 인정된다. 춘원은 거리감이 느껴지는 '오리정'을 분위기를 느낄 수 있는 '오류정'으로 바꾸었을 뿐이다. 『남원고사』는 십리정으로 되어 있고, '84장본'는 춘향집에서 이별한다.

구체적인 화소는 『고본 춘향전』의 느낌이 조금 강하다. 하지만 『옥중화』의 영향도 여전히 일정하게 유지되고 있다. 『일설 춘향전』에서는 이도령과 춘향이 사랑을 나누는 시간이 일년으로 정해져 있는데[21], 『고본 춘향전』(『남원고사』도 동일)의 '수삼년'과 유사하다. 『옥중화』나 『남창 춘향가』, '84장본'에서는 시간의 흐름이 느껴질 뿐 구체적인 기간은 명기되어 있지 않다. 이부사가 내직으로 승품해 가는 설정은 대부분의 이본이 동일한데, 이조참판으로 되어 있는 품직이 『고본 춘향전』과 동일하다. 관직명은 같은 '남원고사계'에서도 조금씩 다른데 가령 『남원고사』는 '공조참의'로 '경판 35장본'은 '호조참판'이다. 『옥중화』와 『84장본 열녀춘향수절가』는 '동부승지'로 되어 있고, 『남창 춘향가』는 그냥 내직 승소로 되어 있어 제각각의 느낌이다. 이도령의 상경을 전해들은 춘향이 기물을 흩어버리는 부분은 『옥중화』와 '84장본'의 영향이 보인다.

<이별> 부분에서도 춘원은 자신만의 화소를 첨가했는데, 이도령과 춘향이 서로 머리를 얹어주는 대목이다. 서로 정분을 맺은 남자가 여자의 머리를 얹어주는 것은 봉건적인 의미의 일반적인 상식이지만, 여자도 남자의 머리를 얹는다는 설정은 서로에게 확약함으로써 남녀간에 안정적인 환경을 추구한 춘원의 상상력이 가미된 결과라고 하겠다.

---

21) 이몽룡이 춘향을 만나 서로 사랑하여 온지가 벌써 추월춘풍 일년이 지내었다. 『이광수 전집』 3, 257쪽.

정중앙에 위치하고 있는 <상사> 부분은 『일설 춘향전』의 독특함이 두드러지는 대목이라 할 수 있다. 이도령과 이별한 춘향이 실의의 나날을 보낸다는 설정은, 서로 조금씩 다른 모습이기는 하지만 모든 이본에 공통적으로 들어있는 화소이다. 그러나 이도령을 생각하며 지내는 춘향에게 이도령의 편지가 도착하는 것이나 실의의 시간을 보내는 춘향을 넘보는 세간의 행위는 다른 본에서는 찾아볼 수 없다. 이 두 화소는 선대 이본군의 영향을 확인하기 어려운 반면 후대본인 『도상옥중화』[22] 같은 이본에서 확인됨으로써 춘원의 작품이 후대본에 끼친 영향을 생각해 볼 수 있는 부분이다.[23] 『도상옥중화』에는 이도령의 편지를 받는 대목이나 이도령의 편지를 보고 월매가 불평하는 장면, 그리고 실의해 있는 춘향에 대한 세간의 행위가 유사하게 그려져 있지만, 이도령의 편지에 대한 춘향의 답장이 없다는 것이 다른 점이기는 하다.

후반부의 첫 단락이랄 수 있는 <수절> 부분은 갈등이라는 서사의 핵심 요소와 관련해서 아주 중요한 부분이다. 변학도가 도임해서 춘향에게 수청을 강요하고, 그 수청을 거절하는 춘향에게 가혹한 형벌을 가함으로써 작품을 긴장 속으로 몰아가는 역할을 하고 있기 때문이다. 핵심적인 역할을 수행하

22) 『도상옥중화(圖像獄中花)』는 1932년 세창서관에서 발행한 옥중화 계열의 춘향전 이본이다. 원제는 만고열녀(萬古烈女) 도상옥중화이고 안표지에는 여중화(女中花)라고 하였다. 이국창(李國唱)창본, 무연거사(無然居士) 교록(校錄)으로 되어 있다. 각 장면마다 그 내용에 해당하는 그림이 곁들어져 있고 그림 옆에는 간단하게 어떠한 장면인지에 대한 해당 사설이 첨부되어 있다. 각 인물의 이름을 대화마다 넣어주었고 단락도 읽기 좋게 짧게 끊어서 제시해주고 있다. 표기법은 국한문혼용체로 하였는데 한문으로 된 부분 바로 옆에 작은 글씨로 한글표기를 해주어 읽기의 편의를 제공해주고 있다. 최혜진, 「도상옥중화연구(圖像獄中花)」, 『판소리연구』 7, 1996. 12.

23) 또 다른 가능성이 얼마든지 있을 수 있다. 다만 이 화소가 본고에서 검토 대상으로 삼은 대표 이본에 보이지 않는다는 점에서, 특히 『도상 옥중화』의 모본이라고 할 수 있는 『옥중화』에 보이지 않는다는 점에서 가능성을 상정해 볼 수는 있을 것이다.

는 부분인만큼 큰 흐름은 모든 이본이 거의 동일한 모습을 보이고 있다. 따라서 이 부분에서는 대표화소의 유사성보다는 구체적인 화소를 살피는 것이 더 효과적이다.

우선 이부사가 내직으로 승품되어 상경한 뒤 후임 부사가 도임해 있던 기간이 눈에 띈다. 『일설 춘향전』은 이부사 후임으로 김부사가 도임하여 일년간 재임하고 이배해 간 뒤 변학도가 도임하는 것으로 되어 있다. 이런 모습은 『옥중화』에서 확인할 수 있다. 중간 부사의 이름이 생략되어 있기는 하지만, 일년간의 중간 부사가 존재한다는 설정은 아주 근사하다. 다른 본에서는 이부사의 후임으로 변학도가 직접 도임하는 것으로 되어 있으므로, 이 부분에서 『옥중화』의 영향은 직접적이라고 할 수 있을 것이다. 이밖에도 형장을 받고 하옥되어 있는 옥중에서 꾸는 춘향의 '황능묘 방문 꿈' 화소, 그리고 옥중에서 춘향이 편지를 써서 발송한다는 모습도 『옥중화』의 자장 안에 있다고 보여진다.

그밖에 신연인사 하러 온 방자와 춘향에 대해 문답을 주고받는 모습이나 춘향의 옥 앞에서 왈짜들이 이런저런 행위를 한다는 것은 '남원고사계'의 느낌이 강하고, 도임해서 춘향에 대해 문답하는 부분에서는 '84장본(완판계)'의 영향이 느껴진다. 춘향의 옥앞에서 일어나는 사람들의 행위는 여러 이본에 두루 들어있지만, '84장본'는 기생들이 주체이고, 『옥중화』는 동네사람들로 되어 있다. 따라서 <수절> 부분은 『옥중화』의 강한 자장 속에 '남원고사계'의 모습이 고려되고, '84장본'의 모습이 약간 첨가되는 정도로 이루어진 대목이라고 볼 수 있을 것이다.

이제까지의 부분에서는 『옥중화』의 영향이 보다 강하게 작용하고 있었다면, <어사> 부분에서부터는 자장이 이동하는 느낌이 짙다. 이 부분은 어사가 과거에 장원급제해서 어사가 되어 내려와 옥중의 춘향과 재회하는 장면이 주요 대목인데, 흐름에 있어서는 대표이본간에 큰 차이가 없다. 그렇지만 이 부분은 여러 이본에서 가져온 홍미 위주의 화소가 다양하게 삽입되어 있고, 춘원의 자의적 창작 화소까지 첨입되어 '화소 잡화상'같은 느낌을 주고 있다.

과거시제는 이본군을 가르는 기준으로까지 인정되고 있는 화소인데[24], 『일설 춘향전』은 '춘당춘색고금동'으로 되어 있어 『고본 춘향전』과 '84장본'과 동일하다. 그러나 이도령이 알성과에 장원급제한 후 전라어사에 특차된다는 내용과 더불어 생각해 보면, 『고본 춘향전』을 참조했다고 보아 무방하다. '84장본'은 급제 후 전라도 어사가 되지만, 과거의 종류가 태평과로 되어 있기 때문이다. 『고본 춘향전』과 같은 계열인 『남원고사』는 전라어사로 특차되지만 과거 '경과'로 되어 있고, 『경판 35장본 춘향전』은 과거는 알성과이지만 호남어사로 되어 있다는 점에서 약간의 차이가 보인다.

『고본 춘향전』의 영향은 이 뿐이 아니고, 대부분의 대목에서 유사하다. <어사> 부분의 화소는 거의 『고본 춘향전』에서 가져왔다고 보아도 좋을 정도이다. 『일설 춘향전』에는 있지만 『고본 춘향전』에는 빠져 있는 내용은 춘향집을 찾아간 이도령이 월매의 기원 소리를 듣는 장면과 만복사에서의 월매와 노승의 불공 장면 - 이 장면은 『옥중화』의 화소이다 -, 그리고 이 대목의 마지막 부분인 화소단락 (30)의 객사공청 거지들의 모습을 묘사한 부분 정도이다. 허수아비 꿈을 꾼 춘향이 김판수에게 해몽을 부탁하는 부분에서의 복채의 양도 다르게 되어 있지만, 판수의 성이 같기 때문에 이 부분도 『고본 춘향전』의 영향을 배제할 수는 없다. 복채의 양은 '돈 네 푼'으로 '경판 35장본'과 같고, '경판 35장본'이 『고본 춘향전』과 상당히 친연성이 인정되는

24) 설성경, 앞의 논문.

이본이므로 '경판 35장본'의 영향관계도 어느 정도 인정할 수밖에 없을 듯하다. 여하튼 『고본 춘향전』의 화소들은 다른 이본들의 화소와 춘원 자신이 만들어낸 화소가 조금씩 합해지면서 순서도 거의 그대로 『일설 춘향전』에 배치되어 있으므로, <어사> 부분은 『고본 춘향전』을 모본으로 했다고 규정해도 좋을 것이다.

『일설 춘향전』의 마지막 부분인 <출도> 부분에서도 '남원고사계'의 영향이 현저하다. 이 부분 역시 『고본 춘향전』을 모본으로 삼았다고 보아도 좋을 정도이다. 대부분의 화소와 배치 순서가 유사하기 때문이다.

이 부분의 대표화소는 '어사시'와 '변학도의 처리'를 들 수 있다. 본관이 시짓기를 제의하고 변학도를 징치하지 않는 『옥중화』를 제외하면 대부분이 대표이본이 비슷한 느낌을 주고 있다. 『옥중화』를 제외하면, 운봉이 시짓기를 제안하여 어사가 자원해서 시를 짓고, 어사 출도 후에는 일관되게 변학도를 징치하고 있다. 『일설 춘향전』에 보이는 '봉고파직'이라는 용어는 '84장본(완판계)'의 영향이 느껴진다. '남원고사계'는 '봉고파출'로 되어 있고, 『남창 춘향가』에는 '봉고'로 되어 있기 때문이다.

이밖에 생일 잔치에 뒷문으로 들어간다는 화소는 '남원고사계'에만 존재하고, 어사를 마치고 상경해서 이루어지는 후일담 화소는 거의 『고본 춘향전』과 동일하게 이루어져 있다. '경판 35장본' 역시 대부분의 대목에서 거의 유사한 모습을 보이기는 하지만, 어사가 공사를 처리하고 춘향 모녀를 상경시킨다는 부분에서 조금 차이를 보이므로 『고본 춘향전』의 모본 가능성을 제약하기에는 힘에 부칠 듯 싶다. 『일설 춘향전』과 같이 춘향과 월매만 상경시키는 본은 『옥중화』와 『고본 춘향전』 정도이고, 다른 본에서는 상단(향단)이까지 상경시키는 것으로 되어 있다. 그런데, 『옥중화』는 변학도의 처리 과정이 현저히 다르고, 화소단락 (43) 후일담 화소가 없으므로 역시 『고본 춘향전』을 모본으로 보아 무리가 없을 듯하다.

위에서 살핀 결과를 종합한다면, 『일설 춘향전』은 세 가지 토대 위에 창작된 이본이라고 결론지을 수 있다. 전체적으로는 전반부인 <연분>, <사랑>, <이별>, 그리고 후반부라고 할 수 있는 <수절> 부분까지는 『옥중화』를 주요 자료로 삼고, 후반부인 <어사>, <출도> 부분은 『고본 춘향전』(후반)을 기본 텍스트로 이용했다고 하겠다. 그와 더불어 중간의 <상사> 단락과 몇몇 부분 - (10)의 '책 외우기', (12)의 '서로 머리 얹어주기', (30)의 '객사공청 거지들의 모습 묘사', (44)의 '작가 창작담' 등 - 에 춘원의 상상력이 동원된 독특한 화소가 첨가되고, 그밖의 이본들이 참조되는 가운데 춘원의 근대적 기법이 덧씌워져 만들어진 텍스트라고 규정할 수 있을 것이다.

3. 형상화 기법상의 특성

1) 근대적 기법의 서두

『일설 춘향전』에서 근대적인 무엇을 찾아내는 것은 그리 어려운 일이 아니다. 독서 과정에서도 그 느낌이 고소설을 읽는 것과는 판이하다. 앞에서 언급한 발화로 시작되는 서두나 구어체의 발화, 나아가 구어체 발화가 현대적 감각 속에서 이루어지고 있다는 점 등은 이 작품을 고소설일 수 없게 하는 일차적인 지점이 될 것이다.

근대라는 용어를 사용하고 있지만, 실상 1925년 당시의 시대흐름이라는 용어가 더 적절하겠다. 그 당시의 조선은 외부로부터 근대적인 많은 것을 받아들여 체화해 가고 있었지만, 아직 근대의 모습이 완전히 체화되었다고 보기에는 턱없이 엉성한 사회이기 때문이다. 그렇지만 시대의 선두에 서서 근대적 의식을 실천하고 있었던 춘원이기에 춘원적인 무엇으로 근대적 특성을 지적하는 것은 그다지 무리가 없을 것이다. 따라서 근대적 기법이라는 것은 시대적 흐름의 제약 속에 있던 춘원의 특성이라고 이해할 수 있도 있을 것이다.

실상 기법과 관련해서 근대적 무엇을 느끼게 하는 제일 중요한 지점은 서두의 모습이다. 서두는 각 작품의 전체 느낌을 좌우한다는 점에서 대단히 중요한데, 특히 고소설의 서두는 작품의 핵심인물에 대한 정보가 요약적으로 제시되고, 그 정보가 작품을 관통해서 독자에게 특정한 흐름을 인식하도록 직조되는 것이 일반적이다. 그러나, 『일설 춘향전』에서는 이러한 고소설의 기법이 전혀 고려되어 있지 않다.

> "여바라 방자야!"하고 책상 위에 펴 놓은 책도 보는 듯 마는 듯 우두커니 무엇을 생각하고 앉았던 몽룡은 소리를 치었다. "여이"하고 익살덩어리로 생긴 방자가 어깨짓을 하고 뛰어 들어와 책방 층계 앞에 읍하고 선다.[25]

『일설 춘향전』에 보이는 서두의 모습이다. 일반적인 고소설의 서두를 생략하고 바로 인물의 발화로 시작하고 있다. 서두를 발화로 시작함으로써 독자들은 처음부터 인물과 밀착되는 느낌을 갖게 된다. 서술자의 매개 없이 독자가 직접 인물을 느낄 수 있게 되는 것이다. 우리 고소설의 문법으로는 무엇인가 떨어져 나간 듯한 느낌을 지울 수 없지만, 근대개화기소설에서부터 시작된 근대적 기법의 확인이라고 하겠다.[26]

---

25) 이광수전집 3, 205쪽.

26) 앞에서 20세기 초를 근대와 전근대가 요동치는 시기, 절지점으로까지 평가되고 있

그런데, 그 발화가 주인공의 단독 발화가 아니라는 점 또한 문제적이다. 작품의 서두에서부터 주요인물인 이도령과 주변인물인 방자가 일대일의 비중으로 형상화되어 있는 것이다. 발화가 인물의 특성을 간접적으로 제시해주는 기법으로서의 근대적 성격뿐만 아니라 대화의 상대가 되는 인물에까지 관심을 기울이게 하는 역할을 수행한다고 할 때, 『일설 춘향전』의 서두는 느낌에서 머무를 차원의 문제가 아니다.

이도령과 방자의 대화가 춘향전의 필수요소 중의 하나이고, 『남원고사』와 같이 방자의 발화가 상당히 부연되어 있는 대목이 보이는 이본이 있기 때문에 방자의 발화 자체가 문제적일 것은 없다. 하지만 서두에서부터 주변인물을 배치하면서, 그 비중을 주요인물과 비슷하도록 구성했다면, 그 이면에 놓인 작가의 의도는 적지 않은 의미를 지닌다고 보아야 할 것이다. 춘향이라는 대표적 인물을 내세워 계급을 초월하는 무엇인가를 수행하도록 했던 이전의 춘향전은 이제 20세기 춘원의 독자들에게는 그들과 유사한 계급인 주변인물의 행동 자체를 보다 강화시키는 방향으로 한 걸음 진전된 구성을 이루도록 한 것이다. 뒤에서 살피겠지만, '월매'의 역할 역시 상당히 강화되어 있는데, 이것도 근대의식의 투영이라는 맥락에서 이해할 수 있다.

그러나 이러한 기법이 비록 근대적인 느낌을 주고는 있지만, 춘향전의 서두가 나름대로 전체 구성 속에서 의미를 갖는다고 할 때, 『일설 춘향전』의 구성이 전체적으로 성공적이라고 할 수 있을지는 의문이다. 춘향전의 각 대표작품들이 서두에서 주인공 개인의 특별한 탄생에 주목함으로써 대단원의

는 시기라고 했는데, 발화로 시작되는 소설의 서두도 이런 평가를 뒷받침하는 증거가 된다. 이전 시기에는 전혀 보이지 않던 것들이 외부의 영향으로 불쑥 튀어나오는 느낌을 주고 있는 것이다. 일본 소설의 영향으로 1908년 구연학에 의해 번안된 『설중매』 같은 것이 대표적인 작품이라고 할 수 있을 것이다.

해피엔딩을 배경적으로 뒷받침하고 있다는 점이 인정된다고 한다면, 기존의 '춘향전군'과 유사하게 대단원[27]을 구성하고 있는 『일설 춘향전』의 서두가 이러한 대단원과 어떤 의미관계에 놓이는지는 모호하다. 더욱이 춘향으로 시작되는 이본군과 이몽룡으로 시작되는 이본군이 춘향의 신분에까지 결정적인 영향을 미치고 있다는 점을 생각한다면, 단지 대화로 시작한다고 해서 근대적인 성취를 얼마만큼 체화하고 있는가는 다시 생각할 여지가 남는다고 하겠다.

예를 들어, 춘향으로 시작되는 '84장본'이나 '옥중화계'는 서두에 배치된 춘향의 탄생 화소가 이미 춘향 신분의 비상함을 보여주고 있고, 작품 전개상에서도 태몽이 천상과 연관되어 자세히 설정됨으로써 춘향의 신분을 상승시키는 역할을 하고 있다. 그와 관련하여 서두의 내용은 광한루에서 이도령이 춘향을 초대했을 때, 이도령의 분부에 응하지 않고 그냥 자신의 집으로 돌아가 버리는 설정에 강력한 설득력을 제공한다. 이에 비해, 이도령으로 시작되는 '남원고사계(경판계)'에서는 춘향이 실재 기생의 신분이기도 하거니와 춘향의 전생신분과 관련된 태몽이 존재하지 않으며, 이로써 당연히 광한루에서 이도령의 분부에 응해 춘향이 광한루로 올 수밖에 없는 설정이 또한 나름대로 설득력을 얻게 된다.

이러한 구성상의 문제점에도 불구하고, 『일설 춘향전』의 서두 모습이 기법상의 측면에 한정하는 본고의 입장에서 본다면 근대적인 시대의 흐름 속에서

27) "몽룡이 사은퇴조하여 북당에 현알하고 사당에 허배한 후에 부모전에 면품하여 춘향의 일을 여쫘오니, 부모도 기특히 여겨 곧 대연을 배설하고, 종족이 모이어 남원 집을 부인으로 승좌하여 백년 해로하고, 벼슬은 육경상공을 다 지나고, 아들이 삼형제요, 내외손이 번성하니, 이런 기사가 또 있는가. 이때부터 팔도 광대들이 춘향의 정절을 노래지어 수백년 래로 불러오더니 후세에 춘향의 동포 중에 춘원이라는 사람이 이 노래를 모아서 만고 열녀 춘향의 사적을 적은 것이 이 책이다."

춘원에 의해 이루어진 새로운 시도의 결과임은 인정할 수 있을 것이다.

2) 월매의 역할 강화와 이름의 명명

『일설 춘향전』에서 확인할 수 있는 또 다른 특징 중의 하나는 월매와 관련된 부분이다. '춘향전'의 많은 작품에서 월매의 역할은 그다지 두드러지지 않는다고 보는 것이 일반적이다. 후기 텍스트로 오면서 월매의 역할이 강화되는 모습을 보이기는 하지만, 『옥중화』의 어사 출도 이후의 독특한 월매의 역할을 제외한다면, 기본적으로 월매는 상단(향단)이나 방자와 같이 주변인물의 범주를 벗어나지 못한다. 그러나 『일설 춘향전』에서의 월매는 춘향이나 이도령의 역할에 준하는 비중을 차지한다.

> 말씀하지요 - 못할 연유를 말씀하지요. 이 애가 비록 월매의 딸로 태어났으나 근본은 양반이요. 회동 성참판 영감이 보의로 남원에 좌정하여 나를 수청을 들이시었다가 몇 달만에 이조 참판으로 승차하여 내직으로 들어가실 적에 날더러 가자고 하시는 것을 노모가 계신고로 못 하고, 이별한 그달부터 잉태하여 이 애를 낳았는데 그 연유로 영감께 고목하였더니, 젖 줄 때는 대로 이 애를 데려가마 하시더니 운수 불길하여 영감께서 그해 겨울에 별세하시니 하릴없이 이 애를 내가 기를 제 금이야 옥이야 중문 밖에도 안 내놓고 꼭 글공부만 시켰지요. 이 애도 근본이 양반의 씨라 재주로나 행실로나 어느 대갓댁 아가씨한테 밀리지 아니하지요. 이렇게 힘써 애써 고이고이 기른 딸을 양반 집에 주자 하니 내 지체가 부족하고 상사람을 주자하니 내 딸이 아깝구려. 그렇다고 남의 첩으로나 주기는 죽어도 싫고, 이리하여 상하사 불급으로 혼기만 늦어가니 낸들 아니 걱정이요? 도련님은 명문의 귀공자로 춘절 나비 꽃 본 듯이 일시는 이 애를 사랑하시나 사또께서 내직으로 승차하시와 올라가시는 날이면 도련님도 따라가실

것이니 그때에 이 애를 생각이나 하시겠소? 그리되면 옥 같은 내 딸은 생과부가 되어 송죽 같은 그 절개로 개가할 리 바이 없고 일생에 독수공방 눈물로만 지낼 터이니 그 아니 딱하고 못할 일이요? 그러니 도련님은 그런 말씀 아예 마시고 약주나 잡수시고 놀다가는 가시오.[28)]

조금 극단적인 인용이기는 하지만, 위의 대목은 월매의 역할이 어느 정도 강화되어 있는지를 잘 보여주는 부분이다. 실상 월매의 긴 발화는 단지 길이의 문제가 아님으로해서 의미를 갖는다. 작품 전개와 관련된 상세한 정보를 독자에게 제공해 주는 역할을 수행하고 있기 때문이다. 더욱이 월매는 발화가 길게 드러나기도 하거니와 대단히 빈번하게 그 모습을 보이고 있다. 기존의 『춘향전』 텍스트에서 월매만을 위한 장면이 존재하지 않으므로 기존의 흐름을 크게 거스리지 않고 있는 『일설 춘향전』에서도 따로 독립적인 대목을 만들고 있지는 않지만, 기존의 텍스트라면 잠깐 나왔다 들어가는 장면이라 하더라도 여러 번의 다양한 발화를 하고 있다. 그 역할도 매개자로서의 역할을 아주 충실하게 빈틈없이 수행하는 모습으로 그려지고 있다. 월매는 단지 춘향이를 낳은 인물이 아니라 춘향의 어머니로서의 역할을 실제적으로 수행하는 인물인 것이다.

예를 들어 방자가 이도령의 편지를 갖고 광한루에서 춘향의 집을 찾아온 부분을 살펴보자. 이 대목은 '84장본'의 영향이 인정되는 부분인데, 형상화 양상은 많이 달라져 있다. '84장본'에서는 이도령의 전갈을 가지고 춘향집으로 찾아온 방자와 춘향이 잠시 언쟁을 한 후 춘향이의 마음이 이도령에게로 기울어지면서, 춘향이 월매의 눈치를 본다. 이때 월매는 용꿈을 이야기하면서 춘향과 이도령의 만남이 우연한 일이 아니라 예정되어 있는 일이라는

---

28) 이광수전집 3, 240쪽.

암시적 정보를 제시하면서 만남의 필연성을 독자에게 제공하고 있지만, 만남을 인정하는 주된 이유는 "양반이 부르시난듸 안이 갈 슈 잇것난야 잠간 가셔 단여오라"[29]이다. 어머니의 역할을 전혀 수행하고 있지 않은 것은 아니지만, 『일설 춘향전』의 긴 인용에서 볼 수 있는 것처럼 조목조목 어머니로서 제기해야 할 것을 빠짐없이 제기하는 20세기의 월매와는 비교할 수 없는 수준이다.

월매의 이러한 역할 강화는 이후 부분에서도 동일하게 나타난다. 사랑놀이부분이나 이도령이 어사가 되어 찾아온 부분, 어사출도 이후 부분 등과 같이 기존 텍스트에서 월매가 약간의 역할이라도 수행하고 있던 부분에서는 예외없이 매개자의 역할을 충실히 수행하며 작품 전개 상에 긴요한 정보를 제공하거나 무리없이 장면이 흐를 수 있도록 해주는 조연의 역할을 다하고 있다.

월매와 관련해서 『일설 춘향전』의 근대적 의식을 확인할 수 있게 해주는 것은 '월매'라는 호칭에 관한 부분이다. 기존의 『춘향전』 텍스트에 보이는 월매의 호칭은 거의 동일하다.[30] 개인의 이름으로 불리워지는 것이 아니라 춘향이라는 존재를 통해 간접적으로 존재하는 '춘향모'나 '춘향어미' 또는 '춘향어모' 등으로 불린다. 이름이 개인의 존재를 상징적으로 드러내주는 장치라고 할 때, 자신의 존재를 직접적으로 드러내주는 이름을 갖지 못한 존재가 개인으로서의 역할을 충실히 수행하지 못할 것은 자명하다. 기존의

29) 춘향전전집 4, 308쪽.

30) 이름을 부르고 있지 않다는 점에서 그렇다. 20세기 텍스트인 『옥중화』에서조차 월매의 호칭은 '춘향모'이다. 월매를 소개하는 부분에서의 '월매'라는 호칭과 어사출도 후에 월매의 행동을 묘사하는 부분에서 '월매씨'라는 호칭이 보이고는 있지만, 그 이외의 부분에서는 거의 '춘향모'로 통일되어 있다. 그 밖의 이본에서는 '춘향모', '춘향어미', '춘향어모' 등의 명칭이 혼용되고 있다.

대표적 텍스트에 보이는 월매의 호칭은 다음과 같다.

이러트시 기ᄃᆞ릴졔 츈향어미 ᄂᆡᄃᆞ라 방ᄌᆞ놈을 ᄭᅮ지ᄌᆞ며,(『남원고사』)

잠쒸 발근 춘향어모 인적인 쥴 짐작ᄒᆞ고 다든 방문 탁 ᄎᆞ 열고 급급피 나오다가(『남창춘향가』(가람본))

모여간수작홀졔 화계상에셔 두런두런 춘향모 놀나셔 감안이 삷혀보니 엇더한 총각이 은근히 안졋거늘 춘향모 ᄒᆞ는말이(『옥중화』)

니럿틋 기다릴졔 츈향어미 ᄂᆡ 다ᄅᆞ며(『경판 35장본 춘향전』)

춘향어모 그 말 듯고(『84장본 열녀춘향수절가』)

위에 인용되어 있는 춘향전군의 대표이본에는 어느 본이나 월매를 직접적으로 호칭하고 있지 않다. 이러한 여성들의 호칭은 아버지나 남편, 또는 자식의 존재에 얹혀 간접적인 삶을 사는 여성들의 입장을 단적으로 보여준다. 집안에서의 일정한 영역 확보가 여성으로서의 본질적인 무엇이라고 인식하면서 운명적으로 일생을 살다간 근대 이전의 여성들의 삶이란 이름이 그다지 필요치 않았을지도 모를 일이다. 그러나 근대의식이 사회의 지배기제로 작동하면서 그러한 인식은 가차없이 무너져 버린다. 여성도 사회의 일구성원으로서의 역할을 충분히 수행할 수 있다는 사실이 조금씩 확인되면서, 우리 사회에도 여성은 단지 여성으로서가 아닌 한 개인으로서 위치를 부여받게 된다.

『일설 춘향전』에는 '춘향어미'나 '춘향모'가 아닌 '월매'라는 이름으로 불리면서, 춘향의 어머니가 아닌 개인으로서의 정체성을 확보하게 된다. 춘원이 『일설 춘향전』을 썼던 1925년은 외부의 영향이기는 하지만, 다양한 사회

부분에서 근대화가 진행되었고, 여성에 대한 인식도 상당히 바뀐 시대였다. 더구나 춘원은 시대의 맨 선두에 서서 근대화를 체험해 온 인물 중에 한 사람이었다.

물론 '월매'라는 호칭 또한 온전한 개인으로서의 가치를 함축하고 있는 호칭이 아님은 분명하다. 기생의 삶과 뗄 수 없는 제약된 의미에서의 이름이기 때문이다. 그럼에도 불구하고 춘향모나 춘향어미와 같이 매개자를 통해 간접적으로 이루어지는 호칭과는 질적으로 다른 차원에 있다. 기생이라는 신분과 연결된다고 하더라도 한 존재자를 그대로 드러내주는 호칭이기 때문이다. 더욱이 월매는 현역기생이 아니라 퇴기이다. 따라서 월매라는 호칭은 기생으로서의 존재를 지칭하는 것이 아니라 한 개인으로서의 인간 월매를 가리키는 것이 된다. 따라서 '월매'는 개인의 존재를 직접적으로 상기시키는 역할을 수행하는 것이다.

따라서 '월매' 라는 호칭을 일관되게 사용하고 있는 춘원의 의식은 이전 작품의 향수자들과는 전혀 별개로 작동하고 있었다고 보아 무방할 것이다. 그것이 어머니라는 신분이라고 할 때, 춘원의 여성에 대한 근대적 작동 기제가 발동하는 것은 당연한 일이었는지도 모른다. 그에게는 한 사람의 인간으로서 뿐만 아니라 자신을 힘있게 받쳐 주며 인생의 동반자로서 함께 해 온 허영숙이라는 여성에 대한 강한 인식이 작동하고 있었다. 당시의 춘원에게 어머니라는 역할이 단순히 남편이나 자식을 통해 인식되는 간접적인 존재일 수는 없었을 것이다.

시대인으로서의 춘원의 특성이 드러나 있는 부분은 『일설 춘향전』에 보이는 시조를 통해서도 확인할 수 있다. 시조는 다른 설명이 필요 없는 우리 고전시가의 대표적 장르였는데, 한시의 청산과 맞물려 전폭적인 지지를 받는 장르로 유리한 입지를 마련하고 있었다[31)]

춘원은 우리 시조에 대해 큰 관심을 가지고 있었다. 1920년대 들어 시작된 '시조부흥운동'의 선두에 육당과 춘원이 있었다는 것은 잘 알려진 사실이다. 시조부흥운동은 그 시대적인 배경이 우리 문학사의 전개와 관련되는데, 1920년대에 들어 이른바 KAPF 문학이 이 땅에 형성되면서 KAPF가 식민지 현실에 사회주의의 관점 즉, 힘의 문학으로 대응해 보고자 했던 데 비해서 국민문학파에서는 우리의 것을 내세움으로써 민족 정신을 고취하는 것으로 식민지 현실에 문학적인 대응을 마련하고자 했던 것이다. KAPF 계열에서 말하는 내용 우위론의 대안으로 내세워진 형식론이었던 것이다.[32] 춘원은 이보다 몇 년 앞서 이미 1922년 시조 31수로 이루어진 <樂府(高句麗之部)>를 『백조』 창간호와 2호에 발표했는데, 영사악부의 체재를 갖추어 인물 중심으로 방대하고 통일성을 갖춘, 그리고 가장 한국적인 영사악부를 쓰려고 시도했던 결과물이었다.[33] 이러한 시조에의 관심이 작품 속에 상징적으로 모습을 드러내었다고 할 수 있다.

광한루의 초대를 거절하고 집으로 돌아간 춘향에게 보낸 이도령의 편지 구절도 시조이며[34], 이도령의 편지를 본 춘향은 이내 자신의 답장을 써서 방자에게 맡기는데, 그 또한 시조이다.[35] 이뿐 아니라 이도령과 춘향이 춘향 방에서 사랑놀음을 하는 장면(250쪽)이나, 곤장 맞고 갇혀 있는 춘향이가

---

31) 조동일, 「시조 부흥 운동의 배경과 성향」, 『한국문학통사』 제5권, 269-273쪽 참조.(지식산업사, 1988. 3.)

32) 김대행, 『시조유형론』, 이화여대출판부, 1988. 3. 333쪽.

33) 임기중, 「영사악부와 이광수」, 『고전시가의 실증적 연구』, 동국대출판부, 1992. 4.

34) 어지어 내 일이어 인연도 기이할사/ 언뜻 뵈온 님이 그 님일시 분명하이/ 광한루예 보던 벗이 찾아온다 일너라. 이광수전집 3, 220쪽.

35) 이몸의 정렬함이 삼생에 뻗었으니/ 천상 천하에 날 안달 님 없으련만/ 그처로 찾으시는 님을 막을 줄이 있으랴. 『이광수전집』 3, 222쪽.

독백조로 자신의 설움을 노래하는 대목(305쪽, 309쪽)도 시조의 형태로 되어 있다. 시조를 내세워 인물의 감정을 전달하는 기능을 부여함으로써 시조의 새로운 가능성을 모색하려한 점이 인정된다. 종래의 한시가 수행하고 있던 소설 속의 매개체의 역할을 전통적인 시조에 부여하려는 춘원의 시도가 선구적인 느낌을 주고 있다.

4. 결론

춘향전은 120여 편을 상회하는 대작품군이고, 많은 텍스트가 소설이지만, 그밖에 판소리 사설을 비롯해서 창극본, 시나리오, 마당놀이 대본, 희곡, 시, 뮤지컬 대본, 오페라 가사본, 만화 등등 다양한 장르의 소재로 차용되어 재창작되어 왔다. 『일설 춘향전』은 춘원이 직접 언급했던 것처럼 이미 존재하고 있던 많은 춘향전을 참조로 하고, 자신의 새로운 기법을 새로이 덧붙여 재생산해낸 20세기의 춘향전이다.

춘원이 직접 참조한 이본은 위에서 살핀 바와 같이 『옥중화』와 『고본 춘향전』일 가능성이 농후하다. 화소 단락으로 나누어 분석한 결과 유사성이 상당부분 인정되기 때문이다. 물론 검토하지 못한 이본과의 영향관계를 배제할 수는 없지만, 앞에서 설정한 춘원의 시대와 연관시킨 가설의 타당성이 인정된다면, 『일설 춘향전』의 이본적 성격은 위의 두 본과 밀접한 연관이 있다고 할 수 있을 것이다.

이미 존재하고 있는 작품들의 화소를 차용하면서, 춘원만의 새로운 기법들이 구사되어 있는데, 제일 눈에 띄는 부분이 서두이다. 발화로 시작되는 기법이 고소설에서는 전혀 고려 대상이 되지 못했다는 점을 생각한다면, 고소설의 독자에게는 가히 충격적인 시도가 아닐 수 없다. 그 작품 내적 기여도가 그다지 성공적이었나 하는 것은 별개의 문제이지만, 개작 고소설을 포함해서 고소설이 여전히 상당한 비중으로 유통되고 있었던 당시의 상황이라면, 같은 소재를 취해서 새롭게 포장시킨 춘원의 작품은 그 자체만으로도 시대의 의의를 부여받을 수 있을 듯 싶다.

당연한 일이지만, 시대인 춘원의 의식 또한 『일설 춘향전』 곳곳에 포진되어 있다. 주변인 월매의 역할 강화와 이름의 명명이 대표적이다. 춘향전 후기 이본에 오면서 월매의 역할이 강화되고 있기는 하지만, 『일설 춘향전』의 월매의 역할에 비한다면, 그 중요도는 훨씬 약하다고 할 것이다. 월매는 춘향의 어머니 이상의 역할을 수행하고 있다는 느낌을 받을 정도로 발화의 길이나 빈도가 현저히 늘어나 있다.

월매를 '월매'라는 이름으로 명명하는 것 또한 춘원이 갖고 있던 시대의 새로운 의식의 소산으로 보여진다. 여성은 아버지, 남편, 자식의 주변에 머물면서 자신의 정체를 자신의 것이 아닌 남성의 정체성에 덧붙여진 존재로 살아가야 했던 봉건적 의식에 대한 강력한 춘원적 문제제기가 아닐 수 없다.

시조가 사용되고 있는 모습도 춘원의 의식이 직접적으로 반영된 결과이다. 육당과 함께 국민문학운동의 주요 인물로 활동했던 춘원은 공식적으로 운동을 전개하기 한 해전의 작품인 『일설 춘향전』에도 자신의 창작 시조를 선보였다. 실제로 문학운동으로서의 시조 창작 활동에서는 다른 인물에 비해 활약이 컸다고 할 수는 없지만, 춘원으로서는 꾸준히 나름대로의 운동을 전개하고 있었음을 확인할 수 있는 부분으로 이해할 수 있을 것이다.

앞으로는 『일설 춘향전』이 후대본에 어떤 영향을 미쳤는가를 규명하는 작업이 이루어져야 하겠다. 앞에서 확인된 것처럼 독특한 화소가 후대본에 영향을 미치고 있음이 인정되기는 하지만, 보다 구체적인 확인 작업을 통해 이 작품이 지니는 문학사적 의의를 명확히 하는 작업이 필요할 것이다.

영화 <성춘향>과 전후(戰後)의 여성상

백문임

한국 대중문화사에서 '춘향 이야기'는 가장 매력적이고 흡인력이 강한 소재 중 하나였다. 판소리뿐만 아니라 소설, 창극, 연극, 영화, 텔레비전 드라마에 이르는 대중 장르들에서 이 이야기는 수백 번에 걸쳐 리바이벌되었고, 현대 예술가들은 이 이야기를 지적인 실험의 토대로 삼아 왔다. 가장 최근의 대중문화 판본인 영화 <춘향뎐>(2000, 임권택)은 물론 '대중적인' 인기를 얻는 데에 실패했고, 현재 대중문화의 주된 향유층인 젊은 세대는 더 이상 이 익히 알려진 이야기를 반복해서 수용하는 데 그다지 적극적이지 않은 것처럼 보인다. 그러나 <춘향뎐>의 흥행실패는 '춘향 이야기'가 갖는 매력이 소진되었다는 증거라기보다는, 이 영화가 이전의 영화 판본들과는 달리 내러티브나 배우들의 흡인력보다 시각 이미지와 소리를 실험하는 장(場)으로 '춘향 이야기'를 선택했고, 그것이 갖는 지적인 의도가 소위 '대중적 흥미'를 자극하는 것과는 거리가 있었다는 해석이 좀더 타당할 것이다. 이 영화는 이미 알려진 이야기를 반복하는 것보다는 판소리의 청각적 리듬과 전통 복식 및 주거문화의 시각적 질감을 '춘향 이야기'라는 내러티브와 조화 혹은 갈등하게 만드는 실험에 좀더 골몰한 작품이었다.[1] 따라서, '춘향 이야기'는 여전히 갱신과 재평가와 실험에 열려 있는 텍스트라고 할 수 있다.

그러나 이 글은 '춘향 이야기'의 '영원한' 생명력을 규명하는 것을 목표로 하지는 않는다. 다만 현대 대중문화에서 '춘향'으로 대별되는 여성의 이미지와 이야기가 어떤 맥락에서 향유되었으며 어떤 정치, 사회적 맥락 안에 놓여져 왔는가 하는 점을 짚어 보고자 한다. 이때 가장 중요한 텍스트로 1961년도 개봉작 <성춘향>(신상옥)을 다룰 것인데, 그것은 이 작품이 현존하는 영화 텍스트 중 가장 오래된 것이기도 하지만, 식민지 시대와 전후(戰後) 한국 대중문화를 관통하면서 '춘향'이 어떤 문화적 아이콘으로 기능해 왔는가를 보여주는 데 가장 적절하기 때문이다. 이 글은 특히 1950년대 후반부터 시작된 '한국영화의 중흥기'에 주류를 이루었던 멜로드라마의 여성 이미지와 <성춘향>의 여성 이미지가 지녔던 공통점에 초점을 맞출 것이며, 현대 민족-국가의 성립 과정에서 '춘향'이라는 기표가 지녔던(지니고 있는) 모순적이고 중층적인 의미에 주목하려고 한다.

1. 한국 영화사와 <춘향전>

한국 영화사에서 춘향전은 총 17차례 영화화되었다. 단일한 작품으로는

1) 임권택의 <춘향뎐>에 대해서는 설성경, 「20세기 판소리 영화 '춘향뎐'의 작품세계」(『춘향예술의 역사적 연구』, 연세대 출판부, 2000), 정성일, 「아카데미상과 한국의 영화, 영화제; <와호장룡>와 <춘향뎐>의 오리엔탈리즘」(『월간 말』, 2001. 4.), 백문임, 「음악은 어떻게 영화화되는가 ; <춘향뎐>의 경우」(『줌 아웃-한국영화의 정치학』, 연세대 출판부, 2001) 참조.

가장 많이 영화로 제작되었던 것이고, 그 시기는 1923년부터 2000년까지 80여 년에 달하며, 한국 영화사의 의미심장한 궤적들과 흐름을 같이하고 있다. 이 땅에서 처음으로 제작되었던 영화가 <춘향전>(1923, 하야카와 고슈[早川孤舟])이었고, 최초의 토키[talkie; 발성영화]도 <춘향전>(1934, 이명우)이었으며, 한국전쟁 후 피폐해진 영화산업을 부흥시킬 계기를 마련한 것도 <춘향전>(1955, 이규환)이었다. 최초의 칼라 시네마스코프를 실험한 것도 <성춘향>(1961)에서였으며, 최초의 "70미리 대형 색채영화가 될 뻔한(실제는 35미리 칼라 시네스코로 제작된)"[2] 작품이 역시 <춘향>(1967, 김수용)이었다. 한국 영화의 오랜 숙원이었다고 일컬어지는 '칸느' 영화제 입성의 발판을 마련한 <춘향뎐>(2000)에 이르면, 가히 한국 영화사에서 '춘향'은 여러 의미에서 '노다지' 역할을 해왔다고 할 만하다. 모든 춘향전 영화들이 대중적인 성공을 얻었던 것은 아니지만, 한국 영화사의 중요한 단계의 맨 앞에는 늘 춘향전이 있었다고 말할 수 있다.

이는 춘향전이라는 잘 알려진 이야기가 갖는 '낯익음'이 새로운 실험을 안전하게 해주는 보증수표였다는 점을 말해주면서, 다른 한편으로는 각 시대의 사회문화적 결절점을 이 이야기가 잘 보여주었다는 점, 다시 말해 오래된 과거로부터 연원한 것이면서도 현대의 예민한 지점들을 포착하는 '낯설음'이 거기에 있었다는 점을 말해준다.

2) 이영일, 『한국영화전사』(삼애사, 1969). 여기에서 이영일은 "안종화가 감독했던 16미리 색채영화 <춘향전>(1957년)"이 "작품과 흥행 면에서 실패한 유일한" '춘향전'이었다고 말하고 있다. 289쪽.

2. 신상옥과 최은희의 <성춘향>

해방 전의 영화 춘향전 텍스트들은 모두 유실되었고, 현재 확인할 수 있는 가장 오래된 작품은 1961년도작 <성춘향>[3]이다. 1960년, 신상옥은 300만 환을 들여 기자재를 구입하여 한국에서는 최초로 "씨네스코 - 칼라" 영화를 만들기로 한다. 당시 "씨네스코 - 칼라" 영화를 개발하고 있던 일본 영화계의 자문을 얻은 후, 그는 배우이자 부인인 최은희를 비롯하여 김진규, 허장강, 도금봉, 이예춘 등 당대의 인기배우들을 망라하여 한국 최초의 "씨네스코 - 칼라" 영화 <성춘향>을 제작한다. 마침 홍성기 감독 역시 그 부인인 김지미를 춘향역으로 캐스팅하여 <춘향전>을 제작하기 시작했고, 두 영화는 소위 "춘향전 경작(競作) 사건"이라 일컬어지는 화제를 낳으며 열흘 간격으로 개봉한다. 평론가와 관객들은 <성춘향>을 선택했고, 이 작품은 일본에 수출되어 2000여 개 극장에서 개봉된 이외에 국제영화제들에 출품된다. 이영일은 이 "경작사건"의 결과가 여러 면에서 큰 파문을 던졌다고 말하면서, <춘향전>을 만들었던 홍성기 감독이 이 작품의 실패로 그 전성시대의 막을 내렸고, "<성춘향>의 성공적인 흥행으로, 하나의 작은 푸로덕션을 가지고 있었던 신상옥은 오늘날까지 많은 작품을 내놓은 중심적인 메이커의 하나인 '신(申)필름'을 이룩하기에 이르렀다. 이러한 결과는 간접적으로 60년대의

3) 이 글에서는 EBS에서 2002년도에 방영된 <성춘향>을 텍스트로 삼았다. <성춘향>은 프린트와 비디오 출시판도 있지만, 방영을 위해 감독이 직접 편집했다는 점을 존중하여 EBS판을 대상으로 삼기로 했다. 특히 비디오 출시판은 프린트와 EBS판에 비해 삭제된 장면들이 매우 많아서(예컨대 사령 설렁쇠와 물렁쇠가 변학도의 명을 받아 춘향을 데리러 가는 시퀀스가 아예 존재하지 않는다), 연구대상으로 삼기에 부적절하다.

한국영화계에 기업화라는 과제를 실현시키려는 촉진제가 된 것 또한 부정할 수가 없을 것"이라고 평가하고 있다.[4]

그 이전의 영화 <춘향전> 텍스트들이 유실되었기 때문에 <성춘향>의 스토리와 인물 구성, 대사 등이 이전의 것들과 어떤 유사점과 차이를 지니는가를 알 길이 없으나, 적어도 <성춘향>의 기본적인 특징들이 이후 영화 <춘향전>들에 큰 영향을 미친 것만은 사실인 것으로 보인다. 예컨대 김수용 감독이 만든 <춘향>(1967)은 <성춘향>의 스토리 전개와 인물 구성, 대사 등을 거의 빌어왔을 뿐만 아니라, <성춘향>의 대중적 성공에 큰 역할을 했을 방자역의 배우 허장강을 그대로 캐스팅하기도 했다. <성춘향>은 누구나 알고 있는 '춘향 이야기'의 주인공들뿐만 아니라 주변 인물들 - 방자, 향단, 변학도, 사령(물렁쇠, 설렁쇠) - 에 해학과 익살을 덧붙이고, 이를 소화해낸 조연 배우들이 주는 쾌감에 힘입어 성공했으며, 이러한 요소들은 이후 영화 <춘향전>의 제작에 큰 영향을 미치며 재생산되게 된 것이다.

그러나 <성춘향>은 칼라 시네마스코프, 흥미로운 구성과 캐릭터들, 주조연 배우들의 매력과 연기력 등 때문만이 아니라, 전쟁 후 한국영화의 주된 관객층이었던 여성들과의 의사소통에 성공함으로써 흡인력을 지니게 되었다. <성춘향>은 한국 대중들이 익히 알고 있는 '옛날 이야기'로서뿐만 아니라 1961년 당시 한국영화의 주된 경향이었던 소위 '신파'와 멜로드라마의 맥락 내에서 소통되었던 것이고, 이는 달리 말해 당시 여성 관객들의 욕망과 필요, 두려움 등을 대중문화적 코드로 만들어내는 데에 이 영화가 성공을 거두었다고 할 수 있는 것이다. 여기에서 논쟁의 지점은, '춘향'이라는 기표가 지니고 있는 양가성을 둘러싸고 생겨나게 된다. 구전되는 이야기로 탄생

4) 이영일, 앞의 책, 313쪽.

하여 현대 들어서는 "대표적인 고전"으로 자리잡게 된 '춘향 이야기' 속의 '춘향'이라는 아이콘은 1961년의 문화적 상황 내에서 이율배반적으로 보이는 좌표에 자리하고 있기 때문이다. 이 좌표는 다양한 힘들의 자장 안에, 즉 봉건적 신분제에 저항하는 하층 여성, 지고지순한 사랑에 몸을 던지는 청순 가련형의 여성, 목숨 걸고 '정절'을 지키는 봉건제의 열녀, '외세'와 결부된 현대화에 매혹된 여성들을 꾸짖는 민족 정신의 구현체 등 상충되고 모순되는 힘들의 자장 안에 놓여 있다. 이 자장 안에서 1961년도의 여성 관객들은 '춘향'으로부터 어떤 이미지와 가치들을 발견했는가, 그리고 왜 거기에 열광했는가.

사실 <성춘향>에 대해서는 여기에서의 '춘향' 및 최은희의 이미지가 '과거적 가치'를 구현하고 있으며, 이는 1960년대 다시 대두했던 '양처현모' 이데올로기를 대중문화 차원에서 예표한 것이라는 논의가 지배적이다. 우선 "열녀"라는 이미지가 춘향에 큰 그림자를 드리우고 있으며, 이는 식민지 시기 민족-가부장적 가치와 결부된 여성상이 대두한 것과 관련된다. 신사임당이나 논개와 더불어 그녀는 이른바 '신식여류'를 비난하는 남성 지식인들의 단골 무기로 활용되었다. "단발, 사상, 신식여류, 현녀(衒女)"로 요약되는 당시 여성들의 풍속과 대조되는 정녀(貞女)로서, '춘향'은 자유연애에 미쳐 날뛰는 허영많은 근대 여성들을 꾸짖는 준엄한 전범으로, 강력한 기표로 나타난다. 이때 '춘향'은 은밀하게 민족적 재산권으로서의 정조를 지지하는 존재가 된다. 서구 문물과 근대적 가치관에 '오염'된 근대 여성들과 대조적으로, '전통적'이라 간주되는 민족-가부장적 가치관을 체현한 하나의 아이콘이 되는 것이다.[5] 또한 최은희라는 배우가 특히 <사랑방 손님과 어머니>(1960,

---

5) 백문임, 『춘향의 딸들, 한국 여성의 반쪽짜리 계보학』(책세상, 2001), 김미현, 「영

신상옥)를 통해 구축한 전통적이고 순종적인 여성 이미지가 <성춘향>으로 이어지면서, 박정희의 근대화 프로젝트에서 부활한 '양처현모' 이데올로기에 부합하는 여성상을 형성했다는 평가도 이와 맥락을 같이하는 것이다.[6]

그러나 '춘향'이라는 여성상의 종적인 이미지 변화나 '양처현모' 이데올로기와 같은 '위로부터의' 규율의 맥락에서 벗어나 전쟁 후 소위 '신파'와 멜로드라마의 맥락 속으로 <성춘향>을 집어넣을 경우, 이와는 다른 방식의 문화적 기능이 존재했다는 점을 유추할 수 있게 된다. '춘향'이라는 이미지 자체는 동시대의 사회문화적 코드들과 결부되어 있기 때문이다. 대중적인 문화 텍스트가 늘 대중들의 욕망 및 필요, 불안, 공포 등을 코드전환(transcode)하는 것이라는 점을 염두에 둔다면, <성춘향>이 이미 익숙한 이야기의 단순한 재탕이 아니라 1961년 당시 주류를 이루었던 소위 '신파'와 멜로드라마 장르와의 상호 텍스트성을 지니면서 동시에 당시 관객들의 욕망 및 불안을 거기에 투영하고 해결할 수 있는 문화적 코드였다는 점을 간과할 수 없다. 예컨대 안진수는 1950-60년대 멜로드라마 중 '여성 법정 드라마'라 할 수 있는 하위 장르의 코드와 <성춘향>을 나란히 놓고 독해함으로써, '춘향'이라는 전통적인 기표가 갖는 규정력으로부터 이 작품을 다소간 해방시키려고 시도한다. 이 작품에서 '여성 법정 드라마'의 코드는 춘향과 변사또가 『대전통편(大典通編)』을 놓고 논쟁을 벌이는 장면에서 가장 두드러진다

화사 속의 '춘향전'」, 『근대의 풍경; 소품으로 본 한국영화사』(도서출판 소도, 2001).

6) 백문임, 앞의 책. 한편 곽현자는 최은희의 이미지가 단일하고 고정된 것이 아니라고 보고 있다. 예컨대 <사랑방 손님과 어머니>에서 최은희가 전체적으로는 현명하고 조신한 전통적인 여인상을 구현하고 있지만 어떤 잉여의 순간들에서 성적 욕망과 같은 이질적인 이미지를 보이기도 한다는 것이다. 곽현자, 「미망인과 양공주; 최은희를 통해 본 한국 근대여성의 꿈과 짐」, 주유신 외, 『한국영화와 근대성』(도서출판 소도, 2001년).

고 말하면서, 그는 남성 및 자녀들과의 관계에서 법적인 보호를 받지 못했던 1950~60년대 여성들의 사회적 상황이 이 장면에 투사되었다고 본다. 여성에게 결코 유리하지 않았던 당시 가족법이나, '법적 결혼'의 테두리 밖에서 사실혼 관계를 맺고 있던 숱한 여성들의 상황이, 이와 유사하게 법적으로 보장받지 못하는 혼인관계를 맺었던 춘향의 자기항변 장면에 투영되었다는 것이다.[7] 이러한 관점은 영화사에서 여러 차례 제작되었던 <춘향전>들이 단지 동일한 이야기의 유사한 변주들이 아니라, 각 사회문화적 문제들을 투영하고 그것을 상징적인 방식으로 해결하는 텍스트들이었다는 점을 강조함으로써, '춘향' 영화 독해를 다양한 관점에로 열어놓는 데 도움을 준다. 이는 또한 전쟁 후 한국 영화의 주종을 이루었던 소위 '신파'와 멜로드라마를 역시 여성 관객들과의 역동적인 상호작용으로 이해하는 태도라고 할 수 있다.

이 글은 대중문화 텍스트와 수용자간의 이러한 역동적인 상호작용과 그것을 통한 상징적 해결에 적극적인 의미부여를 하는 동시에, 그럼에도 불구하고 한국 현대 문화사에서 '춘향'이라는 기표가 민족 - 가부장적 가치들과 결부되었던 양상을 나란히 배치하려고 한다. 이를 위에서 언급했던 바 '춘향' 이미지의 양가성이라 말할 수 있을 것인데, 달리 말해 1961년의 상황에서 '춘향'은 민족 - 가부장적 가치를 수호하는 기능을 함과 동시에 그에 대한 논리화되지 않은 불만과 항변을 표현하고 해결하는 역할을 했다고 보려는 것이다.

---

7) Jinsoo An, "Period Drama' Films: Ambiguities of Historical Imagination," 연세대 미디어 아트 연구소 주관, *Yonsei International Symposium for Korean Cinema* ("Aesthetics and Historical Imagination in Korean Cinema") 발표문, 2003년 9월 29일.

3. '신파' 및 멜로드라마와 "수난"이라는 주제

<성춘향>을 1961년 당시 여성관객의 눈으로, 그녀들의 고민과 불안과 욕망을 통해 바라본다면 어느 장면 혹은 부분이 눈에 뜨이게 될 것인가. 누구나 알고 있는 이야기를 풀어나가는 과정에서 <성춘향>에 특히 두드러지는 것은, 춘향이 스스로의 '사랑'를 지키기 위해 수난을 당하는 부분이다. 변학도의 수청 요구에 불응하는 춘향의 태도를 '절개'나 '정절'이 아니라 '사랑'을 지키기 위한 태도로 표현하는 이유는, 이 영화에서 춘향은 봉건적인 가부장제의 가치를 수호하기 위해 분투하는 것이 아니라, 즉 다시 말해 주어진 규율 때문도 아니고 몽룡을 '위하여' 분투하는 것이 아니라, 사랑을 지키려는 자발적인 노력을 하고 있는 것으로 그려지기 때문이다. 그녀는 스스로의 사랑을 믿고 그것을 지키려고 하기 때문에 수난을 겪는 것이고, 이는 <성춘향>으로 하여금 봉건시대의 풍속을 단순히 재현하는 텍스트가 아니라 하나의 연애 이야기[8], 여성 수난 이야기가 되도록 만든다. 그리고 이는 <성춘향>의 관객이기도 했던, 전쟁 후 소위 '신파'와 멜로드라마의 여성 관객들이 동일시하고 감정이입했던 여성 이미지 및 상황과 대화적 관계에 놓여 있다.

1950~60년대 초 한국 영화의 주된 관객층은 일명 "고무신짝"이라 불리우는, 교육수준이 낮은 여성과 중장년층이었고, 비평의 주체였던 평론가나 저널리스트들은 고학력의 남성들로서 프랑스, 이탈리아, 할리우드 영화의 주

---

8) '춘향 이야기'가 유교질서 하에서 여성의 덕목으로 일컬어졌던 "정절"보다 하나의 연애 이야기로 간주되는 과정, 즉 선남선녀의 사랑담으로 초점이 맞추어지는 과정은 현대 대중문화의 형성과정과 긴밀한 관계에 있다고 생각된다. 이에 대해서는 별도의 연구가 필요하다. 한편 근대적 '연애' 개념의 성립과 문학 내에서 '춘향 이야기'의 정전화 과정을 연구한 것으로는 강진모의 「'고본 춘향전'의 성립과 그에 따른 고소설의 위상 변화」(연세대 석사학위논문, 2002)를 참조.

된 관객층이었다. 1950년대 중후반 "한국영화의 중흥기"에는 문화적 위계질서가 가시화되기 시작하면서, 한국영화와 외국영화를 상영하는 극장은 분리되어 있었고 입장료에서도 차이가 있었다. 여성관객과 저학력 중년층, 변두리 계층의 사람들은 한국영화를 향유했고, 이들을 소구(訴求)하는 영화들이 '신파'와 멜로드라마였다. 그런데, 이때 소위 '신파'와 멜로드라마는 영화비평 담론 내에서는 명확히 구분이 되고 있었다. 소위 '신파'는 식민지 시대에서부터 유행했던 것으로, 그것을 하나의 장르로 보아야 할지 특정한 양식이나 스타일로 보아야 할지에 대해 어떤 합의된 기준은 존재하지 않는다. 평론가들은 멜로드라마를 서구로부터 유입된 장르로 간주하며, 세련된 영화형식과 서구적인 셋팅, 동시대의 정조를 담아내는 하나의 형식으로서 비교적 호평을 하는 편이었다. 반면 소위 '신파'는 식민지 시대의 유명한 '신파' 배우 전옥의 영화활동, 1950년대 유행했던 여성 국극의 인력들(가장 유명한 것은 임춘앵 극단)이 만든 영화들, 그리고 식민지 시대부터 재생산되어 온 일련의 여성 수난기 등을 뭉뚱그려 가리킬 때 사용되는 말이다. 특히 '신파'는 구시대의 유습이라는 비난을 면치 못했는데[9], 그럼에도 불구하고 '신파'의 주된 모티프인 여성 수난기는 세련된 멜로드라마에서도 끊임없이 다루어짐으로써, 여성이 표상하는 가치들이 전쟁 후 격변기에 어떤 경합의 장에 놓여졌는가를 보여주고 있다.

---

9) 당시 평단에서는 한국영화 관객의 주류를 "춘향전이나 임춘앵 창극같은 흥행물로 쏠리는 최하층의 관객과 여기 휩쓸리는 노년층"(「제언; 한국영화의 위기-기획의 혁신을 위하여」, 『영화세계』, 1957년 8/9월호), "고무신짝"이라 불리는 여성들이라고 규정하면서, "일련의 전세기적인 유물을 '테-마'로 한 순신파조들이 [관객동원-인용자] 5만대를 넘"("58년도 관객동원수로 본 내외영화 베스트 텐", <동아일보>, 1958년 12월 24일자 기사)어서는 선전을 하는 데 대해 비판적이었다. 그러나 이영일은 작고 직전의 강의에서, 식민지 시대부터 지속된 한국영화의 지배적인 경향으로서 '신파'의 중요성을 강조했다. (한국예술연구소 엮음, 『이영일의 한국영화사 강의록』, 도서출판 소도, 2003.)

1950 - 60년대 '신파'와 멜로드라마의 여성 수난기는 전쟁과 궁핍으로 인해 여성이 겪게 되는 고통에 초점을 맞추고 있다. 전쟁은 남녀 사이의 숱한 이별과 만남을 만들어 냈고, 이는 연인관계 혹은 부부관계에 단절과 균열을 가져왔다. 남성이 다른 파트너 혹은 배우자를 다시 만나 쉽게 가족 혹은 유사-가족관계를 꾸릴 수 있고 또 그것이 법적인 장치에 의해 보호가 되었던 반면, 여성의 경우 이러한 재결합은 윤리적으로나 법적으로나 보장받기가 어려운 것이었다. 전쟁 후 많은 여성들이 경험했을 이러한 고통과 불안정함을 다루면서, 당시 영화들은 여성 주인공에 대한 관객의 공감과 감정이입을 끌어낼 수 있는 다양한 기법 및 방법들을 고안하고 있다. 예컨대 표면적으로는 세련된 멜로드라마로 만들어진 <모정>과 <어느 여대생의 고백>에서, 연약한 여성에게 직접 목소리를 부여하고 그녀로 하여금 신세한탄을 하게 하거나 억울함을 항변하게 하기보다 디게시스에서 벗어나는 장치들을 통해 관객으로 하여금 그녀에게 감정이입하게 만드는 장면들이 그것이다.

<모정>(양주남, 1958)에서, 전쟁 중에 하룻밤 정분을 맺은 후 남성은 곧 발랄하고 부유한 여성과 결혼을 하여 새 가정을 꾸리지만, 임신을 하게 된 여성은 아이를 낳아 고생하며 키운다. 아이가 성장하자 여성은 아이의 아버지를 찾아가 아이를 맡아줄 것을 부탁하는데, 이 과정에서 영화는 이 여성의 망설임과 고통을 묘사하는 장면에 관객의 감정이입을 이끌어내기 위해 매우 공들인 흔적을 보여준다. 완벽한 구도와 조명으로 짜여진 대문 앞 씬에서 여성은 망설임과 불안을 느끼고 있고, 이 심리는 대사가 아니라 매우 길게 편집된 음악으로 전달이 된다. 신식으로 지어진 집의 대문 및 아름다운 나무와 대조를 이루는 여성의 참담한 표정은 이 매우 연극적인 미장센 및 길게 이어지는 구슬픈 음악으로 인해 정서적 공감대를 이루는 데 성공하게 된다. 내러티브의 전개는 이 장면에서 오랫동안 중단되고, 과거의 사랑과 현재의

고통을 반추하고 내면화하는 데 몰두하게 되는 것이다.

한편 <어느 여대생의 고백>(신상옥, 1958)에는 의지할 남성이나 친지가 없고 경제력도 지니지 못한 여성들이 어떠한 처지에 놓이게 되는가를 보여주는 이중의 에피소드가 그려지고, 이 여성들간의 공감과 유대가 예의 '신파'와 멜로드라마의 접합 지점에서 나타난다. 하나는 고아인 여주인공 소영이 학비를 대주던 할머니가 돌아가시고 취직도 하지 못하자 거리에서 방황하는 에피소드이고, 다른 하나는 정분을 나누던 남성이 떠나간 후 아이를 혼자 낳아 기르던 전순희가 아이가 병에 걸리자 입원비를 마련하지 못해 거리에서 방황하는 것이다. 전자의 경우 취직을 위해 여러 회사에서 면접을 보던 여대생 소영이 좌절하게 되는 이유는, 한편으로는 아직 학생 신분이고 업무 경력이 없기 때문이지만, 다른 한편으로는 일자리를 구하는 젊고 아름다운 여성이 성적인 대상으로 간주되는 분위기를 견뎌내지 못해서이다. 밀린 방세를 내지 못하고 취직자리도 얻지 못해 거리를 방황하게 되는 그녀에게 곧 닥쳐오는 것은 윤락의 유혹이다. 후자의 경우에도, 혼자 아이를 키우기에 역부족이었던 전순희에게 닥쳐오는 것이 윤락이라는 최후의 수단이다. 그녀는 마침내 밤거리에 서서 남성들을 기다리지만, 막상 한 남성이 접근해 오자 그를 뿌리치고 만다. 이 영화는 여대생 소영이 법학과를 졸업하고 변호사가 되어, 피고 전순희를 변호하는 장면에서 클라이막스에 달한다. 거리를 방황하던 전순희는 여고 동창생에게 돈을 빌리러 갔다가 그 동창생과 살림을 차리고 있는 옛 남자를 발견하고는 순간적으로 흥분하여 그를 과도로 찔러 살해하고 만다. 그녀는 살인혐의로 법정에 서게 되는데, 그녀의 과거는 변호사 소영의 변론과정에서 플래쉬백을 통해 처음으로 관객 앞에서 재구성된다. 이때 플래쉬백은 변호사 소영의 나레이션과 당시 '신파'와 멜로드라마의 장르적 관습이었던, 관객의 정서적 공감을 이끌어내는 감상적인 음악, 그리고 미장센으로 이루어져 있다. 여기서 피고의 처지에 대한 동정을 이끌어내려는 변호사의 나레이션은 마치 무성영화 시절, 스크린 위의 화면을 관객들에게 보여주며 그에 대해 논평하고 관객의 정서를 조직하는 데 절대적인 역할을 했던 변사의 그것과 흡사하다. 전순희의 과거사는 이미 완결된 사건이고, 그것을 감상적인 미장센과 음악 속에서 재구성하여 관객 앞에 전시하는 것은 법정에 있는 법관들 및 청중들 사이의 의사소통을 위해서라기보다는 오히려 이 영화와 그것을 보는 관객들간의 의사소통 수단으로 활용된다. 완결된 사건에 대해 재서술을 하고 논평을 하며 나아가 관객들의 정서적 공감대를 이끌어내는 변호사 소영은, 형식적으로는 변사와 같이 사건과 상황을 잘 알고 그것을 장악하는 위치에 서 있다. 그러나 좀더 의미심장한 것은 변호사가 여기에 자기자신의 경험을 투영하고 이미 감정이입을 한 상태에서 이 사건을 진술하고 있다는 점이다. 그녀는 '법'이라는 이름으로 전순희의 살인동기를 '논리화'하여 보여주는 역할을 떠맡았지만, 대학생 시절 전순희와 동일한 경험과 고통을 겪었던 여성의 입장에서 전순희의 처지에 '공감'할 것을 강하게 주창하고 있기 때문이다. 이는 변론이라는 추상적인 언어형식뿐만 아니라, 전순희의 수난을 미장센과 음악을 통해 감상적으로 이미지화하는 형식으로 전달됨으로써 호소력을 지니게 된다. 여성들의 '수난'에 대한 이러한 이중의 호소와 연대는 1950년대 여성관객들이 어느 지점에서 영화 속 여성들과 '정서적 유대'를 형성했을지를 유추할 수 있게 해준다.

'신파'와 멜로드라마에서 다루어지던 여성 수난기와 대화 관계에 있는 <성춘향>의 특징 혹은 지점 역시 춘향이 수난을 당하는 장면들이라고 할 수 있다. <성춘향>은 이야기의 전개에 따라 상영시간을 정확히 1/3씩 배분해 놓고 있다. 전반부는 청춘 남녀의 만남과 사랑을 밝고 명랑한 분위기로 그린 40분이고, 중반부는 이들의 이별과 변학도의 수청 요구로 춘향이 고난을 겪는 40분이며, 마지막 40분에는 어사가 된 이몽룡이 남원을 향해 내려오는 과정과 춘향의 수난이 교차 편집됨으로써, 관객이 익히 알고 있는 어사출도 장면을 향해 모든 것이 집중되게 만든다. 전반부를 지배하는 정서가 설레임과 기대라면, 중반부와 후반부에서 춘향을 그리는 장면들은 비애와 슬픔, 기다림의 정조로 가득 차 있다. 여기에서 당대 소위 '신파' 및 멜로드라마의 낯익은 모티프가 반복되는 것은 이 중후반부, 즉 변사또의 수청 요구를 거절한 춘향이 수난을 당하는 장면들이다.

일단 전반부 1/3이 지난 지점부터 춘향은 더 이상 '절세미녀'로서의 자태를 지니지 못하고, 이도령을 기다리다 상사병이 나서 초췌해진 모습, 머리를 풀고 흰옷을 입고 옥에 갇혀 시름에 잠긴 모습, 마지막에는 거동을 못할 정도로 병이 든 모습으로 그려진다. 물론 이는 관객들이 익히 알고 있는 '춘향이야기'의 수난 장면들을 시각화한 것이지만, 그 시각화는 수난당하는 여성의 신체에 대해 여성 관객들이 "적절한" 미적인 거리를 취하지 않고 과잉-연루(over-involvement)가 되게끔 충분히, 다시 말해 내러티브로부터 과잉된 것으로 이루어져 있다. 이 장면들은 점점 상해가는 춘향의 신체에 대해 관객들 역시 신체적인 반응을 할 수 있도록, 즉 눈물과 감정이입 등 신체적인 반응을 통해 그녀의 정서를 모방(mimic)할 수 있도록 배려하는 장면들이라 할 수 있다.[10] 과잉-연루와 신체적 모방이 여주인공과 여성 관객들 사이에 교환되

10) 린다 윌리암스는 포르노그라피, 공포영화와 더불어 멜로드라마를 "신체 장르(body genres)"로 범주화하면서, 이 장르는 강렬한 감정 혹은 정서에 사로잡힌 신체를 전시할 뿐만 아니라 무아경의 형식이라 불릴 수 있는 파토스에 초점을 맞추고 있다고 말한다. 특히 이 장르는 스크린 위에 보여지는 여성의 감정과 정서를 관객들이 자발적으로 모방하는 신체적 반응을 이끌어 낸다는 점에서, 감각적인 신체를 전시하는 또다른 장르들인 스릴러, 뮤지컬, 코미디와 구별된다. 이 모방행위는 대상으로부터 적절한 거리를 취하는 것이 아니라 감정과 정서 차원에서 그 대상에 관객이 과잉-연루되었음을 보여주는 것이다. Linda Williams, "Film Bodies : Gender, Genre, and Excess," *Film Quarterly*, 44 : 4, Summer 1991, the University of California Press.

는 것이라면, 춘향과 극중 남성들의 관계는 이와 흥미로운 대조를 이룬다. 즉 여성관객들과의 강하고 모방적인 관계와 달리, 춘향은 변학도 및 이몽룡의 응시로부터 교묘하게 벗어남으로써, 그들에게는 '알 수 없는' 타자로 변화한다. 변학도가 춘향을 회유하고 협박하는 장면들에서, 춘향은 변학도의 시점에서 클로즈업되면서 욕망의 대상으로서 관음증적인 응시(voyeuristic gaze) 아래 놓이는 것처럼 보인다. 그러나 이런 응시의 대상으로서 춘향은 변학도의 질문에 대하여 "소녀는 창녀가 아니옵니다", "하늘이 무너져도 소녀의 마음은 굽힐 수 없소이다"라는 답변을 차갑게 함으로써, 시각적 환영을 깨뜨려 버린다. 이미지와 목소리 사이에 괴리와 단절을 만들어냄으로써, 이 장면들에서 춘향은 대상화하는 시선의 권력으로부터 벗어나 그 시선에 영원히 포착되지 않는 심연(深淵)으로 들어가 버리는 것처럼 보인다. 이는 어사출도 후 이몽룡의 응시로부터도 춘향이 벗어난다는 점으로 인해, 더욱 흥미로운 양상을 보인다. 어사로서 관정에 자리잡은 이몽룡은 춘향을 옥에서 불러내는데, 사령들의 부축을 받아 춘향이 걸어나오는 이 장면은 춘향의 비참한 형상을 의외로 길게 편집함으로써 관객의 반응을 충분히 끌어내려고 한다. 이미 어사출도 장면에서 카타르시스를 경험했을 관객들은 이제 이 연인들의 재회를 기대하고 있을 터인데도, 옥에서 나오는 춘향의 형상은 지금까지보다 훨씬 더 비참하게 그려지며, 이로 인해 춘향은 부채로 얼굴을 가리고 선 이몽룡의 응시로부터 벗어나 다시금 관객과의 정서적 장(場)으로 들어간다. 자신의 정체성을 은폐한 채 관정에 춘향을 불러내는 이몽룡은 춘향으로부터 "적절한" 거리를 취한 채 그녀를 응시하지만, 이 과잉적인 편집과 시각화는 춘향을 이몽룡의 응시로부터 비껴나게 만들고, 오히려 춘향에 대한 연루적 관계를 유지하고 있는 관객들과 춘향을 연대하게 만들며, 나아가 어쩌면 이몽룡의 응시를 '비난'하는 위치에서 이들을 연대하게 만들었을 수도 있다.

다시 말해 <성춘향>에서 춘향은 관객들과의 정서적 공감과 과잉-연루를 배려한 연출을 통해, 수난당하는 여성과의 유대 및 동일시를 강하게 환기하게 되었다고 할 수 있다. 더욱이 어느 지점에서 이것은 남성들의 권력적인 시선으로부터 벗어나 춘향과 여성 관객들만을 더욱 강하게 묶어주는 것처럼 보이기도 한다. 따라서 매우 낯익은 '춘향 이야기'를 향유할 때에도, 특정한 순간, 장면, 혹은 특정한 시각적 이미지는, 관객들로 하여금 전후(戰後)의 여성 수난이라는 현실로부터 유추된 상상력을 갖게끔 만드는 것이다. 이 특정한 장면들에서 춘향은 '열녀'로 상징되는 보수적인 여성상이라기보다, 가난과 유혹으로부터 스스로를 지키려고 분투하는 동시대의 여성이 된다.

4. 민족-가부장적 가치의 인증자로서 춘향

<성춘향>의 춘향은 이렇게 관객에게 낯익은 이야기 속의 주인공으로서, 그리고 1950년대 중반 이후 소위 '신파'와 멜로드라마의 모티프를 재현하는 주인공으로서 흡인력을 이끌어낸 동시에, 1960년대 근대화 프로젝트의 진행을 예표하는 상징의 역할을 하기도 했다. 근대화 프로젝트는 서구적, 자본주의적 산업화와 더불어 민족적 정체성을 확립함으로써 그 산업화에 주체적인 성격을 부여하는 이중과제를 동시적으로 추진하는 프로젝트였다. 민족적 정체성의 확립은 "서구 지향의 근대화 프로젝트가 한국 사회에서 만들어 내는 숱한 사회 관계와 갈등을 합리화하고 통합하고 또 반대자를 타자화하여 배제하는 수단"으로 기능했으며, 여기에서 여성 혹은 여성적인 가치는 근대성의 어두운 면, 부정적인 면을 담지하는 것으로 간주되거나, 1962년부터 진행된

산아제한이 표상하듯 근대 국민국가 발전에 적극적으로 일역을 담당하는 '근대적 어머니의 신체'로 수렴되어야 했다.[11] <성춘향>은 박정희 체제의 근대화 프로젝트가 본격적으로 가동되기 직전 개봉되었음에도 불구하고, 이러한 프로젝트에 복무하는 '양처현모'로서의 여성상을 예표하는 상징으로서의 측면을 갖기도 한다. 자본제적 근대화가 필요로 하는 정신적인 측면으로서의 '민족적 정체성'을 '춘향'이라는 기표가 상징하기 때문이기도 하고, 변학도로 대표되는 물질적인 유혹에 굴하지 않는 정신적인 주체성이 '춘향'이라는 여성을 통해 체화되기 때문이기도 하다. <성춘향>의 마지막 장면은 이와 관련하여 매우 의미심장한, 장황한 목소리로 이루어져 있다. 변학도를 응징하고 춘향과 재회하게 된 몽룡은 여기에서 순간적으로 '민족-국가' 혹은 '전통적 가부장제'의 목소리를 지니게 된다.

> "그대의 천하고 약한 몸으로 포악무도한 관의 압박에 굽히지 않고 몸소 죽음으로써 항거하야 너의 고운 몸과 마음을 지켜온 바, 가히 갸륵하고 장하도다. 너의 이름은 사해에 알려지고 정사에 길이 빛나리라"

이 장면에서 이몽룡은 어사또라는 공식적인 직분, 즉 왕의 직접적인 명을 수행하는 대행자로서의 위치와, 춘향의 연인으로서의 위치를 분열적으로 오가고 있다. 부채로 얼굴을 가린 채 집행한 판결에서 그는 처음에는 춘향의 '죄'를 판단하는 판관의 역할을 맡아 그 잘잘못을 판가름하다가, 홀연 언약의 징표인 옥지환을 꺼내어 그녀에게 전달함으로써 자신이 어사가 아니라 남녀 간의 신의를 지켜온 하나의 연인임을 증명한 후, 위의 대사를 하는 순간에는

---

11) 김은실, 「한국 근대화 프로젝트의 문화논리와 가부장성」, 『우리 안의 파시즘』, 삼인, 115쪽.

다시금 '이몽룡'으로서가 아니라 '어사'로서의 정체성을 강조하는 것이다. 춘향의 순정은 연인으로서 칭송되는 것이 아니라 이 순간 "사해"로 대표되는 공적 영역과 "정사"가 의미하는 바 국왕 중심의 공식적인 담론에 의해 "갸륵하고 장한" 행위로 칭찬되는 것이다. 이 순간 춘향은 단순히 개인적인 사랑을 지키기 위해 수난을 겪은 평범한 여성이 아니라 공적이고 민족-가부장적인 차원의 "갸륵하고 장한" 여성, 즉 자신의 사적인 감정과 행동을 민족-가부장이라는 대의에 헌신한 여성으로 초월하게 되는 것이다. 이 장면에서 춘향은 사라지고 민족-가부장적인 기표만이 남게 된다. 그녀의 사적인 사랑, 욕망 등은 여기에서 거세되며, 순식간에 그녀는 비록 약하지만 불의에 항거하여 몸과 마음을 지켜낸 공식적인 여성상이 된다. 이를 굳이 '열녀'라 이름 붙이지 않더라도, 사적이고 개인적인 목적과 욕망이 사라진, 민족-가부장의 여성 주체라는 점은 명백해지는 것이다. 그리고 이는 이 영화가 개봉된 바로 다음 해부터 '산아제한'을 통해 본격적으로 추동되게 되는 근대적 여성상과 정확히 겹쳐지는 것이다.

1961년 <성춘향>은 미래의 여성상을 예표할 뿐만 아니라 가까운 과거의 여성상을 폐기한다는 의미를 지니기도 한다. 이는 1950년대 "시대풍조의 멜로드라마"에 등장했던 자유로운 여성상과 비교했을 때 특히 두드러지는 특성이다. 한국영화 중흥기의 토대를 마련한 것은 1955년 <춘향전>과 1956년 <자유부인> 두 작품으로 대별되는데, <춘향전>이 회고조의 시대극[12] 으로서 민족 전통을 통해 전쟁 후의 어지러운 정서를 안정된 방향으로 통합

12) 허백년은 1955년 <춘향전>과 같은 "코스튬 푸레이"가 의미가 있으려면 고전 문학작품을 영화화함에 있어서 "현대화"에 전념해야 한다고 지적한다. 이미 알려진 작품을 영화화했다는 자체만으로 관심을 끌어서는 안 되고, 거기에 "현대적인 기식(氣息)을 불어넣어 관중의 공감을 자아 내어야 한다"는 것이다. 허백년, 「한국영화예술의 새 방향」, 『문학예술』, 제2권 제1호, 1955. 6.

하는 기능을 했[13]던 반면, <자유부인>은 1950년대 후반 멜로드라마의 주된 흐름이라 할 수 있는 "시대풍조의 멜로드라마"[14]를 마련한 작품이다. <자유부인>은 동시대를 배경으로 하여 댄스와 서구 물품, 양장으로 상징되는 서구 소비문화에 매혹된 여성을 등장시키고 있는데, 이런 경향은 1950년대 후반 멜로드라마를 지배하면서, 공적 영역에 등장한 강렬하고 매혹적인, 새로운 '신여성'들을 다루는 데 집중하게 된다. 주유신은 이 신여성들의 특징을 "공적 영역으로의 진출, 소비주의에의 몰두, (자의적이든 강제적이든) 가부장제적 위계질서와 통념에 대한 도전"으로 요약하면서, 이들이 1920년대의 '신여성'들과 연장선상에 놓여 있으면서도 "전후에 일어난 젠더 관계의 변화, 가부장적 권위의 쇠퇴, 대중문화와 물질주의의 확산이라는 변동하는 조건 속에서 근대성과 자본주의라는 두 가지 지형을 절합하는 역동적인 인간형이자 전쟁이 낳은 보편적인 남성 무력화의 가장 가시적인 상징"이 되었다고 평가하고 있다.[15] 다시 말해 <자유부인>과 <지옥화>(신상옥, 1958)등 일련의 "시대풍조의 멜로드라마"는 전쟁 후 변화한 조건 속에서 등장한 자유롭고 도발적인 여성들을 다루고 있다고 할 수 있는 것이다. 그리고 소위 '신파' 영화들에 열광했던 여성 관객들은, 다시 말해 다소 전근대적인 굴레에 매여 있는 약하고 가련한 여성들의 처지에 공감했던 여성 관객들은, 이렇게 새롭고 강하고 매혹적인, 다시 말해 가부장적 굴레에 매여 있지 않은 여성

13) 이영일은 "스토오리는 예전부터 되풀이되어 온 <춘향전>에 별다른 것이 아니었지만 이 작품의 대흥행은 전란에 시달린 민중들에게 비로소 안정된 정서를 되찾아주는 역할을 했다. <춘향전> 속에 담겨져 있는 보수적 정서는 위로와 안도의 감정을 듬북 안겨 주었다"고 말한다. 앞의 책, 202쪽.

14) 이영일, 앞의 책, 204-212쪽.

15) 주유신, 「<자유부인>과 <지옥화>; 1950년대 근대성과 매혹의 기표로서의 여성 섹슈얼리티」, 『한국영화와 근대성』, 도서출판 소도, 2001, 25쪽.

주인공들에게도 동경을 보냈다. 이 여성들 역시 '신파'의 여주인공들처럼 1950년대 후반의 현실 속에 존재하던 여성들이었으며, 그들이 보여주는 위반과 자유스러움은 전통적 가치의 붕괴를 경험하고 있던 당대에 있어서 여성들에게는 불안과 두려움보다는 해방적인 어떤 것을 대리만족시켜주는 역할을 했던 것이다.16)

<성춘향>은 1950년대 후반 "시대풍조의 멜로드라마"의 역동적이고 매혹적인 여성상과 정확히 대척점에 놓인 여성상을 그려내고 있다. 그리고 이는 '춘향'이라는 여성이 현대 들어 지니게 된 이미지 혹은 놓여온 문화적 위치에 의해 뒷받침되는 것이기도 하다. 일단 '춘향'은 <춘향전>이 "민족의 고전"으로 평가받기 시작한 식민지 시대부터 논개, 신사임당과 더불어 '정절', '열녀'등의 가치와 결부되면서 근대적인 '신여성'들을 꾸짖고 나아가 처벌하는 일종의 규범으로 작용해 왔다. 식민지 시대에 '춘향'이라는 기표가 어떻게 전통적이고 봉건적인 여성상의 전형으로 등장했는가를 다음의 예문은 잘 보여주고 있다.

> 오늘의 인간사회, 아까 먼저 말씀도 하셨지만 그 문명이란 것이 인간 자신의 문화가 되지 못한 것은 인간남녀양성의 문명이 되지 못한 까닭이라고 생각합니다. 모두가 남자들 본위로 발달된 것만 아닙니까. 그러므로 과연 뜻있는 여성은 머리를 깎고 나와 남장운동을 하지 말고 남녀독단문명을 까닭 모르고 조력하지 말고 여성으로 하여금 여성 자체로 돌아가게 함이 인류의 정통문화운동이라고 할 것입니다. 천지에 일월이 있어 주야(晝夜)의 별(別)이 있는 이상 인간의 남녀별은 생활형식에 있어서나 생활

---

16) 변재란은 1950년대 한국영화의 여성 관객들에 대한 리서치를 통해 이 점을 규명하고 있다. 「한국 영화사에서 여성관객의 영화관람성 연구」, 중앙대 박사학위논문, 2000.

내용에 있어서나 엄연히 분별되어 있을 것입니다. 더구나 요새 소위 신식 여류들의 말로를 가만히 보면 금남이남으로 전전할 때에는 입으로라도 무엇이니 무엇이니 하고 떠돌아다니다가 어쩌다 살림이라도 차리게 될 날부터는 동지라던 친구가 찾아오는 것까지 싫어하는 것입니다. 그리고 본다면 그가 해방운동을 해온 것이 아니라 구남(求男)운동, 탐남(耽男)운동을 해온 것이 아닙니까?...... 옛말에도 현녀부정(衒女不貞)이란 말이 있지 않습니까. 아는 체하는 계집으로 정(貞)을 잊지 않는 계집은 자고로 없으니 먼저 바랄 것은 정녀(貞女)가 아니라 현녀(衒女)가 없기를 바랄 것이겠지요.[17]

이 글은 어느 칼럼니스트가 꿈 속에서 춘향을 만나보았다면서 그녀와 인터뷰를 나눈 대목이다. 여기에서 춘향은 '전통'적인 가치의 이름으로 현대의 "현녀"들을 준엄하게 비판하고 있다. 전통적이고 봉건적인 여성의 이미지가 박정희 체제 하에서 '이상적인 여성상'으로 부활한 신사임당과 겹쳐진다는 것은 두 말 할 필요가 없다. 여학교에 등장한 신사임당의 초상 혹은 동상은 자본제적 근대화를 추인하고 보완하는 이데올로기적 기제로서 민족적 정체성을 구현하는 여성상이면서, 동시에 1950년대 공적 영역에 진출하여 욕망과 섹슈얼리티를 발현했던 새로운 '신여성'들을 다시금 가부장적 현대 국가의 체제 아래 복속시키는 역할을 했던 박정희 체제의 여성상 바로 그것이었다. <성춘향>에서 춘향의 이미지를 이렇게 한국의 현대사를 관통해온 전통적인 여성상과 등치시키는 논리들이 여전히 설득력을 갖는 것도 이 때문이다.

17) 팔각정 이도령, 「몽견춘향기(夢見春香記)」, 『별건곤』 제4권 2호, 1929.

5. 맺음말 - 영화 '춘향전'과 민족 정체성의 문제

지금까지 살펴 본 바에 의하면, 적어도 1961년 <성춘향>이라는 영화가 서울에서만 36만이라는 경이적인 관객을 동원하며 화제를 낳고 있을 즈음, '춘향'이라는 문화적 아이콘은 가련하고 수난받는 여성과, 신사임당이나 논개와 같이 근대-민족국가의 재건에 복무하는 여성이라는 상반되는 이미지 사이에 자리하고 있었다고 할 수 있다. 전자의 경우 수동적이고 음성적으로 소통되는 코드였다면, 후자의 경우 식민지 시대부터 적극적이고 양성적으로 주창되어 온 코드였다. 좀더 유추하자면, 전자가 소위 전후(戰後) 한국사회의 비주류 계층, 즉 한국영화의 주된 관객과 겹쳐지는 여성 및 저학력 중장년층이 향유하던 이미지였다면, 후자는 지식인 및 근대화 프로젝트의 주체들이 요청하던 이미지였다고 할 수 있다. "한국영화의 중흥기"에 최초의 칼라 시네마스코프로 스크린 위에 재연된 1961년도의 '춘향'은, 이렇게 상충되고 중층적인, 미묘한 좌표들 내에 자리하고 있었다.

여기에 덧붙여, <성춘향>을 둘러싼 장력(張力)들 중 그간 간과되었던 것을 하나 더 고려하자고 제안하면서 글을 맺어야 하겠다. 요컨대, 대중적 무의식의 층위와 근대화 프로젝트의 층위와 더불어, '민족-국가' 담론의 층위에 주목해야 한다는 것이다. 가장 인기있는 대중문화 텍스트였던 '춘향 이야기'는 식민지 시기부터 소위 "한국적"이라는 특성을 매우 모순적인 형태로 담지해 왔다. 적어도 영화에 관한 한, 그것은 "한국적"인 것이 무엇인가에 대해 일관되고 통일성있는 답변을 마련해 주지는 않는다. 몇 가지 장면들을 생각해 보자.

하나는 소위 '춘향전 경작(競作)사건'을 만들어낸 주체의 문제이다. 앞서 언급했듯이, 1960년에 신상옥은 한국에서 최초로 씨네스코 - 칼라 영화를 만들기로 하고, <성춘향>을 제작하겠노라고 영화제작가협회에 신고한다. 하지만 그가 신청서를 낸 바로 그날 오후, 홍성기 감독 역시 <춘향전>을 제작하겠다는 신청서를 내고 촬영에 돌입한다. 신상옥은 기득권을 주장하는 진정서를 내는데, 이때 홍성기의 반응이 흥미롭다. 그는 자신도 이미 춘향전의 영화화를 기획하고 있었노라고 대응하면서, 만주 영화 시절 스승이었던 일본 감독 우찌다 토무(內田土夢)가 직접 '춘향전' 시나리오를 주면서 영화화를 권유했다는 이야기를 한다. 우찌다는 일본 시장 내에서 춘향전의 흥행 가능성이 있다고 주장했다는 것인데, 그의 전망은 들어맞았던 것으로 보인다. 불행히도 홍성기가 아닌 신상옥의 <성춘향>이 국내 흥행에 이어 일본에서도 2000여개 극장에서 상영되고 여러 국가에 수출되는 등 '국제 무대'에서 성공을 거두었기 때문이다. 일본에서 어떤 이유로 <춘향전>이 설득력을 지녔는지는 알 수 없으나, 중요한 것은 <춘향전>이 일본인 감독의 '정확한' 예측에 의해 '상품'으로 받아들여지고, 그렇게 오매불망하던 '국제무대'에서 성공을 거두었다는 점이다. 하지만 아이러니컬하게도 '춘향전 경작사건'을 다룬 국내의 잡지에서는 <춘향전>을 '국민영화'라 칭하고 있다. 국내의 평자가 말하는 '국민영화'라는 정체성과, 일본인 감독에 의해 시장에 호출된 영화로서의 정체성은 이렇게 처음부터 공존하고 있었던 셈이다.

두 번째 장면은 한국 최초의 영화인 <춘향전>에 관한 것이다. 영화가 19세기 말에 발명되어 관객을 만나기 시작할 때, '낯익은' 이야기들을 시각적으로 옮겨놓는 일로 그 기술이 갖는 낯설고 두려운 힘을 상쇄하거나 반대로 그 위력을 자랑하는 일은 흔히 있어 왔다. 한국에서 최초로 제작된 영화가 <춘향전>이었다는 사실은 이로 미루어 그리 낯선 일은 아닌 셈이다. 그런데 이 작품은 일본 제작사와 감독이 한국 관객들을 대상으로 하여 만든 영화였다. 그 제재가 한국인들에게 가장 낯익고 인기 있는 '춘향 이야기'였지만, 이 영화의 제작 배경으로 인하여 당시 한국의 지식인들은 이 작품의 성공에 대해 그리 흔쾌한 반응을 보이지 않았다. 바로 다음해, 이번에는 순전히 조선인 제작사와 조선인 스탭의 손으로 고전소설을 영화화하게 되는데, 이때 선택된 작품이 <장화홍련전>(김영환, 1924)이었다. 이 작품은 "조선인의 손으로 만든 최초의 영화"라는 점에서 안팎의 기대를 모았으며, 당시 평단에서는 이 작품을 '한국영화 최초의 장편 극영화'로 간주하며 비상한 관심을 보였고, 흥행성적 또한 좋았다. 하지만 인기 고소설을 각색한 것임에도 불구하고 <장화홍련전>은 '민족'을 대표하는 영화가 된 덕분에 난데없이 혹독한 비난을 받아야 했으니, 당시 <동아일보>에 실린 한 저널리스트의 다음과 같은 일갈이 그것이다.

> "아! 커다란 시뻘건 핏덩이, 군데군데 발린 이불 안을 들추는 장면! 생각만 해도 형용 못할 혐오와 야비의 감을 자아내지 않는가? (중략) 필자는 구경하면서 '조선영화이니 외국에서나 또는 외국인 간에 많은 호기심으로 환영받겠지'하는 생각이 머리에 떠오를 때에 어깨가 들썩하든 마음이 문득 절망과 또 어떤 치욕을 느끼지 않을 수 없었다."[18]

그로 하여금 "절망과 또 어떤 치욕"을 느끼게 만든 문제의 장면은 원작소설에서 가장 인상적인 순간 중 하나로, 계모가 껍질벗긴 쥐의 시체를 장화의 이불 속에 넣어두었다가 낙태 누명을 씌우는 장면이다. 아마도 영화에서는 그것을 시각화하려고 노력했던 것 같고, 관객들은 이야기로 듣거나 읽던 바로 그 장면을 영상을 통해 확인하면서 일종의 전율과 쾌감을 느꼈을 것이다.

18) "조선영화 제작자들에게", <동아일보>, 1925년 10월 10일자 기사.

하지만 이 영화를 대중적인 이야기의 영상 판본으로 여기기보다 "외국에서나 또는 외국인 간에 많은 호기심으로 환영"받을 "조선영화"의 대표작으로 간주했던 저널리스트에게 이 장면은 어떤 '재앙'처럼 다가왔다. 그는 문제의 장면을 "더러운 장면", "마치 용변의 실경을 촬영함이나 다르지 않"다면서 '민족적' 분노의 표현을 서슴치 않는다. 이는 단순히 피로 범벅된 장면에 대한 혐오가 아니라, '조선영화'에서 그런 장면이 재현되는 데 대한 이념적, 계몽적 비난이다. 그는 이 영화를 내수용이 아니라 수출용으로, 대중적 오락물이 아니라 민족적 상징물로 간주했던 것이고, 이렇게 일단 영화가 민족적 경계를 넘어설 때 그것은 '더럽지 않은 것'이어야 한다는 강박관념을 지니고 있었다.

결국, 한국 영화사에서 "한국적"이라는 형용사를 갖고 현재까지도 재생산되고 있는 작품은 <장화홍련전>이 아니라 <춘향전>이 되었다.[19] 전쟁 후 "민족-국가"의 재건은 영화제작, 특히 '춘향 이야기'의 영화화와 여전히 밀접한 관계를 맺고 있었다. 1955년의 성공작 <춘향전>이 제작되기 이전, 미공보부 산하에서 영화수업을 쌓고 있던 신상옥은 <코리아>(1954)라는 문화영화를 만드는데, 외국 관객을 대상으로 한국을 소개할 목적으로 제작된 이 영화는 한국을 대표하는 4가지를 "불국사", "이충무공", "6.25 전쟁"과

---

19) <춘향전>의 특성이 '민족영화'로 수렴되었던 반면 <장화홍련전>은 통속, 공포영화의 길을 걸었다는 점은 흥미롭다. <장화홍련전>은 한국영화사에서 총 6차례 영화화되었고, 영화로 제작되지 않은 시나리오까지 포함하면 총 7차례 시도되었다. 첫 <장화홍련전>이 <춘향전>에 대항하는 '민족영화'로 제작되었던 반면, 그 이후 <장화홍련전>들은 가정비극, 통속 등으로 자리매김되었고, 1972년부터 장화와 홍련의 귀신을 강조한 공포영화로 변모하게 된다.(이에 대해서는 백문임, 「한국 공포영화 연구 - 여귀(女鬼)의 서사기반을 중심으로」(연세대 박사학위논문, 2002) 참조.) 최근작 <장화, 홍련>(김지운, 2003)은 고전소설로부터 모티프만 따온 것이지만, 장화와 홍련의 이야기가 이제 우선적으로 '공포'와 결부되어 상상되고 있음을 가장 단적으로 보여준다.

더불어 "춘향전"으로 꼽고 있다. 1955년도 <춘향전> 역시 '해외진출'을 목표로 기획, 제작되어, "고전으로서의 효과"를 내기 위해 국악만으로 음악 효과를 내는 등 고심을 했다.

그러나 1923년부터 시작된 <춘향전>의 영화화 과정이 보여주듯이, 그리고 1961년 '경작사건'이 함의하듯이, 가장 "한국적"이라는 수사가 영화 <춘향전>들과 결부될 때 그것은 균질적이고 통일된 어떤 민족-국가적 정체성을 '춘향전'이 자동적으로 담보하게끔 보장해 주지는 않았다. 이것은 아마도, 다른 매체에서보다 영화라는 대중매체에서 '춘향'이라는 여성상 및 '춘향전'이라는 텍스트가 훨씬 더 노골적인 방식으로 '민족-국가'의 층위와 타협, 갈등, 조정을 겪어 왔고 여전히 그 과정 중에 있다는 반증이 될 것이다.

III

춘향전 연구의 다양한 시각

춘향전 연구의 경향별 검토와 쟁점

김광순

1. 서론

<춘향전>은 국문학 연구에 있어서 일찍부터 학계의 주목[1)]을 받아 온 작품 중에 하나이다. 이것은 암행어사가 등장하여 변학도로 대변되는 악인형 인물을 懲治하는 통쾌함, 고난에도 굽히지 않는 춘향의 절개, 방자・월매・향단 등의 입체적 인물상 등 다양한 흥미소와 더불어 작품의 문학적 가치가 인정된 결과라 할 수 있다.

<춘향전>에 대한 본격적인 연구가 이루어진 것은 김태준[2)]에 의해서이

---

1) 최남선, 古本春香傳, 新文館, 1913.
______, 桃花扇傳奇와 春香傳, 1929, 未發表 원고, 「육당최남선전집」 9 (현암사, 1974.)에 수록.
麻生磯次, 春香傳, 「조선」 89, 조선총독부, 1922.

2) 김태준, "걸작 춘향전의 출현", 「조선소설사」, 조선어문학회, 1933. 191-214쪽. 그는 <춘향전>의 경개, 기원, 시대성, 사상, 문학사적 의의 등 다양한 부분을 논급하

며, 이후 다양한 연구가 이루어져 지금까지 400여 편이 넘는 방대한 연구가 집적되어 있다. 그 결과 <춘향전>은 한국의 살아있는 고전으로 인정받기에 이르렀다.

<춘향전>에 대한 연구는 시기별로 일정한 경향을 지니는데 대체로 다섯 시기로 구분할 수 있다.

1930년대로부터 1950년대 초까지는 우리 고전문학 연구의 기틀을 잡아가는 시기로 <춘향전>에 대한 문학적 접근이 시도되었던 때였다. 김태준의 연구를 시작으로 이본, 근원설화, <춘향전>과 <춘향가>의 선후문제, <춘향가>의 근대적 변모 등이 주된 연구의 관심사였다. 그러나 해방 이후 혼란기 동안 연구가 계속되지 못하고 중단되었으며, 보다 정치한 연구 성과는 다음 시기로 넘길 수밖에 없었다.

1950년대 중반에서 1960년대 말까지는 <춘향전> 연구가 본격적으로 이루어진 시기이다. 특히 김동욱[3]은 이본, 근원설화, 문체, 판소리와의 관련성, 주제 등 <춘향전>을 다각도로 분석하여 1965년 「춘향전 연구」를 내놓음으로써 연구사의 한 획을 그었다. 또한 춘향의 실존 인물설과 <춘향전>의

였는데, <춘향전>의 형성 기원을 이시발, 노진, 박문수 등 실존인물에서 찾기도 하고 박색춘향, 양진사설화 등에서 찾기도 하며, 조재삼, 신위 등의 기록을 바탕으로 '정조시절에 일어난 <춘향전> 이야기가 순종 헌종 철종때까지 가극(판소리)으로 완성되었던 것'이라고도 하였다. 또한 봉건왕조의 붕괴 과정에서 <춘향전>이 탄생하였기에 <춘향전>은 그러한 시대정신을 담고 있으며, 춘향의 변부사에 대한 태도는 혹리에 대한 민중의 태도를 반영한다고 하였다.

3) 김동욱, "경판본 춘향전 문제고", 국어국문학 3, 국어국문학회, 1953.
_____, "춘향전의 근원설화고", 「최현배선생 회갑기념논문집」, 1954.
_____, "춘향전의 이본고", 중앙대 논문집 1, 1955.
_____, "춘향전 배경으로서의 남원의 지지적 고찰", 「이희승선생 송수기념논문집」, 1957.
_____, "춘향전의 문체와 수사", 중앙대 논문집 5, 1960.
이상택, "춘향전 연구" 서울대 대학원 석사학위논문, 1966.

작자문제[4)]가 새로운 문제점으로 대두되었다. 그러나 이 시기는 외국문학과의 비교를 통해 단순히 접근하거나[5)] 다소 소박한 방법론을 통해 <춘향전>에 접근한 시기였다고 할 수 있다.

1970년대 초에서 1970년대 말까지는 특히 조동일[6)]이 <춘향전>의 주제를 표면적 주제와 이면적 주제로 나누어 살피면서 <춘향전>에 대한 새로운 접근의 길을 열었다. 대체적으로 이 시기는 다양한 방법론을 원용하여 <춘향전>에 대한 새로운 접근법이 모색되던 시기였다. 아울러 <춘향전> 연구의 사적 검토가 이루어져 새로운 방향을 제시하기도 했다.[7)] 또한 이본연구를 중심으로 주제에 대한 다양한 논의가 도출된[8)] 시기이기도 하다.

1980년대 초에서 1980년대 말까지는 <춘향전>에 대한 기존의 연구를 더욱 확대시키고 심화시켰던 시기이다. 석사학위논문이 속출하였고[9)] 박사학

---

4) 이가원, 「漢文學硏究」 탐구당, 1969.
김광순, "춘향전 발생설에 대한 贅論 - 춘향의 실존설에 대하여 - ", 샛별 17호, 문화출판사, 1969.

5) 정래동, "춘향전에 영향을 미친 중국의 작품들 - 서상기, 옥당춘 등 - " 대동문화연구 1, 성균관대 대동문화연구소, 1963.
김기평, "서상기와 춘향전" 공주교육대학 논문집 1, 1964.
채동배, "춘향전과 The Scarlet Letter의 비교연구 - 한 · 미양국의 비교문학을 위한 서설적 연구" 전남대 논문집 11, 1965.
이가원, "춘향가가 명곡에서 받은 영향 - 주로 삼원기 · 환혼기에서 - " 국어국문학 34·35 합, 국어국문학회, 1967.
한노단, "HAAMLET과 춘향전 - 그 Analogy를 중심으로 - " 국제대논지 7, 국제대총학 생회, 1969.

6) 조동일, "갈등에서 본 춘향전의 주제", 계명논총 6, 계명대학교, 1970.

7) 이상택, "춘향전 연구사 반성" 한국학보 5, 일지사, 1976.
김동욱, "춘향전 연구는 어디까지 왔나" 창작과 비평 40, 창작과 비평사, 1976.

8) 김동욱, 김태준, 설성경, 「춘향전의 비교연구」, 삼영사, 1979.

9) 이규호, "판소리 춘향가의 비교연구", 중앙대 대학원 석사학위논문, 1984.
민태형, "춘향전의 미학적 연구", 연세대 대학원 석사학위논문, 1987.

위논문이 이루어져[10] 문자 그대로 <춘향전> 연구가 난만의 꽃을 피운 시기이다. 이 시기에 주목할 만한 성과는 설성경[11]의 논문이다. 그는 통사구조론적 접근을 통해 <춘향전>의 '문예성'을 밝히고자 하였는데, 이를 위해 <춘향전>의 신화적 원형성, 관기제도와 열녀기생, 암행어사제도, 과거제도, 춘향굿과의 관계 등을 검토하고 <춘향전>을 남원고사계, 별춘향전계, 옥중화계로 나누어 <춘향전>의 형성과 계통을 밝혔다. 이를 통해 그는 <춘향전>의 통시적 연구가 우리 실정에 맞는 한국형 문학 예술의 원리 탐색을 위한 가능성의 탐구과정이었다고 하였다. 또한 이 시기에는 기존의 방법론과는 다른 다양한 방법론을 적용하면서 보다 정밀한 논의가 이루어져 <춘향전>의 굳건한 터전을 닦았던 시기이기도 하다.

1990년대 초부터 현재까지는 <춘향전> 연구를 종합하는 데서 시작한다. 한국고소설연구회에서 <춘향전>에 대한 종합적 고찰을 시도하였으며,[12] <춘향전>에 대한 기존의 연구를 정리하는 작업도 이루어졌다.[13] 이를 통해서 <춘향전>에 대한 기존의 논의를 재점검하고 연구에 있어서 새로운 도약을 모색하였다.[14] 또한 판소리학회를 중심으로 한 <춘향전> 각 이본의 심도 있는 연구가 이루어져 미시적인 부분으로 연구의 방향이 옮겨오고 있다. 특기할 만한 점은 고전 교육의 핵심으로써 <춘향전>을 인식하고 이것을 교육 현장에 적용하는 방법론이 다양하게 탐색되었다[15]는 점이다. 이것은

10) 전경욱, "춘향전 작품군 가요의 형성과 기능", 고려대 대학원 박사학위논문, 1989.

11) 설성경, "춘향전의 계통연구", 연세대 박사학위논문, 1980.

12) 한국고소설연구회, 「춘향전의 종합적 고찰」, 아세아문화사, 1991.

13) 김병국 외 편, 「춘향전 어떻게 읽을 것인가」, 서광학술자료사, 1993.

14) 윤용식, "춘향전 - 남원고사본을 중심으로 - " 「한국고소설작품론」, 집문당, 1990.
성현경, "이고본 춘향가연구", 판소리연구 3, 한국판소리학회, 1992.

15) 김종철, 「춘향전 교육의 시각(1)」, 청관고전문학회, 고전문학과 교육 1, 1999.

결국 <춘향전>에 대한 고전적 가치를 인식한 결과라 할 수 있다. 이렇듯 <춘향전>은 많은 연구 결과가 축적되었으며, 지금까지도 연구의 방향과 논점을 달리하면서 꾸준히 연구되어 오고 있다. <춘향전>이 살아 있는 한국의 고전으로 평가받는 이유는 여기에 있는 것이다.

본고에서는 이러한 연구 과정에서 특히 주목을 받았던 연구 경향을 검토하고 논쟁별로 정리함으로써 <춘향전> 연구에 있어서 주된 쟁점이 무엇인가를 살펴봄으로써 앞으로 연구에 있어서 지침이 되도록 하고자 한다.

2. 발생 및 기원에 대한 검토와 쟁점

<춘향전>이 어디에서 비롯되었는가 하는 문제의식에서 출발하여 그 발생 또는 기원[16]을 탐색하고자 한 연구가 발생 및 기원에 대한 연구이다. <춘향전>의 발생과 기원에 대해서는 여러 가지 설이 제기되었는데[17] 대체적으로 문장체소설 선행설, 설화근원설, 광대소학지희 기원설, 무굿 기원설, 중국 강창문학 영향설 등이 있다.

문장체소설 선행설은 <춘향전>의 기원을 소설에 두고 있는 것으로 김태준[18]에서 비롯하여 이후 김재철[19], 조윤제[20] 등에 의해 발전했다. 그러나 판소리 발전의 일반적인 과정을 통해 볼 때 이러한 판단은 설득력이 약한

16) 주길순, "춘향전 발생의 민속적 기원", 조선대 대학원, 1989.

17) 조희웅, "이고본 춘향전 연구", 국어국문학 58, 60, 국어국문학회, 1972.

18) 김태준, "걸자 춘향전의 출현", 「조선소설사」 학예사, 1939. 191-214쪽.

19) 김재철, 「조선연극사」, 조선어문학회, 1933. 121-122쪽.

20) 조윤제, 「교주 춘향전」, 박문문고, 1939.

것으로 보인다.

설화근원설은 <춘향전>의 기원을 설화에서 찾는 것이다. 이것은 설화 → 판소리 → 소설로의 발전과정을 상정하는 것이다. 예컨대 김동욱[21]은 근원설화를 열녀설화, 암행어사설화, 伸冤설화, 염정설화라 하였으며, 삽입 플롯의 설화를 신물교환설화, 수기설화, 몽상설화, 한시설화로 나누어 보았다. 근원설화설을 주장하는 경우에도 이것은 다시 국내의 어떤 설화를 상정하는 경우[22]와 실존인물설[23]을 주장하는 두 경우로 나뉘는데, 하나의 중요한 쟁점이 되었으므로 다음 장에서 살피기로 한다.

무굿 기원설은 정노식[24]에 의해 제기되어 설성경에 의해 정착된 것으로 설성경[25]에 의하면 춘향굿 단계 → 춘향소리굿 단계 → 춘향소리 단계로 나누어진다고 한다.

중국 강창문학기원설은 기본적으로 중국의 영향으로 <춘향가>가 발생했다는 것이다. 예컨대 민영규[26]는 재자가인극을, 정래동[27]은 <서상기>를, 이가원[28]은 <삼원기>, <환혼기> 등을 그 논거로 제시했다. 판소리 기원과 관련하여 중국의 講唱은 일찍부터 학계의 주목을 받았다. 권선징악적인

---

21) 김동욱, "춘향전의 문예적 성격" 「춘향전 연구」, 연세대 출판부, 1965.

22) 김광순, 「춘향전 근원설화의 연구사적 검투」, 국어국문학 103, 국어국문학회, 1990.
김종철, 「춘향전 근원설화」, 『한국문학사의 쟁점』, 집문당, 1986.

23) 이가원, 「춘향은 실존인물일 수도 있다」, 한국일보, 1965. 5. 2.
김광순, 「춘향전 발생설에 대한 贅論」, 샛별 17호, 문화출판사, 1969.

24) 정노식, 「조선창극사」, 조선일보사, 1940.

25) 설성경, "춘향전의 계통연구", 연세대 박사학위논문, 1980.

26) 민영규, "재자가인극과 춘향전", 조광, 1944. 1.

27) 정래동, "춘향전에 영향을 미친 중국의 작품들 - 서상기, 옥당춘 등 -" 대동문화연구 1, 성균관대 대동문화연구소, 1963.

28) 이가원, "춘향가가 명곡에서 받은 영향 - 주로 삼원기 · 환혼기에서 -" 국어국문학 34 · 35 합, 국어국문학회, 1967.

내용, 창과 아니리에 해당하는 講의 반복, 반주의 동반 등이 그 영향 관계를 입증하는 것으로 주장되었다. 그러나 반주 악기도 다양하고 講이 위주가 되며, 형식 위주의 논리적 구조의 서사시라는 점에서 판소리와는 일정한 거리가 있다.

이렇게 볼 때 <춘향전>의 발생과 기원에 대한 문제는 판소리의 발생과 연관되는 것으로, <춘향전> 연구의 결과만으로 해결될 수 있는 것이 아니라 할 수 있다. 즉 판소리의 발생과 관련하여 판소리계 소설 전반의 연구를 통해 해결되어야 할 것이다. 왜냐하면 대체로 '판소리 → 소설'의 과정을 인정한다면 판소리의 발생과 기원을 해결하는 것이 곧 판소리계 소설의 발생과 기원을 해결하는 것이기 때문이다. 그러나 <춘향전>은 판소리면서 동시에 <춘향전> 자체로 존재한다는 점도 고려되어야 한다. 즉 <춘향전>만의 발생과 기원에 대한 논의도 함께 이루어져야 한다.

지금까지 <춘향전>의 발생 또는 기원에 대한 문제는 판소리와 소설의 한 측면에 주목한 연구 성과였다고 할 수 있다. 앞으로 이를 통섭하는 판소리 <춘향가>와 소설 <춘향전>의 기원에 대한 다각적인 검토가 있어야 할 것으로 보인다.

3. 근원설화 검토와 쟁점

춘향전의 근원설화에 대해서는 한 차례 정리된 바가 있다.[29] 그러나 여전히 쟁점으로 남아 있는 부분이 있어 여기서는 그 소원에 따라 검토해 보기로

29) 김광순, "춘향전 근원설화의 연구사적 검토", 국어국문학 103, 국어국문학회, 1990.

한다. 근원설화에 대해서는 국내설화 유래설, 역사적 실존인물설, 중국설화 영향설 등이 있다. 국내설화 유래설은 다시 일원설과 이원설, 다원설로 나뉘어진다.[30]

첫째, 국내설화유래설은 <춘향전>의 근원 설화를 국내에서 찾는 것[31]이다. 이 가운데 일원설은 대표적인 하나의 설화가 <춘향전>의 근간이 되었다는 주장으로 최래옥[32]과 김종철[33]이 대표적이다. 최래옥은 관탈민녀형 설화를 설정하고 민중의 응어리를 풀어주는 이도령이 주도적 인물이라 하였으며, 김종철은 근원설화를 종합적으로 검토한 후 염정설화를 춘향전의 근원설화로 보았다.

주길순(朱吉淳)[34]은 먼저 남원을 중심으로 유포 전래되고 있는 설화 자체만을 가지고 춘향전과 연관시켜야 한다는 방법론을 내세우면서 남원 주위의 여러 설화들을 검토한다. 이를 바탕으로 그는 이 외에도 설화와 소설의 내면에 수용되고 있는 민중의식에서 소산된 사상적 배경이 같다는 점 등 사실을 근거로 하여 거령縣監과 暗行亭 설화를 근원설화로 본다.[35]

이문규[36]는 지인지감형 기녀설화, 관탈민녀형 설화, 암행어사 설화를 춘향

---

30) 김광순, 앞의 글.

31) 박성의, 「춘향전의 근원설화」, 『한국문학배경연구』, 선명문화사, 1973.
강한영, 「춘향전 근원설화」, 문학사상 95, 문학사상사, 1980.

32) 최래옥, "관탈민녀형설화의 연구", 「한국고전산문연구」, 장덕순선생화갑기념논집, 1981.

33) 김종철, "춘향전의 근원설화", 「한국문학사의 쟁점」, 집문당, 1986.

34) 주길순, 「春香傳의 根源說話攷-醜女(빡보) 說話를 中心으로-」, 綜合論文集, 1975.

35) 주길순, 「춘향전의 근원설화 재고 - 암행어사 설화와 관련하여 - 」, 『소라허형석박사화갑기념논문집』, 1996.

36) 이문규, 「춘향전 근원설화 재론」, 선청어문 24, 서울대학교 사범대학 국어교육과, 1996.

전 형성에 영향을 준 설화로 보고 있다. 그런데 이들 설화 중 지인지감형 기녀설화가 춘향전의 구조적 골간을 이루는 설화로 보는 견해를 내세운다.

근원설화를 두 가지로 상정하는 것이 이원설인데 김기동[37], 설성경[38]으로 대표된다. 이들은 <춘향전>을 전반부와 후반부로 나누어 설화의 근원을 살핀다. 김기동의 경우, 전반부는 염정설화가, 후반부는 암행어사설화가 근원설화라고 하였으며, 설성경은 전반부는 춘향굿으로서의 伸冤설화가, 후반부는 행복한 결말로서의 암행어사 설화가 근원이었다고 하여 두 가지 설화의 기능을 모두 중시했다.

근원설화를 다양한 관점에서 파악하고자 한 것이 다원설인데 김동욱[39]이 대표적이다. 그는 근원설화를 열녀설화, 암행어사설화, 伸冤설화, 염정설화로 보고 삽입 플롯의 설화를 신물교환설화, 手記說話, 몽상설화, 漢詩說話로 나누어 보았다.

둘째, 역사적 실존인물설은 춘향과 이도령이 실존인물이란 것으로, 이 주장은 1965년 남원에서 "府使成公安義善政碑"가 발견됨으로써 제기되었다. 즉 춘향의 아버지는 부사인 成安義이고 기생 월매가 성부사의 수청을 들어 춘향이 태어났다는 것이다.[40] 이에 대해 이가원[41]은 성도령, 이춘향설을 주

---

37) 김기동, 「한국소설발달사(중)」, 『한국문화사대계』 5, 고려대 민족문화연구소, 1967.

38) 설성경, "춘향전 계통의 연구", 연세대 박사학위논문, 1980.

39) 김동욱, 앞의 논문.

40) 이들의 논쟁은 주로 일간지를 통해 이루어졌는데 몇 가지를 소개하면 다음과 같다.
이가원, 「춘향은 實在人物?」, 동아일보, 1965.4.26.
김동욱, 「춘향은 實在人物이 아니다」, 동아일보, 1965.4.29.
이가원, 「춘향은 실제인물일 수도 있다」, 한국일보, 1965.5.2.
이가원, 「春夢錄은 無恙」, 한국일보, 1965.5.4.
김동욱, 「春香波動은 어디로?」, 대한일보, 1965.5.13.
이가원, 「"春香波動"이라는 가소로운 말」, 대한일보, 1965.5.27. 등

장한다. 즉 성도령은 성안의의 아들 成以性인데 안동의 권某가 「춘향가」를 지으면서 성을 바꾸었다는 주장이다. 이에 대해 김동욱[42]은 춘향의 실재인물설을 부정했다. 즉 만화본에서 보듯이 애당초 기생일 뿐이었던 춘향이 완판본에 와서 성참판의 서녀로 바뀐 것은 19세기 신분변동의 결과를 반영한 결과일 뿐이라는 것이다. 한편 김광순[43]은 춘향의 실존설에 관심을 가지고 귀기울일 만하지만 현단계로서는 보다 신빙성 있는 사료가 출현하기를 기다려야 한다고 하면서, 남원군 주생면 상동리의 양상욱 소장 「春夢緣」이 출현되기를 기다려야 봐야 결론을 내릴 수 있다고 했다.

셋째, <춘향전>의 근원설화를 중국설화에서 찾는 중국설화 영향설이다. 이는 민영규[44]가 주장한 것으로 그는 賈仲名의 <對玉梳> 같은 才子佳人劇에서 <춘향전>의 근원설화를 찾았다. 이후 주왕산[45]은 <桃花扇>을, 정래동[46]과 이재수[47]는 <西廂記>, <玉堂春>을, 이가원[48]은 <三元記>, <還魂記>를, 이병혁[49]은 七夕 · 廣寒殿설화를 춘향전의 근원설화로 보았다.

---

41) 이가원, 「춘향은 實在人物일 수도 있다」, 한국일보, 1965. 5. 2.

42) 김동욱, 「춘향은 實在人物이 아니다」, 동아일보, 1965. 4. 29.

43) 김광순, "춘향전 발생설에 대한 贅論 - 춘향의 실존설에 대하여 - ", 샛별 17호, 문화출판사, 1969.

44) 민영규, "讀曲隨筆", 조광, 1943. 12.
_____, "재자가인극과 춘향전", 조광, 1944. 1.

45) 주왕산, 「춘향전의 출현」, 『한국고대소설사』, 정음사, 1950.

46) 정래동, "춘향전에 영향을 미친 중국의 작품들" 대동문화연구 1, 1963.

47) 이재수, "춘향전 이본고", 이상헌 선생 회갑논문집, 1968.
_____, "춘향전고" 「한국소설연구」, 선명문화사, 1969.

48) 이가원, "춘향가가 명곡에서의 받은 영향" 국어국문학 34 · 35합집, 1967.

49) 이병혁, "춘향전에 끼친 중국설화의 영향", 부산공전 논문집 14, 1974.

이상과 같은 다양한 연구 성과는 나름대로의 의미가 있다. 그러나 <춘향전>의 근원설화는 발생문제와 밀접한 관련을 가지며, 또한 주제 구현과도 관련되는 중요한 문제이다. 따라서 신중히 처리되어야 함에도 기존 논의에서는 내용의 유사성이나 제재 · 소재의 관련성을 기준으로 근원설화를 다루었다는 한계를 가지고 있다. 그 결과 근원설화로 볼 수 있는 작품과의 작품 내적 · 외적 구조의 상사성 등 문학적 차원에서의 접근은 소홀히 다루어진 것이 사실이다. 또한 다양한 이본이 존재하는 <춘향전>의 경우 그 근원설화도 이본에 따라 달라 질 수 있다.

이 때 각각의 이본에 특별히 관련되는 설화를 삽입설화, <춘향전>의 보편적 줄거리와 관련되는 설화를 근원설화로 보는 접근법이 필요할 것이다. 또한 이렇게 추정된 설화와 <춘향전>의 관련성이 문학적인 차원에서 재검토되어야 할 논쟁거리로 남아 있다.

4. 작자문제 및 실존설 검토와 쟁점

<춘향전>의 창작연대와 작자는 미상이다. 그러나 1965년 4월 24일에 成府使의 비석이 발견되면서 <춘향전>의 작자 문제와 주인공의 실존설[50]이 학계의 관심의 대상이 되었다. 이가원[51]은 溪西 成以性의 「繡行錄」 중에

50) 이가원, "춘향은 실존인물?" 동아일보, 1965.4.26.
______, "춘향은 실존인물일 수도 있다" 동아일보, 1965.5.2.
______, 「춘향전연구 嘗試」, 『한문학연구』, 탐구당, 1969.
김광순, "춘향전 발생설에 대한 췌론 - 춘향의 실존설에 대하여 - ", 샛별 17호, 문화출판사, 1969.

'저녁에 홀로 광한루에 오르매 옛 行樂하던 일이 추억에 떠오른다'라는 대목과 성부사가 남원을 떠나던 해 溪西의 나이가 16세였고 또 溪西가 춘향을 구출하기 위하여 남원에 출두한 일이 있었는데 國典에 아버지가 재임한 고을에는 출두하지 못하게 되어 있으므로 溪西는 淸議에 지탄을 입어서 벼슬길이 막혔다고 하면서 溪西 成以性이 이도령이란 것, 따라서 이춘향과 성도령으로서 <춘향전>에 등장하는 인물이 실존인물이었음을 주장하였다.

또한 <춘향전>의 원본이라 여겨지는 <春夢緣>이 출현된다면 <춘향전>의 작자는 梁周翊이란 설[52]이 있다. 无極 梁周翊의 「无極集」에 실려 있는 그의 「行錄」 중에 "著春夢緣"이란 넉 자를 칼로 긁은 흔적이 완연히 남아 있음이 물적 증거라 할 수 있다. 이 책은 南原郡 周生面 上洞里의 梁相旭이 소장하고 있으나 宗孫들은 대대로 유언이라며 내놓지 않는다고 하는 梁龍祚[53]와 李華翼[54]의 말대로 「춘몽연」이 「별춘향전」의 내용과 같다고 한다면 현존하는 <춘향전>의 작자는 조선 경종 때 병조참의를 지낸 바 있는 无極 梁周翊으로 볼 수 있다[55]고 했다. 한편 김광순[56]은 이몽룡의 암행어사 出頭詩는 「廣寒樓記」에는 작자 불명의 漢人의 작으로 "華人爲作 而辭意太露 因不足取也"라고 기록되어 있고, 「靑丘漫錄」에는 明의 趙都司 作이라는 기록이 있으며, 「燃藜室記述」 卷二十三 光海亂後條의 趙慶南의

51) 이가원, "춘향은 실존인물일 수 있다", 한국일보, 1965.5.2.

52) 이가원, "춘향전 연구는 이제부터 시작이다", 대한일보, 1965.5.11.
김광순, 앞의 글.

53) 1965년 당시 재건국민운동 남원지부장, 전 남원군수.

54) 1965년 당시 남원군수.

55) 이가원, 「춘향전연구 嘗試」, 『한문학연구』, 탐구당, 1969. 302-312쪽 참조.
김광순, 앞의 글, 22쪽.

56) 김광순, 앞의 글, 26쪽.

「續雜錄」 인용문에서도 이 시구는 明將 趙都司가 정사가 어지러움을 읊은 것이라 한 것으로 보면 작자에 대한 확실한 사료가 나오기 전에는 속단할 수 없으며, 오직 「春夢緣」이 세상에 나와서 「별춘향전」과 내용을 확인해 봐야 결론이 날 것이라고 했다.

김형돈[57] 또한 임란 때 의병장으로 고경명과 교우관계를 맺은 양대박의 6대손이 양주익이라는 점을 들어 양주익을 춘향전의 작가로 보고 있다. 고경명이 이몽룡의 모델이고, 고경명의 아버지가 충청감사로 있을 때 고경명과 사랑을 나눈 퇴기 월매의 딸 김명옥이 성춘향의 모델이라는 것인데, 이는 고경명과 양대박의 관련성, 고경명 설화와 춘향전의 유사성, 양주익의 반항적 모습과 남원에 관련된 그의 일화를 바탕으로 한 주장이다.

그런데 최근에 설성경[58]은 <춘향전>의 저자는 임란 때 의병장인 趙慶男이 1640년께 집필하였다는 주장을 했다. 그는 <춘향전>은 1570 - 1641년 남원에 살았던 趙慶男 장군이 말년인 1640년쯤에 쓴 것이 확실하다고 하였다. 설교수가 조경남을 <춘향전>의 작자로 보는 가장 큰 이유는 조경남이 이몽룡의 실재 모델이었던 溪西 成以性의 스승이라는 점이다. 조경남은 당시 남원부사였던 成安義의 부탁으로 아들 성이성을 가르쳤고, 성이성은 과거 급제 후 1639년 암행어사로 남원에 몰래 내려와 스승 조경남과 하룻밤을 보냈다는 내용이 성이성이 직접 쓴 <호남암행록>에 상세히 적혀 있다고 한다. 또한 설교수는 <춘향전>의 암행어사 출두 대목에 등장하는 "金樽美酒千人血…"이라는 詩를 처음 소개한 사람이 조경남이란 점도 그가 <춘향전>의 저자임을 보여 준다고 한다. 즉 이 시는 광해군 때 명나라 사신 趙都

57) 김형돈, 「춘향전 양주익 창작설에 대한 고찰」, 명지어문학, 1995.

58) 설성경, "춘향전의 저자는 임란 의병장" 조선일보, 2000.5.1.

司가 읊은 것으로 조경남의 「續雜錄」에서 이 시를 처음 소개했다고 하였다. 그리고 조경남은 평생을 남원에서 보냈고 문필가로서 의병장 조헌의 제자였으며, 임병 양란 때 의병을 일으켰고 <亂中雜錄>과 <續雜錄>이라는 일기 형식의 역사책을 서술한 점으로 볼 때 <춘향전>의 저자라 할 수 있다고 했다.

그러나 이는 추측일 뿐 <춘향전>의 작자가 성이성의 스승인 조경남이란 확증은 될 수 없다. 그래서 <춘향전>의 작자와 실존인물설은 여전히 학계의 쟁점으로 남아 있다. 따라서 지금까지의 학계의 논의로서는 <춘향전>의 작자는 미상으로 통용될 수밖에 없다. 그러나 成府使 비석과 춘향과의 관련성, <춘향전>의 원본이라 주장하는 <春夢緣>의 정체, <춘향전>과 조경남의 관계가 보다 명료하게 밝혀진다면, <춘향전>의 작자와 실존 여부가 자연히 드러나게 될 것이다. 지금까지의 연구로서는 결정적인 논증이 없어서 학계의 쟁점으로 남을 수밖에 없다.

5. 이본 검토와 쟁점

<춘향전>의 이본은 100여 종이 된다. 따라서 이본을 정리하고 그 선후관계를 밝히는 것은 <춘향전> 연구의 선결과제이다. 처음으로 이본을 체계적으로 정리한 연구자는 조윤제[59]이다. 그는 <춘향전>은 단순한 구조의 이야기에서 복잡한 구조의 이야기로 발전한 것이라는 전제 아래, 경판 16장본

---

59) 조윤제, "춘향전 이본고 (1)", 진단학보 11, 1939.
조윤제, "춘향전 이본고 (2)", 진단학보 12, 1940.

<춘향전>을 <춘향전>의 最古本으로 추정하였으며, 이외에도 완판 84장본 열녀춘향수절가, 보성전문학교도서관 소장본, 이명선 소장본, 최남선 改刪의 고본춘향전, 별춘향전, 옥중화계 춘향전 등 총 20편의 자료를 대상으로 각각의 書誌와 각 작품의 특징을 서로 대비하였다. 그리하여 정절을 강조하는 <춘향전>의 주제는 동일하며 춘향에 대한 동정이 지나쳐 기생인 춘향을 여염집의 처녀로, 급기야 양반의 딸로 그 신분을 상승시킨 것으로 보았다. 그러나 이 작업은 문학사에 바탕한 치밀한 연구작업이라고 할 수 없으며 20여 종을 대상으로 각 판본의 특징만 나열하였을 따름이다. 이후 김동욱[60]에 와서 <춘향전> 이본 연구는 한 단계 진전된 모습을 보이는데 이때에도 이본의 선후 관계의 문제는 따지지 않고 다양한 이본의 수집과 발굴에 치중하였다는 한계가 있다.

이후 이본에 대한 연구에서 송순경[61]은 완판 열녀춘향수절가와 신재효본 춘향가를 비교하여 둘 사이의 우열관계를 따지기보다는 각각의 우수성을 인정해야 한다고 하였으며, 정하영[62]은 이본간의 신분문제를 대비시켜 검토한 후 춘향의 신분 이동은 <춘향전>의 본질을 깊이 있게 이해하지 못하고 주제를 심화시킨 발전적 개작이 되지 못하고 문제의 핵심을 회피하고 대중적 원망에 순응한 퇴화적 경향이 농후한 개악이라 하였다. 또한 송재욱[63]은 고

---

60) 김동욱, "춘향전의 종합적 검토 - 이본을 통해 본 춘향전" 진단학보 23, 진단학회, 1962.
김동욱, 「춘향전 연구」, 연세대 출판부, 1965.

61) 송순경, "완판 열녀춘향 수절가와 신재효본 춘향가의 비교 - Plot을 중심으로 - " 한국어문학 17·18 합, 한국언어문학회, 1979.

62) 정하영, "춘향전 개작에 있어서 신분문제 - 춘향의 신분이동을 중심으로 - " 한국언어문학 17·18합, 한국언어문학회, 1979.

63) 송재욱, "춘향전의 세 이본연구 - 문체론적 분석에 의하여 - " 선청어문 4, 서울대 사대, 1973.

대본, 완판본, 경판본의 세 이본의 문체를 분석하여 경판본은 소설과 판소리의 중간이며 고대본과 완판본은 판소리 대본이라 하였으며, 개별 이본에 대해 조희웅[64]은 이고본을 대상으로 하여 성립연대와 계보를 추정하였고, 김홍규[65]는 신재효본 동창 남창 춘향가를 분석하여 판소리사적 위치를 정립하였다. 또한 김병권[66]은 <춘향전>의 서술변용 양상을 분석하여 <춘향전>은 이도령을 중심으로 구성한 서술에서 춘향 중심으로 구성한 서술로 변용된다고 하고, 이에 따라 만화본, 경판본, 남원고사, 광한루기 등 8종의 이본군으로 분류하였다. 그러나 이러한 논의는 <춘향전>의 일부 이본을 대상으로 한 작업이어서 나름대로의 한계를 지니고 있다.

본격적인 이본연구의 성과는 설성경[67]에 이르러 한 단계 진전한 모습을 보여준다. 그는 <춘향전>의 신화적 원형성, 관기제도와 열녀기생, 암행어사제도, 과거제도, 춘향굿과의 관계 등을 검토하여 <춘향전>을 남원고사계, 별춘향전계, 옥중화계로 나누었다. 그러나 이 경우 화소의 출입을 기준으로 이본을 나누는 것이 과연 타당한가 하는 점이 해결되어야 할 과제로 남아 있다. 설성경[68]은 이본 중에서 창의적인 작가에 의해 독자적인 작품 세계를 보이는 새로운 계통의 <춘향전>을 낳은 것의 전형적인 예로 전통 <춘향전>의 구조를 유지하면서도 거대 <춘향전>으로 바뀌었고 그 내용과 형식에 있어서는 한국적 감흥을 최대한 포용하려는 쪽으로 바뀐 남원고사를 들고

64) 조희웅, "이고본 춘향전 연구 - 성립연대 및 계보 추정 -" 국어국문학 58-60 합, 국어국문학회, 1972.

65) 김흥규, "신재효 개작 춘향가의 판소리사적 위치" 한국학보 10, 일지사, 1978.

66) 김병권, "춘향전류 서술변용의 양상과 계보", 「태야 최동원선생화갑기념 국문학논총」, 삼영사, 1983.

67) 설성경, 앞의 글.

68) 설성경, 「춘향전의 통시적 연구」, 문학 한글 4, 한글학회, 1990.

있다. 그리고 소설 <춘향전> 연구는 너무 개별 이본에 치우친 경향을 보여 주었다고 하면서, 최소한 판소리극 사설에 바탕을 둔 계통본과 본격 소설로 재창작된 남원고사계통본을 병렬적 입장에서 함께 다원적으로 접근할 필요성이 있다고 주장한다.

한편 이본에 대한 연구는 한 판본을 집중적으로 연구하는 경향을 띠기도 하는데, 김석배69)는 <춘향전> 이본의 생성과 변모 양상을 점검하고 경판본 <춘향전>70)과 완판본 <춘향전>71)을 검토하였다. 그리하여 계열별로 판본의 선후관계를 따지는 작업을 하였다. 이 경우에도 판본 사이, 즉 경판과 완판의 선후문제와 필사본의 경우 이본의 선후문제를 어떻게 해결해야 할 것인가는 여전히 논쟁거리로 남아 있다.

전경국72)은 뚜렷하게 드러나는 <춘향전>의 계통을 경판계열본과 완판계열본을 중심으로 정리하여 나타낸다. 어떤 이본이 그 두 계통 안에 해당하는가와 각 계열본이 어떤 특징적 가요를 지니고 있는가를 보여주고 있다.

김종철73)은 <별춘향전>에 대한 논의를 해 나간다. 우선 극상, 한문의 계통과 임형택본의 두 계통을 지닌 것이라는 사실을 밝히고 극상이 선본이라는 사실을 드러낸다. 또한 애초 <춘향전>으로 출판된 것이 오래되어 보각

69) 김석배, "춘향전의 이본 생성과 변모", 국어교육연구 22, 경북대 국어교육연구회, 1990.

70) 김석배, "경판방각본 춘향전의 계통과 변모의 상업적 성격" 문학과 언어11, 문학과 언어연구회, 1990.

71) 민제, "춘향전 연구", 『한국고소설연구』, 이우출판사, 1983.
김석배, "완판본 춘향전의 이본 연구 - 계통과 변모 양상을 중심으로 -", 금오공대 논문집 15, 1994.

72) 전경국, 「춘향전의 사설 형성 원리」, 고려대학교, 민족문화연구소, 1990.

73) 김종철, 「<별춘향전>의 복원」, 아주어문연구 제2집, 아주대학교 국어국문학과, 1995. 12.

출판되면서 <별춘향전>이라는 이름을 얻게 되었을 가능성이 높다고 말한다. 그리고 <별춘향전>(병오판, 84장본)의 이행 관계에서 나타나는 확장은 <춘향가>와 <춘향전>의 시대적 추이의 반영과 함께 그 본래의 실상을 복원하는 쪽으로의 지향으로 이루어진 것이라고 말한다.

또한 현재 <별춘향전>은 완본이 남아 있지 않은데 극상과 한본계통의 <별춘향전>의 원전은 부분적인 교합을 통한 복원이 가능하다고 보고 있다. 문홍구[74]는 <창극춘향전> 속에 드러나고 있는 인물의 모습을 분석하고 있다. 동시에 창극으로서 지니는 연극성 및 희곡성에 주목하면서 창극이 서구문화의 영향으로 발생한 것이기는 하지만, 중국 경극이나 일본의 신연극이 판소리의 변모에 영향을 미쳤고 근본적으로 판소리가 가진 연극성, 음악성, 문학성이 창극을 배출할 수 있게 했다고 주장한다.

정하영[75]은 <춘향전>에 있어서 그 동안 깊이 논의되어 온 국문본이 아닌 한문본 연구에 주목함으로써 기존의 이본 연구의 균형을 잡아주고 있다. 그리고 그는 한문본에 있어서 작자와 저작연대의 분명함, 다양한 형식 취함, 지식인 계층의 작자와 독자, 서나 발과 같은 요소를 포함하는 것 등에서 얻을 수 있는 가치와 난해한 한자 사용, 중국문학의 형식과 내용의 모방이라는 한문본에 드러난 한계를 함께 말해 주고 있다.

이본 연구에 있어서 또 하나의 논란거리는 善本이 무엇인가 하는 점이다. 현재 완판 84장본과 남원고사의 두 본이 논쟁의 한가운데 있는데, 이러한 점도 이본의 계통을 정해주는 작업을 통해 해결될 수 있으리라 본다. 이재수[76]는 자신이 서울에서 입수했고 분량이 이본 중 가장 많으며 벽두에는

74) 문홍구, 「춘향전 창극본의 인물 분석」, 새국어교육, 한국국어교육학회, 1999.

75) 정하영, 「춘향전 한문이본군 연구」, 『성곡논총』, 성곡학술문화재단, 1998.

76) 이재수, 「春香傳 異本考; 常山本을 中心으로」, 『否丁 李商憲先生 回甲紀念論文集』,

허두가가 있는 상산본 <춘향전>의 체재 및 내용의 소개와 함께 다양한 타본과의 비교를 통해 <춘향전> 이본고에서 미해결로 남아 있던 과제를 풀고자 했다. 그럼으로써 창곡본 → 상산본 → 경판본, 안성판본, 완산판 <별춘향전> 혹은 창곡본의 직계가 상산본이며 별계가 경판본, 안성판본, 완산판 <별춘향전>이라는 관계를 가진다고 하면서 종래에 <춘향전> 이본 중 선후관계와 영향 등을 판명하기 어렵던 것이 상산본과의 비교로 5本의 명확한 관계를 밝힐 수 있어 가치가 크다고 주장한다.

김석배[77]는 수용자에 의해 새롭게 생산된 개별적인 한 이본은 수용자가 이본을 생산하면서 모본으로 한 특정한 하나의 선행 이본 또는 둘 이상의 선행 이본이 있는 것으로 어떤 형태로 존재하던 간에 수용자가 선행 이본을 바탕으로 생산한 것이므로 독자적인 이본으로서의 가치를 지니며, <춘향전>은 선행 이본의 지평을 그대로 수용한 부분과 선행 이본의 지평을 거부하고 새로운 지평을 연 부분으로 이루어져 있다고 밝히고 있다. 그러나 한 수용자에 의해 지평 전환이 일어난 것이라도 또 다른 수용자에 의해 선행 이본의 지평으로 되돌아가는 경우도 있고, 변모는 수용자가 선행 이본에서 구체화되어 있지 않은 장면을 구체화하려는 방향에서 이루어진 것도 있다는 것을 밝히고 있다.

이상에서 보면 <춘향전>의 이본이 100여 종인 것만큼, 작금까지 많은 학자들이 이본 연구에 심혈을 기울여 왔다. 그러나 어느 것이 원본인지, 원본이 존재하지 않는다면 선본이라도 밝혀야 할 것이나 아직 결정적인 논증이 보이지 않는다. 이본 연구가 완성되어야만 <춘향전> 연구에 있어서 대본

1968.

77) 김석배, 「춘향전 이본 생성과 변모」, 국어교육연구22, 경북대 국어교육연구회, 1990.

선정은 물론 올바른 연구의 지평이 열릴 것이다. 이본 연구는 웃으며 들어가 울며 나온다는 말이 있을 만큼 힘겨운 작업이지만 당분간 계속 연구되어야 할 과제로 남아 있다.

6. 주제 검토와 쟁점

<춘향전>의 주제에 대한 논의는 그 동안 수없이 이루어져 왔다.[78] 대체로 貞節을 비롯하여 한 남자에 대한 한 여인의 숭고한 사랑으로 보는 견해와 不義한 지배계급에 대한 서민의 항거로 보는 견해가 있다. 그리하여 어느 한 쪽에 치중하거나 양쪽을 모두 긍정하는 방향으로 논의가 수렴되는 것이 보통이다.

<춘향전>의 주제를 단일한 것으로 보는 주장을 일원설이라 할 때 <춘향전>의 주제를 서민적 저항의식의 표출로 보는 견해에는 김태준[79], 주왕산[80], 이상택[81], 한희수[82] 등이 있다. 이 가운데 이상택은 <춘향전>의 주제 문제를 천착하여 정절론과 사회개혁론, 무저항론이라는 주장은 인상비평적

78) 안성배, "춘향전 주제의 재검토", 새국어교육 29, 30, 한국국어교육학회, 1979.
천두현, "춘향전의 주제에 대하여", 어문학교육, 부산교대, 1980.
설성경, "춘향전의 주제의 특성", 한국문학연구방법론, 민족문화사, 1983.
김복희, "춘향전의 다층적 주제", 이화어문논집, 이화여대, 1984.
정하영, "춘향전의 주제", 『한국문학사의 쟁점』, 집문당 1986.
임성래, "춘향전의 구성과 주제", 열상고전연구 4, 열상고전연구회, 1981.

79) 김태준, 앞의 글.

80) 주왕산, 앞의 글.

81) 이상택, "춘향전 연구 - 성격분석을 중심으로 -" 서울대 석사학위논문, 1966.

82) 한희수, "완판 춘향전의 주제" 한남어문학 17·18 합집, 한남대 국문학회, 1992.

성격이 강하다고 주장하고, 춘향의 성격과 동기, 적응 방식을 분석하고 사회사적으로 접근하여 <춘향전>의 가치를 여성이 자율적인 판단과 의지에 의하여 자신의 성취욕구를 달성해 가는 과정을 그렸다는 점, 또한 근대사회의 인간형인 게젤샤프트적인 인간을 부각하였다는 점에서 찾았다.

윤세평[83]은 <춘향전>은 당시의 사회적, 계급적 상극을 주제로 하여 특권적 지배계급인 양반계층 대 농민을 주력으로 하는 일반 서민 계층 간의 격렬한 그리고 첨예화한 투쟁을 취급한 역사적 사회소설이며, 춘향과 몽룡의 연애 관계는 이상의 주제를 살리기 위한 구성적 수법과 예술적 형식에 불과하다고 말하고 있다. 이와 비슷하게 신동흔[84]은 민중이 주인으로 대접받는 세상에 대한 지향으로 <춘향전>을 바라보고 있다. 또한 한희수[85]는 신분 질서를 유지하려는 자의 시대와 이것을 거부하는 자의 시대의 대립에서 이전 시대를 부정한 새로운 시대를 지향하는 것으로 <춘향전>의 주제를 보고 있다.

그리고 김형돈[86]은 이도령과 춘향을 서민의 대변자로 보고 이등사또와 변학도를 기존제도의 옹호자로 보면서, 이조사회에 팽배해 있던 서민들의 욕구 불만의 심리가 이도령과 춘향이라는 인물에 투영되어 이등사또와 변학도라는 지배권의 상징인물과 대결시킴으로써 욕구 충족과 안정 추구의 심리적 이익을 도모하고 있는 작품이라고 하면서 인본주의의 본질을 문학을 통하여 널리 인식시키고 대중 속으로 확산시킨 최초의 작품이라고 하여도 무방할

83) 윤세평, 「춘향전에 대한 분석과 연구」, 판소리연구 3집, 1992.

84) 신동흔, 「평민 독자의 입장에서 본 춘향전의 주제」, 판소리연구 6집, 1995.
_____, "춘향전 주제의식의 역사적 변모양상", 판소리 연구 8, 판소리학회, 1998.

85) 한희수, 「완판 춘향전의 주제」, 한남어문학 17, 18집, 1992.

86) 김형돈, 「심리적 역동성으로 본 춘향전의 인본주의적 성격 - 남원고사를 중심으로 - 」, 명지어문학 21, 명지어문학회, 1994.

것이라고 하고 있다.

문두근[87]은 현실적으로 춘향은 신관사또의 정치적 권력에 의한 형벌을 이겨내지 못했을 가능성이 있지만, 민중들은 춘향을 정치적 형벌로부터 죽지 않게 하였고, 춘향이 옥에서 고통과 시련을 감내하고 새로운 춘향으로 탄생할 수 있게 함으로써 관능적 성적 매력의 춘향인 즉자적 민중이 윤리적 정절의 춘향인 대자적 민중으로 변이가 일어나 민중들의 꿈이 나타나게 되었다고 주장한다. 장경학[88]은 <춘향전>은 역사적 사명을 다하지 못하고 자멸을 면치 못한 양반층의 몰락을 예언한 양반의 자기반성의 고백이며 몰락해 가는 양반층에 대조되는 서민층의 대두 및 항쟁을 그렸으며 천민에 속하는 춘향을 등장시켜 직접 피를 흘리며 양반과 과감히 항쟁하는 데까지 진전하였다고 말하고 있다.

김수남[89]은 <춘향전>의 테마는 사상적 배경, 작자의 출신성분, 플롯, 기타의 분석으로 볼 때 '인간의 가치를 동일화'하는데 있다고 하면서 계급타파라는 면은 당대의 사회상으로 인해 대치되어 나타났다고 하고 있다. 그리고 인간의 가치 규정에 있어서 그 방법면으로 '성'이라는 인간의 본능을 사용하여 이도령과 춘향을 동일계열에 놓는 데 성공했다고 본다.

그리고 이문규[90]는 춘향과 몽룡의 결합은 마음에 드는 상대와 결연하려는 신세대의 자유연애적 성향을 대변하며, 이를 통해 춘향은 자연스럽게 신분적 관념을 초극하고 정식 부부로서 떳떳한 삶을 살아가고자 하는 인간적인 삶의

87) 문두근, 「춘향전에 투영된 민중의식」, 순천공업전문대학 논문집 15집, 1994.

88) 장경학, 「朝鮮王朝 後期에 있어서 兩班庶民의 抗爭-'春香傳'을 中心으로」, 월천 김용제 박사 화갑 기념 논문집, 1978.

89 김수남, 「春香傳主題考, 性의 觀點에서」, 大田實專 論文集 제3집, 1972.

90) 이문규, 「春香傳 新考」, 인문과학 제3집, 서울시립대 인문과학 연구소, 1996.

세계를 지향하려는 새로운 가치 지향을 드러냄으로써 보다 바람직한 사회로의 질서의 재편을 희원하던 당대 민중의 소망을 훌륭히 형상화한 작품이라고 주장한다.

또한 설중환[91]은 <춘향전>을 꿈과 관련지어서 살펴보고 있는데, 근본적으로 주제를 보는 데 있어서 당대 민중의 꿈을 반영한 것인 '양반이 되는 꿈의 실현' 이어서 당대인들에게 사랑을 받았다는 데 초점을 맞추지만, 시대가 지남에 따라 어떤 꿈이 이루어지기를 소망하는 이들에게 성취감을 안겨줄 수 있는 점도 고려하여 넓은 의미의 주제인 '꿈의 성취도'를 언급했다.

숭고한 사랑으로 보는 견해는 윤홍로[92], 안성배[93], 박명희[94] 등이 있다. 안성배는 춘향전의 주제를 사회적 신분이 다른 춘향과 이몽룡의 '순수한 사랑'으로 보아야 할 것이라고 주장한다. 박명희는 사랑에 주목하여 춘향이 높은 경지의 사랑을 보여준 반면에 이도령은 무책임한 태도에서 춘향으로 인해 변화하는 인물로 보았다. 그리하여 춘향의 순수한 사랑이 상대방을 각성시켜 두 사람 사이의 참된 사랑이 성취된다고 하였다. 유정상[95]은 춘향, 이몽룡, 월매, 변사또, 방자, 향단의 성격을 차례로 살펴보고, 이러한 인물비교를 통하여 본 주제는 신분이 천민인 춘향이 양반 출신인 이몽룡과의 사랑을 이루는 과정을 형상화한 작품이라고 보았다.

91) 설중환, 「춘향전 재고」, 국어국문학 82, 국어국문학회, 1980.

92) 윤홍로, "화해와 새 질서 - 춘향의 중간자적 기능 -", 창작과 비평 42, 창작과 비평사, 1996.

93) 안성배, "춘향전 주제의 재검토", 새국어교육 29·30 합, 한국국어교육학회, 1979.

94) 박명희, "춘향전에 나타난 사랑의 구현형태", 이화어문논집 5, 이대 한국어문학연구소, 1982.

95) 유정상, 「春香傳에 나타난 人物比較硏究 - 烈女春香守節歌를 中心으로 -」, 인하대학교 석사학위논문, 1990.

<춘향전>의 주제를 단일한 것으로 파악하지 않고 이원적 다원적으로 파악하는 논의도 있는데, 대표적인 연구자는 조동일[96], 황패강[97], 설성경 등이다.

조동일은 <춘향전>을 신분적 제약과 인간적 해방의 갈등으로 성립되고 전개되는 작품이라고 하여 기존의 방법론과는 달리하여 재정리했다. 그리하여 신분적 제약을 벗어나 인간적 해방을 이룩하자는 것이 <춘향전>의 이면적 주제라면, 열녀 춘향의 유교적 교훈은 표면적 주제라고 하였다. 황패강은 <춘향전>이 갖는 의미를 사회적 신호와 내면적 신호로 구분하여 사랑을 핵심적인 것으로 내세우면서도 민중의식, 신분의식, 항거, 현실비판, 인물들 사이의 대립구조 등을 상호연관적인 맥락에서 보았다.

김복희[98]는 <춘향전>은 '남녀의 사랑'이 중심에 위치하여 여러 가지 문제와 의미가 서로 관련을 맺고 여러 층을 이루며 통합되어 있는데 이 다층적 의미의 작품 주제는 '사랑을 통한 신분제도 극복과 자기실현'으로 약술할 수 있다고 주장했다. 이와 비슷하게 나병철[99]은 사랑의 주제, 열녀의 교훈, 새로운 사상의 세 개의 주제가 논리적으로 결합되어 있는 양상을 보이고, 시대에 따라 더욱 비중있는 주제가 달라질 수 있다고 말하고 있다. 그리고 장성원[100]은 <춘향전>의 주제는 열녀라는 유교적 교훈을 형상화한 표면적 주제와 신분해방을 통한 인간성의 실현을 형상화한 것이라는 이면적 주제와 청춘남녀의 사랑을 형상화한 심층적 주제로 파악할 수 있다고 말하고 있다.

---

96) 조동일, "갈등에서 본 춘향전의 주제", 계명논총 6, 계명대학, 1970.

97) 황패강, "춘향전 - 전달의 두 가지 국면 -", 「조선왕조소설연구」, 단국대출판부, 1981.

98) 김복희, 「춘향전의 다층적 주제」, 이화어문론집7, 이화여대, 1984.

99) 나병철, 「춘향전 주제 연구」, 연세어문학 제18집, 연세대, 1985.

100) 장성원, 「춘향전에 나타난 인물의 형상과 갈등 양상 연구」, 1999.

천두현[101]은 <춘향전>은 신분적 제약과 인간적 해방의 갈등에서 후자의 승리로 끝을 맺고 있는데, 그 인간적 해방은 열녀의 교훈이라는 낡은 도덕적 관념과 대립되어 있다고 하면서 <춘향전>의 주제를 열녀의 교훈은 표면적 주제로 보고, 인간적 해방은 이면적 주제로 보고 있다. 또한 임종구[102]는 신분상승의식과 주제와의 관련성을 언급하였는데, 거기에서 애정과 사회성 둘 모두가 대표적인 주제의식이라고 밝힘으로써 주제를 이원적으로 보고 있음을 알 수 있다.

설성경[103]은 이들과는 달리 <춘향전>의 주제를 보편적 주제와 개별적 주제로 나누어 파악할 것을 제안하였다. 이때 통시적 접근을 통해 추출할 수 있는 주제를 보편적 주제, 개별 이본종이 제시하는 주제를 개별적 주제라 하며, <춘향전>의 대표적 주제인 사랑과 신분갈등은 이본에 따라 다른 모습으로 나타나기에 주제가 달라진다고 하였다.

이렇게 볼 때 <춘향전>의 주제는 어느 하나로 한정될 수 없다. 다양한 이본이 존재하는 만큼 이본마다 조금씩 차이나는 주제에 관심을 기울여야 한다. 지금까지 <춘향전>의 주제를 파악하는 논점은 어느 한 이본에 집중하여 거기서 추출한 주제를 全<춘향전>의 주제인 것처럼 주장하였다. 그러나 <춘향전>은 판소리 「춘향가」의 정착물이므로 다양한 층위의 형성과정을 거친 이후 현재의 모습으로 정착한 것임을 인정해야 한다. 이를 바탕으로 보편적인 주제를 도출하여야 할 것이다.

이상에서 살펴본 바와 같이 <춘향전>의 주제는 논자에 따라 또는 논자의

101) 천두현, 「춘향전의 주제에 대하여 - 파멜라와의 비교를 통해서」, 어문학교육 2·3 합병호, 부산교대, 1980.

102) 임종구, 「春香傳에 나타난 身分上昇意識과 近代的 性格」, 중앙대학교 석사학위 논문, 1992.

103) 설성경, "춘향전 주제의 특성", 「한국학연구 방법론」, 민족문화사, 1983.

시각에 따라 각양각색이다. 더구나 <춘향전>은 판소리가 소설화된 것이어서 이본에 따라 다르게 나타날 수 있음이 당연한 것으로 이해하기도 한다. 따라서 <춘향전>의 주제에 대한 논의는 대본에 따라 여러 측면에서 더욱 심도 있게 다루어져야 할 학계의 과제로 남아 있다.

7. 등장인물 검토와 쟁점

<춘향전>의 주인공인 이도령과 춘향의 인성(personality)[104)]에 대한 이론이 분분하여 학계의 쟁점으로[105)] 부각되어 있다.

한규섭[106)]은 이도령의 성격과 춘향의 성격을 분석하는데, 춘향에게 있어서 냉정하고 합리적이며 적극적인 저항적 성격을 보이고 있는 인물이라는 측면도 지니고 있음을 드러낸다. 이에 따라 근대적 평등 사상을 지향하는

---

104) 장덕순, "작중인물을 통하여 본 춘향전", 한국고전문학의 이해, 일지사, 1973.
오세하, "춘향전 인물고", 국문학 7, 고려대 국어국문학과, 1973.

105) 성현경, "춘향의 신분 변이 과정 연구", 『한국고전소설과 서사문학』 上, 이상택교수회갑기념논문집, 1998.
최정락, "두 춘향의 성격비교", 어문학 44, 45, 한국어문학회, 1984.
윤경수, "춘향의 인물상 재론", 『도해 한국 고소설의 동굴모티프 연구』, 태학사, 1999.
설성경, "춘향전에 나타난 여인상", 인문과학연구논총 12, 계명대, 1994.
이상택, "춘향전 연구", 공사논문집, 공군사관학교, 1966.
김병국, "문학적 관습에서 본 춘향전의 인물고", 고전문학연구 1, 한국고전문학연구회, 1975.
정출헌, "춘향전의 인물 형상과 작중역할의 현실주의적 성격", 판소리연구 4, 판소리학회, 1993.

106) 한규섭, 「춘향전 인물의 기능과 성격 - 병오판 33장본 <열녀춘향슈절가>를 중심으로 - 」, 어문론총 12집, 1996.

자각된 의식을 지닌 인물로 춘향을 바라보고 있다. 천두현[107]은 기생인 춘향과 기생이 아닌 춘향을 살피면서 실제 작품 속에서는 기생으로서의 춘향과 기생이 아닌 춘향의 모습이 동시에 드러나고 있다고 하면서 춘향의 다면적 측면을 고려해야 한다고 주장한다.

설중환[108]은 꿈의 역할에 초점을 맞추어 논지를 전개시키는데, 현실에서의 춘향은 기생으로서의 춘향이고, 기생 아닌 춘향은 바로 꿈속에서의 춘향, 즉 양반이 되고 싶어하는 꿈을 꾸는 춘향이라고 보면서 춘향이 결국 양반이 되는 것을 '꿈의 실현'이라고 보고 있다. 박종섭[109]은 <춘향전>의 등장인물 중 방자의 성격을 규명하였고, 이를 민담의 종, 오광대의 말뚝이, <배비장전>의 방자와 비교하였다. 그 결과 '자각한 양반의 서민의식의 성장' 또는 '자각한 양반에 의한 계급타파'라는 또 하나의 주제를 도출해 냈다고 했다.

김종철[110]은 <옥중화>가 원래 박기홍조 <춘향가>의 실상에 가까울 것으로 파악하고 있다. 이런 주장은 박문선[111]에 의해 먼저 주창된 것이다. 박문선은 이해조가 개작 과정에서 여러 한계를 드러내는데 이는 판소리에 대한 총체적 인식의 부족의 결과로 보고 있다.

서례순[112]은 <춘향전>에서 기생의 딸은 정결한 한 지어미가 될 수 없으며 어미를 따라 기생이 되어야 한다는 고전사회의 통념을 깨트리는 것으로

---

107) 천두현, 「춘향전의 주제에 대하여 - 파멜라와의 비교를 통해서」, 앞의 논문집.

108) 설중환, 「춘향전 재고」, 앞의 논문집.

109) 박종섭, "「春香傳」 房子의 性格 研究 - 「烈女春香守節歌」를 중심으로 - ", 계명대학교 석사학위논문, 1987.

110) 김종철, "「옥중화」 연구(1) - 이해조 개작에 대한 재론 - ", 1995.

111) 박문선, 「옥중화 연구」, 천잠어문학 제4호, 전주대학교 사범대학 국어교육과, 1986. 12.

112) 서례순, 「春香傳에 나타난 기생의 世界 - 構造分析을 통하여 - 」, 고려대학교 석사학위논문, 1986.

보면서 한 사람의 성품이나 사회적 지위가 태어나면서부터 결정되는 것이 아니며 교육에 의해 훌륭한 성격이 형성된다고 한다. 신영명[113]은 몰락상민, 상승양반, 몰락양반, 상승상민의 네 계층으로 나누어 당대 사회구조를 살피고 이것이 <춘향전>에 어떻게 드러났는가를 밝혀 사회구조와 비교한 고찰을 했다.

이처럼 <춘향전>의 주인공인 이도령과 성춘향의 인성에 대한 논쟁도 학계의 관심사로 크게 부각되어[114] 해결되어야 할 문제점으로 남아 있다.

8. 결론

이상 본론에서 논의한 바를 결론적으로 요약 정리하면 다음과 같다.

첫째, <춘향전> 연구는 1930년대 초부터 1950년대 초까지는 <춘향전> 연구의 문학적 접근이 시도된 시기이다. 1950년대 중반부터 1960년대 말까지는 <춘향전> 연구가 본격적으로 이루어진 시기이다. 1970년대 초부터 말까지는 주제를 비롯하여 다양한 논의가 도출된 시기이다. 1980년대 초부터 말까지는 기존 연구를 더욱 확대하여 보다 정밀한 논의가 이루어져 굳건한 터전을 닦은 시기이다. 1990년대부터 지금까지는 <춘향전> 연구를 종합 정리 분석하고 이본 및 등장인물에 대한 치밀한 분석이 시도되어 이를 교육 현장에까지 적용하는 방법론[115]이 다양하게 탐색되었다.

---

113) 신영명, 「춘향전의 작품구조와 조선후기의 사회구조」, 고려대학교 석사학위논문, 1982.

114) 김현주, "춘향전의 희화적 상상력", 한국고전연구 5, 한국고전연구회, 1999.

둘째, 지금까지 연구 과정에서 특히 주목받았던 연구 경향을 검토하여 학계의 시비를 논쟁별로 정리함으로써 춘향전 연구에 있어서 쟁점이 무엇인가를 구명, 앞으로의 연구 방향의 지침이 되게 하였다.

먼저 <춘향전>의 발생과 기원에 대한 쟁점을 들 수 있다. <춘향전>의 발생과 기원에 대한 문제는 판소리의 발생과 연관되는 것으로, <춘향전> 연구의 결과만으로 해결될 수 있는 것이 아니라 할 수 있다. 즉 판소리의 발생과 관련하여 판소리계 소설 전반의 연구를 통해 해결되어야 할 것이다. 왜냐하면 대체로 판소리에서 소설이 되는 과정을 인정한다면 판소리의 발생과 기원을 해결하는 것이 곧 판소리계 소설의 발생과 기원을 해결하는 것이기 때문이다. 그러나 <춘향전>은 판소리이면서 동시에 <춘향전> 자체로 존재한다는 점도 고려되어야 한다. 즉 <춘향전>만의 발생과 기원에 대한 논의도 함께 이루어져야 한다. 지금까지 <춘향전>의 발생과 기원에 대한 논의는 판소리와 소설 중 어느 한 측면에만 주목하는 연구 성과였다고 할 수 있다. 앞으로 이를 통섭하는 판소리 <춘향가>와 소설 <춘향전>의 기원에 대한 다각적인 검토가 있어야 할 것으로 보인다.

다음으로 <춘향전>의 작자문제와 실존설에 대한 쟁점을 들 수 있다. 지금까지 학계의 논의로서는 <춘향전>의 작자는 미상으로 통용되고 있다. 그러나 성부사 비석과 춘향과의 관련성, <춘향전>의 원본이라 주장하는 <春夢緣>의 정체, <춘향전>과 조경남의 관계가 보다 명료하게 밝혀진다면, <춘향전>의 작자와 실존 여부가 자연적으로 드러나게 될 것이나 현재까지의 연구로서는 학계의 쟁점으로 남을 수밖에 없다.

다음으로 <춘향전>의 근원설화에 대한 쟁점을 들 수 있다. <춘향전>의

115) 김종철, "춘향전 교육의 시각(1)", 고전문학과 교육 1, 청관고전문학회, 1999.

근원설화는 발생설화와 밀접한 관련을 가지며 또한 주제 구현과도 관련되는 중요한 문제이다. 따라서 신중히 처리되어야 함에도 기존 논의에서는 내용의 유사성이나 제재, 소재의 관련성을 기준으로 근원설화를 다루었다는 한계를 가지고 있다. 그 결과 근원설화로 볼 수 있는 작품 내적·외적 구조의 상사성 등 문학적 차원에서의 접근은 소홀히 다루어진 것이 사실이다. 또한 다양한 이본이 존재하는 <춘향전>의 경우 그 근원설화도 이본에 따라 달라질 수 있다. 이 때 각각의 이본에 특별히 관련되는 설화를 삽입설화, <춘향전>의 보편적 줄거리와 관련되는 설화를 근원설화로 보는 접근법이 필요할 것이다. 또한 이렇게 추정된 설화와 <춘향전>의 관련성이 문학적인 차원에서 재검토되어야 할 것이다.

다음으로 <춘향전>의 이본에 대한 쟁점을 들 수 있다. <춘향전>의 이본이 100여 종인 것만큼, 작금까지 많은 학자들이 이본 연구에 심혈을 기울여 왔다. 그러나 어느 것이 원본인지, 원본이 존재하지 않는다면 선본이라도 밝혀야 할 것이나 아직 결정적인 논증이 보이지 않는다. 이본 연구가 완성되어야만 <춘향전> 연구에 있어서 대본 선정은 물론 올바른 연구의 지평이 열릴 것이다. 이본 연구는 웃으며 들어와 울며 나간다는 말이 있을 만큼 힘겨운 작업이지만 앞으로 계속 연구되어야 할 과제로 남아 있다.

다음으로 <춘향전>의 주제에 대한 쟁점을 들 수 있다. <춘향전>의 주제는 논자에 따라 또는 논자의 시각에 따라 각양각색이다. 더구나 <춘향전>은 판소리가 소설화된 것이어서 이본에 따라 다르게 나타날 수 있음이 당연한 것으로 이해하기도 한다. 따라서 <춘향전>의 주제에 대한 논의는 대본에 따라 여러 측면에서 더욱 심도 있게 다루어져야 할 학계의 과제로 남아 있다.

다음으로 <춘향전>의 등장인물에 대한 쟁점을 들 수 있다. <춘향전>의 주인공인 이도령과 성춘향에 대한 인성의 논증도 학자에 따라 각양이어서 학계의 관심사로 크게 부각되고 있어서 앞으로 해결되어야 할 문제점으로 남아 있다.

이 외에도 <춘향전> 연구에 대한 문제점은 더 많이 들 수 있지만, 우선 크게 관심의 대상이 되는 몇 가지만 간추려 보았다. 여기서 누락된 부분이나 앞으로의 연구물은 계속 추가 보완시킬 것이다.

북한문학사에서의 춘향전의 평가

박태상

1. 머리말

해방 이후 남과 북이 분단된 지 어언 58년이란 세월이 흘러갔다. 그 동안 남과 북은 냉전 이데올로기에 집착하여 치열한 대결양상을 보였다. 하지만 1989년 구소련 연방의 해체와 동구권의 자유화의 물결로 인해 북한이 고립되는 양상을 보이면서 커다란 변화의 물결을 타게 되었다. 특히 러시아와 남한의 외교관계 수립에 이어 중국과도 국교를 맺게 되자 북한은 더욱 더 고립화의 길로 접어들게 된다. 하지만 1994년의 김일성 주석의 사망과 곧 이어 닥친 자연재해로 인해 북한은 심각한 식량난에 봉착하게 되었다. 그리하여 생존을 위하여 목숨을 걸고 북한 국경을 넘는 탈북자가 엄청나게 많이 생겨나게 되었다. 이러한 북한의 체제 붕괴의 위기는 오히려 남북한간의 대화의 물꼬를 트는 계기가 되었다.

드디어 2000년 6월 15일의 남북정상회담과 6·15선언은 전세계에 희망을 안겨주는 동시에 민족의 숙원이었던 평화적인 민족통일의 주춧돌을 놓는 기회가 되었다. 하지만 분단 58년은 언어의 이질성과 역사적 배경의 차이로 인해 상호 배타적인 문화를 잉태하였다. 특히 정치적·경제적인 측면은 말할 것도 없이 민족문화 유산에 대해서도 상호간의 평가가 다른 양상을 나타내고 있어 심각하다고 할 수 있다. 특히 북한은 민족유산을 고전문화유산과 혁명전통 유산으로 구분하면서 후자의 순결성을 강조하기 위해 전통의 계승문제에 대해 비판적인 태도를 견지하고 있다.

따라서 우리 민족의 고전이자 세계적인 문화유산인 판소리나 「춘향전」에 대해서도 남한의 학적인 평가와는 아주 다른 인식태도를 보이고 있다.

그러면 구체적으로 북한문학사에서 판소리와 우리 민족의 대표적인 고전작품인 「춘향전」이 어떻게 평가되고 있는지 살펴보기로 한다.

2. 민족문화유산으로서의 고전문화유산의 위상

북한은 김정일 국방위원장의 교시에 의해 민족문화유산에서 고전문화유산과 혁명적 문화유산을 구분하였다. 우선 '민족문화유산'에 대해 "민족의 선행세대들이 력사적으로 내려오면서 창조하여 후세에 물려주는 정신적 및 물질적 재부이다"[1]라고 개념정의를 내리고, 민족문화유산을 고전문화유산과 혁명적 문화유산으로 나누었다. 여기에서 혁명적 문화유산은 사회주의·

1) 한중모, 『위대한 령도자 김정일동지의 사상리론』 문예학1, 평양, 사회과학출판사, 1996, 153쪽.

공산주의를 위한 혁명투쟁 속에서 창조된 것으로 하여 그 이전 시기에 선조들에 의하여 이룩된 고전문화유산과 본질적인 차이를 가진다고 강조한다. 그것은 노동계급의 혁명위업, 사회주의·공산주의 위업은 착취 없고 압박 없는 사회에서 자유롭고 행복한 생활을 누리려는 근로인민대중의 이상을 실현하기 위한 거창한 역사적 위업으로써 인민대중의 자주성을 위한 투쟁의 가장 높은 단계로 된다고 주장하고 있다. 그에 반해 고전문화유산은 장구한 역사적 기간에 걸쳐 고대사회·봉건사회·자본주의 사회에서 형성되고 축적된 것으로서 세계관적 제한성과 계급적 및 시대적 제한성을 가지고 있으며 따라서 사회주의·공산주의 문화건설에서 그것을 그대로 이어받을 수 없으며 새로운 현실의 요구에 맞게 비판적으로 계승하여야 한다고 지적하고 있다.

또 김정일 국방위원장의 교시를 인용하면서 "민족문화유산을 고전문화유산으로만 보아도 안되지만 혁명적 문학예술전통을 과거의 민족문화유산과 뒤섞어놓거나 민족문화유산에서 차지하는 그의 위치를 다른 유산과 평균주의적으로 대하여서도 안된다"[2]고 민족문화유산 내에서의 서열을 정해주고 있다. 이러한 역사인식 속에서 북한역사는 ㅌ.ㄷ(타도제국주의동맹)를 현대사의 기점으로 삼게 된다. 따라서 김일성의 항일혁명의 역사를 가장 위대한 문화유산으로 미화시키게 된 것이다. 이러한 역사해석의 물줄기에서 유산과 전통 계승의 견지에서 볼 때 사회주의, 공산주의 문학예술의 발생발전의 역사는 혁명적 문학예술전통이 형성되고 그것이 줄기차게 계승·발전되며 개화·만발하는 과정이라고 파악하게 된다. 그리하여 혁명적 문학예술전통은 사회주의·공산주의 문학예술의 명맥을 이어주는 피줄기이며 그 발전을 영

2) 한중모, 위의 책, 157쪽.

원히 떠밀어주는 생명선이라는 해석을 하게 된 것이다.

아울러 우리 나라 역사에서의 민족문화유산의 한계를 지적하면서 혁명적 문학예술전통의 합법칙성을 스탈린의 공산주의 문학에 대한 지침에 근거하여 강조하게 된다. 사회주의·공산주의 문학예술은 선조들이 창조한 지난날의 문학예술의 성과와 경험을 올바로 계승 발전시킴으로써만 훌륭히 건설되고 찬란히 꽃피어날 수 있었다. 그러나 오랜 역사적 기간에 걸쳐 이루어진 민족문학예술유산은 진보적이며 인민적인 것이라 하더라도 당시의 사회역사적 조건의 미숙성과 그 창조자들의 세계관의 약점으로 하여 내용면에서나 형식면에서 제한성을 면할 수 없으며 노동계급의 혁명적 문학예술을 창조발전시키는 데서 그것을 그대로 이어받을 수는 없다고 비판하고 있다. 때문에 민족적 형식에 혁명적이며 사회주의적인 내용을 담은 새로운 사회주의 문학예술을 건설하려면 반드시 역사적으로 형성된 민족문학예술유산을 비판적으로 계승하여야 하며 혁신적으로 발전시켜야 한다[3]고 스탈린의 지침에 충실한 견해를 밝힌다. 스탈린은 『동방 민족대학의 정치적 임무』에서 "내용은 무산계급적이고 형식은 민족적이다. 이것이 곧 사회주의가 전인류의 공동문화로 보무당당하게 매진하고 있는 것을 보여준다. 무산계급 문화는 결코 민족문화를 폐기하는 것이 아니고 오히려 내용을 부여하고 있다. 다른 한편으로 민족문화는 무산계급 문화를 폐기하지 않고 형식을 부여해준다"[4]고 말했다.

이러한 민족유산에 대한 북한의 기본 인식은 1970년 3월 4일 김정일이 조선노동당 중앙위원회 선전선동부 일군들과 한 담화인 「민족문화유산을 옳

---

3) 한중모, 위의 책, 161쪽.

4) 이일·서성록, 『북한의 미술』, 고려원, 1990, 99쪽.

은 관점과 입장을 가지고 바로 평가 처리할 데 대하여」[5]에서 출발하였다.

최근 북한이 민족 고전문학예술 유산의 계승을 다시 강조하고 있는 이유는 '민족제일주의'라는 이데올로기를 내세워 80년대 말 구소련연방의 해체와 동구권의 자유화물결 이후 나타나고 있는 체제동요를 내부적으로 막고 우리식 사회주의 체제를 공고히 하려는 의도와 연관된다. 또 하나 북한인민들에게 민족 고전문학예술 유산을 귀중히 여기라고 주문하는 속셈은 사회주의 애국주의 사상을 교양하는 데도 도움이 되기 때문이다. 즉 북한당국이 그것을 취약한 김일성·김정일로 이어지는 수령형상의 세습을 옹호해주는 중요한 이데올로기로 인식한 까닭이다. 김정일 국방위원장은 "민족문화유산에 대한 긍지와 자부심은 곧 민족적 자존심과 민족제일주의의 중요한 표현이다"[6]라고 『주체문학론』에서 이미 이러한 이데올로기의 추진을 강력하게 피력하였다. 그러면 북한은 언제부터 조선민족제일주의를 들고 나왔을까? 대체로 학계에서는 1986년 7월 15일에 발표된 김정일 위원장의 논문 "주체사상 교양에서 제기되는 몇 가지 문제에 대하여"를 기점으로 파악하고 있다. 이러한 조선민족 제일주의의 기치아래 북한은 고전문학예술유산에 대한 조사 발굴 및 연구사업을 활발하게 전개하여 수백 권의 책으로 출판하였다. 그리하여 그 성과물을 "백수십편의 고전소설들과 고대, 중세 시문학의 발전 면모를 보여주는 수천 편의 시가들 그리고 설화, 패설, 기행문 등 다양한 형식의 수많은 작품들이 발굴되어 100여권에 달하는 고전문학작품집과 단행본들이 새로 출판되고 민족고전문학에 대한 새로운 연구성과들이 세상에 나왔다. 최근 년간 1만 여 편의 다양한 내용과 형식의 민족음악 유산이 발굴

5) 조선노동당 중앙위원회, 『김정일선집 2』, 평양, 조선노동당출판사, 1993, 52 - 60쪽.

6) 한중모, 앞의 책, 199쪽.

수집되고 2천여 편의 민요가 채보 정리되여 영구보존할 수 있게 된 것도 민족고전문학예술 유산을 조사발굴하고 계승발전시키는 사업에서 이룩된 귀중한 성과의 하나이다"[7]라고 선전하고 있는 실정이다.

그리고 민족고전문학예술 유산의 평가와 계승에서 몇 가지 원칙적 문제를 고려해야 한다고 하면서, 1) 인민적이고 진보적인 유산의 비판적인 계승발전, 2) 주체적인 입장의 견지, 3) 역사주의 원칙과 현대성의 원칙의 구현, 4) 복고주의와 민족허무주의의 배격의 네 가지 원칙을 내세우고 있다. 이러한 원칙에 근거하여 대표적인 민족고전유산들인 「춘향전」 「심청전」, 「흥부전」 등은 당시로서 뛰어넘을 수 없었던 수많은 제한성을 가지고 있지만, 주인공들인 춘향, 심청, 흥부 등의 형상에는 근면하고 성실하며 부모에 대한 효성이 지극하고 권세와 불의 앞에 굽히지 않으며 항거해 나서는 우리 민족의 우수한 성격적 특성이 개성적으로 체현되어 있으며 작품들은 이들의 생활과 운명을 통하여 하층인민들에게 고통과 불행을 들씌우는 봉건제도의 모순과 불합리를 폭로 비판하였다[8]라고 고전문화유산의 가치를 긍정적으로 인정하는 추세를 보이고 있다.

3. 판소리에 대한 북한의 인식태도

앞에서도 언급했듯이 북한에서의 고전문학예술유산은 형식적인 측면에서는 민족적이어야 하며 그 내용에 있어서는 무산계급적이어야 한다는 스탈린

7) 한중모, 위의 책, 201쪽.

8) 한중모, 위의 책, 206쪽.

이 제시한 원칙을 고수하여, 착취사회의 모순과 불합리에 대한 비판정신과 반침략애국주의 사상을 고취시켜야 제대로 평가받을 수 있게 된다.

그러면 고전문화유산으로서의 판소리나 판소리문학에 대해서 북한의 문예이론서들은 어떠한 평가를 내리고 있을까? 결론을 요약하면, 판소리라는 음악장르는 양반들의 부화방탕한 생활태도를 반영하기 때문에 주체시대의 청년들의 정서에 맞지 않으며, 그 가창형식에 있어서도 자연스러운 발성법과는 모순되게 탁성을 내므로 현대적 미감에 맞지 않는다고 비판하고 있다. 따라서 북한에서 판소리라는 음악장르는 전통적 민족음악 유산으로 보존하고 있을 뿐이라고 하면서도 사실상은 거의 연주되거나 보존되고 있지 않은 죽은 장르로 그 위상이 정립되고 있다.

북한에서는 판소리를 "지난 시기 한 사람의 가수 - 연기자가 북장단에 맞추어 부르던 고유한 설화창 형식, 민간설화 또는 이야기에 기초한 장편의 극적서사시이다"[9]라고 개념정의를 내리고 있다. 아울러 판소리에서 기본은 창(노래)과 아니리(운률화된 말)이며, 거기에 너름새(연기동작), 발림(가벼운 춤동작), 화용(표정), 비용(흉내) 등 연기적인 요소들이 결합되어 있다라고 구체적인 설명을 덧붙인다. 여기에서 창 · 아니리 · 너름새 · 발림 등은 남북한에서 같이 사용하는 학술용어이지만, '화용', '비용' 등은 남한에서는 별로 사용하지 않는 북한식의 독특한 표현으로 보여진다. 또 특이한 것은 판소리의 창법을 '쐑소리'라고 폄하하고 있는 점이다. 즉 판소리는 연기자가 일정한 극적 줄거리를 쐑소리로 부르는, 남도창에 바탕을 둔 노래이다라고 설명하고 있다. 이러한 쐑소리 논쟁은 바로 김일성주석의 판소리에 대한 부정적인 평가를 아직도 그대로 인용하고 있는 것으로 판단된다. 김일성주석은 판소리는

9) 김하명 외, 『문학예술사전』(하), 평양, 과학백과사전종합출판사, 1993, 162쪽.

자연스러운 창법이 아닌 쐑소리로 부르는 양반들의 유흥문화의 하나라고 판소리의 가치를 깎아 내렸다. 김일성의 교시는 북한의 고전문화유산 연구자들에게 판소리의 위상과 가치를 폄하하게 되는 주요한 근거로 작용하게 된 것이다.

북한당국은 판소리 장르 자체에 대해서는 비판을 가하고 있으면서도 판소리에 대한 항목을 1990년대 초에 발행된 3권으로 된 『문학예술사전』에 포함시켰으며, 최근에 김정일 국방위원장 회갑기념으로 2001년 12월에 펴낸 『조선대백과사전』에서도 '판소리'라고 항목을 정하여 삽입시키고 있다. 『조선대백과사전』에서는 김정일 국방위원장 시대를 반영하듯 김일성의 교시가 빠져 있는 것이 눈에 띈다. 우선 『조선대백과사전』은 판소리의 몇 가지 특성을 요약하고 있다. 첫째, 진양조·중모리·중중모리· 휘모리·잦은 모리 등의 판소리의 장단은 판소리에서 해당 장면음악의 정서적 표현 성격을 특징짓는 요인으로서 매우 중요한 역할을 한다. 둘째, 판소리는 한 작품을 연주하는데 무려 4-6시간이나 걸리며 그 안에 수십 개의 크고 작은 노래가 들어 있을 뿐 아니라 말로 엮어 나가는 아니리가 또한 많은 자리를 차지한다. 셋째, 판소리는 17세기말-18세기초에 전라도를 중심으로 한 남도지방에서 발전하기 시작하여 남도창이란 이름으로 불리어졌는데, 19세기말-20세기초에 창극이 발생할 때까지 세 단계를 거쳐 발전하였다. 넷째, 판소리가 성행하던 18세기 후반기-19세기 전반기에 ≪8명창≫을 비롯한 수많은 명창들이 배출되었으며 그들의 정력적인 창조활동에 의하여 판소리 ≪12마당≫이 완성되고 장편의 극적 서사가로서의 판소리음악양식이 확립되었다. 다섯째, 그후 판소리 12마당 중에서 ≪춘향가≫, ≪심청가≫, ≪홍보가≫, ≪수궁가≫, ≪적벽가≫ 등만이 주로 연주되면서 그것은 판소리명창들이 일반적으로 정통해야 할 기본 연주종목으로 고착되었는데, 그 작품을 가리켜 판소리 다섯

마당(일명 ≪5가≫)라고 하였다. 여섯째, 19세기 후반기에 와서 판소리는 남도지방의 범위를 벗어나 경기도, 서도 지방까지도 널리 전파되었는데, 판소리 음조가 점차 지역적 특색을 띠면서 발전함에 따라 ≪동편제≫, ≪서편제≫, ≪중고제≫ 등의 류파로 갈라지게 되었으며 그 과정에 해당 지방의 고유한 음악적 특징에 기초한 독특한 양식의 판소리작품들이 창조되었다. 대표적인 실례로 서도지방의 판소리 ≪배뱅이≫를 들 수 있다. 일곱째, 판소리는 중세기 우리 나라의 유일한 극적 음악양식으로 오랜 기간 발전하여 오면서 독특한 민족 음악극작술을 개척하였으며 20세기초에 창극이라는 민족음악극을 산생시킨 모체가 되었다[10]는 데서 일정한 음악사적 의의를 가진다. 그러나 이러한 긍정적인 평가에도 불구하고 대체적으로 『조선대백과사전』의 편찬자들은 다음과 같은 판소리의 제한성에 대해 비판을 가하고 있다. 그 제한성의 지적은 『문학예술사전』에서의 김하명의 평가와 일치하고 있다.

> 판소리는 낡은 봉건사회의 산물로서 창법과 선율음조를 비롯한 음악적 표현형식과 작품의 내용서술에서 우리 시대의 미감에 맞지 않는 본질적 제한성을 가진다. 판소리는 원래부터 유순하고 우아한 소리를 내는 우리의 민족 발성법과는 전혀 인연이 없으며 자연스러운 발성법과는 모순되는 탁성 즉 쐑소리를 본색으로 하여 가창하는 직업적인 성악형식으로서 노래의 가사는 한문투로 되여 있고 선율은 말도 아니고 노래도 아닌 시조조의 음조투로 되어 있으며 한가하고도 침침하고 무거운 선율정서가 지배적인 자리를 차지하는 등 우리 시대 인민들의 현대적인 미감에 맞지 않는 본질

10) 강건일 외, 『조선대백과사전』 22권 <판소리>, 평양, 백과사전출판사, 2001, 562쪽.

적인 제한성을 가지고 있다.[11]

이러한 비판을 하면서 판소리에 대해 주체적 음악예술을 추구하는 북한당국은 판소리를 전통적인 민족음악유산으로 보존하고 있기는 하지만 널리 장려보급하지는 않는다고 노골적인 배타적인 태도를 드러내고 있다.

4. 「춘향전」에 대한 북한문학사의 가치평가

어느 나라 문학이나 항상 당대의 정치적 상황이나 경제적 조건 등에 영향을 받게 마련이다. 공산주의 체제를 지니고 있음에 따라 최고 권력자의 뜻에 따라 모든 것이 하루아침에 바뀔 개연성이 높은 북한의 경우 민족문화유산 중에서 고전문학유산의 위상이 어떻게 정립되느냐의 방향이 정해지기 전까지는 우여곡절을 겪었다. 북한의 역사적 자료들을 검토해 보면, 국제정세에 따라 민족주의의 이데올로기 자체가 무시되던 시기도 있고 그 반대로 민족주의가 득세하게 되었던 시기도 있었다. 특히 소련의 스탈린이 사망한 1953년을 전후하여 커다란 변화를 맞게 되기도 하였다.

북한은 김일성이 유일체제를 구축하였던 1967년 이전에는 중세문학 중에서도 근대적인 경향을 드러내었던 진보적인 문학인 실학파문학이나 「춘향전」 등 판소리문학에 대해 상당히 애매한 태도를 보였던 것이 사실이다. 그것은 이 시기까지도 반종파 투쟁의 여진이 남아 있었기 때문으로 보여진다. 그 증거로는 북한에서 해방이후 출판된 최초의 문학사인 『조선문학통사』

11) 강건일 외, 『조선대백과사전』 22권 <판소리>, 같은 쪽.

(1959)의 머리말에서 “우리는 이 책을 서술함에 있어서 역사주의 원칙에 입각하여 우리의 진보적 문학을 관류하고 있는 열렬한 애국주의, 풍부한 인민성, 높은 인도주의의 전통을 밝히며, 특히 해방 후에 조선노동당의 정확한 문예 정책에 의하여 찬란히 개화발전하고 있는 사회주의적 사실주의 문학의 새로운 성과와 그의 특성을 명확히 천명하려는 지향으로 일관하였다”[12]라고 강조하면서도 “그러나 이 책에는 아직 여러 가지 이론적 및 사료적 문제들이 충분히 해명되지 못한 채 남아 있다. 가령 판소리 문제, 창작 방법으로서의 사실주의의 형성과 발전에 관한 문제 등은 앞으로 우리 문예 학자 집단의 더욱 꾸준한 집체적 노력에 의하여 해결될 것인만큼 이 책에서 깊이 저촉하지 않았다”[13]라고 하여 판소리에 대한 입장이 정리되지 않았음을 분명하게 밝히고 있는 데서 드러난다.

김정일은 1967년에 발표한 문건에서 다음과 같이 실학파들의 사상이나 다산 정약용의 『목민심서』에 대해 허위와 기만으로 가득찬 책인 양 비판하고 있다. 하지만 1970년의 “민족문화유산을 옳은 관점과 립장을 가지고 바로 평가처리할 데 대하여”라는 문건에서는 혁명적 문학예술전통을 앞세우기는 하지만, 민족 고전문학예술전통의 올바른 평가와 계승발전을 강조하면서 앞 문건과는 다른 태도를 보이고 있다. 이러한 이중적인 태도는 당시의 정치적 상황과 무관하지 않다고 판단된다.

> 당사상사업부문 일군들이 로동계급적 선에 확고히 서있었더라면 반당 반혁명분자들이 봉건시기 실학과학자가 쓴 ≪목민심서≫와 같은 책을 필독도서로 내리 먹일 때에 그것이 우리 당의 사상과 어긋나는 반당적 행위

---

12) 과학원 언어문학연구소 문학연구실, 『조선문학통사』 상권, 서울, 화다, 1989. 8쪽.

13) 과학원 언어문학연구소 문학연구실, 위의 책, 9쪽.

라는 것을 제때에 간파하였을 것입니다.

물론 실학파들의 사상이나 ≪목민심서≫와 같은 도서들이 우리 나라의 력사에서 일정한 의의를 가지는 민족문화유산인 것만은 사실이지만 그것이 오늘 우리 간부들의 사업에서 지침으로 될 수는 없습니다. ≪목민심서≫에 ≪애국≫이요 ≪애민≫이요 하는 문구도 있는데 그것은 우리 공산주의자들이 말하는 애국주의나 인민성과는 아무런 인연도 없습니다. 허위와 기만, 위선으로 가득 찬 아름다운 말마디는 다른 책에도 얼마든지 있습니다. 우리는 절대로 문구가 현란한 데 매혹되여서는 안되며 그 본질을 로동계급의 립장에서 똑똑히 파악하여야 합니다.[14)]

그러면 구체적으로 「춘향전」에 대해서 북한의 문예이론서들이나 문학사에서 어떠한 평가를 내리고 있는가? 우선 본격적으로 북한문학사에서의 가치와 평가를 살펴보기에 앞서서 『문예상식』(1994)이라는 사전류에서의 분석과 평가에 대해 언급하기로 한다. 이 책은 윤기덕·은종섭·방영찬·리동수 등 북한의 소장파 문학평론가들과 역사학자들이 엮은 문학예술과 상식의 두 분야에 대한 소사전이라고 할 수 있다. 차례를 보면, 우리 나라 문학예술, 외국문학예술, 문화와 유적유물, 상식의 네 분야로 편집되어 있다. 우리 나라 문학예술 중 고대중세문학예술에서는 「단군신화」부터 조선후기 화가 김홍도·장승업까지 망라되어 있다. 판소리문학에서는 「심청전」, 「춘향전」, 「흥부전」이 포함되어 있고, 실학파문학에서는 박지원·정약용이 들어있다. 이 책은 독자층을 문학을 전공하는 학자뿐만이 아니라, 일반 인민 대중들과 학생층 등 폭넓은 계층으로 삼고 있는 것으로 파악된다. 따라서 이 소사전에서의 「춘향전」의 평가는 최근의 북한의 대다수의 인민대중들에게 폭넓게 인식

14) 조선로동당 중앙위원회, 『김정일선집』 1권, 평양, 조선로동당출판사, 1992, 280쪽.

되고 펴져나가고 있는 지침에 가까운 해석이라고 할 수 있다. 『문예상식』은 우선 「춘향전」에 대해 "조선사람의 정신, 도덕, 넋이 어린 민족고전소설이다. ≪춘향전≫은 사상예술적으로도 중세에 가장 높은 경지에 오른 민족고전이며 조선중세문학의 자랑이며 세계적인 걸작이다"[15]라고 그 문학사적 위상을 높게 설정하고 있다. 다음으로 「춘향전」은 「심청전」, 「장끼전」 등과 마찬가지로 전래하는 구전설화를 토대로 하여 서사화, 문학화된 작품이라고 해석하고 있다. 작품의 시대적 배경을 설명하기 위해 몇 가지 이본을 거론하고 있는데, 재미있게도 모두 북한에 소장되어 있는 판본을 예시하고 있다. 구체적으로 김일성 종합대학교에 보존된 필사본에는 숙종 때를 시대적 배경으로 하고 있고, 인민대학습당에 보존된 이본에도 <숙종대왕 즉위초에…>로 되어 있으며, 완판본 ≪춘향전≫, 54장 짜리 필사본 ≪춘향전≫, 93장 짜리 필사본 ≪춘향전≫ 등이 다 숙종대왕 때로 시대적 배경을 쓰고 있다고 설명한다. 이에 반해 사회과학원에 소장된 목판본 ≪춘향전≫은 <화설 인조조 때에…>라고 하였고, 다른 이본도 <리조 인조조 때에…>라고 하였으며, (안성판본) 경판본 ≪춘향전≫도 <화설 인조조…>로 소설이 시작되고 있다고 밝히고 있다. 『문예상식』의 가치는 이러한 북한에 산재한 『춘향전』의 이본들을 제시하고 있음으로써 서지문헌학적 고찰을 가능하게 하고 있는 점이다. 위의 이본들을 검토하여 『문예상식』의 편찬자들은 <춘향전>의 이야기가 17세기의 이야기이므로 그 간행시기를 17세기말이나 18세기로 단정[16]하고 있다.

다음으로 기원설화로는 남원의 ≪박석티설화≫, 남원의 ≪춘향설화≫, 전라도의 ≪춘향설화≫, 남원의 량진사설화, 로진의 실제담 등 20여건을 들면

15) 윤기덕 외 편, 『문예상식』, 평양, 문예출판사, 1994, 110쪽.

16) 윤기덕 외편, 위의 책, 110 - 111쪽.

서 특히 고구려의 명주곡과 관련된 설화를 제시하고 있는 것이 특이하다. 이어서 「춘향전」의 줄거리를 소개하고 「춘향전」의 특질과 제한성을 설명하고 있다. 「춘향전」의 특질에 대해서 다음의 네 가지로 압축하고 있다. 첫째, 재산과 신분의 차이에 관계없이 남녀청년들이 서로 사랑할 수 있다는 것을 보여주면서 봉건사회의 신분적 불평등을 비판하고 있다. 둘째, 춘향의 형상을 통해 권력과 재물을 멀리하고 도덕을 귀중히 여기는 조선민족의 민족적 특성과 조선 여성의 미덕을 잘 보여주었다. 셋째, 「춘향전」은 봉건사회의 양반들을 비판하고 그들의 죄행을 단죄하는 논고장이 되는데, 그 주제를 춘향을 당대 조선녀성의 전형으로, 변학도를 봉건양반의 전형으로 형상함으로써 감명깊게 드러내고 있다. 넷째, 봉건사회의 조건하에서 창조된 문학이면서도 놀랄만큼 감동적인 긍정적 주인공을 내세운 것은 조선문학의 특성을 나타내는 명작으로서의 중요한 특징이다.

하지만 「춘향전」은 제한성도 또한 드러나고 있는데, 그것은 봉건유교의 영향으로 춘향을 봉건적인 열녀형의 여인으로 형상한 경향이 있는 것이며, 이몽룡을 왕의 어명을 받은 선량한 정치를 하는 양반인 것처럼 그려놓은 것이라고 지적하고 있다.

한편 최근에 나온 30권으로 된 『조선대백과사전』의 21권에서는 ≪춘향전≫은 봉건적 신분제도를 비판하고 양반계급의 전횡과 부패성을 폭로한 우리 나라 고전소설의 대표작의 하나라고 평가하면서 ≪춘향전≫은 중세기소설에서 흔히 보게 되는 환상적 수법을 쓰지 않고 객관적이며 사실적인 묘사수법을 쓰고 있으며 사건들과 인간관계를 주제해명에 적극 복종시키면서 감동을 극적으로 잘 처리하고 있다고 극찬하고 있다. 또 아름다운 우리말의 우수성을 비교적 잘 살리고 여러 가지 묘사와 표현수법들도 능숙하게 활용하고 있다[17]고 높은 평가를 내리고 있다. 하지만 봉건국왕의 ≪선정≫의 대변자인 암행어사를 인민의 원성을 대변하고 풀어주는 ≪공정한 심판관≫인 듯이 형상한 것과 같은 일련의 제한성도 가지고 있다[18]고 비판하고 있다.

그러면 이제부터 구체적으로 북한문학사에서 「춘향전」이 어떻게 평가받고 있는가에 대해 분석해 보기로 한다. 북한의 조선문학사 중에서 시대적 흐름을 잘 반영하고 있는 『조선문학통사』(1959)와 3권으로 편찬된 『조선문학사 1』(1977 - 1981, 고대중세편) 그리고 15권으로 편찬된 『조선문학사 2』(1991 - 2000, 5권)의 세 가지를 텍스트로 삼기로 한다. 『조선문학통사』는 마르크스 - 레닌주의 미학이론에 근거하여 서술된 문학사이고, 후자의 두 가지는 주체사상에 바탕하여 서술된 문학사라는 데에서 차별성을 보인다. 하지만 후자도 세분한다면, 『조선문학사 1』(1977)은 김일성 시대에 편찬된 북한문학사라고 할 수 있으며, 『조선문학사 2』(1994)는 사실상 김정일 국방위원장 시대를 반영하는 북한문학사라는 데 그 특징이 있다고 단정할 수 있다.

우선 『조선문학통사』는 마르크스-레닌주의를 바탕으로 하여 기술이 되고 있음에 따라 주체사상이후의 교조적 경향이 나타나지 않고 합리적이고 과학적인 판단에 따라 판소리문학에 대한 가치평가를 하고 있으며 균형감각을 지니고 있는 것이 특징이다. 하지만 문학지에서의 비판적 사실주의 문학에 대한 격렬한 논쟁과 달리, 연암에 대해서는 '비판적 사실주의 확립'에 큰 공로자(김하명이 서술한 것으로 보여짐)라고 언급하였음에도 불구하고 판소리문학에 대해서는 구체적으로 비판적 사실주의 문학이라는 용어를 사용하지 않고 있다. 이는 비판적 사실주의 문학에 대한 논쟁은 잡지 『문학연구』를 통해 1962 - 1963년에 집중적으로 이루어 진 데 비해, 이 책이 1959년에

17) 강건익 외, 『조선대백과사전』 21권, 평양, 백과사전출판사, 2001, 241쪽.

18) 강건익 외, 위의 책, 같은 쪽.

쓰여진 관계로 아직까지 판소리에 대한 학술적인 정리는 되지 못한 데 따른 결과로 보여진다.

『조선문학통사』는 판소리문학 중 「토끼전」, 「장끼전」, 「심청전」, 「흥부전」, 「춘향전」을 다루고 있으며, 이 중에서 「춘향전」, 「심청전」, 「흥부전」의 세 작품에 대한 서술에 많은 지면을 할애하고 있는 것이 특징이다.

『조선문학통사』는 「춘향전」에 대해 봉건적인 신분적 구속을 반대하는 남녀간의 새로운 사랑의 윤리를 제시하고 이조 봉건 사회 양반 관료배들의 포학성, 봉건 통치 제도의 반인민성을 폭로하면서 아울러 양반 관료들을 반대하는 인민들의 기분과 동향도 전달하고 있다고 평가하고 있다. 춘향의 형상에는 사회적 문제에 대한 선진적 견해가 반영되어 있다고 파악하고 있다. 작자는 신관 사또의 무모한 요구에 대한 춘향의 결사적인 거부를 자연발생적이거나, 다만 이 도령에 대한 봉건 윤리적 의무감에서가 아니라, 변학도의 포학한 행동에 대한 계급적 증오와 결부시키면서 그 행동에 목적의식적인 자각성을 부여하였다고 인식하고 있는 것이 특징이다. ≪춘향전≫이 사실주의적 성격을 강화하였고 우리 문학 발전에서의 그의 새로운 공적으로 되는 것은 농민들을 비롯한 한량들, 각층의 하급관리들, 보통 부인네 등 광범한 군중을 등장시켰으며 그들을 통하여 각계 각층의 기분과 동향을 생동하게 보여 준데 있다고 평가하였다.

한편 『조선문학사 1』은 주체사상에 입각하여 역사서술을 하고 있다. 따라서 반드시 김일성의 교시에 의존하는 교조적이고 폐쇄적인 서술을 하고 있는 점이 한계이다. 『조선문학사 1』은 판소리문학 중 「흥보전」, 「토끼전」, 「배비장전」, 「춘향전」, 「심청전」에 대해 구체적으로 언급하고 있다. 특히 이들 소설들은 구전설화를 토대로 하여 창작된 관계로 인민들의 생활과 지향을 반영하고 있다고 그 특징을 서술하고 있으며, 그 한계성에 대해 직접적인 설명을 하고 있는 점도 특색이다.

또 『조선문학사 1』은 다른 문학사에서 언급되지 않던 「배비장전」을 다루고 있는 것이 특징이다. 이 작품은 「흥보전」이나 「토끼전」과는 달리 갈등을 지배계급과 피지배계급사이의 갈등으로 설정하지 않고 주로 윤리도덕적 측면에서 봉건통치배들 사이의 호상사이의 관계를 통하여 봉건말기의 부패한 현실을 폭로하고 있는 것이 특질이다라고 서술하고 있다. 「춘향전」에 대해서는 중세소설에서 흔히 보게되는 비과학적인 환상이 없으며 환상적 계기에 의하여 사건이 조성되거나 해결되는 것이 아니라 현실에서 보게 되는 그대로의 객관적이며 사실적인 묘사가 위주로 되고 있다. 이리하여 작품의 형상은 사실주의적 생동성과 구체성을 띠고 독자들을 깊이 공감시킨다는 것이다. 하지만 "… 이런 옛날작품들에 그려진 봉건귀족들과 자본가들의 사치하고 부화타락한 생활모습들은 청소년들이 봉건사상과 자본주의 사상, 부르죠아 생활양식에 물들게 하는 해독적 작용을 할 수 있습니다"라는 김일성의 교시를 통해 우리 시대 인민들의 생활감정과는 너무나도 먼 거리에 있다고 그 제한성을 언급하고 있다. 그러나 소설 ≪춘향전≫은 다양한 성격을 가진 인간들의 호상 관계를 통하여 썩어빠진 봉건사회의 현실을 여러모로 생동하게 반영한 것으로 하여 이 시기 소설발전에 크게 기여하였으며 고전소설의 대표적 작품으로서의 뚜렷한 위치를 차지하고 있다고 그 문학사적 위치를 높이 평가하고 있다.

사회과학원 문학연구소에서 펴낸 『조선문학사 1』은 주체사상에 입각하여 북한문학사를 기술하고 있음에 따라 몇 가지 특징을 보여 주고 있다. 즉 판소리문학의 미적 가치를 평가 내리는 데 있어서도 사실주의적 묘사와 인간을 그리는데 있어서 그 개성적 특성을 뚜렷이 살림으로써 성격을 생동하게 부각시키고 산인간의 모습을 뚜렷하게 보여주는가를 기준으로 삼고 있음을 알 수 있다. 이는 북한의 문학 예술이론의 근간이 되는 주체적 문예이론의 기본이라고 할 수 있다. 1977년 사회과학원 문학연구소에서 펴낸 『조선문학사 1』에서 「춘향전」에 나오는 인물들의 개성을 생동감 있게 그려나간 것을 높이 평가한 것은 이러한 주체사상을 반영한 것이라고 할 수 있다. 용모와 품성이 아름다우며 의로운 것을 굽히지 않는 굳세고 깨끗하고 절개 높은 춘향, 우유부단하며 왕의 '선정'의 대변자로 등장하기는 하나 량반치고는 진보적 요소를 가지고 있는 리몽룡, 드살이 세고 수다스러운 월매, 의로운 것을 지향하고 남의 고통을 자기의 아픔으로 여기지만 고용자적 근성과 시정인적 취미를 가지고 있는 약삭바른 방자와 향단, 봉건도덕에 포로된 완고한 리한림 부부, 부화방탕하고 포악한 변학도와 교활하고 아첨 많은 회계나리, 아무런 신념도 없이 시세를 보아 바람의 갈대와 같이 처신하는 운봉, 말투는 투박하나 소박하고 솔직하며 의로운 것을 지지하는 농부 등 실로 소설에 등장하는 모든 인민들이 뚜렷한 개성을 가지고 생동하게 그려졌으며 이들의 호상 관계는 당대의 시대상을 여러모로 보여주면서 작품의 예술적 품위를 잘 보장하고 있다는 서술태도는 바로 김정일의 교시에 충실하고 있음을 알 수 있다.

『조선문학사 1』이 준수하고 있는 주체사상의 두 번째 이념은 "예술의 목적은 사람들에게 세계를 인식시키며 건전한 사상을 주는 데만 있는 것이 아니라 그들을 정서적으로 교양하는 데도 있다"는 ≪영화예술론≫에서의 김정일의 지적에 담겨있다. 문학은 사람들에게 사회생활에 대한 풍부한 지식을 주고 력사 발전의 합법칙성에 대한 인식을 주는가 하면 선진적인 사상을 넣어주고 옳은 세계관을 세우는데 도움을 주며 그들을 진리와 정의를 위한 투쟁에로 고무 추동하는데 이바지한다는 것이다.

『조선문학사 1』이 따르고 있는 주체사상의 세 번째 이념은 인민의 형상문제라고 할 수 있다. 인민대중의 형상문제는 문학예술에서 원칙적 의의를 가지는 문제의 하나로 간주된다. 문학예술은 인민대중을 어떤 위치에 놓고 어떻게 형상하는가 하는데 따라 그 계급적 성격과 사회적 기능이 달라진다는 것이다. 이는 ≪영화예술론≫에서 지적한 김정일의 "우리의 문학은 인민대중을 가장 힘있고 아름다우며 고상한 존재로 내세우고 인민대중을 위하여 복무하는 공산주의적 인간학으로 되여야 한다."[19]에서 비롯된다.

그러나 이러한 주체사상에 입각한 서술태도는 종국에는 수령형상창조로 귀결된다는 점에서 공산독재의 한 모순을 반영하는 데에 머물고 있음을 알 수 있게 된다. 이는 김정일이 ≪연극예술에 대하여≫(35 - 36쪽)에서 지적한 "작가는 자기의 작품에서 우리 인민이 력사적 체험을 통하여 자신의 삶의 신조로, 민족의 운명을 좌우하는 사활적인 요구로 받아들인 혁명적 수령관을 생활적으로 깊이 있게 그려냄으로써 수령님의 품속에서 정치적 생명을 빛내여 나가는 길에 진정한 삶의 보람과 기쁨이 있다는 것을 힘있게 강조하여야 합니다."[20]라는 말에서 함축적으로 잘 드러나고 있다.

끝으로 『조선문학사 2』는 『조선문학사 1』과 달리 「춘향전」에 대해 창작경위와 이본들, 주제, 주인공의 형상과 사상예술적 특징의 세 항목으로 나누어 구체적으로 다루고 있는 것이 특징이다. 물론 상당부분의 비평은 공통된 집필자로 인해 일치하는 양상을 보이기도 하지만, 전자는 후자와 달리 최근의 새로운 해석을 반영하고 있는 것이 다른 점이다. 특히 남한의 저서들을 참조로 하면서 남조선의 반동부르죠아문예학에서는 조선문학의 전통을 '무저항주의'라는 황당한 이론으로 조작하고 있다고 엉뚱한 비판을 하고 있는 점이 이색적인 점이기도 하다.

---

19) 한중모, 『주체적문예리론의 기본(1)』, 평양, 문예출판사, 1992, 36쪽.

20) 한중모, 위의 책, 51 - 52쪽.

그러나 오늘 남조선의 반동부르죠아문예학은 춘향에 대한 리몽룡의 사랑을 변학도와 다름없는 ≪색마적인 희롱≫으로, 반대로 리몽룡에 대한 춘향의 사랑을 ≪지배계급인 량반에 대한 맹종≫으로, 봉건사회에서 철칙으로 되어있던 ≪량반과 서민간의 주종관계≫로 묘사하고 있다. 이자들은 이렇게 함으로써 조선문학의 전통은 ≪무저항주의≫라는 황당한 리론을 조작하고 있다. 그러나 이것은 작품의 형상자체에 의하여 여지없이 론박되고마는 전혀 무근거한 비방중상에 불과하다.[21)]

『조선문학사 2』는 「춘향전」의 가치에 대해 첫째, 주제의 현실성, 광대한 사회생활의 진실한 묘사, 각계각층 인물의 생동한 성격창조를 보장함으로써 이 시기의 가장 우수한 사실주의 작품의 하나로 되었다. 둘째, 춘향의 형상을 창조하면서 여성으로서 정절을 깨끗이 지니려는 굳은 의지와 순결성, 사물현상에 대한 슬기로운 판단에서 표현되는 총명성과 그 어진 마음씨는 조선여성들의 전통적인 아름다운 도덕적 품성을 구현하였다는 점에서 민족적 성격을 선명하게 부각시키었다고 극찬하고 있다. 셋째, 작자는 춘향과 리몽룡과의 사랑, 그들의 개인적 운명을 묘사하면서 그것을 광범한 계층과의 관계속에서 보여줌으로써 그의 사회적 의의를 강조하고 있다고 해석하고 있다. 즉 소설에서 인근의 농부들과 남원부 한량들과 빨래하는 여인들, 심지어 집장사령까지 춘향에게 동정을 표시하며 일치하게 변학도의 만행을 증오하게 묘사하였는데. 이들의 언행에는 당대 봉건 사회제도와 통치배들에 대한 인민들의 기분과 태도가 반영되어 있다는 해석을 하고 있다. 넷째, 「춘향전」에서는 인물들의 초상묘사에 있어서나 자연풍경을 묘사함에 있어서 대상의 성격에 따라 훨씬 구체적인 묘사를 주고 있는 세부묘사의 진실성이 가일층 강화되었다.

21) 김하명, 『조선문학사』 제 5권, 평양, 과학백과사전출판사, 1994, 173쪽.

특히 「춘향전」의 세부묘사는 당시의 구두어를 풍부하게 사용함으로써 선행시기의 문학에 비하여 훨씬 더 생활적이라는 특징을 지닌다. 다섯째, 「춘향전」의 중요한 예술적 성과의 하나는 「흥부전」과 「심청전」 등에 비하여 등장인물이 훨씬 많으나 그들은 춘향과 리몽룡의 애정관계를 기본사건으로 하여 그 발전과정에 서로 유기적인 관계를 맺으며 복잡한 모순의 충돌과 연계 속에서 그들의 개인적 운명을 규정한 사회적 원인들을 설득력있게 천명하는 정제된 구성을 갖춘[22)]점이라고 긍정적인 평가를 내리고 있다.

그러나 「춘향전」은 몇 가지 뚜렷한 제한성을 지니고 있다고 비판하고 있다. 첫째, 이몽룡의 성격 묘사에 있어서 봉건관료제도에 대한 구체적인 개혁안을 가진 선진적인 사상가로서는 보여주지 못하고 있다는 한계를 드러내었다. 둘째, 사실주의 소설로서의 흠이 드러나고 있는데, 리몽룡이 광한루에 소풍갈 때 ≪놀기 좋은 삼춘≫이라고 하였다가 춘향이 그네 뛰러 나가는 계절적 계기를 주기 위해서는 ≪오월단오일이였다≫라고 하는 등 묘사에서 치밀성을 결여하고 있는 점을 지적하고 있다. 셋째, 판소리작품의 문체상 특성에 따라 묘사대상의 본질적인 특성과는 관계없이 상투적인 한문성구를 많이 쓰거나 초상묘사에서 어느 한 측면을 강조함으로써 구체적인 개성과 미묘한 심리적 음영의 전달에 일정한 제한을 가져온 점[23)]은 비판받을 수 있는 측면이라고 지적하고 있다.

이러한 많은 허점에도 불구하고 「춘향전」은 「양반전」 기타 작품들과 함께 우리 나라 19세기 이전 고전문학이 달성한 사실주의의 이정표가 되었다[24)]고 그 문학사적 의의를 언급하는 것으로 결론짓고 있다.

---

22) 김하명, 위의 책, 171 - 180쪽.

23) 김하명, 위의 책, 175 - 181쪽.

24) 김하명, 위의 책, 181쪽.

5. 맺음말

「춘향전」은 우리 민족의 정서를 가장 잘 반영하고 있는 대표적인 고전작품이다. 따라서 남·북한 모두 문학사에서나 사전류에서 다른 어떤 고전작품보다 많은 지면을 할애하여 그 위상과 가치를 심도 있게 다루고 있다. 또 남한에서는 2001년도에 임권택 감독에 의해 「춘향전」이 다시 영화화되어 고전의 현대화가 끊임없이 시도되고 있다. 특히 임권택의 「춘향전」에서는 판소리 부문 인간문화재인 조상현의 남도소리가 장면묘사 곳곳에 삽입되어 극적 효과를 고조시키는 역할을 한 것이 특징이다. 북한에서도 「춘향전」은 가극이라는 현대적 장르로 변모되어 북한인민들의 사랑을 끊임없이 받는 것으로 알려져 있어 주목된다.

그러나 「춘향전」은 자본주의를 추종하는 남한사회에서는 춘향과 이도령과의 신분을 초월한 '숭고한 사랑'의 주제를 아직도 높이 평가하는 데 비해, 공산주의 체제인 북한사회에서는 '중세봉건왕조의 계급적 모순을 비판'한 점에 높은 점수를 두고 있는 점에서 커다란 차이를 보이고 있기도 하다.

그러면 북한사회에서 판소리로서 또한 판소리문학으로서의 「춘향전」은 어떠한 대접을 받고 있는가? 본론에서 분석한 것을 요약해보면, 우선 북한에서는 1970년경부터 민족문화유산에서 혁명적 문학예술전통과 민족고전문학예술유산을 포괄하면서 그것의 올바른 평가와 계승발전문제를 고려하기 시작하였다. 하지만 김정일 국방위원장의 교시를 인용하면서 "민족문화유산을 고전문화유산으로만 보아도 안되지만 혁명적 문학예술전통을 과거의 민족문화유산과 뒤섞어놓거나 민족문화유산에서 차지하는 그의 위치를 다른 유산과 평균주의적으로 대하여서도 안된다"[25]고 민족문화유산 내에서의 서열을 정해주었다. 그리고 민족고전문학예술 유산의 평가와 계승에서 몇 가지 원칙적 문제를 고려해야 한다고 하면서, 1) 인민적이고 진보적인 유산의 비판적인 계승발전, 2) 주체적인 입장의 견지, 3) 역사주의 원칙과 현대성의 원칙의 구현, 4) 복고주의와 민족허무주의의 배격의 네 가지 원칙을 내세우고 있다. 1970년 이후에는 민족고전문학유산인 「춘향전」에 대한 평가도 이러한 원칙에 근거하여 북한문학사에서의 역사적 서술에 있어서 긍정적인 측면과 제한성에 대한 비판이 동시에 이루어지고 있다.

판소리 「춘향가」에 대해서는 판소리라는 음악장르는 양반들의 부화방탕한 생활태도를 반영하기 때문에 주체시대의 청년들의 정서에 맞지 않으며, 그 가창형식에 있어서도 자연스러운 발성법과는 모순되게 탁성을 내므로 현대적 미감에 맞지 않는다고 비판하고 있다. 따라서 북한당국은 판소리 장르에 대해 전통적인 민족음악유산으로 보존하고 있기는 하지만 널리 장려보급하지는 않는다고 노골적인 배타적인 태도를 드러내고 있다.

다음으로 판소리계 소설인 「춘향전」에 대한 북한문학사의 평가는 각 시대마다 조금씩 다른 양상을 보이고 있다. 그것은 북한사회에서 해방이후 70년대까지 정치사의 급격한 변화와 왜곡이 있었기 때문이다. 『조선문학통사』는 마르크스 - 레닌주의 미학원리에 따라 과학적이고 객관적인 서술태도를 보여주는 것이 특징이다. 따라서 인물들의 개성화와 세부 묘사의 진실성 등 「춘향전」의 사실주의 문학으로서의 특성을 강조하고 있는데, 판소리의 연출자와 향수자들의 기분을 반영하면서 형상 창조에 있어서 해학적이며 풍자적인 묘사를 하고 있으며 등장인물들의 대사나 묘사에 있어서 현저하게 언문일치를 보이고 있을 뿐더러 노래로 불려진 관계로 그 음악적 요구로부터 율문적

25) 한중모, 앞의 책, 157쪽.

인 독특한 판소리문체를 형성하게 되었다고 주장하고 있다. 이러한 해석은 남한의 고전문학 전공 학자들의 평가와 대동소이할 정도이다.

하지만 주체사상이 형성된 이후인 1977년에 쓰여진 『조선문학사 1』에서는 작품해석에 있어서 상당히 교조적이고 경직된 서술태도를 보이고 있는 것이 특징이다. 특히 1) 인민적이고 진보적인 유산의 비판적인 계승발전, 2) 주체적인 입장의 견지, 3) 역사주의 원칙과 현대성의 원칙의 구현, 4) 복고주의와 민족허무주의의 배격의 네 가지 원칙이 강조되면서 「춘향전」에 나타난 작품의 '진보적이고 인민성을 지니는' 특성을 찾는 데 주력하고 있으며, 주체적인 입장에서 '작품의 제한성'에 대한 비판이 무차별적으로 가해지는 양상을 보이게 된다. 이를테면 김일성 교시인 "이 작품에서 량반계급의 신분저 차별을 반대하는 사람자체가 다름 아닌 량반의 아들이며 이 작품에 그려진 인간들의 정신세계는 우리 시대 청년들의 정신세계와는 너무나도 거리가 먼 것입니다 …… 이런 옛날작품들에 그려진 봉건귀족들과 자본가들의 사치하고 부화타락한 생활모습들은 청소년들이 봉건사상과 자본주의 사상, 부르죠아 생활양식에 물들게 하는 해독적 작용을 할 수 있습니다"라는 지적에 근거하여 주인공의 인물형상에 대한 평가가 교조적으로 이루어지는 계기가 되었던 것이다.

가장 최근에 나온 『조선문학사 2』(1994)에서는 1980년대 후반부터 다시 강조되기 시작한 '조선민족제일주의'의 이데올로기를 반영하여 춘향의 성격묘사에 있어서 "민족적 성격을 선명하게 부각시켰는데, 여성으로서의 정절을 깨끗이 지니려는 굳은 의지와 순결성, 사물현상에 대한 슬기로운 판단에서 표현되는 총명성 등 조선여성들의 전통적인 아름다운 도덕적 품성을 구현하고 있다"라는 새로운 해석을 가하고 있는 것이 특징이다. 특히 남한의 연구 업적물들을 참조하면서 "조선문학의 전통을 '무저항주의'라는 황당한 리론으로 조작하고 있다"라고 비판한 것은 그 왜곡적 사실을 떠나 주목해 볼 필요가 있다. 결론적으로 『조선문학사 2』에서 서술한 「춘향전」의 위상과 가치평가는 『조선문학사 1』에서의 주체사상에 바탕한 경직성에서 벗어나 상당히 유연한 서술태도를 보인다는 점에서 이채롭다고 하겠다.

광한루기 연구의 쟁점과 나아갈 방향의 새로운 모색

권도경

1. 연구사 검토와 방향 전환을 위한 제언

「광한루기」는 「춘향전」을 한문으로 개작한 이본 중의 하나다. 또 한편의 한문 이본인 「춘향신설」과는 달리 창작시기나 작가의 전기적 생애에 대한 사실이 명확히 밝혀진 바 없다. 다만 여러 정황적 사실들로 추정컨대 19세기 창작설이 통론으로 받아들여지고 있는 정도이다.

개별 연구사가 거의 전무한 「춘향신설」에 비해 「광한루기」는 그나마 몇 편의 연구논문들이 연구사를 채우고 있다. 「광한루기」가 조선후기 문인들에게 널리 받아들여지면서 영향을 미쳤던 김성탄의 평비 방식이 구체적으로 어떻게 작품의 창작으로 이어졌는가 하는 점이 오롯이 드러나 있다는 사실도 연구자들의 눈길을 잡아끈 대목이었다. 「광한루기」가 나온 당대에도 이미 이 작품이 가진 독특함이 인정된 듯 현재 알려진 이본만 해도 네종이나 된다.[1] 단일한 한문소설의 이본으로서는 결코 적지않은 숫자다. 특히 여타의 한문 「춘향전」이 거의다 유일본임을 가만하면 더욱 그러하다.

지금까지 제출된 「광한루기」에 대한 연구는 대략 두 부분으로 나뉜다. 소설비평의 측면에 주목한 연구와 비교문학적 연구이다. 「광한루기」 자체가 이미 한 편의 뛰어난 비평문이라는 점에서 이 작품은 조선후기 소설비평의 한 양상을 읽어낼 수 있는 매력적인 텍스트다. 김동욱[2]에 의해 소개된 이래 소재영[3], 정하영[4], 김풍기[5]에 의해서 거듭 이런 측면이 주목된 바 있다. 이들의 연구성과에 의해 「광한루기」가 중국 명말청초의 백화소설에서 유행한 평점방식 즉, 세부적인 체제상 김성탄의 평점본인 「제육재자서 서상기」의 형식을 따르면서도 그 내용에 있어서는 조선후기에 와서 풍부한 담론을 구축한 문학관을 풀어내고 있다는 사실이 다양한 측면에서 밝혀질 수 있었다.

---

1) 현재 일반적으로 인정되는 이본은 규일사본, 신동엽본, 김양선본, 남원군청본 등의 4종이다. 이 중에 남원군청본만이 활자본이고 나머지는 필사본이다. 각 이본들은 자구나 삽입시 같은 미세한 부분에서만 일정한 차이가 있을뿐 전체 서사 체계나 구성면에서는 큰 차이가 없는 것으로 알려져 있다. (이상은 정하영, 「광한루기 연구」, 『이화어문논집』12, 이화여대 어문학연구소, 1992, 57-574쪽 참조.) 최근의 논문(정하영, 「<춘향전> 한문이본군 연구」, 『성곡논총』 29, 1998, 79쪽 주3)에서 정하영은 부산대학교본을 여기에 포함시켰다. 「광한루기」 연구자들이 주된 분석 텍스트로 삼은 이본은 김양선본이다. 오자나 탈자가 거의 없을뿐더러 평비문이 축약되거나 생략된 경우가 있는 다른 이본에 비해 원본에 가장 가까우리라 추정되는 형태를 유지하고 있기 때문이다. 그럼에도 불구하고 원본에 가장 가까운 다른 선본의 출현 가능성을 고대하게 되는 이유는 다른 이본에는 존재하는 운림초객의 서문 중 앞부분이 없다는 사실이다. 본고 역시 선학들의 연구에 기대어 김양선본을 텍스트로 한다.

2) 김동욱, 『증보 춘향전 연구』, 연세대학교 출판부, 1976, 83-87쪽.

3) 소재영, 「수산 광한루기 해제」, 『숭실어문』4, 숭실대 국어국문학과, 205쪽.

4) 정하영, 전게논문 : 정하영, 「<광한루기> 평비 연구」, 『한국고전연구』1, 한국고전연구회, 1995.

5) 김풍기, 「수산 광한루기의 평비에 나타난 비평의식」, 『어문논집』31, 고려대 국어국문학회, 1992.

「광한루기」의 평비에 담겨 있는 풍부한 이론, 즉 학문과는 다른 소설의 문예적 감응력, 소설의 허구성에 대한 뚜렷한 인식, 소설 전개의 합리성과 완결성, 문장 표현과 서사 구성의 문제, 소설적 소재로서의 인정물태 등은 상기 연구들을 통해 한바탕 정리가 이루어졌다.

비교문학적 관점의 연구는 성현경[6]에 의해 두 차례 진행되었다. 이들 두 편의 연구는 「광한루기」 창작과정에 관련되어 있는 주요 텍스트와 실증적인 비교분석을 수행함으로써 「광한루기」의 지향점을 밝혀내는 것을 목표로 하였다. 전편의 연구에서는 「광한루기」가 원전 텍스트로 삼은 속본 「춘향전」의 범위와 작가가 끊임없이 비교의 대상으로 인식한 「서상기」의 정체를 좁혀보는 논증 결과를 제시했다. 후편의 연구에서는 「광한루기」와 속편 「춘향전」이 각기 공식문화적·귀족주의적 세계관과 비공식문화적·민중해학적 세계관으로 대별되며, 「광한루기」의 개작은 이면·합리성·절제미·함축미 추구의 방향으로 이루어졌다고 보았다. 성현경의 연구는 이처럼 속본 「춘향전」과 변별되는 「광한루기」의 세계관과 미의식 탐구에 주안점이 두어져 있다.

연구사라고 할 만큼 충분한 성과가 축적되지 못한 「광한루기」이지만 지금까지의 연구경향은 비평의식의 규명에서 속본 「춘향전」과의 비교로 이동하고 있는 것으로 보인다. 한 단계 연구가 더 진척된다면 「광한루기」 개별 텍스트의 서사 미학과 창작의식이 보다 다각적으로 고찰되어야 하겠지만 새로운 연구방향을 모색하기란 말처럼 쉽지 않은 문제다. 이는 「광한루기」라는 텍스트 자체가 생래적으로 개별 텍스트의 내재적 연구가 수월하게 진행될 수 없는 상황 속에서 탄생했기 때문이다.

무슨 말인고 하니 「광한루기」는 애초부터 독립적인 창작 텍스트가 아니라

6) 성현경, 「<광한루기.에 나타난 <춘향전>과 <서상기>」, 『광한루기 연구』, 박이정, 1997 : 성현경, 「광한루기」의 비교문학적 연구, 전게서.

기층의 전승문학인 「춘향전」을 원작으로 한 작품이다. 당연한 말을 한다 싶겠지만 이런 이유로 「광한루기」의 미의식 탐구는 원천적으로 속본 「춘향전」과의 관련성을 염두에 두지 않을 수 없다. 다시 말해서 「광한루기」의 서사미학 및 작가의식의 탐구는 그 자체로 풍부한 해석의 의미망이 무한대로 열려있는 게 아니란 말이다. 속본 「춘향전」의 테두리에서 자유로울 수 없다는 점이 「광한루기」의 연구가 나아가야할 방향을 모색함에 있어서 연구자들의 발목을 잡는게 사실이다. 한편으로는 「광한루기」의 이런 태생적 한계가 여전히 풀어야할 연구거리를 던져주고 있음도 부인할 수 없다.

「춘향전」 하면 우리가 떠올리게 되는 것은 설화를 바탕으로 연희판에서 소리꾼에 의해 불려진 창본과 구전의 다채로운 경로로 전승되다가 필사 혹은 판본의 형태로 전사되거나 간행된 국문소설이라는 사실이다. 민중이 만들어내고 즐긴 하위 문화예술의 장에서 생겨나 계층, 지식 등 사회적, 문예적 권력의 층차를 초월한 향유층을 확보했다는 점에서 「춘향전」은 두말할 나위도 없이 불멸의 명작이다. 「춘향전」의 문학적 가치와 소설사적 위상, 미학적 특징, 이본의 계열과 존재양상 등은 수없는 연구논문들을 통해 입증된 바 있다. 그런데 기왕의 연구성과에 의해 한 차례 정리가 이루어진 「춘향전」의 계통도 속에서도 한문본 「춘향전」인 「광한루기」의 존재는 여전히 낯설다.

「광한루기」에 실려있는 있는 평비문에 연구자들의 시선이 일제히 쏠린 덕분에 「광한루기」 텍스트 자체는 상대적으로 그닥 논란의 대상이 되지 못했던 감이 없잖아 있다. 「광한루기」 연구는 크게 보아 「춘향전」 계통도의 확립과 개별 텍스트 내적인 의미망 탐구라는 두 측면에서 의의가 있다. 이 두 측면은 서로 뗄레야 뗄 수 없는 불가분의 의미로 얽혀있기도 하다. 「춘향전」의 여타 이본들과의 관계망 속에서 「광한루기」의 독자적인 세계관과 미의식이 부각될 수 있는 한편 「광한루기」 개별 텍스트의 창작의식 탐구가 거시적인 「춘향전」 계통도 완성과 다시 연결되기 때문이다.

본고는 「광한루기」의 개별 텍스트 연구가 나아갈 방향을 모색해 보고자 한 글이다. 「광한루기」 연구사에서 몇 가지 쟁점 거리를 정리해 봄으로써 거꾸로 「광한루기」 연구가 앞으로 규명해 나가야할 과제를 찬찬히 점검해 보기로 한다. 아울러 이에 대한 필자의 견해를 밝히는 한편 연구가 나아갈 방향에 대한 전망을 간략히 제시해보고자 한다.

2. 쟁점과 전망 1 : 작가설의 검증과 논의의 새로운 출발점

「광한루기」의 작가에 대해서는 논자들이 거듭 다루었음에도 불구하고 아직까지 어느 쪽도 결정적인 증거를 확보하고 있지 못한 상태다. 그럼에도 불구하고 작가 문제는 「광한루기」의 개작 및 창작의식과도 관련된 부분이므로 작품을 다루는 자리에서 어떤 형태로든 언급되지 않을 수 없는 사항이기도 하다. 일단 연구자들은 「광한루기」 작가 수산이 유교의 경전에서부터, 역사, 제자백가, 중국소설을 포함한 다양한 국내외 소설을 섭렵한 박학다식한 식자층이며, 유려하면서도 함축성 있는 문체와 고사와 역사를 자유자재로 인용하는 우아한 문장을 구사하면서도 백화체에도 능통한 인물이었다는 점에는 이견이 없다.

견해의 차이는 작가의 계층문제에서부터 나뉘기 시작한다. 「광한루기」 작가의 신분을 무엇으로 보느냐에 따라 크게 보아 위항시인 혹은 경아전을 포함한 중인작가 혹은 양반작가를 주장하는 의견과 조심스런 유보론으로 세 분된다.

광의의 의미로 범주화할 때 중인 작가설은 「광한루기」에 관한 연구논문을 내놓은 연구자 다수의 지지를 받고 있다. 「광한루기」를 처음으로 소개한 김동욱[7]은 우선 평비자인 소엄주인을 張混의 아들인 張旭으로 보고, 작가인 수산을 그 문하의 문인일 것으로 추정했다. 장욱의 호가 바로 평비자 소엄주인과 같은 소엄이기 때문에 소엄주인의 친구로 명시되어 있는 「광한루기」 작가 수산이 장혼 주위의 문하와 어떤 식으로든 관련되어 있으리라는 그의 추론은 상당히 타당성이 있다. 김동욱은 수산이 작품 속에서 백화체를 사용하고 있다는 점을 들어 그의 구체적 신분을 서울에 거주하는 서리 계층으로 보았다. 한편 소재영[8]은 수산을 趙修三 혹은 趙信喆로 추정한 바 있다. 그러나 소재영의 조수삼 혹은 조신철설은 「광한루기」 창작과정과 관련된 구체적 증거를 제시하지 못했다.

정하영[9]은 실증적 증거가 없는 상황에서 「광한루기」 작가를 무리하게 추정하기 보다는 현재 확보되어 있는 자료를 통해 새로운 방향에서 추론 근거를 제시했다. 김양선본에 적혀 있는 "半稍十疋 張亘直心 著"란 기록에 주목한 것이다. 정하영은 이 기록을 작가의 이름을 파자한 필명으로 보고, 趙恒으로 풀이해냈다. 더 나아가 수산, 운림초객, 소엄이라는 필명이 유사한 의미를 띠고 있다는 점에 주목하여, 수산 즉 산과 물을 벗하여 사는 사람이 집을 나서면 숲에서 나무하는 사람인 운림초객이 되고 다시 집에 들어오면 소엄주인이 된다고 보아 동일인물의 다른 모습을 설명한 것으로 해석했다.

이 주장은 한편으로는 상당히 설득력이 있으면서도 다른 한편으로는 평점

7) 김동욱, 전게서, 83-87쪽.

8) 소재영, 전게논문, 205쪽.

9) 정하영, 「<광한루기> 평비 연구」, 『한국고전연구』1, 한국고전연구회, 1995, 9-13쪽, 참조.

본 소설의 창작 전통상 여전히 확실한 무게를 실어주기에는 주저되는 면이 없잖아 있다. 글쓴이가 자신의 여러 가지 자호를 내세워 마치 제삼의 인물인 양 자기 글에 대한 평결을 다는 것은 傳과 같은 한문산문 장르의 오랜 전통이다. 소설에서도 이런 전통은 이어져서 이옥 같은 작가는 매화거사니 화석자니 하는 다양한 필명을 동원했다. 김소행의 경우도 「삼한습유」에 붙인 「지작기」에서 "죽계는 잘라 말한다."는 식으로 마치 작가 자신과는 전혀 상관없는 인물인척 하는 화법을 동원하여 자기 소설에 대한 변명을 늘어놓는다. 더 나아가면 작가가 자신을 마치 허구적 인물인양 작중에 태연히 등장시켜서 다른 작중인물과 대화하게 하는 형태로도 나타나는데 대표적인 예가 홍대용의 「의산문답」이나 홍석주의 「서의열녀전후」와 같은 글이다. 이런 한문학의 산문 전통의 큰 틀 속에서 볼때 「광한루기」 작가가 자기 작품을 올바로 소개하기 위해 허구의 평비자와 편자를 설정하고 자신이 그 역할을 나누어 맡았을 가능성도 배제할 수 없는게 사실이다.

그런데 문제는 회장체 평점본 소설의 장르 성격상 작가, 찬수자, 평비자는 각기 따로 있다는 사실이다. 조선후기에 번역되어 널리 읽힌 「삼국지연의」나 「수호전」은 나관중, 시내암의 원작이 아니라 모종강, 김성탄의 평점본이었다. 물론 교열자도 따로 존재했다. 「광한루기」 작가가 평점 형식의 주요 참조텍스트로 삼은 「서상기」 역시 여러 작가를 거치며 개작된 원작에 김성탄이 평비를 붙인 것이다. 중국의 백화체 평점본 소설만 그러하냐면 국내 창작소설의 경우도 다르지 않다. 「광한루기」와 비슷한 시기에 창작된 작품 중에 평비본의 형식을 차용한 「절화기담」, 「한당유사」를 보자. 「절화기담」은 석천주인이 자전적 경험담을 소설화한 것을 그 친구 남화산인이 개작한 뒤에 서와 추서를 쓰고 각 회마다 회평을 붙인 작품이다. 「한당유사」는 '凡例' '讀方' '夾批' 등 평점본 형식에 해당하는 요소를 두루 갖춘 회장체 소설이다. 이 작품에는 상당히 많은 인물들이 창작과정에 참여한 관계로 창작 및 평비, 교감과정이 대단히 복잡하다. 대략 작가는 錦城 朴泰錫이고, 평자는 雲水道人・竹圃, 교열자는 完山李氏・韓氏[10] 정도로 정리해볼 수 있다. 언뜻 보아도 여성과 남성이 두루 참여한 듯한 창작 및 교감 양상을 볼때 한 인물이 이렇듯 다양한 역할을 맡았을 것으로는 도저히 보이지 않는다.[11]

「광한루기」의 창작 역시 국내외 평점본 형식의 소설에서 보여지는 전통을 완전히 무시한 속에서 이루어졌다고 보기는 쉽지 않을 듯 보인다. 국내 창작 소설은 중국소설의 예를 따르지 않을 수도 있다고도 할 수 있겠지만 그렇게 보기에는 반론을 입증할 증거 또한 존재한다. 확실한 증거자료가 발굴되기까지는 모든 가능성을 열어두어야 하겠지만 그렇다고 언제까지나 해석을 유보할 수도 없는 문제다.

중인 작가를 주장하는 전자의 의견이 대세를 이루는 가운데 후자의 양반 작가 창작 가능성은 성현경[12]에 의해 넌지시 제기된 바 있다. 그는「광한루기」 작가가 사용한 문자의 격조와 교유의 대상 및 그들이 사용하고 있는 '先生'이라는 칭호, 창우와 속본 및 동홍선생을 깔보는 의식, 조선조와 이태조를 높이 받드는 태도 등을 들어 수산을 양반 신분으로 비정했다.[13] 성현경의 양반 작가설은 정밀한 추론 과정을 동반하지 않은 것으로 논리상 상당한 의문점을 수반하고 있다. 몇 가지만 지적해 보면 다음과 같다.

---

10) 이외에 '漢唐遺事序'에서 "述之校之"라고 언급한 錦溪도 교열자에 포함시킬 수 있을 것으로 보인다.

11) 물론 서를 붙인 竹溪, 竹灘, 평자 竹圃에서 보이듯 자호의 유사성으로 미루어 창작 및 개작과정에 참여한 인물들 중 몇몇은 동일인물일 가능성도 여전히 배제할 수 없다. 그러나 여기에 참여한 모든 인물들이 한 사람일 가능성은 희박해 보인다.

12) 성현경, 「<광한루기>의 비교문학적 연구」, 『광한루기 연구』, 박이정, 1997, 196쪽.

13) 성현경, 전게논문, 각주 31) 참조.

문자의 격조라 함은 전고의 사용에 막힘이 없고 한문학적 교양을 일정 수준 유지하는 문체를 지적한 것일텐데 이 정도의 한문소양은 조선후기에 가면 양반 이외의 계층에도 파급되는 양상이 두드러진다. 서얼, 경아전, 위항 시인들의 문예활동이 활발해지면서 고급한 문화 영역으로 인식되었던 한문학적 교양이 아래로 내려가는 현상이 두루 일어났던 것이다.

"교유의 대상"이라는 말이 정확히 무엇을 지칭하는 지는 분명치 않지만 운림초객이 수산을 가리켜 '선생'이라 칭한 것과 같은 호칭은 딱히 양반이 아니어도 붙여졌던 것으로 보인다. 김소행의 「삼한습유」에 붙인 여러 편의 서발문 중에 홍관식이 쓴 '죽계선생향낭전서'를 보면 선생이라는 존칭을 붙이고 있다. 홍관식은 김소행과 문학을 담론한 평생의 지기였던 홍석주의 바로 아래 세대이다.[14] 홍석주가 김소행에게 보낸 편지 글을 보면 그 역시도 꼬박꼬박 '君子'라고 극존칭을 붙여 예우를 다했음이 드러난다.[15] 김소행은 잘 알려져 있다시피 벌열인 안동 권문의 서얼 가계 출신이다. 권문인 홍석주 가문의 인물들이 김소행을 높이 대접한 것은 집안간의 교유도 한몫 했겠지만 무엇보다도 그의 문학적 능력을 높이 산 때문이었다. 양반이든 서얼이든 자신이 인정할 만한 한문학적 지식과 문학적 능력을 지닌 인물에게 존칭을 붙이는 것은 공식적인 기록이 아니라 사적인 편지글이나 문예문에서는 얼마든지 가능한 일이 아니었나 보여진다.

창우와 속본, 동홍선생을 "깔보는" 태도라고 한 부분 역시 과연 수산에게서 이런 모습을 확인할 수 있는 것인지 조심스럽게 따져야 하는 문제가 아닌

14) 홍석주가 십여세 무렵부터 김소행에게 문장 지도를 받았다는 점에 대해서는 조혜란, 「<삼한습유> 연구」, 이화여자대학교 박사학위논문, 1993, 19-21쪽 참조.

15) "某拜 三宵佳話, 追想如夢 … (中略) … 愚蒙洪不佞, 得奉奭誨周於<u>君子</u>, 八年於玆矣, 洪鍾之應, 不辭莛撞, 尙絅之錦, 闇然日章, <u>君子</u>之文章, 於是乎, 可得見矣 … ", 「答金平仲論文書」『淵泉集』書, 77면.

가 생각된다. 창우와 속본에 대한 수산의 비판적 태도는 그야말로 창본이나 속본의 구성과 문체의 일관성, 합리성 결여를 객관적으로 비판한 것으로 봐야 무리가 없을 것이다. 여기에서 신분적 우위를 바탕에 깐 우월성을 읽어낸다는 것은 지나친 비약일 수 있다. 유교 원리주의자인 동홍선생을 비판하는 수산의 태도에서 양반의 계층성을 끌어내는 해석도 마찬가지다. 유교의 경직된 사고를 비판할 수 있는 유연성은 양반계층 내부에서도 출현할 수 있지만 반대로 그 외의 식자층에서도 얼마든지 나올 수 있다.

마지막으로 태조 이성계를 聖祖로 표현하고 낙화와 파경 화소를 생략한 수산의 태도도 곧바로 계층성과 연결짓기에는 근거가 박약하다. 유교 원리주의의 비판을 양반의 계층성과 등가에 놓는다는 연구자의 논리대로라면 이태조의 숭상에서 같은 의식을 끌어내기에는 무리가 따른다. 유교 원리주의 비판은 중세적 봉건성에 대한 부정과도 통하는 지점이 있는 것인데 이를 이태조에 대한 숭앙으로 연결짓는 과정에는 논리적 모순이 필연적으로 드러나기 때문이다.

그렇다면 「광한루기」 작가 문제는 어느 지점에서부터 풀어가야 할 것인가. 새로운 자료를 발굴할 수 없다면 우리에게 주어져 있는 자료로 다시 돌아가 보아야 하지 않을까.

정보를 하나도 기록하지 않은 국립도서관본을 제외하고는 대체로 모든 이본이 작가, 편자, 평비자를 구분하여 기록했다. 그런데 주목되는 점은 편자나 평비자의 필명은 거의 동일한데 작가의 경우는 그렇지 않다는 사실이다. 편자의 경우 '樵客'이나 '樵夫'나 어떤 것으로 쓰더라도 이 인물의 필명이 '雲林'이라는 사실은 변함이 없다. 편자에 대한 핵심적인 부분은 건드리지 않았

	작 가	편 자	평 비 자
김양선본	半稍十疋 張亘直心 著	雲林樵客 編輯	小广主人 評批
고려대본, 규장각본	*	雲林樵客 編輯	小广主人 評
남원군청본	水山過客 題	雲林樵夫 編輯	小广主人 評
국립도서관본	*	*	*

※ *는 특별한 언급이 없는 경우

다는 것이다. 그런데 작가의 경우에는 '半稍十疋 張亘直心'과 '水山'으로 완전히 전혀 다른 필명을 써놓았다. 만약 어느 한 이본의 필사자가 잘못된 정보를 적은 것이 아니라면 '半稍十疋 張亘直心'이 '水山'이고 '水山'이 '半稍十疋 張亘直心'이다. 이때 '半稍十疋 張亘直心'이 작가의 본명을 파자해둔 것일 가능성은 상당히 높아 보인다. 자호와 같은 필명이 아니라 작가의 본명에 대한 정보를 노출한 것이기에 그대로 쓰지 않고 파자하여 풀어썼을 것이다. 굳이 파자까지 한 이름이 가명이거나 잘못된 정보일 리는 없어 보인다.

여기서 다시 수산이란 호를 가진 조항이란 인물이 소엄이고 다시 소엄이 운림초객일 가능성에 대해 생각해보자. 다시 말하지만 실증적 자료가 발굴되지 않는 한 이쪽의 해석도 하나의 가능성으로 열어두어야 한다. 하지만 가능성은 반반이다. 핵심은 동일인물이냐 아니냐가 아니라 수산 조항이 누구냐 하는 것이다.

여기에 조선조 문인 가운데 유일하게 소엄이라는 호를 쓴 인물이 존재한다는 사실도 같은 비중으로 무게를 실어주어야 한다. 소엄 장욱 혹은 이이엄

장혼이 남긴 글이나 기록을 꼼꼼히 검토하여 교우관계를 재구해나가다 보면 작가 후보군을 좁혀나갈 수 있을 것이다.

「광한루기」의 작가 문제는 수산이라는 호를 가진 조항이라는 인물 찾기와 소엄 장욱의 주변관계 재구라는 각각 두 방향에서 출발해야 한다. 이 미로찾기와도 같은 추론 과정에서 두 인물에 대한 단서는 한 가닥 희망이 될 수 있다. 이때 두 방향은 서로 얽히면서 궁극적으로는 작가 문제 해결로 모아지게 될 것이다. 지금 우리에게 주어진 작은 자료로부터 실증적인 작업을 해나가는 것이야말로 「광한루기」 작가를 찾는 더딘 과정의 첫 발걸음을 떼는 일이 될 것으로 생각된다.

3. 쟁점과 전망 2 : 창작시기 및 저본을 둘러싼 논란과 또 다른 해석의 가능성

「광한루기」의 창작시기가 언제인가 하는 문제는 작가 추정 만큼이나 쉽지 않다. 작가도 명확히 밝혀지지 상황인데다 창작년도가 명기되어 있는 것도 아니기 때문이다. 연구자들은 대체로 「광한루기」의 창작시기를 19세기로 비정한다. 다만 그 구체적인 시기를 19세기 전반으로 잡을 것인가 아니면 후반일 가능성도 고려할 것인가 하는 점에서 다소간 차이를 보일 뿐이다. 김동욱[16]과 소재영[17]은 운림초객이 서문을 쓴 시기로 기록되어 있는 간기를 각각 1845년과 1851년으로 추론했고, 성현경은 이 보다 60년이 뒤지는 1900

16) 김동욱, 전게서, 83 - 87쪽.

17) 소재영, 전게논문, 200쪽.

년 무렵도 배제할 수 없다고 보았다.

추정의 단서가 되는 핵심 자료는 편자인 운림초객이 서문을 썼다고 밝힌 년도 뿐이다. 그런데 이마저도 이본에 따라 간기가 달리 기록되어 있다. 김양선본과 남원군청본에 나오는 간기를 제시하면 다음과 같다.

"白猪 端午" : 김양선본
"青蛇 端午" : 남원군청본

이를 준신한다면 운림초객이 서문을 쓴 시기가 무려 6년이나 차이가 난다. 운림초객이 서문에서 밝힌 바 그대로라면 수산이 「광한루기」를 창작한지 10년 후에 편집을 하고 서문을 붙였을 것이니 창작시기 역시 6년이 왔다갔다 하는 셈이다. 소엄주인이 그 뒤에 붙인 또 하나의 서문을 쓴 날은 단오 바로 다음날로 두 이본이 동일하다. 유독 운림초객이 서문을 썼다는 간기만 이렇게 큰 차이를 보이는 것이다. 어떻게 해석해야 할까.

「광한루기」의 이본이 5종이나 되는 것으로 미루어 이 작품은 한문 식자층 사이에서 상당히 널리 읽혔던 것으로 보인다. 여러 손을 거치면서 전사되는 동안 차착이 일어났을 가능성도 생각해볼 수 있다. 그러나 아무리 봐도 비슷한 글자도 아닌 "青蛇"와 "白猪"를 혼동했을 리는 만무하다. 그렇다면 두 이본 중의 어느 한 쪽이 편집시기에 대한 정확한 정보를 담고 있을 두 번째 가능성을 생각해 볼 수 있다. 김양선본과 남원군청본 어느 쪽도 수산이 직접 써서 운림초객에게 보여주고 거기에 운림초객과 소엄주인이 하루의 시차를 두고 서문을 붙인 선본이 아니다. 김양선본은 운림초객이 쓴 서문의 앞부분이 없고, 남원군청본은 활자본이다. 그렇다면 청사 혹은 백저 중에 어느 한 쪽이 잘못된 간기일 수 있고, 둘 중의 한 이본의 필사자가 이를 알고 다른 경로로 얻은 정보를 기록했을 수도 있다.

물론 둘다 틀린 정보일 수도 있지만 일단 이쯤에서 추론을 멈추고 다시 수산이 「광한루기」를 창작한 구체적인 시기로 돌아가보자. 을사년(청사), 신해년(백저)이란 정보만 가지고는 창작시기를 좁힐 수 없다. 범위를 축소할 기준은 두 가지다. 「광한루기」의 평비가 조선후기의 소설비평사의 흐름을 종합적이고도 발전된 형태로 보여주고 있다는 점과 작가인 수산이 소엄 장욱의 주변인물일 가능성이 높다는 사실이다. 「광한루기」의 평비는 18,9세기에 본격화된 소설에 대한 긍정적 인식과 궤를 같이 하고 있으므로 일단 시기는 영정조 년간 이후로 좁혀진다. 평비자로 유력한 장욱의 생몰연대를 고려하면 다시 1800년대로 범위가 축소된다. 장욱(1789~?)은 인왕산에서 서당을 열면서 문인 그룹을 길러냈다. 문집인 『錦西社甲乙選』을 검토하면 그의 문학동호 활동을 소상히 재구할 수 있을 것을 보이는데 이를 통해서 「광한루기」 창작과 평비 과정에 관한 단서를 얻을 수 있을 것으로 보인다. 일단, 그의 부친 장혼의 생몰연대(1759~1828)와 장혼의 손자인 장효무의 출생년대(순조 7년 : 1808년)[18]을 근거로 추정해 보면 대략 1788년에서 1858년까지 사이를 생존년대로 잡아볼 수 있다. 작가가 확증되거나 새로운 근거자료가 발굴되지 않는 한 현재로서는 1835년 혹은 1841년 무렵이 가장 가능성이 높아 보인다.

창작시기를 고정시킬 수 있다면 「광한루기」가 저본으로 삼은 소위 속본 「춘향전」의 정체를 확인하는 추론 과정에도 상당한 도움을 얻을 수 있다. 예컨대 「광한루기」가 1835년 혹은 1841년 전후로 창작되었다고 한다면 신재효(1811-1884)의 「남창 춘향가」나 1906년에 나온「완판 84장본」은 그 대

---

18) 김동욱, 전게서 83쪽, 참조.

상에서 제외될 수 있다. 경판계 이본들로 범위가 축소될 수 있는 것이다.

「광한루기」의 저본을 산정하는 작업이 또 하나의 논란거리가 될 수 있는 이유는 작가가 속본으로 칭하는 「춘향전」이 단순히 「광한루기」의 저본에 그치는 것이 아니라 그 문체나 세계관이 지양해야할 비판의 대상으로 지목되었기 때문이다. 다시 말해서 「광한루기」가 저본으로 삼은 속본 「춘향전」은 작가가 「광한루기」를 통해 추구하고자 한 미의식의 정반대편에 있는 셈이다. 원칙대로라면 저본을 확정하는 작업은 「광한루기」의 창작의식을 규명하는데 일정정도 기여할 수 있을 것으로 기대해볼 수도 있을 법하다.

성현경은 여덟가지의 기준[19]을 세워서 창본을 포함한 현전하는 국문 이본들을 대상으로 저본을 가려내는 작업을 수행한 바 있다.[20] 그 결과 「이고본」 「고대본」 「장자백창본」을 「광한루기」의 저본에 가까운 이본으로 제시했다. 그런데 저본의 조건 중 여섯 번째로 내세운 기준이 해석상 다소 논란의 소지를 포함하고 있다. 신물교환 화소를 중심으로 한 이 기준은 총 여덟가지 기준 중에서 가장 변별력이 높은 조건으로 보인다. 이 조건의 근거가 되는 수산의 언급은 다음과 같다.

---

19) ① 창우들의 실제 공연과 관련이 있다. ② 국문으로 되어있다. ③ 사건, 인물 등이 장황하게 서술·묘사되어 있다. ④ 비속한 표현들이 많다. ⑤ 춘향과 이도령의 묘사가 요야하고 방탕스럽게 되어있다. ⑥ 신물 교환 장면이 존재하며, 어사의 좌기 장면에서 그 신물을 보인다. ⑦ 이어사가 신관 사또의 연석에 참여한다. ⑧ 춘향이 옥중에서 꽃이 떨어지고 거울이 깨어지는 꿈을 꾼다. 이상은 성현경, 「<광한루기>에 나타난 <춘향전>과 <서상기>」, 『광한루기 연구』, 박이정, 1997, 135쪽, 참조.

20 「만화본 춘향가」「광한루 악부」를 여타 국문본과 함께 저본의 검토대상으로 놓은 점은 다소 문제가 있는 것으로 생각된다. 두 작품은 「광한루기」 작가의 용어대로 소위 속본을 일정한 의식에 따라 개작한 한문이본이다. 「광한루기」 작가가 말하는 속본이란 연희마당에서 불리는 춘향가, 국문으로 된 창본과 국문소설을 가리킨다. 「만화본 춘향가」「광한루 악부」를 이 범주에 포함시키기에는 상당한 무리가 따를 것으로 보여진다.

> 구본 「춘향전」에서는 화경이 금거울을 내어 정을 표하고, 춘향이 옥지환을 드려 이별의 선물을 함으로써 훗날 서로 확인하는 징표로 삼았다.[21]

자세히 살피면 이 구절이 이도령과 춘향이 이별시에 신물을 교환하는 장면을 가리키는 것임은 명백하다. 이도령이 어사로서 좌기할 때 이 신물을 내어 서로 확인하는 장면까지는 이 언급에 포함되어 있지 않다. 수산이 속본에서 비판한 대목은 명확히 말해서 이도령과 춘향이 서로 신물을 교환함으로써 훗날의 징표로 삼았다는 이별 장면이기 때문이다. 그러므로 좌기 장면에서 신물을 제시하는 대목의 유무는 「광한루기」의 저본을 판별하는 조건이 될 수 없다는 점을 지적해 두자.[22]

신물교환 화소는 완판계 작품들이 결여하고 있는 대목이라는 점에서 주목된다. 신물에 관련된 장면의 유무에 따라 창본을 포함한 완판계 작품들은 「광한루기」 저본의 후보군에서 대거 탈락하게 된다. 앞서 창작시기와 관련하여 저본의 범주를 좁혀본 추론과정과도 일치한다. 국한문을 통털어서 가장 이른 시기의 이본인 「만화본」을 제외하고는 대부분의 한문본이 신물과 관련된 장면을 포함하고 있다. 「광한루기」의 신물화소 삭략이 여러 중간 경로를 거쳐 어떤 식으로든 「완판 84장본」에 영향을 미쳤을 가능성도 생각해볼 수 있다.[23]

---

21) "舊本春香傳, 花卿出金鏡留情, 春香奉玉環贐行, 以爲他日相憑之跡", 「廣寒樓記」, 第四回, 惜別.

22) 연구자 스스로도 후속 연구에서 좌기시 신물제시 장면이 결여된 「남원고사」를 「광한루기」의 비교연구 대상인 속본으로 삼아도 상관없다고 한 바 있다. 성현경, 「<광한루기>의 비교문학적 연구」, 『광한루기 연구』, 박이정, 1997, 166쪽, 참조.

23) 일찍이 김동욱도 "<광한루기>에서의 신물 교환 장면에 대한 비판과 그에 따른 탈락이 '완판'에 영향을 끼친 것이 아닌가"라고 추정한 바 있다. 김동욱, 전게서, 84쪽, 참조.

그런데 이 「광한루기」의 저본 추정과 관련하여 한번쯤 꼭 짚고 넘어가야할 것이 있다. 「광한루기」의 저본이 된 속본 「춘향전」을 특정한 한 작품으로 보아야 할 것인가 하는 문제이다. 이에 대한 필자의 생각은 상당히 회의적이다. 판소리 연희판의 공연에서는 보통의 경우 해당 작품 전체를 올리지 않는다. 인기있는 대목을 부분부분 떼어서 공연하는게 일반적이다. 「광한루기」 작가의 고백대로라면 그는 창우의 연창도 관람할 기회가 있었을 것으로 보이는데 직접적인 관람으로는 「춘향전」 내용 전체를 섭렵할 수 없었을 것이다. 아무래도 창본 혹은 필사본을 직접 구해다가 읽거나 간행된 경판본을 찬찬히 읽어내려 갔을 것으로 보인다. 개작을 위해 구상하는 과정에서 여러번 탐독한 이본의 존재를 인정한다 하더라도 연희판의 다른 공연을 관람한 경험이 개입된다면 이미 특정 저본의 산정은 큰 의미가 없을 수도 있다. 게다가 「춘향전」 정도 되면 딱히 독서를 통해 특정 이본을 접하지 않는다 하더라도 싫건 좋건 구전으로 그 내용을 접할 기회가 많은 작품이기도 하다. 다시 말해서 「춘향전」은 대다수의 사람들에게 특정한 이본의 형태로 기억되기 보다는 이러저러한 줄거리로 엮어진 춘향의 이야기일 수 있다. 기왕에 판소리 연희판에서 탄생된 춘향 전승은 적층의 문학이니 화소 하나의 가감은 향유층에게 그닥 중요치 않을 수도 있는 것이다.

이렇게 생각해보면 「광한루기」 작가가 비판의 화살을 겨냥한 속본 「춘향전」은 당대의 향유층이 춘향하면 떠올리게 되는 줄거리, 즉 기생인 춘향이 평소 같으면 쳐다도 보지 못할 양반 도령인 이몽룡을 만나 사랑하고, 헤어져 있는 동안 중간에 끼어든 안티 히어로 변학도에 의해 그 사랑이 위협받다가 다시 꿈같은 해후를 하고 사랑을 성취하는 이야기 그 자체일 수 있다. 같은 맥락에서 신물교환 화소니 낙화와 파경 화소니 하는 것은 어느 연희판의 사설에서 끼어들거나 전승의 과정에서 삽입된 후에 향유층의 뇌리에 강렬한 인상을 남기며 회자된 대목일 수 있다. 굳이 「광한루기」 작가가 개작을 위해 옆에 펴놓고 되풀이 해서 읽은 저본에는 하필 들어있지 않다 하더라도 그가 말하는 속본 「춘향전」하면 떠올리게 되는 장면 속에는 이런 화소들이 포함될 수도 있다는 것이다. 가능성은 반반이지만 저본에 따른 논란과 관련하여 새로운 해석의 가능성은 언제나 열어둘 필요가 있다.

4. 쟁점과 전망 3 : 작가의식에 대한 입장차와 새로운 연구방향

「광한루기」가 표출하는 작가의식에 대한 해석만큼 첨예하게 극단을 달리는 예도 드물다. 일단 연구자들은 대체로 「광한루기」가 작가 수산이 작품 내에서 그토록 비판해 마지 않는 동홍선생류의 유교 원리주의와는 다른 노선을 지향한다는 점에는 의견이 일치한다. 그러나 그 노선이 어떤 색깔이냐를 따지는 구체적인 부분으로 들어가게 되면 입장은 상반되는 시각으로 나뉜다. 김풍기[24]는 「광한루기」를 중세적 봉건의식을 부정하고 개별적 정감을 중시한 작품으로 본 반면 성현경[25]은 유가적 · 공식적 세계관을 표출한 작품으로 해석한 바 있다. 이런 시각차는 「광한루기」를 어떤 장르적 전통 속에서 바라봤느냐 하는 해석의 준거틀에서 비롯된다.

특정 작품이 표출하고 있는 작가의식에 대한 해석은 그 잣대를 무엇으로 삼느냐에 따라 달라질 수 있다. 예컨대 보수적인 전통을 준거로 해당 작품을

---

24) 김풍기, 전게논문, 230 - 234쪽, 참조.

25) 성현경, 「<광한루기>의 비교문학적 연구」, 『광한루기 연구』, 박이정, 1997, 182 - 196쪽, 참조.

보면 그 작품의 진보성이 두드러져 보일 수 있는 반면 낭만적인 일탈성이 부각되는 다른 작품과 비교 해보면 해당 작품이 지극히 공식적인 작품으로 해석될 수 있는 것과도 같은 이치다. 김풍기는 한문학의 전통 속에서 전개되어온 문학론의 발전도상 속에서 「광한루기」를 바라봤다. 유교적 엄숙주에 대한 「광한루기」의 비판을 중세적 허위의식을 부정하는 18,9세기 한문학 장르의 주정주의 문학론과 같은 입장에서 해석한 것이다. 반면 성현경은 국문본 「춘향전」을 「광한루기」 해석의 준거로 놓는다. 그리하여 우아미와 절제미가 상대적으로 두드러지는 「광한루기」의 귀족주의적 성향은 춘향의 결혼권을 성취해냈던 국문본의 주제를 변질시키는 한계를 지닌다고 보았다. 말하자면 동일한 한 작품이 한쪽에서는 중세 보편주의의 비판으로 다른 쪽에서는 중세질서의 회귀로 해석된 것이다.[26] 한문학의 전통 속에서 문학활동을 해온 작가가 국문본을 한문으로 개작했다는 점에서 「광한루기」의 작가의식을 한문학의 문학론과 국문소설의 미의식, 이 양극단의 방향에서 접근하는 해석방식은 어쩌면 태생적으로 내정되어 있다고도 할 수 있다. 그러므로 양쪽의 접근법 모두 일정정도 타당한 일면을 지니고 있다. 그러나 아무리 특정 저본을 개작한 작품이라 할지라도 한 작가에 의해 엄연히 창작된 작품을 상반된 해석상에 표류하도록 내버려둘 수는 없는 노릇이다. 더욱이 그것이 다양한 제측면에서 작품해석을 풍부하게 하는 것이 아니라 양극단에서 평행선을 달리는 것이라면 접근법의 타당성부터 재검토해봐야 하지 않을까 생각된다.

「광한루기」가 한문학을 중심으로 한 식자층의 문학론의 흐름으로 볼때 중세적 보편주의에서 탈피하여 개별적 상대주의로 나아가는 징후를 보여주고

26) 이와 같은 관점의 차이는 「광한루기」의 작가를 어떤 계층으로 보느냐 하는 문제와도 관련된다. 김풍기는 잠정적으로 「광한루기」의 작가를 중인계층으로 본 반면 성현경은 양반이라고 전제한 바 있다.

있다는 것은 분명하다. 그러나 그 탈중세성이 조선왕조의 부정 혹은 신분질서의 해체로까지 나아가지 못하다는 것 또한 간과하지 못할 사실이다. 「광한루기」가 보여주고 있는 중세적 질곡의 비판이라는 것이 이태조의 설화와 관련되므로 불경하다 하여 춘향의 옥중몽 화소를 산삭하는 지점을 벗어나지 못하기 때문이다. 다시 말해서 「광한루기」 작가의 상대주의적 인식의 최대치는 조선왕조를 중심으로 한 중세질서의 유지를 전제로한 범주 내부를 한계로 한다. 하층여성을 하나의 자아로 인정하고 그 개별성을 그려내고자 했다 하더라도 「광한루기」의 세계관은 어디까지나 중세질서의 가장자리, 그 언저리에서 머문다.

마찬가지로 문체면에서는 한문학 장르 특유의 함축적이고 간결한 문장을 구사하며 주제면에서는 철저히 기생인 춘향의 사랑을 그렸다는 점에서 「광한루기」의 세계관은 국문본에 비해 상대적으로 체제내적이다. 그러나 이는 어디까지나 국문본과 비교할 때 그렇다는 것일뿐 「광한루기」의 창작의식을 변별적으로 드러내지는 못한다. 다시 말해서 「광한루기」를 포함한 한문이본 어느 작품도 이런 틀로 해석이 가능하다. 한문학 내부의 관극시 혹은 악부시의 전통을 계승한 「만화본 춘향가」나 「광한루 악부」를 비롯하여 한문소설인 「춘향신설」까지 한문이본들은 언어의 끝없는 나열과 골계미의 잔치인 국문본에 비해서 어느 하나도 귀족적이지 않은 작품이 없다. 뿐만 아니라 기생 춘향이든 성참판의 자식으로 신분이 격상된 춘향이든 양반의 정실이 됨으로써 결과적으로 중세질서 유지의 주축인 신분질서의 한 모퉁이를 허물었던 완판84장본과 비교한다면 한문이본 작가에게 있어서 춘향은 어디까지나 정절을 지킨 대가로 양반의 소실이 된 기생일 뿐이다. 중세질서가 여성들에게 요구한 정절 이데올로기를 고수한 대가로 그 체제내부에서 부여할 수 있는 최대치의 보상을 받은 바람직한 미덕의 소유자인 것이다. 이 점에서 「광한루기」의 공식적 · 유가적 세계관은 이 작품만의 개별적인 개성이라기 보다는 한문본 「춘향전」이 보여주는 일반적인 성향을 공유한 것으로 해석될 수 있다.

이렇게 볼때 「광한루기」는 일단 중세질서의 체제유지를 전제로 한 범주 내부에서 개별성과 상대성의 최대치를 모색해본 여타 한문이본의 작가들과 그 세계관적 기반을 같이하는 작품으로 정리된다. 그렇다면 여타의 한문본 「춘향전」과는 변별되는 「광한루기」의 개별적인 미의식 혹은 작가의식을 추출해내기 위해서는 지금까지 연구경향으로부터 그 방향을 선회해야 한다는 결론이 나온다. 어떻게 접근할 수 있을 것인가. 단계별로 문제의식을 발전시켜보자.

첫 번째 단계로 한문소설 중에서도 「광한루기」는 과연 어떤 장르의 전통을 계승했는가 하는 점을 세부적으로 따져 들어가 볼 수 있다. 「광한루기」는 의심할 바 없이 한문으로 된 애정소설이다. 「광한루기」 작가는 '情中之情'과 '情外之情'을 나누어서 진정한 남녀간의 정이란 무엇인가 하는 점을 이 작품을 통해 보여주고자 했다. 한문으로 된 애정소설 가운데 이런 문제를 집중적으로 다뤄온 장르는 아무래도 전기소설이다. 애정전기는 일찍부터 남녀간의 사랑과 욕망, 그리고 그것을 가로막는 질곡에 관심을 표명해왔다. 「광한루기」가 싫든 좋든 「서상기」의 깊은 영향권 내에 있는 것도 이런 측면과 관련해서 이해해야 한다. 당나라 때의 애정전기인 「회진기」가 宋代의 歌詞나 鼓子詞, 金代의 강창, 元代의 잡극 등 다양한 형식으로 변주된 끝에 명말청초에 김성탄에 의해 평점본의 형식으로 개작[27]된 것이 「서상기」이기 때문이다. 애정전기의 전통 속에서 살펴볼때 기존의 비평의식이나 국문

27) 이에 대해서는 이학주, 「앵앵전으로부터 서상기에 이르기까지」, 『동아문화』7, 서울대 동아문화연구소, 1967, 참조.

본과의 비교에서는 밝혀질 수 없었던 「광한루기」의 중요한 한 미의식 혹은 작가의식적 측면이 해명될 수 있을 것이다.[28]

「광한루기」가 애정전기의 전통과 관련되어 있다고 한다면 두 번째 단계에서 새로운 의문이 생긴다. 「광한루기」의 공동 작가군은 형식적으로나 장르적 전통의 측면에서나 깊은 영향관계에 있는 「서상기」를 평비에서 도대체 왜 그토록 비난의 대상으로 삼고 있는 것인가. 단순히 자신이 심중한 영향을 받은 전대 작품을 비판함으로써 자기 작품의 우월성을 강조하고자 하는 차원이었을까. 아니면 이런 단순한 해석을 넘어선 특별한 의도가 있는 것일까. 이와 관련하여 우리는 새로운 가설을 세워볼 수 있다. 「광한루기」 작가가 전범으로 삼은 작품과 비판 혹은 극복의 대상으로 삼은 작품이 실은 하나가 아니라 각기 서로 별개의 작품이었을 가능성이다.[29] 「서상기」라는 동일한

28) 여기서 반드시 또 다른 한문소설 「춘향전」인 「춘향신설」과의 작가의식 혹은 미의식적 차이점이 섬세하게 밝혀져야 한다. 성현경은 「춘향신설」과 「광한루기」를 비교하면서 「광한루기」가 상대적으로 객관적·사실주의적 성격이 더 두드러진 작품이라고 한 바 있다.(「<춘향신설>과 <광한루기> 비교연구」, 『고소설연구』8, 1999, 245-249쪽, 참조.) 경청할 만한 지적이기는 하지만 두 작품의 사실주의적 성격을 이렇게 상대적으로 질량화 할 수 있는가 하는 측면에서 재고를 요한다. 「춘향신설」과 「광한루기」 중에 어느 한 작품이 총체적으로 사실주의적 질량이 상대적으로 강화되어 있다고 볼 수는 없지 않은가 생각된다. 다시 말해서 특정 부분에서 「춘향신설」이 보다 객관적이고 사실주의적으로 보이는 측면이 있는가 하면 어떤 다른 부분에서는 「광한루기」에서 그런 성향이 더 강하게 나타나기도 한다. 요는 어느 작품이 더 사실주의적이냐 아니냐의 이분법이 아니라는 것이다. 「춘향신설」에서는 특정한 A부분이 더 객관적으로 형상화 되어 있고 「광한루기」에서는 다른 B대목이 사실주의적으로 그려져 있다면 바로 이러한 차이 자체가 해당 두 작품의 미의식 혹은 작가의식적 차이를 드러내는 중요한 해석적 근거가 될 수 있다. 왜, 어째서 이런 차이가 나타나게 되었을까, 이를 통해 작가가 노리는 바는 무엇이었을까 하는 점을 섬세하게 따져들어가야 「광한루기」의 창작의식이 보다 명확하게 드러나게 될 것이다.

29) 성현경의 기왕의 연구에서 이미 「광한루기」가 비판의 대상으로 삼은 「서상기」의 정체가 우리가 흔히 생각하듯 김성탄의 「제육재자서」가 아니라 원진의 「회진기」일 가능성이 제기된 바 있다. 본고는 국문본과의 비교에 더 초점을 맞추느라 이

작품명이 한 작품을 가리키는 것이 아니라 그 이름으로 알려진 두 개의 다른 이본을 가리킬 수도 있다고 생각해 볼 수 있는 것이다. 그렇다면 여기에는 작가의 특정한 의도가 개입된다. 한 작품을 비판하고 다른 한 작품을 전범으로 삼는 선택 자체가 이미 「광한루기」를 통해 말하고자 하는 바를 함축하고 있다고 봐도 무리가 없을 것이다. 이외에도 「광한루기」의 공동 작가군은 평비 속에서 수많은 기존 작품과 설화를 인용하고 있다. 이러한 전작들의 인용 방식, 즉 기존 작품들을 통해 작가가 무슨 얘기를 하고 있는가, 혹은 인용된 그 작품들을 이해하는 방식이 다른 작가들 혹은 향유층들과 어떻게 같고 다른가 하는 점을 통해서도 작가의식의 새로운 한 측면을 밝혀낼 수 있다.

세 번째 단계로 이러한 작가의 의도는 어떤 이념적 기반에 바탕하고 있는가 하는 점이다. 하나의 문학작품은 현실과 그것을 지탱하기 위해 고안된 사회적 이념, 그리고 작가의 세계관, 이 세 가지 요소의 긴장 관계 속에서 성립한다. 「광한루기」가 기존 장르의 전통을 계승 혹은 비트는 방식은 작가가 몸담고 있는 세계의 현실과 이념 속에서 아슬아슬하게 줄타기 하는 작가 자신의 창작의식을 고스란히 반영한다. 중세적 질곡을 부정하려 했느냐 아니면 공식적인 입장을 견지했느냐 하는 이분법도 그 자체로 어느 정도 의미가 있겠지마는 이제 「광한루기」의 작가의식에 대한 연구는 현실과 이념의 스펙트럼, 그 어느 쪽에 위치해 있을 미세한 결을 읽어내는 방향으로 나아가야 하지 않을까 생각된다.

부분을 강조하지 못했지만 「광한루기」가 비판한 「서상기」란 것이 실은 「회진기」일 수도 있다는 사실은 작가의식과 관련하여 주목해야할 필요가 있다.

춘향전의 근원설화

홍성남

1. 서론

『春香傳』은 국내외적으로 우리 나라 古典을 대표하는 판소리系 소설작품으로 널리 알려져 왔다. 이 작품은 發生·起源, 根源說話, 原典 및 書誌, 插入歌謠, 主題 등 많은 연구가 진행되어 왔다. 1920년대에 비롯된『春香傳』에 대한 연구는 近代的 視角에서 접근되기 시작했지만, 30년대를 거쳐 오늘에 이르기까지 80餘年이 지나는 동안에『春香傳』관련 著書만도 數十種이 刊行될 정도로 활발한 논의가 전개되었다.[1] 따라서 우리의 국문학 연구는「춘향전 연구」의 발자취와 성과로써 그 道程을 잡을 수 있을 만큼 각

1) 禹快濟(1991),「春香傳 硏究史 槪觀」, 韓國古小說硏究會 編,『春香傳의 綜合的 考察』, 亞細亞文化社, pp.3 - 34.
설성경(2000),『춘향예술의 역사적 연구』, 연세대학교 출판부, pp.417 - 433.

文學史나 각 古小說史에서 차지하는 位相은 여타의 어느 작품보다도 연구사상 質量면에서 가장 특색있는 典型的 사례가 될 것이다. 질량면의 특색있는 盛觀을 이루고 있는 『춘향전』의 업적은 방법론상 작품 자체의 가치나 본질적 주제의 구명 혹은 각이한 異本群의 書誌的 硏究나 根源說話에 대한 探索 등 작품의 문헌적 고찰은 어느 정도의 均質化를 가져 왔으나 아직도 학자들 사이에는 합의를 도출하지 못한 異說이 엄연히 남아 있다.

『춘향전』의 母胎가 된 '이야기 최소단위의 이야기'인 根源說話에 관심은 이미 그 이전에도 있었지만 본격적인 연구는 아마도 1950년대 金東旭이 여러 설화가 춘향전 생성에 관여했다는 多元說의 수준 높은 업적[2]부터가 아닌가 한다. 김동욱 이후 몇몇 학자들에 의해 근원설화에 대한 논의가 있었지만 金東旭의 업적을 뛰어넘지는 못하였다. 다만 春香의 實存說을 주장한 李家源과 이를 부정한 金東旭의 논쟁[3]은 당시 학계의 큰 話頭였으며, 金東旭이 논한 "<原(Ur)春香傳>과 春香傳의 根源說話와의 相異點"을 問題提起한 李相澤의 지적[4]은 적절하다고 보아진다. 최근 이 방면의 업적으로 괄목할 만한 것으로 근원설화는 單一해야 한다는 一元說을 주장한 金鍾澈[5]과 1930년대 - 1980년대 후반까지의 춘향전 근원설화에 대한 성과를 史的(3期)으로 개관하고 검토한 결과 근원설화의 요건은 伸冤의 의미를 나타낼 수 있는 설화만이 가능하다는 입장을 밝힌 金光淳의 연구[6] 외에는 논의가 거의 없는

---

2) 金東旭(1954), 「春香傳根源說話考」, <崔鉉培先生還甲記念論文集>, 思想界社, pp.3 - 53.

3) 李家源(1969), 『漢文學硏究』, 探求堂, pp.301 - 315.

4) 李相澤(1976), 「「春香傳」 硏究史 反省」, <韓國學報>第5號, 一志社, p.216.

5) 金鍾澈(1986), 「春香傳의 根源說話」, 張德順 外, 『韓國文學史의 爭點』, 集文堂, pp.511 - 520.

6) 金光淳(1990), 「春香傳 根源說話의 硏究史的 檢討」, <국어국문학>103호, 국어국문

실정이다.

춘향전의 生成을 둘러싼 근원설화에 대한 通說은 대체로 여러 가지 설화들이 작용한 多元說이 유력했으나, 近年에는 伸寃說話의 주인공이 春香의 原型에 가깝다는 논의[7]가 적지 않게 나오고 있다. 그러나, 伸寃說話를 근원설화로 인정할 경우 『春香傳』은 春香에 대한 慰靈祭的 문학의 성격을 띠기 때문에 伸寃說話는 春香傳 形成의 類似說話는 될지언정 하나의 완결된 설화로서 『春香傳』의 根源說話로 인정하기에는 躊躇함이 있다.

『春香傳』의 근원설화에 대한 探索은 비록 작품의 외적 요소이기는 하나 『春香傳』의 母體 혹은 發生 經路를 밝히려는 것이기 때문에 口碑說話나 文獻說話(혹은 漢詩)의 素材가 『春香傳』의 生成에 어떤 방식으로 연결되어 있는지를 살펴보는 것도 그나름의 의의있는 일이라 생각된다.

2. 根源說話의 樣相

『春香傳』의 근원설화에 대한 논의는 區區한 異說이 있으나 대체로 세 가닥으로 나뉘어진다.

첫째, 우리 나라의 어떤 說話에서 起源했다는 것, 둘째, 春香과 李道令을 역사적으로 實在했던 實際人物로 보는 것이고, 셋째, 中國文學의 절대적인 영향 아래에서 발생했다는 것이다. 이 중에서도 가장 활발한 논의가 전개된 것은 첫번째 항목으로, 여러 개의 설화가 유력한 근원설화로 제시되고 있다.

학회, pp.7 - 27.

7) 정하영(2003), 『춘향전의 탐구』, 집문당, p.61.

1) **國內說話 起源說**

『춘향전』이 우리 나라의 어떤 설화에서 기원했다는 기록은 趙在三의『松南雜識』의 한 대목에 보이는데, "㉮ 湖南에 전하기를 南原 府使의 아들 李道令이 童妓 春陽을 좋아했다. ㉯ 春陽이 이도령을 위해 守節을 하자 ㉰ 新任府使 卓宗立이 그를 죽여버렸다. ㉱ 어떤 好事者가 그것을 슬피여겨 他詠(他令)을 지어 怨恨을 풀어주고 그 貞節을 表彰하였다."[8]라고 한 것을 보면 忠北 槐山地方(純祖時 趙在三이 살던 곳)[9]에도 春陽(春香의 訛傳)의 廣大打詠이 流布되었다는 사실과 이 緣起說話가 悲劇으로 마쳤다는 것을 알 수 있다. 밑줄 ㉮~㉰는 根源說話에 ㉱는 발생설화에 각각 해당되는데, 春香・李道令・新任府使의 갈등구조 및 根源說話 → 판소리의 형성과정을 보여주고 있다는 점에서 중요한 의의를 지닌다.

1932년 春香・月梅・李秀才 등으로 전해오는 湖南의 民間傳說[10]도 趙在三의 설화와 同一類型인데 근원설화 → 판소리의 발달과정을 보여주고 있다는 점에서 그나름의 의의가 있다.

李參鉉(1807~1872)[11]은『春香傳』이 碧梧 李時發(1568~1626)의 實事

8) 趙在三(1986),『松南雜識』, 아세아문화사, p.537.
湖南諺傳 南原府使子李道令 眄童妓春陽 後爲李道令守節 新使卓宗立 殺之 好事者哀之 演其義爲他詠 以雪春陽之寃 彰春陽之節云.

9) 周王山(1959),『朝鮮古代小說史』, 正音社, p.264.

10)『국역 朝鮮寰輿勝覽』(2000), 南原文化院, p.95.(국역), p.249.(원문)
遺傳春香妓古妓月梅女也 春與李侯子秀才 遊於樓上 一自別後 固守貞節 竟致獄寃 後人嘉其烈行 著爲歌詞 以寓其解寃 褒烈之意 傳播於世 去壬申各郡妓女 建廟于樓傍香火.

11) 倡夫 春香歌 必有所據者 而或云碧梧李公時發 宣祖時事也 李判書圭枋卽其裔 而言其家乘亦有此說云耳 以名唱擅名者 權三得 牟興甲 宋興祿 卽今日之最 而稍前則虞春大 尙傳名者也. 李參鉉,『二官雜志』. 金東旭(1954), op. cit., p.7에서 再引用.

에서 由來했다는 설을 들고 있다. 李時發의 기록은 春香歌의 발생과 관련된 사실을 거론한 최초의 입장이라는 점에 의의가 있다. 碧梧는 6세에 부친을 잃었고 21세에 文科에 급제한 인물로 壬辰倭亂 때는 接伴官으로 活躍하였고, 이후에 正郎을 거쳐 御史로서 湖西地方을 순행하기도 하였는데[12], 이는 春香歌의 暗行御史 素材와의 관련설을 문헌에 기록한 점에서는 의의가 있지만 춘향가의 생성문제를 구체적으로 표명하기에는 難色이 있는 대목이다.

權悳奎[13]는 李羲平(1772~1839)의 『溪西野譚』 所載 金宇杭(1649~1723) 說話[14]를 춘향전의 핵심 素材(暗行御史)로 내세운 이후에 姜漢永[15]의 朴文秀(1691~1756) 說話에 이르기까지 계속 반복되고 있다. 暗行御史 朴文秀에 관한 이야기[16]는 『青邱野談』에 「矗石樓繡衣藏跡」 라는 제목으로 실려 있다. 上記 설화는 『溪西雜錄』[17]과 본문의 내용이 동일하고, 姜漢永이 1980년 <文學思想>(10월호)에 발굴하여 소개한 <忠憲公 暗行事蹟>[18]은 豊山 洪氏(1865~1944)가 한글로 필사한 것이나, 얼굴이 추악한 水汲婢의 御史 박문수에 대한 信義와 眞情은 그의 마음을 감복시켜 行首妓生으로 자리를 이동함은 물론이고 후한 상금까지 거머쥔 반면에 잘 생긴 기생은

12) Ibid., pp.7 - 8.

13) 權悳奎(1939. 10), 「春香傳 모-델」, <學海>. 金鍾澈(1986), op. cit., p.511에서 再引用.

14) 설성경(1997), 『춘향전의 통시적 연구』, 도서출판 박이정, pp.25 - 31.(역문)
金東旭 · 黃浿江(1985), 『韓國古小說入門』, 開文社, pp.361 - 363.(원문)

15) 姜漢永(1980. 10), 「春香傳 根源說話-忠憲公 暗行事蹟」, <文學思想>95호, 文學思想社, pp.268 - 273.

16) 李月英 · 柴貴善 譯(1995), 『청구야담』, 韓國文化社, pp.724~731.(역문), pp.732 - 734.(원문)

17) 金東旭(1976), 『增補 春香傳研究』, 延世大學校 出版部, pp.50 - 51.

18) 姜漢永, op. cit., pp.268 - 273.

걸인의 행색을 한 어사 박문수에 대한 무심한 행위와 非情으로 인하여 물긷는 종으로 전락했다는 줄거리는 크게 다를 바 없다. 舞臺가 南原의 廣寒樓나 晋州 矗石樓로 구체적으로 나타난 점이나 科擧 급제 후 李道令이 乞人 행색으로 月梅, 春香 앞에 나타난 것이나 朴文秀가 晋州妓 老母나 醜女(水汲婢) 및 某 기생 앞에 나타난 점과 筵席에서 兵使와 府使의 酬酌이 雲峰營將과 府使와의 배치가 비슷하게 나타난 점이나 "暗行御史 出道!"를 외치는 대목이 나타난 점에서는 朴文秀 설화와 『春香傳』이 상응하는 바가 있다.

김현룡[19]은 박문수 설화는 완판 『춘향전』의 후반부와 밀접히 상호 연관되어 있으며, 美人 妓生은 信義가 없고 얼굴 醜한 汲水婢는 義理를 貞女로 구성된 점이 특징이며, 撰者 未詳의 『我東奇聞』 所載 朴文秀 이야기와 春香의 이야기를 비교한 評說 「自史氏朗隱」의 史評[20]을 引用하면서 박문수 얘기가 『춘향전』의 근원설화가 되는지는 再考의 여지가 있다고 하였다. 박문수 설화에서는 두 기생의 人情과 非情의 결과가 어떠함을 알 수 있게 해주는데 초점이 모아진 반면에 『春香傳』에서는 貪虐을 恣行하는 변사또의 罪過를 懲治함은 물론이고 春香이의 信義를 기리는데 초점이 모아진 점에서는 두 작품간에 異質性이 존재한다. 그렇지만 박문수의 암행어사 설화가 『春

---

19) 김현룡(1999), 『한국문헌설화④』, 건국대학교출판부, pp.331 - 332.

20) Ibid., p.331에서 再引用.
이 얘기는 이도령 春香歌와 同調이면서 異曲으로, 서로 表裏가 되고 있다. 춘향 같은 절개 굳은 기생이 급수비인 추한 얼굴에서 나왔다고 하면, 더 많은 호응을 얻었을 것이다. 만약에 박문수가 얼굴 예쁜 것을 보고 택했다고 했다면 그 급수비를 잃었을 것이다. 이도령의 춘향을 娼優들의 唱에서는 왜 완벽한 모든 아름다움으로 묘사했는지 의심스럽다. 당연히 박문수의 급수비 노래로 끝맺음을 했었어야 옳았다. 세상에는 모두 대칭으로 이루어져 있다고 말할 수 있다.
自史氏朗隱曰 此與李道嶺(sic 令)春香歌 同調異曲 互相表裏 而春香貞妓出於汲水婢醜姿 更覺絶倒 向使朴書房以貌取之 則或失之汲水婢 李道嶺(sic 令)之春香 豈獨專美於娼優之唱耶 當以朴書房汲水婢之歌 爲曲終之奏 可謂天下無不對也.

香傳』에 핵심 소재원으로 相應되고 있는 점은 틀림없다.

上述한 湖南地方의 민간전설 系統으로 이어지는 또 하나의 설화는 風流郎의 薄色고개 傳說[21]을 들 수 있다. "官妓 月梅의 딸이자 천하 薄色인 春香이가 30에 가깝도록 시집을 못갔다. 춘향은 蓼川에서 빨래를 하다가 李道令을 본 뒤 思慕하여 病이 되자 月梅의 計巧로 이도령과 하룻밤 因緣을 맺었다. 이도령은 情標로 춘향에게 비단수건을 주고는 얼마 후에 上京해버리자 春香은 自決하고 만다. 府中의 사람들이 그 緣由를 알고 불쌍히 여겨 이도령이 가던 薄色고개(任實고개 - 남원에서 서울로 오는 길)에 葬事 지내니 그 곳을 일러 薄石고개라 하였다."[22]

朱吉淳[23]은 南原地方에 流布된 民間說話(伸寃說話)[24] 다섯가지를 類型別로 分類하여 『춘향전』의 근원설화를 탐색한 바 있다.

金台俊[25]은 上記 李參鉉의 『二官雜志』에 기록된 李時發의 記文에 이어 『溪西野譚』 所載 玉溪 盧禛(1518~1578) 說話[26]를 덧붙이고, 伸寃說話[27]

---

21) 風流郎(1932. 1), 「反作春香傳 春香이는 정말 美人이엿더냐 - 薄色고개의 한 傳說 - 」, <別乾坤>통권47호, 開闢社, pp.40 - 42.

22) 金東旭, op. cit., p.57.

23) 朱吉淳(1975), 「春香傳의 根源說話考 - 醜女『빡보』說話를 중심으로」, <國語教育硏究>1輯, 朝鮮大學校 師大 國語教育科, pp.95 - 105.

24) Ibid., pp.97 - 101.
㉠ 萬福寺樗蒲記의 寺刹緣起說話, ㉡ 蓼川水 달래다리 說話, ㉢ 薄色터 說話, ㉣ 春香의 빡보說話, ㉤ 치알봉 仙女(雪女)唱歌說話.

25) 金台俊(1939), 『朝鮮小說史』, 學藝社, pp.196 - 200.

26) 이희준(sic 평) 편찬, 유화수·이은숙 역주(2003), 『계서야담』, 국학자료원, pp.349 - 353.(역문), pp.353 - 355.(원문)

27) 金台俊, op. cit., p.196.
南原에 얼굴이 매우 醜하야 시집갈 수 없어서 自殺해서 寃魂된 處女 『春香』이가 있었는데 그후 南原府使는 赴任오는 쪽쪽 죽는 故로 어느 大作家가 이 小說을 지어 慰勞한 以後로는 無事하야젔다는 말.

및 梁進士創作說[28)]을 들고 있다.

上述한 盧禛은 20세에 生員, 29세에 文科에 급제하여 潭陽, 晋州府使, 吏曹參議를 거쳐 56세에는 湖西御史를 지낸 적이 있다. 한 때는 病으로 南原에 내려가 지내기도 하였으나, 그 뒤 다시 吏曹參判까지 오르기도 하였다.[29)] 『溪西野譚』 所載 玉溪설화는 盧禛의 행적과 상응한 바가 있다. 즉 옥계가 6세에 아버지를 잃었으며, 平安道 宣川에 사는 당숙에게 婚需를 부탁했으나 뜻을 이루지 못하고 길을 안내해주던 기생과 결연을 맺은 후 기생은 옥계에게 歸家를 권하고는 한 암자로 들어가 사는 동안 옥계는 아내를 얻고 수년 뒤 과거에 급제하여 어사가 되어 평안도에 들렀다. 옥계는 기녀를 만나 그녀의 절개에 감복해 데리고 와서 종신토록 살았다는 내용으로 보아서는 『春香傳』의 핵심 素材가 된다고 보아지나, 옥계는 경제적으로 여유가 없어 당숙 집에 구걸하러 간 것으로 된 것이나 옥계가 암행어사가 되기 전에 아내를 얻은 점에서 李道令과 대치를 이루고 있다.[30)] 그렇지만 繡衣御史와 妓女와의 艷情說話를 다루었다는 점에서 『春香傳』과 친연성이 있다. 옥계 설화에 대해 설성경은 趙慶南이 암행어사가 되어 남원에 찾아온 成以性을 핵심 모델로 삼으며, 암행어사 盧禛의 열녀 기생 이야기 등을 중첩시켜 李御史 모델로 활용하였을 것으로 추단[31)]한 바 있다.

김현룡[32)]은 『溪西野譚』 所載 옥계 설화는 실존 인물 盧禛을 주인공으로

---

28) Ibid.
南原에 梁進士가 있어서 科擧에 及第하고 돌아와서 倡侏를 데리고 遊街할새 집이 赤貧해서 그 費用을 報償치 못하고 이에 이 노래를 지어 함께 唱하였으니 이것이 春香傳의 古本이었다는 말.

29) 金東旭, op. cit., pp.45 - 46.

30) Ibid., p.46.

31) 설성경(2001), 『춘향전의 비밀』, 서울대학교 출판부, p.123.

했지만, 여러 가지 상황으로 보아 완전 창작 구성 작품으로 인정하면서도 옥계설화는 『춘향전』보다 뒤에 구성된 것으로 파악한 것은 설성경의 논의와 대조를 이룬다.

鄭魯湜[33]은 巫女의 살풀이 起源說을 내세워 주목되고 있다. "南原邑에 老妓의 딸로 醜薄한 春香이 時任府使의 아들과 사랑했으나 이도령이 上京한 후 零衰不振하고 춘향은 寃死했다. 그 후 南原一郡이 大凶災가 3년간 계속되자 춘향의 寃鬼에 의한 것이라 하여 時任 吏房이 春香傳을 지어 巫女의 살풀이굿에 올려 寃魂을 慰勞하였고 이 춘향전이 文豪의 붓에 의해 添削되어 小說이 되고, 南原과 隣近邑郡에 살풀이굿이 성행하게된 巫女의 춘향전 살풀이굿이 廣大에 의해 唱劇調로 옮겨지기도 하고 또한 唱劇으로 改作하는 가운데 敷衍과 潤色이 가미되어 오늘의 春香傳을 이루었다고 하였다"[34]

鄭魯湜의 살풀이 기원설은 前述한 趙在三, 風流郎, 朱吉淳, 金台俊의 伸寃說話와 같은 맥락이지만 巫女의 살풀이굿 단계가 개입된 것은 앞의 논자들과는 다른 점이다. 이것은 金東旭[35]에 否定되기도 하고 설성경[36]에 의해 肯定的으로 受容되어 체계화되기도 한다.

李秉岐[37]는 上述한 李時發의 實際譚, 醜女의 伸寃說話, 梁進士創作說, 盧禛說話 등을 途聽塗說에 不過한 것으로 보고 『東國輿地勝覽』 所載 南原

---

32) 김현룡, op. cit., p.318.

33) 鄭魯湜(1940), 『朝鮮唱劇史』, 朝鮮日報社 出版部, pp.14 - 17.

34) Ibid., pp.15 - 16.

35) 金東旭(1961), 『韓國歌謠의硏究』, 乙酉文化社, p.374.

36) 설성경(1986), 『춘향전의 형성과 계통』,정음사, pp.14 - 25.

37) 白 鐵 · 李秉岐(1980), 『國文學全史』, 新丘文化社, pp.161 - 163.

智異山女條에 나오는 智異山女[38]와 『三國史記』 列傳에 나오는 都彌의 妻 이야기[39]를 根源說話로 들고 있다. 上記 두 설화는 烈女說話로, 연약한 하층 여성과 권력자의 갈등을 주축으로 한 愛情의 삼각관계를 설정하고 여주인공이 정절로써 위기를 모면했다는 내용이다. 智異山女와 都彌 妻의 설화는 南原이라는 공간적 배경을 갖고 있는데 그 지역에 殘存한 流動傳說이 새롭게 변이되어 탄생한 것이 『春香傳』이라고 주장하고 있다.[40]

周王山[41]은 金台俊의 『朝鮮小說史』에서 거론된 伸寃說話, 梁進士創作說과 趙在三의 『松南雜識』(春陽他詠條), 『溪西野譚』 所載 盧禛說話 및 淸代의 '桃花扇'傳奇와의 관련설을 제기하기도 하였다.

『春香傳』의 根源說話에 대한 연구는 金東旭[42]에 의해 본격적으로 체계

---

38) 『신증동국여지승람』5(1970), 민족문화추진회, pp.148 - 149.(역문), p.48.(원문)
智異山女 求禮縣女有姿色 居智異山下 史失其名 家貧盡婦道 百濟王聞其美內之 女誓死不從.

39) 金富軾 原著, 이강래 옮김(1998), 『三國史記』Ⅱ, 한길사, pp.865 - 866.(역문)
金富軾 原著, 李丙燾 校勘(1977), 『原本 三國史記』卷48・列傳8, 乙酉文化社, pp.446 - 447.(원문) 都彌 百濟人也 雖編戶小民 而頗知義理 其妻美麗 亦有節行 爲時人所稱 蓋婁王聞之 召都彌與語曰 凡婦人之德 雖以貞潔爲先 若在幽昏無人之處 誘之以巧言 則能不動心者鮮矣乎 對曰 人之情不可測也 而若臣之妻者 雖死無貳者也 王欲試之 留都彌以事 使一近臣 假王衣服馬從 夜抵其家 使人先報王來 謂其婦曰 我久聞爾好 與都彌博得之 來日入爾爲宮人 自此後爾身吾所有也 遂將亂之 婦曰 國王無妄語 吾敢不順 請大王先入室 吾更衣乃進 退而雜飾一婢子薦之 王後之見欺 大怒 誣都彌以罪 矐其兩眸子 使人牽出之 置小船泛之河上 遂引其婦 强欲淫之 婦曰 今良人已失 單獨一身 不能自持 況爲王御 豈敢相違 今以月經 渾身汚穢 請俟他日薰浴而後來 王信而許之 婦便逃至江口 不能渡 呼天慟哭 忽見孤舟隨波而至 乘至泉城島 遇其夫未死 掘草根以喫 遂與同舟 至高句麗 蒜山之下 麗人哀之 丐以衣食 遂苟活 終於羈旅.

40) 金東旭・黃浿江, op. cit., p.353.

41) 周王山, op. cit., pp.263 - 264.

42) 金東旭, 「春香傳根源說話考」, op. cit., pp.3 - 53.
金東旭, 『增補 春香傳硏究』, op. cit., pp.33 - 68.
金東旭・黃浿江, op. cit., pp.350 - 378.

화되었다고 해도 지나치지 않다. 金東旭은『春香傳』形成의 素材가 되는 설화를 根源說話,『春香傳』成立에 관한 民間說話를 총칭하여 發生說話라고 보았다.[43] 전자는 ① 烈女說話 ② 暗行御史說話 ③ 伸寃說話 ④ 艶情說話 및 插入 플롯의 說話 ⑤ 信物交換 說話 ⑥ 手記 說話 ⑦ 夢祥 說話 ⑧ 漢詩說話로 나누어지고 후자는 [1] 巫歌 發生說 [2] 梁進士 創作說 [3] 元曲 翻案說 [4] 文章體小說 先行說 [5] 漢文小說 敷衍說 [6] 판소리 發生說로 분류되고 있다. 전자의 ①에는 李秉岐가 제시한 두 설화(智異山女, 都彌說話)는 춘향전과의 플롯의 인과관계에 있어서는 논리의 비약이 있지만, 南原이란 지리적 환경에서 보면 허망한 것만은 아니라고 하였다.[44]

한편 崔來沃[45]은『春香傳』을 官奪民女型 說話로 인식하고 都彌설화, 阿娘설화, 桃花女설화, 智異山女설화, 淑香이窟 傳說, 山房德 傳說, 우렁색시 民譚 등을 비교하는 가운데『春香傳』이 民衆說話의 보편적인 토대 위에서 昇華된 小說이라고 하였다. 종전의 논자들이 대체로『春香傳』자체의 문제에 몰입한 것에 비해 餘他 설화와『春香傳』을 對比한 결과로『春香傳』의 주인공이 春香이 아닌 李道令에 초점이 모아져 있는 것은 再論의 餘地가 있다는 金光淳[46]의 견해는 적절한 지적이라 생각된다. 19세기 말 지방 관아의 아전층 출신으로 추정되는 晩窩에 쓰여진『益夫傳』은 餘他의『春香傳』보다 李道令과 특히 그의 아버지에 관한 스토리가 附加된 점[47]에서는 崔來

43) Ibid., p.351.

44) Ibid., p.355.

45) 崔來沃(1981),「官奪民女型 說話의 硏究」,『張德順先生華甲紀念 韓國古典散文硏究』, 同和文化社, pp.91 - 112.

46) 金光淳(1990), op. cit., p.17.

47) 류준경(2003),「『益夫傳』의 서사적 특징과 그 의미」, <韓國文化>31輯, 서울大學校 韓國文化硏究所, pp.87 - 88.

沃의 논의와 같은 맥락일 수도 있겠으나 『춘향전』의 주인공을 春香으로 인정하기보다는 民女의 男便格인 李道令으로 파악하고 있는 것은 의문의 여지가 있다.

上記 ②에는 盧禛, 金宇杭, 朴文秀, 成以性(1595~1664) 說話를 들고, 『春香傳』의 근원설화로서의 御史說話는 이도령으로 상징되는 일반적 어사설화의 유형 외에 官妓와 어사와 수령과의 삼각관계에 설정된 것이기에 어느 정도 염정설화와도 통해야 된다고 보았다.[48] 김우항 설화는 上記 盧禛說話와 類似한 설화인데, 貧寒한 김우항이 딸을 시집보내지 못해 端川府使 친척 집에 찾아가 도움을 청했으나 냉대가 너무 심해 분노를 터트리고 나오는데 평소에 부사의 吝嗇함을 憎惡해 오던 府妓가 맞이하여 융성한 대접을 했다. 김우항은 기녀의 집에서 기거하면서 因緣을 맺고 기녀가 주는 婚需를 가지고 귀가했다. 수개월 후 壯元及第로 暗行御史가 되어 端川에 들렀다가 기녀를 만났다. 기녀의 권유로 腐敗 官僚인 府使에게 아량을 베풀어 스스로 歸田케했다. 훗날 肅宗이 그의 過去 행적을 듣고는 그녀를 불러 내려 김우항을 모시게 했다. 盧禛은 자신의 婚需를 얻는 문제로 金宇杭은 딸의 婚需를 얻고자 친척 집에 구걸하러 간 것으로 되어있는 것과 아울러 기생의 도움으로 암행어사가 되기 전까지 두 인물의 처지는 비슷하다. 또한 주인공이 과거급제 후 暗行御史가 되어 乞人 행색으로 기녀 앞에 나타난 것도 빼놓을 수 없는 사실이나 앞의 두 인물의 설화에서는 卞學徒의 겁탈적 행위가 보이지 않은 점에서는 『춘향전』과 다르다. 김우항의 이야기는 설화의 성격상 義妓說話[49]의 범주에 가깝다고 할 수 있고, 『春香傳』 形成에 있어 가장 類型

48) 金東旭・黃浿江, op. cit., p.358.

49) Ibid., p.363.

的인 暗行御史 說話가 插入된 것만은 사실이고 그것은『춘향전』의 破局을 맺기 위한 것이라고 金東旭은 밝히고 있다.[50)]

③에는 前述한 仲寃說話 외에 阿娘說話[51)], 香娘說話, 沈守慶(1516~1599) 說話[52)]와 아울러 자신이 채록한 仲寃說話[53)]를 例證으로 들었다. 金東旭은 신원설화가『춘향전』의 근원설화로 성립되기 위한 要件으로 ㉮ 妓生이다 ㉯ 어떤 風流郞을 思慕하다 죽다 ㉰ 혹은 '節概를 지키다 新官에 抵抗하여 죽다' 라는 요건이 부수되어야 하고 ㉱ 死者의 怨恨을 풀어주기 위하여 暗行御史 坐起說話를 덧붙여 一篇의 판소리로 형상화되어야만 완결된 하나의 근원설화가 된다는 입장이며, 仲寃說話만으로는『춘향전』 발생의 어떤 모티브는 될지언정 하나의 완결된 설화로서 事實性을 裏證하기에는 먼거리에 있다고 하였다.[54)]

---

50) Ibid., p.368.

51) 李月英・柴貴善 譯, op. cit., pp.111 - 117.(역문), pp.117 - 118.(원문)
徐大錫 編著(1991),『朝鮮朝文獻說話輯要(Ⅰ)』, 集文堂, p.481.

52) 성현경・조용희・허용호(1997),『광한루기 역주・연구』, 도서출판 박이정, pp.80 - 81.(역문), pp.78 - 79.(영인 원전)
cf.김동욱 역(1999),『국역 기문총화』⑤, 아세아문화사, pp.106 - 108.(역문), pp.108 - 109.(원문)
沈聽天 辛亥秋以吏部郞 奉使於關西 與箕城洞庭春有情 還朝之後 春寄書曰 思君不見 未堪生別之苦 寧欲死而同穴 近將歸於嬋姸洞云 洞在箕城七星門外 妓死皆葬于此 公戱作一絶而答之曰 滿紙(縱)橫摠誓言 自期他日共泉原 丈夫一死終難免 願作嬋姸洞裏魂 未幾春病死 公復戱作一律曰 生別長含惻惻情 那知死別忽吞聲 乍聞凶訃腸如裂 細憶香(音)容淚自傾 書札幾曾來浿水 夢魂無復到箕城 嬋姸戱語還成讖 愧我泉原負舊盟 朋儕見而笑之 己未春 公出按湖西 權參判應昌 爲洪州牧使 其庶弟松溪應仁 隨公到州之日 松溪作敎坊歌謠 律詩二首 使妓女唱於宴席 其末句曰 人生適意無南北 莫作嬋姸洞裡魂 時公頗眷州妓 玉樓仙故云 公笑曰 必松溪來此也 速令還(邀)來 應仁入謁 公與之共飮迭唱 松溪有詩曰 歌傳白雪知音久 路阻靑雲識面遲 洞庭春臨死爲親戚曰 我死必書墓曰 直提學沈某妾之墓 死後立表 書之如其言.

53) 金東旭・黃浿江, op. cit., p.369.
cf.朱吉淳(1982),「春香傳 發生의 民俗的 起源-南原地方의 民譚을 中心으로」, <韓國語文學>21輯, 韓國語文學會, p155.

上記 沈守慶 이야기는『廣寒樓記』(水山)에 전하는 바 그 자료적 源泉은『記文叢話』所載 沈守慶 說話[55]와 相應하는 바가 있다. ④에는 成世昌(1481~1548)說話,[56] 古妓生 詩[57]를 들고 있다. 成世昌 설화는 兩班 子弟와 妓女의 열렬한 사랑, 男主人公의 上京으로 인한 離別과 壯元及第에 의한 再會 등을 다루었다는 점에서『春香傳』과 상통한다. 兩班과 妓生과의 사랑으로서만 존재하는 설화를『春香傳』의 胚種으로 인식할 수 있다는 것도 이도령과 춘향의 사랑이 차지하는 플롯의 비중으로 보아서 가능하다는 것이 金東旭의 주장이다.[58] 上記 늙은 妓生 관련 漢詩는 주인공이 춘향이냐 아니냐가 문제로 부각될 수도 있겠으나 廣寒樓에 올라 떠나간 郞君을 기다리는 妓女의 심정과 그의 貞節을 노래한 것은 春香의 片鱗을 보여 준다. 이러한 漢詩는 朝鮮朝 使行人들이 燕行時 빠지지 않고 目睹한 姜女의 祠堂에 관련된 설화[59]는 같은 맥락에서 탐색될 수 있다.

---

54) 金東旭・黃浿江, op. cit., p.371.

55) cf.梁柱東(1960. 2), 「續・人生雜記<五>」, <現代文學>통권62호, 現代文學社, pp.23 - 25.

56) 李源命 原著, 鄭明基 編(1992),『原本 東野彙輯』下, 寶庫社, pp.366 - 384. <掃雪庭獲窺故情> 卷12(191話)
徐大錫 編著, op. cit., pp.626 - 287.

57) 金東旭・黃浿江, op. cit., p.373에는「牛郞一去無消息」의 句節만 보인다.
『국역 朝鮮寰輿勝覽』, op. cit., pp.248 - 249.(원문)에는 古妓詩가 실려 있다.
織罷氷綃獨上樓 水晶簾外桂花秋 牛郞一去無消息 烏鵲橋邊夜夜秋.

58) 金東旭・黃浿江, op. cit., p.372.

59) 李遇駿 原著, 林熒澤 編(1994),『夢遊燕行錄』上, 成均館大學校 大東文化研究院, pp.579 - 580. 憲宗 14년(戊申, 1848), 12월 2일條.
按姜姓許氏 字曰 孟姜 故稱美女 其夫范七郎 赴役長城久不歸 秦皇帝聞其女 欲納之不肯 尋夫至此 日夕望夫而終 石上當履處 皆爲之穿 今視之果然 或云 其夫死於六螺山下 姜女有夢感 獨行數千里 尋至其處 將骸骨自投于海 居數日 有石出海中 潮至不沒 二說未知孰是 而盖亦杞梁妻之流歟 有一絶曰 玉容悽楚涙餘痕 千載難消匹婦寃 試看長城崩斷處 分明夜夜哭遺魂.

李在秀[60]는 靑植(1501～1572)의 說話, 安東地方의 傳說과 중국 元代의 雜劇인 『西廂記』, 明・淸代의 戱曲인 『玉堂春』과의 관련설을 제기하는 가운데 『春香傳』의 溯源形態로서 결정적인 것은 발견하지 못했다고 하면서 『春香傳』에 확실이 插入된 것으로 情標, 夢祥, 漢詩說話만을 인정하고 있다.

金起東[61]은 南原地方에 口傳되어 오는 府使의 아들과 妓女와의 艶情譚이 悲劇으로 끝났는데, 거기에 全國的으로 流布되고 있는 暗行御史의 說話를 結構시켜, 喜劇으로 바꾸어 놓은 것이 『春香傳』의 主體的인 根源說話가 된 것은 艶情說話와 暗行御史 說話라고 주장한 바 있다. 염정설화와 암행어사설화 중에 어느 것이 『춘향전』의 근원설화의 原型에 근접하고 있는 것인지 아니면 두 근원설화가 대등하게 비중을 이루고 있는 것인지에 대해서는 구체적으로 밝히지 않았다.

李樹鳳은 자신이 發掘한 朴敏孝(1672～1747)의 『紫鸞傳』[62]을 첨가하고 上記 朴文秀說話, 南原의 民譚 및 奉化의 구모쓰傳說과의 대비를 시도하였다. 『紫鸞傳』(1743年頃)은 柳振漢(1712～1792)의 晩華本 春香歌(1754年)보다 앞서 있고, 또한 내용면에서 結緣과 舞臺, 暗行御史 出道 場面의 不在 및 紫鸞이 終局에 悲劇的 生을 마감한 것만 제외하고는 대체로 『春香傳』의

60) 李在秀(1969), 『韓國小說研究』, 宣明文化社, pp.384 - 397.

61) 金起東(1967), 「韓國小說發達史(中)」, 『韓國文化史大系Ⅴ』, 高大 民族文化研究所 出版部, p.1121.
cf.金起東(1989), 『李朝時代小說論』, 二友出版社, p.571.

62) 李樹鳳(1994), 『晩華本 春香歌와 龍潭錄』, 景仁文化社, pp.73 - 101.
『紫鸞傳』은 蔚山 兵營 敎坊에서 修鍊한 官妓 紫鸞(1727～1744)을 府使 尹勉이 愛妾을 삼고 退任한 후 尹公의 後任 府使 鄭廣運이 赴任하여 紫鸞을 復歸케 强要하여 作妾하려는 心事로 紫鸞과 그의 父母를 刑罰로 守廳을 强要하나 春香처럼 守節로 怨死한 實話라 한다.

플롯과 일치하기 때문에 『春香傳』 根源說話 중에 가장 近接한 類似說話가 『紫鸞傳』이라고 하였다.[63] 『紫鸞傳』과 같은 烈女이야기(實際譚)는 京鄕各地의 旌閭門에 새겨진 碑文의 내용이나 『朝鮮王朝實錄』, 『五倫行實』 餘他 邑誌 등 상당수의 문헌에 명시되어 있는데 『紫鸞傳』을 『春香傳』과 지나치게 병렬관계로 인식하고 있는 것은 의문의 여지가 있다. 하지만 그간 학계에서 논의된 바 없는 新資料인 『紫鸞傳』을 발굴 소개한 점에서는 그나름의 의의가 있다.

⑧의 漢詩는 暗行御史 出道 대목의 사회적인 色彩가 濃厚한 句節로 조선의 부패한 관리들에게 一針을 가하는데 있어 늘 인용되는 名句이다. 『春香傳』의 후반부는 暗行御使가 出道하여 읊은 詩는 핵심 素材라 해도 지나치지 않을 듯 싶다. 暗行御史 제도는 국가의 民風을 바르게 하고, 寃痛한 일로 고통받는 民衆들의 응어리를 풀어주고, 地方 官府의 潛行的 행정 감독을 조사하기 위한 목적으로 왕이 비밀리에 임명하기도 한다.[64]

설성경은 唐나라 시인 李白(701~702)의 작품 「行路難」(七言古詩) 3首로 된 樂府詩 중에 一首[65]와 明代의 邱濬이 지은 傳奇小說 『伍倫全備』 3권의 16段에 실려 있는 定場詩[66], 李肯翊(1736~1806)의 『燃藜室記述』 卷21(光

63) Ibid., 87 - 92.

64) 설성경, 『춘향전의 통시적 연구』, op. cit., pp.32 - 33.

65) 柳晟俊(1991), 『中國唐詩選注』, 松山出版社, p.99.
金樽淸酒斗十千 玉盤珍羞値萬錢 停杯投筯不能食 拔劍四顧心茫然 欲渡黃河冰塞川 將登太行雪暗天 閑來垂釣碧溪上 忽復乘舟夢日邊 行路難行路難 多岐路今安在 長風破浪會有時 直挂雲帆濟滄海.

66) 閔泳珪(1962), 「春香傳 三則」, <人文科學>7집, 延世大學校 文科大學, p.229.
閔泳珪(1988), 「春香傳 五則」, <回歸>4, 回歸同人會, pp.63 - 64.
袞袞諸公被錦袍 不知民瘼半分毫 頻斟美酒千人血 細切肥羊百姓膏 燭淚落時人淚落 歡聲高處怨聲高 爲官若不知民苦 虛受朝廷爵祿功.

海亂政條)의 記文을 들어『春香傳』御史詩의 원천을 구명한 바 있다.[67] 李白의 漢詩 '金樽淸酒'와 '玉盤珍羞'는『春香傳』의 1句 '金樽美酒', 2句 '玉盤佳肴'와 유사한 면이 없는 것은 아니나 지나치게 중국 문헌의 기록에 의존하는 것은『春香傳』根源說話(御史詩)의 원천을 中國에서 찾으려는 것과 다를 바 없다. 李白의 詩는 간악한 安祿山의 횡포로 쇠망의 소용돌이 속에 빠진 그의 憂民報國의 정치적인 이상과 의지가 내포되어 있다.[68] 좋은 술과 맛있는 안주가 앞에 놓여 있어도 먹지 못하고, 잔과 수저를 던지고 일어나 劍을 뽑아들고 사방을 둘러보며 탄식한 것은 당시의 암담한 사회상을 말해 준 것임은 의심의 여지가 없다. 邱濬의 定場詩는 新任 太守 伍倫備가 壯元 及第하여 到任하는 길로 백성들의 訟事를 다스리는데 時際 官途의 板蕩을 叙懷한 것이다.[69]『춘향전』에는 16段의 定場詩 起聯과 結聯은 버리고 中聯만을 借吟하였다. 이 詩를 두고 작자의 異說이 區區한데 明나라 장수 趙都司가 우리 나라에 와서 정치가 혼란한 것을 보고 읊었다는 시를 趙慶南(1570~1641)의『續雜錄』에서 引用[70]하고 있다. 上記 漢詩 외에 뒤에서 再論하겠지만 成 涉(1718~1788)의『筆苑散語』에 나타난 그의 高祖 成以性(1595~1664)이 御史出道 할 때 불렀다는 기록[71] 외에도 晩華(柳振漢 : 1712~1792)本 春香傳[72], 廣寒樓記(水山子),[73] 春夢緣(漢詩春香歌 -

67) 설성경,『춘향전의 통시적 연구』, op, cit., 33 - 37.

68) 張基槿(1971),『李太白評傳』, 乙酉文化社, pp.192 - 196.

69) Ibid., p.63.

70) 李肯翊 編(1976),『국역 燃黎室記述』V, 民族文化推進會, p.335.
淸香旨酒千人血 細切珍羞萬姓膏 燭淚落時人淚落 歌聲高處怨聲高.

71) 李徽教(1980),「≪筆苑散語≫解題」, <中國語文學>創刊號, 嶺南中國語文學, p.288.

72) 李樹鳳, op. cit., p.200.

73) 성현경·조용희·허용호, op. cit., p.122.(영인원전)
金樽美酒千人血 玉椀佳肴萬姓膏 燭淚落時民淚落 歌聲高處怨聲高

李能和：1869～1943),[74] 成春香歌(南湖居士)[75] 등에는 前述한 詩가 여러 기록에 보이는데, 措字에 출입이 있어 약간의 차이가 있다. 이 대목에 관한 記述은 許鎬九・姜在哲의 『譯注 春香新說・懸吐漢文春香傳』[76]을 참조하기 바란다.

한편 조선 후기에 출현한 『夢遊野談』에는 『春香傳』의 御史詩 1句(金樽美酒…)와 2句(玉盤佳肴…)가 引用되고 있는데, 이 대목은 지금까지 논의된 적이 없는 記文이다. 李遇駿(1801～1867)의 『夢遊野談』 所載 '奢儉' 항목에는 使行團에 대한 지나친 접대와 奢侈를 지적한 후 지은이의 史評이 添記되어 있다.

> 아! 여덟가지 맛좋은 음식이 앞에 있어도 입에 맞는 데에 지나지 않으며, 이와 같은 분수에 넘친 사치는 그 해가 장차 누구에게로 돌아가겠는가? 옛 사람의 詩에 이르기를, 金술잔의 아름다운 술은 천 사람의 피요(金樽美酒千人血), 玉쟁반의 좋은 안주는 만백성의 기름인 것이라.(玉盤佳肴萬姓膏者) 이것은 헛된 말이 아니다.[77]

위의 기록은 조선 후기 使行團員들의 부당한 행위를 지적하고 있는데, 『春香傳』의 暗行御史가 府使를 향해 풍자하는 御史詩 가운데 두 행을 활용

---

74) cf.金庚美(1994), 「<春夢緣> 研究」, <판소리研究>5집, 판소리學會, pp.197：221.

75) 윤주필 주해(1999), 『南湖居士 成春香歌』, 태학사, p.279.
金樽美酒千人血 玉盤佳肴萬姓膏 燭淚落時民淚落 歌聲高處怨聲高

76) 許鎬九・姜在哲 共譯(1998), 『譯注 春香新說・懸吐漢文春香傳』, 以會文化社, pp.110－111.(春香新說), pp.263－264.(懸吐漢文春香傳)

77) 李遇駿 原著, 洪性南 編(1994), 『夢遊野談』下, 寶庫社, p.352.
噫 八珍在前 不過適口 而若是侈靡 害將誰歸 古人詩曰 金樽美酒千人血 玉盤佳肴萬姓膏者 是不虛矣.

하고 있다. 앞 구절은『춘향전』출현 시점보다 늦은 시기에 御史詩를 삽입한 例에 불과하지만『春香傳』의 受容樣相을 보여주는 데에 의미가 있으나, 근원설화와는 깊은 관련성이 없어 보인다.

『廣寒樓記』에는 上記 漢詩를 작자 불명의 華人의 詩로 보고, "此卽 華人所作而辭意淺□(露) □(固)不删之(이것은 곧 중국인이 지은 것으로, 의미가 가볍게 드러나 진실로 없애지 않았다.)"[78] 라 하였다. 上記 李白의 '行路難'(樂府詩, 一首), 『伍倫全備』(定場詩), 趙慶南의『續雜錄』所載 御史詩 및 이미 학계에 공개된 여러『春香傳』所載 御史詩, 李遇駿의『夢遊野談』所載 御史詩가『春香傳』속에 삽입된 것은 부인할 수 없는 사실이나, 중국인 혹은 成以性의 작품으로 보기보다는 그 詩句가 御史出道 대목을 장식하는 것은 물론이고 貪官이나 지배계층에 대한 민중의 소망의식을 대변한 것이 보다 의미있는 일이라고 지적한 심경호의 논의[79]는 설득력을 가진다. 이 밖에 ④의 插入플롯으로서 玉指環, 明鏡 交換說話로 洪暹(1504~1585)의 설화,[80] 青偉(1454~1505)의 설화[81]를 例證으로 들었고 ⑥의 手記설화로 許炫의 逸話[82] ⑦의 夢祥說話로『燃藜室記述』所載 說話[83]를 例證으로 삼았다.

---

78) 정하영(2003), op. cit., p.366.

79) 심경호(1989), 「≪오륜전전(五倫全傳)≫에 대한 고찰」, <애산학보>8호, 애산학회, p.130.

80) 李源命 原著, op. cit., pp.279~285. <脫禍網玉環踐約>卷11(176話)

81) Ibid., pp.245 - 252. <合玉環奉妻得胤>卷11(171話)

82) Ibid., pp.335 - 339. <對棘婿捧標立證>卷12(185話)

83) 李肯翊 原著,『국역 燃藜室記述』I (1976), 民族文化推進會, p.29.(역문), p.580.(원문)

○僧無學 居安邊雪峯山下土窟中 上龍潛時 訪而問之曰 夢入破屋中 負三椽以出 此何祥 無學賀曰 身負三椽乃王字也 又問夢 花落鏡墜 此卽何祥 卽答曰 花飛終有實 鏡落豈無聲 上大喜 卽其地創寺 因以釋王名之舊有 上親筆而失於兵火 只刻板存焉. 芝峯類說 藥泉集 僧休靜山水記.

上記한 바와 같이 金東旭은 어느 것이 『춘향전』의 궁극적인 근원설화인가를 알 수 없고 다만 설화 → 판소리 → 소설의 변이과정에서 잡다한 설화가 모여 이도령과 춘향의 염정적 플롯에 곁들이어 하나의 판소리로 응집되어 가는 도중에 차츰 암행어사설화적, 열녀설화적인 의식으로 덧붙이게 된 것으로 보고 있다.[84] 이러한 논의는 文璇奎[85], 朴魯春[86] 등에 거의 그대로 異論 없이 受容되고 있다. 金東旭은 現傳 春香傳이 "전반의 <춘향전>과 후반의 <이어사전>의 合成"[87]이라고 했는데, 후반은 분명히 암행어사 설화이지만 전반의 춘향전은 艶情·烈女·伸寃說話 중에 어느 것에 해당하는 지는 명확하지 않고, "춘향전 평가의 기준을 <원(Ur)춘향전>에 두어야 한다"[88]는 金東旭의 견해에 대해 李相澤이 <원(Ur)춘향전>의 개념은 "춘향전의 근원 소재와 어떻게 다른 것인지, 아니면 최초의 「춘향전」인지 분명하지 않다"[89]는 지적은 설득력을 얻고 있다.

金鍾澈은 춘향전 근원설화의 구비요건으로 ① 춘향이 주체이어야 하고, ② 설화의 갈등은 춘향의 애정이 그의 신분으로 인해 좌절되는 데에 기초할 것이고, ③ 춘향·이도령·변학도의 삼각형의 갈등구조라야 하고, ④ 다른 설화들을 종속적 위치에 배열시키는 중심설화이어야 한다[90]고 했다.

金鍾澈에 따르면 金東旭은 烈女, 伸寃, 暗行御史, 艶情說話를 유력한 근

84) 金東旭·黃浿江, op. cit., p.378.

85) 文璇奎(1975. 12), 「春香傳新考(中)」, <現代文學>3권12호, 現代文學社, pp.252 - 259.

86) 朴魯春(1960. 12), 「판소리의 根源說話와 內容」, <現代文學> 통권62호, 現代文學社, pp.116 - 125.

87) 金東旭(1976·여름), 「春香傳硏究는 어디까지 왔나」, <創作과批評> 11권 2호, 創作과批評社, p.663.

88) Ibid., p.665.

89) 李相澤(1976), op. cit., p.216.

90) 金鍾澈, op. cit., p.517.

원설화로 제시하면서도 확실한 근원설화를 내세우지 못해 설화적 환원론에 머물렀고, 金起東은 上記한 바와 같이 『春香傳』의 主體的인 根源說話가 된 것은 艶情說話와 暗行御史 說話라고 주장했으나 艶情說話와 暗行御史 說話 중에 어느 것이 先行인가에 대해서는 밝히지 않았고, 崔來沃은 『춘향전』의 주인공을 春香으로 인정하기보다는 民女의 男便格인 李道令에 비중을 둔 것은 춘향의 입지가 퇴색되는 흠이 있다고 지적하였다.

金鍾澈은 핵심구조에 해당하는 근원설화를 전반의 艶情說話로 인식하고 있으나, 후반의 암행어사 설화를 대응시키지 않은 것은 전반의 구조가 곧 전체구조를 대표한다는 논리로 인식될 수 있고, 춘향전의 전후반을 두루 연결할 수 없는 난점을 지니고 있다는 金光淳[91)]의 지적은 示唆하는 바가 있다.

2) 實存人物說

春香・李道令이 實存人物이라는 주장은 1965년 4월 26일 南原에서 道路工事 중에 「成安義府使碑石」이 出土[92)]되어 烈女 成春香은 가공인물이 아니라 "春香은 實在人物"로 소설 테마로 엮은 것이 아닐까하는 의문에서 비롯되었다. 金東旭은 같은 해 <東亞日報>(4.29)에서 "춘향은 우리 마음 속에 있을 뿐 실재인물이 아니다" 라고 春香의 실재인물설을 비판하였다. 同年 <韓國日報>(5.25)에는 춘향의 실재인물 논평과 南原郡(현 南原市) 周生面 上洞里의 梁相旭이 소장하고 있던 梁文章(梁周翊의 別號 : 1722~1802)의 『春夢錄=春香伝의 원본』을 지었다는 기사가 실려 있다.[93)] 李能和가 1929

---

91) 金光淳, op. cit., p.21.

92) <東亞日報>(1965. 4.26), p.3, 「春香은 實在人物」.

93) <韓國日報>(1965. 5.26, 5063호), 「春香 實存說의 안팎 - 碑石 하나가 던진 國文學界 話題」.

년 春香歌를 戲曲形式으로 改撰한 同名의 『春夢緣』이 있는데, 金東旭은 梁周翊의 『春夢緣』과는 무관[94]한 것으로 보는 반면에 金庚美[95]는 이 두 작품을 동일한 것으로 보고 있다.

金光淳[96]은 수년전 南原을 踏査하는 가운데 梁周翊의 6대손인 梁相旭의 『无極集』에 기록된 자취가 있었는데 칼로 긁어 지은 흔적이 완연했다고 밝힌 바 있다. 李能和가 春夢緣이라고 한 것은 春香과 夢龍이 風流의 因緣이 一場春夢과 같기 때문이라고 하였다.[97] 여하튼 梁周翊의 『春夢緣』이 이후라도 발견된다면 춘향전 연구의 한 획을 그을 수 있는 중요한 異本이라는 것은 의심의 여지가 없다.

李家源은 "春香의 主人公 李道令·成春香은 애초에는 成道令·李春香이니 成道令은 곧 溪西 成以性公이다."라고 말하고 또 "原 春香傳의 作者는 安東邑에 살던 權進士이다." 라고 주장하였다.[98] 李家源의 주장은 南原의 梁進士 創作說을 제기한 金台俊의 논의[99]와 같은 맥락이다. 李家源의

---

94) 金東旭, 『增補 春香傳硏究』, op. cit., pp.158 - 159.

95) 金庚美(1994), 「<春夢緣>硏究」, <판소리연구>5집, 판소리학회, p.189.

96) 金光淳, op. cit., p.16.
cf.김형돈(1995), 「春香傳 梁參議(梁周翊) 創作說에 대한 考察-高敬命 說話를 中心으로」, <명지어문학>22호, 명지어문학회, p.231. 조성교(1972)의 『남원지』(협동연구사)에 의하면 『无極齊集』 권말에 기록된 年譜에 「著春夢緣」이라 써놓고 칼로 없앤 흔적은 춘향전의 내용이 조선의 부패한 봉건사회를 신랄하게 비판한 諧謔小說이므로 후환을 두려워서 그럴 수도 있고, 후세에 이단적 작품의 저자라는 비판을 들을 수 있어 자기의 소작이 아님을 고의로 부인하기 위한 것이라 했다. 김형돈은 후손의 말을 빌어 종손이 『春夢緣』을 日帝 초까지 보관하고 있었으나 어느날 총독부에서 壬辰亂 사료가 될 만한 모든 사료들을 요구하여 한꺼번에 내주었다가 일부는 돌려 받고, 일부는 분실되었는데 그때 『春夢錄』도 분실되었다고 한다.

97) 其曰春夢緣者 春香夢龍風流因緣 如一場春夢故云耳. 金庚美, op. cit., p.205에서 再引用.

98) 李家源(1956), 「陶山別曲贅論(中) - 그 作者 및 註釋에 對한 諸論을 읽고 - 」, <現代文學>6월호, 現代文學社, p.193.

實存說[100]은 朴善植에 이어 설성경에 의해 다시 주장된다. 朴善植[101]은 成安義의 후손 成涉이 지은『筆苑散語』에 나오는 成以性의 湖南에서 御士出道 場面의 記錄[102]을 들고『春香傳』의 暗行御史 부분은 成以性의 사실적 說話가 첨가된 것으로 보고 있다. 설성경[103]은 成以性 暗行御史의 스승이며『亂中雜錄』,『續雜錄』,『歷代要覽』을 撰한 趙慶南(1570～1641)의 作家說을 주장하고 있다. 조경남의 문헌에 나타난 插入漢詩와 論說 및 주변인물의 정황으로 보아 1640년경[104] 春香傳을 창작했을 것으로 推定하였다. 정확한 자료적 근거도 없이 趙慶南을 春香傳의 원작자로 지목하고 자신의 제자인 成以性이 暗行御史가 되어 南原에 찾아온 제자를 핵심 모델로 삼고 盧禛(1518～1578)의 烈女 妓生 이야기 등을 중첩시켜 이어사의 모델로 활용하였을 것으로 推斷한 설성경의 논의[105]는 논리의 비약이 심해 신빙성이 없다.

---

99) 金台俊, op. cit., p.196.

100) 李家源(1969), op. cit., pp.301 - 303.

101) 朴善植(1982), 「「春香傳」攷」, <語文論集>23輯, 高麗大學校 國語國文學研究會, pp.217 - 240.

102) 成 涉,『筆苑散語』, <中國語文學>創刊號(1980), 嶺南中國語文學會, 編上第一 109條.
吾高祖爲繡衣湖南時 暗行至一處 湖南十二邑守令 大張宴 盃盤狼藉 設妓樂 觀者如堵 日之方中 繡衣爲乞客樣 請飮食 諸倅方醉 暫許席 草草設飮食 諸倅曰 客能作詩則可以預終日宴席 醉飽飮食 否則莫若速歸 繡衣請其韻 曰膏 曰高 卽請紙一丈 寫詩曰 樽中美酒千人血 盤上嘉肴萬姓膏 燭淚落時民淚落 歌聲高處怨聲高 寫畢 卽進 諸倅轉觀 疑訝之際 書吏呼暗行而直入 諸倅一時皆散 當日罷出者六人 其餘六人 入書啓中 諸倅皆勢家子弟 而一不顧籍 湖南之人 稱之爲美談.

103) 설성경(2000),『춘향예술의 역사적 연구』, op. cit., pp.229 - 251.

104) 설성경,『춘향전의 비밀』, op. cit., p.164.

105) Ibid., p.123.

3) 中國影響說

세번째 항목인 中國文學의 影響 아래에서 발생했다는 주장은 閔泳珪[106]에서 비롯되어 周王山[107], 閔泳珪[108], 丁來東[109], 李家源[110], 李在秀[111], 李炳赫[112] 등에 의해 거듭 논의되었다. 閔泳珪는 元・明代의 才子佳人劇을 들었고, 周王山은 淸代의 『桃花扇』 傳奇를, 丁來東과 李在秀는 『西廂記』와 『玉堂春』을, 李家源은 『三元記』・『還魂記』를, 李炳赫은 七夕・廣寒殿 說話를 각각 들고 있다. 중국문학의 영향설에 대한 논의는 金東旭의 비판적인 論旨[113]로 인해 그 가능성이 점차 설득력을 잃어가고 있다.

지금까지의 연구성과를 종합해보면, 여러 설화가 『춘향전』의 형성에 관여했을 것으로 생각되는 多元說, 두 가지의 설화에 重點이 있다고 보는 二元說, 근원설화란 單一해야 한다는 一元說로 三分되는데, 上記 金東旭의 논의는 多元說에 해당된다. 二元說을 주장한 金起東은 전반의 艶情說話나

---

106) 閔泳珪(1943. 12), 「讀曲隨筆」, <朝光>9권12호, 朝光社, pp.74 - 76.
閔泳珪(1944. 1), 「才子佳人劇과 春香傳-讀曲隨筆(二)」, <朝光>10권1호, 朝光社, pp.92 - 93.

107) 周王山, op. cit., p.264.

108) 閔泳珪(1962), 「春香傳三則」, <人文科學>7輯, 延世大學校 文科大學, pp.229 - 236.
閔泳珪(1988), 「春香傳五則」, <回歸・4>, 回歸同人會, pp.72～87.

109) 丁來東(1963), 「春香傳에 影響을 미친 中國의 作品들 - 西廂記, 玉堂春等 - 」, <大東文化硏究>1輯, 成均館大學校 大東文化硏究院, pp.189 - 207.

110) 李家源(1967), 「「春香歌」가 明曲에서의 받은 影響-주로「三元記」・「還魂記」에서 - 」, <국어국문학> 34・35合併號, 국어국문학회, pp.462 - 463.

111) 李在秀, op. cit., pp.389 - 397.

112) 李炳赫(1974), 「春香傳에 끼친 中國說話의 影響 - 特히 七夕・廣寒殿說話를 中心으로 - 」, <釜山工專論文集>14輯, 國立釜山工業專門學校, pp.9 - 21.

113) 金東旭(1975), 『韓國歌謠의硏究・續』, 二友出版社, pp.329 - 342.
金東旭, 「春香傳硏究는 어디까지 왔나」, op. cit., pp.671 - 672.

伸寃說話를, 후반의 暗行御史說話를 對應시킨 뒤 두 가지 설화가 合成된 것이 『春香傳』이라 했다. 一元說을 주장한 李家源, 朴善楨은 實存說을 내세워 근원설화가 다양할 수 없다는 입장이다.

3. 결론

이상으로 『春香傳』과 관련된 根源說話群 가운데 伸寃說話, 烈女說話, 暗行御史說話, 艶情說話 등의 설화를 중심으로 살펴보았다.

湖南地方(南原)의 民間傳說(꼼보·박색터)과 趙在三이 제시한 伸寃說話는 根源說話→판소리의 생성과정을 보여준 점에서 의의가 있다.

妓生 春陽(春香)·李道令·卓宗立의 삼각형의 갈등구조가 설정되어 있으므로 暗行御史 說話가 下位類型으로 受容된 것으로 볼 수 있다.

伸寃說話를 춘향전의 근원설화로 인정할 경우 春香에 대한 慰靈祭的 문학의 성격을 띠기 때문에 하나의 완결된 춘향전의 근원설화로 인정하기에는 難點이 있다.

春香과 李道令이라는 두 남녀의 話頭가 된 艶情談은 춘향전의 근간을 이루는 핵심 話素임에 틀림없다. 춘향은 비록 천한 기생의 신분이면서도 醜薄하지만 귀한 가문의 자제를 사랑하다가 離別이라는 苦痛과 변학도라는 권력자의 試鍊을 맞이하나 貞節(烈)로써 障碍를 克服한 까닭에 民衆들의 갈채와 환호를 받았던 화제의 주인공(춘향)이 춘향전의 근원설화의 母體가 되었던 것으로 보아진다.

春香傳의 母體로 擧論된 여러 설화 중에 舞臺가 南原의 廣寒樓나 晋州

矗石樓로 구체적으로 나타난 점이나 科擧 及第 후 李道令이 乞人 행색으로 月梅, 春香 앞에 나타난 것이나 朴文秀가 晋州妓 老母나 醜女(水汲婢) 및 某 妓生 앞에 나타난 점이나 "暗行御史 出道"를 외치는 대목이 나타난 점과 春香歌와 同調이면서 異曲으로 서로 표리가 있다는 撰者 未詳의 『我東奇聞』所載 評說로 미루어보건대 박문수의 暗行御史說話가 춘향전의 핵심 素材源으로 크게 기여한 설화로서 보아지며 춘향전 근원설화의 전·후반의 유기성을 비교적 온전한 형태로 유지하고 있는 설화임은 틀림없다.

판소리 春香歌는 湖南에 定着되기 이전에도 京鄕各地의 春香說話와 歌謠가 결합된 형태로 廣大들에 의해 歌唱되었을 餘地는 있다.

춘향과 이도령의 실존설을 제기한 논자들은 '成安義府使善政碑'나 成 涉의 『筆苑散語』所載 記文 및 先代로부터 口傳된 些細한 이야기 등을 들고 있으나, 정확한 자료에 기인하기보다는 빈약한 史料를 의존하기 때문에 抽象的인 논의에 머물 수밖에 없어 信賴性이 缺如된다.

春香傳을 국내의 自生的인 발생이 아닌 中國의 영향 아래에서 발생한 것으로 파악한 논자들은 중국의 元·明·清代의 戲曲, 傳奇, 插入漢詩 및 登場人物의 身分 등의 類似點을 對比하여 비교한 논의가 대부분이다. 兩國間의 類似說話는 무수히 존재할 수 있으나 이것을 지나치게 圖式的으로 거론하면 문화적 優劣의 관념에 입각한 傳播論에 빠지는 愚를 범할 수 있다. 앞으로 구비설화와 문헌설화에 수록된 『春香傳』의 類似說話를 모아 정리하여 체계적으로 분석한 논의가 要望된다.

김창환제 춘향가 연구

김석배

1. 머리말

김창환은 전남 나주 출신으로 1855년에 태어나 1937년 무렵까지 살았던 근대오명창 가운데 한 사람이다.[1] 서편제 명창 정창업에게 판소리의 기본을 익힌 김창환은 신재효의 만년에 그의 문하에서 판소리 이론과 실기 지도를 받아 서편제 판소리의 대명창으로 이름을 날렸으며, 특히 20세기 초 전환기의 판소리창단의 지도자로서 판소리 발전에 크게 기여하였다.

정노식은 『조선창극사』에서 김창환을 다음과 같이 소개하고 있다.

金昌煥은 全羅南道 羅州 사람이니 名唱 李捺致 朴基洪과 姨從間이

1) 김석배, 「판소리 명창의 생몰연대 검토」, 『선주논총』 5, 금오공과대학교 선주문화연구소, 2002, 4-9면 참조.

다. 李朝 高純 兩代間에 在하여 李捺致 後로 西派 法統을 獨奉하다싶이 一世를 振動한 名唱이다. 製作도 能하거니와 '제스추워'가 唱보다 더욱 能하다. 잘난 風采로 右往左來 一擧手 一投足이 모다 美妙치 아니한 것이 없다. 美人의 一嚬 一笑가 사람의 精神을 恍惚케 함과 恰似하여 唱과 劇이 마조 떠러지는 데에는 感歎을 發치 아니할 수 없다. 各種 古典歌에 精通한 것과 前人의 法制에 見聞이 많은 것은 또한 드물리 보는 바이다. 近代 斯界에 一大家로 許함에 넉넉하다.[2]

김창환은 서편제 법통을 홀로 받들다시피 일세를 진동한 명창일 뿐만 아니라 발림에도 뛰어났던 명창임을 알 수 있다. 김창환의 제자들은, 그의 발림이 "많이 꾸미지 않아도 신명이 나며 익살스러우면서도 되바라지지 않고 가벼운 몸짓에도 무거운 맛이 있고 손 하나를 들어도 깊은 맛이 있었다"고 한다.[3] 김창환의 뛰어난 소리와 절제된 멋을 지닌 발림은 모두 신재효의 가르침을 받았기 때문일 것이다.

본고의 목적은 김창환제 <춘향가>의 성격을 살펴보는 데 있다. 그러기 위해서 먼저 김창환제 판소리의 형성과 전승에 대해 살펴보고, 다음으로 김창환이 일제시대의 고음반에 남겨놓은 <춘향가>를 살펴보고, 마지막으로 김창환제 <춘향가>의 정립에 결정적인 영향을 끼친 신재효의 영향을 살펴보기로 한다. 본고에서는 김진영 · 김현주 교수팀이 '고전 명작 이본 총서'로 간행한 『춘향전전집』(박이정, 1997)에 수록된 것을 자료로 한다. 신재효 개작 <남창 춘향가>와 <동창 춘향가> 그리고 <백성환 춘향가>는 전집(1)에, <정광수 춘향가>는 전집(2)에 수록되어 있다. 인용할 때는 번거로움을

2) 정노식, 『조선창극사』, 조선일보사, 1940, 147 - 148면.

3) 노재명, 「서편제 판소리 김창환 · 정정렬」, 『LG미디어 음반해설서』, 1996. 16면.

피하기 위해 이본명과 해당 면수만 밝힌다.

2. 김창환제 판소리의 형성과 전승

1) 김창환제 판소리의 형성

김창환은 서편제 명창 정창업(1847 - 1919)에게 소리를 배운 것으로 알려져 있다.[4] 정창업은 철종과 고종 시대에 활동한 전남 함평 출신으로 서편제 창시자인 박유전의 문하에서 5년간 각고의 노력 끝에 일가를 이루었다. 박만순, 김세종, 이날치의 후배로 高邁하기 박만순에게 비견할 수 없고 雄渾하기 이날치에게 미치지 못했지만 自家特色으로 일세를 울린 대가였다고 한다. 그러나 정창업이 박유전의 문하에서 소리공부를 마친 후 곧바로 명창으로서 이름을 떨쳤던 것은 아니었다. 정창업은 전주대사습에 참가하여 <춘향가>의 '나귀 안장 짓는 대목'을 부르다가 막혀 一時落名한 적이 있고,[5] <춘향가>의 '문을 열고 사면을 둘러보니'라는 대목과 <심청가>의 '중타령'을 부르다가 김찬업으로부터 이면을 잘못 그렸다는 지적을 받은 것[6] 등에서

---

4) 박 황, 『판소리소사』, 신구문화사, 1974, 66면.

5) 정노식, 앞의 책, 93면 및 박황, 『판소리소사』, 신구문화사, 1974, 51 - 52면.

6) "어느 때 丁昌業이 某處에서 春香歌 中 "門을 열고 四面을 둘러보니"라고 하는 대목에 이르러 羽調로 훨씬 長緩하게 불렀다. 또 興甫歌 중 "道僧이 나려오는데 長衫소매는 바람에 펄넝펄넝"이라고 하였다. (金)贊業은 곁에서 다 드른 후에 兩處의 失格된 것을 一一히 指摘하여 그 非한 것을 評하여 말하기를 "'문을 열고'를 그리 長緩하게 할 必要가 없다. '문을 열고'는 좀 短하게 하고 '四面을 둘러보는데'를 헐신 羽調로 長緩하게 하여야 하고, '長衫소매는 바람에 펄넝펄넝' 하는 데는 狂風이 大作한 배도 아니오 狂僧이 動作하는 것도 아닌데 소매가 웨 그리 펄넝펄넝할 理가 있겠느냐. 和暖한 春風에 道僧의 '長衫소매는 바람에 팔팔팔' 하는 것이 理에 적합하다."고 하였다. 丁氏도 그 評의 適切함에 服膺하였다 한다.(音律家 崔秉濟 談)". 정노식, 앞의 책, 140 - 141면.

알 수 있듯이 아직 대가의 경지에 이르지 못하였다. 정창업은 전주대사습에서 낙명한 후 고향으로 돌아와 두문불출하고 1년 동안 독공하였고, 그 후 신재효의 문하에서 2년 동안 신재효의 지침을 받았다. 25세 때인 1872년 전주대사습에 재도전하여 <심청가>의 부녀영결 대목과 타루비 대목을 애원성으로 불러 청중을 울림으로써 마침내 명창으로 다시 태어나게 되었다.[7] 그의 손자인 정광수 명창이 정창업의 소리제가 박유전의 소리제와 다르다고 하고, 심지어 박유전에게 배운 사실조차 부인하는 것[8]은 정창업이 신재효의 지침을 받은 후의 소리가 박유전에게 배웠던 소리와 상당히 다른 바디가 되었기 때문일 것이다. 또한 박유전이 말년에 보성의 강산리에 은거하면서 새로 짠 보성소리(강산제)가 정창업이 전수한 소리와도 달랐기 때문이기도 할 것이다.

이제 김창환제 판소리가 형성되는 과정을 살펴보기로 하자. 김창환은 전남 나주 출신으로 박기홍, 이날치와 이종간인 것으로 보아, 송홍록 가계와 김성옥 가계가 그러하듯이, 무계 출신이라는 사실을 짐작하기 어렵지 않다.[9] 그렇다면 김창환 역시 어릴 때에 판소리에 입문했을 것이 분명하고, 그가 처음 배운 소리는 집안소리였을 것이다. 김창환이 정창업의 문하에서 본격적인 판소리 수업을 받은 것은 아무래도 정창업이 전주대사습에서 명창으로 이름을 날린 1872년 이후일 것으로 짐작된다. 그러나 소리속을 어느 정도 알게

7) 박 황, 『판소리 이백년사』, 사사연, 1987, 133면.

8) 이보형, 「판소리 제(派)에 대한 연구」, 『한국음악학논문집』, 한국정신문화연구원, 1982, 75면.

9) "과거 명창 중에 결성 최선달, 권삼득, 정춘풍 기타 數人의 비가비(한량으로 劇歌에 능하여 광대로 行世하는 자를 才人階級의 광대와 구별하기 위한 명칭)를 除한 外에는 광대가 모두 거의 才人 巫人 階級에 限하여서만 출생"(정노식, 앞의 책, 14면)하였고, 무계의 통혼권은 매우 폐쇄적이었다.

된 김창환은 스승인 정창업의 소리에 만족하지 못하고 스승의 스승이라고 할 수 있는 신재효의 문하를 찾아갔고, 그곳에서 명창으로서의 기틀을 확고하게 다졌던 것으로 짐작된다.

> 그런데 <춘향가> 처음에 안의리가 '절대가인 태어날 제 강산정기 타서 난다. 저라산 약야계에 서시가 종출하고 군산만학부형문에 왕소군이 생장하고 …' 처럼 되어 있어서 다른 사람들이 하는 '숙종대왕 즉위초 …' 등과 달라서 선생님한테 물어 봤어요. 그런데 그 김의관 영감님이 그래요. 고창 신오위장 가사가 많이 들어간다 그래요, 당신은, 그때 당시 고창에를 가 가주고, 고창 신오위장이라믄 그때 당시에 아주 대문장이신데, … (중략) … 그런디 그 가사가 옳고 좋아서 옇었다고 그래서 그랬는가 부다 했더니[10]

위의 정광수의 증언에 의하면 김창환이 신재효의 문하에 입문하여 소리 지침을 받은 것이 분명하다. 김창환제 <춘향가>, <심청가>, <흥보가>에는 신재효가 정리한 판소리사설의 상당 부분이 그대로 수용되어 있어 그러한 사실을 뒷받침하고 있다.

아직까지 김창환이 신재효의 문하에 입문한 시기에 대해 알려진 바 없으므로 그 시기를 추정해 보기로 한다. 신재효(1812 - 1884)가 본격적으로 판소리 지도에 나선 것은 吏屬구실에서 물러난 50대 중반 이후인 1860년대 중반 이후의 일이다.[11] 김창환이 정창업의 소리에 만족하지 못하고 신재효의 문하에 입문한 것은 그가 소리속을 어느 정도 알고 난 이후의 일로 보는 것이

---

10) 이보형, 「판소리 인간문화재 증언자료(정광수 편)」, 『판소리연구』 2, 판소리학회, 1991, 214면.

11) 정병헌, 『신재효 판소리 사설의 연구』, 평민사, 1986, 32면.

자연스럽다. 소리속을 알고, 자신의 소리가 부족하다는 것을 깨닫고 소리를 위한 새로운 길을 찾아 나설 수 있을 정도가 되려면 20대 중반은 되어야 할 것이다. 그렇다면 김창환이 신재효의 문하에서 소리를 배운 기간은 신재효의 만년인 1880년 이후 2-3년 정도일 것이다. 김창환제 판소리는 이와 같이 정창업제 판소리를 기둥으로 하고, 신재효의 지침을 받아 형성되었던 것이다. 신재효는 판소리 이론의 독보적인 존재였기 때문에 김창환제 판소리 형성에 문학적 층위는 말할 것도 없고 음악적 층위와 연극적 층위에까지 두루 영향을 끼쳤을 것이다. 그 결과 김창환제는 정창업제와 상당히 달라지게 되었을 것이다.[12] 그러나 정창업의 소리가 남아 있지 않은 지금 구체적인 차이는 알 수 없다.

김창환의 소리는 서편제이지만 요즈음의 서편제 소리와는 다른 고제 서편 소리로 고졸한 맛을 지니고 있다.[13] <춘향가>와 <홍보가>에 뛰어났고, 특히 '제비노정기'는 그의 더늠으로 널리 알려져 있으며, 단가 <고고천변>, <죽장망혜>, <춘향가> 중의 '이별가', '춘당시과', '어사 발행', <홍보가> 중의 '중타령', '중 집터 잡아주는데', '박타령', 남도민요 <농부가>, <성주풀이>에도 뛰어났다. 김창환이 부른 소리의 일부는 유성기 음반에 남아 있는 소리를 통해 확인할 수 있다.[14]

---

12) 정광수는, 김창환으로부터 <홍보가>의 '비단타령'과 '세간타령'은 신재효의 가사로 자신이 작곡하였다는 말을 직접 들었다고 한다. 정광수, 앞의 책, 245면.

13) 이러한 사실은 김창환이 고음반에 남겨놓은 소리와 정광수의 증언자료('소리를 무섭게 헐라면 김의관(김창환)같이 하고 소리를 맛있게 헐라면 송감찰(송만갑)같이 허고 소리를 두텁고 웅장하게 헐라면 이동백 씨같이 허라.' 이래야 한다고 허는 말을 종종 들었지요. 그런 말이 있듯이, 소리를 무섭게 한다는 것은 우조를 주장하는 것입니다.)"에서 확인할 수 있다. 「판소리 인간문화재 증언」, 『판소리연구』 5, 판소리학회, 1994, 347면.

14) 김석배, 「<조선창극사>의 비판적 검토(3)」, 『어문학』 73, 한국어문학회, 273-278면 참조.

2) 김창환제 판소리의 전승

정창업에게 판소리의 기틀을 닦고, 신재효의 문하에서 지침을 받아 형성된 김창환의 판소리 세계는 김봉학·박지홍·백성환으로 이어졌으며, 김봉학의 소리는 오수암·정광수로 이어졌고, 박지홍의 소리는 박동진으로 이어졌다. 그러나 지금은 거의 소멸될 위기에 직면해 있다.

김봉학(1884 - ?)은 김창환의 차남으로 그의 庶兄인 김봉이와는 달리 부친의 사랑을 받아 부친의 법통과 더늠을 그대로 전수하였고, 또한 부친의 발림과 너름새, 사체구성을 그대로 익혀 일가를 이루었다. 그는 부친을 따라 원각사 공연에 참가하였고, 단성사에서도 소리를 하였다.[15] 그의 소리는 정광수와 오수암에게 전해졌다.

정광수(1909 - 2003년)는 17세 때 羅州郡 三道面 楊化里에 있는 김창환의 집에서 소리를 배웠는데, 당시 김창환은 노망기가 있어서 직접 배우지 못하고 김봉학에게 5년간 <춘향가>, <홍보가>, <심청가>를 배웠다.[16] 정광수는 김봉학에게 배웠고 김창환의 지침도 받았기 때문에 김창환제 판소리를 비교적 원형대로 보존하고 있다.

오수암(1908 - 1943년)은 전남 나주군 반남면 출신으로 김봉학에게 2년간 소리를 배웠는데, 목근성이 좋아서 선생이 가르치는 소리를 잘 받았다. 그러나 오수암이 20세 무렵부터 통속적인 소리를 하는 김봉이의 협률사를 따라 다녔기 때문에 그의 소리는 계면소리를 위주로 하는 대중적이고 통속적인 성격을 지니게 되어 김창환제 <홍보가>의 원형에서 상당히 멀어진 것으로

15) 이보형, 「판소리유파」, 문화재관리국 문화재연구소, 1992, 73 - 75면. 박황, 『판소리소사』, 신구문화사, 1974, 129 - 131면.

16) 이보형, 『판소리유파』, 문화재관리국 문화재연구소, 1992, 73면.

보인다.[17]

박지홍(1884 - 1958년)은 전남 나주 출신으로 12세에 김창환 문하에서 소리공부를 시작하였고, 22세에서 25세까지 3년간 김창환과 함께 원각사에서 활동하였다. 그 후 여러 곳의 권번 선생을 하였고, 46세 때 대구로 와서 달성권번과 大同券番의 소리선생을 하면서 대구의 전통예술 발전에 크게 기여하였다.[18] 그의 <흥보가>는 박동진이 전수하였다.

박동진(1916 - 2003년)은 해방 직전 박지홍에게 김창환제 <흥보가>를 배웠고, 해방 후에도 박지홍 밑에서 대동권번 소리사범으로 있었으니 김창환제를 제대로 배웠을 것이다. 그러나 박동진은 그 후 자기식으로 많이 바꾸었기 때문에 김창환제 원형에 상당히 멀어졌다.[19]

백성환은 20여세 때에 이웃의 정씨 회갑연에서 김창환이 부르는 '제비노정기'에 감동하여 거금 500원을 주고 소리를 배웠다고 한다. 백성환은 <흥보가>를 잘 불렀고 <수궁가>·<춘향가>·<심청가>도 불렀는데 <적벽가>는 부르지 않았다고 한다. 벼 석 섬을 주고 김창환에게 배운 소리를 필사시켜 만든 소리책을 아들 백남희가 보관하고 있었는데, 현재는 <춘향가>만 전하고 있다.[20]

---

17) 최난경, 「오수암의 생애와 예술」, 『판소리연구』 12, 판소리학회, 2001, 참조.

18) 김석배, 「판소리 명창의 생몰연대 검토」, 『선주논총』 5, 금오공과대학교 선주문화연구소, 2002.

19) 김기형, 「판소리 명창 박동진의 예술세계와 현대 판소리사적 위치」, 『어문논집』 37, 안암어문학회, 1998, 참조.

20) 이보형, 『판소리 유파』, 문화재관리국 문화재연구소, 1992, 55 - 56면.

3. 김창환의 <춘향가> 음반

김창환제 <춘향가>는 정광수와 백성환에게 전수되었으니 전반적인 성격은 정광수의 <춘향가>와 백성환의 <춘향가>를 통해 살펴볼 수 있다. 그러나 더 직접적이고 구체적인 것은 김창환이 일제시대에 고음반에 남겨놓은 <춘향가>를 통해 확인할 수 있다. 고음반에 남아 있는 김창환의 <춘향가> 대목은 다음과 같다.

㉠ VICTOR 42988-A · B 츈향가 가긕 김창환 상편 하편

㉡ Nt.B 120 춘향전(과거보는데)

㉢ Columbia 40148 - B(21238) 춘향전 이별가 김창환

㉣ Columbia 40133 - B(21338) 남도잡가 농부가 김창환 박록주 하농주 재비반주

㉤ Victor 49061-A · B 남도잡가 농부가(上 · 下) 독창 김창환 장고 한성준

㉥ Victor 49092 춘향전 춘당시과 김창환 고 한성준

이 중에서 ㉠(옥중가), ㉢(이별가), ㉣(농부가)은 "판소리 5명창 김창환"(유영대 해설 및 채록, (주)킹레코드, 1996)에 복각되었고, ㉤은 가사지가 남아 있어 구체적인 내용을 알 수 있다. ㉡과 ㉥은 음반 및 가사지가 발견되지 않아 자세한 것은 알 수 없지만 이몽룡이 과거보는 대목으로서 두 음반의 내용은 동일할 것으로 짐작된다.

김창환이 부른 위의 녹음들은 김창환제 <춘향가>의 특징을 잘 보여주고

있으므로 특히 주목할 필요가 있다.

(진양조) 춘향이 기가 맥혀 도련님 앞으 꺼꾸러저 만보장으 기절을 허니 도련님이 기가 막혀 춘향 허리 후리쳐 안고, "마라, 우지 마라. 목왕은 천자로되 요지어 연랑하고, 항우난 천하장사로되 만여추월에 인지비 비가 강패허고, 명황은 성주로되 화안 이별을 헐 적으 마우바우 울었나니, 허물며 후세의 날 같은 소장부야 일러 무삼하랴. 내가 오늘 간다 하면 너난 천연히 앉어서 잘 가라고 말을 허면 대장부 일촌간장이 봄눈켜로 다 녹는디, 니가 나를 부여잡고 앉어서 못 가나니 하니 니가 어디 속 있다는 사램이냐. 우질 마라." 춘향이가 기가 막혀

(중모리) "여보 도련님, 여보 도련님, 여보 도련님 날 데려가오. 나를 데려가오. 여보 도련님 날 데려가오. 쌍교도 말고 독교도 말고 워리렁 출렁 덩 걷는 단 말고 반부담하야 날 데려가오."[21)]

위의 인용문은 '이별가'이다. 진양조로 부르는 앞부분은 <정광수 춘향가>와 <백성환 춘향가>는 물론 여타의 <춘향가>에도 보이지 않는 독특한 대목이다. 중모리로 부른 뒷부분은 모홍갑의 더늠으로 지금은 잘 불리지 않고 일부 필사본과 고음반에 더러 남아 있다.[22)]

다음에 인용한 것은 춘향이 옥에 갇힌 장면인 '옥중가'(동풍가)이다.

(아니리) 그때에 향단이가 춘향을 업고 춘향모 칼머리 들고 옥으로 내려가 옥문 설주에 기웃거리니(?) 두름박에 달 떨어지듯 이 방에 걸리는디 숙당(?)에 걸리는디 춘향을 잡아 옥에다 넣으니 춘향 어머니 기가 막혀

(진양) 옥문을 부여잡더니 아이고 이게 웬일이냐 내 자식 무신 죄로 옥

---

21) Columbia 40148 - B(21238) 춘향전 이별가 김창환.

22) Victor KJ-1001-B 송만갑 이별가, Victor 1242-A 김초향 김소향 이별가.

에 와서 갇히느냐 이루는데 -(불명) - 허고 -(불명) - 가 웬일이며 옥 같은 두 다리에 가부좌이 웬일이냐 아이고 어쩔끄나 덥뻑 제쳐서 내뜨리니 치둥글고 내리둥글며 옥문에다가 머리를 툭툭 짇쩌부딛치며 울며 -(불명) - 살려느냐 옥형방 사정이 달려들어 춘향 어미를 위로허며 옥으로 내려가니 그때여 춘향이는 내가 -(불명) - 북풍에서 두고 // 춘하추동 사시절으 허송세월 다 보낸다 동풍이 눈을 녹이여 가지 가지에 꽃이 피니 쌍쌍이 범나부는 꽃을 보고 웃는 모냥 반갑고 -(불명) - 워라 눌과 함께 보잔말가 꽃이 지고 잎이 피니 녹음방초 시절인가 꾀꼬리는 북이 되야 류상세지 늘어진디 구십춘광 짜는 소리는 아름답고 서러워라 눌과 함께 보잔말가 잎이 지고 서리치니 구추단풍 시절인가 낙목한천 찬바람에 홀로 피는 저 국화는 오상고절이 그 아니냐 북풍이 달을 열어 백설을 펄펄 흩날릴 제 설상에 푸른 솔은 천고절을 지켜 있고 아미에 한매화는 미인 태도를 띠웠난듯[23)]

// 표시한 앞부분은 다른 <춘향가>에 보이지 않는 사설이고, 뒷부분은 <정광수 춘향가>를 비롯한 여러 <춘향가>에 두루 있는 사설이다. '이별가'와 '옥중가'의 이러한 모습은 김창환제 <춘향가>가 고제 소리를 기둥으로 하고 있다는 것을 알려준다. 김창환이 기둥으로 삼았던 고제 <춘향가>는 정창업제 <춘향가>일 것이다.

다음은 김창환이 부른 '농부가'이다.

두리둥- 퉁-퉁-퉁퉁 쾌-쾡쾡쾡 쾡쾡쾡쾡-쾡 **얼럴럴 상사듸요 천리건곤 틔평시에 도-덕 놉흔 우리 성상 강구미복 동요 듯든 요님군의 성덕이로구나 여-여 여-여루 상사듸요** 닉렷다지 닉렷-다네 전라어사가 닉렷다더

23) Victor 42988-A · B 춘향가 가킥 김창환 상편 하편. 유영대, 「판소리 5명창 김창환」 음반해설지, (주)킹레코드, 1996.

라 어-사 성씨는 리씨라 하더라 얼럴럴 상사듸요 이의 농부야 말 드러라 아-나 농부야 말 드러라 저 건-너 갈미봉에 비가 모러 들어온다 우장을 허리에 두르고 삿갓을 써라 얼럴럴 상사듸요 여-여-여-여루 상사듸요 술잔이나 먹은 김에 새픡랭이 쏙지에다 가화를 꼿고 마구리기춤이나 추어보쟈 얼럴럴 상사듸요 이 논 빔에다 모를 심어서 장닙이 펄펄 영화로구나 여-여-여-여루 상사듸요 두리퉁퉁퉁 랭믹쾡쾡 **얼럴럴 상사듸요 에-어여루 상사듸요 진나라 전미법 진부가 싱겻나 조흔 논은 일 심흐고 나진 논은 늣 심은다 얼럴럴 상사되요** 에-에에루 상사듸요 어럴럴럴 상사듸요 먼-데 사람은 보기도 좃코 가가운데 사람은 말하기도 좃타네 에-어에-루 상사듸요 얼럴럴 상사듸요 사방 십리 넓은 곳에 방화수류하야 전천으로 나려간다 어럴럴 상사듸요 어럴럴럴 상사듸요 충청도 복숭아는 주절리주절리 히열이고 강남짜 감 딕초는 아긔다그딕 열닛네 어럴럴 상사듸여 **쏙쏙 힘써 담은 밥 쌕쌕한 보리탁주 김치 안주하올 적- 주인님도 조아한다 얼럴럴 상사듸여 어럴럴럴 상사듸여** 팔구월 추슈를 하야 **우거지거에 시러를 들여** 골커니 말이거니 기싱질을 탕탕 쑤듸려 물 조흔 수양수침 썰그덩쩡 방아를 찟네 얼럴럴 상사듸여 **천사창 만사창 등화불이 커질 제** 얼럴럴 두리둥둥 랭믹쾡쾡 **얼럴럴 상사**듸여 에-에-루 상사듸여 어럴럴 상사듸여 서산에 히 써러지고 동령에 달 돗는다 얼럴럴 상사듸여 각기 제집을 차자 가서 얼럴럴 상사듸여 보리밥을 한 그릇 치고 얼럴럴 상사듸여 거적자리를 둘너 쌀고 얼럴럴 상사듸여 우리 옥상을 겻헤다 뉘니 얼럴럴 상사듸여 에 - 에루 상사듸여[24)]

그런데 이 '농부가'는 다음과 같이 신재효 <남창 춘향가>의 직접적인

24) Victor 49061-A 南道雜歌 農夫歌(上) 독창 김창환 장고 한성준, Victor 49061-B 南道雜歌 農夫歌(下) 독창 김창환 장고 한성준. 한국고음반연구회 편, 『유성기음반가사집(1)』, 민속원, 1990, 235 - 238면.

영향을 받고 있어 주목된다.

> **어여로 상ᄉᆞ뒤요 仙李건곤 太平時節 道德 노픈 우리 聖上 강구미복 동요 듯든 욘임금의 버금이라 두둥둥 상사뒤요 삼ᄃᆡ적 셩제명왕 정젼법 죠을씨고 우아 공젼 슈급 아ᄉᆞ 각ᄆᆡ ᄇᆡᆨ묘 지여 먹네 어여루 상ᄉᆞ뒤여 진나라 쳔ᄆᆡᆨ법의 빈부가 ᄉᆡᆼ겨나셔 죠흔 논 일 슈무고 나진 논은 늣 심운다 어여로 상사뒤요** 큰들의난 만메 모요 구령밤이 달긔 모라 노픈 논의 산두베오 텬논의난 찰베로다 어여로 상ᄉᆞ뒤여 기력이ᄯᅢ 늘업쓰려 게거름이 죠흘씨고 **투구 씨 듯 다문 밥과 ᄲᅢᆨᄲᅢᆨᄒᆞᆫ 보리탁쥬 엽피남묘 ᄒᆞ올 적의 젼쥰도 죠아ᄒᆞᆫ다 어여루 상ᄉᆞ뒤**여 쇼두벌 만도리에 지음을 ᄆᆡ여갈 졔 유월염천 더운 날의 ᄒᆞᆫ적화ᄒᆞ 엇지할고 어여루 상ᄉᆞ뒤여 **우걱지걱 실러 드려 쳔ᄉᆞ창 만ᄉᆞ창의 동아부ᄌᆞ 질길 적의 어여로 상ᄉᆞ뒤여** 경복궁 ᄉᆡ ᄃᆡ궐의 堯舜갓탄 우리 인군 칭피시굉 가득 부어 南山獻壽 ᄒᆞ여 보식 어여루 상ᄉᆞ뒤여(남창 춘향가, 42면)

진하게 표시한 부분이 김창환이 부른 창과 일치하는 것으로 그 영향관계가 분명하다. 김창환의 '농부가'는 남도민요 '잦은 농부가'[25] 사설에 <남창 춘향가>의 '농부가'를 적절하게 수용한 것이다. 김창환이 박록주, 하농주와 함께 부른 ㉣에서도 김창환은 "진나래 천맥법 빈부가 생겨나서 좋은 논은 일 심으고 낮은 논은 늦 심은다."를 불렀다.

<백성환 춘향가>의 '농부가'에는 <남창 춘향가>의 영향이 더욱 뚜렷하게 드러난다.

> 두리둥퉁 쨍막쾡 **여이여로 상ᄉᆞ뒤요 서리건곤 ᄐᆡ평시에 도덕 놉흔**

25) 이창배 편저, 『가요집성』(홍인문화사, 1983, 361면) 및 Columbia 40030-A · B, 남도잡가 농부가 이화중선 대금 박종기 장고 이흥원.

우리 션군 강구미복 동유 들로 욘님금의 버금이라 두리둥둥 두리둥둥 괭ᄆᆡᆨ쨍 여이여로 **상ᄉᆞ뒤요 셕지 셩군 명왕법도 조흘시고 여여로 상ᄉᆞ뒤요 우화 공전 수급하사 각기 빅묘 심어 먹네 어여로 상ᄉᆞ뒤요 진나라 쳔빅법은 빈부가 싱견ᄂᆞᆫᄃᆡ 조ᄒᆞᆫ 논의 일 심ᄒᆞ고 나진 논에 늣 심는다 어이여로 상사뒤요 큰들리 만베 모요 구렁밤이 달기 오레 턴논의 철베로다 어여로 상사뒤요 투구 씬 듯 담은 밥 쌕쌕주 보리술 엽피낭묘하올 적의 젼준도 조화ᄒᆞᆫᄃᆞ 어여로 상사뒤요 초두벌 만두레 기음을 ᄆᆡ여갈제 유월념쳔 더운 날이 ᄒᆞᆫ적하와 어이할고 어여루 상ᄉᆞ뒤요** 이 농사다 지을 ᄊᆡ 구추만거 오야만거 오곡양양 풍연들소 어여루 상사뒤요 **우격지격 실어 들려 쳔사창 만사창 등ᄒᆞᆫ 부자 질깅 적의 어여루 상사뒤요 경복궁 ᄉᆡ ᄃᆡ궐의 요순 갓튼 우리 님군 셩피신공 남산헌수 하여보ᄉᆡ 어여루 상ᄉᆞ뒤요**(백성환 춘향가, 232면)

고음반의 '농부가'와는 달리 <남창 춘향가>의 '농부가'가 거의 그대로 수용되어 있다. 이와 같은 신재효의 영향은 김창환제 <춘향가>에 적지 않게 발견된다.

우리는 김창환이 고음반에 남겨놓은 <춘향가> 대목에서 김창환은 적어도 제법 다른 두 벌 이상의 <춘향가>를 불렀음을 짐작할 수 있다. 김창환제 <춘향가>를 전수한 정광수와 백성환의 <춘향가>가 상당히 다르다는 것도 이러한 사실을 입증하고 있다.

4. 김창환제 <춘향가>에 끼친 신재효의 영향

앞에서 살펴본 '농부가'에서 드러났듯이 김창환제 <춘향가>는 신재효의 직접적인 영향을 적지 않게 입고 있다. 주지하듯이 신재효 <춘향가>는 신재효에 의해 전면적인 개작이 이루어졌기 때문에 독자적 성격이 매우 강하다. 여기서는 신재효 <춘향가> 중에서 신재효의 개작이 뚜렷한 부분을 중심으로 김창환제 <춘향가>에 끼친 신재효의 영향을 간략하게 살펴보기로 한다.[26]

1) <정광수 춘향가>의 경우

춘향의 집을 찾아온 이도령에게 주안상을 올리는 대목부터 살펴보기로 하자. 이 대목은 <동창 춘향가>에서 사실성을 띠는 방향으로 일차적인 지평전환이 이루어진 바 있다. 이도령을 대접하기 위해 갑자기 차린 주안상을 다담상같이 차린다는 선행지평은 이면에 당치않다고 비판하고 현실성을 지니는 내용으로 개작하는 한편 월매의 수작이 밤이 깊도록 이어지자 이도령이 월매를 쫓아내기 위해 꾀배를 앓는다는 선행지평 역시 망발이라고 비판하며 삭제하였다.[27] 그러나 신재효는 이에 만족하지 못하고 <남창 춘향가>에서 다음과 같이 더욱 사실적인 방향으로 개작하였다.

> 상단이 다리고셔 잡슐상을 차리난듸 경결가구 맛시 잇다 나쥬칠 팔모판의 힝ᄌᆞ질 졍이 ᄒᆞ고 쇄금ᄒᆞᆫ 왜물 져붐 상하 아릐 씨셔 노코 鷄卵 다섯 슈란ᄒᆞ야 청치긔에 밧쳐 노코 가진 양염 만이 너허 쵸지렁을 졋씌리고 문치 죠혼 금ᄉᆞ 화긔 봉산 문ᄇᆡ 임실 쏫감 호도 ᄇᆡᆨᄌᆞ 졋씌리고 文魚 전복

26) 자세한 것은 김석배, 「김창환제 <춘향가>에 끼친 신재효의 영향」(『판소리연구』 13, 판소리학회, 2002)에 미룬다.

27) <동창 춘향가>, 80 - 81면 참조.

약포 ᄶᅩ각 ᄇᆡᆨ치 졉시 담어 조코 상단이 급피 시켜 셔돈 엇치 藥酒 바더 春香어모 상을 드러 방안의다 노의면셔 야간이라 셤셔ᄒᆞ오 千萬意外 말이로쇼 슐 ᄒᆞᆫ 잔 가득 부어 옛쇼 도련임 藥酒 잡슈 도련임 나 어리나 슐경게가 환ᄒᆞ야 쥬쥬ᄀᆡᆨ반이란이 자네가 몬져 먹쇼 春香 어모 먹은 후의 닷시 부어 ᄯᅩ 드린이 도련임 반만 먹고 春香어모 도로 쥬며 이것시 합환쥰이 잔ᄋᆡ ᄯᆞᆯ 먹의라쇼 春香어모 잔능 바다 春香 쥬며 ᄒᆞ난 말이 百年偕老ᄒᆞ자 ᄒᆞ고 一盃半分ᄒᆞ야신이 ᄉᆡ양말고 다 먹의라 春香이 부ᄭᅳ려워 입만 ᄃᆡ고 ᄂᆡ어논이 春香어모 닷씨 부어 도련임께 권할 적의 一盃一盃復일一盃로 난무슌이 도앗구나 슐상을 물인 후의 春香어모 ᄒᆞ직ᄒᆞ되 봄밤이 지잔ᄒᆞ니 평안이 지무시오 이부자리 페여노코 문을 닷고 나가거날 도련임이 츄어 장모 잔쇽 장이 안다(남창 춘향가, 20-21면)

월매는 정결하고 맛있는 잡술상을 차리고 향단에게 서 돈어치 술을 받아오게 하는 것으로 개작하여 <동창 춘향가>보다 훨씬 더 현실성을 지니도록 하였다. 그리고 월매의 수작을 빼버림으로써 군더더기도 삭제하였다.

이 대목은 <정광수 춘향가>에 그대로 수용되어 있다.

(안의리) 향단이 데리고 잠깐 잡술상을 정결하게 차리는데

(자진머리) 라주칠판 팔모반에 행주질 정히 하고 쇄금한 천은수저 상하 알아 씻어놓고 계란 다섯 수란하여 청채기에 받쳐놓고 갖은 양념 많이 넣어 초지령을 곁드리고 문채 조은 금쇄화기 봉산품배 임실곶감 호도 백자 곁들이고 문어 전복 약포 조각 백채접시 담아놓고 향단이 급히 시켜 서 돈어치 약주 받아 춘향모 상 들이며

(안의리) 야간이라 섬서하오 도령님이 천만의외 말이로세 술 한 잔 가득 부어 옛소 도령님 약주 한 잔 잡수시오 도령님이 나이 어리나 술경게가 환하여 주주객반이라 하니 자네가 먼저 먹소 춘향모 먹은 후에 다시 부어 또 드리니 도령님 반만 먹고 이것이 합환주니 자네 딸 먹으라소 춘향어미

잔을 받아 춘향 주며 하는 말이 백년해로하자 하고 일배반분하였으니 사양 말고 다 먹으라 춘향이 부끄러워 입만 대고 내어노니 일배일배부일배 이삼 배를 나눈 후에 알심있는 춘향모 술상 물리고 봄밤이 길잖으니 평안히 주무시오 향단이 시켜 이부자리 분별허고 건넌방으로 건너가니 도령님이 심이 추어 장모 잔속 장히 안다(정광수 춘향가, 92면)

다음은 이도령이 부친의 상경 소식을 듣고 춘향을 데려갈 일을 이야기하기 위해 어렵게 말문을 여는 대목이다. 이 역시 <동창 춘향가>에서 지평전환이 이루어졌고, <남창 춘향가>에서 다시 지평전환을 시도한 것이다.

도련임을 불너 셰고 ᄉᆞᄯᅩ 分付ᄒᆞ시긔를 ᄂᆡ가 원을 갈려긔로 치부ᄒᆞ고 갈 ᄶᅥ신이 너는 內行 陪行ᄒᆞ야 來日 몬져 發行ᄒᆞ라 도련임 千萬意外이 分付를 드러논이 가삼이 ᄶᅡᆷᄶᅡᆨ 놀ᄂᆡ 쥐돗시 ᄂᆡ려진 듯 두 눈이 캄캄ᄒᆞ야 黑白分別할 슈 업다 ᄉᆞ셰 위급ᄒᆞᆫ이 되던지 못되던지 ᄉᆞ졍이나 ᄒᆞ여볼ᄶᅡ ᄌᆞᆫ지침 벗셕ᄒᆞ며 어린 양 쓴 말을 ᄂᆡ여 小子가 ᄏᆡᆨ 남원와셔 ᄏᆡᆨ 春情을 캐 못이져셔 ᄏᆡᆨ 이 말을 ᄎᆡ 못ᄒᆞ야 知子난 莫如父라 ᄉᆞᄯᅩ 발셔 아르시고 말 못ᄂᆞ게 號令ᄒᆞᆫ다 관장질 外邑 오면 子息을 바린단 말 이약이로 드러쎤이 너를 두고 ᄒᆞᆫ 말이라 ᄋᆡ비 고을 ᄯᅡ라와셔 글공부난 안이ᄒᆞ고 밤낫지로 몹실 作亂 이 所聞이 셔울가면 及第ᄒᆞ긔 고ᄉᆞᄒᆞ고 婚路봇틈 막킬 테니 가라 ᄒᆞ면 갈 ᄶᅥ시졔 네 할 말이 웬말인고 에라 이 놈 보긔 실타(남창 춘향가, 23면)

<동창 춘향가>의 어린아이가 민망해서 '히히'거리는 웃음소리가 <남창 춘향가>에서는 성인이 민망해 하는 잔기침소리 '킥'으로 바뀌었다.[28] 이

28) 서종문, 『판소리사설연구』, 형설출판사, 1984, 71-73면.

대목 역시 <정광수 춘향가>에 다음과 같이 수용되어 있다.

(안의리) 도령님을 불러 세고 사또 분부하시기를 내가 원을 갈렸기로 치부하고 갈 터이니 내행 배행하야 래일 먼저 발행하라 -(중략)- 도령님이 천만의외에 분부를 들어 놓으니 가슴이 답답하고 두 눈이 캄캄하여 사세가 위급하니 되든지 못 되든지 사정이나 하여볼까 어린양 뿐으로 잔기침을 버썩하는듸 소자가 남원을 와서 깩깩 춘정을 못 이기어 깩깩 이 말을 채 못하여 지자는 막여부라 사또 벌써 아시고 말 못 하게 호령하여 관장질로 외읍 오면 자식을 버린다 한 말이 이야기로 들었더니 너를 두고 한 말이라 아비고을 따라와서 글공부 아니 하고 밤낮으로 몹쓸 장난 이 소문이 서울 가면 급제하기 고사하고 혼로부터 막힐 테니 가라 하면 갈 것이지 네 할 말이 웬 말인고 에라 이놈 보기 싫다 통인을 불러 네 소위 도령님을 골방에 다 앉혀두어라 도령님 하릴없이 물러 나와 골방으로 들어가서(정광수 춘향가, 96 - 98면)

이상에서 <남창 춘향가>가 김창환제 <춘향가>에 직접적인 영향을 끼치고 있음을 확인하였다. 이 외에도 <남창 춘향가>와 <정광수 춘향가> 사이에 일치하는 부분이 있는데, 특히 변학도와 춘향의 수작, 어사출도 대목에서 집중적으로 수용되어 있다. <남창 춘향가>의 약 35%가 <정광수 춘향가>에 수용되어 있는데, 그것은 <정광수 춘향가>의 약 18%에 해당한다. 그리고 그 중에서 아니리의 비중이 <정광수 춘향가>의 50%에 달한다는 것은 특기할 만한 사실이다. 김창환이 신재효의 문하에서 소리대목은 말할 것도 없고 아니리 대목을 배우는 데도 진력했음을 알 수 있다.

<동창 춘향가>도 김창환제 <춘향가>에 영향을 끼치고 있는데, 이도령이 책방에서 해 지기를 애타게 기다리며 노루글을 읽는 대목이 대표적인 것이다.

잇써 使道임이 大廳의셔 거리시다 엇덕케 놀니신지 뒷군뒤를 ᄒᆞ셧구나 이로너라 通引덜아 예 여바라 册房의셔 엇써ᄒᆞᆫ 계집연이 ᄒᆡ산을 ᄲᆞ치난야 엇써ᄒᆞᆫ 밋친 놈이 슐쥬졍을 ᄒᆞ다난야 어 그 쇼리가 웬 쇼린지 밧비 아라오라 通引이 예 ᄒᆞ고 册房으로 급피 가셔 道令임은 엇지ᄒᆞ여 큰 쇼릐를 지르신지 使道가 놀닉시고 알아오라 ᄒᆞ옵씨요 道令임이 ᄶᆞᆷ작 놀나 이 아야 일낫ᄭᆞ나 급ᄒᆞᆫ 판을 當ᄒᆞ면은 거짓말이 唐材인라 네 거진말 닉 거진말 두 거진말 ᄒᆞᆫ틔 ᄐᆞ셔 고지 듯게 엿쥬아라 册房의 가 아라 본직 道令임이 ᄒᆞᆫᄌᆞ 안져 論語을 일거가다 浴乎沂風乎舞雩咏而歸 그 大文의 興致가 왈각 나셔 不知不覺 지른 쇼릐 노팟다 ᄒᆞ더라고 可欺其方긔 엿쥬어라 通引이 올나와셔 그ᄃᆡ로 엿ᄌᆞ온이 使道 듯고 죠와ᄒᆞ셔 허허 이 子息이 어닉 싀의이 쇽들어 册房의 朴生員 엿쥬와라 이 兩班이 先生으로 會計兼 와잇난ᄃᆡ 模樣이 古朴ᄒᆞ여 姓字와 ᄯᅩᆨ갓것다 두 눈의 ᄶᅵ인 눈ᄭᆞᆸ 木花씨 쑌이 나고 왼낫시 푸른 심쥴 박년츌 ᄲᅢ더난 듯 코군역의 진 터럭이 ᄇᆡ암셔 나오듯시 웃입슈알 건짐 덥고 숑곳 帽子 들 너룬 갓 ᄌᆞ근 ᄒᆞᆫ날 무릅씨고 그 즁의 죠ᄲᅦ노라 갓ᄭᅳᆫ은 턱 풀어셔 두 손의 갈나 잡고 먹젹골 흑다리목 盧生員임 거름으로 올라오던이 使道 코 닷치게 압페 밧작 ᄭᅮᆯ안져졔(동창춘향가, 74면)

이도령의 '보고지고' 소리에 놀란 사또가 무슨 소리인지 알아오라고 하자 이도령은 거짓으로 둘러대고, 이에 속은 사또는 아들 자랑을 위해 부른 책방 박생원이 등장하는 골계적인 장면이다.

(안의리) 상방에 사또 엇이 놀랬던지 이리 오느라 통인이 예이 책방에서 글 읽는 소리는 아니나고 어떤 놈이 와 생침을 맞느냐 어떤 놈이 까마구총을 당하느냐 계집 해산을 빠치는 소리 같아서 그 소리가 웬 소리지 바삐

알아오라 통인이 예이 통인이 책방으로 급히 가서 쉬쉬 도령님은 무슨 소리를 그리 크게 질러 겨셨관디 사또게옵서 놀라시고 급히 사실하여 올니라 하옵시니 엇이 하오릿까 도령님이 깜짝 놀라 사또껴서 알으셨단 말이야 … 큰일낫구나 이 애야 급한 때는 거짓말이 당재니라 거짓말로 여쭈어라 책방에가 알아본즉 도령님이 논어를 읽어가다 욕호기하고 풍호무우하며 영이귀하리라 그 대문에 홍치가 왈칵 나서 부지불각 놀랐다 하더라고 가기기방 여쭈어라 통인이 사또전에 그대로 여쭈웠것다 사또 듯고 좋아하서 허허 이 자식 어느 새 속이 들어 글 읽는 대 자미를 꼭 부친 모양이라 자랑을 허시려고 책방에 목랑청을 청하였지 목랑청이 들어오는듸 먹적골 흙다리 골생원 채림으로 이 분 모양이 우숩것다 콧궁기 긴 터럭 뱀 혀 나오 듯이 온 입술을 거의 덮고 송곳 모자 둘레 넓은 갓 작은 얼굴을 무릎 쓰고 사또 턱밑에 가 바싹 꿀어 앉으니(정광수 춘향가, 84 - 85면)

위의 인용에서 알 수 있듯이 <정광수 춘향가>에는 박생원이 목낭청으로 바뀐 것 외에는 그대로 수용되어 있다. 그러나 <동창 춘향가>가 <정광수 춘향가>에 수용된 정도는 약 10%로 <남창 춘향가>에 비해 미미하다.

2) <백성환 춘향가>의 경우

<백성환 춘향가>에도 <남창 춘향가>의 상당 부분이 수용되어 있다. 다음은 신재효가 개작한 <남창 춘향가>의 '사랑가'이다.

사랑 사랑 사랑이야 緣分이라 ᄒᆞ난 거시 三生의 定함이요 사랑이라 ᄒᆞ난 거슨 칠정의 즁함이라 월노의 ᄆᆡ진 ᄇᆡ필 홍사을 ᄆᆡᄌᆞ시며 요지의 죠은 즁ᄆᆡ 靑鳥가 나라ᄉᆞᆫ나 사랑 사랑 사랑이야 ᄇᆡ곡진쥬 ᄉᆞ왓신이 부지의 홍셩이요 千金쥰마 ᄲᆡᄉᆞ우면 文章의 醉興이라 巫山仙女 힝실업셔 양

ᄃᆡ 雲雨 ᄎᆞ져가고 탁문군은 과부로셔 ᄀᆡ가 장경 부ᄭᅳᆯ업다 사랑 사랑 사랑이야 萬古絶色 다 세어도 우리 緣分 갓썻난가 他道 他官 他姓의로 同年同月 同日生이 엇지 그리 심통ᄒᆞ며 엇지 그리 공교ᄒᆞᆫ고 사랑 사랑 사랑이야 가군이 작직ᄒᆞ니 용셩관을 ᄯᅡ라왓다 징졈의 春服의로 광할누의 바람 쐴 제 츄천ᄒᆞ난 져 원광이 ᄒᆞ릴업난 仙女로만 아라썬이 정ᄃᆡᄒᆞᆫ 그 답장이 의리가 발가ᄊᆞ나 사랑 사랑 사랑이야 천션호지 ᄎᆞ져온이 동방화쵹 죠흘씨고 옥빈홍안 고은 ᄐᆡ도 보고 본이 絶色이라 사랑 사랑 사랑이야 진슈ᄋᆞ미 미목변혀 옛글노만 보왓썬이 슈여유져 요여쇽쇼 뉘가 너고 쌍이 될고 단슌호치 말을 ᄒᆞ면 ᄒᆡ어화가 네 안이며 힝진보말 거러가면 싱연화을 하것ᄊᆞ나 사랑 사랑 사랑이야 이리 보고 저리 보되 世上 人物 안이로다 白玉樓仙女로셔 황졍경 그릇 일ᄶᅩ 옥황ᄭᅦ 得罪ᄒᆞ야 人間 젹강ᄒᆞ엿ᄊᆞ나 사랑 사랑 사랑이야 너난 處女 나는 총각 결발 부부 그 안이며 不忘記 合歡酒가 納采行禮 그 안인이야 二姓之合 우리 緣分 百年偕老ᄒᆞ여 보자 사랑 사랑 사랑이야(남창 춘향가, 21-22)

<춘향가> 문맥에 잘 어울리는 쪽으로 되어 있는 것으로 보아 신재효의 개작으로 보아도 틀리지 않을 것이다. 이 '사랑가'는 <백성환 춘향가>에 거의 그대로 수용되어 있다.[29)]

29) "ᄉᆞ랑 ᄉᆞ랑 ᄂᆡ ᄉᆞ랑아 ᄉᆞ랑이라 ᄒᆞ난 거시 이상ᄒᆞ고 연분니라 연분니라 ᄒᆞ난 거시 삼싱의 정흠니요 ᄉᆞ랑니라 ᄒᆞ난 거션 츈졍으 졍흠이라 월노의 졍ᄒᆞᆫ 빅필 홍셩을 ᄆᆡ졋쓰며 요지으 지은 즁ᄆᆡ 청죠ᄀᆞ 나려ᄀᆞ고 ᄉᆞ랑 ᄉᆞ랑 ᄂᆡ ᄉᆞ랑아 빅옥쥰쥬 ᄉᆞ왓쓰니 부ᄌᆞ으 홍셩이요 쳔금쥰마 박구오면 문장으 취홍니라 ᄉᆞ량 ᄉᆞ량 ᄉᆞ량니야 무산실여 힝실업셔 양ᄃᆡ운의 졔 ᄀᆞ고 탕문군언 과부로셔 ᄀᆡ가장경 북구렵ᄃᆞ ᄉᆞ량 ᄉᆞ랑 ᄂᆡ 사량아 만고절식 ᄃᆞ 셰여도 우리 연분 갓것난야 타도 타관 타셩으로 동연 동월 동닐싱으 엇지 그리 신통ᄒᆞᆫ 엇지 그리 공교ᄒᆞ며 가군의 작빅ᄒᆞᆫ니 용셩관을 ᄂᆡ려와셔 졍절으 츈복로 광ᄒᆞᆫ누 바람 쌀 졔 츄천ᄒᆞ던 네 원광을 션여로만 보왓든니 졍당ᄒᆞᆫ 그 답장으 ᄋᆞ리가 발갓고나 ᄉᆞ량 ᄉᆞ량 ᄉᆞ량니야 쳔션호지 차져온니 동방화쵹 죠흘씨고 옥빈홍안 고은 ᄐᆡ도 보고 본니 절식니라 ᄉᆞ량 ᄉᆞ량 ᄂᆡ 사량아 지슈암미 미목변에 예글로만 보왓듯니 슈여유이 쵹셩누을

신재효가 개작한 '천장전 사설'도 김창환제 <춘향가>에 끼친 신재효의 영향을 분명하게 보여주고 있다.

다른 가긔 몽즁가난 황능뫼의 갓다난ᄃᆡ 이 사셜 찟난 이난 다른 ᄃᆡ를 갓다ᄒᆞ니 좌상 處分 엇덜넌지 츈향이가 꿈 이약을 하난구나 -(중략)- 화치 영농 죠흔 집의 붓친 션판 천장전 셰 글ᄌᆞ를 黃金으로 크게 씨고 그 뒤의 ᄯᅩ 잇난 집 션판의 영광각 운무屛風 둘너치고 옥화졈 폐여시니 산호구 슈졍염과 힝쥬먼이 난사긔운 丁寧 人間 안인 고ᄃᆡ 엇쩌ᄒᆞ신 부인이 빙쵸의상 환피의 취병보로 관을 씨고 白玉 비틀 황금복의 칠양금을 ᄯᅩ시거날 게ᄒᆞ의 四拜ᄒᆞᆫ이 女童을 分付ᄒᆞ야 始上의로 引導ᄒᆞ여 別設一塔 안친 후의 셩군이 分付ᄒᆞ되 네가 이 집 알건난야 世上 사람 ᄒᆞ난 말던져 물은 은하슈요 ᄂᆡ 별호가 織女星 네가 젼의 이곳 잇셔 날과 함ᄭᅴ 지ᄂᆡ던 일 망연이 이졋난야 단졍이 뭇자긔예 다시 ᄭᅮ러 엿짜오ᄃᆡ 人間의 쳔ᄒᆞᆫ 몸이 창여의 ᄌᆞ식으로 여염 싱장ᄒᆞ엿신이 이곳 엇지 아로잇까 셩군이 우으시며 前生의 ᄒᆞᆫ단 일을 ᄌᆞ세이 들어보라 네가 ᄂᆡ의 侍女로셔 셔왕모 반도회의 ᄂᆡ가 잔치 참예예갈 졔 네가 나를 ᄯᅡ라왓다 ᄐᆡ을션군 너를 보고 ᄋᆡ졍을 못 이긔여 반도 덴져 히롱ᄒᆞ니 네가 보고 우신 죄로 玉皇이 震怒ᄒᆞᄉᆞ 두리 다 謫下人間 네의 郞君 이도령은 太乙의 젼신이라 前生의 緣分으로 이싱 夫婦 되야씨나 고상을 만이 식여 우션 죄를 다ᄉᆞ리ᄌᆞ 이 ᄋᆡ회를 만나 씬이 안심ᄒᆞ고 지ᄂᆞ면넌 후일의 富貴榮華 칙양이 업실 써슬 약ᄒᆞᆫ 몸의 즁한 형벌 횡ᄉᆞ도 가려ᄒᆞ고 죠문 셩정 셔룬 마음 ᄌᆞ결홀가 위텁긔에 너를 직금 불너다가 이 말을 이르난이 이거슬 먹어씨면 장독이 即次ᄒᆞ고 許多

뉘가 너고 쌍니 되리 ᄃᆞᆫ슌홋치 말르 ᄒᆞ면 힝연화가 네 안니며 힝군보말 거러오면 싱연화를 ᄒᆞ겻고나 이리 보고 져리 보되 셰상 인물 안이로ᄃᆞ 빅옥누 션여로셔 황경 그룻 닐코 옥황으게 득죄ᄒᆞ야 인간으 적ᄒᆞᄒᆞ엿고나 너난 쳔여 나난 총각 진진 합부부 그 안니며 불망긔 합환쥬가 납치함미 그 안인야 ᄉᆞ량 ᄉᆞ량 ᄉᆞ량니야"(백성환 춘향가, 196 - 197면)

고상 다 ᄒᆞ여도 아무 탈이 업시리라(남창 춘향가, 34-36면)

신재효는 기존의 <춘향가> 지평인 '황릉묘 사설' - 춘향이 옥에서 잠시 기절한 사이에 황능묘에 가서 二妃(娥皇, 女英)를 만남 - 이 춘향을 열녀의 화신으로 그리는 데는 효과적이지만 그것으로는 정절을 지키기 위해서 춘향이 겪는 고난의 당위성을 해명할 수 없다고 판단하고, 금지된 사랑을 나누었다가 처벌을 받았다는 견우·직녀 화소를 가져와 춘향의 전신을 직녀성의 시비로서 태을선군과 희롱한 죄를 짓고 적강한 인물로 설정함으로써 춘향의 고난이 천상계에서 이미 결정된 운명적인 것으로 개작하였다.[30] 이 대목은 다음과 같이 <백성환 춘향가>에 수용되어 있다.

> 홧치 영농 죠흔 집의 문 우으 붓친 션판 천상옥경누라 황금ᄃᆡᄌᆞ로 두렷시 붓턴난듸 그 안으 웅장한 집 운무병풍 둘너치고 옥난요을 펠천난듸 산산오구 슈정염과 향쥬면이 나는 향ᄂᆡ 정영 인간 안인 고ᄃᆡ 그 안으 안진 부인 션관을 놉피 씨고 ᄇᆡᆨ옥베틀 황금북으 칠향금을 짜시ᄃᆞᄀᆞ 계ᄒᆞ으 여동으계 분부ᄒᆞ여 올나가 ᄌᆡ비한니 별셜닐탑 안진 후으 셩군계셔 분부ᄒᆞ되 셩쇼제난 이곳셜 모로리라 져 물런 은하슈요 나언 징여셩인듸 네가 젼의 ᄂᆡ의 신여로 이곳셜 망연이 잇젼난야 ᄃᆞ정이 뭇쌉기에 공슌니 엿줍기을 인간으 ᄉᆡᆼ장ᄒᆞᆫ 쳔ᄒᆞᆫ 몸니 이곳셜 엇지 아르ᄂᆡᆨ가 셩군 우시시고 젼ᄉᆡᆼ으 ᄒᆞ던 이렬 ᄌᆞ세이 드러보라 네가 ᄂᆡ으 신여로셔 셔왕모의 반도회의 ᄂᆡ가 잔체 참에할 졔 네가 나을 짤러와 ᄐᆡ을션관 너을 보고 반도회의 충동ᄒᆞ여 네가 보고 우슨 죄로 옥황젼의 득죄되야 인간적ᄒᆞ신니 네의 낭군 이몽용은

30) 김석배, 「춘향전 이본의 생성과 변모 양상 연구」, 경북대 박사학위논문, 1992, 125 - 128면 및 서종문, 「판소리의 이론과 실제」, 서종문·정병헌 편, 『신재효 연구』, 태학사, 1997, 72-74면.

ᄐᆡ을 젼ᄉᆡᆼ이라 쳔상의 ᄎᆡᆨ이 되야 우슨 죄를 다사리자 인간의 젹ᄒᆞᄒᆞ야 그 ᄋᆡᆨ을 당ᄒᆞ신니 감슈ᄒᆞ고 지ᄂᆡ면은 후일 영화 소원ᄃᆡ로 질길 닐리 잇스리라 약ᄒᆞᆫ 몸의 즁ᄒᆞᆫ 형벌 자결ᄒᆞ기 슈것기에 네을 불너 일른 말인니 이것슬 머거스면 장독이 즉회되고 총명이 졀등ᄒᆞ여 젼날 일도 알 거시오 아무 탈리 업스리라(백성환 춘향가, 224면)

이 밖에도 <백성환 춘향가>에는 <남창 춘향가>의 상당 부분이 수용되어 있다. <남창 춘향가>의 약 30%가 <백성환 춘향가>에 수용되어 있는데, 그것은 <백성환 춘향가>의 약 20%에 해당한다.

5. 맺음말

이제까지 우리는 김창환제 판소리의 형성과 전승, 김창환이 일제시대에 고음반에 남겨놓은 <춘향가>, 김창환제 <춘향가>에 끼친 신재효의 영향 등을 살펴보았다. 이를 간략하게 정리하면 다음과 같다.

첫째, 김창환은 어린 시절에는 가문소리를 익혔고, 1872년 이후에 정창업의 문하에서 본격적인 판소리 수업을 하여 판소리의 기틀을 닦았으며, 1880년 이후 2-3년 동안 신재효의 문하에서 신재효의 지침을 받아 자신의 판소리 세계를 이룩하였다. 그리고 김창환제 판소리는 김봉학·박지홍·백성환에게 전수되었고, 김봉학의 소리는 오수암·정광수로 이어졌고, 박지홍의 소리는 박동진으로 이어졌다.

둘째, 고음반에 남아있는 김창환의 <춘향가>는 그의 소리가 정창업의 소리를 기둥으로 하고 있고, 신재효의 영향을 강하게 받았음을 알려주고 있다. 또한 김창환은 적어도 사설이 제법 다른 두 벌 이상의 <춘향가>를 불렀다는 사실이 확인되었다.

셋째, 신재효가 개작한 <춘향가>는 김창환제 <춘향가>에 직접적인 영향을 끼치고 있음을 확인하였다. <남창 춘향가>의 약 35%가 <정광수 춘향가>에 수용되어 있으며, 그것은 정광수 <춘향가>의 약 18%에 해당하며, 그 중에서 아니리의 비중이 50%에 달한다. <동창 춘향가>가 <정광수 춘향가>에 수용된 정도는 약 10%로 정도이다. 그리고 <남창 춘향가>의 약 30%가 백성환 <춘향가>에 수용되어 있으며, 그것은 백성환 <춘향가>의 약 20%에 해당한다.

기녀(妓女)풍속으로 본 춘향전의 몇 가지 문제

김미란

1. 춘향의 신분적 성격

「춘향전」에서 춘향의 신분은 기본적으로 妓女이다. 기녀 출신의 춘향이 수청을 명하는 官長에게 목숨을 걸고 항거하여 貞節을 지킨 끝에 양반, 그것도 御使를 지낸 고위 양반의 正室夫人이 된다고 하는 것이 「춘향전」의 기본 골격이다.

우리의 일반적인 상식에 의하면 조선시대의 기녀란 남성들을 접대해야 하는 의무를 지니고 있는 官婢 신분의 여성이었다. 즉 법적으로 奴婢였다. 따라서 이들은 평생을 노비 신분으로 살아야 했으며 '貞節'이라는 덕목을 내세울 수 있는 처지가 못 되었다. 이들 기녀들 중 운 좋게 남편을 만나 살림을 차리고 사는 경우도 있기는 하였지만 정실부인은 언감생심 기대하기조차 어려운 일이었고 잘 되어야 妓妾이 되는 정도였다. 이렇게 볼 때 춘향전에 나오는 춘향의 삶의 궤적은 우리가 일반적으로 알고 있는 기녀의 인생역정의 양상과는 큰 차이를 보이는 것이다.

이런 차이점 때문에 「춘향전」에 대한 기왕의 연구자들은 춘향의 신분을 기생이라 하기도 하고 또 기생이 아니라고 하기도 하고 또는 기생이되 기생이 아닌 양면적 성격을 지니고 있다고 하는 등[1] 논의가 분분하였다. 당시 기녀들에게 적용되던 법 조항의 내용에 입각해 볼 때 춘향의 기녀라는 신분과 춘향의 신분상승 구성은 논리적으로 합치되지 않기 때문에 이처럼 다양한 논의가 이루어진 것으로 보인다. 그리고 이러한 다양한 논의는 「춘향전」의 異本에 따라 춘향의 신분이 조금씩 다르게 설정되고 있는 양상으로 인해 더욱 많은 논란을 야기하였다.[2] 그리고 연구자들은 이렇게 춘향의 신분이 변동을 보인 이유가 춘향이 官長에게 貞節을 주장할 수 있는 현실적 근거를 마련해 주는 것이 청중이나 독자들에게 설득력을 얻을 수 있는 방법이기 때문일 것이라 해석하기도 하였다.[3]

---

1) 이러한 시각에 의거하여 춘향전의 이본들을 '妓生系'와 '非妓生系'로 나누어 살펴보기도 한다. (김동욱, 권영철, 김태준 공편 『春香傳寫本全集』, 명지대학교 국어국문학과 국학자료간행위원회, 1977, 해설 3면 참조)

2) 실제로 춘향의 신분은 이본에 따라서 조금씩 차이를 보인다. 즉 춘향의 부친에 대해서는 전혀 언급하지 않은 채 춘향을 '본읍 기생 월매의 딸'이라고만 소개하고 있는 이본이 있는가 하면 춘향을 '成參判'이라고 하는 지체 높은 신분의 양반과 '退妓 月梅' 사이에서 태어난 딸이라 하는 이본도 있다. 또 춘향을 단순히 기녀 신분으로만 소개한 이본도 있고 기녀의 딸이긴 하되 '代婢定屬'을 한 상태로 설정한 이본도 있다. 기녀의 딸로만 등장하는 이본 즉 '기생계 춘향전'을 初期本으로, 신분 높은 부친이 등장하는 이본 즉 '비기생계 춘향전'을 後期本으로 추정하기도 한다.(박희병, 「춘향전의 역사적 성격분석」, 김병국 김대행 김진영 정병헌 편(춘향전 어떻게 읽을 것인가』, 서광학술자료사, 1994, 77쪽 참조)

3) 이에 대해 김동욱은 「李朝妓女史序說」(『亞細亞女性硏究 5집』, 亞細亞女性問題硏究所, 1966, 87쪽)에서 歌客, 唱者가 양반이나 대중에게 영합하기 위한 개작이나 춘향전 본래의 좌표로 보아서도 일종의 타락으로 보아야 한다고 하였고 박희병은 김동욱의 학설을 경청하는 입장을 보이면서 양반적으로 속화 변질되고 있다고 보았다.(박희병, 앞의 논문,78쪽)

물론 기녀라는 신분은 자신을 요구하는 권력층 남성들의 요구에 순응해야 하는 법적인 의무가 있었고 그것이 또 그들의 존재 이유였다. 그러나 법적으로는 그러한 의무가 주어졌다 할지라도 기녀도 인간인 이상 희로애락의 감정이 있고 또한 행복한 삶을 추구하고자 하는 욕구가 있음은 당연한 것이다.

어느 시대나 법전에서 공식적으로 제시하는 법령과 실제 생활에서의 실행 양상이 간극을 보이는 경우가 많다. 조선시대 역시 마찬가지였다. 많은 기녀들이 비록 법적으로는 노비의 신분에 매어 있었지만 여건이 허락하는 범위 내에서 신분을 상승시키고자 애쓰는 경우도 있었고 경우에 따라서는 인간으로서의 존엄성과 신의를 지키고자 노력하는 경우도 있었다. 그리고 이러한 여러 기녀들의 삶의 모습들이 많은 자료에 기록되어 있다.

본고는 기녀 춘향의 삶이 당시 상황에서 정말로 불가능한 일이었는가 하는 의문에서 출발한다. 실제로 춘향의 삶이 현실적으로는 가능하지 않은 것이라면 先學들이 지적한 바와 같이 「춘향전」의 주제는 비현실적인 구성을 통하여 민중들이 자신들의 꿈을 형상화시키고 있다는 견해가 타당성을 얻을 수 있을 것이다. 그러나 만약 춘향의 삶이 당시로서도 가능한 삶이었다면 춘향전의 주제는 조금은 각도를 달리하여 살펴보아야 하지 않을까 하는 것이 필자의 생각이다.

이런 의도에서 「춘향전」의 내용 중 춘향의 신분과 관련하여 야기되는 몇몇 주요 사건을 중심으로 하여 그 문제에 대한 법적인 측면과 실생활에서의 측면이 어떤 점에서 일치하고 어떤 점에서 차이를 보이는가 하는 것을 고찰해 보고자 한다. 기녀의 법적인 신분에 대한 관점은 조선시대의 대표적인 법전인 『經國大典』과 『大典會通』 등을 통하여 살펴보고 실제로 기녀들에게 법과 제도가 어떻게 시행되었으며 기녀들에 대한 위정자들의 시각은 어떠했는지, 실제 기녀들의 삶이 어떠했는가 하는 점등에 대해서는 『朝鮮王朝實

錄』(이하 『實錄』이라 칭함)과 야담에 나타난 기록들을 통하여 살펴보고자 한다. 「춘향전」의 텍스트는 完板 「烈女春香守節歌」를 대상으로 한다.

이렇게 자료를 하나하나 살펴본다면 기녀들에게 요구되었던 법적인 의무와 책임은 무엇이었으며 그것과는 별개로 실제생활에서는 어떤 다양한 기녀들의 삶이 존재했었는지 확인해 볼 수 있을 것이다. 그리고 이런 자료를 통해서 살펴보았을 때 「춘향전」에 나오는 춘향의 삶의 모습이 어느 정도 현실성이 있는 삶이었는지 하는 것을 좀 더 명확하게 구체적으로 확인해 볼 수 있을 것이라 생각한다.

2. 논의 주제

「烈女春香守節歌」에서 춘향에게 중요한 인생 변화의 계기가 되었던 주요 사건을 다섯 가지로 정리하여 하나씩 살펴보고자 한다.

1) 춘향이 이도령의 부름에 자기는 時仕가 아니라고 하며 거절할 수 있는가

이도령이 광한루에서 나와 봄 경치를 감상하던 중 멀리서 그네를 뛰고있던 춘향을 보고 방자에게 누구인지 묻는 장면은 다음과 같다.

> 이도령 : ~ 무엇인지 자세히 보아라
> 통 인 : 이골 기생 월매 딸 춘향이란 계집아이로소이다
> 이도령 : (엉겁결에) 장히 좋다 훌륭하다

통 인 : 제 어미는 기생이오나 춘향이는 도도하여 기생 구실 마다하고 백화 초엽의 글자도 생각하고 여공재질이며 문장을 겸전하여 여염처자와 다름이 없나니다.

도 령 : (허허 웃고 방자를 불러 분부하되) 들은 즉 기생의 딸이라니 급히 가 불러오라

춘 향 : 설혹 내 말을 할지라도 내가 지금 시사가 아니어든 여염사람을 호래착거로 부를 리도 없고 부른대도 갈 이도 없다.[4)]

이도령은 춘향이 기생 월매 딸이라는 말을 듣고 매우 좋아하면서 '들은즉 기생의 딸이라니' 급히 가서 불러 오라 하였고 이에 대해 방자는 춘향이 '기생구실 마다하고 … 여염 처자와 다름없다'고 하였다. 또한 춘향도 방자가 부르러 왔을 때 "내가 시사가 아니다"라고 하며 거절하였다. 즉 이도령은 춘향을 기생으로 간주하였고 춘향은 자신을 기녀가 아니라고 한 것이었다.

'이 골 기생 월매의 딸'이라고 했으니 춘향은 분명 당시 시행되던 소위 從母法에 의하여 기생이라 할 것이다. 그렇기 때문에 이도령은 춘향을 마음대로 부를 수 있었을 것이다. 그런데 여기서 간과해서는 안 될 것은 춘향이 월매가 기녀생활을 하면서 낳은 딸이 아니라 "성참판이라는 양반을 데리고 세월을 보내다가" 낳은 딸이라는 점이다. 춘향이 성참판의 딸이라 할지라도 월매가 기녀생활을 하면서 낳았다는 것과 성참판과 같이 살면서 낳았다는 것은 당시 법 적용에 의거하여 볼 때 큰 차이가 있다. 월매가 기녀생활을 하면서 춘향을 낳았다면 비록 실제 아버지가 성참판이라 할지라도 성참판의 딸로서 인정받기가 어려웠겠지만 월매가 성참판과 '같이 살면서' 춘향을 낳

4) 본고에서는 춘향의 기녀로서의 모습을 살펴보는 데 목적이 있으므로 내용에 중점을 두고 논의하고자 한다. 따라서 인용문의 경우 현대어로 표기하고 또 대화부분은 대화 형식으로 바꾸어 인용한다.

았기 때문에 춘향은 성참판의 딸로서 인정받을 수 있었을 것이다. 춘향이 자신을 시사가 아니라고 한 것은 바로 이러한 사례에 기인한 것이라 생각한다.

『實錄』에 보면 양반이 기녀와 관계하여 낳은 자녀들의 신분문제가 상당히 많이 거론되고 있다. 이러한 논의의 핵심은 대부분 해당 기녀 소생의 아버지를 누구로 인정할 것인가 하는 문제에 초점이 맞추어져 있었고 그것은 자연 그 소생에게 어떤 신분을 부여할 것인가 하는 문제와 직결된다. 따라서 해당 기녀들은 자기가 관계했던 남자들 중 지위가 가장 높은 사람을 자기 소생의 아버지로 내세우게 되는데 누구도 그것을 정확하게 밝힐 수 없었다는 데 문제가 있었다. 다음과 같은 기사는 그러한 고충을 보여준다.

> 司諫院에서 아뢰기를,
>
> "尹孝祥이 公州 기생 再春과 간통하여 열달이 차지 아니하여서 아들 尹良을 낳았는데, 비록 8, 9삭에 아이를 낳는 자가 간혹 있기는 하나, 다만 재춘은 官妓이므로 윤효상을 위해 수절하지 아니하고 여러 번 그 남편을 바꾸었으니, 확실하게 윤효상의 아들이라고 지목할 수 없습니다. (中略)
>
> 盧思愼은 의논하기를,
>
> "사람이 혹은 그 後嗣가 없음을 근심하거나 혹은 그 첩을 사랑하여 다른 사람의 아들을 자기의 아들이라고 하는 자가 간혹 있습니다. 신이 윤효상과 더불어 어려서부터 같은 마을에서 생장하여 그 사람됨을 자세히 아는데, 오로지 女色만 사랑하며 독실하고 믿을 만한 자가 아닙니다. 재춘은 길가의 官妓로서 날마다 使客을 겪으므로 윤효상이 용납됨을 얻지 못하였기 때문에 이처럼 구차히 기쁘게 하는 말을 하여 그 뜻을 위로한 것인지도 알 수 없습니다. 그 어미 박씨는, 오직 하나의 獨子이고 後嗣가 없이 죽었으니 만약 참으로 그 아들이라면 마땅히 거두어서 양육하기에 겨를이

없을 것인데, 어찌 감히 자기의 손자가 아니라고 호소하겠습니까? 그 일의 형세를 보고 그 情理를 헤아리면 司諫院에서 아뢴 바에 의하는 것이 적당합니다."

하니, 노사신의 의논에 따랐다.[5]

이 기록을 보면 문제된 기생 再春의 아이가 누구의 아들인지 정확하게 확인할 수는 없었지만 주변의 여러 가지 정황으로 보아 尹孝祥의 아들로 인정하지 않기로 판결하고 있음을 알 수 있다. 그러나 경우에 따라서는 판단을 하지 못하는 경우도 있었으니 다음 기사는 이러한 고민을 잘 보여주고 있다.

刑曹에 전지하기를,

"陳言하는 자가 말하기를, '娼妓들은 정한 남편이 없이 오늘은 여기서 자고 내일은 저기에서 자는데, 임신을 하게 되면 그 소생을 從良시키기 위하여 사람들에게 말하기를, 「이 아이는 아무 宗宰와 私通하여 임신한 것이다.」라고 하면, 宗宰가 된 자도 그 말에 현혹되어 말하기를, 「어느 기생의 자녀는 나의 소생이다.」하며, 심지어는 後嗣를 삼는 자까지 있습니다.'라고 하니, 綱常을 어지럽힘이 이보다 더 심할 수가 없다.[6]

여기서는 특히 종실의 妓妾 소생에 대한 고민을 토로하고 있지만 이런 문제는 비단 종실뿐만 아니라 어느 정도 지위가 높은 양반들의 경우에 빈번하게 일어났다. 成宗 18년에 紅杏이란 기녀가 자기가 낳은 아들 檢忠의 아버지를 처음에는 金升卿이라 했다가 다음에는 李塈이라 했다가 다시 번복하

---

5) 『成宗實錄』, 18년 2월 2일

6) 앞의 책, 9년 11월 21일

여 金升卿이라하였던 사건도 그러한 예이다.

> "창기는 본래 남편을 정함이 없이 이리 가고 저리 가니 비록 金升卿의 기녀라 칭하더라도 김승경과 같은 자가 얼마인지 알 수 없습니다. 또 李壂은 보잘 것 없는 미미한 자이고 김승경은 顯達한 자이니 그 아들을 귀하게 하려고 하여 현달한 자를 아비라고 칭하는 것은 娼妓의 예사 일입니다. 집에서 데리고 사는 자가 아니면 아비를 칭하기란 매우 어렵습니다. … 김승경과 이간이 간통한 것이 모두 檢忠을 수태한 달에 있었고 … 설령 한 사람은 아무 달 월경 전에 간통하고 한 사람은 월경 뒤에 간통하여 월경이 끊긴 때부터 產朔에 이르렀다면 마땅히 뒤에 간통한 사람으로 아비를 삼아야 합니다. 만약에 두 사람이 모두 월경 뒤에 간통하였다면 아마도 달리 그것을 알아낼 방법이 없을 듯 합니다."…
>
> 전교하기를 "검충의 아비를 정하는 것은 어려우니 내버려두도록 하라" 하였다.[7]

이상의 논의를 보면 당시에는 임신하면 월경이 끊어진다는 상식 하나만을 기준으로 하여 그 아버지를 확인하고자 할 수밖에 없었음을 알 수 있다. 그러다 보니 판단하기가 어려운 경우도 많았을 것이고 결국 사실확인을 하지 못한 채 결국 未濟로 남겨둘 수 밖에 없었던 것이다. 이처럼 난감한 논의를 반복하면서 결국 택할 수밖에 없는 최선의 방법은 집에 데리고 살던 기첩의 자녀만을 그 소생으로 인정하는 것이었다.

그러나 양반관료의 소생으로 인정한다고 하여 그냥 신분이 올라서는 것은 아니며 필요한 절차를 밟아야만 했다. 즉 부계의 가족 구성원이 그러한 사실

---

7) 앞의 책, 18년 11월 13일

을 해당 관청에 신고하여 인정을 받아야만 절차가 마무리되는 것이다.[8] 『經國大典』(1485 成宗 16년 1.1시행) 「刑典」 <賤妻妾子女> 조항에는 이와 관련된 조항이 명시되어 있다.[9]

이처럼 법전에도 명시되었을 뿐 아니라 이러한 법전의 조항에 의거하여 실제 사례들이 조정에서 논의되었다. "大典에 이르기를 妓妾이 낳은 자녀는 집에서 기른 것 외에는 贖身하지 못한다"[10] "대전에 창기를 집에서 데리고 사는 자의 소생 외에는 良人을 삼는 것을 허락하지 않는다." "大小人員이 公私婢를 얻어서 처첩을 삼은 자의 자녀는 그 아버지가 掌隸院[11]에 고하여

---

8) 이에 대해서는 具玩會,「朝鮮 中葉 士族孽子女의 贖良과 婚姻 -『眉巖日記』를 통한 사례검토」『慶北史學』 제8집, 경북대학교 사학과, 1985.9 참조

9) ○종친(宗親)의 시마이상친(諰麻以上親)과 외성소공이상친(外姓小功以上親)의 천첩(賤妾) 소생 자녀는 모두 양인(良人)으로 삼으며[從良], 속신(贖身)하는 것이나 입역(立役)하는 일은 없다. 친공신(親功臣) 천첩(賤妾)의 자녀도 같다. ○ 창기(倡妓), 여의(女醫)의 경우 집안에 데리고 사는 자의 소생 외는 양인(良人)이 되는 것을 허하지 아니한다. 〈대소원인(大小員人)의 경우도 같다.〉

○대소원인(大小員人) 문・무관(文武官), 생원(生員), 진사(進士), 녹사(錄事), 유음자손(有蔭子孫) 및 적자손(嫡子孫) 이 없는 자의 첩자손(妾子孫)으로서 승중(承重)한 자로서 공・사비(公私婢)를 얻어 처첩(妻妾)으로 삼은 자의 자녀는 그 부(父)가 장예원(掌隸院)에 신고하고, 장예원(掌隸院)에서는 실상을 조사[實]하여 문안에 기록하고 부(父)가 없으면 적모(嫡母)가, 적모(嫡母)가 없으면 동생이, 동생이 없으면 조부모가 신고한다. ○ 자기 [소유의] 비(婢)나 처(妻) [소유의] 비(婢)의 소생(所生) 외에는 모두 속신(贖身)한다. <병이 없고 나이가 서로 비슷한 자로서 속신(贖身)하며, 본주인(本主人)이 들어주지 아니할 때는 관(官)에 신고한다.>

10) 『成宗實錄』 18년 5월 23일

11) 掌隸院은 조선시대 公私奴婢文書의 관리 및 노비 수송을 담당하였던 관아였다. 조선시대 노비는 주인에게 身貢이나 勞動力을 제공하였으므로 노비는 국가(公奴婢)나 양반지배층(私奴婢)에게 중요한 재산이 되었으며 이에 따라 노비쟁탈전, 도망노비의 推刷, 良民의 노비화 등 많은 사회적 문제를 야기시켰다. 이런 업무를 맡아보는 기관이 있다가 世祖 13년(1467년)에 公奴婢를 관장한다는 의미가 내포된 掌隸院이라 이름하였다(이 당시 공노비는 8만 여명이었다 함). 掌隸院의 주된 업무는 奴婢爭訟의 판결, 노비문서보관과 더불어 국가소유노비인 公奴婢의 확보 관리였다. 조선 후기에는 국가의 노비정책이 노비층의 광범한 도망, 신분상승 및 良人層 확보의 필요성 때문에 從母法을 채택하고 공노비 推刷를 폐지하였다. 나중에

사실을 조사해서 錄案한다."12) 또한 조선 후기 법전인 『大典會通』에도 역시 같은 내용이 명시되어 있다.13)

이처럼 집에 같이 데리고 살던 기첩의 소생은 贖身이란 방법을 통하여 양인이 될 수 있는 길이 있었기 때문에 춘향은 성참판과 월매가 같이 살면서 낳은 딸이라는 점에서 성참판이 인정만 해 준다면 춘향에게는 양인의 신분을 획득할 수 있는 길이 열려 있었던 것이다. 기녀의 贖身이 위법적이라고 보는 시각도 있으나 그것은 여러 정황을 간과한 견해라 할 것이다.14)

그런데 월매의 발언에 의하면 성참판은 춘향을 자신의 딸로 인정했었다고 하였다. 그와 같은 내용은 이도령이 춘향과 첫날밤을 지내려 할 때 월매가 지난 이야기를 하는 과정에서 밝히고 있는데 월매가 밝힌 춘향 탄생 과정과 그 후의 처리문제에 대해서는 다음과 같이 정리할 수 있을 것이다.

월매는 성참판과 살면서 남녀간에 자식을 낳기를 원하였고 성참판과 의논한 끝에 지리산에 올라가 빌었다. 그런데 석달 만에 성참판은 서울로 올라갔고 월매는 혼자 춘향을 낳았다. 그리고 그 사실을 성참판에게 알리자 성참판은 춘향이 젖을 떼면 데려가겠다고 하였다. 그러나 성참판이 갑자기 세상을

는 掌隷院의 많은 업무가 刑曹로 이관되었다.

12) 『成宗實錄』 18년 11월 13일

13) 正祖9년(1785년)에 『經國大典』과 『續大典』 및 그 뒤의 법령을 통합하여 편찬한 법전이『大典通編』인데 이것을 底本으로 하여 高宗2년(1865년)에 증보한 조선시대 최후의 법전이 『大典會通』이다.

○ 宗親과 大小人員으로서 娼流와 女醫를 作妾하여 같이 사는 者의 所生에게 良民이 됨을 許하는 法은 原典에 보였다. 오직 出仕함을 免除하여 官에 出入하지 않는 者에게만 妾으로 論한다.「刑典」 <賤妻妾子女條>

14) 조광국, 「법제적 질서와 사회경제적 변화의 충돌 측면에서 본 춘향전(완판84장본)의 작품적 가치」(『국어교육 108호』, 한국국어교육학회, 2002.6, 428쪽)에서 인용한 기사는 양계, 즉 함경도와 평안도에 국한된 기사로 그것은 兩界지방의 특수한 상황으로 인해 불허한 것으로 해석해야 한다고 생각한다.

떠났고 그렇게 되자 월매는 춘향을 서울로 보내지 못한 채 자신이 그냥 기르게 된 것이다.

여기서 성참판이 자기가 한번도 보지 못한 춘향을 데려가겠다고 하였다는 것은 월매가 춘향을 잉태한 시기가 자기와 같이 살 때이므로 자신의 딸로 인정하였다는 것을 의미하며 그래서 법적으로 掌隷院에 고하여 良人의 錄案에 올려주려고 생각했기 때문이었을 것이다. 그러나 문제는 성참판이 월매의 告目을 받고 춘향을 자신의 딸로 인정하였지만 불행히도 갑자기 세상을 떠나는 바람에 춘향을 良人의 錄案에 올리지 못하였다는 데 있다. 그래서 당시 관행대로라면 법적인 절차를 밟아 贖良을 하고 良人이 될 수 있었던 춘향은 정황으로는 양반의 딸로서 인정을 받았다 할지라도 법적으로는 그대로 기녀의 딸로 남을 수밖에 없었다. 즉 춘향은 실제로는 양반의 혈육이고 또 구두로는 인정을 받았으면서도 실제 법적으로는 현실화되지 못한 애매한 상황에 있었던 것이다. 더구나 춘향의 나이가 십육 세였다는 점도 속량문제와 관련시켜 해석해 볼 수 있다. 물론 십육 세라는 나이는 당시 성인으로 인정하고 또 혼례를 치르고 하는 나이라는 점에 기인한 것이기는 하지만 속량 절차를 밟을 수 있는 마지막 기회였다는 점을 감안한다면[15] 이 당시 춘향은 법적으로는 속량할 수 있는 기회를 잃은 시점이라 보아야 할 것이다.

그러나 춘향은 스스로를 성참판의 딸, 즉 양인으로 자부하며 성장하였으며 그러한 결과 '도도하여 기녀구실 마다하고' 여염집 처녀처럼 지내고 있던 것으로 보인다. 그리고 방자의 말에서도 알 수 있듯이 주변 사람들이 그러한

15) 兵曹에 移文하여 補充隊에 속하게 한다. 나이가 16세에 차도록 告하지 않은 자와 告狀한 후 3년이 지나도록 立案을 받지 못한 자, 付案한 후에 立役하지 않은 자는 他人의 陳告함을 허락하여 賤으로 還元시킨다(여자는 役이 없다). 『經國大典』「刑典」 <賤妻妾子女條>

정황을 인정해 주었다. 법적으로는 인정받지 못한다 하더라도 정황적 진실에 의거하여 인정받는 경우가 주변에 있었기 때문이다.

실록의 기록 중에는 자신에게 기첩이 낳은 혈육이 있었음을 모르다가 뒤늦게 알고 인정해 준 경우도 있고 또 반대로 자기 혈육이 아닌데도 자기 혈육으로 인정하고(알든 모르든) 살았던 경우도 있다.

> 故 贊成 李彦迪(中宗조의 名臣인데 仁宗이 더욱 후대하였다. 孝友와 學行이 한때 표준이 되었다. 만년에는 權奸들의 모함을 입어 江界로 귀양가 죽으니, 온 나라 사람들이 그를 슬퍼하였다)의 아들 李全仁(이언적 첩의 아들이다. 그 어미는 기생이었는데 이언적에게서 이미 전인을 임신하고는 曺閏孫의 첩이 되었다. 그런 때문에 전인은 오랫동안 조씨로 행세하였다. 조윤손이 죽자 그 어미는 비로소 이언적의 아들임을 말하였다. 그러자 전인은 조윤손의 재산을 다 팽개치고 이언적을 강계로 찾아가서 드디어 부자의 관계가 되어서 정성껏 봉양하고 또 조윤손은 양육의 은혜가 있다 하여 心喪으로 보답했다 한다. 이 이언적이 찬한 진수팔규(進修八規)를 바치고 (… 후략 …)[16]

> 沈訥은 바로 沈友恭의 孼子로 심우공의 어미는 기생으로서 兪氏에게 관계하여 심우공을 낳았다. 그래서 세상에서는 다 兪友恭 또는 兪訥이라고 불렀다. 심눌은 추잡하고 교활하였는데, 朴承宗에게 잘 보여 그 집 종이 된 다음 궁중에 뇌물을 써서 총애를 듬뿍 받아 등용되었다. 지난해 특별히 武科에 급제되었다가 박탈당하였는데, 지금 또 陽德 縣監으로 임명한 것이다.[17]

16)『明宗實錄』21년 9월 4일

17)『光海君日記』9년 10월 12일

이들 경우를 보면 李彦迪은 오랜 세월이 흐른 후이지만 자신을 찾아온 기첩 소생 아들을 자신의 아들로 인정하였고 자신이 찬한 <進修八規>를 그를 통하여 임금께 올리게 하였다. 임금 또한 전인(全仁)을 이언적의 아들로 인정하고 그것을 받아들였다. 그러므로 정황을 보아 자신의 혈육임을 인정하는 경우가 있었음을 알 수 있다. 그리고 주변에서 이러한 사례들을 보고 들었던 당시 독자들에게도 춘향의 처신은 납득할 수 있는 상황이었던 것이다.

이러한 이유로 하여 이도령이 방자를 시켜 오라고 불렀을 때 춘향은 스스로의 자부심으로 그것을 거절하였다. 그러나 이도령이 재차 요구했을 때는 얘기가 달라질 수밖에 없다. 물론 소설에서는 이도령이 방자를 통해 두 번째 보낸 전갈에서 춘향을 보자고 한 이유가 글을 잘한다는 말을 들었기 때문이라고 하여 춘향의 자존심을 살려주는 자세를 보여주고 있긴 하지만 결국 춘향이 이도령에게 갈 수밖에 없었던 가장 큰 이유는 법적으로는 기녀라는 신분을 벗어나지 못했다는 점 때문이다. 이도령의 부름에 대해 월매가 "그러나 저러나 양반이 부르시는데 아니 갈 수 있겠느냐 잠깐 가서 다녀오라"라고 한 것은 법적으로 보호받지 못하는 춘향 신분의 현실적 한계를 드러낸 말이다.

2) 이도령이 과거에 급제하여 外方에 나가게 되면 춘향이 첩으로 따라갈 수 있는가

이도령으로부터 아버지의 승차로 한양으로 가게 되었다는 말을 들었을 때 춘향은 이도령에게 앞으로의 계획을 말한다. 우선 이도령이 장가를 들고 자기는 이도령 집 근처에서 가끔 만나면서 조용히 살다가 이도령이 과거에 급제하여 外方에 나갈 때 자기가 첩으로 따라가면 된다고 하는 아주 구체적인 계획이었다. 이것은 춘향이 미리부터 생각하고 있던 계획이었을 것이다.

어차피 이도령 아버지가 때가 되면 다른 직책을 받아 떠나게 될 것임은 충분히 짐작할 수 있는 일이었기 때문이다.

춘향 :… 도련님 나만 믿고 장가 아니 갈 수 있소 부귀영총 재상가에 요조숙녀 가리어서 혼정신성 할 지라도 아주 잊든 마옵소서 도련님 과거하여 벼슬 높아 외방 가면 실내마마로 내세우면 무슨 말이 되오리까 그리 알아 조처하오

물론 춘향이 말한 것처럼 소실의 자격으로 인정받기만 한다면 外職으로 나가는 남편을 수행하는 것은 당시 관행상 그리 이상한 일은 아니었다. 즉 관리가 外職으로 나가는 경우 부인을 비롯한 온 가족이 모두 따라가는 경우도 있었지만 사정이 여의치 않을 때에는 첩이 본부인을 대신하여 남편을 따라 가기도 하였기 때문이다.

조선 중기의 여류시인인 玉峰(생존연대 미상)은 趙瑗(1544~1585)의 첩이었지만 조원이 槐山郡守로 갔을 때 본부인을 대신하여 수행하여 따라갔으며 그 과정에서 행복한 심정을 시로 읊기도 하였다. 또한 조선 후기의 여류시인 雲楚(1790년경~1857이전)는 成川 출신의 기녀였는데 당대 세력가였던 淵泉 金履陽(1755~1845)의 小室이 되어 김이양이 충청도에 있는 莊園을 순행할 때 그를 수행하였는데 당시 김이양은 喪妻를 한 상태였으므로 운초를 부인으로 대접하였다고 하였다.

한편 一松 沈喜壽(1548~1622)와 錦山 기녀 一朶紅에 관한 野談에서도 이러한 양상을 볼 수 있다. 간단히 소개하면 다음과 같다.

沈喜壽는 어릴 때 부친을 여의고 狂童처럼 하고 다니다가 어느 잔치자

리에서 금산 기녀 一朶紅을 만나게 되었다. 일타홍은 심희수가 의관은 남루하지만 뛰어난 재주를 지니고 있음을 간파하고 심희수의 집으로 찾아가 그 어머니께 사연을 말하고 심희수가 글공부를 열심히 할 수 있도록 내조를 극진히 하고 또한 장가도 들게 하였다. 드디어 심희수는 과거에 급제하여 관직에 올랐는데 일타홍이 오랫동안 고향에 가지 못하여 부모의 안부도 모르고 있는 것을 가엾게 여기고 錦山縣監을 自任하여 일타홍을 데리고 금산에 부임하였다. 官衙에 있은 지 반년만에 일타홍은 큰 병이 없었는데도 심희수에게 永訣을 고하고 세상을 떠났다.[18]

이 야담에서 沈喜壽가 금산에 부임하면서 소실인 一朶紅을 데리고 간 것으로 보아 당시 官長이 外職으로 나갈 때 소실이 수행하는 경우가 있었음을 분명히 알 수 있다.

이렇게 볼 때 춘향이 이와 같은 야무진 포부, 즉 한양에 따라가고자 한다든가 또 나중에 이도령이 외방에 나갈 때 실내마마로 따라가겠다는 마음을 먹을 수 있었던 것은 자신을 기녀로 생각하지 않았기 때문이었음을 짐작할 수 있다. 만일 춘향이 그냥 기녀라 하면 관아에 매어 있는 몸으로서 이도령을 따라갈 수 없었고 또 설사 첩이 된다 해도 실내마마로 나설 수 있는가 하는 점도 불확실한 상황이었기 때문이다.

3) 이도령 어머니는 기첩에 대해 왜 매우 꾸짖었는가

도 령 : 꾸중이 대단하시며 양반의 자식이 부형 따라 하향에 왔다 화방작첩 하여 데려간단 말이 전정에도 고이하고 조정에 들어 벼슬도 못 한다더구나. 불가불 이별이 될 밖에 수가 없다.

---

18) 金敬鎭, 『靑邱野談』, 「得佳妓沈相國成名」

이도령이 춘향에게 이별을 고하는 부분이다. 이도령은 따라가겠노라고 하는 춘향에게 어머니의 꾸중이 대단하시다고 하면서 이별할 수밖에 없다고 하였다. 이 말을 들은 춘향은 빙자가 웬일이냐고 하며 매우 화를 냈지만 실제로 이도령은 어머니로부터 호되게 꾸지람을 당했을 것이다.

이도령의 어머니 입장에서는 기녀를 둘러싼 소문 때문에 앞날이 창창한 아들이 관직에 진출하는 데 있어서 불이익을 받을지도 모른다는 우려를 하지 않을 수 없었을 것이고 그것은 부모의 입장에서는 당연한 걱정이었다. 실제로 실록에는 기녀를 둘러싼 다툼으로 인해 현직에서 파직되는 경우라든가 관직 물망에 올랐다가 기녀와 관련된 전력 때문에 곤란을 겪는 경우가 많이 보인다.

> 掌令 김익렴 등이 아뢰기를, "요즘 사대부들이 법을 무시하고 기생을 첩으로 두는 일이 이미 고질적 폐습이 되었습니다. 더구나 關西와 北路에 있어서는 나라에서 더욱 엄히 금지하고 있는 터인 데도 前 義州府尹 이인(李寅)은 일찍이 定州牧使로 있을 때 남모르게 邑妓를 간통하여 남의 웃음을 많이 사더니 의주로 제수를 받고는 그를 데려다 관아에 두었고 체임하고 돌아올 때는 그를 데리고 함께 와 나라의 법을 안중에 두지 않고 조금도 꺼려한 바 없었으니 이인을 파직하고 서용하지 마소서. 그 밖의 사대부들 중에도 만약 官妓를 첩으로 두고 있는 자가 있다면 모두 각도의 감사로 하여금 엄밀히 조사하여 밝혀내어 전부 刷還하게 하소서." 하니, 따랐다.[19]

> 都承旨 睦來善이 소를 올려 관직을 사퇴하였다. 그러나 임금이 안심하

19)『顯宗改修實錄』4년 10월 17일

고 사퇴하지 말라고 開諭하였다. 睦來善은 睦敍欽의 아들이다. 성품이 편벽되고 급하지만 일을 잘 처리하였기에 臺閣에 들어와서 거의 銓郎에 임명되게 되었으나, 史官으로 있을 때에 癸亥年 反正을 비방하여 논하였기 때문에 배척을 받아 慶尙道都事로 補任되었다. 또 그가 嶺南에 있을 때에 마침 國喪中에 고을 守令의 아들들과 기생을 놓고 다투다가 탄핵을 받아서 다시는 淸路에 들어가지 못하였다가, 이때에 이르러 비로소 顯職에 등용되었다.[20]

이들 기사들은 기녀와의 문제 때문에 징계를 받거나 관직 진출에 있어서 불이익을 받았다는 내용들이다. 그러나 기녀를 둘러싼 여러 폐단을 지적하고 징계하고 또 妓妾을 금한다는 명을 내리고 해도 실제로는 잘 지켜지지 않았고 그래서 英祖는 妓妾을 둔 朝官들에 대한 대대적인 색출작업을 벌여서 큰 소동을 빚기도 하였다.

漢城府에 명하여 기생을 데리고 사는 자를 搜檢하게 하고, 또 잇달아 飭敎를 내려 이를 재촉하였으니, 이에 部官들이 두려워하여 사방으로 나가 搜捕하였다.[21]

밤 三更에 임금이 建明門에 나아가 기생을 데리고 살던 朝官과 儒生들을 잡아들여 혹은 削職시키고 혹은 放逐시켰으며, 武人과 中庶는 決棍하고 혹 加刑하였는데, 여러 軍門과 各司의 관리 및 下隸들이 이로 인해 죄를 얻은 자가 매우 많았다. 또 五部의 관원들을 南間獄에 가두도록 명하였는데, 대개 기생을 데리고 사는 자들을 現告한 것이 적었기 때문이었다.

---

20) 『肅宗實錄』 1년 5월 21일

21) 『英祖實錄』 45년 4월 16일

또 捕廳에 명하여 犯夜한 사람들을 붙잡게 하고, 붙잡지 못한 자는 軍律을 적용하여 시행하게 하였으니, 이에 밤에 붙잡힌 자들이 매우 많아 刑配가 서로 잇달았다.[22]

그러나 기녀를 데리고 사는 사람들을 모두 잡아들이라는 영을 내린 그날 밤에 영조는 그 죄를 물어 삭탈관직을 시키거나 쫓아내는 등 일을 매우 성급하게 처리하였다. 이러한 조치로 인해 영조와 신하들 사이에 논쟁이 벌어졌었고 논의하는 과정에서 영조는 이의를 제기했던 신하들 역시 모두 기첩을 데리고 살고 있다는 고백을 듣게 되었다.

玉堂 李得福 등 6인이 聯名하여 상소하였는데, 대략 이르기를, "지난 밤에 建明門에 臨御하신 일은 중도에 지나친 과실이고, 南間獄에 오부의 관원들을 가둔 것은 이미 해당 율이 아니었습니다. … (중략) … 삼가 원하건대, 전하께서는 조용히 심사 숙고하셔서 마음을 돌이켜 改圖하시어 오래지 않아 회복한다는 뜻을 보이소서." 하였는데, 임금이 말하기를, "이번의 처분은 지극히 온당한 것이었는데, 나에게 과실이 있었는가? 무슨 회복할 일이 있단 말인가?" 하고, 대신과 備局 堂上들을 引見하도록 명하고, 감히 들을 수 없는 전교를 잇달아 내리니, 대신과 여러 신하들이 잇달아 서로 아뢰어 호소하고 또 약을 올리게 하기를 청하였다. 天威가 조금 풀리자 인하여 웃으며 묻기를, "경들도 또한 데리고 사는 기생이 있는가?" 하였는데, 모두 말하기를, "있습니다." 하니, 마침내 햇수를 한정해서 禁令을 설치하고 搢紳과 朝官들은 모두 自現하도록 명하였다. 그리고 무릇 京兆와 五部의 관원으로 기생의 일로 인해 죄를 받은 자들을 아울러 분간하도록 명하였다.[23]

---

22) 앞의 책

기생을 데리고 산다는 죄로 捕廳에서 잡아 올린 사람들에게 엄한 형벌을 내리기도 하였지만 원칙론만을 강조할 수 없다는 것을 절실히 느낀 영조는 결국 朝官들에게는 기간을 정하여 기일 안에 신고하도록 조치하였다.

> 임금이 建明門에 나아가 기생을 데리고 살던 사람들을 잡아들여 크게 처분을 가하였다. 이때에 임금이 더욱 激惱하여 잇달아 嚴旨를 내려 文官·蔭官·武官으로서 搢紳이라고 명칭하는 자들을 대령하도록 명하고, 여러 侍從들을 禁府에 내려 自首하게 하였는데, 자수한 10여 인은 가두지 말라고 명하였다. 그리고 미처 자수하지 않은 자들은 모두 枷鎖를 씌워 南間獄에 가둔 다음 旗鼓·前排 및 刑具를 갖추어 혹은 군법에 의거하여 조리돌림을 하였으며, 혹은 곤장을 때려 형벌을 가하고 모두 沿海와 絶島에 充軍시켰다. 그리고 犯夜한 사람들 또한 기생을 데리고 살던 사람들과 똑같이 결박하여 가쇄를 씌웠다.[24]

그러나 반년 정도가 지난 후 영조는 기첩의 일로 많은 관리들을 처벌한 것이 지나치다고 생각한 듯 자기가 내렸던 처분을 완화하게 된다. 이것은 당시 기첩 관습이 너무도 일반화되어 있었기 때문에 처벌로서 해결할 수 있는 일이 아니라는 것을 깨달았기 때문으로 보인다.

> 기생을 데리고 살다가 죄를 받아 編配되었던 자들을 석방하도록 명하였다. 임금이 歲抄를 보고 문관·무관·유생·음관을 논하지 말고 아울러 특별히 석방하게 하였으니, 대개 지난날의 처분이 너무 지나쳤음을 뒤좇아 후회한 때문이었다.[25]

---

23) 앞의 책, 4월 17일

24) 앞의 책, 4월 20일

이러한 일련의 사건들에 대한 소문은 당대는 물론이거니와 사대부들 사이에서 계속 전승되어 왔을 것이다. 그러므로 이러한 여러가지 사례를 직·간접으로 들었을 것임이 분명한 이도령의 어머니가 아들의 행동에 대해 질책하였을 것임은 당연한 것이었다. 춘향이 비록 성참판의 서녀라고 주장한다 하더라도 법적으로 춘향은 기녀일 수밖에 없었고 이도령의 어머니 역시 기녀로 간주하고 아들을 엄하게 경계시켰던 것이다. 그리고 이것은 수로의 "근본 기생의 딸이옵고 덕색이 장한고로 권문세족 양반네와 일등 재사 한량들과 내려오신 등내마다 구경코자 간청하되 춘향 모녀 불청키로 양반 상하 물론하고 액내지간 소인 등도 십년 일득 대면하되 언어수작 없삽더니… 전관사또 자제 이도령과 백년가약 맺었으니…"라는 보고에 대해 변학도가 대답한 "이놈 무식한 상놈인들 그게 어떠한 양반이라고 엄부시하요 미장전 도련님이 하방의 작첩하여 사자할꼬"라고 한 부분에서도 잘 드러난다. 이전의 여러 사건에 비추어 볼 때 이도령 집과 같은 명망있는 양반가에서 하방 기녀를 첩으로 둔다는 것이 얼마나 위험한 일인가 하는 것을 변학도는 잘 알고 있었던 것이다.

4) 춘향이 卞學道의 수청요구를 거부하며 정절을 주장할 수 있는가

춘향이 변학도와 수청을 둘러싸고 갈등을 일으키며 자신의 정절을 주장하는 이 대목이 춘향전의 주제의식을 가장 강하게 드러내고 있는 부분이다.

춘향은 결국 이도령을 따라가지 못하고 '주렴 걷고 문 닫고' 집에 틀어박혀 지내게 되는데 춘향의 애매한 신분은 신관이 부임하여 수청을 명할 때 큰 문제로 부각될 수밖에 없었다. 변학도가 南原에 부임하여 妓生點考를

25) 앞의 책, 11월 29일

한 후의 「춘향전」 내용이다.

사 또 : 기생점고 다 되어도 춘향은 안 부르니 퇴기야?
수 로 : 춘향 모는 기생이되 춘향은 기생이 아닙니다.
사 또 : 춘향이가 기생이 아니면 어찌 규중의 있는 아이 이름이 높이 뜬다?
이 방 : 춘향이가 기생도 아닐 뿐 아니오라 구등 사또 자제 도련님과 맹약이 중하온데…

변학도는 춘향의 이름이 높이 뜬 것으로 보아 기생이 틀림없다 하고 남원의 衙前들은 춘향이 기생이 아님을 적극 역설하고 있는 것에서도 춘향 신분에 대한 인식이 엇갈리고 있음을 알 수 있다. 변학도는 춘향이 기생이 아니면 어찌 이름이 외간에 널리 퍼져있겠냐고 하면서 기생으로 밀고 나갔다. 반면에 아전들은 춘향이 기생이 아니며 또한 전관사또 자제 이도령이 나중에 데려가겠다고 했고 춘향도 이 약속을 믿고 수절하고 있노라고 했다. 아전들의 이 말은 전반적인 남원 사람들 즉 청중들의 생각을 대변하는 것이라 할 수 있다. 그들은 비록 법적으로는 절차를 밟지 못했다 하더라도 춘향 신분의 정황적 진실을 알고 있던 터이므로 그것을 인정하였던 것이고 또 새로 부임한 관장도 그것을 인정해 주기를 바라는 입장이었던 것으로 보인다.

이처럼 춘향이 官으로부터 신분적인 대우를 받기를 바랐던 데는 당시 청중들의 신분문제도 중요한 요인으로 작용했을 것이라 생각한다. 즉 당시 妾子女가 嫡子女 못지 않게 많았다는 점을 생각할 때[26] 춘향에 대한 청중들의

26) 15세기부터 17세기까지 分財記 50건을 검토해보면 嫡子女는 130명, 妾子女는 95명이며 첩자녀들 중 良妾子女는 16명 賤妾 자녀는 79명으로 나타난다. 이러한 결과는 물론 분재기 50건을 분석한 것이기는 하지만 당시 대체로 이와 비슷한 상황이

바람은 충분히 이해할 수 있는 일이었다. 다시 말해서 춘향이 설사 법적으로는 절차를 밟지 못했다 해도 양반의 庶女였음을 알고 있었던 까닭에 良人의 지위에 있는 것과 다름없이 간주했으며 또한 이도령과의 인연을 지키기 위하여 수절하고 있는 춘향을 인정하고 존중해 주어야 한다고 생각했음을 드러내는 것이다. 결국 춘향의 신분상승은 작자이며 독자인 민중과 하천민 자신들의 신분이동에 대한 욕망의 표출이라 할 수 있다.[27)]

만약 춘향이 법적으로 기녀일 수밖에 없다면 남원사람들도 기녀로 인정하는 것이 현실에 맞는 것이라 할 수 있다. 즉 "춘향이 기녀이긴 하지만 수절하고 있다"고 해야 현실적으로 맞는 말이었다. 그러나 아전들은 춘향이 기생이 아니라고 분명히 말하고 있다. 이것은 정황적 진실과 법의 진실 사이에 괴리가 생겼을 때 정황적 진실 쪽에 무게를 두고 있음을 알 수 있다.

그러나 춘향과 남원사람들의 기대와는 달리 新官은 춘향을 기녀이상으로 생각하지 않았다. 춘향은 자신이 기녀가 아니라고 생각하여 기생점고에 불참하였지만 신관의 판단 여하에 따라 어떻게 될 것인지 불안한 마음을 가졌을 것이다. 그것은 사령 몇몇이 춘향집에 왔을 때 "오늘이 그 점고 날이라더니 무슨 일이 났나부다"라고 하는 대목에서도 알 수 있다. 기생점고에 나가지 않았지만 신관이 과연 어떤 사람인지 자신의 신분과 상황에 대해서 어떻게 대해 줄 사람인지 알 수 없어서 불안했는데 사령들이 부르러 오는 소리를 듣고는 신관이 어떤 분부를 내렸는지 짐작이 갔을 것이다.

결국 관아에 나간 춘향은 처음에는 지아비를 둔 지어미의 입장이라는 것을

었을 것이라 생각해도 크게 틀리지는 않을 것이다. 裵在弘, 「朝鮮時代 妾子女의 財産相續과 存在樣態 - 分財記 分析에 위한 접근 -」『大邱史學』제39집, 大邱史學會, 1990.8

27) 정하영, 「<춘향전> 改作에 있어서 신분문제」, 『춘향전의 탐구』, 집문당, 2003. 73쪽

강조한다. 그러나 관장과 회계나리가 기생으로서의 의무를 계속 강조하였을 때 춘향은 더 이상 기생이 아니라는 주장을 할 수가 없었다. 법적으로는 분명 기생이었고 관에서 그것을 내세울 때 부정할 수는 없었기 때문이다. 그런 점 때문에 관장과 회계나리는 계속 법적인 문제를 거론하며 춘향을 압박하였다. 그래서 춘향은 기생으로서도 忠烈을 실행한 사례들을 열거하며 자신의 수절행위의 도덕적 정당성을 인정받으려 하였으나 받아들여질 리가 없었다. 그래서 춘향은 결국 자기가 지키고자 하는 烈은 양반들이 지키고자 하는 忠과 같은 윤리임을 들면서 저항한다. 즉 누구라도 당시 인간적 존엄과 상통하는 윤리관을 지킬 권리가 있음을 드러낸 것이다.

우선 춘향을 기녀로만 간주한다면 변학도의 수청 분부는 법적으로는 틀린 일이 아니었다.

> 사 또 : … 네 아무리 수절한들 열녀포양 누가 하랴 그는 다 버려두고 네 골 관장에게 매임이 옳으냐 동자놈에게 매임이 옳으냐 네가 말을 좀 하여라
>
> 회계나리 : 네 여봐라 어 그 년 요망한 년이로고 … 너 같은 창기배에게 수절이 무엇이며 정절이 무엇인다 구관은 전송하고 신관사또 연접함이 법전에 당연하고 사례에도 당당커든 고이한 말 내지 마라. 너희 같은 천기배에게 충렬 이자 왜 있으랴

변학도와 회계 나리 등 지배층의 입장에서 볼 때 춘향은 기녀일 뿐이었고 따라서 춘향은 고을관장에게 당연히 복종해야 하고 그렇지 않으면 법에 명시된 벌을 받아야 한다고 생각하였다. 이러한 논리는 당시 법전에 의거해 보건대 당연한 논리였다. 실제로 관장의 수청요구를 거부한다는 것은 어려운 일이었다.

수원기생이 손님을 거절하였다는 죄로 볼기를 맞고 여러 사람들에게 말하기를 어우동은 음란한 것을 좋아하여 죄를 얻었고 나는 음행을 하지 않음으로써 죄를 얻었으니 조정의 법이 어찌 이처럼 같지 아니한가 하니 듣는 사람들이 모두 옳은 말이라 하였다.[28)]

江界 기녀 巫雲이 서울서 온 成進士와 좋아지내다가 성진사가 떠난 후 잊지 못하고 다른 사람과는 사귀지 않겠다고 결심했다. 그래서 쑥으로 양다리를 지져 瘡痕을 만든 다음 다른 사람들에게는 惡疾이 있다고 하고 수청을 들지 않았다. (後略)[29)]

두 기사 모두 기녀로서 수청을 거부한다는 것이 어려웠음을 드러내고 있다. 수원 기녀의 경우에 거부의 죄로 벌을 받았고 巫雲의 경우에는 다른 사람의 수청을 들지 않으려고 일부러 쑥으로 瘡痕을 만들어 惡疾이 있다고 하였다고 한 것이 모두 기녀로서 수청을 거부하기가 어려웠음을 우회적으로 말해주는 것이기 때문이다.

일이 이렇게 되자 춘향은 자기를 良人의 신분으로서 정절을 지키겠다는 주장에서 한 발짝 물러나 기녀로서도 정절을 지킬 수 있고 또 그것을 인정받은 경우가 있었음을 강조한다.

춘 향 : 충효열녀 상하 있소 자상히 듣조시오 기생으로 말합시다 충효열녀 없다 하니 낱낱이 알외리다 해서기생 농선이는 동선령에 죽어있고 서천기생 아히로되 칠거학문 들어있고 진주 기생 논개는 우리나라 충렬로서 충렬문에 모셔놓고 천추향사 하여 있고 청주기생 화월이는 삼청각에

---

28) 成俔,『慵齋叢話』卷六

29) 李羲平,『溪西雜錄』卷之二

올라있고 평양기생 월선이도 충렬문에 들어있고 안동기생 일지홍은 생열녀문 지은 후에 정경가자 있사오니… 기생 해폐 마옵소서

이 발언은 춘향이 자기의 신분을 기녀로 본다 하더라도 정절을 지킬 수 있는 것 아니냐는 의미가 되겠지만 좀 더 확대시켜 보면 낮은 신분의 사람이라 할지라도 인간으로서의 존엄성을 지킬 자유가 있다는 의미로도 해석할 수 있다. 그리고 이러한 점이 춘향전의 중요한 주제라 할 것이다. 어떻든 기녀에게 무슨 충렬이 있냐는 발언에 반발하여 기녀들도 충효열을 실행하고 그에 따라 첩지도 받았음을 춘향은 강조하고 있는데 실제 관련 자료를 검토해보면 춘향의 이 말을 뒤받침 해 주는 기사들이 있다.

成川의 妓生 今玉은 丙子年의 變亂 때 난리를 피하여 골짜기에 깊숙이 숨었다가 賊兵에게 잡혀서 逼迫받게 되자, 몸을 날려 낭떠러지에 떨어져 죽으니, 사람들이 모두 탄식하며 불쌍하게 여겼다. 그런데 이 때에 이르러 道臣이 道內 士民들의 公議를 채택하여 그 일을 陳啓하니, 임금이 명하여 특별히 旌閭하도록 하였다.[30)]

임금이 大臣과 備局堂上을 引見하였다. 都承旨 朴文秀가 말하기를, "海月은 忠淸兵營의 한 명의 賤妓에 불과합니다. 洪霖의 좋아한 바 되었는데 賊變이 발생했을 때 다른 기생들은 적들에게 시종을 든 자가 많았으나 해월만은 남몰래 守直者에게 뇌물을 주고 洪霖의 시체를 찾아내어 (中略) 베로 싸서 장사 지냈습니다. 해월은 기생이 되어서도 능히 이같은 일을 했으니, 비록 義士라 해도 옳을 것입니다. 듣건대, 兵營에서 아직도 免賤을 허락치 않는다 하니, 매우 개탄할 일입니다. 병영에 분부하시어 즉시 면천케 하여 그 의로움을 표창하게 하소서." 하니,

---

30)『肅宗實錄』 7년 3월 3일

임금이 이르기를,

"특별히 免賤해 주고 그 집도 復戶하라." 하였다.[31]

江界 기생 瀟湘梅의 마을에 旌門을 세웠다. 평안감사 金履素가 도내의 효자·열녀를 아뢰니, 전교하기를, "瀟湘梅는 천한 기생으로서 한 지아비를 섬기다가 지아비가 죽자 뒤따라 죽었다 하니, 이처럼 굳은 절개는 전에도 드물게 들은 바이다. 하물며 먼 변방에 사는 사람으로서 이렇게 특별한 행동이 있었으니, 더욱 특례로 褒奬하는 것이 마땅하다." 하고, 이어 旌閭하라고 명하였다.[32]

이상과 같은 기사로 볼 때 기녀 중에서도 節行을 인정받는 경우가 실제로 있었고 춘향도 자기가 들었던 사례들을 들어 그것을 열거하였다. 그러나 그러한 말이 받아들여질 리 없었다. 결국 춘향은 자신이 지키려 하는 烈行이 바로 사대부들이 지켜야 하는 忠과 같은 정신적 근간임을 강변하면서 항거한다. "사람의 첩이 되야 배부기가 하는 법이 벼슬하는 관장님네 망국부주 같사오니 처분대로 하옵소서" "유뷰겁탈하는 것은 죄 아니고 무엇이요"라고 항변하면서 자기는 이도령을 지아비로 둔 지어미의 입장이라는 것을 강조한다.

독자들은 이 부분에서 두 가지 문제를 생각했다고 상정해 볼 수 있다. 즉 춘향이 비록 법적으로는 아니었지만 정황에 의해 응분의 신분과 그에 상응하는 권리를 주장할 수 있느냐, 다시 말하면 관에서 그것을 인정해 주느냐 하는 문제와 누구나 인간으로서의 존엄성을 지킬 수 있는가 하는 문제였다. 이런

31) 『英祖實錄』 6년 12월 20일

32) 『正祖實錄』 13년 1월 10일

점이 독자들로 하여금 춘향의 항거에 관심을 기울이는 이유였다고 생각한다. 인간이 지향해야 할 가치 덕목 중의 하나로 '烈'을 주장하면서도 기생은 정렬을 지키는 것이 가당하지 않다는 멸시적인 태도를 보이는 기득 권력자들에게 춘향과 독자들은 같이 항거하는 것이다.[33]

어느 사회나 생활을 영위해 가는 데 있어서 정황판단과 법적인 조치 사이에 간극이 있게 마련이며 조선 후기 또한 이런 상황은 분명 있었을 것이다. 예를 들어 흉년이 들어서 수확이 줄었는데 정해진 세금은 일정하다고 하였을 때 관에서 과연 그 간극의 문제를 어떻게 처리해 주는가 하는 문제는 백성들의 큰 관심사였을 것이다. 「兩班傳」에서 賤民이 양반의 신분 획득을 포기하게 된 것도 어찌 보면 법적으로는 일정한 재물을 내고 양반의 신분을 취득할 수 있었다 할지라도 郡守 등의 교묘한 술책으로 인한 것일 수도 있다. 당시 백성들은 권력층이 시행하는 법의 적용이 상황에 따라 백성들의 인권과 권익을 침해하고 수탈하고 있다는 점을 실생활을 통해서 너무나 잘 알고 있었기 때문에 춘향의 이 항거에 共感하였을 것이다.

그러나 결국 변학도의 분노는 극에 달하였고 춘향을 엄벌로 다스리겠다고 하였다.

> 사 또 : (대로하여) 이 년 들어라 모반대역 하는 죄는 능지처참 하여있고 조롱관장 하는 죄는 제세율에 율서 있고 거역 관장하는 죄는 엄형정배 하느니라 죽느라 서러마라

변학도와 회계나리의 발언은 춘향을 철저히 기생으로 인정하고 그에 상응하는 법적인 의무를 강조한 것이지만 그러나 아무리 기녀라 할지라도 기녀에

---

33) 설성경, 『춘향전의 통시적 연구』, 서광학술자료, 1994, 442쪽

대한 지나친 처사는 논란이 되기도 하였다. 다음 기사는 수청을 거부하는 기녀를 형벌로 다스리다가 죽음에 이르게 한 관장에 관련된 내용을 싣고 있다.

> 司憲府에서 아뢰기를, "… (前略) … 慶尙右兵使 閔昌基는 본성이 남을 시기하고 정사가 포악하여 營妓 가운데 바야흐로 잉태하고 있는 기녀를 핍박하여 간통하려 하다가 그가 따르지 않는 것에 노여움을 품고 혹독한 형벌을 가하여 즉시 죽게 하였으니, 민창기는 파직시키고 敍用하지 마소서." 하니, 아뢴 대로 하게 하였다.[34]

이 기록에서 경상도 기녀가 잉태한 몸으로 右兵使 閔昌基를 거부하였다고 한다면 경상도 기녀 역시 지조를 생각하고 거부했을 것이라 생각할 수 있다. 민창기가 기녀를 핍박한 것 자체는 법적으로는 어긋나지 않았을지 모르지만 그러한 그 비인간적인 행동 때문에 관직에 진출하지 못하게 조치한 것을 보면 법적인 문제와는 별개로 官長의 행동에 대한 그 책임을 묻고 있는 것으로 보인다. 그러므로 아무리 법적으로는 권한이 있다 하더라도 통치행위에 있어서의 도덕성 또한 관장으로서 갖추어야 할 덕목이라 본 것이다.

춘향전의 독자들도 이같은 기대를 춘향전에 반영하고 있는 것으로 보인다. 실제로 인간적인 양식으로 기녀들의 의지를 존중해준 사례도 많이 있다. 예를 들어 許筠은 梅窓을 만나 서로 시를 짓고 담화를 나누며 깊이 매료되었지만 梅窓이 선배인 李貴의 情人임을 알고 수청 요구는 하지 않았다.[35] 梅窓이 처한 정황을 인간적으로 인정해 준 것이다.

---

34)『英祖實錄』10년 1월 10일

35) 許筠, 漕官紀行,『惺所覆瓿藁』卷 十八

이 작품의 독자들은 주변에서 듣고 본 여러 사례에서와 같이 양반이나 官이 백성들을 인간적인 차원에서 배려해 주어서 법적인 권한과는 별개로 정황적 진실을 인정해 주기를 바란 것이다. 그렇기 때문에 춘향이 정황적으로는 충분히 기생이 아니라 할 수 있는 상황이었고 또한 한 남자와의 인연을 소중히 생각하여 수청을 거부하고 있음에도 불구하고 신관이 명분적인 법의 집행만을 강조하며 수청을 요구하고 징벌을 내리는 것을 보며 독자들은 춘향과 함께 분노를 느꼈을 것이다.

5) 춘향이 '貞烈夫人'에 봉해질 수 있는가

춘향전의 향유층들은 춘향이 정절을 지키는 데 그치지 않고 이어사와 결혼하여 정렬부인에 봉해지는 것으로 결론을 이끌고 있다. 이 부분에 대해 기왕의 연구자들은 기녀가 정렬부인에 봉해지게 구성한 것은 현실적으로는 가능한 일이 아니지만 민중들의 꿈이 투영된 구성이라 생각하였다.

기녀의 신분으로 그래도 안정된 생활을 할 수 있는 길은 기첩이 되는 것이었다. 기녀들이 첩이 되면 기녀로서 지녀야 하는 定役을 면할 수 있었기 때문이다.

> 義禁府의 當直官에게 명하여 기생 紫洞仙·間雪梅·竹間梅·약계춘(藥堦春)과 新白丁의 딸 寶金을 각각 곤장 90대씩 때리고, 기생 梅捎月을 곤장 80대를 때려, 모두 그 고을로 돌려보내어 苦役에 定屬시키고, 보금은 禮賓寺에 使役하도록 정하게 하였다.[36]
>
> 興陽君 申雲이 아뢰기를, "전일에 하사 받은 亂臣 南怡의 첩 卓文兒는

36) 『世宗實錄』 9년 5월 9일

> 御前에서 呈才를 하던 자이므로, 신이 감히 家婢로써 부릴 수가 없습니다. 또 이 앞서 기생 月中梅와 초요갱(楚腰輕) 등이 亂臣의 첩들로서 모두 다 本役에 그대로 定屬되었으니, 청컨대 이를 改定하소서."하니, 의금부와 장예원에 전지하기를, "申雲에게 하사해 준 기생 卓文兒는 그대로 鎭海官婢로 定屬하라." 하였다.[37]

이들 기록에서 기녀들이 보호자 내지는 후원자 역할을 하던 양반과 인연이 끊어졌을 때 本邑으로 보내져 定役에 처해지는 것으로 보아 지체 높은 양반의 사랑을 받게 되면 그 비호를 받아 기녀의 의무를 하지 않아도 되었음을 알 수 있다. 『實錄』의 기록을 보면 그런 행위가 법에 어긋난다 하여 논란이 많았던 것으로 보이지만 현실적으로는 그런 경우가 많았던 것으로 보인다.

> 掌令 金斗南이 상소하기를, "官妓를 刷還하는 法을 거듭 엄중히 하지 않은 것이 아닌데, 巨室로서 官妓를 率蓄한 자들이 잠깐 보냈다가 갑자기 데려가 國法을 무서워하는 마음이 전혀 없으니, 이미 매우 놀라운 일입니다. 北路의 한 기녀가 외출함에 있어서는 方伯의 內行과 길에서 서로 싸우기까지 하여 도로가 왁자하게 떠들썩하여서 狼藉할 뿐만이 아니었다 하니, 정말 紀綱이 있다면 그대로 놓아 둘 수 없습니다. 해당 方伯과 守令으로서 금단하지 못하고, 다른 데로 보내버리도록 내버려 둔 자는 重罪에 따라 죄를 처단한 뒤에야 法令이 시행될 수 있을 것입니다." 살펴보건대, 北路의 官妓가 길에서 다툰 일은 平川君 申琓의 첩을 가리킨 것이다. 대개 그 집을 왕래할 때에 길에서 道臣 洪萬朝의 가족을 만났는데, 신완의 집 奴僕으로서 북로의 관기를 데리고 가던 자가 그들과 서로 싸웠다고 하니, 나라에 법이 있다고 할 수 있겠는가? 듣는 사람이 해괴하게 여기지 않는

---

37) 『睿宗實錄』 1년 2월 8일

이가 없었으니, 金斗南의 말은 진실로 허망한 말이 아닌 것이다.[38]

이 기사를 보면 平川君 申玩의 관기 출신 첩이 길에서 관찰사 부인의 행차와 마주쳐서 싸움이 일어났다고 하였는데 평천군의 총애를 받아서 그랬는지 모르지만 당시 신분적 상황으로 볼 때 매우 방자한 태도를 보이고 있음을 알 수 있다.

그런데 때로는 특별한 사연으로 인해 기첩보다도 더 높은 신분상승을 이루는 기녀의 경우도 있었다. 成世昌과 평양기녀 紫鸞과의 일화에서 이런 경우를 볼 수 있다.

成俔이 평안도 관찰사로 있을 때 그 외아들 世昌이 紫鸞이라고 하는 동갑의 한 기녀와 좋아지냈다. 성현이 서울로 오게 되자 세창은 별 말 없이 따라왔고 얼마 후 과거공부를 하러 山寺로 들어갔다. 그러다가 눈 내리고 달빛 밝은 어느 날 세창은 자란에 대한 그리움을 참을 수 없어 그 길로 아무도 모르게 평양으로 향했고 행방을 찾을 수 없었던 가족들과 동료들은 세창이 虎患을 당한 줄로 알고 슬퍼하였다. 세창은 평양으로 가느라 행색이 초췌해졌고 그래서 자란의 어머니는 세창을 박대하였다. 자란은 그 때 새로 부임한 관찰사 아들의 총애를 받아 밖으로 나오지 못하는 처지였다. 세창은 전에 잘 알던 衙前의 집에 의탁하게 되었는데 눈이 많이 오는 날 아전의 주선으로 눈을 쓰는 일꾼들 틈에 섞여 관아에 들어 갈 수 있었다. 세창은 자란을 멀리서나마 볼 수 있었고 자란 역시 옛 情人인 세창을 보았다. 자란은 부친 산소에 성묘하러 간다 핑계를 대고 나와 세창과 함께 陽德과 孟山 근처로 도망가 숨어 살았다. 자란은 가져온 패물을 팔아 생계를 꾸려 가면서 세창이 과거 공부에 전념하게끔 하였다. 결국 세창은 자란의

38) 『肅宗實錄』 31년 4월 13일

지극한 정성에 힘입어 과거에 장원으로 급제하였고 부모와도 감격의 해후를 하였다. 임금은 이 사연 을 듣고 그 節義가 가상하다 칭찬하면서 賤娼으로 대할 수 없으니 副室로 올리라 명하였다.[39)]

이 기사에서는 기녀 자란이 성세창에 대한 정성스러운 내조를 인정받아 임금으로부터 특별히 '副室'로 인정받고 있음을 보여준다. 그리고 다른 문헌에도 이와 비슷한 내용의 기사가 보이는데 여주인공의 신분이 후실로 되어 있기도 하다.[40)] 이런 기사의 예로 보아 기녀 출신 여성이 賤妾 신분의 '妓妾'이 아니라 임금께서 특명으로 인정한 정식 '副室'이 되었다든가 또는 '後室'이 되었다는 이야기들이 민간에 많이 전해져 왔음을 알 수 있다.

이 정도만 되어도 기녀로서는 상당히 높은 신분 상승인데 조선 후기의 경우에 기녀로서 淑夫人 첩지를 받은 실제사례도 있어 관심을 끈다.

龍川 출신의 기녀 楚月이 沈熙淳[41)]의 첩이 되었는데 당시 심희순의 관직에 의해 淑夫人[42)] 첩지를 받았다는 것이다. 이 같은 사실은 초월이 한문으로

---

39) 李源命, 『東野彙輯』 卷六

40) 이와 비슷한 내용이 『靑邱野談』 卷五 「金丞相窮途遇義妓」에는 金宇杭이 고생할 때 도와준 기녀가 있었는데 肅宗이 듣고 그 기생을 後室로 삼게 했다는 내용이 있고 『記文叢話』 卷三에도 어느 재상과 그 아들의 이야기라고 하여 비슷한 이야기가 실려 있다.

41) 沈熙淳(1819-1864)은 본관은 청송이고 자는 皞卿이며 호는 棟庵이다. 正祖의 총애를 받았던 沈象奎(1766-1838)의 손자이고 沈正愚(1793-1874)의 아들이다(정우에게는 입양된 것이고 생부는 宜弼임). 1837년에 진사에 오르고 1844년에 縣監으로 增廣文科에 丙科로 급제하였으며 1846년(憲宗 12년)에 抄啓文臣에 발탁되었다. 같은 해 進賀兼謝恩使의 書狀官으로 청나라에 다녀왔는데 그 과정에서 초월을 만났다. 이후 三司의 여러 직을 거쳐 1856년(철종7년)에는 吏曹參議 1857년에는 大司成을 지냈다. 글씨에 뛰어나 金正喜의 칭찬을 받았다고 한다. 弘文學士에 추증되었다. 심희순의 부인 豊山 洪氏(1817-1885)는 牧使 洪翰周의 딸이며 外祖는 判書 安東權常鎭이다. 홍한주는 시인으로도 유명하여『海翁詩藁鈔』라는 시집을 남기고 있다. 슬하에 자식이 없었고 聖澤의 아들 相萬(1846 -?)을 養子로 삼았다.

임금께 당시 時弊에 대하여 조목조목 지적하여 올린 상소문을 통하여 확인할 수 있다. 초월은 평안도 서쪽 끝에 있는 용천의 기녀로서 어릴 때 부모를 잃고 외삼촌의 수양딸이 되어 온갖 고생을 하며 자라다가 기녀가 되었다. 15세 되던 해에 書狀官으로 중국에 다녀오던 심희순의 눈에 들어 그의 첩이 되었는데 심희순의 관직에 따라 숙부인의 직첩을 받게 된 것이다. 그러나 이것은 당대 법전에 의하면 어긋나는 일이었고 이 점에 대해서는 초월 자신도 부당함을 지적하고 있다.

> 전하께오서 일개 창녀의 몸에 聖愛를 과람하게 내리시어 淑夫人이란 직첩을 새긴 紅牌마저 내려 주셨으니 신이 이를 받들던 날 모골이 송연하고 먹고 자는 일이 안정이 안 되오며 마치 살얼음을 밟는 듯한 느낌이었습니다… 법전에 따르면 夫人직첩은 곧 士族의 딸이요 朝家의 妻임이 당연하옵니다. 이렇게 생각하면 신의 몸으로 만만부당하고 불가한 것입니다. … 전하께서 재삼 생각하시어 職牒을 다시 거두어 주시면 은혜는 기워 입은 것이오니 엎드려 따르겠나이다.[43]

이러한 일은 당시 閥閱 가문의 위세가 왕실을 능가하고 있었던 상황이기 때문에 가능했던 일로 보인다. 즉 이들 가문 출신의 당사자들이 요청할 경우에 왕도 거절할 수 없었던 것으로 보인다. 더구나 초월의 상소문의 내용에 의하면 당시 憲宗도 기녀에게 현혹되어 정사가 매우 혼란스러웠다 하는데 왕의 이러한 약점 때문으로도 심희순의 요청을 받아들일 수밖에 없었을 것으로 생각된다. 물론 심희순의 부인은 홍씨였음을 보아 초월이 정실부인이 된

42) 정3품 관리의 처에게 내리는 牒旨

43) 「龍川妓楚月時弊上疏文」

것은 아니며 초월에게 첩지를 내린 것이 남편 심희순의 정치적 위상을 과시하려 한 데 목적이 있을 수도 있다. 그러나 어떻든 기녀 출신 첩으로서 부인 첩지를 받는 경우가 있었던 것만은 사실이었다.

이러한 현실들을 목도하거나 전해 들었던 민중들은 기녀 출신의 여성이 부인의 작첩을 받는 것이 법적으로는 가능하지 않은 일이었지만 임금의 특별한 허락이 있으면 가능하다는 것을 들어서 알았었고 그래서 작품 속에서 춘향의 신분상승을 설정할 수 있었던 것이다. 춘향전에서 물론 비현실적인 구성이 있다는 것 - 이도령이 장원으로 급제한 후 곧 어사로 제수되는 것 등 - 은 부인할 수 없는 것이지만 적어도 기녀 춘향이 '貞烈夫人'이 되는 것 자체는 '현실의 반영'이었다고 할 수 있다.

3. 마무리

춘향의 신분이 기생인가 아닌가 하는 문제는 항상 춘향전 연구가들에게 숙제와 같은 것이었다. 춘향 자신은 물론 남원의 아전들은 춘향이 기생이 아니라 했고 官長을 비롯한 官쪽 사람들은 춘향을 기생으로 간주하고 수청을 요구하였기 때문이다. 이처럼 춘향의 신분문제에 있어서 양면성을 보이는 것이 기녀에 대한 일반적인 상식의 관점에서 보면 혼란스럽게 보일 수도 있으나 당대 기녀와 관련된 풍습과 관행, 사회적 인식 등을 살펴보면 어느 정도 이해할 수 있는 부분이다. 즉 기녀가 자녀를 낳은 경우 그 기녀를 같이 데리고 살았다면 그 집 주인의 자녀로 인정하고 良人의 신분을 부여하였던 관행에 의해 춘향은 良人의 신분을 부여받을 수 있는 자격을 지니고 있었다.

춘향은 성참판과 월매가 같이 살면서 낳은 딸이고 성참판도 그것을 인정한 것으로 되어 있기 때문이다. 그러나 춘향은 마지막 단계인 법적인 절차를 거치지 못했다는 점에서 사회적으로 인정받는 良人의 신분을 획득하지는 못했던 것이다. 이 때문에 춘향은 정황으로 보아서는 기생이 아니지만 법적으로 보아서는 기생일 수밖에 없었던 것이다.

이러한 괴리가 수청을 둘러싼 춘향과 관장의 갈등을 야기하였고 독자들에게도 이러한 갈등관계가 지대한 관심의 대상이 되었던 것이다. 이러한 과정을 바라보는 독자들의 관심사는 비단 춘향이란 기녀(법적인)에게만 국한되는 것도 아니고 또 수청이라는 남녀관계에만 국한되는 것은 아니었다고 생각한다. 독자들은 公權力의 상징인 官長과 법적으로는 보장받지 못하지만 정황에 의하여 충분히 신분상의 자격을 갖추고 그에 상응하는 권리를 찾으려고 하는 한 기녀의 대립관계를 바라보고 있는 것이다. 그들은 나라의 법을 집행하는 관장이 그러한 이중적 상황에 처해있는 백성 춘향을 어떻게 대우하고 있으며 또 그에 대항하여 춘향이 어떻게 자신의 권리를 찾아가고 있는지에 대해 깊은 관심을 보였다. 그리고 이러한 관심은 삶에 있어서의 현실의 여러 가지 어려움 - 법만으로는 해결할 수 없는 여러 가지 정황에 대해 나라와 법이 좀 더 현실을 감안한 융통성 있는 정책을 폈으면 하는 바램을 표현하는 것이었다. 즉 무조건적인 법의 적용보다는 현실과 정황을 감안한 인간적 통치자세를 기대하였다고 생각한다.

춘향전에 나오는 기녀 관련 사례들은 당대 독자들이 주변에서 보고 들었던 '사실'들이다. 그들은 '사실'에 입각한 여러 사례들을 춘향전의 구성에 적용함으로써 춘향이 자신의 권리를 주장하고 소망을 달성해 나가도록 하였으며 그 과정을 지켜보면서 자신들의 인간적 권익 보장과 미래의 소망 실현도 같이 이루는 듯한 희열을 느꼈을 것이라 생각한다.

■ 참고문헌

完板「烈女春香守節歌」

『朝鮮王朝實錄』

『經國大典』

『大典會通』

成俔,『慵齋叢話』

許筠,『惺所覆瓿藁』

金敬鎭,『靑邱野談』

李源命,『東野彙輯』

李羲平,『溪西雜錄』

「龍川妓楚月時弊上疏文」

具玩會,「朝鮮 中葉 士族孽子女의 贖良과 婚姻 -『眉巖日記』를 통한 사례검토」『慶北史學』 제8집, 경북 대학교 사학과, 1985.9

김동욱,「李朝妓女史 序說」,『亞細亞女性硏究 5집』, 아세아여성문제연구소, 1966, 87쪽

김동욱, 권영철, 김태준 공편,『春香傳寫本全集』, 명지대학교 국어국문학과 국학자료간행위원회, 1977

박희병,「춘향전의 역사적 성격분석」, 김병국 김대행 김진영 정병헌 편『春香傳 어떻게 읽을 것인가』, 서광학술자료사, 1994

裵在弘,「朝鮮時代 妾子女의 財産相續과 存在樣態 - 分財記 分析에 위한 접근 -」『大邱史學』 제39집, 大邱史學會,1990.8

설성경,『춘향전의 통시적 연구』, 서광학술자료, 1994,

정하영,「<춘향전> 改作에 있어서 신분문제」,『춘향전의 탐구』, 집문당, 2003.

조광국,「법제적 질서와 사회경제적 변화의 충돌 측면에서 본 춘향전(완판 84장본)의 작품적 가치」,『국어교육 108호』, 한국국어교육학회, 2002.6,

신분상승의 전략적 측면에서 본 춘향

권우행

1. 서 론

「춘향전」은 우리 고소설 작품 중에서 그 어떤 작품보다 많은 연구와 논의의 대상이 되어 왔다. 특히 그 주제에 관한 연구는 더욱 풍성한데, 「춘향전」의 주제에 관한 기존의 연구는 단일하게 파악할 수 없을 만큼 다양한 방향에서 논의되어 왔다.[1] 「춘향전」의 텍스트 속에는 여러 가지 중요한 의미들이

1) 김동욱, 『춘향전연구』, 연세대학교 출판부, 1976.
吳世榮, 「春香의 性格 變化」, 『국어국문학 제70권』, 국어국문학회, 1976.
김동욱 · 김태준 · 설성경, 『춘향전 비교연구』, 삼영사, 1979.
정출헌, 「<춘향전>의 인물형상과 작중역할의 현실주의적 성격」, 『판소리硏究』 제4집, 판소리 학회, 1993, p.102.
박희병, 「춘향전의 역사적 성격 분석 - 봉건사회 해체기적 특징을 중심으로-」, 『전환기의 동아 시아 문학』, 창작과 비평사, 1985, p.90.
신동흔, 「민의 입장에서 본 춘향전의 주제」, 고전문학연구회 161차 연구발표회 발표문, 1993.

복합적으로 어우러져 있는 바, 기존의 연구에서는 그러한 주제적 특성을 '양면성', '다양성', '다층성' 등의 개념으로 설명하고 있다. 지금까지 논의된 「춘향전」의 주제는 크게 네 가지 갈래로 요약해 볼 수 있는데, 그것은 '사랑', '정절', '신분갈등', '관민갈등'이라는 네 가지 범주로 분류된다.[2] 주제의 이러한 유형적 분류는 「춘향전」의 중심인물인 '춘향'을 어떻게 바라볼 수 있는가 하는 관점의 차이에서 비롯되는 것이다. 이는 곧, 「춘향전」의 주제적 특성으로 지목되는 '다중성'과 '다양성'이 '춘향'이라는 인물의 복합적인 성격에서 비롯되고 있음과 무관하지 않다. 따라서 「춘향전」의 핵심적 주제에 접근하기 위해서는 '춘향'이라는 인물에 대한 고찰이 필수적이라 할 것이다.

「춘향전」이 연구자들에게 지속적인 관심의 대상이 되어 온 것은 그것이 단순히 남녀의 연애담에 머무르지 않고, 상층신분의 이도령과 하층신분인 춘향이 맺어지는 상하 신분의 결연담이라는 데 그 원인이 있다. 「춘향전」에 있어 인물의 신분적 차이는 이 작품을 이해하는 데 매우 중요한 역할을 하는 것이다. 「춘향전」의 수많은 이본들 역시 이도령과 춘향의 신분 차이를 통해 그 계통이 분류될 수 있는데, 춘향이 기생으로 설정된 기생계와 양반의 설정되어 있는 비기생계로 나누어진다.[3]

그러나 여기서 미리 밝혀둘 것은 춘향의 신분이 기생인가 아닌가는 본 논의에서 그다지 중요치 않다는 점이다. 본고의 중심적인 논의는 춘향의 신분적 출신에 있는 것이 아니라 신분 상승의 과정에 있다. 물론 기생이 아닌 춘향을 대상으로 신분 상승의 과정을 고찰하는 것은 문제제기 자체에 모순이

---

2) 신동흔, 「춘향전 주제의식의 역사적 변모 양상」, 『판소리연구』 제8집, 판소리학회 1997.

3) 설성경 역주, 『한국고전문학전집 12, 춘향전』 고려대 민족문화연구소, 1995, pp. 9-10

있다고 주장할 수 있으나, 태생적 신분이 비기생인 이본 속에도 그의 사회적 신분은 상층과 대립되는 하층에 속해 있기 때문에 이러한 논의는 그 정당성을 확보할 수 있으리라 본다.

본고의 목적은 춘향의 시작이 어떠했는지보다 신분 상승의 과정이 어떠했느냐를 살피는 것이며, 신분 상승의 과정 속에서 그 주체인 춘향은 그것을 위해 어떠한 준비를 했는지 밝히는 데 있다. 이를 위해 본고에서는 비기생계 이본들을 중심으로 춘향의 신분 상승 전략을 통해 그녀의 성격을 파악해 보려고 한다.[4)]

기존의 논의에서 춘향의 인물 성격에 관한 탁견들이 제시되었다. 그 가운데 이상택과 오세영의 주장은 상당히 타당하다고 여겨진다. 이상택은 춘향이 자신의 선택 의지에 따라 행동 체계를 전개하는 근대적 인간형이며, 당시 사회 계급 구조의 가변성을 시현한 인물로 보았다. 춘향은 이러한 인물로 설정되었기 때문에 이도령과의 애정을 달성함과 동시에 상류사회로 진출하려는 욕망, 즉 성취 욕구를 달성하게 되었다는 것이다.[5)]

또 한 사람의 논자인 오세영은 춘향의 무저항적 행위(신분상승)와 저항적 행위(애정)가 가지는 모순성에 대한 지금까지의 평가가 어느 한 쪽으로 치우쳐 있어 춘향의 성격을 입체적 · 종합적으로 다루고 있지 못하다고 지적하였다. 이러한 문제를 해결하기 위해 춘향을 평면적 인물이 아닌 입체적 인물로 설정하여 작품 속에서의 성격 변화를 성격(character)이 개성(Personnality)으로 변화한 것으로 보았다. 따라서 저항은 개성이 표현이며 무저항은 성격의

---

4) 본고의 논의는 비기생계본인 '完西溪書鋪本(민중서관)'을 주자료로 삼을 것이며, 기생계본으로 「남원고사」 및 이고본 등을 방계자료로 삼을 것임을 밝힌다.

5) 이상택, 「성격을 통해 본 춘향전」, 『춘향전 어떻게 읽을 것인가?』, 사광학술자료사, 1993.

표현이라는 것이다.[6]

하지만 이러한 논의들은 상당한 성과를 보여 주었음에도 불구하고 작품을 전체적으로 조망하지 못했다는 점에서 아쉬움을 남긴다. 이상택의 논의는 작품의 후반부에 집중되어 있으며, 오세영의 논의는 작품의 전반부에 주목하여 전개되고 있다. 따라서 본고는 이러한 선행 연구의 긍정적 시각을 수용하면서 선행 연구에서는 미처 다루지 못한 점을 중심으로 논의를 전개하고자 한다.

「춘향전」은 춘향이라는 인물을 중심으로 전개되는 이야기이다. 그렇다면 춘향은 어떠한 인물이며, 그녀의 의식과 행동은 어떤 의미를 가지는 것인가? 「춘향전」을 서사전개 구조에 따라 크게 두 부분으로 나누어 보면, 춘향이 이도령을 만나 사랑을 하는 전반부와 이도령과 이별 후 변학도가 춘향에게 수청을 강요하고, 이도령이 암행어사가 되어 돌아오는 후반부로 나눌 수 있다.

그런데 이렇게 나눠지는 두 부분은 춘향의 신분 상승 과정이라는 측면에서도 분명한 차이를 보인다. 전반부에서는 춘향이 신분 상승을 도모하기 위한 개인적 준비기로 그녀는 班家의 규수가 갖춰야 할 다양하고 풍부한 지식을 쌓아 이도령을 관상법으로 살펴본 후 性을 매개로 하여 결연한다. 그리고 후반부는 사회적 공인기로 양반 자제와 결연한 춘향이 변학도라는 사회적 횡포에 맞서 烈 의지를 굽히지 않음으로 해서 자신의 강인한 烈 의식을 변학도라는 인물을 통해 사회적으로 확대시켜 결국은 국왕으로부터 공인받는 과정이다.

여기서 우리는 춘향이라는 인물이 자신의 신분 상승을 위해 얼마나 치밀한

---

6) 오세영, 위의 논문

전략으로 임했는지 주목할 필요가 있다. 개인적 측면에서 그녀의 준비는 기생문화는 물론이고 반가 규수들의 영역까지 배우고 익히는 광역성을 보였다. 이 과정에서 그녀는 타고난 미모와 폭넓은 지식과 충분한 富를 두루 갖추었다. 그리고 사회적 측면에 있어서도 조선 후기 신분 사회의 가변성을 통찰하는 시각[7]과 사회적 억압으로 작용하는 烈 이데올로기를 자신의 신분 상승을 위한 도구로 활용하는 뛰어난 전략을 보여주고 있다.

결국 춘향은 사회적 억압과 불평등의 기제로 작용하는 기존의 가치이념을 새로운 방향으로 역전시켜 그것을 자신의 목적을 이루기 위한 방법으로 삼아 당시 사회의 구조적 모순을 폭로하고 저항하고 있다. 그녀는 모순된 사회 구조를 자신의 입장에서 재배치하여 신분의 상승과 숭고한 사랑을 성취하기 위해 치밀한 계획을 세워 실행한 뛰어난 전략가였다.

본고는 「춘향전」을 통해 이러한 춘향의 인물 캐릭터를 살펴 「춘향전」 해석의 폭을 한층 높이고자 한다. 이제부터 춘향전을 전반과 후반의 두 부분으로 나누어 서사전개 과정의 각 부분에 나타나는 춘향의 행동과 의식을 살펴봄으로써 춘향이라는 인물의 성격을 파악해 보도록 하자.

2. 신분상승을 위한 춘향의 전략

조선 사회는 엄격한 신분 사회였다. 하지만 그 엄격함이 조선조 전시대에 걸쳐 동일하게 작용하지는 않았다. 주지하듯 조선 후기 사회는 전기·중기와

---

7) 이상택, 위의 논문.

구별되는 새로운 양상으로 전개되면서 계급구조의 변화와 분화가 다양하게 전개된다. 그 중 가장 뚜렷한 변화는 신분의 상승을 도모하고 그것을 실현시킨 사람들이 많았다는 점이다. 이러한 측면에서 조선후기 신분 상승의 과정을 크게 범주화해 보면 대략 다음과 같은 네 가지의 경우로 요약할 수 있다.

첫째, 천민인 노비가 면천되는 경우이다. 이는 임·병란 동안 국난극복과 사직의 안위를 위해 혁혁한 공을 세운 사람들에게 주어진 혜택이었다. 이러한 과정을 통해 신분상승을 이룬 인물은 굳이 거론치 않아도 되리라 본다.

둘째, 노비가 도망하여 신분을 변화시킨 경우이다. 조선 후기 도망노비들의 문제는 심각한 사회문제였다. 이것은 서사문학의 중요한 테마로 다루어졌는데, 야담·전·소설 등의 여러 장르에 다양하게 등장한다.

셋째, 공명첩 구매를 통해 신분 상승을 하는 경우와 왕성한 상업 활동으로 경제적 부를 축적한 하층민이 몰락한 양반으로부터 그 신분을 사서 신분 상승을 꾀한 경우이다. 연암의 「양반전」에 드러나 있는 내용은 조선후기의 이러한 사회상을 그대로 반영하고 있다.

넷째, 기생과 양반의 혼인으로 인한 신분 상승이다. 기생들은 양반과의 혼인을 맺어 속량을 받고 신분의 변화를 꾀하기도 하였다. 이러한 양상은 많은 소설 속에서 발견되는데, 「주생전」에 등장하는 배도의 경우가 대표적인 예이다.

이처럼 조선후기 사회에서 신분의 상승을 시도할 수 있는 방법은 비교적 여러 가지였다. 이는 당시 사회가 당면한 국내외의 복잡한 상황과 피지배층의 의식 변화에서 그 원인을 찾을 수 있을 것이다. 이러한 신분질서의 가변성은 춘향에게 그 무엇보다 좋은 기회를 제공해 주었다. 그리고 춘향은 그 기회를 놓치지 않고 자신의 목적을 달성하는데 그것을 잘 활용하였던 것이다.

춘향의 신분 상승은 위의 유형 중 네 번째인데, 이와 같은 유형의 예는 다른 여러 작품 속에서도 찾을 수 있다. 「구운몽」의 계섬월과 양소유의 결연, 「정향전」의 정향과 양녕대군 등이 그러하며, 문헌설화에는 그 예가 너무나 많이 존재한다. 따라서 자신의 신분 상승을 삶의 중요한 목표로 설정한 춘향은 당시의 사회적 현실을 직시하고 있다가, 자신의 입장에서 가장 타당한 방법이 무엇인가를 잘 선택하여 그것을 위해 철저히 준비한 인물이다.

그러므로 이후부터는 춘향이 선택한 신분 상승이 어떠한 방법을 통해 실현되어 지는지를 밝혀보는 것이 본 연구의 중요한 과제일 것이다.

1) 知性으로 무장한 춘향의 전략

춘향의 신분 상승 전략의 시작은 바로 '修身'에 있다. 자신을 당시 사회에서 최고의 인물로 만들어 스스로의 가치를 높이고자 하는 것이 그녀의 생각이었다. 이러한 그녀의 의식과 행동은 「춘향전」의 여러 곳에 나타난다. 李古本의 경우 춘향의 방에는 『사서삼경』·『예기』·『춘추』 등이 쌓여 있는 형상을 묘사하고 있는데, 이것은 춘향의 학문 수준을 알려 주는 중요한 척도가 될 수 있다. 자신의 신분이 반가의 규수가 아님에도 불구하고 그녀는 사대부 양반들의 영역까지 폭을 넓혀 지식을 축적하였던 것이다. 다음의 인용문은 이러한 춘향의 학문적 접근에 대한 실상을 잘 드러내 준다.

> "저거슬질너닐제어려셔잔병조차그리만코칠세의소학일켜수신제가화순심을난낫치가라치니씨가잇난자식이라만사를달통이요삼강힝실뉘라셔니딸리라ᄒᆞ리요"[8)]

---

8) 「烈女春香守節歌」(完西溪書鋪, 民衆書館) p.56.

인용문에서도 드러나듯이 춘향은 『소학』을 읽어 修身과 齊家를 익혔으며 三綱五倫을 실천함에 있어 추종을 불허 할 정도로 완벽한 여성이었던 것이다. 이처럼 그의 학문 수준을 알려주는 부분은 곳곳에서 발견할 수 있다.

또한 광한루에서 이루어진 춘향과 이도령의 첫 만남은 춘향의 지적 수준을 극명히 보여준다. 우연히 바라본 춘향의 자태에 반해 안달하던 이도령은 춘향이 여염집 여인이 아닌 '기생의 딸'임을 인지하고는 춘향에게 적극적인 구애를 펼친다. 그러나 춘향은 이도령의 구애를 거절한다.

> "츙신은불사이군이요열여불경이부졀은옛글으일너슨이도련임은귀공자요소녀는쳔쳡이라한번탁정한연후의인하야바리시면일편단심이ᄂᆡ마음독숙공방홀노누워우는하는이ᄂᆡ신세ᄂᆡ안이면뉘가길고글런분부마옵소셔"[9]

춘향은 자신을 기생의 딸로 바라보는 이도령의 요구를 거절한다. 이는 자신과 이도령의 관계를 자신의 입장에서 정립하고자 하는 데서 비롯된 것이다. 그리하여 춘향은 자신의 뜻을 실현시켜줄 대상을 스스로 선택하고자 자신의 남성상을 이야기한다. 즉, 자신은 여느 노류장화처럼 선택당하는 존재가 아니라 선택하는 존재라는 것을 강하게 제시함을 볼 수 있다.

처음에 춘향은 이도령의 구애를 일단 거절하긴 했지만 그녀의 반응을 보면 이도령의 모습에서 연모의 감정을 느낀 듯이 보이기도 한다. 그러나 이 역시 단순한 감정의 발로로만 보기에는 어렵다.

> "잇ᄯᅢ춘향이추파을잠감들어이도령을살펴보니금셰의호걸리요진세간기남자라천정니놉파스니소년공명할거시요오악이조귀ᄒᆞ니보국충신될거시

9) 「烈女春香守節歌」(完西溪書鋪, 民衆書館) p.30.

ᄆᆡ마음의흠모하야ᄋᆡ미을수기고엄실단좌ᄲᅮᆫ분이로다"[10]

위에서 보듯이 춘향이 이도령을 우러르는 감정이 생긴 것은 그의 인간적 면모가 뛰어났다기보다는 장차 귀히 될 것이라는 知人之鑑 때문이다. 춘향이 본 것은 순수한 연모의 감정만이 아니라 "보국충신될거시ᄆᆡ"라는 이도령의 잠재력이다. 이것은 춘향이 자신의 관상법을 통해 이도령의 인물됨을 알았음을 나타내는데, 이는 춘향이 단순히 이도령을 외양으로 판단하는 것이 아니라 그의 내면적 잠재력까지 읽을 수 있는 눈을 가졌음을 보여준다.

다음은 춘향이 이도령에게 제시한 그의 이상적 남성상이다. 그녀의 이상적 남성은 단순히 양반 자제라는 신분에 그치는 것이 아니라 인간적 면모와 도덕 군자의 자질까지 갖춘 완벽한 인물상이다.

> "쇼쳡의 ᄯᅳᆺ을 간ᄃᆡ로 ᄡᅥᆨ거 마음ᄃᆡ로 인연을 못 ᄆᆡᆺᄉᆞ오리이다. 쳡의 원ᄒᆞ는 바는 뎨요도당 시젹 쇼부 허유 ᄀᆞᆺᄒᆞᆫ ᄉᆞ람이나, 월나라 범소ᄇᆡᆨ ᄀᆞᆺᄒᆞᆫ ᄉᆞ람이나, 그러치 아니면 한광무젹 엄ᄌᆞ릉 ᄀᆞᆺᄒᆞᆫ 니나, 당나라 니광필 ᄀᆞᆺᄒᆞᆫ ᄉᆞ람, 딘나라 샤안셕 ᄀᆞᆺᄒᆞᆫ 니나, 삼국젹 쥬공근 ᄀᆞᆺᄒᆞᆫ 니나, 송나라 문천상 ᄀᆞᆺᄒᆞᆫ 니나, 이런 ᄉᆞ람 아니오면 ᄃᆡ원슈인 빗기 ᄎᆞ고 금단의 놉히 안ᄌᆞ 천병만마ᄅᆞᆯ 지휘간에 너허 두고 좌죽진퇴 ᄒᆞ옵시는 ᄃᆡ장낭군이 원이오니, 만일 그러치 아니ᄒᆞ오면 ᄇᆡᆨ골이 진퇴되여도 독슉공방ᄒᆞ오리이다."[11]

이것이 춘향이 진정으로 바라는 남성상이다. 자기의 뚜렷한 주관 속에 설정된 이러한 남성상은 현재의 자신에게는 가당치 않은 존재라는 것을 알고

10) 「烈女春香守節歌」(完西溪書鋪, 民衆書館) p.30.

11) 설성경 역주, 「남원고사」, 『한국고전문학전집 12』, 고려대학교 민족문화연구소, 1995, p.262.

있지만, 그러한 존재가 아니면 절대 결혼하지 않겠다는 강한 의지를 내포하고 있다. 여기서 우리는 현실 속의 춘향과 이상 속의 춘향의 조우를 목격한다. 하지만 이러한 조우는 허황된 망상에서 나온 것이 아니라 명확한 현실 인식과 이상 실현에 대한 의지력에서 비롯된 것이다. 우리는 성희 중에 두 사람의 대화 속에서 춘향의 지식 수준을 알 수 있다. 중국 역사 속에 등장하는 최고의 인물들과 동방에서 가장 이름 높은 인물들을 나열하면서 자신의 지적 수준을 드러내고 있다. 그녀는 경서류뿐만 아니라 史書 및 문학 작품까지 그 범위를 한정 짓기 어려울 정도로 폭넓은 독서량을 갖추고 있다. 이처럼 춘향은 자신의 사회적 신분은 하층민이지만 자신의 이상은 높은 곳에 두었으며, 그 높은 이상을 위해 부단히 노력하는 인물이다. 춘향은 불가능 할 것 같은 높은 이상을 세워 그것을 실현시키기 위해 철저하게 준비했다.

그리고 그러한 풍부한 지성은 자연스럽게 그녀의 삶의 방식을 규정하기에 이른다. 춘향을 불러오라는 이도령의 명을 받은 방자는 다음과 같이 말한다.

> "졔 어미는 기ᄉᆡᆼ이오나 츈향이ᄂᆞᆫ 도도하야 기ᄉᆡᆼ구실 마다 하고 ᄇᆡᆨ과초엽의 글ᄌᆞ도 ᄉᆡᆼ각하고, 여공지질이며 문장을 겸젼하야 여렴쳐자와 다름이 업ᄂᆞᆫ이다." …… 방ᄌᆞ놈엿자오되셜부화용이남방의유명키로방쳠ᄉᆞ병부ᄉᆞ군수현감관장임네엄지발가락이두쌤가옷식되난양반외입징이덜도무수이보려하되장강의식과임시의덕힝이며이두의문필이며티ᄉᆞ의화순심과이비의정졀를품어스니금쳔하지졀식이요만고여즁군자오니황공하온말삼으로ᄎᆞ릐하기어렵ᄂᆡ다[12]

12) 설성경 역주, 「열녀춘향수절가」, 『한국고전문학전집 12』, 고려대학교 민족문화연구소, 1995, p.34.

방자의 이러한 말은 표면적으로는 춘향이 '여념의 여자와 다를 바 없다'는 것을 드러내고 있지만, 결국 그녀가 신분만으로는 평가할 수 없는 최고의 여성임을 은근히 강조하고 있다. 즉, 그녀는 빼어난 미모와 우수한 문장, 숭고한 정절을 가진 여성임을 강조하고 있는 것이다. 위에서 그려지고 있는 춘향의 모습은 누구도 범접할 수 없는 '萬古女中君子' 그대로이다. 이것은 춘향의 인물됨을 알려 주는 동시에 그녀의 명성이 남원 고을은 물론 세상에 익히 알려져 있음을 의미한다. 이도령이 서울로 올라간다는 말을 들은 춘향모가 춘향에게 던진 말을 보면 춘향의 이상이 어디에 있는지가 뚜렷이 나타난다.

"닉일상이르기을후회되기쉽는이라도도한마음먹지말고여렴사람가리여셔형세지쳬네와갓고직주인물리모도네와갓한봉황의짝을어더닉압푸노난양을닉안목으보와쓰면너도좃코나도좃쳬마음이도고하야남과별노다르더니잘되고잘되얏다"13)

춘향모는 춘향이 보통 여염 사람처럼 행동하고 생활하면서 평범하게 살기를 바랬는데, '마음이 도고하여 남과 별로 달르더니' 라는 말속에서 춘향의 삶과 의식을 엿볼 수 있다. 이 속에서 바로 자신의 현재로부터 탈출하여 신분 상승을 이루겠다는 강한 의지를 읽을 수 있다. 학문뿐만 아니라 행실까지 완벽하게 갖춤으로써 그녀는 당시 사회에서 최고의 인물상으로 만들었다. 그것을 바탕으로 신분 상승이라는 목적을 이루기 위해 우선 풍부한 지식을 쌓아 많은 사람들로부터 선망의 대상이 되는 인물로 자리 잡는 것이었다. 따라서 춘향에게 있어 신분 상승의 시작은 타고난 미모에다 풍부한 지식의 축적과 그것을 통해

---

13) 「烈女春香守節歌」(完西溪書鋪, 民衆書館) p.98.

많은 사람들로부터 명성을 얻어 자신의 가치를 높이는 것이었다.

2) 성희를 통한 이도령의 애정 확약

신분 상승의 이상을 이루기 위한 춘향의 전략은 지성을 갖추고 명성을 얻는데 그치는 것이 아니다. 고금에 신분 상승을 이룬 이름 난 기생들이야 얼마든지 있어 왔다는 사실을 알고 있는 춘향은 아름다운 미모와 지성을 무기로 자신의 삶을 적극적으로 개척해 나가는 진취적 인물상을 연출한다.

앞서 우리는 춘향이 높은 이상을 지닌 인물임을 확인하였다. 그렇다면 춘향은 이도령을 어떻게 하여 자기의 사람으로 만들었는가? 두 사람의 첫 만남은 온갖 자연이 생동하는 춘삼월의 광한루에서 이루어진다. 그런데 작품을 접할 때 마다, 두 사람의 이 만남이 우연한 것이 아니라는 생각이 든다. 물론 그것이 플롯의 전개상 당연한 만남으로 비춰지지만, 여기서의 우연성이란 그러한 서사 전개의 필연성에 대립되는 개념이 아니다. 그것은 광한루에서의 첫 만남이 이미 준비된 그리고 치밀하게 의도된 만남으로 볼 수 있다는 것이다. 물론 그 의도성의 주체는 춘향이다.

순진한 책방 도령은 추천하는 춘향의 모습을 보고 정신을 잃고는 방자에게 춘향을 불러오라고 말한다. 하지만 춘향에게 간 방자는 춘향으로부터 면박을 당한다. 경치 구경온 책방 도령이면 경치 구경만 하고 가면 될 것이지 괜한 일을 한다고 면박하자 방자는 이러한 사태가 벌어지게 된 원인이 춘향에게 있음을 주장한다. 방자는 춘향에게 추천을 할 것이면 너희 집 후원에서 할 것이지 왜 많은 사람들이 있는 이곳에서 했느냐고 한다. 또한 추천을 하면서 박속같은 흰 속살을 드러내 보이니 책방 도령이 어찌 정신을 잃지 않겠느냐고 반문한다. 방자의 주장대로라면 이 만남은 춘향의 의도였다고 할 수 있다.

방자의 성화에 못 이기는 체 따르는 춘향의 모습은 다음과 같다.

> "춘향이가그졔야못이기난체로계우이러나광한건너갈제딕명젼딕들보의명믹기거름으로양지마당의씨암닥거름으로빅모릭밧탕금자릭거름으로월틱화용고은틱도완보로건너갈싀흐늘흐늘월셔시토셩십보하던거름으로흐늘거러건너올제"[14]

위 인용문에 등장하는 춘향의 교태는 이도령의 마음을 빼앗기에 충분했다. 이후 춘향과 헤어진 이도령은 춘향의 영상으로 인해 마치 제정신이 아닌 사람처럼 행동한다. 해가 지고 날이 저물어 춘향의 집에서 다시 만난 두 사람은 드디어 온갖 정담을 나누면서 성희의 극치를 즐긴다.

이 부분에 나타나는 이도령과 춘향의 요란한 성희 역시 단순한 사랑의 표현이라기보다는 性이라는 도구를 통해 보다 확실한 미래의 보장을 얻고자 하는 춘향의 의도가 짙게 나타나 있다고 볼 수 있다. 박희병은 이러한 춘향의 성희적 측면을 민들의 생활과 유사하다[15]고 했지만 본고의 입장은 조금 다르다. 즉, 춘향에 있어 성희는 단순히 즐기고 노는 것에 있는 것이 아니라 분명한 성취 목적을 가지고 있었다. 그것을 통해 춘향은 확실한 사랑의 맹세를 받는다. 이것은 자신의 성취 욕구를 이루기 위해 시정인들의 성희도 마다하지 않는 적극적인 성의 연출이라 할 수 있다. 이는 바로 춘향이 목적을 향해 능동적으로 행동하고 있음을 보여준다.

또한 우리는 '사랑가' 부분에서 춘향과 이도령이 연출하는 '성의 축제화'를 볼 수 있다. 그들의 성희는 단순한 유희가 아니라 끈끈한 맺음의 성인

---

14) 「烈女春香守節歌」(完西溪書鋪, 民衆書館) p.28.

15) 박희병, 위의 논문 p.85.

것이다. 즐기기 위한 성이라면 쾌락의 차원으로 치부될 수 있다. 하지만 이 맺음의 성[16)]이란 육체의 맺음을 동반한 정신적 맺음을 의미한다. 두 사람은 아무리 어렵고 힘든 시기가 오더라도 서로 의지하면서 살아가자고 맹세하고 다짐한다. 이러한 맺음의 성이 축제화된 것은 바로 재생의 의미를 지닌다. 이러한 측면에서 테리 이글턴의 주장은 상당한 설득력이 있다. '축제의 소격 효과는 해체적이면서 동시에 재구성적인 것[17)]'이라는 이글턴의 말은 바로 축제의 공간이 전이 영역으로서 前영역을 해체하고 새로운 영역의 창조를 도모하는 공간임을 말하는 것이다. 여기서 우리는 춘향과 이도령이 '사랑가'를 통해 새로운 인물로 다시 태어났음을 알 수 있다. 이후의 춘향과 이도령은 예전의 그들이 아니다. 이들이 사랑을 나눈 공간이 '부용당'이었다는 것 역시 이러한 것을 강하게 암시하고 있다. 이처럼 춘향과 이도령의 사랑은 축제화되면서 새롭게 탄생한다. 춘향은 이도령으로부터 너를 초취같이 생각하고 三生을 함께 하자는 확약을 얻음으로써 이도령이라는 개인에 의해 신분상승을 이루고 있다.

이와 같이 춘향은 작품의 전반부에서 자기의 신분 상승을 위한 치밀한 준비와 철저한 실천을 통해 일정한 성취를 이룬다. 그것은 지성으로 무장하고 성희로써 이도령과의 굳은 믿음과 신뢰를 쌓아서 얻어진 결과이다. 하지만 이것으로 그녀의 신분 상승 전략이 완성된 것은 아니다. 이후 전개될 그녀의 전략은 앞의 그것보다 더욱 놀랍고 적극적임을 알 수 있다.

---

16) 우리 민속에서 이러한 맺음의 성을 상징적으로 표현하고 있는 것이 '줄다리기' 이다. 줄다리기는 수줄과 암줄을 맺어 서로 당기면서 공동체 간의 연대 의식을 강화시키고자 하는 민속놀이 중의 하나이다.

17) 테리 이글턴 저/윤혜준 역, 「벤야민과 축제」, 『바흐친과 문화이론』, 문학과 지성사, 1995, p.168.

3. 烈을 통한 사회적 공인의 획득

지금까지 살펴본 바와 같이 춘향은 자신의 신분 상승을 위해 타고난 미모와 지성 그리고 성을 중요한 무기로 삼아 자신의 신분적 상승을 철저히 준비한 인물이다. 춘향은 그러한 준비와 적극성을 통해 이도령과 결연하는 데 성공하게 된다. 하지만 그렇다고 해서 모든 문제가 해결되는 것은 아니었다. 단지 두 사람의 사랑만으로는 여전히 부족하다. 그것은 조선 사회가 철저한 신분 사회였기 때문이다. 남녀의 결연은 작게는 가족, 그리고 크게는 사회제도라는 거대한 벽에 부딪혀 번번이 위기를 맞게 된다.

하지만 춘향은 여타의 인물과는 달랐다. 순전히 순수한 사랑과 애정에만 의지하지 않았으며 또한 그것이 모든 것을 해결해 줄 것이라고 처음부터 믿었던 것은 아니다. 그녀는 자신의 신분 상승에 필요한 조건이 이도령이라는 개인적 인물뿐만 아니라 수많은 대중들로부터 받아내는 사회적 공인이라는 것 역시 잘 알고 있었다.

1) 烈을 통한 변학도와의 투쟁

춘향은 그러한 사회적 공인 획득을 위해 먼저 당시의 지배 이데올로기인 烈을 이용한다. 그녀는 知와 色으로 인한 명성이 아닌, 당시 여성에게 절대 가치였던 烈을 통해 결국 일반 민중들의 마음을 움직여 그들에게 인정받게 된다.

춘향의 신분 상승 전략은 이도령을 선택한 뒤 그와 결연함으로써 사랑의 확약을 얻었지만 그들의 사랑은 이도령과 이별의 위기에 봉착한다. 발악하는 춘향을 향해 이도령은 '장원급제하여 너를 다려 갈 것이니 울지 말고 잘

있거라'라고 하면서 그녀를 달랜다. 이 말은 춘향이 이도령 개인에게 있어서는 더 이상 천기의 딸도 기생도 아닌 이도령과 같은 신분에 속한 인물임을 나타낸다. 춘향은 이러한 이도령을 위해 班家 여인의 도리를 행하여 수절한다.

그런데 춘향은 변학도와의 만남을 통해 바로 인격인으로서의 烈윤리를 강조하면서 자신을 지킨다. 변학도와 춘향의 만남은 처음부터 그 지향점이 너무나 달랐다. 기생 점고를 마친 변학도는 춘향이 없음을 알고 크게 노하면서 춘향을 불러오라고 한다. 그의 명령에 아전들은 다음과 같이 말한다.

> "춘향은기싱이안입니다사또문왈춘향이가기싱이안니면엇지귀즁의잇난아히일홈이놉피난다수로엿자오되근본기싱의딸리옵고덕석이장한고로권문셰족양반네와일등지사할양들과닉려오신등닉마닥귀경코자간청하되춘향모여불청키로양반상하물논하고익닉지간소인등도십연일득더면ᄒᆞ되언어수작업삽더니천정하신연분인지구관사또자졔이도련임과빅연기약밋싸옵고도련임실떠의입장후의다려가마당부ᄒᆞ고춘향이도그리알고수절ᄒᆞ여잇쌉니다"[18]

인용문에서 우리는 춘향과 이도령의 결연이 이미 남원부의 많은 사람들에게는 공식 사실로 인정받았음을 알 수 있다. 양반 자제와 백년가약을 맺은 춘향은 기생이 아니므로 수절하고 있다는 것이다. 하지만 이 수절이 다만 개인적 차원의 그것임에도 불구하고 남원의 많은 사람들이 인정해주고 있는 것은 오로지 춘향의 전략에서 나온 것이다. 춘향의 수절은 상층 신분인 변학도에게 있어서는 가당치 않은 행위인데 남원의 사람들이 그녀의 수절을 인정

18) 「烈女春香守節歌」(完西溪書鋪, 民衆書館) p.126.

해 주는 것은 춘향의 수절을 일반인의 도덕적 규범으로 당연하게 받아들였기 때문이다. 그러나 그러한 춘향의 개인적 수절은 강력한 권력 앞에서 좌절되고 만다.

이후 변학도는 춘향이 수절하면 자기 마누라는 기절할 것이라고 조롱까지 한다. 이러한 조롱은 춘향의 마음을 더욱 강화시킨다. 춘향을 본 변학도는 정신을 잃고 온갖 감언이설로 춘향을 유혹해보지만 그녀의 마음을 돌리는데 실패한다[19]. 춘향의 마음을 돌리는데 실패한 변학도는 결국 폭력을 통한 훼절을 강요한다. 여기서부터 작품은 두 사람의 첨예한 갈등 양상으로 접어들면서 개인적 차원에 머물러 있던 춘향의 열을 사회적 차원으로 끌어올리고 있다. 폭력을 통해 정절을 제압하려는 변학도에 맞선 춘향은 다음과 같이 외친다.

> "춘힝이엿자오되츙불ᄊᆞ이군이요열불경이부절을본밧고자하옵난듸수차분부이러한이싱불여사이옵고열불경이부온이쳐분듸로하옵소셔…너갓튼창기빅게수졀이무어시며정졀이무어신다구관은젼송하고신관사ᄯᅩ연졉하미법졍으당연하고사레으도당당커든고히한말늬지말아너의갓턴쳔기비게웅열이ᄊᆞ웨잇시리"[20]

인용문에서 거론되는 내용은 유교 덕목 중 군신과 부부 사이에서 중시되는 가치 이념이다. 춘향은 충과 열이 상하의 귀천에 구애 받지 않는 인간이면 누구나 가지는 기본권임을 주장하지만 변학도에게 여전히 공명되지 않는다. 그러자 춘향은 천한 신분 출신임에도 불구하고 역사적으로 이름난 진주 기생

19) 「烈女春香守節歌」(羅孫本) p.18. -'관청고이 네 반찬될 것이요, 관수미가 네 곳집 될 것이요, 관고 돈이 네 돈이 될 것이니'

20) 「烈女春香守節歌」(完西溪書鋪, 民衆書館) p.136.

논개, 평양 기생 월선의 예를 들면서 자신의 주장을 내세웠다. 하지만 그러한 과거 인물들의 사례가 자신의 당위성을 보장해주는 것은 아니었다. 이러한 수절 논리가 변학도에게 통하지 않음을 인지한 춘향은 재빨리 논점을 변학도의 폭정으로 돌린다. 물론 변학도가 이처럼 포악한 행위를 하게 되기까지의 과정 또한 춘향의 의도성이 내재되어 있다고 볼 수 있다. 자신의 수절에 대한 서로의 주장이 오가던 중 춘향은 사건을 새로운 국면으로 접을 들게 만드는 결정적인 한마디를 던진다.

> "빅부기가하는법이베살하난관장임네망국부주갓싸오니 … 유부겁탈하는것은죄안이고무어시오"21)

이 말을 들은 변학도는 춘향이 자신을 역적이나 치한이라고 비판한 것이라 규정하고 춘향을 당장 매질하라고 분부한다. 이후 수많은 사람들이 지켜보는 앞에서 매를 맞는 춘향은 사건의 국면을 전환시키는데 성공하면서 많은 사람들의 관점을 자신의 수절에서 변학도의 폭정으로 돌리게 만든다. 이후 참혹하게 매를 맞는 춘향을 보게 된 사람들은 모두 춘향의 입장에 서게 되었다.

> "죄가무삼죄냐국곡투식안이거던엄형즁장무삼일고살인죄인안이여든항쇄족쇄웬이리며역율강상안이여든사지결박웬이리며음양도적안이여든이형벌리웬이린고삼강수은연수되야청천일장지의닉의셔름원졍지여옥황젼올이고"22)

---

21) 「烈女春香守節歌」(完西溪書鋪, 民衆書館) p.138.
이외에 이고본의 '사또는 어지러운 때를 당하면 도적에게 굴복하여 두 임금을 섬기리이까?'과 완판 33장본의 '춘향이알외되ᄉᆞ쏘님은세상이변ᄒᆞ오면두무릅을ᄭᅮ러두인군을섬기려ᄒᆞ시난잇가'라고 주장하고 있음을 알 수 있다.

인용문에서 지적하고 있는 내용들은 엄밀하게 따지면 그녀의 수절과는 무관한 것들이다. 춘향은 변학도가 저지르고 있는 행위가 관장으로서 부당한 것이며 권력을 남용하여 과도히 죄를 묻는 것이라고 항변한다. 이 과정에서 춘향을 짓밟는 변학도의 학정과 잔학함을 보게 된 사람들은 모두 춘향의 입장에 서게 된다. 그와 아울러 춘향의 수절도 서서히 그 정당성을 확보해가는 것이다.

'십장가' 한 구 한 구에 담긴 간절한 사연을 지켜보는 많은 사람들은 춘향의 수절이 단지 자신의 부와 안위를 도모하기 위한 것이 아님을 알게 되었다. 또한 그녀의 이도령에 대한 애정이 얼마나 깊은 것인가를 알게 되었으며, 그녀의 수절이 얼마나 진솔한 인간적인 면을 지녔는지 확인하게 되었다. 그러므로 변학도의 춘향에 대한 억압은 오히려 춘향이 가진 이도령에 대한 진정성과 그 사랑의 강도를 확인시켜주는 기능을 하게 되었다. 이처럼 춘향의 진심을 확인한 많은 사람들은 이제 춘향을 동정하기까지 한다. 심지어 매질하는 사령조차 사또의 모질고 사나움을 욕하면서 사람으로서는 하지 못할 짓이라고 비난한다.

춘향의 열을 통한 사회적 공인은 이렇게 험난한 과정을 거치면서 획득된다. '십장가' 이전의 수절과 이후의 수절이 분명히 구분되는 것은 앞서 밝혔듯이 십장가를 계기로 개인적 수절이 사회적 烈로 승화되기 때문이다. 이러한 측면을 엿볼 수 있는 부분은 작품의 여러 곳에 등장한다.

매를 맞고 옥으로 향하는 춘향을 맞이하는 남원 사람들은 분명히 변해있었다. 모든 사람들이 눈물을 흘리면서 '出天烈女'라고 하면서 춘향의 정절을 높이 세웠고, 남원의 모든 한량들도 춘향에게 달려와 혼절한 그녀를 소생

22) 「烈女春香守節歌」(完西溪書鋪, 民衆書館) p.152.

시키기 위해 분주히 행동함을 볼 수 있다. 특히 기생 하나는 슬픈 중에 춤을 추고 노래를 부르면서[23] 남원에도 길이 남을 정절녀가 생겼다고 하는 장면은 이제 춘향의 열은 개인적 차원의 수절이 아닌 모든 사람들에게 공인 받은 烈이 되었음을 알려주는 부분이라 하겠다.

2) 民官대립으로 확대된 춘향의 烈

이후 전개되는 이도령과 농부들의 만남은 이렇게 공인된 춘향의 열이 얼마나 넓고 높게 인식되어져 있는지를 분명히 보여준다. 이도령이 사실을 호도하면서 춘향의 일을 묻자 농부들은 심하게 화를 내면서 이도령을 욕한다. 그들은 백년가약을 맺고 떠나버린 이도령의 무심함을 비판하고, 변학도의 포악하고 난폭한 학정을 원망한다. 그러면서 그들은 춘향을 억압했던 변학도를 민을 억압하고 괴롭히는 무도한 목민관의 전형으로 몰아간다.

이처럼 춘향의 수청 거부가 변학도의 민중 수탈에 대한 비판 및 봉건 지배체제에 대한 반대로까지 확대 해석되는 것은 「춘향전」이 향유되는 당대의 현실과 연관해 볼 때 당연한 인식일 수도 있다.[24] 「춘향전」에 나타나는 변학도의 모습은 민중을 수탈하고 유린하는 악질적인 탐관오리의 모습이기 때문이다.

> "그 농부 말잘하네 그려. 헌데 남원부사가 정치를 잘한다지?" "남원부사 마을 마오. 욕심이 어찌나 도적놈 같은지 쌀이든 돈이든 옷감이든 마구 쓸어 담아 백성이 모두 죽을 지경이오." 또 한 곳에 다다르니 어떤 사람이 섧게 울며 하는 말이, "여보, 이런 원님 보았나? 살인을 고발하니 판결문에

---

23) 역설적 행위 속에 우러나는 말은 진실된 말이라고 할 수 있다.

24) 박희병, 앞의 논문, p.94 참조.

이르기를 '죽은 놈은 이왕에 죽었거니와, 죽인 놈을 죽이면 두 백성을 잃는 구나, 그만두어라' 하고 내쫓으니, 그런 재판을 보았나?"[25)]

위의 인용문에서 볼 수 있듯이 변학도는 목민관으로서의 임무마저 등한시하고, 남원부민의 인간적 기본 욕구를 억압하는 가혹한 현실을 대표하는 인물이다.

「춘향전」에 등장하는 남원부민들은 춘향을 동정하고 지지하며, 변학도의 폭정을 비난하고 성토한다. 이는 작품의 향유층인 민중의 목소리가 직접 작품 속에 투영된 것이라 할 수 있다. 그러나 이러한 인식은 남원부민들이나 춘향 주변의 인물들을 중심으로 투영되며, 주인공인 춘향에게 직접 영향을 미치는 것은 아니다. 춘향이 보여주는 저항의 근본적인 계기이자 원인은 평소부터 춘향이 가져왔던 개인적 목표와 욕구이다. 변학도에 대한 춘향의 수청 거부는 본질적으로는 춘향 개인의 신분해방, 신분변화를 인정하지 않으려는 변학도와 춘향의 개인적 투쟁인 것이다.

춘향은 전반부에서부터 일관되게 열을 주장하며, 자신의 의지를 관철시키려는 모습만 보여줄 뿐, 민중을 대변하는 투쟁적 모습을 보여주지는 않는다. 작품 전체에서 춘향이 봉건 사회의 제도나 부조리 자체에 저항했다는 흔적을 찾을 수는 없다. 오히려 「춘향전」 전체를 관통하는 춘향의 생활 양식과 의식은 지배층인 양반을 지향하고 있다고까지 보여진다.

하지만 변학도에 대한 춘향의 저항이 피지배층과 지배층의 대결로 확대 인식되는 것은 춘향의 치밀한 전략이다. 춘향은 전반부에서 이도령에게 그랬던 것처럼 변학도에게도 끊임없이 烈을 강조함으로써 자신의 정당성을 주장한다. 그렇다면 여기에서 춘향이 내세운 烈의 진정한 의미가 무엇인가를 다

25) 李古本「춘향전」, 성현경 풀고 옮김, 열림원, 2001, p.129.

시 한번 살펴볼 필요가 있다. 춘향이 내세운 烈이란 현실을 개척하고 자신의 운명을 바꾸는, 그녀에게 있어 절대적인 믿음이자 무기이다.

춘향의 烈은 인간으로서의 존엄을 지키기 위한 것으로 보편적 윤리로 인식되어 모든 사람으로부터 인정을 받는다. 그것은 곧 약속의 이행이며 신의의 관철이라는 의미로 파악되기도 한다. 기존의 烈의 의미와 달리 양반적 통치질서를 온존시키기 위해서가 아니라 거꾸로 이것을 부정하기 위해서 사용되었다는 것이다[26]. 조선후기 사회에서 烈이라는 관념은 이미 사회 각층에 일반화된 관념이었다. 전반부에서 살폈듯이 춘향은 이도령을 만나기 이전부터 학문을 닦고, 각종 기예를 익힘으로써 지배층의 관습을 내면화한 인물이다. 따라서 춘향은 烈을 자신을 지키기 위한 수단으로 받아들였으며, 烈이라는 것이 특정 계급에 한정된 가치이념이 아니라 조선민 모두의 도덕적 가치 기준으로 확대하여 자신을 지배층과 동일한 위치로 생각할 수 있었던 것이다.

그리고 남원부민들 역시 烈을 사회전체의 보편적 윤리 도덕으로 인식하고 있었다. 따라서 변학도에 대한 춘향의 거부를 烈로 인정하고, 기본적 윤리마저 짓밟는 변학도에 대한 춘향의 저항을 공감할 수 있게 되는 것이다. 춘향이 내세운 烈은 남원부민들에게 있어 봉건적 윤리관념을 무너뜨리기 위한 시도이기보다는 오히려 烈의 실천상이 어떠해야 한다는 것을 보여주는 사회적 공감대를 확대시키는 계기를 마련했다고 볼 수 있다.

민중에게 폭압적인 봉건 사회의 상징인물인 변학도에게 목숨을 걸고 저항하는 춘향을 바라보는 당대 민중은 춘향을 자신들의 원망을 대변하는 인물로 인식했다. 이러한 시각은 「춘향전」 곳곳에서 드러나며, 춘향을 두고 한양으

---

26) 박희병, 앞의 논문, pp.95~96.

로 간 이도령 또한 민중들에게 이러한 시각으로 보여진다. 하지만 한양에서 과거에 급제한 이도령은 암행어사의 임무를 띠고 남원에 내려온다. 암행어사란 당대 민중에게 있어 자연스럽게 구원자로 받아들여질 수 있는 인물이다. 구원자인 이도령은 폭압자인 변학도와 대결하게 되고, 자신들의 대변자로 인식된 춘향을 이도령이 구원하게 만듦으로써 춘향의 바람은 민중의 사회적 승인을 얻게 되는 것이다. 烈은 민중의 입장에서는 인간으로서 자신들의 기본적 권리와 의지를 대표한다. 따라서 춘향은 남원부민의 지지를 등에 업고, 민중층의 사회적 승인을 얻게 되는 것이다. 그러나 분명한 것은 춘향이 가진 본래 의도와 그것을 받아들인 민중의 시각은 별개라는 것이다.

이처럼 烈을 고수하려는 춘향은 그것을 빼앗겠다는 관의 횡포에 완강히 맞선다. '십장가' 부분에서 매를 맞는 춘향과 옥중에 갇혀 있는 춘향은 억압받고 유리된 民들의 또 다른 모습에 다름 아니다. 앞서 지적하였듯이 매를 맞는 춘향을 지켜본 남원의 모든 사람들은 태형을 당하고 있는 춘향을 지배층에게 억압당하는 자신과 동일한 인물로 받아들임과 동시에 엄청난 매 앞에서 굴하지 않는 춘향을 자신들이 하지 못하는 행동을 하면서 사회적 울분을 쏟아낸 대변자로 인식하게 된다. 여기에서 춘향은 단순히 개인으로서의 춘향이 아니라 피지배층의 상징으로서의 춘향이며, 변학도 역시 개인적 인간의 포학성으로 인식되는 것이 아니라 지배층의 횡포를 상징하는 인물로 인식하게 된다. 여기서 우리는 官과 民의 뚜렷한 대립을 볼 수 있다.

또한 우리는 옥중의 꿈속에서까지 신분 상승의 강한 집착을 보이고 있는 춘향의 모습 속에서 진정한 인간으로서의 삶을 살아보고, 지배층의 억압에서 벗어나 사람다운 삶을 살고자 하는 民들의 꿈을 엿볼 수 있다.

춘향은 작품의 전반부와 후반부 전체에 걸쳐 일관되게 자신의 개인적 목표를 달성하고자 했다. 따라서 후반부에서 춘향이 민중의 대변자로 비쳐지는 것은 조선후기 사회 전체의 윤리로 확산된 烈을 계기로 한 민중의 공감과 의식의 폭발이다. 그리고 그 폭발의 도화선은 바로 춘향이었다.

춘향의 烈이 민중들에 의해 사회적 공인을 얻었다고는 하나, 이것이 곧바로 신분상승으로 이루어지는 것은 아니다. 다시 이도령이라는 상층인물의 힘이 필요하게 되는 것이다. 이도령에게 보여지는 춘향은 봉건적 사회 관념에 합당한 윤리 도덕을 갖춘 인물이다. 춘향은 전반부에서 재능과 성을 이용해 이도령에게 자신의 烈을 인식시켰다. 따라서 후반부 이도령에 의해 춘향의 烈에 대한 지배층의 공인이 쉽게 이루어지는 것이다. 이도령은 전반부에서 이미 춘향의 烈을 인정했으므로, 춘향을 자연스럽게 지배층에 편입될 수 있는 가치를 지닌 인물로 인식한다. 만일 춘향이 내세운 烈이 지배층에 대한 저항, 즉 완전한 반봉건적 의도였다면 민중들로부터의 지지는 얻을 수 있었겠지만 이도령을 통해 신분상승을 이루는 결말로까지는 이어지기 어려웠을 것이다.

그러므로 그녀는 烈 이데올로기를 새롭게 재배치시켜 자신의 신분상승에 필요한 방법으로 제시하였다. 그녀의 烈은 지극히 개인적인 烈이었다. 하지만 그 개인적인 烈이 그녀의 탁월한 전략에 의해 많은 사람들로부터 인정받게 되고 사회적으로 공인 받게 되어 임금으로부터 정절부인의 가좌를 획득할 수 있었다. 이처럼 춘향은 당시 작품을 향유하던 많은 사람에게 새로운 희망을 제시하는 역할을 했을 것이다.

3. 결론

앞서 논의한 내용을 요약함으로써 결론을 대신하고자 한다. 지금까지 「춘향전」을 크게 전반부와 후반부의 두 부분으로 나누어 그 서사전개의 흐름에 따라 춘향의 성격을 살펴보았다. 주장한 바대로 「춘향전」은 춘향이라는 인물이 설정한 신분 상승 전략에 따라 전개되는 작품이다.

춘향은 이도령과 만나기 전부터 신분상승을 위해 철저한 준비를 했다. 자기가 처한 현실적 상황에서는 어울리지 않는 반가의 규수들의 영역까지 폭을 넓혀 광범위한 지식을 쌓았으며, 그러한 지성을 가지고 적극적인 행동으로 이도령을 만나게 된다. 이도령과의 결연과정에서 드러나는 춘향의 모습에서 이도령과의 사랑을 굳건하게 맺기 위해 성희를 축제화시켰음을 살펴보았다. 두 사람의 성이 단순한 육체적 쾌락을 도모하기 위한 것이 아니라 새로운 탄생을 의미하는 축제적 의미를 가진다는 것은 춘향 스스로 자신을 새로운 사람으로 변화시키기 위한 방법이었던 것이다. 춘향은 그것을 이루기 위해서 주도면밀하게 준비하였으며 과감하게 실천했던 것이다.

이후 작품의 후반부에서는 개인적 차원에서 획득된 수절을 사회적 烈로 공인 받는 과정이 전개된다. 조선 사회에서 신분의 상승이란 단순히 개인적인 인정으로 인해 가능한 것이 아니었다. 그러한 사회적 질서를 알고 있었던 춘향은 자신의 정절을 온 천하에 공표할 수 있는 기회를 잡고 그것을 활용해야 했었다. 즉, 이도령에 의해 인정받았던 자신의 정절을 변학도와의 대립을 통해 사회적으로 공인받았다.

이를 위해 춘향은 당시의 지배 이데올로기였던 烈을 자신의 입장에서 재배치시켜 사회에 제시하였다. 자신이 수절을 하는 것이 당연한 것인지 그렇지 않은 것인지 명확하지 않은 상황에서 자신의 상황과 변학도의 폭정과 부당함을 대치시킴으로써 변학도의 악행을 세상에 드러냄과 동시에 자신의 烈 당위성을 확보해 간다. 이로 인해 그녀의 열은 이제 사회적으로 하층민의 항거 수단으로 인식되었고, 많은 사람들이 지배층에 대립하는 방편으로 활용하게 되었다. 그리하여 결국 춘향의 烈은 사회적으로 공인 받게 되고 다시 국왕에게까지 인정받게 되었다.

춘향의 烈이 공인되었음은 곧 그녀의 신분 상승이 성공했음을 의미한다. 하지만 그녀의 이러한 신분 상승은 주어진 것이 아니라 철저하게 그녀 스스로가 획득한 것이었다. 그 목표의 성취는 치밀하고 완벽한 신분 상승 전략과 목숨을 걸면서까지 이루려고 한 그녀의 강인한 의지의 결과라고 할 수 있다.

본 논의가 「춘향전」의 많은 이본 가운데 몇몇 작품에 한정되어 이루어진 것은 아쉬움으로 남는 부분이다. 하지만 논의의 일관성을 위해 부득이한 결과였다. 추후 많은 이본을 수렴하여 보다 체계적이고 종합적인 연구를 진행할 것을 과제로 삼는다.

춘향전의 기독교적 조명

김경완

1. 서 론

<춘향전>은 우리 문학의 미적 가치와 사상적 깊이가 총체적으로 구현된 역작이다. 이 글은 우리나라의 기독교 수용 시기에 여러 종류의 이본(異本)으로 집대성된 <춘향전>에 대한 기독교적 조명을 위한 것이다.

기독교는 종교로서 구원의 길을 제시해 주고 있다면 <춘향전>은 문학으로서 구원의 길을 모색하고 있다는 점에서 종교와 문학 즉 기독교와 <춘향전> 특히 예수 그리스도와 성도 그리고 이도령과 춘향의 관계는 역동적인 상응구조를 보여준다고 파악할 수 있다. 여기서 예수 그리스도-성도의 관계는 이도령-춘향의 관계와 역동적인 동의어[1]가 되는 것이다.

1) 김영한, "한국 기독교 문화 신학의 착상",《한국기독교문화신학》, 성광문화사, 1992. pp.403-404..

오윤태(吳允台)는 춘향과 이도령의 재회가 박해 속에서의 성도들이 고대(苦待)하던 재림(再臨) 예수의 형상화(形象化)를 의미한다는 견해를 해박한 문헌 섭렵에 근거하여 밝히므로 우리 민족의 대서사시로 일컬어지는 <춘향전>의 작자와 해석을 둘러싸고 학계와 교계의 관심을 끈 바 있다.[2] <춘향전>을 기독교적 입장에서 해석해서 평가하려는 의도를, 그는 <춘향전>의 창작된 연대와 기독교의 수입 연대가 일치하는 데서 찾고 있다. 몽룡을 기다리다 죽은 춘향의 설원(雪冤)을 위해 지은 씻김굿과 명창 하한담 · 최선달의 판소리로 전승된 과정을 중요시하여, 춘향이 죽어 이몽룡과 재회치 못한 사실과 현실적으로 핍박당하던 당시 신앙인들의 예수 재림의 소망을 조심스레 연관시켜 보았던 것이다.[3]

잘 알려진 바와 같이 기독교의 구원은 창조주 하나님[4]과 그 분을 믿고 사랑하는 인간 사이에서 이루어지는 것[5]이며, <춘향전>의 인물 구원 양상은 이도령과 춘향의 사랑과 믿음 속에서 행복한 결말로 맺고 있는 것이 특징이다.

본고는 기독교 변혁주의적 사고를 바탕으로 연구할 것이다. "변혁주의적 사고란 하나님의 말씀이 모든 종교나 문화에 대한 심판이요 비판이요 수정이고 문화의 구속(救贖)이요 재창조라는 사상이다. 기독교가 한국의 문화와 만날 때, 단순히 한국의 의상이나 형식으로만 나타나는데 그치지 않고, 한국 문화가 지니고 있는 원죄성과 부패성을 비판하면서 한국문화가 지니는 형식을 기독교적 로고스에 적합하게 변혁시키는 것을 말한다. 가장 기초적인 작업은 한국 풍습과 전통 속에 있는 요소 가운데 기독교적 로고스에 대한 역동적인 동의어 (dynamic equivalent)를 발견하여 그 형식을 받아들이면서, 그 내용을 비판하고, 기독교적 내용으로 대체하는 것이다." (김영한, 위의 책.)

2) 소재영, "춘향전의 한 새로운 시각", 숭실대학신문 제 328호(1979.10.11).

3) 소재영, 위의 글.

4) 현재 한국 기독교에서 통상적으로 사용하는 '하나님'을 호칭하고자 한다.

5) 창조주 하나님이 인간의 육신을 입고 지상에 온 메시야가 예수 그리스도이다.(빌립보서 2 : 5~11)

그런데 기독교의 구원은 예수 그리스도의 십자가 고통을 전제로 한다. 또한 인간의 죄와 죽음 문제를 해결하기 위해 죽었다가 부활한 예수 그리스도의 능력을 믿는 성도의 신앙과 이 신앙을 지키기 위한 인내가 필요하다. 어떠한 고난 앞에서도 믿음을 지킬 때 장차 재림하게 될 예수 그리스를 통해 천국 백성이 되는 것이다.[6] 춘향과 이도령의 행복한 결말을 위해서는 이도령의 어사 출도에 의해 구출되기까지 닥쳐오는 고난을 끝까지 참고 인내하는 춘향의 이도령에 대한 믿음과 사랑이 필요했다.

이렇게 볼 때 성경에 나타난 기독교 구원은 하나님[7]에 의한 인간의 구원이고, <춘향전>에 나타난 구원은 양반자제 이도령에 의한 구원이라는 분명한 변별점과 차별성을 지닌다. 구원의 주체면에 있어서 하나님 즉 예수 그리스도는 천지만물과 인간을 창조하고 섭리 가운데 세상을 주관하고 있는 절대자인데 비해, 이도령은 비록 양반 자제이며 암행어사로서 고난받는 춘향을 구원할 수 있는 능력을 갖게 되지만 유한적 존재로서 피조물인 인간이다. 동시에 기독교 구원과 <춘향전>의 인물 구원 양상은 그 상응구조에 있어서 연구해 볼 만한 유사성을 지니고 있는 것이며 양자의 대비를 통한 <춘향전>의 기독교적 접근이 퍽 흥미로운 일임을 알 수 있다. 뿐만 아니라 이 연구를 통해 <춘향전>의 의미망이 보다 폭 넓게 조명되고 그 미학[8]적 가치도 한층

---

6) 예수 그리스도의 재림은 세상의 종말을 의미하는데 이는 우주적 종말이며, 인간에게는 육체의 죽음에 의한 개인적 종말이 있다. 따라서 개인적 종말을 당하여 무덤속에 있다가 다시 우주적 종말을 맞기도 하며, 살아서 예수 재림에 의한 우주적 종말을 맞을 수 있다. 우주적 종말은 그리스도의 재림 심판이며, 이 심판대 앞에서 믿음을 지킨 성도들은 신령한 변화체로 하나님의 나라에 들어가게 된다. (마태복음 24장, 마가복음 13장, 누가복음 17장 요한복음 12 : 48, 고린도전서 15장)

7) 기독교는 성부 하나님(God)·성자 예수님(Jesus)·성령님(Spirit)의 삼위일체 신비를 믿고 있다.

8) 미학은 단순히 미에 대한 학문의 차원을 넘어 서서 인간이 주위에서 발견하고 실제적인 행위에서 창조하며 예술 속에서 반영되는 모든 미적 가치의 전 영역을 탐

깊이 있게 천착될 것이며, <춘향전>의 형성과정에 미친 기독교의 영향 및 <춘향전>의 작품구조와 기독교의 구원양상에 따른 상응관계를 명확히 밝힐 수 있을 것이다.

2. 기독교의 수용과 <춘향전>

한국을 방문한 최초의 프로테스탄트 선교사는 카아르 귀즐라프였는데, 그는 1832년 6월에 약 1개월 동안 황해도 서안에 체재하였다.[9] 그는 겨우 한달이라는 짧은 기간 동안 우리나라에 머물렀으나 성경을 가져왔고, 감저재배법을 가르쳐 주었으며, 서양 약품을 전달해 준 귀한 공적을 남겼다.[10] 귀즐라프 목사와 함께 윌리암슨, 토마스 목사는 한국의 복음화에 대한 간절한 소망을 갖고 있었으며, 만주에 와서 선교를 맡았던 로스 매킨타이어 등이 성경을 한글로 번역하고 배포하여 전도의 문을 열었는데 이 때가 1870년대 말에서 1880년대 초기였다.[11]

구하는 학문이다. 다시 말하면, 미학은 현상(미적 특성, 미적 가치)을 총체적으로 다루는 학문이다. 미적 현상에는 아름다운 것, 추한 것, 비극적인 것, 희극적인 것, 숭고한 것, 천한 것 등이 속해 있다. 미적 특성이 가장 잘 표현되는 영역이 문학·연극·영화·음악·회화·조각 등의 예술이다. 미학이란 인간이 주위 세계를 미적으로 습득하는 보편적인 법칙 및 예술 문화의 구조나 발전 법칙을 연구하는 학문이라고 정의할 수 있다. (강대석, 《미학의 기초와 그 이론의 변천》, 서광사, 1988. p.13 - 17.)

9) 오윤태, 《한국기독교사》, 혜선문화사, 1979.「한국을 방문한 최초의 프로테스탄트 선교사 카아르 귀즐라프」, p.113.

10) 위의 책, pp.198 - 199.

11) 한국기독교사연구회, "개신교의 수용", 《한국기독교의 역사 Ⅰ》, 기독교문사, 1990. p. 127.

개화기의 한국 교회는 척사 위정의 거센 상소가 계속되면서 거친 수난의 길을 가지 않을 수 없었다. 개신교로서 처음 당한 수난은 1884년 4월의 전도 금지령 발표 때의 일이다. 이에 미국 공사는 벽지를 여행하며 전도하던 언더우드를 급히 상경시켜 전도 사역의 중단을 명령했던 것이다. 그런데 1893년 3월 31일에 기포드와 존스의 집 대문에 '야소교배척격문(耶蘇教排斥激文)'이 나붙은 사건이 일어났다. 전통적인 '무부무군(無父無君)'과 '혹무창생(惑誣蒼生)' 을 공박의 주안으로 한 이 격문들은 조약문 중에 전교가 불허되어 있음을 지적하면서, 외국 선교사들의 본국 추방을 치토(致討)하고 있었다. 평양에서 처참한 교회 박해가 있었고, 황해도에서도 박해가 심했다. 개화기 초대 교회 수난의 모습을 조선 예수교 장로회사기에는 다음과 같이 기록하고 있다.

> "엇더한 교회에서난 동민의 구박으로 출입을 不得하며 作農을 將廢러니 … 엇더한 교인은 信之未久에 其兄이 엄금하되 오히려 불청하고 一向篤身外에 驅逐한 일도 잇고, 어떠한 부녀난 寡居篤信하난대 媤門이 蝟集하야 종내 가산을 박탈하고 축출하야 걸식케 한 일도 잇으며,…."[12]

1911년에는 일본인 데라우찌 암살음모사건 조작으로 기독교계 지도자 검거 사건도 있었다.

개화기 교회와 성도들의 수난은 이루 말로 형언할 수 없이 큰 고통으로 많은 희생을 치뤄야했던 것이다.

적층문학적 성격을 띤 고소설인 <춘향전>은 이본만도 100여 종에 이른다.[13] <춘향전> 중에서 가장 연대가 앞서는 작품은 <만화본춘향가

---

12) 민경배, 《한국기독교회사》, 1977. pp.150 - 155.

>(1754, 영조 30)이다. 경판본에는 배경을 '仁祖朝', 완판본에는 '肅宗祖'라 하였으며 형성연대는 최소한 인조때까지 소급될 수 있다.[14] <남원고사>는 작품의 분량이 제일 많으며, 숭실대학교 기독교박물관 소장의 <廣寒樓記>는 1851년 이후의 필사본으로 추정된다.[15] 활자본으로는 1912년에 발행한 보급서관판 〈獄中花〉를 비롯한 30餘種이 있다.[16] <만화본춘향가>를 기점으로 이백여 년간 <춘향전>이 다양한 형태로 창작 변모되는 과정[17]은 기독교가 많은 어려움을 겪으며 우리나라에 전래되는 시기로서 <춘향전>의 기독교 해석이 연구되는 가치의 소중함을 명백히 시사해 주는 것이다.

이본에 따라서는 <춘향전>의 시대적 배경이 인조 때까지 소급될 수 있고, 숙종조로도 기록되고 있는데 이 기간 동안 남원에는 네덜란드 사람들이 방문한 바가 있었으며[18] 그들 중에 한 기독교 신자는 한국인 아내를 얻어

---

13) 金東旭,《增補春香傳硏究》, 연대출판부, 1976. pp.69 - 73.

14) 蘇在英, 《기독교와 한국문학》, 대한기독교서회, 1990. p.45.

15) 蘇在英, "水山 廣寒樓記", 《춘향전의 종합적 고찰》, 한국고소설연구회, 아세아문화사, 1991. P.467.

16) 김동욱, 《春香傳比較硏究》, 삼영사, 1979. pp.27-30.

17) 蘇在英, 앞의 책, p.468.

18) Gari Ledyard, 《THE DUTCH COME TO KOREA》, ed. the Rayal Asiatic Society (Korea Branch : Seoul Computer Press, 1971), pp.69 - 144. 네덜란드에서 유학 온 Yoris De Roy 선생 제공.

"When the Dutch left Pyong'yong in the spring of 1663, only 22 remained of the 33 that had come there seven years before.… Five went to Sunch'on (Hamel's Siunschien), a district seat near the coast in the eastern part of Cholla ; five went to Namown (Namman), about 60 km. north of Sunchon ; and the remaining twelve went to the headquarters of the Left Provincial Naval District, near the modern town of Yosu."(pp.69 - 70).

"At the base the Dutch probably lived in small groups in their houses, as they had during the years at Pyong'yong. They were permitted to visit back and forth to Sunch'on and Namwon and carry on their begging with great freedom. They were frequent visitors in the mountain monasteries, where they were always well received. Hamel and Eibokken

정착한 뒤 행복하게 살았다는 기록[19]이 있어 주목된다. 남원에 정착한 네덜란드인과 한국인 여인 사이에 자녀가 있었다면 그 후손들에 관한 추적과 그 결과가 기대된다. <춘향전>의 시대적 배경인 17세기에 기독교 신앙을 소유한 네덜란드인들이 남원에 방문했었거나 정착해 살았던 사실은 <춘향전>의 형성과 기독교의 영향을 파악하는 데 매우 중요한 단서가 됨을 알 수 있다.

춘향설화는 漂泊文學의 성격을 가져 서민 광대들에 의해 가창되다가 만화 유진한에 의해 기록문학화(1754년)한 것으로 볼 수 있는데 만화는 유몽인의 6대손이다.[20] 유몽인은 허균이 기독교도임을 말하였고 서학에 깊은 관심을 가지고 있었으므로 유진한도 기독교와 어떤 인연을 가졌을 것으로 추정해

---

had little regard for the religious belief of the "idolaters", but they were much impressed by their gentleness."(p.71).

"Frontier Preparedness Authority. Petition. 「… According to the investigation and documentary material reported by Hong Ch'ohu, Governor of Cholla,' of the three men registered at Namwon, all are within the walls; of the eight registers at the Left Naval Garrison, three have answered muster and five have left without returning ; of the five registered at Sunch'on, two have answered muster and three have left without returning. …'」"(p.81).

"One of the eight had died sometime in 1667. Those remaining were ordered to be assembled in Nawon, and there given new clothes."(p.94).

"During the years 1660, 1661 and 1662, no rains came, and one city could not rains came, and one city could not supply rations for (all of) us, so the king appointed us in the latter year to three cities, to wit: 12 in Saijsiun (Chwasuyang), 5 in Sunischien (Sunch'on) and 5 in Mamman(Mamwon), all these cities being in Thiellado."(p.142).

19) 위의 글.

"The NEIC {Netherlands East India Company} sources confirm the death of one of the men identified as Jan Claesz of Dort a cook. But Nicolaes Witsen in his Noord en Oost Tartarye reports that Jan Claesz preferred to remains in Namwon, as he was happily settled there with his Korean wife and no longer cared to live as 'a Christian or Netherlander.' "(p.95). "Jan Claeszen, cook, 49 years old, living in the city of Mamman {Namwon}"(p.144.).

20) 蘇在英, 앞의 책, p.46.

볼 수 있다. 신유박해 때 순교한 권일신은 유진한의 사위가 된다. 유진한의 친척에는 순교자 유항검·유관검 등이 포함되어 있다. 이렇게 볼 때 유진한은 기독교와 밀접한 관련을 가진 사람으로 볼 수 있는 것이다. 유항검은 태종 12손인 최고 귀족이며 예수 그리스도를 신앙하는 李루갈다와 결혼한 사람이었다.[21] 吳允台는 유항검 부부가 춘향전의 모델이었을 것이 어느 전설보다도 정확성이 있을 것으로 짐작했다.[22] 기독교와 관계있던 이들과 친분이 있던 정범조(1723 - 1801)의 문집인 좌해집 춘랑사, 오언절구(芙蓉生游泥, 不愛游泥濁)가 있어 정범조도 춘향에 대한 것을 알고 있었으리라는 추측도 있다.[23] 이능화의 「조선 기독교 및 외교사」에는 "權用佐女 權孃은 才貌雙全 而累於邪敎하야 更作「獄中之花」하야 將爲杏下之鬼러니 何來慈悲之佛이 救出窈窕之娘(여자)가 可謂奇哉와 亦云幸矣로다 云……"[24]라는 기록이 있다. 이것은 당시에 불교신자였던 金鼎元의 상소문에 나오는 글이다. <獄中之花>를 지은 권용좌의 딸은 헌종 5년(1839년) 기해박해 때 순교한 인물로 장차 杖下에 죽어 귀신이 될 것이었는데 어떻게 자비의 불이 와서 절세가인인 그 여자를 구원하여 갔을까? 참으로 기이한 일이며 다행한 일이라고 했던 것이다. 그 뒤 약 74년 후에 이해조의 <獄中花>가 나왔는데 그 이름이 권양의 <獄中之花>에서 따온 것이 아닐까 하는 추정도 있다.[25]

오윤태는 숭실대학교 기독교박물관 소장으로 故金良善敎授藏本인 <廣寒樓記>[26]가 있는데 권양이 지은 옥중화를 유진길이 백화체로 다듬어 고쳐

21) 吳允台, 앞의 책, p.414.

22) 위의 글, p.415.

23) 위의 글, p.416.

24) 위의 글, p.419.

25) 위의 글, p.420.

서 광한루기라고 이름을 지었고 그 책을 제자 조신철에게 보여줄 때 자기는 저자라고 하지 않았다는 단서를 제시하기도 했다.[27]

玄錫文의 <己亥日記>에 따르면 순교자 명부록에 권희(이광헌의 아내), 권득인, 진사 권용좌와 그의 부인 한영이, 그리고 그들 사이에서 태어난 딸 권진이, 권경이와 옥중지화의 편작자 권용좌의 딸 들이 있다.[28] 이에 대해 오윤태는 조상으로부터 내려오는 신앙의 피는 그들 자손에게 섞이어 그들은 용감하게 신앙을 지키는 동시에 재림할 예수 그리스도를 당시 술어에 따라 암행어사를 기다리듯 기다렸다고 보았다.

순교자 열전으로 유명한 <기해일기>의 저자인 현석문은 1801년에 순교한 중인계급 현계흠의 아들로 1799년에 출생했다. 그의 온 가족이 박해시에 순교했으며 현석문은 한국 교회를 돌보는 일과 순교자들의 전기를 써서 남기라는 특명을 받고 생명을 지켜야 했다. 이러한 중임을 맡은 현석문은 이름을 이재영으로 바꾸고 교우들을 방문하여 어려운 자들을 도와주며 선교사들을 보필한다. 기해 대박해가 끝난 후 그는 이도마와 최빌립보 등이 수집한 순교자에 대한 자료를 체계적으로 정리하여 순교자 小傳 <己亥日記>를 편집하였는데, 이 <기해일기>는 한국기독교사에 있어 귀중한 사료가 되고 있다. 현석문은 "공적이 많고 덕이 높으며 성격이 온화하고 상냥하고 솔직한 사람"으로 알려졌으며 1846년 7월 1일에 붙잡히고 7월 29일에 새남터에서 순교의 피를 흘렸던 것[29]이다.

이처럼 <춘향전>의 이본 형성과정은 기독교의 수용과 수난의 시기에 맞

---

26) 蘇在英, 水山 廣寒樓記, 『崇實語文』第 4輯 1987. pp.199 - 265.

27) 吳允台, 앞의 책, p.420.

28) 위의 글, p.421.

29) 위의 글, pp.381~383.

물려 있었고 양자의 영향관계는 가히 필연적이었다고 사료된다.

이상의 <춘향전>이본 형성과 기독교 관련 양상을 보면, 만화본 춘향가 - 춘랑사 - 옥중화 - 광한루기의 계통이 성립되는 것을 볼 수 있다.

기독교 수용 및 수난사와 〈춘향전〉 형성과정을 정리해 보면 다음과 같다.

화란기독교인 남원 방문, 정착	귀출라프 입국 　 토마스 순교 　 양화진 외국인묘지조성 이승훈 세례 　 신유박해 수난 　 기해박해 수난 　 예수교 배척격문 　 장로회 총회개최
17세기(인조~숙종)	1754 　 1790 　 1801 　 1839 　 1874 　 1893 　 1912 　 1913
춘향전의 시대적배경	만화본 춘향가 　 춘랑사 　 옥중지화 　 광한루기 　 옥중화 　 고본 춘향전 남원고사 (1864-1869) 　 동양문고본 경판본

위의 도표를 볼 때 〈춘향전〉의 형성과정에 병행되었던 기독교의 수용과 수난사가 직접 간접으로 영향을 주었으리라고 파악할 수 있다.

3. <춘향전>의 기독교 변혁주의적 조명

고소설인 〈춘향전〉에 대하여 기독교적인 안목으로 통찰한 몇 편의 연구가 있다.

이능화는 그의 저서 『韓國基督敎及外交史』(韓國基督敎彰文社)에서

1839년에 순교한 권용좌의 딸이 <獄中花>를 지었음을 밝힌 바 있다. 이것은 물론 이해조가 개작한 <獄中花>와 다른 이본이다.

오윤태는 그의 『한국기독교사』(혜선문화사, 1979)에서 '기독교를 통하여 이루어진 근대문학의 태동'[30]에 대하여 다루었는데, 그 내용을 살펴보겠다.

먼저 「춘향전의 중심사상」을 최고급에 속해 있는 이도령(夢龍)과 최하 계급에 속해 있는 성춘향의 연애생활과 이별과 재회로 보았다. 李夢龍이 성춘향의 연인이요, 장래에 될 남편이며, 그는 남원부사의 아들이라는 신분을 가진 자로 아직 등용되지 않은 龍이라고 파악하였으며 주역의 우주변화에 대한 이론을 들어 이를 설명하고 있다. 남원부사의 아들 李夢龍은 初九에 처하여 있는 자임으로 출세하기 위하여 준비태세에 있는 용이지만 그 용이 가만히 動치 않고 있는 준비시대의 용으로만 그치는 것이 아니라 서울로 올라가서 출세하게 되는 動的 龍이 되려고 한다는 것이다. 그러므로 이도령이 출세를 꿈꾸는 몽룡으로 출세를 하기 위하여 서울에 간다고 해석하고 있다. 이를 토대로 기독교적인 해석을 시도하고 있다.

> 이것을 기독교적으로 해석한다면 이몽룡은 예수님으로 교회나, 교인들의 남편이 되나 현실은 약혼 상황에 있는 관계자로서 지상에 오셨던 예수님은 우리와 약혼은 했으나 아직 결혼까지는 이루지 않은 남편이며 구세주이시다. 그는 재림시 우리를 위하여 있을 곳을 예비하기 위하여 떠나 갔으나 그 준비와 시기가 다다르면 그는 영광의 모습의 심판주로 오실 분이다. 그러므로 지상에 있는 기독 교인들은 그를 기다리고 있는 것이 현실인데 그는 영광의 주로 나타나실 때 신자를 영원한 나라에 영접하여 그와 함께 하는 생활을 하되 불신자는 그 죄악에 따라 심판하시는 주이시다. 이제

30) 吳允台, 앞의 책, pp.391 - 434.

이도령은 예수의 모습으로 약혼한 애인이 그 사랑하는 연인인 교인들을 지상에 두고, 그들을 영접할 장소를 준비하러 갔으나 장차, 얼마되지 않은 부정기시간내에 영광의 주로 나타나 신자를 영접하며 죄악을 저질러 놓은 사람들을 심판하실 터이니, 그는 그 당시 情形과 述語로 보아 암행어사인 것이다.[31)]

'이몽룡'과 '예수님', '암행어사'와 '재림예수'를 연결시켜 각각의 전자를 후자의 대명사로 해석하고 있는 것이다. 이것은 타당성이 있는 해석이지만 양자의 관계를 주관적 시각으로 일치시키고자 한 문제점을 보이고 있다. <춘향전>의 작품구조상 기독교적 시각으로 파악하는 것은 가능한 일이다. 그러나 기독교적인 내용과 언급이 거의 나타나 있지 않은 고소설을 기독교적으로 직접적인 해석을 가하는 것은 무리한 일인 것이다. 주관적인 견해의 피력은 가능하지만 논리적인 공감과 설득력을 얻는데 어려움이 있기 때문이다. 따라서 '이몽룡'과 '예수님', '암행어사'와 '재림예수'의 관계는 당시 <춘향전>을 접하던 기독교인들의 신앙과 재림 소망이 문학적인 형상화로 투영되어 읽혀졌던 것으로 파악하는 것이 바람직할 것이다.

다음으로『當時의 客觀的 情勢』에서 오윤태는 위정자나 양반계급에 속한 자들 중에서는 계급타파라는 것은 꿈도 꾸지 못하는 일이었다고 단언하며 최초의 춘향가 작자로 알려진 晩華 柳振漢에 관한 기록을 근거로 제시하고 있다. 유진한의 아들이 편찬한 가정견문록 가운데 "아버지가 계유년(1754) 즉 영조 30년에 전라도에 유람하여 산천과 풍물을 구경하고, 그 다음 해 집에 돌아와 춘향가 한 편을 지었는데 그것으로 유생들에게 많은 훼방을 입었다"고 한 것을 보아 그 당시 양반계급이나 유생들 가운데서는 양반 이도

31) 위의 책, pp.401 - 403.

령이 천한 여자 춘향과 연애한다는 것은 하늘이 뒤집어진대도 생각할 수조차 없는 일이라고 단정하고 있다. 또한 1840년 헌종 6년에 충주 문관 金鼎元의 척사상소에 의하면 남녀가 혼합하여 모이는 일에 말할 수 없는 증오심을 가지고 말할 뿐아니라 귀한 계급과 천한 계급이 위엄도 없고 분별도 없이 함께 함을 용서할 수 없는 일이라고 말하였음을 밝히고 있다. 아울러 <춘향전>사상이 영조, 정조시대에 출현된 것은 기독교신자인 양반 계급과 천민인 광대 중인 상민들의 연합산물이라고 하는 것이 지나친 추측은 아니라고 주장[32]하고 있다.

이러한 주장은 비교적 타당한 설득력을 지닌다고 할 수 있겠는데, 실학이 융성하고 서학이 한참 유입되던 당시에 유교적 양반 사대부들로서는 신분을 초월한 남녀간의 사랑을 할 수 없고 기독교신자에게서라야 <춘향전>의 신분을 초월한 남녀간의 연애사상을 찾을 수 있을 것이라는 논지는 지나치게 2분법적인 사고를 보여주고 있는 것임을 지적하지 않을 수 없다. 인간이라면 시대와 환경을 넘어서서 누구나 異性에 대한 사랑을 느낄 수 있는 것이며 특히 문화의 융성기였던 영정조 시대에 있어서는 어떠한 신분층에서라도 계급을 초월한 남녀간의 사랑은 가능한 것이었을 것이다. 이러한 풍토에서 기독교인들에 의한 남녀간의 신분을 초월한 사랑은 유교를 옹호하는 사람들에 비해 보다 공개적이고 적극적이었을 것은 분명한 사실이다.

「춘향전의 본문 중에서 찾을 수 있는 기독교적 요소」에서 그는 다음과 같이 말하고 있다.

> 완판본 춘향전은 1840년 대에 기록되었다고 추상할 수 있는데, 이 시기는 丁夏祥, 劉進吉, 權用佐의 女들이 잡혀 들어가는 때이므로 聖靈의

32) 위의 글, pp.404 - 405.

役事와 이것을 防害하려는 惡魔의 役事가 甚하여지던 때요 基督敎人은 사랑으로 한덩어리가 되어 엉켜졌고 再臨하는 예수를 思慕하면서 웃음으로 殉敎 하던 때였다. 그런데 天皇氏는 쑥덕으로 王하였다는 場面에 방자가 하는 말이, 여보 하날임이 드르시면 깜짝 놀래실 말도 듣겠서 하는 대목은, 人格的이요, 살아계신 하나님을 말한 것이니 基督敎的이라고 아니할 수 없다.33)

<춘향전>의 지은이가 살아 계신 하나님을 인정하고 있기 때문에 방자의 말 속에 '하날임'이 들어가 있음을 드러낸 것이다. 이 '하날임'은 사람들의 삶을 살펴보며 그 중에 오고 가는 말도 빠짐없이 듣고 있는 전능한 절대자로 묘사하고 있음을 잘 파악하고 있다. 그런데 방자가 말한 '하날임'을 기독교적인 적절한 조명이 없이 '인격적이요, 살아계신 하나님을 말한 것'이므로 '기독교적'이라고 하여 완판본 <춘향전>작품 속의 '하날임'과 기독교의 유일신인 하나님을 동일시하여 파악한 점은 혼합주의적 해석에 그칠 수 밖에 없음을 지적하고자 한다. 이는 <춘향전>이 기독교적으로 형상화된 작품이라고 예상되는 결과를 전제하고 논리를 추구해 나간데서 온 無理34)로 볼 수 있다. 작품 속의 '하날임'은 조선시대인들의 마음 속에 잠재해 있던 범신론적 측면에서의 초월적 존재로서의 神認識을 나타내는 것으로 보는 것이 보다 객관적인 해석이 될 수 있을 것이다. 기독교적 관점에서 세상의 이치를 초월할 수 있는 능력자는 우주만물과 인간을 창조한 인격적 유일신으로서의 하나님이다. 따라서 방자의 창조주 이해는 그가 살고 있는 문화 환경에 제한을 받을 수밖에 없는 가운데서 불완전한 이해였던 것이나, 그가 말하는 '하날

33) 吳允台, 앞의 글, p.428.

34) 蘇在英, "春香傳의 한 새로운 視角", 숭실대학신문, 앞의 글.

임'은 바로 시대와 문화를 초월하여 역사하고 있는 전능한 존재로서의 '하나님'인 것이다.

奇鎭五는 <춘향전>에 관계된 인물들이 기독교인들이었다 할지라도 그것이 작품화된 것이라는 분명한 증거가 보이지 않는다는 점, 주인공 이몽룡의 암행어사 귀환이 예수의 재림이나 심판과 동일시되지 못한다는 점, <춘향전>의 계급을 초월한 사랑이 기독교적인 주제와 연결될 수 없다는 점, 그리고 줄거리의 어디에도 기독교적인 내용을 발견하기 어려우며 본문 중에 나오는 "하나님"이나 하늘에 대한 언급 부분이 기독교의 하나님과 부합되지 않는다는 점 등으로 미루어 볼 때, 이 작품이 기독교적이라는 주장은 설득력을 발휘하지 못하는 가설에 머무르고 있는 것이라고 지적하였다.[35] 하지만 이것은 <춘향전>의 작품구조와 기독교의 영향관계에 관한 先理解[36]를 간과한 대립주의적 견해인 것이다.

인간은 문화적인 존재이며 하나님은 초문화적인 존재이다. 인간은 그들 문화의 산물이요 상대적 문화적 가치 평가를 가지고 있다. 그러므로 한 문화권의 인간은 다른 문화권의 인간을 멸시할 수 없고 자기의 문화척도로써 평가할 수 없다. 그러나 하나님은 창조자로서 인간문화 위에 존재하고, 하나님의 창조섭리와 경륜은 인간문화 활동의 목표이다. 하나님은 인간이 문화활동을 할 수 있는 은사를 부여하였다. 그것이 곧 하나님의 형상성이다. 이 하나님의 형상성이란 형식적인 면에 있어서는 인간의 주체성이요, 내용적인

---

35) 奇鎭五, 「한국 기독교문학의 형성에 관한 연구」, 국민대학교 대학원 석사학위 청구 논문, 1984. pp.43 - 44.

36) 춘향전이 비록 기독교가 보편화 되지 못한 시대에 형성된 작품이라고 해도, 기독교 관점에서 하나님이 천지만물과 인간을 창조하였으며 인간의 문화가 하나님의 창조적 주권 안에 있는 것이므로 조선 후기인들의 문학적 산물인 춘향전에도 기독교적으로 고찰할 수 있는 요소가 있는 것이며 그 요소들이 작품의 기독교적인 선이해를 가능하게 해주는 것이다.

면에 있어서는 종교성, 理性, 책임성, 도구 이용성, 윤리성, 예술성 등이다. 이러한 선천적인 은사를 부여받았으므로 인간은 문화를 창조할 수 있다. 인간 문화에는 이러한 순수한 이념적 요소, 하나님에 의하여 부여받은 창조적 요소가 나타나고 있다.[37] 인간은 창조될 때부터 하나님의 형상을 지니고 있으며, 창조 이래의 모든 인간의 인격 속에는 하나님의 형상이 아로새겨져 있는 것이다. 따라서 인간의 모든 문화유산에 대하여 기독교적인 조명과 해석이 가능한 것이다. 조선 후기에 여러 사람들의 문학적 상상력과 창조성에 의해 이루어진 적층문학인 <춘향전>도 예외는 아닌 것이다.

<춘향전>의 작품 속에 내재된 기독교적 로고스를 발견하여 그 의미를 해석할 수 있는 것이며, 특히 춘향전에 있어서 작품의 형성과정이 기독교 수용과 성도들의 수난과정과 일치되는 점은 춘향전의 기독교적 해석이 타당한 의미를 지니는 것이다.

趙神權은 "擬基督敎的 유토피아 小說 - 洪吉童傳"[38]에서 <춘향전>과 같은 장르의 고소설인 <홍길동전>이 기독교적 색채가 짙은 작품이라고 보고 길동이 나귀를 타고 다니는 장면을 통해 구속 사업을 성취하기 위해 예루살렘으로 나귀를 타고 입성하는(마태복음 21:1 - 11) 예수를 연상하였음을 밝히고 있다.[39] 인생을 초로와 같고 부운과 같다 한 것[40]은 '人生無常 生子必滅'과 같은 동양적 사상을 반영해 주기도 하지만, "내 마음이 풀 같이 쇠잔

---

37) 김영한, 앞의 책, pp.33 - 34에서 인용.

38) 趙神權, 《한국문학과 기독교 I》, 연대출판부, 1986. pp.21 - 35.

39) 위의 글, p.32.

40) "세상사를 생각하니 풀 끝의 이슬과 같도다. 백년을 산다하니 이 또한 뜬 구름과 같도다. 귀천이 때 있음이여 다시 보기 어렵도다. 소년이 어제 같이 될 줄 어이 알리!" (율도국의 왕이 된 길동의 생애 대한 결론적 표현, 張德順編, 趙神權 앞의 책, p.33.에서 재인용)

하였사오며"(시편 102 : 24), "이는 풀의 꽃과 같이 지나감이라"(야고보서 1 : 10), "모든 육체는 풀의 꽃과 같으니 풀은 마르고 꽃은 떨어지되"(베드로전서 1 : 24)와 같은 성경구절을 연상시켜 준다고 하였다.[41] 왕과 왕비가 승천하는 장면을 들어 작품의 결말을 승천으로 끝맺음 한 것 자체도 특이하며, 이는 기독교의 성경에서 나오는 승천과 흡사하다고 보았다.[42] 창세기 5 : 24[43], 열왕기 하 2 : 11[44], 누가복음 24 : 50~53[45], 히브리서 11 : 5[46]에 각각 에녹과 엘리야, 예수님의 휴거 및 승천 사건이 나온다. 그러나 이 연구에 있어서도 작품내용과 성경을 작품자체에 대한 객관적 입장에서의 미의식 파악과 적절한 기독교적 조명이 빈약한 상태에서 일치시키려한 무리가 드러나고 있다.

그럼에도 불구하고, 우리나라 최초의 본격적인 국문 소설인 <홍길동전>에서 이와 같은 기독교적 의미를 찾을 수 있다는 것은 이보다 훨씬 뒤의 <춘향전>을 기독교적 시각으로 파악할 수 있게 하는 객관적인 연구의 가능성을 제공해 주기에 충분한 것이라고 할 수 있다.

蘇在英은 "「홍길동전」·「춘향전」의 기독교적 시각"[47]에서 <홍길동전>

---

41) 위의 글, p.33.

42) 위의 글, 33~34.

43) "에녹이 하나님과 동행하더니 하나님이 그를 데려 가심으로 세상에 있지 아니하였더라"

44) "두 사람이 행하며 말하더니 홀연히 불수레와 불말들이 두 사람을 격하고 엘리야가 회리바람을 타고 승천하더라"

45) "예수께서 저희를 데리고 베다니 앞까지 나가사 손을 들어 저희에게 축복하시더니 축복하실 때에 저희를 떠나 [하늘로 올리우]시니 저희가 [그에게 경배하고] 큰 기쁨으로 예루살렘에 돌아가 늘 성전에 있어 하나님을 찬송하니라"

46) "믿음으로 에녹은 죽음을 보지 않고 옮기웠으니 하나님이 저를 옮기심으로 다시 보이지 아니 하니라 저는 옮기우기 전에 하나님을 기쁘시게 하는 자라하는 증거를 받았느니라"

을 기독교적 차원에 놓고 분석해 봄직한 가능성을 보여 준다고 보았으며 최초로 기독교에 관심을 가졌던 허균과 그의 사상소설인 <홍길동전>은 긴밀한 관계가 있었다고 보는 것이 훨씬 자연스러울 것으로 생각된다고 하였다.[48] 또한 "<춘향전>을 기독교와 연관시키려는 데는 상당한 무리가 따른다"[49]고 조심스럽게 언급하는 가운데 "춘향전의 형성과 기독교의 수난연대가 대체로 일치하며 「만화본」-「춘랑사」-「옥중화」-「광한루기」 등으로 이어지는 관계양상을 연결시켜 보면 적어도 춘향설화·춘향가가 재창작 과정에서 기독교적 시각들과 연결되거나 관련지어졌을 가능성에는 수긍이 간다"[50]고 했다. 그리고 이도령과 춘향의 애정설화가 수난 당시 기독교인들에 의하여 종교적인 옷을 갈아입고 새롭게 태어났을 가능성을 시사하였다.[51] <홍길동전>과 <춘향전>의 기독교적 시각에 대한 기존의 연구에 대한 견해를 객관적으로 종합하면서 이들 작품에 대하여 기독교적인 안목으로 해석할 수 있는 가능성을 열어 놓았는데, 이 과제는 기독교문화신학의 견지에서 충분히 보완되고 결실이 이루어질 것이다.

<춘향전>의 인물 구원 양상은 이도령과 춘향 사이에 이루어진 사랑과 믿음을 기초로 하여 이도령이 어사 출두를 통해 고난받는 춘향을 구원하는 것으로 나타난다.

<춘향전>의 인물구원 양상을 체계적으로 정리하면 다음과 같다.

---

47) 蘇在英, "홍길동전·춘향전의 기독교적 시각", 《기독교와 한국문학》, 대한기독교서회, 1990. pp.42 - 48.

48) 위의 글, p.45.

49) 위의 글, p.48.

50) 위의 글.

51) 위의 글.

1) 이도령과 춘향의 만남과 사귐
2) 사랑의 심화와 백년가약
3) 이별과 고난의 시작
4) 이도령의 어사 임명과 고난의 절정
5) 고난 극복을 통한 재회와 행복한 결말

기독교 구원을 성경적으로 정리해 보겠다.

1) 하나님과 인간의 만남과 사귐
2) 에덴의 기쁨과 낙원 상실에 대한 메시야 약속
3) 예수 그리스도의 탄생과 고난
4) 부활을 향한 예수님의 십자가 수난
5) 부활 승천과 재림 심판 및 영원한 천국

이상의 정리를 토대로 <춘향전>의 기독교적 로고스에 대한 역동적인 동의어를, ① 만남과 사귐 ② 사랑과 약속 ③ 이별과 고난 ④ 소망과 위기 ⑤ 재회와 행복으로 나타낼 수 있다. 이것은 곧 기독교적 로고스에 입각한 작품의 의미를 보여주는 것이기도 하다. 이 결과를 바탕으로 하여 고본 <춘향전>을 기독교적 시각으로 조명해 보겠다.

4. <고본춘향전>(육당본)의 기독교적 조명

<古本春香傳>은 앞에서도 밝힌 바와 같이 육당 최남선이 1913년에 신

문관에서 펴낸 <춘향전>의 이본이다.

이제부터 <古本春香傳>을 기독교적 시각으로 조명하고, 작품의 문장에 나타난 기독교적 요소를 살펴보고자 한다. 전자는 구조적 측면에서의 접근이 되고, 후자는 문체적 측면에서의 접근이 될 것이다.

1) 구조적 측면

(1) 만남과 사귐

그랴뉘라ᄒᆞ나
춘향이춘산이쌍긋단순이잠ᄀᆡᄒᆞ며가ᄂᆞᆫ목옥셩으로
일홈은춘향이오
춘향이라니무ᄉᆞᆫ춘ᄌᆞ며무ᄉᆞᆫ향ᄌᆞ냐
춘ᄌᆞ는용안일히ᄉᆞ히춘은우리동군립춘ᄒᆞ고 … 이춘ᄌᆞ를다바리고텬하
태평춘이란춘ᄌᆞ오향ᄌᆞ는 … 월즁계슈옥토분향이란향ᄌᆞ오
셩은무어시냐
셩은셩가이오
셩ᄌᆞ를드르니이셩지합이로구나무ᄉᆞᆫ싱이냐
나ᄒᆞᆫ열여셧살이오
싱일은언제냐…
신통ᄆᆡ랑ᄒᆞᆫ인연이오ᄯᅮᆯ코ᄃᆡ업ᄂᆞᆫ연분이라[52]

양반 자제 이도령이 퇴기의 딸 춘향을 만나 사귀는 장면이다. 신분적으로 보면 서로 비교할 수 없는 사이지만 이도령과 춘향은 모든 제약을 뛰어 넘어 사랑과 믿음의 문을 열고 있는 것이다.

---

52)《古本春香傳》, 崔南善 改作 刊行, 신문관, 23-25항.

이것은 최초의 인간인 아담이 자신의 갈빗대로 만들어진 여자에게 "이는 내 뼈 중의 뼈요 살 중의 살이라"[53]고 고백함으로 하나님이 남자의 독처하는 것이 좋지 못하여 비록 작은 갈빗대를 가지고 만들어 준 여자지만 그 여자를 돕는 배필로 받아들이고 기뻐하는 것[54]과 상응하는 장면이다.

> 여호와 하나님이 가라사대 사람의 독처하는 것이 좋지 못하니 내가 그를 위하여 돕는 배필을 지으리라 하시니라 여호와 하나님이 흙으로 각종 들짐승과 공중의 각종 새를 지으시고 아담이 어떻게 이름을 짓나 보시려고 그것들을 그에게로 이끌어 이르시니 아담이 각 생물을 일컫는 바가 곧 그 이름이라 아담이 모든 육축과 공중의 새와 들의 모든 짐승에게 이름을 주니라 아담이 돕는 배필이 없으므로 여호와 하나님이 아담을 깊이 잠들게 하시니 잠들매 그가 그 갈빗대로 여자를 만드시고 그를 아담에게로 이끌어 오시니 아담이 가로되 이는 내 뼈 중의 뼈요 살 중의 살이라 이것을 남자에게서 취하였은즉 여자라 칭하리라 하니라[55]

아담[56]이 하나님에 의해 흙으로 만들어지고 하나님의 생기를 받아 생령을 가진 사람이 된 반면, 여자가 아담의 신체 중 한 부분인 갈빗대로 만들어졌다는 점은 창조론적 관점에서 아담과 여자의 역할로서의 신분적 차별성을 보여준다. 다시 말해서, 아담과 여자는 똑같이 하나님에 의해 창조[57]되었지만 아담은 최초로 하나님에 의해 흙을 재료로 하여 하나님의 생기를 받아 창조

53) 창세기 2 : 23

54) 창세기 2 : 18 - 23

55) 창세기 2 : 18 - 23

56) 아담은 '사람' 또는 '남자' 라는 뜻을 지닌다.

57) 창세기 1 : 27

되었고 여자는 아담의 신체 중 한 부위인 갈빗대를 재료로 하여 독처하는 아담의 돕는 배필로 만들어진 것이다. 이에 대하여 아담은 여자에게 자신의 우월한 권위를 주장하거나 맹목적인 추종을 요구하는 것이 아니라 "내 뼈 중의 뼈요 살 중의 살"이라고 고백함으로 여자를 돕는 배필로서 자신만큼 동등하게 가장 중요한 존재로 맞이하고 있는 것이다. 여기에 아담의 여자에 대한 진실한 사랑의 고백이 들어 있음을 알 수 있다.

따라서 이도령과 춘향의 만남과 사귐을 인류 최초의 남녀인 아담과 여자의 신분과 조건을 초월한 인격적인 만남과 사귐의 창조질서에 상응시켜 이해할 수 있는 것이다.

(2) 사랑과 약속

> 져는약간작뎡이잇서도고학박ᄒᆞ여덕턱이만셰에 씨치거나 츌장입샹ᄒᆞ여 공업이일디에덥힐만ᄒᆞᆫ셔방님을맛나평싱을바치려ᄒᆞ오니이뜻은아모라도 굽히지못ᄒᆞ올지라 … 너와같은뎡과렬이고금텬디 ᄯᅩ잇스랴 … 샨쳔은수변 이나ᄎᆞ심은난변이졍유이애라 … 이러트시슈작ᄒᆞ며쳔만금어뎟ᄂᆞᆫ듯즐겁기 도긔지업다 … 모모마다 짜인사랑사랑사랑긴긴사랑ᄂᆡ눈에드ᄂᆞᆫ사랑ᄂᆡ뜻 에맛ᄂᆞᆫ사랑사랑도사랑이라[58]

춘향에게 사랑을 느낀 이도령은, 춘향이 비록 비천한 신분이지만 자신의 처신을 함부로 하지 아니하고 그 말 속에서 한 남성에 대한 정절의식을 확고히 하고 있는 것에 더욱 기뻐하며 춘향에 대한 사랑의 마음도 깊어진다. 그리고 춘향에게 산천은 변해도 사랑의 마음은 잊지 아니하겠다는 글을 써주며 백년가약을 한다.

---

58) <古本春香傳>, 앞의 책, 27-31항.

이것은 아담과 그의 아내 하와가 한 몸을 이루어 두 사람이 벌거벗었지만 부끄러워하지 않는 창조론적인 사랑의 관계에 상응하고 있다.

> 이러므로 남자가 부모를 떠나 그 아내와 연합하여 둘이 한 몸을 이룰찌로다 아담과 그 아내 두 사람이 벌거벗었으나 부끄러워 아니하니라[59]

또한 이도령과 춘향의 사랑은 성경의 아가서에 나오는 이방인 술람미 여인에 대한 솔로몬왕의 사랑[60]과도 상응한다. 성경주석서는 솔로몬왕과 술람미 여인의 관계를 원천적으로 역사 속에서 일어난 실제의 아름다운 사랑이야기로 인정하며, 건전한 남녀간의 사랑의 기쁨을 궁극적으로는 하나님과 성도, 예수 그리스도와 교회의 사랑을 형상화[61]하고 있는 것으로 해석하고 있다.

양반과 천민이 뚜렷이 구분되던 조선 사회에서 양반 자제 이도령이 퇴기의 딸 춘향과 깊은 사랑의 관계성을 맺는 것은 이도령이 천민 차원으로 내려가 계급적인 면에서도 춘향을 구원하는 계기가 된다. 이것은 하나님과의 관계성 단절로 타락한 죄인들을 구원하기 위해 성육신하여 인류 구속 역사를 이루는 예수 그리스도의 낮아져 인간을 사랑하는 것과 상징적으로 상응하는 것으로 볼 수 있다.

따라서 이도령의 춘향에 대한 사랑과 미래의 약속은 아담의 하와에 대한 사랑과 솔로몬왕의 술람미 여인에 대한 실제적인 사랑에 상응하는 것으로 이해할 수 있다.

---

59) 창세기 2 : 24 - 25.

60) 拙稿, 「雅歌」와 「春香傳」의 對比에 의한 해석, 春香傳의 基督敎的 解釋, 대학원 세미나 레포트, 1992. 12. pp.12-15.

61) 아가 서론, 라이프 성경, 기독지혜사, 1991. p.959.

또한 기독교인의 입장에서는 이도령의 춘향에 대한 사랑을 통해 예수 그리스도의 성도(신약성경의 제자들, 사마리아 여인 또는 막달라마리아 및 오늘날의 믿는 자들 등)에 대한 사랑을 상징적으로 공감시켜 주고 있음을 알 수 있다.

(3) 이별과 고난

> 일각로갓흔우리도련님일조리별(一朝離別)쩌난후에 일뎜고등(一點孤燈)벗을삼아일촌간쟝츈셜(一村肝腸春雪)스듯일별음용량묘망(一別音容兩渺茫)이나일편단심폐부중(一片丹心肺腑中)ᄒᆞ니일심ᄉᆞ군(一心事君)구든마음일천년(一千年)인들변ᄒᆞ릿가일부함원(一婦含怨)에 오월비상(五月飛霜)이라ᄒᆞ오 … 죽여주오죽여주오어서밧비죽이시면혼이라도나라가셔우리도련님차지리니그ᄂᆞᆫᄉᆞ도덕이올시다 슈졀(守節)을 죄(罪)라ᄒᆞ면식칼형문을 치옵소셔[62]

오리정에서 이도령과 정표를 나누고 이별한 뒤 사또의 수청을 거절하고 수절을 고수하던 춘향이가 매를 맞으며 수난을 당하면서도 자신의 신조를 피력하고 있는 십장가의 첫부분과 끝부분이다.

이 장면에서 이도령에 대한 춘향의 죽기를 불사하는 정절은 메시야로 오신 예수 그리스도를 증거하다가 잡혀서 순교를 각오하고 예수님께 대한 신앙을 고수하는 성도의 모습과 상응하는 함축적 의미를 지닌다. 동시에 <춘향전>의 형성과정이 기독교의 수용 및 수난과 기독교 수용시 성도들의 수난이 함의성을 지니고 있는 장면임을 알 수 있다.

구약성경의 룻기는 어둡고 타락한 사사시대 속에서도 참 신앙을 갖고 신실

---

62) 《古本春香傳》, 앞의 책, 134-137항.

한 삶을 살아가는 몇몇 남은 자들의 높은 도덕과 인내의 삶을 묘사[63]해 주고 있다. 당시 베들레헴 땅에 살던 엘리멜렉 일가는 심한 기근으로 인하여 모압 땅으로 피난할 수 밖에 없었다. 사태는 더욱 악화되어 시모 나오미와 두 며느리만 남고 모두 죽게 되었다. 나오미는 회개하는 심정으로 본향으로 돌아오고자 하였으며 그 때에 며느리 이방 여인 룻도 한사코 시어머니를 따라 베들레헴으로 돌아오고자 하였다. 룻의 하나님을 향한 경건한 신앙 절개와 시모를 향한 애틋한 사랑을 볼 수 있다. 시모에 대한 룻의 절대적인 추종과 사랑은 앞서 죽은 남편에 대한 사랑과 정절의 반영으로도 파악된다. 룻이 신앙하는 시모 나오미의 하나님은 곧 죽은 남편의 하나님이기도 한 것이다. 신앙의 절개로 볼 때, 남편의 하나님이나 시모의 하나님이 같은 이스라엘 민족의 유일신 하나님이라는 점에서 룻은 시어머니 나오미를 어디까지든지 따르고자 하는 믿음과 사랑의 정절을 고수하고 있는 것이다.

> 룻이 가로되 나로 어머니을 떠나며 어머니를 따르지 말고 돌아가라 강권하지 마옵소서 어머니께서 유수하시는 곳에서 나도 유숙하겠나이다 어머니의 백성이 나의 백성이 되고 어머니의 하나님이 나의 하나님이 되시리니[64]

춘향이 형장·태장을 맞으면서도 이도령에 대한 사랑을 저버리지 아니하고 절개를 지키는 것은 룻이 비록 남편은 죽었지만 이스라엘의 하나님을 저버리지 아니하고 시어머니 나오미를 청종하며 기근 속에서도 인내하는 신앙절개에 상응하는 문학적 형상화를 보여 주고 있다.

---

63) 룻기 서론, 큐티 라이프 성경, 앞의 책, pp.402-403.

64) 룻기 1 : 16

신약 성경의 요한계시록에는 재림할 예수 그리스도를 신랑으로, 그리스도를 기다리며 고난 속에서도 믿음을 지키고 있는 교회와 성도를 신부로 표현하고 있다. 예수 그리스도의 신부인 성도들이 받을 고난과 이에 요구되는 인내를 다음과 같이 묘사한다.

> 짐승과 그의 우상에게 경배하고 그 이름의 표를 받는 자는 누구든지 밤낮 쉼을 얻지 못하리라 하더라 성도들의 인내가 여기 있나니 저희는 하나님의 계명과 예수 믿음을 지키는 자니라[65]

'하나님의 계명'과 '예수 믿음'을 지키기 위해서는 죽음을 각오하는 고난이 뒤따르는 것이다.

이도령에 대한 사랑과 정절을 지키기 위해 고난 받는 춘향의 모습은 '하나님의 계명'과 '예수 믿음'을 지키기 위해 고난 받는 성도들의 인내에 형상화의 측면에서 상응함을 볼 수 있다.

따라서 이도령을 이별한 춘향의 고난은 남편을 이별한 룻의 고난과 예수 그리스도를 신앙하다가 고난을 겪게 되는 성도의 수난에 문학적 형상화의 이해 면에서 상응하는 것이다.

(4) 소망과 위기

> 어ᄉᆞᄉᆞ도의거동보소부채를들어삼방하인(三房下人)손을치니군관셔리역졸(軍官書吏驛卒)들이청젼디를둘너ᄯᅴ고홍젼립(紅纏笠)을제쳐쓰고청파역(靑坡驛)놈달녀드러달갓흔마픽를히갓치번ᄯᅳᆺ들어삼문(三門)을 두다리며이고을아젼(衙前)놈아암힝어ᄉᆞ츌도(暗行御史出道)로다큰문(門)을 밧

65) 요한계시록 14 : 11-12

비열라

한편으로봉고ᄒᆞ고우직근두다리며급히조쳐드러오며 암힝어ᄉᆞ츌도(暗行御史出道)ᄒᆞ오 이소리한마듸에태산(泰山)에 범이울고청텬(晴天)에벽력(霹靂)이라[66]

서울에 올라간 이도령이 장원급제하여 전라어사를 제수받는 것은 춘향의 구원을 기대하는 독자에게 소망을 안겨준다. 그동안 춘향을 괴롭혀 오던 변사또와 그 세력들에 대한 심판을 알리는 호령 소리인 것이다. 암행어사는 물론 춘향이가 정절을 지키며 사모하던 이도령이다. 갖은 고초로 수난당하던 춘향의 시련이 반전되는 부분인 것이다. 그 장면이 매우 위엄스러우며 천하를 떠들썩하게 하는 모습이다. 변사또는 이날이 있을 줄은 꿈에도 생각지 못한 것이다.

어사 출도 장면은 부패한 구습에 대한 심판이요 깨끗하고 새로운 삶에의 소망을 간직하고 있다. 이것은 고본 <춘향전>의 개작 간행자인 육당 최남선이 "민족이 외적의 밑에 들어 있을 때 가장 한심스러운 일은 국민도덕의 타락과 국민윤리의 파괴라고 강조하며 자주정신과 전체의식의 결여, 공공심 부족과 책임관념 희박, 그리고 조직적 행동의 소홀함 등이 우리 민족이 고쳐야 할 병통이라고 지적하고 이를 위해 時時反省・事事改新해야 한다"[67]고 역설한 기독교적 민족사상과도 상응한다.

<춘향전>의 암행어사출도 장면은 최근의 넥타이 맨「御史」출도와도 전적으로 상응되어 흥미로운 관심을 갖게 한다.

---

66) 《古本春香傳》, 앞의 책, 224항.

67) 崔南善, "事事改新", 「朝鮮常識문답」, 國民日報 第1346號 〔5〕면 『한마당』(1993.5.1)

> 요즘 서울 삼청동 감사원 주차장에서는 일주일에 2 - 3차례 공직사회의 부정과 비리를 찾아 떠나는 현대판 「암행어사」들의 모습을 볼 수 있다. 「어사」 들은 오전 9시쯤 사무실을 나와 대기하고 있는 승합차에 올라 출두할 장소를 향해 달린다. … 이들이 현장에 도착하는 시간은 서울시내일 경우 대개 오전 9시 30분쯤. 전날 오후 6시쯤 연락을 받은 수감기관에서 미리 준비한 감사장에 도착, 기관장에게 감사통지서를 보낸다. 공식적인 어사출두다.
>
> 이때부터 수감기관과 「어사」들 사이에 집요한 신경전이 벌어진다. 관계 서류를 요구하고 관계자를 불러 의혹이 가는 부분에 대해 캐기 시작한다. 감사 현장에서 감사요원들의 「계급장」은 없다. 상대에게 자신의 소속이나 직위 등 신분을 일절 밝히지 않는다.[68]

부정부패를 찾아내어 수술하고 깨끗하며 공의로운 사회를 만들어나가기 위해 이루어지는 현대판 암행감사의 생동감 넘치는 현장 묘사이다. <춘향전>의 암행어사출도가 오늘날의 암행감사에 상응하는 것은 <춘향전>의 문예미학적 의미망이, 부조리한 사회와 그 구성원의 죄악성을 제거하고 새로운 생명을 불어넣는 기독교적 변혁사상과 결합하여 현재의 국민정서에까지 공감대를 형성하고 있는 것을 발견할 수 있다.

또한 예수님은 부활 후에 승천하면서 이 땅에 다시 오게 됨을 약속했는데 이것이 곧 재림의 약속이며 그 날과 그 때는 아무도 모른다고 했다. 그리고 그 때에는 인간 세상을 선악간에 심판할 심판주로 임할 것이라고 한 것에도 상응하는 대목이다.

그리고 기독교 수용시에 수난을 당하던 성도들도 이와 같은 심판의 날이

---

68) "넥타이 맨 「御史」 출두 25時 - 불꺼지지 않는 감사원 개혁 「前衛隊」", 國民日報 第1346號 〔3〕면 (1993. 5. 1).

있을 줄을 믿고 모든 고난과 수모를 인내하며 끝까지 예수 그리스도를 증거했던 것에도 상응하고 있다.

그리고 어사 이도령이 자신의 안면을 가리고 춘향을 대령시켜 수청을 요구하는 장면은 독자에게는 안도의 웃음을 용납하지만, 고난이 해결될 줄 알았던 춘향에게 있어 새로운 위기가 되며 고난의 절정을 고수한다.

> ᄋᆡ고이말이웬말이오조약돌을면ᄒᆞ엿더니수만셕을맛낫고나궤샹육이되엿스니칼을엇지두리릿가료천검드ᄂᆞᆫ칼로버이시랴거든버이시고거렬이슌(車裂而徇)수레쑴여발기려시거든발기시고울산젼복봉(蔚山全鰒鳳)오리듯오리려시거든오리시고동량지ᄌᆡ작별(棟梁之材斫代)ᄒᆞ듯싹그려시거든싹그시고룡가마에기름쓰려살므려시거든살므시고가진양념주물너셔장이시려거든장이시고구리기동에쇠를달화지지시려거든지지시고셕탄(石炭)에불을픠여구으시려거든구으시고죠롱(嘲弄)말곳썩죽여주시오[69]

춘향에게는 오직 이도령에 대한 사랑과 정절과 죽음을 각오한 일편단심만이 있을 뿐이다.

이것은 구약성경의 룻기에서 룻이 남편을 잃게 되자 재혼해 살 것을 권유하는 시모 나오미를 붙좇으며 필사의 각오로 시모를 좇고자 하는 순종과 사랑에 그 형상화의 측면에서 상응하고 있다.

> 어머니께서 죽으시는 곳에서 나도 죽어 거기 장사될 것이라 만일 내가 죽는일 외에 어머니와 떠나면 여호와께서 내게 벌을 내리시고 더 내리시기를 원하나이다.[70]

---

69) 古本春香傳, 앞의 책, 233 - 234항.

춘향이가 이도령만을 사모하여 절개를 지키고자 하는 것이 룻에게 있어서 생명을 내걸고 시어머니 나오미를 좇고자 하는 순종과 절개를 보여 주고 있는 것과 서로 대응되는 것이다.

따라서 어사출도 앞에서의 춘향의 소망과 신분을 감춘 어사 이도령의 새로운 수청 요구에 의해 춘향이 각오하는 위기는 룻이 하나님의 백성이 되고자 하는 소망과 시모를 끝까지 붙좇기 위해 각오하는 위기 및 예수 재림 심판의 날을 소망하며 고난받는 성도들의 위기에 그 형상화의 면에서 상응하는 것이다.

(5) 재회와 행복

> 춘향졍졀주달(春香貞節奏達)ᄒᆞ니 셩상(聖上)이들으시고
>
> 저의졍졀(貞節)이지귀ᄒᆞ다리조(吏曹)에하교(下敎)ᄒᆞ사졍렬부인직텹(貞烈夫人職牒)을나리오시니이런영광이 ᄯᅩ잇는가 … 부모젼(父母前)에면픔(面稟)ᄒᆞ여츈향ᄉᆞ(春香事)를엿ᄌᆞ옵고즉일대연(卽日大宴)ᄇᆡ셜(排設)ᄒᆞ고종족(宗族)을대회(大會)ᄒᆞᆫ후에남원집을부인으로승좌ᄒᆞ고ᄇᆡᆨ년히로(百年偕老)ᄒᆞ올적에벼슬은륙경(六卿)이오아들은솜형뎨(三兄弟)라니외손(內外孫)이번셩ᄒᆞ니곽분양(郭汾陽)을 부러홀소냐아마도천고긔ᄉᆞ(千古奇事)는이ᄲᅮᆫ인가ᄒᆞ노라[71]

<춘향전>의 마지막 부분으로 춘향과 이도령의 재회가 행복한 결말로 맺고 있음을 보여 주고 있다. 수난당하며 정절을 지키던 춘향이가 어사또가 된 이도령에 의하여 죽음을 면하고 마침내 그 정절이 왕에게까지 알려지는

---

70) 룻기 1: 17

71) 《古本春香傳》, 앞의 책, 239 - 240.

것이다. 춘향은 끝까지 정절을 지킨 상급으로 이도령의 정식부인이 되며 자손을 두고 행복하게 살았는데 이는 千古에 기이한 일이라는 것이다. 춘향이 천민의 딸에서 정렬부인으로 신분이 변화되는 것은 룻기에서 룻이 이방여인이지만 이스라엘 족장 보아스와 결혼하여 다윗왕의 증조모가 되고 메시야 예수 그리스도의 족보에 오르게 되는 신분의 변화에 형상화의 측면에서 상응한다.

<춘향전>의 행복한 결말은 기독교에서 예수 그리스도의 재림 때 이루어질 심판 후에 예수님을 구주로 영접하고 어떤 조건 속에서도 신실하게 신앙을 지킨 성도들에게 천국이 약속되는 행복한 결말이 기다리고 있는 것에 형식적으로 상응한다.

또한 기독교 전래 과정 속에서 많은 수난을 당해야 했던 성도들이 이와같은 천국의 상급을 바라보며 인내했던 것에도 상응한다. 물론 춘향과 이도령의 행복은 이 세상에서 수명이 다하는 날까지의 행복이며, 예수 그리스도를 믿고 사랑하는 성도가 천국에서 누리는 행복은 영원성을 지닌다는 본질적인 차이는 있지만 양자가 모두 고난과 인내를 통해 행복한 결말을 맺게 된다는 점에서 역동적인 동의구조를 지닌다.

<춘향전>의 이도령과 춘향 사이에서 이루어지는 만남과 고난과 행복한 결말의 과정은 예수 그리스도와 성도의 만남과 신앙을 지키기 위해 고난당하는 성도의 고난, 천국의 행복한 결말이라는 과정과 함축적 의미관계를 공유하고 있는 것이다.

지금까지 기독교 구원과 <춘향전>의 인물 구원 양상에 대하여 기독교 문화신학 변혁주의 관점을 가지고 필자의 안목에서 성경과 <고본춘향전>을 텍스트로 하여 기독교적 시각으로 조명해 보았다.

결국 기독교 구원의 주체와 객체인 하나님과 인간, 그리스도와 성도의 사랑은 <춘향전>에서의 인물구원의 주체와 객체인 이도령과 춘향의 사랑에서도 상호 밀접한 상응관계로 파악되었다. 그 이유는 첫째, 시대와 문화를 초월하여 자신의 형상대로 창조한 인간의 문화를 주관하는 창조주 하나님의 일반 은총에서 찾을 수 있을 것이다. 둘째, 기독교의 수용 및 수난사와 <춘향전>의 형성과정이 일치됨에 따라 <춘향전>이본 형성에 기독교인의 영향이 직 간접으로 작용하였을 것이라는 점에서 찾을 수 있다. 셋째, <춘향전>의 작품구조가 그 형상화의 측면에서 기독교적인 로고스와 적절하게 상응되고 있는 점에서 찾을 수 있을 것이다.

이러한 사실은 <춘향전>을 읽고 향유했던 우리 민족의 보편적인 정서 속에 기독교가 보다 설득력 있게 전파될 수 있게 한 요인이 될 수 있었던 것이다. 그리고 기독교가 수용되어 정착됨으로써 <춘향전>은 사랑과 고난과 구원의 모티브를 매개로 하여 그 미학적 의미망을 더욱 넓히게 되었던 것이다.

특히 개화기의 신소설로 쓰여진 육당 최남선의 <古本春香傳>은 작품 속에 기독교의 '하ᄂᆞ님'이 등장하여 기독교 구원과 <춘향전> 인물구원에 관한 해석에 있어 춘향전에 미친 기독교의 영향을 확인하는 데 좋은 방증이 된다.

2) 문체적 측면

<古本春香傳>은 1913년에 기독교사상을 수용한 최남선이 개작 간행한 이본으로 개작 과정에서 기존의 우리 나라 문화 풍토에서 사용되어 오던 절대적인 능력을 가지고 있는 범신론적 神의 개념을 작품의 문장 속에 그가 알고 있는 기독교의 유일신 하나님의 개념으로 대체시켜 개념의 용어를 변혁주의적 입장에서 조명하고자 한다.

첫째, 춘향과 이도령이 二姓之合으로 백년가약을 하려할 때, "하ᄂᆞ님이 마련하고"[72]라는 문장이 나온다. 1864년에서 1869년 사이에 이루어진 것으로 보이는 <춘향전> 최대의 이본인 <南原古詞>[73]에는 이 부분을 "하ᄂᆞᆯ이 마련ᄒᆞ고"[74]로 적고 있다. 1895년 이후에 나온 것으로 보이는 완판 춘향전[75]에서는 이 대목을 "셩ᄌᆞ(姓字)를 들어 보니 쳔졍(天定)일시 분명ᄒᆞ다"[76]로 표기하고 있다.

둘째, 이도령이 춘향의 집에 찾아가 춘향과 노래를 주고 받을 때, "우슌풍됴(雨順風調) 하ᄂᆞ님덕"[77]이라고 한 대목이 있다. 이 부분은 <남원고사>에서도 "우슌풍조(雨順風調) 하ᄂᆞ님덕(德)"[78]으로 표기되어 있다. 최남선이 <고본 춘향전>을 정리할 때 <남원고사>의 이부분은 거의 그대로 수용한 것으로 볼 수 있는데, 이는 "하ᄂᆞ님" 표기가 똑같기 때문이었을 것이다. 京板 35張本에도 "우슌풍조 하ᄂᆞ님덕"[79]으로 표기된 것으로 보아 <고본 춘향전>이 경판 35장본과 <남원고사>의 계열을 잇고 있음을 알 수 있다.

셋째, 이도령이 암행어사로 남원을 향하여 갈 때 농부들이 하는 말을 듣고, 경치 좋은 곳에 당도하자 시흥에 도취되어 "하ᄂᆞ님은 自然을 지으시고 나는 詩를 짓는다."[80]고 했다. 이것은 구약성경 창세기에서 "태초에 하나님이 천

72) 《古本春香傳》, 앞의 책, 25항.

73) 金東旭, 《春香傳比較硏究》, 삼영사, p.26.

74) 南原古詞, 金東旭, 《春香傳比較硏究》, 위의 글, p.88.

75) 金東旭, 위의 글.

76) 完板春香傳, 《拾六春香傳(上)》, 金秀煥 編著, 1988, p.231.

77) 《古本春香傳》, 앞의 책, 61항.

78) <南原古詞>, 김동욱, 앞의 책, p.164.

79) 金東旭, 《春香傳比較硏究》, 위의 글, p.165.

80) 《古本春香傳》, 앞의 책, 166항. "天爲造化我爲詩".

지를 창조하시니라"[81]고 선포하고 있는 것에 상응하는 문장이다.

넷째, 춘향이 변사또의 수청을 거절하고 옥중에 갇혀 있을 때 암행어사가 되어 내려 온 이도령은 걸인의 차림으로 춘향의 집에 도착한다. 中門에 들어서서 기도 소리를 듣게 되는데 춘향모 월매가 목욕재계하고 기도하는 말에 "비나이다 비나이다, 하ᄂᆞ님께 비나이다"[82]고 한 대목이 나온다. 월매가 춘향의 무사 석방을 '하ᄂᆞ님'에게 빌고 있는 것이다. 이 '하ᄂᆞ님'은 천지를 창조하고 인간을 만든 창조주이며 인간의 생사화복을 주관하는 초월적 존재이다. 춘향모 월매는 이 사실을 믿고 간절히 기도를 하고 있는 것이다. 이 점에서 최남선의 <古本春香傳>은 기독교의 영향을 분명히 보여 주고 있는 것이다.

기도를 듣는 주체가 전능한 절대자이며, 기독교에서는 그를 살아 역사하는 「하나님」이라고 호칭하고 있다는 점에서 <춘향전>의 여러 이본들에 등장하는 기도 대목을 比較해 봄으로써 <古本春香傳>의 기독교적 문장 표현을 입증하고자 한다.

完板<別春香歌>에서는 "모욕ᄌᆡ계 정히 ᄒᆞ고 ᄉᆡ주반 ᄉᆡ그릇싀 정하슈을 정히 놓고, 비ᄂᆞᆫ니다. <u>하날님게 비ᄂᆞᆫ이다</u>. 명천니 감동ᄒᆞᄉᆞ 셔울 계신 이도령님 졀나감ᄉᆞ 갓탄 벼ᄉᆞᆯ이나 어ᄉᆞ 갓탄 벼ᄉᆞᆯ이나 하여 가지고 나려와 우리 무죄ᄒᆞᆫ 츈향이 살려지이다."[83]라는 춘향모의 기원이 나온다.

申學均本 <別春香歌>에는 御史가 중문에 의지하고 가만히 들으니 춘향

81) 창세기 1 : 1.

82) 《古本春香傳》, 앞의 책, 182항. "비나이다하ᄂᆞ님게비나이다명텬(明天)이감동ᄒᆞ샤셔울계신리몽룡씨젼라감ᄉᆞ를ᄒᆞ옵거나젼라어ᄉᆞ를ᄒᆞ여나려와셔우리츈향살녀주게ᄒᆞ옵소셔"

83) 金東旭, 《春香傳比較研究》, 앞의 책, p.384.

모가 후원 단상에 정화수를 떠놓고 합장하여 축원하기를 "천지신령전에 비나이다. 백발이 있는 것은 다만 청춘딸이 오래 청춘행락 좋은 시절 옥중고혼 되겠으니 충신효자열녀는 하느님이 아는 바라. 서울 잇는 저희 낭군 등과출육 귀히 되어 살려가게 도웁소서."[84]한다. '천지신령'이 곧 '하느님'을 가리키는 범신론적 샤머니즘의 神인식으로 파악된다.

丙午板 <烈女春香守節歌>에서는 월매가 후원 깨끗한 곳에 정화수를 놓고,

> 비난이다.비난이다. 남도 칠셩임 젼의 비난이다. ᄉᆞ희용왕 제불보살 ᄒᆞ우동 심ᄒᆞ와 다 구버 보ᄋᆞ소셔. 무남독녀로셔 근근이 질너ᄂᆞ여 어진 사랑 도련임과 ᄇᆡᆨ년기약 집히 ᄆᆡ져 영귀ᄒᆞᆯ가 ᄇᆞ리더니, ᄉᆡ ᄉᆞ또 도임초의 수청 안이 든다고 몹시도 쌍쌍 씌러여 방지옥중ᄒᆞ안 기지사경이오니 올나가신 도련임이 청운의 놉피 올나 전라감사 전라어사나 양단간의 ᄒᆞ여 ᄂᆡ ᄯᆞᆯ 츈향이 사여주오.[85]

하며 기원하고는 말을 하지 못하고 기절하는 장면이 나온다. '칠셩임'이나 'ᄉᆞ희용왕 제불보살' 역시 기존의 토착화 된 범신론적 샤머니즘과 불교적 요소를 보여주는 용어이다.

男唱 <春香歌>에서는 어사가 황혼녘에 춘향의 집을 찾아가 翠屛 뒤에 은신하고 동정을 살피니, 춘향모가 황토단을 쌓고 정화수 한 동이를 소반 위에 받쳐 놓고 지성으로 빌고 있다.

---

84) 위의 글.

85) 위의 글, pp.384 - 385.

비는이다. 비는이다. 삼십숨천 이십팔슈 다구버 보옵쇼셔. 불상훈 닉 짤 춘향, 낭군 위히 수졀터가 옥즁장혼 가련하니 우리 스우 이도령을 어셔 슈이 급졔식여 젼라감스 ᄒᆞ시던디 젼라어사 ᄒᆞ시던지 슈이슈이 나려와셔 살여주게 ᄒᆞ옵쇼셔.86)

이렇게 빌기를 다한 후에 일어나서 四拜하고, 정화수 갈아 놓고 또 그렇게 빈다. 정화수 앞에 절을 하는 것은 기독교적으로 볼 때 우상숭배로 파악되는데 작품 속에서는 이를 알지 못하고 월매의 간절한 소망을 그리고 있을 뿐이다. '삼십숨천 이십팔슈'도 토착 불교적 샤머니즘의 神으로 보인다.

84張本 <烈女春香守節歌>에서는 월매가 울 안의 개울물에 흰 머리를 감아빗고 정화를 떠다가 놓고 壇下에 伏地하여 축원을 한다.

천지지신(天地之神) 일월셩진(日月星辰)은 화위동심(化爲同心)하옵소셔. 다만 독여(獨女) 춘향이를 금쪽가치 질너닉여 외손봉사(外孫奉祀) 바릭더니 무죄(無罪)한 미를 맛고 옥중(獄中)의 갓쳐스니 살일 기리 업삽닉다. 천지지신은 감동하사 한양셩 이몽용을 청운(靑雲)의 놉피 올여 닉 짤 춘향 살여지다.87)

'천지지신'이나 '일원셩진'등의 어휘도 기존 샤머니즘의 토착적 神인식을 보여주고 있다.

<獄中花>와 朴起弘調 <春香傳>에서도 춘향모가 후원에 칠성단을 쌓고 등불을 밝히고 빌고 있다.

---

86) 위의 글, p.385.

87) 완판 84장본 열여춘향슈절가, 李家源 주, 《改稿 春香傳》, 정음사, 1986. p.204.

天地之神日月星辰, 觀音諸佛五百羅漢 四海龍王八府神將 城主 竈王前 비ᄂᆞ이다. 漢陽居 李夢龍을 全羅監司나 暗行御史를 點指ᄒᆞ야 주옵시면 獄中에 죽ᄂᆞᆫ 子息 살녀낼가 ᄇᆞ라오니 天地神明은 感動ᄒᆞ와 살녀지다 살녀지다.[88]

'天地之神日月星辰', '觀音諸佛五百羅漢', '四海龍王八府神將', '城主竈王' 등의 용어도 샤머니즘적이고 불교적인 토착신앙에서 나온 神의식을 보여 주고 있다.

羅孫本 <春香傳>에서는 춘향모가 무한히 한탄하고 나서, 향단을 시켜 석달열흘 백일기도 마지막 정화수를 떠오라고 한다. 이 때 향단은 두손을 합장하여 "비나이다 비나이다. 하나님젼 비나이다. 졀힝에도 죄 되난잇가. 불상헌 인간 셩춘향 살녀주시오."[89]하고 빈다. 춘향모도 합장하여, "명쳔이 감동하사 삼쳥동 거 리몽룡 장원급제 놉피하야 졀나감사나졀라어사나 양단간에 나려와서 츈향 신세 건져주오. 칠십지년 늘근 인간이 다만 독녀쁜이로다."[90]라고 빈다. 여기서 밑줄친 '하나님'은 오늘날 사용하는 용어와 동일하게 사용되고 있다. '합장'한다는 표현은 불교적 용어로서 불교의 영향으로 보여주는 것이지만, 그 의미는 기도하기 위해 두 손을 모은다는 뜻으로 보면 될 것이다.

이상에서 <春香傳>의 이본들이 보여 주는 월매 혹은 향단의 기도 대목을 살펴 보았다. 우선 각각의 이본들마다 기도를 들어주는 주체가 다양한 용어로 표현되고 있는 것은 이본들의 저자들이 각기 다른 데서 연유하는

88) 金東旭, 앞의 책, p.385.

89) 위의 글.

90) 위의 글.

것으로 보인다. 異本 作者의 자라온 환경과 신앙배경에 따른 주관에 의한 것으로 볼 수 있다. 여러 이본들이 토착신앙적 샤머니즘 내지 불교의 영향을 보여주는 神인식을 하고 있는 용어들을 사용하고 있는 것에 반해, 羅孫本 <春香傳>에서는 '하나님젼'으로 표기되고 있으며, <古本春香傳>에서는 '하ᄂᆞ님께'로 표현되어 오늘날 기독교에서 사용되는 창조주 유일신 '하나님'의 표기 원형이 되고 있음을 발견할 수 있다.

따라서 1913년에 간행된 崔南善本 <古本春香傳>에 나오는 '하ᄂᆞ님'은 최남선 자신이 기존의 이본들에서 사용된 용어들과는 달리 기독교의 유일신 하나님을 인식하고 난 뒤에 사용된 것이라는 점에서 기독교의 영향을 보여주고 있는 것이다.

다섯째, 어사가 출도하여 춘향에게 옥지환을 전하여 줄 때 춘향이 당상을 쳐다보고 뛰어오르면서,"이거시꿈이오닛가 후싱인가 ᄎᆞ싱인가 아모리하여도 몰으겟네, 조화옹(造化翁)의 작난인가"[91]라고 외치는 장면이 나온다. 조화옹은 우주와 인간의 창조자로서 하나님을 일컫는 것이다.

위와 같이 <古本春香傳>에서 기독교적인 영향을 받은 흔적이 작품의 문장 속에서 발견되는 것은 이를 개작하여 간행한 최남선이 기독교 사상을 수용한 인물이었을 뿐만 아니라, 개화기의 새로운 문화를 받아들이고 기독교의 수난과 전도사역이 한창이던 때에 나온 <춘향전> 이본이기 때문임을 알 수 있다.

91) 《古本春香傳》, 앞의 책, 234항.

5. 결 론

지금까지 <춘향전>의 기독교적 해석에 밑받침 될 수 있는 연구들을 검토한 뒤 <古本春香傳>(최남선 編)의 기독교적 해석을 통해서 그 의미를 조명해 보았다.

첫째로, 기독교의 수용과 수난사가 같은 기간에 이루어진 <춘향전>의 형성과정에 직접 간접으로 영향을 주었음을 기독교 수용사와 <춘향전>이본 형성과정의 계보 대비를 통해 파악하였다.

둘째로, <춘향전>의 기독교적 접근에 관한 기존연구를 검토하며 혼합주의적 시도와 대립주의적 견해를 기독교문화신학의 변혁주의적 입장에서 비판하고 역동적인 동의어와 기독교적 로고스 탐구에 의한 <춘향전> 해석의 가능성을 제시하였다.

아울러 기독교 구원과 <춘향전>의 인물구원 양상에 상응하는 역동적인 동의어를, (1) 만남과 사귐 (2) 사랑과 약속 (3) 이별과 고난 (4) 소망과 위기 (5) 재회와 행복으로 나타낼 수 있음을 밝혔다.

셋째로, <고본 춘향전>을 기독교적 시각으로 조명하며 <춘향전>에 형상화된 기독교적 로고스를 발견하여 양자가 역동적으로 상응되고 있음을 파악하였고, 작품에 나타난 기독교적 요소를 드러냈다.

<춘향전>에서 이도령과 춘향의 만남 → 사랑 → 고난 → 행복한 결말(구원)의 구성은 기독교 수용과정에서 기독교 성도들이 겪었던 신앙역정과 공통의 상응되는 함축적 의미를 지니게 됨에 따라 <춘향전>은 그 의미망을 확대할 수 있었던 것이며 이것은 <춘향전>을 향유한 우리 민족에게 기독교의 사랑과 구원이 보다 적극적으로 전파되게 한 요인으로 작용했던 것이다. 이

점에서 <춘향전>의 기독교적 조명이 중요한 의미를 지니는 것이다.

<춘향전>은 기독교가 수용되고 수난당하며 전파되던 시대에 적층된 문학으로 기독교인들의 영향이 작품 구성에 작용하였을 가능성을 실증적으로 시사해 주고 있을 뿐만 아니라, 작품의 인물 구원 양상에 있어서도 기독교적 로고스와 상응하며 사랑과 인내와 행복한 결말의 미학을 효과적으로 형상화하고 있다. 시대를 초월하여 독자의 세계관과 역사적 배경에 따라 새로운 개념으로 조명될 수 있다는 점에서도 <춘향전>은 풍부한 문학적 역량을 함축하고 있는 것이다.

춘향전의 문학적 성공 요인

<심청전>·<홍부전>과 비교를 중심으로

金昌辰

1. 서론

<춘향전>은 우리나라 사람에게 가장 사랑을 많이 받아온 고소설의 대표적인 작품으로서 이미 300편이 넘는 논문이 나올 정도로 많이 연구되어 왔다. 이 글에서 필자는 <춘향전>이 한국인에게 시대를 초월하여 널리 사랑을 받을 수 있었던 이유, 곧 작품적 매력을 찾아보는 데 주안점을 두었다. 그러므로 이 글은 <춘향전>의 주제 같은 문제는 다루지 않고 다만 서사문학 작품으로서 성공하게 된 요인만 찾는 데 주력하고자 하였다.

이 방면에 대하여 본격적으로 논의한 글은 거의 없다. 다만 부분적으로 다룬 글은 있는데, 예를 들자면 김일렬은 <춘향전>이 독자를 사로잡은 특징으로 애정이라는 제재, 사건의 심한 변화와 거기 따르는 극단적인 희비의

교차, 맺힌 것을 풀어주는 작품 구조가 주는 감동, 넓은 폭을 지닌 작품의 성격 등을 꼽은 바 있다.[1)]

이 글은 <춘향전>의 문학적 성공 요인을 찾기 위하여 제2장에서 등장인물의 성격에 대해 분석을 하였다. 인물성격 분석은 그 인물이 실제로 역사적 상황 속에서 어떤 가치를 지니는지를 떠나서 다만 작품 안에서 캐릭터로서 효과적인 구실을 하고 있는지만 살펴보았다. 제3장에서는 작품 구성을 분석하였다. 구성 분석은 필자가 발견한 서사문학의 진행틀을 가지고 <춘향전>의 구성이 어떤 이유에 의해서 수용자들에게 큰 호응을 받고 지금껏 사랑을 받고 있는지 그 원인을 규명하는 데 주력하였다. 이 글은 <춘향전>의 문학적 성공요인을 효과적으로 밝히기 위하여 3대 판소리계 소설 중 다른 두 작품인 <심청전>·<흥부전>과 비교하면서 진행하는 방식을 썼다.

2. 인물 성격

인물 성격 분석은 두 주인공인 춘향과 이몽룡의 분석과 나머지 조연의 분석, 이 두 가지로 나누어서 진행하였다.

1) 주인공 : 춘향과 이몽룡

비슷한 시기에 나왔으며 또한 대중성이 높은 같은 판소리계 소설 중에서도 왜 <춘향전>이 <심청전>이나 <흥부전>에 비해 유독 가장 재미가 있고

---

1) 김일렬, "춘향전", 고전소설신론(서울 : 새문사, 1994), 382-385쪽.

인기가 높을까? 그 원인을 우선 주인공의 설정에서부터 찾아보기로 한다.

<심청전>은 두 주인공이 가장 가까운 촌수인 1촌인 부녀 관계로 구성되어 있다. 그래서 작품의 전체적 구성이 효 또는 불효라는 두 가지의 뻔한 결말로 미리 정해져 있다. 따라서 작품을 이끌어가는 갈등과 긴장이 어떤 한계를 가지고 있다고 할 수밖에 없다.[2] 물론 심청이 인당수에 빠지기 전에 아버지와 딸 사이에 단 한 번의 긴장관계가 조성되지만 이 갈등은 심청이 아버지를 위한 우호적인 갈등이기 때문에 진정한 갈등이라 하기 어렵다[3]. 이러한 <심청전>의 주인공 설정이 이 작품의 근본적인 한계가 되고 있다.

또 하나의 한계는 가난과 눈뜨기가 현실적으로 확실한 해결책을 찾을 수 없다는 점이다.[4] 그러므로 이 작품은 수용자가 상상력을 발휘하면 작품의 재미를 느낄 수도 있으나 단순히 현실성만을 따진다면 작품의 긴장도가 약화되고 재미도 적다고 느낄 수도 있다. 게다가 효도를 당연시하였던 시대에는 <심청전>이 그래도 흥미있는 소재였다 할 수 있으나, 그러한 당위론이 사라진 오늘날에 와서는 점점 더 흥미가 줄어드는 소재라 할 수 있다.

<흥부전>은 두 주인공이 2촌인 형제관계로 구성되어 있다. 그래서 작품

---

2) 그래서 <심청전>의 소설적 긴장은 두 주인공의 대립 대신에 "가난"과 "눈뜨기"라는 제3의 문제로 대체하여 조성해 나가지 않을 수 없게 되는 것이다.

3) 물론 심청이 상인들에게 몸을 팔아 인당수로 가려는 대목에서 두 주인공 사이에 긴장이 조성된다. 하지만 이는 심청이 효도를 하기 위해서는 어쩔 수 없는 선택이기 때문에 엄격히 말하면 두 주인공 사이의 긴장이라기보다는 "가난"과 "눈뜨기"라는 공동의 적에 대한 두 주인공의 어쩔 수 없는 선택[심봉사의 암묵적인 강요와 심청의 순응]에 따른 부작용 정도로 보아야만 한다.

4) 따라서 <심청전>은 심봉사가 개천에 빠지고 화주승에게 구제받아 엉겁결에 공양미를 약속하는 방식으로, 곧 불합리한 방식으로나마 작품을 전개해 나가지 않을 수 없다. 또한 계속해서 인당수에 빠진 심청이 연꽃으로 환생하여 중국의 황후로 봉해지는 것 같은 모호하고도 상징적인 표현으로 작품을 전개해 나가지 않을 수 없다.

전개가 형제 사이의 우애 또는 불화라는 두 가지 결말 중의 하나로 정해져 있으니 긴장이 약해질 수밖에 없다. 그래서 이 작품에서 긴장 조성은 형제 사이의 대립과 갈등보다는 작품 전체를 차지하는 분량으로 볼 때 오히려 홍부가 가난과 싸우는 고통이 더 크게 작용한다고 할 수 있다.

물론 이 작품에서 홍부와 놀부 사이에는 몇 번의 갈등 국면이 있다.[5] 그러나 매번 홍부가 참고 넘어가버림으로써 형제간 갈등은 그 긴장이 어느 한계 이상으로 커지지 않는 것이 <홍부전>이 가지고 있는 소설작품으로서의 한계다.

그러나 <춘향전>은 다르다. <춘향전>은 두 주인공이 전혀 아무 연고도 없는 남남끼리로 구성되어 있다. 그렇기 때문에 작품 전개에는 그 앞에 수많은 가능성이 놓여져 있는데, 이 다양한 선택의 가능성이 곧 작품의 재미를 고조시키는 원인이 되는 것이다. 곧, 전혀 상대를 모르는 청춘 남녀의 만남인 풋사랑은 맺어지기도 쉽지만 또한 헤어지기도 쉽다. 따라서 작품이 진행되면서 상황 상황마다 과연 둘의 관계가 어떻게 변화하게 될 것인지는 계속해서 관심사가 될 수밖에 없다.[6]

한편, <춘향전>에는 다른 두 판소리계 소설에는 없는 삼각관계가 주인공 설정에 부차적 요소로 들어 있는 점도 갈등과 긴장을 더욱 고조시키는 중요

---

5) 첫 번째는 놀부가 홍부 가족을 쫓아낼 때이다. 그러나 우애를 중시하는 홍부가 참고 물러남으로써 그 긴장은 더 이상 확대되지 않는다. 두 번째는 가난에 견디다 못한 홍부가 다시 형을 찾아가 구걸했으나 놀부가 때려서 내쫓을 때이다. 그에 대해 홍부아내는 울분을 토하지만 이번에도 홍부는 참고 넘어간다. 세 번째는 부자된 홍부에게 놀부가 찾아와서 시비걸고 화초장을 얻어가는 대목이다. 이 때도 홍부아내는 화를 내지만 홍부는 참고 견딘다.

6) 이몽룡과 춘향은 처음 만나는 날부터 팽팽히 맞선다. 사또의 자제인 이 도령에게 기생의 딸인 춘향이 쉽게 교제를 허락하지 않고 감히 빳빳하게 맞서는 이 대목부터 벌써 <춘향전>의 긴장은 서서히 고조되어 나가기 시작한다.

한 요인이 된다. 이 작품의 위기에 해당하는 대목, 곧 신관사또 변학도에게 춘향이 처절히 저항하는 대목은 이 삼각관계가 설정되어 있기에 성립하는 것이다. 이와 같이 <춘향전>은 주인공의 인물 설정에서부터 다른 판소리계 소설보다 더욱 흥미로운 작품이 될 수 있는 적절한 조건을 가지고 있는 것이다.

그러면, 이제 좀더 자세히 두 주인공인 춘향과 이몽룡의 인물성격을 비교・대조해 보기로 한다.

(1) 춘향과 이몽룡의 대립적 요소

첫째로, 두 사람은 성별이 다르다.

여자와 남자, 그것도 젊은 여자와 젊은 남자라는 대립적 요소는 두 주인공이 자존심을 내걸고 팽팽하게 대립하게 만든다. 물론 이것은 이 작품을 흥미롭게 만드는 요인이 된다.[7]

둘째로, 두 사람은 신분이 다르다.

이몽룡은 본관 사또의 자제로서 위세당당한 양반이다. 이에 반해 춘향은 기생의 딸인 미천한 신분[기생?]으로서 극단적으로 대비된다.[8] 그렇기 때문에 춘향은 건전한 성격요인을 구비한 인물이지만 의식의 심층에는 하나의 어두운 요인으로서 신분적 열등의식이 작품 전편에 걸쳐서 끈덕지게 흐르고 있다.[9] 또한 그러므로 춘향이 끝내 사랑의 승리자가 된 데에는 순수한 사랑

---

7) 반면에 <홍부전>에서 홍부와 놀부는 같은 남자니 홍미가 적을 수밖에 없다. 또한 <심청전>에서도 심학규와 심청은 비록 남자와 여자로 다르긴 하나 부녀관계이기 때문에 별 재미가 없다. 그래서 차라리 나중에 심봉사와 뺑덕어미 사이에 벌어지는 사건이 더욱 재미있게 느껴지는 것이다.

8) <심청전>에서 심학규와 심청, <홍부전>에서 홍부와 놀부는 같은 집안 사람이니 두 주인공 사이에 집안이 서로 달라서 오는 대립과 갈등이 성립할 수 없다.

을 지키려는 그녀의 고귀한 의지가 작용한 것은 물론이지만[10] 그와 아울러서 신분상승을 위한 내밀한 욕구도 작용했으리라 보는 것이 타당할 것이다.[11]

셋째로, 두 사람은 출신 지역이 다르다.

이몽룡은 서울 도령이고 춘향은 남원 시골 처녀다. 이 작품에서 서울사람은 남원을 다스리러 온 지배계층의 의미를 나타내며 시골사람은 그 지배를 받는 피지배계층의 의미를 가지고 있다.[12] 그렇기 때문에 둘 사이에는 팽팽한 긴장이 조성되어 광한루에서 처음 만났을 때부터 이몽룡이 암행어사로 와서 춘향에게 거짓으로 수청을 강요할 때까지 작품 내내 줄곧 긴장관계를 이끌고 가는 요인이 된다.[13]

---

9) 이상택, "춘향전연구 - 춘향의 성격 분석을 중심으로 - ", 한국고전소설의 탐구(서울 : 중앙출판, 1981), 205쪽.

10) 춘향이 사랑을 지켜나가는 원동력은 인간으로서 삶의 자각에 따른 지순한 사랑이며, 그 순수하고 고귀한 사랑을 지키려는 춘향의 용기와 신념이 바로 이 작품이 판소리 예술 중에서도 시대를 넘어 가장 애호될 수 있는 원인이 되었다는 주장은 타당하다. 김진영, "춘향전 논의의 몇 가지 반성", 춘향전 어떻게 읽을 것인가(남원 : 춘향문화선양회, 1993), 32쪽. 그러나 이것이 전부는 아니라고 생각한다.

11) 이상택, 앞의 책, 221쪽. 필자는, 사람이 어떤 중요한 행위를 지속할 때 그 동인을 딱 하나로만 파악하려고 하는 것은 너무 단순하다고 생각한다. 이런 맥락에서 볼 때, 춘향의 사랑에는 표면의 순수성과 함께 의도했든 안했든 간에 잠재된 내면의 상승욕구도 어느 정도는 작용했다고 보아야 타당하다.

12) 춘향에게 이몽룡이나 변학도는 모두 서울에서 시골을 다스리러 내려온 지배층 양반으로서 자기와는 출신이 다른 사람이라는 점에서는 같은 존재였다. 더군다나 이몽룡이 서울로 올라감으로써 생이별을 하게 되었으니, 서울이란 시골처녀 춘향에게 반감의 대상이 될 수 있었다. 그러나 한편으로는 콧대높은 춘향이 혼인도 안하고 이몽룡을 받아들인 것은 이도령이 서울 양반이기 때문에 가능했고 또한 이몽룡이 서울에서 과거급제하여 암행어사가 되어 와서 자신을 구제하였으니 춘향에게 서울은 동시에 선망의 대상이 되기도 하였다.

13 <흥부전>과 <심청전>은 주인공이 한 집안 안의 인물들로 되어 있기 때문에 성격이 다른 두 집안 간에 대립이란 애초부터 있을 수 없다. 이 점에서도 두 작품은 <춘향전>보다 주인공의 기본 설정에서부터 다양성의 부족과 그에 따른

이상에 든 세 가지는 바로 춘향과 이몽룡이 안고 있는 근본 조건으로서의 대립적 요소로서 두 사람의 갈등요인이 된다. 이와 같이 <춘향전>은 이미 주인공의 인물 설정 자체에서부터 극적 긴장이 조성될 조건을 충분히 갖추고 있다.

(2) 춘향과 이몽룡의 공통적 요소

그러나 춘향과 이몽룡 사이에 다른 점만 있다면 둘이 주인공으로서 이 작품에서 그렇게 잘 어울릴 수가 없을 것이다. 공통점이 있기 때문에 가능한 것이다.

첫째로, 젊은이라는 점에서 둘은 같다.

이 점에서 두 사람은 하나로 통할 수가 있으며 늙은 변학도에 대해 공동 전선을 구축하여 대항할 수 있게 되는 것이다.[14] 춘향이 훗날 변학도와 이몽룡 사이에서 비록 거지이나 젊은 이몽룡을 선택하는 것은 같은 시대에 나온 탈춤에서 소무가 돈많은 노장과 젊은 취발이 사이에서 취발이를 선택하는 것과도 일치하는 사건이다.[15] 이것은 "장유유서"로 대변되는 노인 권위시대,

---

긴장과 재미의 반감이라는 열세를 지니고 있는 셈이다. 한편, 흔히 <춘향전>과 비교되는 <로미오와 줄리엣>에서는 남녀 주인공이 대립하는 기본 조건이 원수 집안으로 되어 있다. 이에 반해 <춘향전>은 서울 양반과 지방 상민으로 되어 있다. 여기서 전자의 원수 집안이라는 조건은 작위적인 대립의 성격이 짙은 반면에 서울 양반과 시골 상민의 대립은 지배층과 피지배층의 갈등이라는 점에서 자연스러운 대립이다.

14) <심청전>에서 심학규와 심청은 각기 노인과 처녀로서 나이 차이가 많지만 부녀 관계이기 때문에 별다른 흥미가 생길 수 없다. <흥부전>에서 흥부와 놀부는 나이가 위인 형과 아래인 아우라는 대립 때문에 노소의 대립이라는 흥미가 조성된다. 이는 곧 <춘향전>에서 노인인 변학도와 젊은 이몽룡의 대립과도 유사하다 할 수 있다. 하지만 <흥부전>의 경우는 그 나이 차가 <춘향전>의 경우보다는 덜하기 때문에 그 효과가 조금 적게 나타난다고 할 수 있다.

15) 춘향은 이몽룡이 어사임을 모르는 상황에서 변학도 대신 거지 이몽룡을 선택한다.

곧 중세 질서가 무너져 내리고 있던 시대상을 반영한다고 말할 수도 있다.[16]

둘째로, 두 사람은 선남선녀로서 같다.

춘향과 이도령은 선남선녀, 재자가인으로서 공통점을 가지고 있다. 이것은 외모는 물론 내면까지 아우른 아름다움이다. 두 인물은 모두 안팎으로 멋스럽고 재기가 넘치며 사랑스러운 성격이다. 춘향은 외모도 물론 아름답지만 정절을 지키며 잘못된 권력 앞에 굴복하지 않는 내면의 아름다움도 보여준다. 그러므로 춘향은 진정 아름다운 여성의 전형이다. 이몽룡도 마찬가지다. 이몽룡은 첫사랑의 여자를 비록 어쩔 수 없는 상황 때문에 한때는 버리고 서울로 떠나갔지만 끝내는 다시 찾아와 되찾는 내면의 아름다움을 보여준다. 이몽룡은 자신의 노력으로 정당한 권력[암행어사]을 획득하고, 그것으로 연적인 변학도를 합법적으로 제압한다. 정의의 권력으로 사랑을 지키는 남자는 멋지고 아름답다. 이몽룡은 진정한 남자의 표상인 것이다.

이상과 같이 춘향과 이몽룡은 두 가지의 공통요인을 가지고 있었기에 갈등요인이 있음에도 불구하고 결국 화합할 수 있었던 것이다.[17]

이러한 안팎의 아름다움을 지닌 두 사람의 선남선녀로서의 성격은 한국인

이는 늙은 변학도에 대한 젊은 이몽룡의 승리를 의미한다. 이에 대해 정병헌은 "춘향의 인식은 도도한 시대적 흐름을 반영한 것이다. 도령은 이 시대의 흐름을 인식하고 이에 편승하고 있으며, 그러한 시대의 흐름을 몰각한 사또는 이미 역사의 표면에서 사라지는 노화한 인물일 수밖에 없는 것이다"고 지적하였다. 정병헌, "신재효본 춘향가의 두 목소리", 춘향전 어떻게 읽을 것인가, 앞의 책, 448쪽.

16) 이는 다시 말하면 늙은 권위보다 젊은 활력이 더 중요하고 좋은 것이라는 변화된 인식을 보여준다고도 할 수 있다. <흥부전>에서도 형인 놀부보다 아우인 흥부가 더 착한 사람으로 설정된 것도 일맥상통하는 흐름으로 볼 수 있다.

17) 다만, 두 사람은 이렇게 공통된 성격을 가진 가운데서도 약간은 차이점이 있다. 곧 춘향은 여성이고 또한 평민이기 때문에 그 성격에서 약간은 엄숙성을 띠지 않을 수 없었으며 인내를 감내해야 하는 모진 수난을 겪어야 하기도 했다. 그러나 몽룡은 남성이고 또한 지배층이기 때문에 처음부터 끝까지 여유와 해학을 유지할 수 있었다.

들이 이상으로 보는 남녀 젊은이의 전형적인 인물상이라 할 수 있다. 이와 같이 <춘향전>은 광채나는 두 주인공을 창조하였다. 서울 도령과 시골 처녀의 만남이라는 주인공 설정은 나이로는 같은 젊은이되 신분과 출신지역으로는 대립적이라는 미묘한 공통점과 차이점을 빚어서 흥미를 더해 준다. 둘은 공통점으로 인해 순수한 사랑에 빠지나, 또 차이점으로 인해 결국은 중간에 헤어지게 되고 시련에 들게 된다. 하지만 두 사람은 외면뿐만 아니라 내면의 아름다움까지 가지고 있었기에 결국은 그 공통점으로서 시련을 함께 극복하고 행복한 결말을 맞을 수 있었던 것이다.

이상으로 살핀 주인공 인물 분석을 정리하면, <춘향전>은 '젊은 선남선녀들이 갈등과 화합을 뒤섞은 끝에 행복한 결말을 맺는 사랑 이야기'라고 정의할 수 있다. 바로 <춘향전>의 이러한 흥미로운 연애담적 성격이 이 작품이 시대를 초월하여 끊임없이 사랑을 받고 있는 가장 중요한 요인이 된다고 할 수 있다.

2) 조연

<춘향전>에는 주인공이 아닌 조연 중에도 작품의 성공 요인으로 작용하는 인물들이 있다. 그들을 살펴본다.

(1) 월매

월매는 작품 안의 원로로서 두 젊은이가 맺는 사랑의 조력자가 되기도 하고 동시에 방해자가 되기도 하는 2중적인 구실을 하는 인물이다. 때문에 이 작품을 감칠 맛나게 하는 데 꼭 필요한 인물이다.[18] 만약에 <춘향전>에

18) 월매를 세상사에 닳고 닳은 속물적인 도시 하층여성의 전형으로 보면서, 그 때문

서 춘향과 이몽룡의 사랑 사이에 월매가 없었다면 그 사랑은 그냥 두 미성년자들이 저지르는 불장난에 지나지 않았을 것이다. 그렇게 되면 그 사랑은 첫째로는 제3자에게 객관적으로 인정받는 고귀한 사랑이 될 수 없었을 것이다.[19] 뿐만 아니라 둘째로는 그 사랑이 이루어지고 또 결실을 맺는 과정에 제3자가 개입하여 벌어지는 긴장이 없음으로써 작품으로서의 재미도 훨씬 줄어들었을 것이다.[20]

이와 같이 월매는 원로로서 <춘향전>에서 춘향과 이몽룡의 사랑을 도와주거나 방해하면서 흥미를 배가시키는 인물의 구실을 한다.[21]

에 월매가 춘향과 대조적인 인물로 설정되어 춘향의 이념지향적 개성을 더욱 뚜렷하게 부각시켜 준다는 주장도 있다. 김일렬, "춘향전", 고전소설신론(서울 : 새문사, 1994), 348쪽.

19) 월매의 개입 없이 춘향과 이몽룡이 몰래 사랑을 이루었다면 그것은 <이생규장전>에서 이생과 최씨 처녀가 몰래한 사랑처럼 그 이후에 사랑을 공식적으로 인정받기까지 곧 혼인을 하기까지 괴로움이 많이 뒤따라서 그 사랑은 고통의 씨앗이 되어버렸을 것이다.

20) 둘의 사랑이 첫날밤까지 맺어지는 데까지만 해도 1차로 광한루에서 둘의 실랑이, 2차로 이몽룡과 월매의 실랑이, 3차로 집 안에서 둘의 실랑이라는 세 단계가 있어서 재미가 점층되는데, 그 중간 과정에서 월매가 개입한다. 그 뒤에 이몽룡이 서울로 떠나갈 때와 변학도가 수청을 강요할 때와 이몽룡이 거지가 되어 다시 찾아왔을 때도 월매는 두 젊은이의 사랑에 계속해서 개입한다.

21) 그래서 월매는 후대로 올수록 역할이나 비중이 증대된다. 정하영, "월매의 성격과 기능", 춘향전 어떻게 읽을 것인가, 앞의 책, 287~290쪽. 한편, <심청전>에서 이런 구실을 하는 원로는 장승상부인이다. 그러나 그녀는 심청의 구원자로서 개입하려다 말아버린다. 그리고, 용왕이나 심청과 혼인한 왕도 또한 비슷한 인물상인데, 심청을 구원하기는 하되 너무 젊잖아서 모두 살아있는 캐릭터가 되지 못한다. 한편, <흥부전>에서는 원로 구실을 할 형제의 부모는 아예 죽어버려서 애초부터 존재하지 않는다. 그러니 형제 갈등은 제비와 박 속에서 나온 인물들이 해결을 맡게 된다. 그러나 이들은 원로가 될 수 없다. 다만 박씨를 주어보내는 제비왕, 능천낭을 가지고 온 노인과 맨 마지막에 나오는 장비[장수]만이 원로 비슷한 구실을 하지만 그 또한 <춘향전>에는 미치지 못한다.

(2) 방자와 향단

방자는 이몽룡을 그림자처럼 따라다니면서 주인을 도우면서도 또 가끔씩은 주인의 말에 어깃장을 놓기도 하여 이쁘기도 하면서 밉기도 하는 감초격의 인물이다. 앞서의 월매와도 비슷한 이런 2중 성격의 소유자들[22]이 많은 것이 <춘향전>의 홍미를 배가시키는 성공 요인의 하나가 된다.[23] 한편 향단은 방자와 같은 구실을 하면서도 한 번도 춘향과 대립하지 않는 분신 내지는 보조자로 구실한다.[24] 그렇기 때문에 오히려 방자보다는 그 구실이 축소된다.[25]

(3) 변학도

변학도는 모든 면에서 춘향과 완전히 극단적으로 대조되는 인물이다.[26] 그렇기 때문에 변학도는 <춘향전>에 등장하는 유일한 악역이면서도 혼자서 작품의 긴장을 최고도로 올리는 일을 훌륭히 해낼 수 있는 것이다.[27] 곧

---

22) <심청전>이나 <홍부전>에는 이런 2중 성격을 지닌 홍미로운 인물이 등장하지 않는다. 이런 점에서도 <춘향전>이 다른 두 작품에 비해 다양성이 뛰어나고 더 홍미로울 수 있는 조건을 가지고 있는 것이다.

23) 그렇기 때문에 <춘향전>의 후대본으로 갈수록 방자의 기능이 점점 더 커지는 경향을 보인다. 권두환・서종문, "방자형 인물고 - 판소리계 소설을 중심으로 -", 한국고전문학연구회, 한국소설문학의 탐구(서울 : 일조각, 1981), 24쪽.

24) 황패강, "춘향전 - 전달의 두 가지 국면 -", 조선왕조소설연구(서울 : 한국연구원, 1978), 237쪽.

25) 따라서 향단이가 춘향의 열녀적인 속성을 보조하는 역할을 한다는 지적도 있다. 진은진, "<춘향전>의 여성 인물 형상 연구 [illegible] 판소리연구 제14집(서울 : 판소리학회, 2002), 306쪽.

26) 변학도는 춘향과 다음과 같이 다섯 가지 면에서나 양극이 된다. 남자 : 여자, 노인 : 젊은이, 양반 : 상민, 서울사람 : 시골사람, 아름답지 못함 : 아름다움.

27) <심청전>에는 변학도와 같은 구실을 하는 악인이 나오지 않는다. 뺑덕어미가 경성 가는 길에 심봉사를 배신하여 돈을 갖고 달아나기는 하되 이 사건은 변학도가

그의 간섭이 춘향과 이몽룡의 사랑에 절대적인 인상을 주면 줄수록 방해자로서의 성격은 완성되고 작품으로서 성공하는 것이다.[28] 그러므로 그는 사회적 문맥으로서는 부정되고 있으나, 문학적 문맥상으로는 긍정되어야 할 인물이다.[29]

한편, 변학도와 그 연적인 이몽룡은 남자, 양반, 서울사람이라는 세 가지 점에서 공통되니 상당히 동질성이 있다.[30] 하지만 또한 두 사람은 노인 : 젊은이, 아름답지 못함[안팎] : 아름다움[안팎]과 더불어 좋은 관리[암행어사] : 나쁜 관리[탐관오리]라는 세 가지 점에서는 대조된다. 이와 같이 변학도와 이몽룡은 공통점과 차이점을 비슷하게 가지고 있는데도 이 둘 사이에는 공통점보다는 차이점이 더욱 크게 부각된다. 그 까닭은 같은 양반이면서도 변학도는 춘향을 괴롭히는 인물인 반면에 이몽룡은 춘향을 구원하는 인물이라는 데 주된 원인이 있다.[31] 그것은 이몽룡은 춘향을 대등한 인간적 관계로

춘향에게 가한 억압보다는 그 강도가 약하며 또한 직접 심청에게 해를 끼치는 것도 아니니 비교가 되지 않는다. 따라서 <심청전>은 인물간 갈등이 <춘향전>보다 약하다고 할 수 있다. <흥부전>에는 놀부가 곧 변학도와 비슷한 악인의 구실을 한다. 그래서 갈등이 커질 소지는 충분히 있지만 흥부가 그 악을 정면으로 대결하지 않고 선으로 갚아버리기 때문에 그 갈등이 그다지 커지지 않는다. 이런 점으로 보더라도 <춘향전>이 인물간 갈등에서도 선인과 악인의 대결 구도가 가장 명확하며 그 갈등이 점층 확대되어 고조됨으로써 가장 소설적으로 흥미진진한 작품이 되고 있다고 말할 수 있다.

28) 황패강, 앞의 책, 203쪽.

29) 황패강, 위의 책, 219쪽.

30) 황패강도 비슷한 지적을 하였다. "양자 사이에는 기생에 대한 양반, 여성에 대한 남성, 평민에 대한 봉건적 지배관료 및 봉건적 신분제 위에서의 출세주의라는 공통적인 동질화 요소가 없지 않다. 따라서 이들의 대립은 단순한 대립이 아니라, 근본적인 동질화 요소를 내포한, 역동적인 대립이다." 황패강, 위의 책, 233쪽.

31) 이에 대해 황패강은 춘향이 변학도를 미워한 것은 양반 지배자라는 신분이 아니라 사랑의 방해자가 되어 사대부의 품격을 떨어뜨린 변학도라는 개인이라고 지적하였다. 황패강, 위의 책, 207쪽.

보는 데 반하여 변학도는 춘향을 관방에 딸린 기생 이상으로 보지 않는 데서 그 태도가 단적으로 구별된다.[32] 그런 점에서 변학도는 붕괴하는 봉건사회의 낡은 타입의 전형적인 양반 모습을 보여준다.[33]

3. 구성

필자는 인간이 관념적으로 생각하는 세계의 존재 양상, 곧 관념적 시공 구조에 대하여 관심을 가지고 1986년부터 연구를 시작하였다.[34] 그리고 1997년의 논문[35]을 거쳐서, 2003년에 그 관념적 시공의 존재 양상을 다음과 같은 그림으로 제시한 바 있다.[36]

그림에서 '현실계'는 우리가 살고 있는 '이승'(cosmos)을 가리킨다. 이 현실계는 보통 일상계와 일치하지만 비일상계라는 특이한 시공도 포함한다. '초현실계'는 우리가 태어나기 이전의 세계이면서 동시에 죽으면 가는 '저승'(chaos)을 가리킨다. 그런데 초현실계 안에는 '다른 세상' '타계(他界)' ('the other world')라는 세계도 들어 있다.[37]

---

32) 황패강, 위의 책, 227쪽.

33) 윤세평, "춘향전에 대한 분석과 연구", 판소리연구 제3집(서울 : 판소리학회, 1992), 427쪽.

34) 졸고, "관념적 시공의 존재 양상 및 성격 고찰(1)", 국제어문 제6·7합집(서울 : 국제어문학회, 1986), 89 - 114쪽.

35) 졸고, "<금오신화> 순환구조의 의미와 원리", 한국문화의 원본사고, (서울 : 민속원, 1997), 144 - 177쪽.

36) 졸고, "금오신화에 나타난 시공 구조", 2003 한일 인문학연합 국제학술대회 연구발표요지집, (부산 : 한국일본근대학회, 2003), 39 - 44쪽.

37) '타계(他界)'는 원래 불교에서 '인간계를 제외한 다른 모든 세계'를 일컫는 용어인

<그림 1> 관념적 시공의 존재들[38]

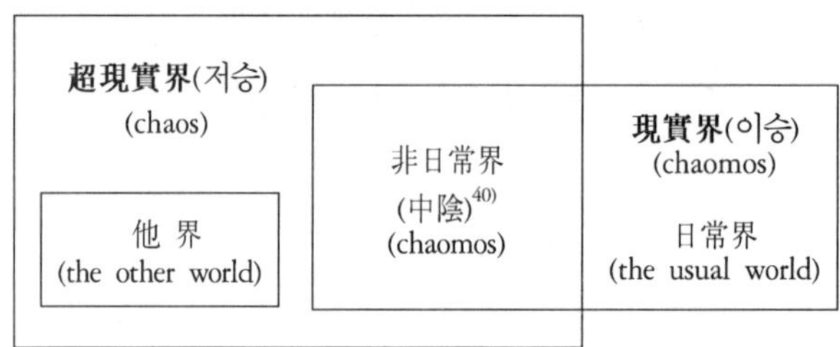

현실계[이승]와 초현실계[저승]는 막혀 있으니 보통은 만날 수 없다. 그러나 이 두 이질적인 세계가 간혹 만나는 경우가 있으니 그것이 바로 '비일상계'다. 그래서 이 시공은 현실계[코스모스]와 초현실계[카오스]가 만나서 그 두 시공의 성격이 섞이는 교집합적 성격을 지닌 시공이다. 그렇기 때문에 필자는 이 시공을 카오스와 코스모스의 이름을 조합하여 '카오모스(chaomos)'라고 이름지은 바 있다.[41]

데, 그 의미의 범위가 필자가 뜻하는 바와 비슷하여 전용하여 쓰고자 한다. 한편, 'the other world'는 원래 영어권에서 '저승, 내세'의 의미로 쓰는 용어인데, 엘리아데도 그의 저서에서 쓴 바 있다. 이는 인간이 사는 'the earth'와 다른 공간으로서, 그 성격은 'the transcendental world', 곧 '초월적 세계'에 해당한다. 또한, 'the other world'라는 낱말이 원래 가지고 있는 "(이 세상이 아닌) 다른 세계"라는 의미가 앞의 타계라는 용어와도 일치하므로, 필자는 이 용어를 타계에 대응하는 영어 용어로서 받아들여 쓰고자 한다. Mircea Eliade, THE SACRED & THE PROFANE, Trans. by Williad R.Trask, A Harvest/HBJ Book, New York and London, p.43 참조.

38) <그림 1>에서 세계를 구성하는 두 가지 기본적인 성격의 세계인 現實界(cosmos)와 超現實界(chaos)는 굵은 선으로 표기했다. 이에 반해 각기 그 두 세계 안에 딸린 세계인 日常界(the usual world)와 他界(the other world) 및 그 두 세계의 성격을 공유한 성격의 부차적인 세계인 非日常界(chaomos)는 가는 선으로 표기해서 두 기본적인 세계와 구분하고자 했다.

40) 불교에서는 사람이 죽어 다음 생을 받을 때까지 49일 동안 이승도 아니고 저승도 아닌 그 중간계에 머물러 있다고 한다. 그것을 '中陰' 또는 '中有'라고 하는데, 非日常界와 그 개념이 완전히 일치하는 것은 아니지만 유사한 성격을 지니고 있다.

그런데, 필자는 서사문학은 바로 이 시공의 구조틀에 따라 작품이 진행된다는 사실을 근래에 발견하였다. 그 자세한 설명은 원고를 달리하여 설명하기로 하고, 그 내용을 그림으로 나타내 보이면 다음과 같다.

<그림 2> 서사문학의 진행틀

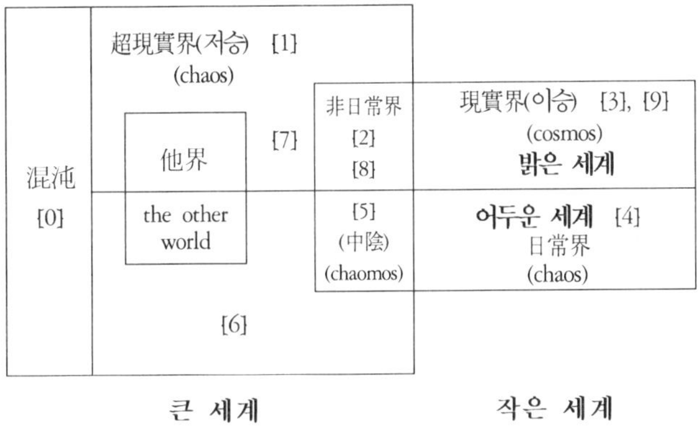

混沌
[0]

超現實界(저승) [1]
(chaos)

他界
the other
world

[7]

非日常界
[2]
[8]

[5]
(中陰)
(chaomos)

現實界(이승) [3], [9]
(cosmos)
밝은 세계

어두운 세계 [4]
日常界
(chaos)

[6]

큰 세계 **작은 세계**

윗 그림인 서사문학의 진행틀은 앞에서 든 관념적 시공의 존재틀을 바탕으로 좀더 정밀하게 정리한 것이다. 서사문학에 나타나는 세계는 앞서 든 현실계와 초현실계의 대립에 더하여 윗 그림과 같이 위와 아래의 두 가지 세계로 다시 양분된다. 문학에 표현되는 모든 다양한 세계는 크게 보면 "밝은 세계"와 "어두운 세계"의 두 세계로 양분할 수 있는 성격을 가지고 있기 때문이다.[42] 한편, 윗 그림에서 초현실계는 사람이 태어나기 이전의 세계이거나

---

41) 'chaomos(비일상계)'는 졸고, 관념적 시공의 존재 양상 및 성격 고찰(1), 국제어문 제6·7합집, 앞의 글 참조. 이 시공의 성격에 대해서는 그밖에 정진홍, 종교학서설(서울 : 전망사, 1980), 31쪽의 'mediator'와 황선명, 종교학개론(서울 : 종로서적, 1982), 106쪽의 '모호한 경역(am-biguous zone, liminal zone)' 참조.

42) 크게 말해서 주인공이 충족되고 행복한 상황에 처해 있을 때는 '밝은 세계'이고,

죽으면 돌아가는 세계[43)]인데, 이 세계는 현실계보다 그 에너지가 훨씬 큰 세계이기 때문에 사각형을 좀더 크게 그린 것이다. 타계는 밝은 세계 쪽에 있는 것은 하늘나라, 천상계, 극락, 신선계, 천당, 천국, 용궁 등이 그에 해당하고, 어두운 세계 쪽에 있는 것은 염라국, 지옥, 지하국, 지하세계, 마귀의 세계, 괴물의 세계 등이 그에 해당한다.[44)]

그런데 과거의 전형적인 서사문학 작품을 보면, 주인공이 위 그림에 붙여 놓은 번호처럼 [1]에서 출발하여 [6]~[9]까지의 시공을 차례차례 밟아나가는 것으로 사건이 진행된다.[45)] 곧 전통적인 서사작품의 주인공의 행로는 '크게 밝은 세계'에서 출발하여 '작게 밝은 세계'를 거쳐서 '작게 어두운 세계'로 떨어졌다가 마침내는 '크게 어두운 세계'로 가라앉는 것이 정해진 길이다. 곧 행복한 세계로부터 점차 자꾸만 불행한 세계로 추락해 가는 것이다. 그러

결핍되고 불행한 상황에 처해 있을 때는 '어두운 세계'이다. 미의식[미감]으로 보자면 전자는 '우아' 및 '숭고'와, 후자는 '비애' 및 '비장'과 관련된다.

43) 초현실계는 원래는 그런 성격의 세계인데, 서사문학의 다양한 전개 양상에서는 좀더 확대되어 나타난다. 예컨대 [1]의 '크게 밝은 세계'는 시조, 조상, 가문과 같은 인간의 근본으로 표현되어 나타날 수도 있고, [6]의 '크게 어두운 세계'는 인간이 감내하기 극도로 힘든 고통스러운 세계로 표현되어 나타날 수도 있다. 과거 신화시대부터 중세까지의 문학에는 실제로 초월적인 초현실계가 무대로 많이 등장했으며, 또한 아직도 민담 같은 종류의 구비문학에는 그런 현상이 남아 있다. 하지만 근대 이후 현대의 기록문학으로 올수록 초현실계가 전통적 표현으로 나타나는 것은 기피되기 때문에 그 부분이 앞서 든 그런 상징적인 상황으로 대치되어 표현되는 경향이 두드러지게 나타나고 있다.

44) 타계는 초현실계의 어떤 특정 성격만을 뽑아서 현실계의 외형을 본따 따로 만든 시공이다. 따라서 별도의 번호를 부여하지는 않았지만, 그 타계는 초현실계 안의 하위 시공이기 때문에 [1]과 [6]의 시공 안에 포함되어 있는 것이다.

45) 천지개벽신화나 천지창조신화에서는 태초의 혼돈이나 창조주인 [0]부터 시작한다. 거기서 예컨대 '에덴동산'[밝은 세계의 타계][1]이 나오면서 이야기가 진행되는데, 만약에 이야기의 끝에 지구의 멸망이 온다면 그것은 다시 최초의 [0]으로 되돌아가는 것이다. 한편, 반면에 현대소설로 올수록 서사문학 작품도 점차 파편화되는 경향이 있어서 앞 부분의 [1], [2]를 생략하고 [3]부터 시작하는 경향이 보인다. 그리고 끝 부분도 [7]부터 생략하거나 아니면 [8], [9]를 생략하는 경향도 보인다.

다가 주인공이 기적적으로 마지막에 위기를 위대하게 극복해내는 것으로 대개 작품은 끝난다. 예컨대, 고소설의 주인공은 천상계[1]에서 적강[2]하여 명문거족의 집안[3]에 태어났다가 간신의 모함을 받거나 하여 집안이 몰락하여[4] 유랑하다가[5] 죽을 고비를 수 차례 넘기게 된다[6]. 그러다가 주인공이 그 극한 상황에서 위기를 극적으로 극복해 내고[7] 일정한 절차를 거쳐[8] 이전보다 더 영광스럽고 행복하게 자리매김[9]하게 진행되는 것이 정형이다.[46)]

<춘향전>도 바로 이런 우리나라의 전형적인 고소설처럼 서사문학의 진행틀에 딱 들어맞는 진행을 하고 있는 작품이다. 그것을 분석・정리해 보면 다음과 같다.

1) 이몽룡은 명문거족[1]의 후예[2]다. 춘향은 천상[1]에서 적강한 선녀[2]다.[47)]
2) 춘향과 이몽룡이 만나서 결연하고 행복한 시간을 보낸다.[3]
3) 이몽룡이 아버지를 따라 서울로 감으로써 두 사람은 슬픈 이별을 맞는다.[4]
4) 춘향은 독수공방 수절을 하고, 이몽룡은 두문불출 과거공부를 한다.[5]

---

46) 그러나 서양인들은 주인공이 어두운 세상의 극한에서 '비장'하게 싸우다 죽는 비극[6] 자체에서 미적 쾌감을 느끼기도 한다. 하지만 우리 한국인은 거기를 지나[7]에까지 이르는 해피 엔딩[희극]을 선호한다. 그리고 그 뒤에 [8], [9]를 거쳐 다시 현실계에서 좀더 좋은 자리 잡기를 더욱 좋아한다. 이는 곧 한국인의 현실지향적 인생관을 반영하는 것이다.

47) 신재효본 남창에 춘향의 태몽이 이렇게 되어 있다. 그러나 다른 이본들은 그렇지 않다. <심청전>의 심청만 하더라도 대개 적강 선녀로 되어 있는데 춘향은 그렇지 않은 것을 보면 역시 <춘향전>이 그만큼 더 현실에 가까운 사실적인 작품임을 알 수 있다. 그러나 여러 이본들이 춘향을 양반 성 부사의 딸로 설정한다든지 또는 춘향이 옥에 갇혔을 때 꿈속에서 천상계의 여러 부인들을 만나서 대화하는 것으로 꾸며 놓은 것을 보면 춘향을 고귀한 인물로 설정하려 하는 것은 분명하다.

5) 춘향은 변학도의 수청 요구를 거절하고 감옥에 갇혀 죽을 고비를 맞는다.[6][48] 이몽룡은 거지 신세로 찾아와 장모에게 천대를 받는다.[6]

6) 이몽룡이 암행어사 출도를 하여 춘향을 구제한다.[7]

7) 왕이 춘향이 이몽룡의 정실이 됨을 허락한다.[8]

8) 춘향은 이몽룡의 정실이 되어 두 사람은 행복하게 산다.[9][49]

이와 같이 <춘향전>은 작품의 각 대목의 진행이 보편적인 서사문학의 진행틀에 하나도 어긋나지 않으면서 동시에 개연성있게 잘 처리되고 있다.[50] <춘향전>의 구성이 인기가 높은 것은 바로 이 구성이 서사문학의 보편적인 진행틀에 딱 들어맞게 진행되고 있는 데에 그 원인이 있는 것이다.[51] 특히 이 작품은 [1]부터 [9]까지 이르는 모든 상황 상황이 다 적절하

---

48) 성현경은 이 대목에 대해 "<춘향전> 속의 감옥은 곧 <단군신화> 속의 동굴이다"고 비유했는데, 서사문학의 진행틀로 보면 똑 같은 단계에 해당하는 동일한 상황을 잘 지적한 말이다. 성현경, "<남원고사>본 춘향전의 구조와 의미", 춘향전 어떻게 읽을 것인가, 앞의 책, 418쪽.

49) 이 작품은 비록 춘향과 이몽룡이 결합[3]과 분리[4], 고난[5,6] 끝에 재결합[7]이라는 어려운 과정을 거쳤어도 춘향의 신분 한계 때문에 완전히 평등한 결합이 되기는 어려웠다. 그렇기 때문에 이 작품의 결말은 춘향이 정열부인의 가자를 받아 양반이 되어서[8] 이몽룡의 정실부인이 됨[9]으로써 끝나야만 완성되는 것이다. 그것이 바로 다시 현실계의 결합[3] 자리로 되돌아 온 것이되, 더욱 완성된 결합 형태[9]가 되는 것이다. 이는 상징적으로는 '재생'에 해당한다.

50) 김병국은 프라이의 이론을 원용하여 <춘향전>을 희극적 구조의 여러 특징을 구비한 가장 관습화된 대중적 문학으로 결론지었다. 김병국, "춘향전의 문학성에 관한 비평적 접근 시론", 춘향전 어떻게 읽을 것인가(남원 : 춘향문화선양회, 1993), 48쪽. 이런 점에서, 사용한 이론은 서로 다르지만 김병국과 필자의 결론은 흡사하다. 다만 김병국은 <춘향전>을 "가위 보잘 것 없는 대중적 통속문학"이라고 폄하하고 있지만 필자는 높이 평가하고 있다는 점이 다르다.

51) 박희병은 <춘향전>을 17세기 후반부터 18세기에 이르는 역사적 상황과 밀접하게 연관시켜 정밀하게 분석하여, 이 작품구성의 기본틀이 18세기 당대 민중의 최고의 세계관을 표현한 것이라고 결론지었다. 그런데 19세기에 들면 그렇게 <춘향전>에 반영되었던 민중의 정치적 이상이 깨어져 나가기 시작했는데도 <춘향전>은 더욱

게 잘 설정되어 있지만, 특히나 [6]에서 [7]에 이르는 작품에서 가장 중요한 절정의 과정이 암행어사 출도를 통해서 매우 극적이고 감동적으로 전개되기 때문에 수용자들에게 특히 감동을 주고 그래서 더욱 많은 사랑을 받을 수 있는 것이다.

한편, <심청전>과 <홍부전>은 이러한 보편적인 서사문학의 진행틀에 많이 어긋나는 작품 전개를 하고 있어서 <춘향전>과 대조된다. 그렇기 때문에 이 두 작품의 구성에서 긴장미가 <춘향전>보다 떨어지는 것이 <춘향전>보다 사랑을 덜 받게 되는 원인이 되는 것이다.[52] 이렇게 <춘향전>의 구성면을 서사문학의 진행틀을 가지고 다른 판소리계 소설과 비교

발전하며 민중에게 계속 사랑을 받을 수 있었다. 이 현상을 박희병은 지금까지의 논지로는 설명할 수 없게 되자 갑자기 다른 요인을 가지고 설명하려 든다. 즉 그 작품 구성의 기본틀 안에 포함된 많은 진보적 계기들이 봉건주의가 존속하는 한 어느 시대에도 퇴색하지 않을 것들이었으며, 또한 <춘향전>은 겉으로는 연애담이라는 형태의 미적 구성을 취하고 있기 때문에 예술적으로 탁월하다고 하였다. 박희병, "춘향전의 역사적 성격 분석", 춘향전 어떻게 읽을 것인가, 앞의 책, 126~128쪽. 필자는 이에 대해 두 가지 반론을 제기한다. 하나는 그러면 봉건주의가 사라진 현대에도 왜 <춘향전>이 인기가 있는 것인가 하는 점과 둘째는 그렇다면 결국은 역사적 세계관의 반영보다도 연애담이라는 미적 형식이 <춘향전>을 명작으로 만든 주요인이 아니냐는 것이다.

52) <심청전>의 경우는 이미 작품 중반에 인당수에 빠진 심청[6]이 중국의 왕후가 되어버려서[7] 절정을 넘겨버린다. 따라서 그 이후는 작품의 전개가 긴장미를 잃게 된다. 그래서 이 작품은 결말을, 고생을 겪던 심봉사[6]가 죽은 딸을 만나 극적으로 눈을 뜨는 사건[7]으로 그 결함을 메꿔보려고 노력하였다. 하지만 <심청전>은 서사진행틀을 두 번 반복하여 전반부는 심청이 주역, 후반부는 심봉사가 주역이 되도록 하여 놓았기 때문에 어쩔 수 없이 작품의 통일성과 긴장미는 떨어지게 마련이다. <홍부전>도 비슷하다. 홍부가 모진 고생[6] 끝에 박을 타서 거부가 된[7] 이후는 이 작품은 갑자기 서사적 긴장미를 잃어버린다. 그래서 이 작품은 할 수 없이 결말을, 박을 타다 재산을 모두 탕진하고 끝내는 장비[장수]에게 죽을 위협까지 당하는 놀부[6]를 홍부가 형제애로 구제[7]하는 사건으로 처리하여 그 약점을 메꿔보려 하고 있다. 그러나 전반부는 홍부가 주역으로, 후반부는 놀부가 주역으로 서사진행틀을 두 번씩 반복하고 있으니 작품의 긴장미가 떨어지는 것은 피할 수 없게 된다.

해 보더라도 <춘향전>이 얼마나 서사작품으로서 우수성을 지닌 작품인가를 분명히 알 수 있다.

4. 결론

필자는 <춘향전>이 문학적으로 성공한 요인을 찾기 위하여 이 글을 썼다. <심청전>, <홍부전>과 비교를 통해서 그 요인을 효과적으로 밝혀 보고자 하였다.

제2장에서는 인물성격 분석을 통하여 <춘향전>의 우수성을 찾고자 하였다. 그 결과 밝혀진 사실은 다음과 같다. 주인공이 남남 간으로 되어 있고 그것이 삼각관계로 발전하는 설정이 다른 판소리계 소설에 비해 긴장미를 높여주는 요인이 된다. 그리고 이몽룡과 춘향은 남 : 여/ 양반 : 평민 /서울 : 시골의 대립적 요소들이 둘 사이에 갈등요인이 되지만 젊은이와 선남선녀라는 두 가지 공통점이 있어 둘을 화합케 하는 요인이 된다.

결국 <춘향전>은 '젊은 선남선녀들이 갈등과 화합을 뒤섞은 끝에 행복한 결말을 맺는 사랑 이야기'라고 정의할 수 있다. 바로 <춘향전>의 이러한 흥미로운 연애담적 성격이 이 작품이 시대를 초월하여 끊임없이 사랑을 받고 있는 가장 중요한 요인이 된다고 할 수 있다.

<춘향전>에는 주인공이 아닌 조연 중에도 작품의 성공 요인으로 작용하는 인물들이 있다. 월매는 원로로서 <춘향전>에서 춘향과 이몽룡의 사랑을 도와주거나 방해하면서 흥미를 배가시키는 인물의 구실을 한다. 방자는 월매와 비슷한 2중 성격의 소유자로서 <춘향전>의 흥미를 배가시키는 인물이

다. 변학도는 이 작품에 등장하는 유일한 악역이면서도 혼자서 작품의 긴장을 최고도로 올리는 일을 훌륭히 해내는 인물이다.

제3장에서는 구성 분석을 통하여 <춘향전>의 우수성을 찾고자 하였다. 이전에 필자는 관념적 시공의 존재틀을 정리한 바 있는데, 서사문학은 그 관념적 시공의 존재틀을 바탕으로 진행된다는 사실을 근래에 발견하였다. 곧 과거의 전형적인 서사문학 작품은 주인공이 그 서사문학의 진행틀의 [1]에서 출발하여 [9]까지의 시공을 차례차례 밟아나가는 것으로 작품이 진행된다. 그런데, <춘향전>은 바로 그러한 서사문학의 진행틀에 딱 들어맞는 진행을 하고 있는 작품이다. 바로 이 점이 <춘향전>의 구성이 작품의 수용자들에게 인기가 매우 높은 원인이 되는 것이다. 그러나 <심청전>과 <흥부전>의 구성은 그렇지 못하기 때문에 상대적으로 큰 호응을 얻지 못하는 것이다.

이상에서 살핀 바와 같이 <춘향전>은 판소리계 소설 가운데 인물 설정과 구성에서 가장 우수한 조건을 갖추고 있음이 밝혀졌다. 바로 이 점이 대중성이 높은 판소리계 소설 중에서도 <춘향전>이 시대를 초월하여 우리 국민에게 가장 널리 사랑받는 이유가 된다. 서사문학의 진행틀에 대해 좀더 자세히 고찰하는 글은 다음에 원고를 달리하여 쓰기로 하고, 이 글은 이만 마친다.

■ 참고문헌

권두환 · 서종문, "방자형 인물고 - 판소리계 소설을 중심으로 -", 한국고전문학연구회, 한국소설문학의 탐구, 일조각, 1981.

김동욱, 증보 춘향전연구, 연세대 출판부, 1976.

김병국, "춘향전의 문학성에 관한 비평적 접근 시론", 춘향전 어떻게 읽을 것인가, 춘향문화선양회, 1993.

김일렬, "춘향전", 고전소설신론, 새문사, 1994.

김진영, "춘향가 논의의 몇 가지 반성", 춘향전 어떻게 읽을 것인가, 춘향문화선양회, 1993.

김창진, "관념적 시공의 존재 양상 및 성격 고찰(1)", 국제어문 제6 · 7합집, 국제어문학회, 1986.

_____, "<금오신화> 순환구조의 의미와 원리", 한국문화의 원본사고, 민속원, 1997.

_____, "금오신화에 나타난 시공 구조", 2003 한일 인문학연합 국제학술대회 연구발표요지집, 한국일본근대학회, 2003.

박희병, "춘향전의 역사적 성격 분석", 춘향전 어떻게 읽을 것인가, 춘향문화선양회, 1993.

설성경, "춘향전 주제 이해의 방법", 고소설의 구조와 의미, 새문사, 1986.

_____, "춘향전의 계통과 보편구조", 춘향전의 종합적 고찰, 아세아문화사, 1991.

_____, "춘향전의 통시적 연구", 서광학술자료사, 1994.

설중환, "춘향전의 인물구조와 사회성격", 춘향전의 종합적 고찰, 아세아문화사, 1991.

성현경, "<남원고사>본 춘향전의 구조와 의미", 춘향전 어떻게 읽을 것인가, 춘향문화선양회, 1993.

신동흔, "평민 독자의 입장에서 본 춘향전의 주제", 판소리연구 제6집, 판소리학회, 1995.

______, "춘향전 주제의식의 역사적 변모양상", 판소리연구 제8집, 판소리학회, 1997.
신항숙, "<춘향전>의 신화비평적 연구", 보당 박용식 박사 환력기념논총, 간행위원회, 1995.
심경호, "춘향전의 사설짜임과 갈등구조에 대한 비교문학적 일고찰", 고전문학연구 제6집, 한국고전문학연구회, 1991.
우쾌제, "춘향전 연구사 개관", 춘향전의 종합적 고찰, 아세아문화사, 1991.
윤용식, "춘향전", 한국고전소설작품론, 집문당, 1990.
윤세평, "춘향전에 대한 분석과 연구", 판소리연구 제3집, 판소리학회, 1992.
이상택, "춘향전연구", 한국고전소설의 탐구, 중앙출판, 1981.
정병헌, "신재효본 춘향가의 두 목소리", 춘향전 어떻게 읽을 것인가, 춘향문화선양회, 1993.
정출헌, "춘향전의 인물형상과 작중역할의 현실주의적 성격", 판소리연구 제4집, 판소리학회, 1993.
정하영, "월매의 성격과 기능", 춘향전 어떻게 읽을 것인가, 춘향문화선양회, 1993.
조동일, "춘향전 주제의 새로운 고찰", 우리문학과의 만남, 홍성사, 1978.
조윤형, "<춘향전> 교육의 원리", 설화·고소설 교육론, 의재 최운식 박사 화갑기념논총, 간행위원회, 2002.
진은진, "<춘향전>의 여성 인물 형상 연구", 판소리연구 제14집, 판소리학회, 2002.
황패강, "춘향전 - 전달의 두 국면 -", 조선왕조소설연구, 한국연구원, 1978.

춘향과 변부사의 관계 양상

사계절 변이의 음양 관계를 중심으로

윤경수

1. 머리말

춘향이 임금으로부터 정렬부인의 품계를 하사받게 된 원인 중에는 춘향의 절개와 지조 그리고 정절을 지킨 춘향의 노력도 있었지만, 변 부사의 가혹한 형벌에도 굴하지 않는데 그 원인을 들 수 있다. 또 춘향이 변 부사의 권력의 사슬에서 벗어날 수 있었던 것은 여성으로서 절개를 지켰기 때문에 이도령이 옥살이 하는 춘향을 구한 것이다. 춘향의 운명은 천정적인 숙명론으로 전개되기 때문에 옥제가 춘향의 절개를 가상히 여겨 춘향을 돕게 되어 이도령과 만나게 되는 기회를 마련한 것으로 볼 수 있다.

우리는 단군신화에서 곰이 동굴에서 3・7일 동안 사람이 되고자 하는 한 가지 생각을 품고 고난을 겪는 것을 떠올리게 된다. 환웅이 곰의 신념을 가상히 여긴 것과 같은 맥락으로 볼 수 있다. 춘향이 옥살이를 한 것은 이도령이어야 한다는 한 가지 굳은 의지와 절개로 굽히지 않은데 있는 것이다.

옥제는 춘향의 절개를 높이 평가했으며 이도령과 결혼까지 할 수 있는 여건들을 조성해 운명이 전개된 것은 단군신화의 동굴모티프의 수용이었다고 본다. 춘향과 변 부사는 대립적 관계로 보이지만 이는 표면적인 것이고, 이면적인 관점에서는 변 부사가 춘향에게 조력자·협조자가 된다. 춘향의 경우, 변 부사가 등장하지 않았다면 이도령과의 담백하고 단조한 사랑관계만 있었을 뿐 열녀라는 칭호를 사람들로부터 듣지 못했을 것이다.『춘향전』에서 변 부사의 표리 양면성은 상대적 관계가 성립되지만, 음양이치의 상극성에서 조화관계가 이뤄진다.

다시 말하면, 춘향이 양(陽)적 존재의 인물이라면, 변 부사는 음(陰)적 대상인 존재에 해당하는 인물로서 사계절과 고리관계가 성립된다. 이도령이 춘향과 만난 단오절은 초여름이다. 하지만 한국의 초여름은 계절상으로 엄격히 구분하지는 않고 두루 봄날로도 사용되어 왔다. 따라서 춘향과 이도령의 운명은 초여름이지만 봄날의 운명을 가지게 된다.

변 부사는 부임 후 기생점고를 하지만, 마음에 드는 기생이 없자 퇴기 월매의 딸 춘향에게 수청 들기를 강요하기에 이른다. 춘향은 이도령과 백년가약을 맺었기 때문에 변 부사의 청원을 거절했다. 노한 변 부사는 춘향을 명령불복종 죄로 하옥시킨다. 춘향이 중죄인으로 옥살이를 할 때는 늦가을이나 초겨울이라서 음이 기승을 부릴 때다. 그러나 사계절 중에 동절은 춘절로 이행하게 되는 순환의 이치로 춘향이 이도령과 재회하는 기쁨을 맞게 된다. 마침내 춘향은 양춘가절을 맞아 과거급제 한 이도령이 암행어사로서 변 부사의 생일날에 참석해 시(詩)로써 비리를 고발하고, 변 부사를 봉고파직(封庫罷職)시켜 옥살이를 마칠 수 있었다.

춘향이 하옥된 이듬해 봄, 이도령과 혼인하여 꿈에 그리던 천기의 소생이 양반의 아내가 되어 소원 성취를 이루었다. 그리고 춘향은 절개를 지킨 것으로 인해 임금에 의해 정렬부인의 품계를 하사받는다.

춘향의 운명은 사계절의 음양 관계의 조화와 함께 원형적으로는 단군신화(이하 국조신화라고 칭함)의 동굴모티프가 수용되었으며, 본고는 이것을 춘향과 변 부사의 상호관계를 통해 살펴보고자 한다.

2. 춘향과 변 부사의 관계

1) 상극적 대립성

국조신화의 내용이 사계절로 이뤄져 곰이 웅녀로 환생하는 운명론으로 전개되었다면 춘향의 운명 또한 사계절의 변이와 깊이 맥락을 같이한다. 춘향과 이도령은 늦가을이 다가옴에 따라 이별하게 되고, 초겨울에 이르자 양이 위축되어 춘향의 시련이 시작되어 옥살이를 하게 된다. 봄을 맞아 과거급제한 이도령은 암행어사로서 변 부사를 봉고파직 시키고 춘향이 옥중에서 풀려난다.

춘향은 천지조화를 이루는 봄을 맞아 이도령과 혼인하고 임금으로부터 정렬부인의 품계를 하사 받는다.

결국, 춘향의 운명은 사계절의 음양 관계로 전개된다고 볼 수 있다. 이 관계는 N. 프라이의 학설과 결부시켜[1] 도표로 나타내면 다음과 같다.

---

1) 사계절의 순환은 천지 음양의 이치로 바뀐다고 할 수 있다. N. 프라이도 사계절에서 네 가지 장르의 원형이 발생한다고 보았는데, 이는 춘향의 운명을 이해하

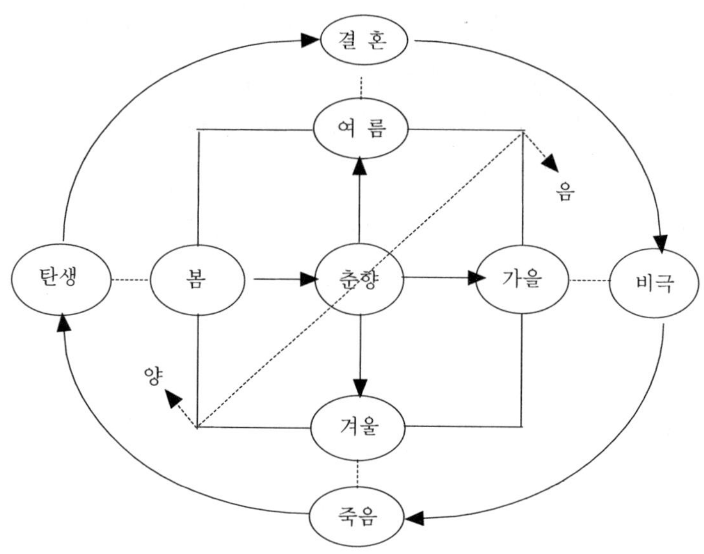

춘향과 변 부사의 관계는 상생의 이치가 아닌 양과 음의 대립상태로 볼 수 있을 뿐만 아니라, 춘향은 이도령과 백년가약을 맺고 낭만적인 사랑으로 결혼할 단계에 이르지만, 이도령의 부친에게 동부승지(승정원 정삼품직) 교지를 하사 받음으로 내직(중앙정부)으로 승차되어 서울로 가게 되자 이별하게 된다. 춘향과 이도령의 이별은 계절적으로 가을이 되는데, 늦가을에 이르면 음기(陰氣)가 상대적으로 강해져 양기(陽氣)를 지닌 춘향에게는 순조롭지 못한 운명을 맞게 된 것이다.

조선조 사대부의 자제가 기생의 딸을 정실로 맞는다는 것은 이례적으로 있을 수 없는 일이고, 간혹 있다 하더라도 소실정도가 고작이었다.

이도령은 단오절을 맞아 춘향이 추천하는 광경을 보고, 그 미모에 첫눈에

는데 많은 도움이 된다. Northrop.. Frye, *The Archetype of Criticism*, Princeton University Press, 1957, pp.92 - 110.

매료되어 방자를 통해 춘향과 풋풋한 첫사랑의 정을 나누게 되나, 예고 없이 찾아온 이도령과의 이별로 인해 앞날을 걱정하지 않을 수 없게 된다.

춘향은 이도령이 서울로 떠난 후 한숨 속에서 외로운 나날을 보내게 되자 모친 월매 또한 딸의 정황을 안타깝게 여긴다. 월매는 퇴기 후 춘향을 교양 있는 여인으로 키우려 하였는데 난데없이 이도령의 꾐에 빠져 딸이 독수공방 외로운 신세가 되었음을 한탄한다. 그런데 이들 모녀는 이도령의 아버지인 이부사의 후임으로 변 부사가 남원 고을의 사또로 부임하게 되자, 걱정을 또 한 가지 더하게 된다. 이 사건의 발단은 변 부사가 부임 후 기생점고를 시행할 때 마음에 드는 기생이 없자, 남원고을 월매의 딸 춘향이 미색이라는 말을 듣고 춘향에게 수청을 들게 했기 때문이다. 그러나 춘향은 이도령과의 정혼과 그에 대한 사랑으로 인해 변 부사의 요청을 들어 줄 마음이 없어 변 부사의 명을 거절하게 되었고, 춘향이와 이도령과 변 부사와의 삼각관계가 이루어지게 된다.[2)]

춘향과 변 부사의 대립 갈등은 심한 언쟁으로 이어졌고, 춘향은 도도하다 싶을 만큼 변 부사에게 유부녀를 겁탈하는 악인이라 맞대응한다. 변 부사는 하찮은 기생의 딸이라 여기던 춘향이 감사에게 항거하는 것을 참을 수 없어 모반대역의 죄를 들먹이며 능지처참할 것이라 하고 엄포를 놓는다. 또 관장을 비웃고 놀리는 죄는 엄형정배하게 되어있다고 하고, 죽더라도 서러워말라고 겁을 준다. 그리고 분노를 삭이지 못한 변 부사는 수청통인에게 춘향을 잡아 내라고 엄명하고 곤장・태장으로 다스린 후 물고장을 올리라고 하였다. 이에 따라 수청통인은 춘향을 형틀에 매고 형리들이 사정없이 매질을 하였다.

춘향은 매를 맞을 때마다 더 완강하게 항거한다. 춘향이 변 부사에게 굴복

2) 정하영, 「춘향전의 주제」, 『한국문학사의 쟁점』, 집문당, 1986. 523쪽.

하지 않는 것은 자유를 찾는 민중들의 구호[3]와 인간성 해방을 성취하고자 하는 욕구[4]에서가 아니라, 국조신화의 웅녀가 신분 상승하려는 모티프에서와 같이 신분상승의 욕구[5]로 받아들일 수 있다.

춘향은 기생의 딸로 태어나 주위 사람들로부터 사람다운 대우를 받지 못하는 터라, 그 자라온 설움 때문에 사람다운 대접을 받으며 살기를 갈망했고, 양반의 아내가 되는 것이 한이 되어 곤장·태장을 치르면서도 절개를 지킨 것이다.

춘향이 형리들에게 한 대를 맞을 때는 이도령을 향한 '일편단심'을, 두 대를 맞을 때는 이도령과의 정혼을 철옹성 같이 지키기 위해 '열녀불경이부절'을, 세대를 맞을 때는 '삼종지의(三從之義)'를, 네 대를 맞을 때는 '사랑가'를 … 열대를 맞을 때는 '십장가'를 부른다. 춘향은 무려 이십오 대를 맞고 그 몸은 가눌 수 없는 지경에 이른다. 특히 1, 2, 3수는 천지인(天地人)의 수를 나타낸다. 춘향은 삼일(三一) 일체된 사랑으로 이도령을 부군으로 생각한다는 사상이 들어 있다. 나머지 4~25 수는 1, 2, 3수의 연장으로 보면 된다.[6] 춘향이 육체적인 고통에도 굴하지 않는 것은 오직 한 가지 일념으로 양반의 아내가 되고자 하는 간절한 욕망 때문이다.

이 두 사람의 대립상은 음양 상극의 상태라고 할 수 있으며, 약자인 춘향은 강자인 변 부사에게 죽음과 다름없는 고통을 겪으며 대역죄인으로 옥살이를 하게 된다.

---

3) 김태준, 『조선소설사』, 학예사, 1931, 209쪽.

4) 조동일, 「갈등에서 본 춘향전의 주제」, 『계몽논총』 6집, 계명대학교, 1970, 29쪽.

5) 설성경, 「춘향전」, 『국문학 총서』, 시인사, 1986, 20-24쪽.

6) 이 삼일(三一) 사상은 『천부경』(天符經)으로 참고하면 된다. 『천부경』은 『지부경』(地符經)과 함께 중국에서 발행한 『신선통감』(神仙通鑑)에 수록되어 있으므로 위장설로 보아서는 안 된다.

2) 음양 상극의 삶

춘향이 옥살이를 할 때는 계절상으로 늦가을이면서 초겨울에 해당된다. 이때는 음기가 양기를 침노해 양기가 꺾이는 기세다. 변 부사는 겨울이 되어 춘향에게 상관 모욕의 괘씸죄를 적용시켜 형벌 중에서도 가혹하다는 큰칼을 씌우고, 족쇄를 채워 하옥시킨다.

변 부사는 춘향의 미색에 집착하여 감언이설과 회유책을 구사해 꾀어보고, 또 부하에게 명해 달래보지만 춘향은 이도령을 부군으로 생각하고 고통을 겪는 길을 택한다. 이것은 다름이 아닌 동절(冬節)에서의 음과 양의 대립적인 부조화의 상태로 볼 수 있다.

춘향이 동절에 옥살이를 하는 것은 음의 기세가 등등해 양이 위축되는 자연현상과도 같은 이치이다. 춘향과 변 부사의 관계는 빙탄불상용(氷炭不相容)의 상황과도 같이 조금도 양보하지 않는 비타협의 양상을 보여준다. 음과 양의 대립은 부조화를 낳고 갈등을 유발하게 되어 춘향은 변 부사의 막강한 기세 앞에 옥살이를 하게 된다. 주지하는 바, 음과 양의 대립은 늦가을에서 시작되어 겨울에 이르러 음의 극성으로 양은 잔명만 보존해 마치 춘향의 운명과도 같은 것이다.

춘향이 옥살이를 하는 것은 우연히 아니라 그녀의 전생과 관련된다. 그는 천상에서 선녀로 있었을 때 선관 적송자와 만나 사랑을 했던 까닭에 옥제에게 벌을 받아 적강해 현실계에서 이도령과의 사랑이 순탄하지 못하고 변 부사가 등장하여 갈등을 빚게 된다.

춘향은 전생의 죄를 씻기 위해 혹독한 형벌과 옥살이를 하면서도 이도령을 생각했던 것이다. 춘향이 겨울에 옥살이를 하는 것은 시간이 지남에 따라 봄을 맞게 되고, 이것은 곧 새로운 운명이 탄생되는 것을 암시하는 것이라 할 수 있다.

춘향은 겨울에 변 부사의 음기에 억눌려 있으나, 새봄이 돌아오면 양의 기세가 음과 조화를 이루어 춘향의 앞날은 밝은 기색을 띠게 된다. 춘향의 겨우살이는 음양 상극의 상황이지만, 봄이 돌아오면 조화를 이루어 양춘가절을 맞게 되는 것이다. 춘향의 운명을 사계절의 변화에 따라 좌우된다고 할 수 있는데, 이것은 음양오행설과도 같은 맥락이다. 음양오행설(陰陽五行說)이란 일체 만물은 음양이기(二氣)에 의해 생기고, 오행 중 목(木), 화(火)는 봄·여름에 해당되므로 양이고, 금(金), 수(水)는 가을·겨울에 해당되어 음이고, 토(土)는 이들 중간에 있어 천지의 변화에 따라 길흉이 얽히게 된다는 것이다. 여기서 춘향은 봄날의 운명으로 이도령을 만나 변 부사를 퇴거시키는 이치가 나타난다고 할 수 있다.

변 부사의 음(陰)적인 기세는 양(陽)적인 춘향과 상극성을 이루게 되나, 겨울이 지나 봄이 돌아오면 자리를 양보하게 되는 것처럼 변 부사의 운명을 대변한다.

춘향과 변 부사의 음양 상극적인 삶은 늦가을과 겨울철에서 존재하게 되고, 봄이 되면 조화 상태로 바뀌어 춘향과 변 부사는 천지운세에 따라 상생의 이치로 조정되고 있음을 확인할 수 있다.

3. 춘향의 절개와 동굴모티프

1) 절개 고수와 죽음

춘향은 이도령과 정혼한 상태이다. 그런 춘향에게 변 부사는 미색이라는 이유로 현혹되어 수청을 강요하기에 이른다. 춘향이 그의 청을 거절하자 회유책으로 달래보았지만, 오직 한 가지 마음만이 자리 잡았기에 통할 리가 없었다. 춘향은 기생의 딸로 태어나 자라는 과정에서 많은 사람들로부터 백안시하는 천대를 받아왔다. 그녀는 양반의 아내가 되어 인간으로서 차별대우를 받지 않고 사는 것을 소원했다. 춘향은 최하위의 신분으로 사람의 대우를 받지 못하고 열등감과 소외감으로 살아온 처지에 변 부사의 소청을 받아들어 간절한 꿈을 깨뜨릴 수가 없었다. 춘향은 변 부사의 소청을 거절해 형리에게 곤장·태장 세례를 받기에 이르렀으며, 결국에는 항거죄로 옥살이를 하게 되었다. 춘향은 아무런 죄도 없이 단지 기생의 딸이라는 천한 신분이란 이유로 수청을 들라는 것이다. 이럴 경우 춘향이 그의 수청을 들게 되면 순종만을 강요당하는 순진한 사람(선인)에 지나지 않고, 변 부사는 모든 악한 것을 일삼는 악인의 전형이 된다. 그러나 춘향은 변 부사의 명을 순진하게 따를 수가 없었다. 춘향과 변 부사의 관계를 도표로 나타내면 다음과 같다.

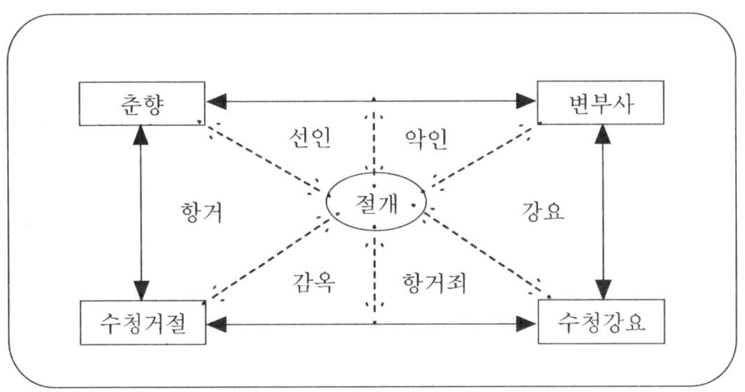

그러나 춘향은 가만히 순종만을 할 수가 없어 권력이 막강했던 남원 부사의 명을 거역하며 절개를 지켰던 까닭에 옥살이를 하게 된 것이다.

실제 춘향의 정서는 기생의 딸이라는 주위의 눈총을 받으며 살아 왔기에,

수청기생이 될 것을 요구한 변 부사의 언사는 춘향에게 꿈에서도 목숨과도 바꿀 수 없는 치욕적인 말로밖에 들리지 않았을 것이다.

춘향은 이도령과 육례(六禮)를 갖추어 혼인은 하지 않았지만 서로 정을 통하고, 정신적인 교류와 약혼예물[7]도 교환했으므로 그녀는 이도령의 아내라고 볼 수 있다.

그럼에도 변 부사는 직권을 남용해 춘향을 수청기생으로 들이려고 하였고, 춘향은 부당한 변 부사의 행위에 대해 절개를 지켜 이도령을 향한 지고지순한 사랑을 이으려 한다.[8]

변 부사는 춘향이 자기의 요구를 수락하지 않자 보복을 하게 되는데, 이는 자기의 잘못을 돌아보지 않고 강퍅(剛愎)한 욕망만을 충족시키려 한 것이다.

춘향이 옥살이를 할 때 큰 칼을 씌우고 족쇄(足鎖)가 채워진 채 속박을 당하고, 무너진 헌 벽과 자리에서 벼룩과 빈대가 온몸을 침입할 때 춘향은 옥방에서 장탄가(長歎歌)를 지어 불렀다.

> '답답하고 원통하다. 날 살릴 이 뉘 있을까. 서울 계신 우리 낭군 벼슬길로 내려와 이렇듯이 죽어갈 때 내 목숨을 못 살릴까.'

라고 자기의 신세를 한탄하게 된다.

춘향은 옥방에서 물것들에게 살을 뜯기며 한탄을 하면서도, 옥방 안에 죽창 문이 열리면 명정월색에 이도령을 생각하고 달에게 하소연을 하며 서럽게

---

7) 『춘향전』은 이본에 따라 다르기는 하지만, 완판본을 제외하고는 신물 교환이 거의 나타나고 있음을 볼 수 있다.

8) 성현경, 「남원고사본 춘향전의 구조와 의미」, 『고전소설 연구의 방향』, 새문사, 1985, 331쪽.
이상택, 「고전소설의 사회와 인간」, 『한국사상대계』, 대동문화연구원, 1973, 358쪽.

울다가 홀연히 잠이 들게 된다. 춘향은 꿈속에서 산명수려한 죽림(竹林) 간에 있는 황릉묘를 찾아들게 된다. 춘향이 이곳에서 순임금의 비 아황과 여영을 만나 말을 주고받다가 춘향에게 '네 절행이 기특키로 너더러 말하노라'라고 말을 한 후에, 춘향은 다른 어떤 부인의 말을 듣고 깨어난 것은 춘향이 죽었다가 살아났음을 의미하는 것이다.

춘향은 옥방에서 제의적 죽음을 당한 것이다. 춘향이 죽었다가 살아났다는 것은 전생 죄를 씻기 위한 것이라고 할 수 있다.

춘향이 황릉묘에서 상군부인을 뵙고 하직하고 깨었을 때 비몽사몽간에 '옥창 앵도화 떨어져 보이고 거울이 복판 깨어져 뵈고, 문 위에 허수아비 달려 보이거늘'이라고 한 것은 춘향의 생각으론 죽을 꿈이라고 여기고 있는 것이다.

이것은 춘향이 죽음의식에서 깨지 못한 상태가 지속되었음을 의미한다. 이 꿈은 봉사가 해몽한 것과 같이 흉몽이 길몽으로 바뀌져 춘향이 영귀하게 될 징조로 볼 수 있다.

> '그 꿈 장히 좋다. 화락하니 능성실(能成實)이요, 경파하니 기무성(豈無聲)가. 능히 열매가 열어야 꽃이 떨어지고 거울이 깨어질 때 소리가 없을손가. 문상의 현우인(懸偶人)하니, 만인이 개앙 시(皆仰視)라. 문 위에 허수아비 달렸으면 사람마다 우러러볼 것이요….
>
> 산붕(山崩)하니 지택평이라.… 산이 무너지면 평지가 될 것이라 좋다. 생 가마 탈 꿈이로세. 걱정 마소 멀지 않네.

봉사의 해몽은 흉몽을 길몽으로 해석하며 춘향도 믿기지 않을 만큼 의아해 했다. 때마침 까마귀가 옥담 위에 앉아 까옥까옥 울자 춘향은 불길한 생각을 떨칠 수 없었으나 실제로 신화적인 원형의식으로 고찰해보면 춘향의 생각과는 정반대로 까마귀에 대한 해석을 볼 수 있다.

까마귀는 신화적으로 하늘의 새이다. 만주 집안현 고구려 무덤 각저층에는 삼족오(三足烏)의 그림이 태양으로 상징되어 있다. 이처럼 봉사의 말과 같이 까마귀의 울음소리 '까옥'에서 '가'자는 아름다울 가(佳)자요, '옥'자는 집 옥(屋)자가 되므로 아름답고 즐겁고 좋은 일이 불원간 돌아와서 평생의 한을 풀 것이라 해석한 것과 같다.

흔히 민속에서 까마귀가 울면 질병이 만연되거나 죽을 사람이 발생한다고 되어 있다. 즉, 까마귀의 울음소리는 화락(花落)·경파(鏡破)·산붕(山崩)과 같이 죽음을 의미하는 것이다. 그러나 봉사의 해몽은 인간에서 해몽하는 차원을 넘어서 '죽음 뒤에 생'[9]과 번영하게 되는 신화적인 요소를 담고 있다. 따라서 춘향이 죽을 꿈을 꾼 것은 죽음이 아니라 '생명 - 죽음 - 재생'이라는 순환구조를 뜻한다. 이는 새로운 탄생[10]과 재생의식[11]이 된다.

춘향은 변 부사의 수청기생 요구를 거부했고, 그로 인해 가혹한 옥살이를 당하면서도 뜻을 굽히지 않았기 때문에 제의적 죽음이 실현된 것으로 자신의 원죄를 씻고 다시 태어난 것이라 할 수 있다. 춘향은 감옥에서 죽었기 때문에 꿈이라는 매체를 통해 황릉묘에서 상군부인을 만나 절개를 지킨 것으로 귀결되어, 깨어난 후 비몽사몽간에 흉몽을 꾸었던 것이다. 춘향이가 꾼 흉몽은

9) N. 프라이는 자연의 법칙이 죽음은 새로운 탄생이라 하였고, (Northrop Frye, op. cit, p.160.) M. 엘리아데도 '하나의 상태는 소멸되지 않고는 변경되지 않는다. (Mircea, Eliade, *The Myth of the Enternal Return*, Prinston University Press, 1965, p.55.) 라고 한 것과 상통된다. 이는 겨울이 지난 후에 새봄이 돌 아와 만물이 생동하는 이치와 같다.

10) S. E. Hyman, *Myth: A Symposium*, Indiana Uiversity Press, 1985, p.93.

11) J. Ellen Harrison, *Prolagomena to the study of Greek Religion and Themis*, New York, 1966, p.322.

길몽이라지만 봉사가 죽을 흉몽을 생의 번영을 이룰 것이라고 해몽할 수 있다. 결국 그것은 죽은 후의 재생을 의미한다. 춘향은 여자로서 마땅히 지켜야 할 절개를 변 부사의 폭력 앞에서도 꿋꿋이 지켰기 때문에 옥제의 지시에 따라 황릉묘에서 상군부인을 만나게 되고, 이것을 봉사가 길몽으로 해몽한 뒤에 까마귀가 '까옥까옥'하고 울었던 바가 된다. 특히 까마귀의 울음은 춘향이의 앞날에 서광이 비칠 징조라고 말 할 수 있기 때문에 복선적인 역할을 한다고 볼 수 있다.

춘향과 이도령의 사랑이 200년이 지난 오늘날까지 만인으로부터 칭송·찬미되는 것은 불의에 항거함과 인간 해방 정신, 계급철폐 등 다층적이고 다양한 의미를 내포하고 있는 것에서 기인한 것이나, 완판본 '열려춘향수절가'에서는 변 부사의 횡포 앞에 절개를 지킨 여인의 면모를 강조한다. 춘향은 절개를 지키기 위해 목숨까지 내놓아가며 옥살이를 하던 도중 죽었다고 봐야 한다.

『춘향전』의 절개는 광대가 유교의 열녀의식을 불어 넣기 위해 단순히 판소리라 할 것이 아니고, 근원설화를 수용한 것으로 볼 수 있다. 열녀 설화가 『춘향전』의 수용된 가능성은 『삼국사기』에 실려 있는 백제의 설화 '도미설화'와 『동국여지승람』의 「지리산녀설화」등에서 엿볼 수 있다. 미색을 탐하는 자들의 강압에도 굴하지 않고 죽음을 택한 점에서 춘향과 비슷하며, 이 중에서 『춘향전』이 수용한 것으로는 「지리산녀설화」를 꼽을 수 있다. 그것은 『춘향전』의 발생지인 남원과 가까운 곳인 지리산에서 발생했고, 『춘향전』의 한 부분과 부합되고 있다는 점에서 근원설화의 한 가닥으로 수용한 것으로 설정할 수 있다.[12] 이와 같이 춘향의 절개지킴은 오랜 역사성을 띠고 있으므로

12) 문홍구, 「춘향전 교육 방법론」,『우리문학연구, 1999, 형설출판사, 104쪽.

민족문학으로서의 특성을 내포하고 있는 것이다. 『춘향전』의 주제가 적층문학(積層文學)으로서의 성격을 띠고 있는 것도 민족문학의 유산이 짙게 깔려 있기 때문이다. 춘향의 절개는 유교의식과도 관련지을 수 있으나, 멀리는 열녀설화 특히 국조선화의 동굴모티프와 연관되어 있다는 것을 부인하지 않으나, 곰이 환웅과 100일 동안을 동굴에서 쑥과 마늘을 먹으며 살겠다는 약속 사항을 준수했기 때문에 웅녀로 환생한 것이다. 곰이 웅녀로 환생했다는 것은 죽음 뒤에 재생이 있음을 뜻한다. 춘향의 절개를 지킨 것은 이도령과 불망기(不忘記)를 전해 받았기 때문에 감옥살이를 하는 동안에도 그 고통을 감내해 죽음을 대한 것이다. 결국 곰과 춘향의 신분상승의 명예를 처리하게 된 것은 약속 모티프에 의한 것이므로, 춘향이 절개를 고수한 것은 근원적으로 근원설화와 유교의 열(烈)사상에서 온 것이고, 원형적으로는 국조신화의 동굴모티프와 약속모티프에서 그 수용적 형태를 볼 수 있다. 그것은 곰이 환웅과의 약속으로 동굴에서 죽었다가 환생했듯이 춘향이도 이도령과의 정혼 약속으로 변 부사 앞에서도 죽음을 각오하고 절개를 지킨 것이고, 절개를 지키다가 제의적 죽음을 당한 후 살아난 것이다. 그러므로 춘향이 죽은 후 재생되었다는 것은 국조신화의 동굴모티프를 수용한 것을 뒷받침한다.

2) 동굴 모티프의 수용

춘향은 감옥에서 큰칼을 씌우고 족쇄가 채워진 채 옥살이를 하게 되는데, 이것은 국조신화에서 곰이 쑥과 마늘을 먹으며 100일간 살아야 하며, 더구나 금기 일광으로 견뎌야 하는 고통에 비유된다. 그 고통은 다름 아닌 '가혹한 시련'이며 이것을 견뎌내야만 사람으로 환생할 수 있다. 춘향이 옥살이를 하는 것과 곰의 동굴생활은 비슷한 점을 보이고 있다.

곰의 동굴생활과 춘향의 옥살이는 죽음을 상징한다. 곰은 생리적으로 쑥과 마늘을 먹을 수 없는 동물이기에 곰이 이 식물을 먹으면 죽게 된다. 사람들의 경우 이 식물만을 먹었을 때 복통이 일어나 살아갈 수 없는 것은 당연하다 할 수 있다. 그럼에도 불구하고 곰이 쑥과 마늘을 먹을 수 없는 데도 100일 동안을 먹으라는 것은 가혹한 시련과 고통을 견디는 것으로 되어 있지만, 곰은 이 식물을 먹고 얼마 안 있다가 동굴에서 죽은 것이다. 물론 그 죽음은 제의적 죽음이라 할 것이다. 춘향의 경우도 옥살이 중에 죽은 것과 다름없다고 본다. 춘향이 감옥에서 죽어 있는 상태에서 이도령이 구원해 양반의 아내가 될 수 있었으며, 나아가 정렬부인으로도 봉해질 수 있었다. 이러한 과정은 곰이 동굴에서 죽어 있는 상태에서 환웅이 구원해 웅녀로 환생한 것에 대응한다고 하겠다.

곰은 자기 육체가 죽은 상태에서 인간의 형상으로 환생한 것이다. 천신과 천인관계로 존재했던 환웅은 인간이 되고자 한 곰의 정성에 감복하고, 100일 동안의 금기 일정을 79일이나 앞당겨 21일 만에 인간으로 변신케 하였다. 마찬가지로 춘향도 곰이 수난을 겪었던 것과 같이 여자로서 절개를 지키기 위해 목숨을 바쳤던 까닭에 옥제가 감동하게 되어 감옥에서 출옥된 것으로 받아들일 수 있다. 춘향의 운명은 전생 죄로 인해 정해진 것이나 다름없다. 춘향의 운명을 옥제가 정해 놓은 것을 두 가지로 요약할 수 있다.

하나는 전생 죄를 씻는 생활을 하면 지상에서의 부귀영화를 누리거나 환상으로 복귀되는 생활을 할 수 있고, 또 다른 한 가지는 전생 죄를 씻지 못하고 죄를 받게 되는 경우이다.

국조신화에서 곰은 전생에 지은 죄의 대가로 동물로 태어난 것으로 볼 수 있고, 동굴생활을 통해서 그 전생 죄를 씻고 그 결과로 웅녀로 변신할 수 있었다.

『춘향전』은 국조신화의 동굴 모티프의 수용으로써 천기의 소생이 양반의 아내가 되어 신분상승을 이루는 내용이다.

춘향의 고난을 겪는 과정은 국조신화의 플롯으로 볼 수 있는데, 그 구성체계는 사계절과 밀접한 관계를 이룬다.[13)]

춘향과 이도령이 만난 것은 단오절이므로, 늦은 봄이나 여름이고, 이도령과 이별을 한 것은 가을이며, 춘향이 감옥생활을 한 것은 겨울, 이도령과 만나 정식으로 양반의 아내가 된 것은 봄이다.

국조신화에서 곰이 환웅을 만나 사람이 되는 방법을 물었을 때와 동굴생활을 시작할 때는 늦가을이나 늦겨울에 해당된다. 곰이 웅녀로 환생된 것은 죽음에서 생명의 소생을 의미하는 봄이고, 신단수 밑에서 아들 낳기를 원해 환웅과 신혼을 이룰 때는 여름이고, 단군을 낳아 고조선을 이상적으로 다스린 것은 황금의 계절인 가을이고, 웅녀가 죽어 국모 또는 지모신으로 받들게 된 것은 겨울로 볼 수 있다.

『춘향전』과 국조신화가 사계절의 이치로 구성되었다는 것은 '모든 자연신화가 외식적인 일에 대한 비유라기보다는, 인간 내부에서 일어나는 것에 대한 상징적인 표현이다.'[14)] 라고 한 것을 적용하면 본전을 신화적으로 이해할 수 있다.

춘향이 옥살이를 한 것은 늦은 가을이나 겨울이므로 죽음을 상징하고 이것은 곰이 동굴생활을 한 것에 비유된다. 춘향이 감옥에서 큰칼을 씌고 족쇄를 찬 것은 전반적으로, 춘향의 옥살이의 의미는 죽음이고, 그 다음에는 새로운 탄생이 기다리는데, 그 시기는 봄이다. 이도령 또한 봄을 맞이해 서울에서

---

13) 신향숙 「춘향전의 신화비평적연구」, 『건국어문학』, 건국대 국문학 연구회, 1995, 216쪽.

14) C. G. Jung, *The Archetype and the Collective Uncousious*, Princeton University Press, 1975, p.5.
J. G .Frazer, *The Dying God*, trad. fr, re dieu quimeurt, Paris, 1931, p.207.

과거 급제를 하고, 남원에 암행어사로 파견케 되는 것이다. 춘향은 이도령이 급제한 사실을 모른 채 감옥에서 하루하루를 보내지만, 이도령이 급제한 사실만으로 그녀에게는 서광이 비추기 시작하는 계기가 이뤄진다. 춘향이 감옥에서 이도령을 만난 것은 암행어사의 신분을 드러내지 않기 위해 이도령이 걸인복색을 했을 때이다. 춘향은 마음속으로 실망했을지 모르지만 그를 부군으로 생각하고 섬기고자 하는 마음이 변하지 아니하며 모친에게 잘 대우하라는 당부를 한다. 춘향에게 봄이 도래했으니, 불행에서 행으로 전환되는 운을 만난 것이다. 이는 춘향의 이름에서도 나타나는 바와 같다. 그 이름은 '봄꽃의 향기'를 뜻하므로 양기가 음기와 조화를 이루어 꽃이 만발해 봄 냄새를 발산하게 된다. 원래 '춘향'이란 이름은 봄을 뜻하는 꽃향기를 발함으로 '생명 부활의 의미'[15]와 함께 사계절에 있어 목기(木氣)에 해당하여 '우주의 치솟는 힘'[16](rising force)과 생생력(生生力)을 상징한다. 춘향은 음과 양이 조화되는 생성의 삶을 맞이하게 된다.

이도령의 출현으로 생성과 활기찬 새봄이 도래하고 양이 음기를 제압하고 음양조화를 이루어 계절신화'(the myth of season)[17]의 성격을 내포했던 것이다. 이도령은 변 부사의 생일 연에 참석해 민정을 살피고 그의 정체를 나타내는 한시(漢詩)를 지었다. 이도령이 연회에서 하직하고 있을 때 변 부사는 술에 취해 '춘향을 급히 올리라' 하고 주광(酒狂)을 냈다. 이도령이 군호하며 서리들은 역졸들에게 지시해 어사출두를 알리고, '암행어사 출두야'하고 소리치매 모든 수령들이 달아나고, 변 부사는 이에 봉고파직을 당한다. 그리고 이도령은 춘향과 감격적으로 만나게 된다. 춘향이 이도령과 만났을 때 '객사

15) 김용옥, 『새춘향전』, 통나무, 1991, 211쪽.

16) C. G. Jung, *Freud and Psychoanalysis*, Routledgd & Kegan Paul, 1990, p.217.

17) M. Shirokgoroff. *Social Orgaizatation of the Northen,* Tungus, Shanghai, 1993. p368.

에 봄이 들어 이화춘풍 날 살린다.' 라고 한 것은 춘향과 이도령과의 상면이 계절과 깊은 관계가 있음을 암시하는 것이다. 국조신화에서 곰이 웅녀로 변신을 해 신단수에서 환웅을 만나 이부체제[18]에 의한 신성혼[19]을 이룬 것을 봄·여름이라고 한다면, 춘향과 봄·여름의 계절은 밀접한 관계를 이룬다고 할 수 있다.

주지하는 바, 봄은 음과 양의 조화로 상생을 이루어 만물이 생동하는 계절이므로 춘향이 양반의 아내가 되고, 정렬부인의 지위까지 신분상승을 이룬 것은 음(陰)의 대상이었던 변 부사의 작용 때문으로 볼 수 있다. 실제 『춘향전』에서 변 부사는 춘향에게 천적과 같은 역으로 묘사되고 있는데, 음양 상으로 보면, 변 부사의 음적(陰的)인 행위가 춘향의 양적(陽的) 행위와 조화를 이루어 최고의 명예인 정렬부인의 지위에 오를 수 있게 된 것이라 할 수 있다. 춘향은 겨울에서 봄을 맞이하는 운명이니[20], 국조신화의 웅녀상과 관계가 있다. 이것은 '겨울의 감옥으로부터 대지가 해방되고 춘광(春光)에 의해 풍요롭게 됨[21]'이라고 한 것과 같다. 춘향의 수난은 겨울이라는 음성(陰性)에 밀착되어 있다가 봄이 도래됨으로써 양기를 되찾아 음양조화를 이루었으며, 변 부사는 내면적으로 춘향을 도운 인물로 볼 수 있다. 춘향은 변 부사로 인해 많은 고통을 겪게 되지만, 결국 이도령과의 극적인 재회를 갖는 계기를 갖게 되며 신분상승과 애절한 사랑을 이룰 수 있는 행운을 거머쥐게 된다.

---

18) M. Eliade, *Cosmos and History*, New York, 1959, p.23.

19) 윤경수, 「국조신화의 변신모티프와 고소설변신담의 원형적연구」, 『고소설연구』, 한국고소설연구, 1997, 398쪽.

20) C. G. Jung, op.cit, p.217.
'The deliverance of the earth from the prison of winter and its fertilization by the rays of the spring sun.'

21) Arnold Van Gennep, *The Rites of Passage*, Chicago Press, 1966, pp.11-12.

춘향과 변 부사의 표리양면은 상반적인 것이나 내면적으로 이들의 행위를 분석하면, 이들은 선인과 악인의 대상으로 볼 것이 아니고, 음양 관계에서 조화의 단계인 봄날의 운명으로 대하면 온당하게 평가될 것이라 믿는다. 따라서 봄과 상관관계를 갖는 춘향의 운명은 국조신화의 동굴모티프에서 수용되었다고 할 수 있는 것이다.

4. 춘향의 통과의례 과정

1) 춘향과 변 부사와의 적대관계

『춘향전』에서 춘향이 양적 대상이라면 변 부사는 음적인 대상에 해당된다. 원래 음양 관념은 춘하추동과 관련되어 있으므로 음이 발동하기 시작하는 것은 가을이고, 겨울에는 천지를 뒤엎을 만큼 극한을 피운다.

춘향의 격리(seperation) 과정의 형태는 가을이고, 전이(transition) 과정은 겨울이다. 통합(incoporation) 단계는 봄과 초여름에 해당된다.고 할 수 있다.

춘향의 운명은 봄날과 밀접한 관계를 이룬다. 한국의 봄은 초춘 · 중춘 · 계춘으로 나누게 되는데, 초춘(음력 일월)과 중춘(음력 이월)은 양기가 천지간에 편만 되어 있지만 음기가 도사려 있게 됨에 따라 이 기간에는 꽃샘 추위가 맹위를 떨치게 된다. 계춘(음력 삼월)은 흔히 양춘가절이 되어 꽃이 만발하고 추위도 한풀 꺾여 소멸되는 운명을 맞는다. 일년 사계절에서 가을 · 겨울은 음의 대상이고 봄 · 여름은 양의 대상이므로 춘향은 양의 대상이고 변 부사는 음의 대상이 된다. 물론 가을은 초가을 정도면 오곡백과가 결실을 맺는 계절이므로 양의 대상이 될 수도 있다.

춘향의 통과의례적인 삶은 음양 관계가 교차하며 조화를 이루는 삶으로 국조신화의 동굴모티프와 연관지어 볼 수 있다. 춘향의 시련은 변 부사의 역할로 신분상승을 촉구하는 요인이 되었다. 이 과정을 도표에 의해 나타내면 다음과 같다.

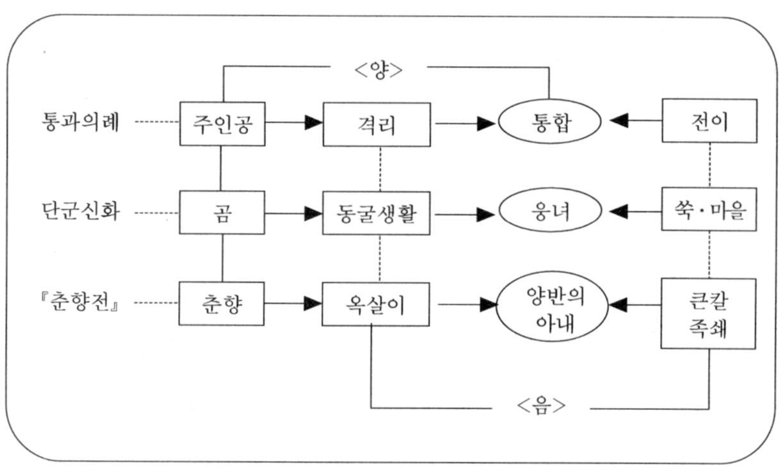

춘향은 '봄의 향기'와 관련되어 있으므로 겨울을 상징하는 변 부사와는 적대관계가 됨을 의미하는 것이다. 초봄에는 음기가 남아 있기 때문에 양기가 음기를 물리치기 전에 꽃샘추위가 기승을 부린다. 중춘까지는 추위가 남아 있어 풍파를 겪게 되는데, 춘향이 바로 그런 운명인 것이다. 초춘·중춘에는 춘향에게 봄의 추위가 남아 있어 음의 대상자인 변 부사가 등장하고 춘향을 괴롭히는 것이다. 변 부사로부터 고초를 당하고, 적대자가 된 것도 이 계절성과 관련이 깊다.

변 부사는 춘향이 미색이라는데 수청기생이 될 것을 요구해 왔지만 춘향은 이도령과 백년가약을 맺었으므로 이를 거절했고, 변 부사는 하찮은 기생의 딸에게 요구가 거절당하자 가눌 수 없는 수치심과 분노로 이성을 잃게 된다. 그는 천기 춘향에게 치욕을 당했다는 이유로 보복적인 차원에서 춘향에게 곤장으로 다스려 반죽음의 처지에 놓이게 하였다. 변 부사는 춘향이 기절한 상태에 있었음에도 그 뜻을 꺾기 위해 감옥에 가두고 가혹한 형을 받게 하였다.

춘향은 아무 죄도 없이 고통을 겪게 되었으므로 변 부사와는 적대관계가 된다. 춘향이 감옥에 갇히게 된 것은 늦은 가을 또는 초겨울에 해당된다. 변 부사는 연약한 춘향에게 목에는 큰칼을 채우는 옥살이를 시킴으로써 춘향은 뼈 속까지 아리는 고통을 겪게 되었다.

> '옥중에 들어가서 옥방 행장을 보면 부서진 죽창 틈에 살 쏘느니 바람이요, 무너진 헌 벽이며 헌 자 리 벼룩 빈대 만신(滿身)을 침노한다.'

춘향의 옥살이는 항쇄(큰 칼)와 족쇄로 항상 묶여 있었고, 헌 벽에서 쉴 새 없이 나오는 벼룩, 빈대로 고통을 겪게 된다. 춘향이 겨울날에 수난과 고통을 치르는 것은 음적인 대상의 생활이라 할 수 있다. 춘향은 옥살이에서 장탄가로 울부짖는데 날씨마저 동절을 당하여 추위에 떨어 춘향의 고통은 극한 상황에 이르렀다고 할 수 있다.

이와 같이 춘향과 변 부사는 음과 양이 조화를 이루지 못하는 겨울날과 같이 대립과 적대관계의 형상인 것이다. 즉 춘향은 겨울날의 음의 극성으로 양이 움츠려 들 때와 같은 삶이 되었다.

2) 춘향과 변 부사와의 역설적 관계

변 부사는 춘향에게 감당하기에 벅찬 큰 고통을 주는 악인으로 등장하고 있지만, 역설적으로는 협조자적 역할을 하고 있다. 변 부사가 악랄함으로 인해 도리어 춘향의 신분상승에 일조하였으므로 은인적(恩人的) 관계가 성립되어 협조자라고 할 수 있다.

춘향은 이도령과의 이별로 독수공방에서 괴로움을 겪는 상황이었지만, 그런 고통이 있었기에 춘향은 이도령의 아내가 되었다. 더구나, 변 부사가 수청기생의 요구를 거절한 춘향에게 가한 육체적 고통은 극한 상황에 이르게 한 것이다. 날씨는 추워져 입사식의 고난을 겪게 되고 생물로서의 인간이 참을 수 없는 고통을 치른다.

> '눈 속의 청송은 천고절을 지켰구나, 푸른 솔은 날과 같고… 슬픈 생각 뿌리나니 눈물이요, 쉬난 이 한숨이다. 한숨은 청풍 삼고 눈물은 세우(細雨) 담아 청풍이 세우를 몰아다가 불거니 뿌리거나 임의 잠을 깨우고자.'

춘향은 음적인 대상들로 인해서 육신은 쇠약해져만 갔다. 그러나 혹독한 추위로 춘절이 도래해 양기가 찾아들게 됨으로써 음기는 날이 갈수록 차츰 소멸되는 운명을 맞기에 이른다.

춘향의 운명은 계절상의 음양의 원리와 같이 전개되었다고 할 수 있다. 춘향은 음이 침노할 때 입사식의 고난을 겪게 되었는데, 그 고난을 통과의례적으로 여겼기에 빛나는 통합의 세계가 이뤄진 것이다[22].

춘향의 통합적인 상황은 음양조화와 합치되고, 이때 변 부사는 음성적(陰性的)인 대상자인 것이다. 춘향의 운명은 음양 관념으로 볼 수 있는데, 결국 그녀의 생활은 음양조화로 인해 해피 엔딩을 이뤘다고 할 수 있다. 변 부사는

22) 윤용식, 「춘향전의 신화원형 비평적 고찰」, 『방송통신대학』, 1984, 8쪽.

춘향에게 적대적 인물이었으나, 그 음(陰)의 요소가 양(陽)과의 조화로 인해 춘향의 신분상승을 도왔다. 또한 변 부사는 춘향에게 이면적으로는 협조자적인 역할도 하고 있다고 볼 수 있으므로 춘향의 운명은 아이러니컬하다고 할 수 있다.

춘향의 신분상승은 음양조화에서 찾아 볼 수 있으나, 원형적으로 국조신화를 수용했다고 할 수 있는데[23], 이를 입사식(initiation)과 관련해 도표로 나타내면 다음과 같다.

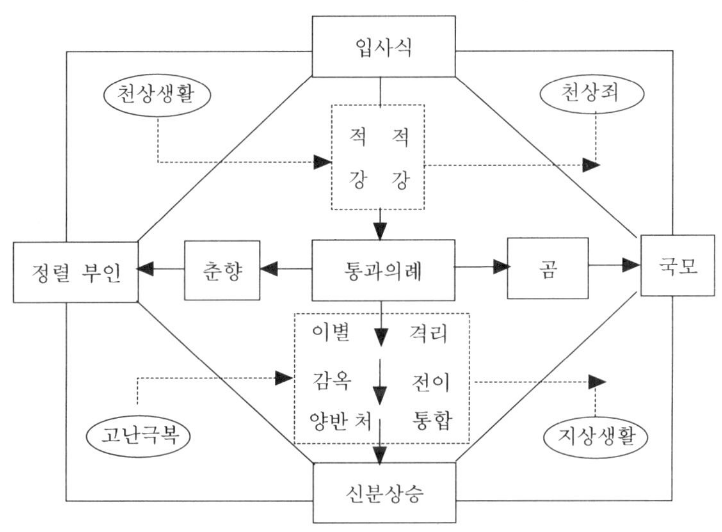

춘향이 전생 죄로 지상계인 인간계로 적강되어서 감옥에 갇혀 시련을 겪은 후 이도령을 다시 만나 양반의 아내가 되고, 임금으로부터 정렬부인의 품계

23) 『춘향전』은 국조신화와 결부시킨 것은 정병욱 · 이어령 공저, 『고전의 바다』(현암신서, 1977)에서 주로 다루고 있다.

를 하사 받은 것은 국조신화의 어두운 동굴과 같은 맥락의 모티프이다.[24] 이것은 춘향이 음양 상의 대립적인 생활에서 조화를 이룬 데서 빛나는 삶을 이룬 것이라 할 수 있다. 주지하는바 동굴이 주는 이미지는 시련・고통・고립 등엔 반드시 인간이면 거쳐야 할 통과의례적인 요소가 있는데, 이것은 세계적인 원시민족 사이에서 있었던 원천적인 경험들이다.

특히 국조신화는 한민족의 정신적 요소로 고착되어 집단무의식을 통해 전해져, 『춘향전』에도 수용된 것이다. 국조신화의 동굴 모티프는 음양대대(待對)와 조화가 민족의 의식으로 내포되어 있는 것이다.

춘향과 곰의 고통은 음의 요소로써 곡식의 밀알이 땅속에 썩어 싹이 트는 이치와 같다고 할 수 있다. 춘향은 늦은 가을이나 초겨울 옥살이를 하였으므로 양이 음에게 밀리어 잔명만 보존할 단계이다. 변 부사가 춘향에게 옥살이를 시키고 심한 고통을 준 때는 겨울이었으므로 춘향은 죽음과 같은 생활을 한 것으로 볼 수 있다. 그러나 계절의 변이는 겨울에서 봄으로 이행하게 되었으므로 춘향에게도 음과 양의 상생되는 이치로 조화가 이루어져서 따뜻한 봄날을 맞이한 것이다.

춘향의 '봄 향기'와 이도령의 이름인 '몽룡'은 '봄날의 꽃향기'와 '봄날의 청룡'을 상정한다. 이 양인은 음양조화를 이룬 봄날과 관계되며 초춘에는 꽃샘추위가 있어 풍파를 겪게 되었으며, 봄은 계춘(季春)에 이르면 꽃이 만발하게 되므로 이들 양인은 신분상승을 이르게 되었다. 춘향이 양반의 아내와 정렬부인으로, 이도령이 암행어사에서 이조참의 대사성에 오른 후 이판・호판・좌우 양상을 지내고, 춘향과 해로해 3남 2녀를 두고 해피 엔딩을 이루었는데, 음양조화는 상생이치와 관계되었다고 할 수 있다.

---

24) 윤광봉, 「심청전의 동굴모티브」, 『김원경 박사 회갑기념논문집』, 1998, 126쪽.

춘향과 변 부사의 관계가 적대관계로 나타나지만 음양 조화에 의한 'A becomes non A'(A는 A가 안 된다)는 이율대대(二律待對)의 원리에 의한 조화관계로 보면 음인 변 부사는 양을 돕는 것으로 표출된다.

『춘향전』에서 춘향과 이도령과의 만남이 '행 - 불행 - 행'의 삶으로 구성된 것은 변 부사가 내면에 협조자적인 역할을 했기 때문으로 볼 수 있다. 이는 사계절의 음양이 이율대대의 이치로『춘향전』이 형성되었기 때문이다. 음양대대의 원리는 이미 국조신화의 동굴모티프와 상관되어 있다. 웅녀와 환웅이 신성혼으로 단군을 낳았다면 춘향은 웅녀, 이도령은 환웅의 수용체로 볼 수 있다[25].

춘향에게 고통을 준 자가 변 부사인 것은 틀림없지만, 정작 춘향에게 고통을 준 것은 옥제이고, 변부사는 옥제의 운명에 의해서 조절되어 등장한 인물에 불과한 것이다. 변 부사가 춘향에게 수청기생이 될 것을 강요했지만, 실제 춘향에게 불행한 고통을 제공한 것은 이도령이라 할 수 있다. 신화적으로 보면, 춘향이 천상에서 적송자와 만나 사랑을 했기 때문으로 파악할 수 있다. 어찌 보면 이도령은 천상에서 적성자로 볼 수도 있다.

춘향의 시련은 전생 죄를 씻기 위해 옥제가 마련한 운명인 것이다. 따라서 춘향과 이도령, 변 부사는 춘하추동과 국조신화의 동굴모티프가 수용한 공동체적 운명이라고 할 수 있다.

이와 같이 춘향과 변 부사의 관계는 표면적으로 적대적이지만, 이면적으로는 변 부사가 춘향에게 신분상승을 이루게 했으므로 협조자인 것이다. 바로

---

25) 윤경수, 「춘향의 인물상 재론」, 『도해 한국고소설의 동물모티프 연구』, 태학사, 1999, 462쪽.
'춘향은 웅녀상으로 볼 수 있지만 이도령은 환웅의 수용체라고 하는 데는 문제점이 있다.'

이런 연유로 춘향의 이면적 운명은 아이러니라고 할 수 있는 것이다.

5. 맺음말

춘향과 변 부사는 적대자로 볼 수 있으나, 원형적으로는 춘향이 천상에서 옥제에게 죄를 지었기 때문에 변 부사를 통해 춘향을 고통과 수난으로 얼룩진 생활을 하게 된 것이다.

춘향은 옥살이를 한 것으로 그의 절개가 빛나게 되고, 신분상승을 이루게 되었으므로 변 부사는 춘향의 협조자라고 할 때, 상극적인 음양 관계가 이율대대의 원리에 의해서 조화를 이룬 것을 알 수 있다. 국조신화에 있어서도 곰에게 입사식의 고난을 겪게 한 것은 환웅이다. 곰은 그 고난으로 인해 웅녀로 환생하게 되었다. 변 부사가 춘향에게 나타나지 않았다면 춘향은 정렬부인의 위치에 오르지 못할 것이며, 이도령도 좌우 영상의 지위에 오르지 못했을 것이다. 이 점은 곰과 환웅의 관계에서도 마찬가지다. 곰이 환웅을 만나지 않았다면 곰은 짐승으로 남아 있을 것이나, 환웅을 만남으로써 천신으로서 신분이 확고해진 것이다.

춘향은 계절상의 변이와 밀접한 관계를 띤 운명인 것이다. 춘향이 이도령을 만난 것은 봄・초여름이고, 그와의 정열적인 사랑은 여름, 이별은 가을, 옥살이를 한 것은 겨울, 다시 그와 상봉한 것은 봄이고 신분상승을 이룬 것 또한 봄이다.

춘향의 고난과 행운은 계절상의 음양조화로 볼 수 있으며 춘향에게 음의 대상이었던 변 부사의 간악한 행위가 없었다면, 춘향이 정렬부인의 자리에 오르지 못했을 것이다. 다분히 춘향의 운명은 옥제가 주관한 것이니, 이면적으로 변 부사는 춘향에게 협조자 역할을 했던 것으로 이중적인 인물로 받아들일 수 있다.

그러므로 춘향은 변 부사로 인해 이도령과의 격리 · 전이 · 통합의 과정을 거쳐 해피 엔딩을 이뤘다고 할 수 있다. 곰의 경우도 환웅에 의해서 통과의례적인 고난을 겪은 후 국모가 되었다. 춘향의 신분상승은 계절상의 음양상생의 조화와 국조신화의 동굴모티프가 작용된 것으로 풀이할 수 있다. 따라서 춘향의 운명은 천정적(天定的)으로 예정된 바에 따라 전개되었는데, 이는 옥제가 마련해 놓은 것이니, 곧 국조신화의 동굴모티프와 사계절로 운명이 전개되었다고 할 수 있다.

춘향전의 시간구조 고찰

백 완

1. 서론

『춘향전』[1]은 利害超越的[2] 성격이 강한 愛情古小說 유형의 일종에 해당되는 작품이라 할 수 있을 것이다. 에너지(Energy)로서의 '사랑'(eroticism) 즉, 에로티시즘의 여러 본질적 속성 중의 한 가지는 추상적인 힘(energy)이라는 데 있다. '에로스'(Eros)라는 단어는 '힘'(희랍어 R'ome)이란[3] 語根에서 출발한 말이기 때문이다. 말하자면, 에로스(사랑)는 인간이 지닌 모든 에너지들을 움직이고, 이들을 활성화시키거나 마비시키는 기본적인 역동적 '힘'인

1) 본고에서는 설성경 역주 『춘향전』(고대민족문화연구소, 1995)을 그 주 텍스트로 삼는다.

2) 졸고, 《조선시대 애정소설의 시간구조 연구》(건대 박사논문, 1999) 참조.

3) 요한네스 로쯔(심상태 옮김), 『사랑의 세 단계』(서광사, 1985).

것이며, 작품 속의 주동인물(protagonist)적 두 남녀 인물간에서 파생되는 그 '에너지'적 실체를 규명해내는 작업은 곧 그 작품의 애정주제성의 본질을 도출해내는 한 지름길이 된다고 할 수 있는 것이다.

고소설 주제별 유형분류상[4]에서 볼 때, 『춘향전』은 주로 '애정 소설류'로 분류되고 있음을 볼 수 있다. 그러나 그 '애정'(사랑)의 본질탐색을 통한 작품의 주제성에의 접근을 시도한 연구는 아직 흔치는 않다고 하겠다.

본고는 『춘향전』의 '애정' 주제적 본질을 에로티시즘(사랑)의 '에너지(Energy)'적 본질에 토대를 두며 고찰해 가되, 그 분석 방법으로는 시간 구조적 분석법 즉, 順序(Order), 持續(Duration), 頻度(Frequency)的 세(두) 시간 구조적 요소들을 통해 분석해 보고자 한 것이다. 時間的 藝術로서의 文學은 시간과 불가분의 관계에 놓을 수밖에 없다. 즉, 문학적 구조는 무엇보다는 言語를 媒介로하여 빚어지며 이런 언어는 시간성을 특징으로 한다. 즉, 시간적 線條性이 언어의 두드러진 특징인데, 이러한 언어로써 이루어진 문학 작품은 필연적으로 時間性[5]의 지배를 받게 된다는 말이 된다. 또 멘딜로우(A.A.Mendilow)는 "시간 예술은 본성적으로 그 자체가 존속하는 일정・기간의 시간을 요구한다"[6] 라고 말함으로써 小說의 形式에 있어서의 시간과의 필연적 관계성을 암시한다. 小說은 분명 일정한 길이의 시간 속에서 존재

---

4) 한국고전소설편찬위원회(편),『한국고전소설론』(새문사, 1994)
・한국고소설연구회,『한국고소설론』(아세아문화사, 1995)
・정주동,『고대소설론』(형설출판사, 1988)
・김기동,『한국고전소설연구』(교학연구사, 1983) 등등.

5) 이승훈, 『문학과 시간』(이우출판사, 1986) pp.8 - 12에서는 하이데거 초기 철학에서 논의되는 時間과 時間性의 논의에 의거하여, 時間性은 시간이 시간으로 있기 위한 기초이며, 시간은 時間性을 전제로 함으로써 그 논리적 구조가 획득된다라고 말하고 있다.

6) A.A.Mendilow, 「Time and the Novel」(Hunanities press, New York, 1965), p.23.

할 수밖에 없는 것이기 때문이다.

어떻든, 하나의 서사물 내에서 이야기된 사건들은 시간의 축에 따라 조직화 될 수밖에 없는 것이라 하겠다. 멘딜로우가 "시간은 소설의 모든 면. 즉, 주제, 형태, 그리고 매체인 언어에까지도 영향을 끼친다"[7]라고 말하고 있음에서도 확인되는 바와 같이, 시간 구조적 분석법에 의한 『춘향전』의 애정주제성 구현과정에 대한 탐색작업은 『춘향전』의 애정주제성적 본질에 접근하는 가장 효율적인 방법론 중 하나가 될 것이다. 이러한 연구는 구조적 접근법 중 작품 내적 시간연구가 된다.

2. 순서

'순서' (order, Anachronies Narratives, ordre) 요소의, 주된 구체적 기법은 '예변법'(豫辨法, 豫示, prolepse)과 '후변법'(後辨法, 追想, 逆轉, analepse)이다. '후변법'은 이야기 내용이 바탕으로 하고있는 '역사적 시간'의 현재 순간보다 먼저 일어난 사건을 뒤늦게 이야기하는 것[8]을 말하는데, 제라르 쥬네트(Gérard Genette)는 '역전'된 내용이 되는 사건이 소설의 시작 時點 - 1차 서사의 시작 시점 - 보다 앞서 일어났느냐, 그렇지 않느냐에 따라 '후변법'을 셋으로 구분한다. 즉, '과거에 소요된 시간의 길이'(amplitude)[9]가

7) A.A.Mendilow : 「Time and the Novel」(Hunanities press, New York, 1965), P.31.

8) '역사적 순서'를 따라 진행되던 본래의 이야기가 중단되는 순간 사이의 거리를 '사거리'(射距離, portée)라 한다.
· 롤랑 부르뇌프/레알 월레. 공저(김화영 편역) 《현대소설론》(문학사상사, 1990), 199쪽. 참조.

'일차 이야기'의 시간 길이 밖에 위치하느냐, 안에 위치하느냐, 혹은 두 가지 모두냐에 따라, '내적 후변법'(internal analepsis), '외적 후변법'(external analepsis), '혼합적 후변법'(mixed analepsis)[10] 등으로 나눈다.

다음은 '예변법'(豫辨法, prolepse)에 대해 살펴보기로 한다. '예변법' 또한 앞에서 살핀 '후변법'과 대응적으로 설명 될 수 있다. '예변법'(prolepse, foreshadowing, vorausdeutung)은 작품의 이야기 내용이 바탕으로 하고 있는 역사적 시간의 현재 순간보다 나중에 일어나는 사건을 미리 앞당긴 것으로, '예시'된 '진폭'이 '1차 이야기'의 시간길이 밖에 위치하느냐, 안에 위치하느냐 혹은 두 가지 모두냐에 따라 '내적 예변법', '외적 예변법', '내외 혼합적 외변법' 등으로 나뉠 수 있다. 또 '내적 예변법'은 그 예시 된 시간폭이 '1차 이야기'와 상호 간섭적인 관계를 맺느냐 아니냐에 따라 다시 '동질적 내적 예변법'과 '이질적 내적 예변법'으로 분류가능하다고 하겠다[11].

본 항목에서는 완전 및 부분적, 두 측면에서『춘향전』작품에서의 '예변법'과 '후변법'의 서사적 기능 및 그 주제구현적 의의 등을 모색해 보기로 한다.

『춘향전』에서의 완전한 전체적 '예변법'은 거의 발견되지 않고 '부분적 예변법'만 총 14회에 걸쳐 발견된다. '예변법'적 측면에서 볼 때, 「춘향전」은 조선 숙종대왕(제19대왕) 즉위(1661 - 1720년)초 즉, 1661년부터 대략 70여 년 후까지의 '1차 서사'(story time)가 작가(서술자)에 의한 구성상의 시간(2차 서사)적 변화가 없는 채, 순차적으로 진행되는 일대기적 구성법을 취하고

---

9) '예변적'이든 '후변적'이든, 미래 쪽으로든 과거 쪽으로든 비약한 그 과거나 미래의 이야기(anachronie)에 소요된 시간길이를 '진폭'(amplitude)라 칭한다. ·롤랑 부르뇌프/레알월레(김화영 편역), 《현대소설론》(문학사상사, 1990), 199쪽.

10) 김천혜, 《소설구조의 이론》(문학과 지성사, 1990), 50 - 51쪽에서 재인용.

11) 롤랑 부르뇌프/레알 월레 (김화영 편역), 《현대소설론》(문학사상사, 1990), 201쪽. 참조.

있는 소설이 되는 것이다. 사건중심의 서술이라기보다는 작중인물의 일대기적 서술이 중심이 되는 소설유형이며, 어떤 특정작가의 작위적인 구성법에 따른 소설이라기보다는 역사적 시간의 흐름에 따라 자연스럽게 전개되는 한 이야기에, 부분적 시간착오만 일어나는 소설인 것이다. 이러한 '순서'기법상의 특징은 적층문학적 성격의 한 단면을 표출한 것이 된다고 할 수 있다. '부분적 예변법'(작중인물의 입을 통해 이룩되는 예시)들의 지문들을 차례대로 언급하면서, 그 서사적 기능 및 애정주제성 구현적 의의 등에 대해 고찰해 보기로 한다.

예 - ① "이 때는 오월오일 갑자(甲子)라 한 꿈을 얻으니 상서로운 기운이 하늘에 서리고 …" (p.19. - 이질적 외적 기만적 예시)

예 - ② "남주(南州)풍물 구경하고 돌아오되 시제(詩題)를 생각하라! 도령 대답, "부교(父敎)대로 하오리라."(p.25. - 동질적 내적 예변법)

예 - ③ "… 오늘밤 퇴령(退令)후에 너(춘향 - 필자 주)의 집에 갈 것이니 괄세나 부디 말라." 춘향이 대답하되, "나는 몰라요!" "네가 모르면 쓰겠느냐, 잘 가거라 오늘밤 상봉하자."(p.47. - 동질적 내적 예변법, 미래 확실한 예시)

예 - ④ "생전 사랑 이러하고 사후기약(死後期約) 없을소냐? 너는 죽어 될 것 있다. 너는 죽어 글자되되 따지(地)자, 그늘 음(陰)자, 아내 처(妻)자 계집 녀(女)자, 변(邊)이 되고, 나는 죽어 글자되되 하늘 천(天)자, 하늘 건(乾), 지아비 부(夫), 사내 남(男), 아들 자(子) 몸이 되어… (…) … "싫소! 그것도 아니 될라요!… (…) …" 그러면, 너 죽어 될 것 있다. 너는 죽어 명사십리(明沙十里) 해당화가 되고, 나는 죽어 나비 되어(...) 춘풍이 건듯 불거든 너울너울 춤을 추고 놀아보자.(pp.79~81. - 이질적 외적 예변법)

예 - ⑤ "사또께옵서 동부승지 하여 계시단다."(…) "너를 버리고 갈 터이니 내 아니 답답하냐?”(…) 내(춘향-필자 주)가 올라가더라도 도련님 큰댁으로 가서 살 수 없을 것이니,(…) 불가불 이별이 될 밖에 수 없다.(…) 춘향이 이말 듣더니 그대로 다시 발연 낯빛이 변하여 머리를 흔들고(…) “허허! 이게 웬말이오!” (pp.97~99. -동질적 내적 예법법, 미래 확실한 예시)

예-⑥ (춘향모) “말경(末境)에 가실 적에는 뚝 떼어버리시니 양류천만사(楊柳千萬絲)인들 가는 춘풍 어이하며, 낙화낙엽하게 되면 어느 나비가 다시 올까?(…) 도련님 가신 후에 내 딸 춘향 임 그릴 제… (…) … 칠십당년(七十當年) 늙은 것이 딸 잃고 사위 잃고… (…) … 혈혈단신(孑孑單身)이 내 몸이 뉘를 믿고 살잔 말고!(…) 내(이몽룡-필자 주)가 이 기가 막히는 중에 꾀 하나를 생각하고 있네마는,… (…) … 신주(神主)는 모셔내어 내 창옷 소매에다 모시고, 춘향은 요여(腰輿)에다 태워 갈 밖에 수가 없네,(…) … 도련님 올라가면 나(춘향)는 뉘를 믿고 사오리까? 천수만한(千愁萬恨) 나의 회포, 주야 생각 어이하리!(…) 독수공방 긴긴 밤에 전전반측 어이하리! 춘향이 또 우는 말이, “도련님 올라가면(…) 청루미색(靑樓美色) 집집마다 보시느니 미색이요,(…) 나(춘향) 같은 먼 데 천첩이야 손톱만치나 생각하오리까?(…) 규중심처 깊은정 너(춘향) 밖에 없었으니, 내(이몽령) 아무리 대장분들 한순간이나 있을소냐!” (pp.103~109. -동질적 내적 예변법, 미래 확실한 예시, 삽입적 예시)

예-⑦ “그런 이별 많아도 소식들을 때가 있고 상면할 날이 있었으니 내(이몽령)가 이제 올라가서 장원급제 출신(出身)하여 너를 데려갈 것이니 울지 말고 잘있거라!(…) 춘향이 일배주(一杯酒) 가득 부어 눈물 섞어 드리면서 하는 말이, “한양성 가시는 길에 강수(江樹)가 푸르고 푸르거든 멀리서 정을 머금고 있음을 생각하고(…) 방초(芳草) 우초 저문 날에 일찍 들어 주무시고(…) ‘녹수진경도’에 평안히 행차 하옵시고 일자(一字) 소식 듣사이다. 종종 편지나 하옵소서.” (pp.109~111. -동질적 내적 예변법, 미래

확실한 예시(男)/ 미래 불확실한 예시 (女))

예 - ⑧ "사또 분부 지엄한데 저만한 년을 무슨 사정 두오리까?(…) 딱 부치니(…) 춘향이는 저절로 설움 겨워 맞으면서 우는데, "일편단심 굳은 마음 일부종사(一夫從事) 뜻이오니 일개 형벌 치옵신들 일년이 다 못 가서 일각(一刻)인들 변하리까?" (…) 이때 남원부 한량이며 남녀노소 없이 모여 구경할 제, 좌우에 한량들이,(…) "집장 사령놈 눈 익혀 두어라! 삼문(三門) 밖 나오면 급살을 주리라!" 둘째 낱 딱 붙이니… (pp.143~145. - 이질적 내적 예변법)

예 - ⑨ "춘향이 반기면서, "애고, 봉사님! 어서 오시오!"(…) "예, 다름이 아니라 간밤에 흉몽을 하였삽기로 해몽도 하고, 우리 서방님(이몽룡) 어느 때나 나를 찾을까 길흉 여부(與否)점을 하려고 청하였소." "그러제" 봉사 점을 하는데(…) 자네 서방님이 머지 않아 내려와서 평생 한을 풀겠네. 걱정마소. 참 좋거든! 춘향 대답하되, "말대로 그러하면 오직 좋으리까? 간밤 꿈 해몽이나 좀 하여주옵소서."(…) 봉사 이윽히 생각하다가 한참 후에 왈, "그 꿈 장히 좋다!..."(…) "바다가 마르면 용의 얼굴을 능히 볼 것이요, 산이 무너지면 평지가 될 것이다. 좋다! 쌍가마 탈 꿈이로세! 걱정마소. 머지 않네."(pp.165~169. - 이질적 내적 예변법, 미래확실한 예시)

예 - ⑩ "이때, (이몽룡이 마파람에 개 눈 감추듯 먹을 때) 향단이는 저의 애기씨 신세를 생각하여 크게 울지는 못하고 눈물을 흘리며 우는 말이, "어찌할거나 어찌할거나! 도덕 높은 우리 애기씨를… (…) 목놓아 우는 모습을 어사또 보시더니 기가 막혀, "여봐라 향단아! 울지마라 울지마라! 너의 아기씨(춘향)가 설마 살지 죽을소냐! 행실이 지극하면 사는 날이 있느니라." 춘향모 듣더니 "애고, 양반이라고 오기는 있어서..." (pp.193. - 동질적 내적 예변법, 미래 확실한 예시)

예 - ⑪ "이 때 (어사또는 뒤를 따라 옥문간 당도하니…), 춘향이 비몽사몽간에 서방님 오셨는데 머리에는 금관이요, 몸에는 홍삼이라. 상사일념

(相思一念)에 목을 안고 만단정회(萬端情懷)하는 차라. "춘향아!" ... "(p.195. - 이질적 내적 예시)

예 - ⑫ "여보. 서방님(이몽룡)! 내(춘향)몸 하나 죽는 것은 설운마음 없소 마는 서방님 이지경이 웬일이요?" "오냐. 춘향아, 설워마라! 인명이 재천인데 설마한들 죽을소냐!" 춘향이 저의 모친 불러, (…)금명간 죽을 년이 세간 두어 무엇할까, 용장(龍欌), 봉장(鳳欌) 빼닫이를 되는 대로 팔아다가 별찬(別饌)진지 대접하오!(…) 섧게 울적에, 어사또, "울지 마라! 하늘이 무너져도 솟아날 구멍이 있느니라, 네(춘향)가 나(이몽룡)를 어찌 알고 이렇듯이 설워하나?"(pp.197~199. - 이질적 내적 예변법)

예 - ⑬ "어사도 춘향집에서 나와서 그 날 밤을 새려하고 문 안, 문 밖 염문(廉問)할 새, 길청에 가서 들으니, 이방이 승발 불러 하는 말이,(…) 아까 삼경에 등롱불 켜서 들고 춘향모 앞세우고 폐의(弊衣), 파관(破冠)한 손님이 아마도 수상하니, 내일 본관 잔치 끝에 일집을 구별하여 생탈없이 십분 조심하소!" (p.201. - 이질적 내적 예변법)

예 - ⑭ "운봉이 반겨 듣고 필연(筆硯)을 내어주니, 좌중이 다 못하여 글 두귀를 지었으되, 민정(民情)을 생각하고 본관 정체(政體)를 생각하여 지었것다. "금준미주(金樽 美酒)는 천인혈(千人血)이요…" 이렇듯이 지었으되 본관(本官)은 몰라보고 운봉이 글을 보며 속마음에, '아뿔사, 일이 났다!'(…) 한참 이리 요란할 때, 물색없는 저 본관이, "여보 운봉은 어디를 다니시오!" "(p.205. - 동질적 내적 예변법)

예 - ①은 춘향의 출생을 예시한 예시몽이다. 남자의 태생을 예시하는 내용이나, 사실은 딸아이가 태어난다. 기만적 예시라 하겠다. 남녀보다는 혈육 그 자체의 보전에 더 큰 의미가 있는 것이 된다.

예 - ②의 예시의 주체는 이몽룡의 아버지로서 작중인물의 입을 통해 일어나는 순서착오 기법의 하나가 된다. 즉, 이 예시문은 16세 된 이몽룡은 봄을 맞는 젊은 한 남성으로서의 생득적 지위와 지방관장의 아들이란 사회적 지위간의 역할에 사이에서, 표면적으론 사회적 지위에 걸맞는 역할을 수행하고 있다. 그러나 내면적으론 생득적 지위 역할에 대한 잠재적 욕망을 유보시키고 있음을 암시하는 예시문이 된다. 시제(詩題)를 생각하는 것은 이몽룡의 사회적 지위와 관계된 예시요, 남주(南州) 풍물을 구경하는 것은 이몽룡의 생득적 지위와 연관된 예시라 할 수 있기 때문이다. 이몽룡에게 있어서 밖으로의 외출은 이몽룡의 남성성과 사회성을 동시에 시험하는 한 리트머스시험지와 같은 예시적 장치인 것이다.

예 - ②는 남주인공 이몽룡의 작품 내에서의 역할 혼돈에 관한 내용을 작품 서두에서 예시한 도입적 예시의 일종이 된다. 시제(詩題)에 대한 생각은 추후, '民情詩'로 나타나며, 광한루 오작교의 풍물 구경은 사랑담의 한 단초가 된 것이다. 결국, 예 - ②는 명분과 실제의 괴리감 속에서 방황하는 남 주인공 이몽룡의 작중인물성에 대한 예시문이 된 것이라 하겠다.

예 - ③은 남주인공 이몽룡의 입을 통해 예시되는 지문이다. 두 남녀가 집 밖의 공간에서 대면한 후, 남주인공의 주도로 이성간에 외면적(미적)교류가 시작됨을 예시한 것이다. 이 작품의 애정 소설적 사건성을 암시하는 한 서사적 장치로써 이후, 미래 확실한 예시로 드러나게 됨으로써 애정소설적 서사장치로의 필수적인 장치가 된다.

예 - ④은 두 남녀 주인공간의 입을 통해 예시되는 사후적 사랑담이다. 생사간을 관통하는 사랑에의 지속(반복, 열망)감에 대한 두 남녀간의 욕망이 예시법을 통해 강조된다. 善的 交感의 영속성이 육체적 사랑을 뛰어넘은 것을 예시한 것이 된다. 두 남녀가 육체 및 정신적으로 합일되어 가는 과정에서 파생되는, 긍정적 '힘'(Energy)의 실체가 그 애정소설적 성격을 결정 지은다고 볼 때, 이 예 - ④의 예시문은 <춘향전>의 애정담적 특성을 이해초월적(탈물화적) 순수 애정담으로 성격 짓게 만들고 있는 것이다.

예 - ⑤ 이몽룡의 입을 통해 예시되는 이별담이다. 조정에 들어가 벼슬하기 위해 기생작첩을 포기할 것인가? 아니면 기생작첩을 위해 벼슬을 포기할 것인가에 대한 예시문이다. 남녀간 이별은 곧 벼슬의 시작인 셈이요, 이성과의 만남의 지속은 곧 벼슬의 포기인 셈이다. 벼슬 앞에서 즉, 사회적 지위자로 확고하게 자신을 자각한 이몽룡은 극히 현실적인 인간이 된다. 반면, 춘향은 상대적으로 이상적인 인물성을 드러냄을 알 수 있다. 미래사에 대한 대응방식의 남녀간 차이라 할 것이다. 춘향의 미래는 남성으로서의 이몽룡 그 자체가 전부 다이나, 이몽룡의 미래는 춘향 그 자체가 아니라, 사회적 지위를 확고하게 다진 사회적 인간으로서의 이몽룡 이후의 것에 있는 것이라고 할 수 있다.

예 - ⑥ 춘향모, 춘향, 이몽룡이란 작중인물들의 입을 통해 제시된 부분적 예시문이다. 월매는 이몽룡이 떠난 후, 딸 춘향의 고독함, 그리고 의지할 사람(이몽룡)에 대한 상실감을 예시하며, 춘향은 이몽룡의 서울에서의 또 다른 여성들에의 관심을 예시적으로 경계한다. 이와 같은 두 여성의 예시적 내용에 이몽룡은 기가 막힌 꾀로써 달래고, 또 대장부로서의 의리를 강조한다. 작자는 이러한 예변법을 통해 여주인공에 대한 남주인공의 사랑에 대한 책임감을 강조하는 한 서사적 장치로 활용하고 있는 것이라 할 것이다. 여주인공에 대한 남주인공의 책임감이란 물질적인 것이라기 보다는 정신적인 것(상실감과 고독감)이라 하겠다.

예 - ⑦ 出身하여 다시 재상봉 하게 되고 또 이후 서울에서 함께 살수 있게 될 것이라는 이몽룡의 예시와 이몽룡의 무사한 상경길 걱정과 상경한 후의 소식 듣기에 대한 춘향의 예시이다. 남주인공 이몽룡의 예시는 여주인공 춘향의 예시보다는 그 예시의 "사거리"가 상대적으로 더 멀며 미래 확실한 예시이다. 이것은 이 작품의 추동적 핵사건이 남주인공의 미래사에 달려 있음을 예변법적으로 제시한 것이라 하겠다. 남주인공은 발전적으로 변화된 미래적 재상봉을 기대하지만, 여주인공은 상대적으로 현재의 신상에 관한 일에 더 집착함을 볼 수 있다. 변화(변신)를 꾀하는 남주인공과 현재의 상황에 집착하려는 여주인공간의 인식 차이로 인한 남녀간 애정 갈등의 한 양상을 볼 수 있다.

예 - ⑧ 춘향이 이몽룡과 이별 후, 변사또의 수청을 거절하다 곤장을 맞는 부분에서의 예시이다. 곤장 맞는 횟수에 비례하여 춘향의 이몽룡에 대한 불변적 정절심이 예시적으로 강화되고, 주변에 있던 남원부 한량들의 입을 통해서는 집장사령(또는 변사또)에 대한 응징심(춘향에 대한 동정심)을 예시적으로 표출한다. 남성과 여성간의 대립도 아니요, 남원과 타지역간의 지역적 대립도 아니다. 권력적 횡포에 맞서는 서민적 인도주의 정신이 예시적으로 강조되고 있을 뿐이다. 춘향의 애로티즘적 사랑이 강화됨으로써, 춘향의 이몽룡에 대한 사랑이 지극히 이해초월적인 것임을 제시해 준다.

예 - ⑨ 춘향이 감옥에서 봉사를 초빙하여, 해몽과 운수 점을 부탁했을 때, 봉사의 입을 통해 춘향의 미래사가 예시되는 지문이다.

미래 확실한 예시법이 된다. 봉사는 현재의 복채 천냥의 대가보다는 춘향이 영귀하게 된 훗날의 더 큰 인간적 보상에 대한 기대에 확신을 갖기에 복채를 받지 않는다. 봉사의 이러한 탈물화성은 서민적 恨에 대한 공감대에 근거한 신뢰감 때문에 가능했던 것이라 할 것이다.

예 - ⑩ 거지꼴로 되돌아온 이몽룡을 본 향단이 도덕 높은 춘향의 앞일(죽음)을 절망적으로 걱정하자, 암행어사 이몽룡은 행실이 지극하면 사는 날이 있게 될 것임을 예시적으로 강조한다. 물론 이몽룡은 현재 암행어사의 신분이기에 미래 확실한 예시 지문이 된다. 행실의 지극함(이해관계 초월적 사랑)

의 유·무가 생·사의 갈림길이 될 것임을 암시한 것이라 하겠다. 춘향의 이몽룡에 대한 사랑 태도(이해초월적인 탈물화성적 사랑)가 곧 생·사의 갈림길이 됨을 예시한 것이라 하겠다.

예 - ⑪ 춘향이 옥중에서 비몽사몽간에 사회적으로 성공한 이몽룡과 만나 회포를 푸는 장면을 예시몽 형식으로 제시하고 있다. 이러한 예시몽을 이몽룡에 대한 춘향의 태도가 상사의 정으로 꽉 차 있었음을 제시한다. 춘향의 그 동안 이몽룡에 대한 사랑이 이해 초월적이며 탈물화적인 성격의 것임을 알게 해주는 예시문이라 하겠다.

예 - ⑫ 옥중에서 춘향과 거지꼴의 이몽룡이 상봉하는 장면에서 춘향과 이몽룡의 입을 통해 예시된 내용들이다. 옥중에서 구출될 희망이 사라진 춘향은 이제 자신이 죽을 준비를 한다. 유언의 형식으로 제시된 죽음 이후의 일처리를 예시적으로 서술하고 있다. 춘향의 유언적(예시적) 서술을 통해, 춘향은 모든 재물을 팔아 이몽룡의 거지신세 면해주기에 헌신한다. 이몽룡에 대한 춘향의 사랑은 탈물화성적인 이해 초월적 사랑이 된 것이다. 이러한 춘향의 이몽룡에 대한 애정태도에 흡족한 이몽룡은 "하늘이 무너져도 솟아날 구멍이 있다." "나를 어찌 알고…"라는 말을 통해 자신이 현재 암행어사의 신분임을 강하게 암시하여, 자신으로 인해 죽음의 위기에 놓여있는 춘향이 구출 될 수 있는 확신(희망)을 갖게 해준다.

예 - ⑬ 본관사또 변사또의 생일잔치 전날 밤, 암행어사 출현을 남원부 하직관료들의 입을 통해 예시되는 부분이다. 하급 관료들은 미래(위기)적 정보를 공유함으로써, 일신상의 안전을 대비하고 있으나, 고위직이라 할 수 있는 각 군·읍 수령들은 미래사에 대한 아무런 대책이 없다. 하·고위직 사이의 정보적(정서) 괴리감이 만연했던 당대적 사회상의 일 단면을 예변법적 기법을 통해 제시한 것이 된다.

예 - ⑭ 변사또의 생일날 이몽룡이 지은 시("民情詩")이다. 이몽룡은 자신의 정체(政體)를 생각하고, 민정(民情)을 예시하여 지은 詩이지만 운봉 군수를 제외한 나머지 고위층 관료들은 전혀, 예시 받지 못한다. 현실에 집착하여 현재 만족적(고착적, 현실 안주적)인 상류층 사회 구성원과 현재보다는 변화를 갈구하는 서민들의 미래상이 대조적으로 예시된 지문이라 하겠다.

다음은 '후변법' 지문들에 대해 살펴보면서, 그 지문들의 서사적 기능 및 주제구현적 의의 등에 대해 살펴보기로 한다. <춘향전>에 발견되는 '후변법'은 총 17회가 된다.

후 - ① "이때(춘향이 7~8세 될 쯤) 삼청동 이한림이라 하는 양반이 있으되, 대대로 내려오는 명문가문이요 충신의 후예라.(…) 일일은 전하께옵서 충효록을 올려보시고 충신 효자를 택출하사 수령으로 임용하실 때…"(p.21. - 이질적 내적 후변법)

후 - ② "이도령 이른 말이 "너(방자)무식한 말이로다. 자고로 문장가와 재주꾼도 절승강산 구경이 음풍농월 글짓는 근본이라.(…) 시중천자 이태백은 채석강(採石江)에 놀아 있고…" (p.23. - 이질적 외적 후변법)

후 - ③ "이도령 마음이 울적하고 정신이 어질 하여 별 생각이 다 나겠다. 혼자말로 중얼거리되, "오호에 조각배 타고 범소백을 좇았으니 서시도 올리 없고(…)…" (pp.33~35. - 이질적 외적 후변법)

후 - ④ "…이 자식 네(방자)가 내(춘향)말을 종달새 삼씨 까듯 하였나 보다." "아니다! 내(방자)가 네(춘향)말을 할 리가 없으되, 네가 그르지 내가 그르냐, 네 그른 내력을 들어보아라! 계집아이 행실로 그네를 뛸 양이면… (pp.37~39. - 동질적 내적 후변법)

후 - ⑤ "춘향모 썩 나앉아 정신 없게 말을 하되, "꿈이라 하는 것이 전혀 허사가 아니로다. 간밤에 꿈을 꾸니.… 꿈 몽자 용 용자 신통하게 맞추었다!" (p.41. - 이질적 외적 후변법)

후 - ⑥ "이때, 도련님이 춘향을 잠깐 만에 보낸 후에, 미망(迷妄)이 둘 데 없어 책실로 돌아와 만사에 뜻이 없고 다만 생각이 춘향이라, 말소리 귀에 쟁쟁, 고운 태도 눈에 삼삼, 해지기를 기다리며, 방자 불러, "해가 어느 때나 되었느냐?" "동에서 아귀트나이다." 도련님. 크게 노하여…"(p.47. - 동질적 내적 후변법)

후 - ⑦ "글쎄. 듣게, 저 아이(이몽룡) 아홉 살 되었을 때, 서울 집 뜰에 늙은 매화 있기에 '매화나무를 두고 글을 지으라' 하였더니 잠시 지었으되, 정성들인 것과 고사(故事)인용하는 것이…" (p.57. - 동질적 내적 후변법)

후 - ⑧ "춘향어미 술잔 들고 일희일비(一喜一悲)하는 말이, "오늘이 여식(女息)의 백년고락을 맡기는 날이라 무슨 슬픔 있을까마는 저것(춘향)을 길러낼 제, 아비 없이 섧게 길러, 이때를 당하오니 영감 생각이 간절하여 비창(悲愴)하여이다." 도련님 이른 말이, "이미 지나간 일은 생각말고 술이나 먹소!" (p.75. - 동질적 내적 후변법)

후 - ⑨ "춘향아, 우리 말놀음이나 좀 하여보자!" "애고! 참 우스워라! 말놀음이 무엇이오?" 말놀음 많이 하여 본성부르게, "천하 쉽지야(...) 탈승자(乘字) 노래가 있나니라(...) 헌원씨는 군기 사용을(…) 지남거를 높이 타고, 하우씨는(…) 수레를 높이 타고…" (p.93. - 이질적 외적 후변법)

후 - ⑩ "애고 애고 내(춘향) 신세야! "천연(天然)히 돌아앉아," 여보 도련님! 이제 막 하신 말씀 참말이오, 농말이오? 우리 둘(이몽룡과 성춘향)이 처음 만나 백년언약 맺을 때에(…) 빙자(憑藉)가 웬일이오? 광한루서 잠깐 보고 내 집에 찾아오셔서,(…) 나(춘향)에게 하신 말씀, 입으로 맹세하는 것이 마음으로 맹세함만 같지 못하고, 마음으로 맹세함이 맹세를 실천함만 같지 못하더라고, 지난 해 오월 단오야에…"(p.99. - 동질적 내적 후변법)

후 - ⑪ " 춘향아 울지마라! "부수소관첩재오"라. 소관의 부수들과 오나라 정부들도 동서의 님 그리워 규중심처 늙어 있고, "정객관산노기중"에 관산의 정객(征客)이며 "푸른 물에서 연(蓮根)을 캐는 여인들"도 부부 신정(新情), 극중(極重)타가 추월강산 적막한데 연을 캐며 상사하니,…" (p.107. - 이질적 외적 후변법)

후 - ⑫ "도련님 하는 말이, "소식 듣기 걱정마라! 요지의 서왕모도 주목왕(周穆王)을 만나려고 청조(青鳥)한 쌍 자래(自來)하여 (…) 남원 인편(人便)없을소냐." (p.113. - 이질적 외적 후변법)

후 - ⑬ "사또 묻기를, "춘향이가 기생이 아니면, 어찌 규중에 있는 아이 이름이 높이 났느냐?" 수노 여쭈오되, "근본 기생의 딸이 옵고(…) 내려오신 수령마다 구경코자 간청하되, 춘향 모녀 불청(不聽)키로 양반상하 물론하고…" (p.129. - 동질적 내적 후변법)

후 - ⑭ "… 춘향이 여쭈오되,(…) 열불경이부(烈不更二夫)오니 처분대로 하옵소서." 이때 회계나리가 썩 하는 말이,(…) 너 같은 창기(娼妓) 무리에게 수절이 무엇이며, 정절이 무엇이냐?(…). 이때 춘향이 하 기가 막혀 천연히 앉아 여쭈오되, "충효열녀 상하 있소? 자세히 듣조시오! 기생으로 말합시다. 충효열녀 없다하니 낱낱이 아뢰리다. 황해도 기생 농선(弄仙)이는…" (p.137. -이질적 외적 후변법)

후 - ⑮ "이때, 춘향이 獄房에서 장탄가(長歎歌)로 울던 것이였다.(…) 자고로 성현네도 무죄하고 괴로움을 당하시니, 요순우탕 인군네도 걸(桀), 주(紂)의 포악으로 함진옥에 갇혔더니 도로 놓여 성군되시고(…) 이런 일로 볼작시면 죄 없는 이내 몸도…" (p.155. - 이질적 외적 후변법)

후 - ⑯ "춘향이 장탄수심(長嘆愁心)으로 세월을 보내니라. 이때 한양성 도련님은 주야로 시서 백가어를 숙독하였으니 글로는 이백(李白)이요,(…) 국가에 경사 있어 태평과를 뵈이실새,(…) 금방에 이름을 불러 어주삼배(御酒三盃) 권하신 후 장원급제(壯元及第) 휘장이라(…) 도승지 입시(入侍)하사, 전라도 어사(御史)를 제수하시니…" (p.171. - 이질적 내적 후변법)

후 - ⑰ "그 때 올라가서 벼슬길 끊어지고 가산을 탕진하여 부친께서는 학장질 가시고, 모친은 친가로 가시고, 다 각기 갈리어서 나(이몽룡)는 춘향에게 내려와서 돈천이나 얻어갈까 하였더…" (p.189. - 이질적 내적 후변법)

후 - ①은 '이질적 내적 후변법' 지문이다. 춘향이란 작중인물에 관한 이야기가 지속되다가 이몽룡에 관한 얘기로 질적인 변화를 일으키고 있는 것이다. 이러한 이질적 내적 후변법의 서사적 기능은 새로운 작중 인물의 소개적 기능에 있다고 할 것이다. 태평시절을 맞이한 남원부의 16세 된 사또 아들 이몽룡이 삼춘에 춘정을 겨워한다는 것은 남주인공 이몽룡 관계 사건의 애정담적 성격을 강조적으로 제시한 것이라 하겠다.

후 - ②는 "글공부하시는 도련님이 경치 좋은 곳 찾아 부질없소"란 방지의 말에, 이몽룡 왜 봄 구경을 가야 되는가에 대한 반박적(설득적) 논리제시이다. 음풍농월적 글짓기의 근본이 곧 절승강산의 구경이 됨을 옛 문장가들의 예를 열거하는 형식으로 역전제시 한다. 이몽룡에게 있어서 단순한 남원부의 봄경치 구경은 학문행위의 연속적인 것으로 승화된다. 이질적 외적 역전지문이 작품 속에서 작중인물의 단순한 행위를 신분적 고귀성에 맞는 행위로 정당화시키는 장치가 된 것이며, 동시에 옛 고사에 대한 학문적 내용이 하층민(방자)을 설득하는 사실 논거가 된 경우라 하겠다.

후 - ③ 천중절 날 광한루에 놀러 간 이몽룡은 그 곳에서 "화류중(花柳中)에 오락오락 희뜩희뜩 어른어른 하는 것"을 발견하고 그 정체를 확인하는 과정에서 옛 미인들에 관한 고사(故事)를 이질적 외적 후변법으로 제시한다. 이몽룡의 여성에 관한 원초적 이성애적 욕망의 일단면을 좀 더 품격 있게(귀족적으로) 표출한 이성애의 정화장치가 된다.

후 - ④는 이몽룡이 광한루에서 춘향을 첫 대면한 후, 춘향에 대한 이몽룡의 첫 인식태도를 후변법으로 표출한 지문이라 하겠다. 표면상으로 이몽룡의 대리인 역할을 하는 방자의 춘향의 그릇된 행실에 대한 인식태도를 나타내고 있는 것 같으나, 사실은 이몽룡의 춘향에 대한 육체적 가치성에의 접근 태도를 표출한 것이라 할 수 있다. 왜냐하면, 1차 접근이(육체적, 능동적, 계층적) 실패 됐을 때, 2차 접근(정신적 가치 우위적 접근, 초계층적)시도가 계속되는데, 춘향에 대한 2차 접근의 방법론 전환은 곧, 이몽룡에 의해 주도적으로 이뤄지고 있음을 알 수 있기 때문이다. 동질적 내적 후변법이 남주인공의 여주인공에 대한 능동적, 육욕적 인식 태도의 일 단면을 노출한 서사적 장치가 된 경우라 하겠다. 육욕적 접근이라 할, 1차 접근에 실패하자 이몽룡은 "다시 가 말을 하되" "내(이몽룡)가 너(춘향)를 기생으로 앎이 아니라, 들으니 네가 글을 잘 한다기로"(p.39) 청한다는 변화된 인식 태도(정신가치 우위적, 비계층적 2차 접근)를 보이게 된다. 춘향에 대한 이몽룡의 이러한 인식의 변화상이 역전기법을 통해 강조적으로 제시되고 있는 것이며, 또 이러한 후변법을 통해 이 작품의 주된 사건적 본질이 남주인공 이몽룡의 인식변화 과정에 그 초점이 있음을 제시하게 된다 .

후 - ⑤ 춘향모의 간밤의 꿈 내용 서술 형식으로 역전되는 이질적 외적 후변법 지문이다. 표면적이고 일시적인 것일지는 모르나, 신분 초월적인 정신가치 우위적 인식태도(이해초월적 사랑)로 접근을 시도하는 이몽룡의 태도에, 춘향모 월매가 두 남녀(이몽룡, 춘향)간의 만남을 허락하는 동기(이유)임을 역전기법을 통해 강조적으로 서술한 것이다. 어쩌면, 사또 자제 이몽룡과의 이성간 만남(계층적)에 대한 월매의 명분론에 해당된다고 하겠다. 월매는 꿈의 천정연분적 내용과 양반에 대한 권위성을 그 명분론으로 내세운다. 상황과 조건에 따라 계급성과 탈계급성이란 두 양면적 가치관을 모순적으로 적용하는 월매의 혼란한 가치관 또한 이 소설의 애정담을 더욱 흥미롭게 해가고 있다 하겠다. 신분차별이 있는 남・녀가 작품 내에서 자연스런 만남을 이룰 수 있었던 것은, 이러한 후변법(동질적 내적 후변법)이란 서사기법적 장치 때문에 가능했던 것이라 하겠다.

후-⑥ 춘향과의 대화적 첫 만남을 기다리는 이몽룡의 조바심, 설레이는 기대감 등의 심리상태를 더욱 고조시키는 한 서사적 장치로 쓰인 '후변법' 지문이라 하겠다. 방자에게 "서쪽으로 지는 해가 동쪽으로 도로 가랴"라고 호통치는 이몽룡의 말속에서 그의 춘향과의 만남에 대한 기대가 얼마나 큰 것인지를 짐작케 해준다. 동질적 내적 후변법이 남주인공의 여주인공에 대한 미적 교감(美的 交感) 깊이의 한 단면을 노출시킨 서사적 장치가 된 예문이라 할 수 있겠다.

후-⑦ 사또(이몽룡의 부친)와 목랑청 간의 대화에서 이몽룡의 과거, 서울에서의 어릴적 학습태도에 관한 내용을 후변법으로 제시하고 있는 지문이다. 자식사랑에 대한 과거사의 내용서술 강도가 높으면 높을수록, 사또로서 또는 한 자식의 부모로서의 웃음거리성은(우매성) 더 높아진다. 이몽룡은 현재 목청 높여 진지하게 공부하는 것이 아니라, 책만 펴들고 정신은 온통 춘향에게 빼앗겨 있는 상태이기 때문이다. 두 부자(사또와 이몽룡)의 양반 상류층적 허위성을 조롱(풍자)하는 서사기법적 장치로 쓰인 동질적 내적 후변법의 예라 하겠다.

후-⑧ 춘향모의 입을 통해 제시된 동질적 내적 후변법 지문이다. 딸을 시집보내기 직전, 사위 될 사람에게 딸에 대한 과거사를 회상적으로 역전서술 함으로써, 딸에 대한 부모의 애정을, 사위 될 사람에게 전가시키려는 서서 장치 해당된다고 하겠다. 딸에 대한 부모의 혈육의 정이 부인에 대한 남성의 이성애(사랑)로 질적 변화(연속, 지속, 연장, 정서적 인수인계)되는 애정 소설적인 후변법적 서사장치가 된 것이다.

後-⑨ 양반의 자제 이몽룡이 춘향과 모든 옷(신분적 권위)을 벗어 던지고, 오로지 한 남성 대 여성으로서 육체적 관계를 즐기는 부분에서의, 옛 고사담을 통한 역전 지문이다. 이러한 이질적 외적 후변법 지문은 양반으로서의 육욕적 탈신분 계급적 행위를 고상하고 품위 있는 양반적 애정행각으로 위장(합리화, 격상, 승화, 정화)하는 서사장치가 된다.

양반들의 서민적(원초적) 애정행각이 후변법적 기법을 통해 양반적인 애정행각으로 희석(정당화, 격상)되는 것이다. 양반들의 정서와 행동간의 괴리(모순)상의 일 단면을 볼 수 있게 해주는 역전기법의 지문이라 하겠다.

後-⑩ 이몽룡이 아버님의 상경 길 동행으로 인해, 춘향과의 불가불 이별을 선포하자, 춘향모의 입을 통해, 1년 전의 이몽룡의 춘향에 대한 약속(맹세)의 사건들이 후변법적으로 서술된 지문이다. 실천으로써의 맹세, 마음으로의 맹세, 입으로의 맹세를 강조했던 양반(이몽룡)의 맹세 행위가 모두 허사였음을 강조한 내용이다. 춘향모의 계급적, 남성적 불신감이 동질적 내적 후변법으로 서술되고 있는 것이다. 이러한 춘향모의 대 남성적, 대 양반 계급적 불신감은 <춘향전> 전 작품을 통해 지속되는 핵심사건이 된다. 작품의 핵심사건성을 서사 기법적으로 강조한 것이 이러한 동질적 내적 후변법이 된 것이다.

後-⑪ 님과 이별한 후의 여인들이, 상대 남성들을 끝까지 신뢰하고 상사의 정을 계속 품는다는 옛 고사(故事)를 이몽룡의 입을 통해 역전적으로 서술하고 있는 지문이다. 남성에 대한 여성의 순종적 기다림의 정서(의무감) 및 남녀간 일시적 이별 자체를 정당화에 하는 서사 기법적 장치로써, 남성 중심적인 단선적 애정 지향성을 강조하고 있다.

後-⑫ 이몽룡의 입을 통해, 이질적 외적 후변법으로 역전 서술되는 옛

고사담이다. 이성적 남녀간 이별의 정당화에 기여하고 있는 서사장치로써, 남성 중심적 애정관 구현에 기여하고 있다 할 수 있겠다.

후-⑬ 춘향이 기생이냐 아니냐 대한 문제를 놓고, 변사또와 수노간의 대화에서, 수노의 입을 통해 춘향은 남편이 있는 수절하는 여인임을 동질적 내적 후변법으로 제시하고 있는 지문이다. 춘향의 여성적(신분적) 정체성(수절하는 여인)이 여염집 유부녀로 강조되고 있으나, 변사또에겐 여전히 관청 기생의 일종으로 인식되고 있다 하겠다.

후-⑭ 춘향과 회계나리의 대화 속에서 창기에게도 수절이 있는가 없는가에 대한 논란 도중에 춘향의 입을 통해 기생에게도 충, 효, 열녀의 개념이 있음을 옛 사적들의 예를 역전제시 하여 강조 또는 설득하고 있는 지문이다. 이질적 외적 후변법으로 제시된 이러한 지문은 결국, 상류 양반층을 어느 정도 논리적으로 설득케 만들 뿐만 아니라, 양반층의 대여성적, 피계급적 횡포(약점)를 일시적으로 차단, 극복케(방어)하는 수단이 되기도 한다.

후-⑮ 옥중에 있는 춘향의 '장탄가'의 일부로써, 춘향의 입을 통해 역전 제시된 옛 고사담이다. 무고하게 옥중에 갇혔다가 방면되어 더 큰 성공을 이룬 역대 성현들의 얘기를 역전서술 함으로써, 춘향은 은연중에 본인의 옥중 생활이 무고한 것임을 강조적으로 제시할 뿐만 아니라 화려한 성공적 사랑의 결실에 대한 희망적 기다림이란 내면심리를 표출해, 현재의 애정 시련담을 스스로 극복하겠다는 의지 확인의 계기로(장치) 삼고 있다 하겠다.

후-⑯ 춘향이 '장탄가'를 부르고 있을 즈음, 서술자에 의해 서울에 있는 이몽룡의 그 동안 생활상이 요약적 서술로 역전제시 된 지문이다. 장원급제, 전라도 어사(御史) 제수까지의 일련의 사건들이 동질적 내적 후변법으로 서술됨으로써, 사건 반전(춘향의 상승, 변사또의 하강)이란 서사적 장치 기능을 하게 된다. 이몽룡의 출세는 곧 춘향의 다시 태어남과 직결된다. 춘향의 절망의 끝과 희망의 시작 그리고 이몽룡의 출세가 역전 기법을 통해 동질적으로 통합되어 가는 것이다.

후 - ⑰ 거지 행색으로 가장한 암행어사 이몽룡은 춘향모에게 자신 및 자기 집안의 몰락상을 후변법적으로 서술하고 있다. 물론, 기만적인 역전내용이다. 사실과는 전혀 다르게 자신의 과거사를 이질적 내적 후변법으로 제시한다. 이러한 후변법을 통해 작자는 작품의 극적구성 효과를 높이는 서사장치로 활용하고 있다 하겠다. 역전적 순서착오기법이 작품의 극적 구성이란 서사장치로 활용된 예라 할 수 있다.

3. 지속

'持續'은 '이야기의 시간'과 '서술의 시간'[12] 즉, 讀者가 작품을 읽는데 所要되는 시간 사이의 관계 양상으로 시간 구조적 요소의 하나다. 그런데 이야기 시간은 客觀的 계산이나 추측이 가능하나 敍述時間은 상당히 主觀的이다.[13] 때문에 양 시간축 사이간의 持續의 변화를 기술하기 위한 準據(norm)를 찾아내기는 어렵다. 스토리와 텍스트 지속 사이의 동일성에 관한 규준을 얻어낼 수 없기 때문에 그것을 근거로 해서는 다양한 持續의 변화를

---

12) 소설내의 시간의 흐름의 완급을 나타내는 서술 속도와 소설 바깥의 독자의 독서 속도의 관계에 독일 문예학은 오래 전부터 많은 관심을 기울여왔다. 그리하여 '서술되는 시간' erzahltezeit (이야기 시간)과 '서술 시간' Erzahlzeit (소설 바깥의 독자의 독서 속도(시간)) 이라는 두 개념을 설정했던 것이다. 이 두 개의 시간 개념을 맨 처음 발견한 사람은 소설가 토마스 만이고, 이것은 문예학에 도입한 사람은 귄터 뮐러 Günther Müller와 래메르트 등이다.

13) 김천혜, 《소설 구조의 이론》(문학과 지성사, 1990), 58 쪽.

기술할 수가 없다. 따라서 두 가지 '持續' 사이의 관계를 재 정의하고 거기에 별도의 '기준'을 설정하는 것이 우선적으로 필요하게 된다.

서사물에 있어서의 '지속'은 결국, '스토리 내의 지속'과 '텍스트 지속', 다시 말하자면, 독자가 텍스트를 읽는데 소요되는 시간 사이의 관계가 아니라 '스토리 내의 지속'(분, 시간(각), 일, 월, 연으로 계측되는 '지속')과 그것에 소요된 '텍스트의 길이'(즉, 행, 페이지 수로 계산되는 '지속')과 사이의 관계, 곧 時間과 空間 사이의 관계[14]로써 考察되게 된다. 그러면 이제 '스토리내의 지속'과 '텍스트의 길이'간의 관계방식에 따른 형태를 살펴보기로 한다.

래메르트는 서술되는 시간(이야기 시간)과 서술 시간(텍스트의 길이) 사이의 관계를 크게 3가지로 구분한다. 즉, 서술되는 시간이 서술시간보다 긴 경우를 '축시' (縮時, Zeitraffung), 두 시간이 일치되는 경우를 '동시' (同視, Zeitdehnung), 서술되는 시간이 서술 시간보다 짧은 경우를 '연시' (延時, Zeitdehnung)라고 구분한다.[15] '축시'가 '생략'과 '요약'으로 이루어 졌다면, '동시'는 주로 '장면 묘사'로 이루어져 있다. 즉, '동시'는 대부분 '대화'로 이루어져 있는 戲曲에 가까운 형식을 취한다고 하겠다. '연시'는 '꿈', '의식의 흐름' 같은 것을 나타낼 때 흔히 생겨난다.[16]

---

14) S.리몬 - 케넌(최상규 역), 《소설의 시학》(문학과 지성사. 1985), 83 쪽에서는 "Genette에 의하면 이것은 이미 1948년 Günther Müller에 의해 제안되었다"라고 재인용하여 말하고 있다.

15) E.Lammert, Bauformen.des Erzahlens, Stuttgart. 1972, 83 쪽.
그리고 Seymour Chatman(한용환 역), 《이야기와 담론》(고려원, 1991). 90~105 쪽에서는 ① 요약 : 담론 시간이 이야기 시간보다 짧다. ② 생략 : 담론의 시간이 0이라는 것을 제외하면 ①과 같다. ③ 장면 : 담론 시간과 이야기 시간은 동일하다 ④ 연장 : 담론 시간은 이야기 시간보다 길다. ⑤ 휴지(休止) : 이야기 시간이 0이라는 것을 제외하면 ④와 같다. 등 5가지로 구분하고 있다.

16) 김천혜, 《소설구조의 이론》(문학과 지성사, 1990), 58 쪽.

『춘향전』의 'Story 上의 總 持續'은 작품에 분명하게 명시되어 있지는 않으나 대략 80~90년 정도의 기간(숙종1년, 1675 +80~90년)으로 유추된다. 즉, 숙종대왕 즉위(1675~1720) 초, 춘향이 태어나기 1년 전쯤부터 춘향이 정열부인에 봉해지고, 또 삼남이녀의 자녀를 두고, 그 자녀들이 부친(이몽룡)을 압도하기까지의 기간이 된 것이다. 이러한 스토리 지속이 총 98페이지의 텍스트 지속(2차 서사)으로 서술된다. 이는 상대적으로 스토리 내의 지속이 텍스트 지속(길이)보다 큰(긴) 경우로 전형적인 '縮時的 小說'의 한 형태에 속하는 작품이라 하겠다. 그러나 춘향과 이도령의 전 인생의 과정이 축시적으로 제시된 것이 아니라, 춘향과 이도령의 서울살림(정식결혼) 이전과 이후 사건간의 서술속도가 불균형적으로 판이하게 서술된다. 재론하면, 이몽룡이 암행어사가 되어 춘향을 구출하기까지의 사건(1년여의 기간)이 총 텍스트지속(p.98 분량) 중 97페이지(약99%)를 차지한다. 두 남녀 주인공의 정식결혼(서울 살이) 이전의 1여 년의 스토리 지속이 총 텍스트 지속의 99%를 차지할 정도로 '감속'서술 되어 핵 사건화 되는 반면에, 정식결혼 후의 행복한 서울에서의 결혼 이후 생활(80~90년)과 그 후 일담은 1페이지 분량(총 텍스트 지속의 1% 정도)정도로 서술되어 극히 '가속'적으로 처리되고 있음을 알 수 있다.

『춘향전』의 중심사건은 두 남녀 주인공의 정식결혼 이전의 첫 만남과 첫 이별 그리고 두 이성간이 사랑애를 통한 이별의 극복담이 됨을 알 수 있겠다. 사회 소설적 또는 도덕 소설적 요소보다는 애정 소설적 사건이 이 소설의 중심 축을 이루고 있다 하겠다. 애정 고소설의 기본적인 11단계적 순차구조[17] 의 순서에 따라 단락별로 그 지속(가속/감속) 기법의 특성을 살펴봄으로

---

17) 졸고, 전게 논문, p.10.

써, 『춘향전』의 단락별 가 · 감속 장치가 작품의 애정주제성을 어떻게 특징(유형)지어 가고 있는가를 탐색해 보기로 한다.

A단락이란 애정고소설에서 동질적(나이, 공간적 界)남녀간의 주동인물(protagonist)들이 대응적으로 소개되는 단락을 말한다.『춘향전』에서 A단락의 2차 서사(텍스트 지속)는 총 98페이지 중 3페이지 정도로 대략 3%를 차지한다. 작중인물 소개부분으로써는 상대적으로 '감속'처리에 가깝다 할 수 있다. A단락은 춘향의 소개부분과 이몽룡의 소개 부분이 연속적으로 나열되어 있다. 춘향 소개 부분은 텍스트 지속 상으로 2페이지 정도가 된다. 이러한 '텍스트 지속'(2차 서사) 속의 '이야기 지속'은 7~8여 년의 기간이 된다. 춘향이 태어나기 1여 년 전부터 춘향이 7~8세 되어 여성으로서의 성적 정체성을 드러내기까지의 기간이라 하겠다. 춘향소개 부분에서 상대적으로 감속처리 된 부분은 춘향이 태어나기까지의 부분이며, 태어난 후, 7~8세 되기까지의 기간은 생략적으로 가속처리 된다. 춘향의 소개 부분에서 핵심사건은 감속처리 된 춘향의 탄생 관련담(기자신앙적 탄생)이 된 것이다. 곧 춘향은 '격양가'가 만연한 숙종대왕 즉위 초, 일점혈육 없이 40여 살이 된 월매의 기자신앙(명산대찰)의 결과로 낙수의 신(神), 복희씨(伏羲氏)의 딸의 후신적 존재로 남원에서 태어나게 된다. 이것은 춘향의 천상계적 고귀성(미모)과 謫居地 地上에서의 試鍊像을 동시에 감속적으로 서술하여, 여주인공 춘향의 작중 인물적 성격(정체성, character)을 좀더 구체화해 나아간 것이 된다. 7~8년 간의 성장기간은 생략되고, 7~8세 된 춘향의 여성적 정체성(예모, 정절, 효행)이 가속처리 되어 위성사건화 되고 있다.

남주인공 이몽룡의 소개부분에서의 '지속'은 여주인공 춘향 소개 부분에서의 그것과는 약간 다르다. 탄생담 뿐만 아니라 16세 되기까지의 성장담이 생략적으로 '가속'처리 되는 반면에, 대대로 충신효자인 집안의 자손(지상계적 고귀성)으로 태어난 부분이 설명적 서술로 감속되고, 또 선치민정 하고 있는 지방관료의 아들로 소개된 부분이 감속되며, 태평시절의 16세 된 지방관장의 아들이 춘정(홍)-삼춘 또는 천중절-에 못 이겨 마음이 산란함을 설명적 서술형태로 감속되고 있다.

A단락에서 감속적 지속기법으로 핵사건화 된 부분은 국가적 태평성대와 지방적 선치민정이란 시간적 배경이 되고, 여주인공의 천상계(신선계)적 고귀성과 시련성(지상에 적거) 그리고 남주인공의 지상계적 고귀성(양반, 상류층)과 풍류성 등등이 된다. 감속처리 된 이런 요소들의 A단락적 의미란 태평시절이란 시대상을 감속적으로 강조함으로써, 두 남녀 주인공간에 발생되는 앞으로의 사건이 애정 주제성화적 성격을 갖게 될 것임을 좀더 가시화 시켜가고, 또 여주인공의 탄생과정 부분에 대한 감속은 천상계적 인물의 지상계적인 여성적 시련을 암시하고 있다 할 수 있다. 남주인공의 지상계적 고귀성에 대한 감속처리는 여전히 남주인공이 상류 계층적 기득권을 확보하게 될 인물성을 제시한 것이며, 풍류성에 대한 감속처리는 남주인공이 낭만적인 애정담을 전개시켜 나갈 가능성이 큰 작중 인물적 성격을 갖는 인물임을 미리 제시한 서사적 장치라 하겠다.

B단락은 집 밖의 공간에서 양성간의 대면이 이룩되는 부분이다. 총 98페이지 중 6페이지 정도로 서술된다. 오월 단오일 광한루와 오작교란 공공의 장소에서 첫 대면한다. 남주인공 관련 지문에선 남주인공의 詩興, 春興이 도도함과 남원 각지의 절경이 뛰어남 등이 심리묘사 및 묘사적 서술로 '감속' 되고 또 그 차림새의 화려함이 감속서술 된다. 반면에 춘향 관련 지문에선 춘향의 온갖 춘정을 못 이겨함과 그 태도와 형용의 세상 인물 아님성 등이 '감속'기법을 통해 강조되고 있다. 이것은 이조의 유교적 봉건체계에서의 남녀주인공의 대면의 한계를 극복키 위한 한 서사적 장치라 하겠다. 왜냐하면,

지상계적 인물로서의 대면은 쉽지 않는 상황에서, 두 남녀 주인공을 감속서술 기법을 통해, 오작교와 연결된 견우와 직녀 같은 천상계적 인물과 동일시시킴으로써, 지상계적 대면의 한계를 천상계적 인물화로 극복하고 있는 것이다. B단락에서의 '감속'기법은 두 남녀간의 지상계적 대면이란 한계점을 비인간계적 고귀성으로 승화시켜, 천상계적 인물성화 속에서 두 남녀간의 지상계적 대면을 가능케 하는, 한 서사장치적 기능을 수행하고 있는 것이라 하겠다.

기타 두 남녀의 광한루에 도착하기까지의 과정 같은 부분은 생략적으로 가속서술 되어 있는데, 이것은 곧 지상계적 사건성을 약화시킴으로써, 두 남녀간의 대면이 상대적으로 지상계적 우연성(숙명적)에 의한 것임을 강조하려 한 의도에서 비롯된 것이라 할 수 있다.

C단락은 양성의 쌍방간 지향성(美的 교감, 外面的 교유)이 생기는 단락이다. 2페이지 정도로 서술되고 있다. 외면적인 교감 자체가 애정소설의 큰 축이 되질 못함을 반증한 서사기법적 장치라 할 수 있다. 이 C단락 내에서 이도령의 춘향에 대한 2차 서사가 춘향의 이몽룡에 대한 2차 서사보다는 상대적으로 훨씬 많다. 즉, 감속서술 된다. 이는 남녀 주인공간의 외적교감이 남성의 일방적 의도성에 따라 진행되고 있음을 암시한 지속기법인 것이다. 남주인공의 적극적 애정 태도와 여주인공의 소극적 애정태도에 대한 지속기법(감속)적 강조 현상은 당대 유교적 가치관이 지배적이던 시절의 사회적 가치관의 반영 결과물이라 할 수 있다.

D단락은 양성간에 대화를 통한 만남이 이룩되는 단락이다. 전체 98페이지 중 18페이지의 분량으로 서술된다. 상대적으로 '감속'처리 되고 있는 단락이라 할 수 있겠다. 감속된 주된 사건은 이몽룡 관련 부분과 춘향모 관련 부분이며, 상대적으로 가속처리 된 부분은 춘향의 대화 부분이 된다. 차례대로

좀 더 상술해 보기로 한다.

이몽룡과 춘향의 D단락에서의 대화적 만남은 두 번에 걸쳐 이뤄진다. 광한루에서의 만남과 대화가 그 첫 번째이다. "백년락을 이뤄 보자"는 말과 "네 집이 어디냐?" 등의 대화를 통해 둘 사이의 정서적 만남이 이룩된다. 그러나 대체적으로 요약적 서술을 통해 '가속'처리 되고 있음을 알 수 있는데, 이러한 '가속'처리는 "時俗人心"을 의식한 결과라 할 수 있으며, 또 다른 한편으론 춘향의 여성적 순수성을 강조한 효과를 내고 있다. 왜냐하면, 두 남녀간의 첫 대화적 만남에 대한 상술적 감속처리는 당대(이조 봉건사회)의 지배적 사회관념을 약화시키는 결과를 가져오게 되기 때문이다.

두 번째, 이몽룡과 춘향과의 관련 사건 중 '가속'처리 된 부분은 춘향 집에서의 대화적 만남 부분이다. 춘향은 이몽룡이 몇 가지 묻는 말에 형식적(의례적)인 답변이라 할 말만 응답하고 있을 뿐, 춘향어미의 이몽룡과의 대화 부분만큼 상술(감속)되지는 않는다. 이 부분의 가속처리 는 결국, 춘향의 여성(처녀성적)적 순진무구성을 강조하게 된 효과를 거두게 된다. 처녀의 처녀성을 강조하기 위해, 여주인공의 말을 아끼게 만들고, 그 여주인공의 말을 여주인공의 대변자라 할 여주인공의 모(월매)를 통해 간접서술로 감속시켜 서술한 것이다.

이제 '감속' 서술 된 부분에 대해 살펴보자. D단락에서 '감속'된 부분은, 감 - ① 이몽룡이 춘향과의 저녁상봉 시간을 기다리는 부분, 감 - ② 사또의 목랑청에게의 자식(이몽룡)자랑 부분, 감 - ③ 춘향집 묘사 부분, 감 - ④ 춘향집 방안에서의 이몽룡의 춘향의 세간 기물 구경 부분, 감 - ⑤ 이몽룡의 춘향과의 평생 기약 요청에 난색을 표하는 월매의 답변부분, 감 - ⑥ 춘향집에서의 술상 묘사 부분 등등이 된다고 하겠다.

감 - ①부분에서의 '감속'은 이몽룡의 심적 긴장감과 초조심을 우회적으로 고조시켜, 이몽룡의 춘향과의 만남을 통한 정서적 교류에 대한 기대감이 얼마나 큰 것인가를 강조함으로써, 이몽룡의 춘향에 대한 사랑의 깊이를 암시적으로 예측케 해준다. 감-②부분에서의 '감속'은 사또의 부모로서의 우매함(부자간 단절성)을 강조한다. 이몽룡은 학문보다는 한 여성(춘향)에 빠져있는데, 부모 된 사또는 학문에 열중하고 있는 자식으로 착각하고 있는 것이다. 가부장적 봉건 사회에서 부자간의 단절 현상이자, 연륜 차이에서 일어난 정서적 괴리감의 한 단적 양상이다. 이몽룡은 부모들의 실망감을 감수하면서까지 위험한 사랑 쌓기에 몰입함으로써, 춘향에 대한 이몽룡의 사랑이 이해관계를 초월한 순수애적 사랑임을 더욱 명확히 하고 있다. 감-③에서의 '감속'은 춘향의 여성적 가치성을 더욱 돋보이게 하는 화려하고, 신비스럽고, 고상한 분위기 고조적 역할을 하고 있는 서사장치이다. 말하자면, 한 여성의 인품을 암시하는 주변 분위기에 대한 장황한 묘사적 서술로의 감속처리는, 그러한 격조 높은 분위기 속에서 출현한 춘향의 여성적 인간미를 더욱 고조시켜, 춘향에 대한 이몽룡의 황홀함을 더욱 상승시키고 있는 것이다. 감-④에서의 '감속'은 이몽룡의 심적 긴장감을 해소시키는 서사 장치적 기능을 하고 있다. 한 밤 중 한 여성의 집에 첫 외입한 한 남성은, 별로 할 말이 없어, 경색된 방안의 분위기를 변화시켜 보고, 또 본인의 심적 김장감을 감추고, 스스로 극복하기 위해, 춘향집 방안의 기물들을 차례대로 감상하며 딴짓을 하고 있는 것이라 할 수 있다.

감-⑤에서의 '감속'은 이몽룡의 춘향과의 평생 기약 맺을 것에 대한 요구에 춘향모의 부정적인 답변의 서술은 장황하게 '감속'서술 한 것이다. 이러한 '감속'서술은 남주인공 이몽룡의 이후 변심을 방어하고, "앞으로 닥칠 일을 몰라 뒷일을 미리 대비"(p.67) 해두기 위한 서사기법적 장치라 하겠다. 감-⑥에서의 '감속'은 춘향모의 이몽룡에 대한 이중적 심리 상태를 보다 분명하게 해주는 기능을 한다. "관청"(p.71) 수준의 "술상 준비"에 대한 감속서술은 월매가 겉으로는 이몽룡을 냉대하고 경계하고 있으나, 사실 즉 정반대의 심리상태에 있음을 반증한 역할을 하고 있는 것이다. 이유인즉, 술상의 화려함에 대한 장면 묘사적 감속서술은 곧 이몽룡에 대한 월매의 환대란 속마음과 정비례하는 것이기 때문이다. '감속'장치가 비밀스럽고 내밀한 여성의 속마음을 확연히 드러내는 서사기법 장치로 활용된 경우라 하겠다.

E·F단락은 양성간의 내면적(善的) 교감이 이룩되고, 또 두 남녀가 지속, 반복적 만남을 상호 욕망하는 단락이다. 이 부분에서의 지속기법은 어떤 양상으로 나타나며 또 그 서사적 기능 및 주제 구현적 의의는 어떤지에 대해 살펴보기로 하자.

E·F단락의 '텍스트 지속'(2차 서사)은 총 98페이지 분량 중 21페이지 정도를 차지한다. 살림 상대적으로 '가속' 처리된 주된 사건은, 가 - ① 춘향과 이몽룡의 이별 동기 및 이유 서술부분, 가 - ② 서울동행의 구체적 대안이나 방법 부분이 되고, 상대적으로 '감속' 처리된 부분은 감 - ①사랑가 부분, 감 - ② 이별 이후, 남원에 남겨진 춘향의 獨宿空房적 처지 즉, "갈 일을 생각하고 보낼 일을 생각"(p.107) 하는 부분, 감 - ③ 이몽룡의 "한양성 가시는 길"(p.111)에 대한 춘향의 걱정 부분, 감 - ④ 이몽룡의 四節消息 듣기에 대한 춘향의 기대감 서술 부분, 등등이 된다.

가 - ①에서의 '가속'은 "내직으로 승차되니 섭섭히 생각말고 금일부터 행차준비 급히 차려 명일 오전으로 떠나거라!"(p.95)라는 말에 그 뿌리를 두고 있다. 급박하게 진행되는 이별에, 이몽룡은 이별의 동기 및 이유를 충분히 설명하지 못한다. 그렇게 됨으로써, 춘향과 월매의 좌절감은 더 증폭되고 있는 것이다. 가 - ② 춘향과의 서울 동행을 위한 구체적 대안이나 방법이 '가속'처리는, 춘향과의 동행의 불가능 이유가 이몽룡의 현실적 한계상황에 있음을 강조한 서사장치적 처리의 결과라 할 수 있다. 춘향모와 춘향의 이몽룡과의 이별로 인한 상실감은 이몽룡의 임기응변적 동행 방법의 제시로 인해 어느 정도 만회됨을 알 수 있다.

감-①의 '사랑가' 부분은 열거적 서술('감속')을 통해, 두 남녀 주인공간의 순수한 이해초월적 사랑의 깊이와 폭을 알 수 있도록 해준다. 남녀간의 이성적 교감의 발판을 확고하게 만들게 된 것도, 이러한 '감속'적 서술기법을 통해 가능케 된다 하겠다. 감-②는 남원에 홀로 남겨진 춘향이 이몽룡과의 기약 없는 이별 후의 자신의 처지를 장황하게 '감술' 서술하고 있는 부분이다. "孤節숭상", "輾轉反側","愁心", "望柱石", "相思木", "相思病", "寤寐不忘" 등등의 어휘들을 통해, 춘향의 이몽룡에 대한 내적(심적)교감의 깊이를 강조적으로 제시하고 있다 하겠다. 이해 초월적인 사랑이자, 탈물화성적인 사랑의 실체를 볼 수 있다. 감-③과 감-④는 이몽룡 서울 길의 험난함과 서울 생활 이후의 이몽룡에의 기대감에 대한 춘향의 속마음을 독백, 회고적 서술, 동일장면의 되풀이 서술 등을 통해 '감속 기법으로 강조하고 있다. 이몽룡에 대한 음식, 잠자리, 등 세세한 부분에까지의 춘향의 관심을 '감속'적 서술로 강조하고 있는 것이다. 두 이성간의 심적 밀착도가 더욱 강도를 높여 가고 있는 한 증거라 할 수 있겠다.

G단락은 양성간의 단절을 지연 또는 고정시키려는 세력과의 대결 단락이다. 사랑 사건의 시련담에 해당된다고 할 수 있다. 총 98페이지 중 45페이지(50%)를 차지하고 있는 단락으로 최감속적 서술로 진행된 명실상부한 『춘향전』에서의 핵심사건이 된다.

이 단락 내에서 상대적으로 '감속'적 서술기법을 통해 강조된 주된 사건은, 감-① 변사또 기생 점고 부분, 감-②춘향의 수청 거절과 그에 대한 변사또의 응징 부분, 감-③ 춘향의 투옥 생활부분, 감-④이몽룡의 암행어사 행차

부분, 등이 된다.

'가속'적으로 처리된 부분은, 가 - ①이몽룡의 과거합격에서 전라도 어사 제수까지의 부분, 가 - ②이몽룡의 춘향과 월매와의 재상봉 부분, ㉮ - ③이몽룡의 변사또 생일잔치 참여 부분, 등이 된다.

감 - ①은 부임한 지 삼일만에 기생 점고부터 시작하는 변사또의 행위를 '감속'기법을 통해 강조한다. 이것은 변사또의 관심이 지방 관장으로서의 임무보다는 색정적 욕망에 더 관심이 있는 인물성(부정적)을 드러내는 작중인물 성격 제시의 한 지속 기법적 장치가 된다. 변사또의 이러한 작중 인물적 성격은 두 남녀 주인공의 애정을 방해하는 세력 또는 이별의 지연을 연장시키는 부정적 세력(antagonist)성을 강조한다. 감 - ②는 춘향의 변사또에 대한 수청 거절의 강도가 높아지면 높아질수록, 변사또의 춘향에 대한 응징의 강도도 높아지는 부분이다. 이 부분에서의 '감속'기법은 춘향의 이몽룡에 대한 절개와 사랑의 감정이 얼마나 확고부동 한 것인가를 강조하게 됨으로써, 두 남녀 주인공간의 사랑의 실체가 이해 초월적인 성격의 것임을 짐작케 해준다. 감 - ③은 獄房에서 '장탄가'로 울던 춘향의 모습을 설명적 서술로 '감속'하고 있는 부분이다. 목숨을 담보로 한, 춘향의 옥중 생활에서의, 이몽룡과의 재상봉에 대한 욕망은 그 강도를 더 높여만 간다. 이러한 춘향의 이몽룡에 대한 사랑 의지가 '감속'기법을 통해 더욱 강조된다. 즉, 두 남녀 주인공의 이별 지연세력과의 한판 승부는 목숨을 내건 것이며, 이런 목숨을 담보로 한 이별단절 세력과의 싸움에 대한 '감속서술'은 곧 남녀주인공의 사랑의 본질이 이해관계 계산적인 것을 이미 초월한 것임을 반증하게 된다.

감 - ④는 이몽룡의 암행어사 행차 중의 暗行의 부분으로 남원에 출현하기 전, 남원 및 전라도 지역의 민정의 동태를 파악하는 부분이라 할 수 있다. 다시 말하면, 춘향과 이몽룡과의 이별로 인한 두 남녀간의 단절을 지연 내지

고정시키려는 세력을 극복하기 위한 정보수집의 과정이 상술된다. 변사또의 민정 작폐에 대한 정보량의 축적은 곧 두 남녀 주인공의 만남의 시간을을 앞당기는 것과 동일한 것이 된다.

가 - ①은 이몽룡이 성공하여 남원에 암행어사로 출현하기까지의 과정이 '가속'기법을 통해 서술되는 부분이다. 이몽룡의 성공과정에 대한 요약적 서술을 통한 가속처리는, 결국 성공의 과정보다는 결과 즉, 이몽룡의 성공이 곧 춘향의 구출행위와 같은 것이 되는 효과를 강조하는 기능을 하고 있다. 경각에 달려있는 춘향의 이몽룡에의 희생적 생명을 보다 빨리(긴급히) 구출하기 위한 서사적 장치가 된 것이다. 가 - ②는 신분을 위장한 이몽룡이 춘향과 춘향어미를 재상봉하는 부분이다. 암행어사란 신분을 보전키 위한 정보차단적 효과를 내고 있는 서사적 장치인 것이다. '감속'처리로 상술되면, '감속'처리 되는 것만큼 이몽룡의 신분노출의 위험성은 그 만큼 커지기 때문이다. 이러한 이몽룡의 신분보전에 대한 '가속'기법을 통한 위장은 이후, 작품의 연애담을 더욱 극적이고 감동적인 것으로 만들어 가게 된다. 가 - ③은 이몽룡의 변사또 생일잔치 참여 부분에 대한 가속처리 부분으로, 이몽룡의 신분위장을 더욱 완벽하게 만들어 가는 서사적 장치의 일종이 된다. 그리고 또 한편으론, 이몽룡(거지 차림의 선비)의 신분변화를 통한, 사건의 반전(남녀 주인공 단절 세력의 패배)의 임박성을 암시한다. 정체불명 걸인의 갑작스런 출현과 사라짐에 대한 '가속처리는 그 정체 불명적 성격을 더욱 배가시켜, 상대방 또 타인(운봉군수의 경우)들로 하여금, 더욱 공포심과 경계심을 상승시키는 결과를 초래하는 결과를 가져오게 된다.

H단락은 1페이지 정도 서술되고, I단락은 20행 정도로 서술되며, J단락은 2행, K단락은 생략되고 있음을 알 수 있다. 말하자면, 남녀 주인공의 행복담이 초가속도적으로 처리되어 위성사건화 되고 있는 것이다. 애정 소설적 성

격을 갖는 소설이면서도 행복한 애정 생활에 대한 상술('감속')보다는, 애정을 성취하기까지의 고행담 부분이 훨씬 '감속' 서술되어 핵 사건화 되고 있는 것이다. 이것은 『춘향전』에서의 두 남녀 주인공간의 사랑이 실현되기까지의 험난했던, 그 이해초월적 사랑 성취 과정이란 사건성을 재강조하는 것이 된다. 두 남녀간의 모든 이해관계를 초월한 사랑에 근거하지 않았던 사랑이라면 춘향과 이몽룡의 사랑결실은 불가능했던 것이라 할 수 있다. H단락에서의 두 남녀간의 신뢰감 공고화는 이미 G. H 등의 앞 단락들 속에 이미 내재되어 있었던 것이며, I단락의 결혼("貞烈夫人")부분에의 '가속'은 처음부터 춘향의 이몽룡에 대한 사랑이 신분 상승을 위한 이해관계 때문에 시작된 것이 아님을 반증한 것이라 할 수 있다. J단락의 자녀담에 대한 '가속'처리 또한 두 남녀(춘향과 이몽룡)간의 1세대적 애정담이 2세대담적 애정담보다 더 핵사건성적인 것임을 재확인케 해주는 서사적 장치인 셈이며, 마지막의 K단락 즉, 사별담은 아예 생략된다. 이것은 두 남녀간의 사랑이, 이미 목숨을 담보로 전개되어져 온 '이해 초월적 사랑담' 이었기에, 그 '이해 초월적 사랑담'에의 작가적 배려라 할 수 있겠다. '춘향'은 이미 '사랑' 앞에 죽었던 작중인물이었기에, 인생사적 춘향의 죽음은 생략된 것이다.

4. 주제구현적 의의

『춘향전』을 시간구조적 요소들 중의 두 요소인 '순서'와 '지속'적 요소를 중심으로, 애정주제 형상화 과정 즉, 그 서사적 기능 및 이해 초월적 애정 주제 구현적 의의 등에 초점을 맞춰 살펴 보았다. 앞에서 언급된 내용들을 결론 삼아 요약하면 아래와 같다.

생사간을 관통하는 사랑(사후적 사랑담)에의 지속(반복, 열망)감에 대한, 두 남녀간 욕망의 '예변법'적 강조는, 두 남녀의 善的 交感의 강도가 육체적 사랑을 뛰어 넘는 것을 의미한다. 즉, 두 남녀가 육체 및 정신적으로 합일되어 가는 과정에서 파생되는, 긍정적 '힘'(Energy)의 실체가 그 애정 소설적 성격을 결정짓는다고 볼 때, 이(예-④) '예시문'은 『춘향전』의 애정담적 특성을 이해초월적(탈물화적) 애정담으로 한정지어 가는 서사 기법적 장치 역할을 하고 있는 것이 된다.

월매는 이몽룡이 떠난 후, 딸 춘향의 고독함, 그리고 의지할 사람(이몽룡)에 대한 상실감을 '예시'하며, 또 춘향은 이몽룡의 서울에서의 또 다른 여성들에의 관심을 '예시'적으로 경계한다. 작자(서술자)는 이러한 '예변법'을 여주인공에 대한 남주인공의 사랑에 대한 책임감을 강조하는 한 서사적 장치로 활용하고 있다고 하겠다. 여주인공에 대한 남주인공의 책임감이란 물질적인 것이라기 보다는 정신적인 것(상실감과 고독감, 이해초월적인 것)에 있음을 강조한 것이다.

거지꼴로 되돌아온 이몽룡을 본 향단이 도덕 높은 춘향의 앞일(죽음)을 절망적으로 걱정하자, 암행어사 이몽룡은 행실이 지극하면 사는 날이 있게 될 것임을 '예시'적으로 강조한다. 행실의 지극함(이해관계 초월적 사랑)의 유·무가 한 여성의 생·사의 갈림길이 될 것임을 암시한 것이라 하겠다. 춘향의 이몽룡에 대한 사랑 태도(이해초월적인 탈물화성적 사랑)가 곧 생·사의 갈림길이 됨을 '예시'적으로 강조, 작품의 주제를 이해초월적 애정담화시켜가고 있는 것이다.

춘향의 유언 형식으로 제시된, 죽음 이후의 일 처리를 '예시'적으로 서술한 부분에서의 '예변법' 지문에서도, 이몽룡에 대한 춘향의 사랑이 탈물화성적인 이해 초월적 사랑(춘향은 모든 재물을 팔아 이몽룡의 거지신세 면해주기에 헌신한다.)임을 암시한다.

'후변법'은 새로운 작중 인물의 소개라는 서사적 장치(후 - ①)로서의 기능을 하거나, 양반이 하층민(방자)을 설득하는 사실논거 역할을 하기도 한다. 이러한(후 - ②) 후변법을 통해 상류층의 단순한 유흥행위는 옛고사의 '역전'적 서술로 인해 고상한 행위로 정당화 된다. 또 이몽룡의 여성에 관한 원초적 이성애적 욕망의 일 단면을 좀 더 품격 있게(귀족적으로) 표출한 이성애의 정화장치(후 - ③), 작품의 주된 사건적 본질이 남주인공 이몽룡의 인식변화 과정에 그 초점이 있음을 제시하는 장치(후 - ④), 신분 초월적인 정신가치 우위적 인식태도(이해초월적 사랑)로 접근을 시도하는 이몽룡의 태도에, 춘향모 월매가 두 남녀(이몽룡, 춘향)간의 만남을 허락하는 동기(이유)를 강조적으로 서술한 장치(후 - ⑤), 딸에 대한 부모의 애정을, 사위 될 사람에게 전가시키려는 서서장치 즉, 딸에 대한 부모의 혈육의 정이 부인에 대한 남성의 이성애(사랑)로 질적 변화(연속, 지속, 연장, 정서적 인수인계)되는 애정소설적인 후변법적 서사장치(후 - ⑧), 양반으로서의 육욕적 탈신분 계급적 행위를 고상하고 품위 있는 양반적 애정행각으로 위장(합리화, 격상, 승화, 정화)하는 서사장치(후 - ⑨), 반대로, 상류 양반층을 어느 정도 논리적으로 설득케 만들 뿐만 아니라, 양반층의 대여성적, 피계급적 횡포(약점)를 일시적으로 차단, 극복케(방어)하는 수단이 되기도 한다.(후 - ⑭) 희망적 기다림이란 내면심리를 표출해, 현재의 애정 시련담을 스스로 극복하겠다는 여주인공의 의지 확인의 장치(후 - ⑮), 사건 반전(춘향의 상승, 변사또의 하강)이란 서사적 장치 기능(후 - ⑯), 작품의 극적구성 효과를 높이는 서사장치(후 - ⑰) 등등의 서사적 기능을 통해 (이해관계 초월적) 애정담적 주제구현에 기여하고 있다고 하겠다.

'持續'의 서사적 기능 및 주제구현적 의의 다음과 같다. 두 남녀 주인공의 정식결혼(서울 살이) 이전의 1여 년의 스토리 지속이 총 텍스트 지속의 99%를 차지 할 정도로 '감속'서술 되어 핵 사건화 되는 반면에, 정식결혼 후의 행복한 서울에서의 결혼 이후 생활(80~90년)과 그 후 일담은 1페이지 분량(총 텍스트 지속의 1% 정도)정도로 서술되어 극히 '가속'적으로 처리되고 있음을 알 수 있다. 『춘향전』의 중심사건은 두 남녀 주인공의 정식결혼 이전의 첫 만남과 첫 이별 그리고 두 이성간이 사랑애를 통한 이별의 극복담이 됨을 알 수 있겠다. 사회 소설적 또는 도덕 소설적 요소보다는 애정 소설적 사건이 이 소설의 중심 축을 이루고 있다 하겠다.

A단락에서 감속적 지속기법으로 핵사건화 된 부분은 국가적 태평성대와 지방적 선치민정이란 시간적 배경이 되고, 여주인공의 천상계(신선계)적 고귀성과 시련성(지상에 적거) 그리고 남주인공의 지상계적 고귀성(양반, 상류층)과 풍류성 등등이 된다. '감속'처리 된 이런 요소들의 A단락적 의미란 태평시절이란 시대상을 감속적으로 강조함으로써, 두 남녀 주인공간에 발생되는 앞으로의 사건이 애정 주제성화적 성격을 갖게 될 것임을 좀더 가시화시켜 가는 서사장치라는 데 있다 하겠다. B단락에서의 '감속'기법은 이조의 유교적 봉건체계에서의 남녀주인공의 대면의 한계를 극복키 위한 한 서사적 장치라 할수 있고, D단락에서의 '가속'처리는 "時俗人心"을 의식한 결과이거나, 처녀의 처녀성을 강조하기 위해, 여주인공(춘향)의 말을 아끼게 만들고, 그 여주인공의 말을 여주인공의 대변자라 할 여주인공의 모(월매)를 통해 간접서술로 '감속'시켜 여주인공의 여성적 순수성(이해초월적 사랑)을 고조시켜 간다. D단락에서 '감속'된 부분은, ① 이몽룡이 춘향과의 저녁상봉 시간을 기다리는 부분, ② 사또의 목랑청에게의 자식(이몽룡)자랑 부분, ③ 춘향집 묘사 부분, ④ 춘향집 방안에서의 이몽룡의 춘향의 세간 기물 구경 부분,

⑤ 이몽룡의 춘향과의 평생 기약 요청에 난색을 표하는 월매의 답변부분, ⑥ 춘향집에서의 술상 묘사 부분 등등이 된다. 이러한 '감속' 기법들은 부모들의 실망감을 감수하면서까지 위험한 사랑 쌓기에 몰입함으로써, 춘향에 대한 이몽룡의 사랑이 이해관계를 초월한 순수애적 사랑임을 더욱 명확히 하거나, 격조 높은 분위기 속에서 출현한 춘향의 여성적 인간미를 더욱 고조시켜, 춘향에 대한 이몽룡의 황홀함을 더욱 상승시키거나, 남주인공 이몽룡의 이후 변심을 방어하고, "앞으로 닥칠 일을 몰라 뒷일을 미리 대비"(p.67) 해두기 위한 서사기법적 장치이거나, 비밀스럽고 내밀한 여성의 속마음을 확연히 드러내는 서사기법 장치가 된다.

E・F단락의 '텍스트 지속'(2차 서사)은 총 98페이지 분량 중 21페이지 정도를 차지한다. 살림 상대적으로 '가속' 처리된 주된 사건은, 가 - ① 춘향과 이몽룡의 이별 동기 및 이유 서술부분, 가 - ② 서울동행의 구체적 대안이나 방법 부분이 되고, 상대적으로 '감속' 처리된 부분은 감 - ① 사랑가 부분, 감 - ② 이별 이후, 남원에 남겨진 춘향의 獨宿空房적 처지 즉, "갈 일을 생각하고 보낼 일을 생각"(p.107) 하는 부분, 감 - ③ 이몽룡의 "한양성 가시는 길"(p.111)에 대한 춘향의 걱정 부분, 감 - ④ 이몽룡의 消息 듣기에 대한 춘향의 기대감 서술 부분 등등이 된다. '가속' 기법은 춘향과 월매의 여성적, 신분적 좌절감을 더 증폭시키거나, 춘향과의 서울 동행의 불가능 이유가 이몽룡의 사회적 한계상황에 있음을 강조한 서사장치적로 활용되며, '감속'장치는 두 남녀 주인공간의 순수한 이해초월적 사랑의 깊이와 폭을 알 수 있도록 해주거나, "孤節숭상", "輾轉反側", "愁心", "望柱石", "相思木", "相思病", "寤寐不忘" 등등의 어휘들을 통해, 춘향의 이몽룡에 대한 내적(심적)교감의 깊이를 강조적으로 제시하는 서사장치로 활용되고 있음을 볼 수 있다.

G단락은 양성간의 단절을 지연 또는 고정시키려는 세력과의 대결 단락이

다. 사랑 사건의 시련담에 해당된다고 할 수 있다. 총 98페이지 중 45페이지(50%)를 차지하고 있는 단락으로 최감속적 서술로 진행된 명실상부한『춘향전』에서의 핵심사건이 된다. 이 단락 내에서 상대적으로 '감속'적 서술기법을 통해 강조된 주된 사건은, 감-① 변사또 기생 점고 부분, 감-②춘향의 수청 거절과 그에 대한 변사또의 응징 부분, 감-③ 춘향의 투옥 생활부분, 감-④ 이몽룡의 암행어사 행차부분, 등이 된다.

'가속'적으로 처리된 부분은, 가-① 이몽룡의 과거합격에서 전라도 어사 제수까지의 부분, 가-② 이몽룡의 춘향과 월매와의 재상봉 부분, ㉮-③ 이몽룡의 변사또 생일잔치 참여 부분, 등이 된다. '가속'기법은 주로, 암행어사란 신분을 보전키 위한 정보 차단적 효과를 고조시키는 서사적 장치이거나, 신분변화를 통한, 사건의 반전(남녀 주인공 단절 세력의 패배)의 임박성을 암시한다. 반면에 '감속'기법은 감-②의 경우, 춘향의 변사또에 대한 수청 거절의 강도가 높아지면 높아질수록, 변사또의 춘향에 대한 응징의 강도도 높아지는 부분이다. 이 부분에서의 '감속'기법은 춘향의 이몽룡에 대한 절개와 사랑의 감정이 얼마나 확고부동 한 것인가를 강조하게 됨으로써, 두 남녀 주인공간의 사랑의 실체가 이해 초월적인 성격의 것임을 명시케 해준다. 또 이별 지연세력과의 한판 승부는 목숨을 내건 것이며, 이런 목숨을 담보로 한 이별단절 세력과의 싸움에 대한 '감속서술'은 곧 남녀주인공의 사랑의 본질이 이해관계 계산적인 것을 이미 초월한 것임을 반증하게 된다.

H단락에서의 두 남녀간의 신뢰감 공고화는 이미 G. H 등의 앞 단락들 속에 이미 내재되어 있었던 것이며, I단락의 결혼("貞烈夫人")부분에의 '가속'은 처음부터 춘향의 이몽룡에 대한 사랑이 신분 상승을 위한 이해관계 때문에 시작된 것이 아님을 반증한 것이라 할 수 있다. J단락의 자녀담에 대한 '가속'처리 또한 두 남녀(춘향과 이몽룡)간의 1세대적 애정담이 2세대

담적 애정담보다 더 핵사건성적인 것임을 재확인케 해주는 서사적 장치인 셈이며, 마지막의 K단락 즉, 사별담은 아예 생략된다. 이것은 두 남녀간의 사랑이, 이미 목숨을 담보로 전개되어져 온 '이해 초월적 사랑담' 이었기에, 그 '이해 초월적 사랑담'에의 작가적 배려라 할 수 있겠다. '춘향'은 이미 '사랑' 앞에 죽었던 작중인물이었기에, 인생사적 춘향의 죽음은 생략된 것이다.

■ 참고문헌

설성경(역주), 『춘향전』(고대민족문화연구소, 1995)

김현룡(편저), 『열여춘향슈절가』(아세아문화사, 1996)

이가원(주), 『改稿 춘향전』(정음사, 1986)

설성경, 『춘향전의 통시적 연구』(박이정, 1997)

이승훈, 『문학과 시간』(이우출판사, 1986)

A.A.Mendilow, 「Time and the Novel」(Hunanities press, New York, 1965)

Jean Ricardou,(최상규 역), "敍述의 時間과 虛構의 時間", 『現代小說의 理論』(大邦出版社, 1986)

Victor Erlich,(박용거 역) 『러시아 形式主義』(文學과 知性社, 1993)

Hans Meyerhoff,(金埈五 譯) 『文學과 時間現象學』(三英社, 1987)

Georges Bataille,(조한경 옮김) 『에로티즘』(民音社, 1994)

남원고사의 수사적 특징에 대한 고찰

이현식

1. 머리말

춘향가 혹은 춘향전의 매력은 어디에 있을까? 춘향 이야기를 사람들이 반복적으로 즐기는 이유는 무엇일까? 관객과 공연자가 같은 공간에서 교감하는 공연 예술 특유의 매력이 그 이유의 하나일 것이요, 혹독한 수련 과정을 이겨낸 창자의 예술적 성취의 힘도 그 하나일 것이다.

문학적인 측면에서는 서사적 요소에서 매력의 원인을 찾을 수 있을 것이다. 춘향 이야기는 멋지고 아름다운 청춘 남녀의 만남과 사랑, 이별과 고난, 재회와 성취의 이야기다. 신분의 차이 때문에 상식적으로는 이루어질 수 없는 두 남녀의 만남을 사랑의 힘으로 극복한 이야기는 분명 그 매력의 한 근원일 것이다.

그러나 춘향 이야기의 매력이 서사적 측면에서만 발견되는 존재하는 것은 아니다. 독자 또는 청자들은 이야기가 진행되는 도중 각 부분의 내용을 감각적으로 즐긴다. 이런 점을 염두에 두면 서사성이나 극적 구성과 같은 거대담론뿐 아니라 각 부분이 보여준 문학적 형상화의 내용에서 그 이유를 찾을 수 있을 것이다.

춘향 이야기의 각 부분이란 주로 삽입가요, 혹은 삽입가요적인 내용이다. 기존 연구에서 이 부분에 있어서 다양한 관심이 존재했다. 대체로 보자면 그 내용은 서사적 줄거리와 삽입가요의 차이를 논한 것, 삽입가요의 구성 원리나 영향관계를 파악한 것, 그리고 수사적 양상에 대한 분석을 가한 것 등이다.

판소리나 판소리계 소설이 재담과 삽입가요 등의 결합으로 이루어졌다는 것은 일찍부터 지적되었다.[1)] 이를 조동일은 서사적 인과관계의 관점에서 재정리하여 삽입가요는 이러한 서사적 인과관계로부터 벗어나 있는 점을 부분의 독자성이라는 개념으로 설명했다.[2)] 김흥규는 삽입가요들이 장황한 수사, 길게 부연된 사설, 모순된 에피소드라는 특징을 지니는데, 이는 감흥을 유발하고 정서를 강화하려는 판소리의 양식적 원리 때문이라고 설명했다.[3)]

삽입가요의 구성 원리와 영향관계에 대해서 김태준은 서사적 줄거리에 삽

---

1) 金東旭, 「춘향전의 문체와 수사」, 『춘향전 연구』, 연세대학교출판부, 1965, 315-317쪽.

2) 趙東一, 판소리의 장르 규정, 어문논집1, 계명대 국어국문학회, 1969, 17쪽. 김흥규는 이를 부분적으로 인정했다. 판소리는 창과 아니리가 반복되고, 내용면에서는 극적 환상의 몰입을 유도하는 비장과 그 몰입을 차단하는 골계가 반복되므로, 부분의 독자성은 각 부분이 서사적 통일을 지향하지 않는다는 점에서는 인정되지만, 정서적 긴장과 이완의 반복이라는 틀에서 보면 인정할 수 없다고 지적했다. 金興圭, 「판소리의 서사적 구조」, 『판소리의 이해』, 1982, 124-125쪽.

3) 金興圭, 위의 책, 1982, 108-115쪽. 이 연구자는 일반적으로 플롯이 중시되는 문학 양식에서는 부분이 전체의 구조를 위해 봉사하지만 판소리에서는 사건의 흐름이 부분을 위해 봉사한다고 지적했다. 113쪽.

입가요가 결합된 것은 이른바 문예양식들의 섞임으로, 이것은 우리 문학사에서 폭넓게 나타나는 의례적인 특징이라고 설명했다. 그뿐 아니라 그는 삽입가요가 대중적인 정서와 욕구를 반영한 것이며, 서사적으로 무익한 것이 아니라 오히려 막간의 공간을 만듦으로써 소설적인 시간을 재현하는 특징을 보인다고 풀었다.4)

설성경은 『남원고사』의 도입 부분을 정교하게 분석하여 삽입가요의 구성원리와 영향관계의 분석 모델을 제시했다. 그는 이 부분이 사설시조의 변개, 한싯구의 가사체 변형, 여러 가사의 수용, 독자들의 호기심 유발을 위한 언술의 첨가 등으로 구성되었으며, 그 결과 판소리 공연의 서정성 짙은 가요가 독서물로서의 소설로 바뀌게 되었다고 평가했다.5)

김현주 역시 판소리 사설의 전통적인 문예 양식 수용에 대하여 관심을 보였는데, 그는 서정 양식의 수용이 기본적으로 연상에 의한 것이라고 파악하고, 그 유형을 비슷한 글자에 의한 어휘적 연상, 비슷한 상황에 의한 상황적 연상, 유사한 분위기에 따른 정조적 연상의 세 가지 유형으로 분류하여 정리했다.6)

문체적인 측면에 있어서, 주로 춘향가와 춘향전의 어휘가 지닌 복합성과 유희적 성격에 대한 지적이 있었다. 박갑수는 춘향전에 동음 또는 유음의 장난 말, 곧 펀(pun)이나 패러노우메이지어(paronomasia)의 여러 사례들을

4) 金泰俊, 「『남원고사』의 문예양식과 그 민중적 성격-판소리계 소설에 보이는 문예양식의 섞임과 바뀜에 대하여」, 한국문학연구 제12집, 동국대학교 한국문학연구소, 1989, 169 - 185쪽.

5) 薛盛璟, 「南原古詞 研究-도입 부분의 서술 양상을 중심으로」, 동방학지 , 연세대학교 국학연구원, 1990, 271 - 308쪽.

6) 金賢柱, 「판소리 사설의 상호텍스트성」, 한국문화연구, 경희대학교민속학연구소, 1998, 15 - 39쪽.

정리했고[7], 설성경은 추상어와 구체어, 고유어와 한자어, 서울말과 지방말, 비속어와 유행어, 속담과 명구를 다채롭게 활용하는 복합성이 춘향전의 미적 형상력을 높이는 특징이라고 지적했다.[8]

또한 수사적인 측면에 있어서 설성경은 대등한 단어, 구, 문절, 문장 등을 반복, 병립시킬 뿐 아니라, 간결한 말과 심화된 수사를 열거하고 반복한다고 분석했고[9], 오상태는 『남원고사』의 언어 형상을 어휘론적 측면에서 비유, 과장, 반어의 수법이 뚜렷하다는 점을 지적하고, 문장론적 측면에서 나열·반복, 점층의 특징을 지적했다.[10]

이를 보면 삽입가요에 대한 연구가 진행되면서 춘향가나 춘향전의 미학적 특징이 다양한 각도에서 조명되고 있는 것을 알 수 있다. 그러나 연구사를 들여다보면 아쉬운 점도 있다. 예컨대, 영향관계를 통해서 사설의 구성 원리를 논한 것은 분석 단위의 내적 통합성을 규명하지 못했고, 어휘나 문장 차원에서 수사적인 특징을 연구하는 것은 지엽적인 분야에 머물고 말았기 때문이다.

삽입가요의 구성원리나 미학적 특징을 제대로 이해하기 위해서는 이런 부분을 보완해야 할 것이다. 풀이나 치레 등의 큰 단위가 어떻게 구성되며, 그것들이 어떤 특성을 지니고 있는가에 대한 분석을 해야만 삽입가요의 구성 방식과 미학적 특징에 대한 논의를 확인할 수 있는 것이다. 본고의 관심은

---

7) 설성경, 「춘향전의 개성적 표현에 관한 연구」, 연세 교육과학, 연세대학교교육대학원, 1993, 83-97쪽.

8) 朴甲洙, 일본 소재 춘향전의 문체고-동음어의 어희를 중심하여, 서울대학교 사대논총 제24집, 1982, 1-20쪽.

9) 설성경, 앞의 글, 1993, 83-97쪽.

10) 吳相泰, 「『南原古詞』의 文章表現」, 인문과학연구 제13집, 대구대학교인문과학연구소, 1995, 19-47쪽.

여기에 있다. 텍스트는 19세기 후반의 『남원고사』다.[11]

2. 삽입가요의 구성 원리

삽입가요의 구성 원리는 크게 몇 가지 유형으로 나누어진다. 그 중 대표적인 유형은 세분화와 전형성의 결합, 동일한 정서의 반복과 회탕, 정서와 상황의 점층적 상승, 글자와 숫자를 이용한 유희 등이 대표적인 것이다. 이제 이를 중심으로 그 양상과 의미를 살펴보자.

1) 세분화와 전형성의 결합

삽입가요에는 인물이나 경치 등을 묘사하는 것이 많다. 이 경우 대개 전체를 여러 부분으로 나누어 각 부분을 전형적인 이미지로 묘사하는 것이 일반적이다. 대개 세분화된 묘사는 일반적으로 묘사 대상의 개성을 드러내는데, 이 경우에는 묘사의 이미지들이 전형적인 모양이어서 묘사 대상의 개성을 드러내기보다는 오히려 유희적인 느낌을 보여준다.

다음은 이도령의 신수 복색 풀이 대목이다. 이를 통해서 묘사의 세분화와 전형성의 결합을 살펴보자.

> (전략) 도련님 호ᄉ 보소. 의복단장 뭡시 잇다. 삼단ᄀᆞᆺ튼 허튼 머리 반달ᄀᆞᆺ튼 화룡소로 아조 솰솰 흘니빗겨 젼반ᄀᆞᆺ치 넓게 ᄯᅡ하 슈갑ᄉ 토막 당긔

11) 金東旭 외, 『춘향적비교연구』, 삼영사, 1979.

셕유황이 더욱 조타. 싱면쥬 겹바지의 당뵈즁의 밧쳐 입고 옥식 항나 겹젹고리 딕방젼의 약낭이오, 당갑ᄉ 슈향빅자 가화본의 옥단츄며 당모시 즁치막의 싱초 긴옷 밧쳐 입고, 삼승 보션 통힝젼의 회식 운혀 밉시 잇게 지어신고, 한포단 허리씌의 모초단 두리줌치 쥬황당ᄉ 벌믹듭을 보기 조커 쎄여 ᄎ고, ᄌ지갑사 너분 씌룰 세류츈풍 빗기 씌고, 분홍당지 승두션의 탐화봉접 그려 쥐고, 김휘간쥭, 빅통딕의 삼등초 픠여 믈고, (후략)[12]

이도령이 광한루로 나가면서 차려 입은 의복 단장의 맵시를 묘사한 삽입가요다. 전체적으로 머리, 댕기, 겹바지, 중의, 겹저고리, 약낭, 배자, 옥단추, 두루마기, 버선과 행전, 운혜, 허리띠, 두리 주머니, 부채, 담뱃대까지 의복이 지극히 세분화되어 있다. 묘사가 일반적으로 그 대상의 특징을 드러내는 기능을 한다는 점에서 묘사 대상이 세분화될수록 묘사대상의 개성이 드러날 가능성이 높다.

그런데 묘사의 내용을 살펴보면, 각 부분의 묘사는 의복 구성 요소 각각이 지닌 전형적인 특징을 묘사하는 데 초점을 맞추고 있다. 이를테면 삼단 같은 머리, 수를 놓은 노란 토막 댕기, 생명주로 만든 겹바지 같은 것이 그것인데, 이는 머리의 상투적인 표현이요, 댕기의 전형적인 모습일 뿐이다. 세분화된 묘사가 이도령의 개성을 형상화하는 쪽으로 활용되지 않고 있는 것이다.

과장성과 관념성

전형성은 어떤 경우에 나타나는 것일까? 남원고사에서 그것은 때때로 과장된 묘사로 나타난다. 『남원고사』 첫 부분에 이등사또가 이도령이 공부에 전념할 수 있도록 기생 수청을 금지시키고, 못생긴 통인으로 책방 심부름을

---

12) 위의 책, 1979, 51쪽.

하게 하는 대목이 있다. 이 대목에서 통인의 인물을 묘사한 내용이 이런 특징을 보인다.

> 상모를 넉넉히 쓰더보니, 더고리는 북통 갓고, 얼골은 밀미판 갓고, 코는 어러죽은 초빙 쥴기만 ᄒᆞ고, 넙은 귀가지 도라지고, 눈구멍은 총구멍 갓ᄒᆞ니, 깁던지 마던지 이달의 울일이 이시면 너월 초싱의 눈물이 밋첫다가 스므날졍게 되여야 낙누ᄒᆞ고, 얽던지 마던지 얽은 구멍에 탁쥬 두푼어치 부어도 잘 ᄎᆞ지 아니ᄒᆞ고, 몸집은 동더문안 인졍만 ᄒᆞ고 두 다리는 휘경원 졍ᄌᆞ각 기동만ᄒᆞ고 킈는 팔쳑당신이오 발은 계요 기 발만ᄒᆞᆫ더 종아리는 비상 먹은 쥐다리 갓하니 바람부는 날이면 간드렝간드렝ᄒᆞ다가 된통 바람이 부는 날이면 각금 낙셩ᄒᆞ는 아희놈을 명식으로 슈청을 드리니, (후략)[13]

통인의 외양을 여러 부분으로 쪼개서 각 부분의 특징을 세밀하게 묘사했다. 대가리가 북통같고 얼굴은 밀 맷돌질할 때 까는 방석처럼 생겼다고 했다. 마찬가지로 코와 입, 눈구멍, 얼굴의 곰보딱지까지 묘사하고, 몸집과 다리, 키, 발, 종아리 등의 신체를 생김새를 묘사했다. 꽤 장황하게 보이지만 내용을 지극히 단순하다. 통인의 생김새가 천하의 추물이라는 뜻이다.

위의 경우와 마찬가지로 이곳에서도 통인의 외형을 이렇듯 세밀하게 묘사했음에도 인물의 생김생김이 사실적으로 느껴지지 않는다. 이런 까닭에 이 인물의 개성은 실재성을 의심받게 된다. 통인의 존재 자체는 인정할 수 없겠지만 위에서 묘사된 통인이 존재할 것인가에 대해서는 의문을 표시할 수밖에 없다.

그것은 각 부분의 이미지가 과장되어 있으며 동시에 그것이 전형성을 지니

---

13) 위의 책, 1979, 45쪽.

고 있기 때문이다. 과장된 표현이라고 해서 개성적인 특징을 드러낼 수 없는 것은 아니지만, 이 글에서는 세분화된 대상을 모두 과장된 이미지로 구성했기 때문에 사실성은 떨어지고 개성도 드러나지 않게 되었다. 통인의 개성은 사라지고 그저 천하의 추물이라는 이미지만 남게 된 것이다.

전형성은 묘사의 내용이 관념적인 경우에도 나타난다. 산천경개풀이에는 버들에 대한 묘사, 꽃에 대한 묘사, 잡목에 대한 묘사, 각색 금수에 대한 묘사, 길짐승에 대한 묘사 등이 나오는데 이것들은 비록 통인의 묘사처럼 과장된 것은 아니지만 그 수식의 이미지가 매우 관념적이다. 잡목에 대한 묘사를 보자.

> ᄯᅩ ᄒᆞᆫ 곳 바라보니 온갖 잡목 다 잇더라. 동녕슈고불변ᄉᆡᆨ의 군자절은 창송이오, 츈하츄동ᄉᆞ시절의 정정독닙 젼나무, 만경창파ᄇᆡᆨ쳑댱의 슈궁즁의 무회목, 투지목과 낙지경거 튀틀리ᄂᆞᆫ 모과나무, 오ᄌᆞ셔의 분묘 압ᄒᆡ 츙셩홀숀 가목이오, 망미인혜텬일방의 님 그리ᄂᆞᆫ 상ᄉᆞ목, 청산영니부운간의 됴셕네블 북나무, 슈쳑지휘량공불기 아름드리 ᄀᆡ지목, ᄌᆞ단 ᄇᆡᆨ단 산유ᄌᆞ 박달 용목 향목 침향 금평 율목 잡목 뎐두목 지두목 힝자목 ᄇᆡᆨᄌᆞ목 느러진 장송, 부러진 고목, 넙적 떡갈, 황계피 무푸레 단목 측송 보리수 드렝드렝 널녀고나. 모과 셕뉴 가지자기 광풍의 휘느러졋고.[14]

이도령이 방자를 앞세우고 광한루로 찾아가는 대목이다. 이도령은 산천경개를 여기저기 살피다가 소나무, 전나무를 비롯한 여러 나무가 늘어선 것을 보고 노래부른다. 이곳에서 거론된 나무의 온갖 종류는 참으로 다양하다. 그런데 나무의 존재나 나무를 형용하는 말에 사실성이 전혀 없다. 그것은

---

14) 위의 책, 1979, 57쪽.

전형적이고 관념적인 표현일 뿐, 광한루 길목의 독특한 풍경을 드러내는 것처럼 보이지 않는다.

소나무를 형용하면서 '동녕슈고불변식의 군자절은 창송'이라고 했다. 내용으로 보면 동쪽 고개에 홀로 외롭게 서 있는, 변하지 않는 군자의 절개는 푸른 소나무라는 뜻이 될 터인데, 이는 冬嶺秀孤松과 綠竹君子節, 靑松丈夫心이라는 시구를 결합시킨 것이다. 이것을 길가에 서 있는 실재의 소나무를 형용한 것이 아니라 소나무와 관련된 관념적인 이미지를 수식어로 사용한 것뿐이다.

다른 나무를 형용한 경우도 마찬가지다. '망미인혜텬일방의 님 그리는 상ᄉᆞ목'는 '望美人兮天一方'이라는 시경 구절을 인용한 것뿐이요, '투지목과 낙지경거 뒤틀리는 모과나무' 역시 投之木瓜 落之瓊琚라는 시경 구절을 인용한 것이다. 뿐만 아니라 '만경창파빅쳑댱의 슈궁즁의 무회목'의 경우는 萬頃蒼波百尺長의 水宮中의 無灰木, 곧 용궁 속의 불에 타지 않는 나무로 아예 전설을 끌어들였다.

이렇듯 이 부분의 구성은 관념적이고 비현실적인 수식을 달고 있다. 이는 이 부분이 비록 직접적으로 과장된 이미지를 쓰지 않았지만 이 역시 꼭 어떤 실재를 형용하지 않는다는 점에서 일종의 전형적인 묘사의 한 형태로 이해된다.

이처럼 세분화된 묘사가 오히려 대상의 실재성을 부정하게 된 이유는 무엇일까? 그것은 그 묘사가 개성의 표현보다는 유희성을 추구했기 때문으로 보인다. 앞에서 보았듯이 대상의 세분화와 전형적인 묘사의 결합은 대체로 장황하다. 이러한 장황성은 유희성의 한 형태로, 곧 그 묘사가 대상의 개성을 드러내거나 사실성을 확보하는 데에 목표를 둔 것이 아니라 흥취를 추구하는 데 있음을 말해주는 것이다.

2) 동일한 정서의 반복과 회탕

삽입가요 중에는 전체를 여러 부분으로 나누어 서술하는 방식과 함께 동일한 내용을 다른 표현으로 반복하는 서술하는 방식을 취한 것이 많다. 이는 어떤 상황이 주는 정서적인 내용을 극대화시키는 효과를 지향하는 것으로 독자를 정서적으로 몰입시키도록 유도하는 특징을 지닌다. 이런 방식을 회탕이라고 한다.

옥중에 갇혀 있던 춘향이 자신을 찾아온 이도령을 만나고 기다림의 한을 풀어내는 대목을 보자.

> 익고 이거시 웬일이며 이 말이 웬 말이오? 하늘노셔 떠러진가, 싸흐로셔 솟스는가? 바람결의 블녀왓나, 쪠구름에 빠혀왓나? 무릉도화 범나뷘가? 오류문젼 쐬꼬린가? 환히풍파 골몰ᄒᆞ여 못 오던가? 쥬마투계 쥬식으로외입ᄒᆞ여 못 오던가? 산이여든 도라오고 물이여든 건너오지, 엇지 그리 못 오던가? 츄월이 양명휘ᄒᆞ니 달이 밝아 못 오던가? 일낙당ᄉᆞ유쉭원ᄒᆞ니 날 져무러 못오던가? 촉도지난이 난아상청천ᄒᆞ니 길 험ᄒᆞ여 못오던가? 환슈북히 안셔지 ᄒᆞ니 소식 몰나 답답ᄒᆞᆫ데 건곤이 일야부에 단원당쥐불원셩ᄒᆞ니 술쉬ᄒᆞ여 못 오던가? 빅셜이 만공산이라 호구불난금의박ᄒᆞ니 날이 치워 못 오던가(후략)[15]

춘향은 갑작스러운 이도령의 출현을 하늘에서 떨어진 것인지, 땅에서 솟은 것인지, 바람결에 불려 온 것인지, 구름에 싸여왔는지 묻는다. 다시 이도령이 마치 나비인지 꾀꼬리인지 물으면서 반가움을 묘사한다. 동시에 그동안 소식이 없었던 것을 설움으로 토로한다. 벼슬살이 어려움 때문인지, 놀이에 빠졌

15) 위의 책, 1979, 413~414쪽.

기 때문인지, 산과 물이 막혀서 그랬는지 묻는다.

이어서 시구를 인용하며 달이 밝아서 못 왔는지, 날이 저물어서 못 왔는지, 길이 험해서 못 왔는지, 술에 취해서 못 왔는지, 날이 추워서 못 왔는지 등등을 계속해서 묻지만 이것은 앞의 내용을 반복한 것뿐이다. 춘향의 시각에서 보면 일종의 넋두리인 셈인데, 내용상으로 보면 동일한 내용을 표현만 바꾸어서 되풀이한 것이라고 할 수 있다.

비유, 대조, 인용

회탕은 이처럼 기본적으로 반복적인 구조를 지니고 있다. 그래서 마치 동일한 말을 반복하는 것처럼 보이지만, 회탕의 반복은 동일한 의미나 정서를 표현하되 소재나 표현을 바꾸는 방식을 취한다. 따라서 동일한 내용의 반복과는 외형적으로 구분된다. 회탕은 내용을 중심으로 이루어지지만 『남원고사』에서 그것을 표현한 방식은 다양하다. 그 중 대표적인 것이 비유, 대비, 인용이다.

방자가 춘향에게 이도령의 의사를 전달하여 춘향을 데려오는 대목을 보자.

> 춘향이 홀일 업셔 ᄯᅡ라 온다. 치맛고리 뒤가닭을 에후루쳐 휘여다가 압흉당의 써부치고 옥보방신 완보홀 제, 셕경산노 험흔 곳과 힝심일경 빗긴 길노 한단시상의 수릉의 거름으로 빅월총중의 셔ᄌᆞ의 거름으로 빅모리 밧힉 금ᄌᆞ라 거름으로, 양지 마당의 씨암닭의 거름으로, 디명뎐 디들보의명망의 거름으로 광풍의 나븨노듯, 믈 속의 니어노듯, 가만가남 삽분삽분 거러와셔 광한누의 다ᄃᆞ르니,(후략)[16]

16) 위의 책, 1979, 82쪽.

춘향이가 방자를 따라오는데 그 걸음새가 마치 한단에서 걸음을 배웠다는 수릉의 걸음과 같고, 월나라 미녀인 서시의 걸음과 같고, 모래밭의 자라나 앞마당의 씨암탉, 궁전의 명매기 걸음과 같다고 묘사하고 있다. 춘향의 아름다운 걸음새를 여러 가지 내용으로 비유한 것이다. 이 부분의 묘사는 걸음새라는 하나의 내용을 여러 가지 방식으로 비유한 형태로서, 전체를 세분화하여 묘사한 것과는 다르다.

동시에 이 부분은 비유로만 이루어졌다. 걸음걸이 한 가지를 다양한 비유를 통해서 반복적으로 형상화함으로써 회탕의 효과를 창출해낸 것이다. 이처럼 다양한 비유를 활용하게 되는 것은 회탕이 기본적으로 정서는 반복하되 표현은 달리해야 하기 때문에 불가피한 선택이기도 하다. 비유의 수사법과 함께 자주 사용되는 것은 대비의 표현법이다. 이도령이 책방에서 외로움을 탄식하는 대목을 보자.

니도령이 ᄎᆡᆨ방의 홀노 안ᄌᆞ 탄식ᄒᆞᄂᆞᆫ 말이 세사를 곰곰 헤ᄋᆞ리니 묘창ᄒᆡ지일속이라. 남기라도 은힝목은 ᄌᆞ웅으로 마조 셔고 물이라도 음양슈ᄂᆞᆫ 격을 ᄎᆞᄌᆞ 도라들고 ᄉᆡ라도 원앙조ᄂᆞᆫ 웅비ᄌᆞ종 나라들고 풀이라도 화반초ᄂᆞᆫ ᄉᆞ시장춘 마조나고 돌이라도 망쥬셕은 둘이 셔셔 마조보고 원앙지샹냥냥비오 봉황누하상쌍되라 날짐싱도 빵이 있고 길버러지도 짝이 잇고 헌골도 짝이 잇고 헌지빈도 짝이 잇네. 나ᄂᆞᆫ 어이 팔ᄌᆡ완ᄃᆡ 어제밤도 ᄉᆡ오잠 ᄌᆞ고 오늘밤도 ᄉᆡ오잠 ᄌᆞ고 ᄆᆡ양 장상 ᄉᆡ오잠만 ᄌᆞ노. 언던 부모는 ᄌᆞ부어더 아들 낫코 ㅅ달을나하 닙장출가 시킨 후의 아들의 손ᄌᆞ ㅅ달의 손ᄌᆞ 안고자고, ᄌᆡ롱 보고, 엇던 부모ᄂᆞᆫ 쥬변이 업고 마련이 업고 된데가 업셔 다만 ᄌᆞ식 나ᄒᆞ나 두고 청춘이십 당ᄒᆞ도록 독슉공방 시기ᄂᆞᆫ고. 참아 셜워 못 살깃다.[17]

이도령이 자신의 외로운 처지를 넓은 바다에 떨어진 한 알 좁쌀같다고 하고, 은행나무, 음양수, 원앙새, 화반초, 망주석, 날짐승, 버러지, 헌 문고리, 헌 짚신도 모두 짝이 있는데, 자신만은 짝이 없다고 해서 신세를 한탄한다. 또한 자신이 빈방에서 새우잠을 자고 있으며, 다른 부모는 손자손녀를 잘도 보는데 자신은 부모님으로부터 그런 배려도 못 받고 있다고 서러워한다.

그는 자신의 외로움을 넓은 바다의 한 알 좁쌀이라고 비유하고, 짝이 있는 모든 것과 자신을 대조시키고, 자신의 모습을 형용하고, 다른 부모와 자신의 부모의 대조 등의 방식으로 자신의 외로움을 토로했다. 대조의 대상은 다르지만 한 마디로 말하자면 자신의 처지가 외롭다는 것이고, 자신의 부모가 이런 것에 관심이 없다는 것이다.

대비뿐 아니라 인용도 회탕의 방식에 자주 사용된다. 춘향이가 이도령에게 권주가를 부른 내용에서도 이런 모습을 발견할 수 있다.

> 잡으시오. 잡으시오. 이 슐 한잔 잡으시오. 이슐 한잔 잡으시면 슈부다남 ᄒᆞ오리라. 이 슐이 슐이 아니오라 한무뎨승노반의 니슬 바든 거시오니 쓰나 다나 잡으시오. 인간영욕 헤아리니 묘창히지일속이라. 슐이나 먹고 노ᄉᆞ이다. 딘시황 한무뎨도 당싱불ᄉᆞ 못ᄒᆞ여셔 녀산 무릉 송빅즁의 일부황토 긔아닌가. 슐만 먹고 노ᄉᆞ이다. 인간칠십고릐희라 칠슌힝낙이 덧업도다. 아니 놀고 무엇ᄒᆞ리. 뉵산포림 걸슈라도 이슐 한잔 ᄉᆞ라실적 분이로다. 쏫출 썩거 슈롤 노코 무진무궁 먹ᄉᆞ이다. 우리 ᄒᆞᆫ번 도라가면 뉘라 ᄒᆞᆫ잔 먹ᄌᆞᄒᆞ리. 종정옥빅부족귀오 단원당취불원셩을. 구십츈광일쳑발이 화하박슈창산기라. 지상화기능귀일이냐, 셰상인간능거시오 슐이나 먹고 노ᄉᆞ이다. 작됴화종금죠화오 명조화락슈츄최라 화젼인시거년시오 거년인비금년

17) 위의 책, 1979, 40 - 41쪽.

쇠라. 금일화기우일지ᄒᆞ니 명됴너과니시슈라. 아니 취코 무슴ᄒᆞ리.[18]

이 내용은 두 사람이 술을 마시고 즐겨보자는 내용을 표현한 것이다. 그런데 앞서 인용한 비교나 대비 등과는 달리 옛날 고사나 시구를 다양하게 인용했다. 정철의 「將進酒辭」를 인용하고, 이백의 「將進酒」시구를 인용하고, 이외의 여러 시구 등을 인용했으나 그 내용은 우리도 한번 마셔보자는 것으로 집중된다. 이런 방식으로 내용을 전개하는 것도 꽤 자주 이용되는 방법이다.

물론 회탕을 구성하는 방식이 이것들만 있는 것은 아니요, 각각의 방식이 언제나 독립적으로 존재하는 것도 아니다. 이것은 때로는 함께 사용되기도 한다. 그러나 회탕은 언제나 특정 상황의 내용이나 이에 처한 인물의 정서를 극대화시킨다. 이렇게 극대화된 상황이나 정서는 문학적인 기세를 형성하는데, 이런 기세가 축적이 되면 이후의 내용 전개 방향을 비교적 자유롭게 선택할 수 있게 된다.

3) 정서의 고조와 점층

삽입가요의 내용은 때때로 상황이나 정서가 계단식으로 상승하는 전개를 보여주기도 한다. 이것은 점층이다. 점층은 때로는 동일한 상황이나 정서를 반복한다는 점에서 회탕과 비슷하게 보이기도 한다. 그러나 그 내용이 점차 발전적인 것으로 구성된다는 점에서 회탕과는 구별된다. 이도령과 춘향이가 이별하는 대목을 보자.

이리구러 분명 못다려 가기소? 진정 못 다려 기소? 쓰게질노 이리하오.

---

18) 위의 책, 1979, 145 - 146쪽.

종ᄂᆡ 아니 다려 가시랴 ᄒᆞ오? 졍 아니 다려 가실 터이면 날 죽이고 가오. 그러치 아니면 광한누셔 날 호리랴고 명문ᄒᆞ여 쥰 것 이시니 소지지어 가지고 본관 원님게 이 ᄉᆞ연으로 원졍ᄇᆡᆨ활 ᄒᆞ깃소.

원님이 만일 당신의 귀공ᄌᆞ 역슬 드러 낙송 시기거든 그 소지 첩년ᄒᆞ여 원정지어 가지고 젼쥬 감영 올나가셔 슌ᄉᆞᄯᅩ게 의송ᄒᆞ면

도련님은 냥반인고로 편지 ᄒᆞᆫ당만 붓치면 슌ᄉᆞᄯᅩ라도 동시 냥반 편을 드러 ᄯᅩ 날을 낙송시기거든 그졔ᄉᆞ ᄯᅩ 첩년하여 가지고 한양셩듕 드러가셔 형한냥ᄉᆞ 비국 가지 정ᄒᆞ오면

도련님은 ᄉᆞ틔우로 좌청우촉 결년잇셔 ᄯᅩ 송ᄉᆞᄅᆞᆯ 지우거든 그졔ᄉᆞ 모두 쳡련ᄒᆞ여 ᄯᅩᆯᄯᅩᆯ 마라 품의 품고 팔만당안 억만가호로 촌촌 걸식 단니다가 돈 ᄒᆞᆫ푼식 이러어더 동의젼의 드러가셔 바릿두에 ᄒᆞ나 ᄉᆞ고 지젼으로 드러 가셔 장지 ᄒᆞᆫ당 ᄉᆞ가지고 언문으로 샹언 ᄡᅳ되 심즁의 먹은 ᄯᅳᆺ을 세세셩문 ᄒᆞ여 가지고 이월이나 팔월이나 동교로나 셔교로나 능힝거동 ᄒᆞ실 ᄯᆡ에 문밧그로 ᄂᆡ다라셔 만인총듕 셧겨다가 농ᄃᆡ기 지나치고 협년자긔창 드러 셔고 홍냥산이 ᄯᅥ나오며 가교의나 마상의나 헌거로이 지나실 제 왈학 ᄯᅱ여 ᄂᆡ다라셔 바리ᄯᅮ에 손의 들고 놉히 드러 ᄶᅢᆼᄶᅢᆼᄒᆞ고 세번만쳐서 격징가지 ᄒᆞ오리다.[19)]

이 부분은 춘향이 자신을 두고 떠나려는 이도령을 관가에 고소하겠다며 하소연하는 장면이다. 춘향은 자신을 데려가지 못하겠다고 하는 것이 짐짓 해보는 소리인지 진정인지 되물은 다음, 그것이 정말이라면 자신을 죽이고 가든지 아니면 처음 만난 날 자신에게 써 준 백년해로 명문을 가지고 관가에 고소당할 각오를 하라고 협박한다.

이 때 춘향은 자신의 뜻이 결연하고 굳은 것임을 다음과 같이 나타냈다.

19) 위의 책, 1979, 183 - 184쪽.

처음에는 본관 사또에게 소지를 내겠지만 그것이 실패로 돌아가면 전주 감영에 소송을 낼 것이라고 했다. 그리고 그것도 실패로 돌아가면 한양으로 가서 포도청에 비국을 신청하고, 또 그것마저 실패하면 임금님이 대궐문 밖으로 행차할 때를 기다려서 길가에서 꽹과리로 격쟁을 할 것이라고 말한다.

이 부분에서 소송하겠다는 의지는 동일하지만 그 대상이 본관, 전주, 한양, 임금님 등으로 바뀌었다. 대상의 신분을 상승시킴으로써 자신의 의지를 단계적으로 상승시키는 효과를 얻은 것이다. 이런 내용은 춘향의 정서를 점층적으로 고조시키는 효과를 준다. 동일한 정서가 반복되면서도 정서나 상황이 점층적으로 고조되고 있는 것이다.

동작의 진행과 숫자의 증가

『남원고사』에서 점층적 수법을 사용한 형태는 다양하다. 위에서는 대상의 신분을 상승시키는 방식을 사용했지만 여타의 경우에서는 다른 방식도 등장한다. 그 중의 하나가 행위의 성격을 점차로 강화시키는 것이다. 이도령과 성춘향이 첫날밤을 지내는 대목에 비점가가 있다. 비점이란 어떤 시구에서 잘 된 글자가 있으면 이를 품평하기 위해 점을 찍는 것을 말하는데, 춘향과 이도령의 사랑 행위를 묘사하면서, 그것을 연상시키는 글자들에 비점을 찍는 것으로 서술한 내용이다.

> 춘향이 몬져 버슨 후의 니도령도 마즈 벗고 에후루쳐 허험셕 안고 두 몸이 ᄒᆞᆫ 몸 되엿고나. 네 몸이 ᄂᆡ 몸이오, 네 살이 ᄂᆡ 살이라, 호탕ᄒᆞ고 무루 녹아 녀산 폭포의 돌 구으듯 데굴데굴 구을면셔 비졈가로 화답ᄒᆞᆫ다.
>
> 우리 두리 만나시니 만날 봉ᄌᆞ 비졈이오, ᄇᆡᆨ년가약 ᄆᆡᄌᆞ시니 ᄆᆡ질 결ᄌᆞ 비졈이오, 우리 두리 누어시니 누을 와ᄌᆞ 비졈이오, 우리 두리 버셔시니

> 버술 탈ᄌᆞ 비졈이오, 우리 두리 덥허시니 덥흘 부ᄌᆞ 비졈이오, 금일 침상 즐겨시니 즐길 낙ᄌᆞ 비졈이오, 우리 두리 입맛초니 범ᄌᆞ 녀ᄌᆞ 비졈이오, 우리 두리 빅 다히니 빅 복ᄌᆞ가 비졈이오, 네 아릐 구버보니 오목 요ᄌᆞ 비졈이오, 닉 아릐 구버보니 닉밀 쳘ᄌᆞ 비졈이오, 두 몸이 흔몸 되니 모을 합ᄌᆞ 비졈이오, 나아갈 진 믈너날 퇴ᄌᆞ 줄 빈ᄌᆞ 비졈이오, 조흘 호ᄌᆞ 셜산ᄌᆞ 물슈ᄌᆞ 다 비졈이라.[20]

두 사람이 만나서 백년가약을 맺고 첫날밤을 보내는 과정을 글자로 표시했다. 만나고, 맺고, 눕고, 벗고, 이불을 덮고, 서로 즐기고, 입을 입맞추고, 배를 대고, 남녀 성기를 들여다보고, 하나가 되어 교합을 벌이는 각 동작이 하나의 글자로 표시되어 있다. 곧 전체가 사랑 행위의 진행에 의한 동작으로 구성되어 있는 것이다.

물론 비점가의 표현은 이러한 설명 이상의 미학을 성취했다. 남녀 사랑 과정을 묘사하는 일에서 성적인 상상력을 너무 자극하면 천박해지고 자극이 적으면 긴장감이 떨어진다. 또한 상상력을 자극하려는 경우 대개 사랑 행위의 과정을 자세히 묘사하려는 경향이 있다. 그래서 이런 경우에서는 대개 여백이 없다. 그러나 비점가는 이와 다르다.

이 글에는 사랑 행위에 대한 구체적인 묘사가 없다. 사랑 행위에 대한 직접적인 묘사를 절제하는 대신 단지 사랑 행위의 시간적 순서에 따라 관련된 글자 하나 하나를 적시할 뿐이다. 그런데 이런 적시가 천박하지 않으면서도 뜻밖으로 상상력을 자극한다. 그래서 사랑 과정의 구체적인 모습을 상상하도록 만든다. 세밀한 묘사와 묘사의 절제와 어울려서 점층적인 자극 효과를 얻고 있는 것이다.

---

20) 위의 책, 1979, 167쪽.

그래서 이 부분은 구체적인 묘사는 없으나 구체적인 묘사보다 더 자극적이고, 성교 과정이나 성기의 생김새를 가리키는 글자를 직접 사용했으면서 천박한 지경에 빠지지 않았다. 서술의 여백이 독자의 상상력으로 메워진 셈이다. 사랑 행위의 묘사에 관한 한 이런 생략과 자극의 조화는 아마도 다른 어떤 글보다 뛰어난 것이 아닌가 한다.

이처럼 비점가의 표현 미학은 점층적인 구성 이외의 요소로 설명할 수 있다. 그러나 그 내용이 사랑 행위의 농도를 점차적으로 높여가는 내용으로 구성되어 있다는 점에서 기본적으로 점층적 구성을 보였다고 평가할 수 있다. 요컨대 점층적 구성과 생략의 수법이 적절하게 결합된 것이라고 할 수 있을 것이다.

점층을 위해서 쉽게 사용할 수 있는 방법의 하나는 숫자의 증가를 활용하는 것이다. 『남원고사』 역시 이런 방식을 활용했다. 이 글에는 십장가가 없다. 그러나 숫자를 사용하여 신임사또에게 저항하는 대목이 있다. 이것이 숫자의 진열로 일종의 점층적인 효과를 만들어낸 경우다.

> 일광노같튼 우리 도련님을 일조의 니별ᄒᆞ고 일신의 ᄆᆡ진 ᄋᆡ한 일구일심 ᄉᆞ라지니 일쳑단검 명을 밧쳐 일ᄇᆡᆨ번 죽ᄉᆞ와도 일심의 졍ᄒᆞᆫ 마음 일졍 변치 아니리이다. 이슈즁분ᄇᆡᆨ노취라 니별낭군 ᄯᅥ난 후의 이군불ᄉᆞ 본을 받다 이부불경 ᄒᆞ랴 ᄒᆞ고 이 마음을 굿게 먹어 이 셰상을 하직ᄒᆞ여 이비의 졀을 ᄯᆞ라 이월 한식 ᄀᆡᄌᆞ츄의 넉슬 위로ᄒᆞ오리라. 삼광은 텬상이라 삼싱이 굿은 인연 삼츈 ᄀᆞᆺ치 기러시니 … 중략 … ᄉᆞᄯᅩ라도 ᄉᆞᄃᆡ가셔 다 보시고 ᄉᆞ시장츈 외와 넓어 ᄉᆞᄇᆡᆨ년 동방례의롤 ᄉᆞ괴둥의 박앗거늘 … 중략 … 오륜힝실 직흰 날을 오히려 모ᄅᆞ시니 오월비상 나의 함원 오ᄌᆞ셔의 동문결목 ᄀᆞ치 오ᄆᆡ의 ᄉᆞ못치니 … 중략 … 뉵출긔산ᄒᆞ던 져갈무후라도 뉵일산 못죽이고 뉵출긔계 진평이도 뉵가의 말을 드러시며 뉵상산 진도람도 뉵경

뉵갑 못부렷고, … 중략 … 십악디죄를 범ᄒᆞ엿나 십니 강산에 십면미복을 만나고나. 십월광풍 낙엽깃고 십니댱졍 뉴ᄉᆞ깃튼 이 인싱 십년셩취 월왕깃치 십싱구ᄉᆞ 홀지라도 …후략… 21)

신임사또가 춘향에게 수청을 계속해서 강요하자 피할 길이 없다는 것을 알고 죽을 각오를 하면서 대드는 대목이다. 춘향은 자신이 이도령을 위해 수절을 하겠다는 의지를 표명하는데, 일부터 십까지의 숫자를 이용했다. 사실 그 내용은 동일하게 자신의 수절 의지를 표현한 것이지만 숫자를 활용하고 있다는 점 때문에 춘향의 정서와 의지가 점차 고조되고 있다는 느낌을 받게 된다.

점층은 진행과 상승의 속성을 지니고 있기 때문에 이런 속성을 잘 보여주는 시간의 흐름과 숫자의 증가를 들었을 뿐 점층의 방식은 이 외에도 많다. 앞서 거론했던 지위의 상승이 그것이고, 범위의 확대나 대상의 증가 등의 내용을 통해서 정서적 상승을 도모하기도 한다.

4) 글자의 유희적 사용

『남원고사』의 사설 중에는 글자를 유희의 대상으로 삼은 경우가 많다. 그

---

21) 위의 책, 1979, 283 - 286쪽. 다른 계통본의 춘향전에는 신임사또가 수청을 거부하는 춘향에게 곤장을 칠 때 이에 저항하면서 십장가를 부르는 대목이 있다. 이를테면 신학균본 별춘향가에서는 '일편단심 먹은 마음 일부종사 하잿더니 일조 낭군 이별 후에 일년 채 못되어 일치성문 웬일이요. 둘째를 치니 이성지합 부부 맺아 백년해로 하옵기는 도련님뿐이오니 분부시행 못하겠소. 셋째를 치니 삼한갑족 양반서방 삼생연분 맺을 때 삼재가 들었던가. (… 후략 …)'라는 내용으로 구성되어 있고, 병오판 열녀춘향수절가에서는 '일부종사 ᄒᆞ올년이 일심으로 구더쓰니 일역으로 ᄒᆞ오리가. 불경이부 이ᄂᆡ 심사 이 ᄆᆡ 막소 죽인ᄃᆡ도 이도령은 못 잇것소. 삼종지도 듕ᄒᆞᆫ 범 삼강 오륜 알어쓰니 삼치형문 졍비ᄒᆞ여도 분부시힝 못ᄒᆞ것소 (… 후략 …)'라는 내용으로 구성되어 있는데 모두 이와 같은 효과를 보여준다.

중의 대표적인 것인 동음이의어를 이용한 말장난이다. 춘향과 이도령이 첫날 밤을 지내며 칠현금에 맞추어 부르는 노래 중의 하나로 덕이란 글자로 가지고 서로 놀이를 하는 대목이 있다. 이른바 덕운가라고 하는 내용이다.

> 세상 ᄉᆞ람 삼겨나셔 덕 업시는 못ᄒᆞ리라. 천황시 목덕이오, 지황시 화덕이오, 인황시 수덕이오, 교인화식 수인시덕, 용병간과 헌원시덕, 상백초는 신롱시덕, 착산통도 하우시덕, 시획팔괘 복희시덕, 당태종의 울지경덕, 셔량명당 방덕이오, 삼국명당 댱익덕, 활달대도 뉴현덕, 난세간웅 됴밍덕, 유슌풍조 하ᄂᆞ님덕, 국틱민안 님군의 덕, 붕유유신 벗의 덕, 말년영화 ᄌᆞ손의 덕, 몹쓸놈의 비은망덕 좌편놈의 홈의 덕 우편놈의 원두덕 단단한 목덕이오, 물넝물넝한 슉덕 이덕져덕 다 후루치고 벌덕벌덕 먹으리라.[22]

위의 내용 중에는 '천황시 목덕이오, 지황시 화덕이오, 인황시 수덕이오' 처럼 함께 거론되는 것이 수긍되는 경우도 있지만, '울지경덕' · '방덕' · '댱익덕'이나 '하ᄂᆞ님덕' · '님군의 덕' · '비은망덕'의 경우처럼 하나로 묶일 만한 공통점이 없는 경우도 있다. 더군다나 '이덕져덕 다 후루치고 벌덕벌덕 먹으리라'는 대목에 이르러서는 아예 德이라는 개념도 없다.

그러니까 위에 등장하는 여러 요소들은 특별한 인과 관계 때문에 결합된 것이 아니라 같은 소리를 지녔다는 이유만으로 한 공간에 모인 것이다. 동일한 글자, 혹은 동일한 소리를 이용하여 일종의 유희를 즐긴 것이다. 이도령과 춘향이 첫날밤에 함께 부른 因자 타령과 緣자 타령 역시 동일한 원리로 구성되어 있다. 이런 구성 방식은 춘향 이야기의 전체 내용 중 적지 않은 부분을 차지한다.[23]

---

22) 위의 책, 1979, 163쪽.

이는 대개 놀이나 해학, 혹은 풍자를 목적으로 하는 경우가 대부분인데, 형태로 보면 한자를 이용한 경우, 우리말을 이용한 경우, 덕음가처럼 우리말과 한자가 섞인 경우가 있다. 소리의 동일성으로 보면 소리가 완전히 동일한 경우도 있고, 소리가 비슷한 경우도 있다. 춘향과 이도령이 첫날밤을 보내는 장면 중에 다음과 같은 내용이 있다.

> 아셔라 물너거라 세상의 ᄉᆞ람 되고 삼강오륜 모를소냐. 셔울은 한강이오, 평양 ᄃᆡ동강 공쥐 금강이 상강이라 일넛고, 셔울 벼슬에 한셩부 판윤 좌윤 우윤, 경상도 경쥐 부윤 평안도 의쥬 부윤 이거시 오륜이니 ᄂᆡ 엇지 모를소냐? ᄂᆡ 똘되기 원통커든 ᄂᆡ가 네 아들이 되잣고나.[24]

이도령이 술에 취하고 흥에 겨워서 춘향이를 자신의 딸로 삼겠노라고 하자. 춘향이 삼강오륜이 있는데 어떻게 그럴 수가 있느냐고 힐난하니, 이도령이 횡설수설하는 가운데 등장하는 사설이다. 이도령은 삼강을 한강, 대동강, 금강을 꼽았고, 오륜을 한성부의 3윤과 경주와 의주의 부윤을 합쳐서 오윤을 꼽았다. 三綱五倫을 소리가 비슷한 三江과 五尹으로 바꾸어 유희를 즐긴 것이다.

이런 일을 꼭 한자로만 구성된 것은 아니다. 우리말로도 소리가 유사한 경우를 이용하여 사설을 구성한 경우도 있다. 역시 이도령과 춘향이 서로 노는 장면의 하나이다.

> 져 웃둑 셧는 거시 ᄡᅡ기질군이냐? ᄃᆡ답ᄒᆞᄃᆡ, ᄉᆞ람이 아니라 거문고오.

23) 위의 책, 1979, 168 - 169쪽.

24) 위의 책, 1979, 148쪽.

거문고라 ᄒᆞ니 옷칠ᄒᆞᆫ 괴냐 먹칠ᄒᆞᆫ 괴냐? 거문 거시 아니라 타는 거시오. 타는 거시라 ᄒᆞ니 잘 타면 하로 몃니나 가는냐? 그러케 타는 거시 아니라 쁘는 거시오. 종일 잘 쁘드면 몃조각이나 쁘ᄂᆞ니? 그러케 쁘는 거시 아닐, 손으로 쥴을 희롱ᄒᆞ면 풍뉴 소릐 난다 ᄒᆞ오.[25]

방 한쪽에 세워둔 거문고를 보고 이도령이 싸개질꾼이냐고 묻자, 춘향이 거문고라고 말했다. 그러자 이도령은 무슨 칠로 검게 만들었냐고 묻었다. 춘향이 검은 것이 아니라 줄을 타는 거문고라고 하니, 탄다는 말을 말과 같은 것을 타는 것으로 이해했다. 춘향이 말을 바꾸어 뜯는 것이라고 하자, 천을 몇조각이나 뜨냐고 묻었다.

이도령은 거문고를 검은 것, 타는 것(弄絃)을 타는 것(乘), 뜯는 것(彈)을 뜨는 것(縫)으로 이해했다. 우리말의 비슷한 소리를 이용하여 취중 놀이를 즐긴 것이다. 이렇게 의미상 다른 두 가지가 결합된 것은 단순히 소리가 같거나 유사하기 때문이지만, 때때로 글자의 유희는 연상과 숫자를 활용하여 이루어지기도 한다.

연상과 나열

글자를 유희의 대상으로 삼아서 구성된 사설 중에는 대개 특정 글자의 의미를 풀이하는 말을 수식어로 사용하여 문학적 흥취를 만들어내는 경우가 있다. 대표적인 것이 천자풀이나 기생점고와 같은 대목이다. 보통 천자문을 읽을 때는 하늘 천 따 지의 경우처럼 훈과 음을 함께 읽는다. 그런데 남원고사에 수용된 천자풀이에는 각 글자를 연상시키는 수식어가 길게 붙어 있다.[26]

25) 위의 책, 1979, 148 - 150쪽.

26) 이런 표현 방식을 연상이란 개념으로 정리한 것은 김현주다. 김현주, 앞의 글,

ᄌᆞ시에 싱텬ᄒᆞ여 광대무ᄉᆞ부 ᄒᆞ니 호호탕탕 하늘 텬, 튝시에 싱디ᄒᆞ여 오힝을 맛타이셔 만물창싱 ᄯᆞ 디 츈풍세우 호시절의 현됴남남 감을 현, 금목슈화토 오힝 즁의 듕궁을 맛타시니 토지정식 누루 황, … (중략) … 요간부상 삼빅척의 번 듯 도드니 날 일, 일낙함디 날 져물고 월츌동녕 달 월, 동원도리편시춘의 낙화분분 출 영, 미식 불러 슐 부어라 넘쳐간다 기울 칙, 하도냑셔 잠간 보고 일월셩신 별 진, … (중략) … 금풍이 소슬ᄒᆞᆫ디 엽낙오동 가을 츄, 님이 손슈 지은 농ᄉᆞ 뉘 손디여 거둘 슈, 츈하츄동 다 보ᄂᆡ고 낙목한텬 겨으 동, 그리ᄂᆞᆫ 님 언제 올고 온갓 의복 감츌 장, (후략)[27]

첫 구절을 보면 '자시에 생천하여 광대무사부하니 호호탕탕 하늘 천'이라고 했다. 하늘 천자를 설명하는데 자시에 생천했다는 말과 '광대무사부하니 호호탕탕(넓고 커서 사사로이 덮는 것이 없으니 아득하고 거칠 것이 없다)'이란 말을 사용했다. 특정한 글자가 연상시키는 이미지를 그 글자를 수식하는 말로 활용한 것이다. '일낙함지 날 저물고 월출 동령 달 월'와 같은 경우도 이에 해당한다.

또한 黃을 묘사하는 대목에서 '금목수화토 오행 중의 중궁을 맡았으니 토지정색 누루 황'이라는 표현은 黃을 오행의 관점에서 설명하면서 오행 중에 가운데 방위를 맡은 토의 빛깔이요, 정색이기 때문에 그 내용을 黃과 결합시켰다. '금풍이 소슬한대 엽낙오동 가을 추, 손수 지은 농사 뉘 손대어 거둘 슈'와 같은 경우도 마찬가지다.

글자의 유희는 의미의 연상 작용을 이용하는 경우와 함께 소리의 유사성이

1998, 26 - 29쪽.

27) 위의 책, 1979, 155 - 156쪽.

나 동질성을 이용하는 것이 가장 일반적이다. 이도령이 헤어지기 싫어하는 춘향을 달래는 부분에 갑자기 구구 풀이를 이용한 사설이 등장한다. 자신이 춘향을 찾아올 것이라는 말을 하면서 일부터 구까지의 숫자를 이용하여 춘향을 달랬다.

> 니도령 니ᄅᆞᆫ 말이,
>
> "업다, 츈향아 말 듯거나. ᄋᆡ고 츈향아 말 듯거라. 모든 간장이 다 녹ᄂᆞᆫ다. 일시니별 쉷거ᄆᆞᄂᆞᆫ 언마되리. 두고 가ᄂᆞᆫ 나의 모양 어이구러 그음ᄒᆞ리? ᄒᆞᆫ 가지로 갈 ᄆᆞ음이 블현ᄃᆞ시 잇것나ᄂᆞᆫ 경셩으로 올나가면 긴치 아닌 친척드리 공연스레 공논ᄒᆞ되, 아희놈이 작쳡ᄒᆞ여 학업젼폐ᄒᆞᆫ다 ᄒᆞ고 호젹밧긔 도리광이 ᄒᆞᆯ 거시니 여ᄎᆞ고로 ᄯᅳᆺ과 갓지 못ᄒᆞ고나. 잘ᄉᆞᆫ 참아 슈삼년만 견ᄃᆡ여라. 밤낫으로 공부ᄒᆞ여 입신양명ᄒᆞᆫ 연후의 너를 ᄎᆞᄌᆞ 올 거시니 부ᄃᆡ부ᄃᆡ 잘 잇거라. 구구팔십 일광노는 녀동빈을 ᄯᆞ라가고 팔구칠십 니젹션은 ᄎᆡ셕강에 완월ᄒᆞ고 칠구뉵십 삼노공은 한퇴조를 ᄎᆞ세ᄒᆞ고 뉵구오십 ᄉᆞ호션싱 상산의셔 바둑두고 오구ᄉᆞ십 오ᄌᆞ셔ᄂᆞᆫ 동문의 눈을 걸고 ᄉᆞ구삼십 뉵손이ᄂᆞᆫ 팔진도의 ᄡᅡ혀있고 ᄉᆞᆷ구이십 칠셩단의 졔갈졔풍 ᄒᆞ엿잇고 이구십 팔션녀ᄂᆞᆫ 셩진이가 희롱ᄒᆞ고 일구 굴원이ᄂᆞᆫ 멱나수의 ᄡᅢ져시니 너도 널녀 되랴거든 삼강슈의나 ᄡᅢ지여라. ᄂᆡ 말을낭 다시 마라. 당부일언이 즁천금이라. 텬지ᄀᆡ벽ᄒᆞ고 산천이 즐변ᄒᆞᆫ들 금셕ᄀᆞᆺ튼 ᄂᆡ 마음이 현마 너를 니즐소냐?"[28]

구구풀이 숫자 놀이는 일에서 구까지의 숫자를 이용하여 구성되어 있다. 구구단으로 일부터 구까지의 숫자를 끄집어내고, 각 숫자를 이용하여 해당 숫자로 시작되는 사설을 전개했다. 구구팔십일에서 일이란 숫자를 끄집어내

28) 위의 책, 1979, 187 - 188쪽.

고, 그 일을 이용하여 일광노(한 미친 노인)는 여동빈을 따라갔다는 내용을 구성한 것이 그것이다. 여기에서 숫자는 점층적인 구성이 아니라 단순히 나열을 위한 도구로 사용되고 있다.

이 부분에는 내용상 불필요한 것도 있다. 한 미친 노인이 여동빈을 따라가고, 이백은 채석강에서 달구경하고, 제갈양이 동남풍을 불게 하고, 성진이 팔선녀를 희롱한 것이 자신을 기다려 달라고 위로하는 것이 그것이다. 더욱이 굴원이 멱라수에 빠져죽었으니 너도 열녀가 되려면 삼강수에 빠지거라 하는 대목에서는 아연 실색하게 만든다.

그러나 내용이 이렇게 구성되어 있으면서도 이 부분이 존재하는 것은, 이 부분이 단순히 소리의 유사성과 동일성을 이용하여 흥취를 만들고 그것을 즐기기 위한 유희적 자료이기 때문이다. 일부터 구까지의 숫자가 내용상 일정한 관계로 엮인 것이 아니라 유희의 재료를 나열한 도구로서 사용된 것이다.

3. 맺음말

본고는 삽입가요와 삽입가요적 사설을 대상으로 하여 그것이 어떤 원리에 의해 구성되었는지를 살피려고 하였다. 단순히 문장 차원의 수사법을 따져보는 것을 넘어서 사설 단위의 삽입가요를 분석대상으로 삼았다. 그 결과 기존의 논의들이 지적했던 사항을 일부 수용하면서도 이와는 다른 몇 가지 내용이 정리되었다.

첫째는 묘사의 세분화와 전형성이다. 치레니 사설이니 하는 묘사 위주의 삽입 가요들은 대략 묘사 부분을 세분화하는 특징을 보이는데, 이것이 그 대상의 개성적인 면모를 드러내기보다는 오히려 그 반대의 결과를 유발시켰다. 그것은 묘사의 내용이 과장되거나 관념적인 특성을 보임으로써 몰개성적인 형상이 되었기 때문이다. 묘사의 내용이 전형적인 모습을 지님으로써 실재성을 상실하게 된 것이다.

둘째는 동일한 정서의 반복, 곧 회탕이다. 『남원고사』의 다른 부분에서는 동일한 정서를 반복해서 표현하는 내용이 자주 등장했다. 이들은 때로는 동일한 언어를 반복하는 경우도 있지만 대부분 정서는 동일하되 언어 표현은 변형시킴으로써 화자의 정서를 극진하게 전달한다. 동일한 정서를 반복하기 위해서 주로 비유, 대조, 인용 등의 방식이 자주 동원되는 것도 확인되었다.

셋째는 상황이나 정서의 고조 곧 점층이다. 『남원고사』의 어떤 내용들은 상황이나 정서를 점차적으로 고조시키는 내용으로 구성되어 있다. 점층은 그 내용이 진행적인 속성이 있기 때문에 이런 구성을 위해서 주로 대상의 확대, 동작 진행의 방식을 쓰거나 숫자의 증가를 이용하는 방식을 사용하는 것을 확인할 수 있었다.

넷째는 글자의 유희적 사용이다. 『남원고사』의 여러 부분에서 글자의 유희적 사용의 예가 꽤 자주 발견되었다. 그것은 대개 소리와 의미가 같거나 비슷한 글자들을 이용하여 단순한 흥취를 만들어내는 부분에서 주로 사용되었다. 이 구성 방식에서 의미가 비슷한 경우는 연상의 성격을 지닌 것으로, 소리가 비슷한 경우는 나열적 성격을 지닌 것으로 분석되었다.

이외에도 다루지 못한 내용이 있다. 그 중의 하나가 완곡의 방식이다. 『남원고사』에서 방자가 구경처를 소개하는 대목이 있다. 그런데 이 부분에서 방자는 여러 군데 다른 명승지를 거론한 후에 마지막에 광한루를 거론한다. 이것은 에둘러서 돌아가는 방식이다. 이런 방식에는 지식의 나열에서 오는 미학적 쾌감이 동반되어있을지도 모른다.

또한 문답 형식의 방식으로 완곡의 구성 방식을 보여주는 것도 있다. 춘향이를 소개하는 대목처럼 문답 형식의 추천과 부정으로 점차 범위를 좁혀나가면서 마지막 목표점에 도달하는 것이 그것이다. 이 경우는 스무고개나 추리적인 요소가 가미되어 있다. 뿐만 아니라 긴장과 이완의 미감을 넘어서서 새로운 사실에 대한 자각과 흥미 유발의 효과도 얻었다.

시구와 인물, 고사와 인물의 조합한 유희 역시 자주 발견된다. 바리가의 경우가 그것이다. 바리가는 문장가, 영웅호걸, 충신열사를 노래하는 것이기 때문에 그 내용상 시구와 시인을 연결시키기도 하고, 다른 한편에서는 고사와 인물을 연결시키기도 했다. 이는 앞에서 글자의 유희와는 또 다른 형식의 유희적 연상이다. 이런 부분도 다루지 못했다.

춘향전 창극본의 문체적 특성 연구

국립창극단 제16회 공연본을 중심으로

문홍구

1. 서론

창극은 창을 기본으로 하는 우리 고유의 판소리를 배역에 따라 각각 분창하여 무대화시킨 전통 연희극이다. 창극은 판소리의 아름다운 창에서 우러나오는 들을거리와 연극, 무용, 무대 장치, 관현 반주 등 극적인 성격을 부각시킨 볼거리를 적절히 배합한 종합적인 무대예술이다. 또 창극은 복합성과 개방성이 강한 전통 판소리 형식에 극의 기법을 접목시킨 연극양식으로 음악, 특히 성악의 소리가 주가 되며 비현실적 환상성, 인물의 전형성, 결말의 상투성이 강하다. 그리고 도덕성과 윤리성을 표면에 내세우지만 사회의 그늘을 조명하여 모순을 고발하는 풍자성이나 토속적이고 감각적인 언어 표현의 해학성도 풍부하다.[1)]

이러한 창극의 전형을 출현 가능하게 한 작품이 춘향전이다. 춘향전은 20세기 벽두에 실내 극장이 설립되고, 중국의 경극 등 다른 극 양식과 접촉하는 과정에서 형식적 변모를 보인다.[2] 그리하여 구성적 변용으로 판소리 춘향가는 분창화가 촉진되고, 무대예술을 지향하는 연희 방식으로 변모하게 된다.

춘향전 창극본은 판소리 춘향가의 기본 서사구조와 희곡성을 결합하고 있으며, 춘향전은 무대예술로서의 창극 정립에 선도적 역할을 지속적으로 담당해 오고 있다.[3]

본고에서는 춘향전 창극본의 문체적 특성의 고찰을 통하여 다른 갈래와의 변별성과 차별성을 노정해 보고자 한다.

2. 창극의 형성

창극의 뿌리는 조선조 숙종년간에 성립된 판소리에 있다. 판소리는 팔대명창의 황금시대를 누리다가, 철종년간에는 이론가 신재효가 나와 사설의 개작을 통해 상층 문학과의 거리를 좁히고, 여성을 창자로 동참시키는 등 교육의 혁신을 가져와 시대적 전환의 토대를 마련한다.[4]

고종 때 협률사가 설립된 후, 판소리 명창들은 대중의 변화 요구를 충족시키기 위한 새로운 형식을 모색하여 초기 창극인 대화창 형식을 개발한 것이

---

1) 설성경, 「판소리 사설의 굴절과 근대로의 여행」, 한국고전문학회편, 『근대문학의 형성과정』, 문학과 지성사, 1983, p.227.

2) 유민영, 『개화기 연극 사회사』, 새문사, 1987, pp.37～38

3) 김창용, 「창극의 위상을 위한 시론」, 『원우론집』, 1982, pp.10 - 11

4) 유기용, 『판소리 8명창과 전승자들』, 창작과 비평사, 1978, p.52.

다. 한편 원각사 등을 통한 창우들의 연희 개량 사업은 판소리가 지니고 있던 극적 바탕을 살려 무대극화를 이루었다. 여기에는 청계천 청국인 거리의 경극을 관람한 강용환, 이동백 등의 명창들이 다인창, 또는 분창 기법의 방법을 터득한 것이 판소리의 내적 발전 의지와 더불어 창극 탄생에 영향력으로 작용한다.[5]

초기의 대화창은 원각사 시대부터 한 걸음 더 발전하였지만, 남녀역을 남녀명창이 맡고, 배역에 다라 의상을 갖추는 정도였다. 공연물도 춘향가, 심청가 등으로 한정되었기 때문에 이를 극복하기 위해 탐관오리의 횡포와 양민의 고난에 얽힌 실화 최병도 이야기와 같은 신작 창극인 이인직의 은세계가 1908년 공연되었다.[6] 그러나 원각사의 문을 닫게 되자 창극인들은 연고에 따라 흩어지며 감창환 협률사, 송만갑 혈률사 등을 만들었지만 일본 신파극에 밀려 곧 해체되었다. 이러한 환경 속에서도 창극은 신파극의 외형적 영향을 받으며 조금씩 변모하여, 1910년에는 화폭 배경의 무대장치, 소도구의 활용이 늘어갔다.

창극이 쇠퇴 일로에 있던 1933년에는 김종익의 후원으로 김창환, 송만갑, 이동백, 강용환 등은 조선성악연구회를 조직하여 창극 활동을 재개하였다. 조선성악연구회는 이듬해 전속 극단으로 창극좌를 두고 본격적인 활동을 전개하며, 춘향전을 비롯하여 심청전, 흥보전, 별주부전 등을 공연하였다. 이때 연극 전용 극장인 동양극장이 세워져 창립 공연으로 정정렬의 춘향전을 무대에 올리는 등 새로운 분위기를 만든다.

---

5) 박황, 『조선창극사』, 백록출판사, 1976, p.17.

6) 박황, 『민중연극으로서의 창극』, 예술계, 1987. 6, pp.210 - 211.

이어서 창극단 화랑, 동일 창극단, 반도 창극단 등이 생겨나 활동했고, 1942년에는 창극좌가 화랑과 합쳐져서 조선창극단을 만들었다.

1940년대의 암흑기에는 창극도 크게 위축되어 겨우 명맥만 유지하다가 광복과 함께 1945년에 국악원이 창립되어 창극 재건 운동의 구심점이 되었다. 국악원은 산하에 국극사 등의 창극단을 두고 공연 활동을 하였고, 이듬해에 김연수 창극단, 조선 창극단, 국극협단 등이 생겨나자 리얼리즘극을 익힌 전문 연출가 박진, 이원경, 이진순 등이 새로운 활로를 찾았다.

1962년에는 국립창극단이 창립되었고, 창극정립위원회가 조직되어 창극의 전통연극화를 현금에 이르기까지 모색해 오고 있다.

3. 창극 춘향전의 통시적 검토

춘향전을 통한 창극 정립화 노력은 20세기 벽두부터 현금에 이르기까지 지속되고 있다.[7] 춘향전의 창극화 양상을 통시적으로 검토해봄으로써 창극 춘향전의 역사적 전개과정을 살펴볼 수 있을 것이다.

1903년 강용환 명창은 판소리 춘향전을 최초로 창극화하여 원각사 무대에 올렸다. 그러나 이 공연에서는 무대장치가 마련되지 않았다. 평면적 무대에서 명창들에 의한 대화창 형식의 공연이 이루어진다.

1914년 지송옥은 이해조의 옥중화를 저본으로 하여 창극대본 <증상연예 옥중가인>을 창작하였다. 판소리 춘향가의 면모를 실증적으로 보여준 작품

7) 박황, 『조선창극사』, 백록출판사, 1976.

이었으나 신파극적 특성을 다분히 노정한 것이다.

1935년 조선성악연구회의 정정렬은 <춘향전>을 편극하여 동양극장에서 공연하였다. 무대조건을 거의 구비하였고, 이전의 창극본 보다 대사의 양적 확대를 도모한 작품이다.

1962년 박황은 <춘향전>을 <대춘향전>으로 각색하였다. <대춘향전>은 국립창극단 제1회 공연본으로 국립극장에서 공연하였다. <대춘향전>은 창극 춘향전의 연극성을 관객들에게 인식시키는 중요한 계기가 된 작품이다.

국립극장 창극정립위원회에서는 1970년 옥중화계의 <춘향전>을 저본으로 하여 국립창극단 제14회 공연본 - <창극 춘향가>를 국립극장에서 공연하였으며, 1971년에는 별춘향전계의 <춘향전>을 저본으로 하여 국립창극단 제16회 공연본 - <창극 춘향전>을 국립극장에서 공연하였다. 이 두 작품은 춘향전을 창극화하여 전통연극의 정립을 모색하려는 창극정립위원회의 의지를 보여주는 작품이다. 특히 국립창극단 제16회 공연본 - <창극 춘향전>은 현대극적 특성과 조화로운 결합을 모색한 작품이다.

1976년 국립창극단 제 24회 공연 - <춘향전>은 소리에 치중한 연출로 주요 배역에 신인들을 과감하게 기용하고 노련한 창자를 조역으로 배정하여 신인 소리꾼의 소리를 많이 제공하고자 한 작품이다.

1978년 국립창극단 제29회 공연 - <춘향전>은 3대 창극의 연창공연으로 판소리와 창극을 함께 제시하는 감상의 비교 제시를 추구한 작품이다.

1981년 국립창극단 제35회 공연 - <춘향>은 아시아 민속 예술제에 참가하는 첫 해외공연이므로 외국인들을 위한 인간의 본질 문제를 음악성과 만날 수 있도록 구성한 작품이다.

1982년 국립창극단 제3회 공연 - <춘향전>은 완판창극을 부제로 내세우며 완창성을 1차로 추구한 작품이다.

1988년 국립창극단 제66회 공연 - <춘향전>은 창극 춘향전의 명작화, 양식화를 위하여 창극의 전통적 가치, 문학적 가치, 연극적 가치를 구현하고자 한 작품이다.[8)]

특히 1980년대의 <창극 춘향전>들의 특성은 전통극의 현대화를 위해 판소리의 본질을 살리는 현대연출로 창극의 방향성을 잡아 판소리의 서민적이고 격조 높은 해학성을 되살린 것이다. 그리고 토속의 리듬을 가미시키고 합창과 전통적 춤사위의 도입으로 창극다운 맛을 높이며 연극적 미감을 추구한 것이다. 또한 무대장치는 소나무, 십장생도 등으로 양식화를 시도하여 판소리 무대를 연상시키는 속에 우아한 분위기를 조성하여 창극의 품위를 격상시키고자 한 것이다.

1993년 국립창극단 제68회 공연 - <춘향가>는 극의 템포에 활기를 주고 내용의 중첩을 피해 생동감을 이끌어내기 위하여 대담한 압축을 하였고, 도창을 극중으로 끌어들여 극적 전개의 중단을 극복했다. 특히 여러 유파의 더늠을 적절하게 수용하여 판소리 음악의 예술성을 그대로 살린 작품이다.

1996년 5월 국립창극단 제89회 공연 - <대춘향전>은 국립관현악단 협연으로 음악성의 분위기를 교체하였고, 춘향의 성격을 진취적이며 능동적으로 해석하여 현대적 감각을 살렸다. 월매의 적극적인 활용으로 단선적 갈등구조의 단조로움을 피하고 군중 장면으로 전통마당극의 탈무대적 역동성을 수용했으며, 군무, 조화로운 반주, 도창의 극중 도입, 내용의 과감한 축약 등으로 볼거리를 통한 재미있는 극으로 구성한 작품이다.

1996년 12월 국립창극단 제91회 공연 - <춘향가>는 무대 자막을 활용하여 극의 진행을 관객에게 효율적으로 제공하여 향수력을 높이는 데 초점을

---

8) 한명희, 「창극 정립을 위한 하나의 원천적 물음」, 『문화예술』, 1989, 10월, pp.14 - 15.

맞춘 작품이다.

1998년 2월 국립창극단 제 95회 공연 - <완판장막창극춘향전>은 그간의 실험을 토대 삼아 21세기형 춘향전을 도모한 것이다. 6시간에 이르는 완판장막창극은 20세기 춘향전의 종결판에 해당되는 완성형 창극물이다.

2 - 3시간여의 창극에서 채 담지 못하던 유명 더늠을 창극 속에 완벽하게 재현하여, 전 바다의 생명을 고스란히 살려 음악성을 최상으로 끌어올림에 초점이 있다. 특히 소리의 형상력을 더욱 높여줄 농촌의 민속적 배경을 주축으로 한 화려한 무대, 군무, 합창 등의 장관은 창극의 화려한 멋과 웅자한 소리의 맛을 함께 향수하도록 한 것이다.[9)]

이상에서 약 1세기 동안의 창극 춘향전의 전개과정을 통시적으로 살펴보았다. 창극 춘향전은 초창기에 대화창의 수준에서 출발한 것이다. 하지만 성립기에는 연극 등 제반 연희물과 결합하여 무대예술로 발전한 것이다. 현금에 이르러서는 판소리의 창, 연극, 무용, 영상예술, 관현악 등이 합쳐진 종합예술적 형태의 연희극으로 변화하고 있다. 이것은 독창적이고 창조적인 전통연희극의 창출을 도모하여 창극을 정립하고 창극의 생명력을 확대하려는 부단한 활로의 모색이다.

본고에서는 국립창극단의 창극정립위원회가 창극 정립에 가장 큰 심혈을 기울이기 시작했던 1971년의 제16회 공연본 <창극 춘향전>에 논의의 주안점을 두고 있다.

---

9) 설성경, 「춘향전 특별자료전」, 연세대 국학연구원, 1998, p.61.

4. 창극 춘향전의 특성

1) 극으로서의 특성

창극 춘향전은 무대예술을 지향하기 때문에 극으로서의 특성을 지니게 된다. 본고에서는 극으로서의 창극 춘향전의 특성을 개략적으로 살피어 보고자 한다.

첫째, 창극 춘향전의 무대는 사실적이고 장식적이다. 즉 창극의 극중 공간은 시각적으로 표현하게 되는 것이다. 판소리에서는 공연공간이 일상공간이다. 그러나 창극에서는 공연공간이 무대공간으로 변화된다. 이러한 변화는 등장인물의 행동이 극중공간에서 설정되는 상황을 반영한 것이다. 판소리 창자는 다양한 역할을 한다. 하지만 창극의 창자는 무대 위에서의 맡은 역할만을 수행하게 되어 단순화된 기능을 하게 되는 것이다. 요컨대 창극 춘향전이 무대극화 되면서 창자의 역할과 기능에 따라서 무대장치가 사실적으로 변화되는 것은 극적 분위기를 연출하고자 하는 것과 관련이 깊다.

둘째, 창극 춘향전에서의 고수의 역할은 축소·변질된다. 즉 추임새와 효과음악을 담당하는 악사의 기능만으로 변모되는 것이다. 북 이외의 반주악기가 사용되면서 효과음악이 풍성해지는 데 이것은 여러악기의 연주에 의한 음악적 효과가 새롭게 강화되는 것을 의미한다.

셋째, 창극 춘향전에서는 서사적 내용이 등장인물 중심으로 재편되어 행동의 구체화, 대화 및 몸짓 표현의 증대, 합창의 설정 등이 가능해져 등장인물의 연극적 표현 양식이 다양화되어 가는 것이다. 이것은 창극에서 등장인물의 연기력을 중시하게 됨을 뜻한다.

이상에서 살펴본 것처럼 창극 춘향전의 무대, 효과, 등장 인물의 연기력 중시는 극으로서의 특성을 보여주는 것이다.

2) 희곡으로서의 특성

창극 춘향전은 음악적, 연극적 요소 뿐만 아니라 창극본으로서 희곡적 특성을 포괄하고 있다.

본고에서는 창극 춘향전을 희곡의 구성 요소와 관련지어 그 특성을 간략히 살피어 보고자 한다.

첫째, "해설"의 기능과 역할을 담당하는 구성요소들을 살펴 볼 수 있다. 창극 춘향전에서는 순수한 해설의 구성요소가 존재하지만, 도창자의 도창도 어느 정도 해설의 역할을 담당해 내고 있는 것이다. 도창은 서술자로서의 역할을 하는 데 극중 공간과 분리되어 독자적인 기능을 수행하는 것이다. 따라서 도창자는 극의 전개에 따라 배경과 상황에 대한 설명을 하기도 하고, 사건의 경과를 축약시켜 보고하여 다음 장면을 예고하는 등 해설자로서의 경사된 역할을 하는 것이다.

둘째, "지문(바탕글)"이 나타나 있다.

창극 춘향전은 판소리와는 달리 일정한 무대공간에서 여러 인물이 제각기 다른 역할을 하게 되어 창이나 대사 이외에도 등장인물의 행위 변화를 통한 내용 전달이 가능하게 되는 것이다. 따라서 춘향전 창극본은 몸짓 표현으로써의 "지문(바탕글)"이 양적으로 증가하게 되는 특성을 보인다. 이것은 춘향전 창극본의 희곡성을 심화시키는 요인이 된다.

셋째, "대사"가 명시적으로 드러나 있다.

창극 춘향전은 등장인물의 역할이 분화되어 있다. 무대가 사실적으로 변화되면서 인물의 행동과 대화의 디테일이 중요시 된 것이다. 이것은 사실주의적 연기술의 강화로 볼 수 있다. 창극 춘향전은 '판소리' 위주에서 대사 본위의 희곡적인 창극으로 새로운 형태의 양식을 창출한 것이다. 이러한 진전은 창극본에 희곡성이라는 문학적 측면이 작품의 구조 속으로 점차 확대되는 현상이다. 판소리가 창극으로 변모하는 과정에서 가장 큰 변화는 대사의 양이 증가했다는 것이다. 이러한 변화는 판소리로부터 줄거리 대사 위주의 희곡성을 추구한 일반 대중의 요구를 반영한 것이라 할 수 있다. 이것은 관객들이 기존의 판소리에서 희곡성의 부재를 느낀다기 보다는 창극으로부터 희곡적 욕구를 만족시키려 한 측면으로 이해할 수 있다.

넷째, 춘향전 창극본은 무대 공연을 전제로 하여 창작된다. 따라서 사건의 전개에 따라 막과 장으로 구성되는 작품구조상의 특성을 드러내는 것이다.

이상에서 살펴본 것 처럼 창극 춘향전의 해설, 지문, 대사, 구성적 성격은 희곡문학적 특성을 보여주는 것이라 할 수 있다.

5. 춘향전 창극본의 문체적 특성

국립창극단 제16회 공연본 - <춘향전>[10]은 1971년 9월 29일~10월 4일까지 추석을 기하여 공연한 대본으로서 국립극장 창극정립위원회에서 편극한 것이다.

창극 춘향전은 판소리 춘향가의 전통을 계승하고 있다. 판소리가 가진 연극적 특성과 음악적 특성을 이어받은 춘향전 창극본은 서사전개상으로 판소리 춘향가가 가지고 있는 문체상의 美學과 무대예술로서의 희곡문학적 특징

10) 국립극장 창극정립위원회, <춘향전>, 국립극장, 1971.

을 함께 공유하여 춘향전 창극본 특유의 문체적 美學을 보이고 있다.

판소리 춘향가의 문체가 춘향전 창극본에도 계승되어지고 있지만, 창극 대본으로서의 성격상 희곡적 요소와 음악적 요소의 문체가 혼재하고 있는 독특함을 볼 수 있다.

희곡문학으로서의 춘향전 창극본의 구성상 요소인 해설, 대사, 지문을 통하여 문체상의 특성을 살펴보고자 한다.

첫째, 춘향전 창극본의 해설(무대지시) 은 순수한 해설 부분과 도창에 의한 해설 부분이 나타나는 데 순수한 해설 부분은 현대 사실주의 극의 해설적 성격과 일치하고 있어 무대설명, 각 막과 장의 관계 등을 사실적으로 설명해 주고 있다. 하지만 도창자의 도창에 의한 해설은 순수한 해설과는 거리가 있으나 어느 정도 해설의 역할과 기능을 담당해 주고 있는 것이다. 즉 도창자의 도창도 각 막과 장에서 무대 상황이나 인문의 상태를 설명해 주어 해설적 성격을 보여주는 것이다. 이 것은 춘향전 창극본의 해설적 요소가 가지고 있는 구성상, 문체상의 특성인 것이다.

① 순수한 해설은 文章記述上 비유나 상징과 같은 수사의 개입 없이 평서 문형으로 표현된다. 이것은 무대상황의 사실적 적시와 관련이 있다. 아래의 예문은 이를 잘 반증해 주는 것이다.

i) ◇ 導唱者 面幕 앞에 서서

ii) ◇ 導唱은 계속되고 李道令이 册房에 앉아 書案을 앞에 놓고 글을 읽다가 일어나서 왔다 갔다 하며 唱에 따라 움직인다.

iii) ◇ 3인은 순배로 마신다음 걷우어 치우고 담배를 피운다.

iv) ◇ 이도령 춘향의 옷끈을 끌러 발가락에 딱 걸고서 진드시 눌으며 지지개 쓰니 치마가 발길아래 떨어진다.[11)]

② 도창자의 도창에 의한 해설은 문장 시제가 대부분 현재 또는 현재진행형의 형식을 취하고 있다. 도창자는 현재의 시점에서 導唱으로 장의 문을 열어주는 도창을 하며, 도창을 통하여 사건과 사건의 실마리를 풀어주어 앞의 場과 후속의 場에 호흡을 맞추어 주는 역할을 하는 것이다. 이것은 무대지시와 인물의 형상, 인물의 동작 등을 사실처럼 형상화 하기 위한 통로가 된다.

③ 해설적 기능을 담당하는 도창자의 導唱은 唱의 전통을 잘 구현하고 있는 부분으로써 律文體的 특성을 보여준다.

도 창 숙종대왕 즉위초에 전라좌도 남원에는 부사로 오신 양반 삼청동이 한림이 도임하신 오륙삭에 정통인화 허 여 거리 거리 선정비라 사또 자제 도령님이 연광은 이팔인듸 얼골을 관옥이요. 풍채는 두목지라. 이 청련의 문자이요. 왕우군의 필법이라. 도량이 창해같고 지혜가 활달이라 위인이 조달하야 가위 호협기남자라.[12]

도 창 사또따라 나려와서 글공부만 심씨더니 하루난 일기화창 커늘 춘흥을 못이기어 문을 열고 둘러보니 안류난 의의하야 성근내를 띄었난 듯. 원산은 암암하야 맑은 기운 어리인 듯 공자왕손 벗님내들 담청들고 하난때라 속멋을 못금하야 방자를 부르것다.[13]

위의 예문에서처럼 도창의 율격적 특징은 음수율이 4·4조 또는 3·4조이다. 이것은 시조나 가사 등에 나타나는 바와 같이 고전 율문의 일반적 성격과 부합된다. 화려한 율문체는 口演되던 판소리 사설이 거의 그대로 정착된 결

11) 국립극장 창극정립위원회, 앞의 책.

12) 같은 책, p.3.

13) 같은 책, p.4.

과인 것이다. 아름답고 부드러운 율동을 지닌 언어는 춘향전 창극본의 도창에서 느낄 수 있는 창극적 美學이다.

④ 춘향전 창극본의 구성적 특성은 각장의 서두에서 도창이 이루어지고 終止 부분에서 대화글(대사)로 마무리 된다. 율문의 도창을 서두에 둔 것은 운문이 가지는 특유의 정서적 감흥을 의식한 것이다. 산문보다는 앞으로 전개될 사건에 대한 풍부한 상상력을 제공 하기에 알맞은 것이며, 그 정서적 깊이를 강조할 수 있다. 또한 대화체의 산문으로 각 장을 마무리 하는 것은 구체적이고 사실적인 무대상황의 제시를 위한 문체적 특성이다.

둘째, 춘향전 창극본의 대사는 판소리가 창극화 되면서 그 양이 점차 증가하는 특성을 보이고 있다. 이러한 점은 춘향전 창극본의 문체적 특성을 규명하는 핵심이 된다.

① 등장인물의 대사는 양면적 특성을 지닌 문체상의 형태이다. 그것은 등장인물의 대사가 담화를 위한 서사와 唱을 위한 율격체로써의 二重的 문체 구조를 의미하는 것이다. 따라서 율격의 존재 여부에 따라서 단형 대화문과 독창, 중창, 대화창을 위한 율문이 노정된다.

대사의 관념적 표현은 율문체 문장유형이며, 경험적 표현은 사실적 표현이 용이한 대화체 문장을 구사하여 독특한 문체미학이 형상화되고 있다. 판소리가 주로 고수를 상대로 한 대화 또는 담화라는 형식을 빌고 있는 데 비하여 춘향전 창극본은 등장 인물 상호간의 직접적 담화의 형식으로써 화자와 청장의 관계를 설정하여 대화체의 서사구도를 형성하고 있다. 그리고 대화는 관객이 이해하고 감상하며, 대사에 이어진 唱은 독백, 방백과 같은 연극미학적 기능을 담당하기도 하는 데, 다음에 제시되는 춘향의 고별가는 이를 실증적으로 보여준다.

춘 향 이별이 한이 있요. 어서 떠나시오. 부디 일로평안 하옵시오.(울음을 참는다)

이도령 오냐 부디 부디 잘있거라. 장모도 평안히 계시오.

향 단 안녕히 행차 하옵시오. (울며 허리 굽힌다)

이도령 모시고 좋이 있거라. 좋이 있거라. (퇴장)

◇ 춘향과 향단 바라보며 눈물 씼는다.

도 창 방자놈 사정없이 나귀를 채쳐 모니 뒤가 점점 멀어진다. 장림간에 섰는 미인 원광이나 보랴는데 대로변 에있는 나무 망안 조차 가리운다.

(춘향 그 자리에 풀석 주저 앉더니 퍼버리고 앉아 섧게 운다)

춘 향 가네 가네 하더니만 이제는 참 갔고나. 아이구 내 일을 어찌하냐. 집으로 가자하니 도련님 앉고 눕고 노 던 데와 오르내려 신 벗던 데 옷 벗어 걸던 데를 생각나서 어찌 볼거나. 죽자하니 모친이 계시고 살자하 니 고생이로다. 죽도 살도 못하는 이 인생 어이 하며는 좋을는지.

(춘향 수심에 잠겨 무대 전면으로 나오면 무대 후면은 상징적인 인물들이 해와 달 나무, 춘·하·추·동 눈이 나리고 등의 변화를 한국 고유의 민속적 혹은 무용적 표현으로 한다)

춘 향 하루 가고 이틀 가고 한달 가고 날 가고 달이 가고 해가 지낼수록 님 생각이 깊어 간다. 도련님 계실적 에는 밤도 짧아 한이러니 도련님 떠나시던 날부터는 밤도 길어 원수로구나. 촟불아래 내가 앉아 바느질을 할 양이면 도련님은 책상 놓고 소학·대학·예기·춘추·시천·서전·백가어(百家語)를 역력히 외어가다 나를 힐곳 돌아보며 부여안고 사랑한 일 어제인 듯 생각이오. 자취 없이 오시어서 문을 덜컥 놀래기와 이 별하기 며칠전엔 주편 한 장 쓰시기를 시련유죽산창하(始憐幽竹山窓下)에 불개청음대아귀(不改淸陰待我歸) 라 붙여주며 보라기에 무심이 알았더니 이제와 생각을 하니 이별하자는 표정인가 생각사록 못 살것네.[14]

② 등장인물의 대사는 직접화법에 의한 구어체로서 고어체의 판소리 사설과는 사뭇 다른 것이다. 대화문에 일상의 용어가 사용됨으로써 사실감과 현실감, 생동감을 준다. 이것은 초창기 판소리 춘향가의 현대적 변용이라 할 수 있으며, 현실 감각이 동원되어 참신한 문장미를 느끼게 한다.

③ 춘향전 창극본의 대사는 종래의 춘향전에서 볼 수 없는 '對人的口語體'가 그 중심을 이루고 있다. 무대라는 현장성으로 말미암아 화자와 청자의 담화를 위한 대인적 구어체는 판소리와는 매우 다른 서사형식이다. 다음의 예는 이를 명시적으로 보여준다.

방 자 (돌아서며 열 개) 쉬 조용히 하시오. 저기가 춘향이 처소인가 보오

이도령 (쏜쌀같이 가려한다)

통 인 (잡으며 왜 이러시우.

이도령 춘향이 방으로 가야지.

방 자 원 급하시기는, 세상만사가 다 절차가 있지 않아요. 급하다구 우물 들고 마시랴오. 잠깐 거기 계셔요.

통 인 이 만치 와 계십시오. (잡아 끄은다)

이도령 아 오래서 왔으면 된거아니냐. 애 몸이 단다. 빨리 서 둘러라.

방 자 아 가만히 좀 계셔요. 급히 먹는 밥 체하기 쉽소. 에흠 예

14) 같은 책, pp.117 - 120.

향단아.

이도령 아 이녀석아 춘향이 보러 왔는데 향단이는 왜 부르느냐.

방 자 하 참 도련님도. 송곳은 끝부터 들어가지 않습니까? 얘 향단아.

향 단 (소리) 누구 오셨어요?

◇ 방자가 손짓을 하면 이도령과 통인은 뒤로 숨는다.

향 단 (나오며) 누구세요.

방 자 나다. 내가 왔다.

향 단 나가 누구야.

방 자 나야.

향 단 (자세 보더니) 아 방자 왠일이냐.

방 자 왠일이나 마나 도련님 모시고 왔다.

향 단 머시야?

방 자 마나님 계시냐.

향 단 (황급) 마… 마나님! 마나님!!

월 매 (안에서) 왜야…?

향 단 저- 저 도련님이 방자모시고 오 오셨다오.

월 매 (나오며) 머시 어찌여?

방 자 사또 자제 도령님이 와 계시오.

월 매 ?뭐시라고 도련님이 오시다니 어디 어디 계시냐? (허둥댄다)

방 자 조- 기.

월 매 (달려 가서 손을 잡고) 누취한 나의 집에 오시기 뜻밖이오. 어서 이리 들어오시오.[15)]

15) 같은 책, pp.49 - 52.

④ 거시적 의미로서의 대사에 해당되는 등장인물의 唱을 통하여 춘향전 창극본의 삽입가요의 변화 양상을 살펴보게 되는데 삽입가요의 상당수가 생략・변이되어 있다. 이것은 판소리의 분창화에서 비롯된 것으로 합창, 중창, 대화창으로 바뀌어진 唱의 유형변화에서 그 원인을 찾을 수 있다. 농부가의 합창화, 십장가의 대화창화 그리고 춘향이 옥중에서 자신의 신세를 한탄하며 부른 자탄가, 그리고 이어사의 송덕을 기리는 송덕가의 국조는 그 좋은 실례가 되는 것이다. 그러나 불망기, 이어사의 한시 같은 구성상으로 필수적인 삽입가요들은 그들의 불변의 위치를 확고히 하고 있다.

셋째, 춘향전 창극본의 지문(바탕글)은 판소리가 창극화 하면서 연기력을 중시하는 요인과 관련이 깊다.

판소리 춘향가와는 다르게 춘향전 창극본에는 구체적인 지문(바탕글)이 구성상의 필수요소가 되어 희곡적 면모를 밝혀주고 있다. 또한 판소리의 발림에서는 찾아볼 수 없는 지문이 춘향전 창극본에서 등장인물들의 표정, 동작, 태도, 상태와 같은 기질적인 면을 실체적으로 제시해줌으로써 희곡미학적 담보물이 되고 있다. 지문(바탕글)은 현대 사실주의 극에서 처럼 구나 절이 등장인물이 취하는 태도나 용모, 동작과 표정들을 리얼하게 指示하고 있다. 아래의 인용은 이를 잘 뒷받침해 주고 있다.

방 자 (놀라) 여보 이양반 눈물에 편지젖소. 춘향의 편지보고 삼대상 지내니 춘향의 부고를 보았드면 머리풀겠 제 여보 춘향이와 어찌되오.

어 사 그찌 되어서 그런게아니라 사연도 불상하고 혈서를 하얐으니 목석인들 눈물이 안나겠느냐.

방　자　힝 목석이고 덕석이고 이리주오. 그편지 한 장에 여러목숨 왔다갔다하오.

어　사　못주겠다. (뒤로 감춘다)

방　자　허허 이양반이 큰일날소리 하네 (어사를 얼쌍ㄴㅎ고 빙빙돌며 배앗으랴다 창의 속에 찬 馬牌를 만지며 놀라며) 아 이건…? 여보 이거 어디서 났오? 찬바람이 부는 구료.

어　사　(布扇을 제치며) 이놈 천기를 누설하면 생명을 보전치못하리라.

방　자　아이구 도령님 아니 서방님.

어　사　쉿 … 너 아무소리말고 (편지써서) 거 가지고 운봉에가서 답장을 받어가지고 춘향아씨댁으로 오너라. 아 무에게도 뵈어서는 안되고 이걸 내가 주었다는 말을 해서도 안된다. (준다)

방　자　예잇 (신이 나서 퇴장)

◇ 溶暗[16)]

위의 예문은 춘향전 창극본의 지문(바탕글)이 문장의 형태상, 기능상으로 현대 사실주의극의 성격과 일치하고 있음을 보여준다

이상에서 춘향전 창극본의 문체적 특성을 희곡문학 구성의 3요소인 해설, 대사, 지문과 연관지어 고찰해 보았다. 춘향전 창극본은 판소리와는 다른 구어체에 의한 산문의 대화문과 창을 위한 율문체의 문장 표현이 기능상 유기적으로 결합되어진 문체적 특성을 보이고 있다.

---

16) 같은 책, pp.206 - 207

6. 결론

판소리의 무대예술 형태인 「唱劇」은 전통연극의 현대적 변용으로서 연극사에 전통과 현대의 발전적 접목을 보여준다. 그러므로 그 대본 또한 한국희곡사에서 주요한 몫을 하게 된다. 왜냐하면 國民藝術이라는 차원에서 볼 때 판소리를 이어 계승할 수 있는 唯一한 존재가 「창극」이기 때문이다.

본고에서는 창극의 형성과정, 창극 춘향전의 통시적 검토, 창극 춘향전의 특성을 고찰하였고, 춘향전 창극본의 문체적 특성의 논의를 통하여 여타 장르와의 변별성을 간취해 보고자 하였다.

창극 춘향전은 20세기 벽두에서부터 20세기 말기인 오늘에 이르기까지 창극의 정립과 우리의 고유 전통 무대예술의 수립을 위하여 여타의 연극양식과 결합하면서 지속적으로 창작되고 공연되어 왔다. 이것은 춘향전의 창극화에 대한 관심이 끊이지 않았음을 의미하는 것이다.

창극 춘향전은 판소리와는 다르게 사실적인 무대장치를 가지고 있으며, 등장인물의 다수 출연과 인물들의 연기력 중시, 효과음악의 풍성함이라는 劇으로서의 특성을 가지고 있다. 또 창극 대본에서 보여주는 대사부분의 명확성, 행동변화에 관한 서술인 바탕극의 독립, 해설의 역할 증대, 구성에 있어서 사건의 진행에 따라 막과 장을 구분하는 작품구조는 문예상으로 희곡문학적 특성을 함축적으로 보여주고 있다.

국립창극단 제16회 공연본 - 춘향전의 문체적 특성을 희곡의 구성요소인 해설, 대사, 지문과 관련지어 살펴 보았다.

해설은 순수한 해설의 성격을 드러내는 부분과 해설의 기능과 역할을 어느 정도 담당하는 도창으로 분류해 볼 수 있다. 순수한 해설의 성격을 드러내는 곳에서는 문장기술상 현재의 시점에서 평서문으로 무대를 사실적으로 지시해 준다. 그리고 해설의 기능을 담당하는 도창은 율문체적인 표현 기법이 중심을 이루고 있다.

대사는 독창, 중창, 대화창을 위한 율문체의 문장과 화자와 청자의 담화를 위한 산문의 대화체가 유기적으로 결합되어 있다.

지문은 현대 사실주의극에서의 서술 처럼 구나 절이 등장인물의 동작, 태도 등을 리얼하게 지시하고 있다.

이상에서와 같은 문체적 특성은 춘향전 창극본의 독특한 장르적 위상을 노정하는 것이라 할 수 있다.

■ 참고문헌

— 자료

국립극장창극정립위원회, <창극 춘향가>, 국립극장, 1971. 9, 필사본.

— 단행본

김동욱, 『춘향전 연구』, 연세대학교 출판부, 1965.

김동욱, 『국문학 개설』, 민중서관, 1967.

김용락, 『현대 희곡론』, 한신문화사, 1991.

김우탁, 『한국전통연극과 그 고유무대』, 개문사, 1978.

박 황, 『조선 창극사』, 백록출판사, 1976.

서연호, 『동시대적 삶과 연극』, 열음사, 1988.

설성경, 『한국고전소설의 본질』, 국학자료원, 1991.

설성경, 『춘향전의 형성과 계통』, 정음사, 1988.

설성경, 『고소설의 구조와 의미』, 새문사, 1988.

설성경, 『국문학총서 7』, 시인사, 1986.
여석기, 『희곡론』, 「영미희곡 · 수필 · 평론」, 신구문화사, 1964.
유기용, 『판소리 8명창과 전승자들』, 창작과 비평사, 1978.
유민영, 『개화기 연극사회사』, 새문사, 1987.
조동일, 『한국문학통사 5』, 지식산업사, 1988.
조동일, 『판소리의 전반적 성격』, 창작과비평사, 1978.
조윤제, 『교주 춘향전』, 을유문화사, 1957.

민요, 잡가의 노래말을 통해 본 춘향전의 수용양상

김승호

1. 머리말

『춘향전』은 소설의 테두리에만 귀속시키기 버거울 정도로 주변 제 장르에 큰 영향을 미쳤으며 실제 그 파생물에 속하는 작품은 얼마든지 예지가 가능하다. 중세기에는 현재와 같은 장르적 개념이 덜한 편이었으므로 도리어 제 양식간의 교섭양상이 한결 활발했던 점을 감안해야겠지만 이 작품을 圓心에 두고 제 양식이 다양하게 파생된 점은 주목에 값하고 남을 정도이다. 근원설화를 바탕으로 판소리가 출현하고 그 판소리를 독서물로서 대체시키면서 판소리계 소설이 발생하게된 점은 주지하고 있는 대로이다. 여기에 조선후기 등장하는 춘향계열의 민요, 잡가는 물론 최근에 이르도록 구극, 신극, 오페라, 영화 등 『춘향전』의 파생작품이 거듭 등장하고 있음은 '춘향전승'이 종료된 것이 아니라 여전히 현재진행중인 현상임을 확인시켜준다.

본고는 기본적으로 『춘향전』을 바탕으로 한 후대의 전승적 자취를 밝혀보는 데 뜻이 있다. 하지만 『춘향전』의 전파범위란 앞에 본 것처럼 쉽사리 포괄하기 어려운 일이어서 민요 및 잡가에 국한시켜 『춘향전』의 흔적을 밝혀보고자 한다. 그러니까 판소리가 소설인 『춘향전』을 배태시킨 단초였다면, 본고가 주목하고자 하는 것은 『춘향전』의 시가적 파생경로 및 그 양상에 해당되는 것으로 서사의 시가적 전용이 갖는 특성, 장르에 따르는 미학적 특성의 합성과 재편구조 등이 논의의 중심에 놓일 것이다. 『춘향전』의 그 전파범위가 지극히 넓은 것임에 비해 본고의 논의 범위가 얼마나 지엽적인지는 금방 드러날 것이다. 필자로서는 급한 대로 서사에서 서정으로의 이행에 따른 문학적 제 현상이나마 밝혀봄으로써 이후 폭넓은 『춘향전』파생 연구에 단초를 마련하자는 것으로 위안을 삼을 뿐이다.

2. 『춘향전』의 가요적 파생 및 그 의미

판소리의 기원에 관한 논의는 그동안 다양하게 펼쳐졌으나 통설화 된 견해는 '근원설화 → 판소리 <춘향가> → 고소설 『춘향전』'[1]식으로 제 양식간 파생이 이어졌다고 보는 것이며 이에 대해 큰 이의는 없는 편이다. 판소리가 여러 양식에 걸친 복합성을 내재함에도 주된 기능을 노래에 두었다면, 창의 가사 곧 사설이 소설에 빌미를 제공한 셈이라 할 것인데 이에 대한 동의는 이상할 것이 없다.

하지만 판소리 사설과 판소리 소설과의 거리를 확인하는 단계에서 우리는 당황스런 경험과 마주한다. 첫째, 사설과 소설의 구별이 몹시 애매하다는

1) 김동욱, 『증보 춘향전연구』, 연세대출판부, 1976, 8면.

점이다. 둘 사이에 구분점이 분명하지 않으므로 창에서 소설로 이행했다는 것도 추론에 불과할 뿐 이를 입증할 근거가 없는 형편에서 많은 부분을 가정에 의거하여 논의되어온 것이 사실이다. 판소리에서 판소리계 소설로의 이행에 대해서는 폭넓게 동의가 이루어지긴 했으나 설령 그 반대의 경우라고 하더라도 적어도 두 양식은 상호 사설을 공유할 수 없는 것이었다. 판소리는 일반적인 시가와 달리 장편의 구비서사시로 줄거리가 퍽 중시되는 노래인데다 그대로 소설로 전이되더라도 특별한 변형이 필요 없다는 장점을 지니고 있다. 그러나 장르적 파생의 다음 단계 곧 판소리, 판소리계 소설을 바탕으로 한 시가화 과정에서는 단순한 사설을 그대로 안치한다고 해서 목적이 관철되는 것은 아니다. 시가란 기본적으로 정서의 등가물로 정의하다시피 언어의 압축 내지 단편의 가사로 略化를 전제하지 않으면 唱化를 기대하기가 어렵다. 따라서 사설의 압축, 여의치 않다면 장편의 사설 중 일부를 편취해서라도 가사에 대응되게끔 '독서물'에서 '노래말'이라는 환골탈태식의 변화가 전제되어야 한다.

판소리는 아니리와 창을 엇섞어 부르는 연행의 특성상 사설을 제한할 필요가 없었던 양식이다. 이같이 구비서사시라는 특성 때문에 소설로서의 전용에 큰 무리가 없었다면, 단편적 가사를 요구하는 민요나 잡가 등에 오면 『춘향전』 사설의 온전한 수용이 어렵게 되어 있다. 『춘향전』이 많은 이본을 통해 판소리계소설의 전형적 모습을 갖추고 다양한 이본을 파생시켜 왔음은 주지하고 있는 사실이다. 그러나 재화의 과정에 누구나 참여할 수 있는 것은 아니다. 이본들을 보면 단순한 필사만에 그친 경우는 오히려 드물고 국문 해득은 물론이요, 일정하게 한시, 한문의 소양을 갖춘 필사자들에 의해 담당되며 그들의 자의적 변개까지 가세하여 세부적으로 원본과 적지 않은 편차가 발생하기에 이른다. 물론 처음에는 단순한 필사에서 시작했으나 『춘향전』에 대한 감상이나 비판적 이해 같은 것이 부분적 개작행위를 가능케 했던 것으로 보인다. 이른바 독서 체험에서 비롯된 나름의 독서반응이 새로운 이본의 직접적 계기로 작용했던 것을 알 수 있는 것이다. 줄거리나 인물기능 즉 서사의 간선적 축은 뒤바뀌는 경우가 드물다해도 필사자의 신분, 필사처, 필사시기에 따라 『춘향전』은 다양한 이본을 산출해 내게 되었다.

『춘향전』의 시가적 수용과 관련해서도 우리는 그와 유사한 현상을 목도할 수 있다. 민요나 가사, 혹은 잡가에 수용된 가사는 조금씩 다르면서도 결정적인 차이를 인정하기는 어렵다. 민요는 그것대로, 잡가는 그것대로 『춘향전』의 내용과 주제를 간직하고 있되, 각각의 형식과 장르에 따라 나름의 유사성을 내재하고 있다고 보는 것이다. 이야기의 시가적 수용과정에서 폭넓게 변주가 따르며 그 흔적을 대변하는 시가가 한 둘로 한정되지 않을 것이다. 그러나 민요와 잡가는 그 어떤 시가 양식보다도 서사에서 서정으로의 변이적 자취를 강하게 반영해주고 있다. 민요란 일반적으로 실제 삶과 대응된 내용이 그 바탕을 이루며 민중들의 체험이 노래말에 두드러지게 반영되는 형식이다[2]. 그만큼 민요의 가사를 보면, 희로애락의 정서적 감흥은 물론 노동, 놀이, 의례 등과 결부되어 자연스럽게 소화된다. 그렇다고 해서 반드시 구연자들의 신변잡기적 가사만이 채택되었다고만 할 수는 없다. 오히려 창자나 연행현장과 전혀 관련이 없는 내용의 사설도 얼마든지 가사로 수용되었던 것이다. '춘향요'[3]는 기능, 유희, 노동 등 삶의 가름을 넘어 어떤 수난에도 그들의 생각과 느낌을 조응하는 민요로서 폭넓게 창화되었다. 그것은 '춘향요'가 얼

2) 임동권, 『한국부요연구』, 집문당, 1982, 16면.

3) 본고에서 사용하는 '춘향요'는 춘향가 혹은 춘향전의 사설을 바탕으로 하여 내용을 압축하거나 혹은 있는 그대로 가감없이 노래가사로 편입시켜 불리워진 민요를 가리킨다.

마나 일반 서민대중의 폭넓은 관심과 이해 속에 사랑받았는지를 명백히 증거하는 동시에 국문문학으로서 『춘향전』에 대한 뜨거운 반응을 아울러 환기시키는 것이다.

판소리와 판소리계 소설의 출현의 기저에는 근원설화가 자리하고 있다. 그런데 판소리, 판소리계 소설 중 어느 것이 먼저 출현했는지 그 선후에 대해서 작품에 따라 아직 완벽한 결론이 나지 않은 채로 있다. 하지만 시가화 문제와 연관하여 『춘향전』과 '춘향요' 중 어느 것이 시가화에 더 직접적인 토대를 마련해 주었는가를 따질 때, 문제는 그리 녹록치가 않다. 즉 판소리 혹은 판소리계 소설의 구별없이 <춘향가>·『춘향전』은 고루 『춘향전』계 민요 잡가의 출현에 단초를 제공한 것으로 보이기 때문이다. 여기서는 일단 민요화를 중심으로 살펴보기로 한다. 본고에서 말하는 '춘향요'란 요약해서 말하자면 가사의 내용, 상황, 인물 등이 『춘향전』과 직간접적으로 긴밀하게 관련되어 있는 노래를 말한다. 그러나 실제 짧은 민요로 한정할 때, 판소리 사설의 직접적 대응은 눈에 띄지 않을 뿐더러 그에 집착하지도 않았던 것이 사실이다. 따라서 '춘향요'라고 하더라도 『춘향전』의 사설과 일 대 일로 대응되는 식의 가사적 전용만을 지목해서 생각할 일만은 아니다.

『춘향전』은 사실 누구나 즉자적으로 수용하고 이를 전파시키기에는 벅찬 길이로 되어있다. 이런 점에도 불구하고 『춘향전』이 민요화의 대상으로 어떤 작품보다 선호도가 높았다는 점은 먼저 주목하지 않을 수 없는 특징으로 새겨진다. 다른 고소설에 비해 『춘향전』을 포함해 판소리계 소설이 시가 영역에 쉽게 편입될 수 있었던 까닭은 아니리와 창으로 이루어진 판소리 사설의 연행적 속성에서 찾는 것이 옳을 것이다. 희곡적 특성을 보여주는 장면적 구성은 각각의 마디나 장면과 대응될 현장을 보여주는 동시에 장편화된 노래로서 구연하는데 적절한 구조를 취하고 있다. 길이로 보면, 분화된 장면과 대목을 통한 판소리 연행조차도 단편적 창이나 음영과는 비교하기 어려울 정도에 해당한다. 따라서 반드시 가사화에는 사설의 변개화가 필요하다. 즉 『춘향전』의 민요적, 잡가적 전이는 그것이 판소리에서 출발한 것이든 판소리계 소설에서 전이된 것이든 단편적인 노래가사에 걸맞는 별도의 변개가 필요하게 마련이다. 서사에서 시가로의 탈바꿈이라 할 수 있겠는데, 가사의 단편화 및 사건보다 이미지 중심으로 사설의 수용적 변이가 일어났음을 의미한다고 보아도 무방하다. 『춘향전』이 지닌 독서 체험이, 작품 자체의 뿌리치기 힘든 흡입력을 키우며 또 다른 양식적 감염을 촉발시켰다고 보는 것이다.

3. 민요에 나타난 『춘향전』의 수용 양상

조선후기 민중문예가 다양하게 분출되어 나타난 이면에는 스스로 예술의 담지자가 될 수 있음을 자각한 민중의 인식이 가로 놓여 있었다. 사대부들이 수입된 한자를 매개로 하는 정형의 한시만을 유일한 문학으로 인식했다고 본다면, 문학개념이나 향유방식을 놓고 민중들과 유식층과는 퍽 대조적인 위치에 서 있었던 것이다. 민중의 문학수용에서 두드러진 특징은 구전성을 그 중심에 두고 있다는 점이다. 하지만 조선후기에 들어 국문 사용이 급속하게 번짐과 아울러 온전한 의미의 구전문학에서 점차 구전을 국문으로 기록하는, 이른바 구비문학의 정착단계로 들어서는 시기를 맞는다.

구전으로만 머물던 판소리 사설이 자신의 경계를 넘어 판소리계 소설로 정착된 것은 구비전승의 기록적 정착이란 측면에서 무엇보다 특기할 일이 아닐 수 없을 것이다. 단순히 사설의 정착을 염두에 둔 것일 수도 있으나 판소리가 연행 문예로 머물지 않고 특유의 소설미학을 구현시킬 수 있게 된 실마리가 이로부터 마련된 것이나 다름없다. 『춘향전』 역시 판소리의 단순한 정착에 머물지 아니하고 구비전승의 또 다른 장르화로 연결된 것이니, 시가사로의 변용도 그런 문화사적 흐름 위에서 조명해야 할 것이다. 『춘향전』의 시가화에 있어 관건은 장편의 『춘향전』 사설이 과연 정서적 감응력을 촉발시킬 수 있는 대상으로서 쓰임새가 있느냐에 달려있다 하겠는데, 이에 대한 검토를 위해서는 '춘향요'에 즉한 세부적 점검이 앞서 이루어져야 마땅하다. 아래에 제시한 민요는 부족하나마 '춘향요'의 범주에 무리없이 귀속될 각편들로 생각된다.

번호	내용	길이	가창지역	출전
1	춘향에게 술자리에 동참하기를 권유	4행		김소운편, 『조선구전민요집』, 291면
2	춘향과 더불어 놀기를 바람	4행		상동 294면
3	옥문장에 사정하는 대목	33행	경북의성	임동권편, 『한국민요집』 1, 313면
4	옥사장에 사정	6행	서울	〃 313면
5	옥문사정	6행	경남함안	〃 313면
6	옥중춘향 면회, 춘향의 절조	10행	충남예산	〃 314면
7	월매, 옥중의 춘향면회하고 절조꺾기를 회유하나, 춘향은 뜻을 굽히지 않음	30행	충남아산	〃 315면
8	이도령과 헤어지려는 춘향, 월매가 책망함	48행	충남아산	〃 315면
9	이도령이 춘향을 그리워함	34행	충남아산	〃 315면
10	십장가 일부	15행	충남예산	〃 315-316면
11	단순한 춘향 부름	6행	평남안악	임동권편, 『한국민요집』 2, 774면
12	옥중에 있는 춘향이 이도령을 기다림	4행	전남장성	〃 774면

번호	내용	길이	가창지역	출전
13	우는 새를 춘향에 비유함	7행	전북정읍	〃 774면
14	단순히 춘향 대입함	4행	충남청양	〃 774면
15	옥중의 춘향이 이도령 기다림	6행	경남함안	〃 774면
16	독수공방하는 춘향을 묘사함	8행	전북정읍	〃 774면
17	월매의 한탄	6행	전북정읍	〃 774면
18	춘향의 보행 자태를 형상함	10행	전북정읍	〃 775면
19	원통하게 옥에 갇힌 춘향을 동정함	11행	서울	〃 775면
20	춘향을 떨어지는 꽃에 비유함	11행	전남진도	〃 775면
21	이도령과 춘향의 이별장면	27행	전남고흥	〃 775-776면
22	이도령이 춘향집 방문함	22행	강원영월	〃 776면
23	광한루, 오작교, 방죽 풍경을 묘사함	5행	전북정읍	임동권편, 『한국민요집』 4, 636면
24	옥중의 춘향을 면회온 월매의 한탄	27행	전남해남	〃 636-637면
25	춘향과 월매의 갈등	22행	경남밀양	〃 637면
26	춘향의 미색에 빠진 이도령의 대화	37행	평북	〃 638면
27	춘향모 옥중면회	9행	서울	〃 638면
28	사랑가 일부	7행	충남공주	임동권편, 『한국민요집』 5, 220면
29	춘향과 월매의 갈등을 보임	13행	경남김해	〃 220면
30	사랑가 일부	7행	충남공주	〃 220면
31	옥중에 면회온 월매의 한탄	13행	경남김해	〃 220면
32	소춘향가의 일부	26행	충남아산	〃 130면
33	사랑가 일부	10행	충남예산	〃 130면
34	사랑가 일부	7행	충남아산	〃 131면
35	춘향을 데려가려는 이도령과 월매의 갈등	48행	충남아산	〃 131면

번호	내용	길이	가창지역	출전
36	집장가 일부	27행	충남아산	〃 132면
37	십장가	54행	경북 울진,영양	이소라편, 『한국의 농요』3집, 320면
38	집장가 (창부타령 중 일부개입)	83행	경남양산	이소라편, 『 양산의 민요』, 315면
39	이도령의 제의(춘향살이)	5행	경북상주	이소라편, 『상주의 민요』, 370면
40	춘향의 자태와 나이를 말함	8행	경북상주	〃 371면
41	십장가	105행	경북상주	〃 406-407면
42	춘향이 나이묻기		경북상주	〃 437면
43	춘향가	18행	경북상주	〃 446-448면
44	춘향전 요약	129행	경북상주	〃 448-451면
45	춘향유문	20행	경북상주	〃 452면
46	춘향, 불러오기	6행	전북고창	이소라편, 『한국의 농요』 4집, 485면
47	춘향, 불러오기	6행	전북고창	〃 485면
48	춘향이 자신의 절개를 밝힘	18행	강원영월	『강원의 민요』1, 246면
49	십장가 일부	32행	강원춘천	〃 795면
50	옥중가	16행	강원화천	〃 1135면
51	십장가일부	8행	강원화천	〃 1202면
52	사랑가 일부 (신 부르는 소리)	10행	강원횡성	〃 1286면
53	춘향에게 유희하기를 권유함(춤추게 하는 소리)	10행	강원횡성	〃 1319면
54	춘향에게 유희하기를 권유함(춤추게 하는 소리)	4행	강원횡성	〃 1348면
55	십장가	63행	강원	정동화편, 『경기도 민요』, 75면
56	춘향, 이도령과 더불어 사랑놀음을 함	10행	전남광주	〃 341면
57	십장가 일부	44행	연변	최상각편, 『조선족 구전민요집』

위의 민요는 그동안 여러 선학들에 의해 채록된 작품들로 그 중에는 일제시기 간행된 김소운의 『조선구전민요집』[4]과 같이 민요의 원형성이 비교적 잘 드러나는 예도 있지만, 근래 채록된 것이나, 채록정보가 분명히 제시되지 않은 것까지 잡박하게 섞여있어 자료적 가치가 균일하지 않다는 점이 흠으로 지적된다. 하지만 그같은 한계에도 불구하고 일단 취합한 자료만으로 논의해 나가기로 하는데, 원래 보수성이 강한 양식이 민요인 만큼 자료간의 시대적 편차나 채록상의 정보가 부실함에도 논의에 큰 결점으로 작용하지는 않을 것으로 판단되기 때문이다.

위 형식 중 민요다운 면모를 가장 잘 간직한 것은 4행으로 된 것이다. 기능요, 비기능요를 막론하고 이같이 짧은 가사는 우리에게 광포민요로서 민중 사이에 전승의 흔적을 강하게 드러내주는 한편으로 후대에 이르기까지 착오나 변질이 덜했을 것이란 유추를 가능케 한다. 도표 중 1, 2, 4, 5, 11, 12, 14, 15, 17, 23 등은 4행에서 6행에 속하는 민요들이다. 1, 2, 11, 14, 23은 '춘향요'임에는 틀림없으나 『춘향전』과 내용적으로 긴밀한 관계를 이루지는 않는다. '춘향요'라고 하지만 4행의 민요는 아무래도 『춘향전』의 수용에 문제가 적지 않다. 『춘향전』의 긴 내용을 이 짧은 형식으로는 도저히 감당할 수가 없다. 이점은 비교적 채록시기가 오래된 『조선구전민요집』, 그리고 임동권의 『한국민요집』에 수록된 4행의 '춘향요'에서 한결같이 지적할 수 있는 특징이다.

> 우기에라 연당못에 / 금붕어 한쌍 놀아났네 / 그 붕어 잡아 헤쳐놓코 / 춘향이 불러 술이나 묵자 (1, 경남함안)

4) 김소운편, 『조선구전민요집』, 제일서방, 1933.

청사초롱 불밝키라 / 춘향방에 놀너가자 / 춘향님은 어듸가고 / 춘향집이 비엿는고(2, 경남함안)

사들사들 봄배추는 / 밤이 오기만 기다리고 / 옥에 갖힌 춘향이는 / 이도령 오기만 기다린다(11, 장성)

광한루 높이 올라 / 오작교 방죽을 내려다 보니 / 연잎은 수그러지고 / 잉어란 놈은 구부를 치고 /붕어란 놈은 꼬리를 친다(23,청양)

1은 『춘향전』의 서사적 내용에 대응한 이입적 가사와 거리가 멀다. 잡다한 내용은 차치하고 춘향을 서정적 감응력의 핵심적 대상으로 받아들이고 있는 것이다. 춘향은 알다시피 허구적 인물이지만 '춘향요'에 와서는 한결 구체적이고 일상적 인물로 노래가사에 재탄생하는 것으로 나타난다. 가령 1이나 2에서 보면, 그녀는 흉허물없이 마음을 터놓고 이야기를 할 수 있을 뿐더러 대작할 상대로까지 비춰진다. 민중들의 천진하고도 순박한 발상이 이면에 자리하고 있음은 물론이다. 2도 화자의 심정을 헤아린다면 1과 대동소이한 풀이가 가능하다. 춘향은 민중들에게 호·불호의 구별 없이 놀아줄 것 같은 상대로 여긴 나머지 마침내 그녀 집을 찾아가 같이 놀아달라는 부탁까지 할 정도가 된다. 하지만 찾아간 보람도 없이 춘향을 만나지 못하고 안타깝게 발길을 돌려야 했다는 내용이다. 춘향이 대중의 연인으로서 얼마나 폭넓은 인기를 끌었던가 이보다 절실히 일러주는 것은 없다. 실존 인물이 아닌 허구적 주인공인 춘향은 소설을 벗어나 민요 속에서 실제 민중과 더불어 살아가는 인물로 생생하게 부조된 것이다. 1과 2가 민중의 여인으로서 춘향의 정서적 수용에 속한다면, 서정시에 속하는 11은 한결 춘향의 처지를 동정하는 데까지 나아가고 있다. 이의 원관념은 봄 배추와 춘향이 될 터이나 핵심은 봄배추에 있다. 봄배추가 물을 갈구하듯 옥중의 춘향은 이도령을 고대한다고 했으니 정서적 환기에 적절히 대응되는 비유라고 하겠다. 원관념을 선명하게 표출시키는데 있어 다른 무엇보다도 춘향을 즉발적으로 대입될 수 있을 정도로 『춘향전』은 민중들의 머리 속에 선명히 각인되어 있었던 것이다.

달내 달내 수달래 / 금병 안에 큰 행길 / 그림같은 말을 타고 / 천리고개 넘어가니 / 옥사정아 문열어라 / 춘향얼굴 다시 보자 (4, 서울)

서울이라 전옥안에 / 호걸처자 갇혔구나 / 사정사정 옥사정아 / 옥문조금 열어주지 / 구경할래 구경할래 / 호걸처자 구경할래 (5, 경남함안)

길깊은 산중 고드름은 봄외만 기다리고 시들버들 봄배추는 봄외만 기다리며 옥안에든 춘향이는 이도령오기만 기다린다. (15, 경남함안)

향단아 단헐어라 / 나의 지성신공이 쓸데없다 / 천신도 무심하고 / 귀신도 야속하네 / 내딸 춘향 어린 것이 / 옥중원귀가 되었구나 (17, 전북정읍)

예시된 4, 5, 15, 17은 상대적으로 『춘향전』의 수용적 자취가 앞의 것들에 비해 더욱 강하게 내재되어 있다. 그런데 4는 엄밀히 말하면 내용상 『춘향전』과는 무관하다. 마지막 행은 이도령이 화자로 나서 먼길 넘고 넘어 옥중에서 시련을 겪는 춘향을 만나러 가는 대목을 설정하고 있다고 본다. 5, 15, 17에 오면 춘향의 처지와 화자의 입장을 구체적으로 밝히기 어려운 짧은 길이나마 서사적 상황과 사건의 전체적 구도만은 짐작이 가능하다. 5, 15가 사설과 병립될 만큼 정황이 구체적인데 비해 15는 서사성이 약화된 대신 내용적 정보와 무관한 서정 위주의 가사로 바뀌었다. 즉 민요적 성격이 서사성을 압도한 경우이다. 단편에다가 서정성이 두드러진 것으로 보아 어느 것도 민요의 원형을 상대적으로 잘 보전한 것으로 보인다. 10행을 넘어서는 민요의 경우라고 해서 단편적 서정민요와 큰 차이를 기대하는 것은 무리이다.

그렇다면 가사가 길어지면서 어떤 특징이 나타나는가. 민요의 길이가 길어진다 해서 특별히 색다른 면이 돌출된다고 지레짐작하는 것은 무리이나 일단 형식과 내용의 상관성을 타진한다는 점에서 유의해 볼 필요는 있다. 위에서 전제한대로 4, 6 , 7, 10, 18, 19, 22, 24, 25, 29, 32, 36, 40, 45, 50, 52, 53, 56번 등은 10행에서 30행 사이에 속하는 작품들로 4행 혹은 10행 이하에 비하면 몇 배로 길이가 늘어나 있다. 10행 이하에 속하는 민요가 상대적으로 민요적 속성이 강하게 반영되었다고 했거니와 이들은 노동과 유희의 현장에서 민중 자신들이 지닌 생각, 느낌을 퍽 솔직하고 담박하게 표출시키고 있는 것이 특징이다. 춘향에 대한 그들의 생각은 마치 어린 아이들의 시선만큼이나 단순하다. 요약해서 말하자면, 길이가 짧을수록 『춘향전』에 대한 의존성이 약화된다고 할 것이다. 이들에게는 춘향사설의 직접적 대비점은 거의 나타나지 않고 있으며 혹여 그 관련성이 드러난다고 해도 『춘향전』의 아주 단편적 이식에 그치고 말았던 것이다.

그러나 가사가 10행을 넘어서면 변화가 나타난다. 즉 <춘향가> 내지 『춘향전』에 대해 의존적으로 변해가는 것이다. 『춘향전』에 대한 의존적 면모를 밝히기는 아무래도 판소리에서의 대목과 가사와 상호 대조하는 것이 양자간 同異를 살피는데 수월하다. 아무리 길더라도 판소리 창처럼 가사를 늘릴 수만은 없는 것이므로 민요인 경우에는 <춘향가>나 『춘향전』 가운데 내용을 압축하여 간편화하든지 사설을 부분적으로 차용할 수밖에 없음은 상식선의 추론이다. 실제 창과 아니리를 엇섞는 판소리와 달리 무작정 사설을 이어나갈 수 없고 차선으로 특정 대목을 택해 부르는 일이 흔히 일어나는 것이다.

김동욱은 『춘향전』 중에서 문학성이 월등하면서도 가장 긴 작품으로 『남원고사』를 지목[5]하고는 작품을 91단락으로 세분화한 바가 있다. 춘향전의 마디를 몇으로 할 수 있는가는 연구자의 주관에 따라 유동적이어서 크게는 10단락[6] 정도에서부터 93단락[7]까지 편차가 많이 난다. 그럼에도 『춘향전』의 이본 중 『남원고사』가 비교적 선본에 해당된다고 보아 본고는 김동욱의 단락나누기에 의거해서 살펴나가기로 한다. 아래 두 개의 숫자를 상호 짝지어놓은 바, 앞 숫자는 민요의 번호이고 뒤 숫자는 『남원고사』의 단락 번호에 해당된다.

6-61, 7-61, 10-58, 18-14, 19-61, 21-41, 22-27, 24-62, 25-62, 29-61, 32-45, 33-36, 36-59, 43-80, 45-62, 48-61, 52-36, 53-36, 56-36

『남원고사』 대목 구분 가운데 우리의 주목을 유달리 끄는 것은 <사랑가>, <집장가>, <십장가>로 알려진 부분들이다. 실제 위에서 빈번하게 등장하는 61번[8]은 이런 단가들과 대응되는 부분이다. 즉 바로 『남원고사』 중 변학도가 수청을 요구하자 춘향이 이를 완강하게 거절하는 내용이 중심을 이루고 있다. 물론 변학도의 일방적이고도 폭압적인 청을 뿌리치며 완강히 거절하자 춘향에게 곧바로 가혹한 제재가 따른다. 이 대목은 가녀린 여인에서 지조의

5) 김동욱, 상게서, 456면.

6) 이상택, 「고전소설의 사회와 인간」, 『한국고전소설』, 계명대, 1974, 311면.

7) 정병헌, 『판소리문학론』, 새문사, 1996. 156면.

8) 김동욱의 『남원고사』 단락화에 따르면 61번은 '춘향하옥', '월매자탄' 부분에 해당되며 그 바로 앞 번호인 59 - 60은 '춘향 태형'의 줄거리에 해당된다고 보았다. (김동욱외, 『춘향전 비교연구』, 삼지원, 1983, 22면.) <소춘향가>를 제외하고 잡가는 물론이고 민요로도 가장 널리 불려진 <형장가>, <십장가>, <집장가>가 결국은 59-61번호에 대응되어 있음을 알 수 있는 것이다.

형상으로 춘향의 이미지가 바뀌는 경계가 된다. 일부종사를 부르짖으며 수청을 거절하는 것은 물론 매를 맞으면서도 소신을 굽히지 않는 춘향의 이미지는 미인에서 정조의 여인상으로 의미가 달라진다. <십장가>에서 1 - 10에 이르는 저항적 독백은 기억의 편의성을 염두에 둔 것이라고 해도 청자들에게 지고한 사랑을 위해 죽음을 마다하지 않는 춘향의 입장을 밝혀주는데 부족함이 없다. 『춘향전』을 서사적으로 구조화할 때, '만남 - 이별 - 생일잔치 - 출도 - 결말'[9] 의 서사적 순차가 드러나고 춘향과 이도령을 축으로 삼을 경우에는 '만남 - 이별 - 고초 - 만남'의 구조로 짜여져 있음이 밝혀진다. 고소설 일반이 그런 것처럼 현실에서 기대하기 힘든 욕망이 결국 성취된다는 낙관적 세계관은 『춘향전』에 와서도 내용적 원리로 변함없이 채택되고 있는 것이다. 이제 가장 짧은 4행에서 좀더 가사가 길어진 경우로 눈을 돌려보기로 한다. 아래 소개한 것은 18번 가사이다.

> 여봐라 춘향이 걸어온다 / 저봐라 춘향이 걸어온다 / 상큼 상큼 버선발로 / 저고리는 물겹이요 / 치마는 주리치마 / 상큼 상큼 걸어온다 / 어저께 밤에 나가자고 / 그저께 밤은 구경가고 / 무슨 염체로 삼승 버선에 / 벌받아 달래나 (18, 전북정읍)

위 민요는 위기에 봉착해 고초를 겪는 춘향과 거리가 멀다. 6행까지는 춘향의 의상치레를 자세히 보여주고 있는데 나머지 4행은 <창부타령> 중 일부분에 속한다. 밤마다 놀러 나가자고 보채는 여인으로 춘향을 설정한 것이 먼저 주목된다. 아름다운 자태의 춘향이의 행동이라고 믿어지지 않을 정도로 남자의 꾐에 빠져 문란한 지경에 빠진 듯 보이는 여인으로 그 이미지가 전도

---

9) 김동욱, 상계서, 474면.

된 감도 있다. 하지만 외설적인 인물기능으로 해석하는 것은 지나치다. 민중들에 비친 춘향은 스스럼없이 더불어 놀아줄 연인으로 보는 것이 옳을 듯싶다. 그것은 평소 춘향을 그만큼 막역한 존재로 인식하고 있었음을 증거하는 셈이다. 민요가 체험을 바탕으로 출발한다고 하지만 기실 앞의 경우를 본다면, 이 경우 창이나 독서에 의한 결과라는 점에서 주목된다. 53도 춘향이 모든 사람의 연인으로 수용되고 있음을 보여준다.

> 춘향아 춘향아 / 나막골 춘향아 / 나이는 십팔세 / 생일은 사월초파일 / 정자좋고 자리 좋은데 / 한번 놀다가자 / 춘향아 춘향아 / 나막골 춘향아 / 나이는 십팔세 / 생일은 사월초파일 (53, 강원횡성)

『춘향전』이 민요의 제재로 채택되어 일반 대중에게까지 광포하게 수용되었음을 보여주는 또 하나의 사례일 것이다. 물론 위와 같은 단편적 가사에서 우리는 여의치 않았던 독서환경에서 비롯된 불가피한 한계, 즉 불분명한 기억, 오독, 전언을 통한 피상적 이해 등으로 야기된 것인지도 모른다. 『춘향전』에 대한 직접적 독해경험도 없고 내용마저 온전히 숙지하지 못한데서 나온 것이기는 해도 오히려 춘향에 정밀한 정보의 부족이 상상의 폭을 한결 넓혀놓은 것이다. 춘향이 절개의 상징으로 이미지화 된 나머지 <십장가>, <집장가>, <형장가> 등의 독립적 노래로 불러진 것과 달리 위에서는 밝고 명랑한 춘향의 이미지가 포착되었다. 물론 춘향에 대한 수용의 폭이 그만큼 다양했음을 시사해주는 것은 물론 누구하고나 놀아주며 이야기를 경청해 주는 춘향, 그것은 작중인물의 자기중심적 이해이자 그녀가 대중의 관심과 사랑 속에 살아 있었다는 점을 시사한다. 민중들은 춘향의 하옥과 함께 몰아닥친 비극적 장면 앞에서 한숨짓고 눈물 흘리며 그녀의 안위를 걱정했는가

하면 한편으로는 자신의 홍겨움을 나눌 수 있는 연인, 혹은 벗으로 대하면서 민요 속에 그녀를 등장시키는데 개의치 않는다. 단편적 가사일수록 이렇듯이 민중들의 순진한 발상과 자기 중심적 안목에 의해 가사를 재창조한 만큼 『춘향전』과 또 다른 춘향의 모습을 기대할 수 있게 되는 것이다.

그러나 실제로는 『춘향전』에서 이입된 비극적이고 처절한 상황, 다시 말해 춘향과 이도령의 이별 및 변학도의 횡포에 맞서다 참혹한 곤욕을 치르는 현장에 민요의 초점이 맞춰져 있는 경우가 훨씬 많다는 점을 외면해서는 안될 것이다. 별도로 이 부분은 <십장가>, <집장가>, <형장가> 등의 제명을 갖고 있거니와 가사 아닌 민요에서 폭넓게 포섭되고 있는 부분이다. 이들은 『춘향전』 중 몇 대목에 불과하지만 다른 대목과는 비교가 안될 정도로 빈번히 수용된다. 민요화 과정에서 이처럼 춘향의 시련대목에 경사된 까닭은 무엇인가. 혹시 그것은 어떤 내적 필연성과 관련된 일인가.

추론적 검토를 바탕으로 담당자들의 세계관적 인식과 사설내용이 갖는 상관 관계를 검토해보는 것이 필요하다고 생각한다. 『춘향전』을 한 여인의 행불행을 변주해나간 일대기로 본다면, <십장가>류의 잡가는 청자들이 불행한 부분에 보다 관심을 두었다는 것인데, 그것은 사랑에 빠진 춘향이나 행복을 쟁취한 대목과 정반대의 시간대를 선호하고 있다는 점에서 의문이 먼저 앞선다.

그러나 이런 부분이야말로 민중들이 춘향의 삶 가운데 공명을 자아낸다고 본 것은 아닐까 싶다. 즉 민중간의 여인들을 사로잡은 것은 비참함에 빠진 춘향이며 그것은 자신들의 또 다른 모습이라고 인식한 것일 수 있다. 특히 시집살이를 비롯한 삶의 고단함을 익히 체험한 사람들에게 춘향의 비참한 모습은 공감의 여지를 남기기가 그만큼 쉬웠다 할 수 있다. 이 때문에 이도령이 과거에 급제하고 전화위복으로 이야기가 바뀌게 되지만 부귀영화를 누리게 된 춘향의 모습은 외면하고 오히려 일부종사를 부르짖다 참혹한 지경에 빠진 춘향의 모습만 집중적으로 취택된 것이라고 보는 것이다.

그렇다면 행이 보다 길어지는 경우를 예로 들어 살펴보면 어떨까. 30행 이상의 가사를 그 대상으로 뽑아보자. 위에서 3, 8, 9, 26, 35, 37, 38, 41, 44, 49, 55, 57 등이 여기에 속한다. 개중에는 100행 이상의 장편화 경향이 두드러진 것도 있어 일률적으로 민요의 테두리에 넣고 동질성을 말하기 어렵겠지만 어쨌든 서정보다는 서사위주의 가사로서 그 의미를 헤아려 보려고 한다. 『춘향전』에서 절정은 변학도의 수청제의에 강하게 반발하다가 하옥되어 고초를 겪는 부분일 터인데 30행 이상의 민요가사에서도 이런 특징은 별로 달라지지 않는다 할 것이다. 『춘향전』에서 발단, 전개에 해당되는 8, 9, 26, 35번 등을 제외하고 3, 37, 38, 41, 44, 49, 55, 57번 등은 한결같이 변학도의 청을 완강하게 거절한 끝에 옥에 갇히고 매를 맞는 춘향이 등장한다. 판소리에서 <십장가>, <집장가>로 따로 명명하여 인기가 높았듯이 민요로서도 똑같이 이런 부분을 대응시켜 노래부르길 즐긴 것이다.

앞에서 살핀 대로 짧은 행의 '춘향요'는 『춘향전』에 기초한 내용의 전달과는 상관없이 춘향을 중심으로 한 정서적 이식에 한층 의미를 두었다. 누구나 쉽게 기억할 수 있을 만큼의 짧은 형식인데다 창에 대한 고난도의 기술을 필요로 하지 않는 것이어서 민중들도 입에 올리는데 무리가 따르지 않는 경우에 해당되는 것들이었다. 하지만 30행 이상이 되면 기억이나 唱化에 있어 어느 정도의 전문적인 기술이 요청되는 것이다. 남다른 기억력이라든가 목의 힘이 좋아 사설을 길게 이어나갈 수 있는 창자로서의 민요 소화능력이 갖춰져야 하는 것이다. 특히 129행에 이르는 44번과 같은 경우는 일반 대중이 감당하기는 벅찬 노래임에 틀림없다.[10] 여기서 보면 춘향의 투옥 장면은 물론이고 구사일생으로 살아나는 어사출도에 이르기까지 주마간산격이나마

『춘향전』의 줄거리를 총괄적으로 요약해 놓고 있다. 일종의 압축된 『춘향전』을 민요로 대신하고 있는 셈이다. 37, 41, 49, 55, 57번은 장단의 편차가 있기는 한결같이 <십장가>에 귀속되는 것이다. 일, 이 ,삼 …… 식으로 계속되는 춘향의 항변은 암기에 편의를 제공하는 것은 물론 사설마다 굳세고 비장한 춘향의 심정을 담고 있어 듣는 이에게 비통함과 함께 공감을 불러일으킨다. 음악적 측면은 고구할 겨를이 없으나 이처럼 '춘향요'는 민요일반의 전형에서 일탈하여 사설과 다름없는 복잡한 내용까지 담지하려는 서사적 지향성이 이면에 숨어있는 것이다.

4. 잡가에 나타난 『춘향전』의 수용양상

『춘향전』을 둘러싼 시가적 교섭양상과 관련해 민요와 더불어 또 하나 주목할 것이 잡가가 아닌가 한다. 잡가 자체에 대한 개념과 장르적 특질조차 뚜렷하게 마련되지 못한 점은 튼실한 논의를 쉽게 기대할 수 없게 하지만 현재까지 개념화된 잡가로의 변용 사례를 들어 이른바 '춘향잡가'[11]의 범위와 가사적 특질을 거칠게 나마 밝히려 한다.

---

10) 이소라 편, 『상주의 민요』, 상주군, 1993, 44에서 '낭송조 춘향'이란 제목으로 소개하고 있으며 이성구씨 (1935년생, 남, 사민)가 상주 중동면 분인 친할머니 강씨에게서 배웠다고 밝혔다. 이처럼 장편의 '춘향요'는 단순한 구비적 전승과 달리 보다 전문적인 전승방식이 요구되었음을 알게된다.

11) '춘향잡가'는 '춘향요'와 대비하여 편의상 사용하는 용어로서 '춘향가'나 『춘향전"의 사설을 비교적 손질없이 그대로 이입하여 노래말로 쓰고있는 잡가를 통칭하는 것이다. 물론 넓게 개념화할 경우 앞에서 쓴 '춘향요'란 용어만으로도 잡가를 포괄시킬 수는 있다고 보지만 이 부분은 『춘향전』과 관련된 잡가만을 별도로 논의하는 만큼 따로 용어를 사용하기로 한 것이다.

잡가 연구에서 시급한 문제는 이 양식의 획정 문제이다. 다행히 한말과 근대기에 걸쳐서 등장한 잡가는 그 대부분이 『한국잡가전집』[12]으로 채록된 상황이다. 이 자료가 갖는 의의는 근대기에 들어서 명창들의 음반을 기초로 엮어진 것이며 당시 인기 있었던 잡가 위주로 15개의 잡가집이 그 안에 망라되어 있다는 것이다. 잡가의 전체적 면모를 살피기에 충분치는 못해도 춘향잡가만을 파악하는데는 큰 도움을 받을 수 있는 자료이다. 이후 논의는 이를 기초로 한다.

판소리에 바탕을 둔 잡가가 적지 않다는 것은 잡가가 그만큼 판소리의 영향을 크게 받았다는 말이 된다. 춘향잡가도 그 대표적 예임은 물론이다. 춘향잡가는 <새타령>, <육자배기>, <적벽가>, <토끼화상> 등과 더불어 대중들에게 큰 인기를 끌었던 목록으로 소개되고 있는 것이다. 『춘향전』의 많은 대목 중에서도 잡가에서 특히 선호된 것으로는 <십장가>, <집장가>, <형장가>, <사랑가>가 대표적인데 빈도 수를 보면, <소춘향가> 11회, <십장가> 9회, <집장가> 8회로 되어있다. 총 200개의 잡가 중 춘향계열이 4편이나 올라있는 셈이다.[13] 물론 제외된 춘향계열 잡가가 다수 빠진 것을 염두에 둔다면, 더 많은 춘향잡가가 존재했음이 분명하다. 한데, 제목만 가지고 파악이 어려운 잡가 가운데서도 춘향의 사설을 그대로 차용하고 있는 예가 적지 않다. 여기서 차용이란 가사에 있어 전혀 변형이나 훼손이 없이 그대로 『춘향전』 혹은 <춘향가>를 고스란히 이식해 사용하는 경우를 일컫는다.

고소설이 잡가로 이행하는데 그 동기를 부여해준 작품이 『춘향전』으로 한

12) 정재호 편, 『한국잡가전집』 1, 2, 3, 4 , 계명출판사, 1984.

13) 정재호 편, 상게서4, 10 - 17참조.

정되는 것은 물론 아니다. 『삼국지』, 『토끼전』 등의 한 부분을 취하고 있는 『적벽가』, 『별주부전』, 『토끼화상』은 물론이고 『추풍감별곡』도 고소설이 앞서 있었기에 잡가로서의 변이가 가능했던 것들로 지목된다. 하지만 『춘향전』만큼 다양하게 잡가적으로 파생의 자취를 남긴 경우는 없다. 특히 민요에서보다도 잡가에 오면 훨씬 『춘향전』에 대한 의존성이 강하게 나타나는 것이니, 민요에서 나타나던 노래말의 개별적 창조화 경향을 거의 찾아볼수 없을 정도가 되어버린다. 잡가목록에 오른 <소춘향가>, <십장가>, <집장가>, <형장가> 등은 이전에 판소리에서 선호하던 몇 대목이었는데 이것이 그대로 잡가로 불려진 것이다. 두말할 것도 없이 판소리에서 인기를 끈 대목일수록 잡가로서도 한결 인기를 누렸음을 말해준다.

다음으로 춘향잡가와 관련한 특징을 점검해 볼 차례이다. 예거한 바이지만, 잡가집을 근거로 할 때 대부분의 잡가집에 <소춘향가>, <십장가>, <집장가>, <형장가> 등 4개의 잡가는 특히 중복되어 올라있다. 일종의 대표적 레퍼토리였던 셈이다. 이들은 『심청전』, 『홍부전』과 함께 판소리계열의 잡가가 대중들에게 매우 익숙한 노래였음을 뜻한다. 그렇지만 『춘향전』계열 잡가만큼 여러 노래로 다양하게 파생된 사례는 찾기 어렵다. 마치 소설의 대중적 인기순에 따라 잡가도 그런 편재현상이 나타났다고 볼 수 있겠는데 <심청요>, <홍부요> 등도 널리 불려지기는 했으되 잡가로의 파생 정도에서 '춘향요'가 다른 판소리계 잡가를 훨씬 능가하고 있다.

이미 예거한 대로 4가지의 춘향잡가는 『춘향전』이 어떻게 잡가로 이행하고 있는지를 잘 보여준다. <소춘향가>가 춘향이 이도령과 만남을 약속하고 있는 장면과 서사적으로 대응되어 있다면, <십장가>, <집장가>, <형장가> 등은 춘향이 비극적 상황에 처해 있음을 보여주는 한편, 변학도의 수청요구를 거절하다가 매를 맺고 결국 하옥 당하는 참혹한 국면과 대응되어 있다. 이 경우 변학도에게 매를 맞는 춘향의 고통은 어쩌면 춘향만의 고통이 아니었고 시달림을 받는 일반 서민들이 당하는 고통과 서로 상통한다는 점에서 이런 서사내용에 경사된 것은 결코 우연한 가사적 전용이라고 하기 힘들다.[14)]

그런데 <집장가>, <십장가>, <형장가>, <소춘향가> 가운데 <소춘향가>만은 내용과 정조가 색다르다. 어느 잡가보다 폭넓게 애창되던 이 잡가는 처음 춘향을 만난 뒤 오매불망 춘향을 그리고 있는 이도령의 심사에 초점을 맞추어 집중적으로 노래하고 있다. 자료에 따라 <소춘향가>에서 자구상 차이가 있기는 하나 내용상 차이는 거의 나타나지 않는 정도이다.

<십장가>, <집장가>, <형장가>는 잡가이기는 하지만 서정적 테두리를 벗어난 가사 때문에 판소리의 부분적 감상조차도 가능케 할 정도이다. 다시 말해 이들은 절체절명의 상황에서 죽음에 결연히 맞선 채 이도령과의 사랑을 지켜나가는 모습으로 한정시킴으로써 춘향의 당찬 면을 부각시키는데 어느 부위보다 효과적이다. 치죄현장의 생생한 묘사는 물론, 당대 세계에 대한 성토에 목적을 둔 듯 춘향의 성토는 당대 사회의 부조리와 함께 피지배층에 대한 울분이 얼마나 깊은 지 확인시켜 준다. 정서적으로 공감할 수 있는 사설내용으로 말미암아 민중들은 밝고 행복한 장면을 애써 외면하고 도리어 비극적 주조의 장면에 경사된 것이 아니었던가 생각한다. 사실 잡가는 전문적 기량을 갖춘 가객에 의해서만 감당되는 전문적 노래였음으로 음악적 기교가 능란한 일부 사람만이 수용 가능한 노래였다는 추론조차 얼마든지 가능하다. 하지만 결국 다중의 관심과 흡입력을 도외시한 노래란 의미가 없다. 이점을 모를 리 없는 잡가의 창자들은 가사에 대한 공감을 자아내고 이해의 폭을 확대시킬 요량에서 가사를 직접 만들기보다 『춘향전』의 가사를 원용하는 쪽

---

14) 정재호 편, 상게서 4, 38면.

을 택한 것이다.

『춘향전』의 잡가적 수용은 너무나 일방적이고 직접적인 대입에 그치고 있어 시가화 과정의 전형적 사례라 하기는 힘들다. 다시 말해 이것은 심상에 의지해 자의적 내용을 가사화하던 민요와 달리 『춘향전』 사설보다 훨씬 사설 의존적으로 흘렀음을 구체적으로 적시해 주는 사례가 된다는 것이다. 대체로 『춘향전』에 유입된 사설에서는 두가지 형태로 구분이 가능하다. 하나는 누가 보더라도 <춘향가> 및 『춘향전』의 대입이 명백하게 드러나는 예로써 어떤 식의 축약, 가공 없이 사설 그대로를 이식한 것, 다른 하나는 은밀히 다른 제목의 잡가에 삽입되어 <춘향가>의 삽입을 간파하기가 쉽지 않은 것으로 대별된다.

앞의 것은 이제껏 점검해본 터이니 이제 두번째 분류에 속하는 것에 잠깐 주목해 보기로 한다. 목록에 오른 잡가를 보면, <십장가> 류가 월등한 비중을 차지하는 것이 사실이나 그 외의 경우, 가령 전혀 다른 제목인데도 춘향의 모습이 적지 않게 산견되는 것도 적지 않다는 점을 감안해야 한다. 아래에 소개하는 잡가는 『춘향전』을 파편적으로 수용하고 있는 보기들이다.

여봐라 동무들아 말들어 보아라
춘향이가 중형당해 거의 죽게되어고나 아이고 이일이 웬말인고
아이고 이일이 웬말인고
어서 바삐 삽작거리로 나가보세(육자배기)

천천히 완보하여 박석티를 넘어서니
객사청청 유색신은 내 나귀매고 노던데요
오초동남 넓은 뜰은 우리임 다니던 길이로다
광한루야 잘 있더냐 오작교야 엘화 네 무사하냐(방아타령)

맡은 애야 날 데려가오
한양의 낭군이 날 데려가오 ……
나는 가니 잘 있거라 다시보자 광한루야
꽃같은 춘향이는 생이별이 되단말가(앞산타령)

춘향아 술부어라 넘어간다 기울책 ……
남원옥중 춘향이는 이도령 오기만 기다려(날개타령)

앞의 4가지 <춘향가>와 마찬가지로 위에 제시된 잡가들도 『춘향전』의 일부를 삽입시키고 있다. 잡가 자체가 지니고 있는 시적 분위기 곧, 가사 속의 상황, 사건, 인물 등을 원관념으로 하고 이를 비유하기 위해서 보조관념적 요소가 『춘향전』에 간헐적으로 이입된 경우라고 할 만하다.

서정과 서경적 이분적 구도에서 가사는 서정적인 쪽으로 구분되는 것이 일반적인 가름이다. 그러나 다중이 숙지하고 있는 대로 『춘향전』은 엄연히 서사지만 서정적 영역에 스며들어있는 잡가 가사에 실제적인 제공처 구실을 하고 있다. 가사적 전용을 통해 『춘향전』이 잡가에 고스란히 재현하는 셈이다. 그런데 사설을 정제한 축약이나 정서적 노래말로의 변개를 통해서가 아니라 거의 그대로 가사를 이식하고 있음은 거듭 주목할 일이다. '춘향요'가 가사의 기능을 정서적 환기물에 두었다면 '춘향잡가'에서는 서정이 아니라 서사에 기울어지고 있다해도 좋다. 이같이 판소리가 잡가의 가사에 전용되는 현상이 『춘향전』만의 경우로 한정되는 것은 물론 아니다. 잡가 중에는 여러 판소리를 대중없이 수용하고 있는 것도 있다.

이집저집 다 바리고 홍부집으로 돌아든다.
헤에헤요 에헤이 여리 방아로구느

ᄂᆞ뷔야 청산가ᄌᆞ 호랑ᄂᆞ뷔 너도 가ᄌᆞ 노엇다 좃쿠ᄂᆞ
쳔쳔이 완보ᄒᆞ야 박셔틔를 넘어셔셔
츈향문젼 당도ᄒᆞ니 안치ᄂᆞᆫ 쓰러졋ᄂᆞᆫᄃᆡ
츙신불ᄉᆞ이군니요 렬녀불경이부자고요
ᄂᆡ글시로 붓칫더니 모진광풍에 다 ᄯᅥ러지고
츙셩츙ᄶᆞ 믜울렬ᄶᆞ 단 두ᄌᆞ만 ᄂᆞ맛구ᄂᆞ
에헤에헤요 에헤이 여리 방아로구ᄂᆞ[15)]

<방아타령> 가운데 일부이다. 전체적으로『춘향전』내용이 가사의 대부분을 차지한다고 해도 과언이 아니나 서두는『흥부전』일부 사설이 개입되어 있어 가사로서의 정연한 통일성을 기대하기 어렵게 만들고 있지 않나 하는 의구심마저 불러일으킨다. 그렇다면 여러 판소리계 소설을 모자이크하는 식의 가사 처리를 어떻게 보아야 하나. 필자는 필시 잡가의 태생적 출발점, 다시 말해 민요가 장편화 되면서 잡가로 이행했다는 점, 그리고 다른 한편 판소리의 영향이 매우 컸다는 점과 관련지어 생각해볼 문제라고 본다.

창자나 민중들에게 판소리 혹은 그 사설은 이전부터 숙지된 터이므로 이의 가사적 전용은 거의 무의식적으로 이루어졌을 것이다. 여기에 더하여 잡가의 담당자라 할 가객들이 판소리와 민요에 이미 능한 편이었으므로 판소리 대목이 그대로 잡가사설로 자연스러운 전용될 수가 있었다는 결정적 요인을 지적해야 할 것이다. 창자나 청자 모두 익숙한 이런 대목은 설사 노래가 달라졌다 해도 영탄적 대사, 혹은 애절함을 극한으로 끌어올리는 인상적 내용 등은 가사적 생명력을 결코 상실할 수 없는 요소로 작용하고 마침내 잡가의 가사로 그 생명력을 확장시켰다. 적어도 4가지의 잡가에서 채택하고 있는『춘향

---

15) 정재호 편, 상게서 3, 98면.

전』의 개별적 마디는 『춘향전』 가운데 가장 흡입력이 강하게 발현된 부분이 아닐 수 없다.

이제까지 민요든 잡가든 『춘향전』 사설을 바탕으로 가사화가 활발하게 나타나고 있음을 보아왔거니와 잡가에서 가사로 채택하고 있는 단락적 단위는 몇 개로 한정되고 그마저도 『춘향전』의 후반부 곧, 이도령과 이별한 뒤 몰아닥친 고난과 시련부분에 집중된다는 특징이 있다. 이는 민요에서 택한 가사적 취향과 별반 다른 점이 없다. 하지만 민요는 <춘향가>의 사설 그대로를 수용할 수가 없었다. 시어의 압축은 자연 『춘향전』과 다른 정서적 감응력을 필요로 하고 있기 때문에 소설에 대한 의존성을 약화시켰다. 이에 반해 같은 『춘향전』의 수용이라도 잡가는 『춘향전』 사설을 훼손없이 그대로 이기하고 있음을 보여준다. 어떤 경우는 판소리의 한 대목을 듣는 듯 장편의 서사량을 갖추기까지 했다. 이런 점에서 보건대, 민요와 잡가의 시가양식적 차이, 창화의 담당층에 의해 가사 수용의 특색이 갈라지게 되었음을 알 수 있다. 즉 민요는 무지한 민중들이 주된 수용층인 만큼 단편적 가사 이상으로 구체적인 내용을 간직한 긴 가사를 요구하지 않았다는 점을 우선 지적할 수 있다. 그들에게 『춘향전』에 대한 경험은 스스로 독해한 경험을 바탕으로 하기보다 제3자의 구연이나 전언에 따라 작품에 대한 정보를 얻었던 것인데 세세한 정보적 단위의 내용파악 대신 춘향에 대한 피상적 인상과 이미지가 그대로 단편의 민요에 투영된 것이다. 여기에 천진한 심성에다 낙관적 세계관을 바탕에 두고 있는 단편의 민요일수록 비극적 국면에 선 춘향 대신 이도령과 사랑에 빠진 춘향, 민중의 연인으로서 춘향을 부각시키는데 더 적극적이었다.

이에 비해 가사가 장편화된 잡가는 시어의 재창조를 버리고 『춘향전』 사설을 그대로 삽입하는 방식을 취해 어렵잖게 『춘향전』 사설이 도달한 감동과 공감의 여운을 그대로 누려나가고자 하였다. 잡가는 민요보다 훨씬 전문적인 기예를 요구하는 것으로 전문적 노래꾼들에 의해 주도된 노래형식이라지만 적어도 가사에서 창조적 재현은 미미하게 구현된 것으로 밝혀졌다. 역설적으로 이런 결과는 민요보다 잡가가 『춘향전』과 더 밀접하게 밀착되어 있음을 말해주는 것이다. '춘향잡가'로서 빈번하게 등장하는 4개의 歌名 말고도 <적성가>, <천자푸리>, <사랑가>, <자진사랑가>, <군노사령>, <십장가>, <몽중가>, <옥중가>, <추월강산>, <춘당시과> 등 『춘향전』 계열에 속하는 기타 잡가가 적지 않은 것을 보면, 소설의 잡가화에 있어 『춘향전』이 차지하는 그 위상이 거듭 확인되는 것이다.

5. 맺음말

『춘향전』이 얼마나 광범한 이본적 영역을 구축하고 있는지에 대해서는 더 이상의 첨언이 필요없다. 『춘향전』은 여기서 더 나아가 기타 주변 양식에까지 다양하게 감염의 힘을 발휘해온 것이 사실이다. 본고는 이중에서 민요와 잡가로 한정해 이들 속에 직접 이식되고 혹은 변용되어 수용된 『춘향전』의 흔적을 살피는데 초점을 두었는데 이로써 우리는 『춘향전』의 노래가사화 과정에 나타난 특질뿐만 아니라 서사적 영역의 문예양식이 어떻게 서정적 양식과 조우하게 되었는지 양식적 교섭성까지 궁리해보고자 했다.

민요는 시적 감응력을 유지하는데 그 목적을 두고 있는 시가이다. 따라서 서사가 아닌 서정적 면모를 지니기 위한 고민은 당연한 것으로 대두되었다. 『춘향전』의 긴 사설을 노래말로 채택할 경우 따라서 시어의 압축이라든가 정서에 바탕을 둔 시어의 재창조과정이 모두 이와 결부된 특질이라고 하겠다. 이 경우 순진하며 발랄한 시각의 화자는 『춘향전』의 사설을 시적 감응력으로 여과하여 이른바 노래말의 재창조화를 시도한다. 춘향이 민요 속에서 가까운 연인이나 스스럼 없이 어울릴 수 있는 동료로 형상화되는 일은 이와 무관치 않다. 이는 사설이 보여주는 구체적 내용이나 특정 대목의 인상깊은 형상과 다른 특정 텍스트가 제공한 심상을 바탕으로 제2의 창조화에 따른 가사화라고 말할 수가 있다. 민요의 길이가 짧을수록 시적 감응력에 의지한 노래말의 재창조가 폭넓게 일어나는 반면, 가사의 길이가 길어질수록 춘향전의 내용 및 특정 대목에 대한 의존성이 상대적으로 높아지고 있는 것으로 밝혀졌다.

잡가는 전문적인 가객에 의해 연창되었던 만큼 노래말 역시 민요보다 길어지고 대신 시적 감응력에 대한 관심은 민요와 달리 급속히 약화된다. 사설의 구체성을 적시하는 데 대한 관심에 따라 판소리의 특정 대목이 가감없이 그대로 잡가의 가사로 편입되는 현상마저 빈번하게 목도된다. 『춘향전』의 여러 대목 가운데서 특히 <십장가>, <집장가>, <형장가> 등 비극적 정조가 최고조에 오르는 부분일수록 잡가로서의 인기가 높았거니와 근대기 명창들이 특기를 발휘할 노래가사로 이들 대목을 집중 취택함으로써 대중적 관심을 증폭시키는 계기로 작용하기도 했는데 민중들에게 있어 정서적 공감을 불러일으키는데 비극적 정서가 그만큼 효과적이었음을 아울러 엿보게 된다.

가요 담당층의 층위, 지역에 따른 노래 가사화의 변별성 등까지 두루 논의가 미치지 못한 것은 본 논고가 갖는 취약점이 아닐 수 없으나 『춘향전』이 시가적 자료로서도 폭넓은 관심과 인기를 끌었음을 확인하는 자리가 된 것만은 분명하다. 거듭 말하지만 『춘향전』은 '서사'영역에 만족하지 못하고 그 장르적 친족의 경계를 뛰어넘어 '서정'영역까지 감염의 폭을 활발하게 확장시켜나간 보기 드문 서사적 발원지였던 것이다.

■ 참고문헌

김소운 편, 『조선구전민요집』 ,제일서방, 1933.

임동권 편, 『한국민요집』, 1 2 4 5 7, 1980.

이소라, 『한국의 농요 3집』, 민속원,1990.

이소라, 『한국의 농요 4집』, 현암사,1993.

이소라, 『양산의 민요』, 양산군, 1993.

이소라, 『상주의 민요』, 1993.

정재호 편, 『한국잡가전집, 1 2 3 4』, 계명문화사, 1984.

김상훈 편, 『가요집 2』, 평양문예출판사, 1966.

정동화 편, 『경기도 민요』, 집문당, 2002.

강원도 편, 『강원의 민요』, 2001.

최성각 편, 『조선족구전민요집』, 요녕인민출판사, 1980.

김동욱, 『춘향전연구』, 연대출판부, 1976.

최 철, 『한국민요론』, 집문당, 1986.

임동권, 『한국부요연구』, 집문당, 1982.

정병헌, 『판소리문학론』, 새문사, 1993.

서종문, 『판소리사설연구』, 형설출판사, 1984.

조동일, 『서사민요연구』, 계명대출판부, 1970.

좌혜경, 『민요시학연구』, 국학자료원, 1996.

춘향전에 삽입된 한시의 양상과 그 기능적 의미

전송열

1. 머리말

춘향전이 우리 고전 중의 고전이라 불리는 이유는 단순히 그 스토리 때문이 아니라 많은 세월을 거치면서 여러 작가들의 손에 의해 끊임없는 첨삭을 통해 계속해서 발전적으로 새롭게 개작이 되었기 때문이다. 그 중에서도 다양한 삽입 요소들 즉 민요, 가사, 시조, 잡가, 한시 등을 비롯하여 속담, 비어, 속어 등의 대중적인 언어와 방언 등이 바로 춘향전을 춘향전답게 만들어 주었다고 할 수 있다.[1)]

이 중에서도 한시의 삽입[2)]은 서정적 가요의 삽입과 함께 춘향전 사설의

1) 설성경, 『한국고전소설의 본질』, (국학자료원, 1981), 205면 참조

2) '삽입'은 '인용'과 거의 같은 말이다. 하지만 '인용'은 말 그대로 해당 시구를 단순히 인용하는 것에 불과한 반면 '삽입'은 그 시구를 인용해온 것인지 아닌지도 모를 정도로 시구 그대로를 사설 속에다 끼워 넣든지 아니면 해당 시구를 적절히

서정성을 더욱 더 풍부하게 만들어 주었다. 중요한 사실은 사설 가운데에서 만일 한시를 삽입하지 않고 대신에 이를 우리말로 대치한다면 아주 적절하게 그 상황을 표현해 내기가 어렵다는 점이다. 삽입되는 한시는 대개가 익히 잘 알려진 것들이다. 그렇기 때문에 그 상황들을 굳이 긴말로 설명하지 않아도 5언 또는 7언의 단지 몇 글자만으로도 모든 것이 쉽게 전달된다는 경제적 장점이 있다. 또한 한시의 삽입은 이미 한시 자체가 지니고 있는 함축미 및 형상미가 그대로 드러나게 되어 작품을 더욱 더 아름답게 만들어 준다는 특징이 있다. 춘향전 속에 삽입된 한시를 살펴본다는 것은 바로 이러한 사실을 드러내고자하는 데에 있다.

이 글에서는 먼저 주요 이본에 삽입된 한시의 전반적인 양상들을 그 일반적인 특징과 구체적인 양상으로 나누어 살펴보고 또한 이러한 삽입 한시들이 사설 속에서 어떠한 기능을 하며 그 의미는 무엇인지를 살펴보고자 한다.[3]

2. 주요 異本에 삽입된 한시의 일반적 특징

춘향전은 소위 적층문학으로서 수많은 이본이 존재한다. 따라서 춘향전

재편집하여 우리말과 아주 자연스럽게 연결되도록 한다는 점에서 단순한 인용과는 차이가 있다. 따라서 본고에서는 때로 이 '인용'과 '삽입'을 적절히 구별하여 사용하고자 한다. 하지만 전체적으로는 인용과 삽입을 따로 구분하지 않고 '삽입 한시'로 통칭한다. 그런데 대개 단순 인용보다는 삽입의 형태가 많으면 많을수록 한시의 독자적인 매력이 사설 속에서 잘 드러난다는 특징이 있다.

3) 아직까지 삽입된 한시의 기능적 의미에 대해 논한 경우는 거의 없는 것으로 보인다. 다만 金種九, <春香傳에 수용된 漢詩의 性格(Ⅰ)>(『開新語文研究』第15輯, 1998)에서 삽입 한시를 다루었지만 주로 어떠한 한시가 수용되었는지에 대한 자료 조사에 그쳤다.

연구에 있어서 이러한 이본간의 차이를 살펴보는 것은 필수적이다. 한시를 삽입하는 양상도 이본마다 조금씩의 차이를 보여준다. 각 이본마다의 한시 삽입 양상을 살펴보는 일은 한시가 사설에 어떻게 기능하는가에 대한 상호간의 차이를 규명하는 데에도 도움이 된다.

하지만 모든 이본들을 살펴본다는 것은 어려운 일이기에 이 글에서는 춘향전의 주요 이본이라 평가되며 소위 판소리계 소설로 불리우는 경판 17장본과 완판 84장본, 그리고 판소리인 신재효본 「남창춘향가」 세 이본만을 살펴보기로 한다. 경판본은 완판본과 더불어 춘향전 판본의 쌍벽으로 이루는 것으로 평가된다. 이 중 경판본은 판본 중 가장 古本으로 알려져 있으며 완판본에 비해 그 내용도 훨씬 짧다. 또한 완판본은 창곡을 위주로 한 희곡적 소설의 특징을 지니고 있음에 비해 경판본은 스토리를 위주로 한 산문체 소설로 볼 수 있다.

그리고 신재효본 「남창춘향가」는 경판본과 완판본이 소위 여러 작가들의 집단적인 작품이라는 점에 비해 이는 한 개인의 의도적인 개작이라는 점에서 확연히 구분이 된다. 또한 소설의 형태가 아닌 처음부터 唱을 하기 위해 만들어진 것이라는 점에서도 경판본 및 완판본과는 다르다. 이런 점에서 볼 때 이들 세 이본에 삽입된 한시의 양상은 서로 비교해 볼 만한 의의를 지닌다. 먼저 이 세 이본에 삽입된 한시를 각각 예시하고 그 대략적인 특징을 들면 다음과 같다.[4]

---

4) 삽입된 한시 중에는 그 출처를 알 수 없는 시들도 몇몇 있는데, 이러한 시구들은 일단 제외하였다. 따라서 세 이본에 삽입된 한시구를 비교한 수도 정확한 것은 아니며 단지 대략적인 것임을 밝혀 둔다. 그리고 삽입 한시 중에는 생략 또는 변형한 것도 있지만 고치지 않고 그대로 예시했다.

1)『경판17장본』

*이도령이 춘향이 집에서 노는 장면

a-1. "君不見黃河之水天上來, 到海冥冥不復廻, 又不見高堂明鏡悲白髮, 朝如青絲暮成雪, 人生得意須盡歡, 莫使金樽空對月" (李白, <將進酒>)

a-2. "林下何曾見一人, 月明高樓有美人, 今日飜成送故人" (靈澈, <答韋丹>)

a-3. "飛入宮中不見人" (劉禹錫, <楊柳枝詞>)

a-4. "楊柳青青渡水人" (王維, <寒食汜上作>)

a-5 "不見洛橋人" (宋之問, <寒食>)

a-6. "風雪夜歸人" (劉長卿, <逢雪宿芙蓉山>)

a-7. "胡騎長驅五六年" (杜甫, <恨別>)

a-8. "霜鬢明朝又一年" (高適, <除夜作>)

a-9 "咸陽遊俠多少年" (王維, <少年行>)

a-10. "經歲又經年" (劉采春, <囉嗊曲>)

a-11. "寒盡不知年" (太上隱者, <答人>)

*마지막 장면

b-1. "不重生男重生女" (白居易, <長恨歌>)

경판본은 우선 판수 자체가 적기 때문에 삽입 한시의 수가 모두 19여 구에 지나지 않을 정도로 매우 적다. 그리고 시구의 삽입도 이도령이 춘향이 집에서 노는 장면에서 18구가 거의 집중적으로 나타나며 그밖에는 마지막 장면에서 단지 한 개의 시구만 인용되고 있을 뿐이다. 또한 시구의 삽입도 a-1을 제외하면 거의가 우리말과의 자연스러운 삽입이 아닌 단순한 인용에 불과한 것들이다.

즉 a-2부터 a-11까지는 글자타령으로 a-2부터 a-6까지는 이도령이 끝에 '人'자를 가진 한시를 인용하고 있으며, a-7부터 a-11까지는 춘향이가 끝에 '年'자를 가진 한시를 인용하면서 번갈아 가며 글자타령을 하고 있는데, 이것은 한시 삽입의 형태라기보다는 사설을 보다 재미있게 만들기 위해서 시구들을 단순히 인용하고 있을 뿐이다. 말하자면 사설 가운데에서 한시 자체가 지니는 기능적·미적 의미들을 최대한 활용하기 위해서 삽입한 것이 아니라는 말이다. 따라서 경판본에서의 한시 삽입은 한시를 삽입함으로써 얻어지는 내용상의 부가적 가치와 효용성이 그 만큼 떨어진다고 보아야 할 것이다.

하지만 시구들을 인용한 것을 보면 주로 풍류와 인생무상 등을 소재로 한 한시들을 인용함으로써 이도령이 춘향이 집에서 노는 모습들을 잘 드러내 주는 데에 그나마 일조하고 있다고 보아야 할 것이다. 경판본에서 인용된 한시들은 익히 잘 알려져 있는 唐詩로 모두 이루어져 있다.

2) 『완판84장본』

* 이도령의 광한루 행차 장면

a-1. "紅纓紫鞚珊瑚鞭, 玉鞍錦韉黃金勒" (岑參, <衛節度赤驃馬歌>)

a-2. "香街紫陌春城內, 滿城見者誰不愛" (岑參, <衛節度赤驃馬歌>)

a-3. "紫閣丹樓紛照耀, 璧房錦殿相玲瓏" (王勃, <臨高臺>)

a-4. "瑤軒綺構何崔嵬" (王勃, <臨高臺>)

a-5. "吳楚東南水" (杜甫, <登岳陽樓>)

a-6. “打起黃鶯” (蓋嘉運, <伊州歌>)

*이도령이 천자문을 읽는 장면

b-1. “可憐今夜宿娼家” (王勃, <臨高臺>)

*이도령이 춘향이 집에서 노는 장면

c-1. “一杯一杯復一杯” (李白, <山中與幽人對酌>)

*춘향이와의 사랑 장면

d-1. “曾經學舞” (盧照鄰, <長安古意>)
d-2. “澹澹長江水, 悠悠遠客情” (韋承慶, <南行別弟>)
d-3. “河橋不相送, 江樹遠含情” (宋之問, <別杜審言>)

*이별 장면

e-1. “百年三萬六千日” (李白, <襄陽歌>)
e-2. “夫戍蕭關妾在吳” (王駕)
e-3. “征客關山路幾重” (王勃, <採蓮曲>)
e-4. “綠水芙蓉採蓮女” (王勃, <採蓮曲>)
e-5. “偏揷茱萸少一人” (王維, <九月九日憶山東兄弟>)
e-6. “西出陽關無故人” (王維, <送元二使安西>)
e-7. “路上行人欲斷魂” (杜牧, <淸明>)
e-8. “綠樹秦京道” (宋之問, <早發韶州>)
e-9. “千山鳥飛絶” (柳宗元, <江雪>)
e-10. “黃埃散漫風蕭索, 旌旗無光日色薄” (白居易, <長恨歌>)

*기생 점고 장면

f-1. “漁舟逐水愛山春, 兩便爛漫 春色” (王維, <桃源行>)

f-2. “雲淡風輕近午天, 楊柳片金 鶯鶯” (程明道, <偶成>)

f-3. “松下童子, 數疊靑山 雲深” (賈島, <尋隱者不遇>)

f-4. “借問酒家何處在, 牧童遙指杏花” (杜牧, <淸明>)

f-5. “峨眉山月半輪秋, 影入平羌 江仙” (李白, <峨眉山月歌>)

*춘향이 매맞는 장면

g-1. “二十五絃彈夜月, 不勝淸怨” (錢起, <歸雁>)

*춘향이가 옥중에 갇힌 장면

h-1. “枕上片時春夢中, 行盡江南數千里” (岑參, <春夢>)

h-2. “蒼梧山崩湘水絶, 竹上之淚乃可滅” (李白, <遠別離>)

h-3. “畵圖省識春風面, 環佩空歸月夜魂” (杜甫, <詠懷古跡>)

*이도령이 남원으로 가는 장면

i-1. “朝如靑絲暮成雪” (李白, <將進酒>)

i-2. “行人臨發又開封” (張籍, <秋思>)

i-3. “去歲何時君別妾” (李白, <思邊>)

i-4 “客舍靑靑柳色新” (王維, <送元二使安西>)

i-5. “靑雲洛橋” (宋之問, <早發韶州>)

*이도령이 옥중에 있는 춘향이를 찾아가는 장면

j-1. “峰雲奇峰” (陶潛, <四時>)

*마지막 장면

k-1. "春草年年綠, 王孫歸不歸" (王維, <山中送別>)

완판84장본은 세 이본 중에서 한시의 삽입이 40여 구로 가장 많다. 그만큼 판수가 많기 때문이다. 그리고 장면별로 삽입되는 시구의 수가 큰 차이를 보이지 않고 고르게 나타난다. 완판84장본의 한시 삽입은 줄거리와는 관계없는 주로 묘사 부분에서 이루어지는데, 이것은 그만큼 한시가 사설 속에서 효과적으로 이용되고 있다는 증거이다. 그래서 단순 인용의 형태보다는 자연스러운 삽입의 형태가 많이 나타난다. 위의 시구에서 단순 인용과 삽입을 구별해 보면 다음과 같다.

인용 : a-3, 4, 5, 6, b-1, d-2, 3, e-2, 3, 4, 5, 6, 9, i-1, 2, 3, k-1
삽입 : a-1, 2, c-1, d-1, e-1, 7, 8, 10, f-1, 2, 3, 4, 5, g-1, h-1, 2, 3, i-4, i-5, j-1

인용 중에는 인용과 삽입의 경계를 드나드는 부분이 있기는 하지만 대체적으로 볼 때 완판84장본은 삽입 형태의 한시가 비교적 많은 편임을 알 수 있다. 그러나 이처럼 인용보다는 삽입이 많기는 하지만 완판84장본에 삽입된 한시들은 기생 점고 장면에서의 변형된 시구와 그리고 몇몇 삽입구를 제외하면 거의가 원형 그대로의 한시를 인용하거나 삽입하고 있음을 볼 수 있다. 이것은 달리 말하면 시구를 변형하지 않는다는 것은 그만큼 우리말과의 연결이 그리 자연스럽지 못하다는 것이다. 그런 면에서 완판84장본에 삽입된 한시들이 때로 어색하게 느껴지는 경우가 많다. 이것은 처음부터 판소리로 만들어진 신재효본과 비교해 보면 이러한 차이가 확연하게 느껴진다.

한편 완판84장본에 삽입된 한시들을 보면 정명도의 시 2구, 도잠의 시 1구를 제외하고 나면 모두 唐詩로 이루어져 있다.

3) 「신재효본」(남창 춘향가)

*춘향 탄생 배경 장면

a-1. "羣山萬壑赴荊門" (杜甫, <詠懷古跡五首>)

*이도령의 광한루 행차 장면

b-1. "紅纓紫鞚珊瑚鞭, 玉鞍錦韉黃金勒" (岑參, <衛節度赤驃馬歌>)
b-2. "雙翻碧玉蹄" (李白, <紫騮馬>)
b-3. "春城無處不飛花" (韓翃, <寒食>)
b-4. "可憐人馬相輝光, 滿城見者誰不愛" (岑參, <衛節度赤驃馬歌>)
b-5. "高臺四望同" (王勃, <臨高臺>)

*춘향이 그네 타는 장면

c-1. "燕蹴飛花落舞筵" (杜甫, <城西陂泛舟>)

*이도령이 춘향집을 찾아가는 장면

d-1. "可憐今夜" (王勃, <臨高臺>)

*이도령이 '不忘記'를 써주는 장면

e-1. "丈夫好新多異心" (李白, <白頭吟>)
e-2. "一杯一杯復一杯" (李白, <山中與幽人對酌>)

*이별하는 장면

f-1. "春風桃李花開夜" (白居易, <長恨歌>)

f-2. "秋雨梧桐葉落時" (白居易, <長恨歌>)

f-3. "千山鳥飛, 萬徑人蹤" (柳宗元, <江雪>)

f-4. "秋月春風等閑度" (白居易, <琵琶行>)

*기생 점고 장면

g-1. "飢不啄粟" (李白, <古風上>)

g-2. "多奇峰上夏雲" (陶潛, <四時>)

g-3. "渭城柳色" (王維, <送元二使安西>)

g-4. "峨嵋山半月" (李白, <峨嵋山月歌>)

*춘향이 매 맞는 장면

h-1. "春從春遊夜專夜" (白居易, <長恨歌>)

h-2. "玉窓螢影, 秋夜羅帷" (王維, <班婕妤 三首>)

*춘향이가 옥중에 갇힌 장면

i-1. "天陰雨濕鬼哭聲" (杜甫, <兵車行>)

i-2. "月白風淸" (蘇軾, <後赤壁賦>)

i-3. "梨花一枝春帶雨" (白居易, <長恨歌>)

i-4. "夜雨聞鈴斷腸聲" (白居易, <長恨歌>)

*이도령이 남원으로 내려오는 장면

j-1. "汗滴禾下" (李紳, <憫農>)

j-2. "桃花依舊笑春風" (蘇軾)

ⅰ-3. "薄薄酒勝茶湯" (蘇軾, <薄薄酒>)

신재효본에 삽입된 한시는 약 30구이다. 완판84장본에 비해 적은 수이지만 한시의 삽입 양상은 어느 판본의 춘향전보다 뛰어나다. 신재효본에서는 매우 의도적으로 다양한 한시의 변형들이 이루어지고 있으며 또한 이를 아주 적절하게 우리말과의 조화를 이루도록 만들고 있다. 그것은 경판17장본이나 완판84장본이 주로 소설의 형태로서 읽히기 위해 만들어진 것이라면 신재효본은 처음부터 창으로 부르기 위해 만들어진 판소리라는 점에서도 일단 구분이 된다. 창으로 부르기 위해서는 무엇보다도 운율상의 특징에 유의하지 않으면 안된다. 따라서 삽입되는 한시도 원형 그대로는 곤란한 경우가 많다. 그래서 한시들을 삽입할 때 거의 우리말의 운율처럼 느껴지도록 적절히 변형시키는 것은 필수적인 일이다. 이 때문에 신재효본에는 단순 인용보다는 삽입의 형태가 대부분이다.

그리고 다른 판본들이 한시의 삽입을 때로 상당히 남용하고 있는 것과는 달리 신재효본은 각 장면과 그 상황에 꼭 맞는 한시들만을 선택하여 매우 교묘하게 이용하고 있음을 볼 수 있다. 그래서 신재효본에 삽입된 한시들은 삽입된 그 부분에서 매우 중요한 역할을 담당하고 있다. 말하자면 한시가 그 곳에 삽입되지 않았다면 도저히 그러한 맛이나 분위기를 느낄 수가 없을 정도로 한시만의 독자적인 매력을 드러내주고 있다는 말이다.

이밖에도 신재효본은 각 장면에 크게 편중되지 않고 고르게 한시를 삽입하고 있으며, 시로는 陶潛의 시 1구, 蘇軾의 시 3구, 그리고 李紳의 <憫農>시를 제외하면 모두가 唐詩로 이루어져 있다. 唐詩 중에서도 白居易의 <長恨歌>에서 5구, 李白의 시에서 5구 杜甫의 시에서 3구, 王勃의 시에서 2구, 王維의 시에서 3구 등으로 다양하게 나타난다.

3. 삽입 한시의 구체적 양상

1) 唐詩 위주의 삽입

삽입 한시 중에서 거의 대부분을 차지하는 것은 宋詩가 아닌 唐詩이다. 이것은 거의 모든 이본에 동일하게 나타난다. 장르로는 古詩, 樂府詩, 近體詩 등 가릴 것이 없이 상황에 맞는 한시라면 모두 끌어들였다. 삽입되는 빈도수가 높은 시인으로는 이백, 두보, 잠삼, 왕유, 왕발, 백거이, 두목 등이다. 당시 외에도 도잠의 시나 송시도 종종 등장하는데, 송시 중에는 주로 소식의 시가 삽입된다. 그리고 삽입되는 시들은 거의가 명편으로 잘 알려진 것들이다. 예컨대, 李白의 <將進酒>, <襄陽歌>, <山中與幽人對酌>, 王維의 <送元二使安西>, 白居易의 <長恨歌>, <琵琶行>, 杜牧의 <清明>과 같은 것들이 그 대표적이다.[5)]

이처럼 주로 뛰어난 시인의 명편들을 주로 삽입하는 이유는 이미 당시 독자 또는 청자들에게 익숙해져 있는 것이기에 그만큼 쉽게 그 상황 속으로 유입시킬 수 있기 때문이다.[6)] 한시는 당시 사대부층에서 즐기던 고급 문화이기는 하지만 이러한 명편들을 암송 또는 애송하는 일은 사실 거의 대부분의 사람들에게 일상화되었던 것임에 비추어 볼 때 아주 자연스러운 일이라 할 것이다. 특히 중요한 것은 판소리 사설 속에서 이러한 唐詩의 명편들이 삽입

---

5) 당의 대표적 시인인 이백과 두보의 시 중에는 상대적으로 이백의 시를 삽입하는 빈도가 훨씬 높다. 이것은 이백의 시에 나타나는 두드러진 낭만성이 두보의 시보다는 그 정감과 홍취에 있어서 판소리 사설의 내용과 잘 부합하기 때문인 것으로 보여진다.

6) 『완판84장본』에 삽입된 한시 중에는 우리 선인들이 늘 아끼며 암송했던 『五·七言 唐音』에 실려 있는 시들이 상당히 많이 나온다.

이 될 때에 원래 그 작품이 지니고 있던 상황이나 시적 정감이 사설과 병치됨으로써 그 장면의 분위기를 더욱 고조시키며 보다 강한 상승작용을 불러일으킨다는 점이다. 한가지 예를 들어보면 다음과 같은 경우이다.

> "춘향이 부끄러워, 입만 대고 내어 노니, 춘향 어미 다시 부어, 도령님께 권할 적에, 일배일배부일배로 난무순이 되었구나"(신재효본)

이것은 이도령이 춘향이의 집에서 춘향이와 수작하는 장면이다. 여기에 삽입된 시는 이백의 유명한 <山中與幽人對酌> 중 承句인 '一杯一杯復一杯'이다. 이 작품은 이미 詩題에서도 드러나듯이 산 속에서 서로 술을 나누는 홍취가 도도히 풍기는 시이다. 말하자면 술을 마시는 장면에다 이 한시를 삽입함으로써 이미 이 한시 전체의 내용과 분위기를 알고 있는 독자나 청자로서는 더욱 신명나는 사설이 될 수밖에 없다. 이런 점에서 사설 속에 삽입된 한시의 기능적 측면이 매우 효용적임을 알 수 있다.

그런데 이 중에서도 송시가 아닌 당시를 주로 삽입한 이유는 무엇인가? 그것은 먼저 당시를 최고의 시로 알고 애호했던 우리 선인들의 취향에 있으며, 그 다음은 송시가 대체적으로 개념적인데 비해 당시는 홍취와 정감, 그리고 소리를 중시한다는 시적 특성 때문이다. 당시의 이러한 특성은 바로 우리 판소리 계열의 문학 형태와 매우 밀접한 관련성을 지니게 한다.

좀 더 구체적으로 말하면 唐詩는 첫째, 情과 景의 결합을 통해 시가 가능한 한 회화적이 되도록 하는데, 이것은 판소리에 삽입이 될 때 그 상황을 보다 잘 연상이 되도록 할 뿐만 아니라 미적 가치도 함께 느끼게 한다. 둘째, 부르기 쉽도록 음운미를 살림으로써 시의 소리에 대한 감각을 최대한 고려한다는 것이다. 따라서 이러한 특징은 우리말의 운율적 특성 및 홍취와 잘 부합

될 수 있다. 셋째, 정감을 극대화한다는 것이다. 唐詩는 인간의 정서를 숨김 없이 잘 드러낸다. 그래서 당시는 사람들을 웃게도 하고 울리게도 하는 감정의 편폭이 매우 넓다. 따라서 이것은 판소리 문학에 삽입이 될 때에 그 상황에 따라 정서적 울림이 크게 작용하도록 돕는다.[7)]

2) 삽입된 한시의 형식

5언과 7언 중 7언이 대부분이다. 이것은 한시에서의 5언과 7언이라는 형식적 조건이 주는 차이를 설명한 다음과 같은 글에서 그 이유를 찾아볼 수 있다.

> 5언은 자수가 적기 때문에 읽어보면 침착하고 완만한 기상이 있어서 평소의 말과 그 어조가 가깝다. 7언은 음조가 촉급하여 입에 올릴 때에 사람들에게 생기발랄하고 의기양양한 느낌을 주므로 낭송이나 노래하는 곡조와 유사하다....7언은 억양에 기복이 있고 운은 낭랑하다[8)]

즉 이 말은 5언과 7언의 節奏感의 차이를 설명한 것이다. 말하자면 5언의 특성은 판소리의 사설과 부합하기가 어렵다. 이에 비해 7언은 3·4조가 되어 운율상 우리말의 호흡과 거의 일치된다. 따라서 창으로 불려지는 판소리의 사설과 자연 부합이 될 수밖에 없다. 판소리 사설 중에는 때로 5언이 나오기는 하나 5언이 그 자체로 기능하기보다는 오히려 우리말과의 다양한 결합을 보이면서 마치 7언과 같은 효과를 내도록 만들어지는 경우가 많다. 그 몇

---

7) 唐詩만이 지니는 시적 특성에 대한 자세한 내용은 전송열, 『朝鮮 前期 漢詩史 研究』(以會文化社, 2001) 19 - 42면을 참조.

8) 陳伯海 지음, 李鍾振 옮김, 『당시학의 이해』, 사람과 책, 2001, 247면 참조

가지 예를 구체적으로 들어보면 다음과 같다.

㉠ 오언을 삽입하였다해도 4언만 쓰고 나머지 한 글자는 4자로 된 우리말로 바꾸어서 표현함으로써 실질적으로 4·4의 음조를 이루도록 하는 경우

"천산조비 끊어지고 만경인종 없을 적에"(신재효본)
"옥창형영 지나갈제 추야나유 지키다가"(신재효본)

㉡ 5언이라도 시어 사이에다 토를 달아 사실상 7언과도 같은 운율적 효과를 내는 경우

"春草는 年年綠하되 王孫은 歸不歸라"(완판84장본)

이것은 상황에 맞는 시구를 찾다보니 오언시를 사용치 않을 수 없을 때에 이처럼 변형시켜 표현한 것으로 보인다.

㉢ 시어 사이에다 토를 붙이면 오히려 어색해질 때 시구 끝에다 '이요' 또는 '이라' 등으로 토를 달게됨으로 전체적으로는 7언과 같은 운율적 효과를 내는 경우

"하마석에 선뜻 내려, 누상에 올라가니, 高臺四望同이요, 佳氣鬱葱葱이라"(신재효본)

㉣ 시구를 변형 또는 재결합시켜서라도 5언을 7언과 같은 형식으로 만드는 경우

"다기봉상 하운이"(신재효본)

이 시구는 陶潛의 <四時> 중에 나오는 시구인데, 본래는 '夏雲多奇峰'으로 되어 있는 5언시이다. 그런데 이것을 앞뒤로 순서를 바꾸면서 '上'자를 첨가시키고 또 끝에다 우리말 토를 붙여 마치 7언과 같은 효과를 낳게 하고 있다.

이처럼 5언을 마치 7언처럼 효과를 내도록 하는 것은 사실 한시가 사설 속에 자연스럽게 삽입되기 위한 당연한 귀결이라고 보아야 할 것이다. 하지만 이것 또한 보다 재미있는 사설을 만들기 위한 작가의 의도적인 조작이라는 측면도 무시할 수 없다.

3) 삽입 한시의 변형 형태

각 이본에 삽입된 시들은 주로 그 상황에 맞는 시구들을 임의적으로 끌어와 삽입하지만 대개는 그 시구들을 그대로 삽입하기보다는 문장의 의미 맥락에 맞게끔 적절히 변형시키는 경우가 많다. 변형 형태는 매우 다양하지만 몇몇 대표적인 경우만을 들어보면 첫째, 시구 중의 글자를 생략하거나 변형시키는 경우, 둘째, 原詩의 순서를 무시하고 상황에 맞는 시구만 뽑아 삽입하는 경우, 셋째, 시구를 다 삽입하지 않고 임의로 글자를 빠뜨리거나 그 대신에 우리말로 번역하는 경우, 넷째 시구를 다 삽입하지 않고 前句와 後句에서 각각 상황에 맞는 시어를 끌어와서 임의로 결합시키는 경우 등으로 나누어 볼 수 있다.

(1) 시구 중의 글자를 생략하거나 변형시키는 경우

㉠ "완월문 밖 썩 나서니, 운간월색명여소요, 가련금야 좋을씨고"(신재효본)

㉡ "조약돌 덥석 쥐어 버들가지 꾀꼬리를 희롱하니 타기황앵이 아니냐

(완판84장본)

㉢ "객사청청유색신은 나귀 매고 놀던 데요, 청운낙교 맑은 물은 내 발 씻던 청계수라"(완판84장본)

㉣ "풍세대작터니 바람결에 풍겨온가, 봉운기봉터니 구름 속에 싸여온가"(완판84장본)

㉤ "악양루 고소대와 오초동남수는 동정호로 흘러지고..."(완판84장본)

㉠의 '가련금야'는 王勃의 <臨高臺> 중 '可憐今夜宿娼家'에서 '宿娼家'를 생략한 것이고, ㉡의 '타기황앵'은 蓋嘉運의 <伊州歌> 중 '打起黃鸝兒'에서 '兒'를 생략한 것이다. 그리고 ㉢의 '청운낙교'는 宋之問의 <早發韶州> 중 '靑雲洛水橋'에서 '水'자를 생략했고, ㉣의 '봉운기봉'은 陶潛의 <四時> 중 '夏雲多奇峰'에서 '夏'자와 '多'자를 생략하면서 동시에 다시 새롭게 시구를 만들어내었다. ㉤의 '오초동남수'는 杜甫의 <登岳陽樓>에 나오는 '吳楚東南拆'에서 끝의 '拆'자를 '水'자로 바꾸어 놓았다. 이러한 변형들은 물론 사설 속에서 한시들을 보다 적절하게 사용함으로써 사설의 내용을 더욱 풍성하게 하기 위함이다.

이 외에도 이와 같은 예로서 재미있는 것은 기생 점고 장면에서 기생들의 이름을 부르는 데서 나타난다. 이것은 거의 모든 이본에서 나타나는데 일종의 한시 패러디라고도 불릴 만한 것이다. 몇 가지 예를 들어보면 다음과 같다.

㉠ "위성의 유색이"(신재효본)

㉡ "기불탁속 비봉이"(신재효본)

㉢ "송하에 저 동자야 … 수첩 청산에 운심이"(완판84장본)

㉣ "차문주가하처재요 목동요지 행화"(완판84장본)

㉠은 王維의 <送元二使安西> 중 '渭城朝雨浥輕塵, 客舍靑靑柳色新'에서 따온 것이고 ㉡은 李白의 <古風上> 중 '鳳飢不啄粟'에서 따왔다. 또 ㉢은 賈島의 <尋隱者不遇> 중 '松下問童子, 雲深不知處'에서 따왔으며, ㉣은 杜牧의 <淸明> 중 '借問酒家何處有, 牧童遙指杏花村'에서 따온 것이다. 이러한 것은 원시의 본래 뜻과는 전혀 관계없이 시구들을 엉뚱하게 꿰어 맞춰 해석함으로써 익살감으로 사설의 극적인 흥미를 돋구는 효과가 있다.9)

(2) 原詩의 순서를 무시하고 상황에 맞는 시구만 뽑아 삽입하는 경우

㉠ "…탄 사람은 선동이요, 가는 나귀 비룡이라. 가련인마상휘광인데 만성견자수불애라" (신재효본)

㉡ "이화일지춘대우에 내 눈물을 뿌렸으면, 야우문령단장성에, 임도 나를 생각할까"(신재효본)

㉢ "애고 애고 내 신세야, 애고 일성하는 소리, 황애산만풍소삭이요, 정기무광일색박이라 엎더지며 자빠질제…"(완판84장본)

㉠은 이도령이 광한루에 행차하는 장면을 묘사한 것이다. 여기에 삽입된 한시는 岑參의 <衛節度赤驃馬歌> 중에서 끌어온 것으로 '可憐人馬相輝光'은 24구째요, '滿城見者誰不愛'는 10구째의 시이다. 즉 原詩의 순서와 상관없이 상황에 필요한 시구만 뽑아서 삽입한 것이다. 시구의 뜻은 "멋지구나! 사람과 말이 광채가 나니, 성 안에서 보는 사람마다 누군들 사랑치 않으랴"이다. 서로 짝을 이루는 시구가 아닌데도 의도적으로 꿰어 맞춘 것이다.

---

9) 설성경, 『춘향전의 통시적 연구』(서광학술자료사, 1994), 321면

그런데 완판84장본에도 신재효본과 같이 잠삼의 이 <衛節度赤驃馬歌>에서의 시구를 삽입하고 있다. 하지만 완판에서는 신재효본과는 달리 原詩의 순서를 바꾸지 않고 '香街紫陌春城內, 滿城見者誰不愛'라는 원시의 兩句를 있는 그대로 삽입하고 있음을 보게 된다. 즉

> "… 관도성남 넓은 길에 생기있게 나갈제 취래양주하던 두목지의 풍채런가. 시시오불하던 주랑의 고움이라. 향가자맥춘성내요 만성견자수불애라"

여기서의 시구의 뜻은 "봄 든 성 안 멋지고 화려한 길이요, 성 안에서 보는 사람마다 누군들 사랑치 않으랴"이다. 原詩에서의 시구를 그대로 삽입하였지만 전체적인 의미로 볼 때는 어색하게 되었다. 즉 지금 이 사설은 이도령의 멋진 모습을 묘사하는 것임에도 '멋지고 화려한 거리'라는 내용이 들어가 마치 서로 관련이 없는 듯한 인상을 준다. 물론 원시에서야 아무런 문제가 없는 것이지만 이렇게 이 두 시구만 뽑아서 이 곳에다 삽입해 버리니 마치 동떨어진 말처럼 느껴지는 것이다.[10]

㉡은 옥중에서 춘향이가 탄식하는 소리이다. 白居易의 <長恨歌>에 나오는 '梨花一枝春帶雨, 夜雨聞鈴斷腸聲' 두 구를 삽입했다. 뜻은 "배꽃 한 가지엔 봄비를 머금었는데, 밤비에 風鈴소리 들으니 창자가 끊어질 듯 하네"이다. 하지만 이 두 시구 또한 원시의 순서와는 달리 상황에 필요한 시구만 뽑아서 삽입했다. 물론 두 구를 나란히 연결하지 않고 한 문장 속에다 넣었지만 사설의 내용이나 분위기로 볼 때 역시 매우 의도적이면서 적합한 삽입임

---

10) 이것은 흔히 신재효본을 합리성으로 완판본을 불합리성으로 구분하는 또 하나의 이유가 될 수 있다고 보여진다.

을 알 수 있다.

㉢도 역시 춘향이가 옥중에서 탄식하는 소리이다. 白居易의 <長恨歌>에 나오는 '黃埃散漫風蕭索, 旌旗無光日色薄' 두 구를 삽입했다. 뜻은 "누른 먼지 흩어지며 바람은 쓸쓸한데, 깃발은 빛을 잃고 햇빛도 엷어졌네"이다. 이 두 시구 역시 짝이 되는 시구가 아닌 작가가 원시의 순서에 관계없이 임의로 뽑아 연결시킨 것이다. 이 경우도 매우 자연스럽게 되었다.

이처럼 원시의 순서와 상관없이 작가가 임의로 상황에 맞는 시구들만을 뽑아서 재결합시켜 삽입할 경우 원시의 시구들을 있는 그대로 삽입할 때와 같은 사설의 어색함을 없애고 사설을 전체적으로 보다 더 자연스럽게 연결시킬 수가 있음을 알 수 있다.

(3) 시구를 다 삽입하지 않고 임의로 글자를 빠뜨리고 대신에 우리말로 번역하는 경우

㉠ "천산조비 끊어지고 만경인종 없을 적에"(신재효본)

㉡ "… 도령님이 무신하여 설령 다시 안 찾으면 반첩여의 본을 받아 옥창형영 지나갈제 추야나유 지키다가…"(신재효본)

㉠은 이도령과 춘향이의 이별 장면에서 나오는 사설로 柳宗元의 <江雪> 중 '千山鳥飛絶, 萬徑人蹤滅'을 변형하여 삽입한 것이다. 즉 각 구의 끝의 '絶'과 '滅'을 일부러 빠뜨리고 이를 우리말로 번역하여 나타냈다. 이것은 원시를 그대로 삽입할 때 오는 호흡의 부자연스러움을 벗어나게 해 주어 전체적으로 사설을 유려하게 만드는 효과를 가져온다.

㉡도 역시 이별 장면인데 王維의 <班婕女> 중 '玉窓螢影度, 秋夜守羅帷'에서 나왔다. ㉠과 마찬가지로 한 글자씩을 빼고 우리말로 번역했다. 이러

한 예들은 주로 신재효본에서 보여진다.

(4) 시구를 다 삽입하지 않고 前句와 後句에서 각각 상황에 맞는 시어를 끌어와서 임의로 결합시키는 경우

> "깊은 밤 부엉 올빼, 귀 시끄러워 잠자것나, 천음우습귀곡성에 간신히 지내더니…"(신재효본)

춘향이가 옥에 갇혀서 자신의 신세를 한탄하는 장면이다. 여기에 삽입된 '천음우습귀곡성'은 杜甫의 <兵車行> 중 마지막 두 구인 '新鬼煩寃舊鬼哭, 天陰雨濕聲啾啾'에서 나온 것이다. 뜻은 "새 귀신은 한하고 옛 귀신은 울어대니, 날 흐리고 비 젖은데 귀신 울음만 으스스하네"이다. 그런데 실제 삽입된 시는 이 두 시구에서 제각기 필요한 시어만을 취하여 새롭게 한 시구로 만들었다. 이것은 시구를 있는 그대로 끌어오게 되면 그 상황을 적확하게 드러내기가 아무래도 약하기 때문에 변형한 것으로 보여진다. 즉 이렇게 함으로써 옥에 갇힌 춘향의 처지가 얼마나 처절한가를 독자에게 잘 전달되도록 만들고 있다. 이 역시 작가의 의도적인 조작이다. 하지만 이런 경우는 원시에 대한 상당한 변형이 가해진다는 점에서 그렇게 많이 보여지지 않는다.

4. 삽입 한시의 기능적 의미

삽입 한시의 기능적 의미를 알기 위해서는 먼저 한시가 사설 중에서도 주로 어떤 장면이나 상황에서 삽입 또는 인용되고 있는가를 살펴볼 필요가 있다. 이것은 곧 한시가 본래 지니고 있는 시적 특징과도 대부분 일치된다.

각 이본에서 한시가 집중적으로 삽입되고 있는 범주는 크게 두 가지로 나누어진다. 즉 첫째, 묘사 부분과 풍류나 놀이를 나타내는 부분이다. 이 묘사는 다시 풍경이나 인물 또는 상황을 묘사하는 부분과 화자의 정서를 표출하는 부분으로 나누어진다. 다시 말하면 敍景과 敍情이다. 물론 이 범주들은 때로 한 문장으로 된 사설에서 중복되게 나타나기도 한다. 그리고 풍류나 놀이에 삽입되는 시들은 때로 사설의 유희적 효과를 노리기 위해서 의도적으로 사용되기도 한다. 이 밖에도 어떤 사실을 재확인하거나 강조할 때 한시를 그 상황에 맞게 인용하는 형태가 있는가 하면, 또 극히 일부분이기는 하지만 행위 곧 서사를 나타내는 데에 쓰이는 경우도 있다.

그런데 판소리 사설에서 한시를 삽입하는 보다 중요한 이유 중의 하나로 들 수 있는 것은 바로 사설의 경제성이다. 즉 익히 알려진 한시를 삽입하게 되면 그 정황을 굳이 설명하거나 묘사하지 않아도 단 다섯, 또는 일곱 자로써 작가가 의도하고자 하는 모든 것을 다 드러내 보여 주기 때문이다. 이것은 마치 한시에서 典故를 사용하여 그 시적 의미망을 최대한 확대시키는 경우와도 같다고 할 것이다. 이러한 예는 서경과 서정의 확대에 기능하는 삽입 한시에서 보다 두드러지게 나타난다.

1) 敍景의 확대

한시는 한 작품 안에서 情과 景을 얼마나 잘 묘사하여 결합시키느냐에 따라 그 작품의 미학적 가치가 달라진다. 특히 이 중 敍景은 회화적 표현과 관련된다. 한 장면을 마치 눈에 보이듯 선명하게 그려낸다는 것은 고도의 표현력이 요구된다. 그것도 한시가 5언과 7언이라는 극도의 형식상의 압축을 요구하는 점에서는 더욱 그러하다. 그렇기 때문에 시의 대가들이 쓴 특히 이름난 唐詩들을 판소리 문학에서 적극적으로 삽입하는 것은 큰 노력을 들이지 않고도 쉽게 작가가 의도하는 장면들을 효과적으로 제시할 수 있다는 강점을 지니게 된다. 게다가 삽입된 한시들은 명편들이기에 독자 또는 청자들에게 이미 익숙해져있다는 점에서도 그 효과는 당연히 상승 작용을 일으키게 된다.

사설 중에서 이와 같은 묘사의 효과 중 景을 아주 적절하게 잘 활용하고 있는 경우들을 몇 가지 예로 들어보면 다음과 같다.

> ㉠ "들어갔다 나오는 양은 앵척금사직류사요[11], 올라갔다 내리는 양 연축비화낙무연이라"(신재효본)
>
> ㉡ "방자 분부 듣고, 서산나귀 솔질 솰솰, 홍영자공산호편, 옥안금천황금륵, 청홍사 고운 굴레 상모 물려 덤뻑 달아…"(신재효본)
>
> ㉢ "자각단루분조요 벽방금전상영롱은 임고대를 일러 있고, 요헌기루하최외는 광한루를 이름이라"(완판84장본)

㉠은 춘향이가 추천하는 장면을 杜甫의 <城西陂泛舟> 중 제6구인 '燕蹴飛花落舞筵'을 끌어와 묘사했다. 이 시구의 뜻은 "제비는 나는 꽃을 차며 잔치 자리에 떨어지네"이다. 직유법의 사설을 써야 할 자리에 한시를 삽입한 것이다. 춘향이가 추천하는 모습이 제비처럼 날렵하고 꽃처럼 아름답다는 것을 잘 알려진 시 한 구로 멋지게 나타냈다. 이 사설을 읽는 독자에게는 춘향이의 이 추천하는 모습이 다른 어떤 표현보다도 머릿속에 아주 선명하게 그려질 것임은 더 말할 나위도 없다. 이것은 한시가 그 실제보다 항상 과장되게 표현된다는 특징과도 결부된다.

---

11) 이 시구의 출처는 미상이다. 그러나 이 시구는 꾀꼬리가 숲 사이를 날아 다니는 것을 베틀의 橫絲를 감는 것에 비유하여 바로 뒤의 '연축비화낙무연'과 짝을 이루면서 춘향의 추천 모습을 잘 나타내 주고 있다.

㉡은 이도령이 광한루를 행차하기 위해 방자가 나귀를 준비하는 장면인데, 岑參의 <衛節度赤驃馬歌> 중 3,4구인 '紅纓紫鞚珊瑚鞭, 玉鞍錦韉黃金勒'을 삽입했다. 이 시구의 뜻은 "붉은 실 굴레와 산호로 만든 채찍, 옥 안장 금단 언치 황금 굴레"이다. ㉠이 직유법의 형태라면 이것은 직설법이다. 이 시구의 삽입은 치장한 나귀의 화려한 모습을 매우 사실적으로 보여줌과 동시에 판소리의 중요한 특징인 '상황적 의미를 확대하고 강화'[12]시키는 기능 또한 지닌다.

㉢은 광한루의 풍경을 나타낸 장면인데, 王勃의 <臨高臺> 중의 시구를 삽입했다. 시구의 뜻은 "단청을 한 누각은 어지럽게 비치고, 화려한 방안은 으리으리하기가 짝이 없구나"와 "화려한 누각은 어찌 이렇게 높으뇨?"이다. 이것은 광한루를 <임고대> 시에 나오는 풍경에다 빗댄 것이다. 하지만 이 경우는 직접 삽입의 형태가 아닌 단순 인용에 가깝게 되어 ㉠과 ㉡에 비해 볼 때 묘사의 효과는 다소 떨어지는 면이 있다.

2) 敍情의 확대

판소리에서는 서정성을 보다 확대시키는 데에 기능하는 삽입 한시가 서경을 확대시키는 데에 기능하는 삽입 한시보다 월등히 많다. 그리고 그 효과는 매우 크다. 서정성을 확대시키는 한시가 주로 삽입되는 곳은 이도령과 춘향이가 이별하는 장면이나 춘향이가 변사또 앞에서 하는 말들과 옥중에서 자신의 처지를 독백하는 장면이다. 물론 이 경우는 당연히 비탄의 감정이 담긴 한시가 삽입된다. 하지만 몇몇 되지는 않지만 이와 반대로 화자의 풍류와

12) 金興圭, <판소리의 敍事的 構造>, (趙東一 · 金興圭編, 『판소리의 理解』, 創作과批評社, 1978), 114면

홍을 드러내는 데에 기능하는 한시도 종종 삽입된다.

여기서는 사설에서 비탄적인 서정을 적극 확대시키는 기능을 하는 삽입 한시들을 몇 가지 예로 들어본다.

> ㉠ "간신히 잠들었다, 황조성에 놀라 깨면, 천리 한양 갈 수 있소. 추우오동엽락시에, 기러기 우는 소리…"(신재효본)
>
> ㉡ "한양성 가시는 길에 강수청청 푸르거든 원함정을 생각하고, 천시가절 때가 되어 세우가 분분커든 노상행인욕단혼이라 마상에 곤핍하여 병이 날까 염려오니…"(완판84장본)
>
> ㉢ "우리 순군 대순씨가 남순수하시다가 창오산에 붕하시니 속절없는 이 두 몸이 소상죽림에 피눈물을 뿌려놓니 가지마다 알롱알롱 잎잎이 원한이라. 창오산붕산수절이라야 죽상지루내가멸을 천추 깊은 한을 하소연할 곳 없었더니…"(완판84장본)

㉠은 이별 장면으로 白居易의 <長恨歌>에 나오는 '秋雨梧桐葉落時'를 삽입했다. 시구의 뜻은 "가을비에 오동잎 떨어지는 때에"이다. <장한가>는 당 현종과 양귀비의 사랑과 한을 노래한 것으로 이미 그 시적 정조의 비탄스러움은 잘 알려진 것이다. 따라서 이미 이것을 잘 아는 독자나 청자로서는 원시가 주는 전체적 의경과 결부되어 춘향의 이 사설이 더욱 애절하게 느껴지게 한다.

㉡도 역시 이별 장면으로 杜牧의 <淸明> 중 '淸明時節雨紛紛, 路上行人欲斷魂'에서 나왔는데, 前句는 '천시가절 때가 되어 세우가 분분커든'으로 다소 변형되었다. 시구의 뜻은 "청명 시절 어지러이 비 내려, 길가는 나그네 넋이 나갈 듯하네"이다. 춘향이가 떠나는 이도령을 걱정하면서 하는 말이다. 삽입된 시구가 이별의 한을 나타낸 것은 아니지만 시구만으로 볼 때 쓸쓸

한 정경을 연상케 하여 염려하는 마음을 담은 의미로 잘 사용되었다. 그러나 원시가 전체적으로 봄날의 정경과 홍취를 잘 살린 작품이라는 점에서 볼 때 이 사설의 분위기와는 동떨어진 감이 있어서 다소 무리하게 삽입된 시구로 여겨진다. 이것은 앞에서도 살펴보았듯이 완판본의 한시 삽입의 치밀성이 신재효본에 비해 떨어지고 있다는 구체적인 또 하나의 예가 될 것이다.

㉢은 춘향이가 옥중에서 꿈을 꾸다 황릉묘를 올라가 순임금의 二妃였던 湘君夫人, 즉 아황과 여영을 만나는 장면인데, 李白의 <遠別離> 중 '蒼梧山崩湘水絶, 竹上之淚乃可滅'을 삽입했다. 이 시구의 뜻은 "창오산이 무너지고 상수가 끊어지고서야, 斑竹에 뿌린 눈물이 그제야 다하리라"이다. 이 시구는 순임금이 창오산에서 죽자 아황과 여영이 상수에 몸을 던졌다는 가슴 아픈 전설에 바탕한 것이다. 그렇기에 그 한스러움은 예로부터 수많은 문학 작품의 소재로 이미 사용되어 널리 알려진 것이다. 이 사설에서는 아황과 여영이 춘향이에게 자신들에 대해 말하면서 사용한 것이지만 옥중에 갇혀 기약 없는 몸이 된 춘향이의 말할 수 없는 한을 드러내며 그 분위기를 고조시키는 데 있어서 이 삽입 한시가 아주 효과적으로 기능하고 있음을 볼 수 있다.

3) 유희적 효과의 확대

판소리에는 격조 높은 상층문학으로 평가되어지는 한시를 유희적 효과를 노리는 데에 적극 차용하고 있음을 보게 된다. 다시 말하면 본래 그 한시가 지니고 있는 본래의 의미나 서정성과는 상관없이 단순히 그 시구 가운데에서 몇몇 한자의 특성만을 빌려와서 사설의 내용을 강조하거나 또는 전혀 새롭게 의미 지우는 형태이다. 판소리 사설에서 이러한 유희적 효과를 확대시키는 기능의 가장 대표적인 것은 바로 기생 점고 장면에서 나타난다. 기생 점고에 인용되는 한시들은 그 시구들을 기생의 이름에 맞게끔 적당하게 해체시킴으로써 '놀음'으로서의 언어 사용의 효과가 어떠한지를 잘 보여준다. 이것은 판소리의 한 특성인 익살과 재치가 한시와 잘 결합하여 사설을 보다 풍성하게 만들고 있음을 구체적으로 잘 보여주는 예라고 할 수 있을 것이다.

기생 점고 장면에서의 유희적 효과의 예는 앞서 '3.삽입 한시의 변형 형태'에서 제시하였기에 생략하고 여기서는 다른 몇 가지 예를 들어보기로 한다.

> ㉠ 홍을 겨워 노닐 적에 춘향더러 이른 말이 "인연이 지중하여 우리 둘이 만났으니 인자 타령하여 보자"하고 모았으되, 임하증견일인, 월명고루유미인, 금일번성송고인, 비입궁중불견인, 양류청청도수 인, 불견낙교인, 풍설야구인, 귀인, 천인 … 춘향이 여짜오되 "도령님은 인자를 달았으니 소녀는 년자를 달아보리이다"하고 모았으되, 우악중분비백년, 호기장구오육년, 인로증무경소년, 상빈명조우일년, 함앙유협다소년, 경경우경년, 한진부지년, 거년, 금년… (경판17장본)
>
> ㉡ 여보 도련님, 인제 가시면 언제나 오시려오. 사절 소식 끊어질 절, 보내나니 아주 영절, 녹죽창송백 이숙제 만고충절, 천산에 조비절, 와병에 인사절… (완판84장본)_
>
> ㉢ 이십팔수 하도낙서 벌인 법 일월성신 별 진, 가련금야숙창가라 원앙금침에 잘 숙… (완판 84장본)

㉠은 이도령이 춘향과 함께 놀며 벌이는 글자타령이다. 인용된 한시들을 보면 시구의 끝자가 '人'과 '年'이 되는 것은 原詩의 내용이 어떠하든 별 상관하지 않고 다양한 시구들을 끌어들였다. 말하자면 여기에서는 한시가 그 본래의 정서적 특성을 드러내는 데 기능하는 것이 아니라 단순히 '놀음'이라는 장면에 유의하여 사설의 유희적 효과를 보다 확대시키는 데에 사용되고

있는 것이다.

ⓛ은 이별 장면에서의 춘향이의 사설인데, 끝자를 계속해서 '絶'자로 이어가고 있는 것이 특징이다. 여기서는 柳宗元의 <江雪>에 나오는 '千山鳥飛絶'을 인용하고 있다. 하지만 이 역시 시구의 의미와는 별 상관이 없다. 단지 이별의 한을 강조하기 위해 끊어질 '絶'자에다 초점을 두고 사용했을 뿐이다. 역시 유희적 효과를 노린 것이다.

ⓒ은 이도령이 천자문을 읽는 장면인데, 王勃의 <臨高臺> 중 '可憐今夜宿娼家'를 인용했다. 하지만 이것 또한 시구의 뜻과는 아무 상관없이 '원앙금침에 잘 宿'이라는 '宿'자에다 의미를 두어 이도령이 춘향이를 그리워하는 마음을 간접적으로 나타내는 데에 사용했을 뿐이다.

4) 사실의 재확인 및 강조

어떤 사실을 재확인하고 강조할 때는 시구를 삽입이 아닌 단순히 인용하는 형태로 나타난다. 이 경우는 꽤 많이 보이는데, 특히 신재효본에 비해 상대적으로 삽입보다 인용의 형태가 더 많은 완판본에서 주로 보인다. 이처럼 사설에다 사실을 재확인하거나 강조하는 뜻으로 한시를 인용하는 것은 그 만큼 그 해당 한시에 대한 신뢰와 권위를 나타내는 것이기도 하면서 동시에 사설을 전체적으로 더욱 더 풍부하게 만드는 기능을 한다. 또한 이러한 인용의 형태는 짧은 말로도 현재의 상황을 잘 표현해 낼 수 있다는 점에서 사설에서의 경제적 효과를 아울러 가지게 하는 이점도 있다.

먼저 단순히 어떠한 사실을 재확인하는 데에 쓰여진 경우를 보면 다음과 같다.

> ㉠ "얼싸 좋다, 좋을씨고. 지화자 좋을씨고, 사람마다 딸을 두어 날같이 효도를 볼작시면, 불중생남중생여라 하는 말이 허언이 아니로다"(경판17

장본)

㉡ "이 애 들으라. 행인이 임발우개봉이란 말이 있느니라. 좀 보면 관계하랴"(완판84장본)

㉠은 춘향전 마지막 장면에서 월매가 하는 말인데, 白居易의 <長恨歌>에 나오는 '不重生男重生女'를 인용했다. 시구의 뜻은 "남아를 낳는 것을 귀히 여기지 않고 여아를 낳는 것을 중히 여기네"이다. 양귀비가 현종의 총애를 받아 온갖 영화를 다 누린 것을 재확인하면서 이를 춘향이의 영화와 견준 것이다. ㉡은 방자가 춘향이의 편지를 갖고 한양으로 올라가다 이도령을 만났을 때 이도령이 방자에게 하는 말로 張籍의 <秋思> 중 '行人臨發又開封'이라는 시구를 인용했다. 뜻은 "행인이 길을 떠남에 다시 봉투를 열어보네"이다. 다시 봉투를 열어 보는 것은 혹시 편지 내용이 잘못되지나 않았나 하는 염려하는 마음이 있기 때문이다. 이 시구는 여러 이본에서도 빈번하게 나온다.

다음은 단순한 인용을 떠나 사실을 재확인함과 동시에 그 처한 상황을 보다 강조하기 위해서 한시를 인용한 예이다.

㉠ "나는 한궁녀 소군이라, 호지에 오거하니 일부청총뿐이로다. 마상비파 한 곡조에 화도성식춘풍면 이요, 환패공귀월야혼이라, 어찌 아니 원통하랴"(완판84장본)[13]

㉡ "홍안 절로 가고 백발은 시시로 돌아와 귀 밑에 살잡히고 검은 머리 백발되어 조여청사모성설이라, 무정한 세월이라"(완판84장본)

13) 이 사설에 삽입된 시는 '화도성식춘풍면, 환패공귀월야혼'이지만 사실은 나머지 내용도 두보의 <詠懷古跡> 제3수의 내용과 비슷하다. <詠懷古跡> 제3수는 王昭君을 읊은 것이다.

㉠은 춘향이가 옥중에서 꾼 꿈 속에서 한나라 왕소군을 만났는데, 그 왕소군이 춘향이에게 하는 말이다. 여기서는 杜甫의 <詠懷古跡五首> 중 제3수에 나오는 '畵圖省識春風面, 環佩空歸月夜魂'을 인용했다. 이 시구의 뜻은 "봄바람 고운 얼굴 잘못 그린 그림에, 環佩 소리 월야에 혼만이 부질없이 돌아왔도다"이다. 즉 잘못 그려진 얼굴 때문에 결국 오랑캐 땅으로 시집가서 거기서 평생을 보내고 죽은 왕소군의 한을 말한 것이다. 이것은 비록 왕소군의 한을 노래한 것이지만 결국 춘향이의 한에다 빗댄 것이다. 말하자면 지금 춘향이의 처지가 바로 왕소군과 같은 것임을 확인하면서 동시에 그 원통함을 이 두 시구로 강조한 것이다.

㉡은 농부들이 부르는 '白髮歌'인데, 李白의 <將進酒> 중 '朝如靑絲暮成雪'을 인용했다. 뜻은 "아침에는 푸른 실같더니 저녁에는 흰 눈이 되었구나"이다. 이것은 바로 앞에 '검은 머리 백발되어'라는 말이 있어서 문장으로 보면 이미 중복된 것이다. 하지만 다시 이 시구를 인용한 것은 이 이름난 시구를 끌어들여 사실을 재확인함과 동시에 강조한 것이다. 만일 여기서 이 시구를 인용하지 않고 단지 '검은 머리가 백발이 되었으니'라고만 하였으면 지극히 평범한 사설이 되어버렸을 것이다.

5. 맺음말

『춘향전』에 삽입된 한시의 양상은 이본에 따라 조금씩 차이가 난다. 본고에서는 여러 이본 중 경판17장본과 완판84장본, 신재효본(남창춘향가) 세 이본만을 대상으로 하여 살펴보았는데, 한시 삽입이 가장 정확하면서도 세련된 것은 신재효본이었다. 이에 비해 경판17장본은 삽입 한시가 양이나 내용면에서 모두 떨어졌으며, 완판84장본은 양은 많지만 한시의 삽입이 기술적으로 그리 매끄럽지가 못한 부분이 눈에 띈다. 그 이유로는 경판17장본과 완판84장본이 계속적인 개작을 통한 집단적인 작품인 반면에 신재효본은 한 작가에 의한 의도적인 창작이라는 점과 또한 소설로서가 아닌 처음부터 창을 하기 위해 만들어진 것이라는 데에 있다고 보여진다.

또 삽입하는 방법에 있어서는 시구를 있는 그대로 삽입하거나 생략 또는 변형 등의 다양한 방법들이 동원되었다. 그리고 삽입되는 시들은 거의 대부분 唐詩라는 점에서 공통점을 지닌다. 그것은 漢詩라면 곧 唐詩를 지칭했고 또한 唐詩 중에는 대중적으로 이미 잘 알려져 있는 명편들이 많았기에 그만큼 호소력을 지니고 있었기 때문으로 보여진다. 그리고 唐詩의 시적 특성이 판소리 문학에 잘 부합이 된다는 측면도 고려가 되었을 것이다.

한편 기능적인 측면에서 이 삽입 한시들은 특히 서경과 서정적인 장면에서 묘사의 효과를 높이는 데에 기여했다. 또한 유희적인 효과를 가져다 주며 어떤 사실을 재확인하거나 강조하는 데에도 매우 필요 적절하게 사용되고 있음을 볼 수 있다. 이것은 바로 한시만이 지니고 있는 함축미와 형상미를 통해서만이 나타낼 수 있는 것이기에 판소리에 있어서 삽입 한시의 기능은 다른 여러 삽입 요소에 비해 결코 뒤지지 않을 정도로 매우 중요 중요한 의미를 지닌다고 할 수 있다.

춘향전의 사회문화적 배경 연구

원용문

1. 서론

춘향전은 우리의 고소설 중에서 최고의 걸작으로 알려졌다. 고소설 작품의 정확한 숫자는 안 나와 있지만 수천 편 될 것이다. 그 많은 고소설 중에서 춘향전보다 더 친숙하고 널리 알려진 작품은 없다고 생각한다. 춘향전의 주제는 ① 계급의식을 초월한 애정 문제 ② 봉건적인 계급의식의 타파 ③ 여성의 정절의식 등을 들 수 있다. 이처럼 작품의 주제를 서술하였는데, 본고에서는 이러한 주제를 형상화하는데 결정적 역할을 한 사회적 배경과 문화적 배경을 탐구해 보려는 것이다. "글은 곧 시대의 거울이다"라는 말이 있듯이, 문학작품은 그 시대의 생활 모습, 제도, 풍습, 언어, 문화 등을 알게 해준다.

이 작품의 모두를 보면 "肅宗大王 卽位 초에 聖德이 넓으시사 聖子聖孫은 繼繼承承하사 金鼓玉笛은 堯舜時節이요"라고 되어 있으니, 이 작품의 시대적 배경은 조선조 숙종 때이다. 그러니 이 작품 속에는 숙종 때의 사회제도, 당시인의 의식세계, 그들의 생활문화가 용해되었을 것이다. 바로 그런 점들을 탐구해서 작품을 해석하는데 미력이나마 기여하고, 이 작품이 최고의 걸작으로 평가받는 원인을 규명해 보고자 한다.

춘향전의 이본으로는 「춘향가」, 「춘향 타령」, 「열녀춘향수절가」, 「옥중화」(이해조의 작품 및 창극 대본), 기타 100여 종의 사본· 판본· 개작본· 각색본· 번역본 등이 있다. 그 외 교주본이나 해설본으로 민제의 「對校 春香傳」, 조윤제의 「校註 春香傳」, 김사엽의 「校註解題 春香傳」등 다수가 있다. 그러나 이 모든 책을 연구 대상으로 할 수 없기 때문에 본고에서는 민제의 「對校 春香傳」을 텍스트로 삼았음을 밝혀둔다.

2. 사회적 배경

소설의 요소에는 주제· 구성· 문체를 든다. 또 인물· 행동· 배경을 들기도 한다. 이중에서 배경(혹은 환경, setting)은 인물 설정이나 플롯에 비하여 그 비중은 덜하지만, 시간과 장소가 주어짐으로써 행동의 주체가 분명해지기 때문에 소설의 setting은 중요한 것이다.[1] 이러한 배경은 자연적 배경, 시대적 배경, 사회적 배경, 심리적 배경, 상황적 배경으로 나눌 수 있는데, 본항에서는 춘향전의 사회적 배경에 초점을 맞추어 논의를 진행하려는 것이다. 사회적 배경이나 환경이 얼마나 중요한가는 구구한 설명을 필요로 하지 않는

1) 구인환 · 구창환 공저, 문학개론(삼영사, 1981), 201쪽.

다. 인간은 바로 그가 처한 환경에 따라서 삶의 모습이나 질이 다르고 추구하는 가치도 달라지기 때문이다.

1) 신분 계급 제도

조선시대는 신분 계급 제도가 있어 같은 인간이면서도 그 대접이 차별화되었다. 자세히 알아보면 15세기에는 대체로 양반 · 상민 · 천인의 3계층으로 나누었고, 16세기 이후에는 중인층이 형성되어 양반 · 중인 · 상민· 천인의 4계층으로 구분되었다. 이 중에서 조선의 사회를 움직여 나간 지배적인 계층은 양반 사대부였다. 사대부들은 관직을 얻으면 文班이나 武班의 양반에 속하게 되었던 것이다. 그러던 것이 나중에는 양반이란 말이 문무의 관직을 차지할 수 있는 사회적 신분층에 대한 칭호로 사용되었다.[2] 이들 집권 사대부들은 향리 · 서리 · 기술관 · 서얼 등이 관료로 진출하는 길을 제약하였는데, 예를 들면 향리의 과거 응시의 자격 제한, 元惡鄕吏의 처벌, 군현 개편에 따른 향리의 대폭적인 이동 등이다.

그 다음 중인과 상민은 춘향전의 중심을 이루는 계층이 아니므로 제외하고 천인에 대하여 알아보고자 한다. 천인은 사회 계층 중에서 최하위이고 이들의 대부분은 노비였다. 노비는 그들의 상전이 누구냐에 따라서 공노비와 사노비로 구분하였다. 노비의 신분은 隨母法에 따라 엄격히 세습되었고, 牛馬와 같이 공정가격으로 매매되기도 하였다. 노비 이외에 屠殺 · 製革 · 柳器 제조 등을 세속적인 업으로 했고, 이런 업종에 종사하는 이들은 천민 계급에 속하였다. 이밖에도 광대 · 사당 · 기녀 등이 천민의 대우를 받았다.

---

2) 이기백, 한국사신론(일조각, 1984), 210쪽.

이때 三淸洞 李翰林이라 하는 양반이 있으되 世代名家요 忠臣의 後裔라. 一日은 殿下께옵서 忠孝錄을 올려 보시고 忠孝子를 選擇하사 字牧之官 任用하실새, 이한림으로 果川 縣監에 錦山 郡守 移拜하여 南原 府使 除授하시니, 이한림이 謝恩肅拜 下直하고 治行 차려 南原府에 到任하여 善治民情하니, 四方에 일이 없고 坊曲의 백성들은 더디 옴을 稱寃한다. 康衢烟月 聞童謠라 時和年豐하고 백성이 효도하니 堯舜시절이라.[3)]

상기 예문은 이몽룡의 부친 이한림이 두루 거친 관직 내력을 설명한 글이다. 李翰林이라 한 것을 보면 한림 벼슬을 했다는 이야기인데, 한림은 조선시대 藝文館 檢閱의 별칭이다. 그 예문관은 조선 시대 왕의 칙령 또는 명령을 기록하던 관청이고, 검열은 예문관의 정9품 벼슬이다. 그 이한림이 과천 현감, 금산 군수를 거쳐 남원 부사에 제수되었다. 縣監은 縣의 首職으로 종6품 벼슬이다. 중앙에서 임명하는 지방 장관으로서는 최하의 관직이다. 군수는 郡의 행정을 맡아보던 지방장관으로 종4품 벼슬이다. 부사는 지방 수령으로 大都護府使는 정3품이고 그냥 都護府使는 종3품에 해당한다. 그러니까 이한림의 벼슬은 정9품 → 종6품 → 종4품 → 종3품의 순서로 승진을 거듭했다. 이처럼 중요한 관직을 두루 역임했다는 것은 이한림의 신분이 양반이란 것을 증명해 준다. 그런데 양반에게는 부수되는 여러 가지 특권이 있고, 바로 과거에 응시해서 관리가 될 수 있는 자격을 부여받은 것도 그러한 예라고 생각한다.

「저기 오는 게 春香의 母로소이다.」

春香의 母가 나오더니 拱手하고 우뚝 서며

3) 민제, 대교 춘향전(동화출판공사, 1976), 19쪽.

「그 사이 道令님 問安이 어떠하오.」

도령님 반만 웃고,

「春香의 母이라제, 平安한가.」

「예, 겨우 지내옵내다. 오실 줄 진정 몰라 迎接이 不敏하오이다.」

「그럴 리가 있나.」

춘향 모 앞을 서서 인도하여 대문 중문 다 지내어 후원을 돌아가니 年久한 別草堂에 燈籠을 밝혔는데, … 중략 … 이렇듯 치하할 때 춘향 어미 여쭈오되,

「귀중하신 道令님이 陋地에 辱臨하시니 惶恐感激하옵내다.」

도령님 그 말 한마디에 말 궁기가 열리었제,

「그럴 리가 왜 있는가. 우연히 廣寒樓에서 春香을 잠깐 보고 戀戀히 보내기로 … 중략 … 춘 향 어미 보러 왔거니와 자네 딸 春香과 百年言約 맺고자 하니 자네의 마음이 어떠한가.」[4)]

남주인공 李夢龍이 춘향 모를 처음 만나서 대화하는 장면이다. 한마디로 춘향과 결혼하겠으니 허락하여 달라는 이야기다. 그런데 그 말투를 보면 시종 춘향 모는 공대를 하고 이도령은 하게를 하는 것이다. 유교에서 가장 중요한 것은 오륜의 하나인 장류유서이다. 여기서 이도령은 二八이라 하였으니 16세이고, 춘향 어미는 六十當年이라 하였으니 적어도 환갑은 넘은 상태다. 그런데도 부모 같은 춘향 모는 이도령에게 말끝마다 존대를 하고 이도령은 춘향 모에게 하대를 하니 신분의 귀천이 다르기 때문이다. 잘 알려진 대로 춘향 모는 신분이 기생이다. 기생은 노비와 마찬가지로 천민 계층에 속한다.

기생은 전통사회에서 잔치나 술자리의 홍을 돋우기 위해 제도적으로 존재했던 특수 직업 여성이다. 일종의 사치노예라 할 수 있으며, '기녀' 또는 말을

---

4) 위의 책, 60 - 63쪽.

할 줄 아는 꽃이라는 뜻에서 解語花라고 하였다. 기생은 노비와 마찬가지로 한번 妓籍에 올려지면 천민이라는 신분적 굴레에서 벗어날 수 없었다. 천자수모법에 따라 아들은 노비, 딸은 기생이 될 수밖에 없었다. 그래서 춘향이도 나중에는 변학도에게 기생 대접을 받고 수청을 요구 받았던 것이다.

> 「 … 전략 … 전년 오월 단오야에 내 손길 부여잡고 우둥퉁퉁 밖에 나와 당중에 우뚝 서서 경경히 맑은 하늘 천 번이나 가리키며 만 번이나 맹세키로 내 정녕 믿었더니, 말경에 가실 때는 톡 떼어 버리시니 이팔청춘 젊은 것이 낭군 없이 어찌 살꼬. 침침 공방 추야장에 시름 사상 어이 할꼬. 애고 애고 내 신세야. 모지도다. 모지도다. 도령님이 모지도다. 독하도다. 독하도다. 서울 양반 독하도다. 원수로다. 원수로다. 존비귀천 원수로다. 천하에 다정한 게 부부정 유별컨만 이렇듯 독한 양반 이 세상에 또 있을까. 애고 애고 내 일이야. 여보 도령님 춘향 몸이 천타고 함부로 버리셔도 그만인 줄 아지 마오. … 하략 … 」[5]

이몽룡의 부친이 동부승지의 교지를 받고 서울로 가게 되어 할 수 없이 이몽룡도 서울로 가게 되면서 춘향과 이별하는 장면이다. 춘향을 데리고 함께 서울로 갈 수 있다면 문제는 해결되는데, 존비귀천의 신분이 달라서 함께 갈 수 없기 때문에 이러한 비극이 발생한 것이다. 또 천민의 여자는 양반의 정실로 들어갈 수 없다는 것이 다음과 같은 이야기에서 증명되었다. 「우리 眷口 가더라도 공밥 먹지 아니할 터이니 그렁저렁 지내다가 도령님 날만 믿고 장가 아니 갈 수 있소. 富貴 榮寵 宰相家에 窈窕淑女 가리어서 昏定晨省할지라도 아주 잊든 마옵소서.」 이처럼 자신은 正室이 될 수 없으니 재상

5) 위의 책, 113 - 114쪽.

가의 요조숙녀 가리어서 정식으로 결혼하라는 것이다. 또 "원수로다. 원수로다. 존비귀천 원수로다." "춘향 몸이 천타고" "존귀하신 도령님" 이란 구절에서 그대로 조선시대의 신분 계층의 차별을 실감하게 된다. 이러한 기생은 조선 사회에서 양민도 못 되는 八賤의 하나였다. 그러나 기생이 양민으로 되는 경우도 있었다. 즉 贖身이라 하여 양민부자나 양반의 소실이 되는 경우 재물로 그 대가를 치러줌으로써 천민의 신분에서 벗어날 수 있었던 것이다.

> 「春香 모는 기생이되 춘향은 기생이 아닙니다.」
> 사또 問曰,
> 「春香이가 기생이 아니면 어찌 閨中에 있는 아이 이름이 높이 난다.」
> 首奴 여쭈오되,
> 「根本 기생의 딸이옵고 德色이 장한 고로 權門勢族 兩班네와 일등재사 한량들과 내려오신 등내마다 구경코자 간청하되, 춘향 모녀 불청키로 양반 상하 물론하고 액내지간 소인 등도 십년일득 대면하되 언어수작 없삽더니 천정하신 연분인지 구관 사또 자제 이도령님과 백년 기약 맺사옵고 도령님 가실 때에 입장 후에 데려가마 당부하고 춘향이도 그리 알고 수절하여 있삽내다.」
> 「 … 전략 … 이미 내가 저 하나를 보려다가 못 보고 그저 말랴. 잔말 말고 불러 오라.」[6]

변사또가 춘향을 守廳들게 하려고 대령시키라는 장면이다. 춘향 모는 기생이지만 춘향은 기생이 아니라고 분명히 고했는데도 이처럼 데려오라고 재촉하는 것이다. 춘향이 기생의 신분이라도 이렇게 폭압할 수는 없는데, 妓籍

6) 위의 책, 139쪽.

에 올린 여인이 아니라는 것을 알면서도 막무가내 대령하라는 것이다. 더욱이 구관 사또 자제 이도령과 백년가약을 맺고 입장 후 데려간다고 했으면 춘향은 엄연히 남의 부인인 것이다. 남의 부인이 정절을 지키겠다고 하는데, 그것을 짓밟으려 하니 이처럼 무도한 일은 없을 것이다. 이러한 행태는 변사또의 인품이 저질이라서 그렇겠지만 무엇보다도 양반과 천민이라는 신분상의 차별 때문에 가능한 것으로 해석된다. 만약에 춘향이 양반 사대부가의 규수였다면 춘향의 미색이 아무리 뛰어나더라도 이러한 행패와 무례는 저지르지 못했을 것이다.

더욱이 여인의 정절을 지키기 위하여 응하지 않는 춘향을 끌어다가 곤장을 치고 온갖 형벌을 가하는 것은 신분 차별의 극치를 보여주는 행위이다. 그런데도 윤홍로는 "변사또의 춘향 수청 강요는 변사또 나름대로의 보수적 윤리의 울타리 안에서는 합법화될 수도 있다. 양반의 미혼 자제가 作妾 행위를 하는 것은 양반층 윤리로서는 부당함을 갈파하면서, 賤妓의 딸 춘향에게 守廳들게 하는 것은 철저한 반 윤리 행위가 안 된다."[7]고 하니, 그렇다면 변사또가 춘향을 죄인 취급하면서 棍杖과 笞杖을 치는 행위도 정당화될 수 있다는 것인지 묻고 싶다. 더욱이 이몽룡이 춘향을 처음 만날 때도 "내가 너를 기생으로 앎이 아니라 들으니 네가 글을 잘 한다기로 청하노라. 閭家에 있는 處子 불러보기 聽聞에 怪異하나 嫌疑로 알지 말고 잠깐 다녀가라 하시더라."라고 해서, 여염집 處子로 대접했다는 사실을 상기해야 할 것이다.

2) 집권 사대부들의 특권

역사적으로 보면 조선조의 사회 신분 체제는 17,8세기 경에는 붕괴되기

---

7) 尹弘老, 春香傳 硏究「韓國古典小說硏究」(새문사, 1983), 480쪽.

시작했다는 것이다. 임병양란으로 인한 전쟁의 피해와 이로 말미암아 나타난 국가 재정의 곤란과 군사제도의 개편 등은 신분체제의 붕괴를 재촉하는 요인이 되었다. 그리고 17,8세기에 있어서의 정치적· 사회 경제적 추세는 양반 계층을 분해시킴으로써 신분의 뒤섞임을 드러내었다.[8] 앞에서도 이야기한 바 있지만 춘향전의 시대적 배경은 조선조 숙종 때이다. 숙종은 1675년에 즉위해서 1720년까지 재위하였으니, 17,8세기 조선을 다스린 임금이다. 그런데도 춘향전에서는 신분 계층의 파괴 현상이 보이지 않고, 집권 사대부들이 누리는 특권과 혜택은 그 이전 시대와 크게 달라진 것이 없었던 것이다.

> 이때 新官 사또 出行 날을 급히 받아 到任次로 내려 올 때 威儀 도장할시고. 구름 같은 別輦 獨轎 左右 靑杖 떡 벌이고 左右便 부측 及唱 物色 진한 모시 天翼 白苧 戰帶 고를 늘여 엇비슷이 눌러 매고, 玳瑁貫子 統營갓을 이마 눌러 숙여 쓰고, 靑杖 줄 검쳐 잡고,
>
> 「에라 물러섰다. 나있거라.」
>
> 閽禁이 至嚴하고 左右 驅從 진정마에 뒷채잡이 힘써라. 通引 한 雙 策 戰笠에 行次 陪行 뒤를 딸고 首陪, 監床, 工房이며 新延 吏房 가선하다. 奴子 한 雙 使令 한 雙 日傘步從 前陪하여 大路邊에 갈라서고 白方水紬 日傘, 복판 藍水紬 線을 둘러, 朱錫 고리 얼른얼른 豪氣 있게 내려 올 때, 前後에 閽禁 소리 靑山이 相應하고 勸馬聲 높은 소리 白雲이 澹澹이라.[9]

자하골 卞學道라고 하는 양반이 新官 사또가 되어 남원부에 부임하는 장면이다. 남원부사라면 종3품 벼슬이고 堂上官도 아니다. 당상관은 조선 시대

---

8) 천관우 외, 한국사대계(아카데미, 1984), 81쪽.

9) 민제, 앞의 책, 133 - 134.

官階의 한 구분으로 東班의 정3품 通政大夫 이상과 西班의 정3품 折衝將軍 이상을 일컫는 말이다. 이에 비하여 堂下官은 문관은 정3품인 通訓大夫·彰善大夫·正順大夫 이하 종9품인 將仕郞까지, 무관은 정3품인 禦侮將軍 이하 종9품인 展力副尉까지의 통칭이다. 이글에 등장하는 남원부사는 종3품으로 당하관인데, 그 부사의 행차 시 위의가 대단하니, 이야말로 양반 계층을 우대하는 특권의식에서 비롯된 것으로 본다. 그 부사가 행차하는데, 別輦獨轎 左右 靑杖 떡 벌이고 좌우에서 사령들이 호위해간다. 闇禁이 至嚴하고 左右 驅從 진정마에 뒤채잡이더러 힘쓰라고 했다. 그 외도 戰笠, 首陪, 工房, 吏房, 日傘步從, 闇禁 소리, 勸馬聲이란 용어들도 모두 신관 사또의 행차와 위엄을 높여주는 데 이바지하는 낱말들이다. 조선시대의 지방 조직을 보면 전국을 8도로 나누고 그 밑에 府·牧·郡·縣 등을 두었다. 道에는 觀察使(監司)가 임명되었는데, 이는 方伯이라 하여 府尹(使)·牧使·郡守·縣令 등의 守令을 통할하고 감시하였다. 수령은 일반 국민을 직접 다스리는 牧民官이었으며, 그 주된 임무는 貢稅·賦役 등을 중앙으로 조달하는 일이었다.[10] 이들 地方官에게는 行政·司法 등의 광범한 권한을 부여했으니, 위의 例文에서처럼 그 부사의 행차가 위엄을 갖추고 백성들을 압도하는 것은 당연지사라고 생각했던 것이다.

> 전하께옵서 친히 불러 보신 후에
> 「卿의 재조 朝廷에 으뜸이라.」 하시고
> 都承旨 入侍하사 全羅道 御史를 除授하시니 평생의 소원이라. 繡衣馬牌 鍮尺을 내주시니, 전하께 하직하고 本宅으로 나갈 때 鐵冠 風采는 深山猛虎 같은지라. 父母 前 下直하고 全羅道로 행할새, 南大門 밖 썩

10) 李基白, 앞의 책, 212쪽.

나서서 胥吏 中房 驛卒 등을 거느리고 靑坡驛 말 잡아타고, 七牌 八牌 배다리 얼른 넘어 밥전거리 지나 銅雀이를 얼픗 건네 南太嶺을 넘어 果川邑에 中火하고 … 하략 … 11)

李都令이 과거 시험에 壯元及第한 다음 임금이 친히 불러 全羅道의 暗行御史로 除授하는 장면이다. 암행어사는 조선시대의 임시 관직인데, 달리 繡衣· 直指라고도 하였다. 임금에게 직속되어 몰래 지방에 파견되어 지방관들의 잘못을 살피고 백성의 사정을 조사하였다. 암행어사는 다른 어사와는 달리 임명과 임무가 비밀에 붙여졌다. 기록상으로 암행어사란 말이 처음 나타난 것은 「中宗實錄」이지만 암행어사가 자주 파견된 것은 仁祖 이후였다. 암행어사는 본래 임금이 신임하는 젊은 당하관 중에서 선임했는데, 나중에는 重臣이 적임자 몇 사람을 추천하면 그 중에서 뽑았다.12) 암행어사에 제수되면 임금은 繡衣, 馬牌, 鍮尺을 내려주신다.

여기서 繡衣는 수를 놓은 옷으로 암행어사를 영화롭게 이르는 말이다. 馬牌는 직경 10cm가량으로 구리쇠로 만든 둥근 모양의 패다. 말의 수는 한 마리로부터 열 마리까지이고 大小官員이 공사로 지방에 나갈 때 역마를 징발하는 표로 썼다. 御史가 印章으로 대용하며, 어사가 출두할 때에 驛卒이 손에 들고 "암행어사 출두"라고 외치는데 사용하였다. 鍮尺은 놋쇠로 만든 자이다. 지방 守令이나 암행어사가 검시할 때에 썼다고 한다. 이 외도 철관풍채, 심산맹호, 서리, 중방, 역졸이란 용어들도 암행어사의 위엄을 갖추는데 필수적인 사항들이다. 이처럼 암행어사가 되어 지방관들의 비리를 척결하고 백성들의 삶을 편안하게 해줄 수 있는 것도 양반들에게만 주어진 특권이었던

---

11) 민제, 앞의 책, 185쪽.

12) 李弘稙 編, 國史大事典(三榮出版社, 1984), 889쪽.

것이다.

3) 여성들의 정절 의식

"烈女不更二夫"를 신조로 하여 夫唱婦隨하는 것이 封建的 儒敎 社會의 윤리도덕이었다. 그러므로 유교를 국시로 삼던 조선 사회에서는 婦女子에게 貞烈을 강조하였고, 동양 여성은 이 貞烈을 자랑하였다. 봉건사회의 남존여비사상은 여자에게 구속을 주었고 여자는 한 남자를 섬기는 것만 미덕이라 하여 烈婦를 찬양하였다. 儒敎思想의 엄격한 테두리 속에 좀처럼 움직이지 않는 당시 여성의 굳은 절개, 곧 정조 관념은 동서를 막론하고 과연 자랑할 만한 현상이었다. 王侯에서 賤民 妓女에 이르기까지 여성이면 누구나 가지고 있던 이 貞操觀은 유교 사회에서 요구한 여성의 이상이었고 특색이었다.[13] 하여간에 조선시대는 충신은 불사 이군이요 열녀는 불경이부란 말을 생활신조로 삼았다. 그만큼 남자나 여자나 변절하지 않고 지조를 지키는 일을 최상의 가치로 삼았던 것이다.

> 사또 大喜하여 춘향더러 분부하되,
> 「오늘부터 몸단장 淨히 하고, 守廳으로 거행하라.」
> 「사또 분부 황송하나 一夫從事 바라오니 분부 施行 못하겠소.」
> 사또 웃어 曰
> 「美哉美哉라. 계집이로다. 네가 진정 烈女로다. 네 貞節 굳은 마음 어찌 그리 어여쁘냐. 당연한 말이로다. 그러나 李秀才는 京城 士大夫의 子弟로서 名門貴族 사위가 되었으니, 일시 사랑으로 잠깐 路柳墻花하던 너를 일분 생각하겠느냐. … 하략 … 」

13) 朴晟義, 韓國文學 背景硏究(예그린出版社, 1978), 150쪽.

「忠臣不事二君이요 烈女不更二夫節을 본받고자 하옵는데, 수차 분부 이러하니 生不如死이옵고 烈不更二夫오니 처분대로 하옵소서.」[14)]

변사또가 춘향을 불러 수작하는 장면이다. "오늘부터 몸단장 정히 하고 수청 들라."고 요구하는 것이다. 이에 대하여 춘향은 一夫從事 바라오니 분부 시행 못하겠다는 것이다. 이에 대한 대답으로 변사또는 "美哉美哉라. 네가 진정 열녀로다. 네 정절 굳은 마음 어찌 그리 어여쁘냐."고 칭송하면서, 李秀才는 京城士大夫의 子弟로서 명문귀족의 사위가 되었다고 거짓말을 한다. 이처럼 거짓말을 해가면서 강압적으로 회유하지만 춘향은 "忠臣不事二君이요 烈女不更二夫節을 본받고자 한다."는 말로 거절한다. 그리고 生不如死라고 극단적인 표현까지 하였다. 비록 정식으로 혼례를 치루지는 않았지만 몸과 마음을 이미 한 남자에게 허락한 춘향으로서는 당연한 언사요, 행위라고 생각한다. 그런데도 기생의 딸은 무조건 기생이라는 논리를 적용해서, 妓生에게 貞操를 요구하는 것은 時代相을 파악하지 못한 표현이라 보는 것은 무리가 있다.

朝鮮時代에 酒樓에 있는 기생이나 地方官廳에 隷屬되어 있는 官妓의 貞操 여하를 살펴보면, 한 男性이나 한 使道에게만 局限해서 그 한사람만을 섬기는 것이 아니고, 舊官이 가고 新官이 오면 또 신관을 받드는 것이 관기의 생활이요 義務였는데, 그러한 생활에 무슨 정조가 필요하며, 한 남성만을 섬길 수 있겠는가 하는 것이다. 따라서 朝鮮時代 기생에게는 정절을 강요할 수 없다. 또 妓生의 신분으로서 貞節을 지킨다는 것이 自己矛盾이다. 정절을 지키려면 妓生 노릇을 할 수 없을 것이다. 그런데 春香

14) 민제, 앞의 책, 145쪽.

은 기생의 신분인데도 貞節을 내세웠다. 설사 妓案에는 없다 할지라도 장차는 기안에 오를 인물이며, 그의 어머니가 妓生이 아니었던가.15)

金起東의 논설을 인용하였거니와, 그는 酒樓에 있는 기생이나 地方官廳에 隷屬된 기생에게는 貞操를 요구할 수도 없고 本人이 貞節을 내세울 수도 없다고 하였다. 舊官이 가고 新官이 오면 다시 신관을 받드는 것이 관례인데 무슨 정조 관념이 필요하며, 한 남성을 섬길 수 있는가라고 의문을 제기하였다. 여기에 필자가 되묻고 싶은 것은 春香傳의 여주인공 成春香의 신분이 酒樓에 있는 기생이며 地方官廳에 속한 官妓인가 하는 점이다. 또 김기동은 춘향은 기생의 신분인데도 정절을 내세웠다 했고, 기안에는 없다 할지라도 장차는 기안에 오를 인물이니 정절을 내세워서는 안 된다는 이야기다. 그렇다면 춘향이 변사도의 수청을 거부하고 정절을 지키겠다고 한 것이 잘못이라는 이야기인데, 이러한 주장은 도저히 이해할 수 없다. 춘향이 기생의 신분이라는 주장은 춘향전 어디를 봐도 그런 기록이 없다. 춘향이 기생이라는 말과 춘향 모가 기생이라는 말에는 그 의미에 천양지차가 있다. 그 당시 妓生과 兩班 사이에 태어난 경우라도 賤子隨母法에 따라 아들은 노비, 딸은 기생이 될 수밖에 없었지만, 양반의 소실이 되는 경우 천민 신분으로부터 벗어날 있었기에, 春香은 李도령과의 사랑을 위해서나 자신의 신분 상승을 위해서나 卞使道의 수청을 거절하는 것은 너무나 당연한 이치였던 것이다.

춘향이는 저절로 설움 겨워 맞으면서 우는데,
「一片丹心 굳은 마음 一夫從事 뜻이오니 一箇刑罰 치옵신들 一年이 다 못 가서 一刻인들 변하리까.」

---

15) 김기동, 한국고전소설연구(교학사, 1983), 856쪽.

이때 南原府 閑良이며 男女老少 없이 모여 구경할 때 左右의 閑良들이

「모지구나. 모지구나. 우리 골 원님 모지구나. 저런 刑罰이 왜 있으며, 저런 매질이 왜 있을까. 執杖使令놈 눈 익혀 두어라. 三門 밖 나오면 急煞을 주리라.」

보고 듣는 사람이야 누가 아니 落淚하랴. 둘째 날 딱 붙이니,

「二夫節을 아옵는데 不更二夫 이내 마음 이 매 맞고 영 죽어도 李都令은 못 잊겠소.」

셋째 날을 딱 붙이니,

「三從之禮 至重한 법 三綱五倫 알았으니 三致刑問 定配를 갈지라도 三淸洞 우리 郎君 李道令은 못 잊겠소.」[16)]

변사또는 수청을 거부하는 춘향에게 "여보아라. 그년에게 다짐이 왜 있으리. 묻지도 말고 형틀에 올려 매고, 정치를 부수고 物故狀을 올리라."고 했다. 한 여자가 외간 남자에게 수청을 거부하는 것이 이처럼 큰 죄가 된단 말인가? 여기서 정치를 부수라는 말은 정강이를 부셔버리라는 이야기다. 물고장을 올리라 했는데, 물고장이란 죄인을 죽이고 보고하는 서장이다. 그야말로 죽을죄를 지었다는 이야기다. 그처럼 모진 고문을 받으면서도 춘향은 一片丹心 굳은 마음 一刻인들 변할 리가 있겠느냐고 했다. 不更二夫 이내 마음이 매 맞고 죽어도 이도령을 못 잊는다고 하였다. 三致刑問 定配를 갈지라도 우리 낭군 이도령을 못 잊는다고 하였다. 이처럼 모진 형벌과 탄압이 25일간 계속되는데도 춘향의 이도령에 대한 일편단심과 굳은 절개는 변할 수 없었던 것이다. 자신의 절개와 지조 지키는 것을 생명보다도 소중히 여겼던 것이다.

16) 민제, 앞의 책, 150쪽.

그 어떤 포악과 모진 형벌을 받으면서도 자신의 절개를 지키는 것은 인륜의 최상의 가치를 지키는 것이다. 그런 점에서 춘향은 외모만 아름답고 뛰어난 것이 아니라, 그 내면 즉 마음씨가 더 아름다운 여인이라고 하겠다. 그리고 춘향의 이러한 정절 의식은 춘향의 개인적인 것이지만 조선시대 모든 여인들이 지상의 과제처럼 추구했던 모럴이란 점에서 우리들도 이어받아야 할 전통적 가치관이라고 생각한다.

「胡奴子息이로고.」

편지 받아 떼어보니 辭緣에 하였으되.

一次 離別 後 聲息이 積阻하니 道令님 侍奉體候 萬安하옵신지 願切伏慕하옵니다. 賤妾 春香은 杖臺牢上에 官逢致敗하고 命在頃刻이라 至於死境에 魂飛黃陵之廟하여 出沒鬼關하니 妾身이 雖有萬死나 단지 烈不二更이요, 妾之死生과 老母形狀이 不知何境이오니 書房님 深諒處之하옵소서.

편지 끝에 하였으되,

去歲何時君別妾고
作已冬雪又動秋라
狂風半夜淚如雨하니
何爲南原獄中囚라.[17]

부모에게 효도하며 임금에게 충성하고 남녀가 서로 교제를 삼가며 젊은이가 어른에게 공경하고 벗이 서로 신의를 지키는 것은 유학의 근본 사상이었

17) 민제, 앞의 책, 195쪽.

다. 이러한 유학은 조선의 국가와 사회에 지대한 공헌을 하였으니, 가족은 이 때문에 화목하고, 충효열은 이 때문에 가가호호에서 배출하고, 사회의 질서는 이 때문에 정돈되었으며, 남녀의 풍기는 이 때문에 진장되어 있었다.[18] 조선시대는 다 아시다시피 유교사회였다. 이 유교사회에서는 사람이 지켜야 할 도리로 삼강오륜을 강조했고, 그 중에서도 忠孝烈을 가장 이상적인 덕목으로 숭상하였다. 상기 예문은 옥중 춘향이 서울에 있는 이도령에게 서신을 보내는데, 암행어사인 이도령이 길에서 우연히 심부름꾼을 만나 개봉해본 내용이다. 춘향은 관봉치패하고 명재경각이라고 하였다. 그리고 妾身이 수유만사나 단지 烈不二更이라고 하였다. 官災를 만나서 모든 것이 결단났다는 것이고 목숨이 경각에 달려있다는 것이다. 비록 만 번 죽는 한이 있더라도 임에 대한 貞烈은 두 번 다시 고칠 수 없다는 것이다. 이러한 서신의 내용으로 보나 실제로 목숨을 내놓고 자신의 정조를 지키는 점으로 보나 춘향을 조선시대 여인의 가장 이상적인 덕목으로 삼았던 열녀라 보는 것이 마땅하다고 생각한다.

3. 문화적 배경

문화는 인류가 시대를 통하여 학습에 의해서 이루어놓은 정신적·물질적인 일체의 성과를 의미한다. 의식주를 비롯하여 기술·학문·예술·도덕·종교 등이 해당하고 물질문명에 대하여 특히 인간의 내적인 정신활동의 소산

18) 현상윤, 조선유학사(민중서관, 1977), 5쪽.

을 통칭한다. 그런데 문화는 민족에 따라 다르고 지역에 따라 다르고 시대에 따라 다르다. 같은 민족, 같은 지역의 문화라 하더라도 시대가 다르면 생활문화가 달라지는 것은 춘향전에 나타난 문화적 배경을 살펴보아도 능히 짐작되는 바다. 또한 문화의 범위는 너무 넓고 다양하기 때문에 그 모든 분야를 전부 고찰할 수는 없고, 이 글에서는 춘향전에 두드러지게 나타난 중국 문화의 영향, 음식 문화, 복식 문화에 관한 것을 중점적으로 살펴보고자 한다.

1) 중국 문화에의 영향

조선시대는 유교를 숭상하는 나머지 不知不識中에 중국의 영향을 받아 事大慕華思想이 발전하였다. 中國을 大國이라 하고 自國을 夷狄이라 했고, 中國을 中華라 해서 높게 보고 자국을 卑下했으며, 그래서 자주정신을 마멸시키고 독립사상을 잃어버렸다. 그러한 실례가 기자동래설 같은 것이 있고, 연호까지도 중국의 연호를 그대로 사용하였다. 이러한 현상은 문학에도 그대로 나타나 고소설의 경우 중국을 배경으로 했거나 등장인물도 중국 사람을 주인공으로 한 경우가 많았다. 그 외도 중국의 사상, 인명, 한시, 고사성어, 설화 등이 그대로 삽입되어 내용을 난삽하게 만들었다. 이것은 중국의 것을 많이 인용해야 유식해 보이고 그렇지 않으면 격이 떨어지는 것으로 간주한 데서 연유한 것이다.

「退令을 기다리라.」

하고 書册을 보려 할 때 책상을 앞에 놓고 書册을 詳考하는데, 中庸 大學 論語 孟子 詩傳 書傳 周易이며 古文眞寶 通 史略과 李白, 杜詩, 千字까지 내어놓고 글을 읽을새,

「詩傳이라 關關雎鳩 在河之洲로다. 窈窕淑女는 君子好逑로다. 아서

라. 그 글도 못 읽겠다.」 大學을 읽을새, 「大學之道는 在明明德하며 在親民하며 在春香이로다. 그 글도 못 읽겠다.」 周易을 읽는데, 「원은 형코 정코 춘향이 코, 딱 댄 코, 좋고 하니라. 그 글도 못 읽겠다.」[19]

李道令은 廣寒樓에서 춘향을 만나보고 다음과 같이 이야기한다. "오늘 밤 退令 후에 너의 집에 갈 것이니 恝視나 부디 마라."라고… 그리고는 밤이 되기를 기다리면서 책을 읽고 있다. 제일 먼저 나온 中庸, 大學, 論語, 孟子는 중국의 책으로 四書라 일컫는다. 中庸은 孔子의 손자인 子思가 지은 책으로 過不及이 없고 不偏不黨한 中庸의 德을 강조하였다. 大學은 曾子 또는 子思가 지었다는 책으로 格物· 致知· 誠意· 正心· 修身· 齊家· 治國· 平天下의 여덟 조목을 기술 설명하였다. 論語는 孔子가 죽은 뒤에 제자들이 공자와 제자 및 당시 사람들과 상호 문답한 내용과 공자의 語錄을 모아 엮은 책이다. 孟子는 맹자의 제자가 맹자의 言行을 기록한 책이다. 맹자가 각국을 遊歷하면서 王道를 提唱했으나 뜻을 이루지 못하고 돌아왔다. 그 때 諸侯 및 弟子와의 문답을 기록한 것이다. 詩傳은 중국 고대의 詩歌集인 詩經에다 朱熹의 集傳을 붙인 책이다. 書傳은 중국 堯舜時代부터 周나라 때까지의 政事에 관한 문서를 공자가 수집 편찬한 책이다. 周易은 중국 상고시대에 伏羲氏가 그린 卦에 대하여 周의 文王이 總說하여 卦辭라 하고, 周公이 六爻에 대하여 자세히 설명하고 爻辭라 했다. 고문진보는 중국의 先秦 이후 宋까지의 명 시문을 모아놓은 책이다. 通은 宋의 司馬光이 지은 <資治通鑑>을 말한다. 처음에는 通志라 했으나 송의 神宗이 다시 資治通鑑이라 했다. 史略은 元의 曾先之가 지은 十八史略을 가리킨다. 千字文은 梁나라 周興嗣가

19) 민제, 앞의 책, 50-51쪽.

지은 것으로 四言古詩 二百 五十句로 되어있다.

지금까지 李道令이 공부한 책들을 간략하게 소개해 보았거니와, 그 모든 책들이 중국의 것이다. 이처럼 유소년시절부터 오로지 중국에서 만들어진 책만 가지고 공부하니 사실상 중국 사람처럼 되지 않을 수 없다. 이도령만 예외로 이러한 것이 아니고 그 당시 공부를 했다는 사람들은 모두 이런 과정을 밟았으니, 중국문화에의 영향이 얼마나 심각한가는 재언을 요하지 않는다.

> 上帝高居絳節朝에 君臣 朝會 받던 그림, 青蓮居士 李太白이 黃鶴殿 꿇어앉아 黃庭經 읽던 그림, 白玉樓 지은 후에 자기 불러 올려 上梁文 짓던 그림, 七月 七夕 烏鵲橋에 牽牛織女 만나는 그림, 廣寒殿 月明夜에 搗藥하던 姮娥 그림, 層層이 붙였으되 光彩가 찬란하여 정신이 산란한지라, 또 한 곳 바라보니, 富春山 嚴子陵은 諫議大夫 마다하고 白鷗로 벗을 삼고 猿鶴으로 이웃 삼아 羊裘를 떨쳐입고 秋 桐江 七里灘에 낚시줄 던진 景을 歷歷히 그려있다. 方可謂之仙境이라 君子好逑 놀데로다.[20]

李道令이 춘향의 집에 처음 왔을 때, 세간 器物과 그림을 보면서 읊은 것이다. 그 중에서도 月仙圖란 그림이 있는데, 월선도의 제목이 이처럼 거창하다는 것이다. 여기서 "上帝高居絳節朝"란 上帝가 높이 앉아 絳節 있는 곳에서 조회를 받는다는 뜻이다. 다음은 청련거사 이태백이 黃鶴殿에서 黃庭經을 읽던 그림이라 하였는데, 황정경은 道家에서 쓰는 經文의 이름으로 4가지가 있다. 魏夫人의 所傳이라고 하는 黃帝內景經, 王羲之가 베껴 거위와 교환했다고 하는 黃帝外景經, 黃庭遁甲緣身經, 黃庭玉軸經 등이 있는데

20) 위의 책, 62 - 63쪽.

세상 사람들은 모두 균일하게 黃庭經이라 한다. 그리고 富春山에서 嚴子陵이 白鷗로 벗을 삼고 猿鶴으로 이웃삼아 羊裘를 걸치고 七里灘에서 낚시질하던 그림이라고 했는데, 七里여울은 嚴子陵이가 富春山 속 桐江 七里灘에서 낚시질하고 왕의 부름에도 응하지 않았다는 곳이고, 羊皮옷은 嚴光이 양피옷을 입고 山間溪流에서 낚시질하였다는 데서 유래되었다. 이밖에도 많은 그림이 등장하였는데, 너무 아름답기 때문에 方可謂之仙境이라고 했던 것이다. 월선도란 그림을 설명하는데 중국의 고사만 예로 들어 설명하였다. 우리나라에도 신선, 신화, 화랑, 은일지사, 미인에 대한 이야기가 많이 있는데, 한 가지도 예로 들지 않고, 오로지 중국의 것만 열거하였으니 중국의 것은 높이고 우리의 것은 낮추는 사대모화사상이 이 춘향전에도 그대로 나타났던 것이다.

「타고 노자. 타고 노자. 軒轅씨 習用干戈 能作大霧 蚩尤 涿鹿野에 사로잡고, 勝戰鼓를 울리면서 指南車를 높이 타고, 夏禹씨 九年之水 다스릴 때 陸行乘車 높이 타고, 赤松子 구름 타고, 呂洞賓 白鷺 타고, 李謫仙 고래 타고, 孟浩然 나귀 타고, 太乙仙人 鶴을 타고, 大國天子 코끼리 타고, 우리 殿下는 輦을 타고, 三政丞은 平轎子를 타고, 六判書는 軺軒 타고, 訓練大將은 수레 타고, 各邑 守令은 獨轎 타고, 南原府使는 別輦을 타고, 日暮長江 漁翁들은 一葉片舟 도도 타고, 나는 탈 것 없었으니 今夜 三更 깊은 밤에 춘향 배를 넌짓 타고 … 하략 … 」[21]

李道令이 春香을 만나 사랑가를 부르고 말놀음을 하면서 즐겁게 시간을 보내는 장면이다. 처음 서두에도 "타고 노자, 타고 노자"라고 시작했지만

21) 위의 책, 86쪽.

결국은 춘향의 배를 타고 놀자는 것이 결론이다. 軒轅씨는 黃帝의 이름이다. 河南省 新鄭縣의 軒轅丘에 살았기 때문에 軒轅씨라고 한다는 것이다. 달리는 軒冕服을 지었기 때문이라는 설도 있다.

그리고 바로 다음에 등장하는 蚩尤는 黃帝時代의 제후였다. 그는 兵亂을 좋아해서 여러 가지 무기를 만들어 포악하게 구니, 황제의 노여움을 사게 되었고 涿鹿에서 싸우게 되니 蚩愚는 能作大霧하는 조화를 부렸다는 것이다. 그러나 黃帝는 指南車를 만들어서 치우를 잡아 죽였다는 것이다. 황제가 그 지남거를 탔듯이 이도령이 춘향의 배를 타고 놀겠다는 것이다.

夏禹씨가 9년간 계속된 홍수를 다스릴 때에 陸行乘車하고 水行乘舟했듯이, 李道令은 그처럼 春香의 배를 타고 놀겠다는 것이다. 이 밖에도 赤松子, 呂洞賓, 李謫仙, 孟浩然, 太乙仙人, 大國天子 등을 등장시켜 중국문화 또는 중국 인물의 영향이 얼마나 심각한가를 느끼게 한다. 그래도 상기 예문에서는 우리 殿下, 三政丞, 六判書, 訓練大將, 各邑 守令, 南原府使 등 우리나라의 관료조직이나, 그 지위에 있는 인물들을 열거함으로써 다소나마 주체의식을 감지할 수 있는 점이 다행이라고 생각한다.

2) 의식주 문제

의식주 문제는 그 민족의 특성과 깊은 연관이 있다. 우리 민족에게는 한옥, 한식, 한복 등 특유의 생활문화가 있었다. 이런 것들은 모두 우리 민족의 체질과 궁합에 잘 맞는 것이다. 마찬가지로 중국집과 중국 음식, 중국옷 등은 중국 사람들의 체질에 잘 맞는다. 이러한 논리는 다른 민족에게도 적용되어 일본의 것은 일본 사람의 체질에, 서양의 것은 서양 사람들의 체질에 잘 맞아 체질화된 것이다. 그리고 같은 우리 민족의 의식주 문제라 하더라도 시대에 따라 약간씩 다르고 지역에 따라 약간의 차이가 나는 것은 당연지사일 것이다. 근래 우리들의 주거 형태와 먹는 음식과 복장이 옛날에 비하여 얼마나 다양화되고 발전되었는지를 생각해보면 능히 짐작되는 바이다. 한편 군사문화, 노동문화, 언어문화, 여행문화, 기업문화 등 문화라는 말을 자주 쓰는데, 그렇다면 주거문화, 음식문화, 복식문화라는 용어도 자연스럽게 쓸 수 있다고 생각한다.

> 都令님 거동 보소. 玉顔仙風 고운 얼굴 剪板 같은 채머리 곱게 밀기름에 잠재워 宮綃 댕기 石黃 물려 맵시 있게 잡아 땋고, 成川 水紬 접동배 細白苧 상침바지 極上細木 겹버선에 藍甲紗 대님치고 六紗緞겹 褙子 蜜花단추 달아 입고, 筒行纏을 무릎 아래 넌짓 매고, 英綃緞 허리띠 毛綃緞 도리囊을 唐八絲 갖은 매듭 고를 내어 넌짓 매고, 雙紋綃 진동정 중치막에 道袍 받쳐 黑紗띠를 胸中에 눌러 매고 육분唐鞋 끄을면서,[22]

李道令이 三春之節에 경개 찾아 나서는데, 마침 廣寒樓가 좋다고 해서 그곳으로 갈 때의 행장을 묘사한 장면이다. 그 복장이나 딸린 기구 들을 열거하면 상침바지, 겹버선, 대님, 배자, 밀화단추, 筒行纏, 허리띠, 도리囊, 진동정, 중치막, 道袍, 唐鞋 등이다. 이런 것들은 우리 선인들이 의례적으로 입고신고 매고 하던 것들인데, 현대를 살아가는 우리들에게는 생소하다. 물론 오늘날에도 한복 입은 사람들을 간혹 볼 수 있지만, 그 자세한 명칭을 세목별로 아는 사람은 드물다. 이런 복장 한 가지만 보아도 朝鮮의 肅宗 때와 隔世之感을 느끼게 되고, 문화적 차이가 얼마나 큰가를 실감하게 된다. 상기 例文은 李道令의 복장을 묘사한 것이지만, 春香의 경우도 "水禾有紋草綠 장옷 藍紡紗 홑단치마 벗어 걸어 두고, 紫朱 影綃 繡唐鞋를 썩썩 벗어

22) 위의 책, 22쪽.

던져두고, 白紡絲 진솔 속곳 턱 밑에 훨씬 추고, 軟熟麻 鞦韆 줄을 纖纖玉手 넌짓 들어 兩手에 잘라 잡고, 白綾버선 두 발길로 섭적 올라 발구를 때, 뒷丹粧 玉비녀 銀竹節과 앞치레 볼작시면 蜜花粧刀 玉粧刀며 光月紗 겹저고리 제 색 고름에 態가 난다."[23]고 해서, 여자의 경우도 생소하기는 마찬가지다.

酒肴를 차릴 적에 按酒 等物 볼작시면 괴임새도 淨潔하고 大睅板 가리찜 小睅板 豬肉찜 풀풀 뛰는 숭어찜 포도동 나는 매추리탕에 東萊 蔚山 大全鰒 玳瑁 裝刀 드는 칼로 孟嘗君의 눈썹 체로 어슥비슥 오려놓고, 염통散炙 睅복기와 春雉自鳴 生雉다리 赤壁 대접 分院器에 冷麪조차 비벼 놓고 生栗 熟栗 잣송이며 胡桃 大棗 石榴 柚子 樽柹 櫻桃 湯器 같은 青實梨를 칫수 있게 괴었는데, 술병 치레 볼작시면 티끌 없는 白玉瓶과 碧海水上 珊瑚瓶과 葉落金井 梧桐瓶과 목 긴 황새瓶 자라瓶 唐畫瓶 瑣金瓶 瀟湘洞庭 竹節瓶, 그 가운데 天銀 알안자 赤銅子 瑣金子를 차례로 놓았는데 具備함도 갖을시고 술 이름을 이를진대 李謫仙 葡萄酒와 安期生 紫霞酒와 山林處士 松葉酒 過夏酒 方文酒 千日酒 百日酒 金露酒 팔팔 뛰는 火酒 藥酒 그 가운데 향기로운 蓮葉酒 골라내어[24] … 하략 …

李道令이 춘향의 집에 처음 찾아갔던 날 밤 이도령을 대접하려고 차린 술상이다. 먼저 열거한 것이 안주인데 가리찜, 豬肉찜, 숭어찜, 매추리탕, 大全鰒, 염통散炙, 양복기, 生雉다리, 冷麪 등이다. 과일류로는 生栗, 熟栗, 잣송, 胡桃, 大棗, 石榴, 柚子, 樽柹, 櫻桃, 등이다. 그밖에 술병 이름이나

---

23) 위의 책, 24 - 25쪽.

24) 위의 책, 66 - 67쪽.

술의 종류에 대하여는 번거로움을 피하기 위하여 더 열거하지 않겠다. 그야말로 최고의 손님을 맞이하여 최상의 술상을 차린 것으로 이해된다. 그러나 이도령이 광한루에서 춘향을 처음 만나고 바로 그날 밤에 찾아갔는데, 어떻게 그 짧은 시간에 이처럼 진귀한 음식을 장만할 수 있었다는 것인지 이해 안 간다. 그리고 술 마시는 사람은 주로 이도령이고 춘향이 약간 거들었을 뿐인데, 10여명이 먹을 수 있는 양의 음식을 차렸다는 것도 이해가 안 간다. 비록 成參判의 소실이었다고 하지만 이처럼 부를 누리면서 살았는지도 의심된다. 하여간에 춘향전의 사설은 과장법과 열거법을 지나치게 사용해서 현실성이 뒤떨어진다는 지적을 면하기 어렵다.

> 「春香의 집을 네 일러라.」
>
> 房子 손을 넌짓 들어 가리키는데,
>
> 「저기 저 건너, 동산은 鬱鬱하고 蓮塘은 淸淸한데 養魚生風하고 그 가운데 琪花瑤草 爛漫하여 나무나무 앉은 새는 豪奢를 자랑하고, 巖上의 굽은 솔은 淸風이 건듯 부니 老龍이 굼니는 듯, 門 앞에 버들 有絲無絲 楊柳枝요, 들축 측백 전나무며, 그 가운데 杏子木은 陰陽을 좇아 마주 서고, 草堂 門前 梧桐 대추나무 깊은 산중 물푸레나무 葡萄다래 으름넌출 휘휘친친 감겨 短墻 밖에 우뚝 솟았는데 松亭 竹林 두 사이로 隱隱히 보이는 게 春享의 집입니다.」[25]

이도령이 춘향의 집이 어디 있는가? 묻고 방자가 대답하는 장면이다. 첫 구절 "동산은 鬱鬱하고 蓮塘은 청청한데 養魚生風하고 琪花瑤草 爛漫하여…"라는 말만 들어도 富와 豪奢를 연상하게 된다. 그 다음에 나오는 巖上

---

25) 위의 책, 34쪽.

의 굽은 솔, 楊柳枝, 들축, 측백, 전나무, 杏子木, 梧桐, 대추나무, 물푸레나무, 葡萄다래, 으름넌출, 松林, 竹林들도 춘향의 집을 돋보이게 하기 위해서 동원된 소재들이다. 춘향 모의 신분이 기생이니 그 신분에 걸맞는 집을 묘사해야지, 이것은 마치 정승 판서의 집을 묘사하듯이 했으니, 과장법도 이만저만이 아니다. 이러한 정경 묘사는 短墻 밖의 것이지만, 대문 안으로 들어가서의 묘사도 마찬가지 수법이다. "大門 中門 다 지내어 後苑을 돌아가니 年久한 別草堂에 燈籠을 밝혔는데, 右便에 碧梧桐은 맑은 이슬이 뚝뚝 떨어져 鶴의 꿈을 놀래는 듯, 左便에 섰는 盤松 淸風이 건듯 불면 老龍이 굼니는 듯, 窓前에 심은 芭蕉 日暖初 鳳尾長은 속잎이 빼어나고, 水心驪珠 어린 蓮꽃 물밖에 겨우 떠서 玉露를 받쳐 있고, 대접 같은 금붕어는 魚變成龍하려 하고 때때마다 물결쳐서 출렁툼벙 굼실 놀 때마다 조롱하고, 새로 나는 연잎은 받을 듯이 벌어지고, 岌然 三峰 石假山은 層層이 쌓였는데 階下에 鶴 두 마리 사람을 보고 놀래어 두 죽지를 떡 벌리고 긴 다리로 징검징검 낄룩뚜루룩 소리하며, 桂花 밑에 삽살개 짖는구나."[26]라고 했으니, 기생의 집을 묘사한 것인지 정승 판서의 집을 묘사한 것인지 분간되지 않는다. 아마도 조선시대에 이런 집을 갖추고 살려면 고관대작이 아니면 불가능했을 것으로 사료된다.

3) 삽입 가요의 의미

춘향전을 읽다 보면 지문과 대화로 이어져 나가다가 중요한 지점에 노래를 삽입시켜 독자들에게 흥취를 돋아준다. 그리고 결정적인 대목에서는 한시를 읊어서 독자들의 시선을 집중시킨다. 또한 말놀음이란 것을 집어넣어서 재미

26) 위의 책, 61쪽.

있게 엮어나가는데, 이러한 서술법이 춘향전의 독특한 기법으로 자리하고 있다. 고소설에서는 삽입시를 넣어서 그 효과를 배가한 경우도 있지만, 춘향전처럼 사설이 긴 노래를 삽입시키는 경우는 드물다고 본다.

> 사랑 사랑 내 사랑이야./洞庭七百 月下初에 巫山같이 높은 사랑/ 目斷無邊水에 如天滄海같이 깊은 사랑/ 玉山顚 달 밝은데 秋山千峰 玩月사랑/ 曾經學舞 하올 적 借問吹簫하던 사랑/ 悠悠落日 月簾間에 桃李花開 비친 사랑/ 纖纖初月 粉白한데 含嬌含態 숱한 사랑/ 月下에 三生緣分 너와 나와 만난 사랑/ 허물없는 夫婦 사랑/ 花雨東山 牧丹花같이 펑퍼지고 고운 사랑/ 延坪 바다 그물같이 얽히고 맺힌 사랑/ 銀河 織女 織錦같이 올올이 이은 사랑/ 청루미녀 침금같이 혼솔마다 감친 사랑/ 시냇가 수양같이 청처지고 늘어진 사랑 … 하략 … [27)]

이 부분은 성춘향과 이도령이 처음 만나서 어느 정도 친숙해지니까 사랑타령하는 장면이다. 그 장면을 설명하는 지문을 보면 "그제는 譏弄도 하고 우스운 말도 있어 자연 사랑가가 되었구나. 사랑으로 노는데 똑 이 모양으로 놀던 것이었다."라고 해서 <사랑가>를 부른 것이다. 두 주인공의 사랑이 높다는 것을 洞庭湖 七百里에 있는 巫山에 비유하였다. 이 호수는 湖南省의 洞庭湖를 가리키는데, 어찌나 큰지 周圍가 七百里 가량 된다는 것이다. 그처럼 큰 호수 가에 있는 巫山이니, 무산이 얼마나 높을까 하는 것은 저절로 상상이 된다. 춘향과 이도령 사이의 사랑이 얼마나 높은지 알려면 바로 그 무산을 보면 된다는 것이다. 目斷無邊水란 시력이 미치지 못할 정도로 물이 깊다는 것이다. 그래서 如天滄海같이 깊은 사랑이라고 했던 것이다. 그 다음

---

27) 위의 책, 71쪽.

에도 비유법을 써서 그 사랑을 이어나갔는데, 玩月 사랑, 비친 사랑, 숱한 사랑, 부부 사랑, 고운 사랑, 맺힌 사랑, 이은 사랑, 감친 사랑, 늘어진 사랑, 쌓인 사랑, 잠긴 사랑, 즐긴 사랑, 노는 사랑, 만난 사랑 등 끝없이 사설이 이어져 간다. 그러니까 동원할 수 있는 좋은 말은 다 동원했고, 비유할 수 있는 수사법은 다 동원했다. 그러면 사건을 전개하다 말고 이처럼 긴 사설의 노래를 삽입시킨 이유는 무엇인가? 바로 이러한 노래를 삽입시킴으로써 이 장면의 분위기를 고조시키고, 사건을 재미있게 엮어 나가고, 서사 구조에 변화를 주고, 무엇보다도 두 주인공의 사랑이 어떠한 위기를 맞더라도 깨어지지 않을 것이라는 신념을 갖게 한다는 데에 의의가 있다고 생각한다.

> 어여로 상사디야/ 千里 乾坤 太平 時에/ 道德 높은 우리 聖君/ 康衢煙月 童謠 듣던/ 堯인군 聖德이라/ 어여로 상사디야//舜인군 높은 聖德으로 내신 聖器/ 歷山에 밭을 갈고/어여로 상사디야// 神農氏 내신 따부/ 千秋萬代 遺傳하니/ 어이 아니 높으던가/ 어여로 상사디야/ 夏禹氏 어진 인군/ 九年洪水 다스리고/ 어여로 상사디야// 殷王 成湯 어진 인군/ 大旱 七年 당하였네/ 어여로 상사디야// 이 農事를 지어내어/ 우리 聖君 貢稅 후에 남은 곡식 작만하여/ 仰事父母 아니하여/ 下育妻子 아니할까/ 어여로 상사디야/28)

상기 예문은 李道令이 全羅道 御史를 除授 받고 南原으로 가면서 任實 구홧뜰에서 들은 農夫歌이다. 이 소설의 時代的 背景은 朝鮮의 肅宗 때이니, 첫 구절에 나오는 "千里 乾坤 太平時에/ 도덕 높은 우리 聖君"이란 바로 肅宗을

---

28) 위의 책, 187 - 188쪽.

가리킨다. 그 肅宗의 德을 康衢煙月 童謠 듣던 堯임군의 聖德이라고 찬양하였다. 그리고 舜임금의 높은 聖德, 神農氏의 내신 따부, 夏禹氏의 九年洪水 다스림, 殷王 成湯의 어진 임금 등에 비유하면서 肅宗 당시를 太平聖代라고 찬양하였다. 그러니 농사를 지어 貢稅를 내고 仰事父母, 下育妻子하겠다는 이야기다. 百草를 심어 四時를 짐작하고, 靑雲 功名을 이루어 좋은 호강을 하겠다는 것이고, 南田北畓 起耕해서 含哺鼓腹하겠다는 것이다.

그러면 소설의 작자가 우리들에게 이러한 農夫歌를 들려주는 이유는 무엇인가? 그것은 역시 이 장면의 분위기를 고조시키고, 사건을 흥미롭게 전개하고, 서사구조의 변화를 주려는데 의미가 있다고 본다. 그리고 춘향전의 시대적 배경인 숙종 때가 중국의 요순시절과 같은 태평성대라는 인식을 주려는데 의미가 있다고 본다. 그렇게 함으로써 앞으로 전개될 큰 사건, 즉 탐관오리인 변사또를 축출하고 죽음에 직면한 춘향을 구출하는 사건과 대조를 이룸으로써 극적으로 성공을 거두기 위한 플롯이라고 생각한다.

> 等狀가자 等狀가자/ 하느님 前에 等狀 가량이면/ 무슨 말을 하실는지/ 늙은이는 죽지 말고/ 젊은 사람 늙지 말게/ 하느님 前에 等狀 가세/ 원수로다 원수로다/ 白髮이 원수로다/ 오는 白髮 막으려고/ 右手에 도끼 들고/ 左手에 가시 들고/ 오는 白髮 두드리며/ 가는 紅顔 끌어당겨/ 靑絲로 結縛하여/ 단단히 졸라매되/ 가는 紅顔 절로 가고/ 白髮은 時時로 돌아와/ 귀밑에 살 잡히고/ 검은 머리 白髮되니/ 朝如靑絲 暮成雪이라/ 무정한게 세월이라/ 少年享樂 깊은들/ 往往이 달라가니/ 이 아니 光陰인가[29)]

李道令이 구홧뜰에서 農夫歌를 다 듣고, 다른 편을 보니 老人들이 모여서

29) 위의 책, 190 - 191쪽.

갈멍덕을 숙여 쓰고 쇠시랑을 손에 들고 불렀다는 白髮歌이다. "等狀가자 等狀가자/ 하느님 前에 等狀가면/ 무슨 말을 아뢰어야 되겠느냐"라고 했는데, 제일 먼저 늙지도 말고 죽지도 말게 해달라는 간청을 하겠다는 이야기다. 얼마나 늙는 것이 싫었으면 "원수로다, 원수로다/ 백발이 원수로다"라고 한탄했겠는가? 그 다음 右手로 도끼 들고, 左手로 가시 들고, 오는 白髮 두드리며, 가는 紅顔 끌어당긴다는 구절은 고려 후기 性理學의 大家 禹卓의 <歎老歌>를 연상케 한다. "한손에 가시를 들고 또 한손에 막대 들고/ 늙는 길 가시로 막고 오는 백발 막대로 치랴 떠니/ 백발이 제 먼저 알고 지름길로 오더라." 그러니 춘향전의 백발가는 우탁의 탄로가의 영향을 받은 것이다. 그리고 "朝如靑絲暮成雪"이란 구절은 李白의 <將進酒>에 나오는데, 아침에는 머리가 파란 실과 같았는데 저녁에는 흰눈으로 변했다는 내용이다. 한마디로 이 노래의 주제는 "아마도 우리 인생/ 一場春夢인가 하노라."라는 구절에 있다. 그런 점에서는 富貴榮達한 사람이나 下層賤民이나 마찬가지인 것이다.

그러면 춘향전의 사설 속에 이러한 백발가를 삽입시킨 의도는 무엇인가? 역시 이 장면의 분위기를 고조시키고, 사건을 흥미롭게 전개하고, 서사구조의 변화를 주려는데 의미가 있다고 본다. 아울러 인생은 빈부귀천을 막론하고 일장춘몽에 불과하다는 것을 일깨워 주기 위하여 의도적으로 삽입시켰다는 생각이 든다. 그리고 李道令이 암행어사로서 남원까지 오는 과정에 여러가지 사실을 두루 목격하고 경험하게 된다는 사실을 보여주기 위한 意圖도 어느 정도 함축되었을 것으로 사료된다.

4. 결론

본 논문의 주지는 춘향전의 사회적 배경과 문화적 배경을 알아보려는 것이다. 아울러 이 작품이 고소설 중에서 최고의 걸작으로 평가받는 원인이 무엇인가를 규명해 보려는 것이다. 이러한 작업을 시도하기 위하여 본론에서는 작품의 내용을 사회적 배경과 문화적 배경으로 나누어 살펴보았다. 이처럼 배경에 중점을 둔 것은 소설의 배경은 등장인물이나 구성에 못지않게 중요한 요소라고 인식했기 때문이다. 그래서 전자에서는 신분 제도, 사대부의 특권, 정절 의식 등에 대하여 알아보았고, 후자에서는 중국 문화의 영향, 의식주 문제, 삽입 가요의 의미 등에 대하여 고찰하였다.

조선시대의 신분 제도는 양반, 중인, 상민, 천인의 4계층으로 나뉘었는데, 춘향전의 남주인공 이몽룡은 양반 계급에 속하였고, 여주인공 성춘향은 천인 계급에 속하였다. 바로 춘향전에 나타난 신분 제도를 보면, 양반에게는 과거에 응시하여 관리가 될 수 있는 자격이 있었고, 나이 어린 양반이 부모 벌되는 천민에게 반말을 하는 것이 통용되었고, 양반의 아들과 천민의 딸이 결혼 했을 때, 그 아내는 정실이 될 수 없음을 알게 되었고, 양반은 천민에게 비인간적인 부당한 요구를 하여도 천민은 이를 거절할 수 있는 권한이 없음을 확인하였다. 집권 사대부들의 특권은 변사또가 남원부사가 되어 행차할 때의 거창한 행렬 장면에서 나타난다. 남원부사는 종3품으로 당하관인데, 그 행차 시 閣禁이 至嚴하고 左右가 驅從한다고 했으니, 그 위의가 얼마나 대단한지를 미루어 짐작할 수 있었다. 이들 지방관에게는 행정· 사법 등의 광범위한 권한이 부여되었으니, 춘향이 수청 드는 것을 거부했다는 이유로 곤장을 치고 온갖 형벌을 가한 것도 바로 이러한 양반의 특권의식에서 연유된 것이다. 또 한 가지 남주인공 이몽룡처럼 암행어사가 되어 지방관들의 비리를 척결하고 백성들의 삶을 편안하게 해줄 수 있는 것도 양반들에게 주어진 특권이었음을 확인하였다.

조선조는 유교 사회였고, 그 봉건적 유교 사회의 윤리로 여성의 정렬을 강조하였다. 춘향이 변사또의 수청을 완강하게 거절한 것도 바로 이러한 시대의식을 반영한 것이다. 모진 형벌과 탄압이 25일간 계속되었는데도 춘향의 이도령에 대한 일편단심과 굳은 절개는 변할 수 없었던 것이다. 그런 점에서 춘향은 외모만 아름다운 것이 아니라 마음씨가 더 아름다운 여인이라고 보았다. 또한 목숨을 내놓고 자신의 정조를 지키었으니, 춘향을 일러 열녀라 해도 무방하다고 보았다.

문화적 배경에서는 먼저 중국문화의 영향관계를 알아보았다. 이도령이 공부하고 독서한 책들이 사서삼경을 위시해서 모두 중국의 것이기 때문에 그런 책으로 공부한 이들이 중국문화의 영향을 받는 것은 당연하다고 보았다. 월선도란 그림을 설명하는데도 중국의 것은 높이고 우리의 것은 낮추는 사대모화사상이 그대로 나타났다고 보았다. 그 외 중국의 한시, 중국의 인명, 고사성어, 중국의 전설 등이 작품 속에 여과 없이 들어와 중국문화의 영향이 얼마나 심각한가를 확인할 수 있었다. 의식주 문제는 그 민족의 특성과 연관관계가 있는데, 같은 민족의 것이라도 시대에 따라 다르고 지역에 따라 차이가 나타난다. 옷 문제만 해도 춘향의 복장과 이도령의 복장을 통해서 보면 우리들에게는 생소하고 격세지감을 느끼게 된다. 음식 문제는 그 상차림을 통해서 알 수 있는데, 우리의 전통 한식들을 모두 열거하였다. 이러한 음식들은 현재까지도 계승되고 있으나, 춘향전에서는 과장법과 열거법을 지나치게 사용해서 현실성이 떨어진다고 보았다. 주거 문제는 가옥 자체에 대한 설명보다는 단장 밖의 정경과 단장 안에 배열된 여러 가지 사물들에 집중되었다.

이러한 묘사들도 기생의 신분에 맞게 묘사해야 되는데, 고관대작의 집을 묘사해서 역시 과장법이 심하다고 보았다.

삽입 가요의 의미는 전체적으로 장면의 분위기를 고조시키고, 사건을 재미있게 엮어나가고, 서사 구조의 변화를 주기 위해서라고 보았다. 그리고 <사랑가>는 두 주인공의 사랑이 어떠한 위기를 맞더라도 결코 깨어지는 일이 없을 것이라는 의미를 지녔고, <농부가>는 춘향전의 시대 배경인 숙종 때가 중국의 요순시절과 같은 태평성대라는 인식을 주는데 의미가 있고, <백발가>는 인생은 빈부귀천을 막론라고 허무하기는 마찬가지여서 일장춘몽과 같다는 것을 일깨워주기 위한 의도로 삽입시켰다고 보았다. 이러한 논의로 미루어볼 때 춘향전이 높게 평가된 이유는 여러 가지가 있겠지만, 춘향이 목숨을 걸고 자신의 정절을 지킨 높은 도덕적 가치 때문이라고 생각한다. 그 외 모든 조건이 아무리 뛰어났더라도 춘향이 변사또의 강요에 굴복하였다면 춘향전에 대한 평가는 반감되었을 것으로 사료되기 때문이다. 아울러 춘향과 몽룡의 신분 계급을 초월한 자의적 만남은 자유연애 사상의 실현이라 할 수 있는데, 그 후 몇 백 년도 채 안 되어 우리사회에서 자유연애 사상이 자연스럽게 실현되었으니, 소설에는 예언적 성격까지 내포된다는 말이 그대로 맞았다고 생각한다.

춘향전을 통해서 본 조선조의 문학관리*

최문정

1. 서론

춘향전은 교과서와 매스컴 등을 통해 우리 민족 누구에게나 잘 알려진 친숙한 이야기로, 일편단심 성춘향의 열녀 이미지가 더없이 강조된 문학으로 알고 있었는데, 정작 작품을 읽어보니 의외로 노골적인 성애의 묘사가 홍겹게 엮어져 있어 신선한 충격을 받았다.

> 궁자노래를 들어라, 좁은 천지 개태궁(開胎宮) 엄장하다고 창합궁(閶闔宮) (중략) 이궁 저궁을 다 버리고 너와 나와 합궁할 제, 양각 사이 오목궁 내 가죽 방망이로 궁궁궁 올려놓으면 그 아니 별궁이랴.(『장자백 춘향가』)

* 이 논문은 2002년도 한국학술진흥재단의 지원에 의해 연구되었음.
(KRF-2002-075-A00070)

이와 같은, 성적 유희어가 난무하고 성행위가 묘사되는 등 외설적 내용을 포함하고 있는 춘향전은 여성의 정숙함이 기조로 되어 있는 조선조의 문학일반과 상당한 차별성을 느끼게 한다.

조선조 문학일반의 특징은 일본문학과 비교할 때 두드러진다. 조선조의 고전문학을 배우고 자란 논자가 일본의 다채로운 고전문학을 처음 대하고 느꼈던 의아함은 고전문학세계가 어떻게 이렇게까지 자유분방할 수 있었을까 하는 점이었다. 예컨대, 모계사회 하에서 여성의 지위가 낮지 않았던 탓인지 남녀가 서로 당당하게 연애를 즐겼던 그들의 자유로운 생활을 당당히 표현해낸 中古 平安시대의 모노가타리 (物語)문학은, 전근대성의 상징으로 평가되고 있는 권선징악적 구성이 파격적으로 적다는 점에서도 상당히 현대적인 느낌을 준다. 그리고 무엇보다 부러운 것은 우리에 비해 훨씬 이른 시기에 문학적 환경이 조성되었을 뿐 아니라, 현재까지 남아있는 수많은 고전문학 작품들이 당시의 생활상을 살펴보기에 더없이 좋은 연구자료가 된다는 점이다. 8세기 초에 신화서 『古事記』(712년), 『日本書紀』(720년)가 성립되었고, 8세기 중엽에 전통시가집 『萬葉集』이 성립되었으며 이후 수많은 시가집과 산문소설류, 설화, 군기, 예능 등 문학작품이 쏟아져 나왔다. 이러한 한일의 문학을 바라보며 늘 논자의 뇌리로부터 떠나지 않는 의문은, 우리에 비해 후발 문화권이라 할 수 있는 일본은 수많은 문학서가 이른 시기부터 존재하고 있는데, 우리나라에는 왜 1300년대 이전의 문헌이 전혀 없을까 하는 점이다. 우리측 문헌이 전란으로 소실되었다고 보는 설이 있지만, 문학작품들이 민간에 두루 전승되고 있었더라면 그것들이 모두 소실될 수는 없었을 것이다. 또 하나의 의문은, 남아있는 문헌의 내용을 보더라도 조선조 초·중기까지는 어째서 낭만성 넘치는 연애소설이 현격히 적을까 하는 점이다. 이와 관련하여 생기는 세 번째 의문은, 어째서 춘향전만은 조선조 문학임에도 불구하고 낭만성이 넘칠 뿐 아니라, 오늘날의 검열에서도 문제시될 정도의 외설적인 성애의 묘사까지 들어가 있을까 하는 점이다. 유교사회에서 어떻게 이러한 양상이 가능했을까 궁금하다.

논자는 이러한 문학의 양상에도 결국 당대의 정치이념이 크게 개입되어 있었던 것으로 추정하고, 이 점을 집중적으로 추궁하기 위해 한중일 삼국의 문학의 흐름의 특징을 간략히 비교하고, 이러한 비교를 기반으로 하여 우리의 고전 소설사와 역사와 이념과의 관계를 통사적으로 조망해보고자 한다[1]. 논자는 또 이러한 작업이 춘향전 성립의 배경과 본질의 규명에 크게 기여하리라고 믿는다. 이해의 편의를 위해 서론에서 대강의 흐름을 제시하고 본론에서 이를 자세히 논의하고자 한다.

첫째와 둘째 의문, 즉 한반도 고전문헌의 희귀성 및 조선문학의 엄숙성에 답하기 위해서는, 한중일 3국 문학사의 비교고찰이 필요하다. 먼저 일본문학사의 흐름을 약술해보면, 일본은 천황이 실권을 행사하느냐 하지 않느냐의 문제는 별도로 치고, 천황제가 단절없이 유지되어 왔기 때문에, 上代문화의 특징인 신화・주술적 요소, 호색적 요소와 무력적 요소의 문화유산이 현재까지 부정되고 말살됨 없이 유지되어올 수 있었던 것으로 판단된다. 그러한 배경 하에서 상대문화의 특징인 신화와 주술, 호색적 요소와 무력적 요소가 후세에도 배척되기는커녕 오히려 문학작품의 꽃의 역할을 다하며, 그러한

---

1) 한영우는 『조선전기사학사연구』 집필시 「국초의 역사인식의 성격을 총체적으로 이해하려면 국사와 외국사에 관련되는 모든 사서와 문학작품의 성격을 검토해야 할 것이나, 그것은 워낙 방대한 작업을 요하는 것이므로 뒤로 미루고, 여기서는 국사에 관련되는 사서와 문학작품의 성격을 검토하는 데서 그치려고 한다」고 밝히고 있다. (한영우 『조선전기사학사연구』 서울대학교출판부 15쪽 1981년) 국사와 외국사에 관련되는 모든 사서와 문학작품의 성격을 검토해야 하는 이 중요한 작업을 언제까지나 미루고만 있을 수는 없는 일이라 생각되어 논자가 부족함을 무릅쓰고 이를 시도하고자 한다.

내용의 문헌이 귀히 보존되어올 수 있었다.

이에 반해 한반도는 종주국이었던 중국과 호흡을 같이하며 발전을 거듭하는 가운데, 上代문화의 특징인 신화와 주술, 호색적 요소와 무력적 요소는 유교적 가치관의 척도에 의해 미개한 것으로 규정지워져, 정리되고 말살되는 방향으로 전개되어 갔다. 宋朝가 주자학을 받아들인 후 그러한 성격은 더욱 강해져 결국 한반도에도 고려 후기에 문화의 격변기를 맞이하게 된 것으로 판단된다. 즉 고려후기에 성립된 삼국사기 및 삼국유사에 이어, 조선시대에 들어 사서 편찬사업은 더욱 왕성하게 행해졌는데, 새 시대에 이처럼 새로운 문헌이 많이 성립된 대신, 전대의 문헌은 주자학적 가치와 배치된다는 이유에서 민간으로부터 모두 거둬들여져 결국 소실되게 된 것이 아닐까 추정된다. 즉 15세기에 유례 없을 만큼 관선사서의 편찬이 성행한 이유는, 조선조가 주자학을 정치이념으로 채택한 후, 주자학적 코드에 맞지 않는 전대문헌을 수거하여 민간의 유통을 막는 한편, 전대문헌에 실려있는 비주자학적인 이야기에서 그 화소만을 살려 주자학적 감계에 맞는 내용으로 개작하려는 과정에서 비롯된 것으로 추정된다.

이처럼 주자학적 감계의 정신은 과거문헌에 존재하는 비주자학적 요소를 말살시켰을 뿐 아니라, 그 이후의 문화정책도 주자학적 범주에 가두어 둠으로써, 그 과정에서 문학에서도 낭만성 상실의 시대가 초래된 것으로 보인다. 효와 열(烈)을 최고의 덕목으로 삼은 조선 시대에는 이러한 이념에 눌려 낭만적인 연애란 문학에서도 실생활에서도 존재할 수 없어졌다. 실생활에서는 기생과의 연애나 가능하였고, 문학에서는 정치 핵심에 나아가지 못한 방외인들의 꿈속에서나 약간의 낭만성과 본능의 토로가 시도되었다고 평가할 수 있는데, 금오신화 등 몽유록계의 소설에서 그러한 요소를 발견할 수 있다.

세 번째 의문, 즉 조선 후기에 문학의 엄숙성이 누그러지고, 성애묘사를 자유롭게 표출한 춘향전과 같은 문학이 대두될 수 있었던 배경에는 임병양난 이후의 극심했던 강상의 문란과 이에 대처한 조선조 정책의 변용과 밀접한 연관이 있었던 것 같다. 훈민의 목적에서 한글이 창제되었으나, 임병양난 이전에는 주로 사대부가의 여성교육에 힘쓴 탓에 한글이 널리 유통되어야 할 필요성도 절실하지 않았던 것으로 판단된다. 그러나, 주자학적 세계의 최대의 위기이며 혼란기였던 임진·병자양란 이후 상황은 아주 달라졌다. 피지배계급의 강상이 크게 무너져 지배계급이 위기를 느낄 지경이었기 때문이다. 물론 주자학 교육을 받은 사대부 여인들은 정절을 목숨보다 귀히 여겼고 정부는 이를 치밀하게 요구할 수 있었다. 그러나 더 이상 떨어질 것이 없는 하층민과 천민에게까지 효와 열을 요구하지 않으면 사회기강을 바로잡을 수 없다고 판단되었기 때문에 조정과 사대부계층은 묘책을 강구했고, 이때 역시 교육이 필수적이라는 결론에 도달함으로써, 정부는 한글소설을 널리 권장하게 된 것으로 추정된다.

병자호란 이후에 환향녀라는 조어가 만들어지게 된 것도 모든 백성들의 열을 강조해야만 했던 조정의 다급했던 입장을 말해준다. 이러한 상황에서 조정과 사대부는 하층민을 주인공으로 삼은 열의 사례발굴에 힘썼고, 바로 이러한 정책 하에서, 춘향굿에서 발전한 소리굿판의 홍행을 정부가 허용하게 된 것으로 추정된다. 怪力亂神을 말하지 않는다는 방침 등 본능억제와 높은 교양이 요구되었던 양반계급의 가무문예와는 달리, 버려진 천민의 무속 세계로부터 생성된 연희였던 만큼, 그 시대의 외면세계를 지배하던 유교, 관, 제도, 교양의 제약으로부터도 자유로이 빠져나와 무속세계의 본능적인 욕구와 꿈의 세계를 마음껏 창출할 수 있었다. 그러나 작품에 담긴 이념의 문제에서 만큼은 지극히 보수적인 성향을 견지하고 있음을 확인할 수 있다. 즉 판소리 춘향가의 홍행과 더불어 지식층의 적극적인 개입으로, 춘향전은 왕도사상,

암행어사 등 제도의 미화, 정조를 통한 신분상승 등 완벽한 유교적 논리로 마무리됨으로써, 하층민인 광대가 주관하는 거친 미학의 작품 춘향전도 결국 제도권이 허용한 범위 안에 들게 된다. 조선시대의 지배 이데올로기와 문화 정책에 대해 보다 면밀한 검토가 필요할 것으로 판단된다.

2. 한중일 3국의 정치이념과 문학

한중일 삼국이 고대문화를 공유하면서도 나중에 서로 다른 역사와 문화, 문학의 꽃을 피우게 된 차별성의 원인으로 지정학적 요인을 들 수 있는데, 이에 덧붙여 논자는 각국의 지배자들의 정치이념도 큰 영향을 미쳤다고 보는 견해를 갖게 되었다. 따라서 본 장에서는 이 점에 초점을 맞춰 한중일 각 나라의 역사 및 문학사와 정치이념과의 상관관계에 대한 통시적 고찰작업을 진행해가고자 한다. 한중일 삼국문화의 동질성과 이질성을 파악하고 그 원인을 찾는 작업이 선행되어야 비로소 개별 작품의 본질에 접근하는 길이 열릴 수 있을 것이라 판단되기 때문이다.

1) 일본문학의 흐름과 그 특징

3국중 문화발전이 가장 늦게 시작되었다고 보는 일본은 712년에 성립된 신화서『古事記』를 비롯해 수많은 문학작품이 널리 향수되며 전해 내려오고 있다. 그들 표현대로라면「만세일계로 이어져온 황통」이라고 하는 역사적 배경 하에서, 다시 말하면 최고 지배자가 바뀌지 않았기에 상대의 신화서 등 많은 작품이 소실됨 없이 보전되어 오게 된 것이 아닐까 판단된다. 샤만적 요소가 강한 上古시대는 신의 세계가 다름 아닌 지배자의 세계로서, 신화 주술적 요소를 중심으로 무력적 요소와 호색적 요소가 지배자의 상징으로 미화되는 경향이 강하다. 이러한 점을 일본의 상대문학을 통해 확인할 수 있고, 이러한 일본상대문학의 성격은 전통이란 명목 하에서 후대에도 계속 미화되고 推奬되어 이어지고 있다.

일본문학을 통사적으로 그 특징을 살펴보면, 고대문화의 특징이라 할 신화·주술적 요소, 무력적 요소, 호색적 요소가 고대에만 나타나는 것이 아니라 통시적으로 줄곧 나타나고 있다는 점이 특이하다. 일본에서 통용되는 시대구분에 따른 소위 上古시대에 신화가 최초로 생성되었는데, 동시대뿐 아니라 武家와 천황가의 패권다툼으로 시작된 전란시대인 중세에도 그리고 천황신앙을 밑천삼아 세계침략을 감행하였던 근대에도 신화가 많이 증보되고 신화교육이 홍륭하였다. 그리고 신화가 두드러지지 않은 평화시, 즉 중고와 근세에는 호색문학이 성행하는 현상을 보인다. 역사적으로 무력이 성행할 때에는 신화적 요소가 성하고, 평화시에는 호색적 요소가 성하여, 결과적으로 신화적 요소와 호색적 요소가 교대로 나타나는 면모를 보이고 있다. 문학이 신화의 구조를 계승하는 현상은 한국문학에도 보이는 것으로 지적되고 있는데[2], 그러한 의미에서도 고대역사와 일본신화에 공존하는 신화·주술적 요소와 무력적 요소, 호색적 요소가 그 이후에도 끈질기게 이어지는 면모를 확인하는 작업은 중요하다 할 것이다.

그런데 이러한 성격을 유교적 잣대로 재어 오로지 미개의 세계로만 치부해 버리는 것은, 현대문학의 특징과 관련하여 재고되어야 할 필요가 있다. 왜냐하면 일본의 上代에 이은 中古시대 문학을 보면, 모계사회의 영향 때문인지

---

2) 조동일, 『한국소설의 이론』, 지식산업사, 269쪽 등 참조.

는 모르나, 여성의 지위도 낮지 않고 성애의 자유로움을 만끽하고 있다는 점에서, 또한 전근대성의 상징이라 할 권선징악적 구성이 파격적으로 적다는 점에서도 상당히 현대적인 느낌이 들기 때문이다.

논자는 이제까지 군기문학에 강하게 나타나 있는 신화·주술적 요소, 무력적 요소를 줄곧 지적해왔는데 본고에서는 호색적 측면에 초점을 맞춰 고찰하고자 한다. 먼저, 호색이 어째서 미의 대상으로 찬미되고 있는지에 대해, 신화적 배경부터 살펴보고자 한다.

제정일치의 신정적 권력을 행사한 천황은 많은 무녀와 결혼함으로써 그 무녀들이 모시는 많은 신들을 궁정으로 불러들여 그 신들의 나라를 통합해 간 것으로 분석되고 있다. 민속학자 折口信夫는 다음과 같이 논술하고 있다.

> 고대에는 고대로서의, 나라(부족국가)마다의 생활력의 문제가 있었다. 자기의 나라를 번영시키기 위해서는 다른 나라의 신을 합쳐 갖지 않으면 안되었다. 신은 그 나라의 힘이며, 신을 잃은 나라는 망한다. 그러므로 나라를 합치는 것은 각 나라의 신을 자기의 궁정에 모으는 것이었다. 그를 위해 틀림없는 방법은, 각 나라의 신을 받드는 최고의 무녀를 처로 삼는 것이었다. 무녀와 결혼해 무녀를 맞아들이는 것은 동시에 그 나라의 신을 궁정에 맞아들이는 것이 된다.[3)]

折口씨는 「무녀와의 결혼이, 힘에만 의거한 것보다도 더 완벽하게 빼앗아 복속시킬 수 있는 가장 완전하고 근본적인 지배이며, 이는 고대의 윤리관이며, 가장 도덕적인, 완전무결한 생활로 생각되고 있었다」고 분석하고 있다. 즉 국가연합을 이루고 정당화하기 위해서도 고대의 호색은 미덕이었던 것이

---

3) 折口信夫, 「國文學」, 『折口信夫全集』 제14권, 中央公論社, 220 - 221쪽.

며, 더구나 왕권의 호색행위이기 때문에 사람들의 이상이기도 하였을 것이다. 이러한 측면은 우선 記紀, 즉『古事記』『日本書紀』의 신화를 통해서도 확인할 수 있다. 加藤周一씨는 오호사자키노미코토(仁德천황)의 기사를 들어 다음과 같이 문제를 제기하고 있다.

> 仁德천황 이야기는 記紀 양 작품에 나와 있는데, 높은 곳에 올라가 민가에 연기가 없는 것을 보고 稅를 3년 면해주었다는 삽화를 들고「聖帝」라 칭하고 있다.「聖帝」란 단어가 유교에 근거한 것임은 말할 나위도 없다. 민가에 연기 운운하는 이야기는 실로 활기를 잃은 도덕적인 이야기로, 거기서는 주인공의 성격도 심리도 알 수가 없다. 그에 이어지는 긴 부분에는 무엇이 쓰여져 있을까.「聖帝」는 여기서 처음으로 등장한 것이며, 그「聖帝」의 유교적 정의는 제왕의 治世, 즉 그 민중에 대한 태도와 관련되어야 할 것이다. 그런데 그 다음 장은 모두 오호사자키의 민중과의 관계가 아니라 여자와의 관계를 서술한다.「聖帝」가 왜「聖帝」였는지 하는 것은 전혀 관계가 없다. 더구나 이야기가 천하, 국가를 떠나 私事로 가면 갈수록 서술의 필치는 생기를 더해간다.「聖帝」에 대한 大后의 질투심의 갖가지 발현, 질투한 나머지 難波의 宮으로 돌아가지 못하고 산으로 숨으려 하면서도 남편을 단념치 못하는 그 여심, 大后의 질투에 마음이 걸려 淡路島를 보러 간다는 등의 거짓말을 하고, 실은 吉備國의 여인 쪽으로 달려가는「聖帝」의 심리, … (중략) … 등 사적인 이야기는 예리한 관찰력, 생생한 묘사, 극적인 감동을 더하고 있어, 편자의 문학적 재능을 여실히 증명하고 있다. 더구나 이러한 예는 仁德帝의 경우만이 아니라 記紀로부터 얼마든지 찾아낼 수 있다.[4)]

4) 加藤周一,『日本文學史序說』上, 筑摩書房、1975. 52-53쪽.

이처럼 加藤씨는 유교적 발상에서 「聖帝」라 평가된 仁德천황이 주로 여성편력의 주인공으로 서술되고 있는 점에 대해 의아함을 나타내고, 이를 토착세계관의 영향일 것으로 추정하고 있다. 그런데 앞서 소개한 것처럼, 고대왕권에 있어서 여성편력이 국가연합을 이루기 위한 영웅의 자질이었다는 설과 연관지을 때, 여성편력이야말로 「聖帝」로서의 전제조건이었다고 하는 점을 이해할 수 있지 않을까 생각된다. 고대왕권에 있어서는 무녀와의 결혼으로 그 무녀가 지배하는 국가와 백성을 얻을 수 있었고, 국가연합의 필요성이 없어진 平安시대의 귀족들은 여성을 손에 넣음으로써 그 여성의 집과 자손을 차지하게 되는 것이 일반적이었다. 이러한 모계사회의 생활풍토 하에서, 귀족들의 여성편력은 이상화되고 문학의 세계에서 한껏 미화되게 된다. 또한 그 영향이 남아 平安 귀족문학도 物語(모노가타리)의 세계에서는 여성편력담이 주종을 이루게 되고, 平安시대의 시문집 『古今和歌集』의 서문에서도 이러한 色好의 마음을 和魂(야마토고코로)라 하여 중시하는 등, 戀心은 일본 전통시가인 和歌의 주요테마로 발전해가게 된다.

중고 平安시대(794 - 1192)에 일본의 정형시가인 和歌와 物語 등의 국풍문화가 홍륭하게 된 데에는 여러 가지 요인이 복합적으로 작용하였다. 9세기 말에 견당사 파견을 중지한 이후 대륙과의 공식적인 유대가 없는 환경 속에서, 자국생활에 편리한 가나문자가 성립되었고, 오랜 기간 섭정으로 세력을 잡은 후지와라(藤原)씨가 자신의 딸인 황후의 입지를 위해 궁정여성인 女房의 문학적 환경을 적극 장려하였다는 요인 등에 의해 문학이 크게 홍륭하게 되었다. 이 시대의 문학은, 平安京을 중심으로 한 폐쇄된 전제 치하에서 양육되고 비호된 탓에 유독 미적 감수성과 감각미를 존중하는 방향으로 나아가게 되었다고 하는 단점을 지적할 수 있지만, 귀족들과 궁정여성들의 자유로운 연애와 성의 만끽을 지향하는 생활상이 시가와 산문에 그대로 투영된 작품이 많이 양산되게 된다. 아직 강간과 밀통이라는 개념마저 명확하지 않은 사회였지만[5], 신의 여성으로 간주되는 무녀와 천황의 여인, 그리고 동성애, 근친혼 등에 대한 금기는 존재하였다. 하지만 나카무라 신이치로[6](中村眞一郎)는 이러한 사회적, 제도적 규제가 확고히 지켜지지는 않았고, 그러한 금기를 어기게 되었을 때에도 큰 죄책감과 두려움을 느끼지 않았으며, 주위의 사람들도 이를 죄악시하기 보다는 재미있는 가십을 듣고 즐기는 듯한 느낌을 가졌다고 지적하고 있다.

이세모노가타리(伊勢物語)에는 360여의 연애담이 실려있는 가운데 백발의 여성도 성의 향유를 추구하는 모습이 서술되어 있는가 하면, 우츠호모노가타리(宇津保物語)에는 50대의 여성이 동년배의 남성을 차지하려 애쓰다 결국 그 남성의 아들까지 상대로 삼는 모습도 서술되어 있고, 겐지모노가타리(源氏物語)에는 환갑을 넘어서도 당당히 손자들과 어깨를 겨루며 연애전선에 나서는 모습이 그려져 있다. 젊고 아리따운 여성만이 사랑의 대상이 된다는 남성중심의 성의식에서 벗어나 있다는 점에서도 종래의 우리의 문화인식과 다른 점을 지적할 수 있다. 다채로운 연애담 및 연애 실패담이 흥미롭게 펼쳐지는 가운데 문학은 더욱 발전해, 11세기 초라는 이른 시기에 일본문학의 금자탑이라 할 겐지모노가타리가 성립되게 된다. 영국의 세익스피어의 작품과 비견되는 등 높은 문학적 미를 달성한 뛰어난 작품으로 현재 평가되고 있지만, 그 정편의 내용을 보면, 천황의 아들인 주인공 겐지(源氏)와 그 계모와의 사이에서 아들이 태어나 황위에 오르고, 겐지는 태상천황이라는 위치에서 수많은 여성과 사랑을 나누며 영화를 누리는 내용으로 이루어져

5) 腹藤早苗, 『家族と結婚の歷史』, 講談社, 1988. 참조.

6) 中村眞一郞, 『日本文學にみる性と愛』, 新潮選書, 1975. 35 - 37쪽.

있다.

중세 武家시대가 시작되기 전인 이 시대의 여인들은 모계사회의 영향으로 마치 현대여성과도 같은 당당함을 견지하고 있었으며, 물론 자유연애가 가능하였다. 따라서 문학도 풍성해질 수 있었던 것으로 평가된다. 논자는 이러한 풍속과 문학의 배경에도 당대의 정책적인 援護가 있었을 것으로 추정하는 바이다. 나카무라 신이치로(中村眞一郎)[7]는 「헤이안(平安)시대의, 지금으로부터 보아 과잉이라고 느낄 수 있는 성적 관습은 다른 사회현상 속에서 고립되어 있었던 것은 아니」라고 주장하고, 오히려 「당시의 종교로부터도 의학으로부터도 원호되고 있었」음을 지적하고 있다. 그리고 종교 면에서는, 남녀의 애욕적 도취 속에 보살의 경지가 실현된다고 한 『理趣經』의 중심사상을 다음과 같이 분석하고 있다.

> 『理趣經』에 의하면, 인간존재는 본래 청정한 것이며, 따라서 그 생명의 근원인 성욕도 또 청정한 것이라 한다. 그리고 성애의 실행에 의해 일체로부터 해방된 자유로운 심경에 달해, 세계의 지배자가 되는 기분을 맛볼 때 혼은 구제된다는 것이다. … (중략) … 이 사상에 의해 그들은 내부로부터 충동해 올라오는 본능을 추한 것 창피한 것으로 꺼림칙하게 느끼는 대신, 고급의 형이상학적인 혼의 실험이라고 하여 해방될 수 있었다. 수치스러워 해야 할 것은, 오히려 그러한 행위를 피하든가 또 행위 속에서 도취에 이르지 못하는 경우이며, 그것은 구도적으로는 태만이며, 정신의 하등한 것, 심약한 자로 취급되는 것이다.[8]

7) 中村眞一郎의 앞 책, 新潮選書, 1975. 72 - 74쪽.

8) 中村眞一郎의 앞 책, 72 - 73쪽.

또한, 나카무라는 당시의 최고 의학서였던『醫心房』에 대해 주목하고 있다.「이는 견당사와 유학생에 의해 중국으로부터 이입된, 수당시대의 권위있는 의학서를 모아, 그 이론을 비교하고 배열한 막대한 의학전서인데, 이것이 궁중의 典藥寮에 비장되어 일반 환자의 진단의 기초가 되었다」고 소개하고, 그『醫心房』30권 중 1권이「房內編」이며, 여기에는 오로지 성에 관한 병리와 위생과 치료 등이 기술되어 있는데, 그 내용을 다음과 같이 소개하고 있다.

> 그 중심에 있는 사상은, 역시 적극적인 성의 긍정이다. 남녀는 성적 교섭에 의해 건강을 유지하고, 금욕은 만병의 원인이 된다고 하는 생각이다. 이는 근저에 음양이 교섭함으로써 서로 정기를 흡수한다고 하는 중국의 고대철학이 기반이 되어있는 사상인 것이다.
>
> 이 책은 성행위에 있어서 여성은 반드시 궁극적 만족에 도달할 것을 지시하고 있고, 남성은 여성으로부터 생명적 에너지를 흡수하기 위하여 여성의 만족과 동시에 상대를 바꿀 것, 따라서 남성은 그 때마다 감각적 만족에는 달하지 않도록 지시하고 있다. 따라서 남성은 하루에 많은 여성과 차례차례 접할 필요가 있고 (예를 들면, 매일 11회, 즉 11명의 다른 상대), 그 요구는 자유로운 궁정여성 女房들에 의해 충족되었을 것으로 추측된다.
>
> 또한, 이『房內編』은 여성의 병의 치료를 위한 성교의 처방도 언급하고 있다. 여성 환자는 그 병태에 따라 수주간, 일일 수회, 남성과 교섭하도록 지시되어 있다. 이 경우에 상대를 맡는 남성들도 애인이나 남편에 한정될 수 없었을 것이다.[9)]

이처럼 당시의 성적습관은 사상적으로도 推奬되고 격려받는 분위기 속에

9) 中村眞一郎의 앞 책, 73 - 74쪽.

서 한껏 무르익어 결국 근친상간과 동성애의 세계로까지 발전해 가는 모습을 문학세계에서도 확인할 수 있다. 겐지모노가타리(源氏物語)는 후세에 많은 영향을 미쳐 아류의 작품이 많이 등장하지만, 무사의 대두와 함께 문학적 환경도 변화를 맞게 된다. 즉 중세 무사시대를 맞아서는 남성중심의 사회로 변모하면서 여성의 지위도 낮아지고, 이에 따라 불교 측에서도 애욕의 부정적 측면과 여성을 죄악시하는 교리를 제시하게 된다. 이와 더불어 모노가타리 문학도 다소 침체되어 간다.

중세는 불교문학의 시대라 규정지을 수 있을 정도로 사찰에서 수많은 설화문학과 군기, 예능 등이 성립되었다. 중세는 또한 전란의 시대로, 무가가 패권을 쥔 사회였지만, 무사는 아직 문학 담당층이 되지 못하였기 때문에, 이러한 배경 하에서 사찰에서 문학을 관리하며 원령과 진혼의 시대를 현출하였다. 논자는, 일본의 경우 上代로부터 怨靈에 대한 공포가 컸는데, 중세의 대규모적이고 장기간에 걸친 전란으로 인해 발생된 수많은 원령은 정치적 과제가 되었고, 이때 원령의 공포와 진혼의 필요성을 문학과 예능을 통해 민중에게 인식시킴으로써 진혼을 담당하는 불교계는 여전히 공고한 위치를 굳히게 되는 과정을 軍記연구를 통해 분석하였다.[10] 전란을 소재로 전란의

10) 「死生觀의 변천과 軍記物語의 배경」, 『日語日文學硏究』 제21집, 韓國日語日文學會 1992.12.
「『平家物語』의 死生觀과 怨靈思想」, 前揭書 第22輯, 1993.6`.
「『太平記』의 死生觀과 怨靈思想」(上) 前揭書 第23輯, 1993.12.
「『太平記』의 死生觀과 怨靈思想」(下) 前揭書 第25輯 1994.12.
「『太平記』の死の諸相」 - 北條軍團の滅亡をめぐって- 『國文目白』第33號, 日本女子大學 國語國文學會編, 1994.1
「『平家物語』の死の樣相と論理」,『軍記と語り物』 第30號, 軍記と語り物硏究會, 1994.3
「『太平記』の死の樣相と論理」, 第18回 國際日本文學硏究集會, 1994.11.10.
「日本軍記문학이 일본인의 사생관에 미친 영향」, 『日本思想』 창간호, 한국일본사상사학회, 1999. 3.

패배자를 주인공으로 한 군기문학이 생겨날 수 있었던 것도, 패배자들의 한을 달래야 한다는 진혼 매커니즘이 존재함으로 인해 가능하였다. 또, 맹위를 떨치는 패배자의 원령을 신으로 받들어 위무하면 점점 평화와 풍작 등의 복을 가져다주는 신으로 변신한다고 하는 轉換形 원령관이 정착되어 민간御靈신앙[11]으로 발전되어 갔는데, 그러한 배경에서 중세에는 군기문학 뿐만 아니라 能, 淨瑠離 등의 진혼예능이 武家와 신사, 사찰의 적극적인 후원하에 그 꽃을 피우게 된다.

중세연극으로서의 노(能)는 한마디로 말해 진혼의 豫祝예능이라고 평가되고 있다. 노(能)를 예술적으로 완성시킨 제아미(世阿彌)의 노(能)의 특징에 대해 카토슈이치(加藤周一)는 다음과 같이 평가하고 있다.

> 첫째, 題材를 대중적인 전설의 주인공이 아니라, 주로『平家物語』의 무장들과 平安시대의 고전문학의 주인공으로 잡고 있다. 둘째, 극적 긴장을 복수의 인간상호의 대립이 아니라 한명의 주인공의 변신에 집중시켜 내면화한 것이다. 예를 들어 주인공이 무장인 경우에는 각지를 유랑하는 僧(助役 : 와키)이 옛 전쟁터에서 노인(前주역)을 만나 토지에 얽힌 이야기를 듣는 前場과, 그 노인이 武將(後주역)의 모습으로 나타나 생전에 죽임 당한 이야기를 하며 춤을 추고, 승은 讀經하며 망령을 진혼하는 後場으로 구성되어 있다. (중략)주인공이 인간으로부터 망령으로 변신하고, 이 세상에서 피안으로 바뀌고, 자연적인 세계에서 초자연적인 세계로 향하는 구조이다.[12]

11) 梅原猛는「일본인으로서, 또 개인으로서 널리 받들어지는 신이 될 조건은, 첫째 뭔가의 의미에서 높은 덕, 혹은 능력을 구비하고 있을 것. 둘째, 그래도 그 죽음에 여한을 남긴 형태로 죽은 인간일 것.」이라고 일본어령신앙의 근본을 밝힌 柳田國男의 설을 인용하고 있다.「怨靈と鎭魂の思想」,『日本における生と死の思想』, 有斐閣選書. 1977. 32쪽.

이러한 노(能)에는 일본화 된 불교사상이 전제로 깔려있다. 즉 세속화된 종교의 예술화를 통해 사후에 대한 관심이 고취되어 피안사상이 침투되고, 원령에 대한 공포, 진혼의 욕구는 민중에 뿌리를 더 깊게 내리게 된다. 이러한 영향의 연장선상에서 제2차 대전 때에는 야스쿠니 신사의 신으로 모셔준다는 조건으로 소시민들을 쉽게 죽음의 길로 내몰 수 있었고, 진혼의 욕구는 현대에도 이어져, 일본의 불교는 현재 장례식불교라고 불리울 정도로 많은 일본인들이 불교식 장례에 많은 돈을 들이고 있다. 이러한 기반 위에서 천황제 등 상부구조를 위한 신불습합의 교리를 창출해낸 불교계의 위치는 오늘도 공고히 유지되고 있다.

불교계는 중세에 이처럼 진혼사상을 창출하여 자신의 위치를 공고히 하면서, 한편으로는 실권을 잡은 무가지배자에게 유리한, 무사도 및 여성죄악관 등의 이념과 교리를 창출해낸다. 목숨을 두려워하지 않는 무사들이 존재하여야 무가사회가 유지될 수 있는 것이므로, 사찰에서 성립된 군기문학에는 주군을 위해 목숨을 초개같이 버리는 용맹한 무사들이 한껏 미화되어 있다. 그리고 오토기조시(お伽草子) 등에서는 출산한 여인이 가게 되는 지옥과 출산치 못한 여인이 가는 지옥 등으로 나누어 모든 여성이 구원에 이르지 못함을 설법함으로써, 모계사회 영향하에서 당당했던 여성의 권익은 중세이후 점차 추락하게 된다. 이념의 옳고 그름을 떠나, 중세에 성립된 수많은 불교문학과 예능은 후세에 다대한 영향을 미쳐, 민중 스스로 이러한 종교적 환경을 인간 본연의 세계로 받아들이게 된 모습을 문학작품을 통해 확인할 수 있다. 즉 근세 이후의 문학을 보면, 물론 크리스찬 색출을 위해 모든 국민을 사찰에 등록시킨 檀家制의 영향도 있기는 하지만, 승이 아닌 개인 작자들도 신불습

12) 加藤周一 앞 책, 299쪽.

합의 종교적 환경 속에 살아가는 인간 삶의 모습을 당연한 듯 미의식 차원에서 그려내고 있다.

조선조의 문학과 견줄 수 있는 시기는, 근세에 에도막부가 들어서고 막부가 주자학을 통치이념으로 받아들이고 나서일 것이다. 막부에서 주자학을 통치이념으로 채택한 후, 간통에 대한 형벌은 발각 즉시 사형이었으므로 문학에도 큰 영향을 미치게 되었다. 그러나 남녀간의 성애에 대한 긍정적 이념 하에서 살아온 일본의 남녀들에게 유교적 윤리를 갑자기 요구한다는 것은 참으로 이해 못할 고통 그 자체였다. 효와 열이 인간의 도리라고 지킬 것을 강요해도 일본인의 정서와 행위를 단시간에 바꿀 수는 없었다. 이러한 점은 문학적 형상을 통해서도 확인할 수 있다. 이 시대 최고의 극작가 치카마츠 몬자에몬(近松門左衛門)은 의리와 인정과의 갈등, 즉 유교적 인륜과 남녀간의 애정과의 갈등을 인정 즉 애정의 입장에서 묘사하여 많은 일본인들의 심금을 울렸다. 인간의 자연스런 성애까지 규제하는 주자학적 지배이념은 일본인들에게 아직도 가장 지독한 지배이념으로만 이해되고 있다.

간통에 대한 엄격한 조항은 유곽에서만은 제외되었으므로, 돈 많은 쵸닌(町人 : 도시상공인)들은 유곽을 자유로이 드나들며 호색적 생활을 즐겼고, 근세문학은 유곽을 무대로 쵸닌의 호색을 미화한 문학이 주종을 이루게 된다. 上代부터 본능의 세계를 마코토(眞), 즉 참이라 하여 귀히 여기는 전통적 풍토 하에서 성과 물욕을 금하는 불교, 유교, 기독교의 근본정신은 뿌리내리기 어려웠던 것 같다. 학문적으로도 곧 주자학 비판이 일어나고, 공맹철학에서 힌트를 얻은 일본 학자들은 유교의 선왕자리에 천황을 대입시켜 천황을 천하의 중심에 놓는 국학사상을 발전시킨다. 이러한 학문적 기반 하에 명치유신이 감행되어 곧 대동아 공영권을 향한 세계침략으로 매진해갔던 것이다.

이상과 같이 상대로부터 신화·주술적 요소, 무력적 요소, 호색적 요소가 부정되지 않고 유지되어오면서 문학에서도 꽃의 역할을 다하게 될 수 있었던 가장 큰 이유는 유교 및 주자학을 정치이념으로 확고히 받아들이지 않았기 때문이 아니었을까 판단된다.

2) 중국문학의 흐름과 그 특징

먼저, 중국 대륙에 얼마나 오래 전부터 문헌이 존재하였는가 하는 점부터 타진하고자 한다. 문자와 문헌은 동아시아의 最古의 문명인 하, 은(상), 주 시대에도 이미 존재하고 있었다.

> 일반적으로 문학사를 기술할 때 시점은 대개 시경에서 비롯되고 있는데, 이러한 관점은 조금 수정될 필요가 있다. 왜냐하면 이미 그 이전에 긴 시간동안 많은 중국인들에 의해 사용되어 내려온 문자 기록이 엄연히 존재하고 있기 때문이며, 이와 같은 현실을 문학사를 기술하는 입장에서 도저히 무시해서는 안 되는 것이다. 좀더 상세히 말을 한다면, 『시경』은 서주 시대의 문학을 대표하는 작품인데, 서주 이전에 이미 은상대가 존재하고 있었고, 당시의 기록 또한 갑골문, 금문, 도문 등 대단히 풍부하다. … (중략) … 갑골문의 경우는 정치, 경제, 사회, 문화, 종교, 신화 등에 관한 다양한 기록이며, 중국문학의 원류를 이해하는 데에 대단히 소중한 자료이다.[13)]

갑골문 외에도 하, 은, 주 이후에 도래한 춘추전국시대 제자백가의 수많은 서적들이 존재하였을 것이고, 기원 전 221년 중국을 통일한 진시황제가 분서갱유하여 자국의 史記 이외의 전대의 역사기록과 문학서적 등을 모두 소각

13) 이수웅, 김경일, 『중국문화사』, 대한교과서(주), 12 - 13쪽.

하였다는 점을 보아도 기원전부터 이미 수많은 문헌이 존재하였다는 점을 알 수 있다. 소각된 문헌의 성격을 유추해보면, 진시황제가 채택한 법가에 반하는 유가 등의 제자백가서도 있겠지만, 전대의 신권정치시대의 신화, 전설, 설화도 당연히 포함되어 있었을 것으로 판단된다.

> 이들 서적은 秦國史記 이외의 역사기록과 문학 詩書 및 百家語로 3분할 수 있었다. 영이 내려진 후 30일 이내에 책을 소각시키지 않으면 벌로 성단(아침에 일찍 일어나 성을 쌓는 죄수)이라 하여 얼굴에 入墨한 후에 축성의 노역에 4년 동안 복역하게 하였다. 그리고 의약, 卜筮, 種樹에 관한 서적은 보류시켰다.[14]

권력자의 속성상, 전대왕조의 영웅화 내지는 신격화를 주된 내용으로 하는 문헌과 당대의 이념에 반하는 문헌을 시황제처럼 분서하는 내력은 그 후대에도 계속되었던 것이 아닐까 추정된다. 따라서 魯迅이 지적한 바와 같이, 중국의 신화와 전설을 그대로 전하는 당시의 서적은 물론 없다.

> 중국의 신화와 전설은 오늘날까지 아직도 그것들을 모아 기록해서 전문서로 만들어 놓은 것이 없고 다만 옛 서적에 흩어져 보일 뿐이며 『山海經』 속에 특히 많다. 『山海經』의 지금 전해오는 판본은 18권으로 海內外의 산천, 신령, 이물 및 제사에 필요한 것을 기록하고 있으며,… (중략) … 이것은 巫術과 부합되므로 대개 옛날의 巫書였을 것이다.[15]

청동기시대, 즉 하은주 시대는 제정일치시대로서 巫術에 능한 자가 나라

---

14) 傳樂成, 『중국통사』, 중국학총서18, 지영사, 117쪽

15) 노신, 『중국소설사략』, 정범진 역, 학연사, 20쪽. 1987.

의 수장이 되는 사회였으므로, 각종 귀신을 모시고 인간을 다스리는 이야기, 신과 인간의 구별이 모호한 내용의 이야기가 이 시대의 신화전설의 핵심일 것으로 판단된다. 현재 천지개벽설 및 삼황의 위대함을 알리는 내용 등이 남아있으나, 이미 후대에 정리가 되어 원시의 본색을 찾아볼 수 없는 내용으로 되어있다.

> 중국의 유교적 실용철학은 중국의 신화와 전설을 배척하고 경시했다. 공자의 이 괴력란신을 말하지 않는다는 한마디는 유교의 신화와 전설에 관한 태도를 엿보게 한다. 노신은『중국소설사략』에서 태고의 황당한 이야기들은 모두 유가에서 말하지 않는 것들이라고 했는데, 이는 중국의 유교가 실제를 중하게 여기고 환상을 경시하고 있음을 나타내는 말이다. 이러한 생각은 漢代의 역사가들도 마찬가지여서, 예를 들면,『史記』「五帝本紀」에서『禹本紀』나『山海經』의 모든 괴물들을 나는 감히 언급하지 못한다」라고 했다. … (중략) …
>
> 선진문헌 중에서 간혹 신화와 전설을 인용한 경우가 없지 않지만, 대부분은 자신의 감정이나 철학적 도리를 전달하기 위한 방법으로서 부분부분이 잘린 채 인용되기 일쑤였다. 또 내용 중에도 자신의 의사와 부합되지 않는 부분들은 고치거나 잘라 버리기도 하는 등, 원시 정서를 담고 있는 아름다운 구어체 문학으로서의 존재가치를 상당 부분 상실하고 있었다.[16]

후대의 사서편찬 작업도 결국 문헌의 소실을 초래했다. 지배자의 영웅화를 주된 내용으로 하는 신화서가 上代인 중화문명 발상시부터 존재하였으나, 후대에 그 취급에 있어서 상당히 소홀했고 특히 주자학을 받아들인 송나라

---

16) 이수웅, 김경일,『중국문학사』, 대한교과서(주), 17쪽.

이후 극심하게 배제당해 왔던 것으로 판단된다. 노신은 송나라 때 편찬사업에서 그동안 역사서로 취급되어 오던 신화를 가공의 소설로 재분류했음을 지적하고 있다. 즉 송나라 때 神怪를 내용으로 하는 15家 115권의 서책과 因果를 명시한 9家 70권은 모두 원래 前志의 史部 잡전류에 속해있었고 耆舊, 高隱, 효자, 良吏, 열녀 등과 같은 條列이었는데, 이 때에 와서 비로소 소설로 분류되었기 때문에, 史部에는 드디어 귀신전이 없어지게 되었다고 하였다.[17]

「山海經」「穆天子傳」이 이로부터 소설로 물러나게 되었는데, 그 설명하는 말에 "「穆天子傳」은 옛적에는 모두 起居注의 類에 넣었었다. …(중략) … 그러나 실은 황홀하고 근거 없기가 또한『逸周書』에 비할 바가 아니다. …(중략) … 믿을 만한 사서로서 이것을 기록한다면 곧 史體가 혼잡해지고 사례가 파괴되는 것이다. 이제 소설가류에다 예속시키는 것은 그 뜻이 정당한 것을 구하는데 있으므로 고례를 고친다고 해서 꺼려할 필요는 없는 것이다"라고 했다. 이 때에 소설의 志怪類 중에는 또 본래 의탁이 아닌 사료까지 섞여 들어가게 되었고, 史部에는 드디어 전설을 많이 포함한 문장은 수록하지 않게 되었다.[18]

이상과 같이 통시적으로 살펴볼 때 중국의 신화전설, 소설류는 유가의 출현 때부터 영향을 받기 시작했지만, 특히 송대부터 시작된 주자학의 영향으로 크게 말살당하게 되었던 것으로 추정된다. 이 때 수많은 문헌이 타격을 받아 결국 소실되게 되었고, 완전히 소실시키는 것은 역사가의 양심상 문제

17) 노신『중국소설사략』, 정범진역, 학연사, 1987, 14 - 15쪽.

18) 노신『중국소설사략』, 정범진역, 학연사, 1987, 16쪽.

가 있으므로, 주자학적 감계에서 크게 벗어나지 않는 범위 내에서 전대문헌의 이야기 소재를 살리기 위한 편찬사업이 활발히 진행되게 되었다고 판단된다. 즉 宋이 전대의 문헌을 말살시키고자 한 것은, 송 왕조가 주자학을 정치이념으로 삼았기 때문에, 신화 주술적 요소, 노골적인 호색물, 약육강식의 무력적 요소가 횡행하는 전대의 문헌이 민간에 유포되는 것을 허용해서는 안 된다는 강한 신념을 갖고 있었기 때문일 것이다.

> 송나라는 건국하자마자 국가의 문화사업으로서 전국의 책을 모두 모아 학자들을 동원하여 이 책들의 내용을 분류하여서 『文苑英華』 1천권, 『太平御覽』 1천권, 그리고 『太平廣記』 5백권 등 3대 전집을 만들었다. 이 『太平廣記』 속에는 그때까지 전해오던 중국의 설화와 소설은 모두 수록되었고 특히 당나라 말기에 왕성하게 일어났던 소설창작 열기의 결과로 이룩된 창작소설이 모두 이 『太平廣記』에 실려있다.[19]

이처럼 송대에도 편찬사업으로 『太平廣記』를 修成했었지만, 반포하지 않고 그냥두었기 때문에 유전은 극히 적었다고 한다. 게다가 이처럼 전대의 문헌을 한데 모아 재간행을 하게 된 이후, 결국 원전은 소실되어 명에 이르러서 당인소설의 단행본 9할이 散亡되는 결과가 되고 만다.[20] 중국의 단편소설은 당·송을 거쳐 명대에 이르러 비교적 좋은 작품들이 많이 창작되었지만, 조정에서의 금지로 그 기풍이 쇠퇴해 갔다.[21] 중국은 이와 같이 송나라 때에, 주자학이 수당시대의 소설류를 황탄불경한 것으로 분류하여 소실시킨데 반

19) 김현룡, 「고소설사에 끼친 중국설화 소설의 영향」 『古小說史의 諸問題』 집문당, 1993, 47쪽.

20) 노신의 앞 책, 235쪽.

21) 이수웅, 김경일, 『중국문학사』, 대한교과서(주), 575쪽.

해, 견당사를 통해 당시 일본으로 유입된 수당시대의 문헌은 군기문학 등 많은 작품에 번역되어 실려있어 그 황탄불경한 면모를 현재도 살펴볼 수 있다. 앞서 제시한『醫心房』도 중국에서는 소실되었으나, 일본으로 건너간 책은 현존하고 있음이 그 한 예이다. 또 송대에는 시를 지음에 있어서도「理를 말하고 情은 말하지 않는다」라는 정신을 요구받았다.[22] 과거시험에 시문이 들어있어「명대의 공명부귀는 시문에 있었다」고 할 정도로 온 정신을 시문에 쏟았으나, 오히려 그러한 이유로 인하여 시문은 쇠퇴의 길을 걷게 된다[23]. 하지만 광활한 중국대륙은 조선반도에 비해서는 치밀하게 관리하기 어려웠던 듯, 상업경제의 발전, 도시의 번영, 시민계층의 성장이라는 배경하에서 명대 후기에 들어 소설은 다시 성행을 하게 되었으며, 그 과정에서 금병매 등의 비유교적인 호색물 등도 활성화되게 된다. 그리고 그 여풍은 청나라로 이어진다.

3) 한국문학의 흐름과 그 특징

앞서 살펴본 바와 같은, 종주국인 중국의 宋代 이후의 상황은 한반도에 그대로 영향을 미치게 된 것이 아닐까 판단된다. 중국 송나라 때 주자학이 시작된 이후 점차 한반도에도 영향을 미쳐 고려는 후기에 본격적인 변화를 겪게 되었던 것으로 추정된다. 고려 후기에서 조선전기까지의 문학은 중세후기문학으로서 기본적인 동질성을 가지며, 고려 전기까지의 중세전기문학과 구별된다고 평가되고 있는데[24], 이러한 중세 후기문학의 특징은 주자학과

---

22) 이수웅, 김경일,『중국문학사』, 대한교과서(주), 333쪽.

23) 이수웅, 김경일,『중국문학사』, 471쪽.

24) 조동일,『한국문학통사』 제2판, 2 고려후기문학 - 조선전기문학, 지식산업사, 14쪽, 1989.

관련이 깊은 것으로 판단된다. 이러한 배경에서 고려 후기 들어 주자학적 사회환경이 조성되면서 사대부들이 대두하게 되고, 전대문헌에 대한 정리작업이 시작되었던 것인데, 이 때 전대의 신불중시, 그리고 무력과 호색성향의 서책들을 없애기 위한 기초작업으로서 전대 문헌의 素材만을 살려 주자학적 사관에 위배되지 않도록 각색하여 유교적 사관의 삼국사기가 편찬되었던 것이 아닐까 추정된다. 그리고 삼국사기 편찬 후 수많은 신화, 전설, 설화가 빠지게 됨을 아쉬워한 일연이 신화, 전설, 설화를 모아 삼국유사를 편찬하였지만, 전대의 문헌의 내용을 어느 정도나 살린 것인지는 자못 의심스럽다.

흔히 일각에서 민간설화로 전승되는 구비전승물이 『삼국사기』나 『삼국유사』에 처음 문자화된 것으로 오인되기도 한다. 즉 고소설의 효시를 고대의 민간설화에서 찾는 학설이 제시되고, 민간설화는 대략 삼국의 신화나 영웅적 인물의 전설, 서사무가, 그리고 흥미로운 민담들로서, 그 자체 하나의 구비전승물일 뿐이라고 규정짓는 입장에서 연구가 진척되어 왔다. 즉 「단군신화 등의 고대신화류가 구비전승으로 전해지다가 삼국사기나 삼국유사에 이르러 문자화되었다는 관점에서 그 본래의 모습을 얼마만큼 그대로 지니고 있느냐」고 하는 점을 들어 의문을 품는다든지, 「이 시기의 신화, 전설을 포함한 민간설화는 그 비문자성으로 인하여 후대 소설의 모태, 또는 원류가 되는 것일 뿐, 그 자체를 소설이라 볼 수 없는 데에 그 한계가 있다」며 그 문제점이 지적되기도 한다.[25] 그런데 건국신화나 영웅적 인물의 전설이 과연 구비전승물이었을까 하는 점에서부터 다시 생각해야 할 것으로 본다. 중국 대륙에 기원전부터 문자가 있었고, 수많은 문헌이 존재하였다. 일본에도 8세기 초의 문헌부터 존재하는데, 중국과 일본의 가운데에 위치하는 한반도에만 문헌이 없었

25) 인권환, 「고소설의 형성과 전개」, 『한국고전소설론』, 한국고전소설편찬위원회, 1990., 41쪽.

을 리 없으며, 삼국사기, 삼국유사에도 전대의 문헌을 많이 거론하며 인용하고 있고, 일본 신화서에서도 한반도 삼국의 사서로부터 인용하고 있다. 우리는 이제 현존하는 문헌만을 문헌성립의 시초로 보는 근시안적 연구에서 벗어나야 할 것이다. 하나의 나라가 세워져서 통치하는 단계에 이르렀다면, 당연히 통치를 위한 문서가 존재했을 터이고, 이 단계에서 무엇보다 건국을 정당화하고 그 업적을 성화하는 신화서가 성립되었을 것으로 판단된다.

우리나라 고대의 문헌이 어떠한 이유로 현존하지 않는지에 대해서는 아직 구체적으로 논의되지 못한 상태이다.

> 일찌기 李萬運이 李世勣과 甄萱에 의해 고대 서적이 불타 버렸다고 한 이후 박은식 신채호 등이 이를 따른 바 있다. 그러나 이같은 견해가 어디에 근거하는지는 알 수 없으며, 삼국사기 등에 인용된 서목을 보면 고려시대까지 남아있었던 것들도 있었음을 알 수 있다. 한편 신채호는 고대문헌이 김부식 등 사대주의자들에 의해 소멸, 개조되거나 궁중에 비장되었다가 전쟁으로 인하여 없어졌다고도 하였지만, 역시 근거를 제시하지 않았다.[26]

삼국사기에는「기존에 존재하고 있었던 역사책들을 모두 섭렵하여 하나로 정리하였으며, 특히 유교적 합리주의 이상에 맞추어 기전체로 서술함으로써 이전의 역사책보다는 발전된 역사의식을 만들어냈음」[27]을 밝히고 있다. 여기서 발전된 역사의식이라 함은 유교적 사관의 관점에서의 발전을 뜻하는

---

26) 조인성,「삼국 및 통일신라의 역사서술」『한국사학사의 연구』한국사연구회, 을유문화사, 1985, 11쪽.

27) 이도남,「『삼국사기』, 그 긍정론과 부정론」『한국인의 역사의식』청년사, 1999, 110쪽.

것일 것이다. 현대적 평가로는, 다양한 문화의 전승 및 발전을 억제하였으므로 말살이며 후퇴일 수 있다는 점을 고려해볼 수 있다.

전정해[28]도 기존의 연구를 정리하여, 삼국사기에 언급되고 있는 삼국시대의 사서 『유기』, 『신집』, 『서기』, 『국사』, 『개황력』 및 통일신라시대의 사찬 사서들 외에 어떠한 역사서가 편찬되었는지, 그리고 대부분의 역사서들이 현재 전해지지 않는 이유가 무엇인지 잘 알 수 없다고 하면서, 흔히 지적되는 이유들을 열거하고 있다. 그 중에, 논자는 신채호가 일찍이 지적한 바와 같은, 고대문헌이 김부식 등 사대주의자에 의해 소멸 개조되거나 궁중에 비장되었다가 전쟁으로 인하여 없어졌을 가능성에 대해 주목하고 싶다. 단 수많은 사료들을 김부식 같은 일개 관료가 없앴다고는 볼 수 없고, 또 고려 후기에는 왕권 또한 취약하였기에 전국적인 문헌수합이 이루어졌다고 보기는 어렵다. 따라서 조선왕조 개국 이후 수많은 편찬사업이 행해지면서 전대의 문헌을 모조리 수합하고 모아두었다가 당대에 소각했든지 혹은 전란 때 소실되었을 가능성이 많다고 본다. 다음과 같은 실록을 통해 볼 때도 그러한 가능성은 충분히 있다고 판단된다.

> 사관(史官) 김상직(金尙直)에게 명하여 충주사고(忠州史庫)의 서적을 가져다 바치게 하였는데, 『小兒巢氏病源候論』·『大廣益會玉篇』·『鬼谷子』 … (중략) … 『高麗歷代事迹』·『新唐書』『神秘集』『册府元龜』 등의 책이었다. 또 명하였다. "신비집은 펴 보지말고 따로 봉하여 올리라" 임금이 그 책을 보고 말하기를, "이 책에 실린 것은 모두 괴탄하고 불경한 말들이다"하고, 대언 유산납에게 명하여 이를 불사르게 하고, 그 나머지는 춘추관에 내려 간수하게 하였다.(태종 12년 8월 7일 기미)

---

28) 전정해, 「전해지지 않는 역사서들」 『한국인의 역사인식』, 청년사, 97 - 98쪽.

강계(江界)의 무녀(巫女) 2인이 요언(妖言)을 만들어 내어 그 죄가 사형에 해당하였으나, 감등(減等)하여 시행토록 명하고, 임금이 이어서 말하였다. … (중략) … 일찍이 서운관(書雲觀)에 명하여 이러한 요서(妖書)를 모두 불살라 버리게 했는데, 나는 모두 불살라 버렸는지 알지 못하겠다.” (태종 17년 6월 6일)

이 때 괴탄하고 불경한 말들과 요서라 함은, 전대의 왕조찬미와 신격화 및 괴력란신담 등의 신화주술적 요소, 그리고 호색적 요소와 무력적 요소의 글들을 일컬었을 가능성이 높다. 따라서 당시 이러한 비유교적 풍속을 누르기 위해 상당히 강경한 조처들이 행해졌을 것으로 추정된다.

논자는 이러한 움직임을 조선왕조 개국 후 즉 15세기에 성행된 관선사서의 편찬과 연결지어 생각하고 싶다. 즉 관선사서가 대대적으로 편찬되게 된 배경으로서는, 주자학을 정치이념으로 채택한 조선왕조에 들어서, 당시 존재하던 수많은 고서에 대한 처분이 본격적으로 문제시되었기 때문이 아닐까 추정된다. 강상도덕을 바로잡는 일이 유교정치의 기반을 쌓는 일이었다는 점을 생각할 때, 우선 당대에 존재했던 수많은 고서가 유교이념에 반하는 내용이었다면, 당연히 이러한 고서의 처치문제를 놓고 당대의 정치인들이 상당히 부심했을 것이다. 결국 이념에 반하는 것은 없애되, 사료적 가치가 큰 약간의 이야기소재를 전승차원에서 보존시키고자 내용을 개작하였을 것으로 보인다. 이러한 배경에서 조선 태조에서 성종대에 이르는 시기에 유례없이 많은 사서가 편찬되었던 것으로 판단된다.

한영우[29]는 「조선초 관선사서에 투영된 통치이념은 기본적으로 유교적 가치관에 입각한 계층사회를 건설하려는 것이며, 대외적으로는 불평등한 사대

29) 한영우, 『조선전기 사학사연구』, 서울대학교 출판부, 1981, 77 - 78쪽.

적 국제관계를 정립하려는 대전제 위에서 출발하고 있으며, 이런 점에서 본다면 어떤 관선사서이든지 큰 차이를 발견할 수 없다」고 지적하고, 차이가 있다면 「정치의 실권을 군주가 갖느냐 신하가 갖느냐, 국가의 정책방향을 부국강병과 대외팽창에 두느냐, 아니면 사회 안정과 현상고수에 두느냐, 그리고 사대의 정도를 어느 선에서 조정하느냐의 문제에서는 의외로 심각한 갈등이 노정되고 있으며, 그러한 갈등이 사서출간의 난산의 기본 요인이 되고 있었다」고 밝히고 있다. 합당한 지적이나, 정치 흐름을 볼 때, 재상중심, 사대부중심의 정치이념을 펴려 했던 정도전이 태종에 의해 제거되고 세종이 조선조의 이념의 기반을 완성시킨 후에는 세종이 제시한 이념이 기준이 되어 왔다고 할 수 있다. 한영우[30]는 또 「세종의 고려사 인식은 한마디로 역사추진의 주체를 왕가중심으로 이해하고 군주, 특히 창업주의 권위를 성화시키려는 입장이 큰 특징」이라고 지적하고, 덧붙여 「왕실중심의 고려사서술은 태종의 입장과도 일치하는 것이지만, 태종은 왕실의 위치를 성화하려고 하지는 않았다」고 부연하고 있다.

한편, 한영우[31]는 세종의 고려사 修史원칙에 대해 (1) 존왕실주의, (2) 직서주의, (3) 기록보존주의라고 지적하고, 직서주의와 기록보존주의는 결국 사실을 사실대로 기술함으로써 고려문화의 독자적 개성을 손상시키지 않으려는 입장이었다고 지적하고 있다. 이에 대해 논자는 좀 다른 견해를 갖고 있다. 세종이 과연 불교 숭상, 이단 숭상을 배격치 않은 고려문화의 독자적 개성을 손상시키지 않으려는 입장이었을까 하는 점에 있어서는 의구심이 든다. 개국공신 정도전이 주자학적 가치관에 입각한 계층사회를 건설하려는

---

30) 한영우의 앞 책, 40쪽.

31) 한영우의 앞 책, 42 - 44쪽.

목표를 지향하고 저술한 『고려국사』에 대해 세종이 없는 것만 못하다고 혹평하였는데[32], 그것은, 존왕실주의에 다소 불편함이 있었기 때문일 것이다. 직서주의, 기록보전주의라 하더라도 조선왕조의 이념에 크게 손상되지 않는 부분만을 발췌하여 실었을 것이고, 전왕조의 신격화 등 현왕조의 이념에 크게 위배되는 전대의 서책들의 내용은 오히려 모조리 삭제하였을 가능성이 크다. 이 점은 외형적으로 직서주의 등 권위있는 편집방법을 취하고 있는 『日本書紀』에 일본이 한반도 남부를 관리하였다는 임나일본부설, 또 神功황후가 삼한을 정벌하였다는 등의 사실 무근으로 지적되고 있는 내용이 많이 실려 있다는 점을 생각해보아도 이해할 수 있을 것이다. 세종이 고려문화의 독자적 개성을 손상시키지 않으려 했다면, 『고려왕조실록』 등 전대의 기록들을 다수 복제하여 그대로 보존되도록 했어야 했을 것이다.

또 한영우는 조선전기에 대대적으로 행해진 편찬사업이 다음과 같은 유교적사관에 준하였음을 지적하고 있다.

> 첫째, 유교적 편사는 단순히 사건을 나열하거나 기록을 집적하여 무의지적으로 과거를 재편성하는 것이 아니라, 지나간 사건의 선악과 시비를 포폄하여 현재의 교훈을 삼으려는데 목적을 둔다. 따라서 그것은 일종의 교훈사관이며, 그런 점에서 이데올로기적이기도 하다.
>
> 둘째, 선악과 시비를 포폄하는 가치기준은 경학에 둔다. … (중략) … 시대를 초월하여 불변하는 경학의 정신은 강상과 왕도주의라고 말할 수 있을 것이다. … (중략) … 사학이 경학에 종속되고 경학의 기본정신이 강상도덕에 있다는 점에서 유교사관은 일종의 도덕사관이라고 부를 수 있다.

32) 『세종실록』 세종 즉위년, 12월 25일 庚子

셋째, 유교사관에서는 귀신, 내세 혹은 신비의 세계를 실재로서 인정하지 아니하고 그러한 사실들을 기록한 신화 혹은 설화들을 황탄불경한 것으로서 배격한다. 불교나 도교 혹은 민간신앙을 이단으로서 배척하고 또 그러한 종교 신앙에 바탕을 둔 역사기록들, 예컨대 고기류를 불신하는 이유가 여기에 있다.[33]

이와 같이 하여 正史 관련 부분은 세종조까지 각색이 거의 완결되고, 세조는 그 나머지, 즉 민간에 떠도는 설화, 전설, 기담, 예언 등을 적은 서책들을 모아들였고[34], 편찬자들은 史家로서의 양심 상 남겨두어야 할 내용을 유교이념에 어긋나지 않는 범위 내에서 발췌, 개서하여『동국통감』등을 편찬하고, 편찬한 후에는 고서들을 처분하였다고 볼 수 있다. 이 때 소각시키지 않았다 하더라도 민간으로부터 다 거둬들여 한곳에 모아놓았던 것이 임진 병자양난 때 소실되었을 가능성도 생각해볼 수 있다

한영우는 이처럼 당시의 편집사업이 유교이데올로기에 근거한 것이었음을 지적하면서도,「세조가 이따위 서책들을 모아들인」경위에 대해서, 없애기 위함이 아니라 보관 이용하기 위해서라고 서로 상충되는 견해를 제시하고 있다. 즉

세조3년 5월에 내려진 비기 참서의 수합령은 어떠한 목적에서 발상된 것인지는 명시되지 않았으나, 이들 서적을 은닉한 자에 대한 처벌규정이 없고 서적을 진상하는 자에 대해서는 본인이 원하는 서적을 국가에서 보상하도록 조처하고 있는 것을 보면 이들 서적을 국가에서 없애기 위해서가

33) 한영우의 앞 책, 7 - 8쪽.

34) 한영우의 앞 책, 64쪽.

아니라 오히려 그것을 보관, 이용하기 위해서 취해진 조처라는 것을 알 수 있다.[35]

그런데 한영우의 지적처럼 당시 모아들인 책을 단지 보관 이용하기 위해서였다면, 그 책이 지금 존재해야 하고, 그것을 근거로 한 편찬사업이 행해질 필요가 없었을 것이다.

한영우[36] 는, 세조는 古記類에 대해 너그러웠으나, 왕권을 강화하려는 성종 조에 엄격해졌다고 지적하고 있다. 즉, 세조는 「유교적 명분론에 얽매이지 않고 낭만적인 신화적 역사서술을 받아들여 한국사를 재구성하』고자 하였다. 그래서 삼국사기 등에 기왕의 고대사 서술이 탈락된 것을 보완하고자 古記類를 참조하여 『동국통감』을 편찬하려 하였다. 그러나 세조 때 골격이 거의 짜여진 『동국통감』의 고대사부분을 성종 때 다시 손질하여 간행하는 과정에서, 세조 자신이 의도하던 역사책과는 성격이 달라지게 되었던 것으로 분석하고 있다. 유교적 명분을 지키려는 유신들이 세조가 이용하려던 고기류를 참조하지 않았다고 한다.

古記類가 세조 때에 배척되었든 성종 때에 배척되었든, 이들이 보존되지 못한 까닭은 한영우가 앞서 지적한 세 가지 유교적 사관과 서로 상충되기 때문이었을 것이다. 즉, 첫째, 옛 고서가 과연 유교적 논리에서 선악과 시비를 포폄하여 교훈을 얻을 수 있는 내용이었는가 하는 점에 있어서, 당연히 전혀 그렇지 않았기 때문에 유교적 논리에 따라 교훈적으로 재편하여야 했을 것이다. 둘째, 주자학을 철저한 국시로 하지 않았던 전대의 신화서 들이 강상

35) 한영우의 앞 책, 64쪽.

36) 한영우, 「동국통감」, 『한국민족대백과사전』7, 한국정신문화연구원, 웅진출판, 181쪽

도덕과 왕도주의에 맞는 내용이 아님은 두말할 나위도 없을 것이고, 따라서 그것을 뜯어 고쳐 경학에 위배되지 않는 내용으로 개조했어야 하였을 것이다. 셋째, 유교 및 불교를 받아들이기 전인 샤만의 수장시대에 성립되었을 상대 문헌들이 존재했다면, 그 내용은 주자학시대에 배격해야 할 귀신과 내세 혹은 신비의 세계를 기록한 황탄불경한 신화 혹은 설화들이 대부분이었을 테니까, 이러한 내용을 배제하고, 약간의 소재를 살려 그 내용과 주제를 유교사관에 맞게 고쳐 싣는 과정에서 많은 내용이 변질, 소실되어 버렸을 것이다. 조선조는 과거의 요서에 대해서만 탄핵한 것이 아니라, 조선조에 성립된 소설류에 대해서도 주도면밀한 탄핵을 가하였다. 『금오신화』나 귀신의 문제를 논하였다고 하여 탄핵의 대상이 된 『설공찬전』에 대해서도 소각명령을 내린 바 있다.[37)]

그동안의 자유분방함을 억누르고, 조선이 채택한 주자학의 이념에 따라 산다는 것은 인간의 속성상 쉬운 일이 아니었을 것이다. 불교탄압에서도 엄청난 인권유린이 행해졌음이 지적되고 있듯이[38)], 조선조가 주자학적 세계관을 추진해가기 위해서는 엄청난 규제조치를 시행했을 것이다. 즉 사병을 혁파한 태종 뿐 아니라, 문치의 기틀을 잡은 세종대왕도 조선조 전제정권의 이념의 기틀을 마련하였다는 점에서 폭군의 역할을 담당하였다고도 볼 수 있다. 평화로운 사회를 마련한다는 신념 하에서 이루어진 일이지만, 이러한 풍속 변화를 시도한다는 것은 항거할 수 없는 전제정권 하에서나 가능하다는 점을 인식할 필요가 있을 것이다. 풍속 변화에 비하면 전대의 문헌을 없애는 정도의 처사는 쉽게 처리될 수 있는 일이었다고 볼 수 있다. 물론 각종 제도

---

37) 『중종실록』, 중종, 6년 9월 5일(임자) 등

38) 정동주, 『부처, 통곡하다』, 이룸, 2003 참조

와 정책을 시행하는데 있어, 초기에는 강제이기보다는 계도적 입장을 취하였기 때문에 조선 중기까지 여성의 지위가 생각했던 것처럼 낮지 않았음이 밝혀지고 있다. 전대의 풍습을 하루아침에 뜯어고치는 것에 대한 반발이 강하였기 때문에 초기에는 회유정책을 썼던 것으로 풀이되지만, 단 한가지, 양보하지 않고 강화된 것은 양반부녀에 대한 효열 교육이었던 것으로 판단된다. 주자학을 국시로 하는 왕조가 신화·주술적 요소, 호색 및 무력적 요소를 말살하는 것으로 과업을 끝낸 것이 아니라, 인륜의식 고취에 앞장섰던 점에 관해 주의 깊게 관찰할 필요가 있다.

3. 조선조의 인륜중시와 열녀도: 춘향전의 발생배경의 고찰

유교정책 하에서 지배자들이 왜 그렇게 효와 열을 강조하며 인륜의식의 고취에 힘썼는가 하는 점을 분석해내는 것은 현존하는 고려조 및 조선조 문학의 본질을 규명하는데 있어 무엇보다 긴요한 일이라 사료된다. 먼저, 효와 열 의식 고취의 발자취를 살펴볼 필요가 있을 것이다.

한중일 삼국에 태초부터 인륜으로서의 효, 열 의식이 자리잡고 있어 이에 따라 살았던 것은 아니고, 유교의 효경 등이 학문으로 보급되고 국가의 지배이념으로 채택되면서, 각종 상벌제도와 법규를 통해 추장되었고, 서서히 자리잡아갔던 것으로 판단된다. 즉 기원전부터 유교의 가르침이 존재하였으나, 법과 제도로써 강하게 다스려지기 전에는 인간의 속성상 귀신의 세계를 논하기에 빠르고 호색과 무력이 앞서기 때문에 이러한 효와 열의 풍조가 쉽게 뿌리내려지지 못하였던 것으로 추정된다. 중국과 일본의 문학사를 살펴볼 때, 주자학 이념이 채택되기 전에는 비유교적이며 주술과 호색성이 풍부한 설화가 훨씬 더 많이 존재했다는 점을 알 수 있고 한반도도 이와 크게 다르지 않았을 것이다. 우리의 경우, 삼국사기, 삼국유사 편찬 당시 이러한 내용을 제대로 채록하지 않아 소실되었을 가능성도 크다고 판단된다. 효와 열 중에서 효 의식은 비교적 큰 갈등 없이 인간의 의식 속에 침투되어 갈 수 있었으나 열 의식이 전 국민의 뇌리 속에 요지부동하게 자리잡게 되기까지에는 조선조 이후의 강력한 정책과 문학을 통한 이념교육이 필요했던 것으로 보인다. 『삼국사기』에 실린 도미의 처 등 열녀 소재의 설화가 한 두개 존재하나 이도 유교이념의 환경 속에서 생겨난 이야기일 것이고, 게다가 삼국사기 편찬 시에 유교이념을 더욱 강화하는 방향으로 원작의 내용을 각색했을 가능성도 배제할 수 없다.

조선왕조가 왜 그렇게 효와 열을 민중에게 고취시키려 하였는가에 관해 생각해보자. 단지 민생 순화를 꾀한다는 애민사상 정도로 이해되어서는 임병양난 이후의 극악했던 상황, 예를 들면 환향녀라는 조어를 만들어낸 사정과 열녀전편찬의 성행 등의 이해에 모자람이 있다. 漢나라 유향이 열녀전을 찬술한 이유는, 임금의 총애를 받는 여인의 식솔이 권세를 휘두르는 것을 보고 여인의 덕과 선악이 국가의 안정이나 혼란과 유관하다고 보았기 때문이라고 하는데,[39] 이러한 해석도 조선후기 열녀전 성행의 배경을 설명하기에는 미흡해 보인다. 주자학 채택 후 특히 조선의 지배층이 열을 강조함은, 妻道와 臣道를 일치시킴으로써 열녀를 통해 신하된 자의 도리를 드러내는 것[40]이, 왕조유지에 가장 효과가 있다고 믿었기 때문에 이를 추진하였던 것으로 추정된다. 인간의 도리를 빙자한 이념의 교육은 종주국 중국에서보다 약소국 조

39) 이혜순, 「열녀전」, 『한국민족대백과사전15』, 한국정신문화연구원, 1991. 참조.

40) 이혜순, 「조선조 열녀전연구」 『성곡논총』 제30집 1권, 성곡학술문화재단, 1999, 119쪽.

선에서, 특히 임병양난 이후 더욱 강력하게 추진되었고, 그 덕분에 한중일 삼국 중 가장 취약한 왕조였지만 명맥을 유지해 갈 수 있었던 것으로 보인다. 그러한 이념 즉 효열은 제도와 문학을 통해 하층민에게까지 침투되어 갔다. 그리고 문학에 나타난 이념, 즉 문사가 창출한 이념의 미의식이 일단 민중을 세뇌시키면, 다음에는 민중 스스로의 자유의지로 그 이념을 이루기 위해 신념을 갖고 뛰어드는 양상을 보이게 된다.

이제, 지배이념으로서의 효와 열 고취에 주력한 고려와 조선조의 행적을 좀더 구체적으로 고찰해보고자 한다. 고려조에서는 열보다는 효사상 고취에 역점을 두었음을 확인할 수 있다. 고려 제6대왕 성종(981 - 997) 때 효 정신을 근간으로 삼은 기강이 확립됨에 따라 효가 크게 추장되고, 긴 세월 상벌제도를 통하여 효의식이 크게 계도되어 간 것으로 판단된다.

> 무릇 국가를 다스림에는 반듯이 먼저 근본됨을 힘써야 하나니 근본됨을 힘쓰는 것은 효에 더함이 없다. 이는 삼황오제의 本務이며 만사의 기강이요 百善의 주인 것이다. … (중략) … 이러므로 법칙은 六經에 취하고 규범은 三禮에 의거하여 한 나라의 풍속으로 하여금 모두 五孝의 문으로 돌아가게 하기 바란다.(『고려사』 3 성종세가 8년 8월조)

이 때부터 고려사회는 효행을 적극적으로 확대하기 위해서 세세한 법규를 정비하게 되었다.

> 부조 생시의 효행을 위한 給暇로는 定省, 간병, 老齡侍養 등을 위한 給暇가 정비되었고, 사후에 필요한 급가로는, 조상, 기제, 소분, 개장 등을 위한 휴가제가 제도화되어 있다. 이들 여러 가지 휴가제 중에 특히 우리의 주목을 끄는 것은, 恤刑暇로서, 범죄자와 같은 극단의 상황에 처한 자손에

까지 그 치죄를 일시 유예함으로서 효양과 喪哀를 완성할 수 있게 한 것이다. …(중략)… 그리고 나이 70이상의 부모로서 그 생계를 담당할 가족이 없을 경우 그 아들이 범죄하여 섬으로 유배될 형을 받았을 때 형을 복역하지 않고 남아서 노부모를 효양토록 하라는 법률인 것이다. … (중략) …

한편 효를 장려하고 확대하는 과정에서 불효를 치죄하려는 정책이 강력하게 법률에 정비되었다. 그것은 당률에서 수용한 십악률이 그 핵심을 이룬다. 당의 십악 중 불효를 엄벌하는 형률로서 불효와 악역을 들 수 있다. … (중략) … 불효 중 가장 극단의 것으로서 악역에 관한 규정을 보면, 조부모나 부모를 구타하면 참형에 처하고 만일 과실로 상처를 입혔드래도 徒 3년에 과하고 과실로 구타할 경우라고 하더라도 삼천리의 유형을 가하게 된다는 규정인 것이다.[41]

고려시대에는 모계사회 풍속의 잔존 속에서 '열'의식의 고취에는 어려움이 많았던 듯, 여성의 열보다는 효윤리 계도에 주력했던 것 같다. 유교윤리의 전개에서 나타난 열부, 열녀의 전형을 고려사 열녀전에서 찾을 수 있다고 지적되고 있지만[42], 고려의 여성은 상속에서 아들딸이 동등하였고, 제례와 종교활동은 여성이 주관하였으며, 일부일처제 하에서 재가도 일반적이었다는 점, 그리고 이러한 풍속은 조선 초·중기까지도 계속되었다는 점을 생각해볼 때, 열의식의 고취가 고려시대에 일반화되었다고는 볼 수 없다.

조선시대에는, 고려시대의 여러 정책을 통한 효의식 고취로 인해 효에 대한 민중들의 인식이 정착된 기반 위에서, 여성의 열의식 고취에 심혈을 기울일 수 있었던 것으로 보인다. 단, 열 의식 고취를 위한 사회개혁을 추진하려

---

41) 이희덕, 「고려시대 유교의 역할」『한국사론』18 고려사의 제문제, 국사편찬위원회, 1988. 11, 119 - 122쪽.

42) 이희덕의 앞 논문, 126쪽

하여도 조선조 초・중기까지도 민간의 풍속개혁까지 강제하지는 못하였던 것 같다. 전대의 풍습을 하루아침에 뜯어고치는 것에 대한 반발이 강하였기 때문에 초기에는 회유정책에 그쳤고, 성종 이후 점차 강화되었다고는 하나 그것도 양반계급에 한한 일이었다. 일부일처제 혹은 일부다처제에서 처첩제로의 변화도 주로 왕조와 그 주변 관료를 중심으로 이루어진 것이고, 민간의 변화는 두드러지지 않았다. 정부에서는 문화정책에 주력하였고, 이를 위해 우선 조선왕조는 전대의 문헌에 존재하는 비주자학적 요소를 말살시켰을 뿐 아니라, 그 이후의 문화정책에 있어서도 주자학적 감계에 맞는 방향으로 전개시켜간 것으로 보인다. 그 과정에서 결국 문학에서도 낭만성 상실의 시대를 현출하게 된다.

효와 열을 최고의 덕목으로 삼은 이 시대에는 이러한 이념에 눌려 낭만적인 연애란 문학에서도 실생활에서도 존재할 수 없어졌다. 실생활에서는 기생과의 연애나 가능하였고, 문학에서는 정치권의 핵심에 나아가지 못한 방외인들의 꿈속에서나 약간의 낭만성과 본능 토로가 시도되고 있었다. 금오신화 등 몽유록계의 소설이 바로 그것인데, 금오신화의 경우, 당시의 사대부와 달리 솔직히 사랑을 추구하나, 결국 현실세계에서는 성취되지 못하고 명혼모티브를 빌어 꿈속에서나 성취되는데, 그것조차도 파탄으로 종결난다. 그것은 현실과 본능 사이의 괴리 속에서 도저히 자신의 본능을 펼 수 없음을 자각하는 작가의 비극적인 세계관에서 비롯된 것일 것이다. 또한 꿈속이라는 가공적 통로를 통하여 이념적 토론을 벌이기도 하지만, 작자가 신념하고 있는 이상적 세계관도 결국 왕조가 지향하는 유교적 세계관에 한정되는데, 왕조가 지향하는 같은 이념으로 왕조를 풍자 비판하였다고 해서, 그것마저 색출하여 태워버리고 탄압을 계속했다. 그 시대에는 유교라는 학문과 가치관 외에 다른 이념은 존재 할 수 없었다는 점을 생각한다면 지극히 당연한 이야기라고 할지 모르나, 당시 주자학이 침투되지 않은 일본에서는 신불습합 이념과 무사도의 할복이 성행하고 있었다는 점을 생각할 때, 지배자의 이념의 차이에 따라 국민의 생활의 모습과 생각도 판이하게 다를 수밖에 없다는 점을 다시 한번 직시하고, 문학과 이념과의 관계, 그 폭력의 실체를 신중히 재검토해볼 필요가 있지 않을까 생각된다.

세종은 이념의 정비뿐만이 아니라 이념의 교육에도 힘썼다. 세종대왕이 한글을 창제한 것도 훈민의 목적에서 비롯되었다. 조선 초・중기까지에는 여성의 지위가 과거 흔히 생각했던 것처럼 낮지 않았다는 점이 밝혀지고 있는데, 이는 각종 제도와 정책을 시행하는데 있어 초기에는 강제적이기보다는 계도적 입장을 취하였기 때문으로 판단된다. 초기에 회유정책을 썼던 것은, 전대의 풍습을 뜯어고치는 것에 대한 반발이 강하였기 때문이기도 한 것으로 풀이되지만, 단 한가지 양보하지 않고 강화된 것은 사대부의 효와 열에 대한 강조였다. 조정은 한문을 읽을 수 없었던 대부분의 여성들을 교육하기 위해 여성 행동규범서를 한글로 번역하여 삽화와 함께 출판하고, 지방 사족들로 하여금 여성들을 교육하게 했다. 1481년 성종은 상감행실도와 열녀전을 번역하여 배포함으로써 평민여성들도 올바른 행실을 배울 수 있게 하였다. 삼강행실도와 성종의 생모가 편집하고 후에 간행된 내훈 등은 조정이 왕실과 양반가에 배포한 대표적인 여성교육서들이다. 이러한 교훈서들이 제시한 주요원리들은 임금과 가장에 대한 충, 효 그리고 열 등이었다. 남녀유별은 엄격한 여성 격리 정책들과 함께 강력하고 보편적인 규범이 되었다.

이러한 교육의 효과는 임진왜란 때 곧바로 증명되었다. 주자학적 세계의 최고의 위기이며 혼란기였던 임진 병자호란 이후 강상이 크게 무너졌으나, 주자학 교육을 받은 사대부 여인들은 정절을 목숨보다 귀히 여겼다. 사대부 가문의 여인들은 주자학의 가르침에 따라 스스로 자결한 경우가 많았고, 개중에 치욕을 당하고도 살아남은 자가 있으면 자손을 천민으로 강등시키는 등의 방법으로 강상을 바로잡을 수 있었다. 그러나 바닥에서 더 떨어질 곳이 없는 하층민, 천민에게까지 효와 열을 요구하지 않으면, 사회기강을 바로잡을 수 없었으므로, 조정과 사대부계층은 묘안을 강구하였고, 이 때 역시 교육이 필수적임을 파악함으로써, 정부는 한글소설을 널리 성행시키게 된 것으로 추정된다. 임란 후 가장 먼저 간행된 한글 작품이 동국신속상감행실도와 열녀전이었다는 점을 볼 때도 그리고 수많은 한글소설의 주제는 충효열이라는 점에서 볼 때도 서민들을 상대로 한 주자학 교육을 위해 한글소설이 등장하게 된 것이 아닌가 본격적으로 검토할 필요가 있을 것으로 생각된다.

정홍준은, 임진왜란 직후 정부의 이데올로기 정책을 중심으로 통치체제의 정비과정을 살펴보고, 조선정부가 강조하는 윤리교육이 일차적으로는 사족을 대상으로 보급되었고, 성리학으로 무장된 지방사족이 일반 피지배계급에게 성리학적 이념질서를 강제하는 형태로 교화정책이 파급되었다는 점을 지적하고 있다.

> 왕조정부는 임진왜란 직후 왕조정부에 대한 불신감이 팽배된 상황에 대해서는 파악하고 있었지만, 전후 민심수습을 통한 통치체계의 안정책의 하나로서 성리학적 사회윤리를 강화시켜야 한다는 필요성만을 도출해 내었다. 그리고, 우선 치안행정의 강화를 통하여 성리학적 지배질서에 위반된 사례를 적발하여 강력히 대응하였으며, 한편으로는 지배질서에 충실한 사례를 적극 발굴하여 선전함으로써 민에 대한 왕조정부의 권위를 확인해 내고자 하였다. 또한 왕조정부는 충신·효자·열녀 등의 사례를 도서로 출판하여 이를 보급함으로써 교육 행정을 통한 유교윤리의 강화에 주력하였다. 그 기초교재는 소학과 삼강행실도이었으며 이의 보급은 지방사족이 주도하여 復設한 향교를 중심으로 진행되었다.
>
> 왕조정부가 강조하는 윤리교육도 직접 일반 피지배계급에 침투되기 보

> 다는 일차 사족을 대상으로 보급되었음을 확인할 수 있었다. 그리고 성리학으로 무장된 이들 지방 사족이 일반피지배계급에게 성리학적 이념질서를 강제하는 형태로 교화정책이 파급되었던 것이다. 그밖에 사우(祠宇)도 지방사족이 주체가 되어 발의 건립되었으며, 이를 통해 사족들은 그 지방의 지배질서를 유지하고자 한 것이다.[43]

여기서 우리는, 이상과 같이 사족이 주체가 되어 하층민 교화정책을 열심히 추진하였다는 점과, 17세기 중반이후 하층민이 즐기는 문화가 생겨나 활성화되게 된 점이 깊은 관련성이 있다는 것에 주목할 필요가 있다고 본다. 가문에 열녀가 있으면 각종 특혜가 제공되고 문벌의 위상이 올라간다고 하는 풍조, 정책 등으로 인해, 열녀 부풀리기 경향은 더욱 심화되어 가고, 특히 하층 여성들의 절의를 드높게 찬미하는 물결이 밀려온 것으로 판단된다. 김대숙은[44] 조선후기 문헌설화집에서 찾아지는 주체적인 여성들을 우선 논의의 편의상 크게 나누어 본다면 서민의 아낙들과 기녀들로 대별할 수 있다고 하는 특징을 지적하고 있다. 이것은 사대부 양반가에 대한 교화는 이미 완성되었으므로, 서민의 아낙과 기녀등의 하층민 교육에 힘썼다고 하는 사실을 말해준다. 그리고 정출헌은[45] 『향랑전』 분석을 통해 천민의 효자와 열녀이야기를 산출해내기 위해 거짓이 진실로 전환되는 메카니즘이 열녀전에 속출하고 있다는 점 등을 지적하고 있는데, 이를 통해 조선 후기 문사들이 하층여성의 절의에 대해 그토록 많은 관심을 기울이고 이를 열심히 발굴 창출해가려

43) 정홍준, 「임진왜란 직후 통치체제의 정비과정」, 『규장각』11, 1988, 46 - 47쪽

44) 김대숙, 「문헌설화 소재 열과 애정의 주체로서의 여성」, 『한국고전여성문학연구』 제3집 45쪽, 월인, 2001.

45) 정출헌, 「『향랑전』을 통해 본 열녀 탄생의 메카니즘」, 『한국고전여성문학연구』 제3집, 월인, 2001.

노력한 사실을 확인할 수 있고, 또 그 이면에는 정부의 이데올로기 정책을 중심으로 한 통치체제의 정비과정과 밀접한 관계가 있었다는 점을 인식할 필요가 있다. 개가요구를 거절하고 스스로 죽음의 길을 택했을 뿐, 그 시절에 특별히 열녀의 전범으로 삼기에는 부족하기 이를 데 없는 천민 향랑의 죽음을 길재의 충절과 연관시키려 했고, 나아가 국가열녀로 부각시키려 했던 이유는, 천민의 열을 감계화하려는 정부의 이데올로기 정책이 있었기 때문이었을 것이다. 단순히 「선산부민은 물론 수령까지 합세하여 향랑을 열녀로 만들기로 마음먹은 까닭에」[46] 가능했던 일이 아니라, 선산부민을 그렇게 움직이게 한 국가방침, 즉 성리학적 사회윤리를 강화시키고자 하는 국가방침이 있었기에 가능했다고 하는 점을 확실히 인식하여야 할 것이다. 다시 말하면 이러한 정책 하에서 천민의 열녀발굴이 본격 궤도에 올라간 것으로 판단된다. 조선 후기 작품인 『임진록』에도 초기이본에는 실리지 않은 기녀 논개나 의병장 김덕령의 이야기가 17세기 중반 이후에 작품에 실리게 되고 점차 열행과 효행, 충렬의 내용이 증보되어 가는 등 하층민의 충효열을 찬미하는 이야기가 많이 증보되는데[47] 이러한 양상도 지배질서에 충실한 천민의 사례를 적극 발굴하여 감계로 삼기 위한 의도에서 비롯되었던 것으로 보아야 할 것이다. 즉 이상과 같은 천민의 열 고취라고 하는 적극적인 정부방침이 있었기에 기녀 논개의 해원사업도 가능하였고, 드디어 춘향 해원굿이 소리굿으로 발전되어[48] 무속의 예능인이 주체가 된 판소리 춘향가의 등장을 사회가 허용하기에 이른 것으로 판단된다.

춘향전은 사랑을 이루지 못하고 죽음에 이르게 된 한 맺힌 춘향이의 여한

---

46) 정출헌의 위 논문, 142쪽.

47) 졸고 『임진록연구』, 도서출판 박이정, 2001 참조.

48) 설성경, 『춘향전의 형성과 계통』, 정음사 참조.

을 풀어주어야 하는 굿판에서 비롯된 작품이므로, 완벽한 한풀이 즉 解寃的 구조로 되어 있다. 한을 품고 죽은 춘향이 뿐 아니라 향수자 모두 한 순간이나마 시름을 잊을 수 있게 한 환상적 작품으로서, 이 세상 여자가 누리고 싶은 모든 조건이 충족된 내용으로 되어 있다. 즉 평민은 접근도 할 수 없는 부사 자제 이도령이 기생 딸 춘향이와 순수한 사랑에 빠진 것도 황홀한데, 학문까지 완벽하여 과거에 장원급제한다. 게다가 임금의 총애를 받아 임금의 분신역할을 하는 어사가 되어 세상의 비리와 부패를 다스리고 탐관오리로부터 춘향을 극적으로 구해내어 부인으로 맞이한다. 당시 제도상 불가능한 면, 예를 들어 장원급제한 초임관리가 어떻게 즉시 어사가 될 수 있었느냐는 점이나, 처첩제가 확립되어 있는 조선시대에 기생 딸이 어찌 첩이 아닌 부인이 되어 정경부인의 자리에까지 오를 수 있었느냐는 등의 문제점은 한풀이 굿판의 구조이므로 따질 필요조차 없다. 신명나는 굿판 소리에서 시작된 해원의 예술 춘향가는 당시의 모든 민중에게 꿈과 낭만을 제공하였고, 판소리 창자에게도 영향을 주어, 사회 최하층에 속하는 판소리극 창자들이 하층민으로서의 한을 예술적 자긍심으로 풀어내어, 자신의 신명을 들어내는 광대예술로 발전시켜갈 수 있었다.[49] 설성경이 지적한 바와 같이,[50] 「판소리극의 중심작품이었던 춘향가는 비교적 이른 시기에 뜻이 깊은 작가의 손에 의해서 소설 춘향전으로 양식의 파생 내지 접목을 이루게」 되는데, 이 과정에서 앞서 지적한 바와 같은 지방사족이 일반 피지배계급에게 성리학적 이념질서를 주입시키는 형태로 발전되어 갔던 것으로 추정된다.

여기서 한가지 짚고 넘어가야 할 점은, 천민에 대한 열의식 고취 의도가

49) 설성경, 『한국고전소설의 본질』, 참조 국학자료원, 1991, 209 - 210쪽.

50) 설성경의 앞 책, 209쪽.

지배층에게 없었다면, 즉 적어도 조선 전기와 같은 분위기였다면 그렇게 수준 높은 천민예능이 창출되었다 한들 과연 정부측에서 기꺼이 이의 흥행을 허락하고 고무했을까 하는 점이다. 왕조가 깔아준 멍석 위에서 비로소 개인적 예술성을 발휘할 수 있는 터전이 마련될 수 있었던 것이 아닐까 하는 점을 냉철히 분석해볼 필요가 있다. 예컨대 같은 조선 후기라 하더라도 당시 조정이 지향하는 이념과 직접 연계되지 않았던 허난설헌의 작품은 뛰어난 예술성에도 불구하고 거의 소실되어 버린 것과도 대조해 볼 필요가 있지 않을까. 춘향이 가냘픈 여인의 몸으로 신관사또와 당당히 맞서며 냉엄한 도전을 시도하는 당돌한 모습이 미화될 수 있었던 것은, 춘향이가 당대 여성의 최고미덕이었던 정절녀의 표상이었기 때문에 가능했던 것이다. 여인의 정절을 드높이고 미화함으로써 모든 민중들에게 정절을 세뇌시켜야 한다고 하는 투철한 의도가 있었기 때문에, 한갓 기생의 딸인 춘향이가 부사의 수청요구를 거절함이 사회적 관습으로 옳은 것이냐는 추궁보다는 그녀의 열녀성에 초점이 맞춰져 더 큰 점수를 받게 되었던 것이다. 정조를 목숨보다 귀히 여긴 춘향이는 그 댓가로 일약 신데렐라가 될 수 있었다. 춘향이는 미인이라는 조건에 덧붙여 열녀라는 조건을 갖추었기 때문에 신분의 벽까지 넘어뛰어 모든 이가 선망하는 어사의 부인으로 상승하여 꿈의 장소인 서울로 상경할 수 있었다.

또, 탐관오리에 도전하는 춘향이의 모습, 혹은 골계와 해학을 통한 풍자에 초점을 맞춰보면, 춘향전을 상당히 비판적 시각의 민중작품이라고 평가할 수 있지만, 결국 그것은 왕조에 대한 비판이 아니라, 탐관오리에 대한 비판이며, 왕조는 어사를 통해 이러한 탐관오리를 숙청하므로, 비판적 시각에 한계를 드러내고, 오히려 민중에 만연하는 불만의 가스를 빼주고 시름을 잠시 잊게 해준다. 어려움 속에서도 충효열을 잘 지키고 착하게 살면 광명의 미래가 기다리고 있다고, 믿고 기다리라고 가르치는 희망의 전도사, 판소리 창자였기에 왕조의 사랑을 받을 수 있었던 것이다.

우리는 또한, 여기서 열녀담의 본질에 대해 생각해볼 필요가 있다. 김대숙은[51] 「악조건 속에서도 꿋꿋이 자신의 주체적 의지를 키우고 지켜간 여성들이 있」다고 하는 점을 강조하고, 「자신의 삶을 역동적으로 개척하고 살다간 여성들의 자취를 드러내고 부각시키는데 좀더 노력을 기우려야 하겠다」고 연구의 방향설정을 하고 있는데, 연구자로서 우리는 무엇보다 먼저, 「꿋꿋이 자신의 주체적 의지를 키우고 지켜간 여성」의 길이 왜 하필 열녀의 길이었는가 하는 점에 대해서 주의깊게 분석할 필요가 있다. 열녀의 길이 왜 그녀들의 주체적 의지가 되어야 했는가 하는 점을 파악하기 위해서는 우선 문학 텍스트 안에만 머물러 있어서는 안되고, 당시의 역사적 상황을 종합적으로 살펴볼 필요가 있을 것이다.

임진왜란 이후 추락한 강상을 바로잡기 위해 조정과 관료는 고심했고, 조정의 방침이 정해졌을 때 문사들이 앞장서서 허구를 통해서라도 열녀성 창출에 앞장선 문학을 양산해내고, 정부에서 포상과 처벌에 덧붙여 감계의 문학으로 민중을 계도하자, 현실세계의 산물인 문학은 다시 실생활에 영향을 주어 여인들 스스로 수절의 길을 주체적 의지로 삼게 되었다고 하는 점이다. 문학의 교육적 효과에 대해서도 보다 진지하게 관찰할 필요가 있다. 문학의 향수는 결국 민족성을 창출해가는 놀라운 힘을 발휘한다는 점을 이미 上代부터 지배자는 알고 이를 이용했다는 사실을 직시하여야 할 것이다. 특히 일본의 무사도와 더불어 조선조 후기의 열녀도에서는 이념을 위해 살인행위를 미화하며 추장하는 문학의 횡포와, 이념에 마비된 지식층의 모습을 확인할 수 있다.[52]

---

51) 김대숙, 「문헌설화 소재 열과 애정의 주체로서의 여성」, 『한국고전여성문학연구』, 제3집 41쪽, 월인, 2001.

4. 결론

논자는, 춘향전에 외설적으로 보일 정도로 성애의 묘사가 다양하게 펼쳐져 있는 면모가 조선조 문학 일반의 분위기와는 현격한 차이를 보이고 있다는 점에 의구심을 갖고, 그 배경을 살피고자 한중일 삼국의 문학의 흐름의 특징을 서로 비교하여 보았다. 그 결과 우선, 한중일 삼국 중 한반도에만 고대의 문헌이 존재하지 않는다는 점이 특이하게 느껴져 이 점에 대해 문제 제기하였다. 또, 조선조 초기문학은 어째서 인간의 속성 상 유혹 받기 쉬운 호색, 무력, 신화・주술적 요소가 배제된 비낭만성이 기조를 이루게 되었는지, 그 이유를 추궁하였고, 그에 반해 조선조 후기에는 어째서 굿판소리 춘향가 등의 파격적인 거친 문화가 홍행을 거듭하여 조선 예능계의 왕좌를 차지하는 등, 문학과 예능에 낭만과 민중의 물결이 몰려오게 되었는지 그 원인과 배경에 대해 알아보고자 하였다.

논자는, 이 모든 양상과 그 변화의 배경에 조선조의 문학관리정책이 존재하였음을 지적하고 논의하였다. 먼저, 한중일 삼국 중 고대 문헌이 한반도에만 존재하지 않는 것은, 주자학을 정치이념으로 받아들이게 된 후부터 주자학적 도덕주의가 신화・주술적 요소, 무력적 요소, 호색적 요소를 배격하고 이를 허락지 않았기 때문에 결국 이들 요소가 들어있는 문헌을 대거 소실시킬 수밖에 없었던 것이며, 이 때 전대문헌에 실려있는 이야기의 소재를 살려 주자학적 감계에 위배되지 않고, 조선건국의 명분에 맞는 내용으로 개작하려는 의도에서 15세기에 유례없이 많은 관선사서가 편찬되게 되었던 것으로

52) 이혜순, 「조선후기 열녀전의 입전의식」, 『한국 고전소설과 서사문학(하)』, 집문당, 1998. 졸고, 「임진록연구」, 도서출판 박이정, 2001, 136-145.

추정하였다. 그리고 조선조 초기문학의 엄숙성 내지 비낭만성도 민중을 주자학적 감계의 세계로 이끌기 위한 조정의 문화정책에서 비롯된 것으로 추정하였다. 그런데 조선조 후기에 발생된 춘향전과 같은 이단적 문화, 즉 굿판에서 발생된 파격적인 천민 문화의 수용을 어떻게 해석해야 할까. 논자는 춘향전에 나타난 解寃性과 더불어 열녀 지향성 등의 강한 유교적 속성에 주목하여 그 비밀을 풀고자 하였다.

조선조 문학일반과 비교할 때, 춘향전은 발생부터가 파격적이다. 꿈과 활력이 넘치는 판소리 춘향가가 실은 한 맺힌 죽음을 한 춘향 굿의 공수에서 비롯되었다고 분석되고 있기 때문이다. 한을 품고 죽은 영령을 두려워하여 그 영을 달랜다고 하는 해원(진혼)의 구조는 일본 문학과 예능에서는 매우 보편적이다. 그러나 해원굿은 주자학과 상치되기 때문에 조선문학과 예능에서는 그 예를 찾기가 쉽지 않다. 그런데 한국의 대표 예능 판소리 춘향가가 실은 무속의 진혼의례에서 발생되었다고 하는 것이다. 조선조 문학에 어떻게 이것이 가능하였는지, 그 과정을 유추해보고자 한다.

한국의 무속신앙에서는 한 맺힌 영령을 위해 사후 한번의 위로공연인 굿을 통해서라도 여한을 풀어주어야 한다고 믿어왔고, 따라서 무녀의 공수와 넋두리는 단군 시절부터 현대에까지 이어지고 있는 굿의 주요기능이다. 그런데 사랑의 욕구를 실현하지 못하고 죽어버린 춘향굿의 공수는 젊은 남녀의 사랑이야기로 마무리되어 특히 흥미로웠을 것이다. 이러한 춘향 굿의 경우, 1회의 무속의례로 끝나지 않고 굿에서 독립된 소리굿 연희로 발전되어 홍행되어 가면서 광대의 신명나는 소리가 당시의 지친 민중에게 꿈과 같은 즐거움을 더해주었을 것이다. 해원의 테마로서 취급되는 지고한 사랑과 신분상승, 역경을 넘어서려는 자기극복의 생명력은 일견 유교의 덕목에서 온 것 같지만, 실은 한민족의 개국신화로부터 내려온 정신이므로 민중과의 친화력이 높아 그 전파력 또한 높았을 것이다. 그런데 한가지 의문스러운 것은, 주자학을 정치이념으로 받아들인 조선왕조가 그 때까지 줄곧 말살하던 토속 굿판에서 발전된 소리굿 연희의 흥행을 어째서 허용했는가 하는 점이다. 유교이외의 사상은 이단으로 규정되어 기록에도 오르지 못했던 하층 예능 서사무가 판소리가 18세기 말 경이 되면, 천민 광대가 국왕의 어전에서도 공연을 하게 되는 등, 진정한 국민서사시로서의 위치를 점하고 성장을 거듭해가게 된다. 이를 가리켜 예능계의 하극상을 이룩했다고 표현할 수 있지 않을까. 이러한 문화의 양상은 조선조 후기문학 일반에도 다대한 영향을 미치면서 낭만성회귀의 시대를 열어가게 된 것으로 판단된다.

그러나 이러한 진전이 단순히 민중의 힘에 의해 얻어진 것으로만 규정지을 수 있을까. 앞에서 논의한 바와 같이, 임병양난 이후 조정과 사대부계층은 무너진 강상을 바로잡기 위해 묘안을 강구하였고, 이 때 역시 교육이 필수적임을 파악함으로써, 정부는 한글소설의 유포를 허용하게 된 것으로 판단된다. 보다 구체적으로 말하면, 조선정부가 강조하는 윤리교육이 일차적으로는 사족을 대상으로 보급되었고, 성리학으로 무장된 지방사족이 일반 피지배계급에게 성리학적 이념질서를 강제하는 형태로 교화정책이 파급되어 갔는데, 이 과정에서 사족들은 의도적으로 서민의 아낙들과 기녀 등 하층민의 효열담을 산출하여 이를 감계의 소재로 삼았다고 하는 것이다. 즉 사대부여인의 열 고취는 이미 성취되었으므로, 임병양난 이후에는 하층민에 대한 열 고취라고 하는 적극적인 정부방침이 있었던 것이고, 이러한 배경에서 천민 춘향이의 해원굿으로부터 파생된 판소리 춘향가의 등장을 사회가 허용하게 된 것으로 판단된다.

일본에서는 민중문화가 귀족문화와의 융합 속에서 예술성을 승화시키는 방향으로 나아갔기 때문에, 귀족문화와 대항해 자립하는 길을 찾지 못했다고 평가되고 있으며, 이 점, 즉 문화·종교레벨에 있어서도 하극상이 성립되지 않았다는 것이 천황제 존속의 큰 원인이었다고, 즉 그 점이 진정한 민중의 힘을 쟁취해내지 못하게 된 하나의 요인이었다고 평가되고 있다[53]. 조선에서는 외면적으로는 천민이 주체가 된 예능을 이룩해냈으므로 예능계의 하극상을 이룩하였다고 평가할 수 있겠으나, 비교적 이른 시기에 춘향가는 성리학으로 무장된 작가에 의해 소설 춘향전으로 양식의 파생 내지 접목을 이루는 단계에서 예술성을 더욱 승화시키는 한편, 춘향전의 사상성은 열녀 지향 등의 왕조이념이 심화되어간 것으로 추정된다. 그 결과 모든 신분의 여성이 예능과 문학을 즐기면서 자기도 모르게 스스로 열녀도에 묶이게 되는 구조로 완성되었다고 하는 점에서, 진정한 하극상을 이룩하였다고 볼 수 없다.

요컨대, 주자학 채택 후 특히 조선의 지배층이 열을 강조함은, 妻道와 臣道를 일치시킴으로써 열녀를 통해 신하된 자의 도리를 드러내는 것이 왕조유지에 가장 효과가 있다고 믿고 이를 추진하기 위함이었다고 보는데, 이러한 점에서 이 열녀도는 큰 문제를 내포하는 것이다. 외형적으로는 예능의 하극상을 이룩함으로써, 골계와 해학을 빙자한 천민의 거친 문화가 미의 영역으로까지 발전해 후세의 대중문화와 국민정신에 미친 영향은 실로 다대하다 할 것이나, 왕조는 천민예능 춘향전의 흥행을 허용하는 대신 이러한 예능에 왕조유지에 필수적인 열 이념을 침투시킴으로써, 문헌을 말살한 조선 초, 중기보다 더 큰 효과를 올릴 수 있었던 것으로 보인다. 주자학적 감계를 위해 전대의 비주자학적 요소의 문헌을 민중이 접하지 못하도록 말살하는 정책보다, 민중이 좋아하는 문학을 허용하고 이를 통해 이념고취에 힘쓰는 문화의 구조가 더 큰 영향력을 발휘하였다는 점은 일본문학의 경우에서도 확인할 수 있다.

---

53) 脇田晴子, 「戰國期における天皇權威の浮上」, 下『日本史硏究』, 1991. 1.

춘향전 상연을 보고

신태현/ 이복규 · 김기서 역

역자해설

이 글은 일제강점기에 조선총독부에서 내던 월간 잡지 『조선』 283호(1938.12)에 실린 신태현(辛兌鉉 ; 조선총독부문서과)의 <春香傳上演を觀つ>라는 일어 논문을 국문으로 번역한 것이다. 역자는 『조선』지에 살린 우리 민속관련 논문들을 조사하던 중에 이 글을 우연히 발견하였는데, 1938년 10월 25일부터 부민관에서 공연된 동경 신협극단(新協劇團)의 <춘향전>을 보고 나서, 이를 계기로 이 공연작에 대해 평가를 내리기 위한 목적으로 작성한 글이었다. 하지만 단순한 연극 감상문이 아니라, 객관적인 공연 평가를 위해, 당시까지 이루어진 춘향전 관련 논문들을 섭렵한 가운데에서, 춘향전의 이해를 위해서 긴요한 사항들과 쟁점을 소개하고, 특히 이 작품의 성격 및 주제에 대해, 자신의 견해를 논리적으로 명쾌하게 제시하고 있어서 연구사적인 가치가 충분하다는 것을 알 수 있었다. 연극 <춘향전>의 문제점에 대한 말미의 비판도 <춘향전>을 소재로 하여 연극 · 영화화할 때 유의할 사항을 적절하게 지적한 내용이라 주목할 만하다. 역자들이 보기에, 초기의 중량있는 업적인데도 불구하고 아직까지 <춘향전> 연구사 검토에서 한번도 거론된

적이 없기에 번역해 소개하기로 하였다.

이 글의 <덧붙이는 말>에서 필자 신태현은, "이 논문은 오로지 조선의 옛 문화 풍습에 대한 지식을 갖고 있지 않은 사람들에게 춘향전을 통해 통속적으로 조선을 소개할 목적으로 씌어진 것이다. 따라서 일일이 출전을 밝히지 않았다. 독자는 이 점을 양해하여 주기를 바란다."라고 함으로써, 기존의 연구성과를 참고하였음을 내비치고 있다. 우쾌제, "춘향전 연구사 개관", 춘향전의 종합적 고찰(서울 : 아세아문화사, 1991)에 의하면, 신태현의 이 글 이전에 나온 연구업적으로 마생기차, "춘향전", 조선(1922); 풍류랑, "춘향이는 정말 미인이었더냐?", 별건곤 47(1932); 김정순, "춘향전의 가극화 문제", 삼천리 25(1932) ; 일보학인, "이조시대 민심 · 정렬을 보힌 춘향전의 특질", 조선일보(1935. 1. 1)(우쾌제 교수의 글에서는 일보학인이 쓴 글의 제목이 "춘향전의 내용과 형식"이라고 하였으나, 이는 그 중의 일부 항목명이고 전체 제목은 "이조시대 민심 · 정렬을 보힌 춘향전의 특질"로 보는 게 옳다고 봄) 등이 있고, 이중에서 일보학인의 글이 춘향전 연구의 종합적 시도였던 것으로 평가하고 있다.

신태현의 글은 두 부분으로 되어 있다. 하나는 <춘향전>에 대한 일반적 해설이고 두 번째는 신협극단에서 공연한 연극 춘향전에 대한 평가이다. 먼저 춘향전에 대한 일반적 해설 부분이 어떤 연구사적 특징을 지니는지 드러내기 위해, 그 이전에 나온 일보학인의 연구 성과를 제시하기로 한다. 일보학인의 글은, ① 작자와 모델 ② 제작연대 ③ 이본의 종류 ④ 내용과 소설로서의 형식, 이렇게 크게 네 가지 문제를 다루고 있는데, 그 각각의 내용을 요약하면 다음과 같다.

① **작자와 모델** : 작자와 모델에 대해서 그간에 제시된 견해 여섯 가지를 소개하였다. 이시발설, 노진설(춘향전과 같은 노진의 사실을 소설화함), 어사박문수설, 남원추녀설, 양진사가 삼일유가에 동원된 풍악대에게 지급할 돈이 없자 그 대신 고본 춘향전을 창작해 제공했고 이를 다시 신재효가 윤색한 것이 현재의 춘향전이라는 설, 노진설(남원사람 노진이 퇴기의 딸인 동기와 결연한 후 헤어졌다가 어사가 되어 내려와 재결합한 사실의 소설화) 등이 그것이다.

② **제작연대** : 명확한 고증은 불가능하다고 하면서도, 노진설을 존중하고 여기에 신재

효의 활동연대를 고려하며, 김태준의『조선소설사』를 참고로 하여, 영정조 시대에 이루어진 것이 아닐까 추정하였다.

③ **이본의 종류** : 모두 20종의 이본을 소개하였다. 한문 춘향전, 수산(水山) 광한루, 고본 춘향전(최남선 편), 언문 춘향전(2종의 한문본을 그대로 쓴 것), 열녀춘향수절가, 시역 별춘향가(이해조 개편), 한문가극 춘향전(여규형 개편), 윤리소설 광한루기(김용제 편), 우리들전(일명 <별춘향전>((심상태 편), 특별무쌍 춘향전(박건회 편), 춘향전(한림서림 편/송경환 편), 춘향전(박문서관 편/일선문춘향전/홍순필 편), 일설 춘향전(이광수 개편), 옥중화(이해조 개편), 옥중향(송석헌 개편), 옥중가화, 옥중가인(홍순필 개편), 일본문 춘향전(일본역조선걸작집중), Printemps Parfume(?), Fragrance of Spring) (Edward. JUrqhart) 등이 그것이다. 하지만 이 이본들의 구체적인 내용이나 특징에 대해서는 일체 말하지 않았다.

④ **내용과 소설로서의 형식** : 이 작품의 줄거리를 소개한 후 "연애가 그 사건의 골자이나 기실은 관권의 무리한 횡포를 여실히 폭로하엿다고 볼 수 잇는 것으로써 기당시 더구나 고조된 정조관념과 아울러 그 시대적 관권의 횡포를 충분히 묘사한 것"이라고 그 내용을 요약하였다. 한편 이 작품의 형식에 대해서는, "소설의 형식이나 그것은 창을 주로한 극적 형식에 갓갑다 이 즈음 말로 하면 가극적 요소가 충분히 잇다고 하여도 과언이 안일 것이다 …… 소설로서도 특히 조선시조에 특유한 三四, 四四, 三五라는 어수로 철하야 가곡적 음율형식을 가초앗다고 할 수 잇는 것이다 그러기 때문에 이것을 외국어로 번역하여 가지고는 그것이 원서의 훈향이 아조 감쇄되는 것이다"라고 하였다.

신태현의 글을 보면 일보학인의 글에서 일부를 참고한 것이 분명하면서도, 더 진전되어 있거나 자신의 견해를 분명하게 제시하고 있다는 것을 알 수 있다. 예컨대 춘향전의 작자와 연대와 모델과 이본 등의 문제에 대해서, 일보학인은 여러 학설을 나열만 하는 수준이었으나, 신태현은 "그러나 우리들은 춘향가가 수십종의 이본 춘향전의 기본이라고 믿기에, 양진사설을 가장 믿을 만한 것이라고 생각한다."라고 한다거나, "필시 소설로서의 춘향전 원본은 없고, 광대의 입으로 전승되어진 춘향가를 각자 부연 윤색하여 소설답게 한 것이 다양한 이본 춘향전으로서 세상에 나타났다고 말하지 않으면 안된다."라고 하는 등 적극적으로 자신의 견해를 드러내고 있다. 이본에 대해서도 마찬가지이다. 일보학인은 종류만 나열하였고, 특히 불역본의 역자는 미상으로 처리하였으나, 신태현은 불역본의 역자를 Rosny라고 밝혔다. 춘향전의 이본적 다양성에 대한 신태현의 구체적인 언급은, 이재욱(1936)보다는 늦은 것이지만 조윤제(1939)보다 앞선 것이다. 그런데도 그 동안의 춘향전 이본 연구사에서 이 글은 다루어지지 않았다. 주제 및 성격에 대해서도 그렇다. 신태현은 "춘향전은 염정소설이라고 하고, 혹자는 계급해방을 위한 소설이라고 한다. 즉 혹자는 춘향과 몽룡의 달콤한 사랑만을 들어, 춘향전은 남녀간의 사랑이 견고함을 말하는 염정소설이라 하고, 혹자는 춘향전의 도처에 보이고 있는 2~3개의 문구를 들어, 민중의식을 고취하는 장면이라고 오해하여, 춘향전을 계급(양반계급에 대한 상민계급)해방을 위한 소설이라고 말한다. 그러나 춘향전에는 전편을 통해 일관된 사상의 커다란 흐름이 있다. 그것은 말할 것도 없이 정절 존중의 사상이다. 사실, 춘향과 몽룡과의 풍류 같은 것은 춘향을 만고의 열녀화하는 전주곡에 지나지 않으며, 춘향전은 재미 반의 염정소설이 아니라 여자의 정절을 가르친 도덕소설이다."라고 하여 분명하게 자신의 견해를 밝혔다. 춘향전은 여자의 정절을 가르치는 도덕소설이라는 것이다.

이것을 보면, 신태현은 기존의 연구성과를 그대로 답습하지 않고 일일이 확인하고 보충하며 자신의 견해를 정리해 제시했다고 보여 연구사적인 진전을 이루었다고 생각된다. 따라서 춘향전연구사에 신태현의 연구성과는 편입시켜야 마땅하다고 판단된다. 하지만 우쾌제, "춘향전 연구사 개관", 춘향전의 종합적 고찰(서울 : 아세아문화사, 1991)에서도, 마생기차(麻生磯次 ; 1922), 풍류랑(1932), 김정순(1932), 일보학인(1935)의 글은 언급하면서도 그 뒤를 이어 나온 이 글에 대해서는 언급하지 않았다. 1986년까지 이루어진 한국문학 연구에서의 쟁점을 연구사 검토를 통해 정리한 『한국문학사의 쟁점』에 실린 김종철 교수의 "춘향전의 근원설화", 정하영 교수의 "춘향전의 주제"란 글에서도 신태현의 업적은 언급하지 않았다.

신협극단에서 연극으로 공연한 <춘향전>에 대한 신태현의 평가도 중요하다. 이 글을 통해서, 우리는 당시 이 연극 <춘향전>에 대한 대체적인 반응이 어떠했는지 알 수 있다. 일어로 공연된 데 대해 "춘향의 귀향"이라는 반응이 있었다는 흥미로운 보고가 그것이다. 당시에 발표된 연극평의 내용이 어떠했는지 구체적으로 진술한 후 신태현은 나름대로의 견해를 제시하고 있기도 하다. 특히 신태현은 이 글의 말미에서 "춘향전을 연극화 혹은 영화화함에 있어, 어떤 점에 중점을 둘 것인가 하는 문제"를 다루며 자신의 견해를 펼쳤는데, 지금까지도 여전히 유효한 지적이라고 생각된다. 춘향전의 성격에 부합하도록 연극화·영화화해야 한다는 지적, 다시 말해, 정절관념을 강조한 도덕소설이므로 그 점을 강조하는 데 초점을 맞추어 해야 한다는 주장이다. 고전을 현대화할 때, 기본적으로 원작의 본질적인 성격이 무엇인지 충분히 이해한 후에 개작을 해야 하는 것은 오늘날에도 염두에 두어야 할 점이라는 점에서 신태현의 지적은 타당하다고 생각한다. 신협극단에서 공연한 <춘향전>에 대한 신태현의 비평도 바로 이같은 관점에서 가해지고 있다. 춘향전의 본질에 비추어 신협극단이 공연한 <춘향전>의 불만스런 점을 몇 가지 지적하고 있는 것이다. 그 내용 소개는 생략하지만 이 역시 오늘날에도 여전히 유효한 지적이라고 생각한다.

요컨대 신태현의 이 글은 <춘향전> 연구사 혹은 설성경 교수가 주창하고 있는 '춘향예술사'의 서술에서 일정한 위상을 분명하게 차지할 만하다고 판단한다. 따라서 이 번역 소개를 계기로, 이후의 관련 연구사 검토에서는 이 글의 성과를 포함해야 하리라고 보며, 그러기를 희망한다.

1. 동경 신협극단(新協劇團)의 <춘향전>이 한번 공연되자, 그 평판은 실로 대단한 것이었다. 경성의 성악연구회(聲樂硏究會)와 청춘좌(靑春座)가 이전에 공연을 공연했을 때는 대개 사람들은 잠자코 극을 보며 즐겼다.

그런데 동경의 신협극단이 조선의 고전문학인 춘향전을 무라야마 토모요시(村山知義) 씨가 감독하여 영화화해서 동경에서 공연했다고 듣고, 조선의 어떤 사람은 "춘향의 개가(改嫁)"라고 하는 글을 썼다. 이것이 무엇인가 하면, 만고의 열녀 춘향을 일본에 다른 남편을 만들어 시집을 보낸다고 하는 비판적인 내용이다. 왜 이런 비판을 했는가 하면, '춘향전을 낳은 조선에서 자란 우리들조차 춘향전을 잘 모르는데, 하물며 조선어·조선문학을 연구한

적도 없는 무라야마 토모요시 씨가 춘향전을 이해할 리가 없다. 춘향전이 갖는 정서도 모를 터이고, 조선의 옛 문화와 풍습을 알아보려고도 하지 않을 것이다. 해보았자 그 성과는 뻔할 것이다' 라는 그런 심정에서 "춘향의 개가"를 크게 슬퍼했던 것이다.

2. 그것이 이번에는 신협극단이 경성에 와서 춘향전을 공연하게 되자, 경성의 각 신문은 "춘향전의 역수입"이라며 흥분하였고, 어떤 신문의 경우는 "춘향의 귀향"이라는 표현으로 크게 환영의 뜻을 나타내었다.

조선에서는 한때 "춘향의 개가"를 슬퍼하기는 했지만, 한시도 잊을 수 없는 존재가 춘향이다. "춘향이 돌아왔다, 춘향이 돌아왔다"며 큰 반향을 보였다. 도대체 얼마나 좋아져서 돌아왔는지는 모르지만, 춘향이 돌아온다며 모두들 큰 관심을 가지고 춘향의 귀향을 기다리고 있었다. 그래서 만약 지난(1938년) 10월 25일부터 3일 동안 시내 부민관에서 공연된 신협극단의 춘향전이 충분한 성과를 거두었다고 한다면, "춘향의 개가"를 슬퍼했던 사람에게는 "하지만 좋은 시기에 시집을 와서 잘됐다"라는 정도의 안도감을 주어, "춘향의 귀향"이라며 무척 기뻐한 사람들에게도 충분히 체면을 세워줄 수가 있었을 것이다. 그런데 최근의 신문을 보니, "신협극단의 춘향전 관극평"이라는 논문이 실려 있어, 그것에는 신협극단의 이번 공연에 대해 대체로 다음과 같이 비평하고 있었다.

3. 우선 첫째로, 춘향전은 특수한 언어감각이라든가 특수한 풍속의 조화에 의해 이루어지는 형식적 완성의 걸작인 만큼, 지역적 · 민족적인 작품이다. 춘향전이 걸작이라고 일컬어지는 이유는 그 내용의 풍부성에 있는 것이 아니라, 그 무한한 언어의 뉘앙스와 정교한 습속의 반영에 있는 것이다. 그것을

일본어로 번역했기 때문에, 춘향전이 가지고 있는 언어의 뉘앙스가 가져다주는 묘미와 그 쾌감은 아주 사라져버렸다.

둘째로, 춘향전은 현재 우리들이 생활하고 있는 것 같은 제도・습속 아래에서 창작된 것이 아니라, 적어도 300년 전의 작품인 만큼 그 시대의 제도라든가 습속 같은 그 시대의 사회적 생활 양식에 대해, 충분한 견식이 없으면 춘향전은 도저히 이해할 수 없다. 그런데, 신협극단의 춘향전 공연에는 이러한 지식이 결여되어 있었기 때문에, 우스꽝스러움을 많이 자아내 식자의 웃음거리가 되었다. 이를테면 옛날에는 공주라든가 옹주밖에 입을 수 없었던 금박이 들어간 의상을 기생의 딸인 춘향에게 입히거나, 나그네가 잠깐 머무는 휴게소에 지나지 않았던 오리정(五里亭)을 단청이 찬란한 무대정사(舞臺亭榭)로 꾸며 보이기도 하고, 양반의 걸음걸이와 어조를 '사무라이'의 그것으로 바꾸어 놓기도 하였다. 그뿐만 아니라 사또의 자제와는 신분적 차이가 현격한 방자를 광한루에 오르게 하여 사또의 자제와 동석에서 술을 마시게 하기도 하고, 심지어는 한 고을의 수령으로서 상당한 위엄도 있고 체통도 생각하지 않으면 안되는 신관사또가 마치 색마나 파락호가 뒷골목의 작부를 겁탈하듯이 춘향에게 홀딱 반해서 광분하도록 만들어 놓았다. 또 춘향과 몽룡이 광한루 앞에서 달을 바라보며 밀어를 나누는 장면인데, 이것은 나름대로 그렇게 하는 게 좋겠다고 생각해서인지는 모를 일이나, 도무지 원전에는 그런 장면은 없다. 게다가 그 시대 사람들이 현대의 남녀처럼 밤에 만났다고는 도저히 생각되지 않는다. 다른 세부에 걸친 것은 일일이 들어 말할 필요도 없고, 적어도 춘향전에 손을 대려면 무엇보다도 먼저 지니지 않으면 안되는 바의 이러한 근본적인 준비가 결여되어 있기에, 그 성과는 말하지 않아도 알 수 있는 것인데, 이렇게 되고 보니, 춘향의 개가라고 슬퍼한 사람도, 춘향의 귀향이라며 기뻐한 사람도 모두 사물의 반쪽밖에 보지 못했던 것이다.

왜냐하면 "춘향의 개가"의 중개역을 맡았던 장혁주(張赫宙) 씨가 원래의 춘향이를 데려갔던 것이 아니라, 실은 남원의 한 구석에 살던 정체불명의 과부 한 사람을 데려갔던 셈인데, 이것을 모른 채 "귀향하는 춘향"이라고 기뻐 날뛴 두세 명의 경성인만이 머쓱하게 되었다.

4. 대체로 이상이 그 극평의 골자인데, 첫 번째 내용에 대해 언급하면, 어떤 나라의 문학이라 하더라도 번역을 통해서는 도저히 원문대로의 묘미와 쾌감을 맛볼 수가 없기 때문에, 일본어역한 춘향전이 원문에 의해 맛볼 수 있는 묘미와 쾌감을 주지는 못했다 하더라도, 그것은 당연히 예상해야 할 문제이다. 우리들은 단지 입으로만 떠들어대던 춘향전을 일본어에 의해 처음으로 여실히 일본인들에게 피력한다고 하는 이 공전의 굉장한 시도에 대해, 신협극단에는 심심한 감사의 뜻을 표현하지 않으면 안된다. 일본의 문화풍습에 의해서만 서로 교제하고 있는 조선과 일본 양국민이 이처럼 같은 장소에서 조선의 전래문화와 풍습을 배경으로 한 고전극에 의해 희비를 함께했다고 하는 사실은 이 얼마나 멋진 시도인가.

두 번째 내용에 대해 언급한다면, 춘향전을 각색함에 있어, 좀더 춘향전의 내용과 함께 그 배경이 되었던 시대의 문화, 풍습 등에 대해 연구하였더라면 하는 정도로 그치고, 춘향전의 연극화 혹은 영화화에 대한 내 의견은 일단, 춘향전 소개를 끝낸 다음에, 이 글의 말미에서 개진하고자 한다.

5. 춘향전은 연대미상, 작자불명인 조선의 고대소설이다. 춘향전의 저작연대에 대해서는 혹자는 지금으로부터 400여년 전이라고도 하고, 혹자는 300년 전이라고도 한다. 한편 최근 장혁주 씨가 신협극단의 춘향전을 각색함에 있어, 백수십년 전이라고 서두에 소개하고 있어, 이 고증이 획기적인 대발견

이 아니면, 엉터리 고증임에 틀림없다고 하여, 웃음거리가 되는 등, 제각각의 설이 나와 있다. 또 춘향전에는 한문본도 있고 국문본도 있어, 한문본과 국문본과는 내용에 상당한 차이가 인정되어, 한문본과 국문본에는 각각의 이본을 거느리고 있어, 도합 20종 내지 30종의 이본이 있다고 한다. 신문관판의 춘향전이 가장 정확해서 믿을 만하며, 전주판본 춘향전 및 창가조 춘향전 이외의 춘향전은 모두 두찬(杜撰)이라는 설도 있는 듯하다. 그러나 어느 춘향전도 스토리는 대체로 같기 때문에, 다음에 춘향전의 줄거리를 제시한 다음, 춘향전의 연대 및 이본 문제와 그 내용 등에도 언급하고자 한다.

6. 때는 옛날 조선조, 전라남도 남원군 한구석에 춘향이라고 하는 심지굳은 처녀가 있었다. 원래 남원군의 관기였던 월매의 외동딸로 태어나 얼굴은 아름답고 시가관현(詩歌管絃)은 말할 것도 없고 서화에도 능통하여, 조선제일의 재색이라는 소문이 높았다. 춘향은 우연한 만남에서 이몽룡이라는 고을사또의 자제와 사랑에 빠진다. 몽룡은 밤마다 아버지의 눈을 피해 춘향의 집에 다녀, 두 사람 사이에는 잠시 행복한 때가 흘러가는데, 운명은 이 두 사람을 떼어놓았다. 아버지의 서울로의 전근과 함께 몽룡은 서울로 올라가, 홀로 남겨진 춘향의 쓸쓸한 생활이 계속된다.

그러던 차에 마의 손길이 뻗쳐왔다. 몽룡 아버지의 후임(어떤 책에는 후임 신관은 1년도 못되어 전근하고 그 후임인 것으로 되어 있음)으로 부임해 온 대단히 여색을 좋아하는 사람이 어느 사이엔가 춘향의 미색을 알아차리고 자신의 뜻에 따르게 하려고 하는데, 춘향은 듣지 않는다. 사태가 이리 되면, 사또에게는 춘향의 미색보다도 양반으로서의 체면과 수령으로서의 위엄이 좀더 중요하였다. 어떻게 해서라도 춘향의 뜻을 굽히려고 극형을 가해 보았으나 정절을 지키는 춘향은 끝내 굽히지 않는다. 그래서 사또는 화가 난 나머지 옥에 가두어 버린다.

한편 몽룡은 서울에서 형설의 공을 쌓아 관직에 나아가 지방행정의 실정을 탐색하는 중앙의 명을 띠고, 여러 고을을 편력하게 되었다. 변장을 하고 있었기에 아무도 몽룡을 알아보지 못했다. 춘향이 옥에 갇힌 몸이 되어 있다는 사실은 몽룡으로서는 꿈에도 생각하지 못하고 있었다. 몽룡은 이윽고 남원 고을에 도착하였다. 오가는 사람들의 원성을 듣고 몽룡의 정의감은 불타오른다.

오늘은 사또의 생일. 연회 후에 춘향을 사형에 처할 준비는 이미 되어 있다. 바야흐로 주연이 무르익었을 때, 몽룡이 이끄는 무리가 관가를 덮쳐 무고한 죄에 우는 죄수들을 석방하고, 악질 사또를 포박함으로써, 정렬무쌍의 춘향은 이윽고 구출된다. 춘향과 몽룡이 오랫동안 헤어져 있다가 만나는 기쁨을 누린 것은 말할 나위도 없다.

7. 이상이 춘향전 이야기의 개요인데, 우선 춘향전의 작성연대를 생각할 중요한 기사로서는, 현토한문춘향전의 서두에, "李翰林 震元은 相公 思白之孫이오 楊洲牧 雄之子니 簪纓巨族이오 忠孝大家라 中宗 卽位之明年에 以其門公으로 特授南原府使하시니 云云"이라고 되어 있어, 춘향전 이야기의 시대배경을 조선 중종 즉위년 이듬해(1507년)로 설정하고 있다. 한남서림판 국문본 춘향전 및 프랑스 사람 Rosny 씨가 번역한 『Printemps Parfume』에는 이것을 인조대(1623~1649년)에 걸쳐, 기타 춘향전에는 흔히 "肅宗大王 卽位初에 時和年豐云云"이라 하여, 숙종 즉위초(1675년)로 되어 있다. 이들 기사에 의해, 춘향전이 오래되었어도 중종 다음인 인종 이후(1545년~)에 만들어졌다는 게 분명하며, 혹은 인조 다음인 효종 이후(1650년~), 혹은 숙종 다음인 경종 이후(1721년~) 작으로도 생각되어지지만, 우리들이 춘향전의 작성연대를 생각함에 있어서는, 먼저 춘향전의 이본 문제를 생각하지 않

으면 안 된다. 상술했듯이, 춘향전에는 한문본과 국문본이 있어, 한문본과 국문본이 내용을 달리할 뿐만 아니라, 한문본 국문본의 각각에도 여러 가지 이본이 있어, 대체적인 스토리는 닮았어도 내용은 각기 상당한 차이가 있어, 같은 장면에서도 전혀 다른 묘사를 하고 있기에, 어느 것을 원본이라고 판별할 수 없다. 그러나 한문본은 대개 짧고, 대개의 국문본은 스토리만을 취하여 개작된 것이 아닌가 생각되어진다. 국문본에 대해서 말하면, 고본춘향전이라 일컬어지는 중앙인서관판(中央印書館판) 춘향전처럼 긴 것도 있는가 하면, 한남서림판 춘향전, 일선(日鮮)춘향전처럼 짧은 것도 있어, 길고 짧음이 일정하진 않다. 하지만 긴 쪽은 순수한 조선어로 씌어져 있는 데 반해서, 짧은 쪽은 이야기를 극히 간략하게 취급하고 있는 것과, 전편을 통해 거의 모두가 한문투로 되어 있는 것으로 미루어 보면, 아마도 국문본을 번역했으리라고 생각되어지는 한문본을 역번역한 것이 아닐까 하고 생각되어진다. 또 생각하지 않으면 안되는 것은, 국문본이 산문으로 씌어지지 않고 오히려 운문에 가까울 만큼, 대화에 이르기까지 전편을 통해 4·4조로 되어 있다는 점이다. 이 4·4조는 즉 창극조로서, 조선의 광대에 의해 불려진 노래는 모두 4·4조로 되어 있다. 이것으로 미루어 보아, 춘향전의 원본은 광대가 부르는 춘향가가 아니었을까 하는 하나의 의문이 생긴다. 이것과 연관해서 생각되는 것은, 한 국문본에 의하면, 방자가 춘향의 편지를 가지고 서울로 올라가는 도중, 어사또를 만나, 자신의 옛주인인 줄은 모르고, 갖가지 희극을 연출하는 장면이 길게 묘사되어 있는데, 이에 이어 다음과 같이 주목해야 할 대목이 보인다.

이때그아해쏠짝쇠는 남원책방방자로 춘향의 청조되야 오래거행하얏스니 십년이되엿기로 사또를 몰나볼니가 잇겟나냐. 이것은 다 광대에 롱담이든것이엿다. 방자 어사또를 노상에 뵈옵고 문안하고 견대에 서간내여올인후에 춘향전후사정 낫낫치 고하거늘 어사쏘 이를갈며 말삼을 방자듯는대 생각지 안이하고 함부로 하섯것다 운운.

8. 이것은 어떤 것인가 하면, 실은 방자가 자신의 옛주인을 모를 리는 없고, 노상에서 어사또를 만나자, 바로 자신의 주인임을 알아보고, 그 즉시 편지를 드려, 춘향의 사정도 고한 것인데, 그렇게 말해 버리면 재미가 없겠기에, 광대가 일부러 그렇게 어사또와 방자가 서로 몰라보는 것처럼 하여 이상과 같은 우스꽝스러움을 자아냈던 것이다. 그 한 대목은 춘향전의 성립을 생각하는 데 커다란 암시를 주는 것은 아닐까? 광대란 옛날에는 가면극과 인형극 배우를 가리켰는데, 한편 가면이나 인형을 이용하지 않고, 오로지 민요·단가 등의 가창을 직업으로 하는 자도 광대라고 불렀다. 이런 의미에서의 광대는 궁정에 초대되어 노래부르거나, 부자들의 수연이나 혼인 등 경하스런 장소에 초대되거나, 혹은 남도의 단가를 부르거나, 혹은 춤을 추며 익살을 떨거나, 혹은 공중에 줄을 걸어 그 위에서 곡예를 하며 노래를 불렀다. 광대는 대개 전라남북도 출신으로, 전라남북도에서는 광대를 하나같이 "재인놈(才人奴)"이라고 불렀다. 그런데 이들은 옛부터 사제관계를 맺어 광대 기술을 차례차례로 전승하여, 후세에 전했다. 광대가 부르는 노래는 다양한데, <만고강산>, <심청가>, <춘향가>, <홍부가> 등은 모두 광대의 노래이다. 따라서 이들 노래 속에는 흔히 전라남북도 방언이 섞여 있는 것을 발견할 수 있다.

9. 그런데, 옛부터 광대에 의해 불리어져 전해진 노래 속에 <춘향가>라는 것이 있어, 또 위에서 기술했듯이, 춘향전의 한 이본에 의하면, 광대의 농담에 의해 춘향전이 씌어졌다고 생각되어지는 그런 구절이 있기에, 이 광

대에 의해 전승된 춘향가가 즉 소설 춘향전의 원본이었다는 것은 쉽게 추정될 터이다. 상당히 고본으로 추정되는 춘향전 중에도 그 사이에 상당한 차이가 보여, 양자간에 아주 같은 것을 묘사하고 있는가 하면, 같은 장면에서도 각각 그 묘사방법을 달리하고 있다. 이것은 어찌 된 까닭인가 생각해 보면, 필시 소설로서의 춘향전 원본은 없고, 광대의 입으로 전승되어진 춘향가를 각자 부연 윤색하여 소설답게 한 것이 다양한 이본 춘향전으로서 세상에 나타났다고 말하지 않으면 안된다. 춘향전에 이본이 많은 것과, 춘향전의 연대를 기재함에 중종즉위 명년이라 하기도 하고, 인조조라 하기도 하고, 숙종조라 하는 등 여러 가지로 기재되어 있는 것도, 춘향전이 옛부터 노래로 전해진 춘향가 내용을 갖가지로 부연 윤색해 씌어진 때문이라고 말할 수 있다.

한마디로 춘향전이라 하더라도, 그것에는 20~30종의 이본이 있어, 어떤 것은 옛날에 씌어지고 어떤 것은 최근에 씌어져, 요즈음에도 많이 각자의 감각에 의해 춘향전의 큰줄거리에 살을 붙이거나 별종 춘향전을 만들어 내고 있는데, 이들의 원본이라고 말할 만한 것이 춘향가였다는 사실은 위에 기술한 바와 같다.

과연 그러하다면, 가장 오래된 춘향전의 저작연대를 아는 데에는 춘향가의 작성연대를 생각하지 않으면 안될 터이다. 춘향전에 관한 문헌에 의하면, 춘향전은 벽오 이시발의 실제담이라고도 하고, 혹은 남원의 춘향이란 처녀가 있었는데 용모가 몹시 추했기 때문에 시집을 못 가고 자살해 원혼이 되었는데, 그후로 남원부사가 부임할 때마다 죽어 나가, 어떤 대작가가 이 소설을 써서 원혼을 달랬는데, 이후로 무사하였다고도 한다. 혹은 남원의 양진사가 과거에 급제했는데, 귀환도중 행렬에 딸린 풍악대에 지불할 돈이 없어, 그 대신 노래를 지어 함께 불렀던 것이 춘향가의 고본으로서, 이것을 재차 120

년쯤 전에 고창군의 신재효라고 하는 사람이 부연윤색한 것이 오늘날의 춘향가라고도 한다. 혹은 남원에 살았던 노진의 실제이야기를 소설화한 것이 춘향전이라고 하기도 한다. 이렇게 그 설은 구구하다. 그러나 우리들은 춘향가가 수십종의 이본 춘향전의 기본이라고 믿기에, 양진사설을 가장 믿을 만한 것이라고 생각한다. 오늘날의 창극 춘향가와 춘향전과는 내용에 상당한 차이가 보이기 때문에, 춘향전의 원본은 고본 춘향가였다고 생각되어져 그 저작연대도 상당히 오래되었으리라 여겨진다. 이것을 요약해 보건대, 춘향전의 저작연대는 확실치 않다고는 하나, 조선 중기부터 광대의 입에 의해 노래도 불리어져 전해진 춘향가를 여러 모로 부연윤색하여 소설화한 것이 오늘날 보는 바와 같은 수십종의 이본 춘향전이라고 말할 수 있다.

그렇기 때문에 춘향전은 한 사람의 손으로 이루어진 것이 아니라, 그것에는 가장 많이 그 시대의 풍조를 반영하고 있는 것이다. 춘향전 이본 문제의 세부에 걸친 것은 후일의 연구를 기다리기로 하고, 지금은 다만 대강에 관한 비견을 언급하여 여러분의 질정을 구하려고 한다.

10. 이제 춘향전의 내용을 검토해 볼 단계가 되었다. 춘향전의 내용에 대해서도 여러 논의가 있다. 혹자는 춘향전은 염정소설이라고 하고, 혹자는 계급해방을 위한 소설이라고 한다. 즉 혹자는 춘향과 몽룡의 달콤한 사랑만을 들어, 춘향전은 남녀간의 사랑이 견고함을 말하는 염정소설이라 하고, 혹자는 춘향전의 도처에 보이고 있는 2~3개의 문구를 들어, 민중의식을 고취하는 장면이라고 오해하여, 춘향전을 계급(양반계급에 대한 상민계급)해방을 위한 소설이라고 말한다. 그러나 춘향전에는 전편을 통해 일관된 사상의 커다란 흐름이 있다. 그것은 말할 것도 없이 정절 존중의 사상이다. 사실, 춘향과 몽룡과의 풍류 같은 것은 춘향을 만고의 열녀화하는 전주곡에 지나지

않으며, 춘향전은 재미 반의 염정소설이 아니라 여자의 정절을 가르친 도덕소설이다.

다음에 춘향전을 가지고 계급해방이라고 주장하는 사람들의 말을 들어보자. 그들은 춘향을 양반계급에 반항하는 피지배계급(상민계급)의 챔피언이라고 생각했다. 춘향이 신관사또로부터 극형을 모든 고난을 인내하면서 죽음을 맹세하고 반항을 계속한 것도 몽룡에 대한 정절의 이유보다도, 양반계급의 전제 폭행에 대한 처참한 계급 투쟁을 위해서였다고 해석한다. 그 증거로는 춘향전에는 민중의식을 고취한 장면이 있다 하여, 농부들이 노래를 부르면서, 모내기를 하는 장면이라든가, 몽룡이 암행어사가 되어 출두했을 때, 많은 과부들이 무리를 지어 와서는, 춘향을 방면해 달라고 법석을 떠는 장면이라든가, 혹은 춘향이 수십 대의 매를 맞고 기절했을 때 사령과 여타 사람들이 많이 모여 춘향에게 동정하여 사또의 포악함을 매도하는 장면 등을 열거하고 있다.

그렇다면 과연 이들 장면이 양반 계급의 전제폭압에 대한 반발 내지는 반항적 민중의식을 고취한 것인가 하면 그렇게는 생각할 수 없다. 첫째로, 농부의 노래라고 하는 것은 어떤 책에는 농사에 관한 것을 부르고 있으며, 어떤 책에는 대장부의 위업을 칭송하고 있어, 계급적 반항의식다운 것은 어디에도 나타나 있지 않다. 과부들의 진정 장면을 보더라도, 춘향은 만고무쌍의 열녀이기에, 아무쪼록 석방해 달라고 간청하는 데 지나지 않는다. 이를 가지고 상민계급의 군중이 암행어사에게 반항해 왔다고 말할 수는 없다.

춘향전에도 있듯이, 정절이라고 하는 것은 양반의 도덕으로서, 상민에게는 정절 따위는 없었기 때문에, 여기에 나타난 과부들도 상민계급이 아니라, 아마도 양반이었음에 틀림없다. 그뿐만 아니라 그 장면에 특히 과부들이 등장(等狀; 군중의 진정)했다고 말하고 있는 데에는 별도의 이유가 있다. 즉 어떤 춘향전에는 이 밖에도 과부들에 대한 것이 세세히 씌어 있어, 춘향이 무참하게 매를 맞은 끝에 옥으로 끌려갈 때에도 춘향의 뒤를 쫓아가며 그 정절을 칭송하고 있다. 이처럼 춘향전에서 과부가 중요한 역할을 담당하고 있는 것은, 과부와 정절이 밀접한 관련이 있기 때문으로, 과부 무리의 거듭되는 시위로 춘향의 정절을 강조한 것이다. 춘향전이 정절을 강조한다고 하는 까닭의 하나는 실로 여기에 있다.

다음에 사령과 여타 사람들이 신관사또를 매도하는 장면인데, 이것도 계급적 의식의 고취에서 비롯된 것이 아니라, 정의감에서 나온 것이라고 보는 게 합당하다. 신관사또를 악인으로 처리하지 않으면 춘향에 대한 동정심도 일어나지 않고, 춘향의 정절도 두드러지지 않지 않은가. 춘향전은 신관사또를 인민의 고혈을 짜고 양민을 학대하며 높은 세금을 착취하고 경미한 죄에 중형을 가하는 것을 자신의 사명으로 삼는 듯한 포악한 나쁜 인간으로는 그리고 있지 않다. 그렇기는커녕 춘향전의 어떤 이본에는 그는 매우 미남이며 풍류심이 넘치는 일대의 호걸이었는데, 다만 한 가지 나쁜 습성이 있어 주색이라고 하면 앞뒤를 가리지 않는 사내였다고 하는 정도로 묘사하는 데에서 그치고 있다. 그래서 신관사또를 다소 나쁜 사람으로 취급한 것도 요컨대 춘향의 정절을 나타내기 위해서였다. 이것은 한 이본에 춘향의 어미 월매가, 어사또에게 신관사또가 없었더라면 춘향의 정절이 도저히 세상에 나타나지 않았을테니 아무쪼록 신관사또의 죄를 용서해 주시게, 라고 한 말과, 어사또가 신관사또에게도 같은 말을 하여; 그의 죄를 묻지 않았다, 라고 하고 있는 바에서도 거의 추정된다. 만약 춘향전이 계급 해방을 위한 소설이었다고 하면, 계급투쟁의 분화구였던 신관사또를 정말 그냥 놔두었을까? 또 춘향이 양반에 반항하는 상민계급의 챔피언 역을 하였다 하는데, 그렇다면 왜 춘향을 그 흔한 기생의 딸로 만족시키지 않고 입에 거품을 물고 양반의 피를 받고 있다고 옹호하였을까?

11. 이것을 요약하건대, 춘향전은 단순한 염정소설도 아니거니와, 계급해방을 위한 소설도 아니다. 그것은 열렬한 정절을 가르치는 도덕소설이다. 가냘픈 18~19세의 춘향이 포악무도한 신관사또의 뜻에 따르지 않고 자신의 정절을 사수하면서, 수십 대의 매를 맞은 후에 결국은 기절하는데, 한 대 맞고는 한 마디, 두 대 맞고는 또 한 마디, 춘향이 최후까지 내뱉은 그 열렬한 말을 들어보는 것이 좋다. 춘향은 몽룡에게 혈서도 보냈다. 남편에 대한 정절 때문에 옥중에 갇힌 신세가 된 춘향이, 거렁뱅이 모습으로 돌아온 남편을 재회했을 때, 그녀가 한 말은 무엇이었는가? 자신은 다음날 죽음을 당하는데, 죽은 뒤에 자신의 몸은 아무쪼록 다른 사람이 손을 대지 못하게 하시고 꼭 당신 손으로 묻어달라고 탄원하였다.

12. 그렇다면 이 만고의 열녀로 묘사되고 있는 <춘향전>은 대체 어떤 사회양식하에서 생겨났을까? 다음에 약간 이 문제를 생각해 보자. 조선에는 옛부터 양반계급과 상민계급이 존재했다. 이 경우 양반이란 물론 관료와 유자(儒者)를 가리켜, 지배적 지위에 있던 계급을 말하고, 상민이란 그 나머지 피지배적 지위에 있었던 사람들을 말한다. 다른 사람의 집을 방문했을 경우에, 일본인이라면 정중하게 "실례합니다."라고 말할 것을, 조선인들은 "이리 오너라."라고 가급적 크고 위엄있는 소리로 외친다. 이것은 하등 그 집의 주인에게 무례를 범하는 것이 아니라, 옛날 양반의 유풍에 의해 그 집의 하인을 불러낼 요량이므로, 주인은 조금도 기분 나빠할 필요는 없다. 또 조선의 양반계급에는 내외의 구별이 엄연히 존재하고 있었다. '내'란 여자를, '외'란 남자를 일컫는데, 여자는 집안에만 있어야 할 사람으로 여겨지고, 남자는

바깥에 나가 왕성하게 활동해야 할 사람으로 인식되었다. 한 집안에서도 남자는 사랑에 거처하고, 여자는 내당에 거처하는 것으로 되어 있어, 남자는 내당에 출입하는 것을 부끄러운 일로 생각할 정도였다. 한 집안에서조차 이랬으므로, 여자가 다른 집 남자를 알고 있다고 하는 것은 그 자체만으로도 부정한 여자로 취급되어 가문의 명예를 더럽혔다 하여 양반 자격을 상실하였다. 그래서 여자는 결코 밖으로는 출타하지 않았다. 부득이 외출하는 경우에는 다른 사람의 눈에 띄지 않도록 가마 안에 갇혀 옮겨지든가, 아니면 쓸치마 같은 것으로 얼굴부터 전부 덮어 감추고 길을 걸었다. 여자는 외간 남자에게는 얼굴도 보이지 않으므로 남자 손님이 찾아와도 남자 주인이 부재라면, 손님은 어떤 긴급한 용무로 왔든 간에 그대로 돌아가지 않으면 안되었다. 여자라도 5~6세까지는 자유로이 바깥에 나가 놀 수 있는데, 7세 무렵이 되면 이제 조롱(鳥籠) 속에 갇힌 새 같은 생활에 들어가지 않으면 안된다. 시집을 가기까지는 집밖으로는 한 걸음도 나갈 수 없었다.

그러나 이것은 모두 옛날이야기로서 현대의 젊은 여성들은 길이 좁다 활보하며 남자의 빰이라도 때린다고 할 정도의 위세이므로 오해하지 않기를 바란다.

13. 이것은 도대체 어떤 사상에 의한 것인가 하면, "남녀칠세부동석"이라는 그 유명한 공자의 대철칙에 따른 것이다. 시집가서는 여필종부라고 하여 남편에게 절대적으로 복종함은 물론 비록 남편과 사별했어도 결코 두 남편을 섬기는 일은 하지 않았다. 15~16세로 과부가 되어 일생 눈물로 지내는 생활을 하지 않으면 안되었던 여자가 부지기수였다. 오늘날에도 이런 예는 많이 찾아볼 수 있다. 남편이 죽으면 바로 자신의 무명지(약지)를 깨물어 뜯어 자기 피를 남편에게 먹여 소생시키는 일도 있었다. 따져보건대 과부가 재가한

다고 하는 것은 조선에서는 상민밖에는 없다. 상민계급에는 내외의 구별도 없고, 정절관념은 있어도 양반의 그것처럼 엄격한 것은 아니었다. 남편이 죽으면 장사를 치르자마자 바로 개가하였다. 죽지는 않더라도 남편이 조금이라도 싫어지면 자신의 옷가지만을 깡그리 싸서 상냥한 다른 남자 품으로 도망간다는 풍습이었다. 그랬기 때문에 여기에서 문제로 삼는 것은 양반계급의 도덕이다. 위에서 기술했듯이 양반계급에서는 여자의 정절이라고 하는 것이 가장 중요한 도덕의 하나로서, 남자는 몇십 명의 첩을 축첩하여 바람을 피우든 간에 문제가 아니지만, 여자에게는 절대적으로 정절을 요구하였다. 지금도 조선의 여성들에게는 정조 관념이 100퍼센트 침윤되어 있는데, 이것은 옛부터 내려온 인습에 의한 것이다. 이런 재미있는 이야기가 있다. 옛 양반은 돈이 있었기에 많은 하인들을 두고 있어서 좋았지만, 최근의 자칭 양반들은 하인이 없는 사람들이 많다. 그래서 손님이 문앞에 서서, 앞서 말했듯이, 커다랗게 소리높여 "이리 오너라" 하고 외쳤는데, 하인도 없거니와 남편도 때마침 부재중이었다. 부인의 모습을 보니, 조심스럽게 문있는 데로 나아가, 문 뒤에 숨어 말하길 "어디에서 오셨는지 여쭈어라."라고 짐짓 하인에게 명령하는 투로 묻는다. 이것을 들은 문전의 손님이 대답해 말하길, "자하골에서 왔다고 아뢰어라." 이런 식으로 손님과 여주인은 말을 주고받아, 손님은 용건을 마치고 돌아갔다고 하는 식이었다. 이것은 얼마나 조선의 양반계급이 여자의 정조를 존중했는가 하는 것을 보여주는 하나의 예라고 말할 수 있겠다. 이러한 정절 존중의 사회 도덕 아래에서 춘향전 같은 만고의 열녀를 그린 소설이 생겨난 것은 조금도 이상한 일이 아니다.

14. 끝으로 한 마디 하고 싶은 것은, 춘향전을 연극화 혹은 영화화함에 있어, 어떤 점에 중점을 둘 것인가 하는 문제에 관해서이다. 춘향전을 연극화

혹은 영화화할 때는 우선 첫째로, 춘향전의 성격 여하에 중점을 두어야 한다는 것은 말할 것도 없을 것이다. 즉 춘향전이 염정소설이라면 어디까지나 염정이라는 점에 포인트를 두어 춘향과 몽룡의 연애 장면을 살리면 좋을 것이며, 계급해방을 위한 소설이라면 특수계급의 해방이라는 점에 포인트를 두어 지배계급의 전제폭압과 피지배계급의 비참한 생활정황을 강조해야 할 것이다. 그러나 춘향전은 위에서 기술했듯이, 정절관념을 강조한 도덕소설이므로, 춘향이 갖고 있는 저 불요불굴의 정절 정신을 살려 여성의 정절이라고 하는 것은 정말로 중요한 것이라는 사실을 알려주면, 그것으로 이미 반은 성공했다고 말할 수 있다.

이런 춘향전관을 가지고 이번 신협극단의 <춘향전>을 비평해 보려고 한다. 나는 감히 극의 기술적 비평을 하려고 하는 게 아니라, 다만 춘향전의 본질에 비추어, 신협극단이 공연한 <춘향전>의 불만스런 점을 지적해 보고자 한다.

첫째, 춘향이 신관사또의 요구를 거절했기 때문에 수십대의 매를 맞고, 살이 찢겨나가고 뼈가 부서져도 끝내 정절을 지켜냈다고 하는 춘향전에서 가장 중요한, 더구나 제일 통쾌한 장면을 그들은 어떻게 취급하였는가? 이것인 춘향전의 사활의 문제라고 생각하는데, 이 연극에서는 두 세 명의 무뢰한이 다가와 춘향을 묶는가 했더니, 그중의 하나가 한 대의 매를 공중에서 휘두르기만 하고 막을 내려 버렸다. 이 생략법은 확실히 조금이라도 춘향전을 알고 있는 사람에게는 춘향을 바보로 만들었다고 여겨질 만큼 커다란 실망감을 안겨주었다.

둘째, 춘향전에는 춘향이 모든 시련을 거친 다음에 몽룡에 의해 마지막으로 정절을 시험당하는 장면이 있다. 더 이상 춘향을 괴롭히는 것은 가엽다고 생각하면서도, 몽룡은 춘향을 용서할 수 없는 죄인이라고 일단 겁을 준 다음,

네가 신관사또의 청을 받아들이는 것을 결백하지 않은 일이라고 하였다는데, 이제 내 청은 어떠냐 하며 은근히 춘향의 정절을 떠보려고 했지만, 춘향은 그리운 남편인 줄은 모르고, 단번에 거절하였다. 이 장면을 잘 살려야만 춘향은 만고의 열녀라고 수긍할 수 있는 것인데, 이번 연극에는 이 장면이 완전히 생략되어 버렸다. 애석한 일이다. 또 신협극단의 춘향전에는 신관사또를 철저하게 악인 취급하여, 특히 죄수를 심문하는 장면을 넣고 있는데, 앞에서 기술했듯이, 그는 무죄한 인민에게 중죄를 가해 금전을 탐하는 것을 자신의 사명으로 삼고 있는 듯한 극악무도한 인간은 아니었다. 다만 춘향전은 춘향에게 동정을 불러일으킬 수단으로서, 그를 다소 악인 취급하여 상당한 호색한이라고 묘사하고 있을 뿐으로서, 춘향의 정렬(貞烈)에 대한 묘사가 끝나면, 어떤 이본에서는 그의 죄를 용서해준 것으로까지 되어 있다. 물론 죄수 심문 장면은 각색자 장혁주 씨 자신이 말하고 있듯이, 그 자신의 감각에 의해 춘향전에 살을 붙여 근대문학적 요소를 상당히 내포시키기 위해서였겠지만, 춘향전의 내용으로 보건대, 아주 쓸데없는 장면이었다고 말하지 않을 수 없다. 춘향전을 영화화함에 있어서는, 적어도 춘향전의 성격으로서, 이상과 같은 여러 점들에 주의를 기울였으면 한다.

15. 다음으로, 춘향전이 갖고 있는 정서를 살린다고 하는 점도, 춘향전을 상연하는 경우에는 생각하지 않으면 안될 중요한 문제일 것이다. 춘향전은 조선의 고전문학이므로, 조선의 옛 제도라든가 풍속과 같은 그 시대의 사회적 생활양식에 대해 충분한 지식을 갖고 있지 않으면 춘향전이 갖고 있는 정서는 물론 춘향전 자체까지도 도저히 이해할 수 없게 된다. 그뿐만이 아니라, 춘향전이 우리들을 무한히 매료시키는 까닭은 그것이 옛 조선의 지역적 내지는 민족적 특수한 감각세계와 특수한 풍속세계를 여성의 정절이라고 하

는 고귀한 테마와 결부시켜 끝없이 전개시키고 있기 때문이다. 이 특수한 세계를 예술화하는 것이 즉 춘향전을 예술화하는 유일한 길이어야 한다.

덧붙이는 말 : 이 논문은 오로지 조선의 옛 문화 풍습에 대한 지식을 갖고 있지 않은 사람들에게 춘향전을 통해 통속적으로 조선을 소개할 목적으로 씌어진 것이다. 따라서 일일이 출전을 밝히지 않았다. 독자는 이 점을 양해하여 주기를 바란다.

■ 춘향전 연구 논저 목록 (1999년 이후)

1. 논저

간호윤, 「광한루기의 소설 비평론 연구」, 『고소설연구』 8, 한국고소설학회, 1999. 12.

강진모, 「<고본 춘향전>의 성립과 그에 따른 고소설의 위상 변화」, 연세대 석사학위논문, 2002.

강헌규, 「춘향전에 나타난 어사또 이몽룡의 남원행 경유지명의 고찰」, 『웅진문화』 13, 공주향토문화연구회, 2000. 12.

강헌규, 「춘향전 어사또의 路程 '널티'·'문엄이'에 대하여」, 『웅진문화』 14, 공주향토문화연구회, 2001. 12.

고양숙, 「춘향전의 현대적 수용과 문학교육적 활용방안 연구」, 인하대 교육대학원 석사학위논문, 2000.

곽봉재, 「'사랑'·그리움의 시적 변용 : 춘향에 관한 두 가지 시적 해석」, 『불멸의 춘향전』, 문학사연구회, 청동거울, 1999.

김경섭, 「한문본 춘향전 연구」, 단국대 석사학위논문, 1999.

김금룡, 「춘향전의 문학교육적 가치와 지도방안」, 경희대 교육대학원 석사학위논문, 1999.

김문희, 「완판 춘향전의 계열과 위상에 관한 연구 : 완판26장본·완판29장본·완판33장본·완판84장본을 중심으로」, 『서강논집』 13, 서강대학교 대학원 총학생회, 1999. 12.

김문희, 「완판 춘향전의 계열과 위상 : 완판26장본·완판29장본·완판33장본·완판84장본을 중심으로」, 『고소설연구』 10, 한국고소설학회, 2000. 12.

김미란, 「춘향 서사의 낭만성」, 『불멸의 춘향전』, 문학사연구회, 청동거울, 1999.

김석배, 「완판 방각본 별춘향전의 성격」, 『한국문학논총』 26, 한국문학회, 2000.

김석배, 「문학적 층위에서 본 춘향가의 자력」, 『문학과 언어』 24, 문학과언어학회, 2002. 5.

김석배, 「김창환제 춘향가에 끼친 신재효의 영향」, 『판소리연구』 13, 판소리학회, 2002.

김석배, 「김창환제 판소리의 형성과 전승」, 열상고전연구회 제21차 학술대회 발표논문집, 2003. 10.

김수이, 「춘향전에 나타난 가치관의 이중성」, 『불멸의 춘향전』, 문학사연구회, 청동거울, 1999.

김영란, 「김연수 바디 춘향가의 사설 구성에 관한 연구」, 군산대 교육대학원 석사학위논문, 1999.

김재국, 「춘향전의 현재적 변용양상에 대한 연구」, 『현대소설연구』 11, 한국현대소설학회, 2000.

김재식, 「춘향전 연구-여성 형상화의 사회적 성격」, 전남대 교육대학원 석사학위논문, 2002.

김종식, 「영화 및 TV드라마 춘향전 비교 연구」, 중앙대 예술대학원 석사학위논문, 2000.

김종철, 「신재효 춘향가에서 구술성의 실현양상」, 『고전문학연구』 15, 한국고전문학회, 1999.

김종철, 「춘향전 교육의 시각」, 『고전문학과교육』 1, 청관고전문학회, 1999. 6.

김진영, 『한국 서사문학의 연행 양상』, 이회, 1999.

김창화, 「한국에서의 창극연희방식 -춘향전을 중심으로-」, 『고전희곡연구』 6, 한국고전희곡학회, 2003.

김현양, 「옥중화의 계보」, 『동방고전문학연구』 1, 동방고전문학회, 1999. 8.

김현양, 「장자백 창본 춘향가의 텍스트적 연원」, 『판소리연구』 10, 판소리학회,

1999.
김현주, 「춘향전 담화의 회화성」, 『판소리연구』 10, 판소리학회, 1999.
김현주, 「춘향전의 회화적 상상력」, 『한국고전연구』 5, 한국고전연구학회, 1999. 12.
노귀남, 「북한 <춘향전>과 만남」, 『불멸의 춘향전』, 문학사연구회, 청동거울, 1999.
노상예, 「춘향전과 춘향가의 수업모형 비교 연구」, 고려대 교육대학원 석사학위논문, 2000.
류준경, 「한문본 춘향전의 작품세계와 문학사적 위상」, 서울대 박사학위논문, 2003.
문홍구, 「춘향전 창극본의 문체적 특성 연구」, 『국어국문학』 123, 국어국문학회, 1999.
문홍구, 「춘향전 창극본의 인물 분석」, 『새국어교육』 57, 한국국어교육학회, 1999. 1.
민병욱, 「신극 춘향전의 공연사회학적 연구」, 『한국문학연구』 31, 한국문학회, 2002.
박병도, 「창극의 무대화에 관한 연구 : 춘향전 공연의 경우를 중심으로」, 『언론연구논집』 27, 중앙대 신문방송대학원, 1999. 3.
박진태, 「춘향가 발생설화를 통해 본 춘향가의 수용양상」, 『비교민속학』 24, 비교민속학회, 2003.
백문임, 『춘향의 딸들-한국여성의 반쪽자리 계보학』, 책세상, 2001.
백현미, 「창극 춘향전의 공연사와 양식상의 특징」, 『고전희곡연구』 6, 한국고전희곡학회, 2003.
설성경, 『춘향예술의 역사적 연구』, 연세대 출판부, 2000.
설성경, 「춘향전의 원작가에 대하여」, 『비교한국학』 8, 국제비교한국학회, 2001.
설성경, 『춘향전의 비밀』, 서울대 출판부, 2001.
설중환, 『꿈꾸는 춘향 - 판소리 여섯마당 뜯어보기』, 나남출판, 2000.
성기련, 「완판 84장본 <열녀춘향수절가>의 김세종제 춘향가 수용과 개작」, 『판소리연구』 11, 판소리학회, 2000.

성현경, 「<춘향신설>과 <광한루기> 비교 연구」, 『고소설연구』 8, 한국고소설학회, 1999. 12.

신익호, 「현대시에 수용된 춘향전의 패러디 양상」, 『한국언어문학』 50, 한국언어문학회, 2003.

양명학, 「한국소설의 주역적 해석 Ⅱ : 중지곤괘와 춘향전의 서사 구조를 중심으로」, 『어문학』 68, 1999. 10.

양회석, 「월극(越劇) 춘향전 초탐(初探)」, 『고전희곡연구』 6, 한국고전희곡학회, 2003.

원명수, 「춘향가에 나타난 깨달은 자의 희극적 세계관 - 신재효의 남창본을 중심으로 -」, 『한국학논집』 26, 계명대 한국학연구소, 1999. 12.

유응구, 「한역 춘향전」, 『인문학연구』 5, 경상대 인문학연구소, 1999. 12.

윤고한, 「춘향전의 현대시로의 수용 양상」, 서남대 석사학위논문, 2001.

윤덕진 · 임성래, 「남원고사연구(1) · (2)」, 『열상고전연구』 13 · 15, 열상고전연구회, 2000 · 2002.

윤종선, 「춘향전에 나타난 기녀문화」, 고려대 교육대학원 석사학위논문, 2002.

이문성, 「경판 춘향전 연구」, 고려대 석사학위논문, 1999. 8.

이문성, 「방각본 춘향전의 <농부가>와 민요 <상사소리>의 상관성」, 『한국민요학』 9, 한국민요학회, 2001. 6.

이미원, 「현대극의 춘향전 수용」, 『고전희곡연구』 6, 한국고전희곡학회, 2003.

이보근, 「창극 연출 방법론 연구 - 완판장막창극 <춘향전>을 중심으로」, 단국대 석사학위논문, 2000.

이상희, 「춘향전의 대중예술적 미학 - 완판 84장본 <열녀춘향수절가>를 중심으로」, 성균관대 석사학위논문, 1999.

이영미, 「북한 민족가극 춘향전의 공연사적 위치와 특징」, 『고전희곡연구』 6, 한국고전희곡학회, 2003.

이윤석, 「세책 춘향전에 들어 있는 바리가에 대하여」, 『세책 고소설 연구』, 이윤석 · 大谷森繁 · 정명기 편저, 혜안, 2003.

이창헌, 「경판방각소설 춘향전의 순차단락 고착화 양상 연구」, 『고소설연구』 15, 한국고소설학회, 2003.

이혜경, 「문학작품의 영화로의 전환 방식 : 춘향전을 그 한 예로」, 『어문연구』 35, 어문연구학회, 2001. 4.
임승빈, 「춘향전의 희곡적 수용 양상 1 : 유치진의 희곡 춘향전의 의도를 중심으로」, 『청주대인문과학론집』 19, 1999. 1.
장성원, 「춘향전에 나타난 인물의 형상과 갈등양상 연구 - 완판 <열녀춘향수절가>를 중심으로」, 강릉대 교육대학원 석사학위논문, 1999.
장원석, 「구성주의 이론을 적용한 춘향전 교육의 실제」, 『국어교육연구』 32, 국어교육학회, 2000. 12.
전상욱, 「세책 계열 춘향전의 특성」, 『세책 고소설 연구』, 이윤석 · 大谷森繁 · 정명기 편저, 혜안, 2003.
전상욱, 「홍윤표 교수 소장 춘향전 (154장본)에 대하여」, 『동방고전문학연구』 5, 동방고전문학회, 2003. 12.
전신재, 「춘향가의 극적 아이러니」, 『고전희곡연구』 6, 한국고전희곡학회, 2003.
전영선, 「춘향전에 대한 북한의 인식과 접근 태도」, 『민족학 연구』 4, 한국민족학회, 2000.
정대성, 「춘향전 일본어 번안 텍스트(1882-1945)의 계통학적 연구 : 원전의 전이양상과 다성적 얽힘새」, 『일본학보(한국)』 43, 1999. 12.
정병헌, 「춘향전 서사의 성격과 역사적 전개」, 『고전희곡연구』 6, 한국고전희곡학회, 2003.
정상진, 「춘향전의 문학교육적 전제와 내용」, 『교육논총』 3, 부산외국어대학교 교육대학원, 2001. 12.
정 양, 「춘향유언의 아이러니- 옥중상봉가 연구」, 『지구문학』 5, 지구문학사, 1999.
정 양, 『판소리 더늠의 시학』, 문학동네, 2001.
정충권, 「춘향전 결연대목 서술방식의 연원과 변모」, 『구비문학연구』 10, 한국구비문학회, 2000. 6.
정하영, 『춘향전의 탐구』, 집문당, 2003.
조광국, 「법제적 질서와 사회경제적 변화의 충돌 측면에서 본 춘향전 완판84장본의 작품적 가치」, 『국어교육』 108, 한국국어교육연구학회, 2002. 6.
조희권, 「현대소설에 나타난 춘향전 패러디 연구」, 한양대 석사학위논문, 2000.
최동현, 「판소리 춘향가의 사적 전개와 양식적 특징」, 『고전희곡연구』 6, 한국고전희곡학회, 2003.
최정락, 「판소리계 소설에 나타나는 제시형식의 고찰 : 완판 84장본 춘향전을 중심으로」, 『어문학』 68, 1999. 10.
최진형, 「신재효 판소리 사설의 개작 지향」, 『반교어문학회지』 14, 반교어문학회, 2002.
한규섭, 「춘향전의 정서연구」, 『어문논총』 14, 동서어문학회, 1999. 9.
한정미, 「판소리사설의 민요수용 양상과 연창자들의 민요수용에 대한 인식-춘향가, 심청가, 홍부가를 중심으로」, 『한국민속학』 35, 한국민속학회, 2002.
한채화, 「1990년대의 춘향전 재생산 연구」, 『어문논총』 14, 동서어문학회, 1999. 9.
한채화, 「춘향전의 생산적 수용 연구」, 청주대 박사학위논문, 2000.
한채화, 『개화기 이후의 춘향전 연구』, 푸른사상, 2002.
홍순일, 『판소리 창본의 희극정신과 극적 아이러니』, 박이정, 2003.
황혜진, 「춘향가 수용자의 즐거움」, 『선청어문』 28, 서울사대, 2000.

2. 텍스트

이민수 옮김, 『춘향전』, 서문당, 2000.
이상보 주해, 『춘향전 · 심청전』, 범우사, 2000.
한국고전편집위원회 엮음, 『춘향전』, 장락, 2000.
김진영, 김현주 등 편, 『춘향전 전집』 10, 박이정, 2001.
성현경 풀고 옮김, 『옛 그림과 함께 읽는 李古本 춘향전』, 열림원, 2001.
김문, 『춘향전』, 이텍스코리아, 2002.

필 진

권도경(선문대 전임연구원)
권우행(동아대 교수)
권혁래(건국대 전임연구원)
김경완(숭실대 강사)
김광순(경북대 교수)
김기서(천안대 강사)
김미란(수원대 교수)
김석배(금오공대 교수)
김영희(연세대 강사)
김창진(초당대 교수)
김현양(명지대 교수)
문홍구(인천대 강사)
박태상(방송통신대 교수)
백문임(U.C. IRVINE. Post doc.)
백완(전남대 전임연구원)
사성구(연세대 박사과정)
설성경(연세대 교수)
윤경수(부산외대 교수)
윤성현(연세대 연구교수)
윤혜신(연세대 강사)
원용문 (교원대 교수)
이강엽(대구교대 교수)
이다원(연세대 박사과정)
이대형(연세대 연구교수)
이복규(서경대 교수)
이현식(서남대 교수)
전상욱(연세대 강사)
전송열(연세대 강사)
최기숙(이화여대 연구교수)
최문정(한국외대 학술연구교수)
최재우(동경외대 강사)
홍성남(한신대 강사)

춘향전 연구의 과제와 방향

인쇄일 초판 1쇄 2003년 12월 29일
2쇄 2018년 01월 20일
발행일 초판 1쇄 2004년 01월 15일
2쇄 2018년 01월 23일

지은이 설 성 경
발행인 정 찬 용
발행처 국학자료원
등록일 1987.12.21, 제17-270호

서울시 강동구 성내동 447-11 현영빌딩 2층
Tel : 442-4623~4 Fax : 442-4625
www. kookhak.co.kr
E- mail : kookhak2001@hanmail.net
ISBN 978-89-541-0163-9 93900
가 격 57,000원